두율분운杜律分韻

완역 두보 율시

|이영주|강성위|홍상훈| 역해譯解

明文堂

이 논문(저서)은 2000년 한국학술진흥재단의 연구비에 의하여 연구되었음.(KRF-2000-045-A11105)

서문을 대신하여
-《두율분운杜律分韻》해제 -

*

　두보(杜甫 : 712~770. 자字는 자미子美)는 흔히 '시성詩聖'으로 칭송되면서, '시선詩仙'이라 불리는 이백(李白 : 701~762)과 더불어 중국 고대 시문학사詩文學史의 최고봉으로 평가받는다. 그는 근체시近體詩와 고체시古體詩를 막론하고 모든 시체에서 뛰어난 성취를 이루었지만, 특히 근체시에서 타의 추종을 불허하는 절대적 경지를 이루었다. 주지하다시피 그는 칠언율시七言律詩의 격률格律을 완성시켰고, 오언율시五言律詩의 풍격風格과 장법章法을 다양하게 선보이며 예술적 완성도를 높였다. 또한 조부인 두심언杜審言의 영향을 받아 단편 율시뿐만 아니라 장편 율시인 배율排律에서도 뛰어난 성취를 보여줌으로써, 그의 율시는 장편과 단편을 막론하고 후인들에게 근체시의 전범으로 받들어져 왔다.
　흔히 그의 율시는 이백의 고체악부古體樂府와 비교되는데, 이는 바로 두보의 시가 가지는 특성 및 그의 시작 태도와 관련이 있다. 이백이 타고난 시재詩才를 바탕으로 호방하고 즉흥적으로 시를 창작하는 경향이어서 자유로운 고체시를 선호했던 데에 비해, 두보는 치밀한 구상 위에 절제된 언어를 사용함으로써 세련된 형식을 추구하였다. 두보는 타고난 재주보다는 광범한 독서를 통한 공부와 각고의 노력을 통한 예술적 정련精練, 그리고 끊임없는 연구를 통해 시를 창작하였기 때문에 엄격한 제약이 따르는 근체시, 특히 율시에서 재능을 보였던 것이다.

그러나 두보의 율시가 운율과 대구 등의 형식을 모범적이고 엄격하게 지킨 것만은 아니라는 사실을 주목하여야 한다. 그는 오히려 엄격한 운율의 규칙을 창의적으로 파괴하는 '요체拗體'를 통해 이른바 '부조화의 아름다움'을 추구함으로써 정형시의 엄격한 형식적 제약을 넘어서는 새로운 경지를 개척했고, 바로 이 점으로 인해 그의 문학적 성취는 훗날 송대宋代의 황정견(黃庭堅 : 1045~1105. 자는 노직魯直) 등에게 깊은 영향을 끼쳤다. 따라서 두보 율시의 성취를 한 마디로 요약하면 이전의 성과를 집대성하고 아울러 시인 자신의 부단한 시험에 의하여 새로운 영역을 개척한 것이라고 말할 수 있을 것이다. 정제된 운율, 다양하고 치밀한 대구對句, 효율적인 전고典故의 활용, 조직적인 장법章法 등에서 두보의 율시는 단연 최고의 경지를 구가하였는데, 이처럼 가능성을 극도로 보여준 점으로 인해 후세 작가와 비평가들은 '두보의 율시[杜律]'라는 특별한 명칭을 만들어 칭송하면서 그 기교를 본받으려 하였다.

*

당대唐代뿐만 아니라 중국의 고전시가 전체를 대표하는 두보의 시는 조선朝鮮에서도 중시되어 세계 최초의 외국어 완역본인 《두시언해杜詩諺解》 및 집주集注 형식의 해설서인 《두시택풍당비해杜詩澤風堂批解》 등이 출간되어 조선 문인들의 한시漢詩 창작에 지대한 영향을 끼쳤다. 특히 율시는 시인이 필수적으로 익혀야 할 지침서가 되었고, 시의 창작에서 본받아야 할 교본이었다. 따라서 두보의 율시를 널리 보급하는 일이 국가적 사업으로 대두하였는데, 이러한 추세에 발맞추어 이루어진 것이 바로 《두율분운杜律分韻》의 간행이었다.

《두율분운》은 두보의 율시 777수를 운목韻目의 순서에 의거하여 편차하면서 동일 운목 내에서는 지어진 시기에 따라 배열한 시집으로, 정조正祖의 칙명에 의해 1798년(정조 22년)에 이문원摛文院에서 간행되었다. 편집자를 구체적으로 알 수는 없으나, 간행 부서나 간행 과정은 책 말미에 특별한 제목 없이 붙어 있는 간기刊記 성격의 글을 통하여 알 수 있다.

정조는 이 책과 동시에 송대 육유陸游의 시집인 《육율분운陸律分韻》도 간행하였는데, 이와 같은 일련의 국가적 사업을 벌인 것은 당시 조선의 시풍詩風이 변려체騈儷體의 과체시科體詩에만 힘쓰는 데에 기울어졌으므로, 외적 형식보다 내용을 중시해온 《시경》 이래의 전통적 시 창작 정신을 회복할 필요가 있다고 판단했기 때문일 것이다.

특히 두보의 시는 우국충정을 읊은 것이며 미사여구에 치중한 것이 아니어서 고문古文, 고음古音을 숭상하는 정조의 정책 기조에 부합하였기 때문에, 이를 시 창작의 모범으로 제시함으로써 왜곡된 시풍을 바로잡고 '시교詩敎'로서 예악禮樂, 나아가서는 정치의 근본으로 삼고자 한 것이다. 정조는 개인적으로도 두보의 시와 육유의 시를 좋아하였는데, 이는 《두율분운》과 《육율분운》을 합쳐서 《두륙분운杜陸分韻》을 간행하게 하고, 또 두보와 육유의 시 천 수를 모아 《두륙천선杜陸千選》을 간행하게 한 점에서도 알 수 있다. 이처럼 정조가 두보 등의 시를 중시하고 이를 고취하였기 때문에, 자연히 조선의 조정과 재야를 막론하고 이를 배우려는 기풍이 유행하게 되었다.

《두율분운》의 내용을 간략히 소개하면 다음과 같다.

권1(오언율시) : 동운東韻 32수, 동운冬韻 5수, 강운江韻 1수, 지운支韻 47수, 미운微韻 29수, 어운魚韻 17수, 우운虞韻 14수, 제운齊韻 16수.

권2(오언율시) : 회운灰韻 31수, 진운眞韻 39수, 문운文韻 23수, 원운元韻 25수, 한운寒韻 17수, 산운刪韻 21수.

권3(오언율시) : 선운先韻 46수, 소운蕭韻 13수, 효운肴韻 1수, 호운豪韻 10수, 가운歌韻 25수, 마운麻韻 22수.

권4(오언율시) : 양운陽韻 40수, 경운庚韻 48수, 청운靑韻 16수, 증운蒸韻 3수, 우운尤韻 48수, 침운侵韻 29수, 담운覃韻 3수, 염운鹽韻 5수.

권5(칠언율시) : 동운東韻 6수, 동운冬韻 2수, 강운江韻 1수, 지운支韻 9

수, 미운微韻 9수, 어운魚韻 2수, 우운虞韻 2수, 제운齊韻 3수, 회운灰韻 14수, 진운眞韻 16수, 문운文韻 1수, 원운元韻 4수, 한운寒韻 9수, 산운刪韻 5수, 선운先韻 10수, 소운蕭韻 6수, 효운肴韻 1수, 호운豪韻 2수, 가운歌韻 3수, 마운麻韻 4수, 양운陽韻 9수, 경운庚韻 8수, 청운青韻 3수, 증운蒸韻 2수, 우운尤韻 14수, 침운侵韻 6수.

 그런데《육율분운》이 다시 중간되지 않았던 것에 비하여, 《두율분운》은 1798년에 활자를 바꾸어 다시 간행되었고 철종哲宗 때에 목판본으로도 간행되었으니, 그것이 많은 호응을 받아 광범하게 유행되었음을 알 수 있다. 현재 서울대학교 규장각 등에 여러 종의 판본이 보존되어 있는데, 이 또한 이 책이 얼마나 중시되었는지를 말해준다. 이처럼《두율분운》은 조선조의 국책 사업에 의해 간행되었다는 점, 우리 조상들의 문화 의식을 반영한 간행물이라는 점에서 우리 문화의 소중한 유산으로 간주하기에 손색이 없다.
 그러나《두율분운》은 번역이나 주석이 없는 율시 선집選集의 형태로만 간행되었다. 이는 당시 지식의 지평이라는 각도에서 보자면 충분히 용인될 수 있는 출판 관행이었지만, 오늘날 유관 분야 연구자의 입장에서 보자면 참고하기에 부족한 면이 적지않다. 따라서 지금 이 시점에서《두율분운》을 완역하고 주석하는 것은 조선 시대의 우수한 학술 수준과 출판 수준을 세계에 알리고, 우리 조상의 학문 경향 및 문화 의식을 이해하는 데에 적지않은 도움을 주는 작업이 될 것이다. 그뿐만 아니라 오늘날 한시를 연구하고 한문학을 전공하는 이들에게 한시의 전범이 어떤 것인지, 그리고 우리 조상들의 시학 연원이 무엇인지 확인시켜 줌으로써 이 분야의 발전에도 하나의 기폭제로 작용할 수 있을 것이다.
 아직껏 우리나라에서는 두보의 시에 대한 연구가 활발하지 못한 실정이다. 이병주 등에 의하여 일부 작품에 대한 번역이 이루어지기는 하였지만 완역은 여전히 요원하기만 하다. 최근에 출판된《두보초기시역해杜

甫初期詩譯解》(李永朱 등 共譯, 서울 : 솔출판사, 1999)와 《두보지덕연간시역해杜甫至德年間詩譯解》(姜聲尉 등 共譯, 서울 : 한국방송통신대학교출판부, 2001), 《두보위관시기시역해杜甫爲官時期詩譯解》(金萬源 등 共譯, 서울 : 서울대학교출판부, 2004) 등은 기존의 대부분 두시 번역서들과 달리 연구 번역을 지향하고 있고, 완역을 목표로 진행중인 번역이라는 점에서 특기해둘 만하지만, 1,400여 수에 이르는 두보 시 전체가 완역되어 독자들의 서가書架에 오르기까지는 아직도 적지않은 시간을 기다려야 할 것으로 보인다. 주변의 나라들 가운데 중국에서는 1997년에 하북인민출판사河北人民出版社에서 완역집인 《두보시전역杜甫詩全譯》이 나왔고, 일본에서는 1978년에 일본도서日本圖書에서 완역집인 《두보전시집杜甫全詩集》이 나왔다. 또한 두 나라에서는 다양한 번역집이 출간되어, 두보 시의 보급 및 연구 자료로 널리 활용되고 있다. 이것은 두시의 세계 최초 번역서이자 완역서인 《두시언해杜詩諺解》를 내놓았던 우리나라 후학들의 분발을 일깨워주는 대목이다.

  우리가 이번에 번역한 《두율분운》은 해제解題와 주석註釋을 곁들인 두보 율시 완역판이다. 따라서 이 책은 두시 전반을 아우른 연구 번역서가 나오기 이전까지, 혹은 그 이후라도 두시의 핵심인 율시 세계를 일관성과 통일성을 가지고 조망할 수 있게 할 것이다. 특히 이 책은 운목별 배열이라는 체제적 특성상 두보의 용운用韻 기법을 살필 때뿐만 아니라 직접 한시 창작에 임할 때 보다 구체적인 도움을 줄 수 있을 것으로 기대한다.

*

  새삼 느끼는 것이지만 번역은 어렵다. 특히 문학 작품은 원작의 분위기와 리듬까지 함께 살려주어야 한다는 부담감 때문에, 오래 전부터 번역 불가능론이 제기되었을 정도이다. 물론 번역은 원천적으로 서로 다른 언어 체계의 음성학적 소통이 불가능한 상황에서 이루어지기 때문에 처음부터 한계를 지닐 수밖에 없다. 그러나 실은 언어를 매개로 하는 문학 작품에서 음성학적 수사 기교는 작품의 예술성을 이뤄내는 가장 중요한 기반이다. 특히 스토리 위주의 서사 문학이 아니라 서정적 운문의 경우라면 이런 수사 기교의 비중은 훨씬 커지고, 아울러 번역의 어려움도 그 정도를 더하기 마련이다.

이처럼 외국 시의 번역에서 문학성과 의미 전달의 정확성 사이의 조화가 어려운 상황에서, 이번 우리의 번역은 어쩔 수 없이 후자 쪽에 더 많은 비중을 둘 수밖에 없었음을 고백하는 바이다. 그러나 우리는 차후로도 좀 더 이상적인 번역이 되기 위한 노력을 멈추지 않을 것이다.

이 책은 학술진흥재단의 지원 아래 오언율시 부분은 이영주李永朱와 강성위姜聲尉가, 칠언율시 부분은 홍상훈洪尙勳이 역해하였다. 좀 더 면밀하게 살피지 못해 노정하게 될 적지않은 오류에 대해서는 독자 여러분의 아낌없는 질정을 바란다. 어려운 여건 속에서도 이 책의 출판을 흔쾌히 허락해 주신 명문당 김동구 사장님과 이 책의 상재上梓를 위해 무던히도 애써 주신 이은주 선생님을 비롯한 편집부 식구들에게 진심으로 감사드린다.

　　　　　　　　　　　　　　을유년 늦은 가을에 역해자 일동

차 례

서문을 대신하여 … 3

|권1 卷一|

【오율동운五律東韻】

001. 영가의 현위로 가는 배규를 보내며 送裴二虯作尉永嘉 … 61
002. 눈을 바라보며 對雪 … 62
003. 장손시어를 곡하다 哭長孫侍御 … 63
004. 잠참보궐이 보내준 시에 삼가 답하다 奉答岑參補闕見贈 … 64
005. 맹운경에게 수창하다 酬孟雲卿 … 65
006. 진주잡시 秦州雜詩 … 66
007. 비가 개다 雨晴 … 67
008. 왕승준 장군에게 부쳐 드리는 시 寄贈王十將軍承俊 … 68
009. 왕명부에게 삼가 보내며 敬簡王明府 … 69
010. 엄공의 청당 잔칫자리에서 촉도의 지도를 같이 읊다 嚴公廳宴同
     詠蜀道畫圖 … 70
011. 객사 客亭 … 71
012. 중양절을 맞아 재주성에 올라 九日登梓州城 … 72
013. 우두산 정자에 올라 登牛頭山亭子 … 73
014. 경사를 수복하다 收京 … 74

| 차 례 9 |

015. 제주로 가는 동생 두영을 전송하며 送舍弟穎赴齊州 … 75
016. 하란섬에게 寄賀蘭銛 … 76
017. 봄날 강촌 春日江村 … 77
018. 늙고 병들어 老病 … 78
019. 여인의 방 洞房 … 79
020. 왕십오와 전각에서 만나다 王十五前閣會 … 80
021. 무협의 낡은 초가집에서 시어사로 풍주·낭주로 떠나가는 넷째 외숙에게 바치다 巫峽敝廬奉贈侍御四舅別之澧朗 … 81
022. 우리 일가 吾宗 … 83
023. 가을 골짜기 秋峽 … 84
024. 가을 들판 秋野 … 85
025. 저물녘 向夕 … 86
026. 양서 초가집에서 동둔의 초가집으로 이주하고서 自瀼西荊扉且移居東屯茅屋 … 87
027. 사일 2수 社日兩篇 … 88
028. 잠시 백제성에 갔다가 다시 동둔으로 돌아가며 暫往白帝復還東屯 … 89
029. 귀가 어두워지니 耳聾 … 90
030. 홀로 앉아 獨坐 … 91
031. 대력 2년 9월 30일 大曆二年九月三十日 … 92
032. 상사일에 서사록 숲속 정원에서 모여 잔치하며 上巳日徐司錄林園宴集 … 93

【오율동운五律冬韻】

033. 이감의 저택에서 李監宅 … **94**

034. 혜의사에서 왕소윤이 성도로 가는 것을 전송하며 惠義寺送王少尹赴成都 … **95**

035. 파서역의 정자에서 강물이 불어난 것을 보고 두사군에게 드리다 巴西驛亭觀江漲呈竇十五使君 … **96**

036. 뜰의 풀 庭草 … **97**

037. 진체사의 선사를 뵙고 謁眞諦寺禪師 … **98**

【오율강운五律江韻】

038. 늦은 가을에 소영 아우가 강가 누각에서 최평사와 위소부 조카와 밤에 잔치하다 季秋蘇五弟纓江樓夜宴崔十三評事韋少府姪 … **100**

【오율지운五律支韻】

039. 사상인의 초가에서 巳上人茅齋 … **101**

040. 겨울날에 이백을 그리워하는 마음이 있어 冬日有懷李白 … **102**

041. 정광문을 모시고 하장군의 산림에서 노닐다 陪鄭廣文遊何將軍山林 … **104**

042. 정광문을 모시고 하장군의 산림에서 노닐다 陪鄭廣文遊何將軍山林 … **105**

043. 중양절에 곡강에서 九日曲江 … **106**

044. 다시 하씨에게 들르다 重過何氏 … **108**

045. 다시 하씨에게 들르다 重過何氏 … **109**

046. 여러 귀공자를 모시고 장팔구에서 기녀들과 더불어 더위를 식히

다가 저녁이 되어 비를 만나다 陪諸貴公子丈八溝攜妓納凉晚際遇雨 … 110

047. 중양절에 봉선현의 양현령이 백수현의 최현령을 만나다 九日楊奉先會白水崔明府 … 111

048. 원일에 위씨에게 시집간 누이에게 부치며 元日寄韋氏妹 … 112

049. 동생의 소식을 듣고 得舍弟消息 … 113

050. 필요에게 주는 시 贈畢四曜 … 114

051. 진주잡시 秦州雜詩 … 116

052. 진주잡시 秦州雜詩 … 117

053. 고죽 苦竹 … 118

054. 두좌가 산으로 돌아간 후에 부치다 佐還山後寄 … 119

055. 마음을 달래며 遣興 … 120

056. 남쪽에 사는 이웃인 주산인의 물가 정자에 들러서 過南隣朱山人水亭 … 121

057. 뒤에 다시 유람하며 後遊 … 122

058. 강가 정자 江亭 … 123

059. 애석한 일 可惜 … 124

060. 홀로 마시다 獨酌 … 125

061. 다리가 완성된 것을 보고, 달밤에 배 안에서 시를 지어 이사마에게 드리다 觀作橋成月夜舟中有述還呈李司馬 … 126

062. 느낀 바가 있어서 有感 … 127

063. 최도수가 강협을 내려가는 것을 전송하며 奉送崔都水翁下峽 … 128

064. 장유후의 신정 모임에 따라가서 제군을 전송하다 隨章留後新亭會
     送諸君 … 129
065. 비를 대하고 對雨 … 130
066. 황혼 薄暮 … 131
067. 고인이 된 곡사교서의 집에 들러서 過故斛斯校書莊 … 132
068. 동천으로 가는 왕시어를 전송하는 자리에서 送王侍御往東川放生
     池祖席 … 133
069. 융주 양사군의 동루에서 잔치하며 宴戎州楊使君東樓 … 134
070. 운안에서 중양절날 정십팔이 술을 준비하여 여러 공들을 모시고
     잔치하다 雲安九日鄭十八携酒陪諸公宴 … 135
071. 비 雨 … 136
072. 백발 垂白 … 137
073. 옛날에 宿昔 … 138
074. 앵무새 鸚鵡 … 139
075. 원숭이 猿 … 140
076. 최이와 이별하며 그를 통해 설거, 맹운경에게 부치다 別崔因寄
     薛據孟雲卿 … 142
077. 두위에게 부치다 寄杜位 … 143
078. 저무는 봄에 양서에서 새로 임대한 초옥에 적다 暮春題瀼西新賃
     草屋 … 144
079. 역으로부터 초당에 가서 머무른 후 다시 동둔의 모옥에 이르다
     從驛次草堂復至東屯茅屋 … 145
080. 초겨울 孟冬 … 146

081. 비 雨 … 147

082. 비 雨 … 147

083. 인일 人日 … 148

084. 강릉의 송소부가 늦봄 비 내린 후 여러 공들 및 아우와 서재에서 잔치할 때 지은 시에 화답하다 和江陵宋大少府暮春雨後同諸公及舍弟宴書齋 … 149

085. 상시랑 이역을 애도하며 哭李常侍嶧 … 150

【오율미운五律微韻】

086. 정씨의 동쪽 정자를 다시 노래하다 重題鄭氏東亭 … 152

087. 아우를 그리며 憶弟 … 153

088. 진주잡시 秦州雜詩 … 154

089. 진주잡시 秦州雜詩 … 155

090. 즉사시 卽事 … 156

091. 돌아가는 제비 歸燕 … 157

092. 반딧불이 螢火 … 158

093. 가을날의 피리 소리 秋笛 … 159

094. 한식 寒食 … 160

095. 범원외와 오시어가 특별히 왕림하였는데, 대접도 못하여 애오라지 이 시를 부친다 范二員外邈吳十侍御郁特枉駕闕展待聊寄此作 … 161

096. 위찬선과 이별하며 바치다 贈韋贊善別 … 162

097. 하시어가 조정으로 돌아가는 것을 전송하며 送何侍御歸朝 … 163

098. 왕한주자사가 두면주자사를 머물게 하여 방공서호에 배를 띄우고 노는 일에 배석하여 陪王漢州留杜綿州泛房公西湖 … 164

099. 경계가 급함 警急 … 165

100. 서산 西山 … 166

101. 파서에서 경사 수복 소식을 듣고, 반사마가 장안에 들어가는 것을 전송하며 巴西聞收京闕送班司馬入京 … 167

102. 분함을 풀다 遣憤 … 168

103. 저물녘에 날이 개다 晚晴 … 169

104. 달이 차 둥글다 月圓 … 170

105. 중양절에 여러 사람이 숲에 모이기로 하다 九日諸人集於林 … 171

106. 밤에 서각에서 묵고, 날이 밝자 원조장에게 드리다 夜宿西閣曉呈元二十一曹長 … 172

107. 가을 들판 秋野 … 173

108. 사일 2수 社日兩篇 … 174

109. 밤 夜 … 175

110. 밤 夜 … 177

111. 비 雨 … 178

112. 무산현에서 분주자사 당 아우가 전별의 잔치를 마련하였다. 아울러 여러 공들이 술과 악기를 가지고 와 전송을 하기에, 즉석에서 짧은 시를 지어 집의 벽에 남기다 巫山縣汾州唐使君十八弟宴別兼諸公攜酒樂相送率題小詩留於屋壁 … 179

113. 호시어의 서당에서 잔치하며 宴胡侍御書堂 … 180

114. 돌아가는 기러기 歸雁 … 181

【오울어운五律魚韻】

115. 연주의 성루에 올라 登兗州城樓 … 183
116. 비를 대하고서 마음을 적어 사람을 보내 허주부를 청하다 對雨書懷走邀許主簿 … 184
117. 다시 하씨에게 들르다 重過何氏 … 185
118. 경사를 수복하다 收京 … 186
119. 고첨사에게 보내다 寄高三十五詹事 … 187
120. 시렁을 제거하다 除架 … 188
121. 고적이 보내준 시에 응답하여 酬高使君相贈 … 189
122. 당흥에서 유주부를 만나다 逢唐興劉主簿弟 … 190
123. 한천의 왕녹사 집에서 짓다 漢川王大錄事宅作 … 191
124. 한밤중 中宵 … 192
125. 은어 白小 … 193
126. 양서에서 겨울날 바라보며 瀼西寒望 … 194
127. 지나던 객이 들르다 過客相尋 … 194
128. 가을날 몸이 상쾌해지다 秋淸 … 195
129. 가을 들판 秋野 … 196
130. 장난삼아 배해체를 지어 답답한 마음을 풀다 戲作俳諧體遣悶 … 197
131. 위소주가 보낸 시를 보고 답하다 酬韋韶州見寄 … 198

【오율우운五律虞韻】

132. 매 그림 畵鷹 … 200

133. 이금오를 모시고 꽃 아래서 마시다 陪李金吾花下飮 … 201
134. 고식안에게 드리다 贈高式顔 … 202
135. 천천히 걷다 徐步 … 203
136. 강 정자에서 미주별가 신승지를 보내며 江亭送眉州辛別駕昇之 … 204
137. 낭주로부터 처자를 데리고 촉으로 산길을 가다 自閬州領妻子却赴蜀山行 … 205
138. 나른한 밤 倦夜 … 206
139. 이고의 요청으로 사마 동생이 그린 산수도를 구경하다 觀李固請司馬弟山水圖 … 207
140. 더위 熱 … 208
141. 큰노루 麂 … 209
142. 석양의 햇살 返照 … 210
143. 배를 대고서 바람이 괴로워 장난삼아 4운을 지어 정판관에게 드리다 纜船苦風戲題四韻奉簡鄭十三判官 … 211
144. 장강과 한수 江漢 … 212
145. 땅 모퉁이 地隅 … 213

【오율제운五律齊韻】

146. 늦게 문하성을 나서며 晩出左掖 … 214
147. 진주잡시 秦州雜詩 … 215
148. 두좌가 산으로 돌아간 후에 부치다 佐還山後寄 … 216
149. 성곽을 나서며 出郭 … 217

150. 근심을 풀다 散愁 … 218
151. 사람을 두려워하다 畏人 … 219
152. 봄날 재주의 누각에 올라 春日梓州登樓 … 220
153. 낭주로부터 처자를 데리고 촉으로 산길을 가다 自閬州領妻子却赴蜀山行 … 221
154. 제주로 가는 동생 두영을 전송하며 送舍弟穎赴齊州 … 222
155. 늦가을에 엄정공을 모시고 마하지에서 뱃놀이하며 晚秋陪嚴鄭公摩訶池泛舟 … 223
156. 자규 子規 … 224
157. 거처를 정하다 卜居 … 225
158. 백로 白露 … 226
159. 머슴아이에게 일을 시켜서 북쪽 과수원의 가지와 덩굴을 다듬고 더러운 것을 다 치우고 나서 침상을 옮기다 課小豎鉏斫舍北果林枝蔓荒穢淨訖移床 … 227
160. 양서 초가집에서 동둔의 초가집으로 이주하고서 自瀼西荊扉且移居東屯茅屋 … 228
161. 맹창조가 새로 빚은 술과 장을 가지고 와서, 두 물건을 그릇 가득 채워 노인네에게 주다 孟倉曹步趾領新酒醬二物滿器見遺老夫 … 229

권2 卷二

【오율회운五律灰韻】

162. 용문에서 龍門 … 233
163. 이감의 저택에서 李監宅 … 234
164. 정광문을 모시고 하장군의 산림에서 노닐다 陪鄭廣文遊何將軍山林 … 235
165. 서울에서 몰래 봉상에 이르러서 행재소에 다다른 것을 기뻐하다 自京竄至鳳翔喜達行在所 … 236
166. 한림의 장사마가 비문을 새기려 남해로 떠남을 전송하다 送翰林張司馬南海勒碑 … 237
167. 진주잡시 秦州雜詩 … 238
168. 매우가 내려 梅雨 … 240
169. 구름 낀 산 雲山 … 241
170. 시름을 달래다 遣愁 … 242
171. 들에서 바라보다가 이에 상소선에게 들르다 野望因過常少仙 … 243
172. 이백을 만나지 못하여 不見 … 244
173. 서소윤이 들르다 徐九少尹見過 … 245
174. 배를 띄우고 放船 … 246
175. 파산에서 巴山 … 247
176. 이른 꽃 早花 … 248

177. 동생 두점을 초당으로 돌려보내 집안일을 정리하게 하고 애오라지 이 시를 보이다 舍弟占歸草堂檢校聊示此詩 … 249

178. 제주로 가는 동생 두영을 전송하며 送舍弟穎赴齊州 … 250

179. 봄날 강촌 春日江村 … 251

180. 이문억에게 받들어 부치다 奉寄李十五秘書文嶷 … 252

181. 더위 熱 … 253

182. 비 雨 … 254

183. 비 雨 … 255

184. 구당협에서 옛일을 생각하다 瞿唐懷古 … 256

185. 동생 두관이 신부를 데리러 남전으로 돌아가기에 전송하며 이 시를 보이다 舍弟觀歸藍田迎新婦送示 … 257

186. 머슴아이에게 일을 시켜서 북쪽 과수원의 가지와 덩굴을 다듬고 더러운 것을 다 치우고 나서 침상을 옮기다 課小豎鉏斫舍北果林枝蔓荒穢淨訖移床 … 258

187. 저녁에 날 개이자 오랑이 북사에 들르다 晚晴吳郎見過北舍 … 259

188. 중양절 九日 … 260

189. 우레 雷 … 261

190. 아침 朝 … 262

191. 백마담을 떠나며 發白馬潭 … 263

192. 쌍풍포에서 雙楓浦 … 264

【오율진운五律眞韻】

193. 삼가 위곡에서 정부마를 모시며 奉陪鄭駙馬韋曲 … 266

194. 서울에서 몰래 봉상에 이르러서 행재소에 다다른 것을 기뻐하다
　　　自京竄至鳳翔喜達行在所 … 267
195. 홀로 술 마시며 시를 쓰다 獨酌成詩 … 268
196. 안서의 병사들이 지나가 관중으로 나아가 명을 기다림을 보고 觀
　　　安西兵過赴關中待命 … 269
197. 귀뚜라미 促織 … 270
198. 나그네 有客 … 271
199. 고적에게 받들어 편지를 쓰다 奉簡高三十五使君 … 272
200. 표백숙이신 이도독의 조춘 시에 받들어 응수하다 奉酬李都督表丈
　　　早春作 … 273
201. 생각나는 대로 쓰다 漫成 … 274
202. 하옹을 이별하며 주다 贈別何邕 … 275
203. 양양으로 떠나는 정연에게 이별하며 주다 贈別鄭鍊赴襄陽 … 276
204. 버드나무 곁에서 柳邊 … 277
205. 느낀 바가 있어서 有感 … 278
206. 처성의 서쪽 들판에서 이판관 형과 무판관 동생을 성도부로 전
　　　송하며 鄠城西原送李判官兄武判官弟赴成都府 … 279
207. 백설 百舌 … 280
208. 근심을 풀다 遣憂 … 281
209. 파서에서 경사 수복 소식을 듣고, 반사마가 장안에 들어가는 것
　　　을 전송하며 巴西聞收京闕送班司馬入京 … 282
210. 이문억에게 받들어 부치다 奉寄李十五秘書文嶷 … 283
211. 더위 熱 … 285

212. 비가 개다 雨晴 … 286

213. 깊은 밤 中夜 … 287

214. 강의 달 江月 … 288

215. 그림을 잘 그려서 能畵 … 289

216. 노란 고기 黃魚 … 290

217. 서각을 떠나지 못해 不離西閣 … 291

218. 소계로 내려가는 외숙을 받들어 전송하며 奉送十七舅下邵桂 … 292

219. 동생 두관이 곧 도착함을 기뻐하며 다시 단편의 시를 짓다 喜觀卽到復題短篇 … 293

220. 옛집으로 돌아가는 혜자를 전송하며 送惠二歸故居 … 294

221. 달 月 … 295

222. 가을에 정감의 호상정에 부쳐 쓰다 秋日寄題鄭監湖上亭 … 296

223. 17일 밤에 달을 대하고서 十七夜對月 … 297

224. 시험에 응시하려고 동경으로 가는 맹창조를 전송하며 送孟十二倉曹赴東京選 … 298

225. 동둔의 북쪽 산에서 東屯北崦 … 299

226. 역으로부터 초당에 가서 머무른 후 다시 동둔의 모옥에 이르다 從驛次草堂復至東屯茅屋 … 300

227. 띠집에서 수확한 벼를 살피며 茅堂檢校收稻 … 301

228. 상부인의 사당에서 湘夫人祠 … 302

229. 담주를 떠나며 發潭州 … 303

230. 호남으로 가는 위지진을 받들어 전송하며 奉送韋中丞之晉赴湖南 … 304

231. 현으로 부임하는 조명부를 전송하며 送趙十七明府之縣 … 306

【오율문운五律文韻】

232. 가산을 보고 假山 … 308

233. 봄날에 이백을 생각하며 春日憶李白 … 309

234. 정광문을 모시고 하장군의 산림에서 노닐다 陪鄭廣文遊何將軍山林 … 310

235. 가지와 엄무 두 분 사인과 양원의 보궐과 유별함 留別賈嚴二閣老兩院補闕 … 311

236. 진주잡시 秦州雜詩 … 312

237. 금대에서 琴臺 … 313

238. 태위 방관의 묘를 작별하다 別房太尉墓 … 314

239. 옛사람을 생각하다 懷舊 … 315

240. 이고의 요청으로 사마 동생이 그린 산수도를 구경하다 觀李固請司馬弟山水圖 … 316

241. 비를 반가워하다 喜雨 … 317

242. 초의 남쪽 南楚 … 318

243. 비가 개다 晴 … 319

244. 외로운 기러기 孤雁 … 320

245. 저무는 봄에 양서에서 새로 임대한 초옥에 적다 暮春題瀼西新賃草屋 … 321

246. 새벽비 晨雨 … 322

247. 가을 들판 秋野 … 323

248. 새벽에 바라보다 曉望 … 325
249. 중양절 九日 … 326
250. 최평사 외조카와 소씨 외사촌 동생과 위소부 여러 조카에게 장 난삼아 부치다 戲寄崔評事表姪蘇五表弟韋大少府諸姪 … 327
251. 백대 형제가 산에서 기거하는 집의 벽에다 쓰다 題柏大兄弟山居 屋壁 … 328
252. 배를 타고 가다가 밤눈을 만나서 시어인 노제를 생각하다 舟中夜 雪有懷盧十四侍御弟 … 329
253. 돌아가는 기러기 歸雁 … 330
254. 강가의 누각에서 비를 대하여 군영에 있는 배규를 그리워하다 江 閣對雨有懷行營裴二端公 … 331

【오율원운五律元韻】

255. 동생의 소식을 듣고서 得舍弟消息 … 333
256. 어린 아들을 생각하며 憶幼子 … 334
257. 지덕 2년에 나는 경사의 금광문으로부터 나와 샛길로 봉상으로 갔다. 건원 초에 좌습유로부터 화주의 아전으로 옮겨갔기에, 친 지와 이별하고 이로써 이 문을 나오다가 지난 일을 슬퍼하였다 至德二載甫自京金光門出間道歸鳳翔乾元初從左拾遺移華州掾與親故 別 因出此門有悲往事 … 335
258. 안서의 병사들이 지나가 관중으로 나아가 명을 기다림을 보고 觀 安西兵過赴關中待命 … 336
259. 진주잡시 秦州雜詩 … 337
260. 동쪽 누대에서 東樓 … 338

261. 봄 강물 春水 … 339
262. 동천으로 가는 배오를 전송하며 送裴五赴東川 … 340
263. 고적에게 부치다 寄高適 … 341
264. 봄날 재주의 누각에 올라 春日梓州登樓 … 342
265. 도솔사를 바라보며 望兜率寺 … 343
266. 감원에서 甘園 … 345
267. 시름겹게 앉아서 愁坐 … 346
268. 충주 용흥사에서 기거하던 방 벽에 쓰다 題忠州龍興寺所居院壁 … 347
269. 장강 長江 … 348
270. 강변의 초각에서 잠들다 宿江邊閣 … 349
271. 서각의 밤 西閣夜 … 350
272. 구당협의 두 벼랑 瞿唐兩崖 … 351
273. 만주의 선우씨가 파주로 가는 것을 전송하며 送鮮于萬州遷巴州 … 352
274. 과수원에서 園 … 353
275. 맹씨 孟氏 … 354
276. 날 저물녘 日暮 … 355
277. 저녁 晩 … 356
278. 벼 베기를 마치고 읊조리다 刈稻了詠懷 … 357
279. 한겨울 冬深 … 358

【오율한운五律寒韻】

280. 호현의 원소부와 함께 미피에서 연회를 갖다 與鄠縣源大少府宴渼陂 … 360

281. 달밤 月夜 … 361
282. 진주잡시 秦州雜詩 … 362
283. 초승달 初月 … 363
284. 황폐한 밭두둑 廢畦 … 364
285. 저녁 봉화 夕烽 … 365
286. 빈 주머니 空囊 … 366
287. 왕명부에게 거듭 편지하다 重簡王明府 … 367
288. 왕윤이 마침내 술을 가져왔고, 고적 또한 함께 들르다 王竟攜酒高亦同過 … 368
289. 왕명 王命 … 369
290. 돌아와서 歸來 … 371
291. 충주사군 조카의 집에서 연회하며 宴忠州使君姪宅 … 372
292. 배를 띄우고 放船 … 373
293. 다섯째 아우 풍이 홀로 강동에 있어 근 3,4년 동안 적막하게도 소식이 없었는데 심부름시킬 사람을 찾아 이 2수의 시를 부치다 第五弟豊獨在江左近三四載寂無消息覓使寄此二首 … 374
294. 시월 초하루 十月一日 … 375
295. 공안의 산속 역관으로 거처를 옮기며 移居公安山館 … 376
296. 왕사군의 집에서 잔치하며 적다 宴王使君宅題 … 377

【오율산운 五律刪韻】

297. 잠시 임읍에 가게 되어 택산호의 정자에 이르러 이원외를 생각하니 문득 흥이 나다 暫如臨邑至㟙山湖亭奉懷李員外率爾成興 … 379

298. 삼가 위곡에서 정부마를 모시며 奉陪鄭駙馬韋曲 … 380
299. 진주잡시 秦州雜詩 … 381
300. 진주잡시 秦州雜詩 … 382
301. 일찍 일어나서 早起 … 383
302. 돌거울 石鏡 … 384
303. 중양절에 삼가 엄대부에게 바치다 九日奉寄嚴大夫 … 385
304. 부강에 배를 띠우고 경사로 돌아가는 위반을 전송하다 涪江泛舟送韋班歸京 … 386
305. 고 방재상의 영구가 낭주의 빈소를 떠나 동도로 돌아가 장례 치른다는 얘기를 삼가 듣고 지은 시 承聞故房相公靈櫬自閬州啓殯歸葬東都有作 … 387
306. 새벽녘에 將曉 … 388
307. 초각에서 草閣 … 389
308. 낙양에서 洛陽 … 390
309. 구당협 어귀 峽口 … 392
310. 입택 入宅 … 393
311. 양서 초가집에서 동둔의 초가집으로 이주하고서 自瀼西荊扉且移居東屯茅屋 … 394
312. 띠집에서 수확한 벼를 살피며 茅堂檢校收稻 … 395
313. 근심 悶 … 396
314. 탄식하다 有歎 … 397
315. 왕사군의 집에서 잔치하며 적다 宴王使君宅題 … 398
316. 동관저에서 바람이 잦기를 기다리며 銅官渚守風 … 399

317. 멀리 나와서 遠遊 … 400

|권3卷三|

【오율선운五律先韻】

318. 임성 사람 허주부와 함께 남지에서 노닐며 與任城許主簿遊南池 … 405
319. 안서로 가는 위서기를 전송하며 送韋書記赴安西 … 406
320. 정광문을 모시고 하장군의 산림에서 노닐다 陪鄭廣文遊何將軍山林 … 407
321. 다시 하씨에게 들르다 重過何氏 … 408
322. 서울에서 몰래 봉상에 이르러서 행재소에 다다른 것을 기뻐하다 自京竄至鳳翔喜達行在所 … 409
323. 엄각로에게 바치는 시 奉贈嚴八閣老 … 410
324. 진주잡시 秦州雜詩 … 411
325. 진주잡시 秦州雜詩 … 412
326. 찬공의 방에서 잠들다 宿贊公房 … 413
327. 종군하는 사람을 전송하다 送人從軍 … 414
328. 조카 두좌에게 보이다 示姪佐 … 415
329. 사람들이 작은 원숭이를 내게 보내준다고 하여 從人覓小胡孫許寄 … 416
330. 그리움 所思 … 417

331. 집 한 채 一室 … 418
332. 곡사용이 아직 돌아오지 않았음을 듣고 聞斛斯六官未歸 … 419
333. 광주 판관인 장숙경의 편지를 받았는데, 사인이 돌아감에 시로 써 뜻을 대신하다 得廣州張判官叔卿書使還以詩代意 … 420
334. 광주에서 공조참군인 단씨가 와서 장사인 양담의 편지를 받았는데, 단씨가 돌아가려고 함에 애오라지 이 시를 부치다 廣州段功曹到得楊五長史譚書功曹却歸聊寄此詩 … 422
335. 느낀 바가 있어서 有感 … 423
336. 처원의 곽명부가 살던 모옥 벽에 쓰다 題郪原郭三十二明府茅屋壁 … 424
337. 배를 띄우고 경사로 돌아가는 창조참군 위씨를 전송하다가, 이로 인하여 태자중윤인 잠참과 낭중인 범계명에게 부치다 泛舟送魏十八倉曹還京因寄岑中允參范郎中季明 … 425
338. 재주의 이사군, 낭주의 왕사군, 수주의 소사군과 과주의 이사군을 모시고 혜의사에 오르다 陪李梓州王閬州蘇遂州李果州四使君登惠義寺 … 427
339. 자주 이재주를 모시고 강에 배를 띄우고 놀았는데 가기들이 여러 배에 있어 장난삼아 염곡 2수를 지어 이재주에게 드리다 數陪李梓州泛江有女樂在諸舫戲爲艶曲二首贈李 … 428
340. 지팡이를 짚고 倚杖 … 429
341. 경사에서 청성으로 부임하는 외삼촌을 낭주에서 받들어 전송하며 閬州奉送二十四舅使自京赴任青城 … 430
342. 서산 西山 … 431

343. 나그네 遊子 … 432
344. 낭주로부터 처자를 데리고 촉으로 산길을 가다 自閬州領妻子卻赴蜀山行 … 433
345. 봄날 강촌 春日江村 … 434
346. 배를 타고 기주로 내려가 성곽 밖에서 하루를 묵고, 비로 축축하여 언덕에 오르지 못한 채 왕판관과 이별하다 船下夔州郭宿雨濕不得上岸別王十二判官 … 435
347. 백염산에서 白鹽山 … 436
348. 시어인 동생이 촉에 사신으로 감을 전송하다 送十五弟侍御使蜀 … 437
349. 분명하게 생각나다 歷歷 … 439
350. 거울을 보다가 백중승께 드리다 覽鏡呈柏中丞 … 440
351. 뒤집혀진 배 覆舟 … 441
352. 달 月 … 442
353. 돌아가다 歸 … 443
354. 좁은 골짜기 峽隘 … 444
355. 양서 초가집에서 동둔의 초가집으로 이주하고서 自瀼西荊扉且移居東屯茅屋 … 445
356. 9월 1일에 맹창조와 맹주부 형제에게 들르다 九月一日過孟十二倉曹十四主簿兄弟 … 446
357. 늦가을 강촌에서 季秋江村 … 447
358. 밤 夜 … 448
359. 봄밤에 협주의 전시어장사가 나루터 정자에서 연회를 벌이다 春

夜峽州田侍御長史津亭留宴 … 449
360. 강변의 별과 달 江邊星月 … 450
361. 달빛 아래에 배를 타고서 절 근처의 역관을 마주하며 舟月對驛近寺 … 451
362. 배 안에서 舟中 … 452
363. 시어 구석이 율시를 보낸 것에 받들어 수창하여 다시 구석에게 부치다 奉酬寇十侍御錫見寄四韻復寄寇 … 453

【오율소운五律蕭韻】
364. 고 무위장군을 애도하는 노래 故武衛將軍挽詞 … 455
365. 정광문을 모시고 하장군의 산림에서 노닐다 陪鄭廣文遊何將軍山林 … 456
366. 관직이 정해진 뒤 장난삼아 주다 官定後戲贈 … 457
367. 경사를 수복하다 收京 … 458
368. 사촌동생 왕사마가 성곽을 나와 방문하고, 아울러 초당을 운영할 자금을 주다 王十五司馬弟出郭相訪兼遺營草堂貲 … 459
369. 아침 비 朝雨 … 460
370. 느낀 바가 있어서 有感 … 461
371. 또 눈 내리다 又雪 … 462
372. 서각에서 대창의 엄명부와 동숙하기로 세 번 약속했으나 오지 않기에 西閣三度期大昌嚴明府同宿不到 … 463
373. 갈매기 鷗 … 464
374. 백중승을 모시고 장사들에게 연회를 베푼 것을 보고 陪柏中丞觀

　　　　宴將士 … 465
　375. 고향에 돌아가는 꿈 歸夢 … 466
　376. 들판에서 바라보며 野望 … 467

【오율효운五律肴韻】
　377. 신진의 북교루에 쓰다 題新津北橋樓 … 469

【오율호운五律豪韻】
　378. 최부마의 산정에서 연회로 모이다 崔駙馬山亭宴集 … 471
　379. 난리의 땅을 피하여 避地 … 472
　380. 경사를 수복하다 收京 … 473
　381. 산사에서 山寺 … 474
　382. 북쪽 이웃 北鄰 … 475
　383. 청성현에 이르고자 성도를 나감에 도소윤과 왕소윤에게 부치다
　　　　赴靑城縣出成都寄陶王二少尹 … 476
　384. 강두오영-자원앙 江頭五詠・鸂鶒 … 477
　385. 강을 건너다 渡江 … 478
　386. 8월 15일 밤 달 八月十五夜月 … 479
　387. 백대 형제가 산에서 기거하는 집의 벽에다 쓰다 題柏大兄弟山居
　　　　屋壁 … 480

【오율가운五律歌韻】
　388. 원외랑 송지문의 옛 별장에 들러 過宋員外之問舊莊 … 482
　389. 정광문을 모시고 하장군의 산림에서 노닐다 陪鄭廣文遊何將軍山
　　　　林 … 483

390. 고서기에게 부치다 高三十五書記 … 484
391. 백수의 명부인 외숙 집에서 비가 옴을 기뻐하며 白水明府舅宅喜雨 … 485
392. 한식날 밤에 달을 대하고 一百五日夜對月 … 486
393. 봄에 문하성에서 숙직하다 春宿左省 … 487
394. 군대를 보고서 觀兵 … 488
395. 하늘 끝에서 이백을 그리워하다 天末懷李白 … 489
396. 눈에 보이는 것 寓目 … 491
397. 갈대 蒹葭 … 492
398. 날 저물녘 日暮 … 493
399. 두좌가 산으로 돌아간 후에 부치다 佐還山後寄 … 494
400. 근심을 풀다 散愁 … 495
401. 나쁜 나무 惡樹 … 496
402. 강두오영-치자꽃 江頭五詠·梔子 … 497
403. 배 앞의 작은 거위 새끼 舟前小鵝兒 … 498
404. 재주자사 장이의 수정에서 章梓州水亭 … 499
405. 원정 가는 사람 征夫 … 500
406. 강에 배 띄우고서 泛江 … 501
407. 추운 저녁 暮寒 … 502
408. 새벽녘에 將曉 … 503
409. 금수에서 살던 곳을 그리워하며 懷錦水居止 … 504
410. 강변 매화 江梅 … 505
411. 가을에 정감의 호상정에 부쳐 쓰다 秋日寄題鄭監湖上亭 … 506

412. 늦봄에 이상서와 이중승을 모시고 정감의 호숫가 정자를 방문하여 배를 띄우고 暮春陪李尙書李中丞過鄭監湖亭泛舟 ··· 507

【오율마운五律麻韻】

413. 두위의 집에서 제야를 보내며 杜位宅守歲 ··· 509
414. 정광문을 모시고 하장군의 산림에서 노닐다 陪鄭廣文遊何將軍山林 ··· 510
415. 진주잡시 秦州雜詩 ··· 511
416. 진주잡시 秦州雜詩 ··· 512
417. 회포를 달래다 遣懷 ··· 513
418. 농사를 짓다 爲農 ··· 514
419. 마음을 달래며 遣意 ··· 515
420. 물가 난간에서 마음을 달래며 水檻遣心 ··· 516
421. 초당 즉사시 草堂卽事 ··· 517
422. 왕시어를 모시고 통천 동쪽 산의 야정에서 연회를 하다 陪王侍御宴通泉東山野亭 ··· 518
423. 꽃 밑에서 花底 ··· 519
424. 멀리 나와서 遠遊 ··· 520
425. 우왕의 묘당에서 禹廟 ··· 521
426. 저무는 봄에 양서에서 새로 임대한 초옥에 적다 暮春題瀼西新賃草屋 ··· 522
427. 시냇가에서 溪上 ··· 523
428. 늦은 가을에 소영 아우가 강가 누각에서 최평사와 위소부 조카와 밤에 잔치하다 季秋蘇五弟纓江樓夜宴崔十三評事韋少府姪 ··· 524

429. 작은 과수원에서 小園 … 525
430. 저녁에 관부의 정자에 앉아 안소부에게 장난삼아 편지를 보내다
　　　官亭夕坐戲簡顔十少府 … 526
431. 사당 남쪽에서 저녁에 바라보다 祠南夕望 … 527
432. 교구에 들어가다 入喬口 … 528
433. 눈을 바라보며 對雪 … 529
434. 동정호를 지나다 過洞庭湖 … 530

| 권 4 卷四 |

【오율양운五律陽韻】

435. 밤에 좌씨 별장에서 연회를 열다 夜宴左氏莊 … 535
436. 정광문을 모시고 하장군의 산림에서 노닐다 陪鄭廣文遊何將軍山林 … 536
437. 다시 하씨에게 들르다 重過何氏 … 537
438. 영주 이판관을 보내며 送靈州李判官 … 538
439. 동생의 소식을 듣고서 得舍弟消息 … 539
440. 진주잡시 秦州雜詩 … 539
441. 진주잡시 秦州雜詩 … 540
442. 번검 蕃劍 … 541
443. 시골집 田舍 … 542
444. 배적이 신진사에 올라 왕시랑에게 부친 시에 화작하다 和裴迪登

新津寺寄王侍郞 … 543
445. 서쪽 들 西郊 … 544
446. 위시어가 우리 집으로 와 작별을 고함에 魏十四侍御就敝廬相別 … 545
447. 장난삼아 지어 한중왕에게 부쳐 올리다 戲題寄上漢中王 … 546
448. 느낀 바가 있어서 有感 … 547
449. 한 쌍의 제비 雙燕 … 548
450. 도솔사에 올라 上兜率寺 … 549
451. 자주 이재주를 모시고 강에 배를 띄우고 놀았는데 가기들이 여러 배에 있어 장난삼아 염곡 2수를 지어 이재주에게 드리다 數陪李梓州泛江有女樂在諸舫戲爲艶曲二首贈李 … 550
452. 성도로 돌아가는 사직 위랑을 전송하며 送韋郞司直歸成都 … 551
453. 누대 위에서 臺上 … 552
454. 마음대로 노닐며 薄遊 … 553
455. 강가 정자에서 낭주 왕자사께서 자리를 마련하여 수주 소자사와 전별하심에 江亭王閬州筵餞蕭遂州 … 554
456. 왕사군을 모시고 그믐날에 배를 띄워 황가정자에 가서 陪王使君晦日泛江就黃家亭子 … 555
457. 성 위에서 城上 … 556
458. 공주 최녹사에게 부침 寄邛州崔錄事 … 557
459. 엄정공댁에서 함께 대나무를 읊다 嚴鄭公宅同詠竹 … 558
460. 이고의 요청으로 사마 동생이 그린 산수도를 구경하다 觀李固請司馬弟山水圖 … 558

461. 고상시께서 돌아가셨다는 얘기를 듣고 聞高常侍亡 … 559
462. 상징군과 헤어지며 別常徵君 … 561
463. 금수에서 살던 곳을 그리워하며 懷錦水居止 … 562
464. 백제성에 올라 上白帝城 … 563
465. 염예퇴 灩澦堆 … 564
466. 싸움닭 鬪雞 … 565
467. 백중승을 모시고 장사들에게 연회를 베푼 것을 보고 陪柏中丞觀宴將士 … 566
468. 저무는 봄에 양서에서 새로 임대한 초옥에 적다 暮春題瀼西新賃草屋 … 567
469. 아이 종이 오다 豎子至 … 568
470. 나무 아래에서 樹間 … 568
471. 가을 들판 秋野 … 569
472. 전장군이 기주 백중승의 명으로 강릉절도사인 양성군왕 위공의 막부에 문후드리러 가는 걸 전송하며 送田四弟將軍將夔州柏中丞命起居江陵節度使陽城郡王衛公幕 … 570
473. 비를 무릅쓰고 행군사마 아우의 집에 들어 乘雨入行軍六弟宅 … 571
474. 담주에서 원외랑 위초가 소주자사로 가는 걸 전송하며 潭州送韋員外迢牧韶州 … 572

【오율경운五律庚韻】

475. 방병조의 호마 房兵曹胡馬 … 574
476. 정광문을 모시고 하장군의 산림에서 노닐다 陪鄭廣文遊何將軍山

林 … 575
477. 진보궐에게 드림 贈陳二補闕 … 576
478. 달 月 … 577
479. 단오절에 내려주신 옷 端午日賜衣 … 578
480. 돌아오지 못하고 不歸 … 579
481. 달밤에 동생을 생각하며 月夜憶舍弟 … 580
482. 은하수 天河 … 580
483. 먼 길 떠나는 이를 전송하고서 送遠 … 581
484. 시골 밤 邨夜 … 582
485. 마음을 달래며 遣意 … 583
486. 생각나는 대로 쓰다 漫成 … 584
487. 봄밤에 반갑게 내린 비 春夜喜雨 … 585
488. 물가 난간에서 마음을 달래며 水檻遣心 … 586
489. 강두오영-비오리 江頭五詠·花鴨 … 586
490. 자취를 감추고 屛跡 … 587
491. 봉제역에서 엄공을 거듭 보내며 지은 율시 奉濟驛重送嚴公四韻 … 588
492. 광주로 돌아가는 단공조를 전송하며 送段功曹歸廣州 … 589
493. 서글픈 가을 悲秋 … 590
494. 나그네의 밤 客夜 … 591
495. 달을 감상하고서 한중왕에게 드림 翫月呈漢中王 … 592
496. 강에 배 띄워 나그네를 전송하며 泛江送客 … 593
497. 성도로 돌아가는 두구를 전송하며 送竇九歸成都 … 594

498. 강동으로 가는 원이를 전송하며 送元二適江左 … 595
499. 세모 歲暮 … 596
500. 종실 이엽경을 전송하며 送李卿曄 … 597
501. 등왕정자 滕王亭子 … 598
502. 홀로 앉아 獨坐 … 599
503. 정월 초사흘에 초당으로 돌아와 지은 것을 막부의 여러 공들에게 편지삼아 보내다 正月三日歸溪上有作簡院內諸公 … 599
504. 봄날 강촌 春日江村 … 600
505. 봄은 멀어져 가고 春遠 … 601
506. 엄복야의 영구가 고향에 돌아가는 것을 곡하며 哭嚴僕射歸櫬 … 603
507. 기주로 이사하여 짓다 移居夔州作 … 604
508. 서각에서 비 오는 것을 바라보며 西閣雨望 … 605
509. 입택 入宅 … 605
510. 한식날에 종문과 종무에게 보여주다 熟食日示宗文宗武 … 606
511. 달 月 … 607
512. 8월 15일 밤 달 八月十五夜月 … 608
513. 늦은 가을에 소영 아우가 강가 누각에서 최평사와 위소부 조카와 밤에 잔치하다 季秋蘇五弟纓江樓夜宴崔十三評事韋少府姪 … 609
514. 장난삼아 배해체를 지어 답답한 마음을 풀다 戲作俳諧體遣悶 … 610
515. 비 雨 … 611
516. 최경께서 기주의 군대를 통솔하시다가 강릉으로 돌아가심에 받

들어 전송하며 奉送卿二翁統節度鎭軍還江陵 … 612

517. 공안현 회고 公安縣懷古 … 613

518. 공안에서 이진숙 아우가 촉으로 들어가는 것을 전송하고 나는 면악으로 내려가다 公安送李二十九弟晉肅入蜀余下沔鄂 … 614

519. 오랜 나그네 久客 … 615

520. 배사군을 모시고 악양루에 올라 陪裴使君登岳陽樓 … 616

521. 청초호에서 묵으며 宿靑草湖 … 618

522. 강루에서 병으로 누웠다가 급히 시를 써 최·노 두 시어사에게 부쳐 드리다 江閣臥病走筆寄呈崔盧兩侍御 … 619

【오율청운五律靑韻】

523. 고 무위장군을 애도하는 노래 故武衛將軍挽詞 … 620

524. 길에서 성으로 들어가는 양양의 양소부를 만나 장난삼아 원외랑 양관에게 드리다 路逢襄陽楊少府入城戲呈楊四員外綰 … 621

525. 진주잡시 秦州雜詩 … 622

526. 높다란 녹나무 高柟 … 623

527. 장난삼아 지어 한중왕에게 부쳐 올리다 戲題寄上漢中王 … 624

528. 염정현을 지나면서 그럭저럭 율시 한 수를 지어 엄수주·봉주 두 분 자사와 자의참군의 여러 형제분에게 편지삼아 받들어 드리다 行次鹽亭縣聊題四韻奉簡嚴遂州蓬州兩使君咨議諸昆季 … 625

529. 또 두사군에게 드림 又呈竇使君 … 626

530. 옛 처소에서 나그네로 묵으며 客舊館 … 627

531. 군중에서 취하여 노래 부른 것을 심팔과 유씨 노인에게 부치다

軍中醉歌寄沈八劉叟 … 628

532. 서각을 떠나지 못해 不離西閣 … 629
533. 저무는 봄에 양서에서 새로 임대한 초옥에 적다 暮春題瀼西新賃草屋 … 630
534. 동생 두관이 곧 도착함을 기뻐하며 다시 단편의 시를 짓다 喜觀卽到復題短篇 … 631
535. 홀로 앉아 獨坐 … 632
536. 송자의 강정에 배를 대고 泊松滋江亭 … 633
537. 형주에서 광주로 부임하는 이대부를 전송하며 衡州送李大夫七丈赴廣州 … 634
538. 백사역에서 묵으며 宿白沙驛 … 635

【오율증운五律蒸韻】
539. 고 무위장군을 애도하는 노래 故武衛將軍挽詞 … 636
540. 강변의 별과 달 江邊星月 … 637
541. 악양성 아래에 배를 대고 泊岳陽城下 … 638

【오율우운五律尤韻】
542. 장씨가 은거하는 곳에 적다 題張氏隱居 … 639
543. 여러 귀공자를 모시고 장팔구에서 기녀들과 더불어 더위를 식히다가 저녁이 되어 비를 만나다 陪諸貴公子丈八溝攜妓納涼晚際遇雨 … 640
544. 저물녘에 길을 가며 입에서 나오는 대로 시를 짓다 晚行口號 … 641

545. 홀로 서서 獨立 … 642

546. 아우를 그리며 憶弟 … 642

547. 진주잡시 秦州雜詩 … 643

548. 가을에 완방께서 염교 서른 단을 보내주시다 秋日阮隱居致薤三十束 … 644

549. 강물이 불다 江漲 … 645

550. 수각사에서 노닐며 遊修覺寺 … 646

551. 지는 해 落日 … 647

552. 강물이 불다 江漲 … 648

553. 자취를 감추고 屏跡 … 649

554. 현무선사의 거처 벽에 적다 題玄武禪師屋壁 … 650

555. 장난삼아 지어 한중왕에게 부쳐 올리다 戲題寄上漢中王 … 651

556. 우두사에 올라 上牛頭寺 … 652

557. 파서역의 정자에서 강물이 불어난 것을 보고 두사군에게 드리다 巴西驛亭觀江漲呈竇十五使君 … 653

558. 서산 西山 … 654

559. 왕사군을 모시고 그믐날에 배를 띄워 황가정자에 가서 陪王使君晦日泛江就黃家亭子 … 655

560. 옥대관 玉臺觀 … 656

561. 시골에 내린 비 村雨 … 657

562. 고인이 된 곡사교서의 집에 들러서 過故斛斯校書莊 … 658

563. 촉 땅을 떠나며 去蜀 … 659

564. 나그네의 밤 회포를 적다 旅夜書懷 … 660

565. 고 방재상의 영구가 낭주의 빈소를 떠나 동도로 돌아가 장례 치른다는 얘기를 삼가 듣고 지은 시 承聞故房相公靈櫬自閬州啓殯歸葬東都有作 ··· 661
566. 새벽에 백제성과 백염산을 바라보며 曉望白帝城鹽山 ··· 662
567. 강가에서 江上 ··· 663
568. 잠들지 못해 不寐 ··· 664
569. 달 月 ··· 665
570. 다섯째 아우 풍이 홀로 강동에 있어 근 3,4년 동안 적막하게도 소식이 없었는데 심부름시킬 사람을 찾아 이 2수의 시를 부치다 第五弟豐獨在江左近三四載寂無消息覓使寄此二首 ··· 666
571. 서각에서 입에서 나오는 대로 시를 적어 원씨에게 드리다 西閣口號 呈元二十一 ··· 667
572. 명마 옥완류 玉腕騮 ··· 667
573. 뒤집혀진 배 覆舟 ··· 669
574. 시어사 정판관을 충임코자 형주로 가는 이공조를 전송하며 거듭 드리다 送李功曹之荊州充鄭侍御判官重贈 ··· 670
575. 왕판관을 전송하며 送王十六判官 ··· 671
576. 파상에서의 유람을 생각하며 懷灞上遊 ··· 672
577. 아우 두관의 편지를 보니 중도로부터 출발하여 이미 강릉에 이르렀으며 3월 말에 기주에 도착하리라 한다. 슬프고 기쁜 감정이 겸하여 일어났지만 단란함을 기대할 수 있어, 시로 읊어 일을 적었으니 정은 말에서 드러나리라 得舍弟觀書自中都已達江陵今玆暮春月末行李合到夔州悲喜相兼團圓可待賦詩卽事情見乎詞 ··· 673

578. 밤비 夜雨 … 674

579. 다시 적은 시 更題 … 675

580. 동생 두관이 신부를 데리러 남전으로 돌아가기에 전송하며 이 시를 보이다 舍弟觀歸藍田迎新婦送示 … 676

581. 나뭇잎은 흔들리며 떨어지고 搖落 … 677

582. 가을에 정감의 호상정에 부쳐 쓰다 秋日寄題鄭監湖上亭 … 678

583. 열엿샛날 밤에 달을 감상하며 十六夜翫月 … 679

584. 백제성 누각 白帝城樓 … 680

585. 돌아가는 기러기 歸雁 … 681

586. 다시 짓다-상서랑 이지방을 곡하며 重題・哭李尙書 … 682

587. 악양루에 올라 登岳陽樓 … 683

588. 늦은 가을에 장사의 채시어께서 마련한 술자리에서 성친차 예주로 돌아가는 은참군을 전송하다 晩秋長沙蔡五侍御飮筵送殷六參軍歸澧覲省 … 684

589. 저무는 가을에 장차 진으로 돌아가고자 하여 호남의 막부 친구들과 이별하다 暮秋將歸秦留別湖南幕府親友 … 685

【오율침운五律侵韻】

590. 유법조・정하구와 함께 석문산에서 연회차 모이다 劉九法曹鄭瑕丘石門宴集 … 687

591. 춘망 春望 … 688

592. 각로 가지께서 여주로 나가시는 걸 전송하며 送賈閣老出汝州 … 689

593. 중윤 왕유에게 받들어 드림 奉贈王中允維 … 690

594. 옷 다듬질 擣衣 … 691

595. 들판에서 바라보며 野望 … 692

596. 병든 말 病馬 … 693

597. 구리 두레박 銅缾 … 693

598. 계주자사 양담에게 부치다 寄楊五桂州譚 … 694

599. 우두사를 바라보며 望牛頭寺 … 695

600. 초겨울 初冬 … 696

601. 봄날 강촌 春日江村 … 697

602. 길게 읊조리다 長吟 … 698

603. 유주에서 엄시어를 기다렸으나 오시지 않아 먼저 삼협으로 내려가다 渝州候嚴六侍御不到先下峽 … 699

604. 장강 長江 … 700

605. 정현의 남쪽을 그리며 憶鄭南 … 701

606. 비가 개다 晴 … 702

607. 여산 驪山 … 703

608. 강역 안을 하나로 싸면 提封 … 704

609. 구당협 어귀 峽口 … 705

610. 또 두 아이에게 보여주다 又示兩兒 … 706

611. 머슴아이에게 일을 시켜서 북쪽 과수원의 가지와 덩굴을 다듬고 더러운 것을 다 치우고 나서 침상을 옮기다 課小豎鉏斫舍北果林 枝蔓荒穢淨訖移床 … 707

612. 어둠 暝 … 708

613. 맹창조에게 편지를 가지고 토루의 옛집을 방문해 주길 부탁하며

憑孟倉曹將書覓土婁舊莊 … 709

614. 구름 雲 … 710

615. 백제루 白帝樓 … 711

616. 여름에 양장녕태수댁에서 입경하는 최시어와 상정자를 전송하며
夏日楊長寧宅送崔侍御常正字入京 … 712

617. 상시랑 이역을 애도하며 哭李常侍嶧 … 713

618. 남쪽으로 가며 南征 … 714

【오울담운五律覃韻】

619. 닭 雞 … 716

620. 아침 朝 … 717

621. 누각 위에서 樓上 … 718

【오울염운五律鹽韻】

622. 촉주로 부임하는 장참군을 전송하고 이로 인하여 양시어에게 드리다 送張參軍赴蜀州因呈楊侍御 … 720

623. 저물녘에 날이 개다 晚晴 … 721

624. 동진에서 낭주녹사로 부임하는 위풍섭을 전송하며 東津送韋諷攝閬州錄事 … 722

625. 엄정공댁 섬돌 아래에 새로 심은 소나무 嚴鄭公堦下新松 … 723

626. 입택 入宅 … 724

| 권 5 卷五 |

【칠률동운七律東韻】

627. 촉주의 이사마가 조강에 다리를 지어 그날로 완성함에 오가는 백성들이 겨울 찬물에 들어가지 않아도 되게 해준 것을 참관하고, 짤막하게 지어 이공에게 보내다 陪李七司馬皂江上觀造竹橋卽日成往來之人免冬寒入水聊題短作簡李公 … **727**

628. 농부가 붉은 앵두를 보내오다 野人送朱櫻 … **728**

629. 가을의 흥취 秋興 … **730**

630. 옛 유적에 대한 감회를 노래함 詠懷古跡 … **731**

631. 저무는 봄에 暮春 … **732**

632. 강에 비가 내려 정전설랑을 떠올리다 江雨有懷鄭典設 … **733**

【칠률동운七律冬韻】

633. 저물녘 사안사 종루에 올라 배적에게 暮登四安寺鍾樓寄裴十迪 … **735**

634. 여러 장수들 諸將 … **736**

【칠률강운七律江韻】

635. 배에 올라 進艇 … **738**

【칠률지운七律支韻】

636. 정건이 태주의 사호참군으로 편적되어 떠나보내게 되었는데, 애석하게도 그가 늘그막에 반란군에게 사로잡혔던 변고를 슬퍼하

고, 직접 작별 인사도 하지 못해서, 그런 심정을 시에 나타내다 送鄭十八虔貶台州司戶傷其臨老陷賊之故闕爲面別情見於詩 … 740

637. 선정전에서 조회를 마치고 늦게 문하성을 나서면서 宣政殿退朝晚出左掖 … 741

638. 자신전에서 퇴조하며 입에서 나오는 대로 읊조리다 紫宸殿退朝口號 … 742

639. 가을의 흥취 秋興 … 743

640. 가을의 흥취 秋興 … 744

641. 옛 유적에 대한 감회를 노래함 詠懷古跡 … 746

642. 입춘 立春 … 747

643. 7월 1일 종명부의 물가 누각에서 七月一日題終明府水樓 … 748

644. 새벽에 공안을 떠나다 曉發公安 … 749

【칠률미운 七律微韻】

645. 곡강 曲江 … 751

646. 곡강에서 술을 대하다 曲江對酒 … 752

647. 부모를 뵈러 강동으로 가는 한씨를 전송하며 送韓十四江東省覲 … 753

648. 성도의 초당으로 가는 길에 지은 작품이 있어 먼저 엄정공에게 부친다 將赴成都草堂途中有作先寄嚴鄭公 … 754

649. 12월 1일 十二月一日 … 755

650. 비는 그치지 않고 雨不絶 … 756

651. 황초 黃草 … 757

652. 가을의 흥취 秋興 … 759

653. 반딧불이를 보고 見螢火 … 760

【칠률어운七律魚韻】

654. 엄공께서 들판 정자에 지은 작품에 화답함 奉酬嚴公寄題野亭之作 … 762

655. 백학사의 초가에 부침 題柏學士茅屋 … 763

【칠률우운七律虞韻】

656. 성도의 초당으로 가는 길에 지은 작품이 있어 먼저 엄정공에게 부친다 將赴成都草堂途中有作先寄嚴鄭公 … 765

657. 다시 위왕에게 지어 바침 又作此奉衛王 … 766

【칠률제운七律齊韻】

658. 들판에서 바라보며 野望 … 768

659. 성도의 초당으로 가는 길에 지은 작품이 있어 먼저 엄정공에게 부친다 將赴成都草堂途中有作先寄嚴鄭公 … 769

660. 저물어 돌아가다 暮歸 … 770

【칠률회운七律灰韻】

661. 시골 늙은이 野老 … 772

662. 손님이 오다 客至 … 773

663. 그리움 所思 … 774

664. 시어 왕윤이 술을 들고 초당을 방문하기로 약속했기에 이 시를 보내면서, 그 김에 고적을 함께 초청하다 王十七侍御掄許攜酒至草堂奉寄此詩便請邀高三十五使君同到 … 776

665. 가을이 저물다 秋盡 … 777

666. 다시 신원외랑을 전송하며 又送辛員外 … 778

667. 모친을 모시고 고향으로 돌아가는 왕판관을 전송하며 送王十五判官扶侍還黔中 … 779

668. 엄대부를 모시며 奉侍嚴大夫 … 781

669. 여러 장수들 諸將 … 782

670. 소짓날 小至 … 783

671. 왕감 병마사가 근처의 산에 희고 검은 두 마리의 매가 있는데 사냥꾼들이 오래도록 잡으러 다녔지만 결국 잡지 못했다고 하면서, 그 두 마리 매의 생김새가 다른 매들과는 다른데, 섣달이 지나 봄이 되어 더위를 피해 날아가 버리면 깊은 가을을 생각게 하는 그놈들의 단단한 깃촉도 아득히 볼 수 없게 될 것인지라, 내게 시를 써서 묘사해 달라고 부탁했다 見王監兵馬使說近山有白黑二鷹羅者久取竟未能得王以爲毛骨有異他鷹恐臘後春生騫飛避暖勁翮思秋之甚眇不可見請余賦詩 … 784

672. 두상공의 막부로 가는 이비서를 전송하며 送李八秘書赴杜相公幕 … 786

673. 중양절 九日 … 787

674. 높은 곳에 올라 登高 … 789

【칠률진운 七律眞韻】

675. 곡강 曲江 … 790

676. 정현의 정자에 부침 題鄭縣亭子 … 791

677. 최씨의 동산초당 崔氏東山草堂 … 792

678. 남쪽 이웃 南鄰 … 793
679. 중양절 九日 … 794
680. 장시어께 바침 奉寄章十侍御 … 795
681. 성도의 초당으로 가는 길에 지은 작품이 있어 먼저 엄정공에게 부친다 將赴成都草堂途中有作先寄嚴鄭公 … 797
682. 고민을 덜다 撥悶 … 798
683. 상징군에게 寄常徵君 … 799
684. 백중승의 명을 받고 강릉에 계신 위상서의 모친께 가게 된 별가 백이를 전송하며 지어서, 행군사마로 있는 사촌동생 두위에게 보여주게 하다 奉送蜀州柏二別駕將中丞命赴江陵起居衛尙書太夫人因示從弟行軍司馬位 … 800
685. 적갑산에서 赤甲 … 802
686. 늦여름에 황문시랑을 모시고 조정으로 가는 고향의 동생 두소를 전송하며 季夏送鄕弟韶陪黃門從叔朝謁 … 803
687. 다시 오랑에게 又呈吳郞 … 805
688. 동짓날 冬至 … 806
689. 공안의 승려 태역에게 작별을 고하며 留別公安太易沙門 … 807
690. 제비가 찾아올 때 배 안에서 짓다 燕子來舟中作 … 808

【칠률문운七律文韻】
691. 요족 출신의 하인 아단에게 示獠奴阿段 … 810

【칠률원운七律元韻】
692. 태산을 바라보며 望岳 … 812

693. 석양의 햇살 返照 … 813

694. 백제성 白帝 … 814

695. 옛 유적에 대한 감회를 노래함 詠懷古跡 … 815

【칠률한운七律寒韻】

696. 정부마가 집안의 연화동에서 연회를 열다 鄭駙馬宅宴洞中 … 817

697. 중양절에 남전 최씨의 장원에서 九日藍田崔氏莊 … 818

698. 손님이 오다 賓至 … 819

699. 한여름에 엄공께서 술과 안주를 들고 초당을 왕림하시다 嚴公仲夏枉駕草堂兼攜酒饌 … 820

700. 성도의 초당으로 가는 길에 지은 작품이 있어 먼저 엄정공에게 부친다 將赴成都草堂途中有作先寄嚴鄭公 … 821

701. 막부에서 묵다 宿府 … 822

702. 심심풀이로 노조장에게 遣悶戲呈路十九曹長 … 824

703. 인일 人日 … 825

704. 소한식날 배에서 小寒食舟中作 … 826

【칠률산운七律刪韻】

705. 동짓날 문하성의 원로들과 양원의 벗들에게 부침 至日奉寄北省舊閣老兩院故人 … 828

706. 등왕정자 滕王亭子 … 829

707. 여러 장수들 諸將 … 830

708. 가을의 흥취 秋興 … 832

709. 옛 유적에 대한 감회를 노래함 詠懷古跡 … 833

【칠률선운七律先韻】

710. 성 서쪽 저수지에서 배를 띄우다 城西陂泛舟 … 836

711. 헌납사 겸 기거사인 전징께 贈獻納使起居舍人澄 … 837

712. 허팔을 통해 강녕의 민상인께 올림 因許八奉寄江寧旻上人 … 838

713. 이별을 한탄하며 恨別 … 839

714. 조정에 들어가는 노시어를 전송하며 送路六侍御入朝 … 840

715. 12월 1일 十二月一日 … 841

716. 한낮의 꿈 晝夢 … 842

717. 우문조, 최욱과 함께 다시 정태감 집 앞의 호수에 배를 띄우다 宇文晁崔彧重泛鄭監前湖 … 843

718. 공안에서 소부 위광찬을 전송하며 公安送韋二少府匡贊 … 845

719. 위찬선에게 贈韋七贊善 … 846

【칠률소운七律蕭韻】

720. 판관 전양구에게 贈田九判官梁丘 … 848

721. 납일 臘日 … 849

722. 들판에서 바라보며 野望 … 851

723. 옥대관 玉臺觀 … 852

724. 여러 장수들 諸將 … 853

725. 누각의 밤 閣夜 … 855

【칠률효운七律肴韻】

    726. 초당을 완성하다 堂成 … 857

【칠률호운七律豪韻】

    727. 중서사인 가지의 〈조조대명궁〉에 받들어 화답함 奉和賈至舍人早朝大明宮 … 859

    728. 옛 유적에 대한 감회를 노래함 詠懷古跡 … 860

【칠률가운七律歌韻】

    729. 파주의 마자사를 떠나보내며 奉寄別馬巴州 … 862

    730. 고상시께 奉寄高常侍 … 863

    731. 삼협에서 풍물을 유람하다 峽中覽物 … 865

【칠률마운七律麻韻】

    732. 곡강에서 사관 정팔장과 술을 마시다 曲江陪鄭八丈南史飮 … 867

    733. 복숭아나무에 부침 題桃樹 … 868

    734. 가을의 흥취 秋興 … 869

    735. 아우 두관이 남전에 있던 처자를 데리고 강릉에 도착함에 기뻐서 부침 舍弟觀赴藍田取妻子到江陵喜寄 … 870

【칠률양운七律陽韻】

    736. 곡강에서 비를 맞으며 曲江對雨 … 872

    737. 동짓날 문하성의 원로들과 양원의 벗들에게 부침 至日奉寄北省舊閣老兩院故人 … 873

738. 거침없는 이 狂夫 … 874
739. 관군이 하남과 하북을 수복했다는 소식을 듣고 聞官軍收河南河北 … 875
740. 재주자사 장이가 귤정에서 성도의 두소윤을 전별하다 章梓州橘亭餞成都竇少尹 … 877
741. 동지가 지난 후 至後 … 878
742. 12월 1일 十二月一日 … 879
743. 즉사시 卽事 … 881
744. 7월 1일 종명부의 물가 누각에서 七月一日題終明府水樓 … 882

【칠률경운七律庚韻】

745. 맑은 날 저무는 정원에서 서쪽 교외의 초당을 생각하며 院中晚晴懷西郭茅舍 … 884
746. 여러 장수들 諸將 … 885
747. 밤 夜 … 886
748. 피리 소리 吹笛 … 888
749. 시름 愁 … 889
750. 평사 최 아무개라는 사촌동생이 말을 보내 초청하겠다고 약속했는데 말이 오지 않기에, 늙은 몸이라 비가 와서 질척거리는 땅을 보고 외출하기를 무서워하리라 여겨서 좋은 만남의 약속을 어길 수밖에 없었나 보다 생각하여, 붓을 놀려 장난삼아 편지를 쓴다 崔評事弟許相迎不到應慮老夫見泥雨怯出必愆佳期走筆戲簡 … 890
751. 강릉절도사 양성군왕이 누각을 새로 짓고 엄시어판관에게 칠언

율시를 지어 달라고 청할 때 함께 지음 江陵節度使陽城郡王新樓成王請嚴侍御判官賦七字句同作 … 891

752. 판관 곽수에게 酬郭十五判官受 … 893

【칠률청운七律靑韻】

753. 엄중승께서 왕림해 주시다 嚴中丞枉駕見過 … 895

754. 담산인이 은거하는 곳 覃山人隱居 … 896

755. 즉사시 卽事 … 897

【칠률증운七律蒸韻】

756. 지독히 더운 초가을에 처리할 일도 많고 早秋苦熱堆案相仍 … 899

757. 병 많아 열에 시달릴 때, 이상서를 그리며 多病執熱奉懷李尙書 … 900

【칠률우운七律尤韻】

758. 장씨가 은거하는 곳에 적다 題張氏隱居 … 902

759. 거처를 정하다 卜居 … 903

760. 강가 마을 江村 … 904

761. 배적의 〈등촉주동정송객봉조매상억〉 시에 화답함 和裴迪登蜀州東亭送客逢早梅相憶見寄 … 905

762. 붉은 강물이 기세가 바다와 같아 짤막하게 기술하다 江上値水如海勢聊短述 … 906

763. 두위에게 부치다 寄杜位 … 907

764. 부성현 향적사의 관청 누각에서 涪城縣香積寺官閣 … 908

765. 형남으로 가려던 차에 이검주자사께 작별을 고하며 將赴荊南寄別李劍州 … 909
766. 백제성에서 가장 높은 누각 白帝城最高樓 … 911
767. 가을의 흥취 秋興 … 912
768. 왕감 병마사가 근처의 산에 희고 검은 두 마리의 매가 있는데 사냥꾼들이 오래도록 잡으러 다녔지만 결국 잡지 못했다고 하면서, 그 두 마리 매의 생김새가 다른 매들과는 다른데, 섣달이 지나 봄이 되어 더위를 피해 날아가 버리면 깊은 가을을 생각게 하는 그놈들의 단단한 깃촉도 아득히 볼 수 없게 될 것인지라, 내게 시를 써서 묘사해 달라고 부탁했다 見王監兵馬使說近山有白黑二鷹羅者久取竟未能得王以爲毛骨有異他鷹恐臘後春生騫飛避暖勁翮思秋之甚眇不可見請余賦詩 … 914
769. 오사법참군께 簡吳郎司法 … 915
770. 아우 두관이 남전에 있던 처자를 데리고 강릉에 도착함에 기뻐서 부침 舍弟觀赴藍田取妻子到江陵喜寄 … 916
771. 장사에서 이함을 전송하며 長沙送李十一銜 … 918

【칠률침운七律侵韻】

772. 궁궐 벽에 쓰다 題省中壁 … 920
773. 촉나라의 재상 蜀相 … 921
774. 누각에 올라 登樓 … 922
775. 가을의 흥취 秋興 … 923
776. 염예 灩澦 … 924

777. 아우 두관이 남전에 있던 처자를 데리고 강릉에 도착함에 기뻐서 부침 舍弟觀赴藍田取妻子到江陵喜寄 … 925

간기 刊記 … 928

색인 索引
  - 제목〔原題〕색인 … 933
  - 시구 詩句 색인/오언율시 … 948/칠언율시 … 1033

역해자 프로필 … 1054

권 1 卷一

五律東韻・五律冬韻・五律江韻
오율동운・오율동운・오율강운

五律支韻・五律微韻・五律魚韻
오율지운・오율미운・오율어운

五律虞韻・五律齊韻
오율우운・오율제운

【오율동운五律東韻】

001. 영가의 현위로 가는 배규를 보내며

고서정은 어디에 있나?
하늘가 물기 어린 가운데.
친구가 그곳으로 벼슬길 떠나나니
외진 땅에서 흥취는 누구와 같이할까?
은둔한 관리라 매복을 만나고
산에 노닐다 사공을 떠올리리.
작은 배 내 이미 빌렸거니
가을바람 기다려 낚싯대 잡으리라.

송배이규작위영가
送裴二虯作尉永嘉

고서정하처　　　천애수기중　　　고인관취차　　　절경흥수동
孤嶼亭何處　　　天涯水氣中　　　故人官就此　　　絶境興誰同
은리봉매복　　　유산억사공　　　편주오이추　　　파조대추풍
隱吏逢梅福　　　遊山憶謝公　　　扁舟吾已僦　　　把釣待秋風

● 해설
이 시는 천보天寶 13년(754)에 두보가 장안長安 하두성下杜城에 있을 때 지은 작품이다. 배규裴虯는 자가 심원深原으로 처음에는 영가현위永嘉縣尉였다가 도주자사道州刺史로 진급되었고 간의대부諫議大夫에까지 올랐다. 영가는 현縣 이름으로 온주溫州에 속한다. 현위는 본래 미관말직이어서 드러낼 만한 업적이 없다. 따라서 이 시에서는 영가 산수의 운치있는 일만을 표현하였다. 시의 끝 부분에서 시인이 실의하여 멀리 떠나고자 하는 바람을 담았다.

● 주석
* 孤嶼(고서) : 고서는 온주溫州 남쪽의 영가강永嘉江 가운데 있는 산 이름.

* 梅福(매복) : 매복의 자는 자진子眞이다. 구강九江 수춘壽春 사람으로 남창위南昌尉를 맡았다. 왕망王莽이 전횡하자 하루아침에 처자를 버리고 회계會稽에 숨었다가, 후에 신선이 되었다고 한다.
* 謝公(사공) : 사영운謝靈運. 사영운이 영가태수永嘉太守가 되었을 때 그 고을의 이름난 산수를 마음껏 유람하였다.
* 僦(추) : 배를 빌리다.

002. 눈을 바라보며

전장에 울어대는 많은 새 귀신들,
시름에 읊조리는 외로운 이 늙은이.
어지러운 구름은 저물녘에 낮게 드리우고
세찬 눈발 회오리바람 타고 춤춘다.
술동이 술 떨어져 표주박 버려지고
빨간 불기 보이는 듯 화로는 남아있는데
여러 고을 소식 두절되었기에
근심스레 앉아 허공에 글씨를 쓴다.

대 설
對雪

전곡다신귀　　수음독로옹　　란운저박모　　급설무회풍
戰哭多新鬼　愁吟獨老翁　亂雲低薄暮　急雪舞廻風
표기준무록　　로존화사홍　　수주소식단　　수좌정서공
瓢棄樽無渌　爐存火似紅　數州消息斷　愁坐正書空

● 해설
지덕至德 원년元年(756) 겨울, 두보는 장안 적군에게 억류되어 있었다. 이 해 10월 방관房琯이 진도사陳陶斜에서 대패하였다. 이 시는 평범하게 눈을 읊은 것이 아니다. 전반부에서는 시사時事에 상심한 뜻이 설경雪景으로 나타났으며 후반부에서는 눈오는 광경을 빌려 시사를 환기시켰다.

● 주석
* 戰哭(전곡) 구 : 《후한서後漢書》를 보면 진총陳寵이 태수太守가 되었을 때 낙양성에 매일 음산하게 비가 오고 곡성哭聲이 들렸다. 진총이 곡성을 듣고 그 이유가 궁금해서 관리를 시켜 물어보았다. 관리가 돌아와서 하는 말이 "난리가 났을 때 이곳에 죽은 사람이 많았는데 그 해골을 장사지낼 수가 없었습니다."라고 하였다. 이에 진총이 모두 거두어 장사지내주니 다음부터 곡소리가 들리지 않았다.
* 書空(서공) : 허공에 손가락으로 글씨를 쓰다. 울분과 근심을 나타낸다. 《세설신어世說新語》에 따르면 은호殷浩가 집에 있을 때 종일 허공에 글자를 썼는데 '돌돌괴사咄咄怪事(쯧쯧, 이상한 일이야.)'라는 네 글자였다.

003. 장손시어를 곡하다

도는 시서로 무게를 더하고
이름은 부송으로 떨치셨던 분!
예부 과장科長에선 일찍이 으뜸으로 발탁되고
헌부에선 누차 총마를 타셨지요.
흐르는 물처럼 이 생애 다했고
뜬구름처럼 세상일 부질없는데
오직 옛 누대에 잣나무 남아있어
구원 가운데 바람소리 쓸쓸합니다.

곡장손시어
哭長孫侍御

도위시서중　　명인부송웅　　례위증탁계　　헌부루승총
道爲詩書重　　名因賦頌雄　　禮闈曾擢桂　　憲府屢乘驄
류수생애진　　부운세사공　　유여구대백　　소슬구원중
流水生涯盡　　浮雲世事空　　惟餘舊臺栢　　蕭瑟九原中

● 해설
지덕至德 2년(757) 작품이다. 전반부는 생전의 이력을, 후반부는 죽은 뒤의 슬픔을 나타내었다.

● 주석
* 禮闈(예위) 구 : 예위는 상서성尙書省이다. 탁계擢桂는 과거에 급제한 것을 말한다.
* 憲府(헌부) 구 : 헌부는 어사御史가 있는 관청으로 어사대御史臺라고 했으며 헌대憲臺라고도 한다. 승총乘驄은 시어사侍御史가 되었음을 말한다.

004. 잠참보궐이 보내준 시에 삼가 답하다

그윽하고 맑은 궁궐,
조회 파한 뒤 귀로歸路는 같지 않아
그대는 재상의 뒤를 따르고
나는 일화문 동쪽으로 갑니다.
하늘하늘 버들가지는 푸르고
곱디고운 꽃술은 붉은데
옛 친구가 좋은 시구 얻어서
오직 이 흰머리의 늙은이에게 주는구려.

奉答岑參補闕見贈
窈窕淸禁闥　罷朝歸不同　君隨丞相後　我往日華東
冉冉柳枝碧　娟娟花蕊紅　故人得佳句　獨贈白頭翁

● 해설
건원乾元 원년(758) 봄, 두보가 좌습유左拾遺로 있었을 때 지은 작품이다.

● 주석
* 罷朝(파조) 구 : 동반東班・서반西班이 각각 본성本省으로 돌아간다는 뜻이다.

* 君隨(군수) 2구 : 잠참岑參은 직책이 중서성中書省에 소속되어 우서右署에 있었고, 두보는 문하성門下省에 소속되어 좌서左署에 있었다. 《당육전唐六典》에 의하면 선정전宣政殿 앞에 두 채의 건물(廡)이 있고 거기에는 각각 문이 있다. 동쪽을 일화日華라고 하였다. 일화의 동쪽이 문하성이고 전무殿廡의 왼쪽에 있기 때문에 좌성左省이라고 한다. 서쪽 행랑(廊)의 문은 월화月華라고 하며 월화의 서쪽이 중서성이다. '군수승상후君隨丞相後'는 재상宰相이 조회를 마치고 월화문을 나가 중서성으로 들어갈 때 서성西省의 관리 역시 재상을 따라 서쪽으로 나간다는 것을 말한다. 좌성左省의 관리라면 동쪽으로 나가므로 '아왕일화동我往日華東'이라고 한 것이다.

005. 맹운경에게 수창하다

즐거움 극에 이르니 흰머리가 마음 아프고
밤 깊으니 붉은 촛불이 아까워라.
같이 만난 날 계속되기 어려우니
이별 고하는 일 서둘지 마시게나.
그저 은하수 질까 두렵거늘
어찌 술잔 비우지 않으랴!
내일 아침이면 세상일에 이끌려
눈물 뿌리며 각기 동서로 헤어질 터인데……

酬孟雲卿

樂極傷頭白　更長愛燭紅　相逢難袞袞　告別莫悤悤
但恐天河落　寧辭酒盞空　明朝牽世務　揮涙各西東

● 해설
이 시는 건원乾元 원년(758) 6월 화주사공참군華州司功參軍이 되어 임지로 떠나기 전날 밤에 지은 작품이다. 가지賈至가 폄적된 이후 숙종肅宗은 다시 방관房琯, 엄무嚴武 등 현종玄宗의 구신舊臣을 차례로 폄적시켰다. 두보가 좌습유로 있을 때 상소를 올려 방관을 구하려고 했으나 숙종은 두보까지 같은 당黨으로 보고 화주사공참군으로 폄적시켰던 것이다.

● 주석
* 袞袞(곤곤) : 계속하여 이어지는 모습.
* 怱怱(총총) : 급작스러운 모습.

006. 진주잡시

진주의 성 북쪽에 자리한 절,
이름난 고적인 외효궁.
이끼 낀 산문은 오래되었고
단청 칠한 전각은 비어있는데
달빛은 잎에 드리운 이슬에 환하고
구름은 시내 건너는 바람을 좇는다.
맑은 위수는 무정하기만 하여
시름겨운 때에 홀로 동쪽을 향하누나.

진주잡시
秦州雜詩

진주성북사　승적외효궁　태선산문고　단청야전공
秦州城北寺　勝跡隗囂宮　苔蘚山門古　丹青野殿空
월명수엽로　운축도계풍　청위무정극　수시독향동
月明垂葉露　雲逐度溪風　清渭無情極　愁時獨向東

● 해설
건원乾元 2년(759) 가을에 두보가 진주에 있을 때 지은 작품이다. 〈진주잡시秦州雜詩〉 20수 가운데 제2수에 해당한다. 전반부에서는 고적古迹을 서술하였고, 후반부는 경치를 보고 상심한 마음을 그렸다.

● 주석

* 城北寺(성북사) : 《두억杜臆》에서 "고을 동북쪽 산 위에 숭녕사崇寧寺가 있는데 바로 외효가 예전에 거처하던 곳이다(州東北山上有崇寧寺, 乃隗囂故居)."라고 하였다. 외효가 농서隴西 천수군天水郡을 점거하고는 자신을 서백西伯이라 칭하고 이곳에 도읍을 정하였는데, 이 절이 바로 그 옛터이다. 외효는 서한西漢 말, 동한東漢 초 사람으로 한 지역의 패주로 자처하다가 한漢나라 군대에 패하였다.
* 隗囂宮(외효궁) : 《방여승람方輿勝覽》에 '조과곡은 진주 맥적산의 북쪽에 있는데 옛날에 외효가 피서하던 궁이 있었다(雕窠谷, 在秦州麥積山之北, 舊有隗囂避暑宮)'라고 하였다.

007. 비가 개다

하늘 끝에 가을 구름 희미한데
서쪽에서 만리의 바람 불어온다.
오늘 아침 쾌청한 풍경,
오랜 비도 농사 망치지 않으리.
변방 버드나무 성근 푸른 빛 줄지어 있고
산 배나무 조그만 붉은 열매 맺었네.
호가소리 누대 위에서 울리자
기러기 한 마리 높은 하늘로 날아든다.

雨晴

天際秋雲薄　從西萬里風　今朝好晴景　久雨不妨農
塞柳行疎翠　山梨結小紅　胡笳樓上發　一鴈入高空

● 해설
건원乾元 2년(759) 가을, 진주秦州에 있을 때 지은 작품이다. 시제詩題가 〈추제秋

霽〉,〈추성秋聲〉으로 된 판본도 있다. 변새邊塞에 비가 처음 개었을 때의 기쁨을 노래한 시이다. 전반부는 비온 뒤 새로 갠 모습을, 후반부는 개었을 때 경물을 그렸다.

• **주석**
* 天際(천제):《두시상주杜詩詳注》와《독두심해讀杜心解》에는 '제際'가 '외外'로 되어 있다.
* 從西(종서) 구 : 서풍西風이 일어난다는 것은 가을날이 개었음을 나타낸 것이다.
* 樓上(누상) : 동루東樓를 가리킨다.

008. 왕승준 장군에게 부쳐 드리는 시

장군의 담대한 기상 뛰어나고
두 팔엔 각궁을 매고 계시는데
푸른 총마를 장식하고
금성에 출입하십니다.
시절 위태로운데 아직 부월 받지 못했으니
형편상 공 세우기 어렵지요.
빈객이 당에 가득해도
그 누가 높은 뜻이 같겠습니까?

寄贈王十將軍承俊 (기증왕십장군승준)

將軍膽氣雄 (장군담기웅) 臂懸兩角弓 (비현량각궁) 纏結青驄馬 (전결청총마) 出入禁城中 (출입금성중)
時危未授鉞 (시위미수월) 勢屈難爲功 (세굴난위공) 賓客滿堂上 (빈객만당상) 何人高義同 (하인고의동)

• **해설**
상원上元 2년(761) 청성青城에 있을 때 지은 작품이다. 당시 왕王장군은 성도에 있었을 것이다. 시의 전반부에서는 장군의 씩씩함을 칭송하고, 후반부에서는 큰 임무를 맡지 못한 채 다만 높은 뜻(高義)만을 품은 것을 안타까워하였다. 이 시는 제齊·양梁의 율시律詩와 흡사하여 전반부는 평측平仄이 맞지 않는다.

- **주석**
* 臂懸(비현) 구 : 좌우 팔에 각각 활 하나씩 매었기 때문에 '양각궁兩角弓'이라고 한 것이다.
* 纏結(전결) : 말을 장식한 것이다.
* 禁城(금성) : 《두시상주》《독두심해》에는 '금성錦城'으로 되어 있다.
* 未授鉞(미수월) : 대장大將이 되지 못한 것을 뜻한다.

009. 왕명부에게 삼가 보내며

섭현의 낭관이신 현령,
주남의 태사공.
신선의 재주는 운수運數가 있지만
방랑하는 뜻은 끝이 없어라.
준마가 병들면 꼴을 그리워하고
매는 가을이면 새장을 두려워하는 법,
그대의 높은 뜻을 보니
만인과 함께함을 부끄러워하네.

경간왕명부
敬簡王明府

섭현랑관재	주남태사공	신선재유수	류락의무궁
葉縣郎官宰	周南太史公	神仙才有數	流落意無窮
기병사편말	응추파고롱	간군용고의	치여만인동
驥病思偏秣	鷹秋怕苦籠	看君用高義	恥與萬人同

- **해설**
이 시는 상원上元 2년(761) 가을에 지은 작품이다. 왕명부는 당흥현唐興縣의 현령인 왕잠王潛이다.

• 주석
* 葉縣(섭현) : 후한後漢의 왕교王喬는 섭현의 현령이면서 신선술을 터득하였다. 이 시에서는 왕명부를 비유한다.
* 郎官宰(낭관재) : 낭관의 직위로써 현령이 됨을 뜻한다. 《후한서後漢書》를 보면 호양공주湖陽公主가 아들을 낭관으로 삼아줄 것을 명제明帝에게 요구하자, 명제가 "낭관은 위로는 하늘의 별자리에 해당하고 외직으로 나가서는 사방 백리 고을을 다스린다(郎官上應列宿, 出宰百里)."라고 하였다.
* 周南(주남) 구 : 한漢 무제武帝 원봉元封 원년에 처음으로 태산에서 봉선 의식을 거행하였다. 당시 태사공인 사마담司馬淡은 주남에 머물러 있어서 이 의식에 참여하지 못한 것을 대단히 유감스럽게 생각하였다. 이 시에서 주남은 시인의 고향을 두고 한 말이며, 태사공은 시인을 비유한다.

010. 엄공의 청당 잔칫자리에서 촉도의 지도를 같이 읊다

해가 비치는 공관은 고요하고
그림 가득한 지도가 웅장한데
검각은 성교의 북쪽에 있고
송주는 설령이 동쪽에 있네.
화華와 이夷엔 산이 끊어지지 않고
오吳와 촉蜀은 강이 서로 통하네.
흥취가 저녁놀과 만났는데
맑은 술통 다행히 비지 않았군.

엄공청연동영촉도화도
嚴公廳宴同詠蜀道畵圖

일림공관정　　화만지도웅　　검각성교북　　송주설령동
日臨公館靜　畵滿地圖雄　劍閣星橋北　松州雪嶺東
화이산부단　　오촉수상통　　흥여연하회　　청준행불공
華夷山不斷　吳蜀水相通　興與煙霞會　清樽幸不空

• 해설

이 시는 보응寶應 원년(762), 성도의 엄무嚴武가 청당에서 연회를 베풀 때 주인 및 참석한 빈객들과 함께 촉도의 지도를 보고 지은 것이다. 수구首句에서는 엄공의 관청을, 둘째 구에서는 촉도의 지도를 언급하였다. 다음 4구는 지도에 그려진 경관을 그린 것으로, 연하煙霞도 지도에서 본 것이다. 검각은 성교의 북쪽에 있고, 송주는 설령이 동쪽에 있다. 산은 서남쪽에서부터 이어져오고 물은 동쪽으로 흘러간다. 촉의 지형이 마치 손바닥에 있는 듯하다.

• 주석

* 劍閣(검각) : 사천성 북부에 있는 검문관劍門關이다.
* 星橋(성교) : 칠성교七星橋로 성도에 있다.
* 松州(송주) 구 : 《당서唐書》에 따르면 송주 교천군交川郡은 검남도劍南道에 속하였다. 《원화군현지元和郡縣志》에 '설산은 송주 가성현 동쪽 80리에 있으니, 바로 서산이다(雪山, 在松州嘉城縣東八十里, 卽西山也)'라고 하였다.
* 華夷(화이) : 한족漢族과 오랑캐족.

011. 객사

가을 창은 오히려 새벽빛인데
낙엽 진 나무엔 다시 바람이 분다.
해는 찬 산 밖에서 떠오르고
강은 묵은 안개 가운데로 흐른다.
성명聖明한 조정엔 버려진 물건 없건만
노쇠하고 병들어 이젠 늙은이가 된 몸.
남은 생애 일은 얼마나 될까?
떠도는 삶은 구르는 쑥대에 맡겨두었는데……

客亭

秋窓猶曙色 落木更天風 日出寒山外 江流宿霧中

<ruby>聖<rt>성</rt></ruby><ruby>朝<rt>조</rt></ruby><ruby>無<rt>무</rt></ruby><ruby>棄<rt>기</rt></ruby><ruby>物<rt>물</rt></ruby>　<ruby>衰<rt>쇠</rt></ruby><ruby>病<rt>병</rt></ruby><ruby>已<rt>이</rt></ruby><ruby>成<rt>성</rt></ruby><ruby>翁<rt>옹</rt></ruby>　<ruby>多<rt>다</rt></ruby><ruby>少<rt>소</rt></ruby><ruby>殘<rt>잔</rt></ruby><ruby>生<rt>생</rt></ruby><ruby>事<rt>사</rt></ruby>　<ruby>飄<rt>표</rt></ruby><ruby>零<rt>령</rt></ruby><ruby>任<rt>임</rt></ruby><ruby>轉<rt>전</rt></ruby><ruby>蓬<rt>봉</rt></ruby>

● 해설
이 시는 보응寶應 원년(762) 가을에 지은 작품이다. 시의 전반부에서는 객정客亭의 풍경을, 후반부에서는 객정의 정회情懷를 표현하였다.

● 주석
* 宿霧(숙무) : 밤새도록 흩어지지 않은 안개.

012. 중양절을 맞아 재주성에 올라

예전의 국화술,
이제는 흰머리의 노인.
즐거움을 좇으려 하나 힘이 예전과 다른데
먼 곳 바라보니 시절의 풍경은 예전과 같아라.
동생과 누이를 슬픈 노래 속에 생각하고
하늘과 땅을 취한 눈으로 바라보나니
전쟁과 타향살이에
이 날, 이 슬픈 마음은 끝이 없구나.

<ruby>九<rt>구</rt></ruby><ruby>日<rt>일</rt></ruby><ruby>登<rt>등</rt></ruby><ruby>梓<rt>재</rt></ruby><ruby>州<rt>주</rt></ruby><ruby>城<rt>성</rt></ruby>

<ruby>伊<rt>이</rt></ruby><ruby>昔<rt>석</rt></ruby><ruby>黃<rt>황</rt></ruby><ruby>花<rt>화</rt></ruby><ruby>酒<rt>주</rt></ruby>　<ruby>如<rt>여</rt></ruby><ruby>今<rt>금</rt></ruby><ruby>白<rt>백</rt></ruby><ruby>髮<rt>발</rt></ruby><ruby>翁<rt>옹</rt></ruby>　<ruby>追<rt>추</rt></ruby><ruby>歡<rt>환</rt></ruby><ruby>筋<rt>근</rt></ruby><ruby>力<rt>력</rt></ruby><ruby>異<rt>이</rt></ruby>　<ruby>望<rt>망</rt></ruby><ruby>遠<rt>원</rt></ruby><ruby>歲<rt>세</rt></ruby><ruby>時<rt>시</rt></ruby><ruby>同<rt>동</rt></ruby>
<ruby>弟<rt>제</rt></ruby><ruby>妹<rt>매</rt></ruby><ruby>悲<rt>비</rt></ruby><ruby>歌<rt>가</rt></ruby><ruby>裏<rt>리</rt></ruby>　<ruby>乾<rt>건</rt></ruby><ruby>坤<rt>곤</rt></ruby><ruby>醉<rt>취</rt></ruby><ruby>眼<rt>안</rt></ruby><ruby>中<rt>중</rt></ruby>　<ruby>兵<rt>병</rt></ruby><ruby>戈<rt>과</rt></ruby><ruby>與<rt>여</rt></ruby><ruby>關<rt>관</rt></ruby><ruby>塞<rt>새</rt></ruby>　<ruby>此<rt>차</rt></ruby><ruby>日<rt>일</rt></ruby><ruby>意<rt>의</rt></ruby><ruby>無<rt>무</rt></ruby><ruby>窮<rt>궁</rt></ruby>

● 해설
보응寶應 원년(762)에 재주梓州에서 중양절重陽節을 맞아 등고登高하여 읊은 시이다. 혈육에 대한 정과 어지러운 현실에 대한 슬픔을 노래하고 있다. 첫 연의

출구出句에서 '황화주黃花酒'로 파제破題를 하였다. 앞의 4구는 중양절의 풍속을 묘사하고 뒤의 4구는 높은 곳에 올라 먼 곳을 바라보며 느낀 혈육에 대한 정과 어지러운 현실에 대한 슬픔을 노래하였다.

• 주석
* 梓州(재주) : 지금의 사천성四川省 삼태현三台縣를 가리킨다.
* 黃花酒(황화주) : 국화꽃으로 빚은 술로 중양절에 이 술을 마시는 풍속이 있었다.
* 兵戈(병과) : 서지도徐知道의 군대가 당시에 검각劍閣을 지키고 있었다.

013. 우두산 정자에 올라

장락사長樂寺 밖으로 길을 나서서
정자에서 만 정을 굽어보노라니
강가의 성은 외로이 해에 비치고
산골짜기는 멀리서 바람을 머금는다.
전쟁에 몸은 늙어만 가고
관하關河가 막혀 편지조차 전하지 못하여
몇 줄기 눈물만 남았거늘
온갖 꽃 만발한 풍광을 차마 바라볼 수 있으랴!

_{등 우 두 산 정 자}
登牛頭山亭子

_{로 출 쌍 림 외}   _{정 규 만 정 중}   _{강 성 고 조 일}   _{산 곡 원 함 풍}
路出雙林外   亭窺萬井中   江城孤照日   山谷遠含風
_{병 혁 신 장 로}   _{관 하 신 불 통}   _{유 잔 수 항 루}   _{인 대 백 화 총}
兵革身將老   關河信不通   猶殘數行淚   忍對百花叢

• 해설
재주梓州에서 지냈던 광덕廣德 원년(763)에 지은 시이다. 높은 곳에 올라 먼 곳을 바라보며 느낀 감회를 읊고 있다. 앞의 4구는 경치를 묘사하고 뒤의 4구는 외롭게 늙고 있는 자신의 처지를 한탄하고 있다.

• **주석**

* 牛頭山(우두산) : 재주梓州 처현郪縣의 서남쪽에 있는 산으로 소의 머리 모습을 하고 있어 붙여진 이름이다. 재주의 성곽이 굽어보인다.
* 雙林(쌍림) : 원래는 석가모니가 열반했던 곳을 가리키는데, 이 시에서는 우두산에 있는 장락사長樂寺를 비유한다.
* 萬井(만정) : 정井은 고대 중국의 행정단위로 사방 1리가 1정이 된다. 만정萬井은 여기서는 많은 집을 뜻한다. 우두산이 높이 있어 인가를 내려다 볼 수 있음을 표현한 것이다.
* 信不通(신불통) : 당시에 토번吐蕃이 여전히 국경을 침범하고 있었다. 따라서 서신을 전달할 수 없었던 것이다.

014. 경사를 수복하다

서울을 되찾았다는 소식도 다시 듣게 되고
오랑캐들 주살하였다는 말도 들었다.
도망갔던 벼슬아치들이 오히려 모두 임금을 호종하고
황제의 수레는 이미 황궁으로 돌아갔다.
국란을 진압하는 일이 진실로 이와 같으니
위태로움을 안정시키는 것은 다만 몇 충신의 손에 달렸을 뿐.
이 사람이 고개 돌려 그리워하는 곳에
다시는 통곡 소리에 슬픈 바람 이는 일이 없도록 했으면……

<ruby>收京<rt>수 경</rt></ruby>

<ruby>復道收京邑<rt>부 도 수 경 읍</rt></ruby> <ruby>兼聞殺犬戎<rt>겸 문 살 견 융</rt></ruby> <ruby>衣冠却扈從<rt>의 관 각 호 종</rt></ruby> <ruby>車架已還宮<rt>거 가 이 환 궁</rt></ruby>
<ruby>尅復誠如此<rt>극 복 성 여 차</rt></ruby> <ruby>安危在數公<rt>안 위 재 수 공</rt></ruby> <ruby>莫令回首地<rt>막 령 회 수 지</rt></ruby> <ruby>慟哭起悲風<rt>통 곡 기 비 풍</rt></ruby>

● 해설

토번吐蕃의 침입을 막고 황제가 몽진에서 환궁한 것은 광덕廣德 원년(763)의 일이다. 그러나 두보는 서울을 수복하고 황제가 환궁한 소식을 다음해인 광덕 2년(764)에 듣게 된다. 이 시는 광덕 2년 봄에 낭주閬州에서 지었다.

● 주석

* 復道(부도) : 장안長安은 안사安史의 반군에게 함락되었다가 수복된 적이 있고, 다시 이번에 토번吐蕃에게 함락되었다가 수복되었다. 그래서 '다시(復)'라고 표현한 것이다.
* 衣冠(의관) : 토번에 의해 장안이 함락되자 자신들의 안위를 위해 피난했던 벼슬아치들을 가리킨다.
* 數公(수공) : 위태로울 때에 나라를 위해 싸운 곽자의郭子儀, 백효덕白孝德, 장손전서長孫全緒, 은중경殷仲卿, 마린馬璘 등을 가리킨다.

015. 제주로 가는 동생 두영을 전송하며

고모는 지금 바닷가에 계시고
두 동생도 멀리 산동에 있는데
떠날 때는 방패와 창 사이에서 길을 찾아야 하겠지만
다시 올 때는 훤히 뚫려있는 길을 보았으면 좋으련만!
짧은 옷으로 전장을 피하고
단필의 말로 가을바람을 쫓게 되리니
함께 방랑하는 신세가 되어
오래도록 갈석산의 기러기를 바라보지는 말아야 할 텐데……

送舍弟穎赴齊州

諸姑今海畔　兩弟亦山東　去傍干戈覓　來看道路通

단 의 방 전 지　　　필 마 축 추 풍　　　막 작 구 류 락　　　장 첨 갈 석 홍
　　短衣防戰地　　匹馬逐秋風　　莫作俱流落　　長瞻碣石鴻

● 해설

성도成都에서 지내던 광덕廣德 2년(764)에 지었다. 자신을 찾아온 동생 두영杜穎이 짧은 방문을 마치고 다시 돌아가려고 하자 짧은 만남에서 오는 아쉬움과 험난한 귀로를 걱정하는 마음을 읊고 있다. 3수의 연작시 가운데 제3수이다. 앞의 2수는 동생과의 짧은 만남을 아쉬워하고 다시 만날 기약이 없음을 서러워하는 마음을 노래하였다. 그리고 이 시에서는 다시 만나기를 기원하는 내용으로 결말을 맺었다.

● 주석

* 諸姑(제고) : 두보杜甫에게는 고모가 다섯 명이 있다. 설씨薛氏에게서 난 고모 셋은 이미 죽고, 노씨盧氏에게서 태어난 고모 둘만이 살아있었다. 한 명은 경조京兆의 왕우王佑에게 시집갔고, 다른 사람은 회계會稽의 하휘賀撝에게 시집갔다. 바닷가에 있다는 것으로 보아, 이 시에서는 회계로 시집간 고모를 가리키는 것 같다.
* 兩弟(양제) : 두풍杜豐과 두관杜觀을 가리킨다.
* 碣石鴻(갈석홍) : 갈석은 산 이름으로 하북河北에 있다. 기러기는 옛날에 형제에 비유되었다.

016. 하란섬에게

조정에서나 들에서나 서로 즐거워하던 뒤로
하늘과 땅이 모두 흔들려 어지러운 가운데 있는데
만리 밖에서 서로 따랐을 때
둘 다 흰머리 늙은이가 되어 있었지.
다 늙어서도 잡은 손 다시 놓아야 했으니
강가에서 다시 나뒹구는 쑥이 되었구나.
둘 다 이역 땅에 와 있다 한탄만 하지 마세나
마시고 먹는 일 앞으로 몇 번이나 더 같이 하겠는가!

기 하 란 섬
寄賀蘭銛

조야환오후　　　건곤진탕중　　　상수만리일　　　총작백두옹
朝野歡娛後　　　乾坤震蕩中　　　相隨萬里日　　　總作白頭翁
세만잉분몌　　　강변갱전봉　　　물운구이역　　　음탁기회동
歲晚仍分袂　　　江邊更轉蓬　　　勿云俱異域　　　飮啄幾回同

● 해설

하란賀蘭이 성이고 섬銛이 이름이다. 두보杜甫의 오래된 친구이다. 두 사람은 개원開元 연간의 태평스러운 세월도 함께 보냈고, 난리도 함께 겪었다. 그리고 둘은 모두 파촉巴蜀으로 흘러들어 나그네 생활을 하였다. 이 시는 광덕 2년(764) 겨울에 엄무의 막부에 있었던 두보가 오초吳楚로 떠나간 하란섬에게 부친 것이다.

● 주석

* 分袂(분몌) : 헤어지다.

017. 봄날 강촌

대나무 심어 푸른 빛 더했고
복숭아나무 심어 붉은 빛 흐드러졌는데
석경 같은 달이 마음에 뜨고
눈 덮인 산에서 불어오는 바람을 얼굴에 맞는다.
붉은 붓으로 임금의 명 따르게 되어
은 인장이 늙은이에게 하사되었나니
어찌 알았겠는가, 이빨이 빠져 떨어지려는 때에
천거 받은 현인들 이름 속에 옥에 티로 끼어 들어갈 줄을!

춘 일 강 촌
春日江村

종죽교가취　　　재도란만홍　　　경심석경월　　　도면설산풍
種竹交加翠　　　栽桃爛熳紅　　　經心石鏡月　　　到面雪山風

<u>적</u><u>관</u><u>수</u><u>왕</u><u>명</u>　　<u>은</u><u>장</u><u>부</u><u>로</u><u>옹</u>　　<u>기</u><u>지</u><u>아</u><u>치</u><u>락</u>　　<u>명</u><u>점</u><u>천</u><u>현</u><u>중</u>
赤管隨王命　銀章付老翁　豈知牙齒落　名玷薦賢中

• **해설**
영태永泰 원년(765) 봄에 성도成都의 초당에서 지었다. 봄날 강촌의 풍경과 초당의 생활을 통해 촉蜀 지방으로 들어와 생활한 지난 6년간의 세월을 회고하고 있다. 이 시는 5수의 연작시 가운데 제3수로서, 앞의 4구에서 초당의 풍경과 생활을 묘사하였고, 뒤의 4구에서 엄무의 막부에 들어가 벼슬 살았던 내용을 회상하였다.

• **주석**
* 石鏡(석경) : 무도현武都縣에 아름다운 여자가 있었다. 촉왕蜀王이 그녀를 왕비로 삼았으나, 얼마 안되어 죽었다. 촉왕은 그녀의 죽음을 애석해하며 무도현으로 사람을 보내어 능을 쌓고 '석경'을 두어 문으로 삼았다.
* 赤管(적관) : 한대漢代에는 상서대尙書臺의 영令, 복僕, 승丞, 낭랑郎에게 한 달에 두 자루의 붉은 대롱의 큰 붓을 주었다. 여기서는 자신이 검교공부원외랑檢校工部員外郞이 되었음을 가리킨다.
* 銀章(은장) : 한대漢代에는 2천석石 이상의 벼슬아치에게는 은장銀章을 하사하였다. 그러나 당대唐代에는 은장을 하사하는 일이 없어졌다. 여기서는 두보가 하사받은 어대魚袋를 가리킨다.

018. 늙고 병들어

무산에서 늙고 병들어가며
초객이 되어 타향에서 체류하는 몸.
약은 지난날 준비해 두었던 주머니에서 비어 가는데
꽃은 작년에 보았던 떨기에서 다시 피어난다.
밤에는 물가의 모래사장 적시는 비가 충분하고
봄에는 물 흐름을 거스르는 바람이 많은 법.
두 자루의 붓을 분배받아야 마땅하련만
여전히 한 무더기 날리는 쑥과 같은 신세로구나.

로병
老病

로병무산리 계류초객중 약잔타일과 화발거년총
老病巫山裏 稽留楚客中 藥殘他日裏 花發去年叢
야족점사우 춘다역수풍 합분쌍사필 유작일표봉
夜足霑沙雨 春多逆水風 合分雙賜筆 猶作一飄蓬

● 해설

기주夔州에서 지내던 대력大曆 2년(767) 봄에 지었다. 오랜 기간 동안 나그네로 떠돌며 생활한 것에 대한 슬픔과 다시 한번 조정에서 봉직하고 싶은 희망을 노래하였다.

● 주석

* 巫山(무산) : 지금의 사천四川 무산巫山을 가리킨다. 무산이 기주夔州에서 가깝기 때문에 무산으로 기주를 대신하였다.
* 雙賜筆(쌍사필) : 한대漢代에는 상서대尙書臺의 영슭, 복僕, 승丞, 낭랑에게 한 달에 두 자루의 붉은 대롱의 붓을 주었다. 두보杜甫가 검교공부원외랑檢校工部員外郞을 지냈기 때문에 이런 표현을 한 것이다.

019. 여인의 방

황후의 방엔 패옥이 썰렁하고
황제의 궁전엔 가을바람이 인다.
진나라 땅에는 신월新月이 떠 있을 터,
용지의 물이 옛 궁전에 가득하리.
오늘밤 외로운 배 묶어둔 채 멀리 떨어져 있건만
맑은 물시계 소리는 예전과 같다.
만리 밖 황산의 북쪽,
원릉은 흰 서리 속에 있겠구나.

동방
洞房

동방환패랭　　옥전기추풍　　진지응신월　　룡지만구궁
洞房環珮冷　玉殿起秋風　秦地應新月　龍池滿舊宮
계주금야원　　청루왕시동　　만리황산북　　원릉백로중
繫舟今夜遠　淸漏往時同　萬里黃山北　園陵白露中

● **해설**

대력大曆 원년元年(766) 가을에 서각西閣에 머물고 있을 때 지은 시이다. 당唐 현종玄宗의 시절을 회고하는 내용이다. 앞의 네 구는 장안長安의 가을 풍경을 상상으로 묘사하였고, 셋째 연에서는 자신의 처지를 묘사하였다. 그리고 당 현종의 태릉泰陵을 상상하며 결말을 맺었다.

● **주석**

* 洞房(동방) : 내당 깊숙한 곳에 있는 여인의 방으로 이 시에서는 양귀비楊貴妃의 방을 가리킨다.
* 龍池(용지) : 《당회요唐會要》에 의하면 당唐 현종玄宗이 번저藩邸에 있을 때 흥경리興慶里에 살았는데, 용지가 솟아 날마다 깊고 넓어졌다. 개원開元 연간에 당 현종은 이곳에 흥경궁興慶宮을 지었다.
* 淸漏(청루) : 물시계이다. 두보杜甫는 좌습유左拾遺 시절에도 이 소리를 들었을 것이다.
* 黃山(황산) : 한漢 무제武帝의 무릉茂陵은 황산궁黃山宮 북쪽에 있다. 이 시에서는 무릉을 빌려서 당 현종의 태릉泰陵을 가리킨다.

020. 왕십오와 천각에서 만나다

초나라 강 언덕에 새 비가 막 그치고
봄날 누대엔 실바람이 불어오는 때.
정 많은 주인이 돌 위로 나와
싱싱한 회를 강에서 건져낸다.
이웃에 부탁하여 서찰 보내는 수고를 하고

가마까지 보내와 늙은이를 억지로 불러냈나니
　　병든 몸에는 산해진미가 헛것이어도
　　아이들이나마 배불리 먹였으니 얼마나 다행인가!

　　　왕 십 오 전 각 회
　　　王十五前閣會

　초안수신우　　춘대인세풍　　정인래석상　　선회출강중
　楚岸收新雨　春臺引細風　情人來石上　鮮膾出江中
　린사번서찰　　견여강로옹　　병신허준미　　하행어아동
　鄰舍煩書札　肩輿强老翁　病身虛俊味　何幸飫兒童

● **해설**
대력大曆 2년(767) 봄, 기주夔州에 머물고 있을 때 지은 시이다. 왕씨王氏의 초청과 환대를 기록하고 있다.

● **주석**
* 楚岸(초안) : 기주夔州는 옛날 초楚나라 땅이었다.
* 石上(석상) : 다락집[閣] 아래의 석대石臺를 가리킨다. 다락집이 바위 위에 위치한다는 설도 있다.
* 肩輿(견여) : 두 사람이 앞뒤에서 메는 가마. 교자轎子를 가리킨다.
* 兒童(아동) : 두보의 두 아들인 종문宗文과 종무宗武를 가리킨다.

021. 무협의 낡은 초가집에서 시어사로 풍주·낭주로
　　　떠나가는 넷째 외숙에게 바치다

　　강가의 성에 가을 햇빛 저물 때
　　산속 귀신은 닫힌 문안에 있는데
　　사신으로 머물고 계시던 나의 외숙께서
　　초가집의 늙은이를 방문하셨지요.
　　붉은 눈썹의 군대에도 여전히 세상은 어지럽고

푸른 눈동자로도 다만 인생길이 곤궁하답니다.
도화원의 객들에게 말씀이나 전해주십시오,
어떤 사람이 지금 그들과 같이 살고 싶어한다고……

<ruby>무<rt>巫</rt>협<rt>峽</rt>폐<rt>敝</rt>려<rt>廬</rt>봉<rt>奉</rt>증<rt>贈</rt>시<rt>侍</rt>어<rt>御</rt>사<rt>四</rt>구<rt>舅</rt>별<rt>別</rt>지<rt>之</rt>풍<rt>灃</rt>랑<rt>朗</rt></ruby>
巫峽敝廬奉贈侍御四舅別之灃朗

강성추일락　　산귀폐문중　　행리엄오구　　주모문로옹
江城秋日落　山鬼閉門中　行李淹吾舅　誅茅問老翁
적미유세란　　청안지도궁　　전어도원객　　인금출처동
赤眉猶世亂　青眼只途窮　傳語桃源客　人今出處同

• 해설

대력大曆 2년(767)에 기주夔州 양서瀼西 초당에서 지은 시이다. 넷째 외삼촌이 자신의 초라한 집에 방문하였다가 곧 풍주, 낭주로 떠나가게 되자, 이 시로 송별의 아쉬움을 노래한 것이다. 끝없는 나그네 생활을 한탄하고 도화원에 들어가 세상을 피해 살고 싶은 마음을 싣고 있다. 앞의 4구는 외삼촌이 초당을 방문하는 내용이고, 뒤의 4구는 이별의 내용이다. 풍주와 낭주는 모두 호남성湖南省에 있다.

• 주석

* 山鬼(산귀) : 산귀신. 굴원屈原의 〈구가九歌〉에 나온다. 이 시에서는 두보 자신을 비유하였다.
* 赤眉(적미) : 서한西漢 말에 왕망王莽이 왕권을 찬탈하자 번숭樊崇 등이 기의起義하였는데, 왕망의 군대와 구별하기 위해 눈썹을 붉게 물들였다. 이 구는 당시의 최간崔旰의 난을 비유한다.
* 青眼(청안) : 진晉 완적阮籍의 고사에서 나온 말로, 상대를 호의적인 마음으로 대하는 것을 뜻한다.
* 桃源(도원) : 풍주灃州와 낭주朗州 지역에 있다고 하는 이상세계를 가리킨다.

022. 우리 일가

우리 일가 나이 든 손자는
순박하고 돈후하여 옛사람의 풍모를 지녔는데
땅 일구고 샘 파서 살며 주어진 상황 편히 받아들이고
의관도 세상 사람들과 같이한다네.
집에서는 항상 아침 일찍 일어나고
나라 걱정에 풍년들기를 기원하나니
말은 임금과 신하의 도리를 언급하고
경전의 글귀는 배 안에 가득하다네.

吾_오宗_종

吾宗老孫子 (오종로손자)　質朴古人風 (질박고인풍)　耕鑿安時論 (경착안시론)　衣冠與世同 (의관여세동)
在家常早起 (재가상조기)　憂國願年豊 (우국원년풍)　語及君臣際 (어급군신제)　經書滿腹中 (경서만복중)

● 해설
대력大曆 2년(767)에 지은 시이다. 이 당시 두보杜甫는 기주夔州에 머물고 있었는데, 종손從孫인 두숭간이 양서瀼西 부근에 살고 있음을 알게 되어, 이 시를 지어 그의 사람됨됨이를 찬양하였다.

● 주석
* 吾宗(오종) : 두숭간杜崇簡을 가리킨다.

023. 가을 골짜기

장강의 파도 이는 만고의 골짜기,
폐병으로 오래도록 쇠약한 노인.
파산의 호랑이 막느라 잠들지 못하고
생을 보전하기 위해 초 땅 아이와 가까이 지낸다.
옷에 흰머리 늘어뜨렸는데
문밖 골목에는 단풍이 떨어지네.
항상 경탄하는 것은 상산의 노인이
군주를 보좌한 공도 이루었다는 것.

秋峽
_{추 협}

江濤萬古峽 肺氣久衰翁 不寐防巴虎 全生狎楚童
_{강 도 만 고 협} _{폐 기 구 쇠 옹} _{불 매 방 파 호} _{전 생 압 초 동}

衣裳垂素髮 門巷落丹楓 常怪商山老 兼存翊贊功
_{의 상 수 소 발} _{문 항 락 단 풍} _{상 괴 상 산 로} _{겸 존 익 찬 공}

● 해설
대력大曆 2년(767)에 기주夔州 동둔東屯에서 쓴 시이다. 가을날 장강 골짜기의 경치 묘사를 통해 시인의 늙고 초라한 모습을 드러내었다. 마지막 연에서 상산사호를 빌려 자신의 쇠약함을 탄식하고 있다.

● 주석
* 狎(압) : 가까이하다.
* 商山老(상산로) : 상산사호商山四皓를 가리킨다. 진秦나라 말년에 전란을 피하여 섬서성陝西省 상산商山에 은거한 네 사람의 백발 노인. 후에 한漢 혜제惠帝를 보좌하였다.
* 翊贊(익찬) : 군주의 정치를 돕다.

024. 가을 들판

먼 강 언덕에 가을 모래밭 하얗게 보이고
석양은 연이은 산을 붉게 비추고 있는데
파도가 물속에 잠긴 고기를 쏟아내고
둥지로 돌아가는 새 높은 바람 타고 나네.
다듬이질하는 소리 집집마다 피어나고
나무꾼 소리는 모두가 하나같아라.
청녀가 하늘에 서리를 날리건만
조정과 떨어져 있어서 이불을 받을 수가 없구나.

秋野
<small>추야</small>

遠岸秋沙白 連山晚照紅 潛鱗輸骇浪 歸翼會高風
<small>원안추사백   련산만조홍   잠린수해랑   귀익회고풍</small>

砧響家家發 樵聲箇箇同 飛霜任青女 賜被隔南宮
<small>침향가가발   초성개개동   비상임청녀   사피격남궁</small>

● 해설

대력大曆 2년(767) 양서瀼西에서 지은 시이다. 첫 연에서 가을 경치와 저녁 경치를, 둘째 연에서는 바다와 하늘에 대해서 묘사하였다. 셋째 연은 먼 데서, 그리고 가까운 데서 들리는 소리를 등장시켰다. 마지막 연에서는 가을의 처량함과 조정에서 떨어져 먼 타향에 있는 자기 신세를 탄식하고 있다.

● 주석

* 潛鱗(잠린) : 물고기를 가리킨다.
* 砧響(침향) : 다듬이질하는 소리.
* 青女(청녀) : 서리와 눈을 주관하는 여신.
* 賜被(사피) : 조정에서 이불을 하사하다.
* 南宮(남궁) : 당唐나라 상서성尙書省의 대칭이며, 여기에서는 조정을 말한다.

025. 저물녘

밭은 외로운 성 밖에 흩어져 있고
강촌은 어지러운 물 가운데에 있는데
깊은 산은 짧은 해를 재촉하고
교목에는 높은 바람 불기가 쉽다.
학이 구름 덮인 가까운 물가에 내려앉고
닭들이 함께 초가집에 깃든 후
거문고와 책에 밝은 촛불이 이리저리 비치니
비로소 이 긴 밤 보낼 수 있겠네.

向夕^{향석}

畎畝孤城外 (견무고성외)
江村亂水中 (강촌란수중)
深山催短景 (심산최단경)
喬木易高風 (교목이고풍)
鶴下雲汀近 (학하운정근)
雞栖草屋同 (계서초옥동)
琴書散明燭 (금서산명촉)
長夜始堪終 (장야시감종)

● 해설
이 시는 대력大曆 2년(767) 기주夔州 양서瀼西에서 쓴 시이다.

● 주석
* 畎畝(견무) : 밭.
* 景(경) : '영影'과 같다.
* 喬木(교목) : 높이 자라는 나무.

026. 양서 초가집에서 동둔의 초가집으로 이주하고서

동둔은 높은 백염산 북쪽,
적갑산 옛 성 동쪽에 자리하고 있어
평평한 땅에 시내 하나 평온하게 흐르고
높은 산은 사방이 같은 모습이네.
안개와 서리에 들녘의 햇살 처량하고 흐릿해도
벼는 하늘에서 부는 바람에 익어가는 곳.
다북쑥처럼 떠돌아다니는 신세가 서글프거니
나는 계수나무 떨기를 지키고 있으리라.

自瀼西荊扉且移居東屯茅屋
白鹽危嶠北 赤甲古城東 平地一川穩 高山四面同
煙霜凄野日 粳稻熟天風 人事傷蓬轉 吾將守桂叢

●해설
대력大曆 2년(767) 동둔東屯으로 옮겼을 때의 작품이다. 이 시는 4수의 연작시 가운데 제1수이다. 동둔의 갖가지 경물을 묘사하였고, 마지막 연에서 시인이 한 해에 서각西閣, 적갑赤甲, 양서瀼西, 동둔東屯으로 네 번이나 계속하여 옮겨다녔으므로 이제는 이곳을 지키고 옮기지 않겠다는 심정을 드러내고 있다.

●주석
* 白鹽(백염) : 산 이름. 적갑赤甲과 강을 사이에 두고 있다.
* 嶠(교) : 산이 높고 험준한 것이다.
* 赤甲(적갑) : 산 이름으로 기주夔州 북쪽에 있다.
* 粳稻(갱도) : 메벼.
* 桂叢(계총) : 유안劉安이 〈초은사招隱士〉에서 '계수나무가 산 그윽한 곳에 떨기로 자라네(桂樹叢生兮山之幽)'라고 하였다. 여기에서 계수나무는 은자隱者의

거처를 가리킨다.

027. 사일 2수

진평이 또한 고기를 골고루 나누었음에
태사가 끝내 공을 논하였네.
오늘 강남의 늙은이는
예전에 장안에서 살고 있었지.
외진 변새에서 즐거워하는 모습 보며
가을바람에 눈물 떨군다.
조정의 관리들은 하사품 받고서 궁궐에서 돌아갔을 터이지만
누가 협중峽中의 병든 이 노인을 불쌍히 여길까?

社日兩篇
陳平亦分肉 太史竟論功 今日江南老 他時渭北童
歡娛看絶塞 涕淚落秋風 鴛鷺回金闕 誰憐病峽中

- 해설
대력大曆 2년(767) 가을, 기주夔州에서 쓴 시이다. 사일社日은 토지신土地神에게 제사를 지내는 날이다. 2수의 연작시 가운데 제2수이다.

- 주석
* 陳平(진평) : 전한前漢의 진평이 한미寒微한 시절에 사재社宰가 된 적이 있었다. 당시 그는 제사 지낸 고기를 골고루 나누어 주었다.
* 太史(태사) 구 : 사마천이 《사기史記》에서 진평의 일을 평론하여 '제사고기를 나눌 때, 뜻이 이미 원대하였다(當割肉俎上時, 意已宏遠矣.)'라고 하였다.
* 江南(강남) : 협강峽江 이남으로 여기에서는 기주夔州를 가리킨다.
* 渭北(위북) : 여기에서는 두보杜甫가 예전에 살던 장안長安을 가리킨다.

* 絶塞(절새) : 기주夔州.
* 鴛鷺(원로) : 원鴛은 '원鵷'과 같다. 원추새와 백로. 이 두 새의 의용儀容이 질서정연하다 하여 흔히 조정에 늘어선 백관百官을 비유한다.

028. 잠시 백제성에 갔다가 다시 동둔으로 돌아가며

다시 밭으로 돌아가는 것은
아직 벼를 거두어들이는 일이 남아 있기 때문.
타작마당 만들며 개미굴을 불쌍히 여기고
이삭을 줍는 일은 마을 아이들에게 맡긴다.
절굿공이를 내려치니 흰 빛이 어리고
까끄라기를 벗기니 쌀알이 붉네.
밥을 먹어야 늙은 몸을 추스릴 수 있는 법,
곡식을 창고에 가득히 쌓으니 떠도는 신세가 위안이 되네.

暫往白帝復還東屯

復作歸田去 猶殘穫稻功 筑場憐穴蟻 拾穗許村童
落杵光輝白 除芒子粒紅 加餐可扶老 倉廩慰飄蓬

● 해설
대력大曆 2년(767) 가을에 쓴 것이다. 앞의 4구는 벼 수확을 묘사하고, 뒤의 4구는 객지에서 수확한 기쁨을 표현하였다.

● 주석
* 穫稻(확도) : 벼를 거두어들이다.
* 穗(수) : 이삭.
* 杵(저) : 절굿공이.
* 芒(망) : 까끄라기.

029. 귀가 어두워지니

평생토록 갈관자,
세상을 탄식하는 녹피옹.
눈은 또 언제쯤 어두워질까?
귀는 지난달부터 어두워졌는데……
원숭이 우는 가을에도 눈물 흘리지 않고
참새가 우는 저녁에도 근심이 없다가
산 나무에 낙엽 지는 게 놀라워서
아이를 불러 북풍이 부는지 물어본다.

이 롱
耳聾

생년갈관자　　탄세록피옹　　안부기시암　　이종전월롱
生年鶡冠子　歎世鹿皮翁　眼復幾時暗　耳從前月聾
원명추루결　　작조만수공　　황락경산수　　호아문삭풍
猿鳴秋淚缺　雀噪晚愁空　黃落驚山樹　呼兒問朔風

● **해설**
대력大曆 2년(767) 가을, 기주夔州에서 쓴 것이다. 어두워진 귀를 빌어서 노쇠한 자기 신세를 자조하고 있다.

● **주석**
* 鶡冠子(갈관자) : 주대周代 초국楚國의 은사. 갈관은 갈새의 깃털로 장식한 관이다.
* 鹿皮翁(녹피옹) : 녹피공鹿皮公이라고도 한다. 전설상의 선인仙人 이름이다.
* 朔風(삭풍) : 북풍.

030. 홀로 앉아

백구협은 비스듬히 북쪽에 있고
황우협은 또 동쪽에 있는데
골짜기 구름 늘 밤하늘에 비치고
강 위에 해가 떠도 바람 불 때 많아라.
약을 말리며 노년을 보내고
아이가 문을 잘 지키는지 시험해본다.
잘 걸을 수 없음도 알지만
귀가 많이 어두워 괴롭고 한스럽구나.

獨坐

白狗斜臨北 黃牛更在東 峽雲常照夜 江日會兼風
晒藥安垂老 應門試小童 亦知行不逮 苦恨耳多聾

• **해설**
대력 2년(767) 가을 또는 겨울에 기주에 있을 때 쓴 시이다. 2수의 연작시 가운데 제2수이다. 타향살이의 적막한 심사가 표현되어 있다.

• **주석**
* 白狗(백구) : 백구협白狗峽을 가리킨다. 현 호북성湖北省 자귀현秭歸縣에 있다.
* 黃牛(황우) : 황우협黃牛峽을 가리킨다. 현 호북성 의창宜昌에 있다.
* 不逮(불체) : 미치지 못하다.
* 聾(롱) : 귀먹다.

031. 대력 2년 9월 30일

나그네살이 끝날 날 없는데
슬픈 가을은 바야흐로 끝나려 하네.
열병의 기운이 기자국에 남아 있어도
서리는 초 왕궁에 엷게 끼었네.
풀은 산 기운의 푸르름과 필적하고
꽃은 서리 맞은 단풍과 붉음을 다툰다.
해마다 나무들의 시듦이 적으니
북쪽 고향의 경치와는 다르네.

대 력 이 년 구 월 삼 십 일
大曆二年九月三十日

위 객 무 시 료   비 추 향 석 종   장 여 기 자 국   상 박 초 왕 궁
爲客無時了　悲秋向夕終　瘴餘夔子國　霜薄楚王宮

초 적 허 람 취   화 금 랭 엽 홍   년 년 소 요 락   불 여 고 원 동
草敵虛嵐翠　花禁冷葉紅　年年小搖落　不與故園同

● **해설**

시제에서 알 수 있듯이 대력 2년(767) 가을의 마지막 날에 기주에서 쓴 시이다. 기주의 특이한 가을 경물을 묘사하는 가운데에, 고향을 그리워하는 시인의 심사가 배여 있다.

● **주석**

* 夔子國(기자국) : 기주夔州를 가리킨다.
* 楚王宮(초왕궁) : 기주를 가리킨다.
* 虛嵐(허람) : 골짜기의 산 기운.
* 禁(금) : 상당하다. 견디다.

032. 상사일에 서사록 숲속 정원에서 모여 잔치하며

흰 살쩍 옷깃까지 내려오는데
붉은 꽃술은 가지를 누르며 피어 있네.
나이 들면서 취해 넘어지는 일이 없었더니
불러주어서 좋은 절기를 함께하네.
옷을 쌓인 물에 적시고
얼굴에 불어대는 부드러운 바람을 맞으며
숲속 정원에서 즐겁게 머물러 노는 이 때,
떠도는 인생에 대해 묻지는 마시라.

上巳日徐司錄林園宴集
(상사일서사록림원연집)

鬢毛垂領白 (빈모수령백)　花蕊亞枝紅 (화예아지홍)　欹倒衰年廢 (기도쇠년폐)　招尋令節同 (초심령절동)
薄衣臨積水 (박의림적수)　吹面受和風 (취면수화풍)　有喜留攀桂 (유희류반계)　無勞問轉蓬 (무로문전봉)

● 해설

대력大曆 3년(768) 3월 3일 강릉江陵에서 쓴 시이다. 음력 3월 3일을 상사일上巳日이라고 한다. 제1연에서 빈모鬢毛, 화예花蕊를 대비하여 노쇠한 자신을 탄식하고, 제2연에서는 비록 쇠년衰年이지만, 초대를 받아 기뻐하는 심정을 표현하고 있다. 제3연은 잔칫자리의 경물에 대해서 묘사하였고, 마지막 연에서는 자신의 떠도는 인생에 대한 탄식이 그려져 있다.

● 주석
* 欹倒(기도) : 취하여 넘어지는 것을 뜻한다.
* 攀桂(반계) : 산림을 감상하는 것을 뜻한다.
* 轉蓬(전봉) : 바람에 나부끼는 쑥. 고향을 멀리 떠나 방랑하는 것을 비유한다.

【오율동운五律冬韻】

033. 이감의 저택에서

왕손의 고귀함을 여전히 느끼나니
훌륭한 가문의 의취意趣가 자못 농후하여라.
병풍에는 금 공작이 펼쳐져 있고
요에는 부용이 수 놓여 있는데
또 한 쌍의 물고기를 맛있게 먹으려니
특이한 맛 여러 가지인 것을 누가 보겠는가?
집안 여기저기에 희색이 넘치는 것은
용 같은 사위를 얻었기 때문.

리 감 택
李監宅

상각왕손귀　　호가의파농　　병개금공작　　욕은수부용
尚覺王孫貴　　豪家意頗濃　　屛開金孔雀　　褥隱繡芙蓉
차식쌍어미　　수간이미중　　문란다희색　　여서근승룡
且食雙魚美　　誰看異味重　　門闌多喜色　　女婿近乘龍

● 해설

이 시는 천보天寶 초년初年에 지어진 작품이다. 2수의 연작시 가운데 제1수로, 이감이 사위를 얻은 것을 찬미하고 아울러 연회석상의 일을 서술하였다. 이감이 누구인지는 확실하지가 않다. 개원 연간에 비서감秘書監을 지낸 이영문李令問이라는 설이 있다.

● 주석

* 王孫(왕손) : 귀족을 뜻한다.
* 門闌(문란) : 문의 난간.
* 乘龍(승룡) : 훌륭한 사위를 얻은 것을 비유한다.

034. 혜의사에서 왕소윤이 성도로 가는 것을 전송하며

깊고 그윽한 계곡 속의 사찰,
아름답고 빼어난 숲 밖의 봉우리.
난간을 잡고 멀리 올라가느라
돌계단에 앉기를 거듭하였네.
그대가 말을 타고 봄 길을 가면
스님은 의관 정제하고 저녁 종을 울리겠지.
산문山門은 푸르고 적적한데
이번 이별에 그대 따를 수 없어 안타깝구려.

_{혜 의 사 송 왕 소 윤 부 성 도}
惠義寺送王少尹赴成都

_{염 염 곡 중 사}   _{연 연 림 표 봉}   _{란 간 상 처 원}   _{결 구 좌 래 중}
苒苒谷中寺   **娟娟林表峰**   **闌干上處遠**   **結構坐來重**
_{기 마 행 춘 경}   _{의 관 기 모 종}   _{운 문 청 적 적}   _{차 별 석 상 종}
騎馬行春徑   **衣冠起暮鐘**   **雲門青寂寂**   **此別惜相從**

● **해설**

이 시는 광덕廣德 원년(763) 봄에 두보가 재주梓州에 있을 때 지은 것이다. 앞의 4구는 절에 오를 때의 경물과 일을 서술한 것이고, 뒤의 4구는 왕소윤王少尹을 보내는 정경과 감회이다.

● **주석**

* 苒苒(염염) : 초목이 무성한 모양. 깊고 그윽한 모양.
* 娟娟(연연) : 아름다운 모양. 산이 높고 빼어난 모양.
* 結構(결구) : 밖에 난간이 있고 중간에 돌계단이 있는 산길을 뜻한다.
* 騎馬(기마) 2구 : 이별한 뒤의 정경을 묘사한 것으로 보인다. 신함광申涵光은 '절의 스님들이 귀한 손님이 이른 것을 보고 의관을 차려입고 종을 울린다'라고 설명하고 있다. 이 구절은 이해가 쉽지 않으며 해석이 불가능하다는 평도 받고 있다.

* 雲門(운문) : 산문山門. 절에 들어가는 문. 사찰.

035. 파서역의 정자에서 강물이 불어난 것을 보고 두 사군에게 드리다

지난 밤 비에 남쪽 강물이 불어
파도가 먼 산봉우리를 어지럽히는데
외로운 정자는 요동치는 물의 기세를 타고 있고
온 고을에 부딪치는 물소리 다가드네.
하늘에서는 높이 나는 새가 근심하고
진흙탕에서는 늙은 용이 괴로워하리.
하늘가에서 객사를 함께하며
나를 이끌어 가슴을 확 틔워 주셨네.

파 서 역 정 관 강 창 정 두 십 오 사 군
巴西驛亭觀江漲呈竇十五使君

숙 우 남 강 창   파 도 란 원 봉   고 정 릉 분 박   만 정 핍 용 용
宿雨南江漲　波濤亂遠峰　孤亭凌噴薄　萬井逼舂容
소 한 수 고 조   니 사 곤 로 룡   천 변 동 객 사   휴 아 활 심 흉
霄漢愁高鳥　泥沙困老龍　天邊同客舍　攜我豁心胸

● 해설
이 시는 광덕廣德 원년(763) 늦봄에 두보가 면주綿州에 있을 때 지은 것이다. 면주는 파서군巴西郡에 속하며, 부강涪江이 성 아래로 흐른다. 두사군竇使君은 당시 면주에 기거하고 있었다. 앞 6구에서 강물이 불어난 모습을 묘사하고, 뒤 2구에서 두사군에 대한 감회를 드러냈다. 2수의 연작시 가운데 제1수이다.

● 주석
* 波濤(파도) 구 : 파도가 높이 솟아 물에 비친 먼 산봉우리가 어지럽게 흔들리는 듯한 형상이다.
* 孤亭(고정) : 역정驛亭.

* 噴薄(분박) : 물이 넘쳐 요동치는 모양.
* 萬井(만정) : 만 개의 정호井戶. 예전에 우물을 중심으로 가옥이 모여 있었다. 여기서는 파서군을 가리킨다.
* 舂容(용용) : 물이 부딪치는 소리.
* 天邊(천변) : 하늘가. 면주綿州를 가리킨다. 이 구절은 두사군竇使君과 객사에서 함께 지냄을 말한다.

036. 뜰의 풀

초 지방의 풀은 추위를 겪어도 푸르니
뜰의 봄빛이 농염하게 눈에 들어오네.
예전에 낮게 드리웠던 잎을 거두어 일어나고
새로이 땅을 덮은 꼬부라진 싹은 겹겹이네.
발걸음을 마땅히 조심해서 가볍게 지나야
잔치 열 때 자주 풀빛을 감상할 수 있겠지.
사람들은 철 따라 꽃만 보지만
애써 아첨하는 얼굴빛 감히 짓지 않네.

庭草 (정초)

楚草經寒碧 (초초경한벽)
庭春入眼濃 (정춘입안농)
舊低收葉擧 (구저수엽거)
新掩卷牙重 (신엄권아중)
步履宜輕過 (보리의경과)
開筵得屢供 (개연득루공)
看花隨節序 (간화수절서)
不敢强爲容 (불감강위용)

● 해설
이 시는 대력大曆 2년(767) 기주夔州에서 지은 것이다. 앞 4구에서는 뜰의 봄 풀을 묘사하고, 뒤 4구에서는 풀을 아끼는 마음이 표현되어 있다.

● 주석
* 楚草(초초) : 초楚 지방의 풀. 기주는 옛날에 초나라에 속했다.

* 得屢供(득루공) : 자주 풀빛이 제공됨을 얻을 수 있다. 잔칫자리 앞에 비치는 풀빛을 감상할 수 있다는 뜻이다.
* 看花(간화) 2구 : 사람들이 꽃만 좋아하고 풀에는 무심하다 하여 애써 사람에게 아첨하려는 얼굴빛을 짓지 않는다는 뜻으로 풀의 덕을 읊고 있다.

037. 진체사의 선사를 뵙고

사원은 산의 높은 곳에 있는데
안개와 놀 속에 산봉우리는 몇 겹인가?
차가운 샘물은 작은 돌에 기대어 흐르고
맑은 날 눈이 큰 소나무에서 떨어진다.
불법佛法을 묻다보니 시가 허망하게 보이고
자신을 성찰하노라니 술 마시는 것도 게을러지건만
그러나 아직 처자식을 버리고
절 앞산 가까이에 집을 정할 수는 없구나!

_{알 진 체 사 선 사}
謁眞諦寺禪師

_{란 야 산 고 처}　_{연 하 장 기 중}　_{동 천 의 세 석}　_{청 설 락 장 송}
蘭若山高處　烟霞嶂幾重　凍泉依細石　晴雪落長松
_{문 법 간 시 망}　_{관 신 향 주 용}　_{미 능 할 처 자}　_{복 택 근 전 봉}
問法看詩妄　觀身向酒慵　未能割妻子　卜宅近前峰

● 해설
이 시는 지어진 연도를 명확히 알기 어려운데, 일반적으로 대력大曆 2년(767) 무렵에 기주夔州에서 지은 것으로 보고 있다. 전반부는 절에 이르러 본 경물을 묘사하였고, 후반부는 선사를 배알하고 난 뒤의 깨달음을 나타내었다. 끝 2구에 불법에 귀의하고 싶은 뜻이 표현되어 있다.

● **주석**
* 蘭若(난야) : 절. 사원. 여기서는 진체사眞諦寺를 가리킨다.
* 問法(문법) 2구 : 시와 술은 두보가 평상시에 가장 탐닉하는 것인데 이것에 흥미를 잃었다고 함으로써 불법을 듣고 깨달음이 컸음을 말하고 있다.

【오율강운五律江韻】

038. 늦은 가을에 소영 아우가 강가 누각에서 최평사와 위소부 조카와 밤에 잔치하다

달을 대하고서 어찌 술이 없을 수 있겠나?
누각에 오르면 하물며 강도 보이는데……
노랫소리 듣다가 내 백발에 놀라고
춤을 보며 웃다가 가을 창을 연다네.
동이의 술을 계속 따를 때
갈매기 한 쌍이 나란히 나네.
술에 취해 넘어지는 그대들 다 사랑스럽고
또 이내 마음이 편안해짐을 깨닫네.

_{계 추 소 오 제 영 강 루 야 연 최 십 삼 평 사 위 소 부 질}
季秋蘇五弟纓江樓夜宴崔十三評事韋少府姪

_{대 월 나 무 주}　　_{등 루 황 유 강}　　_{청 가 경 백 빈}　　_{소 무 탁 추 창}
對月那無酒　登樓況有江　聽歌驚白鬢　笑舞拓秋窓
_{준 의 첨 상 속}　　_{사 구 병 일 쌍}　　_{진 련 군 취 도}　　_{갱 각 편 심 강}
樽蟻添相續　沙鷗並一雙　盡憐君醉倒　更覺片心降

● **해설**
이 시는 대력 2년(767) 동둔東屯에서 지은 것이다. 누각에서 잔치하는 정경을 읊고 있는데 술을 마시지 못하는 시인의 심리가 담겨 있다. 3수의 연작시 가운데 제2수이다.

● **주석**
* 拓秋窓(탁추창) : 가을 창을 열다. 달빛을 보고자 하는 것이다.
* 蟻(의) : 술거품을 비유한 것으로 흔히 술을 가리킨다.

【오율지운五律支韻】

039. 사상인의 초가에서

사공의 초가에서는
청신한 시를 지을 만하구나.
목침이며 대자리 들고 깊은 숲속에 들어가
차나 외를 내놓고 객을 늦도록 머물게 하네.
강물 위의 연꽃은 하얀 깃 부채를 흔들고
천문동은 푸른 실을 뻗고 있네.
공연히 허순의 무리를 욕되게 할 뿐
지둔의 말씀엔 대답하기 어렵네.

_{사 상 인 모 재}
巳上人茅齋

_{사 공 모 옥 하}　_{가 이 부 신 시}　_{침 점 입 림 벽}　_{다 과 류 객 지}
巳公茅屋下　可以賦新詩　枕簟入林僻　茶瓜留客遲
_{강 련 요 백 우}　_{천 극 만 청 사}　_{공 첨 허 순 배}　_{난 수 지 둔 사}
江蓮搖白羽　天棘蔓青絲　空忝許詢輩　難酬支遁詞

●해설
이 시는 개원開元 29년(741)에 지은 것으로 추정되는데, 사상인巳上人이라는 스님을 방문하여 여름날 하루를 보내며 느낀 한적한 정취를 읊고 있다. '상인上人'은 승려를 이르는 말이다.

●주석
* 白羽(백우) : 백우선白羽扇. 흰 깃털 부채. 이 구는 연꽃이 바람에 하늘거리는 형상을 묘사한 것이다.
* 天棘(천극) : 천문동天門冬. 백합과의 다년초로 덩굴로 자라고 다른 나무를 감고 올라가길 좋아한다. 잎은 가늘어 푸른 실과 같다.

* 忝(첨) : 욕되게 하다. 겸사謙辭로 자주 쓰인다.
* 許詢(허순) : 진晉나라 사람으로 자는 원도元度이며, 산수 유람을 좋아했으며 불학佛學에 조예가 깊었다.
* 支遁(지둔) : 진晉나라의 고승으로 자는 도림道林이다. 《고승전高僧傳》과 《세설신어世說新語》에 허순, 지둔 두 사람과 관련된 이야기가 있는데, 그 대강은 다음과 같다. 어느날 지둔과 허순이 함께 회계왕會稽王의 재회齋會에 참석하였는데, 지둔은 법사法士가 되었고, 허순은 도강都講이 되었다. 지둔이 유마경維摩經을 강의하다가 한 가지 경의經義를 풀이하면 허순이 문제를 제기하지 못하였다. 그리고 허순이 한 문제를 제기하면 지둔 역시 풀이할 수 없었다고 한다. 이로 보아 허순과 지둔은 모두 뛰어난 인물이며 상호간의 문답의 수준이 아주 높았음을 알 수 있다. 두보가 사상인과 시를 주고받은 것으로 보이는데 사상인을 지둔에 비유하여 높여주는 한편, 자신은 허순의 흉내만 낼 뿐이라고 겸손해하고 있다.

040. 겨울날에 이백을 그리워하는 마음이 있어

적막한 서재에서
아침 내내 홀로 그대를 그리워한다.
다시 아름다운 나무 이야기 있는 좌전을 찾아보고
각궁 시를 잊지 못하네.
짧은 털옷에는 바람과 서리 스며드는데
환단은 이루어짐이 더디구나.
아직 흥을 따라 떠나지 못했으니
부질없이 녹문산의 기약만 남아있네.

동 일 유 회 리 백
冬日有懷李白

적 막 서 재 리   종 조 독 이 사   갱 심 가 수 전   불 망 각 궁 시
寂寞書齋裏　　終朝獨爾思　　更尋嘉樹傳　　不忘角弓詩

단 갈 풍 상 입　　환 단 일 월 지　　미 인 승 흥 거　　공 유 록 문 기
　　短褐風霜入　還丹日月遲　未因乘興去　空有鹿門期

● **해설**
이 시는 천보天寶 4년(745)에 지은 것으로 추정되는데, 겨울날 이백을 그리워하며 쓴 것이다. 당시 이백은 오월吳越 지역을 다니고 있었고, 두보는 낙양洛陽에 있었다.

● **주석**
* 嘉樹傳(가수전) : '가수嘉樹'의 이야기가 수록된 《좌전左傳》.
* 角弓詩(각궁시) : 《시경詩經 · 소아小雅》에 실려있는 형제간의 우애를 노래한 시이다. 이 두 구는 《좌전 · 소공昭公 2년》에 있는 고사를 이용한 것인데, 그 이야기는 다음과 같다. 진晉나라 제후가 한선자韓宣子로 하여금 노魯나라를 예방禮訪하게 하였다. 노나라 소공이 향연을 베풀어 주었을 때, 대부 계무자季武子가 《시경 · 대아大雅》에 있는 〈면綿〉시의 마지막 장을 읊자, 한선자는 《시경 · 소아》에 있는 〈각궁角弓〉 시를 읊었다. 향연이 끝나자, 계무자의 집에서 잔치를 베풀었다. 그 집에 아름다운 나무[嘉樹]가 있었는데, 한선자가 그것을 칭찬해 주었다. 그러자 계무자는 "저는 이 나무를 잘 길러 〈각궁〉을 읊어주신 뜻을 잊지 않도록 하겠습니다."라고 하였다. 두보가 이 고사를 인용한 것은 형제같이 돈독한 우정을 맺은 이백을 잊지 못함을 표현한 것이다.
* 短褐(단갈) : 짧은 털옷. '갈褐'은 거친 모직물을 뜻한다. 이 구는 옷이 변변치 못하여 한기가 스며드는 것을 말한다.
* 還丹(환단) : 구전환단九轉還丹. 아홉 번 연단鍊丹한 최상급의 단약丹藥.
* 日月遲(일월지) : 단약을 만드는 데 시간이 많이 걸리고 용이하지 않다는 뜻이다.
* 乘興去(승흥거) : 흥을 따라 그대가 있는 곳으로 떠나가다. 이 구는 《세설신어世說新語》에 나오는 왕자유王子猷의 고사를 암용暗用하고 있는데, 그 이야기는 다음과 같다. 왕자유가 산음山陰에 있을 때 밤에 큰 눈이 내렸다. 문득 섬계剡溪에 있는 대안도戴安道가 생각나 곧장 밤에 작은 배를 타고 찾아갔다. 하룻밤이 걸려서 겨우 도착했는데, 문에 다다르자 들어가지 않고 돌아와 버렸다. 주위 사람이 그 까닭을 묻자 왕자유는 답하길, "내가 본래 흥이 나서 갔지만 흥이 다하여 돌아섰으니 굳이 대안도를 만날 필요가 있겠는가?"라고 하였다.
* 鹿門期(녹문기) : 방덕공龐德公의 고사를 이용한 것이다. 《후한서後漢書 · 일민

전일민傳逸民傳》에 의하면, 방덕공이 처자를 거느리고 녹문산으로 약초를 캐러 갔다가 돌아오지 않았다고 한다. '녹문鹿門'은 지금의 호북성湖北省 양양襄陽에 있는 산 이름이다. 이 구는 이백과 함께 은거할 것을 약속하였으나 실천하지 못함을 한탄하는 것이다.

041. 정광문을 모시고 하장군의 산림에서 노닐다

만리에서 온 융왕자,
어느 해에 월지국을 떠났는가?
기이한 꽃은 먼 고장에서 와서
무성해진 덩굴이 맑은 못을 둘렀네.
한나라 사신은 다만 헛되이 이르렀고
신농씨도 끝내 알지 못했지.
이슬이 뒤집고 아울러 비가 때리니
열려 터져 점점 이리저리 흩어지는구나.

배 정 광 문 유 하 장 군 산 림
陪鄭廣文遊何將軍山林

萬里戎王子 何年別月支 異花來絕域 滋蔓匝淸池
漢使徒空到 神農竟不知 露翻兼雨打 開坼漸離披

• 해설
천보天寶 12년(753)경, 두보가 장안에 있을 때 광문관박사廣文館博士 정건鄭虔과 함께 하장군의 원림園林에서 노닐면서 본 여러 가지 경물과 감회를 읊은 것이다. 10수의 연작시 가운데 제3수로 융왕자戎王子라는 특이한 꽃에 대해 읊은 것이다.

• 주석
* 戎王子(융왕자) : 꽃이름. 서역에서 유입된 아름다운 꽃.
* 月支(월지) : 고대 서역의 나라.

* 漢使(한사) : 한무제漢武帝의 명을 받고 서역을 개척한 장건張騫. 이 구는 장건이 서역에 가서 호두·석류 등은 가져왔지만 용왕자는 가지고 오지 않았음을 뜻한다.
* 神農(신농) : 신농씨神農氏. 전설상의 인물로 온갖 풀을 씹어 맛을 보고는 그 중에서 약초를 가려내어 《본초경本草經》을 지었다고 한다. 이 책에도 용왕자가 실려있지 않음을 말한다.
* 露翻(노번) : 이슬이 뒤집다. 이슬이 맺혀 꽃이 벌어진다는 뜻이다.
* 開坼(개탁) : 꽃이 피다.
* 離披(이피) : 이리저리 흩어지다.

042. 정광문을 모시고 하장군의 산림에서 노닐다

버드나무 물가를 지나
정곤지로 말 달리던 것 생각나네.
취하여 푸른 연잎을 잡고
미친 듯 하얀 두건을 버렸지.
배 젓는 영 지역 사람을 생각하다가
물을 아는 오 지방 아이를 구하였네.
앉아서 저물녘 진산을 대하니
강호의 흥취가 자못 따르누나.

배 정 광 문 유 하 장 군 산 림
陪鄭廣文遊何將軍山林

억과양류저   주마정곤지   취파청하엽   광유백접리
憶過楊柳渚　走馬定昆池　醉把青荷葉　狂遺白接䍦

랄선사영객   해수걸오아   좌대진산만   강호흥파수
剌船思郢客　解水乞吳兒　坐對秦山晚　江湖興頗隨

● **해설**
이 시는 천보天寶 12년(753)에 지어진 작품이다. 10수의 연작시 가운데 제8수로 물가에서의 놀이를 회상하고 있다. 후반부에서는 배를 띄우길 바라면서 강호에

서의 흥취를 생각하고 있다.

● 주석
* 楊柳渚(양류저) : 버드나무가 있는 물가. 지명일 수도 있다.
* 定昆池(정곤지) : 지명. 중종中宗의 딸인 안락공주安樂公主가 팠다고 한다.
* 狂遺(광유) : 미친 듯 버리다. 술에 많이 취하여 버려두고 온 것을 말한다.
* 白接䍦(백접리) : 흰색 두건. 진晉나라의 산간山簡이 술에 취하여 말을 탔을 때 이 두건을 거꾸로 뒤집어 쓴 것이 유명하다.
* 刺船(날선) : 배를 젓다.
* 郢客(영객) : 영郢 지역의 사람. 영은 초楚나라의 도읍이다. 남방 초나라에는 배를 잘 다루는 사람이 많기 때문에 그 지역 사람이 생각난 것이다.
* 解水(해수) : 물의 성질을 잘 알다.
* 吳兒(오아) : 오 지방의 아이. 오나라에는 강과 호수가 많아 이 지역 사람은 물에 익숙하다. 앞 구의 영객郢客과 마찬가지로 좋은 선부船夫를 뜻한다. 이 두 구는 정곤지에서 뱃놀이를 했으면 하는 바람을 표현한 것이다.
* 秦山(진산) : 진 땅의 산. 여기서는 종남산終南山을 가리킨다.
* 江湖(강호) : 강과 호수. 두보는 예전에 강남의 오초吳楚 지역을 떠돌았다. 이 구는 그 때의 흥취를 가리키는 것으로 보기도 한다.

043. 중양절에 곡강에서

자리에 이어진 수유 아름다운데
배 띄워 보니 연꽃은 시들었네.
백년의 가을 이미 반이 지나갔으니
9일에 마음이 아울러 슬퍼지네.
강물의 맑은 근원 굽어 있어
형문이 이 길인가 의심스럽네.
저녁 되어 높은 흥이 다하여
국화의 기약이 흔들리네.

九日曲江
구일곡강

綴席茱萸好	浮舟菡萏衰	百年秋已半	九日意兼悲
철석수유호	부주함담쇠	백년추이반	구일의겸비
江水清源曲	荊門此路疑	晚來高興盡	搖蕩菊花期
강수청원곡	형문차로의	만래고흥진	요탕국화기

● **해설**

이 시는 천보天寶 말년[12년(753) 또는 14년(755)]에 장안에서 지은 것이다. 음력 9월 9일은 중양절이라고도 하는데, 곡강曲江에서 노닐면서 주위의 풍경과 자신의 심경을 읊은 작품이다. 이 날은 높은 곳에 올라 수유를 머리에 꽂고 국화주를 마시는 풍습이 있다. 곡강은 장안 근처의 명승지이다.

● **주석**

* 綴席(철석) : 돗자리에 이어지다.
* 茱萸(수유) : 운향과에 속하는 낙엽 교목. 열매는 가을에 익으며 맛이 맵고 색이 붉다. 그 송이를 꺾어 머리에 꽂으면 나쁜 기운을 물리칠 수 있다고 한다.
* 菡萏(함담) : 연꽃.
* 百年(백년) : 인생. 한평생. 당시 두보의 나이가 40이 넘어서 백년 세월에서 반이 지나갔다고 한 것이다.
* 清源曲(청원곡) : 맑은 강물의 근원이 이곳에서 굽어 있다. '곡강曲江'을 뜻한다.
* 荊門(형문) : 산 이름. 지금의 호북성湖北省 형문현荊門縣 남쪽에 있다. 이 구는 곡강의 경치가 옛날 진晉나라의 환온桓溫이 잔치를 베풀었던 형문 부근의 용산龍山과 비슷한 것을 말한다. 당시 환온의 참군이었던 맹가孟嘉의 모자가 바람에 날려 떨어졌던 고사로 유명하다.
* 菊花期(국화기) : 국화가 피는 시기. 또는 국화주를 마시며 국화를 감상할 기약. 이 구는 국화 피는 시기에 마음이 안정되지 않고 흔들리는 것으로 볼 수도 있고, 국화주를 마실 기약을 확정하기 어렵다는 의미로도 볼 수 있다.

044. 다시 하씨에게 들르다

산에 비 내려도 술동이는 그대로 있고
모래에 묻혀도 걸상은 아직 옮기지 않았는데
개는 일찍이 자고 간 적 있는 손님을 맞고
까마귀는 둥지에서 깨어난 새끼를 돌본다.
구름 엷어진 취미사
하늘 맑은 황자피……
지금껏 그윽한 흥취 지극하여
신 신고 걸어 동쪽 울타리로 향한다.

<ruby>중과하씨<rt></rt></ruby>
重過何氏

<ruby>산우준잉재<rt></rt></ruby> <ruby>사침탑미이<rt></rt></ruby> <ruby>견영증숙객<rt></rt></ruby> <ruby>아호락소아<rt></rt></ruby>
山雨樽仍在　沙沈榻未移　犬迎曾宿客　鴉護落巢兒
<ruby>운박취미사<rt></rt></ruby> <ruby>천청황자피<rt></rt></ruby> <ruby>향래유흥극<rt></rt></ruby> <ruby>보섭과동리<rt></rt></ruby>
雲薄翠微寺　天淸皇子陂　向來幽興極　步屧過東籬

● **해설**
천보天寶 12년(753) 여름에 하장군의 원림에 들렀던 시인이 천보 13년 봄에 그곳을 다시 방문하여 지은 것이다. 5수의 연작시 가운데 제2수인 이 시는 다시 찾아왔을 때 본 경물을 읊고 있다.

● **주석**
* 榻(탑) : 탑상榻床. 주연용 의자.
* 曾宿客(증숙객) : 일찍이 자고 간 적이 있는 손님. 두보는 지난해에 이곳에 와서 머물렀다.
* 落巢兒(낙소아) : 둥지에서 깨어난 새끼.
* 翠微寺(취미사) : 장안 남쪽 종남산終南山 위에 있었다는 절.
* 皇子陂(황자피) : 위곡韋曲의 서쪽에 있는 저수지. '취미사翠微寺'와 함께 원림에서 바라본 먼 경물이다.

* 步屧(보섭) : 나막신 신고 걷다.

045. 다시 하씨에게 들르다

평대에 해 지고
봄바람에 차 마실 때,
돌난간에서 비스듬히 붓을 적셔
앉아서 오동잎에 시를 쓴다.
물총새는 옷을 건 나무 끝에서 울고
잠자리는 낚싯줄에 서 있거니
지금부터 그윽한 흥취에 익숙해져
오고감에 또한 기한이 없네.

중과하씨
重過何氏

락일평대상　춘풍철명시　석란사점필　동엽좌제시
落日平臺上　春風啜茗時　石欄斜點筆　桐葉坐題詩
비취명의항　청정립조사　자금유흥숙　래왕역무기
翡翠鳴衣桁　蜻蜓立釣絲　自今幽興熟　來往亦無期

● 해설
천보天寶 12년(753) 여름, 하장군의 원림에 들렀던 작가가 이듬해 봄에 그곳을 재차 방문하여 지은 시이다. 5수의 연작시 가운데 제3수로 평대에서 노니는 정경을 읊은 것이다.

● 주석
* 平臺(평대) : 평평한 대지臺地.
* 啜茗(철명) : 차를 마시다. '명茗'은 늦게 딴 차.
* 點筆(점필) : 붓에 먹을 묻히다.
* 衣桁(의항) : 옷을 걸어둔 횡목橫木.

046. 여러 귀공자를 모시고 장팔구에서 기녀들과 더불어 더위를 식히다가 저녁이 되어 비를 만나다

해질 무렵이라 배 띄우기 좋고
바람은 가벼워 물결 이는 것이 더디다.
대숲 깊어 손을 머물게 하는 곳,
연꽃 깨끗하고 더위를 식히는 때.
공자는 얼음물을 조리하고
미인은 연뿌리를 씻는데
조각구름이 머리 위에서 검어지니
응당 비가 시를 재촉하는 것이리.

_{배 제 귀 공 자 장 팔 구 휴 기 납 량 만 제 우 우}
陪諸貴公子丈八溝攜妓納涼晚際遇雨

_{락 일 방 선 호}　_{경 풍 생 랑 지}　_{죽 심 류 객 처}　_{하 정 납 량 시}
落日放船好　輕風生浪遲　竹深留客處　荷淨納涼時
_{공 자 조 빙 수}　_{가 인 설 우 사}　_{편 운 두 상 흑}　_{응 시 우 최 시}
公子調冰水　佳人雪藕絲　片雲頭上黑　應是雨催詩

● 해설

이 시는 천보天寶 연간에 지은 것으로 추정되는데, 두보가 귀공자들과 함께 장팔구丈八溝에 놀러 나가서 지은 것이다. 장팔구는 깊이가 1장丈이고 넓이가 8척尺이라는 데서 붙여진 이름으로 장안 남쪽에 있던 도랑이다. 2수의 연작시 가운데 제1수이다.

● 주석
* 納涼(납량) : 서늘한 기운을 들이다. 즉, 더위를 식힌다는 뜻이다.
* 雪(설) : 씻다.
* 藕絲(우사) : 연뿌리 실. 연근蓮根 중에서 가장 가는 것이다.

047. 중양절에 봉선현의 양현령이 백수현의 최현령을 만나다

오늘 반회현께서
육준의와 때를 같이하신 자리.
주인은 앉아서 상락주를 여시고
손님은 오시면서 국화 가지를 손에 쥐셨네.
하늘엔 맑은 서리 깨끗하고
공당에는 지난 밤 묵은 안개가 걷혔네.
늦도록 취하고는 객을 머물게 하고 춤을 추는데
오리모양 신발이 함께 들쑥날쑥하네.

<u>구 일 양 봉 선 회 백 수 최 명 부</u>
九日楊奉先會白水崔明府

<u>금일반회현</u>　<u>동시륙준의</u>　<u>좌개상락주</u>　<u>래파국화지</u>
今日潘懷縣　同時陸浚儀　坐開桑落酒　來把菊花枝
<u>천우청상정</u>　<u>공당숙무피</u>　<u>만감류객무</u>　<u>부석공치지</u>
天宇淸霜淨　公堂宿霧披　晩酣留客舞　鳧舃共差池

●해설

서진西晉의 문학가인 반악潘岳과 육운陸雲으로 양현령과 최현령을 비유하여 칭송한 시이다. 천보 14년(755) 중양절에 봉선현奉先縣의 현령인 양씨楊氏가 백수현白水縣의 최崔현령과 연회를 하였는데, 이 자리에 두보도 배석하였고 또 이 시를 써서 흥을 돋우었다. 시제의 구일九日은 중양절을 말하며, 봉선과 백수는 당대唐代의 현縣 이름이다. 명부明府는 현령의 별칭이다.

●주석

* 潘懷縣(반회현) : 서진西晋의 문학가인 반악潘岳으로, 일찍이 회현의 현령을 지냈다. 여기서는 양봉선을 비유한 것이다.
* 陸浚儀(육준의) : 서진의 문학가인 육운陸雲으로, 일찍이 준의현의 현령을 지

냈다. 여기서는 최명부를 비유한 것이다.
* 桑落酒(상락주) : 고대의 좋은 술 이름이다. 《월령광의月令廣義》에 '진晉 선제宣帝 때에 강羌나라 사람이 상락주를 바치니 중양절에 이것을 백관百官에게 하사하여 마시게 했다.(晉宣帝時, 羌人獻桑落酒, 九日以賜百官飮.)'라는 기록이 있다.
* 天宇(천우) : 천하, 하늘.
* 公堂(공당) : 공무를 보는 곳.
* 留客(유객) : 객을 머무르게 하다. 여기서의 객客은 두보 자신을 가리킨다.
* 鳧舃(부석) : 오리 모양의 신발. 동한東漢 때, 섭현葉縣의 현령이었던 왕교王喬가 신선의 법술로 신발을 오리로 만들어 타고 조정에 이르렀다는 전설이 있는데, 후에는 이것으로 현령을 비유하게 되었다. 양봉선과 최명부가 모두 현령임을 나타내느라고 부석鳧舃이라고 한 것이다.
* 差池(치지) : 서로 어긋난 모양, 가지런하지 않은 모양을 말한다.

048. 원일에 위씨에게 시집간 누이에게 부치며

최근에 들으니 위씨에게 시집간 누이가
남편 따라 한나라 종리현으로 갔다고 하네.
누이의 남편은 다른 지방에 주둔하고 있고
수도는 옛땅에서 옮겨 갔다네.
진성에 북두성이 돌아 봄이 되었으니
영 땅의 나무는 남쪽 가지 피었겠지.
정월에 조회하는 사신 보지 못하게 되어
눈물 자국이 얼굴 가득 드리워지네.

원일기위씨매
元日寄韋氏妹

근문위씨매　영재한종리　랑백수방진　경화구국이
近聞韋氏妹　迎在漢鍾離　郞伯殊方鎭　京華舊國移
진성회북두　영수발남지　불견조정시　제흔만면수
秦城迴北斗　郢樹發南枝　不見朝正使　啼痕滿面垂

● **해설**

이 시는 지덕至德 2년(757)에 쓴 것이다. 원일元日(음력 1월 1일)을 맞아 위씨에게 시집간 누이를 그리워하는 감정 및 난리를 겪고 있는 근심스러운 심정을 적은 시이다. 당시에 두보는 장안長安에 억류되어 있는 상태였다. 두보에게는 누이가 한 명 있었는데 위씨韋氏에게 시집갔으므로 위씨매韋氏妹라고 한 것이다.

● **주석**

* 迎(영) : 누이가 남편을 따라 종리현으로 갔다는 뜻이다.
* 鍾離(종리) : 옛날 현縣의 이름이다. 당대에는 호주濠州이다.
* 郎伯(낭백) : 남편.
* 殊方(수방) : 종리현을 가리킨다.
* 京華(경화) : 수도.
* 舊國(구국) : 여기서는 옛 도읍지, 즉 장안을 가리킨다.
* 秦城(진성) : 장안성長安城.
* 迴北斗(회북두) : 북두칠성이 돌다. 북두칠성이 한바퀴 돌아 새해가 되었음을 뜻한다.
* 郢(영) : 초나라의 수도이다. 여기서는 누이가 있는 종리를 가리키는데, 종리는 춘추시대에 초나라 땅에 속했다.
* 朝正使(조정시) : 원일에 천자를 알현하는 사신. 여기서는 누이의 남편을 가리킨다. 누이의 남편은 지방 주둔지의 요직을 맡은 관리이며 관계官階가 3품品 이상이므로 예전 같으면 분명히 조정시의 자격으로 입경入京하여 조하朝賀했을 것인데, 지금은 상황이 어려워서 그렇게 하지 못함을 슬퍼한 것이다.

049. 동생의 소식을 듣고

너는 겁이 많아 돌아올 계획 세우지 못하고
나는 노쇠하여 갈 기약이 없구나.
까마귀와 까치는 기쁜 소식 헛되이 전하고
척령 시 구절에 몹시 부끄럽구나.
살아가는 방도가 이 무슨 꼴인가!

근심이 1년 내내 끝이 없구나.
두 도읍에 30여명의 식구들,
비록 살아있다고는 하지만 목숨이 실과 같구나.

得舍弟消息
득 사 제 소 식

汝懦歸無計　吾衰往未期　浪傳烏鵲喜　深負鶺鴒詩
여 나 귀 무 계　오 쇠 왕 미 기　랑 전 오 작 희　심 부 척 령 시

生理何顔面　憂端且歲時　兩京三十口　雖在命如絲
생 리 하 안 면　우 단 차 세 시　량 경 삼 십 구　수 재 명 여 사

● **해설**

지덕至德 원년(756) 가을에 강촌羌村에서 지은 작품이다. 평음平陰에 있는 동생에게서 편지를 받고 지은 시로, 형제가 멀리 헤어져 있음을 서술하고 생계가 막막함을 탄식하는 내용이다. 사제舍弟는 친동생이다. 두보에게는 네 명의 친동생 영穎, 관觀, 풍豊, 점占이 있었는데, 모두 전란중에 흩어졌다. 이 시에서 말하는 동생은 두영杜穎이다. 2수의 연작시 가운데 제2수이다.

● **주석**

* 浪傳(낭전) : 함부로 전하다. 헛되이 전하다. 민간에서는 오작이 기쁜 소식을 알려준다고 말한다.
* 鶺鴒詩(척령시) : 《시경詩經》에 '척령재원鶺鴒在原, 형제급난兄弟急難.'이라는 시구가 있는데 형제가 환난에서 서로 구해주는 일을 비유하였다.
* 何顔面(하안면) : 곤궁困窮하게 사는 것이 부끄럽다는 말이다.
* 歲時(세시) : 1년. 이 구는 1년 내내 근심을 하지 않은 날이 없음을 뜻한다.
* 兩京(양경) : 장안과 낙양. 두보와 두영의 가족이 사는 곳을 가리킨다.

050. 필요에게 주는 시

재주가 크시어 지금 시단의 어른이신데
가난하고 벼슬 낮아 괴로움 겪으십니다.

배고픔과 추위에 노복들도 천히 여기고
얼굴과 모습은 늙은이가 되셨지요.
같은 재기才氣를 가진 우리를 누가 아껴줄까 한탄스럽고
문장을 논해도 그 가치 스스로 알 뿐임에 쓴웃음 나옵니다.
강엄과 포조의 시체詩體를 널리 전파시키는데
서로를 돌아보니 그래도 아들 없는 처지는 면했습니다.

贈畢四曜
증 필 사 요

才大今詩伯　家貧苦宦卑　飢寒奴僕賤　顏狀老翁爲
재 대 금 시 백　가 빈 고 환 비　기 한 노 복 천　안 상 로 옹 위
同調嗟誰惜　論文笑自知　流傳江鮑體　相顧免無兒
동 조 차 수 석　론 문 소 자 지　류 전 강 포 체　상 고 면 무 아

● 해설

이 시는 건원乾元 원년(758) 봄에 쓴 것이다. 필요畢曜라는 사람이 뛰어난 재주를 가지고도 관직이 미미하여 사람들의 천시를 받는 것을 탄식한 시이나 그 이면에는 필요의 상황을 빌어서 두보 자신의 상황을 탄식한 것이다. 제목 필사요 畢四曜의 사四는 그가 형제 중에 넷째임을 나타낸다. 3, 4구는 둘째 구를 이어서 가난하고 늙었음을 말하고, 5, 6구는 첫째 구를 이어서 알아주는 사람이 없음을 말한다. 마지막 구에서는 그나마 자식이 있어서 가학家學을 전할 수 있는 것을 기쁘게 여긴다고 하며, 이로써 그를 위로한 것이다.

● 주석

* 奴僕賤(노복천) :《두시상주杜詩詳注》에 인용된 신함광申涵光의 말에 따르면 '노복이 주인을 천시한다', '노복이 스스로 천시한다', '노복과 함께 사람들에게 천시받다'라는 세 가지 설명이 모두 통한다고 한다.
* 調(조) : 재주. 풍조. 재기.
* 江鮑(강포) : 강엄江淹과 포조鮑照이다. 강엄은 남조 양梁의 문학가이며, 포조는 남조 송宋의 문학가이다. 두 사람 모두 출신이 한미寒微했다.

051. 진주잡시

고각 소리 울리는 변경의 군현,
시내와 고원에 밤이 드려 하는 때.
가을에 들으니 우렛소리가 땅을 뒤흔드는 듯하고
바람이 흩뜨려 구름 속으로 보내니 처량하여라.
나뭇잎 끌어안은 추운 날의 매미는 고요하고
산으로 돌아가는 외로운 새는 더디게 날아가네.
온 땅에 이 소리가 한결같으니
나의 길은 끝내 어디로 가야 하는 것인가!

진 주 잡 시
秦州雜詩

고각연변군 천원욕야시 추청은지발 풍산입운비
鼓角緣邊郡 川原欲夜時 秋聽殷地發 風散入雲悲
포엽한선정 귀산독조지 만방성일개 오도경하지
抱葉寒蟬靜 歸山獨鳥遲 萬方聲一概 吾道竟何之

● **해설**

〈진주잡시〉 20수는 건원乾元 2년(759) 가을에 진주에 이르러 지은 시로서, 진주에 나그네로 있으며 본 경물과 사건을 서술하였다. 다양한 측면에서 변경인 진주의 경물景物과 인물, 그리고 당시의 불안정한 생활상을 표현하여 시대적, 지역적인 특징을 선명하게 드러내고 있다. 이 시는 두보의 연작시 중에 걸작으로 꼽히는 작품으로 잡시雜詩라고는 하지만 조리가 정연하며, 20수에 포함되어 있는 각각의 시도 한 편의 독자적인 시로서 부족함이 없다고 평가받고 있다. 이 시는 제4수로 변경의 고각 소리를 읊었다.

● **주석**

* 鼓角(고각) : 군중軍中에서 쓰는 북과 뿔피리.
* 緣邊郡(연변군) : 변방의 군현으로, 진주를 가리킨다.
* 殷(은) : 진동하다.

052. 진주잡시

요임금은 진정 스스로 성인이시니
나 같은 시골 노인이 다시 무엇을 알겠는가?
볕에 약을 말릴 때 부인의 도움이 없을 수 있나?
문 앞에서 손님 맞는 일에도 역시 아이가 있다네.
진주 근처에 책 감추어둔 우임금의 동굴이 있다는 소리 듣고
전기를 읽으며 구지를 생각하네.
옛날 조정에 함께 늘어섰던 관리들에게 소식 전하노니
초료새 같은 나는 한 나뭇가지에 깃들어 살고 있다네.

秦州雜詩

唐堯眞自聖　野老復何知　曬藥能無婦　應門亦有兒
藏書聞禹穴　讀記憶仇池　爲報鴛行舊　鷦鷯在一枝

● 해설
20수의 연작시 가운데 제20수로 전체를 총결하는 내용이다. 시 속에서 두보는 세상에서 쓰이지 못하고 타향에서 나그네로 떠도는 자기의 신세를 개탄하고 있다.

● 주석
* 唐堯(당요) : 그 당시의 임금인 숙종을 두고 한 말이다.
* 野老(야로) : 두보 자신을 가리킨다.
* 應門(응문) : 문 앞에서 손님을 응대하다.
* 禹穴(우혈) : 동굴 이름으로, 우禹가 서적을 보관한 곳이라고 한다. 위치가 오늘날의 감숙성甘肅省 영정현永靖縣 병령사炳靈寺 석굴石窟에 있었다는 것이 정론이다.
* 仇池(구지) : 산 이름. 산 위에 구지仇池가 있기 때문에 이런 이름을 얻었다. 진주의 서남쪽으로 200여리 떨어진 곳에 있다.

* 鵷行(원항) : 조정 관리들의 행렬을 비유한다.
* 鷦鷯(초료) : 곤충을 잡아먹는 작은 새. 이 시에서는 두보 자신을 비유한다. 이 구는 《장자莊子·소요유逍遙遊》에 나오는 초료새의 이야기를 빌려 쓴 것이다.

053. 고죽

산 속에서도 스스로를 지킬 수 있어
연약하지만 억지로라도 버텨 나가네.
맛이 쓰니 여름 벌레들이 피하고
떨기가 낮으니 봄새가 깃들 수 있을까 의심하네.
부귀한 집 대청에서 일찍이 귀중하게 여겨진 적 없으니
잘리는 것도 사양하지 않을 테지.
다행히 은자의 집을 가까이하였으니
서리 맞은 뿌리를 이곳에 단단히 맺거라.

_{고 죽}
苦竹

_{청명역자수} _{연약강부지} _{미고하충피} _{총비춘조의}
青冥亦自守　軟弱强扶持　味苦夏蟲避　叢卑春鳥疑
_{헌지증부중} _{전벌욕무사} _{행근유인옥} _{상근결재자}
軒墀曾不重　剪伐欲無辭　幸近幽人屋　霜根結在玆

● 해설
이 시는 건원乾元 2년(759) 가을, 진주에 있을 때 지은 시이다. 고죽苦竹을 빌어서 세상을 피해 은거하는 군자의 지조를 찬미한 시이다. 고죽은 대나무의 일종으로 맛이 쓰다.

● 주석
* 青冥(청명) : 산령山嶺을 가리킨다.
* 扶持(부지) : 어려운 일을 버티어 나가다.

* 軒墀(헌지) : 부귀한 집의 대청.
* 幽人(유인) : 은자隱者.
* 霜根(상근) : 겨울이 끝나도록 시들지 않는 뿌리를 뜻한다.

054. 두좌가 산으로 돌아간 후에 부치다

흰 이슬 내려 황량이 익으면
나누어 준다던 기약 본래 있었지.
이미 마땅히 절구에 넣고 가늘게 빻았을 터인데
부쳐오는 것이 자못 더디게 느껴진다.
그 맛이 어찌 노란 국화와 같으랴!
그 향기는 녹규와 짝지을 만하지.
늙은이 평상시에도 좋아했던 터
밥이 숟가락에 윤기나는 모습 정말 그립다.

좌환산후기
佐還山後寄

백로황량숙 분장소유기 이응용득세 파각기래지
白露黃粱熟 分張素有期 已應舂得細 頗覺寄來遲
미기동금국 향의배록규 로인타일애 정상활류시
味豈同金菊 香宜配綠葵 老人他日愛 正想滑流匙

● 해설
건원 2년(759) 가을, 진주에서 지은 것이다. 3수의 연작시 가운데 제2수이다. 조카인 두좌杜佐가 조를 부쳐오기를 바라는 내용의 시이다. 시제 중 환산還山은 조카 두좌가 자신이 은거하던 동가곡東柯谷으로 돌아간 것을 말한다.

● 주석
* 白露(백로) :《월령月令》에서 '가을의 끝달에 백로가 내리면 곡식이 익는다.(季秋之月, 白露降, 農乃登穀.)'라고 했다.
* 黃粱(황량) : 조의 일종.

* 分張(분장) : 나누어 주다. 일찍이 곡식을 나누어 준다는 기약이 있었다는 말이다.
* 舂(용) : 곡식을 절구에 찧다.
* 金菊(금국) :《본초本草》에 '국화는 금예金蕊라고도 한다.(菊, 一名金蕊.)'라고 했다.
* 綠葵(녹규) : 채소 이름. 왕정王禎은《농서農書》에서 녹규가 모든 채소 중 으뜸이라고 했다.
* 滑(활) : 미끄러지다. 윤기가 반지르르한 것을 비유한 말이다.

055. 마음을 달래며

전쟁은 아직 끝나지 않았는데
동생들은 각자 어디로 갔는가!
눈물을 닦으니 옷깃에 피눈물 젖고
머리를 빗으니 얼굴에 실 같은 흰머리가 가득하네.
땅은 낮고 거친 들 크게 펼쳐져 있어
하늘 저 멀리 해 저물녘 강물은 더디 흐르네.
노쇠하고 병들었으니 어찌 오래 살 수 있을까?
응당 너희들 만나 볼 기약이 없으리라.

遣興(견흥)

干戈猶未定(간과유미정) 弟妹各何之(제매각하지) 拭淚霑襟血(식루점금혈) 梳頭滿面絲(소두만면사)
地卑荒野大(지비황야대) 天遠暮江遲(천원모강지) 衰疾那能久(쇠질나능구) 應無見汝期(응무견여기)

● 해설
성도 초당에 우거寓居할 때 지은 시로, 동생들을 그리워하는 감정을 적고 있다. 제목의 견흥遣興은 이 시로써 마음을 달랜다는 의미이다.

● 주석
* 干戈(간과) : 방패와 창. 전쟁을 의미한다.
* 拭淚(식루) : 눈물을 닦다.
* 地卑(지비) : 성도는 사방이 모두 산으로 둘러싸여 있으므로 땅이 낮다고 한 것이다.
* 那(나) : 어떻게. '나哪'와 같다.
* 期(기) : '시時'로 된 판본도 있다.

056. 남쪽에 사는 이웃인 주산인의 물가 정자에 들러서

가까이 가보니 대나무가 들쭉날쭉 자라있어
지나가도 사람이 알지 못하겠네.
그윽한 꽃이 비스듬히 피어서 나무에 가득하고
가는 물줄기는 굽이굽이 흘러 연못까지 이르네.
돌아가려는 나그네에게 마을 멀지 않다 하시며
남은 술통 들고 자리를 다시 옮기시네.
그대에게 도기가 많으니
이로부터 자주 그대를 뒤쫓고 따르리.

과 남 린 주 산 인 수 정
過南隣朱山人水亭
상 근 죽 참 치　　상 과 인 부 지　　유 화 기 만 수　　세 수 곡 통 지
相近竹參差　相過人不知　幽花欹滿樹　細水曲通池
귀 객 촌 비 원　　잔 준 석 갱 이　　간 군 다 도 기　　종 차 삭 추 수
歸客村非遠　殘樽席更移　看君多道氣　從此數追隨

● 해설
상원上元 원년(760) 성도成都 초당에 살 때에 지은 시이다. 주산인의 물가 정자에서 즐겁게 지냈던 일을 묘사한 시이다. 두보는 〈남린南隣〉이라는 시에서 집 남쪽에 은사隱士 한 명이 사는데, 가난하지만 손님 맞기를 좋아하고 인품이 고

상하다고 하였는데, 이 시의 주산인朱山人이 아마도 그 사람인 것 같다. 산인山人은 은자隱者의 또 다른 칭호이다.

● 주석
* 攲(기) : 기울다. 꽃이 옆으로 피어있는 모습을 형용한다.
* 歸客(귀객) : 두보 자신을 말한다.
* 殘樽(잔준) : 술잔을 비우다.
* 道氣(도기) : 세속을 초탈한 기질을 말한다.
* 數(삭) : 자주.

057. 뒤에 다시 유람하며

절에서 일찍이 노닐었던 곳 기억하나니
두 번째 건널 때에는 다리조차도 어여쁘네.
강산은 마치 기다리고 있었던 듯하고
꽃과 버들은 더욱 사사로움이 없네.
들은 촉촉하고 운무雲霧 기운 엷은데
모래는 따뜻하고 햇빛도 오래 머무네.
나그네의 수심이 완전히 덜어지니
이곳을 버리고 다시 어디로 갈꺼나?

後遊 (후유)

寺憶曾遊處 (사억증유처)
橋憐再渡時 (교련재도시)
江山如有待 (강산여유대)
花柳更無私 (화류갱무사)
野潤烟光薄 (야윤연광부)
沙暄日色遲 (사훤일색지)
客愁全爲減 (객수전위감)
捨此復何之 (사차부하지)

● 해설
상원上元 2년(761) 봄에 두보는 수각사修覺寺를 유람한 적이 있었다. 이 시는 같은 해 봄에 다시 수각사를 방문하고 물아일체物我一體가 된 느낌을 적은 것이다.

● 주석
* 寺(사) : 수각사를 말한다.
* 無私(무사) : 꽃이 사사로운 마음이 없어서 사람이 마음껏 감상하게 해준다는 뜻이다.
* 烟光(연광) : 구름이나 안개.
* 暄(훤) : 따뜻하다.

058. 강가 정자

배를 드러내놓고 따뜻한 강가 정자에 앉아
길게 읊조리며 들판 바라보는 때,
강물 흐르니 내 마음이 다투지 않고
구름 떠 있으니 내 마음이 함께 더디 흘러가네.
조용히 봄날 저물려 하는데
기쁘게 만물은 스스로 제 빛깔을 내네.
고향의 숲에 아직 돌아가지 못하여
번민을 물리치려 억지로 시를 짓네.

江亭 강정

坦腹江亭暖 탄복강정난   長吟野望時 장음야망시   水流心不競 수류심불경   雲在意俱遲 운재의구지
寂寂春將晩 적적춘장만   欣欣物自私 흔흔물자사   故林歸未得 고림귀미득   排悶强裁詩 배민강재시

● 해설
상원 2년(761) 봄, 성도 초당에서 지은 시이다. 강가의 작은 정자에 혼자 있을

때의 느낌을 적었다.

• **주석**
* 坦腹(탄복) : 배를 드러내다.
* 欣欣(흔흔) : 기뻐하는 모양, 초목이 잘 자라 싱싱한 모양.
* 裁詩(재시) : 시를 짓다.

059. 애석한 일

꽃이 무슨 일이 있다고 이리 서둘러 날리나?
늙어서는 봄이 더디 가기를 원하는데……
애석한 것은 즐거워하는 것이
젊은 시절이 아니라는 것.
마음 너그러이 하는 데는 응당 술이 있어야 하고
흥을 달래는 데는 시보다 나은 것이 없지.
이러한 마음을 도연명은 헤아리련만
나의 생이 그대 살던 시기보다 뒤에 있구나.

가 석
可惜

화비유저급　로거원춘지　가석환오지　도비소장시
花飛有底急　老去願春遲　可惜歡娛地　都非少壯時
관심응시주　견흥막과시　차의도잠해　오생후여기
寬心應是酒　遣興莫過詩　此意陶潛解　吾生後汝期

• **해설**
이 시는 아마도 상원上元·보응寶應 연간에 지어졌을 것이다. 봄이 가는 것을 보고 늙어가는 자기의 신세를 마음 아파하여 지은 시이다.

• **주석**
* 底(저) : 어찌, 무슨.

060. 홀로 마시다

해질 무렵 깊은 숲을 짚신 신고 걷다가
술 단지 열어 홀로 느긋하게 마신다.
떨어지는 버들솜이 위를 향해 나는 벌에 붙고
줄지은 개미는 마른 배나무에 오른다.
천박하고 졸렬하여 참된 은자에게 부끄럽지만
그윽하고 외진 곳에 있으니 저절로 즐겁구나.
본래 수레 타고 면류관 쓰려는 뜻 없었으나
그렇다고 지금 세상을 무시하지도 않는다네.

獨酌_{독작}

步屧深林晩 _{보섭심림만}　開樽獨酌遲 _{개준독작지}　仰蜂粘落絮 _{앙봉점락서}　行蟻上枯梨 _{항의상고리}
薄劣慚眞隱 _{박렬참진은}　幽偏得自怡 _{유편득자이}　本無軒冕意 _{본무헌면의}　不是傲當時 _{불시오당시}

● **해설**

이 시는 상원上元 2년(761)에 지은 것이다. 늦봄에 혼자 술을 마시면서 명리名利를 잊고 스스로 즐기는 심사를 노래하였다.

● **주석**

* 屧(섭) : 나막신. 짚신.
* 行(항) : 줄지어 가다.

061. 다리가 완성된 것을 보고, 달밤에 배 안에서 시를 지어 이사마에게 드리다

촛불 잡고 다리 완성한 밤,
나그네 몸으로 배를 돌리던 때.
구름 모두 가버려서 하늘은 높고
강은 멀어 달 떠 오는 것이 더디다.
쇠약하여 병든 몸 부축하여 간 것은
자주 초대를 해주었기 때문.
이역 지방에서 이러한 흥취 즐기자니
즐거움이 끝나면 슬픔이 없지 않구나.

觀作橋成月夜舟中有述還呈李司馬

把燭橋成夜　迴舟客坐時　天高雲去盡　江逈月來遲
衰謝多扶病　招邀屢有期　異方乘此興　樂罷不無悲

● 해설
상원上元 2년(761) 겨울, 촉주蜀州에 있을 때 지은 시이다. 촉주사마인 이씨가 다리를 놓아 백성의 어려움을 해결해 주었는데, 이 일을 언급하면서 아울러 노년에 객지 생활하는 시인의 심사를 표현하고 있다.

● 주석
* 衰謝(쇠사) : 노쇠하다.

062. 느낀 바가 있어서

오랑캐 전멸해도 인심이 여전히 어지러운 것은
병사들 줄어들어 장수들 절로 조정을 의심해서라네.
장수에게 작위와 땅을 봉한 것, 결코 말로만 그친 것이 아닌데
그대들이 주군에게 보답함은 어찌 그리 더딘가?
고을을 거느린 군수는 매번 생색나지 않아서
부임하러 갈 때면 언제나 원망하는 말이 있다.
원컨대 애통해하는 조서로
병든 백성을 정중하게 위문하는 말 들어보았으면……

有感^{유감}

胡滅人還亂^{호멸인환란}　兵殘將自疑^{병잔장자의}　登壇名絶假^{등단명절가}　報主爾何遲^{보주이하지}
領郡輒無色^{령군첩무색}　之官皆有詞^{지관개유사}　願聞哀痛詔^{원문애통조}　端拱問瘡痍^{단공문창이}

● 해설

5수의 연작시로서 광덕廣德 원년(763)부터 지어진 것인데, 일시에 다 지어진 것은 아니다. 이 시는 제5수로서, 당시 조정이 군진軍鎭은 중시하고 군수郡守는 경시한 것에 대해 개탄하고 있다.

● 주석

* 兵殘(병잔) : 《두억杜臆》에서 '복고회은僕固懷恩은 반란군이 평정되면 임금의 총애가 줄어들 것을 두려워하여, 설숭薛嵩 등 장수를 나누어 하북에 머물도록 할 것을 상주하였으니, 이것이 "병잔장자의兵殘將自疑"이다.(僕固懷恩恐賊平寵衰, 奏留薛嵩等分帥河北, 此兵殘將自疑也)'라고 하였다.
* 登壇(등단) : 대장에 임명하다. 여기서는 광덕 원년에 여러 절도사를 실봉實封한 일을 가리킨다.
* 名絶假(명절가) : 명칭이 헛된 것이 아니다. 실제로 봉해 주었음을 뜻한다.

* 哀痛詔(애통조) : 천자가 잘못을 자기에게 돌리고 애통해하는 뜻을 담은 조서.
* 端拱(단공) : 몸을 단정하게 하고 손을 모으다.

063. 최도수가 강협을 내려가는 것을 전송하며

부강의 무수한 뗏목이
노를 울리며 모두 떠날 때,
이별은 끝내 오래지 않으리니
친척들 차마 버려두지 못해서라네.
백구협과 황우협,
아침 구름과 저녁 비의 사당.
지나는 곳에서 자주 안부를 물어주시게.
도착하는 날 손수 시를 지을 테니.

봉송최도수옹하협
奉送崔都水翁下峽
무수부강벌　　명요총발시　　별리종불구　　종족인상유
無數涪江筏　鳴橈總發時　別離終不久　宗族忍相遺
백구황우협　　조운모우사　　소과빈문신　　도일자제시
白狗黃牛峽　朝雲暮雨祠　所過頻問訊　到日自題詩

● 해설

이 시는 광덕廣德 원년(763) 봄, 재주梓州에서 지은 것이다. 최씨崔氏는 도수시都水使로서 공의 외숙이다. 때문에 옹翁이라고 부른 것이다. 도수시는 관직 이름이다. 최씨가 삼협을 빠져나가 낙양으로 돌아가려고 하였기 때문에 두보가 이 시를 지어 그를 전송하였다.

● 주석

* 白狗峽(백구협) 구 :《십도지十道志》에서 '백구협은 귀주에 있는데, 양쪽 기슭이 깎아놓은 것 같고, 백석이 은은하게 보이는데 그 모습이 마치 개와 같다. 황우협은 이릉주에 있는데, 바위의 색이 마치 사람이 소를 끌고 가는 형상인

데, 사람은 흑색이고 소는 황색이다(白狗峽, 在歸州, 兩崖如削, 白石隱起, 其狀如狗. 黃牛峽, 在夷陵州, 石色如人牽牛之狀, 人黑牛黃)'라고 하였다.
* 朝雲(조운) 구 : 송옥宋玉의 〈고당부高唐賦〉에서 '아침에는 지나는 구름이 되고, 저녁에는 지나는 비가 된다(朝爲行雲, 暮爲行雨)'라고 하였다. 여기서의 사당은 무산巫山 신녀神女의 사당을 가리킨다.
* 問訊(문신) 구 : 《두억杜臆》에서 '지나는 곳에 아는 사람이 있을 테니, 먼저 옹翁에 의지해 소식을 묻고, 내가 도착하는 날에 스스로 시를 써서 줄 것이다(經過之處, 有相知者在, 先憑翁問訊, 待將來到日, 我自題詩以贈也)'라는 뜻으로 이 구절을 풀이하였다.

064. 장유후의 신정 모임에 따라가서 제군을 전송하다

신정에 고아한 모임이 있고
길 떠나가는 이 좋은 시절을 만났구나.
해 움직여 강의 장막에 비치고
바람 울며 난간의 깃발을 밀치는데
훈채葷菜를 끊겠다는 마음은 종내 고치지 않겠지만
권하는 술은 사양하지 않으리.
이미 현산의 눈물 떨구었으니
이로 인해 비의 시詩를 쓴다.

隨章留後新亭會送諸君
수 장 류 후 신 정 회 송 제 군

新亭有高會　行子得良時　日動映江幕　風鳴排檻旗
신 정 유 고 회　행 자 득 량 시　일 동 영 강 막　풍 명 배 합 기

絶葷終不改　勸酒欲無辭　已墮峴山淚　因題零雨詩
절 훈 종 불 개　권 주 욕 무 사　이 타 현 산 루　인 제 령 우 시

● 해설
이 시는 광덕廣德 원년(763)에 지은 것이다. 당시 두보는 재주梓州에 있었다. 장

유후章留後는 재주자사 장이章彛이다. 유후는 절도사가 조정에 갔을 때, 임시로 절도사의 일을 대리하는 벼슬이다.

● 주석
* 新亭(신정) : 정자 이름. 재주에 있다.
* 絶葷(절훈) : 마늘, 파 등과 같이 냄새나는 채소를 끊다.
* 峴山淚(현산루) : 《진서晉書》에 의하면 양호羊祜는 일찍이 현산에 올라 술자리를 베푼 적이 있었다. 양호가 죽자, 양양襄陽의 백성들이 그 위에다 비를 세우니, 이를 보고 눈물을 흘리지 않는 사람이 없었다. 두예杜預가 이로 인하여 타루비墮淚碑라고 이름을 지었다. 이 고사는 후에 지방관리를 그리워하는 것을 표현할 때 이용되었다. 신정의 모임에 재주에서의 벼슬자리를 그만두고 떠나는 사람이 있어서, 이 전고를 사용한 것이다.
* 零雨詩(영우시) : 진晉 손초孫楚의 시에서 유래한 말로 작별할 때 써주는 시를 뜻한다.

065. 비를 대하고

아득히 하늘 끝에 비가 내리니
강변에 홀로 서 있는 때이로다.
파촉 가는 길 근심하지 않으나
한의 깃발이 젖을까 걱정함은
설령雪嶺에는 가을 방비가 급하고
승교에서는 승전보가 더디기 때문.
서응은 사위의 예를 지키어
감히 은혜 저버리지 말기를.

對雨

莽莽天涯雨 江邊獨立時 不愁巴道路 恐濕漢旌旗
(망망천애우) (강변독립시) (불수파도로) (공습한정기)

| 설령방추급 | 승교전승지 | 서융생구례 | 미감배은사 |
| 雪嶺防秋急 | 繩橋戰勝遲 | 西戎甥舅禮 | 未敢背恩私 |

• **해설**

이 시는 광덕廣德 원년(763) 가을에 지은 것이다. 당시 두보는 낭주閬州로 가려고 하였는데 비를 만난 것이다. 시국을 근심하는 마음이 표현되어 있다.

• **주석**

* 恐濕(공습) : 낭주로 가는 길이 험한 것을 걱정하지 않고, 단지 정벌하러 간 군대가 비를 만나, 깃발이 젖어 행군이 어려울 것을 근심한다는 뜻이다.
* 雪嶺(설령) : 일명 서산西山이다. 사천성 서부西部에 있다. 이 해 7월에 토번이 하롱河隴 지역을 모두 취하니, 변방의 방비가 엄정해졌다. 그래서 '설령방추급 雪嶺防秋急'이라고 한 것이다.
* 防秋(방추) : 변방 오랑캐가 가을이 되어 하늘이 높고 말이 살찌면 항상 침입하여 도둑질을 하기 때문에 '방추防秋'라는 표현이 만들어졌다.
* 繩橋(승교) : 노끈과 대나무로 만든 다리. 일설에는 수착성守捉城의 이름이라고 한다.
* 甥舅禮(생구례) : 중종中宗 경룡京龍 2년에 금성공주金城公主를 찬보贊普에게 시집보냈기 때문에, 토번 왕과 당 황제 사이에는 사위와 장인의 예가 이루어진 것이다.

066. 황혼

강물이 길게 흐르는 곳
산 구름 낀 저녁 때.
찬 꽃은 어지러운 풀 속에 숨고
잠자려는 새는 깊은 가지를 찾는다.
고국을 어느 때 볼 것인가?
하늘 높은 가을에 마음은 고통스럽고 슬프다.
인생에 다시 좋은 때 없으려니
살쩍이 절로 흰 실이 되었구나.

박모
薄暮

江水長流地 山雲薄暮時 寒花隱亂草 宿鳥探深枝
故國見何日 高秋心苦悲 人生不再好 鬢髮自成絲

●해설
이 시는 광덕廣德 원년(763) 가을에 낭주閬州에서 지은 것이다. 두보는 이 해 9월에 낭주에 도착하였다. 시 속에 나그네 생활의 시름이 표현되어 있다.

●주석
* 寒花(한화) : 추운 날씨 속에 핀 꽃.

067. 고인이 된 곡사교서의 집에 들러서

제비 들어오는 곳은 옆집이 아니고
갈매기 돌아오는 곳도 다만 옛 연못일 뿐.
다리 끊겼으나 다시 판자 덮지 않았고
누운 버들에선 저절로 가지가 생겼구나.
마침내 산양의 경우처럼 되었으니
포숙아처럼 알아주던 것 참으로 부끄럽다.
평소에 사귀던 이들 영락하여 사라지니
흰머리에 눈물 두 줄기 흘러내린다.

과 고 곡 사 교 서 장
過故斛斯校書莊

燕入非旁舍 鷗歸祗故池 斷橋無復板 臥柳自生枝
遂有山陽作 多慚鮑叔知 素交零落盡 白首淚雙垂

● 해설

이 시는 광덕 2년(764)에 지은 것이다. 곡사斛斯는 이름이 융융이고 두보 초당의 이웃에 살았던 술친구였다. 죽은 뒤에 교서校書라는 관직을 받았다. 2수의 연작시 가운데 제2수이다.

● 주석

* 山陽作(산양작) : 진晉의 상수向秀가 혜강嵇康이 살던 산양의 옛 거처를 지나다가 지난날의 교제를 생각하며 지은 〈사구부思舊賦〉를 말한다.

068. 동천으로 가는 왕시어를 전송하는 자리에서

동천은 시 짓는 친구들이 모여 있는 곳,
이 시를 바치는 일이 경솔한 행위일까 두렵구나.
하물며 시의 우두머리라 알려진 분,
헛되구나, 이별을 애석해함이여!
매화는 가까운 들판에 피어 있고
풀빛은 넘실대는 연못으로 향했다.
만일 강가에 누워 있는 사람 생각해 주신다면
돌아올 기약을 원컨대 일찍 알려주시길……

송 왕 시 어 왕 동 천 방 생 지 조 석
送王侍御往東川放生池祖席

동 천 시 우 합　차 증 겁 경 위　황 부 전 종 장　공 연 석 별 리
東川詩友合　此贈怯輕爲　況復傳宗匠　空然惜別離

매 화 교 근 야　초 색 향 평 지　당 억 강 변 와　귀 기 원 조 지
梅花交近野　草色向平池　儻憶江邊臥　歸期願早知

● 해설

이 시는 저작 시기가 확실하지 않다. 왕시어가 동천에 가게 되자, 방생지에서 전별연을 베풀었는데, 그때의 감회를 읊은 시이다.

● 주석
* 東川(동천) : 재주梓州이다.

069. 융주 양사군의 동루에서 잔치하며

좋은 자리에서 자신이 늙었음에 놀라다가
늙음을 생각지 않고 마음껏 흥겨워하나니
앉은 사람들이 가기에게 다가가고
즐기는 일은 주인에게 맡겨 행한다.
진하게 푸른 봄 술을 잡고
가벼운 붉은 여지를 쪼갠다.
높은 누대에서 근심스런 생각 드는 것은
피리 소리가 그치지 않기 때문.

_{연 융 주 양 사 군 동 루}
宴戎州楊使君東樓

_{승 절 경 신 로} _{정 망 발 흥 기} _{좌 종 가 기 밀} _{락 임 주 인 위}
勝絶驚身老　情忘發興奇　座從歌妓密　樂任主人爲
_{중 벽 넘 춘 주} _{경 홍 벽 려 지} _{루 고 욕 수 사} _{횡 적 미 휴 취}
重碧拈春酒　輕紅擘荔枝　樓高欲愁思　橫笛未休吹

● 해설
영태永泰 원년(765) 5월에 두보는 성도成都를 떠나 융주로 갔는데, 이 시는 이 해 6월에 지은 것이다. 그곳의 자사인 양씨의 접대를 받고 그 감회를 읊은 시이다.

● 주석
* 重碧(중벽) : 술빛을 말한다. 술 이름이라는 설도 있다.
* 輕紅(경홍) : 여지荔枝의 색깔을 말한다.

070. 운안에서 중양철날 정십팔이 술을 준비하여 여러 공들을 모시고 잔치하다

가을 꽃 피었다가 이미 지고
국화의 꽃술만이 가지에 가득하네.
꽃 꺾던 이들 번번이 달라졌고
엷은 향기 나는 술만 잠시 우릴 따른다네.
이 땅 외진 곳이라 비로소 겹옷을 입었는데
산이 중첩되어 있어 더욱 오르기 위험하네.
나라 안이 온통 전쟁중이라
주흥 어린 노랫가락에도 눈물 흐르려 하네.

_{운 안 구 일 정 십 팔 휴 주 배 제 공 연}
雲安九日鄭十八攜酒陪諸公宴

_{한 화 개 이 진}　_{국 예 독 영 지}　_{구 적 인 빈 이}　_{경 향 주 잠 수}
寒花開已盡　菊蘂獨盈枝　舊摘人頻異　輕香酒暫隨
_{지 편 초 의 겹}　_{산 옹 갱 등 위}　_{만 국 개 융 마}　_{감 가 루 욕 수}
地偏初衣袷　山擁更登危　萬國皆戎馬　酣歌淚欲垂

● 해설

이 시는 영태永泰 원년(765) 중양절에 운안雲安에서 지은 것이다. 운안은 기주夔州에 속했는데 지금의 사천성 운양현雲陽縣이다. 정십팔鄭十八은 이름이 분賁이다. 그가 사람들을 초청하여 높은 곳에 올라 국화주를 대접하며 잔치를 하였을 때 두보가 참석하여 이 시를 지었다. 이 시에는 떠돌아다니는 자신의 신세와 난리로 어지러운 나라에 대한 탄식이 드러나 있다.

● 주석

* 舊摘(구적) 구 : 재작년 중양절엔 재주梓州에, 작년은 성도에, 올해는 운안에 있으니 고향을 떠나 중양절을 맞이할 적마다 함께 보내는 이들이 달랐음을 말한다.
* 袷(겹) : 겹옷. 운안이 남쪽에 있기 때문에 기온이 따뜻하여 중양절에 처음으

로 겹옷을 입었음을 말한다.
* 萬國(만국) 구 : 영태 원년 9월에 복고회은僕固懷恩이 토번土蕃, 회흘回紇 등을 회유하여 쳐들어왔다.

071. 비

어둑어둑 정월 초파일 내리는 비
벌써 입춘을 넘긴 때,
가벼운 부채 부치는 것 번거롭고
가는 베옷 입을 때인가 절로 의심스럽다네.
안개 끼어 겨우 조금 빛이 있고
바람이 불자 빗발은 더욱 실 같아지네.
무산이 저물어감을 바로 깨닫게 하고는
아울러 송옥의 슬픔을 재촉하는구나.

雨 (우)

冥冥甲子雨 (명명갑자우)   已度立春時 (이도립춘시)   輕箑煩相向 (경삽번상향)   纖絺恐自疑 (섬치공자의)
烟添纔有色 (연첨재유색)   風引更如絲 (풍인갱여사)   直覺巫山暮 (직각무산모)   兼催宋玉悲 (겸최송옥비)

● 해설
이 시는 대력大曆 원년(766)에 지은 것이다. 운안雲安에서 가족과 설을 보내고 머물러 있으면서 정월 초파일에 내리는 비를 소재로 하여 자신의 감회를 읊었다. 제2연은 날씨가 비정상적으로 따뜻한 것을 괴이하게 생각한 것이다.

● 주석
* 甲子(갑자) : 대력 원년 정월 초파일의 간지干支이다.
* 箑(삽) : 부채.
* 纖絺(섬치) : 가는 갈포로 짠 옷.
* 直覺(직각) 구 : 〈고당부高唐賦〉에 '첩妾은 무산巫山의 남쪽에 있으면서 아침에

는 지나가는 구름이 되고 저녁에는 지나가는 비가 됩니다'라는 무산신녀巫山神女의 말이 나온다. 무산에 비가 내리므로 날이 저물었다고 한 것이다.
* 宋玉悲(송옥비) : 전국戰國시대 송옥은 재능이 있으면서도 그것을 펼 기회를 만나지 못했다. 이런 사실을 슬퍼하여 매번 처량한 경물景物을 대할 때마다 자신의 한을 드러냈다.

072. 백발

백발이 다 된 풍당 노인
맑은 가을을 슬퍼한 송옥.
강이 시끄러워 늘 잠이 없어져
높은 누각에서 홀로 시간을 보낸다.
어려움 많은 시절에 이내 몸 무슨 도움이 되랴?
집 없는 신세 병들어도 사양하지 못하는 것을!
천일 동안 취함을 달게 좇으리니
칠애시를 인정할 수 없다네.

수 백
垂白

수백풍당로   청추송옥비   강훤장소수   루형독이시
垂白馮唐老 清秋宋玉悲 江喧長少睡 樓逈獨移時
다난신하보   무가병불사   감종천일취   미허칠애시
多難身何補 無家病不辭 甘從千日醉 未許七哀詩

• 해설
대력大曆 원년(766) 가을, 기주夔州 서각西閣에서 지은 시이다. 두보는 풍당馮唐과 송옥宋玉을 자신에 비유하여 우국憂國의 정을 토로하였다.

• 주석
* 垂白(수백) : 노인이 되었음을 말한다.
* 馮唐(풍당) : 한漢나라 때 사람으로 효孝로 이름이 났으며 낭중서장郎中署長을

지냈다. 두보가 만년에 낭랑이 되었으니 풍당과 비슷한 면이 있다.
* 宋玉(송옥) : 전국시대 초楚나라 사람으로 초사楚辭 〈구변九辨〉을 지었다. 그 첫 부분에 "슬프도다, 가을의 기운이여. 처량하도다, 초목이 영락하여 퇴색되었네."라고 되어 있다. 두보가 가을을 슬퍼하는 것이 송옥과 비슷하다.
* 長(장) : 늘. 항상.
* 千日醉(천일취) : 옛날 중산中山 일대에서 제조하던 술은 사람이 한번 마시면 천일 동안 취하게 하였다고 한다. 이 구절은 근심이 깊은 것을 형용한다.
* 七哀詩(칠애시) : 조식曹植과 왕찬王粲 등의 〈칠애시七哀詩〉가 《문선文選》에 수록되어 있다. '칠애七哀'는 악부 고제古題이다. 이 구절은 칠애시로 표현하기에 상심이 너무 많다는 것을 뜻한다.

073. 옛날에

옛날 청문 안에 있을 적,
봉래궁 임금 행차 자주 오갔었지.
아름다운 꽃들 나무들 속에서 맞이하고
용은 기쁘게 평지平池에서 나왔지.
해질 무렵에는 서왕모를 머물게 하고
산들바람에 소아에게 몸을 기대었지.
궁중 향락의 비밀스러움을
밖에는 아는 이 적었지.

宿昔

宿昔青門裏　蓬萊仗數移　花嬌迎雜樹　龍喜出平池
落日留王母　微風倚少兒　宮中行樂秘　少有外人知

● 해설
대력 원년(766) 기주夔州에서 지은 것이다. 당 현종玄宗 생전에 장안에서의 향락을 회상하며 쓴 시로 행간에 풍자의 뜻이 있다.

● **주석**
* **靑門**(청문) : 한漢나라 장안성長安城의 동문 중 하나로서, 푸른색으로 장식한 까닭에 세간에서 '청문'이라고 불렀다. 여기서는 장안성을 가리킨다.
* **蓬萊**(봉래) : 당唐의 궁 이름이다.
* **仗數移**(장삭이) : 봉래궁에서 곡강曲江 남원南苑으로 향하는 왕의 놀이 행차가 절도가 없음을 말한다.
* **平池**(평지) : 흥경지興慶池를 가리킨다. 《명황십칠사明皇十七事》에 의하면 천보天寶 연간에 흥경지의 용은 궁궐의 도랑에서 노닐었는데…… 임금의 수레가 서쪽으로 행차하자 어느날 저녁에 구름비를 타고 서남쪽을 향해 갔다고 한다.
* **王母**(왕모) : 고대 신화 속의 여자 선인仙人인 서왕모이다. 《한무내전漢武內傳》에 의하면 왕모가 큰소리 내고 영관靈官에게 용에 멍에를 씌워 수레를 차비하라 명령하고는 가려고 하였다. 황제가 자리에서 내려와 머리를 조아리고 공손하게 머물기를 청하자, 왕모는 비로소 자리에 앉았다고 한다. 양귀비가 한때 도사道士가 되었기에 당唐나라 사람들은 양귀비를 서왕모에 비유하였다. 이 구절에서는 양귀비가 총애를 독차지한 것을 말한다.
* **少兒**(소아) : 《위청전衛靑傳》에 의하면 서한西漢 평양후平陽侯의 시녀 위온衛媼의 둘째딸이 소아이다. 그녀는 일찍이 곽중유霍仲孺와 사통하여 곽거병霍去病을 낳았는데 진장陳掌에게 시집갔다. 이후부터 사람들은 품행이 방탕한 여자를 소아에 비유하게 되었다. 이 구절은 당 현종의 총애를 얻어 그와 불륜의 관계를 맺었던 진국秦國부인과 괵국虢國부인을 가리킨다.

074. 앵무새

앵무는 근심을 품은 채
총명하게도 이별을 기억한다네.
푸른 깃털 모두 다 짧게 잘린 채
붉은 부리 공연스레 아는 것이 많네.
새장 열린 날 없으리니
그 옛날 머물던 나뭇가지만 공연히 남아 있네.

세상 사람들 사랑하다가도 또 해치니
진귀한 깃털 무슨 소용이 있으리.

<ruby>鸚鵡<rt>앵 무</rt></ruby>

<ruby>鸚鵡含愁思<rt>앵 무 함 수 사</rt></ruby>　<ruby>聰明憶別離<rt>총 명 억 별 리</rt></ruby>　<ruby>翠衿渾短盡<rt>취 금 혼 단 진</rt></ruby>　<ruby>紅嘴漫多知<rt>홍 취 만 다 지</rt></ruby>
<ruby>未有開籠日<rt>미 유 개 롱 일</rt></ruby>　<ruby>空殘舊宿枝<rt>공 잔 구 숙 지</rt></ruby>　<ruby>世人憐復損<rt>세 인 련 부 손</rt></ruby>　<ruby>何用羽毛奇<rt>하 용 우 모 기</rt></ruby>

● 해설
대력大曆 원년(766) 기주에서 지은 것이다. 자신을 앵무새에 비유하여 회재불우懷才不遇의 정을 기탁하였다. 시제詩題가 〈전우剪羽〉로 된 판본도 있다.

● 주석
* 鸚鵡(앵무) : 앵무새. 윗부리가 갈고리같이 굽었고 털빛이 아름다우며 사람의 말을 잘 흉내낸다.
* 衿(금) : 옷깃. 여기서는 앵무새의 깃털을 가리킨다.
* 渾(혼) : 온통.

075. 원숭이

빈 절벽에 긴 울음소리,
차가운 가지에 드문드문 매달려 있다.
어렵고 험난함을 사람들 피하지 못하는데
너희들은 몸을 숨기고 드러내는 지혜를 아는 듯하구나.
본디 무리를 따라 매달려 있는 것에 익숙하나
생명을 부지하느라 기이한 재주 부리곤 하지.
앞 숲에서 뛰어오를 때는 매번 몸이 서로 미칠 수 있어야 하니
부자간에 헤어지지 말아라.

원
猿

뇨뇨제허벽	소소괘랭지	간난인불면	은현이여지
裊裊啼虛壁	蕭蕭挂冷枝	艱難人不免	隱見爾如知

관습원종중	전생혹용기	전림등매급	부자막상리
慣習元從衆	全生或用奇	前林騰每及	父子莫相離

● 해설

대력 원년(766) 기주에서 지은 것이다. 원숭이가 기회를 엿보는 지혜를 갖추고 있는 것을 칭찬하고 있다. 왕사석王嗣奭은 《두억杜臆》에서 '사람들은 난세亂世에 왕왕 부자父子의 생명을 보전하지 못하는 때가 있다. 공공이 자식을 데리고 피난을 가면서 생명을 보전할 수 없을까 걱정한 것이니 두보의 괴로운 심정이 보인다'라고 하였다.

● 주석

* 裊裊(요뇨) : 소리가 긴 모양.
* 蕭蕭(소소) : 쓸쓸한 모양. 무리가 적은 모양.
* 元(원) : 원래.
* 從衆(종중) : 무리를 따라 나뭇가지에 매달리다.
* 全生(전생) : 목숨을 보전하다. 여기서는 화살을 피하는 등의 일을 가리킨다.
* 用奇(용기) : 기이한 재주를 쓰다. 뛰어오를 수 있다.
* 父子(부자) 구 : 노원창盧元昌이 '환온桓溫이 촉 땅에 들어와 삼협三峽에 이르렀을 때, 군대 중에 원숭이 새끼를 얻은 병사가 있었다. 원숭이 어미가 낭떠러지를 기어올라 구슬피 울어댔다. 또 제齊 무제武帝가 경양산景陽山에 이르렀을 때, 원숭이가 슬피 우는 것을 보게 되어 승丞에게 묻기를 "이 원숭이는 무슨 일인가?"하니, "새끼가 낭떠러지에서 떨어져 죽었습니다. 그 어미가 구하고자 했으나 보이지 않았습니다."라고 대답하였다. 이런 일들이 부자父子가 이별한 예인 것이다'라고 하였다.

076. 최이와 이별하며 그를 통해 설거, 맹운경에게 부치다

뜻있는 선비는 경거망동 삼가는 법이나
알아주심 깊어 굳이 사양하기도 어려웠겠지.
어찌 오래도록 갈고 닦기만 하겠나?
단지 검어지고 닳게 되지 않음을 취하시게.
이른 아침부터 밤늦게까지 나라 걱정한단 말 들었으니
날아올라 급히 세상을 구해 보게나.
형주에서 설거와 맹운경을 만난다면
그들과 시를 담론하고 싶다고 전해주시게.

別崔漪因寄薛據孟雲卿

志士惜妄動　知深難固辭　如何久磨礪　但取不磷緇
夙夜聽憂主　飛騰急濟時　荊州遇薛孟　爲報欲論詩

● 해설

대력大曆 원년(766) 가을과 겨울 사이에 기주에서 지은 것이다. 호남湖南 막부에서 직무를 맡게 된 이종사촌동생 최이崔漪를 송별하면서 격려의 말을 전하고 아울러 동생을 통해 형주荊州에 있는 친구 설거薛據, 맹운경孟雲卿에게 시를 부치고자 하였다.

● 주석

* 知深(지심) 구 : 최이崔漪는 지조와 절개가 있으며 혼자서 인품을 닦는 것을 좋아하여 벼슬길에 나가지 않았는데 호남 막부의 장관長官이 그를 알고 불러 어쩔 수 없이 막부에서 직무를 맡게 되었다는 뜻이다.
* 磨礪(마려) : 학문, 덕행을 닦다.
* 緇(치) : 검다. 검게 물들다. 《논어論語·양화陽貨》에서 공자가 '단단하다고 말하지 않겠는가. 갈아도 닳지 않으니. 희다고 말하지 않겠는가. 검은 물을 들

여도 검어지지 않으니(不曰堅乎, 磨而不磷, 不曰白乎, 涅而不緇)'라고 하였다.
* 夙夜(숙야) : 이른 아침부터 늦은 밤까지.

077. 두위에게 부치다

추운 날의 해는 처마 지나면 금방 저버리고
깃들 나무 없는 불쌍한 원숭이 슬퍼하는데
삼협에서 오랫동안 나그네 되어
지금 강가에서 너를 생각한다.
천지간에 이 한 몸은 어디에 있나?
풍진 속에 병은 또 면할 수 있나?
편지를 봉하려니 두 줄기 눈물 흘러
새로 지은 시에 젖어드는구나.

寄杜位 (기두위)

寒日經簷短 (한일경첨단)　窮猿失木悲 (궁원실목비)　峽中爲客久 (협중위객구)　江上憶君時 (강상억군시)
天地身何在 (천지신하재)　風塵病敢辭 (풍진병감사)　封書兩行淚 (봉서량항루)　霑灑裛新詩 (점쇄읍신시)

● 해설

대력大曆 원년(766) 겨울에 지은 것이다. 원주原註에 '근래에 두위와 고故 엄상서의 막부에 있었다'라고 적혀 있다. 당시에 사촌동생 두위는 강릉江陵에 행군사마行軍司馬로 가있었다. 난세를 만나 떠도는 생활에 대한 슬픔과 육친을 그리워하는 정이 드러나 있다.

● 주석
* 霑灑(점쇄) : 뿌려 적시다.
* 裛(읍) : 향내가 배다. 젖다.

078. 저무는 봄에 양서에서 새로 임대한 초옥에 적다

오랫동안 삼협의 나그네임을 탄식하다가
또 다시 늦봄과 만났구나.
백설百舌이 지저귐 멈추려 하니
무성한 꽃들 얼마 동안 견딜까?
텅 빈 골짜기 구름 기운 엷고
어지러운 물결 위에 햇빛은 더딘데
전란은 어떻게 평정할까?
슬픔은 이 때문이 아니겠는가?

<small>모 춘 제 양 서 신 임 초 옥</small>
暮春題瀼西新賃草屋

<small>구 차 삼 협 객　　재 여 모 춘 기　　백 설 욕 무 어　　번 화 능 기 시</small>
久嗟三峽客　　再與暮春期　　百舌欲無語　　繁花能幾時
<small>곡 허 운 기 박　　파 란 일 화 지　　전 벌 하 유 정　　애 상 부 재 자</small>
谷虛雲氣薄　　波亂日華遲　　戰伐何由定　　哀傷不在茲

● **해설**

대력大曆 2년(767) 기주夔州 적갑赤甲에서 양서瀼西로 옮겨가 살 때 집 벽에 쓴 5수의 연작시 가운데 제1수이다. 늦봄의 경물을 묘사하며 연작시 전체의 내용을 총괄하고 있다.

● **주석**

* 百舌(백설) : 지빠귀과에 속하는 새로 다른 새들의 소리를 잘 흉내내어 되풀이 한다는 뜻에서 '반설反舌'이라고도 한다. 이 새는 망종芒種(양력 6월 5일) 후 10일쯤 지나면 더이상 지저귀지 않는다. 즉 여름이 되면 지저귀지 않으니 '욕무어欲無語'라는 말에서 늦봄임을 알 수 있다.
* 哀傷(애상) 구 : 슬픔은 전란 때문이라는 뜻이다.

079. 역으로부터 초당에 가서 머무른 후 다시 동둔의 모옥에 이르다

골짜기 안쪽 밭으로 돌아오는 나그네,
강가에서 말을 빌려 탔는데
대안도를 찾으려는 것이 아니라
습가지를 향하는 것 같다네.
산이 험하니 바람과 안개 외지고
차가운 날씨에도 귤과 유자 매달려 있네.
타작마당 만들고 벼 거두어 쌓는 것 보며
초나라 사람들이 하는 것 일일이 배워야겠네.

從驛次草堂復至東屯茅屋
(종역차초당부지동둔모옥)

峽內歸田客 (협내귀전객)　江邊借馬騎 (강변차마기)　非尋戴安道 (비심대안도)　似向習家池 (사향습가지)
山險風烟僻 (산험풍연벽)　天寒橘柚垂 (천한귤유수)　築場看斂積 (축장간렴적)　一學楚人爲 (일학초인위)

● **해설**

대력 2년(767) 겨울, 기주에서 지은 2수의 연작시 가운데 제1수이다. 두보가 동둔東屯에서 성안으로 간 적이 있는데 돌아올 때 배를 타지 않고 강가 역에서 말 한 필을 빌려 탔다. 그리고 양서瀼西 초당草堂에 잠시 체류한 후 다시 동둔으로 돌아가서 이 시를 지었다. 전반적으로 말 타고 동둔으로 돌아올 때 보았던 경물을 묘사하고 있다.

● **주석**

* 非尋(비심) 구 : 배를 타지 않고 말을 탔으므로 왕자유王子猷가 눈 내린 밤에 배를 타고 대안도戴安道를 방문한 것과는 다르다는 것이다.
* 習家池(습가지) : 고적지古迹地이다. 지금의 호북湖北 양양襄陽에 있다. 진인晉人 산간山簡이 이곳에서 유유자적하게 오로지 술을 탐미하며 일생을 마쳤다고

전해진다.
* 場(장) : 타작마당.

080. 초겨울

풍속 다른 이곳에도 할 일이 많았는데
바야흐로 겨울 되자 하는 일 달라졌네.
감귤을 쪼개니 서리가 손톱에 떨어지고
쌀밥 맛보니 눈이 숟가락에 날리는 듯.
무협은 그다지 춥지 않고
검계에는 장기瘴氣가 멀리서 흘러드네.
끝내 여울물 줄어들어
교룡이 숨은 것을 잠시 기뻐한다네.

_{맹 동}
孟冬
_{수 속 환 다 사}　　_{방 동 변 소 위}　　_{파 감 상 락 조}　　_{상 도 설 번 시}
殊俗還多事　方冬變所爲　破甘霜落爪　嘗稻雪翻匙
_{무 협 한 도 박}　　_{검 계 장 원 수}　　_{종 연 감 탄 뢰}　　_{잠 희 식 교 리}
巫峽寒都薄　黔溪瘴遠隨　終然減灘瀨　暫喜息蛟螭

● 해설

대력大曆 2년(767) 겨울, 기주에서 지은 것이다. 겨울에 한가로이 감귤과 벼를 맛보는 즐거움과 그 곳의 경물을 묘사하였다. 아울러 유유한 가운데 즐거움을 얻는 두보의 심정이 나타나 있다.

● 주석

* 多事(다사) : 농사일이 많은 것을 말한다.
* 方冬(방동) 구 : 겨울이 되자 상황이 바뀌어 하루종일 일 없이 한가한 것을 말한다.
* 灘瀨(탄뢰) : 여울.

081. 비

강가는 원래 불시에 비가 내리는지라
개이는 듯하더니 홀연 실 같은 비 흩뿌린다.
늦가을 만물을 적셔 차게 하더니
오늘은 비구름 지나가는 것 더디다.
말 타고 나가다 돌아와 다시 나가지 않고
앉아서 갈매기 보는 것 사양치 않는다.
높은 난간에 기대어 염예퇴 바라보며
젖은 기운 속 서재에 조용히 앉아있다.

^우
雨

^{강우구무시} ^{천청홀산사} ^{모추점물랭} ^{금일과운지}
江雨舊無時 天晴忽散絲 暮秋霑物冷 今日過雲遲
^{상마회휴출} ^{간구좌불사} ^{고헌당염예} ^{윤색정서유}
上馬回休出 看鷗坐不辭 高軒當灩澦 潤色靜書帷

● 해설
대력 2년(767) 겨울, 양서瀼西에서 지은 것이다. 4수의 연작시 가운데 제2수로서, 내리는 비가 개이기를 기다리는 심정을 묘사하였다.

● 주석
* 灩澦(염예) : 염예퇴. 사천성 구당협 상류의 큰 암석이 있는 곳이다.
* 書帷(서유) : 서재에 친 휘장. 서재를 뜻한다.

082. 비

초 지역에 비 내려 돌이끼 촉촉한데
장안의 소식은 왜 이리도 더딘지.

추운 산에선 푸른 외뿔소 울음소리 들리고
저녁 강가의 하얀 갈매기 먹이 찾아 난다.
신녀의 꽃비녀 떨어지듯
베틀북 앞에 앉은 교인의 슬픈 눈물인 양.
많은 시름 가눌 길 없는데
하루 종일 부슬부슬 비가 내린다.

우
雨

초우석태자　　경화소식지　　산한청시규　　강만백구기
楚雨石苔滋　京華消息遲　山寒青兕叫　江晚白鷗飢
신녀화전락　　교인직저비　　번우부자정　　종일쇄여사
神女花鈿落　鮫人織杼悲　繁憂不自整　終日灑如絲

● 해설
대력 2년(767) 겨울, 양서瀼西에서 지은 것이다. 4수의 연작시 가운데 제4수로, 비 내리는 중의 우울한 정서를 그리고 있다.

● 주석
* 青兕(청시) : 푸른 외뿔들소. 코뿔소와 비슷한 짐승. 외뿔이 나 있고 푸른색이며 무게가 천근千斤이다.
* 神女(신녀) : 무산신녀巫山神女. 무산에 신녀의 묘당이 있다.
* 鮫人(교인) : 물속에 산다는 전설 속의 인물.
* 織杼(직저) : 베틀북. 교인이 비단을 짜면서 흘리는 눈물이 진주가 된다는 전설이 있다.

083. 인일

정월 초하루부터 인일에 이르기까지
흐리지 않은 날이 없었다.
얼음 눈이라 꾀꼬리 머물기 어렵고
봄이 차가우니 꽃 피는 것 더디다.

구름은 백수 따라 떨어지고
바람은 자산을 진동하며 슬프다.
어지러운 살쩍 드문 것이야 오래 전부터거니
수고롭게 흰 실과 비교할 필요도 없겠다.

人日^{인 일}

元日到人日 未有不陰時 冰雪鶯難至 春寒花較遲
雲隨白水落 風振紫山悲 蓬鬢稀疏久 無勞比素絲

• **해설**

인일人日은 음력 정월 일곱번째 날이다. 동방삭東方朔의 《점서占書》에 의하면, 정초 8일 중에 1일은 닭, 2일은 개, 3일은 돼지, 4일은 양, 5일은 소, 6일은 말, 7일은 사람, 8일은 곡식 날이다. 2수의 연작시 가운데 제1수로, 저작 시기는 대력大曆 3년(768)이다.

• **주석**

* 白水(백수) : 촉蜀에 있는 강 이름.
* 紫山(자산) : 자암산紫巖山. 촉에 있는 산으로 면수綿水가 발원하는 곳이다.

084. 강릉의 송소부가 늦봄 비 내린 후 여러 공들 및 아우와 서재에서 잔치할 때 지은 시에 화답하다

악와의 대원마大宛馬와 같고
천상의 기린아와 같은 사람들……
송소부가 빼어난 인재들을 만났으니
듣기로 서재에서 그대들이 시를 지었다지.
산앵도나무 꽃은 비 갠 후에 아름답고
관리의 의복은 늦봄에 어울렸으리.

두 통 술로 날마다 모여 즐긴 것을
이 늙은이는 지금에야 알게 되었다.

和江陵宋大少府暮春雨後同諸公及舍弟宴書齋
_{화 강 릉 송 대 소 부 모 춘 우 후 동 제 공 급 사 제 연 서 재}

渥洼汗血種　天上麒麟兒　才士得神秀　書齋聞爾爲
_{악 와 한 혈 종　천 상 기 린 아　재 사 득 신 수　서 재 문 이 위}

棣華晴雨好　彩服暮春宜　朋酒日歡會　老夫今始知
_{체 화 청 우 호　채 복 모 춘 의　붕 주 일 환 회　로 부 금 시 지}

● **해설**

이 시는 대력大曆 3년(768) 늦봄에 지은 것이다. 송소부宋少府가 봄비가 내린 후에 여러 공들 및 두위杜位와 연회를 베풀었는데 그 자리에서 모두 시를 지었다. 두보가 이 사실을 듣고 화작和作한 것이다.

● **주석**

* 渥洼(악와) : 강 이름. 당하黨河의 지류로 감숙성 안서현에 있다. 악와마渥洼馬는 한漢나라의 천마天馬이다. 한혈마汗血馬는 대원마大宛馬이다.
* 麒麟兒(기린아) : 재능·기예가 비상히 뛰어난 소년. 기린아는 서릉徐陵의 일을 전고로 한 것이다. 남조南朝 시인 서릉은 어려서부터 지혜로워 당시 사람들로부터 천상의 기린이라고 칭송받았다. 여기서는 여러 공들과 아우 두위杜位가 시적 재질이 있음을 칭찬한 것이다.
* 棣華(체화) : 산앵도나무 꽃. 《시경詩經·소아小雅·상체常棣》로 인하여, 형제의 두터운 우애를 비유하기도 한다. 여기서는 두위를 가리킨다.
* 彩服(채복) : 관직자의 의복.
* 朋酒(붕주) : 술 두 통을 붕朋이라 한다.

085. 상시랑 이역을 애도하며

청쇄문을 두 사람이 함께 드나들었는데
그대 동량현에 계실 때는 한 자의 글도 보내지 못했지요.

풍진의 땅에서 만나니
바로 강한에서 그대를 위해 곡하는 때입니다.
차례대로 그대가 보내준 서찰을 찾으며
아이 불러 그대의 증시를 점검하게 하였습니다.
왕자표에 이름을 떨치니
그대의 생애는 사관의 글에 부끄럽지 않을 것입니다.

_{곡 리 상 시 역}
哭李常侍嶧

_{청 쇄 배 쌍 인}   _{동 량 조 일 사}   _{풍 진 봉 아 지}   _{강 한 곡 군 시}
青璅陪雙人   銅梁阻一辭   風塵逢我地   江漢哭君時
_{차 제 심 서 찰}   _{호 아 검 증 시}   _{발 휘 왕 자 표}   _{불 괴 사 신 사}
次第尋書札   呼兒檢贈詩   發揮王子表   不愧史臣詞

● 해설

이 시는 2수의 연작시 가운데 제1수로서, 대력 3년(768) 겨울 강릉江陵에서 지은 것이다. 이상시李常侍는 아마도 광남廣南에서 죽었고 장안長安으로 귀장歸葬(타향에서 죽은 사람을 고향으로 운구하여 장례지냄)하였을 것이다. 두보가 이상시의 관棺을 강한江漢에서 만나 곡한 것이다.

● 주석

* 青璅(청쇄) : 한대漢代 미앙궁未央宮의 문 이름이다. 청색 칠을 하고 연결고리 무늬를 새겨 넣었다. 궁궐문을 대칭代稱한다.
* 銅梁(동량) : 현縣 이름. 당대唐代의 유주渝州에 속한다. 유주는 지금의 중경重慶이다.
* 江漢(강한) : 여기서는 강릉江陵을 뜻한다.
* 次第(차제) : 차례대로.
* 王子表(왕자표) : 《한서漢書》에 〈왕자후표王子侯表〉가 있고 이역李嶧이 종실宗室이기 때문에 왕자표라고 하였다.

【오율미운 五律微韻】

086. 정씨의 동쪽 정자를 다시 노래하다

화려한 정자는 산의 푸른 기운 속으로 들고
가을 해는 어지러이 맑은 빛을 뿌리는데
무너진 돌은 산의 나무에 의지하고
맑은 물결은 물풀을 이끈다.
자줏빛 물고기 강 언덕에 부딪칠 듯 뛰어오르고
푸른 매 둥지 지키러 날아 돌아간다.
저녁 무렵에 돌아갈 길 찾았더니
남은 구름이 말 옆으로 떠간다.

중제정씨동정
重題鄭氏東亭

화정입취미	추일란청휘	붕석기산수	청련예수의
華亭入翠微	秋日亂淸暉	崩石欹山樹	淸漣曳水衣
자린충안약	창준호소귀	향만심정로	잔운방마비
紫鱗衝岸躍	蒼隼護巢歸	向晩尋征路	殘雲傍馬飛

● **해설**

동정東亭은 신안현新安縣 하남부河南府에 있었다. 이 시는 천보天寶 3년(744) 동도東都(낙양洛陽)에서 지은 것이다. 정씨鄭氏가 누군지 알 수 없지만, 부마駙馬 정잠요鄭潛曜라는 설이 있다.

● **주석**

* 翠微(취미) : 산 정상에 못 미친 곳의 넓은 비탈을 가리키기도 하지만 여기서는 산의 옅은 푸른빛을 가리킨다.
* 水衣(수의) : 물풀. 물이끼로 보는 설도 있다.
* 隼(준) : 매·수리 같은 사나운 새이다.

087. 아우를 그리며

하남 지역이 안정되었다는 소식에 잠시 기뻐하며
업성의 포위에 대해서는 묻지 않았다.
수많은 전투 중에 지금 누가 살아남았는지?
3년 동안 네가 돌아오기만을 기다렸다.
고향의 정원에 꽃은 저절로 피어났고
봄날에 나는 새는 여전한데
인적 끊긴 지 하마 오래
동쪽, 서쪽 간의 소식이 드물구나.

<u>억 제</u>
憶弟

<u>차 희 하 남 정</u>　<u>불 문 업 성 위</u>　<u>백 전 금 수 재</u>　<u>삼 년 망 여 귀</u>
且喜河南定　不問鄴城圍　百戰今誰在　三年望汝歸
<u>고 원 화 자 발</u>　<u>춘 일 조 환 비</u>　<u>단 절 인 연 구</u>　<u>동 서 소 식 희</u>
故園花自發　春日鳥還飛　斷絶人煙久　東西消息稀

● **해설**

원주原注에 '당시 하남河南 육혼장陸渾莊으로 돌아가 있었다'고 하였다. 육혼현은 하남부에 있었다. 두보는 건원乾元 원년(758) 6월 좌습유左拾遺를 그만두고 화주華州 사공司功이 되었고, 늦겨울에 동도東都에 갔다. 당시 안경서安慶緒가 동도를 포기하고 도주하여 하남이 수복되었기 때문에 두보가 잠시 낙양洛陽의 옛집에 머물 수 있었던 것이다. 그러므로 이 시는 건원 2년 봄에 지은 것으로, 아우 두영杜穎을 그리워하는 마음을 표현하였다. 2수의 연작시 가운데 제2수이다.

● **주석**

* 且喜(차희) : 당시 두보는 동도東都에, 두영杜穎은 제주濟州에 있었다. 동서東西로 떨어져 있지만 두 곳 모두 하남河南에 속하니 하남의 평정 소식에 기뻐한 것이다.
* 不問(불문) 구 : 당시 관군 수십만이 업성鄴城을 포위 공격하고 있었다. 업성 전투는 하북河北의 존망과 관계가 있었다. 그런데도 묻지 않은 것은 고향이

무사하다는 것을 알고 기쁜 마음에 그 문제까지 생각할 겨를이 없었던 것이다.
* 東西(동서) 구 : 동도에 머물고 있던 두보가 제주에 있는 두영의 소식 없음을 한탄한 것이다.

088. 진주잡시

진주秦州 성 위에서 오랑캐의 호드기 소리 들리고
산자락을 지나 한漢의 사절이 돌아왔다.
하북河北을 지키기 위해 창해로 가라 하니
조칙 받들어 금미金微로부터 군대를 징발한다.
병사들은 고생스러워 몸이 검게 변하고
숲이 성기니 새와 짐승이 드물다.
수자리 지키러 왕래하는 것을 어찌 감당할 수 있을까?
업성鄴城의 포위 공격 실패한 것이 한스러울 뿐이다.

진 주 잡 시
秦州雜詩

성상호가주　　산변한절귀　　방하부창해　　봉조발금미
城上胡笳奏　山邊漢節歸　防河赴滄海　奉詔發金微
사고형해흑　　림소조수희　　나감왕래수　　한해업성위
士苦形骸黑　林疏鳥獸稀　那堪往來戍　恨解鄴城圍

●해설
이 시는 건원乾元 2년(759) 가을, 진주秦州에 이른 뒤에 지은 것이다. 20수의 연작시 가운데 제6수로서, 하북河北을 방어할 병사를 읊은 것이다.

●주석
* 山邊(산변) 구 : 당시 안녹산의 난이 아직 평정되지 않아서 서역의 병마를 모집하여 동으로 보냈기 때문에 항상 사절使節이 진주秦州를 지나갔다.
* 滄海(창해) : 당唐 하북도河北道의 창주滄州・경주景州 등은 모두 옛날 발해군

渤海郡 지역에 속하고 황하黃河가 여기서 바다로 유입된다. 포기룡浦起龍은 이 곳이 안사安史의 군대가 많이 있었던 곳이라고 하였다.
* 金微(금미) : 옛날 산 이름으로 지금의 알타이 산맥이다. 당대唐代에는 이곳에 금미도호부金微都護府가 설치되어 있었다.
* 恨解(한해) 구 : 건원乾元 2년(759) 봄, 당군唐軍의 구절도사九節度使가 업성鄴城을 포위한 지 수개월이 되었지만 군대 중에 지휘자가 없어서 공격을 성공시킬 수 없었다. 이로 인해 사사명史思明이 병사를 이끌고 와서 업성의 포위를 풀었다.

089. 진주잡시

궁벽한 지역에 가을은 장차 끝나려 하는데
높은 산의 나그네는 아직 돌아가지 못한다.
변새의 구름은 뭉게뭉게 끊어진 듯 이어지고
하늘가의 태양은 밝은 빛을 잃었다.
위급함을 알리는 봉화가 항상 타오르고
격서가 나는 듯 자주 보내졌다고 한다.
서융西戎은 사위의 나라인데
대당大唐의 하늘 같은 위엄을 어찌 거스를 수 있단 말인가!

진주잡시
秦州雜詩

지벽추장진	산고객미귀	새운다단적	변일소광휘
地僻秋將盡	山高客未歸	塞雲多斷續	邊日少光輝
경급봉상보	전문격루비	서융외생국	하득오천위
警急烽常報	傳聞檄屢飛	西戎外甥國	何得迕天威

● 해설
이 시는 건원乾元 2년(759) 가을, 진주秦州에 이른 뒤에 지은 것이다. 20수의 연작시 가운데 제18수로서, 나그네로 있으면서 토번吐蕃을 근심한 것이다.

● 주석
* 檄(격) : 격檄은 목간木簡 편지로 길이가 두 자 정도이며 군사를 징발하는 데 쓰였다. 《위무주사魏武奏事》에 의하면, 위급한 일이 있을 때는 격에 닭의 깃털을 꽂는데 이를 우격羽檄이라고 한다.
* 外甥國(외생국) : 경룡景龍 4년 금성金城공주를 토번吐蕃에게 내려 시집보냈다. 여기서 서융西戎은 토번을 가리킨다.

090. 즉사시

듣기로 회흘回紇이 패배했다고 하니
화친의 일은 오히려 잘못된 것이었다.
사람들이 한漢의 공주를 가엾게 여겼더니
다행히 살아서 황하를 건너 돌아올 수 있었다.
쓸쓸한 생각에 쪽진 머리 헝클어진 채로
야윈 몸은 아름다운 옷을 헐렁하게 걸치고 있었다.
흉악한 무리들은 여전히 전투를 원하니
돌이켜 생각해보건대 원래 뜻한 바가 많이 어긋났구나.

즉 사
卽事

문도화문파　　화친사각비　　인련한공주　　생득도하귀
聞道花門破　和親事却非　人憐漢公主　生得渡河歸
추사포운계　　요지승보의　　군흉유색전　　회수의다위
秋思抛雲髻　腰肢勝寶衣　群凶猶索戰　回首意多違

● 해설
황학黃鶴이 '시詩에 "인련한공주人憐漢公主, 생득도하귀生得渡河歸"라고 한 것은 영국寧國공주가 건원乾元 2년(759) 8월 병진丙辰일에 회흘回紇로부터 돌아온 것을 말한 것이니 이 시는 그 해에 지어진 것이다'라고 하였다. 건원 2년 가을에 두보는 진주秦州에 있었다. 건원 원년, 숙종이 어린 딸인 영국공주를 회흘의 가

한가한(可汗)에게 시집보내고 그 대가로 원병援兵을 받았는데 건원 2년 4월, 가한이 죽자 8월에 영국공주가 돌아왔던 것이다.

● 주석
* 花門(화문) : 회흘回紇이다.
* 人憐(인련) 2구 : 《구당서舊唐書》에 의하면, 건원乾元 2년 3월 회흘이 곽자의郭子儀를 쫓아 상주相州 성城 밑에서 전투를 벌였는데 불리해지자 서경西京으로 도망갔다. 4월에 가한可汗이 죽자 아관도독牙官都督 등이 영국寧國공주를 순장하려고 하였다. 공주는 중국의 예법으로 순장은 거절했지만 그래도 본국의 법에 따라 얼굴을 칼로 베고 크게 울었다. 그리고 자식이 없었기 때문에 마침내 돌아올 수 있었다. 8월에 백관에게 명을 내려 명봉문鳴鳳門 밖에서 그녀를 맞이하게 하였다.
* 雲髻(운계) : 높이 튼 상투머리. 여기서는 여자의 쪽진 머리를 가리킨다.
* 回首(회수) 구 : 회흘과의 화친 정책이 잘못된 것임을 풍자한 것이다.

091. 돌아가는 제비

남으로 나는 제비 눈과 서리 피함만은 아니니
무리가 드물어 어찌 할 도리 없음이겠지.
사계절은 순서를 어긴 일 없고
8월이면 돌아갈 줄 스스로 안다네.
내년 봄이면 아마 찾아올 터이니
어린 제비마저도 돌아올 시기 알겠지.
예전의 둥지가 혹 허물어지지 않는다면
집 주인 옆을 다시 날아다닐 수 있으리.

귀 연
歸燕

부독피상설　　기여주려희　　사시무실서　　팔월자지귀
不獨避霜雪　其如儔侶稀　四時無失序　八月自知歸

<ruby>春<rt>춘</rt></ruby><ruby>色<rt>색</rt></ruby><ruby>豈<rt>기</rt></ruby><ruby>相<rt>상</rt></ruby><ruby>訪<rt>방</rt></ruby>　<ruby>衆<rt>중</rt></ruby><ruby>雛<rt>추</rt></ruby><ruby>還<rt>환</rt></ruby><ruby>識<rt>식</rt></ruby><ruby>機<rt>기</rt></ruby>　<ruby>故<rt>고</rt></ruby><ruby>巢<rt>소</rt></ruby><ruby>儻<rt>당</rt></ruby><ruby>未<rt>미</rt></ruby><ruby>毁<rt>훼</rt></ruby>　<ruby>會<rt>회</rt></ruby><ruby>傍<rt>방</rt></ruby><ruby>主<rt>주</rt></ruby><ruby>人<rt>인</rt></ruby><ruby>飛<rt>비</rt></ruby>

● 해설
이 시는 건원乾元 2년(759) 가을에 지은 것이고 당시 두보는 진주秦州에 있었다. 제비를 빌려서 떠도는 신세를 마음아파한 것이다. 주군 때문에 신하의 직책을 끝내 버릴 수 없다는 마음을 기탁한 것으로 이해하기도 한다.

● 주석
* 其如(기여) : 어쩌리요, 어찌 할 도리가 없다.
* 儻(당) : 혹시.

092. 반딧불이

요행히 썩은 풀에서 생겨났으니
감히 태양 가까이로 날 수 있으랴?
서책을 대하기는 부족하지만
때때로 나그네의 옷자락에 붙을 수 있다.
장막 너머 바람 따라 작은 그림자 흔들리고
숲 가장자리에서 비 맞으며 희미하게 빛난다.
10월의 맑은 서리 무거울 터인데
팔랑팔랑 날아 어디로 돌아갈 건가!

<ruby>螢<rt>형</rt></ruby><ruby>火<rt>화</rt></ruby>

<ruby>幸<rt>행</rt></ruby><ruby>因<rt>인</rt></ruby><ruby>腐<rt>부</rt></ruby><ruby>草<rt>초</rt></ruby><ruby>出<rt>출</rt></ruby>　<ruby>敢<rt>감</rt></ruby><ruby>近<rt>근</rt></ruby><ruby>太<rt>태</rt></ruby><ruby>陽<rt>양</rt></ruby><ruby>飛<rt>비</rt></ruby>　<ruby>未<rt>미</rt></ruby><ruby>足<rt>족</rt></ruby><ruby>臨<rt>림</rt></ruby><ruby>書<rt>서</rt></ruby><ruby>卷<rt>권</rt></ruby>　<ruby>時<rt>시</rt></ruby><ruby>能<rt>능</rt></ruby><ruby>點<rt>점</rt></ruby><ruby>客<rt>객</rt></ruby><ruby>衣<rt>의</rt></ruby>
<ruby>隨<rt>수</rt></ruby><ruby>風<rt>풍</rt></ruby><ruby>隔<rt>격</rt></ruby><ruby>幔<rt>만</rt></ruby><ruby>小<rt>소</rt></ruby>　<ruby>帶<rt>대</rt></ruby><ruby>雨<rt>우</rt></ruby><ruby>傍<rt>방</rt></ruby><ruby>林<rt>림</rt></ruby><ruby>微<rt>미</rt></ruby>　<ruby>十<rt>십</rt></ruby><ruby>月<rt>월</rt></ruby><ruby>淸<rt>청</rt></ruby><ruby>霜<rt>상</rt></ruby><ruby>重<rt>중</rt></ruby>　<ruby>飄<rt>표</rt></ruby><ruby>零<rt>령</rt></ruby><ruby>何<rt>하</rt></ruby><ruby>處<rt>처</rt></ruby><ruby>歸<rt>귀</rt></ruby>

● 해설

이 시는 건원 2년(759) 가을에 지은 것으로 이보국李輔國의 무리가 환관의 신분으로 임금을 가까이하여 정치를 어지럽힌 것을 풍자하였다. 썩은 풀[腐草]은 궁형宮刑 받은 사람을 비유한 것이고, 태양太陽은 임금을 비유한 것이다.

● 주석

* 幸因(행인) 구 : 《월령月令》에 의하면 썩은 풀이 반딧불이를 만든다. 《이아爾雅》에서는 '썩은 풀이 덥고 습한 기운을 얻으면 반딧불이가 생긴다'라고 하였다.
* 未足(미족) 구 : 차윤車胤의 전고를 사용한 것이다. 차윤은 동진東晉의 정치가이자 학자로 자字는 무자武子이다. 청빈과 박학으로 유명하며 가난하여 반딧불이를 주머니에 넣어서 책을 읽었다고 한다.

093. 가을날의 피리 소리

맑은 상성商聲 연주가 끝나려 하는데
피리 소리 서글퍼 피눈물이 옷을 적시네.
전날에 지극히 상심하였던 것은
전쟁 나간 사람이 백골 되어 돌아왔기 때문.
듣는 사람 지나친 미움 생길까 두려워하여
피리 소리가 저리도 희미하구나.
보지 못했는가, 가을 하늘의 구름 움직이고
슬픈 바람이 조금씩 날리는 것을!

秋笛
淸商欲盡奏　奏苦血霑衣
他日傷心極　征人白骨歸
相逢恐恨過　故作發聲微
不見秋雲動　悲風稍稍飛

● 해설

이 시는 건원 2년(759) 가을에 쓴 것으로, 처량한 피리 소리를 빌려서 전란의 슬픔을 노래하였다. 당시 두보가 토번吐蕃과 가까운 곳인 진주秦州에 거주하였기 때문에, 자주 오랑캐의 피리 소리를 들을 수 있었다.

● 주석

* 淸商(청상) : 오음五音의 하나로, 가락이 맑고 슬프다.

094. 한식

한식날 강마을 길 위,
바람에 꽃 떨어져 위아래로 흩날리는데
물가의 아지랑이 가볍게 피어오르고
대나무에 햇살 맑고 밝게 비친다.
농부의 초대에 모두 응하여 가고
이웃집 사람이 보낸 음식 돌려보내지 않는다.
외진 곳이라 이웃끼리 모두 다 알고 지내니
닭과 개조차도 자기 집으로 돌아갈 것을 잊는다.

寒食

寒食江村路　風花高下飛　汀煙輕冉冉　竹日淨暉暉
田父要皆去　鄰家問不違　地偏相識盡　雞犬亦忘歸

● 해설

이 시는 상원上元 2년(761) 한식날 지은 것이다. 한식날 강촌의 아름다운 풍경과 화목한 이웃간의 정의를 묘사하였다. 한식은 동지로부터 105일 되는 날로, 이날 개자추介子推를 추모하여 불을 피우지 않는다. 청명 이틀 전이다.

● 주석
* 要(요) : '요邀'와 같다. 초대하다.
* 問(문) : '궤문饋問'의 뜻이다. 음식을 보내다.

095. 범원외와 오시어가 특별히 왕림하셨는데, 대접도 못하여 애오라지 이 시를 부친다

잠시 이웃에 가느라
두 분이 왔다가 돌아가셨다는 말만 들었습니다.
궁벽한 처소에서 진실로 예가 소략했지만
노쇠한 이 몸은 오히려 빛이 돕니다.
들 밖에 가난한 집 멀리 있고
마을에는 좋은 손님 드물어도
글을 얘기하는 것이야 혹 부끄럽지 않으리니
다시 우리 집 사립문에 오셨으면……

_{범이원외막오십시어욱특왕가굴전대료기차작}
范二員外邈吳十侍御郁特枉駕屈展待聊寄此作

_{잠왕비린거} _{공문이묘귀} _{유서성간략} _{쇠백이광휘}
暫往比鄰去　空聞二妙歸　幽棲誠簡略　衰白已光輝
_{야외빈가원} _{촌중호객희} _{론문혹불괴} _{중긍관시비}
野外貧家遠　村中好客稀　論文或不愧　重肯款柴扉

● 해설
이 시는 상원 2년(761)에 지은 것으로, 당시 두보는 성도 초당草堂에 있었다. 범막范邈과 오욱吳郁이 두보를 만나기 위해 초당에 들렀으나 마침 두보가 집에 없어 대접하지 못하고 이에 대한 아쉬움을 이 시로 표현하였다. 범막은 생애가 상세하지 않다. 오욱은 전에 두보와 함께 봉상 행재소에서 벼슬하였다가, 뒤에 초에 폄적되었다. 아마 이때에 폄적에서 풀려나 성도에 왔을 것이다.

● 주석
* 二妙(이묘) : 자신이 추앙하여 존경하는 두 사람. 곧 범막范邈과 오욱吳郁을 가리킨다. 위관衛瓘과 삭정索靖의 고사에서 유래한 말이다.
* 簡略(간략) : 두보가 초당에 있지 못한 탓에 객에 대한 예가 소략했다는 뜻이다.
* 衰白(쇠백) : 몸이 노쇠하여 머리가 하얗게 된 것을 말한다.
* 款(관) : 이르다.

096. 위찬선과 이별하며 바치다

병든 몸으로 그대 떠나보내며
스스로는 여전히 돌아가지 못함을 가련히 여긴다.
다만 마땅히 나그네 눈물 다 흘리고
다시 가시나무 사립을 닫을 터,
강한 땅에 옛 친구 적어
그대 떠나면 편지도 드물리라.
우리의 교유 20년인데
만년에 마음과 어긋나게 되었구나.

증위찬선별
贈韋贊善別

부병송군발　　자련유불귀　　지응진객루　　부작엄형비
扶病送君發　　自憐猶不歸　　祗應盡客淚　　復作掩荊扉
강한고인소　　음서종차희　　왕환이십재　　세만촌심위
江漢故人少　　音書從此稀　　往還二十載　　歲晚寸心違

● 해설
이 시는 보응寶應 원년(762)에 쓴 것으로, 당시 두보는 재주梓州에 있었다. 위씨韋氏와의 이별의 아쉬움을 말하면서 나그네 생활의 슬픈 심정도 담고 있다. 위찬선韋贊善은 생애가 자세하지 않다. 찬선은 동궁東宮에 속한 관직 이름으로 찬선대부贊善大夫의 약칭이다.

● 주석
* 江漢(강한) : 파촉巴蜀 땅을 가리킨다.
* 音書(음서) : 소식, 편지.
* 寸心違(촌심위) : 마음과 달리 헤어지게 되었다는 뜻이다.

097. 하시어가 조정으로 돌아가는 것을 전송하며

배 위에서 제후가 전별하고 나면
사자는 수레를 몰아 돌아가리.
산꽃은 서로 비추며 피어 있지만
물가 새는 혼자 외로이 날아가누나.
봄날에 서리 앉은 살쩍을 늘어뜨리고
하늘가에서 비단옷 입은 이를 잡아보는데.
오랜 친구가 여기서 떠나가니
적막한 생활이 내 마음과 어긋나누나.

送何侍御歸朝
송 하 시 어 귀 조

舟楫諸侯餞 車輿使者歸 山花相映發 水鳥自孤飛
주즙제후전 거여사자귀 산화상영발 수조자고비
春日垂霜鬢 天隅把繡衣 故人從此去 寥落寸心違
춘일수상빈 천우파수의 고인종차거 료락촌심위

● 해설
이 시는 광덕廣德 원년(763) 봄에 지은 것이다. 당시 두보는 재주에 있었다. 시제 아래 원주에서 '재주태수 이씨가 배에서 베푼 잔칫자리에서 지었다(李梓州泛舟筵上作)'라고 하였다. 따라서 재주자사 이씨가 베푼 잔칫자리에서 하시어를 송별하며 지은 시임을 알 수 있다.

● 주석
* 諸侯(제후) : 재주자사梓州刺史인 이씨李氏를 가리킨다.

* 使者(사자) : 하시어를 가리킨다.
* 繡衣(수의) : 하시어를 가리킨다. 한대漢代 시어사侍御史는 비단옷을 입었다.

098. 왕한주자사가 두면주자사를 머물게 하여 방공서 호에 배를 띄우고 노는 일에 배석하여

옛 재상이 왕의 명을 따라 떠나간 후에도
봄 못을 감상하러 드물지 않게 오셨네.
조정엔 아직 가지 못했지만
배에서는 밝은 빛이 난다네.
된장으로 양념한 가는 순채 잘 익었고
칼로 잘게 썬 회 날아갈 듯한데
사군의 두 대의 수레,
얕은 물가에 서로 기대어 있네.

배왕한주류두면주범방공서호
陪王漢州留杜綿州泛房公西湖

구상은추후　　춘지상불희　　궐정분미도　　주즙유광휘
舊相恩追後　　春池賞不稀　　闕庭分未到　　舟楫有光輝

시화순사숙　　도명회루비　　사군쌍조개　　탄천정상의
豉化蓴絲熟　　刀鳴膾縷飛　　使君雙皂蓋　　灘淺正相依

● 해설
이 시는 광덕廣德 원년(763) 늦봄에 쓴 것으로, 당시 두보는 면주에서 한주漢州로 갔다. 한주는 성도와 면주 사이에 있다. 방공서호房公西湖는 방관房琯이 예전에 한주자사漢州刺史를 지낼 때 만든 호수이다. 이 시에서 두보는 왕씨王氏, 두씨杜氏 두 사람과 서호西湖에서 노닐면서 명을 받고 조정으로 돌아간 방관을 회상하고 있다.

● 주석
* 舊相(구상) : 예전에 재상을 지냈던 방관房琯을 가리킨다. 이때 방관은 이미

왕명을 받고 한주를 떠나 조정으로 돌아가고 있었다.
* 分(분) : 분수分數. '생각하건대'로 해석하기도 한다.
* 豉(시) : 된장.
* 蓴(순) : 순채.
* 縷(누) : 잘게 썬 것을 가리킨다.
* 皂蓋(조개) : 수레 위를 가리는 검은 덮개. 자사의 수레를 뜻한다. 두 대의 수레는 왕씨王氏와 두씨杜氏의 수레를 가리킨다.

099. 경계가 급함

재주로 이름을 날린 옛날 초 지방의 장수,
기묘한 책략으로 군대의 기틀 장악하고 있음에
옥루산에서 비록 격문이 전해져도
송주는 포위가 풀리리라.
화친의 정책은 졸렬한 계책임을 알겠으니
공주만 공연스레 돌아오지 않는구나.
청해의 땅은 지금 누가 얻었는가?
서융이 실로 배부른 매가 날듯이 활개치는구나.

警急

才名舊楚將　妙略擁兵機　玉壘雖傳檄　松州會解圍
和親知拙計　公主漫無歸　青海今誰得　西戎實飽飛

● 해설

이 시는 광덕 원년(763) 10월에 지은 것으로, 두보는 당시 낭주閬州에 있었다. 시제 아래 원주에 '고적공이 서천절도사로 있었다(高公適領西川節度)'라고 하였다. 당시 토번이 봉천奉天, 무공武功 등을 침범하여 사세가 위급하였는데, 고적이 토번의 남쪽에서 견제하고 있었다. 시 속에 변방의 환난을 조심하고 고적에게 기대하는 시인의 마음이 담겨 있다.

● 주석
* 舊楚將(구초장) : 고적高適을 가리킨다. 지덕 2년에 영왕永王 이린李璘이 반란을 일으켰을 때에 고적은 양주대도독부장사揚州大都督府長史, 회남절도사淮南節度使로 초 땅에 있었다.
* 玉壘(옥루) : 산 이름. 당나라 때 촉蜀에서 토번으로 가는 중요한 길목이었다.
* 松州(송주) : 현재의 사천四川 송반현松潘縣. 당나라 때 토번을 막기 위해 세운 3성 중 하나로 당시 토번이 포위하고 있었다.
* 公主(공주) 구 : 당시 당唐은 토번과 화친을 위해 금성공주金城公主를 시집보냈다.

100. 서산

젊은 병사 여전히 적진 깊숙이 들어가 있는데
성의 포위는 아직 풀리지 않고 있네.
잠애관의 철갑 입힌 말은 마르고
관구진에는 쌀을 운송하는 배가 드물다네.
책사策士는 변경을 안정시킬 책략을 내고
주장主將은 승리를 결행할 위력을 떨치겠지.
오늘 아침 까마귀와 까치 즐겁게 지저귀니
개선의 노래 부르며 돌아옴을 알리려 하는 듯……

서 산
西山

자제유심입 관성미해위 잠애철마수 관구미선희
子弟猶深入 關城未解圍 蠶崖鐵馬瘦 灌口米船稀
변사안변책 원융결승위 금조오작희 욕보개가귀
辯士安邊策 元戎決勝威 今朝烏鵲喜 欲報凱歌歸

● **해설**

광덕 원년(763), 두보가 낭주에 있을 때 지은 것이다. 서산西山은 민산岷山을 가리키는데, 촉의 병풍 역할을 하였다. 이 시는 3수의 연작시 가운데 제3수로 송주松州가 함락될까 걱정하는 말 속에 전쟁이 그치기를 기대하는 뜻을 담고 있다.

● **주석**

* 子弟(자제) : 젊은 사람. 여기서는 젊은 병사를 가리킨다.
* 蠶崖(잠애) : 관關 이름이다.
* 灌口(관구) : 진鎭 이름이다.
* 元戎(원융) : 원수, 장군.

101. 파서에서 경사 수복 소식을 듣고, 반사마가 장안에 들어가는 것을 전송하며

종묘를 수복하고
황제의 수레가 섬주에서 돌아왔다고 들었거니
온 도성의 백성들은 황제의 수레를 바라보고
정전에서는 붉은 옷의 시종들이 인도하겠지.
검남劍南 땅은 봄 하늘 멀리 있으니
파서에 칙사가 드물구나.
임금께서 세상의 난리 겪은 일 생각하며
한 필의 말이 왕기를 향하네.

巴西聞收京闕送班司馬入京

聞道收宗廟　鳴鑾自陝歸　傾都看黃屋　正殿引朱衣
劍外春天遠　巴西敕使稀　念君經世亂　匹馬向王畿

● 해설

이 시는 광덕 2년(764) 봄에 지은 것으로 당시 두보는 낭주閬州에 있었다. 낭주는 파서군에 속한다. 반사마班司馬는 조정에서 파견되어 장안의 수복을 알리려고 온 사신이다.

● 주석

* 鳴鑾(명란) : 수레 방울. 여기서는 황제의 수레를 가리킨다.
* 黃屋(황옥) : 노란색 수레 덮개. 황제의 수레를 가리킨다.
* 朱衣(주의) : 시종을 가리킨다.
* 劍外(검외) : 검남劍南 지역을 뜻한다.
* 巴西(파서) : 지역 이름이다.

102. 분함을 풀다

듣자니 회흘回紇의 장수는
공로를 논하면서 아직 다 돌아가지 않았다 한다.
장안을 수복한 후에는
누가 다시 군대를 총괄하는가?
벌과 전갈 같은 무리 끝내 사악한 마음 품고 있으니
천둥과 같은 위엄을 떨쳐 막아야 하리.
채찍질하여 피 흘렸던 땅에서
다시 피로 한신漢臣의 옷을 적시지 못하게 해야 하느니.

遣憤

聞道花門將　論功未盡歸　自從收帝里　誰復總戎機
蜂蠆終懷毒　雷霆可震威　莫令鞭血地　再濕漢臣衣

• **해설**

이 시는 영태永泰 원년(765)에 지은 것으로, 당시 두보는 운안雲安에 있었다. 회흘이 방자한 것에 분노를 느낀 시인의 마음이 표현되어 있다.

• **주석**

* 花門(화문) : 회흘回紇.
* 戎機(융기) : 전쟁의 기략. 군기軍機.
* 蜂蠆(봉채) : 벌과 전갈. 회흘을 비유한다.

103. 저물녘에 날이 개다

석양빛이 비스듬히 처음으로 다 비추고
뜬구름은 엷어져도 아직 돌아가지 않네.
강물 위 밝은 무지개는 먼 데 물을 마시고
골짜기에는 멎어가는 비 날리며 떨어지네.
오리와 기러기 끝내 높이 날아 떠나고
곰과 큰곰은 스스로 살찐 것을 깨닫네.
추분에 나그네로 여전히 머무는데
대나무 이슬 저녁에 촉촉하구나.

晩晴

返照斜初徹　浮雲薄未歸　江虹明遠飲　峽雨落餘飛
鳧雁終高去　熊羆覺自肥　秋分客尚在　竹露夕微微

• **해설**

이 시는 대력大曆 원년(766) 추분에 쓴 것이다. 당시 두보는 기주夔州 서각西閣에 있었다. 저녁에 비가 갠 모습과 오랜 나그네 생활에서 느낀 감회를 표현하였다.

● **주석**

* 江虹(강홍) 구 : 전한前漢 연왕燕王 유단劉旦의 궁중에 무지개가 내려와 우물물을 다 마셔 버렸다는 고사를 빌려 표현한 것이다. 무지개가 뜨면 비가 그치는 것을 말한다.

104. 달이 차 둥글다

외로운 달빛 누각을 가득 비추고
차가운 강물에 밤 사립짝 비쳐 움직이는데
달빛 비친 물결 금빛으로 빛나며 흔들리고
자리를 비추니 비단 무늬 더욱 아름다워라.
이지러지지 않은 모습에 텅 빈 산 고요하고
높이 떠 비추어 하늘에 떠있는 많은 별 희미해지네.
고향 정원에 소나무와 계수나무 꽃 피었으리니
만리 밖에서 맑은 달빛 함께하네.

월 원
月圓

고 월 당 루 만 　　한 강 동 야 비 　　위 파 금 부 정 　　조 석 기 유 의
孤月當樓滿　　寒江動夜扉　　委波金不定　　照席綺逾依
미 결 공 산 정 　　고 현 렬 수 희 　　고 원 송 계 발 　　만 리 공 청 휘
未缺空山靜　　高懸列宿稀　　故園松桂發　　萬里共清輝

● **해설**

이 시는 대력大曆 원년(766) 가을에 기주夔州의 서각西閣에서 지은 것이다. 시인은 달빛의 묘사를 통해 만리 타향에서 고향을 그리워하는 감정을 함축적으로 잘 표현하였다. 첫째 연에서 셋째 연까지는 만월이 비추고 있는 경물을 묘사하였으며, 마지막 연은 고향을 그리워하는 정을 담고 있다. 제1구에서 만滿은 월원月圓으로 곧 달이 차서 둥근 것을 말하며, 제2구의 동動은 달빛이 움직이는 것이다. 제3구는 제2구와, 제4구는 제1구와 호응하며, 제5구, 6구는 달의 형상을 묘사하

였다. 제7구, 8구는 고향의 가을달을 그리워하는 것이다.

• **주석**
* **委波**(위파) 구 : 달빛이 물결에 비추어 금빛으로 빛나면서 출렁거리는 모습을 형용한 것이다.
* **照席**(조석) 구 : '기綺'는 수놓은 비단 무늬이다. '의依'는 달빛에 의해서 곱게 빛나는 것이다.
* **列宿**(열수) : 하늘에 떠있는 많은 별.

105. 중양절에 여러 사람이 숲에 모이기로 하다

9월 9일은 내일 아침인데
서로 요청하여 모이는 건 예전 고향 땅이 아니다.
늙은이가 일찍 나서기는 어렵지만
어진 손님들은 다행히 모일 곳을 아시리라.
예전에 따던 국화꽃은 남아 있으련만
지금 새로 빗질하니 흰 머리칼 드물기만 하여라.
함부로 젊은이들 즐기는 것 바라보노라면
눈물 참으려 해도 이미 옷 적시게 되리.

구 일 제 인 집 어 림
九日諸人集於林

구일명조시　　상요구속비　　로옹난조출　　현객행지귀
九日明朝是　相要舊俗非　老翁難早出　賢客幸知歸
구채황화승　　신소백발미　　만간년소락　　인루이점의
舊采黃花賸　新梳白髮微　漫看年少樂　忍淚已霑衣

• **해설**
이 시는 대력大曆 원년(766) 가을에 기주夔州의 서각西閣에 거주할 때 지은 것이다. 9월 9일 중양절이 내일이라는 첫 구 때문에 이 시의 해석에 여러 가지 이설이 있다.《두시상주杜詩詳注》에서는 다른 사람들과 모이길 약속했으나 시인이 늙어 늦게 나갈 것임을 미리 알린 것으로, 뒤의 네 구가 노쇠해 감을 여러 사람에게 알린 것으로 보았다. 반면《독두심해讀杜心解》에서는 시인이 나가기가 싫어서 이 시를 지어 거절하는 것으로, 뒤의 네 구가 모두 나가기 어려운 까닭을 알린 것으로 보고 있다.

• 주석
* 相要(상요) 구 : 등고하여 재난을 피했던 옛 풍속과 다르다는 주장 등, 이 구의 해석에 여러 가지 이설이 있는데, 여기서는 뒤에 고향을 생각하는 내용과 연관하여 '요청하여 모인 곳이 예전 고향 땅의 풍속과 다르다'는《두시상주》의 설을 따랐다.
* 知歸(지귀) : '숲에 모이러 갈 것을 안다'로 풀이할 수도 있다.

106. 밤에 서각에서 묵고, 날이 밝자 원조장에게 드리다

어두운 성에 시계 소리 급하게 들려오고
높은 누각에 눈이 살짝 내렸다.
비단 장막으로 점점 개인 빛이 들어오자
멀리 하늘에 둘러 있는 옥승 별은 희미해진다.
문앞의 까치는 새벽빛에 날기 시작하고
돛대의 까마귀는 묵었던 곳에서 난다.
추운 강의 흐름 매우 가느다란 것이
마치 돌아갈 사람을 기다리는 듯.

夜宿西閣曉呈元二十一曹長

城暗更籌急　樓高雨雪微　稍通綃幕霽　遠帶玉繩稀
門鵲晨光起　檣烏宿處飛　寒江流甚細　有意待人歸

● 해설

이 시는 대력大曆 원년(766) 가을에 기주夔州의 서각에서 지은 것이다. 첫 연은 서각에 묵는 것을, 둘째 연은 새벽의 경치를 그리고 있다. 셋째 연에서 새벽에 까치가 일어나고 까마귀가 나는 것은 배를 띄우는 것을 상징한다. 마지막 연에서는 무협을 벗어나 돌아가고 싶은 심정을 드러내었다.

● 주석

* 西閣(서각) : 두보가 운안으로부터 기주로 옮겨와 가을에 머문 곳이다.
* 元曹長(원조장) : 이름은 알 수 없다. 조장曹長은 습유拾遺에 대한 별칭으로 과거 두보와 함께 습유의 벼슬을 했기 때문에 이와 같이 호칭한 것이다.
* 更籌(경주) : 물시계 종류.
* 綃幕(초막) : 생사로 만든 장막이다.
* 玉繩(옥승) : 별 이름이다.

107. 가을 들판

덧없는 삶의 이치 쉽게 알 수 있으니
온갖 사물 이 이치를 위배하기 어렵다네.
물 깊은 곳에서 물고기 더없이 즐거워하고
숲이 우거짐에 새가 돌아올 줄 안다네.
늙어 쇠약한 몸 가난과 병을 기꺼이 여기나니
세상의 영화榮華에는 시비가 있는 법.
가을바람 안궤와 지팡이에 불어와도
북산의 고비를 싫증내지 않는다네.

秋野 (추야)

易識浮生理 (이식부생리)
難敎一物違 (난교일물위)
水深魚極樂 (수심어극락)
林茂鳥知歸 (림무조지귀)
衰老甘貧病 (쇠로감빈병)
榮華有是非 (영화유시비)
秋風吹几杖 (추풍취궤장)
不厭北山薇 (불염북산미)

● 해설

이 시는 대력大曆 2년(767) 기주夔州 양서瀼西에서 지은 것이다. 5수의 연작시를 통해 가을 들판의 경치, 은거 생활의 흥취, 오랜 타향살이로 인한 감정 등을 표현했는데, 이 시는 제2수로써 가을 들판이 은거할 만함을 표현하였다.

● 주석

* 几杖(궤장) : 안궤와 지팡이.
* 北山薇(북산미) : 북산의 고비. 산림에 의지하여 가난함을 굳게 지키겠다는 뜻이다.

108. 사일 2수

농사일이 끝나 공덕을 이루게 되니
온갖 제사가 찬란한 빛을 드러낸다.
보답하는 의식은 마치 신이 계시듯 하고
공물로 제사지내는 것 오래도록 때를 잃지 않았다.
남방의 노인이 파巴 지방 민요 취하여 부르는데
북쪽 변새로부터 온 기러기 우는 소리 희미하게 들려온다.
지금도 생각하나니 동방삭은
익살스런 농담으로 고기 베어 귀가했다지.

社日兩篇 (사일량편)

九農成德業 (구농성덕업)　百祀發光輝 (백사발광휘)　報效神如在 (보효신여재)　馨香舊不違 (형향구불위)
南翁巴曲醉 (남옹파곡취)　北雁塞聲微 (북안새성미)　尚想東方朔 (상상동방삭)　詼諧割肉歸 (회해할육귀)

● 해설

이 시는 대력大曆 2년(767) 기주夔州에 머물 때, 그 지역의 제사하는 광경을 보고 지은 것으로 2수의 연작시 가운데 제1수이다. 앞의 4구는 남쪽 지방의 제사 지내는 광경을 묘사하였다. 제5, 6구는 남옹南翁과 북안北雁을 통해 북쪽으로 돌아가고자 하는 마음을 표현하고 아울러 마지막 연의 조정을 그리워하는 마음을 이끌어 내고 있다. 제7, 8구에서는 동방삭의 전고를 빌려 조정에서 하사받은 일을 추억하였다.

● 주석
* 社日(사일) : 토지신에게 제사지내는 날. 일반적으로 입춘, 입추 뒤 다섯번째 무일戊日에 지낸다. 여기서는 북쪽으로부터의 기러기 소리를 통해 가을 제사임을 알 수 있다.
* 九農(구농) : 각종 농사 활동을 가리킨다.
* 馨香(형향) : 향냄새. 여기서는 공물을 가리킨다.
* 舊(구) : 성례成例. 관례. 이전의 전장제도典章制度.
* 北雁(북안) : 기러기는 봄이면 북으로, 가을이면 남으로 날아가는데, 여기서 북안은 북으로부터 온 기러기를 뜻한다.
* 尙想(상상) 2구 : 《한서漢書‧동방삭전東方朔傳》에 의하면, 한 무제가 복날(伏日)에 조서를 내려 시종하는 관리에게 고기를 하사품으로 주게 하였다. 동방삭이 칼을 빼어 고기를 베고 나서, 동료 관리에게 "복날은 마땅히 일찍 귀가하여야 하니, 청컨대 하사품을 받겠습니다."라고 말하고는 고기를 안고 가버렸다. 고관이 이 사실을 상주上奏하자, 황제가 동방삭에게 스스로를 책망하도록 조칙을 내렸다. 동방삭이 말하길 "칼로 고기를 벤 것, 얼마나 씩씩한가! 벤 고기가 많지 않으니, 또한 얼마나 청렴한가! 돌아가 아내에게 주었으니, 얼마나 인자한가!"라고 하자, 무제가 웃으면서 "선생에게 스스로를 책망하도록 했는데, 도리어 자찬을 하시는군요."라고 말하고는, 술 열말과 고기 백근을 하사했다. 두보는 이 동방삭의 고사를 빌려서 제사지내는 날을 맞아 황제의 하사품을 그리워하는 정을 표현한 것이다.

109. 밤

가파른 강가에 바람 사납게 진동하고
추운 방에는 촛불 그림자 희미한데

산 원숭이는 서리 내린 바깥에서 자고
강 위의 새는 깊은 밤에 날아다닌다.
홀로 앉아 보검을 가까이하지만
슬피 노래하며 짧은 옷을 한탄한다.
연진이 창합을 둘렀어도
흰머리 신세라 장한 마음 펴기가 어렵구나.

夜^야

絶岸風威動 寒房燭影微 岭猿霜外宿 江鳥夜深飛
獨坐親雄劍 哀歌嘆短衣 煙塵繞閶闔 白首壯心違

●해설
이 시는 대력大曆 2년(767) 기주夔州에 있을 때 지은 것이다. 첫째 연은 슬픈 가을 밤 경치를 집 안과 밖으로 나누어 묘사하였다. 둘째 연은 제1구를 이었고, 셋째 연은 제2구를 이었다. 마지막 연에서 당시(대력 2년) 토번이 영주靈州, 빈주邠州 등을 침범하여, 장안에 계엄령이 내리게 되었던 상황을 말하면서, 늙어 자신의 웅지를 펼 수 없음을 말하고 있다.

●주석
* 雄劍(웅검) : 초楚나라 왕이 막야鏌邪에게 명하여 두 개의 검을 주조하였는데, 하나는 자검雌劍이고 하나는 웅검雄劍이었다. 여기서 웅검은 보검을 뜻한다.
* 哀歌(애가) 구 : 영척甯戚이 수레 밑에서 밥을 먹고 상商나라의 노래를 불러 "짧은 천에 홑겹의 옷 정강이까지 올라왔는데, 긴 밤 아득하기만 하니 어느 때나 아침이 될까?"라고 했다. 시인의 신세가 곤궁함을 표현한 것이다.
* 煙塵(연진) : 병란兵亂을 가리킨다.
* 閶闔(창합) : 위魏나라 시대 낙양洛陽에 창합문閶闔門이 있었다. 일반적으로 궁궐의 문이나 궁궐을 말하는데, 여기서는 장안長安을 가리킨다.

110. 밤

성은 슬픈 호드기 소리 속에 저물어 가고
황폐한 마을에는 날아 지나가는 새도 드물다.
전쟁이 수년 동안 지속되고
세금 때문에 사람들은 깊은 밤에나 집에 돌아온다.
어둠 속 나무는 바위에 기대어 시들고
밝아오는 은하는 변새를 빙 둘러 희미하게 보인다.
북두성 기울어도 사람은 또 바라보고 있으니
달빛 희미할 때, 까치야 너는 날아가지 말아라!

夜

城郭悲笳暮　村墟過翼稀　甲兵年數久　賦斂夜深歸
暗樹依巖落　明河繞寒微　斗斜人更望　月細鵲休飛

● 해설
이 시는 대력大曆 2년(767) 가을에 지은 것으로, 2수의 연작시 가운데 제2수이다. 초저녁부터 밤이 다할 때까지의 경치를 그리면서, 기주 사람의 곤경에 마음 아파하고 아울러 북쪽으로 빨리 돌아가고자 하는 시인의 심정을 표현하였다.

● 주석
* 甲兵(갑병): 갑주甲胄와 병기. 여기서는 전쟁을 말한다.
* 賦斂(부렴): 부렴은 부과된 세금을 거두어들이는 것이지만, 뒤에 '귀歸'의 주체는 부과된 세금을 내고 밤늦게나 돌아오는 기주 지방의 백성이다. 이 구는 당시의 민생의 질고疾苦를 반영한 것이다.
* 斗斜(두사): 북두성이 기울다. 즉 날이 밝은 것을 말한다.
* 月細(월세) 구: 조조曹操의 〈단가행短歌行〉에 '달이 밝아 별빛 희미해지니, 까마귀와 까치 남으로 날아가네. 나무를 여러 바퀴 돌아보나 어느 가지에 깃들까?'라는 구절이 있다. 이 시에서 시인은 조조의 이 시를 반대의 의미로 사용

하였다. 시인은 남쪽(기주夔州)에서 북으로 돌아가고 싶었기 때문에 까치에게 남으로 날아가지 말라고 말한 것이다.

111. 비

만물이 시드는 연말,
하늘 모퉁이에 있는 사람은 고향으로 돌아가지 못하는데
삭풍이 서걱서걱 울고
찬비가 부슬부슬 내린다.
병 많은 사람이라 오래 전부터 밥을 더 먹고
늙어 쇠약해진 몸이라 겨울옷을 새로 준비했나니
시절이 위태하여 마음 상하는 것은
옛 친구들 짧은 서신조차 드물기 때문.

우
雨

물색세시안　　천우인미귀　　삭풍명석석　　한우하비비
物色歲時晏　　天隅人未歸　　朔風鳴淅淅　　寒雨下霏霏
다병구가반　　쇠용신수의　　시위각조상　　고구단서희
多病久加飯　　衰容新授衣　　時危覺凋喪　　故舊短書稀

● 해설
대력大曆 2년(767) 기주夔州 양서瀼西에 있을 때 지은 것으로 4수의 연작시 가운데 제3수이다. 이 시는 우중雨中의 나그네 신세를 그리고 있다.

● 주석
* 天隅(천우) : 하늘 모퉁이. 기주夔州를 가리킨다.
* 人(인) : 시인 자신을 가리킨다.
* 淅淅(석석) : 바람소리.
* 霏霏(비비) : 비가 내리는 모양.
* 授衣(수의) : 겨울옷을 만들어 준비하는 것을 말한다.

112. 무산현에서 분주자사 당 아우가 전별의 잔치를 마련하였다. 아울러 여러 공들이 술과 악기를 가지고 와 전송을 하기에, 즉석에서 짧은 시를 지어 집의 벽에 남기다

파동巴東에 병으로 누운 지 오래라
금년에는 애써 고향으로 돌아간다네.
옛 친구 여전히 먼 곳으로 폄적되어
오늘 이별의 감정 갑절이나 더하게 되었네.
잔치에 초대된 이 몸 지팡이 짚고 와서
노래 듣자니 눈물이 옷에 가득……
여러 공들께서 나를 저버리지 않으셔서
이별의 잔칫자리 빛나게 되었다네.

巫山縣汾州唐使君十八弟宴別兼諸公攜酒樂相送
率題小詩留於屋壁

臥病巴東久　今年强作歸　故人猶遠謫　玆日倍多違
接宴身兼杖　聽歌淚滿衣　諸公不相棄　擁別借光輝

● 해설

이 시는 대력大曆 3년(768) 기주夔州성 동쪽 70리에 있는 무산현巫山縣에서 지은 것이다. 분주汾州는 지금의 영하성寧夏省 서길현西吉縣이다. 사군使君은 주州의 장관長官에 대한 존칭이다. 당씨唐氏는 전직이 분주자사였는데 당시 시주施州로 폄적貶謫되어 왔다. 첫째 연은 무산현에 오게 된 사연을 묘사하였고, 둘째 연과 셋째 연은 옛 친구인 당씨와의 이별의 슬픔을 진솔하게 표현하였다. 마지막 연은 여러 공들에게 고마움의 뜻을 겸손하게 표현하였다.

● 주석
* 擁別(옹별) : 여러 사람이 전별석에 참여한 것을 말한다.
* 借光輝(차광휘) : 영광스러움을 얻다.

113. 호시어의 서당에서 잔치하며

강호에 봄이 저물어 가는데
방에는 햇빛이 오히려 희미하다.
어두컴컴한 방에 서적 가득하고
가벼이 버들솜 날고 있다.
문단에 평소 명성이 있었고
묵객의 흥취는 마음에 거슬림이 없다.
오늘 밤 문성文星이 모였으니
우리들 취해 돌아가지 않으리.

연호시어서당
宴胡侍御書堂

강호춘욕모 장우일유미 암암서적만 경경화서비
江湖春欲暮 牆宇日猶微 闇闇書籍滿 輕輕花絮飛
한림명유소 묵객흥무위 금야문성동 오제취불귀
翰林名有素 墨客興無違 今夜文星動 吾儕醉不歸

● 해설
이 시는 대력大曆 3년(768) 봄 강릉江陵에 있을 때 지은 것이다. 앞의 4구는 호시어胡侍御의 서당을 묘사하였으며, 뒤의 4구는 이지방李之芳, 정심鄭審의 잔치를 말하고 있다. 제3구는 제2구를 받고 있으며, 제4구는 제1구와 호응하고 있다. 두보의 원주原注에 '상서尙書 이지방李之芳과 비감秘監 정심이 함께 모였는데 귀歸자의 운을 얻었다'라고 기재되어 있다. 이지방은 두보가 천보天寶 4년(745) 여름 제주齊州를 유람할 때 사귄 친구이며, 정심 또한 두보의 옛 친구이다.

● 주석

* 江湖(강호) : 여기서는 강릉江陵을 말한다.
* 牆宇(장우) : 집을 말한다.
* 闇闇(암암) : 어두컴컴하다.
* 花絮(화서) : 하얗고 부드러운 꽃. 버들솜을 가리킬 수도 있다.
* 翰林(한림) : 문단. 시단. 이지방李之芳과 정심鄭審을 가리킨다.
* 墨客(묵객) : 여기서는 시인 자신을 가리킨다.
* 文星(문성) : 별 이름으로 문창성文昌星이라고도 한다. 문성은 문학文學을 주관하는 별인데 여기서는 문재文才를 지닌 사람을 뜻한다.
* 吾儕(오제) : 우리 무리.

114. 돌아가는 기러기

만리 밖 형양 땅 기러기,
금년 봄에도 또 북으로 돌아가는데
쌍쌍이 나그네 바라보며 위로 날아올라
한 마리 한 마리 사람을 뒤로하고 날아가는구나.
구름 속에서 서로 부르며 급히 나느라
모래 가에 스스로 머무는 것 드물기만 하여라.
편지 묶어 보낸다는 것은 원래 헛된 말,
고향 땅 고비 생각에 쓸쓸히 시름겹기만!

歸雁

萬里衡陽雁　今年又北歸　雙雙瞻客上　一一背人飛
雲裏相呼疾　沙邊自宿稀　繫書元浪語　愁寂故山薇

● 해설

이 시는 대력大曆 5년(770) 봄, 담주潭州에 있을 때 지은 것인데, 2수의 연작시 가운데 제1수로 기러기가 북으로 돌아가는 것을 보고 고향을 그리워하는 심정을 쓰고 있다. 첫째 연은 '귀안歸雁'에 대한 내용을 제시하며 전체 시를 이끌고 있는데, 돌아가는 기러기에 대한 부러운 심정이 나타나 있다. 둘째 연은 날아 돌아가는 기러기들이 외롭지 않음을 묘사하였으며, 셋째 연은 기러기와 짝하고 싶은 심정을 말하고 있다. 마지막 연은 편지를 묶어 전달할 수 없어 고향을 안타깝게 그리워하는 마음을 나타냈다.

● 주석

* 衡陽(형양) : 지금의 호남 형양. 형양에는 회안봉回雁峰이 있는데, 기러기가 이 곳에 다다르면 더이상 남쪽으로 날아가지 않다가, 봄이 되면 북으로 돌아간다고 한다.
* 繫書(계서) : 기러기 다리에 편지를 묶어 전한다는 뜻이다. 《한서漢書·소무전蘇武傳》에 의하면, 소무가 흉노에 사신으로 갔다가 19년 간 억류되어 있었는데, 한나라 사신이 상혜常惠의 말을 따라 '무제가 상림에서 기러기를 잡았는데 다리에 소무가 보낸 편지가 묶여 있었다'는 거짓말로 흉노를 속임으로써 한漢나라로 돌아올 수 있었다. 여기서는 돌아가는 기러기에 편지를 묶어 고향으로 보낼 수 없음을 개탄한 것이다.
* 故山(고산) : 여기서는 두보가 이전에 살던 집이 있는 수양산首陽山을 말한다.

【오율어운五律魚韻】

115. 연주의 성루에 올라

동군 뜨락을 종종걸음으로 거닐던 날,
남루에서 처음으로 마음껏 바라보니
뜬구름은 동해와 태산으로 이어지고
평야는 청주靑州와 서주徐州로 뻗어 들었다.
홀로 솟은 산봉우리엔 진秦의 비석이 남아 있고
황량한 성에는 노공왕의 전각이 남아 있다.
전부터 옛스러운 마음 많았기에
내려다보며 홀로 머뭇거린다.

_{등 연 주 성 루}
登兗州城樓

_{동 군 추 정 일}　　_{남 루 종 목 초}　　_{부 운 련 해 대}　　_{평 야 입 청 서}
東郡趨庭日　　南樓縱目初　　浮雲連海岱　　平野入靑徐
_{고 장 진 비 재}　　_{황 성 로 전 여}　　_{종 래 다 고 의}　　_{림 조 독 주 저}
孤嶂秦碑在　　荒城魯殿餘　　從來多古意　　臨眺獨躊躇

● 해설
이 시는 개원開元 24년(736)에 지어진 작품이다. 고공랑考功郎이 주관하던 과거에 떨어진 뒤 연주사마兗州司馬인 부친을 찾아뵙고서 당시의 감회를 읊은 시이다. 현재 전해지는 두보의 시 중 최초의 오언율시이다. 첫 연은 파제破題를 하였는데, 제2구의 종목縱目은 다시 둘째 연의 시상을 직접 이끈다. 둘째 연은 바라본 먼 경치인데 동해東海와 태산泰山, 청주靑州와 서주徐州 일대에 구름과 평야가 광활하게 펼쳐져 있음을 말한다. 셋째 연은 바라본 가까운 곳의 경치로 고적古迹이다. 마지막 연은 셋째 연의 시상을 받고 아울러 '임조臨眺'는 '종목縱目'과 호응하여 전체의 시를 마무리하고 있다.

• 주석

* 東郡(동군) : 당나라 시대 연주兗州는 한나라 동군에 해당된다.
* 趨庭(추정) : 부친이 있는 뜨락을 종종걸음으로 걷는다는 뜻이다. 시인이 당시 연주사마인 부친을 찾아갔을 때에 지은 작품임을 알려준다.
* 南樓(남루) : 연주성 남쪽 성문에 있는 누각.
* 海岱(해대) : 동해東海와 태산泰山.
* 靑徐(청서) : 청주靑州와 서주徐州. 당대唐代에는 두 지방 모두 하남도河南道에 속했다.
* 孤嶂(고장) : 외로이 솟아 있는 산봉우리. 역산嶧山을 가리킨다.
* 秦碑(진비) : 진시황秦始皇이 세웠다고 하는 송덕비.
* 魯殿(노전) : 한대漢代 노공왕魯恭王이 세운 영광전靈光殿을 가리킨다.

116. 비를 대하고서 마음을 적어 사람을 보내 허주부를 청하다

동악에 구름 봉우리 피어올라
넓게 퍼져 하늘에 가득 차더니
진동하는 우렛소리가 장막 위의 제비 뒤집어 날게 하고
급작스레 내린 비가 강 속의 물고기 추락하게 하여라.
앉아서 현인의 술을 마주할 즈음이면
문가에서 장자의 수레 소리가 들리겠지.
그대를 맞기에는 진흙탕이 부끄러우니
말을 탄 채로 섬돌까지 이르시게나.

對雨書懷走邀許主簿

東嶽雲峰起 溶溶滿太虛 震雷翻幕燕 驟雨落河魚
座對賢人酒 門聽長者車 相邀愧泥濘 騎馬到階除

● 해설

이 시는 개원開元 25년(737) 연주兗州에 이르러 지은 것이다. '주요走邀'는《두시상주杜詩詳注》에서 '사람을 시켜 시를 가지고 가서 모셔오는 것(遣人持詩往邀)'이라고 풀이하였다.

● 주석

* 東嶽(동악) : 태산. 오악五嶽 중의 하나로 일명 대종垈宗이라고도 한다.
* 溶溶(용용) : 본래는 물이 도도히 흐르는 모습을 형용하는 말이지만, 여기서는 구름이 천천히 넓게 퍼지는 모습을 형용한 것이다.
* 幕燕(막연) : 장막 위의 제비. 위태로움을 뜻한다.
* 落河魚(낙하어) : 강 속의 고기가 떨어지듯 깊이 잠겨든다.
* 賢人酒(현인주) : 백주白酒. 위魏 태조太祖 시대에는 술을 금하였기 때문에 사람들이 몰래 마셨다. 직접 술이라고 하기 어려워 백주白酒는 현인이라 했고, 청주淸酒는 성인이라 불렀다.
* 泥濘(이녕) : 진흙, 혹은 진흙 수렁을 말한다.

117. 다시 하씨에게 들르다

동교의 대나무를 물었더니
장군이 대답한 글이 있네.
옷 거꾸로 입고 말 부리게 하여 와서
베개 높게 베니 바로 내 집.
꽃 떨어짐은 꾀꼬리가 나비를 스쳐 잡으려는 탓,
시냇물 떠들썩함은 수달이 고기를 쫓는 탓.
쉬며 목욕하는 땅 다시 와보니
진정 야인의 거처가 되네.

<ruby>重<rt>중</rt>過<rt>과</rt>何<rt>하</rt>氏<rt>씨</rt></ruby>
重過何氏

問訊東橋竹　將軍有報書　倒衣還命駕　高枕乃吾廬
花妥鶯捎蝶　溪喧獺趁魚　重來休沐地　眞作野人居

● **해설**

천보天寶 12년(753) 여름, 하장군의 원림에 들렀던 작가가 이듬해 봄에 그곳을 재차 방문하여 지은 시이다. 5수의 연작시 가운데 제1수이다.

● **주석**

* 東橋(동교) : 하씨의 원림에 있는 제오교第五橋이다.
* 報書(보서) : 답신. 두보의 두번째 방문을 허락하는 내용의 하장군 답신이다.
* 倒衣(도의) : 옷을 거꾸로 입다. 다시 초대하는 내용의 답장을 받고 기쁨에 들떠 서두르는 모습을 형용한 말이다.
* 命駕(명가) : 마부에게 명하여 말을 부리게 하다.
* 捎(소) : 잡다. 스쳐 지나가다.

118. 경사를 수복하다

　임금의 행차가 궁궐을 떠난 것은
　요사스러운 별이 옥섬돌을 비추어서인데
　궁전을 내려와 도주해야만 했음에
　누각에 거하는 것 좋아할 수 없게 되었네.
　잠시 욕되게 분수汾水의 북쪽으로 수레를 몰고 가고
　애오라지 연나라 장수에게 서신을 날려 보냈네.
　종묘의 책략이 의연하니
　천하와 더불어 새롭게 시작하는구나.

收京
수경

仙仗離丹極　妖星照玉除　須爲下殿走　不可好樓居
선장리단극　요성조옥제　수위하전주　불가호루거

暫屈汾陽駕　聊飛燕將書　依然七廟略　更與萬方初
잠굴분양가　료비연장서　의연칠묘략　갱여만방초

● 해설

지덕至德 2년(757) 11월 부주鄜州에서 지은 것이다. 이 해 9월에 관군이 장안을 수복했고, 10월에는 낙양을 수복했다. 이 시에서 두보는 기쁨에만 젖어 있지 않고, 앞날을 걱정하는 마음을 드러내고 있다. 3수의 연작시 가운데 제1수이다.

● 주석

* 仙仗(선장) : 천자의 의장. 여기에서는 천자의 행차를 말한다.
* 丹極(단극) : 궁궐.
* 妖星(요성) : 요상한 별. 불길한 징조를 나타낸다는 별. 여기에서는 안녹산을 말한다.
* 汾陽(분양) : 분수의 북쪽 지역이다.
* 七廟(칠묘) : 천자의 종묘宗廟. 곧 태조太祖와 삼소三昭, 삼목三穆의 총칭한 것이다.

119. 고첨사에게 보내다

편안하신지요, 고첨사께서는!
전쟁 때문에 오랫동안 헤어져 지내게 되었습니다.
때가 오면 그대께서 출세할 것 알았지만
늙은 나이에 친구의 정이 소원해질 수는 없는 것.
하늘가엔 소식 전할 기러기 많고
연못 속에는 편지 전할 잉어 충분하답니다.
보아하니 50세가 넘어가는데
한 줄의 편지 부쳐주지 않으시렵니까?

기 고 삼 십 오 첨 사
寄高三十五詹事

안온고첨사　　병과구삭거　　시래지환달　　세만막정소
安穩高詹事　兵戈久索居　時來知宦達　歲晚莫情疎
천상다홍안　　지중족리어　　상간과반백　　불기일항서
天上多鴻雁　池中足鯉魚　相看過半百　不寄一行書

● 해설

이 시는 건원乾元 원년(758), 두보가 화주華州 사공참군司功參軍으로 있을 때 지은 것이다. '첨사詹事'는 관직 이름으로 고적高適을 가리킨다.

● 주석

* 安穩(안온) : 무사하고 편안하다.
* 索居(삭거) : 헤어져 살다. 쓸쓸히 살다.
* 鴻雁(홍안) 2구 : '홍안鴻雁'과 '이어鯉魚'는 모두 편지를 전하는 것이다.

120. 시렁을 제거하다

시렁을 만든 나무 이미 쇠락하고
박잎은 더욱 쓸쓸해 보이는데
다행히 흰 꽃을 피웠으니
어찌 푸른 덩굴 없애는 것 마다하랴!
가을벌레 아직도 떠나지 못하거니와
저물녘 참새의 마음은 또 어떠할까?
차가운 날씨에 지금은 쓸쓸한 모습,
인생도 이와 같아 처음과 끝이 있는 법이리.

제 가
除架

속신이령락　　호엽전소소　　행결백화료　　녕사청만제
束薪已零落　瓠葉轉蕭疎　幸結白花了　寧辭青蔓除

추충성불거　　모작의하여　　한사금뢰락　　인생역유초
秋蟲聲不去　暮雀意何如　寒事今牢落　人生亦有初

● 해설

이 시는 건원 2년(759) 가을, 두보가 진주秦州에 있을 때 지은 것이다. 박 시렁을 없애면서 느낀 인생의 성쇠에 대한 감회를 쓰고 있다.

● 주석
* 束薪(속신) : 시렁을 만드는 데 사용한 나무.
* 轉(전) : 더욱더.
* 牢落(뇌락) : 영락하여 쓸쓸한 모양.

121. 고적이 보내준 시에 응답하여

　고사古寺에 스님들이 적어
　빈 방에 객이 우거하는데
　친구가 녹미를 보내주고
　이웃집에선 채소를 가져다주었습니다.
　쌍수雙樹 아래에서 불법佛法 듣는 것 허락하고
　세 대의 수레에 책 싣는 것도 기꺼이 하게 하였대도
　제가 어찌 감히 태현경을 초할 수 있겠습니까?
　부賦라면 혹 사마상여와 비슷하겠지만……

수고사군상증
酬高使君相贈

고사승뢰락　　공방객우거　　고인공록미　　린사여원소
古寺僧牢落　空房客寓居　故人供祿米　鄰舍與園蔬
쌍수용청법　　삼거긍재서　　초현오기감　　부혹사상여
雙樹容聽法　三車肯載書　草玄吾豈敢　賦或似相如

● 해설

이 시는 두보가 성도成都 서쪽의 초당사草堂寺에 거처할 때 지은 것이다. 고사군高使君은 고적高適으로, 당시 팽주자사彭州刺史로 있었다. 두보가 성도에 온 것을 알고, 〈증두이습유贈杜二拾遺〉라는 시를 지어 안부를 물었다. 이 시는 고적의 그 시에 답한 것이다.

● 주석

* 古寺(고사) : 오래된 절. 여기에서는 초당사草堂寺를 가리킨다.
* 祿米(녹미) : 녹祿으로 주는 쌀.
* 雙樹(쌍수) : 사라수娑羅樹로 석가釋迦가 입적할 때에 그 주위 사방에 각각 한 쌍씩 서 있었던 나무이다. 여기에서는 승려가 불법을 강설하는 곳을 가리킨다.
* 草(초) : 초고를 잡다.
* 玄(현) : 《태현경太玄經》을 가리킨다. 한대漢代 양웅揚雄이 지었다.
* 相如(상여) : 한대漢代 사부辭賦 작가 사마상여司馬相如를 가리킨다.

122. 당흥에서 유주부를 만나다

개원 말에 헤어져
여러 해 동안 편지도 끊어졌다가
강산에서 다시 그대 만나게 되었는데
전쟁 때문에 아직도 편히 살 수가 없구려.
검외의 관리는 박정하고
관중에는 편지 전하는 역마도 드문 터,
가벼이 배 띄워 오회로 내려가려 하나니
주부, 그대의 뜻은 어떠하신지?

봉 당 흥 류 주 부 제
逢唐興劉主簿弟

분수개원말   련년절척서   강산차상견   융마미안거
分手開元末 連年絶尺書 江山且相見 戎馬未安居

_{검외관인랭} _{관중역기소} _{경주하오회} _{주부의하여}
劍外官人冷 關中驛騎疎 輕舟下吳會 主簿意何如

● 해설
이 시는 상원上元 2년(761)에 지은 것이다. 당흥唐興은 당대唐代의 현縣 이름으로 지금의 사천성四川省 봉계蓬溪이다. 유주부劉主簿는 누구인지 알 수가 없다. 주부는 관직 이름이다.

● 주석
* 分手(분수) : 이별하다.
* 戎馬(융마) : 전쟁을 뜻한다.
* 吳會(오회) : 지명으로, 오문吳門과 회계會稽를 가리킨다.

123. 한천의 왕녹사 집에서 짓다

남계의 늙고 병든 객,
그대 보려고 수레에서 내렸더니
검은 두건 속 머리를 가까이 다가와 보시고
순채와 잉어 요리를 재촉하셨네.
집에서 볼만한 것은 언덕까지 가득한 물,
몸 밖의 물건으로는 상에 가득한 책.
재주와 명성 뛰어났던 그대의 숙부를 기억하니
처량한 마음 가득 생기누나.

_{한천왕대록사택작}
漢川王大錄事宅作

_{남계로병객} _{상견하견여} _{근발간오모} _{최순자백어}
南溪老病客 相見下肩輿 近髮看烏帽 催蓴煮白魚
_{택중평안수} _{신외만상서} _{억이재명숙} _{함처의유여}
宅中平岸水 身外滿牀書 憶爾才名叔 含悽意有餘

● 해설

이 시는 두보가 광덕廣德 원년(763) 한주漢州를 유람하며 지은 것이다. 시제의 한천漢川은 한주의 잘못이다. 녹사錄事는 관직 이름으로 왕녹사는 누구인지 알 수 없다.

● 주석

* 南溪(남계) : 두보의 초당이 있는 완화계浣花溪를 가리킨다.
* 肩輿(견여) : 사람 둘이 앞뒤에서 메는 가마. 교자轎子.
* 蓴(순) : 순채. 수련과睡蓮科에 속하는 다년생 수초. 줄기와 어린잎은 식용한다.

124. 한밤중

백여 길 높은 곳에 있는 서각西閣에서
한밤중 창가를 거니노라니
유성이 밝은 빛을 내며 물 위를 지나가고
지는 달빛이 모래밭에서 움직인다.
나무를 골라 새가 깃들었음을 알고
파도에 잠겨 있는 큰 물고기를 생각해 본다.
친구들 천지에 가득하여도
전쟁으로 인해 오는 편지는 적구나.

중소
中宵

서각백심여　　중소보기소　　비성과수백　　락월동사허
西閣百尋餘　　中宵步綺疏　　飛星過水白　　落月動沙虛
택목지유조　　잠파상거어　　친붕만천지　　병갑소래서
擇木知幽鳥　　潛波想巨魚　　親朋滿天地　　兵甲少來書

● 해설

이 시는 대력大曆 원년(766) 기주夔州 서각西閣에 기거할 때 지은 것이다. 한밤중 홀로 거닐면서 보고 느낀 감회를 묘사하였다. 전란중에 외롭게 떠도는 심정이 잘 표현되어 있다. '중소中宵'는 한밤중이다.

● 주석
* 綺疏(기소) : 비단 무늬처럼 꾸민 창.

125. 은어

은어도 각각 생명이 있는 법,
자연히 만들어진 2치의 물고기.
미약하지만 물속의 동물에 속하는데
이 지역에서는 야채 요리쯤으로 여긴다네.
주점에 들어가면 은빛 꽃처럼 어지럽게 분분하고
광주리를 기울일 때면 눈송이처럼 가볍게 날리네.
생명이 있는 것임에도 알을 줍듯이
모두 취해버리니 인의는 도대체 어디에 있는가?

_{백 소}
白小

백소군분명	천연이촌어	세미점수족	풍속당원소
白小羣分命	天然二寸魚	細微霑水族	風俗當園蔬
입사은화란	경광설편허	생성유습란	진취의하여
入肆銀花亂	傾筐雪片虛	生成猶拾卵	盡取義何如

● 해설
이 시는 대력大曆 원년(766) 기주夔州에 있을 때 지은 것이다. 백소白小는 물고기 이름으로, 은어銀魚이다. 두보는 은어를 무절제하게 잡는 행위를 통해 불인불의不仁不義한 풍속을 풍자하고 있다.

● 주석
* 水族(수족) : 어족.
* 園蔬(원소) : 채마밭에 심은 채소. 여기서는 야채 요리를 뜻한다.

126. 양서에서 겨울날 바라보며

물빛은 어지럽게 움직이고
아침 햇빛은 허공 가까이에 있는데
이 해가 가려 하니 자주 슬퍼하며 바라보게 되고
흥취가 나서 멀리 보니 온통 쓸쓸한 모습.
원숭이는 매달리는 방법 때때로 서로 배우고
갈매기는 나는 모습 빛나고 자유롭구나.
구당에 봄이 오려고 하니
양서에 거처를 잡아야지.

_{양 서 한 망}
瀼西寒望

_{수 색 함 군 동}　_{조 광 절 태 허}　_{년 침 빈 창 망}　_{흥 원 일 소 소}
水色含羣動　朝光切太虛　年侵頻悵望　興遠一蕭疎
_{원 괘 시 상 학}　_{구 항 형 자 여}　_{구 당 춘 욕 지}　_{정 복 양 서 거}
猿挂時相學　鷗行炯自如　瞿唐春欲至　定卜瀼西居

● 해설
이 시는 대력大曆 원년(766) 겨울, 기주夔州 서각西閣에 거처할 때 지은 것이다. 양서 일대의 겨울 경치를 묘사하고 양서에 거처를 잡고자 하는 뜻을 표현하였다.

● 주석
* 太虛(태허) : 허공.
* 悵望(창망) : 슬퍼하며 바라보다.
* 卜居(복거) : 살 곳을 점치다. 살 곳을 가려서 정하다.

127. 지나던 객이 들르다

궁한 늙은이, 참으로 할 일이 없어
이곳 강산에 이미 거처를 정하였나니

땅이 외진 곳이라 세수하고 빗질하는 것도 잊었지만
객이 온다 하여 탄금彈琴과 독서讀書도 그만두었네.
벽에 걸려 있던 한 광주리 과실을 가져오게 하고
아이를 불러다 물고기 삶는 것도 물어볼 무렵,
때마침 배를 대는 소리 들려오니
이곳에 와 나의 초막을 묻는 것이리.

過客相尋_{과객상심}

窮老眞無事 江山已定居 地幽忘盥櫛 客至罷琴書
挂壁移筐果 呼兒問煮魚 時聞繫舟楫 及此問吾廬

● **해설**

이 시는 양서瀼西에 머물 때에 지은 것으로, 생활 속의 정취를 표현한 소품小品이다. 두보가 한적한 생활을 하면서 은연중에 객을 기다리는 심사가 시 속에 잘 나타나 있다.

● **주석**

* 盥櫛(관즐) : 세수하고 빗질하다.

128. 가을날 몸이 상쾌해지다

하늘 높은 가을이 되어 폐병이 좀 나아지니
백발도 스스로 빗질할 수 있겠네.
약물 늘이고 줄이는 것이 싫고
집 뜰 청소하는 것이 귀찮아도
지팡이 짚고 객을 답방答訪하고
대나무가 좋아 아이더러 그 위에 글을 적게 한다네.

10월에 강이 평온해지면
가벼운 배 타고 나아가야지.

秋清_{추청}

高秋蘇肺氣 白髮自能梳 藥餌憎加減 門庭悶掃除
杖藜還客拜 愛竹遣兒書 十月江平穩 輕舟進所如

• **해설**

이 시는 대력大曆 2년(767) 두보가 삼협을 떠나고자 했을 때 쓴 것이다. 이 해 가을, 몸이 호전되자 두보는 기주를 떠나 동으로 가고자 했던 것이다. 이 시의 마지막 구에도 또한 그러한 뜻이 나타나 있다. 구조오의 설에 의하면, 제목에서 사용한 '추청秋清'이라는 말은 '청추清秋'라는 말과는 다르다. '청추'는 가을날의 기운이 맑은 것이지만, '추청'은 가을이 와서 기분이 상쾌해진 것을 가리킨다.

• **주석**

* 蘇肺氣(소폐기) : 폐병이 낫다. 두보는 당시 폐 질환을 앓고 있었다.

129. 가을 들판

가을 들판은 날로 황량해져 가고
추운 날 강물에는 푸른 하늘빛이 일렁인다.
남방 오랑캐 땅에 배를 대고
초楚 지방 마을 터에 살 곳을 정했다.
대추 익었지만 사람들이 따는 대로 내버려두고
아욱이 황폐해졌으니 몸소 호미질 하려 한다.
접시에 담긴 것, 이 늙은이의 음식이지만
나누어 덜어서 개울 물고기에게 준다.

추야
秋野

추야일소무　　　한강동벽허　　　계주만정락　　　복택초촌허
秋野日疏蕪　　寒江動碧虛　　繫舟蠻井絡　　卜宅楚村墟
조숙종인타　　　규황욕자서　　　반찬로부식　　　분감급계어
棗熟從人打　　葵荒欲自鋤　　盤餐老夫食　　分減及溪魚

● 해설

이 시는 〈추야오수秋野五首〉라는 5수의 연작시 가운데 제1수로, 대력大曆 2년 (767) 기주夔州 양서瀼西에 있을 때 지은 것이다. 이 연작시가 묘사한 것은 가을 들판의 경물, 가을 들판의 흥취, 조용히 사는 정취, 외지에 체류하는 심사 등 다양한데, 제1수는 가을 들판의 경치와 일을 주로 묘사하였다. 앞의 4구는 거처하는 곳의 경물을, 뒤의 4구는 그곳에서 일삼는 것을 그리고 있다.

● 주석

* 蠻井絡(만정락) : 옛날 초楚 땅을 뜻한다. 여기서는 기주夔州를 가리킨다.
* 分減(분감) : 자신의 몫 중에서 덜어 주는 것이다.

130. 장난삼아 배해체를 지어 답답한 마음을 풀다

이역의 풍속, 아 참으로 괴이하니
이 사람들 함께 살기 어려워라.
집집마다 오귀烏鬼를 봉양하고
끼니마다 황어黃魚를 먹다니!
예로부터 알던 이들은 거짓 시늉 지어내는 데만 능하고
새로 안 이들도 겉으로만 친할 뿐 마음은 이미 소원하니
밭도 갈고 우물도 파서 스스로 살아갈 뿐,
그들과는 상관치 않으리라.

^{희 작 배 해 체 견 민}
戲作俳諧體遣悶

^{이 속 우 가 괴} ^{사 인 난 병 거} ^{가 가 양 오 귀} ^{돈 돈 식 황 어}
異俗吁可怪　斯人難幷居　家家養烏鬼　頓頓食黃魚

^{구 식 능 위 태} ^{신 지 이 암 소} ^{치 생 차 경 착} ^{지 유 불 관 거}
舊識能爲態　新知已暗疏　治生且耕鑿　只有不關渠

●해설
이 시는 대력大曆 2년(767) 기주夔州에 거처할 때 지은 것이다. 주로 당시의 인정과 세속에 대해서 쓰고 있는데, 기주에 대한 시인의 염증이 은연중에 드러나 있다. '배해체俳諧體'는 시의 한 형태로서, 내용이 대부분 농담이나 우스갯소리와 같은 것이다. 2수의 연작시 가운데 제1수이다.

●주석
* 烏鬼(오귀) : 초楚 지방의 토속신.

131. 위소주가 보낸 시를 보고 답하다

강호 밖에서 졸박한 삶을 살다 보니
조정의 선비들이 기억해 주는 것도 드물어졌지요.
장자長者이신 당신이 방문해 주심도 심히 부끄러운데
또 옛 친구이신 당신의 편지까지 받게 되었습니다.
백발이 실 같아 다스리기가 어려운 중에
새로 쓴 시는 비단도 이만 못하지요.
비록 남쪽으로 가는 기러기 없지만
북쪽으로 오는 물고기 있어 당신의 편지를 보게 되었습니다.

^{수 위 소 주 견 기}
酬韋韶州見寄

^{양 졸 강 호 외} ^{조 정 기 억 소} ^{심 참 장 자 철} ^{중 득 고 인 서}
養拙江湖外　朝廷記憶疏　深慚長者轍　重得故人書

_{백 발 사 난 리} _{신 시 금 불 여} _{수 무 남 거 안} _{간 취 북 래 어}
白髮絲難理　新詩錦不如　雖無南去雁　看取北來魚

● **해설**

이 시는 대력大曆 4년(769) 가을에 위씨韋氏가 상담湘潭을 떠날 때에 두보에게 보낸 시에 대해서 두보가 담주潭州에서 화답한 것이다. 앞의 4구에는 사귐의 정이, 뒤의 4구에는 위씨가 보내준 시에 대한 고마움이 드러나 있다.

● **주석**

* 雖無(수무) 2구 : '남안南雁'은 두보 자신을 두고 한 말이고, '북어北魚'는 위씨를 두고 한 말이다. 전통적으로 물고기와 기러기는 편지를 비유한다. 돌아가는 기러기는 회안봉回雁峯 봉우리가 높아 가지 못하지만, 상수湘水 물이 북으로 흐르기에 물고기는 올 수 있다는 것이다.

【오율우운五律虞韻】

132. 매 그림

흰 깁에 바람과 서리 일어날 듯,
푸른 매를 그린 것이 특이하다.
몸을 꼿꼿이 세운 것이 교활한 토끼를 생각하는 듯하고
곁눈질하는 모습 수심 어린 오랑캐 같다.
실과 갈이틀, 번쩍거리는 빛을 잡을 수 있을 듯하고
헌영軒楹에 있는 모습, 그 형세 불러낼 수도 있을 듯하다.
어느 때에나 뭇 새들을 쳐서
털과 피를 평원에 뿌릴까?

畵鷹 (화응)

素練風霜起 (소련풍상기)　蒼鷹畵作殊 (창응화작수)　竦身思狡兔 (송신사교토)　側目似愁胡 (측목사수호)
絛鏇光堪摘 (도선광감적)　軒楹勢可呼 (헌영세가호)　何當擊凡鳥 (하당격범조)　毛血灑平蕪 (모혈쇄평무)

● 해설
이 시는 그 창작 연대가 분명치 않지만 개원開元 연간에 지은 것으로 간주되고 있다. 그림 속의 매를 읊은 것으로 '그림'과 '실제'가 교묘히 맞물리면서, 마지막에는 시인의 장대한 뜻이 엿보인다.

● 주석
* 絛鏇(도선) : '絛'는 매의 다리에 묶여있는 실이다. '선鏇'은 금속으로 만든 틀로서, 도를 여기에 묶음으로서 매가 도망하지 못하도록 하는 것이다.
* 軒楹(헌영) : 처마와 기둥. 집의 건물을 뜻한다.

133. 이금오를 모시고 꽃 아래서 마시다

경치 빼어난 곳으로 당초에는 나를 이끌었지만
천천히 거닐며 스스로 즐길 수 있게 되었나니
가벼운 새털 보고 불기도 하고
마음 내키는 대로 꽃술 헤아리기도 하였지.
부드러운 풀은 특히 앉기에 적당하고
향기로운 막걸리 다시 사오기 게을러졌는데
취하여 돌아가면 응당 밤을 범할 것이니
정말 집금오執金吾가 두렵구나.

陪李金吾花下飮

勝地初相引　徐行得自娛　見輕吹鳥毳　隨意數花須
細草偏稱坐　香醪懶再酤　醉歸應犯夜　可怕執金吾

● 해설

이 시는 천보天寶 14년(755), 두보가 장안長安에 있을 때 지은 것이다. 꽃 아래에서 술을 마신 일을 그린 것이다. 위의 4구는 꽃 아래에서의 유흥, 다음 2구는 꽃 아래에서 술 마시는 모습, 그리고 마지막 2구는 취한 후의 해학이다. 이금오李金吾는 천보 10년에 표기좌금오대장군驃騎左金吾大將軍에 임명된 이사업李嗣業이다.

● 주석

* 犯夜(범야) : 야간 통행 금지령을 어기다.
* 執金吾(집금오) : 벼슬 이름. 금오봉金吾棒을 잡고서 비상 사태를 제어하는 관직이다.

134. 고식안에게 드리다

지난날 이별은 어느 곳이었던가?
만나고 보니 둘 다 모두 늙은이.
옛 친구는 여전히 쓸쓸하시고
자취가 깎여 근심과 걱정 함께하고 계시네.
글을 논할 친구 잃은 후에도
공연스레 술 파는 가게를 알고 있었거니
평소에 날아오르고프던 뜻,
그대를 보니 없을 수가 없구려.

贈高式顔

惜別是何處　相逢皆老夫　故人還寂寞　削跡共艱虞
自失論文友　空知賣酒壚　平生飛動意　見爾不能無

- **해설**

이 시는 그 창작 시기가 논자에 따라 다른데, 천보天寶 15년(756)으로 보는 이도 있고, 대력大曆 원년(766)으로 보는 이도 있다. 전체적으로 두보와 고식안高式顔이 오랜만에 만난 일을 주로 묘사하고 있으면서, 특히 둘 다 영락한 후의 상심한 정서가 잘 표현되어 있다. 고식안은 고적高適의 족질族姪이다.

- **주석**

* 故人(고인) : 여기서는 고식안高式顔을 뜻한다.
* 削跡(삭적) : 본래는 수레 자취를 없애는 것이지만, 여기서는 임용되지 못한 것을 가리킨다.
* 論文友(논문우) : 고적을 가리킨다.
* 空知(공지) 구 : 지난날에 함께 어울렸던 일을 추억한 것이다.

135. 천천히 걷다

신 신고 푸른 풀 무성한 곳 걷노라니
쓸쓸한 정원에 해가 지려 하는데
풀과 진흙은 제비의 입을 따르고
꽃가루는 꿀벌의 수염에 붙어 있구나.
손에 든 술에 옷이 젖는 것 내버려두고
시 읊조리며 지팡이 짚나니
어찌 재주가 시기 받았다 말할 수 있을까?
실로 내 우둔함이 술 취한 것 같은데……

_{서 보}
徐步

_{정 리 보 청 무} _{황 정 일 욕 포} _{근 니 수 연 자} _{예 분 상 봉 수}
整履步靑蕪　荒庭日欲晡　芹泥隨燕觜　蕊粉上蜂須
_{파 주 종 의 습} _{음 시 신 장 부} _{감 론 재 견 기} _{실 유 취 여 우}
把酒從衣濕　吟詩信杖扶　敢論才見忌　實有醉如愚

●해설
이 시는 상원上元 2년(761)에 지은 것으로, 저물 무렵 시인이 정원에서 천천히 걸으면서 보고 느낀 감회가 나타나 있다. 앞의 4구에서는 천천히 걸으면서 본 경물이 묘사되어 있고, 뒤의 4구에는 천천히 걸으면서 시인이 한 일이 나타나 있다.

●주석
* 日欲晡(일욕포) : 해가 저물려고 하다.

136. 강 정자에서 미주별가 신승지를 보내며

버드나무 빛이 구름 같은 장막을 두르고
강의 물결이 술병에 가까운 곳.
머나먼 이역異域에서 서로 만나게 되어 놀랐거니와
연회가 끝나면 곧 길 떠나게 됨을 아쉬워하리.
날 저문 모래사장에는 나비가 바람 중에 낮게 날아다니고
날씨가 좋아 오리가 기뻐하며 목욕을 한다.
이별에 늙은이 마음 아프고
심사는 날로 황량해져 가기만!

<small>강 정 송 미 주 신 별 가 승 지</small>
江亭送眉州辛別駕昇之

<small>류 영 함 운 막　　　강 파 근 주 호　　　이 방 경 회 면　　　종 연 석 정 도</small>
柳影含雲幕　江波近酒壺　異方驚會面　終宴惜征途
<small>사 만 저 풍 접　　　천 청 희 연 부　　　별 리 상 로 대　　　의 서 일 황 무</small>
沙晚低風蝶　天晴喜沿鳧　別離傷老大　意緒日荒蕪

●해설
이 시는 광덕廣德 원년(763) 봄에 지은 것으로, 당시 두보는 낭주閬州에 있었다. 처음 2구에는 전별연이, 다음 4구에는 석별의 정과 경치가, 그리고 마지막 2구에는 이별의 순간을 만난 두보의 감회가 묘사되어 있다. '미주眉州'는 지명으로 촉蜀의 남쪽에 있다. '신승지辛昇之'는 사람 이름인데 구체적으로 누구를 가리키는지는 분명하지 않다. '별가別駕'는 관직 이름이다.

●주석
* 雲幕(운막) : 구름같이 높은 장막.

137. 낭주로부터 처자를 데리고 촉으로 산길을 가다

길 가는 사람 보이다가 안보이고
인가도 나타났다가 사라지는데
노복들은 대숲 뚫고 지나며 얘기를 하고
아이들은 구름으로 들어 환호성을 지른다.
돌 굴려 이매魑魅를 놀라게 하고
활 당겨 유오狖鼯를 떨어뜨렸나니
참으로 한바탕 웃으며 즐기게 해줌은
곤궁한 길 위로하려는 것인 듯……

自閬州領妻子却赴蜀山行
行色遞隱見　人煙時有無　僕夫穿竹語　稚子入雲呼
轉石驚魑魅　抨弓落狖鼯　眞供一笑樂　似欲慰窮途

●해설
광덕廣德 2년(764) 봄, 두보가 낭주를 떠나 성도成都로 돌아갈 때 지은 것이다. 이 시에는 가족을 데리고 산행을 하면서 보게 된 경물과 흥취興趣가 드러나 있다. 3수의 연작시 가운데 제3수이다.

●주석
* 魑魅(이매) : 고대 전설 중의 산속 도깨비를 가리킨다.
* 狖鼯(유오) : '유狖'는 원숭이류의 동물이고, '오鼯'는 날다람쥐이다.

138. 나른한 밤

대숲 서늘한 기운 침실 안에 들고
들판의 달빛이 마당 모퉁이에 가득한 때,
무거운 이슬은 방울져 떨어지고
드문드문 별빛만 아른거리네.
어둠속을 나는 반딧불이 스스로를 비추고
물가에 묵는 새 서로 소리쳐 부르는데
만사는 전쟁 속,
부질없이 맑은 밤 지나감을 슬퍼하네.

<ruby>倦夜<rt>권 야</rt></ruby>

<ruby>竹凉侵臥内<rt>죽 량 침 와 내</rt></ruby>　<ruby>野月滿庭隅<rt>야 월 만 정 우</rt></ruby>　<ruby>重露成涓滴<rt>중 로 성 연 적</rt></ruby>　<ruby>稀星乍有無<rt>희 성 사 유 무</rt></ruby>
<ruby>暗飛螢自照<rt>암 비 형 자 조</rt></ruby>　<ruby>水宿鳥相呼<rt>수 숙 조 상 호</rt></ruby>　<ruby>萬事干戈裏<rt>만 사 간 과 리</rt></ruby>　<ruby>空悲清夜徂<rt>공 비 청 야 조</rt></ruby>

● 해설

광덕廣德 2년(764) 성도의 초당에서 지은 시이다. 앞 6구에서는 '대', '달', '이슬', '별', '반디불이', '새' 등을 소재로 하여 평온한 밤 풍경을 묘사하였고, 마지막 2구에서는 그칠 날 없는 전쟁에 대한 시름 때문에 잠을 청하지 못하는 시인의 감회를 대비시켜 노래하였다.

● 주석

* 乍有無(사유무) : 금방 나타났다 사라지다. 달이 밝아 별빛이 아른거리는 모습을 표현한 것이다.
* 干戈(간과) : 방패와 창. 전쟁을 비유한다.

139. 이고의 요청으로 사마 동생이 그린 산수도를 구경하다

소탈함은 고상하신 분의 참뜻,
반듯한 침상엔 대나무 화로.
찬 겨울날 멀리 떠나온 나그네를 머물게 하시고
푸른 바다 새로 그린 그림을 걸어두셨다.
끝없이 이어진 아름다운 산 마주하고서도
절해고도를 부러운 눈길로 바라보노라니
뭇 신선들 근심도 걱정도 없이
사뿐사뿐 봉호산을 내려오누나.

觀_관李_리固_고請_청司_사馬_마弟_제山_산水_수圖_도

簡_간易_이高_고人_인意_의　匡_광床_상竹_죽火_화爐_로　寒_한天_천留_류遠_원客_객　碧_벽海_해挂_괘新_신圖_도
雖_수對_대連_련山_산好_호　貪_탐看_간絶_절島_도孤_고　群_군仙_선不_불愁_수思_사　冉_염冉_염下_하蓬_봉壺_호

● **해설**

이고李固는 촉蜀 지방 사람이다. 사마司馬를 역임한 바 있는 그의 동생은 산수도에 능했다. 이 시는 광덕 2년(764)에 시인이 이고의 집에 머무르면서 그의 동생이 그린 산수도를 보고 느낀 감회를 읊은 3수의 연작시 가운데 제1수이다. 앞 4구는 산수도를 보게 된 경위를, 뒤 4구는 산수도를 노래하였다. 마지막 2구에서 근심걱정 없는 신선과 그렇지 못한 시인의 대비가 두드러지고 있다.

● **주석**

* 高人(고인) : 인품이 고상한 사람. 이고李固를 가리킨다.
* 遠客(원객) : 멀리 떠나온 나그네. 두보 자신을 가리킨다.
* 蓬壺(봉호) : 바다 가운데 있다는 전설 속의 삼신산 중의 하나. 봉래蓬萊라고도 한다.

140. 더위

우레 천둥은 소리만 요란할 뿐
구름 비는 끝내 허무하게 되었네.
찌는 더위에 옷이 땀에 젖고
고개 떨구어져 숨조차 쉬기 어려워
이 몸 찬 수정이 되기를 바라다가
차가운 줄풀로 바뀌기를 바라네.
어찌하면 어린 시절처럼
무우에서 시원한 바람 쐴 수 있을까?

熱

雷霆空霹靂　雲雨竟虛無　炎赫衣流汗　低垂氣不蘇
乞爲寒水玉　願作冷秋菰　何似兒童歲　風涼出舞雩

● **해설**
대력大曆 원년(766)에 기주에서 지은 3수의 연작시 가운데 제1수이다. 앞의 4구는 기주의 숨막히는 더위와 비를 바라는 애타는 마음을 읊고 있고, 뒤의 4구는 더위를 식히고 싶은 간절한 생각을 그리고 있다.

● **주석**
* 炎赫(염혁) : 찌는 듯한 더위.
* 水玉(수옥) : 수정.
* 菰(고) : 줄풀로, 가을에 열매를 맺는다.
* 舞雩(무우) : 옛날 기우제를 지내던 단.

141. 큰노루

영원히 맑은 계곡과 이별하여
식탁의 반찬으로 오르게 되었구나.
신선을 좇아 숨을 재주 없었으니
푸주간에 있는 신세 한탄하지 말지라.
어지러운 세상이라 생명 가벼이 여기니
미미한 명성이 화근이 되었던 것.
의관 차려 입은 자들, 도적과 마찬가지로
게걸스럽게 순식간에 먹어치우겠지.

麂^궤

永與淸溪別 (영여청계별)　蒙將玉饌俱 (몽장옥찬구)　無才逐仙隱 (무재축선은)　不敢恨庖廚 (불감한포주)
亂世輕全物 (란세경전물)　微聲及禍樞 (미성급화추)　衣冠兼盜賊 (의관겸도적)　饕餮用斯須 (도철용사수)

● 해설

대력 원년(766) 무렵에 기주에서 지은 시로, 큰노루의 입을 빌려 환난을 피하지 못하는 시인 자신의 처지를 대변하고 있다. 앞의 4구는 미리 기미를 살펴 화를 피하지 못한 큰노루의 한탄을, 뒤의 4구는 맛을 탐하여 생명을 쉽사리 해치는 세태에 대한 원한을 읊고 있다.

● 주석

* 逐仙隱(축선은) : 갈선옹葛仙翁이 도를 닦아서 신선이 되어 흰 큰노루(白麂)로 변한 고사를 빗대어 말한 것이다.
* 微聲(미성) : 미미한 명성. 고기가 맛있다고 명성이 났다는 말이다.
* 饕餮(도철) : 탐욕스러움.
* 斯須(사수) : 잠깐 사이.

142. 석양의 햇살

석양빛이 무협의 모습을 펼치고
찬 가을날 경물은 반쯤 있는 듯 없는 듯.
어복 땅은 이미 석양빛이 내려가 어둡지만
백염산 외로운 봉우리엔 아직 빛이 남아 있다.
물억새 덮인 언덕은 가을 강물과 같고
송문협은 그림이라도 그려 놓은 듯한데
소떼와 양떼가 목동을 알아보고서
저녁 부르는 소리에 응답을 하누나.

_{반 조}
返照

_{반 조 개 무 협}　_{한 공 반 유 무}　_{이 저 어 복 암}　_{부 진 백 염 고}
返照開巫峽　寒空半有無　已低魚復暗　不盡白鹽孤
_{적 안 여 추 수}　_{송 문 사 화 도}　_{우 양 식 동 복}　_{기 석 응 전 호}
荻岸如秋水　松門似畫圖　牛羊識童僕　旣夕應傳呼

● 해설
이 시는 대력大曆 2년(767) 양서瀼西에서 지은 것이다. 무협 일대의 저녁 풍경이 한 폭의 그림처럼 펼쳐져 있는 목가적인 시이다. 첫 구에서 파제破題하고, 아래 구들은 첫 구를 이어받고 있다.

● 주석
* 巫峽(무협) : 장강 삼협三峽 가운데 하나로, 사천성四川省 무산현巫山縣에서 호북성湖北省 파동현巴東縣까지 걸쳐 있다.
* 魚復(어복) : 봉절현奉節縣으로, 기주에 속해 있다.
* 白鹽(백염) : 백염산白鹽山으로, 역시 기주에 있다.
* 如秋水(여추수) : 가을 강물과 같다. 바람에 억새가 누워 흔들리는 모습이 강물과 같다는 의미이다.
* 松門(송문) : 송문협松門峽으로, 기주에 있다.

* 識童僕(식동복) : 어둠 속에서 목동의 목소리를 듣고 안다는 뜻이다.

143. 배를 대고서 바람이 괴로워 장난삼아 4운을 지어 정판관에게 드리다

초나라 언덕에 북풍 드세어
찬 하늘에 왜가리 울어댑니다.
부풀어 오른 모래는 초목을 뒤덮고
춤추듯 내리는 눈은 강과 호수를 건넙니다.
모자는 바람에 날려 자꾸자꾸 떨어지고
배는 매어두고 날마다 쓸쓸하게 지냅니다.
역 밖으로 이렇게 소식 전하는 것은
주점의 술생각이 나서랍니다.

纜船苦風戲題四韻奉簡鄭十三判官
람 선 고 풍 희 제 사 운 봉 간 정 십 삼 판 관

楚岸朔風疾　天寒鶬鴰呼　漲沙霾草樹　舞雪渡江湖
초 안 삭 풍 질　천 한 창 괄 호　창 사 매 초 수　무 설 도 강 호

吹帽時時落　維舟日日孤　因聲置驛外　爲覓酒家壚
취 모 시 시 락　유 주 일 일 고　인 성 치 역 외　위 멱 주 가 로

● 해설

이 시는 대력 3년(768) 겨울에 악양岳陽에서 지은 것이다. 당시 시인은 가족을 이끌고 여행을 하다 사나운 바람 때문에 배가 묶여, 그곳의 판관인 정범鄭汎에게 편지를 대신해 이 시를 지어 보냈다. 앞 4구는 바람이 몰아치는 경관을, 뒤 4구는 배를 대고 정범에게 시를 쓰는 정황을 읊고 있다.

● 주석

* 鶬鴰(창괄) : 왜가리.
* 置驛(치역) : 말을 바꾸어 타고 소식을 전하는 역. 한대漢代의 정당시鄭當時가 손님을 환대한 일을 빗대어 말한 것이다.

144. 장강과 한수

장강과 한수에서 고향 돌아갈 생각하는 나그네는
하늘과 땅 사이의 한 썩어빠진 서생.
조각구름 떠있는 곳에서 하늘과 함께 멀리 있고
긴 밤에는 달과 더불어 외롭다.
저무는 해에 마음은 더욱 굳세어지고
가을바람에 병도 다 나을 듯.
예로부터 늙은 말 길렀던 것은
먼 길 달릴 수 있는 힘 때문은 아니었네.

<ruby>江漢<rt>강한</rt></ruby>

<ruby>江漢思歸客<rt>강한사귀객</rt></ruby> <ruby>乾坤一腐儒<rt>건곤일부유</rt></ruby> <ruby>片雲天共遠<rt>편운천공원</rt></ruby> <ruby>永夜月同孤<rt>영야월동고</rt></ruby>
<ruby>落日心猶壯<rt>락일심유장</rt></ruby> <ruby>秋風病欲蘇<rt>추풍병욕소</rt></ruby> <ruby>古來存老馬<rt>고래존로마</rt></ruby> <ruby>不必取長途<rt>불필취장도</rt></ruby>

● **해설**

이 시는 대력大曆 4년(769) 가을에 지은 것으로 추정된다. 앞 4구는 자연 경물을 통해 시인의 쓸쓸한 모습을 읊었다. 유구한 대자연과 초라하기 그지없는 시인의 대비가 극적으로 그려지고 있다. 뒤 4구는 다시 한 번 뜻을 펼쳐 보려는 시인의 의지를 서술한 것이다. 의지가 강할수록 시인의 모습은 더욱 쓸쓸해 보인다.

● **주석**

* 取長途(취장도) : 먼 길을 달릴 수 있는 점을 취하다. 이 구의 뜻은 옛날 늙은 말을 버리지 않고 길렀던 것은 힘 때문이 아니라 그 지혜를 높이 샀기 때문이라는 것이다.

145. 땅 모퉁이

강한 일대, 산에 겹겹이 가로막혀
바람과 구름 속, 땅 한 모퉁이에 머무는 신세.
해마다 익숙한 모습 아니고
곳곳마다 곧 궁한 길이로다.
전쟁을 슬퍼한 진 땅의 공자,
비통하고 처량했던 초나라의 대부……
평생의 마음 이미 다 꺾여
가는 길 날마다 황량해진다.

地隅 (지우)

江漢山重阻 (강한산중조)
風雲地一隅 (풍운지일우)
年年非故物 (년년비고물)
處處是窮途 (처처시궁도)
喪亂秦公子 (상란진공자)
悲涼楚大夫 (비량초대부)
平生心已折 (평생심이절)
行路日荒蕪 (행로일황무)

● **해설**
이 시는 앞 시 〈강한江漢〉과 같은 시기에 지은 것이다. 강한 일대를 유랑하며 느낀 좌절감을 노래한 것이다. 앞 4구는 고향으로 가는 길이 겹겹이 가로막혀 나그네로 떠돌고 있는 자취를, 뒤 4구는 시대에 대한 한탄과 상실감을 읊었다.

● **주석**
* 非故物(비고물) : 익숙한 옛모습이 아니다. 해마다 떠돌아다니며 정착하지 못함을 말한다.
* 秦公子(진공자) : 진천秦川에 살았던 공자인 왕찬王粲. 건안시기建安時期의 유명한 시인이다.
* 楚大夫(초대부) : 초나라의 삼려대부三閭大夫인 굴원屈原.

【오율제운五律齊韻】

146. 늦게 문하성을 나서며

낮 시각 알리는 소리 나지막이 들려오고
봄 깃발 가지런히 모여 있다.
조회 물러나와 꽃 아래에서 각자 흩어지고
문하성 돌아오는 길에 버드나무 가에서 헤맨다.
누각의 눈은 녹아 성을 적시고
궁궐의 구름은 대전 가까이 떠있다.
사람을 피해 상소문 불태우고서
말에 오르니 닭이 둥지를 틀려 한다.

晩出左掖

晝刻傳呼淺　春旗簇仗齊　退朝花底散　歸院柳邊迷
樓雪融城濕　宮雲去殿低　避人焚諫草　騎馬欲鷄棲

● 해설
이 시는 건원乾元 원년(758) 봄, 시인이 문하성의 좌습유左拾遺로 있을 때 지은 것이다. '좌액左掖'은 좌성左省, 즉 문하성門下省을 말한다. 앞 2구는 아침 조회 풍경을, 제3, 4구는 조회에서 문하성으로 돌아올 때의 모습을, 제5, 6구는 문하성에서 바라본 경관을, 마지막 2구는 문하성에서 숙소로 돌아올 때의 정황을 각각 읊고 있다.

● 주석
* 晝刻(주각) : 낮에 들려오는 물시계 소리. 낮 시간에는 저녁에 비해 소리가 멀리까지 들리지 않는다.

* 簇(주) : 모여 있다.
* 欲鷄棲(욕계서) : 닭이 둥지를 틀려 하다. 귀가 시간이 늦음을 가리킨다.

147. 진주잡시

쓸쓸한 옛 변새 지방 차갑고
아득한 가을구름 낮게 드리워져 있는데
누런 고니는 깃을 비에 늘어뜨리고
푸른 매는 굶주려 진흙을 쫀다.
계문에서 누가 남진南進하는가?
한나라 장수 홀로 서쪽을 정벌하는데……
어찌 생각이나 했던가, 한갓 서생에 불과한 이 몸의 귀가
늘그막에 전쟁 북소리 실컷 듣게 될 줄을!

진 주 잡 시
秦州雜詩

소소고새랭　　막막추운저　　황혹시수우　　창응기탁니
蕭蕭古塞冷　漠漠秋雲低　黃鵠翅垂雨　蒼鷹饑啄泥
계문수자북　　한장독정서　　불의서생이　　림쇠염고비
薊門誰自北　漢將獨征西　不意書生耳　臨衰厭鼓鼙

● 해설
건원 원년(758) 진주에 살고 있던 시인이 그곳에서 보고 들은 풍물, 전쟁과 나그네 신세에 대한 한탄, 우국의 심정 등을 노래한 연작시인 〈진주잡시〉 20수 가운데 제11수이다. 비를 대하고 전쟁을 한탄하는 내용으로, 앞 4구는 경물을, 뒤 4구는 시대에 대한 감회를 읊고 있다.

● 주석
* 古塞(고새) : 옛 변새. 진주를 가리킨다.
* 薊門(계문) : 계구薊丘라고도 하며, 현재 북경 서쪽 덕승문德勝門 서북쪽 지역에 해당된다. 당시에 사사명史思明의 군대가 주둔하고 있었다.

* 漢將(한장) : 한나라 장수. 여기서는 당나라 장수를 가리킨다. 당시에 토번吐蕃이 당나라 서쪽 지역에서 발호하고 있었다.
* 鼓鼙(고비) : 전쟁할 때 사용하는 북. 전쟁을 가리킨다.

148. 두좌가 산으로 돌아간 후에 부치다

산 저녁 무렵에 누런 구름 모여들어
돌아갈 적 길 잃을까 걱정이구나.
네가 도착할 무렵 계곡물 차가울 터,
컴컴한 숲에 새들도 둥지를 틀겠지.
들에 사는 나그네 작은 초가집
집 둘레 나무들도 나직한데
예부터 이 숙부의 게으른 천성 알고 있을 테니
네 도움으로 함께 은거하며 지내고 싶구나.

좌환산후기
佐還山後寄

산만황운합	귀시공로미	간한인욕도	림흑조응서
山晚黃雲合	歸時恐路迷	澗寒人欲到	林黑鳥應棲
야객모자소	전가수목저	구암소라숙	수여고상휴
野客茅茨小	田家樹木低	舊諳疏懶叔	須汝故相攜

● 해설

건원乾元 2년(759) 가을, 진주秦州에서 지은 작품이다. 이 시는 두좌杜佐에게 지어 준 3수의 연작시 가운데 제1수이다. '환산還山'은 동가곡東柯谷으로 돌아가는 것을 말한다. 두좌는 두보의 조카로, 안사의 난을 피해 진주秦州로 이주하여 동가곡에 은거하고 있었다. 앞 4구는 두좌가 산으로 돌아갈 무렵의 저녁 경치를, 뒤 4구는 두좌와 함께 은거하고 싶은 시인의 심사를 읊고 있다.

● 주석

* 野客(야객) : 들에 사는 나그네. 조카 두좌杜佐를 가리킨다.

* 茅茨(모자) : 초가집.
* 叔(숙) : 두보 자신을 가리킨다.

149. 성곽을 나서며

 서리 이슬은 저녁 들어 처연하고
 높은 하늘은 멀리 바라볼수록 낮아진다.
 멀리 염정 위에는 연기가 피어오르고
 석양은 눈 덮인 봉우리 서쪽에 걸려 있다.
 고향에는 아직도 전쟁중
 타향 또한 전투 북소리.
 오늘 밤 강성에 머무는 나그네,
 우짖는 까마귀와 더불어 돌아온다.

출 곽
出郭

상로만처처	고천축망저	원연염정상	사경설봉서
霜露晚淒淒	高天逐望低	遠烟鹽井上	斜景雪峰西
고국유병마	타향역고비	강성금야객	환여구오제
故國猶兵馬	他鄉亦鼓鼙	江城今夜客	還與舊烏啼

● 해설
상원上元 원년(760) 시인이 초당에 살 때, 성도에 나갔다 외곽에 있는 초당으로 돌아오는 길에 지은 시이다. 앞 4구는 초당으로 돌아오는 길에 본 가을의 경치를, 뒤 4구는 전쟁 때문에 고향에 돌아가지 못하고 나그네 생활을 이어가는 시인의 쓸쓸함을 읊고 있다.

● 주석
* 故國(고국) : 고향. 낙양을 가리킨다.
* 兵馬(병마) : 전쟁을 비유한다.
* 鼓鼙(고비) : 전쟁 때 사용하는 북. 역시 전쟁을 가리킨다.

* 江城(강성) : 성도. 성도에 금강錦江이 흘러들므로 강성이라 하였다.

150. 근심을 풀다

들자니 병주의 진소鎭所에서
병부상서께서 병사를 질서정연하게 훈련시킨다 하니
언제나 계북 지방 평정하여
그날 바로 장안에 승전을 보고할까?
궁궐 그리워하여 붉은 심장 깨어지고
백발로 울며 옷을 적시거늘
나의 혼은 불러들일 수 없으니
돌아가는 길에 오랫동안 헤매게 되리.

散愁

聞道幷州鎭 尚書訓士齊 幾時通薊北 當日報關西
戀闕丹心破 霑衣皓首啼 老魂招不得 歸路恐長迷

● 해설
상원上元 원년(760)에 지은 것으로, 2수의 연작시 가운데 제2수이다. 이 시에는 왕사례王思禮가 반군을 토벌하여 공을 세우기를 바라는 마음이 담겨 있다.

● 주석
* 幷州(병주) : 지금의 산서山西 태원太原이다.
* 尚書(상서) : 왕사례王思禮를 가리키는 것으로, 그는 당시 병부상서兵部尚書 노심절도사潞沁節度使 겸 태원윤太原尹을 맡고 있었다.
* 薊北(계북) : 하북河北 북부는 당시 반군의 본거지였다.
* 關西(관서) : 경사京師를 가리키는 것으로, 동관潼關 함곡函谷의 서쪽에 있었기 때문에 이렇게 부른 것이다.

151. 사람을 두려워하다

철 이른 꽃은 곳곳마다 피어 있고
봄날 새는 이역에서도 지저귄다.
푸른 강물 흘러가는 만리교 위에서
석양이 지는 것을 본 지도 3년이 되었다.
사람 두려워하여 조그마한 집 지으니
편벽된 성질 가진 이가 조용히 살기에 좋다.
문앞 길을 초목이 자라는 대로 내버려둔 것은
말발굽 소리를 기다리는 마음이 없기 때문.

畏人(외인)

早花隨處發 (조화수처발)
春鳥異方啼 (춘조이방제)
萬里淸江上 (만리청강상)
三年落日低 (삼년락일저)
畏人成小築 (외인성소축)
褊性合幽棲 (편성합유서)
門徑從榛草 (문경종진초)
無心待馬蹄 (무심대마제)

●해설
이 시는 보응寶應 원년(762)에 지은 것으로, 당시 두보는 성도成都의 초당에 머물고 있었다. 이 시는 타향살이의 적막함을 토로하고 있다. 경치를 읊은 앞 4구에는 고향에 대한 그리움이 나타나 있고, 감정을 술회한 뒤 4구에서는 세상과 사람을 피하는 마음이 담겨 있다. 즉 두보는 고향에서 만리 떨어진 곳에서 외롭고 위태롭게 3년을 보냈기 때문에, 사람을 꺼리고 속세를 피해 조용히 살고자 하였던 것이다.

●주석
* 小築(소축) : 누추한 초당을 가리킨다.
* 褊(편) : 도량이 좁다. 성질이 급하다.
* 幽棲(유서) : 조용히 살다.
* 榛(진) : 덤불, 잡목.

152. 봄날 재주의 누각에 올라

인생살이 이처럼 힘들구나!
누각에 올라 바라보니 혼미해진다.
몸엔 젊은 기운이 없는데
행적이라고는 타향살이하는 것밖에.
부강은 성곽을 따라 흐르고
봄바람에 북소리가 실려온다.
쌍쌍이 짝지은 새 제비는
예년처럼 벌써 진흙을 물고 있다.

_{춘 일 재 주 등 루}
春日梓州登樓

_{행 로 난 여 차} _{등 루 망 욕 미} _{신 무 각 소 장} _{적 유 단 기 서}
行路難如此　登樓望欲迷　身無却少壯　跡有但羈棲
_{강 수 류 성 곽} _{춘 풍 입 고 비} _{쌍 쌍 신 연 자} _{의 구 이 함 니}
江水流城郭　春風入鼓鼙　雙雙新燕子　依舊已銜泥

● 해설

이 시는 광덕廣德 원년(763) 봄에 지은 것으로, 2수의 연작시 가운데 제1수이다. 타향살이의 감회와 고향에 돌아가는 것이 늦어짐에 대한 안타까움이 드러나 있다. 제1연에서는 '난難'자와 '망望'자로서 시 전체의 시상을 이끌고 있다. 제2연에서는 행로에 대해 이야기함으로써 '난難'자를, 나머지 4구에서는 누각에서 내려다보는 경치를 이야기함으로써 '망望'자를 이어받고 있다. 시인은 누각 밑의 경물, 즉 성곽 밑을 흐르는 강물, 봄바람에 실려오는 북소리, 진흙을 물고 오는 제비 등을 바라보고 있는데(望), 그럴수록 더욱더 고향이 그리워지고 고향으로 돌아가기 어려운(難) 자신의 처지가 슬퍼지는 것이다.

● 주석
* 少壯(소장) : 젊고 혈기가 왕성함. 젊은 시절.
* 羈棲(기서) : 타향살이하다.

* 江(강) : 부강涪江을 가리킨다. 부강은 사천성四川省 송반현松潘縣에서 발원하여 동남으로 흐르는 가릉강嘉陵江 지류로, 재주성梓州城 동쪽을 지난다.
* 鞞(비) : 말 위에서 치는 북.

153. 낭주로부터 처자를 데리고 촉으로 산길을 가다

큰 숲의 나무들 바람 속에 쓰러지고
길을 돌아가니 마음 혼란하다.
옷은 푸른 산기운에 젖고
말은 푸른 풀을 물고서 울어댄다.
돌을 피해 몸 기울여가며 걸려 있는 잔도를 건너가다가
다리가 끊겨 몸을 돌려 건널만한 시내를 찾나니
어느 때에 전쟁이 다하려나?
떠다니고 있음에 늙은 아내에게 부끄럽구나.

自閬州領妻子却赴蜀山行

長林偃風色　廻復意猶迷
衫裏翠微潤　馬銜青草嘶
棧懸斜避石　橋斷却尋溪
何日干戈盡　飄飄愧老妻

● 해설
광덕廣德 2년(764) 봄, 낭주閬州에서 성도成都로 가는 길에 쓴 것이다. 3수의 연작시 가운데 제2수이다. 시제에서 '각부촉却赴蜀'이라고 함으로써 가고 싶지 않으나 가는 심사를 나타내고 있다. 앞 6구는 산행 중 본 것을 묘사하였고, 뒤 2구는 난리를 슬퍼하는 마음을 토로하였다.

● 주석
* 裏(읍) : 향내나 습기가 배다.
* 翠微(취미) : 산빛 또는 산기운을 말한다.

* 銜(함) : 입에 물다.
* 嘶(시) : 말이 울다.
* 棧(잔) : 잔도. 낭주閬州에서 성도成都로 가는 길에 잔도가 없으니, 여기서는 단지 가파른 절벽에 설치한 나무다리를 말한다.
* 飄飄(표표) : 정처없이 떠도는 모습.
* 媿(괴) : 부끄러워하다.

154. 제주로 가는 동생 두영을 전송하며

민령은 남만의 북쪽에 있고
서관은 동해의 서쪽에 있는데
이제 가면 언제나 도착하려나?
널 보내려니 만 줄기 눈물이 흐른다.
나는 이 외진 곳에서 그저 베개를 높이 괴고
맑은 바람결에 명아주 지팡이나 짚을 뿐.
시국 위태로운 때 잠시 서로 만났어도
늙고 쇠한 나는 마음이 혼란스럽기만!

송사제영부제주
送舍弟穎赴齊州

민령남만북　서관동해서　차행하일도　송여만항제
岷嶺南蠻北　徐關東海西　此行何日到　送汝萬行啼
절역유고침　청풍독장려　시위잠상견　쇠백의도미
絕域惟高枕　清風獨杖藜　時危暫相見　衰白意都迷

● 해설
광덕廣德 2년(764) 가을, 성도에서 지은 것으로 3수의 연작시 가운데 제1수이다. 앞 4구는 아우 영潁을 송별하는 광경을 그리고, 뒤 4구는 쓸쓸한 감회를 읊고 있다. 두보는 아우가 가는 길이 멀어 언제 도착할지 알 수 없어서 흐르는 눈물을 주체하지 못한다. 그리고 시국이 위태롭고 자신은 늙고 쇠약해 아우를 다시 만날 것을 기약하기 어려워 슬퍼하고 있다.

• **주석**
* 岷嶺(민령) : 성도成都 서북쪽으로 여기서는 두보 자신이 있는 곳을 대칭한다.
* 南蠻(남만) : 성도 남쪽에 있으며 남조국南詔國을 가리킨다.
* 徐關(서관) 구 : 서관은 제齊로 들어가는 관문으로, 여기서는 두영杜穎이 가려는 곳을 대칭한다.
* 高枕(고침) : 베개를 높이 하고 자다.
* 藜(여) : 명아주. 줄기로 지팡이를 만든다.

155. 늦가을에 엄정공을 모시고 마하지에서 뱃놀이하며

급류가 세차게 흘러가니 바람결에 술이 깨고
배타고 돌아오는데 방죽에선 안개가 인다.
높은 성에도 가을이 와 나뭇잎 절로 지고
우거진 수풀 속에서 저녁 무렵 길을 잃는다.
배에 닿자 원앙은 놀라 날아오르고
둥지가 기울어 비취새는 낮게 난다.
백로를 놀라게 할 필요 없으니
나와 푸른 시내에서 더불어 밤 지샐 것이라네.

晚秋陪嚴鄭公摩訶池泛舟

湍駛風醒酒　船回霧起隄　高城秋自落　雜樹晚相迷
坐觸鴛鴦起　巢傾翡翠低　莫須驚白鷺　爲伴宿青溪

• **해설**
이 시는 광덕廣德 2년(764) 가을에 지은 것으로, 이때 두보는 엄무嚴武의 막부에 있었다. 수련에서는 배를 띄운 것을, 함련에서는 늦가을 풍경을, 경련에서는 못에서 본 것을, 미련에서는 못에서 느낀 감회를 쓰고 있다. 마하지摩訶池는 장의張儀의 자성子城 안에 있는 것으로 수隋 촉왕蜀王 수秀가 자성을 넓게 축조하기 위하여 흙을 팠기 때문에 이 못이 생겨났다. 마하지라는 명칭은 호승胡僧이 이곳을 지나면서 '마하궁비라摩訶宮毗羅'라 한 데서 유래하였다. 마하摩訶는 큰 궁궐이란 뜻이고, 비라毗羅는 용龍을 뜻하는 것으로 이 못이 용이 살만큼 큰 곳이라는 뜻이다.

● 주석
* 湍(단) : 여울, 급류.
* 駛(사) : 달리다.
* 靑溪(청계) : 완화계浣花溪를 가리킨다.

156. 자규

골짜기 안의 운안현,
강 누각의 날 듯한 처마는 가지런한데
양변의 나무들 모인 곳에서
종일토록 자규가 운다.
그 작은 모습 봄바람 속에 보이고
나뭇잎 소리 밤빛에 처량하여라.
나그네 수심에 어찌 들으랴만
일부러 사람 가까이서 낮은 소리 내는구나.

子規 (자규)

峽裏雲安縣 (협리운안현)   江樓翼瓦齊 (강루익와제)   雨邊山木合 (량변산목합)   終日子規啼 (종일자규제)
眇眇春風見 (묘묘춘풍현)   蕭蕭夜色淒 (소소야색처)   客愁那聽此 (객수나청차)   故作傍人低 (고작방인저)

● 해설

이 시는 대력大曆 원년(766) 봄, 운안雲安에 있을 때 지은 것이다. 자규子規는 두견새이다. 사람들은 그 우는 소리가 '돌아감만 못하다(不如歸去)'와 비슷하다 여겼다. 봄바람 불고 밤빛은 처량한 때에 자규가 낮게 울어대니 두보는 나그네의 수심을 감당하지 못하고 있다.

● 주석

* 翼瓦(익와) : 처마가 새 날개를 활짝 편 것처럼 날아갈 것 같은 모양임을 뜻한다.
* 眇眇(묘묘) : 대단히 작은 모양이나 먼 모양으로, 여기서는 자규의 모습을 말한다.

157. 거처를 정하다

요동의 학이 고향 돌아간 것을 부러워하며
초의 집규처럼 고향 가고 싶은 마음 읊조려본다.
푸른 바다에 가려는 뜻 이루지 못하고
산을 찾아 머물 곳을 정하였나니
구름 낀 산봉우리는 강 북쪽이 넓고 평평하여
봄갈이 위해 양서에서 흙을 판다.
복숭아꽃 붉을 적에 객이 온다면
옛사람들 길 잃었던 것과 정녕 같으리.

卜居
복 거

歸羨遼東鶴 吟同楚執珪 未成遊碧海 著處覓丹梯
귀선료동학   음동초집규   미성유벽해   착처멱단제
雲嶂寬江北 春耕破瀼西 桃紅客若至 定似昔人迷
운장관강북   춘경파양서   도홍객약지   정사석인미

● 해설

대력大曆 2년(767) 봄에 적갑赤甲에서 양서瀼西로 거처를 옮기고자 했을 때 지은 시이다. 앞 4구는 정령위丁令威와 장석莊舃을 자신에 비유하여 고향 생각하는 마음을 표현하였고, 뒤 4구는 양서에서 거처를 정하여 세상을 떠나 살고 싶은 마음을 은근히 드러내었다.

● 주석
* 遼東鶴(요동학) : 한漢 요동遼東 사람인 정령위丁令威가 고향을 떠나 신선술을 배운 뒤, 천년 후에 학이 되어 다시 고향에 돌아왔다는 고사에서 유래된 것으로 고향에 다시 돌아간 사람을 가리킨다.
* 楚執珪(초집규) : 장석莊舃은 본래 월越 사람인데, 초楚에서 벼슬을 하여 작위가 규珪를 잡는 데까지 이르렀다. 그러나 병이 들자 월나라 노래를 읊조렸다는 고사가 있다.
* 丹梯(단제) : 여기서는 산을 가리킨다.
* 嶂(장) : 산봉우리.
* 江北(강북) : 여기서는 장강 북안에 있는 양서瀼西를 가리키는데, 양서는 땅이 넓고 평평하여 경작하기에 좋다.
* 破(파) : 파토破土. 농사짓기 위해 땅을 갈고 씨를 뿌리는 것을 말한다.
* 昔人(석인) : 도화원을 찾은 어부를 뜻한다. 유신劉晨과 완조阮肇를 가리킨다는 설도 있다. 이 두 사람은 절강浙江 섬현剡縣 사람으로, 동한東漢 영평永平 연간에 천태산天台山에 약초를 캐러 갔다가 길을 잃었다. 여기서는 두보 자신을 비유한 것이다.

158. 백로

하얀 이슬이 감귤나무에 방울져 있어
이른 새벽에 이리저리 말을 타고 가고
과수원엔 산애山崖에 연이은 나무들 펼쳐져 있어
배를 타고 장강으로 흘러드는 시내를 건넌다.
안궤案几에 기대어 물고기 노니는 것을 보다가
말에 채찍질하여 돌아오니 새들이 황급히 둥지에 깃든다.
가을 과실의 맛을 점차 알아

깊숙한 길에 샛길 많음이 걱정된다.

白露
^{백로}

白露團甘子　清晨散馬蹄　圃開連石樹　船渡入江溪
^{백로단감자}　^{청신산마제}　^{포개련석수}　^{선도입강계}

憑几看魚樂　回鞭急鳥棲　漸知秋實美　幽徑恐多蹊
^{빙궤간어락}　^{회편급조서}　^{점지추실미}　^{유경공다혜}

● 해설

이 시는 대력大曆 2년(767) 가을, 기주夔州 양서瀼西에서 지은 것이다. 맑게 갠 아침 두보는 말을 타고 문을 나섰다가 배를 타고 양계瀼溪를 건너 과수원을 둘러보고서 저녁 무렵 집으로 돌아간다. 따라서 앞 4구에서는 양서에서 과수원으로 가는 길의 경치를 묘사하였고, 뒤 4구에서는 과수원에서 양서로 돌아오는 저녁 무렵의 경치를 묘사하였다.

● 주석

* 蹄(제) : 발굽.
* 幽徑(유경) 구 : '蹊蹊'는 좁은 길이다. 과수원 옆에 샛길이 많아서 과일을 훔치러 올까 걱정이 된다는 말이니, 익살스러운 표현이다.

159. 머슴아이에게 일을 시켜서 북쪽 과수원의 가지와 덩굴을 다듬고 더러운 것을 다 치우고 나서 침상을 옮기다

뭇 골짜기에 추위가 일찍 찾아오고
길게 이어진 숲에 운무가 가지런히 말려 오르는데
푸른 벌레는 해가 있는 쪽 나무에 걸려 있고
붉은 과일은 떨어져 진흙 속에 묻혀 있다.
풍속이 박정한 곳이라 사람을 피하고
몸을 보전하기 위해 마제편을 배우나니

시를 읊조리다 거듭 머리 돌려 바라보며
갈건 찌그러지는 대로 내버려둔다.

<ruby>課<rt>과</rt></ruby><ruby>小<rt>소</rt></ruby><ruby>豎<rt>수</rt></ruby><ruby>鉏<rt>서</rt></ruby><ruby>斫<rt>작</rt></ruby><ruby>舍<rt>사</rt></ruby><ruby>北<rt>북</rt></ruby><ruby>果<rt>과</rt></ruby><ruby>林<rt>림</rt></ruby><ruby>枝<rt>지</rt></ruby><ruby>蔓<rt>만</rt></ruby><ruby>荒<rt>황</rt></ruby><ruby>穢<rt>예</rt></ruby><ruby>淨<rt>정</rt></ruby><ruby>訖<rt>흘</rt></ruby><ruby>移<rt>이</rt></ruby><ruby>床<rt>상</rt></ruby>

課小豎鉏斫舍北果林枝蔓荒穢淨訖移床
衆壑生寒早　長林卷霧齊　青蟲懸就日　朱果落封泥
薄俗防人面　全身學馬蹄　吟詩重回首　隨意葛巾低

● **해설**

대력大曆 2년(767) 가을, 양서에서 지은 시이다. 3수의 연작시 가운데 제1수이다. 이 시는 집 북쪽 과수원의 아침 경치와, 사람을 피하고 세속과 떨어져 살려는 시인의 마음을 표현하였다.

● **주석**
* 小豎(소수) : 두보 집에 있는 어린 하인을 가리킨다.
* 馬蹄(마제) : 《장자莊子》의 편명. 이 구는 《장자》의 정신을 배워 몸을 보전하고 해를 피하고자 하는 뜻이다.

160. 양서 초가집에서 동둔의 초가집으로 이주하고서

동둔에서나 양서에서나
똑같이 맑은 시냇가에 살게 되었네.
오나가나 모두 초가집이지만
여기 머무는 것은 벼 거둘 논 때문이라네.
저자는 시끄러워 이익 가까이하는 데는 적합하겠지만
숲마저 외진 이곳에는 작은 길조차 없다네.
노쇠한 늙은이를 찾아와 말이라도 나누자면
손이 길을 헤매게 되는 경우가 분명 많을 테지.

자 양 서 형 비 차 이 거 동 둔 모 옥
自瀼西荊扉且移居東屯茅屋

동둔부양서	일종주청계	래왕개모옥	엄류위도휴
東屯復瀼西	一種住淸溪	來往皆茅屋	淹留爲稻畦
시훤의근리	림벽차무혜	약방쇠옹어	수령잉객미
市喧宜近利	林僻此無蹊	若訪衰翁語	須令賸客迷

- **해설**

대력大曆 2년(767) 가을, 두보가 양서瀼西에서 동둔東屯으로 옮겼을 때 쓴 시이다. 4수의 연작시 가운데 제2수이다. 앞 4구에서는 동둔으로 거처를 옮긴 이유를 쓰고 있고, 뒤 4구에서는 동둔 땅이 외져서 좋다는 것을 쓰고 있다. 두 곳에 있는 집이 모두 맑은 물가를 끼고 있는 초가집이라는 점은 같지만 벼를 수확하고 번잡스러움을 피할 수 있어서 동둔으로 옮겼다고, 두보는 시 속에서 밝히고 있다.

- **주석**
* 東屯(동둔) : 지명. 백제성白帝城에서 5리 정도 떨어져 있다.
* 一種(일종) : 똑같이.
* 淹留(엄류) : 오래 머무르다.
* 市喧(시훤) : 양서瀼西의 번잡스러움을 가리킨다.
* 林僻(임벽) : 동둔東屯이 외져서 조용함을 가리킨다.
* 賸(잉) : 많다.

161. 맹창조가 새로 빚은 술과 장을 가지고 와서, 두 물건을 그릇 가득 채워 노인네에게 주다

그대께서 가을날 나막신 신고 초 땅의 강 언덕에 오셨을 때
나는 호상에 앉아 석양녘 밭두둑을 대하고 있었지.
술 거르는 기구로 술과 찌꺼기를 분리하였고
항아리의 장은 들고 오느라 흘러내렸지.
현미밥은 향기와 맛을 더하고

친구가 와서 취하면 몸을 가누지 못하겠지.
삶을 영위하면서 어떻게 세속 생활 벗어날 수 있겠는가?
아내에게 술과 장 만드는 방법이나 가르쳐 주어야겠네.

孟倉曹步趾領新酒醬二物滿器見遺老夫

楚岸通秋屐　胡床面夕畦　藉糟分汁滓　甕醬落提携
飯糲添香味　朋來有醉泥　理生那免俗　方法報山妻

● 해설
이 시는 대력大曆 2년(767) 가을에 지은 것이다. 두보는 맹창조孟倉曹가 새로 빚은 술과 장을 가지고 친히 집을 방문하자, 그 정성에 감동하여 이 시를 지어 감사를 표시했다. 맹창조는 두보가 당시 새로 사귄 사람이다. 창조는 창조참군倉曹參軍을 말한다. '보지步趾'는 '보행步行'의 뜻이다.

● 주석
* 屐(극) : 나막신.
* 胡床(호상) : 간이용 자리.
* 藉(적) : 여기서는 술 거르는 기구를 말한다.
* 糟(조) : 지게미. 술을 거르고 남은 찌끼.
* 汁滓(즙재) : 즙과 찌끼.
* 糲(여) : 현미. 매조미쌀.

권2 卷二

五律灰韻
오율회운・五律眞韻
오율진운・五律文韻
오율문운

五律元韻
오율원운・五律寒韻
오율한운・五律刪韻
오율산운

【오율회운五律灰韻】

162. 용문에서

용문산은 들을 비끼어 끊어지고
용문역 나무들 성으로부터 나온다.
기상이 황도와 가까워
금빛 은빛으로 절이 열려 있다.
가고 옴에 때 자주 바뀌어도
내와 뭍은 늘상 유유하구나.
여로 위를 살펴보니
생애에 몇 번을 다하랴.

_{룡 문}
龍門

_{룡 문 횡 야 단}　　_{역 수 출 성 래}　　_{기 색 황 거 근}　　_{금 은 불 사 개}
龍門橫野斷　　驛樹出城來　　氣色皇居近　　金銀佛寺開
_{왕 환 시 루 개}　　_{천 륙 일 유 재}　　_{상 열 정 도 상}　　_{생 애 진 기 회}
往還時屢改　　川陸日悠哉　　相閱征途上　　生涯盡幾回

● 해설
천보天寶 원년(742) 용문산龍門山에서 유람할 때 지은 작품이다. 용문산은 낙양洛陽 남쪽에 있는데, 이하伊河를 사이에 두고서 향산과 더불어 문처럼 생겼다. 이 작품에는 용문산의 웅대한 기상을 묘사하여 우주의 영원함과 인생의 짧음에 대한 감개를 읊었다.

● 주석
* 橫野斷(횡야단) : 들을 가로질러 놓여있는 용문산이 협곡으로 단절된 모양을 표현한 것.
* 驛樹(역수) : 용문역의 길에 심어져 있는 나무.

* 氣色(기색) : 기운과 빛. 기상. 제왕의 서기를 가리킨다.
* 金銀(금은) : 절의 휘황찬란한 모습을 형용한 말.
* 盡幾回(진기회) : 이곳을 왕래하는 것을 몇 번이나 할 수 있겠느냐는 말. 후일을 기약하기 어렵다는 말.

163. 이감의 저택에서

화려한 저택에 봄바람 일어
높은 성에 안개 걷힌다.
꽃들은 문마다 비치고
예쁜 제비 주렴을 드나든다.
한 번 만남에 좌중을 경도하시니
마음을 비워 다만 재주를 사랑하심 때문이라.
소금 수레가 천리마를 묶어두고 있지만
그 이름은 본시 한나라 조정에서 온 것 아닌가?

리 감 택
李監宅

화관춘풍기   고성연무개   잡화분호영   교연입렴회
華館春風起   高城煙霧開   雜花分戶映   嬌燕入簾回
일견능경좌   허회지애재   염거수반기   명시한정래
一見能傾座   虛懷只愛才   鹽車雖絆驥   名是漢庭來

• 해설

천보天寶 초년初年에 지어진 작품이다. 이감李監은 이영문李令問으로서, 당종실唐宗室의 자제이다. 일찍이 비서감을 역임하였기 때문에 이감으로 불렸다. 이 작품에는 이감의 저택에서 머물면서 보았던 모습들과 재능을 지녔으면서도 하위직에 머물러 있는 이감에 대한 애석함이 드러나 있다. 2수의 연작시 가운데 제2수이다.

● 주석

* 華館(화관) : 화려한 저택.
* 分戶映(분호영) : 문마다 비친다는 뜻.
* 入簾回(입렴회) : 주렴 안에 들어왔다가 다시 나가다.
* 傾座(경좌) : 좌중을 경도하다.
* 虛懷(허회) : 허심탄회하다.

164. 정광문을 모시고 하장군의 산림에서 노닐다

남은 물은 푸른 강을 쪼개어 들였고
쇠잔한 산은 갈석같이 열렸다.
푸르게 쳐진 것은 바람에 꺾인 죽순이요
붉게 터진 것은 비에 살진 매실이다.
은갑으로 쟁을 타고
금어로 술을 바꾸어 온다.
흥이 옮겨가매 물 뿌리고 쓸 것도 없이
마음 내키는 대로 이끼 위에 앉는다.

^{배 정 광 문 유 하 장 군 산 림}
陪鄭廣文遊何將軍山林

^{잉 수 창 강 파}　　^{잔 산 갈 석 개}　　^{록 수 풍 절 순}　　^{홍 탄 우 비 매}
剩水滄江破　　殘山碣石開　　綠垂風折笋　　紅綻雨肥梅
^{은 갑 탄 쟁 용}　　^{금 어 환 주 래}　　^{흥 이 무 쇄 소}　　^{수 의 좌 매 태}
銀甲彈箏用　　金魚換酒來　　興移無灑掃　　隨意坐莓苔

● 해설

천보天寶 12년(753)에 광문관박사 정건鄭虔과 함께 하장군의 원림園林에서 노닐면서 본 경치를 묘사하였다. 하장군이 구체적으로 누구인지에 대해서는 자세한 기록이 없다. 10수의 연작시 가운데 제5수이다.

● 주석
* 剩水(잉수) : 남은 물. 하장군 산림에 있는 호수의 물을 지칭한 것.
* 殘山(잔산) : 쇠잔한 산. 호수 속의 가산假山을 지칭한 것.
* 碣石(갈석) : 우뚝 솟은 돌.
* 銀甲(은갑) : '갑甲'은 현악기를 연주할 때 손가락에 끼고 사용하는 도구로서 곧 은으로 만든 깍지를 의미한다.
* 金魚(금어) : 황금 어부魚符. 또는 황금 어대魚袋. '어부'는 물고기 모양의 신부로서, 관원의 신분에 따라 달리 착용하는 패물이다. 그리고 그것을 담은 주머니를 '어대'라고 하는데, 신분에 따라서 금, 은 등의 장식을 하였다.
* 興移(흥이) : 흥취가 다른 쪽으로 바뀌다.
* 灑掃(쇄소) : 물을 뿌리고 청소하다.

165. 서울에서 몰래 봉상에 이르러서 행재소에 다다른 것을 기뻐하다

서쪽으로 기산 남쪽의 소식을 그리워했지만
끝내 돌아오는 사람 없었다.
눈이 뚫어져라 지는 해를 바라보다가
마음이 죽어 찬 재를 붙인 듯.
무성한 나무 길 가는 나를 끌어 주고
연이은 산 바라보니 홀연히 열렸다.
친한 이들이 늙고 수척한 모습에 놀라며
반군 속에서 오느라 고생했다고 한다.

자경찬지봉상희달행재소
自京竄至鳳翔喜達行在所

서억기양신　　무인수각회　　안천당락일　　심사착한회
西憶岐陽信　　無人遂却回　　眼穿當落日　　心死著寒灰
무수행상인　　련산망홀개　　소친경로수　　신고적중래
茂樹行相引　　連山望忽開　　所親驚老瘦　　辛苦賊中來

● 해설

지덕至德 2년(757) 2월에 숙종이 팽원彭原에서 봉상鳳翔으로 옮겨 오고, 그 해 4월에 두보는 생명의 위험을 무릅쓰고 장안長安에서 탈출하여 봉상에 도착하였다. 이 시는 봉상에 도착한 뒤에 지은 작품이다. 3수의 연작시 가운데 제1수이다.

● 주석

* 岐陽(기양) : 봉상을 말한다. 봉상이 기산의 남쪽에 있기 때문이다.
* 却回(각회) : 돌아오다. 이 구는 봉상에서 장안으로 돌아오는 사람이 없다는 뜻.
* 著寒灰(착한회) : 마음이 활기를 잃어 차가운 재처럼 되었다는 뜻.
* 行相引(행상인) : 길을 갈 때에 끌어주다. 나무가 두보의 갈 길을 인도해 준다는 뜻.
* 望忽開(망홀개) : 바라보니 홀연히 산이 열리다. 멀리 연이은 산 사이로 홀연히 길이 보이는 것을 뜻한다. 이 구를 봉상현에 거의 다다랐을 때의 경물 묘사로 보기도 하고, 도중의 경물 묘사로 보기도 한다.
* 辛苦(신고) 구 : 친지들이 두보의 모습에 놀라며 위로한 말이다. 그러나 친지들이 놀란 것에 대해 두보가 해명한 말로 볼 수도 있다.

166. 한림의 장사마가 비문을 새기려 남해로 떠남을 전송하다

갓과 면류관 쓰고 남쪽 끝으로 가나니
문장은 상대에서 내려졌다네.
그대의 조서는 삼전에서 나가고
비문은 백만에 이르러 새기어지는구나.
들판의 여관에는 농염한 꽃이 피고
봄 돛배에는 가는 비 내리리라.
모르겠네, 창해로 떠난 사신을
하늘이 언제 돌아오게 하실 줄은!

送翰林張司馬南海勒碑
_{송 한림 장 사 마 남 해 륵 비}

冠冕通南極　文章落上台　詔從三殿去　碑到百蠻開
_{관면통남극　문장락상대　조종삼전거　비도백만개}

野館濃花發　春帆細雨來　不知滄海使　天遣幾時廻
_{야관농화발　춘범세우래　부지창해사　천견기시회}

● **해설**

이 시는 건원乾元 원년(758) 봄, 좌습유左拾遺로 있으면서 지은 작품이다. 한림翰林 장사마張司馬는 사적이 자세하지 않지만, 전각에 뛰어난 사람이었을 가능성이 높다. 남해南海는 군郡 이름으로 영남도嶺南道에 속한다. 이 작품에는 장사마의 뱃길이 편하고 빨리 돌아오기를 희망하는 내용이 담겨 있다. 원주에는 '재상께서 비문을 지었다(相國制文)'라고 하였다.

● **주석**

* 冠冕(관면) : 갓과 면류관. 여기에서는 장사마를 지칭한다.
* 上台(상대) : 삼공三公과 재보宰補를 두루 가리킨다. 원주原註의 문文은 곧 비문碑文이다. 이 구절은 장사마가 새길 비문의 글을 상대에서 써서 내려줬다는 말이다.
* 三殿(삼전) : 당唐 대명궁大明宮의 인덕전麟德殿을 가리킨다. 한림원은 이 전각의 서상西廂 뒤에 있다. 이 구절은 임금께서 명을 내려 남해로 가게 했다는 말이다.
* 百蠻(백만) : 중국 서남부의 소수민족, 또는 그들이 사는 지역.
* 開(개) : 열리다. 장사마가 남해에 이르러 석비에 문장이 새겨지는 것을 뜻한다.

167. 진주잡시

황하의 근원을 찾던 한나라 사신이
하늘로부터 이 길로 돌아왔다던데,
견우는 이곳에서 얼마나 될 것인가
대원마는 지금까지 오고 있는데.

길 막힌 유주와 연주를 바라보나니
어느 때나 군국의 길이 열리랴!
동쪽 전쟁터로 젊은이들 모두 가버리고
오랑캐 피리 소리만 저물녘 슬프게 들린다.

진주잡시
秦州雜詩

문도심원사	종천차로회	견우거기허	원마지금래
聞道尋源使	從天此路迴	牽牛去幾許	宛馬至今來
일망유연격	하시군국개	동정건아진	강적모취애
一望幽燕隔	何時郡國開	東征健兒盡	羌笛暮吹哀

● 해설

이 시는 건원乾元 2년(759) 진주秦州에서 지은 작품이다. 중앙으로부터 멀리 떨어진 진주의 풍경에 대한 묘사와, 전쟁이 어서 끝나기를 바라는 두보의 심정이 담겨 있다. 20수의 연작시 가운데 제8수이다.

● 주석

* 聞道(문도) : 소문을 듣다.
* 尋源使(심원시) : 여기서는 장건張騫을 가리킴. 한무제漢武帝 때 장건에게 황하의 근원을 찾게 하였는데, 장건은 뗏목을 타고 황하의 근원을 찾았다.
* 牽牛(견우) 구 : 《형초세시기荊楚歲時記》에 의하면 장건이 뗏목을 타고 서쪽으로 가다가 한 곳에 이르러 보니 한 여인이 베를 짜고 있고, 한 남자가 황하 가에서 소에게 물을 먹이고 있는 모습을 보았다고 한다.
* 宛馬(원마) : 대원국大宛國의 명마名馬.
* 幽燕(유연) : 유주幽州와 연주燕州. 여기서는 반군이 있는 동북쪽을 가리킨다.
* 東征(동정) : 동쪽으로 전쟁을 하러 가다.

168. 매우가 내려

성도 서포의 길,
4월 황매가 무르익어간다.
맑게 금강은 흘러가고
어둑어둑 가랑비가 온다.
엉성한 초가지붕은 쉬 비에 젖는데
빽빽한 안개는 걷힐 줄 모른다.
종일 교룡이 기뻐하는지
소용돌이가 강 언덕을 따라 감돈다.

梅雨^{매 우}

南京犀浦道 四月熟黃梅 湛湛長江去 冥冥細雨來
茅茨疎易濕 雲霧密難開 竟日蛟龍喜 盤渦與岸廻

● 해설
이 시는 상원上元 원년(760) 초여름, 초당草堂에서 지은 작품이다. 매우梅雨는 황매우黃梅雨라고도 한다. 초여름 강회江淮 유역에 며칠씩 비가 내려 매실을 누렇게 익히는 비라고 보기 때문이었다. 이 작품에서는 매우가 내리는 시절의 경치를 묘사하고 있다.

● 주석
* 南京(남경) : 성도成都를 가리킨다.
* 犀浦(서포) : 성도부에 속한 현 이름.
* 湛湛(담담) : 맑은 모습.
* 長江(장강) : 여기서는 성도를 흐르는 금강을 가리킨다.
* 茅茨(모자) : 초가집 지붕.
* 盤渦(반와) : 소용돌이.

169. 구름 낀 산

낙양은 아득한 구름 밖에 있어
소식은 적막하여 오지 않는다.
마음은 옛 시인과 사귐을 나누고
힘은 망향대에서 쇠진하누나!
병들어 누운 강변
저물어 친구들은 되돌아가고,
갈매기는 본래 물가에서 자는 것인데
무슨 일로 저리 애달파 하는 것인가?

雲山(운산)

京洛雲山外 (경락운산외)
音書靜不來 (음서정불래)
神交作賦客 (신교작부객)
力盡望鄉臺 (력진망향대)
衰疾江邊臥 (쇠질강변와)
親朋日暮迴 (친붕일모회)
白鷗元水宿 (백구원수숙)
何事有餘哀 (하사유여애)

● **해설**

이 시는 상원上元 원년(760) 초당에서 지은 작품이다. 이 작품은 고향인 낙양洛陽을 그리워하며 지은 시이다. 고향을 바라봐도 보이지 않고, 그저 보이는 것은 아득히 구름 낀 산이기 때문에 이것으로써 제목을 삼았다.

● **주석**

* 京洛(경락) : 동경東京인 낙양洛陽을 가리킨다.
* 神(신) : 정신. 마음.
* 賦客(부객) : 한대漢代에 부賦로 유명했던 사마상여司馬相如를 가리킨다.
* 江邊(강변) : 금강錦江의 물줄기가 지나는 초당草堂 부근을 가리킨다.

170. 시름을 달래다

쑥대로 문을 만들어 졸박하게 사는 삶,
막막한 심정 어딜 향해 펴리오?
강은 신녀묘로 통하건만
땅은 망향대에서 막혔어라.
늙어 가는 얼굴 안타까운데
동생들은 올 길이 없네.
전쟁이나 사람 사는 일이나
고개를 돌리면 슬픔만 가득하누나.

^{견 수}
遣愁

^{양졸봉위호} ^{망망하소개} ^{강통신녀관} ^{지격망향대}
養拙蓬爲戶　茫茫何所開　江通神女館　地隔望鄕臺
^{점석용안로} ^{무유제매래} ^{병과여인사} ^{회수일비애}
漸惜容顔老　無由弟妹來　兵戈與人事　回首一悲哀

● **해설**
이 시는 성도成都의 초당草堂에서 살 때 지은 작품이다. 이 시에는 고향으로 돌아가고자 하나 그럴 수 없는 서글픈 심정을 옮겨 놓았다.

● **주석**
* 養拙(양졸) : 졸박함을 기르다. 은거하여 살다.
* 蓬爲戶(봉위호) : 쑥으로 문을 만들다. 가난한 집을 가리킨다.
* 茫茫(망망) : 아득한 상태. 막막한 상태.
* 神女館(신녀관) : 신녀神女를 모신 사당. 당시 무산현巫山縣에 있었다.

171. 들에서 바라보다가 이에 상소선에게 들르다

말고삐를 나란히 하여 다리를 건너니
가을 경치 갈수록 흥이 나누나.
대나무는 청성을 가득 덮고
강은 관구산에서 흘러오네.
나무꾼의 길을 따라 마을로 들어서니
주인은 밤을 깎아 맛보게 하누나.
높은 하늘 해는 다 저물어 가는데
은자는 날 보내려 하지 않네.

야 망 인 과 상 소 선
野望因過常少仙

야 교 제 도 마   추 망 전 유 재   죽 복 청 성 합   강 종 관 구 래
野橋齊度馬   秋望轉悠哉   竹覆靑城合   江從灌口來
입 촌 초 경 인   상 과 률 추 개   락 진 고 천 일   유 인 미 견 회
入村樵徑引   嘗果栗皺開   落盡高天日   幽人未遣回

● 해설

이 시는 상원上元 2년(761) 가을, 청성靑城(사천성四川省 관현灌縣)에서 지은 작품이다. 청성은 관현의 서남쪽 30리에 있는데, 높은 봉우리와 고목으로 풍경이 맑고 그윽하다. 당시 두보는 청성에서 나와 들판을 바라보다가 아름다운 경치를 발견하자 곧장 상소선常少仙을 방문하였던 것이다. 상소선은 성이 상씨常氏로서 당시 청성산靑城山에 살던 은자였다.

● 주석

* 齊度馬(제도마) : 말고삐를 나란히하여 강을 건너다.
* 秋望(추망) : 가을 경치를 바라보다.
* 靑城(청성) : 지금의 사천四川 관현灌縣 지역.
* 灌口(관구) : 관현 서북쪽에 있는 관구산灌口山.
* 栗皺(율추) : 밤송이. 송기宋祁의 《익부만물찬益部萬物贊》에 청성靑城의 산에는

'천사률天師栗'이라는 맛있는 밤이 많이 난다는 기록이 있다.
* 幽人(유인) : 은자隱者. 여기서는 상소선常少仙을 가리킨다.

172. 이백을 만나지 못하여

　오랫동안 이생을 만나지 못했거니
　미친 체하는 모습 실로 애처로웠지.
　세상 사람들 모두 그를 죽이려 하나
　나는 그의 재주를 각별히 좋아했었네.
　문사가 민첩하여 1천수의 시를 써냈건만
　신세는 영락하여 한잔 술로 시름을 달랬지.
　광산은 옛 독서하던 곳이니
　백발 되어 돌아옴이 마땅치 않겠는가!

不見
　　　　　　　　　　　　　　　　　　　　　불견

不見李生久　佯狂眞可哀　世人皆欲殺　吾意獨憐才
불견리생구　양광진가애　세인개욕살　오의독련재
敏捷詩千首　飄零酒一杯　匡山讀書處　頭白好歸來
민첩시천수　표령주일배　광산독서처　두백호귀래

● 해설
이 시는 상원上元 2년(761)에 지은 작품이다. 이 작품은 두보가 이백李白을 그리워한 최후의 시로서, 다음해에 이백이 사망하였다. 원주原註에 '근래 이백의 소식을 듣지 못하였다(近無李白消息)'라고 적었다.

● 주석
* 佯狂(양광) : 미친 체하다. 이백이 자신의 회재불우懷才不遇의 심사를 달래기 위해 술을 마시고 방종함을 말한다.
* 世人(세인) 구 : 이백이 영왕永王 이린李璘의 일에 연루되어 옥에 갇히게 된 일을 가리킨다.

* 飄零(표령) : 영락하다.
* 匡山(광산) : 사천四川 팽명彰明 부근에 있는 산. 이백이 젊은 시절에 이곳에서 공부를 하였다.

173. 서소윤이 들르다

외딴 마을 더욱 외지는 저물녘,
몇 마리 말이 찾아들었네.
새로운 사귐 단지 기쁜데
후한 예물로 재주 없는 사람 부끄럽네.
고요함을 맛보느라 구름 낀 대나무 사랑하고
돌아갈 것 잊고 월대를 거니시네.
어느 때 꽃을 보러 오실런지?
강변의 매화 꽃망울 곧 터지려는데.

徐九少尹見過

晚景孤村僻　行軍數騎來　交新徒有喜　禮厚愧無才
賞靜憐雲竹　忘歸步月臺　何當看花蕊　欲發照江梅

● 해설

이 시는 상원上元 2년(761) 겨울, 성도成都의 초당草堂에서 지은 작품이다. 당시 성도 소윤少尹을 지내던 서徐 아무개가 선물을 갖추고 두보를 찾아왔기에 두보는 이 시를 써서 감사를 표하였다.

● 주석

* 行軍(행군) : 당시 성도成都 소윤少尹이었던 서 아무개가 절제병마節制兵馬를 겸하고 있었으므로 '행군行軍'으로 칭한 것이다.
* 交新(교신) : 새로 사귀다.

* 月臺(월대) : 달을 감상하기 좋은, 평지보다 비교적 높은 지역을 가리킨다.

174. 배를 띄우고

손님을 창계현까지 전송하노라니
추운 산에 비가 계속 내린다.
말 미끄러질까 두려워
배를 내어 돌아온다.
푸른 산봉우리들 아쉽게 지나가는데
누렇게 다가오는 것은 귤나무 아니런가!
강물은 멋대로 출렁거리고
나는 편안하게 앉아 흥에 겨웁다.

<ruby>방 선
放船</ruby>

<ruby>송객창계현
送客蒼溪縣</ruby>　<ruby>산한우불개
山寒雨不開</ruby>　<ruby>직수기마활
直愁騎馬滑</ruby>　<ruby>고작범주회
故作泛舟廻</ruby>
<ruby>청석봉만과
靑惜峰巒過</ruby>　<ruby>황지귤유래
黃知橘柚來</ruby>　<ruby>강류대자재
江流大自在</ruby>　<ruby>좌온흥유재
坐穩興悠哉</ruby>

● 해설
이 시는 광덕廣德 원년(763) 가을, 낭주閬州에서 지은 작품이다. 강에 배를 띄우고 가는 즐거움을 시에 옮겨 놓았다.

● 주석
* 蒼溪縣(창계현) : 사천성四川省 북부의 가릉강嘉陵江 중간쯤에 있는 현縣 이름.
* 自在(자재) : 자유롭다.

175. 파산에서

파산에서 사신을 만났더니
섬주에서 오는 길이라 말하네.
도적이 아직 날뛰고 있으니
천자의 수레 아직 돌아가지 못할 거라 하네.
차가운 날 소백의 나무여!
망망한 땅의 망선대여!
군주는 풍진 속에서 낭패하였건만
뭇 신하들은 다 어디로 숨었단 말인가?

巴山^{파 산}

巴山遇中使^{파산우중사}　云自陝城來^{운자섬성래}　盜賊還奔突^{도적환분돌}　乘輿恐未回^{승여공미회}
天寒邵伯樹^{천한소백수}　地闊望仙臺^{지활망선대}　狼狽風塵裏^{랑패풍진리}　群臣安在哉^{군신안재재}

● **해설**
이 시는 광덕廣德 원년(763) 11월, 낭주閬州에서 지은 작품이다. 당시 섬주陝州에서 온 사신을 만나 장안長安이 토번에 의해 함락되었고, 대종代宗이 난을 피해 섬주로 갔다는 소식을 듣고서 이 시를 지었다.

● **주석**
* 巴山(파산) : 촉蜀(사천四川) 지방을 가리킨다.
* 中使(중사) : 조정에서 파견한 사신.
* 陝城(섬성) : 지금의 하남성河南省 섬현陝縣 일대. 당시 토번吐蕃이 장안을 함락하자 대종代宗은 섬주로 피난하였다.
* 盜賊(도적) : 여기서는 토번을 가리킨다.
* 奔突(분돌) : 돌격하다.
* 邵伯樹(소백수) : 주周나라 소공邵公 석奭을 기념하는 나무. 《사기史記》와 《구

역지九域志》의 기록에 의하면, 주나라 소공 석이 향읍鄕邑을 순행하다가 섬주 서남쪽의 한 감당수 아래에서 백성들의 소송을 듣고 처리해 주었는데, 후에 백성들이 이 일을 기념하기 위해 그 나무를 잘 보전하였다고 한다. 두보는 당시 대종의 행재소行在所가 섬주에 있으므로 이 일을 말한 것이다.

* 望仙臺(망선대) : 신선을 기다리는 누대.《삼보황도三輔黃圖》에 의하면 한漢 무제武帝 때에 세운 것으로 화주華州 화음현華陰縣에 있었다. 화음현은 섬주에서 가까운 곳이므로 인용한 것이다.

176. 이른 꽃

장안은 아직도 평온치 못한가?
한 사람도 오는 것 보이지 않네.
섣달 가릉강의 굽어진 강가에는
산꽃이 벌써 저절로 피었는데.
눈을 대하여 살구꽃 풍만하게 피고
봄을 기다려 매화꽃 아름답게 피어도,
난 오직 어둑한 먼지 바람을 괴로워하나니
내 구레나룻 희어짐을 뉘라서 걱정하는가!

早花

西京安穩未 不見一人來 臘日巴江曲 山花已自開
盈盈當雪杏 艶艶待春梅 直苦風塵暗 誰憂客鬢催

● 해설
이 시는 광덕廣德 원년(763) 12월, 낭주에서 지은 작품이다. 이 시에는 경사京師가 함락된 사실에 대한 두보의 근심이 담겨 있다.

● 주석
* 西京(서경) : 장안長安. 당시 토번吐蕃에 의해서 함락되었다.

* 臘日(납일) : 음력 12월.
* 巴江(파강) : 가릉강嘉陵江을 가리킨다.
* 風塵暗(풍진암) : 전란을 가리킨다.

177. 동생 두점을 초당으로 돌려보내 집안일을 정리하게 하고 애오라지 이 시를 보이다

오랜 떠돌이 생활은 어쩔 수 없는 나의 길인데
너만은 나를 따라 다녔구나.
강변 지름길 잘도 알아
자주 초당으로 돌아갔었지.
거위는 자주 세어보도록 하고
사립문은 함부로 열어놓지 말거라.
동쪽 숲에 대나무 그림자 엷어졌거든
섣달 무렵 다시 심도록 하여라.

_{사 제 점 귀 초 당 검 교 료 시 차 시}
舍弟占歸草堂檢校聊示此詩

_{구 객 응 오 도   상 수 독 이 래   숙 지 강 로 근   빈 위 초 당 회}
久客應吾道　相隨獨爾來　熟知江路近　頻爲草堂廻

_{아 압 의 장 수   시 형 막 랑 개   동 림 죽 영 박   랍 월 갱 수 재}
鵝鴨宜長數　柴荊莫浪開　東林竹影薄　臘月更須栽

● 해설
이 시는 광덕廣德 원년(763) 겨울에 지은 작품이다. 당시 재주梓州와 낭주閬州 일대에 있던 두보가 촉을 떠나기 전에 함께 살던 동생 점占을 보내어 성도成都 초당草堂의 일을 정리하게 한 시기에 지은 것이다.

● 주석
* 舍弟(사제) : 친동생.
* 長數(장수) : 자주 세다.
* 浪開(낭개) : 함부로 열어두다.

178. 제주로 가는 동생 두영을 전송하며

어둑한 먼지바람 걷히지 않는데
너는 지금 떠나 언제나 돌아올꼬?
형제의 이별에 괴로워
몸은 더욱 늙고 병들어 가누나.
강은 일주관一柱觀으로 통하고
해는 망향대望鄕臺에 지는데,
나그네 마음 늘 동북쪽으로 가건만
네가 사는 제齊 땅은 어느 곳에 있단 말이냐!

送舍弟穎赴齊州

風塵暗不開　汝去幾時來　兄弟分離苦　形容老病催
江通一柱觀　日落望鄕臺　客意長東北　齊州安在哉

● 해설

이 시는 광덕廣德 2년(764) 가을에 지은 작품이다. 두보의 동생인 두영杜穎은 일찍이 임읍臨邑(지금의 산동성山東省 임읍)의 주부主簿를 맡았는데, 안사의 난 때문에 평음平陰으로 피난을 가면서 두보와 서신을 왕래하였다. 이 해 가을에 두영은 성도에 왔다가 며칠 후 다시 산동으로 떠나자, 이에 두보가 동생을 보내는 심정을 읊었다. 3수의 연작시 가운데 제2수이다.

● 주석

* 一柱觀(일주관) : 당시 강릉江陵에 있던 누각 이름. 남조南朝 송宋나라 임천왕臨川王 유의경劉義慶이 강릉을 진무鎭撫하였을 때에 이 건물을 세웠다. 여기서는 동생 두영이 탄 배가 강을 따라 강릉 쪽으로 가는 것을 말한 것이다.
* 望鄕臺(망향대) : 수隋나라 촉왕蜀王 수수가 성도成都에 세운 건물. 두보 자신이 동생을 보내고 망향대에 올라 해 저물도록 고향을 그리워한다는 것이다.

179. 봄날 강촌

병든 몸 인끈을 늘어뜨리고
돌아와 쉬며 자색 이끼 위를 거닌다.
내 늙어 살 곳은 바로 이곳 초당이려니
막부에서는 여러 재목들에게 부끄러울 뿐.
제비 너머로 맑게 아지랑이 감기고
갈매기 옆으로 물풀이 새로 피는데,
이웃집 사람 물고기와 자라를 들고 와서는
자주 와도 되냐고 묻는구나!

春日江村

扶病垂朱紱　歸休步紫苔　郊扉存晚計　幕府愧群材
燕外晴絲卷　鷗邊水葉開　鄰家送魚鱉　問我數能來

● **해설**

이 시는 영태永泰 원년(765) 봄, 성도成都 초당草堂에서 지은 작품이다. 봄날 강촌의 풍경을 묘사하고 초당 생활의 감상을 서술하고 있다. 또한 시 전편에 걸쳐서 촉에 들어온 후 6년 간의 생활에 대한 회고를 담고 있다. 5수의 연작시 가운데 제4수이다.

● **주석**

* 扶病(부병) : 병든 몸을 부축하다. 병을 무릅쓰다.
* 朱紱(주불) : 붉은 인끈. 관인官印을 매다는 붉은 끈. 두보가 당시에 검교공부원외랑檢校工部員外郞 벼슬을 하고 있음을 말한 것이다.
* 郊扉(교비) : 교외에 있는 집. 초당을 가리킨다.
* 晚計(만계) : 늙은 뒤에 살아갈 방도.
* 幕府(막부) : 엄무嚴武의 막부를 말한다.

* 群材(군재) : 엄무 막부의 관리들을 가리킨다.

180. 이문억에게 받들어 부치다

  운안현에서 더위를 피하시다
  가을바람 불면 서둘러 내려오십시오.
  잠시 이곳 기주 물가에 머물다가
  함께 초왕대로 가십시다.
  원숭이와 새들의 삼협을 나서면
  강과 호수가 만리로 펼쳐지겠지요.
  죽지가가 뭐 그리 좋겠습니까?
  화려한 배 속히 돌려 오십시오.

奉寄李十五秘書文嶷 (봉기리십오비서문억)

避暑雲安縣 (피서운안현) 秋風早下來 (추풍조하래)
暫留魚復浦 (잠류어복포) 同過楚王臺 (동과초왕대)
猿鳥千崖窄 (원조천애착) 江湖萬里開 (강호만리개)
竹枝歌未好 (죽지가미호) 畫舸莫遲回 (화가막지회)

● **해설**

이 시는 대력大曆 원년(766) 기주夔州의 서각西閣에서 지낼 때 지은 작품이다. 이문억李文嶷은 당唐 황실皇室의 자제로 두보와 사귐이 있었다. 이 시를 쓸 당시 이문억이 운안현雲安縣에서 피서避暑를 하고 있었으므로, 기주에 있던 두보는 이 시를 보내어 함께 만나기를 기대하였다.

● **주석**

* 魚復(어복) : 기주夔州의 다른 이름.
* 楚王臺(초왕대) : 일명 '양대陽臺'라고도 하는데, 사천四川 무산현巫山縣 경내에 있다. 초왕楚王이 꿈에 신녀神女를 만났던 곳이라고 한다.
* 千崖窄(천애착) : 깎아지른 듯한 높은 봉우리들이 막아선 삼협三峽의 풍경을

말한 것이다.
* 竹枝歌(죽지가) : 사천성 동부 파유巴渝 일대의 민가民歌.
* 畵舸(화가) : 화려한 배. 여기서는 이문억이 탄 배를 가리킨다.

181. 더위

덥고 습한 구름이 종내 줄어들지 않는데
노수가 다시 서쪽에서 밀려온다.
문을 닫고 사람은 높이 누웠고
숲으로 돌아가는지 새들도 날개를 돌린다.
협곡은 모두 불덩이인데
강에는 빈 우레만 울린다.
음궁의 눈을 상상하고
바람의 문이 활짝 열리기를 기대한다.

열
熱

장운종불멸	로수부서래	폐호인고와	귀림조각회
瘴雲終不滅	瀘水復西來	閉戶人高臥	歸林鳥卻回
협중도사화	강상지공뢰	상견음궁설	풍문삽답개
峽中都似火	江上只空雷	想見陰宮雪	風門颯沓開

● 해설
이 시는 대력大曆 원년(766) 여름에 지은 작품이다. 혹서酷暑를 감당하기 힘든데도 서늘함은 찾을 수도 없는 상황을 서술하여 정부征夫의 고통을 피력하고 있다. 3수의 연작시 가운데 제2수이다.

● 주석
* 瘴雲(장운) : 장기瘴氣. 장독. 축축하고 더운 땅에서 생기는 독기.
* 瀘水(노수) : 강 이름.《익주기益州記》에 따르면 이 노수瀘水에는 독한 기운이 있어서 여름에는 다닐 수가 없다고 한다.

* 陰宮(음궁) : 서늘한 궁실. 여름에 궁궐에다가 눈을 쌓아서 그 서늘함을 취하던 것을 지칭한다.
* 颯沓(삽답) : 바람소리.

182. 비

온 나무들 구름 속에 깊이 숨고
산마다 비가 그치지 않는다.
바람막이 문은 흔들려 닫히지 않고
물새들은 오락가락한다.
인어의 집에서는 베 짜는 소리 울리는 듯
나무꾼의 배는 언제 나무를 베랴!
청량한 기운이 더운 독기를 없애고 나면
늙은 마음 누대에 오르고 싶구나!

우
雨

만목운심은	련산우미개	풍비엄부정	수조과잉회
萬木雲深隱	連山雨未開	風扉掩不定	水鳥過仍迴
교관여명저	초주기벌매	청량파염독	쇠의욕등대
鮫館如鳴杼	樵舟豈伐枚	清涼破炎毒	衰意欲登臺

●해설
이 시는 대력大曆 원년(766) 가을에 지은 작품이다. 당시 두보 시에는 비를 소재로 한 작품이 많았는데, 이 해 봄과 여름에는 큰 가뭄이 들었고 가을에는 다시 장마가 져서 백성들의 고난이 심각했기 때문이다.

●주석
* 風扉(풍비) : 바람막이 문.
* 鮫館(교관) : 인어人魚가 거처하는 물속 집.
* 鳴杼(명저) : 베를 짜는 북소리 울리다. 전설에 따르면 인어는 종일 눈물을 흘

려 그 눈물로 고운 비단을 짠다고 한다. 여기서는 계속 비가 오는 소리를 표현한 것이다.
* 枚(매) : 나무 줄기.
* 炎毒(염독) : 여름의 더운 기운.

183. 비

하늘이 비를 멈추심에 이제 막 감사하였더니
땅에서 우레를 보냄에 다시 한숨이 나오네.
소나기 급히 협곡을 훑고 지나가더니
다시 빽빽이 강을 건너 다가오네.
길 가 소와 말 구분할 길이 없는데
이무기들 싸움은 끝이 없구나!
전쟁이 음기를 성하게 한 까닭이려니
양대의 신녀와 꼭 무슨 상관있으랴!

雨

始賀天休雨　還嗟地出雷　驟看浮峽過　密作渡江來
牛馬行無色　蛟龍鬪不開　干戈盛陰氣　未必自陽臺

● 해설
이 시는 대력大曆 원년(766) 가을, 기주夔州의 서각西閣에서 지은 작품이다. 끊이지 않는 전쟁으로 음기가 쌓이어 마침내 장마로 변해 내리게 되었다는 탄식이 주된 내용이다. 표면의 장마와 이면의 전쟁에 대한 원망을 함께 표현하였다.

● 주석
* 驟(취) : 달리다. 질주하다. 소나기가 급히 지나가는 것을 형용한 것이다.
* 陽臺(양대) : 초왕楚王이 꿈속에서 만난 무산巫山 신녀神女가 사는 곳. 무산 신

녀가 초왕과 헤어지면서 "저는 무산의 양지쪽 높은 언덕에 사는데, 아침에는 구름이 되고, 저녁에는 비가 됩니다."라고 하였다고 한다. 여기서는 이렇게 비가 계속 오는 것은 전쟁 때문에 음기가 많아진 탓이지 무산 신녀가 비가 되어 내리는 까닭에서가 아니라는 말이다.

184. 구당협에서 옛일을 생각하다

서남쪽에서 만 개의 골짜기 물이 쏟아져 나오니
강한 군대처럼 두 절벽을 열어놓았네.
땅과 산 뿌리 찢어지니
강은 월굴로부터 흘러오네.
깎아지른 듯 봉우리들 백제성과 마주하고
빈 굽어진 곳에는 양대를 숨겼구나.
물길을 파고 뚫은 공적이야 훌륭하지만
조물주의 힘이여! 더욱 위대하구나.

瞿唐懷古

西南萬壑注　勍敵兩崖開　地與山根裂　江從月窟來
削成當白帝　空曲隱陽臺　疏鑿功雖美　陶鈞力大哉

• 해설

이 시는 대력大曆 원년(766) 기주夔州에서 지은 작품이다. 시의 전반부는 구당협瞿唐峽 산수의 기험崎險함을 묘사하였고, 후반부에는 대자연의 위력과 회고懷古의 감정을 서술하였다.

• 주석

* 注(주) : 물이 쏟아지다.
* 勍敵(경적) : 강한 적군. 여기서는 크고 높이 솟아 있는 구당협瞿唐峽의 산을

가리킨다.
* 月窟(월굴) : 서쪽 끝에 있다고 하는 곳. 강물이 먼 서쪽으로부터 흘러옴을 말한 것이다.
* 白帝(백제) : 기주夔州에 있는 백제성白帝城을 가리킨다.
* 陶鈞(도균) : 조물주를 가리킨다.

185. 동생 두관이 신부를 데리러 남전으로 돌아가기에 전송하며 이 시를 보이다

돌아가 처자를 데리고
가을 되면 돌아오도록 해라.
지금 이미 반딧불이 어지러운 여름이니
가을 기러기와 함께 돌아오면 될 것이다.
동쪽으로 서강이 길게 흘러가는 것 바라보나니
남쪽으로 내려가 북쪽 창문을 열고 기다리마.
조용한 곳에 살 집을 정할 것이니
친구 있어 함께 술 마실 수 있겠지.

舍弟觀歸藍田迎新婦送示
사 제 관 귀 람 전 영 신 부 송 시

汝去迎妻子　高秋念却回　卽今螢已亂　好與雁同來
여 거 영 처 자　고 추 념 각 회　즉 금 형 이 란　호 여 안 동 래
東望西江永　南遊北戶開　卜居期靜處　會有故人杯
동 망 서 강 영　남 유 북 호 개　복 거 기 정 처　회 유 고 인 배

● 해설
이 시는 대력大曆 2년(767) 여름, 기주에서 지은 작품이다. 제목의 관觀은 두보의 동생 두관杜觀을 지칭하고, 남전藍田은 지금의 섬서성陝西省 남전현이다. 동생이 일찍 강릉으로 돌아오기를 바라는 형의 애정이 시에 잘 나타나 있다. 2수의 연작시 가운데 제1수이다.

● 주석

* 汝(여) : 두보의 동생 두관杜觀을 가리킨다. 두관은 두보를 보기 위해 기주로 왔다가 처자를 데려오기 위해 남전藍田으로 돌아가야 했다.
* 却回(각회) : 돌아오다. 돌아가다.
* 西江(서강) : 장강이 서쪽에서 흘러오므로 '서강'이라 한 것이다.
* 南遊(남유) : 남쪽으로 가다. 당시 두보는 강릉江陵으로 거처를 옮길 계획이었다. 강릉은 남전에서 보자면 남쪽이므로 '남으로 간다'고 한 것이다.
* 卜居(복거) : 살만한 곳을 점치다. 살 곳을 정하다.
* 故人杯(고인배) : 친구의 술잔. 여기서는 의지할 만한 친구가 있을 것이라는 말이다.

186. 머슴아이에게 일을 시켜서 북쪽 과수원의 가지와 덩굴을 다듬고 더러운 것을 다 치우고 나서 침상을 옮기다

울타리가 약하니 문을 어디로 내리?
모래땅 부실하니 언덕이 무너지기만 할 뿐.
해 기울어 물고기들 다시 먹이를 찾고
유객들 가고 나니 새들이 돌아온다.
차가운 물 햇빛 받아 출렁이는데
가을 산 잎 지는 소리에 쉬 마음 슬퍼진다.
하늘 끝 기주는 점점 어둑해지는데
지팡이 기대어 홀로 배회한다.

課小豎鋤斫舍北果林枝蔓荒穢淨訖移床

籬弱門何向　沙虛岸只摧　日斜魚更食　客散鳥還來
寒水光難定　秋山響易哀　天涯稍曛黑　倚杖獨徘徊

● 해설

이 시는 대력大曆 2년(767) 가을, 양서瀼西에서 지은 작품이다. 집 북쪽의 과수원 경치를 묘사하면서, 고요하고 그윽한 정취를 추구하는 심정을 드러내었다. 3수의 연작시 가운데 제3수이다.

● 주석

* 課(과) : 일을 할당하다. 일을 부과하다.
* 小豎(소수) : 두보의 집에서 일하던 머슴아이.
* 鋤斫(서작) : 잡초나 잡목 따위를 제거하다.
* 荒穢(황예) : 잡초 따위가 우거진 모습이다.
* 淨訖(정흘) : 다 치우다. 깨끗하게 일을 마치다.
* 沙虛(사허) : 모래땅이 부실하다.
* 秋山響(추산향) : 가을 산중에서 들리는 바람에 낙엽 지는 소리를 가리킨다.
* 天涯(천애) : 여기서는 당시 두보가 살던 기주夔州를 가리킨다.
* 曛黑(훈흑) : 해가 기울어 날이 어두워지다.

187. 저녁에 날 개이자 오랑이 북사에 들르다

새로 내린 비에 채마밭 축축해졌는데
호미 내려놓고 내 집에 오니 황송했네.
긴 대나무 지팡이 짚고 나가
사립문 열고 그대 위해 길을 쓸었지.
집으로 돌아가는 저녁 새들 어지러운데
어린 동자는 어서 돌아가자 재촉하네.
내일 중양절에 술 마시러 오시게나
그대를 맞아 내 친히 술을 거를 것이니.

만청오랑견과북사
晚晴吳郎見過北舍

포휴신우윤　　피자폐서래　　죽장교두주　　시비소경개
圃畦新雨潤　愧子廢鋤來　竹杖交頭拄　柴扉掃徑開

욕서군조란　　미거소동최　　명일중양주　　상영자발배
欲棲群鳥亂　未去小童催　明日重陽酒　相迎自醱醅

● 해설

이 시는 대력大曆 2년(767) 가을에 오랑吳郎이 양서의 초당草堂을 빌려서 지낼 때에 지은 작품이다. 오랑이 동둔東屯을 방문해 준 데에 대한 기쁨과, 그가 귀가한 뒤에 느낀 쓸쓸함을 순박한 필치로 그려내었다.

● 주석

* 圃畦(포휴) : 채마밭.
* 竹杖(죽장) 구 : 머리까지 올라오는 긴 지팡이를 짚고 가는 모습을 형용한 것이다. 주拄는 지팡이를 짚다.
* 小童(소동) : 오랑을 따라온 동자를 가리킨다.
* 醱醅(발배) : 술을 거르다.

188. 중양절

옛날 중양절에는
술잔 돌리게 되면 잔을 내려놓지 않았는데,
이젠 쑥대머리 같은 머리칼 하얗게 변하여
국화가 피어도 부끄럽기만 하네.
북쪽 대궐 늘 마음으로 그리워
서쪽 강가에서 홀로 고개를 돌리네.
산수유 가지 조정 관리들에게 내려주실 것인데
나는 어째서 가지 한 쪽도 얻을 수 없는가!

九日
구일

舊日重陽日　傳杯不放杯　卽今蓬鬢改　但愧菊花開
구일중양일　전배불방배　즉금봉빈개　단괴국화개

北闕心長戀　西江首獨迴　茱萸賜朝士　難得一枝來
북궐심장련　서강수독회　수유사조사　난득일지래

● 해설

이 시는 대력大曆 2년(767) 중양절에 기주夔州에서 지은 작품이다. 중양절에 오랑吳郎이 약속을 어기고 오지 않아 홀로 대에 올라서 느낀 감정을 시에 읊었다. 제목의 구일九日은 음력 9월 9일로서 중양절重陽節을 의미한다. 4수의 연작시 가운데 제2수이다.

● 주석
* 傳杯(전배) : 술잔을 돌리다.
* 蓬鬢改(봉빈개) : 늙어서 머리가 희어졌음을 말한 것이다.
* 北闕(북궐) : 북쪽의 대궐. 조정이 있는 장안을 가리킨다.
* 西江(서강) : 장강長江을 가리킨다.
* 茱萸(수유) : 산수유. 붉은색 열매가 사악한 기운을 없앨 수 있다고 해서 중양절에 술을 마시고 놀 때에 머리에 꽂았다. 중양절에는 황제가 군신들에게 잔치를 베풀어 주고 산수유를 나누어 주었다고 한다.

189. 우레

무협이 한밤중에 요동을 치는 것은
창강에 10월 우레가 울리기 때문.
용과 뱀이 아직 숨지 못했는가?
천지를 갈라 다투어 되돌아가네.
저만치 빈산을 갈아 뭉개며 지나더니
깊숙이 절벽을 감돌며 다가오네.
운우의 정을 질투할 것 무엇 있으랴!

초왕대에 번개가 요란하구나.

雷 뢰

무협중소동	창강시월뢰	용사불성칩	천지획쟁회
巫峽中宵動	滄江十月雷	龍蛇不成蟄	天地劃爭廻

각년공산과	심반절벽래	하수투운우	벽력초왕대
却碾空山過	深蟠絶壁來	何須妬雲雨	霹靂楚王臺

●해설
이 시는 대력大曆 2년(767) 겨울에 지은 작품이다. 이 해 10월에 기주에 커다란 우레가 쳤다. 이에 두보는 이 작품을 지어 당시의 기이함을 기록하였던 것이다. 중간의 두 연은 번갯불과 우렛소리의 굉장함을 묘사한 부분이다.

●주석
* 蟄(칩) : 숨다.
* 碾(연) : 갈다. 갈아 뭉개다.
* 蟠(반) : 서리다. 휘감다.
* 何須(하수) 2구 : 겨울에 별 이유 없이 우레가 치는 것이 마치 무산巫山의 신녀神女와 초왕楚王의 사랑을 질투하는 것 같다는 말이다.

190. 아침

새벽 나루터 돛배들 막 떠나는데
차가운 초가집 사립문 아직 열지 않았네.
성근 숲에 누런 잎들 떨어지고
고요한 들판에 흰 갈매기들 날아오네.
윤기 머금은 주춧돌 아직 다 젖지도 않았는데
비구름은 벌써 반쯤 돌아가려 하네.
무산의 날씨는 정말 괴이하나니
어젯밤 우렛소리가 그리도 급했거늘.

朝

浦帆晨初發　郊扉冷未開　林疎黃葉墜　野靜白鷗來
礎潤休全濕　雲晴欲半廻　巫山終可怪　昨夜有奔雷

• 해설

이 시는 대력大曆 2년(767) 가을과 겨울 사이에 지은 작품이다. 아침 경치를 묘사하면서 기주夔州의 기후가 이상함에 대해 탄식하였다. 이러한 탄식은 그 이면에 지루한 기주에서의 생활을 벗어나고자 하는 마음이 있음을 의미한다. 2수의 연작시 가운데 제2수이다.

• 주석

* 郊扉(교비) : 두보가 거처한 집을 가리킨다.
* 礎潤(초윤) 2구 : 집 주춧돌을 조금 적실 정도로 비가 적게 온 뒤에 곧 비구름이 걷히려 한다는 말이다.

191. 백마담을 떠나며

물이 불어 봄 배 닻줄 잠기자
해 나올 때 배를 띄웠네.
잠자던 새들 날아 더욱 멀어지고
무리 지은 꽃들 저만치 웃고 있네.
사람들마다 흰머리를 슬퍼하여
곳곳마다 금술잔을 접하네.
새로운 친구 좋다 말하지 말게.
남쪽으로 떠나면 장차 돌아오지 않으리니.

발 백 마 담
發白馬潭

수생춘람몰	일출야선개	숙조행유거	총화소불래
水生春纜沒	日出野船開	宿鳥行猶去	叢花笑不來
인인상백수	처처접금배	막도신지요	남정차미회
人人傷白首	處處接金杯	莫道新知要	南征且未廻

● 해설

이 시는 대력大曆 4년(769) 봄, 백마담白馬潭에 갔다가 돌아오면서 쓴 작품이다. 앞부분에는 배에서 본 경물을 묘사하고 있고, 뒷부분에서는 백마담을 떠날 때의 감정을 읊고 있다. 백마담은 지명으로서, 담주潭州(지금의 호남湖南 장사長沙)에 속해 있었다.

● 주석

* 纜(남) : 닻줄.
* 人人(인인) 2구 : 사람들이 두보가 늙었음을 안타까워하며 술로 위로한다는 말이다.
* 新知(신지) : 새로 사귄 친구.
* 要(요) : 훌륭하다. 좋다.

192. 쌍풍포에서

청풍포에 배를 정박하였더니
두 그루 단풍나무 벌써 쓰러졌구나.
오호라, 늙어 쓰러진 나무여!
동량재라 말하기도 어렵게 되었구나.
하지만 물결이 사모를 태우기에 족하니
껍질 위 비단 같은 이끼를 깎아내면 되리.
이곳 강변에 주인 있거든
잠시 빌려 하늘에 갔다 오련다.

雙楓浦
_{쌍풍포}

輟棹靑楓浦　雙楓舊已摧　自驚衰謝力　不道棟梁材
_{철도청풍포　쌍풍구이최　자경쇠사력　부도동량재}

浪足浮紗帽　皮須截錦苔　江邊地有主　暫借上天迴
_{랑족부사모　피수절금태　강변지유주　잠차상천회}

● **해설**

이 시는 대력大曆 4년(769) 봄에 지은 작품이다. 시 전편에 걸쳐 자신의 포부를 사물에 기대어 표현하였다. 즉 노쇠하기 전에는 동량으로 쓰일 만한 재능이었고, 약간 노쇠한 후라도 여전히 세상에 쓰임이 있을 것이라는 뜻이다. 쌍풍포雙楓浦는 지명으로 당시 장사長沙와 상담湘潭 일대의 상강湘江 강변에 있던 것으로 추정되나 자세한 것은 알 수가 없다.

● **주석**

* 輟棹(철도) : 노를 내려놓다. 정박하였다는 말이다.
* 自驚(자경) 2구 : 높고 튼튼하게 자란 단풍나무가 쓰러진 뒤의 안타까움을 설명한 것이다.
* 紗帽(사모) : 은자隱者가 쓰는 모자.
* 錦苔(금태) : 쓰러진 단풍나무 표피에 생긴 이끼를 말한 것이다.
* 江邊(강변) 2구 : 쓰러진 단풍나무를 잘 다듬어서 배로 만들어 하늘 은하수까지 갔다가 돌아오겠다는 상상력을 말한 것이다.

【오율진운五律眞韻】

193. 삼가 위곡에서 정부마를 모시며

위곡에는 꽃 믿을 게 없어
집집마다 사람을 지독히도 번뇌케 한다.
모름지기 푸른 술동이로 날을 다 보내는 뜻은
백발로 봄을 잘 견뎌내려는 것.
돌 모서리 옷을 당기어 찢고
등나무 가지 끝 눈을 찌를 듯 새롭다.
어느 때에나 대숲을 차지하고선
머리에 작은 검은색 두건을 쓰고 있으려나?

^{봉배정부마위곡}
奉陪鄭駙馬韋曲

^{위곡화무뢰}   ^{가가뇌살인}   ^{록준수진일}   ^{백발호금춘}
韋曲花無賴   家家惱殺人   綠樽須盡日   白髮好禁春
^{석각구의파}   ^{등초자안신}   ^{하시점업죽}   ^{두대소오건}
石角鉤衣破   藤梢刺眼新   何時占業竹   頭戴小烏巾

● 해설
이 시는 건원乾元 원년(758)에 지은 작품으로 추정된다. 부마인 정잠요鄭潛曜와 함께 위곡韋曲에서 노닐면서 느낀 감정을 옮겼다. 위곡은 지명으로 장안성長安城 남쪽에 위치하였다. 2수의 연작시 가운데 제1수이다.

● 주석
* 無賴(무뢰) : 믿을 만한 것이 없다, 무뢰하다, 도움이 안 된다.
* 惱殺(뇌쇄) : 대단히 번민하게 하다.
* 綠樽(녹준) : 좋은 술을 담은 술동이.
* 禁春(금춘) : 봄을 견디어내다. 봄철에 이는 갖가지 시름들을 견디어낸다는 뜻.

* 刺眼新(자안신) : 눈을 찌르는 것이 또한 새롭기도 하다.
* 小烏巾(소오건) : 작은 검은색 두건. 이 구절은 은일하고자 하는 뜻이 있다는 말이다.

194. 서울에서 몰래 봉상에 이르러서 행재소에 다다른 것을 기뻐하다

호가 소리 들리는 저녁이면 시름에 빠졌거니
한나라 궁원의 봄은 처량하였다.
살아 돌아온 것은 오늘의 일,
샛길에서는 잠시의 사람.
사례의 전장典章을 처음 목도하니
남양의 기상이 이미 새롭다.
기쁜 마음이 바뀌어 극에 이르니
흐느껴 울어 눈물이 수건을 적신다.

自京竄至鳳翔喜達行在所

愁思胡笳夕　淒涼漢苑春　生還今日事　間道暫時人
司隷章初睹　南陽氣已新　喜心翻倒極　鳴咽淚沾巾

● 해설
지덕至德 2년(757) 2월에 숙종이 팽원彭原에서 봉상으로 옮기자, 4월에 두보는 장안을 탈출하여 봉상에 도착하였다. 이 시는 봉상에 도착한 뒤에 지은 것이다. 도망가던 길의 위험함과 행재소行在所에 도착하고 나서의 기쁨이 시에 담겨 있다. 2수의 연작시 가운데 제2수이다.

● 주석
* 胡笳(호가) : 날라리. 피리의 일종으로 서역에서 유입되어 군대의 악기로 사용

되었다. 여기서는 안녹산 군대의 악기를 뜻한다.
* 漢苑(한원) : 한漢나라의 궁원. 여기서는 장안에 있는 당나라의 궁원을 가리킨다.
* 暫時人(잠시인) : 잠시 목숨을 부지하고 있으나 언제 죽을지 모르는 위험에 처한 사람이라는 뜻.
* 司隷(사례) : 벼슬 이름. 사례교위司隷校尉를 지낸 후한 광무제光武帝를 가리키는데 여기서는 숙종을 비유하였다.

195. 홀로 술 마시며 시를 쓰다

등불의 불꽃에 어찌 그리 반가웠던가!
푸른 술 마시려고 그랬나 보네.
취한 중에 나그네 신세 무던히 여기고
시를 이루니 신의 도움이 있는데,
난리가 아직도 눈앞에 있으니
유술로 어찌 이 한 몸 도모할 수 있으랴!
괴롭게도 작은 벼슬에 묶여 있으니
고개 숙여 야인에게 부끄러울 따름.

독작성시
獨酌成詩

등화하태희 주록정상친 취리종위객 시성각유신
燈花何太喜 酒綠正相親 醉裏從爲客 詩成覺有神
병과유재안 유술기모신 고피미관박 저두괴야인
兵戈猶在眼 儒術豈謀身 苦被微官縛 低頭愧野人

● 해설
지덕至德 2년(757)에 지은 것이다. 미미한 벼슬아치로 난리를 겪고 있는 자기 신세가 농부보다 못함을 자탄하고 있다.

● 주석
* 從(종) : 순종하다, 내맡기다, 무던히 여기다. 이 구절은 긴 여행의 도중에 좋

은 술을 만나니 나그네의 긴장을 풀어 버리고서 한껏 취한다는 뜻.
* 猶在眼(유재안) : 아직 눈앞에 있다. 즉 전쟁이 아직 진행중임을 말한다.

196. 안서의 병사들이 지나가 관중으로 나아가 명을 기다림을 보고

안서의 사진은 정예병이 많아
그 용맹함이 모두가 으뜸이었는데
그 병졸들을 파견한다 하니
풍진을 고요케 만들기에 족할 것이네.
늙은 말은 밤중에도 길을 알고
푸른 매는 굶주려 사람을 따르는데
위기에 임하여 오랜 전쟁을 경험하더니
국난에 쓰이심에 비로소 귀신처럼 활약하네.

觀安西兵過赴關中待命

四鎭富精銳　摧鋒皆絶倫　還聞獻士卒　足以靜風塵
老馬夜知道　蒼鷹饑著人　臨危經久戰　用急始如神

●해설
건원乾元 원년(758) 가을, 화주華州에서 지은 작품이다. 이 해에 이사업李嗣業이 부대를 인솔하여 회주懷州로부터 경사京師에 이르러 명을 기다리고자 하였는데, 중간에 화주를 지났다. 두보가 군대의 모습을 관찰하고 이사업과 함께 연회에 참석하여 이 시를 지어서 그 위엄을 칭송하였다. 2수의 연작시 가운데 제1수이다.

●주석
* 四鎭(사진) : 구자龜玆, 전사畋沙, 소륵疏勒, 언기焉耆를 가리킨다. 모두 안서도호부安西都護府에서 관할하였다.

* 精銳(정예) : 정예병. 이 시는 당시 북정행영절도사北庭行營節度使를 맡고 있던 장군 이사업李嗣業이 안서도호부의 군사들을 이끌고 안경서의 무리를 치기 위해 명을 기다리는 상황을 적은 것이다.
* 摧鋒(최봉) : 적의 선봉을 무찌르다.
* 獻士卒(헌사졸) : 병졸들을 파견한 것을 말한다.
* 老馬(노마) 구 : 늙은 말이 길을 잘 아는 것처럼 이사업 장군이 경험이 많다는 것이다.
* 蒼鷹(창응) 구 : 굶주린 매가 출격을 대기하는 것처럼 병사들이 사기가 높다는 것이다.

197. 귀뚜라미

가늘게 귀뚜리가 운다.
그 슬픈 소리 얼마나 마음을 흔드는가?
풀뿌리 밑에서 울어 불안하더니
침상 아래로 와 마음 서로 친하여라.
오랜 방랑에 어찌 눈물 없으리?
늙은 아내도 새벽까지 잠을 못 이루는데!
슬픈 거문고와 격한 퉁소보다도
천진한 네 소리에 마음 더욱 둘 곳 없구나!

촉 직
促織

촉 직 심 미 세　애 음 하 동 인　초 근 음 불 온　상 하 의 상 친
促織甚微細　哀音何動人　草根吟不穩　床下意相親
구 객 득 무 루　고 처 난 급 신　비 사 여 급 관　감 격 이 천 진
久客得無淚　故妻難及晨　悲絲與急管　感激異天眞

● 해설

건원乾元 2년(759) 가을, 진주秦州에서 지은 작품이다. 귀뚜라미 소리를 듣고 가을이 되었음을 느끼자, 나그네 생활에 대한 시름을 읊었다.

• 주석
* 草根(초근) 구 : 추운 풀밭에서 우는 귀뚜라미 소리 때문에 두보의 마음이 편치 않다는 말이다.
* 床下(상하) 구 : 귀뚜라미가 방 안 침상 밑에 들어와서 울자, 더욱 친근한 느낌이 든다는 말이다.
* 難及晨(난급신) : 새벽까지 잠을 이루지 못한다는 말이다.
* 悲絲(비사) 2구 : 귀뚜라미의 울음소리가 감동적인 관현악보다도 더욱 많은 느낌을 준다는 말이다.

198. 나그네

폐병을 앓은 지 오래,
금강 가에 새로 집터를 정하였네.
시끄럽고 저속한 세속을 비로소 피하였더니
확 트여 시원한 곳이라 제법 사람 살만하네.
한 손님이 내 초가를 찾았기에
아이를 불러 갈포 두건을 반듯이 하였네.
호미 들고 잎 피기 시작한 성근 채소밭으로 가서
다정한 친구 위해 몇 점 캐어왔네.

有客
유객

患氣經時久　臨江卜宅新　喧卑方避俗　疏快頗宜人
환기경시구　림강복택신　훤비방피속　소쾌파의인

有客過茅宇　呼兒正葛巾　自鋤稀菜甲　小摘爲情親
유객과모우　호아정갈건　자서희채갑　소적위정친

• 해설
상원上元 원년元年(760) 초당草堂이 완성된 후에 지은 작품이다. 시에는 손님을 기다리는 두보의 친근한 감정이 잘 드러나 있다.

● 주석
* 患氣(환기) : 호흡기 계통의 질환을 앓다. 두보는 폐병을 앓고 있었다.
* 卜宅(복택) : 집터를 정하다.
* 喧卑(훤비) : 시끄럽고 저속한 곳을 가리킨다.
* 疏快(소쾌) : 트여서 시원한 곳을 가리킨다.
* 菜甲(채갑) : 처음 나온 채소의 잎사귀를 가리킨다.

199. 고적에게 받들어 편지를 쓰다

지금 시절 재자를 논하자면
공과 같은 이 몇이나 더 있겠습니까!
화류가 길을 열어젖히는 듯.
새매가 풍진 속을 날아가는 듯.
그대에게 가려는 지금 가을이 저무는데
사귀는 정이야 늙을수록 친근하지요.
하늘 끝에서 서로 만나 즐거우리니
가슴 활짝 열어 내 진실을 대하시기를……

봉간고삼십오사군
奉簡高三十五使君

당대론재자 여공부기인   화류개도로   응준출풍진
當代論才子 如公復幾人 驊騮開道路 鷹隼出風塵
행색추장만 교정로갱친   천애희상견   피활대오진
行色秋將晚 交情老更親 天涯喜相見 披豁對吾眞

● 해설
상원上元 원년(760) 가을에 쓴 작품이다. 이 시는 당시 성도 초당에 머물고 있던 두보가 성도에서 서쪽으로 백리 정도 떨어진 촉주蜀州에 자사刺史로 부임한 고적高適에게 안부를 묻는 편지글이다.

● 주석
* 使君(사군) : 자사刺史의 별칭.

* 驊騮(화류) 2구 : 고적이 때를 만나 놀라운 성취를 이루었음을 말한 것이다.
* 行色(행색) : 여행을 떠나려는 시점의 상황을 말한다. 두보가 가을이 깊어갈 무렵 고적을 찾아가려고 준비하고 있다는 말이다.
* 天涯(천애) : 하늘 끝. 고적이 있는 촉주를 가리킨다.
* 披豁(피활) : 마음을 활짝 열다.

200. 표백숙이신 이도독의 조춘 시에 받들어 응수하다

병든 몸 억지로 일으켜 새벽을 마주하였더니
부쳐온 시는 이른 봄을 슬퍼하고 있습니다.
읽을수록 슬픔이 나그네와 동무하고
늙음이 사람을 따름을 더욱 느끼게 합니다.
어린 복사꽃에 붉음이 스미고
새로 난 버들잎에 푸르름 돌아오는데
고향땅 바라보는 일 아직도 끝나지 않을 듯
천하에는 아직 전쟁의 먼지바람 일고 있으니.

奉酬李都督表丈早春作
力疾坐淸曉　來詩悲早春　轉添愁伴客　更覺老隨人
紅入桃花嫩　靑歸柳葉新　望鄕應未已　四海尙風塵

● 해설

상원上元 2년(761)에 지은 작품이다. 당시 표백숙表伯叔(아버지의 내외종형제)인 이도독李都督이 보낸 〈조춘早春〉 시에 화답한 것이다. 수酬는 화답을 한다는 뜻이다.

● 주석

* 力疾(역질) : 병든 몸을 힘들여 지탱하다.

* 轉添(전첨) : 갈수록 더하다.
* 嫩(눈) : 어리고 연약한 꽃잎을 가리킨다.

201. 생각나는 대로 쓰다

강 언덕엔 이미 봄이 무르익었는데
꽃그늘 아래서 다시 맑은 새벽을 맞았네.
얼굴을 들어 탐하듯 새 구경하느라
고개 돌려 사람에게 엉뚱하게 대꾸하였네.
책을 읽을 제는 어려운 글자 대충 넘기고
술을 대할 제는 술잔 가득 부어 자주 마시네.
근래 알게 된 아미산 노인께서는
게으른 내 삶이 참된 것이라 알아주시네.

漫成(만성)

江皐已仲春(강고이중춘) 花下復淸晨(화하부청신)
仰面貪看鳥(앙면탐간조) 回頭錯應人(회두착응인)
讀書難字過(독서난자과) 對酒滿壺頻(대주만호빈)
近識峨嵋老(근식아미로) 知余懶是眞(지여라시진)

● 해설
상원上元 2년(761) 봄에 지은 작품이다. 초당草堂에서 보내는 봄날의 아름다운 밤 경치와 유유자적悠悠自適한 생활에 대한 느낌을 적었다. 2수의 연작시 가운데 제2수이다.

● 주석
* 漫成(만성) : 생각나는 대로, 붓 가는 대로 시를 쓴다는 뜻.
* 回頭(회두) 구 : 새소리를 듣느라 남의 말에 잘못 대꾸한 것을 말한다.
* 峨嵋老(아미로) : 아미산峨嵋山의 노인. 원주原註에는 '아미로峨嵋老는 동산에 사는 은자이다(東山隱者)'라고 되어 있다.

202. 하옹을 이별하며 주다

삶과 죽음으로 사귐을 논하는 경지
무슨 수로 그런 사람 하나 만날 수 있으랴!
그대 제비나 참새를 좇아
박한 벼슬로 풍진을 다님을 슬퍼하노라.
면곡은 원래 한중으로 통하건만
타강은 진 땅으로 향하지 않는구나.
오릉에는 꽃들이 눈에 가득할 텐데
고향의 봄에게 안부나 전해주시게나.

_{증 별 하 옹}
贈別何邕

_{생사론교지}	_{하유견일인}	_{비군수연작}	_{박환주풍진}
生死論交地	何由見一人	悲君隨燕雀	薄宦走風塵
_{면곡원통한}	_{타강불향진}	_{오릉화만안}	_{전어고향춘}
綿谷元通漢	沱江不向秦	五陵花滿眼	傳語故鄕春

● 해설

보응寶應 원년(762) 면주綿州에서 지은 작품이다. 하옹何邕은 면곡현위綿谷縣尉로서 두보가 초당에서 살 때, 일찍이 그에게 오리나무 묘목을 구한 적이 있었다. 하옹이 장안으로 떠나게 되자 두보가 이 시를 지어서 그에게 준 것이다.

● 주석

* 生死(생사) 2구 : 생사를 함께할 정도의 사귐이 있는 사람들이 드물다는 말이다.
* 悲君(비군) 2구 : 하옹何邕이 낮은 벼슬자리에 있으면서, 이리저리 떠돌게 됨을 안타까워서 한 말이다.
* 綿谷(면곡) : 사천성四川省 광원현廣元縣 가릉강嘉陵江 상류에 있어서 섬서성 한중漢中 지역으로 나갈 수가 있다. 이 구절은 면곡현위인 하옹이 장안에 가는 사실을 비유한 것이다.

* 沱江(타강) : 사천四川 구정산九頂山에서 발원하여 성도 동쪽을 거쳐 장강長江 으로 들어가는 강.
* 秦(진) : 장안이 있는 관중 지역. 이 구절은 성도 부근에 살고 있는 두보 자신은 고향이 가까운 관중 땅에 갈 수가 없음을 비유한 것이다.
* 五陵(오릉) : 장안 북쪽에 있는 다섯 개의 왕릉. 여기서는 장안을 가리킨다.

203. 양양으로 떠나는 정연에게 이별하며 주다

전쟁터 말들이 서로 치달리는 시절에
사립문 안에 늙고 병든 몸이여!
그대 시를 붙잡고 세월을 보내는데
이제 떠나간다니 마음 아득하기만 하네.
저물녘 아미산에 땅은 광활하여
봄이 온 현산에 하늘은 높푸르겠네.
나를 위해 늙은이들 가운데
방씨 성이 있는지 한번 찾아보시게나.

증별정련부양양
贈別鄭鍊赴襄陽

| 융마교치제 | 시문로병신 | 파군시과일 | 념차별경신 |
| 戎馬交馳際 | 柴門老病身 | 把君詩過日 | 念此別驚神 |

| 지활아미만 | 천고현수춘 | 위어기구내 | 시멱성방인 |
| 地闊峨嵋晚 | 天高峴首春 | 爲於耆舊內 | 試覓姓龐人 |

● 해설

보응寶應 원년(762) 봄, 성도成都의 초당草堂에서 지은 작품이다. 석별의 정이 잘 드러나 있다. 이 해에 사조의史朝義가 영주營州를 함락시켰고, 강羌·혼渾 등의 외족들이 양주梁州를 함락시켰으며, 하중河中의 군대들은 대부분 반란을 일으켰다. 때문에 첫 구절에서 '융마교치제戎馬交馳際'라고 하였던 것이다.

• 주석
* 戎馬(융마) : 전쟁터의 말.
* 柴門(시문) : 사립문. 두보가 살고 있는 초당을 가리킨다.
* 峨嵋(아미) : 성도 서남방에 있는 아미산. 여기서는 두보가 살고 있는 지역을 비유한다.
* 峴首(현수) : 양양襄陽 동남에 있는 현산峴山이다. 여기서는 정연鄭鍊이 양양으로 가기 때문에 한 말이다.
* 耆舊(기구) : 늙은이. 노인.
* 姓龐人(성방인) : 성씨가 방씨인 사람. 여기서는 동한東漢 시대 양양에서 은거 생활을 했던 방덕공龐德公을 암시하는 말이다. 방덕공은 양양의 현산에서 은거하면서 제갈양諸葛亮, 서서徐庶 등과 서로 친하게 지냈다. 후에 녹문산鹿門山으로 들어가 약초를 캐면서 평생 살았다.

204. 버드나무 곁에서

매화꽃 피었다 말했을 뿐
버들 새로 자랐음을 뉘 알았으리.
가지마다 땅까지 늘어져 자랐고
잎새마다 저절로 봄을 열었는데
제비는 시시로 날개를 뒤집고
꾀꼬리도 몸을 숨길 수 있게 되었네.
이곳 촉 땅 한남에서 응당 늙어 죽어갈 터,
멀리 파교의 버들을 생각하니 근심스럽기만 하다.

류 변
柳邊

지 도 매 화 발　　나 지 류 역 신　　지 지 총 도 지　　엽 엽 자 개 춘
只道梅花發　　那知柳亦新　　枝枝總到地　　葉葉自開春
자 연 시 번 익　　황 리 불 로 신　　한 남 응 로 진　　파 상 원 수 인
紫燕時翻翼　　黃鸝不露身　　漢南應老盡　　霸上遠愁人

● **해설**

광덕廣德 원년(763) 봄에 지은 작품이다. 버드나무를 소재로 하여 시간이 매우 빨리 흘러가는 것을 탄식하고 있다. 아울러 시간이 흐르는데도 경사로 돌아가지 못하는 처지에 대해서도 은밀하게 표현하고 있다.

● **주석**

* 漢南(한남) : 두보가 당시 머물고 있던 재주 지역을 가리킨다.
* 覇上(파상) : 파교覇橋 부근. 파교는 장안 동쪽에 있는 다리로서, 사람들이 주로 이곳에서 버들가지를 꺾어 주며 서로 이별하였다고 한다. 이 구절은 장안에 돌아가지 못함을 슬퍼한 것이다.

205. 느낀 바가 있어서

낙양에 배와 수레 들어오고
천하의 중앙이라서 공부貢賦의 길이 균등하다지.
날마다 듣건대 붉은 곡식 넘쳐서 썩어나가고
추위 속에서 천자의 가마 이르는 봄을 기다린다지.
금성탕지金城湯池의 견고함을 얻으려 하지 말고
길이 천하를 새롭게 해야 하리니
검소한 덕 시행함에 불과하니
도적들도 본래는 왕의 신민臣民이었네.

有感(유감)

洛下舟車入 天中貢賦均 日聞紅粟腐 寒待翠華春
莫取金湯固 長令宇宙新 不過行儉德 盜賊本王臣

● 해설

광덕廣德 2년(764) 봄, 낭주閬州에서 지은 작품이다. 《당서唐書》의 기록에 의하면, 곽자의郭子儀가 장안을 수복한 후에 정원진程元振이 대종代宗에게 수도를 낙양으로 옮길 것을 건의하니, 이에 곽자의가 상소를 올려 정원진 건의의 부당함을 지적하였다고 한다. 두보는 이 작품에서 천도 계획의 옳고 그름을 따지는 것보다는 지도자가 검소한 덕을 시행하는 것이 더 중요함을 말하고 있다. 5수의 연작시 가운데 제3수이다.

● 주석

* 洛下(낙하) : 낙양洛陽을 가리킨다.
* 貢賦(공부) : 공물과 부세. 낙양이 지역적으로 중앙에 위치하고 있기 때문에 전국의 공물과 부세를 수송하는 길이 거의 균등하다는 뜻이다.
* 翠華(취화) : 황제의 의장대는 물총새의 깃털로 장식한 깃발이나 수레 덮개를 사용하였다. 여기서는 황제의 행차를 따라 수도를 천도함을 의미한다.
* 金湯(금탕) : 금성탕지金城湯池(쇠로 된 성곽과 끓어오르는 물로 된 해자)의 줄임말. 여기서는 지역적 견고함을 의미한다. 즉, 나라를 다스리는 데 있어 중요한 것은 지역적 견고함이 아니라 지도자가 덕을 시행하여 천하를 새롭게 해야 한다는 말이다.

206. 처성의 서쪽 들판에서 이판관 형과 무판관 동생을 성도부로 전송하며

높은 곳에 올라 친한 이를 보내는 자리,
오래도록 앉아 좋은 계절을 아쉬워한다.
멀리 강물은 아직도 파도 있어도
먼 산에는 절로 봄이 왔어라.
들꽃들은 처처에 피고
길가 버들은 줄지어 새로운데
하늘 끝 슬픈 이별에 마음 상하나니
전별 잔치는 어찌 이리도 빈번한가!

처성서원송리판관형무판관제부성도부
郪城西原送李判官兄武判官弟赴成都府

빙고송소친	구좌석방신	원수비무랑	타산자유춘
憑高送所親	久坐惜芳辰	遠水非無浪	他山自有春
야화수처발	관류착항신	천제상수별	리연하태빈
野花隨處發	官柳著行新	天際傷愁別	離筵何太頻

● **해설**

광덕廣德 원년(763) 봄에 지은 작품이다. 이별의 서글픔이 시에 드러나 있다. 처성郪城은 당시 두보가 머물고 있던 재주梓州의 처현郪縣을 가리킨다.

● **주석**

* 遠水(원수) 구 : 이판관李判官과 무판관武判官 두 사람은 뱃길로 성도부에 갔다. 때문에 풍랑의 위험을 격정한 것이다.
* 官柳(관류) : 큰 길 옆에 심어진 버드나무.
* 著(착) : 버드나무가 나란히 배열되어 있다는 뜻이다.

207. 백설

백설 새는 어디에서 왔는가?
자꾸 울면서 그저 봄이라고만 알리네.
소리 알아 여러 말을 함께 할 수 있는데
깃털 정돈하여 나는 것이 어찌 많은 몸이랴?
꽃 울창한 곳에 숨어서 보기 어렵지만
높은 가지에 깃들어 소리는 갈수록 새롭구나.
때를 지나서 만약 입을 열어 운다면
임금 곁에 참소하는 사람 있음을 알 것이리.

백설
百舌

백설래하처	중중지보춘	지음겸중어	정핵기다신
百舌來何處	重重秖報春	知音兼衆語	整翮豈多身

花密藏難見　枝高聽轉新　過時如發口　君側有讒人
_{화밀장난견　지고청전신　과시여발구　군측유참인}

• **해설**
광덕廣德 원년(763) 봄에 지은 작품이다. 제목의 백설百舌은 새 이름이다. '반설反舌'이라고도 하며 잘 운다. 두보는 이 새로 참언하는 간신배를 비유하였다.

• **주석**
* 祇報春(지보춘) : 봄이 온 것만을 알리다.
* 兼衆語(겸중어) : 백설이 여러 새소리를 흉내낼 수 있다는 뜻이다.
* 整翮(정핵) : 깃털을 정돈하여 날다.
* 讒人(참인) : 참언을 아뢰는 사람, 즉, 간신을 지칭함. 이 새가 소리를 내면 아첨하는 사람이 옆에 있다는 옛글을 암용한 것이다.

208. 근심을 풀다

난리가 더욱 심해져
괴로운 소식 믿어지질 않네.
간언을 들었던들 지금 같지는 않았을 터,
위기에 처하니 옛사람 생각이 나네.
어지럽게 반역의 무리들 백마를 타고
야단스레 누런 두건을 둘러썼네.
수조에서 남긴 궁실들,
어찌 이리도 빈번하게 불타는가!

遣憂
_{견우}

亂離知又甚　消息苦難眞　受諫無今日　臨危憶古人
_{란리지우심　소식고난진　수간무금일　림위억고인}
紛紛乘白馬　攘攘著黃巾　隋氏留宮室　焚燒何太頻
_{분분승백마　양양착황건　수씨류궁실　분소하태빈}

• 해설

광덕廣德 원년(763) 11월에 지은 작품이다. 당시 두보는 장안이 함락되었다는 소식을 들었기에, 이 시를 지어 그 괴로움을 풀어내었다. 제목인 '견우遣憂'는 근심을 풀다는 뜻으로서, 나라를 걱정하는 마음을 글로써 풀어낸다는 말이다.

• 주석

* 受諫(수간) : 간언을 받아들이다. 이 구절은 곽자의郭子儀 장군이 토번吐蕃 등의 침입에 미리 대비할 것을 자주 간언하였으나 대종代宗이 듣지 않았음을 말한 것이다.
* 古人(고인) : 여기서는 신하들의 간언을 잘 수용하던 옛 성군들을 가리킨다.
* 紛紛(분분) : 어지러운 모양.
* 乘白馬(승백마) : 《양서梁書·후경전侯景傳》에 후경侯景이 반란을 일으켜 자신은 백마를 타고 병사들은 모두 푸른 두건을 두르게 하였다는 기록이 있다. 후에 이 백마를 빌어서 반란을 일으킨 자를 비유하였다.
* 攘攘(양양) : 혼란스러운 모양.
* 著黃巾(착황건) : 누런 두건을 두르다. 동한東漢 말 황건적黃巾賊 병사들이 누런 두건을 둘렀음을 말한 것이다. 여기서는 반란군을 가리킨다.
* 焚燒(분소) 구 : 토번이 장안에 침입하여 약탈하고 방화한 사실을 말한다.

209. 파서에서 경사 수복 소식을 듣고, 반사마가 장안에 들어가는 것을 전송하며

뭇 도적들이 지금까지 이르니
선대의 신하였던 나는 부끄럽기만 하네.
그대, 임금을 사모할 수 있어 얼마나 좋은가!
오랜 나그네는 진으로 돌아가는 그대 부럽기만 하네.
문하성에서 사간을 오래 하였으니
조정에 있는 내 옛 친구들 만나거든
내 줄곧 사직의 안위 걱정하여
눈물 콧물로 옷을 적신다 말 좀 해주시게나.

파 서 문 수 경 궐 송 반 사 마 입 경
巴西聞收京闕送班司馬入京

군도지금일	선조첨종신	탄군능련주	구객선귀진
群盜至今日	先朝忝從臣	歎君能戀主	久客羨歸秦
황각장사간	단지유고인	향래론사직	위화체점건
黃閣長司諫	丹墀有故人	向來論社稷	爲話涕霑巾

• 해설

광덕廣德 2년(764) 봄, 낭주閬州에서 지은 작품이다. 낭주는 파서군巴西郡에 속한다. 반사마는 당시 조정에서 파견되어 와서 경사의 수복을 알렸던 사신이다. 2수의 연작시 가운데 제2수이다.

• 주석

* 收京闕(수경궐) : 토번吐蕃에게 함락된 장안을 수복한 일을 말한다.
* 先朝(선조) 구 : 두보가 숙종肅宗의 조정에서 벼슬을 한 적이 있음을 말한 것이다.
* 久客(구객) : 두보 자신을 가리킨다.
* 黃閣(황각) : 문하성門下省.
* 司諫(사간) : 관직 이름. 당唐 문하성의 간관諫官으로 보궐과 습유가 있었다.
* 丹墀(단지) : 붉은 섬돌. 조정을 가리킨다. 옛날에는 궁전 계단을 붉은색으로 칠하였다.

210. 이문억에게 받들어 부치다

행장에는 천금이 들어있고
의관은 8척의 몸을 둘렀네.
현달함에 묘책이 있는 것을 아니
그 헤아림에 신통치 않음이 없도다.
벼슬의 품계로는 귀함을 겸하였나니
공후의 집안에서 이인이 난 것이라.
현성처럼 문채를 지니고 있으니

가업이 어찌 가라앉을 수 있으리!

奉寄李十五秘書文嶷
봉기리십오비서문억

行李千金贈　衣冠八尺身　飛騰知有策　意度不無神
행리천금증　의관팔척신　비등지유책　의탁불무신

班秩兼通貴　公侯出異人　玄成負文彩　世業豈沈淪
반질겸통귀　공후출이인　현성부문채　세업기침륜

● 해설

대력大曆 원년(766) 기주夔州의 서각西閣에서 지은 작품이다. 이문억李文嶷은 당唐의 종실宗室 사람으로서 일찍이 두보와 교분이 있었다. 당시 이문억이 운안에서 피서를 하며 강서江西의 홍주洪州로 가려고 하자, 두보가 이 시를 지어서 가을이 되기 전에 기주에 방문할 것을 요청하였다. 2수의 연작시 가운데 제2수이다.

● 주석

* 行李(행리) : 길 가는 사람, 혹은 행장. 여기서는 이문억李文嶷이 피서길에 나선 것을 가리킨다.
* 飛騰(비등) : 현달하다.
* 班秩(반질) : 관원의 품급. 비서랑秘書郎은 종육품상從六品上이었으므로 '통귀通貴'라고 한 것이다.
* 玄成(현성) 구 : 《한서漢書》의 기록에 의하면, 위현성韋玄成은 위현韋賢의 막내아들로서 자字는 소옹少翁이고 부친의 학문을 닦아서 원제元帝 때에 재상이 되었다고 한다.
* 世業(세업) : 대대로 내려오는 가업. 이 구절은 이문억이 부친의 뒤를 이어 높은 벼슬을 하게 될 것이라는 말이다.

211. 더위

붉은 자두를 물에 담가도 시원치 않고
고미밥은 자주 새로 해야 하네.
시들어 가는 몸에 온갖 병 많은데
더위까지 먹어 음식 차리는 일만 공연히 번거롭네.
찌는 듯한 더위가 급작스러운데
바람처럼 떠도는 전쟁 나간 사람들이여!
10년 세월에 갑옷을 벗을 수나 있었는가?
내 그대들을 위해 늘 눈물 적신다네.

熱(열)

朱李沈不冷 (주리침불랭)　雕胡炊屢新 (조호취루신)　將衰骨盡痛 (장쇠골진통)　被暍味空頻 (피갈미공빈)
欻翕炎蒸景 (훌흡염증경)　飄颻征戍人 (표요정수인)　十年可解甲 (십년가해갑)　爲爾一霑巾 (위이일점건)

● 해설

대력大曆 원년(766) 여름에 지은 작품이다. 무더위에 음식이 자주 상하고 아픈 몸에 더위까지 먹어 더욱 고생스러운 상황임을 말하고 있다. 출정 나간 사람들에 대한 연민이 후반부에 실려 있어, 개인적 고통에만 머물지 않는 두보의 자세를 볼 수 있다.

● 주석

* 沈(침) : 물에 담그다.
* 雕胡(조호) : 고미菰米. 이 구절은 날이 더워서 고미로 만든 밥이 쉬 변하기 때문에 자주 밥을 해야 한다는 말이다.
* 被暍(피갈) : 더위먹다.
* 欻翕(훌흡) : 빠른 모습.
* 飄颻(표요) : 바람에 나부끼다. 이곳저곳 바람처럼 떠돌아다니는 병사들이 고생하는 모습이 생각난다는 말이다.

212. 비가 개다

비 올 적에는 산 모습 변함없더니
비 그치고 나니 협곡이 새로워진 듯.
하늘 끝에서 낯선 풍속을 대하자니
가을 강은 그리움으로 사람 애간장 태운다.
원숭이 울음에 눈물 흠뻑 흘리건만
편지 부탁할 개는 어디에 있는가?
근심 어린 눈썹 밖 먼 고향이여,
긴 노래에 마음만 상하는구나.

雨晴
_우 _청

雨時山不改　晴罷峽如新　天路看殊俗　秋江思殺人
_{우시산불개}　_{청파협여신}　_{천로간수속}　_{추강사살인}

有猿揮涙盡　無犬附書頻　故國愁眉外　長歌欲損神
_{유원휘루진}　_{무견부서빈}　_{고국수미외}　_{장가욕손신}

● **해설**

대력大曆 원년(766) 가을에 기주夔州의 서각西閣에서 지은 작품이다. 장맛비가 막 개었을 때의 기쁨과 고향에 대한 그리움이 시에 담겨 있다.

● **주석**

* 天路(천로) : 천변天邊. 여기서는 고향으로부터 멀리 떨어져 있는, 작자가 살고 있던 기주夔州를 가리킨다.
* 無犬(무견) 구 : 《술이기述異記》에 따르면, 진대晉代 문인 육기陸機의 집에는 황이黃耳라는 개가 있어 주인을 위해 먼 고향까지 편지 심부름을 했다고 한다. 여기서는 가족들과 편지를 빈번하게 왕래할 수 없음을 한탄한 것이다.
* 故國(고국) : 고향.
* 損神(손신) : 상심하다.

213. 깊은 밤

한밤중 산하는 고요한데
고루에 올라 북두성을 바라본다.
늘 만리의 나그네로 떠돌아
백년 평생에 부끄러움뿐인데,
장안에는 여전히 풍운이 일어
고당도 전쟁 먼지 속에 있을 터.
은혜도 모르는 저 오랑캐 놈아!
슬프다, 태평한 시절 보냈던 사람들이여!

中^중夜^야

中夜江山靜 (중야강산정)
危樓望北辰 (위루망북신)
長爲萬里客 (장위만리객)
有愧百年身 (유괴백년신)
故國風雲氣 (고국풍운기)
高堂戰伐塵 (고당전벌진)
胡雛負恩澤 (호추부은택)
嗟爾太平人 (차이태평인)

● 해설
대력大曆 원년(766) 기주의 서각에서 지은 작품이다. 전란으로 고향을 떠나 이역에서 밤을 맞이하는 서글픈 심정이 잘 드러나 있다.

● 주석
* 危樓(위루) : 높은 누각.
* 北辰(북신) : 북두성. 여기서는 장안을 비유한다.
* 故國(고국) : 장안을 가리킨다.
* 胡雛(호추) : 오랑캐를 낮추어 부른 말이다. 장안을 함락시킨 안녹산安祿山을 가리킨다.
* 太平人(태평인) : 난리가 나기 전 태평한 시절을 보냈던 사람들.

214. 강의 달

강물에 달빛 어리는 밤,
고루에 올라 가없는 시름에 젖는다.
하늘 끝 나그네 된 지 오래,
늙어감에 늘 수건만 적셔라.
맑은 달빛 속에 이슬은 무성히 내리고
은하수 속으로 반달이 잠기는데
뉘 집에 비단 자수 놓는 여인이런가
촛불 끄고 푸른 눈썹 찡그리겠지.

강 월
江月

강월광어수　　고루사살인　　천변장작객　　로거일점건
江月光於水　　高樓思殺人　　天邊長作客　　老去一霑巾
옥로단청영　　은하몰반륜　　수가도금자　　촉멸취미빈
玉露漙清影　　銀河沒半輪　　誰家挑錦字　　燭滅翠眉顰

● 해설

대력大曆 원년(766) 기주夔州의 서각에서 지은 작품이다. 나그네로 오랫동안 객지에서 머물며 누대에서 달을 마주하여, 더욱 절실해진 고향에 대한 그리움을 표현하였다. 일설에는 남녀의 정을 빌려서 군신의 의리를 비유하였다고 한다.

● 주석
* 漙(단) : 이슬이 많이 내린 모양.
* 清影(청영) : 맑은 달빛.
* 半輪(반륜) : 반달.
* 挑錦字(도금자) : 비단에 글자로 자수를 놓다.
* 顰(빈) : 찡그리다. 이 구절은 수놓은 여인도 달빛 비치는 밤에 그리움 속에서 얼굴을 찡그릴 것이라는 말이다.

215. 그림을 잘 그려서

그림을 잘 그린 모연수,
투호를 잘하던 곽사인.
매번 천자의 웃음을 얻고
만물은 모두 다시 봄날처럼 되었지.
정사는 물과 같이 다스려지고
황제는 신처럼 밝게 판단하셨지.
시시로 잡기를 농한다고 해도
풍진에 더러워질 것도 없었다네.

能^능畵^화

能畵毛延壽^{능화모연수}　投壺郭舍人^{투호곽사인}　每蒙天一笑^{매몽천일소}　復似物皆春^{부사물개춘}
政化平如水^{정화평여수}　皇恩斷若神^{황은단약신}　時時用抵戲^{시시용저희}　亦未雜風塵^{역미잡풍진}

● **해설**
정확한 창작 연대를 알 수 없다. 가무歌舞와 잡기雜技에 열중하는 현종玄宗 때의 정치상황을 풍유의 수법으로 비판하였다.

● **주석**
* 毛延壽(모연수) : 한漢 원제元帝 때 화공畵工. 그림을 핍진하게 잘 그려서 황제의 사랑을 받았다.
* 郭舍人(곽사인) : 한漢 무제武帝 때 사람으로 투호投壺를 잘해서 무제로부터 늘 상을 받았다.
* 每蒙(매몽) 구 : 곽사인이 투호를 할 때마다 무제가 즐거워하였음을 말한 것이다.
* 復似(부사) 구 : 모연수가 그린 그림이 핍진함을 말한 것이다.
* 政化(정화) 2구 : 당唐 현종玄宗이 정치를 잘하던 개원開元 시절을 말한 것이다.

* 抵戱(저희) : 놀이를 하다. 여기서는 현종이 즐기던 음악과 춤, 잡기를 가리킨다.

216. 노란 고기

매일 파동의 협곡을 바라보니
황어가 새로 물결에 나타났네.
육질이 기름져 개까지 먹일 수 있나니
다 자란 후에는 살아날 방도가 없다네.
통통筒桶으로 잡는 법은 오래 전부터 전수된 것,
바람과 우레로도 신통력을 발휘할 수가 없을 것이네.
진흙 모래에서 거품 속에 몸을 움츠리고 있으니
용처럼 생긴 모양에 고개 돌려 괴이히 여긴다네.

黃魚

日見巴東峽　黃魚出浪新　脂膏兼飼犬　長大不容身
筒桶相沿久　風雷肯爲伸　泥沙卷涎沫　回首怪龍鱗

● 해설

대력大曆 원년(766) 기주夔州에서 지은 작품이다. 시는 황어의 몸집이 커서 끝내 재앙을 면치 못하는 것으로부터 시작하여 시인 자신의 서글픈 심정을 기탁하였다.

● 주석

* 黃魚(황어) : 철갑상어의 일종. 몸이 크고 누런 빛깔을 띠며, 껍질이 단단하되 비늘은 없다.
* 筒桶(통통) : 대나무로 만든 통. 황어를 잡는 어구를 가리킨다.
* 相沿久(상연구) : 통통筒桶을 가지고 황어를 잡는 방식이 오래되었다는 말이다.
* 風雷(풍뢰) 구 : 황어가 용과 비슷한 까닭에 한 말로, 바람과 우레를 부리는

신통력을 써도 사람들의 포획에서 벗어날 수가 없다는 말이다.
* 涎沫(연말) : 황어의 입에서 나오는 거품을 뜻한다.

217. 서각을 떠나지 못해

강가의 버들, 시절보다 먼저 잎 피고
강변의 꽃들, 추위 속에도 빈번히 피었네.
이곳 먼 땅에는 응당 독한 기운이 번지려니
납일이 다가와 이미 봄기운을 머금었구나.
배움을 잃은 아들놈 내버려두고
집 없는 늙은 몸 정처없는데
서각이여, 네 뜻이 무엇이뇨?
떠나가도 좋으냐, 꼭 머물러 있어야 하느냐!

불리서각
不離西閣

강류비시발	강화랭색빈	지편응유장	랍근이함춘
江柳非時發	江花冷色頻	地偏應有瘴	臘近已含春
실학종우자	무가임로신	부지서각의	긍별정류인
失學從愚子	無家任老身	不知西閣意	肯別定留人

● 해설
대력大曆 원년(766) 겨울, 기주의 서각西閣에서 지은 작품이다. 강의 풍경을 대하고 서각에게 묻는 것으로 시작하여 서각에서 머무르는 괴로운 심정을 드러내었다. 2수의 연작시 가운데 제1수이다.

● 주석
* 非時發(비시발) : 봄이 오기 전에 버들이 잎이 났다는 말이다.
* 冷色頻(냉색빈) : 날씨가 차가운 중에도 꽃들이 많이 피었다는 말이다.
* 瘴(장) : 장기瘴氣. 산천의 악한 기운. 혹은 그로 인해 생기는 풍토병.
* 失學(실학) : 두보의 아이들이 공부할 여건이 안된다는 말이다.

* 從(종) : 그대로 내버려두다.
* 無家(무가) 구 : 자신이 늙어서도 정처없이 떠돌고 있음을 말한 것이다.
* 不知(부지) 2구 : 두보가 머물고 있던 기주를 떠나는 것이 옳은지, 아니면 아예 눌러 사는 것이 옳은지를 당시 살고 있던 서각西閣에게 묻는 형식을 취한 것이다.

218. 소계로 내려가는 외숙을 받들어 전송하며

먼 땅 기주에 삼동이 저무는데
뜬구름 인생 늘 병들어 있어라.
외숙을 이별하려니 상념 깊어지거늘
이별 후에 어떤 사람을 만나리?
창오의 황제 무덤이 아득한 곳,
맹모가 이웃한 곳으로 옮겨가는데
어둑하게 구름과 물로 멀리 떨어진 땅이여,
몸 기울여 바라보다 마음만 깊이 멍드는구나!

奉送十七舅下邵桂

絶域三冬暮　浮生一病身　感深辭舅氏　別後見何人
飄緲蒼梧帝　推遷孟母隣　昏昏阻雲水　側望苦傷神

• **해설**
대력大曆 연간에 기주夔州에서 지은 작품이다. 당시 외숙이 모친을 받들어 소계 일대로 부임하였기에, 두보가 이 작품을 지어서 나그네로 생활하는 가운데 이별하는 정을 읊었다.

• **주석**
* 十七舅(십칠구) : 두보의 외가인 최씨 집안의 외숙.

* 邵桂(소계) : 지명. 지금의 호남성湖南省 소평시邵平市와 광서성廣西省 계림시桂林市 지역.
* 絶域(절역) : 두보가 살고 있던 기주를 가리킨다.
* 飄緲(표묘) : 아득한 모양.
* 蒼梧(창오) : 순舜임금이 죽어 묻혔다고 전해지는 곳. 외숙이 가는 소계와 멀지 않은 곳이므로 인용한 것이다.
* 推遷(추천) : 이사하다. 옮기다.
* 孟母(맹모) : 맹자의 모친. 당시 외숙은 모친을 모시고 소계 지역으로 갔기에 이 '맹모삼천孟母三遷'의 전고를 인용한 것이다.
* 苦(고) : 심히. 매우.

219. 동생 두관이 곧 도착함을 기뻐하며 다시 단편의 시를 짓다

무협 천산은 어둑한데
종남산 만리에 봄이 왔겠지.
병중에 너를 만나게 되었나니
편지 와서야 네 살아있음을 알았구나!
아이의 물음에 답하려다 보니
네가 오는 길에 전쟁이 새로 시작되었구나!
배가 정박하여 너와 만나 기쁨을 나눈 후에
천천히 고향에 돌아갈 이야기 나누자꾸나.

희관즉도부제단편
喜觀卽到復題短篇

무협천산암　　종남만리춘　　병중오견제　　서도여위인
巫峽千山暗　　終南萬里春　　病中吾見弟　　書到汝爲人
의답아동문　　래경전벌신　　박선비희후　　관관화귀진
意答兒童問　　來經戰伐新　　泊船悲喜後　　款款話歸秦

● **해설**

대력大曆 2년(767) 기주夔州의 양서瀼西에서 지은 작품이다. 제목의 관觀은 두보의 동생 두관杜觀을 가리킨다. 두관이 기주에 있는 형을 보기 위해 온다는 편지를 받고 기뻐하며 지은 시이다. 희비의 감정과 고향으로 돌아가고 싶은 마음을 드러내었다. 2수의 연작시 가운데 제1수이다.

● **주석**

* 書到(서도) 구 : 편지를 받고서야 동생이 아직 살아있음을 알게 되었다는 말이다.
* 兒童(아동) : 두보의 자식을 가리킨다.
* 戰伐新(전벌신) : 전쟁이 새로 시작되다.
* 悲喜(비희) : 형제가 오랜만에 만나 슬프기도 하고 기쁘기도 한 상태를 말한다.
* 款款(관관) : 느린 모양. 충실한 모양.

220. 옛집으로 돌아가는 혜자를 전송하며

수척한 흰 당나귀 타고
시내로 돌아가는 병든 혜자여!
하늘에게 노련한 안력이 없어서
빈 골짜기에 이 사람을 머물게 하는가?
절벽에는 송화 벌꿀 익어가고
산속 술잔에는 죽엽주 새로운데
초가집엔 실로 아무런 일 없나니
벼슬 마다한 상산 노인들 같지 않은가!

送惠二歸故居

惠子白驢瘦　歸溪唯病身　皇天無老眼　空谷滯斯人
崖蜜松花熟　山杯竹葉新　柴門了無事　黃綺未稱臣

● 해설

대력大曆 2년(767) 기주夔州에서 지은 작품이다. 혜자에 대해 깊은 안타까움의 정을 표시하고, 산야에 살면서 상산사호의 기풍을 잃지 않았던 그의 성품을 위로하였다. 제목의 혜이惠二는 기주 지역에서 은거하던 사람으로서 이름은 알려져 있지 않다.

● 주석

* 斯人(사인) : 혜자惠子를 가리킨다.
* 崖蜜(애밀) : 절벽에 생긴 벌꿀.
* 竹葉(죽엽) : 죽엽주.
* 柴門(시문) : 혜자의 초가집을 가리킨다.
* 了(요) : 전혀.
* 黃綺(황기) : 진秦나라 말년 전란을 피하여 섬서성陝西省 상산商山에 은거하던 네 명의 백발 노인[商山四皓]인 동원공東園公, 하황공夏黃公, 녹리선생甪里先生, 기리계綺里季를 가리킨다. 하황공과 기리계에서 각각 한 글자씩 따서 '황기黃綺'라고 한 것이다.

221. 달

무산에 비 오락가락하더니
은하수 이 밤에 새롭구나!
푸른 산의 달마저 없었더라면
늙은이 그 수심 어찌 감당했으랴!
도깨비들 깊은 숲으로 숨고
두꺼비는 반쪽 달을 삼켰는데
북두성 마주한 고향이여!
달빛 비치는 장안이 홀연 그립구나.

월
月

단속무산우　　천하차야신　　약무청장월　　수살백두인
斷續巫山雨　　天河此夜新　　若無靑嶂月　　愁殺白頭人
망량이심수　　하마몰반륜　　고원당북두　　직상조서진
魍魎移深樹　　蝦蟆沒半輪　　故園當北斗　　直想照西秦

• 해설
대력大曆 2년(767) 6월, 기주夔州에서 지은 작품이다. 비가 갠 달을 묘사함으로써 객지에서 오랫동안 머무는 나그네 신세에 대해 한탄하고 있다. 3수의 연작시 가운데 제1수이다.

• 주석
* 靑嶂月(청장월) : 푸른 산봉우리 위에 뜬 달.
* 魍魎(망량) : 숲속에 사는 도깨비. 이 구절은 달빛이 밝아서 도깨비들이 숲속으로 숨는다는 말이다.
* 蝦蟆(하마) : 달에 산다는 두꺼비. 이 구절은 달이 반달임을 설명한 것이다.
* 直想(직상) : 곧바로 생각하다. 곧 떠오르다.
* 西秦(서진) : 서쪽 진 땅. 장안長安 지역을 가리킨다.

222. 가을에 정감의 호상정에 부쳐 쓰다

잠시 봉래각에 주춤하시더니
마침내 강해의 사람이 되셨네.
황금을 뿌리고 사물의 이치에 응하시니
패옥을 끄는 것 어찌 몸에 맞는 일이시겠는가!
부드러운 가을 순채로 국을 끓이고
새로운 국화술로 잔을 채우시네.
시를 지어 기상을 반분하려니
좋은 구절이 자주 나오지 않겠는가!

추일기제정감호상정
秋日寄題鄭監湖上亭

잠조봉래각　　　　　종위강해인　　　　　휘금응물리　　　　　타옥기오신
暫阻蓬萊閣　　終爲江海人　　揮金應物理　　拖玉豈吾身
갱자추순활　　　　　배응로국신　　　　　부시분기상　　　　　가구막빈빈
羹煮秋蓴滑　　杯凝露菊新　　賦詩分氣象　　佳句莫頻頻

● 해설

대력大曆 2년(767), 장차 기주夔州를 떠나 형주荊州로 내려가려던 때에 지은 작품이다. 정감鄭監은 비서감秘書監을 지냈던 정심鄭審을 가리킨다. 당시 좌천되어 강릉江陵(지금의 호북성湖北省 형주荊州)으로 내려와 호수가에 집을 짓고 살았다. 기주를 떠날 준비를 하던 두보가 그에게 편지를 보내 자신도 강릉에서 살 뜻을 비치고 있다. 호상정湖上亭은 강릉에 있었다. 3수의 연작시 가운데 제3수이다.

● 주석

* 蓬萊閣(봉래각) : 당대唐代에는 비서성秘書省을 봉래각으로 비유하였다. 정심鄭審이 일찍이 비서소감秘書少監을 지냈으므로 한 말이다.
* 揮金(휘금) : 황금을 뿌리다. 한漢 선제宣帝 때 태부太傅를 지낸 소광疏廣이 벼슬을 그만두고 고향으로 내려가서는 조정에서 하사한 황금을 친척들과 친구들에게 나누어 주었다. 후에 이 전고는 귀은歸隱을 말할 때 흔히 인용되었다.
* 拖玉(타옥) : 패옥을 끌다. 부귀한 생활을 가리킨다.
* 蓴(순) : 순채.
* 賦詩(부시) 2구 : 두보가 강릉으로 이사가서 정심과 함께 시를 짓다보면 호상정의 가상을 정심과 반분하게 되어 좋은 시를 쓰게 되리라는 말이다.

223. 17일 밤에 달을 대하고서

가을 달 여전히 둥그런 밤,
강촌의 늙은 몸 외롭구나.
주렴 걷었을 적에 여전히 나그네 비추더니
지팡이 짚고 나서자 다시 날 따라오네.
물속 이무기 빛에 쏘여 움직이고

자던 새 밝음에 놀라 자주 나는데
귤나무, 유자나무 기댄 초가집에
맑디맑은 이슬 꽃이 새롭네.

十七夜對月
_{십 칠 야 대 월}

秋月仍圓夜 江村獨老身 捲簾還照客 倚杖更隨人
_{추월잉원야} _{강촌독로신} _{권렴환조객} _{의장갱수인}

光射潛虯動 明翻宿鳥頻 茅齋依橘柚 淸切露華新
_{광사잠규동} _{명번숙조빈} _{모재의귤유} _{청절로화신}

● 해설

대력大曆 2년(767) 기주夔州의 양서瀼西에서 지은 작품이다. 달빛 아래의 경치를 묘사함으로써 두보가 느끼는 고독감을 표현하였다.

● 주석

* 潛虯(잠규) : 물속에 잠긴 이무기.
* 茅齋(모재) : 초가집. 여기서는 기주 양서의 초당을 가리킨다.

224. 시험에 응시하려고 동경으로 가는 맹창조를 전송하며

그대 노모를 이별하고 떠나감이여!
집안이 가난함을 괴로워함이라.
시험장에 머물 객이여!
강산에서 초췌했던 사람이라네.
가을바람에 초 땅의 대나무 서늘한데
밤눈 속에 공현의 매화가 봄을 알리겠지.
조석으로 자당께서 염려하실 터,
응당 채색 옷을 새로 입어야 하리.

送孟十二倉曹赴東京選
송 맹 십 이 창 조 부 동 경 선

君行別老親　此去苦家貧　藻鏡留連客　江山憔悴人
군 행 별 로 친　차 거 고 가 빈　조 경 류 련 객　강 산 초 췌 인

秋風楚竹冷　夜雪鞏梅春　朝夕高堂念　應宜綵服新
추 풍 초 죽 랭　야 설 공 매 춘　조 석 고 당 념　응 의 채 복 신

● 해설

대력大曆 2년(767) 기주夔州에서 지은 작품이다. 제목의 창조倉曹는 관직 이름이다. 이 시는 이전에 창조 벼슬을 지냈던 맹십이孟十二가 다시 동경東京에서 실시하는 과거에 응시하기 위해 기주를 떠나게 된 상황에서 지은 송별시이다.

● 주석

* 藻鏡(조경) : 품조경감品藻鏡鑒. 과거를 주관하는 시험관이 품평하고 감별한다는 뜻으로 맹씨가 과거에 응시함을 말한 것이다.
* 江山(강산) 구 : 맹씨가 기주에서 가난하게 생활하였다는 말이다.
* 鞏梅(공매) : 공현鞏縣 일대에 피는 매화. 공현은 낙양 부근의 지명으로 과거 시험이 낙양에서 치러지므로 쓴 표현이다. 이 구절은 이듬해 봄에 낙양에서 과거시험이 있음을 말한 것이다.
* 高堂(고당) : 맹씨의 모친을 말한다.

225. 동둔의 북쪽 산에서

도적들로 인하여 뜬구름 인생 고달픈데
가렴주구로 기주의 백성들 가난하구나.
빈 촌락에는 새들만 보이고
해 저물어도 사람 만날 수가 없어라.
골짜기를 거닐자 바람이 얼굴에 불어가고
소나무 쳐다보니 이슬이 몸에 떨어지네.
먼 산에서 하얗게 센 머리 돌려 바라보니
전쟁터에는 누런 먼지만 일어나누나.

동 둔 북 엄
東屯北崦

도적부생곤　　주구이속빈　　공촌유견조　　락일미봉인
盜賊浮生困　誅求異俗貧　空村唯見鳥　落日未逢人

보학풍취면　　간송로적신　　원산회백수　　전지유황진
步壑風吹面　看松露滴身　遠山回白首　戰地有黃塵

● 해설

대력大曆 2년(767) 가을, 기주夔州의 동둔東屯에서 지은 작품이다. 동둔의 경치를 묘사하는 것으로부터 시작하여 토번의 약탈로 혼란에 처한 백성들의 고단한 삶을 동정하고 있다.

● 주석

* 東屯(동둔) : 지명. 기주夔州에 속한 곳으로 두보가 이곳에 이사하여 한동안 살았다.
* 盜賊(도적) : 당조唐朝에 반란을 일으킨 세력들을 두루 말한 것이다.
* 誅求(주구) : 가렴주구. 관가에서 백성의 재물을 강제로 빼앗는 것을 말한다.
* 異俗(이속) : 다른 풍속. 두보가 거처했던 기주 지역은 소수민족이 거하던 곳이었으므로 풍속이 다르다고 말한 것이다.

226. 역으로부터 초당에 가서 머무른 후 다시 동둔의 모옥에 이르다

해 짧은 계절 편히 잠자기 어려워
늙은 몸을 억지로 움직인다네.
따뜻하게 찐 밤이 있는 산집,
막 사냥한 사슴 고기 나오는 들밥.
인생길 사귐의 도가 박함을 알고 있나니
뜰에 객이 자주 오갈까 두려워할 뿐.
목동 아이 바로 내 눈앞에 있고
농부 아저씨 이웃이 되면 그만인 것을.

從驛次草堂復至東屯茅屋
종 역 차 초 당 부 지 동 둔 모 옥

短景難高臥　衰年強此身　山家蒸栗煖　野飯射麋新
단경난고와　쇠년강차신　산가증률난　야반사미신

世路知交薄　門庭畏客頻　牧童斯在眼　田父實爲隣
세로지교박　문정외객빈　목동사재안　전부실위린

● 해설

대력大曆 2년(767) 겨울, 기주夔州에서 지은 작품이다. 제목의 역驛은 역참이다. 이 시는 두보가 성에 들어갔다가 돌아올 때에 역참에서 말을 빌려 타고서 먼저 양서瀼西의 초당에 잠시 머물렀다가 동둔東屯으로 돌아온 상황을 적은 것이다. 2수의 연작시 가운데 제2수이다.

● 주석
* 短景(단경) : 짧은 해. 계절이 가을이거나 겨울임을 말한다.
* 高臥(고와) : 베개를 높이 베고 편히 자는 것을 말한다.

227. 띠집에서 수확한 벼를 살피며

쌀로 밥을 지으니 이처럼 하얀데
가을 아욱까지 끓여 내니 또 새롭네.
이 반질반질한 아욱이 쉬 배부르다 누가 말했는가?
늙어서는 부드럽고 고른 쌀에 의지해 사는 것을.
벼는 다행히 방주에서처럼 잘 익었나니
그 싹이 봄날 낙양에서 자란 것과 같았네.
거완에 담아 비쳐볼 필요가 없는 터,
저절로 은빛 같은 색을 띠고 있으니.

茅堂檢校收稻
모 당 검 교 수 도

稻米炊能白　秋葵煮復新　誰云滑易飽　老藉軟俱勻
도미취능백　추규자부신　수운활이포　로자연구균

$$\underset{\text{종행방주숙}}{種幸房州熟} \quad \underset{\text{묘동이궐춘}}{苗同伊闕春} \quad \underset{\text{무로영거완}}{無勞映渠碗} \quad \underset{\text{자유색여은}}{自有色如銀}$$

● **해설**

대력大曆 2년(767) 동둔東屯에서 지은 작품이다. 제목의 검교檢校는 '검열하다' 또는 '조사하다'의 뜻이다. 벼를 수확하고 검사하는 모습을 묘사함으로써 잠시 가난함을 벗어날 수 있는 두보 자신의 기쁨을 표현하였다. 2수의 연작시 가운데 제2수이다.

● **주석**

* 能(능) : 이와 같이. 이처럼. 당대唐代의 방언方言.
* 秋葵(추규) : 가을에 나는 아욱.
* 藉(자) : 의지하다.
* 匀(균) : 고르다. 균일하다. 이 구절은 노인은 부드럽고 고른 쌀을 좋아한다는 말이다.
* 房州(방주) : 지금의 호북성湖北省 방현房縣.
* 伊闕(이궐) : 지금의 낙양시洛陽市 남쪽의 용문龍門.
* 渠碗(거완) : 거석渠石으로 만든 투명한 밥그릇.

228. 상부인의 사당에서

엄숙한 상비묘,
빈 담엔 푸른 봄 물결이 일고
이끼 낀 옥패 위로 벌레는 글씨를 쓰고
먼지 덮인 푸른 장막 위로 제비 춤춘다.
저녁 배를 대고 나무 있는 모래섬에 올라
엷은 향기를 물가 마름에게 빌려온다.
끝도 없는 창오의 한이여!
눈물은 아직도 대나무에 물든다.

湘夫人祠
^{상부인사}

肅肅湘妃廟　空牆碧水春　蟲書玉佩蘚　燕舞翠帷塵
^{숙숙상비묘}　^{공장벽수춘}　^{충서옥패선}　^{연무취유진}

晚泊登汀樹　微馨借渚蘋　蒼梧恨不盡　染淚在叢筠
^{만박등정수}　^{미형차저빈}　^{창오한부진}　^{염루재총균}

●해설
대력大曆 4년(769) 봄, 상음현湘陰縣 지역에 들어왔을 때 지은 작품이다. 사당 안과 사당 밖의 쓸쓸한 경치를 묘사하고, 남녀의 정을 빌려 군신불우君臣不遇의 감개를 드러내었다.

●주석
* 肅肅(숙숙) : 엄숙한 모양.
* 湘妃廟(상비묘) : 순임금의 두 아내였던 아황娥皇과 여영女英을 모신 사당. 당시 상음현湘陰縣 경내에 있었다.
* 蟲書(충서) 구 : 벌레가 이끼 위로 다니면서 흔적을 만든 것이 마치 글을 쓴 듯하다는 말이다.
* 微馨(미형) 구 : 상비묘에 바칠 마름을 딴다는 말이다.
* 蒼梧(창오) : 순임금이 죽어 묻힌 땅.
* 染淚(염루) 구 : 《박물지博物志》에 따르면, 순임금이 남순하던 길에 창오에서 죽었다는 소식을 들은 두 아내 아황과 여영이 흘린 눈물이 대나무에 물들어서 반죽斑竹이 되었다고 한다.

229. 담주를 떠나며

지난 밤 장사의 술에 취하였더니
오늘 새벽 봄이 온 상수를 간다네.
강안의 봄꽃들 펄펄 날아 객을 전송하는데
돛대 위 제비만 머무르라 말 전하네.
가의의 재주 아직껏 세상에 없었고
저공의 서법은 천고에 으뜸이거늘

명성 높은 이 사람들의 앞뒤의 일,
돌이켜 생각하니 마음 슬퍼지는구나.

발 담 주
發潭州

야취장사주　　효행상수춘　　안화비송객　　장연어류인
夜醉長沙酒　　曉行湘水春　　岸花飛送客　　檣燕語留人
가부재미유　　저공서절륜　　명고전후사　　회수일상신
賈傅才未有　　褚公書絶倫　　名高前後事　　回首一傷神

●해설
대력大曆 4년(769), 장사를 떠나 상강湘江을 거슬러올라 형산衡山으로 가려 할 무렵에 쓴 작품이다. 담주潭州는 지금의 호남성湖南省 장사시長沙市에 있다. 당시 두보가 이곳에 잠시 머물렀다.

●주석
* 賈傅(가부) : 가의賈誼. 한대漢代 유명한 정론가이자 문학가. 장사왕長沙王의 태부太傅에 임명되었으며 젊은 나이에 장사에서 객사하였다.
* 褚公(저공) : 저수량褚遂良. 초당初唐의 서예가. 상서우복야尙書右僕射를 지냈으며 고종高宗이 무측천武則天을 황후로 세운 것을 반대하다가 담주도독潭州都督으로 좌천되어 그곳에서 죽었다.

230. 호남으로 가는 위지진을 받들어 전송하며

황제의 은총이 황패를 불러들이려는데
임시로 구순을 빌리자고 자주 요구하네.
물을 등진 호남 땅을 안돈하려니와
협내의 백성들 봄날 순행하던 그대 기억하리.
왕실은 여전히 변고가 많아
창생은 큰 신하를 의지하나니
돌아가 서유자의 걸상 만들어

곳곳에서 현인들 예우하시길.

奉送韋中丞之晉赴湖南
봉송위중승지진부호남

寵渥徵黃漸　權宜借寇頻　湖南安背水　峽內憶行春
총악징황점　　권의차구빈　　호남안배수　　협내억행춘

王室仍多故　蒼生倚大臣　還將徐孺榻　處處待高人
왕실잉다고　　창생의대신　　환장서유탑　　처처대고인

● 해설

대력大曆 4년(769), 두보가 형주에 막 도착하였을 때 지은 작품으로서, 형주자사衡州刺史를 맡고 있던 위지진韋之晉이 담주자사潭州刺史로 발령을 받아 가게 되었기에 송별시로 준 것이다. 제목의 위중승韋中丞은 중승의 직책을 가지고 있었음을 말한다.

● 주석

* 寵渥(총악) : 황제의 총애와 은택.
* 徵黃(징황) : 황패黃霸를 부르다. 한漢 선제宣帝 때 영천태수穎川太守 황패는 8년 간 영천을 다스려 그 치적이 천하의 으뜸이었다. 선제는 그를 관내후關內侯로 봉했으며 태자태부太子太傅로 임명하였다. 이 일은 후에 훌륭한 태수들을 불러서 조정의 중요한 관직에 임명하는 상황을 표현하는 전고가 되었다. 여기서는 황패로 위지진을 비유한 것이다.
* 權宜(권의) : 임시로 조치함.
* 借寇(차구) : 구순寇恂을 빌리다. 후한後漢 때에 구순은 영천태수를 지냈는데 도적들을 소탕하여 백성들의 열렬한 환영을 받았다. 후에 다시 여남태수汝南太守로 가게 되자 영천에서 도적들이 다시 일어났으므로 백성들이 황제에게 구순을 1년만 빌릴 수 있게 해달라고 요청하였다. 위지진이 형주자사에서 담주자사로 옮겼으므로 구순의 일을 가지고 비유한 것이다.
* 湖南(호남) 구 : 위지진이 담주자사를 맡게 됨에 따라 호남 땅이 안정될 것이라는 말이다. 호남이 배수의 지형이기 때문에 한 말이다.
* 峽內(협내) 구 : 위지진이 이전에 다스렸던 촉 땅의 백성들이 그의 자취를 그리워할 것이라는 말이다.
* 徐孺榻(서유탑) : 서유자徐孺子의 걸상. 후한의 서치徐稚는 자字가 유자孺子로

서 남창南昌 사람이었다. 태수 진번陳蕃은 서치를 특별히 공대하여 그가 오면 걸상을 내오고, 그가 떠나면 그 걸상을 걸어두어 다른 사람이 함부로 쓰지 못하게 하였다. 여기서는 위지진이 담주에 가서 그곳 현자들을 잘 예우할 것을 바란 것이다.

231. 현으로 부임하는 조명부를 전송하며

성을 연이어 줄만큼 그 보배됨이 중하니
훌륭한 현령으로 새로운 인재를 얻은 것.
산 꿩은 현령의 배를 맞이하고
강 꽃은 현령 오신다고 읍 사람에게 알리리.
사귐을 논하자니 오히려 늦음이 한스럽고
병들어 눕자니 봄이 오히려 근심스러운데
사랑 베풀어 남쪽 늙은이 기쁘게 하였음에
그 남은 물결이 늙은 몸에도 미치고 있다네.

送趙十七明府之縣
連城爲寶重 茂宰得才新 山雉迎舟楫 江花報邑人
論交翻恨晚 臥病却愁春 惠愛南翁悅 餘波及老身

● 해설
대력大曆 5년(770) 호남湖南에서 머물 때 지은 작품으로서, 현령을 지내는 조십칠趙十七을 전송하면서 지은 것이다. 제목의 명부明府는 현령을 지칭하는데, 조십칠이 누군가는 분명치 않다.

● 주석
* 連城(연성) 구 : 《사기史記 · 염파인상여열전廉頗藺相如列傳》에 의하면 조趙나라 혜문왕惠文王이 초楚나라 화씨벽和氏璧을 얻었는데, 진秦 소왕昭王이 그 소문을

듣고는 사람을 파견해서 15개의 성과 맞바꾸자 하였다고 한다. 여기서는 조명부의 성이 조씨이므로 그가 화씨벽과 같이 귀중하고 출중한 존재라는 칭찬의 말이다.
* 茂宰(무재) : 훌륭한 현관. 여기서는 조명부를 가리킨다.
* 山雉(산치) 구 : 동한東漢 사람 노공魯恭은 중모령中牟令을 맡아서 덕으로 잘 다스려 형벌을 쓰지 않았다고 한다. 그 교화가 심지어 꿩에게까지 미쳐서 사람이 가까이 와도 피하지 않았다고 한다. 여기서는 조명부가 현령이므로 이 전고를 암용한 것이다.
* 江花(강화) 구 : 진晉나라 사람 반악潘岳은 하양령河陽令을 맡았는데, 현내에 복사꽃, 오얏꽃을 많이 심어서 '하양은 온 현이 꽃이다'라는 칭찬을 받았다고 한다. 조명부가 현령이므로 역시 이 전고를 암용한 것이다.
* 南翁(남옹) : 남쪽의 노인네들. 이 구절은 조명부가 일찍이 두보를 도와준 적이 있음을 말한 것이다.

【오율문운五律文韻】

232. 가산을 보고

한 광주리의 공으로 1척 높이를 채웠음에
세 봉우리의 뜻 출중하여라.
바라보노라면 들에 있는 듯하고
그윽한 곳에선 구름이 생기려는데
자죽은 봄날의 그늘로 덮고 있고
향로는 새벽 연기의 형세로 흩어진다.
남산이 장차 헌수를 하려는 듯
아름다운 기운이 날로 끊임없네.

假山
_{가 산}

一簣功盈尺　三峰意出群　望中疑在野　幽處欲生雲
_{일궤공영척　삼봉의출군　망중의재야　유처욕생운}

慈竹春陰覆　香爐曉勢分　惟南將獻壽　佳氣日氤氳
_{자죽춘음복　향로효세분　유남장헌수　가기일인온}

● 해설

천보天寶 원년(742)에 지은 작품이다. 조모의 당하에 만들어진 가산假山을 보고 흥이 나서 읊은 것이다. 원래는 '천보초天寶初' 이하 서문을 제목으로 삼고 있으나,《보주두시》에서는 따로 '가산假山'이라는 제목을 제시하고 있다. 서문에는 '천보 연간 초엽에, 남조 소사구인 외삼촌이 내 할머니 당하에 흙을 쌓아 산을 만들었는데, 한 광주리의 흙으로 1척 높이를 채워서 그로써 낡은 나무 받침대를 대신하여, 여러 분향자기를 받치니 자기가 대단히 안정되었다. 옆에 자죽을 심었더니 이 몇몇 봉우리를 덮어, 산은 우뚝하고 대나무는 우아하여 완연히 세속에서 벗어난 격조를 지닌 듯하였다. 이에 나도 모르게 흥취가 일어나 이 시를 지었다(天寶初, 南曹小司寇舅, 於我太夫人堂下壘土爲山, 一簣盈尺, 以代彼朽木, 承諸焚香瓷

甌, 甌甚安矣. 旁植慈竹, 蓋茲數峰, 嶔岑嬋娟, 宛有塵外格致, 乃不知興之所至, 而作是詩)'
라고 하였다.

• 주석
* 曉勢分(효세분) : 새벽 연기의 형세로 나누어지다. 향로에서 피어오르는 연기가 마치 새벽 연기가 흩어지는 형세와 같다는 말이다.

233. 봄날에 이백을 생각하며

이백은 시가 무적이라
표연하여 그 생각 무리들과 다르나니
청신함은 유개부요
준일함은 포참군.
위수 북쪽에는 봄 하늘의 나무,
장강 동쪽에는 해질 무렵의 구름.
어느 때나 한 동이 술로
다시 더불어 자세히 글을 논할까?

<ruby>春日憶李白</ruby>

白也詩無敵　飄然思不群　清新庾開府　俊逸鮑參軍
渭北春天樹　江東日暮雲　何時一樽酒　重與細論文

• 해설
천보天寶 5년(746) 장안에서 강동에 있는 이백을 생각하며 지은 작품이다. 이백을 그리워하고 그의 시를 높이 평가하는 두보의 마음이 잘 담겨 있다.

• 주석
* 飄然(표연) : 범속을 초탈하여 표일한 모습.
* 庾開府(유개부) : 유신庾信. 자字는 자산子山이고 남양南陽 신야新野 사람이다.

양梁 원제元帝 때 서위西魏에 사신으로 가 있는 동안 양나라가 망하여, 강제로 서위의 수도였던 장안에 머물게 되었다. 그 뒤 북주北周에서 개부의동삼사開府儀同三司의 벼슬을 한 적이 있었기 때문에 세칭 유개부라고 한다.
* 鮑參軍(포참군) : 포조鮑照. 자字는 명원明遠이고 동해東海 사람이다. 어려서는 가난하였고 성장해서는 관직에서 뜻을 이루지 못하였다. 한때 임해왕臨海王의 전군참군前軍參軍을 지냈으므로 세칭 포참군이라고 하였다. 그의 시에는 자신의 불우함에 대한 비분과 부패한 사회에 대한 풍자가 표출되어 있다.
* 日暮雲(일모운) : 두보의 상상에 의한 경치로 이백의 떠돌아다니는 신세를 비유한다.

234. 정광문을 모시고 하장군의 산림에서 노닐다

상 위의 서책이 지붕까지 이어지고
섬돌 앞의 나무는 구름을 떨어낸다.
장군께서 무력을 좋아하지 않아
어린 아들들 다 글에 능하여라.
술이 깨니 미풍이 불어오고
시 듣노라니 고요한 밤이 나뉘었는데
칡베옷을 등라 벽려에 걸 제
서늘한 달 하얀 빛이 어지럽구나.

배 정 광 문 유 하 장 군 산 림
陪鄭廣文遊何將軍山林

상 상 서 련 옥
牀上書連屋
계 전 수 불 운
階前樹拂雲
장 군 불 호 무
將軍不好武
치 자 총 능 문
稚子總能文
성 주 미 풍 입
醒酒微風入
청 시 정 야 분
聽詩靜夜分
치 의 괘 라 벽
絺衣掛蘿薜
량 월 백 분 분
涼月白紛紛

● 해설
천보天寶 12년(753)에 광문관박사 정건鄭虔과 함께 하장군何將軍의 원림園林에서 노닐면서 본 경치를 묘사하였다. 하장군의 자식들에 대해 칭송하고, 연회宴會 뒤의 서늘한 밤 경치를 묘사하였다. 10수의 연작시 가운데 제9수이다.

● 주석
* 連屋(연옥) : 지붕에까지 연이어 있다. 여기서는 서책이 많이 쌓여 있다는 뜻.
* 拂雲(불운) : 구름을 떨어내다. 여기서는 나무가 높이 솟아 있는 것을 표현한다.
* 靜夜分(정야분) : 고요한 밤이 깊어졌다는 뜻.

235. 가지와 엄무 두 분 사인과 양원의 보궐과 유별함

시골에 잠시 갈 일이 있어
전쟁중에 무리를 떠남이 안타깝습니다.
가는 곳이 멀어 시를 남겨 이별하게 되었음에
시름 많아 술에 맡겨 취하였지요.
온 가을 내내 궂은비 내리다가
오늘에야 비로소 구름 걷혔는데,
산길에서 이따금 호각胡角 불 것이니
곳곳에서 들리는 걸 어찌 견딜 수 있겠습니까!

류별가엄이각로량원보궐
留別賈嚴二閣老兩院補闕

전원수잠왕　　융마석리군　　거원류시별　　수다임주훈
田園須暫往　　戎馬惜離群　　去遠留詩別　　愁多任酒醺
일추상고우　　금일시무운　　산로시취각　　나감처처문
一秋常苦雨　　今日始無雲　　山路時吹角　　那堪處處聞

● 해설
지덕至德 2년(757) 8월에 지어진 작품이다. 당시 두보는 봉상현鳳翔縣에 있었는데, 강촌羌村으로 가족을 찾아 가고자 하였고, 떠남에 이르러 여러 사람들과 주연을 벌이다가 지었다. 가賈는 가지賈至로서 당시 중서사인中書舍人을 지냈고, 엄嚴은 엄무嚴武로서 급사중給事中을 맡았다. 양원兩院은 중서성中書省과 문하성門

下省을 가리키고, 보궐補闕은 관직 이름이다.

• 주석
* 田園(전원) : 부주鄜州 부근의 강촌羌村을 가리킨다. 두보의 가족들이 살던 장소이다.
* 戎馬(융마) : 싸움터의 말. 여기서는 전쟁을 가리킨다.

236. 진주잡시

동가의 아름다운 벼랑과 계곡,
뭇 봉우리보다 빼어난데
해질녘에 한 쌍의 새 맞이하고
개인 하늘에 조각구름 말리네.
야인이 험절함을 자랑하거니와
그들과 수죽의 경치 고르게 나눌 수 있으리.
약초 캐며 나 장차 늙어 가리니
아이에게는 아직 알리지 않았다네.

진주잡시
秦州雜詩

동가호애곡 불여중봉군   락일요쌍조   청천권편운
東柯好崖谷 不與衆峰群 落日邀雙鳥 晴天卷片雲
야인긍험절 수죽회평분   채약오장로   아동미견문
野人矜險絶 水竹會平分 採藥吾將老 兒童未遣聞

• 해설
건원乾元 2년(759) 두보가 진주秦州에 있을 때 지었다. 진주의 풍물이나 나그네의 고독한 심정을 잘 묘사하여, 당시 두보의 생활과 사상을 연구하는 데 중요한 자료가 되고 있다. 20수의 연작시 가운데 제16수이다.

• 주석
* 東柯(동가) : 계곡 이름으로 진주 동남쪽 50리에 위치함. 당시 두보의 조카인

두좌杜佐가 이곳에서 살았다.
* 水竹(수죽) : 일설一說에는 물과 대나무가 각각 이 지역의 반을 차지한다는 뜻이라고 한다.
* 平分(평분) : 공평하게 나누어 갖다.

237. 금대에서

사마상여는 병이 많았던 뒤에도
여전히 탁문군을 사랑했었지.
주점은 인간 세상에 전해오는데
금대는 해질녘 구름 속에 있구나.
들풀에 보조개 장식이 남아 있고
덩굴 풀에 비단 치마가 보이는 듯.
귀향하는 봉鳳이 황凰을 구하려는 뜻이여!
쓸쓸히 다시 들리지 않는구나.

금대
琴臺

무릉다병후	상애탁문군	주사인간세	금대일모운
茂陵多病後	尚愛卓文君	酒肆人間世	琴臺日暮雲
야화류보엽	만초견라군	귀봉구황의	료료불부문
野花留寶靨	蔓草見羅裙	歸鳳求凰意	寥寥不復聞

• 해설
금대는 완화계浣花溪 북쪽에 있다. 한漢나라의 유명한 부賦 작가인 사마상여司馬相如와 그의 아내 탁문군卓文君이 술을 팔던 곳이라고 전한다. 금대에 올라 옛사람을 회상하고, 그 풍류와 운치를 추모하여 시에 옮겼다.

• 주석
* 茂陵(무릉) : 사마상여는 만년에 은퇴하여 무릉에서 살았다. 때문에 무릉으로 그를 지칭하였다. 역사서에서는 그가 당뇨병을 앓았다고 전한다.

* 卓文君(탁문군) : 탁왕손卓王孫의 딸로서, 금을 잘 탔다고 한다. 원 남편과 사별한 후 사마상여를 사랑하여 부부가 되었다.
* 酒肆(주사) : 주점. 탁왕손은 딸의 결혼을 반대하여 재물을 주지 않았고, 사마상여도 매우 가난하였다. 부부는 시장에 술집을 차려 탁문군이 계산대를 맡고 사마상여는 술그릇을 닦았다고 한다.
* 寶靨(보엽) : 당나라 때 많은 부녀자들은 화전花鈿을 얼굴에 붙이고 다녔는데, 그것을 엽식靨飾이라고 불렀다.
* 歸鳳(귀봉) : 사마상여가 탁문군에게 구애할 때 연주한 〈봉구황鳳求凰〉이라는 금곡琴曲.《옥대신영玉臺新咏》에서 이르기를 '사마상여가 〈금가琴歌〉를 지어 노래하기를 "봉이여 봉이여 고향으로 돌아갈까나, 사해를 유람하여 황을 구하였지만, 때를 아직 만나지 못하여 거느리고 갈 수 없구나(鳳兮鳳兮歸故鄉, 遨遊四海求其凰, 時未遇兮無所將)."라고 하였다'고 하였다.

238. 태위 방관의 묘를 작별하다

타향에서 다시 떠도는 신세,
말 멈추고 외로운 무덤과 이별한다.
눈물 주변은 마른 흙이 없고
낮은 하늘에는 끊어진 구름이 있다.
바둑판 대하면 사안을 모시듯 하였는데
이제는 칼 잡고서 서군을 찾는 듯한다.
오직 수풀의 꽃 지는 것만 보이고
꾀꼬리 울어 나그네 전송하는 소리 들린다.

別房太尉墓

他鄉復行役　駐馬別孤墳　近淚無乾土　低空有斷雲
對碁陪謝傅　把劍覓徐君　惟見林花落　鶯啼送客聞

● **해설**

광덕廣德 2년(764) 2월에 지은 작품이다. 당시 두보는 낭주閬州에서 성도로 돌아가고자 하였는데, 길 떠나기 전에 방관의 묘지에 들러 작별하였다. 《구당서舊唐書·방관전房琯傳》에 의하면, 방관은 보응寶應 2년(763)에 형부상서에 배수되어 서울로 가다가 병을 얻어 그해 8월에 낭주의 사찰에서 사망했다고 한다. 사망 후 태위太尉에 추증되었다. 방관은 두보를 각별히 대우하였으므로, 이 시에서 사안과 서군으로 방관과의 친밀한 관계를 표현하였다.

● **주석**

* 近淚(근루) : 두보가 애도하여 눈물을 흘리던 곳 부근을 의미.
* 謝傅(사부) : 《사안전謝安傳》에 '사현 등이 부견을 격파하여, 격서가 도달하였다. 사안은 한참 객과 바둑을 두고 있었는데, 전혀 즐거운 기색이 없었다. 사안이 죽자 태부의 벼슬이 내렸다(謝玄等破苻堅, 有檄書至, 安方對客圍棋, 了無喜色. 安薨, 贈太傅)'고 하였다.
* 徐君(서군) : 《설원說苑》에 '오吳나라의 계찰季札이 진晉나라에 사신으로 가다가 서徐나라를 지났는데, 서나라의 임금이 그의 보검을 좋아함을 마음으로 알았다. 돌아왔을 때 서군은 이미 죽었으나, 계찰은 마침내 칼을 풀어서 그의 무덤가 나무에 매고는 떠났다(吳季札聘晉過徐, 心知徐君愛其寶劍, 及還, 徐君已歿, 遂解劍繫其冢樹而去)'고 하였다.

239. 옛사람을 생각하다

지하에 계신 소원명이여!
마음으로 친한 이는 오직 그대뿐인데
어찌하여 난리를 당한 후에
곧장 생과 사로 갈라지게 되었는가!
늙어버렸음을 거울로 알겠거니
돌아와서 흰 구름을 바라본다네.
사부의 거장을 잃은 뒤로는
다시는 글을 논하지 않는다네.

회구
懷舊

地下蘇司業	情親獨有君	那因喪亂後	便有死生分
지하소사업	정친독유군	나인상란후	편유사생분
老罷知明鏡	歸來望白雲	自從失辭伯	不復更論文
로파지명경	귀래망백운	자종실사백	불부갱론문

● 해설

광덕廣德 2년(764)에 지은 작품이다. 당시 두보는 엄무嚴武의 막부幕府에 있었다. 소원명蘇源明이 죽자 두보는 매우 슬퍼하며 이 시를 지어 애도하였다고 한다.

● 주석

* 蘇司業(소사업) : 소원명蘇源明을 지칭. 본명은 예預였으나 피휘避諱하여 개명改名함. 무공武功 사람으로, 문사에 뛰어났다. 천보연간에 진사가 되었고, 국자사업國子司業과 비서소감秘書少監을 지냈다. 안녹산의 난이 일어나자 병을 핑계로 은퇴하였다가 숙종에 의하여 지제고知制誥에 발탁되었는데, 당시 정치의 득실을 여러 차례 간언하였다. 광덕 2년에 사망하였다. 평소 두보와 절친한 관계를 유지하였다.
* 辭伯(사백) : 사부辭賦의 일인자. 여기에서는 문장이 뛰어난 소원명을 존칭하는 의미로 사용됨.

240. 이고의 요청으로 사마 동생이 그린 산수도를 구경하다

방장산은 모두 바다에 이어져 있고
천태산이 다 구름에 비치누나.
인간세상에서 늘 그림을 볼 뿐
늙도록 헛된 소문만 들었음을 한탄하노라.
범려의 배는 유독 작고
왕교의 학은 빼어난데
이 삶은 세상만사를 좇아갈 따름이니

어디서 세속을 벗어날 수 있을까?

觀^관李^리固^고請^청司^사馬^마弟^제山^산水^수圖^도

方^방丈^장渾^혼連^련水^수　天^천台^태總^총映^영雲^운　人^인間^간長^장見^견畫^화　老^로去^거恨^한空^공聞^문
范^범蠡^려舟^주偏^편小^소　王^왕喬^교鶴^학不^불群^군　此^차生^생隨^수萬^만物^물　何^하處^처出^출塵^진氛^분

● **해설**

광덕廣德 2년(764) 겨울에 지은 작품이다. 당시 두보는 성도成都 이고李固의 집에서 그 동생이 그린 산수도를 보았다. 그림 속 산수와 인물의 그윽함을 서술하면서 그 속으로 들어가서 세속을 벗어나고 싶지만 그러하지 못하는 자신을 탄식하였다. 3수의 연작시 가운데 제2수이다.

● **주석**

* 天台(천태) : 산 이름. 〈천태부天台賦〉에 '바다를 건너면 방장산方丈山과 봉래산蓬萊山이 있고, 육지를 오르면 사명산四明山과 천태산天台山이 있다'고 하였다.
* 范蠡(범려) : 범려는 월왕越王이 오吳를 파한 후 일엽편주一葉片舟를 타고서 오호五湖에 은거하였다.
* 王喬(왕교) : 고대의 신선. 학을 타고 다닐 수 있었다고 한다.

241. 비를 반가워하다

남국이 가물어 비 내리지 않더니
오늘 아침에는 강에서 구름이 나왔네.
하늘로 솟아 막 가득 메우더니
이미 어지럽게 멀리까지 뿌리네.
둥지의 제비는 높이 날아 가버리고
수풀의 꽃은 젖은 색이 분명하다네.
저물녘 빗소리 끊이지 않으니

응당 밤 깊어도 들을 수 있겠네.

喜雨
_{희 우}

南國旱無雨　今朝江出雲　入空纔漠漠　灑逈已紛紛
_{남국한무우}　_{금조강출운}　_{입공재막막}　_{쇄형이분분}

巢燕高飛盡　林花潤色分　晚來聲不絶　應得夜深聞
_{소연고비진}　_{림화윤색분}　_{만래성부절}　_{응득야심문}

● 해설
이 작품은 두보가 촉蜀 지역을 떠나기 전후에 지었을 것으로 추정된다. 오랜 가뭄 끝에 비가 내리어 경치가 아름다워지자 그 감정을 시에 옮겼다.

● 주석
* 纔(재) : 겨우, 비로소.
* 漠漠(막막) : 구름이 많은 모양.
* 紛紛(분분) : 어지러운 모양.
* 晚來(만래) : 저물녘이 되다.

242. 초의 남쪽

초의 남쪽은 푸른 봄이 달라
더위와 추위가 일찍이 나뉘는데
강가에는 이름 없는 풀,
산꼭대기엔 제멋대로인 구름.
정월에 벌을 보게 되고
때 아닌 새소리 함께 듣나니
지팡이 짚고 나서면 달리는 말 방해할까 걱정일 뿐
일부러 사람들 멀리함이 아니라네.

南楚
남 초

南楚靑春異　暄寒早早分　無名江上草　隨意嶺頭雲
남초청춘이　훤한조조분　무명강상초　수의령두운

正月蜂相見　非時鳥共聞　杖藜妨躍馬　不是故離羣
정월봉상견　비시조공문　장려방약마　불시고리군

● 해설

대력大曆 원년(766) 봄, 운안雲安에서 지은 작품이다. 운안은 초의 서남쪽에 위치하기 때문에 남초南楚라고 불렀다. 운안에서 이른 봄에 나그네로 지내는 삭막한 심정을 시에 표현하였다.

● 주석

* 暄寒(훤한) : 더위와 추위.
* 杖藜(장려) 2구 : 봄은 따뜻하고 아름다운 경치가 이와 같지만, 다른 사람들과 더불어 완상하지 못하는 것은, 지팡이 짚고 천천히 걸으면 말달리는 소년을 방해할까 걱정해서일 따름이니, 고의로 무리를 떠난 것은 아니라는 뜻이다.
* 離羣(이군) : 무리와 떨어져 지내다.

243. 비가 개다

오랜 비로 무산이 어둡더니
막 개어 비단에 수놓은 듯하여라.
호수 밖 풀 푸르러지고
바다 동쪽 구름이 붉구나.
진종일 꾀꼬리 서로 화답하고
하늘 스치며 학이 자주 무리 지을 때,
들꽃은 말라 다시 떨어져
바람 부는 곳에 급히 어지럽게 날리누나.

晴^청

久雨巫山暗　新晴錦繡文　碧知湖外草　紅見海東雲
竟日鶯相和　摩霄鶴數群　野花乾更落　風處急紛紛

● **해설**

대력大曆 원년(766) 늦봄에 기주夔州에서 지은 작품이다. 당시 두보는 기주에 막 도착하였는데, 지리한 비가 그치자 어두운 하늘이 점점 개어 경물들이 드러나자 그것을 묘사하였다. 아울러 나그네로 떠돌며 돌아가지 못하는 심정을 옮겼다. 2수의 연작시 가운데 제1수이다.

● **주석**

* 錦繡文(금수문) : 비단에 수를 놓은 듯 아름답다는 뜻이다.
* 湖外(호외) : 동정호 바깥을 지칭함.
* 摩霄(마소) : 하늘을 스치며 지나다.

244. 외로운 기러기

외로운 기러기 마시지도 쪼지도 않나니
날며 우는 소리는 무리를 그리는 듯.
뉘라 불쌍히 여기리, 한 조각 그림자가
만겹 구름 속에서 무리 잃은 것을!
끝까지 바라보니 여전히 보이는 듯
슬픔 많은지라 소리가 다시 들리는 듯.
들까마귀는 생각이 없음인지
시끄러이 울어대는 소리 또 어지럽구나.

고 안
孤雁

고안불음탁	비명성념군	수련일편영	상실만중운
孤雁不飮啄	飛鳴聲念羣	誰憐一片影	相失萬重雲
망진사유견	애다여갱문	야아무의서	명조역분분
望盡似猶見	哀多如更聞	野鴉無意緒	鳴噪亦紛紛

● **해설**

대력大曆 원년(766) 기주夔州에서 지은 작품이다. 외로운 기러기로써 형제와 떨어져 있는 처지를 기탁하였고, 전란중에 천지를 떠도는 슬픈 심정을 표현하였다.

● **주석**

* 飮啄(음탁) : 마시고 쪼다.
* 一片影(일편영) : 한 조각 그림자. 여기서는 홀로 떨어져 있는 기러기를 가리킨다.
* 野鴉(야아) : 들까마귀.
* 鳴噪(명조) : 떠들썩하게 울다.

245. 저무는 봄에 양서에서 새로 임대한 초옥에 적다

이 고을에 천 그루 귤나무 있으되
봉군에 견줄 정도는 아닌 것.
전쟁하는 시기에 졸박함 기르고
사슴 무리 사이에서 목숨 보존하나니
사람 두려워 강북 풀숲에서 살고
떠돌며 먹느라 양서 땅 구름을 짝하네.
만리 밖 파주와 유주의 악곡을
3년 동안 실로 실컷 들었네.

모 춘 제 양 서 신 임 초 옥
暮春題瀼西新賃草屋

차 방 천 수 귤　　불 견 비 봉 군　　양 졸 간 과 제　　전 생 미 록 군
此邦千樹橘　　不見比封君　　養拙干戈際　　全生麋鹿羣
외 인 강 북 초　　려 식 양 서 운　　만 리 파 유 곡　　삼 년 실 포 문
畏人江北草　　旅食瀼西雲　　萬里巴渝曲　　三年實飽聞

● **해설**

대력大曆 2년(767) 3월, 기주夔州의 적갑赤甲으로부터 양서瀼西로 옮겨왔을 때, 초옥草屋의 벽에다 적은 작품이다. 특히 이 작품에는 양서로 옮겨온 이유가 적혀 있기 때문에 두보의 생활상을 고찰하는 데 중요한 자료가 된다. 5수의 연작시 가운데 제2수이다.

● **주석**

* 千樹橘(천수귤) : 《사기史記·화식열전貨殖列傳》에 '봉해진 사람이 조세를 거두는데, 세율이 1호戶당 2백이어서 천호千戶의 봉군은 20만이다. …… 촉한과 강릉은 천 그루의 귤나무가 있으니…… 그 사람은 천호의 후侯와 동등하다(封者食租稅　歲率戶二百．千戶之君則二十萬……　蜀漢江陵千樹橘……　其人皆與千戶侯等)'라고 하였다. 이 시에서는, 양서에 비록 약간의 귤나무 밭이 있으나, 호구지책에 불과할 뿐이어서 귤나무를 심어 재산을 모을 수는 없으니, 진실로 《사기》에서처럼 봉해진 자와 비교하기 어렵다는 말이다.
* 巴渝(파유) : 기주夔州(지금의 사천성四川省 봉절奉節)와 유주渝州(지금의 중경重慶) 일대. 이 작품에서는 기주를 지칭.

246. 새벽비

새벽빛 속에 가는 비 보이더니
처음 내리는 소리 풀잎에서 들렸네.
안개 섞이자 비로소 땅에 뿌려지고
바람 꺾이자 다시 구름을 따랐지.
잠시 잡목들의 본래 색 드러내고

가볍게 짐승의 무리 적셨는데
사향산의 한쪽 반이
한낮이 되도록 분명치 않구나.

晨雨
신 우

小雨晨光內　初來葉上聞　霧交纔灑地　風折旋隨雲
소우신광내　초래엽상문　무교재쇄지　풍절선수운

暫起柴荊色　輕霑鳥獸群　麝香山一半　亭午未全分
잠기시형색　경점조수군　사향산일반　정오미전분

• 해설

대력大曆 2년(767) 기주에서 지은 작품이다. 부체賦體의 표현방식을 사용해서 시 전편에 걸쳐 새벽비의 특징을 묘사하고 있다.

• 주석

* 柴荊(시형) : 작은 나무, 잡목雜木.
* 麝香山(사향산) : 기주夔州 동남쪽 120리 되는 곳에 있다. 사향이 이 산에서 나오기 때문에 산 이름이 되었다고 한다.
* 亭午(정오) 구 : 구름과 안개에 가려서 사향산의 반쪽이 뿌옇게 보인다는 뜻.

247. 가을 들판

이 몸 기린각에 그려지기를 자부했는데
조정의 신하되어 어울리기엔 늙어버린 나이.
큰 강엔 가을이 쉬이 깊어지고
협곡엔 밤이면 들리는 소리 많구나.
길은 천겹의 바위 사이에 숨어 있고
돛대에는 한 조각 구름이 머무는데
아이들도 오랑캐의 말 할 줄을 아니

참군이 될 필요조차 없겠네.

秋^추野^야

身^신許^허麒^기麟^린畵^화　年^년衰^쇠鴛^원鷺^로羣^군　大^대江^강秋^추易^이盛^성　空^공峽^협夜^야多^다聞^문
徑^경隱^은千^천重^중石^석　帆^범留^류一^일片^편雲^운　兒^아童^동解^해蠻^만語^어　不^불必^필作^작參^참軍^군

● 해설

대력大曆 2년(767) 기주夔州 양서瀼西에서 지은 작품이다. 그곳에서 오래도록 머물면서 느낀 감정이 잘 드러나 있어서, 당시 두보의 심정과 여러 측면들을 볼 수 있다. 5수의 연작시 가운데 제5수이다.

● 주석

* 麒麟畵(기린화) : 한漢 선제宣帝는 명신名臣들의 공을 기리기 위하여 기린각麒麟閣에 그들의 초상화를 그리도록 하였다. 이로 말미암아 기린각의 초상화는 훗날 국가에 공이 있어 특수한 영예를 얻는 것을 비유하게 되었다. 이 작품에서는 두보의 젊은 날의 포부를 의미한다.
* 鴛鷺羣(원로군) : 원추새와 백로의 무리는 차례지어 날아가기 때문에, 조정에 늘어선 신하들을 비유할 때 쓰인다.
* 徑隱(경은) : 매우 궁벽한 곳에서 살고 있음을 비유함.
* 參軍(참군) : 《세설신어世說新語》에 '학륭이 만부참군이 되었는데, 상사일에 시를 짓기를 "추우娵隅가 맑은 연못에서 뛰어오른다."라고 하였다. 환온이 묻기를 "그것이 어떤 동물인가?"라고 하니, "남만에서는 물고기를 추우라고 합니다."라고 대답하였다. 환온이 말하기를 "시를 지음에 어찌 남만어를 쓰는가?"라고 하니, 학륭이 대답하기를 "천리 먼 곳에서 공무에 투신하다가, 비로소 일개 만부참군이 되었는데, 어찌 남만의 말을 쓰지 못하겠습니까?"라고 하였다(郝隆爲蠻府參軍, 上巳日作詩曰, "娵隅躍淸池". 桓溫問, "何物", 答曰, "蠻名魚爲娵隅". 溫曰, "作詩何爲作蠻語", 隆曰, "千里投公, 始得一蠻府參軍, 那得不作蠻語也")'고 하였다. 여기서 참군은 만어를 할 줄 아는 사람인데, 아이들도 만어를 하기 때문에 두보가 이것을 빌려 자기 신세를 자조한 것이다.

248. 새벽에 바라보다

백제성에 경루更漏 소리 다하고
양대에 새벽빛이 분명하다.
높은 봉우리에 떠오르는 해는 차갑고
첩첩 산에는 아직도 어두운 구름이 머물러 있다.
땅 갈라져 장강의 배들은 숨어 있고
하늘 맑은데 나뭇잎 소리 들린다.
사립문에서 사슴들을 대하나니
내 너희들과 함께 무리가 되어야겠지.

曉望

白帝更聲盡　陽臺曙色分　高峰寒上日　疊嶺宿霾雲
地坼江帆隱　天淸木葉聞　荊扉對麋鹿　應共爾爲羣

● 해설
대력大曆 2년(767) 기주夔州의 동둔東屯에서 지은 작품이다. 새벽녘의 하늘과 동둔 일대의 자연풍경을 묘사하고, 세속의 사물에 초연하고자 하는 두보의 뜻이 잘 드러난다.

● 주석
* 陽臺(양대) : 전설 속의 누대. 두보가 살았던 기주에서 가깝다. 〈고당부高唐賦〉에 '첩은 무산의 남쪽, 고구의 험한 곳에 있는데, 아침에는 구름이 되고, 저녁에는 비가 되어, 아침 저녁으로 양대 아래에 있습니다(妾在巫山之陽, 高丘之阻, 旦爲朝雲, 暮爲行雨. 朝朝暮暮, 陽臺之下)'라고 하였다.
* 霾雲(매운) : 어두운 구름.
* 地坼(지탁) : 땅이 갈라지다. 여기서는 땅이 갈라지고 강 언덕이 높아서 배가 숨어 있는 것처럼 보인다는 뜻.

249. 중양절

옛날에 소사업과 더불어
함께 정광문을 따를 적에
꺾은 꽃은 향기가 넘치고
좌중의 객들은 어지러이 취했지.
들녘 나무 아래서 노래하다 다시 기대고
가을 다듬이 소리, 깨어나 문득 듣기도 했건만
기쁘게 즐기던 두 사람은 멀리 떠나고
서북 하늘에는 외로운 구름만 있구나.

九_구日_일

舊與蘇司業　兼隨鄭廣文　采花香泛泛　坐客醉紛紛
野樹歌還倚　秋砧醒却聞　歡娛兩冥漠　西北有孤雲

• 해설

대력大曆 2년(767) 중양절重陽節에 기주夔州에서 지은 작품이다. 당시 두보는 오랑吳郞과 약속을 하였는데, 그가 오지 않자 홀로 누대에 올라 독작하며 이 작품을 지었다. 4수의 연작시 가운데 제3수이다. 오약본吳若本에는 5수로 되어 있다고 하는데, 현재는 4수만 전해지고 있어, 학자에 따라서는 〈등고登高〉를 실전한 1수라고 보기도 한다.

• 주석

* 蘇司業(소사업) : 소원명蘇源明을 지칭. 무공武功 사람으로서, 문사에 뛰어났다. 천보연간에 진사가 되었고, 국자사업國子司業과 비서소감秘書少監을 지냈다. 안녹산의 난이 일어나자 병을 핑계로 은퇴하였다가 숙종에 의하여 지제고知制誥에 발탁되었고, 광덕廣德 2년에 사망하였다.
* 鄭廣文(정광문) : 정건鄭虔을 지칭. 형양滎陽 사람으로서, 시와 그림에 능했다.

현종이 그의 재능을 사랑하여 광문관박사廣文館博士로 임명하니, 사람들은 그를 정광문이라고 불렀다. 두보의 오랜 친구였다.
* 冥漠(명막) : 소원명과 정건 두 사람이 이미 세상을 떠났음을 의미한다.
* 西北(서북) : 장안長安은 기주夔州 서북쪽에 위치한다.

250. 최평사 외조카와 소씨 외사촌 동생과 위소부 여러 조카에게 장난삼아 부치다

숨은 표범은 내리는 비에 깊이 근심하고
물에 잠긴 용은 짐짓 구름 일으킨다.
진흙 많고 길은 굽어 있어
마음은 취했어도 어진 사람들과 떨어지게 되었는데
강산 아름다워지기를 참으며 기다리는 것은
다시 포조와 사영운의 문장 읽고자 하기 때문.
높은 누각에서 상쾌했던 일 생각하노니
가을 흥취가 공연히 도도해지누나.

戱寄崔評事表姪蘇五表弟韋大少府諸姪

隱豹深愁雨　潛龍故起雲
泥多仍徑曲　心醉阻賢群
忍待江山麗　還披鮑謝文
高樓憶疎豁　秋興坐氤氳

● 해설
대력大曆 2년(767) 기주夔州에서 지은 작품이다. 이 작품은 장난삼아 지은 것으로서, 비 때문에 사람들을 만나지 못하는 심정과 날이 개면 다시 그들을 찾겠다는 뜻을 담고 있다.

● 주석
* 隱豹(은표) : 《열녀전列女傳》에서는 비를 피하여 몸을 숨긴 표범을 가지고서

은거하여 수신하는 사람을 비유하였다. 이 작품에서는 두보 자신을 지칭한다.
* 潛龍(잠룡) : 제목에 보이는 세 사람을 지칭한다는 설이 있다.
* 心醉(심취) : 《진서晉書》에 '태원 사람 곽혁郭奕은 성품이 고결하고 호쾌하여 뭇 사람들에게 추앙을 받았는데, 완함을 보고 마음으로 취하였다'고 하였다. 여기서는 두보가 그들을 흠모한다는 뜻이다.
* 鮑謝(포사) : 남조南朝의 대시인인 포조鮑照와 사영운謝靈運을 지칭. 포조는 송宋의 동해東海 사람이다. 자字는 명원明遠으로서 시문詩文에 뛰어났다. 문제文帝 때 중서사인中書舍人으로 등용되었다가, 나중에 임해왕자욱臨海王子頊의 참군參軍이 되니, 사람들은 그를 포참군鮑參軍이라고 불렀다. 사영운은 송의 양하陽夏 사람이다. 자字는 현손玄孫으로서 박학하였고, 시서화에 뛰어났다. 성품이 산수 유람을 좋아하여, 영가태수永嘉太守가 된 뒤로는 많은 산수시를 지었다. 모반에 연루되어 광주廣州에서 사형되었다.
* 氤氳(인온) : 흥이 도도해지다.

251. 백대 형제가 산에서 기거하는 집의 벽에다 쓰다

들녘 집에는 차가운 물이 흐르고
산 울타리는 옅은 구름을 띠고 있는데
고요한 곳이 호랑이 굴에 가까우니
이미 시끄러운 사람 무리를 떠난 것.
붓걸이는 창으로 들어온 비에 젖었고
서첩은 문틈 석양빛에 비치고 있다.
울음 우는 천리마 같은 그대들,
모두 오색찬란한 문채가 나는구나.

제백대형제산거옥벽
題柏大兄弟山居屋壁

야옥류한수   산리대박운   정응련호혈   훤이거인군
野屋流寒水　山籬帶薄雲　靜應連虎穴　喧已去人群

<small>필가점창우　　서첨영극훈　　소소천리족　　개개오화문</small>
筆架霑窓雨　　書籤映隙曛　　蕭蕭千里足　　個個五花文

● 해설

대력大曆 2년(767) 기주夔州에서 지은 작품이다. 산로山路의 풍경을 묘사하고, 백대 형제의 유능함을 칭찬하였다. 백대 형제는 안사의 난 때문에 은거하여 학문을 닦은 백학사柏學士의 자질子姪이다. 2수의 연작시 가운데 제2수이다.

● 주석

* 靜應(정응) 구 : 깊은 산속에 이들의 주거지가 있어 조용하다는 뜻이다.
* 書籤(서첨) : 책갈피 사이에 끼워서 읽은 부분을 표시하는 꼬챙이.
* 蕭蕭(소소) : 말이 우는 소리.
* 五花文(오화문) : 말의 털빛이 다섯 가지 색채로 윤이 나는 것을 형용함. 이 구절은 천리마를 빌어 백대 형제의 뛰어남을 비유하였다.

252. 배를 타고 가다가 밤눈을 만나서 시어인 노제를 생각하다

북풍이 계수에 불고
큰 눈은 밤에 어지러이 날린다.
어둑하게 지나는 남쪽 누각의 달,
한기가 짙은 북쪽 물가의 구름.
촛불 기울여 비로소 눈발 가까이서 보건만
배 무거워져도 끝내 날리는 소리 없구나.
산음으로 가는 길 알지 못하여
닭 울음 들으며 다시 그대 그리워한다.

<small>주 중 야 설 유 회 로 십 사 시 어 제</small>
舟中夜雪有懷盧十四侍御弟

<small>삭 풍 취 계 수　　대 설 야 분 분　　암 도 남 루 월　　한 심 북 저 운</small>
朔風吹桂水　　大雪夜紛紛　　暗度南樓月　　寒深北渚雲

$$\underset{촉\ 사\ 초\ 근\ 견}{燭斜初近見} \quad \underset{주\ 중\ 경\ 무\ 문}{舟重竟無聞} \quad \underset{불\ 식\ 산\ 음\ 도}{不識山陰道} \quad \underset{청\ 계\ 갱\ 억\ 군}{聽雞更憶君}$$

● 해설

대력大曆 4년(769) 겨울, 담주潭州에서 지은 작품이다. 당시 노시어盧侍御는 위대부韋大夫의 시신을 호송하여 북쪽으로 갔는데, 얼마 있지 않아 큰눈이 내리자 두보가 그를 그리워하는 생각이 들어 지은 작품이다.

● 주석

* 桂水(계수) : 상강湘江을 지칭함. 상강은 광서성廣西省 계림桂林에서 흘러나와 동정호洞庭湖로 들어간다.
* 暗度(암도) : 어둡다는 것은 눈이 많이 내렸기 때문이고, 춥다는 것은 눈이 구름을 차갑게 만들었기 때문이다.
* 南樓(남루) : 남루의 위치에 대해서는 여러 설이 있다. 무창武昌에 있다고 보기도 하고, 악양岳陽에 있다고 보기도 하나, 이 작품에서는 담주潭州에 있는 남루를 지칭한다.
* 燭斜(촉사) 2구 : 눈발이 날리는 것을 촛불 잡고 보며, 눈이 쌓여도 들리는 소리 없다는 뜻이다.
* 山陰道(산음도) : 진晉의 왕자유가 눈오는 밤에 친구 대안도戴安道를 방문한 고사를 말한다. 후에 '산음방山陰訪'으로써 친구를 방문하는 전고로 삼았다.
* 聽雞(청계) : 《시경詩經·정풍鄭風》에 '비바람 쌀쌀히 몰아치는데 닭의 울음 들려오네. 우리 님을 만났으니 어이 마음 편치 않으리?(風雨淒淒, 雞鳴喈喈. 旣見君子, 云胡不夷)'라 하였다. 여기서는 새벽 닭소리를 듣고 친구를 그리워한 것이다.

253. 돌아가는 기러기

눈 내리려 하여 오랑캐 땅 떠났다가
꽃보다 먼저 초 땅의 구름과 이별하였지.
맑은 위수를 지날 그림자는
높이 동정호에서 일어나는 기러기 무리.

변새의 북쪽 봄은 저물었는가?
장강의 남쪽 햇빛은 황혼녘인데……
활에 다쳐 깃이 떨어진 기러기,
행렬 끊기니 그 소리 차마 들을 수 없구나.

^{귀 안}
歸雁

^{욕설위호지} ^{선화별초운} ^{각과청위영} ^{고기동정군}
欲雪違胡地　先花別楚雲　却過淸渭影　高起洞庭羣
^{새북춘음모} ^{강남일색훈} ^{상궁류락우} ^{항단불감문}
塞北春陰暮　江南日色曛　傷弓流落羽　行斷不堪聞

● 해설

대력大曆 5년(770) 봄, 담주潭州에서 지은 작품이다. 봄이 되어 북방으로 돌아가는 기러기를 보면서 자신의 떠도는 신세에 대한 감상이 드러나 있다. 2수의 연작시 가운데 제2수이다.

● 주석

* 欲雪(욕설) : 《월령月令》에 '8, 9월이면 기러기가 오고, 정월이면 기러기가 북으로 간다(八九月, 鴻雁來, 正月, 候雁北)'고 하였다. 여기서는 기러기가 눈이 오기 전에 남방으로 이동하고, 꽃이 피기 전에 북방으로 돌아간다는 뜻이다.
* 却過(각과) : 갈 때 기러기가 지날 곳을 나타낸다.
* 高起(고기) : 높이 날다.
* 傷弓(상궁) : 활에 상처를 입다.

254. 강가의 누각에서 비를 대하여 군영에 있는 배규를 그리워하다

남기는 바람과 파도 장대하여
맑음과 흐림이 자주 분명치 않지만
들판에는 땅을 지나는 햇빛이 흐르고

강에는 산을 넘은 구름이 든다.
높은 누각에서 우렛소리 듣고
긴 하늘에서 물결을 마주하는데
비가 동주의 북쪽에 오니
응당 복파의 군대를 씻겼으리.

江閣對雨有懷行營裵二端公
강각대우유회행영배이단공

南紀風濤壯　陰晴屢不分　野流行地日　江入度山雲
남기풍도장　음청루불분　야류행지일　강입도산운
層閣憑雷殷　長空面水文　雨來銅柱北　應洗伏波軍
층각빙뢰은　장공면수문　우래동주북　응세복파군

● 해설
대력大曆 5년(770) 초여름, 형주衡州에서 지은 작품이다. 당시 배규裵虯는 도주자사道州刺史를 지내고 있었지만, 장개臧玠의 난亂을 평정하러 왔기에 행영行營에 있었다. 배규는 두보와 이전부터 알고 지냈는데, 마침 강가의 누각에서 비를 맞이한 두보가 배규를 그리워하여 그 감정을 시에 옮겨놓았다. 단공이란 그에 대한 호칭이다.

● 주석
* 南紀(남기) : 남방의 큰 강인 강한江漢을 뜻하는데, 흔히 남방지역을 가리킨다.
* 銅柱(동주) : 고적古迹의 이름. 마원馬援이 남만을 토벌한 후에 구리 기둥을 세웠다는 기록이 있다.
* 伏波(복파) : 복파장군伏波將軍. 한무제 때의 노박덕路博德과 광무제 때의 마원을 복파장군이라고 불렀는데, 훗날 남정하는 장군을 비유하는 전고로 사용되었다. 여기에서는 복파군으로써 배규裵虯의 군대를 비유하였다.

【오율원운五律元韻】

255. 동생의 소식을 듣고서

근자에 평음의 소식이 있어
동생이 살아 있다 함에 멀리서 가여워하노라.
천리 길을 몸을 숨기며 다니고
독가촌獨家村에서 밥을 부쳐 먹기도 했다지.
봉화 올라 새로 싸움 치열해짐에
눈물은 옛 핏자국 위로 드리워지는데
알지 못하리로다, 노경에 임하여
어느 때 넋을 부르게 될지.

_{득 사 제 소 식}
得舍弟消息

_{근 유 평 음 신}   _{요 련 사 제 존}   _{측 신 천 리 도}   _{기 식 일 가 촌}
近有平陰信   遙憐舍弟存   側身千里道   寄食一家村
_{봉 거 신 감 전}   _{제 수 구 혈 흔}   _{부 지 림 로 일}   _{초 득 기 시 혼}
烽擧新酣戰   啼垂舊血痕   不知臨老日   招得幾時魂

● **해설**
지덕至德 원년(756) 가을에 강촌羌村에서 지은 작품이다. 사제舍弟는 친동생으로, 두보에게는 네 명의 친동생이 있었는데, 모두 전란중에 헤어졌다. 여기서는 동생 중에서 두영杜穎을 가리킨다. 2수의 연작시 가운데 제1수이다.

● **주석**
* 平陰(평음) : 당시 운주에 속했던 현 이름. 현재의 산동성山東省 비성현肥城縣 서쪽에 있다.
* 一家村(일가촌) : 한 집이 있는 마을, 외진 시골 마을.
* 招得(초득) : 부르다. 초혼招魂하다. 일반적으로 죽은 사람의 혼을 부르는 의식

을 의미하지만 살아 있는 사람의 혼을 부른다는 뜻으로 쓰이기도 한다.

256. 어린 아들을 생각하며

기자는 봄이 되었어도 여전히 떨어져 있는데
꾀꼬리 노래는 따뜻한 날씨에 바야흐로 한창이구나.
헤어진 후론 계절의 변화에도 깜짝 놀라나니
그 아이의 총명함을 누구와 이야기할 수 있으랴!
흐르는 시냇물과 텅 빈 산속의 길,
사립문과 늙은 나무 서 있는 마을.
그 아이 생각하며 근심스레 잠이 들었네,
개인 날 난간에 엎드려 등에 햇볕 쬐다가……

憶幼子

驥子春猶隔　鶯歌暖正繁　別離驚節換　聰慧與誰論
澗水空山道　柴門老樹村　憶渠愁只睡　炙背俯晴軒

• **해설**
지덕至德 2년(757) 봄에 장안長安에서 지은 작품이다. 어린 자식을 생각하며 지었는데, 시어詩語가 소박하고 감정이 진술하다. 두보의 아들인 종무(두보의 둘째 아들)의 어릴 때 이름은 기자이며, 당시 부주에 떨어져 있었다.

• **주석**
* 驥子(기자) : 두보의 둘째 아들인 종무를 가리킨다.
* 空山(공산) : 사람이 살지 않는 빈 산.
* 渠(거) : 그. 여기서는 자신의 아들을 가리킨다.
* 炙背(적배) : 등에 햇볕을 쪼이는 것을 말한다.

257. 지덕 2년에 나는 경사의 금광문으로부터 나와 샛길로 봉상으로 갔다. 건원 초에 좌습유로부터 화주의 아천으로 옮겨갔기에, 친지와 이별하고 이로써 이 문을 나오다가 지난 일을 슬퍼하였다

이 길로 예전에 천자께로 갔는데
서쪽 교외엔 오랑캐가 정말 많았었지.
지금도 여전히 놀란 가슴 있고
응당 부르지 못한 넋이 있으리.
가까이서 모시다가 경사 가까운 고을로 가니
관직 옮김이 어찌 천자 때문이랴!
재능 없이 날마다 늙고 쇠약해짐에
말 멈추고 천문을 바라보았네.

_{지덕이재보자경금광문출간도귀봉상건원초종좌}
至德二載甫自京金光門出間道歸鳳翔乾元初從左
_{습유이화주연여친고별인출차문유비왕사}
拾遺移華州掾與親故別因出此門有悲往事

_{차도석귀순}　_{서교호정번}　_{지금잔파담}　_{응유미초혼}
此道昔歸順　西郊胡正煩　至今殘破膽　應有未招魂
_{근시귀경읍}　_{이관기지존}　_{무재일쇠로}　_{주마망천문}
近侍歸京邑　移官豈至尊　無才日衰老　駐馬望千門

● 해설

건원乾元 원년(758) 6월, 좌습유에서 화주사공참군華州司功參軍으로 좌천되면서 지은 작품이다.

● 주석

* 歸順(귀순) : 지덕至德 2년 4월에 두보는 반란군이 점령한 장안長安을 빠져나와 서쪽으로 봉상鳳翔의 숙종肅宗을 찾아갔다.
* 近侍(근시) : 가까이 모시다. 여기서는 좌습유의 관직을 가리킨다.

* 千門(천문) : 여기서는 수도인 장안을 가리킨다.

258. 안서의 병사들이 지나가 관중으로 나아가 명을 기다림을 보고

기습하는 병사들 많을 필요 없으니
만필의 말로 중원을 구하리.
담소중에 하북을 무시하나
진실한 마음은 지존을 받드는 것.
외로운 구름은 살기를 따르고
날아가는 새는 원문을 피하네.
종일토록 머물러 즐거워하나
성과 해자에서도 시끄러움 느끼지 못하네.

관 안 서 병 과 부 관 중 대 명
觀安西兵過赴關中待命

기병부재중	만마구중원	담소무하북	심간봉지존
奇兵不在衆	萬馬救中原	談笑無河北	心肝奉至尊
고운수살기	비조피원문	경일류환락	성지미각훤
孤雲隨殺氣	飛鳥避轅門	竟日留歡樂	城池未覺喧

● 해설

건원乾元 원년(758) 가을, 화주華州에서 지은 작품이다. 건원 원년 6월에 이사업李嗣業은 회주자사懷州刺史가 되어, 진서북정행영절도사鎭西北庭行營節度使를 맡았다. 8월에 곽자의郭子儀 등 여러 절도사와 모여 군대를 합쳐 안경서安慶緖를 토벌하였다. 이보다 앞서, 이사업은 자신의 군대를 이끌고 회주懷州(지금의 하남성河南省 심양沁陽)로부터 경사에 가서 명령을 기다리고자 하였으므로, 화주를 도중에 지나게 되었다. 두보는 군대의 위용을 관찰하고, 이사업의 연회에 참석하였다가, 이 시를 지어서 그 위엄을 칭송하였다. 시제詩題의 관중關中은 곧 장안을 가리킨다. 2수의 연작시 가운데 제2수이다.

• 주석

* 奇兵(기병) : 적의 예측을 벗어나 갑자기 공격하는 군대. 《통감通鑑》에 진 안제 때에 심전자沈田子가 말하기를 "군대에서는 기이한 용병을 중시하지, 반드시 군대가 많아야 하는 것은 아닙니다(兵貴用奇, 不必在衆)."라고 하였다.
* 中原(중원) : 당시 안경서安慶緒의 반란군은 하남河南의 업성鄴城(지금의 안양安陽)을 차지하고 있었다. 이 구절은 이사업의 군대가 용맹하여 반군이 점령한 하북을 쉽게 수복할 수 있다는 말이다.
* 河北(하북) : 하북도河北道의 29개 주州를 지칭함. 당시 하북도의 대부분 고을이 반란군의 수중에 있었다.
* 轅門(원문) : 군영軍營의 문. 이 구는 군대의 규율이 삼엄함을 가리킨다.
* 竟日(경일) 2구 : 군대의 규율이 엄격하여 백성이 안도함을 말한다.

259. 진주잡시

구름 기운이 곤륜산에 이어져 있어
주룩주룩 변새에 비는 많아라.
오랑캐 아이는 위수를 바라보고
사신은 황하 발원지를 향하는데
연기는 군중 막사에 피고
소와 양은 산 위 마을에서 보인다.
사는 곳에 가을 풀 자라 고요할 제
이제 막 작은 쑥대문을 닫는다네.

秦州雜詩

雲氣接崑崙　涔涔塞雨繁　羌童看渭水　使客向河源
煙火軍中幕　牛羊嶺上邨　所居秋草靜　正閉小蓬門

● 해설

건원乾元 2년(759) 가을, 진주秦州에서 지은 작품이다. 이 작품은 비 내리는 진주를 읊었는데, 강동羌童 2구는 우중雨中의 일을 가리키고, 연화煙火 2구는 우중雨中의 경치를 가리킨다. 마지막 2구는 비 내린 후 쓸쓸한 느낌을 적은 것이다. 20수의 연작시 가운데 제10수이다.

● 주석

* 崑崙(곤륜) : 산 이름.《괄지지括地志》에 '곤륜산은 숙주 주천 서남쪽 80리 되는 곳에 있다(崑崙山, 在肅州酒泉縣西南八十里)'고 하였다.
* 涔涔(잠잠) : 비가 많이 오는 모양.
* 渭水(위수) : 위수는 진주에 있고, 임조臨洮(지금의 감숙성甘肅省 난주蘭州 부근)에서 발원한다. 때문에 강동羌童이 볼 수 있었다. 이 구절은 강동을 토번의 병사로 보고, 토번이 위수를 정탐하는 뜻으로 파악하기도 한다.
* 河源(하원) : 황하黃河의 근원.《당서唐書》에 '선주 선성현에는 하원군이 있는데, 농우도에 속한다(鄯州鄯城縣, 有河源軍, 屬隴右道)'고 하였다. 고대 장건이 황하의 근원을 찾았듯이, 사신이 황하 서쪽으로 간다는 말이다.

260. 동쪽 누대에서

유사로 가는 만리 길,
서쪽으로는 이 문을 지나는데
단지 새로운 전쟁의 유골만 더할 뿐
옛 전쟁의 넋은 돌아오지 못하네.
누대 모퉁이는 바람 타고 높이 있고
성의 음지는 물을 감고 어둑하네.
전하는 소리에 역사驛使를 보노라니
황하의 근원으로 사신 보내누나.

東樓
_{동 루}

萬里流沙道　西行過此門　但添新戰骨　不返舊征魂
_{만 리 류 사 도}　_{서 행 과 차 문}　_{단 첨 신 전 골}　_{불 반 구 정 혼}

樓角凌風逈　城陰帶水昏　傳聲看驛使　送節向河源
_{루 각 릉 풍 형}　_{성 음 대 수 혼}　_{전 성 간 역 사}　_{송 절 향 하 원}

● 해설

건원乾元 2년(759) 늦가을에 진주秦州에서 지은 작품이다. 진주성의 동루에 올라 본 것과 느낀 것에 대해 썼는데, 끊이지 않는 전쟁에 대한 탄식이 드러나 있다.

● 주석

* 流沙(유사) : 사막. 서쪽 끝에 있고, 토번吐蕃이 사는 곳이다.
* 樓角(누각) : 동루의 모퉁이로서, 누각이 높이 솟아 있음을 말한다.
* 傳聲(전성) : 소리를 전하다. 역사驛使(관청의 문서를 전달하는 역참의 관리)가 전달하여 소리치는 소리를 듣고 가서 본다는 뜻이다.
* 送節(송절) : 부절을 보내다. 여기에서는 사신을 파견한다는 말이다. 당시 토번에 사신을 파견하여 우호관계를 요청했기 때문에, '장건張騫이 황하의 근원을 찾았다'라는 고사를 사용하였던 것이다.

261. 봄 강물

3월 복사꽃 피우는 물결,
강물은 다시 예전의 모습으로 되었나니
아침 되자 모래밭 끝까지 강물에 묻히고
푸른빛이 사립문에 어른거리네.
낚싯줄 이어 좋은 미끼 드리우고
대롱을 붙여 작은 정원에 물 댄다네.
이미 강물에 새들 무수히 많아져
다투어 목욕하느라 서로 시끄럽구나.

春水
_{춘수}

三月桃花浪　江流復舊痕　朝來沒沙尾　碧色動柴門
_{삼월도화랑　강류부구흔　조래몰사미　벽색동시문}

接縷垂芳餌　連筒灌小園　已添無數鳥　爭浴故相喧
_{접루수방이　련통관소원　이첨무수조　쟁욕고상훤}

● **해설**

상원上元 2년(761) 3월에 지은 작품이다. 봄 강물이 불어난 경치를 묘사하고, 그 생기生氣가 무한함을 예찬하고 있다.

● **주석**

* 桃花浪(도화랑) : 《월령月令》에 '중춘에 비로소 비가 내리고, 복숭아는 꽃을 피운다(仲春之月, 始雨水, 桃始華)'고 하였다.
* 接縷(접루) : 수심이 깊어졌으므로, 낚싯줄을 늘여서 고기 잡는다는 뜻.
* 連筒(연통) : 강둑과 비슷하게 물이 불었으므로, 수차水車에 대나무 통을 붙여 정원에 물을 댄다는 뜻.

262. 동천으로 가는 배오를 전송하며

친구가 또한 떠도나니
고상한 의리는 천지를 진동하였지.
어느 때 연 땅 변새로 길이 통하랴?
서로 보며 촉문에서 늙어 가는데……
동쪽으로 떠남은 응당 잠시의 이별이련만
북쪽을 바라보니 정말 혼이 다하여 없어질 듯.
서늘하고 슬픈 가을의 뜻,
그대가 아니라면 누구와 의논하리!

송배오부동천
送裴五赴東川

고인역류락	고의동건곤	하일통연새	상간로촉문
故人亦流落	高義動乾坤	何日通燕塞	相看老蜀門
동행응잠별	북망고소혼	름름비추의	비군수여론
東行應暫別	北望苦銷魂	凜凜悲秋意	非君誰與論

● 해설

상원上元 2년(761)에 청성靑城에서 초당草堂으로 돌아온 후에 지은 작품이다. 배오裴五에 대해서는 생애가 알려져 있지 않다. 시의 내용상, 세상을 바로잡으려는 뜻을 지닌 사람으로 추측할 수 있다. 반란을 평정하고 속히 고향으로 돌아가려는 심정이 시에 잘 드러난다.

● 주석

* 流落(유락) : 뜻을 얻지 못하여 멀리 떠돌다.
* 燕塞(연새) : 하북성河北省 북부 일대. 당시 반란군이 점거하고 있었다.
* 蜀門(촉문) : 촉蜀 지역을 두루 지칭함.
* 東行(동행) : 배오가 동천으로 떠나는 상황을 말한 것이다.
* 北望(북망) 구 : 안녹산의 난 때문에 북방의 고향을 떠나 남방에서 떠도는 상황을 지칭함.
* 凜凜(늠름) : 춥고 차가운 모양.

263. 고적에게 부치다

초 땅이 떨어져 있어 천지가 머나니
병든 나그네의 혼령은 부르기 어렵습니다.
시의 명성은 오직 제가 함께 하련만
세상일은 누구와 더불어 의논할런지……
북쪽 궁궐이 새 주인으로 바뀌었으니
남쪽 별은 옛 동산에 떨어질 수 있겠지요.
정히 알 것은 서로 만나는 날,

좋은 술 따르며 한껏 취하게 되리라는 것.

寄高適
기 고 적

楚隔乾坤遠	難招病客魂	詩名惟我共	世事與誰論
초 격 건 곤 원	난 초 병 객 혼	시 명 유 아 공	세 사 여 수 론
北闕更新主	南星落故園	定知相見日	爛漫倒芳樽
북 궐 경 신 주	남 성 락 고 원	정 지 상 견 일	란 만 도 방 준

● **해설**

보응寶應 원년(762) 가을에 재주梓州에서 지은 작품이다. 엄무嚴武가 명을 받들어 경사京師로 돌아가자, 조정에서는 촉주자사蜀州刺史였던 고적高適을 성도윤成都尹에 임명하였다. 두보 역시 초당으로 돌아가려는 생각이 있어서 고적에게 시를 썼던 것이다.

● **주석**

* 北闕(북궐) 구 : 신주新主(대종代宗)가 즉위하여 천하가 안정되었다는 말이다.
* 南星(남성) : 고적을 가리킨다.
* 故園(고원) : 여기서는 초당을 가리킨다.
* 爛漫(난만) : 취한 모습이다.

264. 봄날 재주의 누각에 올라

하늘가 누대에 올라 바라보는 눈길,
봄을 따라 고향으로 들어가네.
전쟁터는 이제 막 평정되었으나
옮겨 심은 버들 다시 살 수 있었는지?
촉 땅의 사귐은 냉정하여 싫고
오 땅에 좋은 일 많았음을 그리워하네.
응당 노를 수리하여
길게 읊조리며 형문으로 내려가리.

춘일재주등루
春日梓州登樓

天畔登樓眼　隨春入故園　戰場今始定　移柳更能存
厭蜀交遊冷　思吳勝事繁　應須理舟楫　長嘯下荊門

● 해설

광덕廣德 원년(763) 봄에 지은 작품이다. 나그네로 떠도는 심정과 촉 지역을 떠나려는 마음이 이 작품에 담겨 있다. 2수의 연작시 가운데 제2수이다.

● 주석

* 故園(고원) : 여기서는 두보의 고향인 낙양洛陽을 가리킨다.
* 戰場(전장) 구 : 안사지란安史之亂이 막 평정되었음을 지칭함.
* 移柳(이류) : 낙양에 옮겨 심은 버들. 여기서는 자신의 집을 비유하여, 난리가 평정된 후 집안이 그대로 있는지 의심스럽다는 말이다.
* 荊門(형문) : 산 이름. 호북성湖北省 의도현宜都縣 서북쪽 장강의 남쪽 언덕에 있는데, 강을 사이에 두고 호아산虎牙山과 마주하여 마치 문처럼 생겼다.

265. 도솔사를 바라보며

숲 울창하여 산길을 막아서고
강은 깊어 산문을 격하고 있는데
너울너울 구름 기운이 움직이고
어른어른 물보라가 일어나네.
하늘이 크다는 사실은 다시 알지 못하거니와
부처의 존귀함을 보았다는 것만 그저 남았네.
수시로 응당 맑은 물로 손 씻고
급고원을 찾아보리.

망도솔사
望兜率寺

수밀당산경	강심격사문	비비운기동	섬섬랑화번
樹密當山徑	江深隔寺門	霏霏雲氣動	閃閃浪花翻

불부지천대	공여견불존	시응청관파	수희급고원
不復知天大	空餘見佛尊	時應淸盥罷	隨喜給孤園

● **해설**

광덕廣德 원년(763)에 지은 작품이다. 《동산관음사기東山觀音寺記》에 이르기를 재주梓州의 사원은 대소大小 합쳐 12곳이 있는데, 혜의사惠義寺는 북쪽에 있고, 도솔사兜率寺는 남쪽에 있으며, 우두사牛斗寺는 서쪽에 있고, 관음사觀音寺는 동쪽에 있다고 한다. 이 작품은 도솔사를 방문하고 돌아오는 길에 강에서 도솔사를 보며 지었다.

● **주석**

* 不復(불부) 2구 : 출구出句는 부처의 가르침이 위대함을 알아 유가의 하늘에 대한 두려움을 염두에 두지 않겠다는 뜻이고, 대구對句는 도솔사에서 부처의 존귀함을 보고 난 뒤의 감흥이 아직 남아 있으나 여전히 속세를 벗어나지 못한 사실에서 오는 탄식이다.
* 時應(시응) 2구 : 도솔사를 계속 방문하겠다는 뜻. 즉 불법佛法에 귀의하겠다는 말이다.
* 盥(관) : 대야, 손을 씻다.
* 隨喜(수희) : 불교 용어. 환희심이 불상에 경배함에 따라서 생김을 의미한다. 이로 인하여 사원을 찾아오는 것을 지칭하게 되었다.
* 給孤園(급고원) : 급고독원給孤獨園의 간칭簡稱. 급고독장자給孤獨長者는 왕사성에서 석가모니의 설법을 듣고는 마침내 귀의하게 되었다. 이로 말미암아 석가모니에게 왕사성으로 올 것을 요청하고는 거금으로 기타태자祇陀太子의 정원을 구입하여 석가모니가 설법할 장소로 만들었다. 때문에 후대에는 불사佛舍의 대칭代稱으로 쓰인다.

266. 감원에서

봄날 맑은 강 언덕,
천 그루 밀감나무가 2경의 과수원에 있어
푸른 구름이 무성한 잎사귀를 부끄러워하는 듯
흰 눈이 많은 꽃을 피하는 듯.
열매 맺으면 변방 사신을 따라가리니
광주리 열어 지존께 가까이 나아가리.
복숭아나 오얏보다 늦게 익지만
마침내 금문에 바칠 수 있다네.

감 원
甘園

<small>춘 일 청 강 안</small>　　<small>천 감 이 경 원</small>　　<small>청 운 수 엽 밀</small>　　<small>백 설 피 화 번</small>
春日淸江岸　　千甘二頃園　　靑雲羞葉密　　白雪避花繁
<small>결 자 수 변 사</small>　　<small>개 롱 근 지 존</small>　　<small>후 어 도 리 숙</small>　　<small>종 득 헌 금 문</small>
結子隨邊使　　開籠近至尊　　後於桃李熟　　終得獻金門

● **해설**

광덕廣德 원년(763) 봄에 지은 작품이다. 감원甘園은 곧 감원柑園으로서 재주梓州 부근에 있었다. 시에는 대기만성大器晚成의 뜻이 나타나 있다.

● **주석**

* 二頃(이경) : 2백무畝의 땅.
* 靑雲(청운) 2구 : 출구出句는 푸른 잎이 무성하여 구름 같다는 뜻이고, 대구對句는 흰 꽃이 활짝 피어 백설 같다는 뜻이다.
* 邊使(변사) : 촉 지역은 먼 곳이므로, 변방의 사신이라고 칭한 것이다.
* 開籠(개롱) : 광주리를 열다.
* 金門(금문) : 금마문金馬門을 가리킴. 한대漢代 궁문宮門의 이름. 후대에는 조정을 지칭하는 것으로 많이 사용되었다.

267. 시름겹게 앉아서

높은 집에는 항상 들판이 보이지만
시름겨울 적에는 다시 문 앞에 앉네.
10월이라 산 추위는 심하고
외로운 성엔 강 기운이 어둡구나.
가맹에는 강인들이 멀리 있는데
좌담에는 견융인이 진을 쳤네.
종일토록 동분서주할 것을 걱정하느라
돌아갈 기약이야 감히 논하지 못한다네.

愁坐

高齋常見野　愁坐更臨門　十月山寒重　孤城水氣昏
葭萌氐種遠　左擔犬戎屯　終日憂奔走　歸期未敢論

● 해설
광덕廣德 원년(763) 10월, 낭주閬州에서 지은 작품이다. 변방의 전란으로 인한 두보의 근심이 시에 담겨 있다.

● 주석
* 葭萌(가맹) : 지명. 《화양국지華陽國志》에 '촉왕이 동생 가맹葭萌을 한중漢中에 봉하고서는 그를 저후苴侯라고 부르니, 이로 말미암아 그 땅을 명명하여 가맹葭萌이라고 불렀다(蜀王封其弟葭萌於漢中, 號曰苴侯, 因命其地曰葭萌)'고 하였다. 《당서唐書》에 '가맹현葭萌縣은 이주利州에 속한다'고 하였다. 지금의 사천성四川省 광원현廣元縣 서남쪽에 있다.
* 氐種(저종) : 강인羌人을 가리킴.
* 左擔(좌담) : 지명. 《촉기蜀記》에 '촉산蜀山은 면곡綿谷·가맹葭萌으로부터 길이 험하고 좁으니, 북쪽에서 짐을 메고 지고 온 사람들은 맨 어깨를 바꾸지

못하니, 그것을 일러 좌담도左擔道라고 한다(蜀山自綿谷葭萌, 道徑險窄, 北來擔負者不容易肩, 謂之左擔道)'고 하였다. 《익주기益州記》에 '음평현(지금의 감숙성甘肅省 문현文縣)에는 좌담도가 있는데, 그 길은 지극히 험하여 북쪽에서 온 사람이 왼쪽 어깨에 짐을 메면, 오른쪽 어깨로 바꾸지 못한다.(陰平縣有左擔道, 其路至險, 自北來者擔在左肩, 不得度右肩也)'고 하였다.

* 犬戎(견융) : 여기서는 토번吐蕃을 가리킨다.

268. 충주 용흥사에서 기거하던 방 벽에 쓰다

충주는 삼협 안에 있고
마을은 구름 이는 곳에 모여 있는데
작은 시장은 항상 쌀을 다투고
외로운 성은 일찍 문을 닫네.
공연히 지나가는 나그네의 눈물만 볼 뿐
주인의 은혜는 구하지 못하여라.
오래 머물러 호랑이를 근심하나니
깊숙한 곳에 살며 사원에 의지한다네.

題忠州龍興寺所居院壁

忠州三峽內　井邑聚雲根　小市常爭米　孤城早閉門
空看過客淚　莫覓主人恩　淹泊仍愁虎　深居賴獨園

● 해설

이 시는 충주忠州에 있을 때 지어졌다. 당시 두보의 족질族姪이었던 자사는 두보의 가족들을 용흥사에 옮겨 살게 하였는데, 인정이 각박하여 생활이 매우 어려웠다. 이 시에는 그 고통스러운 심정을 표현하였다.

● 주석

* 忠州(충주) : 충주는 본래 임주臨州이다. 고을에 다섯 개의 현縣이 있는데, 가호家戶는 6,7백에 불과하니, 마을의 쓸쓸함을 알 수 있다.
* 三峽(삼협) : 이 작품에서의 삼협은 통상적인 장강삼협長江三峽을 가리키는 것이 아니라, 장강의 협곡들을 범칭하는 것으로 봐야 한다.
* 雲根(운근) : 깊은 산의 구름이 일어나는 곳.
* 空看(공간) 2구 : 두보가 고통스러운 생활을 꾸려나가고 있었음에도 불구하고 족질인 임주자사臨州刺史가 각박하게 대하였음을 말한 것이다.
* 主人(주인) : 임주자사를 지내던 두보의 조카를 가리킨다.
* 獨園(독원) : 급고독원給孤獨園의 간칭簡稱으로서 사원寺院을 가리킨다.

269. 장강

많은 물줄기가 부주와 만주에 모여
구당협 하나의 문을 다투어 나가네.
천자 알현하는 도리, 사람들 모두 따르건만
도적들아! 너희들은 누구를 높이는가?
외로운 바위는 어슴프레 말과 같고
높은 등라藤蘿에는 물 마시는 원숭이 매달려 있네.
돌아가려는 마음은 저 물결과 다르거늘
무슨 일로 곧장 날아오르며 뒤집히는가?

長江^{장강}

衆水會涪萬 (중수회부만)
瞿塘爭一門 (구당쟁일문)
朝宗人共挹 (조종인공읍)
盜賊爾誰尊 (도적이수존)
孤石隱如馬 (고석은여마)
高蘿垂飲猿 (고라수음원)
歸心異波浪 (귀심이파랑)
何事卽飛翻 (하사즉비번)

● 해설

영태永泰 원년(765) 겨울에 운안雲安에서 병들어 있을 때 지은 작품이다. 동란의 와중에 병으로 어떻게도 할 수 없었던 두보는 많은 물결이 장강에 모이듯 중신들이 천자에게 순응하여야 한다는 일반적 이치를 언급하고 있다. 2수의 연작시 가운데 제2수이다.

• 주석
* 涪萬(부만) : 부주涪州(지금의 사천성四川省 부릉시涪陵市)와 만주萬州(지금의 사천성 만현시萬縣市).
* 瞿塘(구당) : 협곡峽谷 이름. 구당은 기주夔州 동쪽 1리 되는 곳에 있는데, 고대의 서릉협西陵峽이 이곳이다.
* 朝宗(조종) : 제후가 천자를 알현하는 행위. 강물이 바다를 향해 가는 것을 뜻하기도 한다. 《주례周禮》에 '봄에 알현하는 것을 조朝라 하고, 여름에 알현하는 것을 종宗이라고 한다(春見曰朝, 夏見曰宗)'고 하였다.
* 孤石(고석) :《익주기益州記》에 '염예퇴灩澦堆는 여름철에 물이 불어 수십장이 잠기는데, 그 모습이 말을 닮았고, 뱃사람들이 감히 나아가지 못하였다(灩澦堆, 夏月漲沒數十丈, 其狀如馬, 舟人不敢進)'고 하였다.
* 歸心(귀심) 2구 : 최간崔旰의 반란 때문에 어서 돌아가고자 하나 돌아가는 길이 거센 물결로 막혔다는 뜻이다.

270. 강변의 초각에서 잠들다

어둑한 빛이 산길로 이어지고
높은 집은 수문에 있는데
옅은 구름은 바위 끝에서 잠들고
외로운 달빛은 물결 속에서 일렁인다.
학들이 서로 좇아 나는 것 조용하건만
시랑은 먹이를 다투느라 시끄럽구나.
잠들지 못하고 전쟁을 걱정한들
천지를 바로잡을 힘이 없구나.

숙 강 변 각
宿江邊閣

명 색 연 산 경
瞑色延山徑

고 재 차 수 문
高齋次水門

박 운 암 제 숙
薄雲巖際宿

고 월 랑 중 번
孤月浪中翻

관 학 추 비 정
鸛鶴追飛靜

시 랑 득 식 훤
豺狼得食喧

불 면 우 전 벌
不眠憂戰伐

무 력 정 건 곤
無力正乾坤

• 해설

대력大曆 원년(766) 기주夔州에서 지은 작품이다. 당시 두보는 기주의 초각草閣에서 기거하였다. 국사國事에 대한 두보의 심각한 걱정이 잘 표현되어 있다.

• 주석

* 鸛鶴(관학) : 황새와 학. 물가에서 새들이 나는 것을 적은 것으로서, 여기서는 군사軍士를 비유한다.
* 豺狼(시랑) : 승냥이와 이리. 산중에서 들은 것을 적은 것으로서 도적, 즉 당시 반란을 일으킨 최간崔旰의 무리를 비유한다.

271. 서각의 밤

어슴프레 추운 강에 저녁 들자
길게 이어진 흰 안개 어둡구나.
빈 산에 바람이 돌을 떨어뜨리고
고요한 누각에 달빛이 문을 들어온다.
딱따기 치는 불쌍한 사람은
옷도 없이 어느 마을에 사나?
시절이 위태로워 온갖 어려운 일 생각하는데
도적들아, 너희들은 아직도 있느냐!

서 각 야
西閣夜

황 홀 한 강 모
恍惚寒江暮

위 이 백 무 혼
逶迤白霧昏

산 허 풍 락 석
山虛風落石

루 정 월 침 문
樓靜月侵門

　　　　격 탁 가 련 자　　　무 의 하 처 촌　　　시 위 관 백 려　　　도 적 이 유 존
　　　擊柝可憐子　　無衣何處村　　時危關百慮　　盜賊爾猶存

● 해설

대력大曆 원년(766) 기주夔州의 서각西閣에서 지은 작품이다. 강산의 경치에 대한 묘사를 통해 전란으로 의탁할 곳 없어진 백성에 대한 동정同情과 위험한 시국에 대한 고뇌를 그려내었다.

● 주석

* 恍惚(황홀) : 잘 보이지 않는 모양.
* 逶迤(위이) : 구불구불 가는 모양.
* 擊柝(격탁) : 딱따기를 두드리며 야경을 돌다.
* 關百慮(관백려) : 온갖 심려를 하게 된다는 뜻이다.

272. 구당협의 두 벼랑

　　삼협은 어느 곳이 전해지나?
　　두 벼랑 장대한 이 문.
　　하늘에 들어도 여전히 바위색인데
　　강물에 들면 홀연 구름 뿌리.
　　원숭이들 수염은 오래되었고
　　이무기 사는 굴은 높기도 하다.
　　희화가 겨울에 몰아 가까이 왔음에
　　해 실은 수레 뒤집힐까 두려워 걱정.

　　구 당 량 애
　　瞿唐兩崖

삼 협 전 하 처　　　쌍 애 장 차 문　　　입 천 유 석 색　　　천 수 홀 운 근
三峽傳何處　　雙崖壯此門　　入天猶石色　　穿水忽雲根
노 학 수 염 고　　　교 룡 굴 택 존　　　희 화 동 어 근　　　수 외 일 거 번
猱玃鬚髯古　　蛟龍窟宅尊　　羲和冬馭近　　愁畏日車翻

● 해설

대력大曆 원년(766) 겨울, 기주夔州에서 지은 작품이다. 시의 주지는 구당협의 높은 산과 깊은 강물에 대한 영탄이다. 전인前人들은 이 시에 대하여 평가하여 '대단히 기이하지만 질박함을 잃지 않았고, 기이할수록 청신함을 보인다'라고 하였다. 제목의 구당瞿唐은 삼협三峽의 하나로서 구당협瞿唐峽을 지칭한다.

● 주석

* 入天(입천) 2구 : 벼랑이 하늘 높이 치솟고 강물 깊이 들어가 있음을 의미한다.
* 雲根(운근) : 전설에 의하면, 구름은 바위에 닿아 생긴다. 때문에 운근雲根을 바위라고 여긴다.
* 猱玃(노확) : 원숭이. 玃은 일반 원숭이보다 크고 검은색이다.
* 羲和(희화) : 신화와 전설에 나오는 태양신의 수레를 모는 사람. 이 작품에서는 해를 실은 수레가 벼랑에 부딪혀 뒤집혀질 것 같다고 두려워함으로써 벼랑의 험준함을 과장하였다.

273. 만주의 선우씨가 파주로 가는 것을 전송하며

경조윤은 앞 시대의 인걸,
아름다운 옥이 한 가문을 비추네.
조정은 그대를 유독 주목하고서
가까이 맞이하여 이름난 번국을 주었지.
전별의 자리에는 배가 빽빽하게 늘어섰고
추운 강은 바위에 부딪혀 시끄럽구나.
그대가 훌륭하게 정치하는 걸 보나니
훗날에 특별한 은총 있으리라.

送鮮于萬州遷巴州
송선우만주천파주

京兆先時傑　琳瑯照一門　朝廷偏注意　接近與名藩
경조선시걸　림랑조일문　조정편주의　접근여명번

<ruby>祖<rt>조</rt></ruby><ruby>帳<rt>장</rt></ruby><ruby>排<rt>배</rt></ruby><ruby>舟<rt>주</rt></ruby><ruby>數<rt>촉</rt></ruby>　　<ruby>寒<rt>한</rt></ruby><ruby>江<rt>강</rt></ruby><ruby>觸<rt>촉</rt></ruby><ruby>石<rt>석</rt></ruby><ruby>喧<rt>훤</rt></ruby>　　<ruby>看<rt>간</rt></ruby><ruby>君<rt>군</rt></ruby><ruby>妙<rt>묘</rt></ruby><ruby>爲<rt>위</rt></ruby><ruby>政<rt>정</rt></ruby>　　<ruby>他<rt>타</rt></ruby><ruby>日<rt>일</rt></ruby><ruby>有<rt>유</rt></ruby><ruby>殊<rt>수</rt></ruby><ruby>恩<rt>은</rt></ruby>

● **해설**

기주夔州에서 기거할 때 쓴 작품이다. 정확한 연대는 고찰하기 어려워, 대력大曆 원년(766)과 2년(767) 사이에 편재한다. 당시 선우경鮮于炅이 만주萬州(지금의 사천성 만현萬縣) 자사에서 파주巴州(지금의 사천성 파중현巴中縣) 자사로 옮기니, 두보가 이 작품을 써서 송별하였다.

● **주석**

* 京兆(경조) : 경사京師 혹은 경조윤京兆尹. 선우중통鮮于仲通은 천보天寶 말년에 경조윤이 되었고, 동생인 숙명叔明은 건원연간乾元年間에 되었다. 촉蜀 지역 사람들은 그들을 번성한 가문이라고 여겼다. 선우경은 선우중통의 아들이다.
* 琳瑯(임랑) : 아름다운 옥玉. 어진 자제를 가리킨다.
* 注意(주의) : 《육가전陸賈傳》에 '천하가 평안하면 재상을 주의하고, 천하가 위험하면 장수를 주의한다(天下安, 注意相, 天下危, 注意將)'고 하였다.
* 藩(번) : 번국藩國. 국가의 번병藩屛이 되는 나라, 곧 제후국諸侯國을 의미. 여기서는 파주로 가기 때문에 한 말이다. 즉, 파주가 만주보다 장안에서 가깝기 때문에 '접근接近'이라고 하였던 것이다.
* 祖帳(조장) : 여행길의 평안을 위하여 노제路祭를 지내느라 친 장막. 송별연을 뜻한다.
* 數(촉) : 촘촘하다, 빽빽하다.

274. 과수원에서

한여름에 많은 물 흘러
맑은 새벽에 작은 과수원을 향하였더니
푸른 시내는 거룻배 흔들며 넓게 흐르고
붉은 과일은 가지를 빛내며 많이도 열렸네.
애초에는 강산의 조용함을 위해 사들였는데
마침내 시정의 시끄러움도 막을 수 있게 되었네.

밭 채소가 초가집을 에두르니
스스로 만족하며 소반의 밥 좋아하네.

園^원

仲夏流多水　清晨向小園　碧溪搖艇闊　朱果爛枝繁
^{중하류다수　청신향소원　벽계요정활　주과란지번}
始爲江山靜　終防市井喧　畦蔬繞茅屋　自足媚盤飧
^{시위강산정　종방시정훤　휴소요모옥　자족미반손}

● 해설

대력大曆 2년(767) 여름, 기주夔州의 양서瀼西에서 지었다. 두보가 작은 배를 타고 과수원에 도착하여, 붉은 과일이 무성하게 열린 것을 보고 기뻐하며 지은 것이다. 이 작품에는 속세를 싫어하고 고요한 경치를 추구하는 심정이 나타나 있다. 원園은 두보가 양서에서 사들인 과수원을 지칭한다. 이 과수원 안에는 모옥이 있어서, 두보는 늘 이곳에 와서 휴식을 취하였다.

● 주석

* 始爲(시위) 2구 : 처음에 과수원을 경영한 이유는 조용한 삶을 얻기 위해서였는데, 마침내 시정의 시끄러움을 피하기 위해서 과수원에 온다는 뜻이다.
* 畦(휴) : 밭두둑.
* 媚(미) : 즐기다, 좋아하다.

275. 맹씨

맹씨는 좋은 형제들.
양친을 봉양함에 오직 작은 과수원뿐이어도
어른의 뜻 받드느라 손발에 못이 박이고
나그네 앉혀 두고 힘써 식사를 준비한다네.
저녁 아욱 외에도 쌀을 지고 오고
가을 나무 뿌리 옆에서 글을 읽네.

이웃을 택하여 가까이 사는 것이 부끄럽나니
자녀 가르침에 어느 가문을 배우리?

孟氏 (맹씨)

孟氏好兄弟 (맹씨호형제)　養親惟小園 (양친유소원)　承顔胼手足 (승안변수족)　坐客强盤飧 (좌객강반손)
負米夕葵外 (부미석규외)　讀書秋樹根 (독서추수근)　卜隣慚近舍 (복린참근사)　訓子學誰門 (훈자학수문)

•해설

대력大曆 2년(767) 기주夔州에서 지은 작품이다. 맹씨 형제는 두보의 이웃이었는데, 이 시에서는 맹씨 형제가 지닌 교우交友와 효친孝親의 선량한 덕성을 찬미하였다.

•주석

* 承顔(승안) : 존장尊長의 안색을 살펴서 뜻을 받들다. 곧 존장을 시봉侍奉한다는 의미.
* 胼(변) : 못박이다, 굳은살이 박이다. 여기서는 양친을 봉양하기 위해서 손발에 굳은살이 박일 정도로 애쓴다는 뜻이다.
* 負米(부미) : 공자의 제자 자로는 자신은 채소를 먹으면서 백리 밖으로 나가서 부모를 위해 쌀을 지고 왔다. 여기서는 맹씨의 효성을 칭송하기 위해 사용되었다.
* 卜隣(복린) : 맹자의 교육을 위해 그 어머니가 집을 세 차례 옮긴 고사를 염두에 두고 한 말이다.
* 訓子(훈자) 구 : 맹씨를 버려두고 다시 어느 가문을 배우겠느냐의 뜻.

276. 날 저물녘

소와 양 내려온 지 오래되어
모든 집이 이미 사립문을 닫았구나.
바람과 달은 제 스스로 맑은 밤이건만

강과 산은 옛 동산이 아니구나.
바위샘은 어두운 석벽에 흐르고
풀잎의 이슬이 가을 뿌리에 떨어지네.
밝은 등불 속에서 머리 하얗게 되었거늘
무엇 하러 불꽃을 많게 하랴?

日暮 (일모)

牛羊下來久 (우양하래구) 各已閉柴門 (각이폐시문) 風月自淸夜 (풍월자청야) 江山非故園 (강산비고원)
石泉流暗壁 (석천류암벽) 草露滴秋根 (초로적추근) 頭白燈明裏 (두백등명리) 何須花燭繁 (하수화신번)

● **해설**

대력大曆 2년(767) 기주夔州의 양서瀼西에서 지은 작품이다. 양서의 저물녘 경치를 묘사하여 고향을 그리워하고 늙음을 슬퍼하는 두보의 처연한 심정을 나타내었다.

● **주석**

* 牛羊(우양) : 소와 양.《시경詩經》에 '날이 저녁 되니, 양과 소가 내려온다(日之夕矣, 羊牛下來)'고 하였다.
* 花燭(화신) : 등잔의 불꽃. 민간에서는 불꽃이 많이 생기면 좋은 일이 많아진다고 여겼다. 이미 늙었으므로 더 이상 즐거운 일에 기대를 갖지 않는다는 뜻이다. 빛이 밝아서 흰머리가 드러나는 것이 싫다는 뜻으로 풀이할 수도 있다.

277. 저녁

명아주 지팡이 짚고 저녁에야 골목길 찾아 돌아온 것은
등에 햇빛 쬐려 따뜻한 담장을 가까이했기 때문.
유심한 곳이 외지다고 사람들 생각하지만
졸박하게 사는 것이 존귀한 것임을 나는 아네.

조정에 대해서는 태수에게 묻고
농사는 산마을 사람들에게 배우네.
돌아가는 새 날아 깃들었으니
차가운 등불에 또한 문을 닫는다네.

晚(만)

杖藜尋巷晚(장려심항만)　炙背近牆暄(적배근장훤)　人見幽居僻(인견유거벽)　吾知拙養尊(오지졸양존)
朝廷問府主(조정문부주)　耕稼學山村(경가학산촌)　歸翼飛棲定(귀익비서정)　寒燈亦閉門(한등역폐문)

• 해설
대력大曆 2년(767) 기주夔州의 동둔東屯에서 지은 작품이다. 초저녁 무렵의 상황을 기록하여, 시골생활에서 느끼는 편안함과 자득自得함을 드러내었다.

• 주석
* 杖藜(장려) : 명아주 지팡이를 짚다.
* 炙背(적배) : 등에 햇볕을 쬐다.
* 拙養(졸양) : 졸박함을 기르다.
* 府主(부주) : 지방의 장관長官. 태수太守.

278. 벼 베기를 마치고 읊조리다

벼 베니 구름과 물 훵한데
강물은 평평하게 석문과 마주하였다.
차가운 바람에 풀과 나무 성글어지고
해 돋자 닭과 돼지 흩어진다.
들녘 우는 소리에 애초에 전쟁 일어난 것 들었어도
나무꾼 노랫소리는 점점 촌락을 나온다.

소식 물어볼 집도 없으니
나그네 되어 천지에 몸을 맡길 수밖에……

<ruby>刈稻了詠懷<rt>예도료영회</rt></ruby>

<ruby>稻穫空雲水<rt>도확공운수</rt></ruby>　<ruby>川平對石門<rt>천평대석문</rt></ruby>　<ruby>寒風疎草木<rt>한풍소초목</rt></ruby>　<ruby>旭日散雞豚<rt>욱일산계돈</rt></ruby>
<ruby>野哭初聞戰<rt>야곡초문전</rt></ruby>　<ruby>樵歌稍出村<rt>초가초출촌</rt></ruby>　<ruby>無家問消息<rt>무가문소식</rt></ruby>　<ruby>作客信乾坤<rt>작객신건곤</rt></ruby>

● 해설

대력大曆 2년(767) 겨울에 지은 작품이다. 추수 후 들판의 경치를 묘사하여 전쟁을 슬퍼하고 고향으로 돌아가고 싶은 두보의 심정을 드러내었다.

● 주석

* 石門(석문) : 여기서는 구당협瞿唐峽의 석문을 가리킴.
* 旭日(욱일) 구 : 날이 밝자 닭과 돼지가 들에 떨어진 나락을 먹으려고 이리저리 다닌다는 의미.
* 野哭(야곡) 구 : 당시 토번이 영주靈州를 침략하였다. 촉蜀 지방의 병사들이 멀리서 수자리 살다가 이들과의 전투에서 사망하였다는 소식이 전해지니, 울음소리가 들판에 가득하였다는 의미.
* 樵歌(초가) 구 : 농사가 끝나자 땔나무를 마련하기 시작한다는 의미. 비록 전쟁의 소식이 들려도 일상의 삶은 지속된다는 말이다.
* 無家(무가) 2구 : 고향을 떠나 이곳저곳으로 방랑함을 일컬은 것이다.

279. 한겨울

꽃과 잎은 오직 하늘의 뜻,
강과 시내는 모두 돌뿌리.
아침노을은 이런저런 모양을 이루고
차가운 강은 각기 옛 흔적에 따른다.

양주의 눈물 흘리기는 쉬우나
초객의 혼을 부르기는 어렵지.
바람과 파도가 저녁에 잠잠하지 않으니
노 내려두고 뉘 댁에서 묵을까?

冬_동深_심

花葉惟天意　江溪共石根　早霞隨類影　寒水各依痕
易下楊朱淚　難招楚客魂　風濤暮不穩　捨棹宿誰門

● **해설**
대력大曆 3년(768) 겨울에 공안公安에서 출발한 후에 지은 작품이다. 한겨울의 풍경을 묘사함으로써, 저물녘 머물 곳이 없는 슬픈 심정을 직설적으로 드러내었다.

● **주석**
* 花葉(화엽) 2구 : 꽃은 하늘의 뜻에 따라 지고 강물은 말라 돌뿌리가 드러난다는 뜻. 화엽을 조하早霞가 만든 형상으로 보기도 한다.
* 楊朱淚(양주루) : 양주는 전국시대 위魏나라 사람이다. 갈래길이 많은 곳에 이르러서는 '남쪽으로도 갈 수 있고, 북쪽으로도 갈 수 있기 때문에(可南可北)' 눈물을 흘렸다고 한다. 여기서는 고향으로 가지 못하고, 이리저리 헤매는 두보 자신의 상황을 슬퍼한 것이다.
* 楚客魂(초객혼) : 남쪽 초 지역을 헤매는 모습을 묘사한 것이다. 여기서의 초객楚客은 두보 자신을 가리킨다.

【오율한운五律寒韻】

280. 호현의 원소부와 함께 미피에서 연회를 갖다

응당 서쪽의 연못이 좋아
금전을 한 끼 식사에 다 썼던 것.
밥은 운자같이 하얀 것을 뜨고
외는 수정처럼 차가운 것을 씹었지.
배를 돌려 내려갈 수도 없으면서
술 피하기 어렵다고 부질없이 근심하였지만
주인이 정이 많기에
이 시로 푸른 옥돌에 보답한다네.

여 호 현 원 대 소 부 연 미 피
與鄠縣源大少府宴渼陂

응위서피호　　금전경일찬　　반초운자백　　과작수정한
應爲西陂好　金錢罄一餐　飯抄雲子白　瓜嚼水精寒
무계회선하　　공수피주난　　주인정란만　　지답취랑간
無計廻船下　空愁避酒難　主人情爛熳　持答翠琅玕

• 해설

이 시는 대략 천보天寶 13년(754)에서 14년(755) 사이에 지어진 것으로 추정한다. 원대소부源大少府의 '원源'은 성씨이고, '대大'는 맏아들이며, '소부少府'는 감찰 업무를 담당한 현위를 가리킨다. 여기서 원소부는 누구를 가리키는지 알 수 없다. 호현은 장안 근처의 현이고, 미피는 그곳에 있던 못으로서, 물맛이 좋아서 이런 이름이 붙여졌다고 한다.

• 주석

* 雲子(운자) : 원래는 선약仙藥을 뜻하는 말인데 여기서는 밥이 하얀 것을 비유한다.

* 水精(수정) : 수정水晶과 같다. 오이가 수정처럼 차가운 것을 비유한 말이다.
* 爛熳(난만) : 정이 많은 모양.
* 持答(지답) : 시를 지어서 보답하는 것을 말한다.
* 瑯玕(낭간) : 옥돌. 원소부의 후의를 지칭한다는 견해와 두보 자신의 시로 보는 견해가 있는데, 여기서는 전자를 따른다.

281. 달밤

오늘 밤 부주에 뜬 달을
규중에서 혼자서만 바라보고 있으리.
멀리서 어린아이들 가여워하나니
장안을 그리워함을 이해하지 못하리.
향기로운 안개에 구름 같은 머리 젖고
맑은 빛에 옥 같은 팔은 차가우리.
빈 휘장에 어느 때나 기대어
함께 달빛 쐬며 눈물 자국 말릴까?

월 야
月夜

금 야 부 주 월	규 중 지 독 간	요 련 소 아 녀	미 해 억 장 안
今夜鄜州月	閨中只獨看	遙憐小兒女	未解憶長安
향 무 운 환 습	청 휘 옥 비 한	하 시 의 허 황	쌍 조 루 흔 간
香霧雲鬟濕	清輝玉臂寒	何時倚虛幌	雙照淚痕乾

● 해설

천보天寶 15년(756) 장안長安에서 지은 작품이다. 장안이 함락되기 전에 두보는 가족을 대피시켰으나, 자신은 반란군에게 붙들려 장안에 연금되었다. 억류된 처지에서 피난가 있는 처자식을 그리는 심정을 드러내었다.

● 주석

* 鄜州(부주) : 오늘날 섬서성陝西省 부현鄜縣 일대.

* 遙憐(요련) : 멀리서 가여워하다. 멀리 있는 대상을 가여워하다.
* 雲鬟(운환) : 구름 같은 머리.
* 淸輝(청휘) : 맑은 달빛.
* 雙照(쌍조) : '마주하여 달빛을 보다'로 풀이하는 견해와 '함께 달빛을 쐬다'로 풀이하는 견해가 있는데, 여기서는 후자를 취한다.

282. 진주잡시

봉림에는 전쟁 그치지 않고
어해에는 길이 항상 어렵구나.
봉화는 구름 낀 높은 봉우리에 피어오르는데
고립된 군대는 막사에 우물조차 말라버렸다.
바람은 서쪽 끝까지 이어져 불고
달은 북정을 지나며 차갑다.
늙은 사람이 비장군을 그리워하나니
언제나 단을 세울 것 의논하려나?

<small>진 주 잡 시</small>
秦州雜詩

<small>봉 림 과 미 식</small>　<small>어 해 로 상 난</small>　<small>후 화 운 봉 준</small>　<small>현 군 막 정 간</small>
鳳林戈未息　魚海路常難　候火雲峰峻　懸軍幕井乾
<small>풍 련 서 극 동</small>　<small>월 과 북 정 한</small>　<small>고 로 사 비 장</small>　<small>하 시 의 축 단</small>
風連西極動　月過北庭寒　故老思飛將　何時議築壇

● 해설
건원乾元 2년(759) 진주에서 지은 작품이다. 토번과 가까운 변경에서 불안한 상황을 염려하며 지었는데, 시대적 상황이 잘 드러났다. 20수의 연작시 가운데 제19수이다.

● 주석
* 鳳林(봉림) : 현縣 이름. 감숙성甘肅省 임하현臨夏縣 동북쪽에 있었다.

* 魚海(어해) : 토번 경내의 지명. 소재지는 알려져 있지 않다.
* 候火(후화) : 봉화.
* 懸軍(현군) : 적진에 깊이 들어가 고립된 군대.
* 風連(풍련) 2구 : 서쪽에서 토번이 준동하는데, 북쪽에는 장수가 없음을 의미한다.
* 北庭(북정) : 진명鎭名으로 농우도隴右道에 속한다. 이사업李嗣業이 일찍이 토번을 격파하고 공을 세워서 훗날 북정절도사가 되었다.
* 飛將(비장) : 비장군飛將軍이라고 불렸던 한漢의 이광李廣을 가리킴.
* 築壇(축단) : 유방劉邦이 한왕漢王이었을 때, 재계齋戒하고 단을 세워서 한신韓信을 대장군에 배수하였다. 여기서는 훌륭한 장수를 임명해서 토번을 물리치기를 기대한 것이다.

283. 초승달

빛 희미하게 초승달 막 돋을 제,
모습 기울어 달 모양 불안하더니
옛 요새 밖으로 잠시 올랐다가
저녁 구름 끝으로 벌써 숨어버렸네.
은하수는 그 빛 여전하건만
관산은 괜스레 절로 차갑네.
뜰 앞에 흰 이슬이 있어
어둑하게 국화꽃에 가득 내리누나.

初月

光細弦初上　影斜輪未安　微升古塞外　已隱暮雲端
河漢不改色　關山空自寒　庭前有白露　暗滿菊花團

● **해설**

건원乾元 2년(759) 가을에 진주에서 지은 작품이다. 시 전편에 걸쳐서 초승달의 형태와 빛을 묘사하고 있다. 일설에는 어두운 초승달로 숙종의 총명하지 못함을 비유한다고 한다.

● **주석**

* 弦初上(현초상) : 음력 초7일과 8일은 상현달上弦月이 뜬다.
* 輪(윤) : 수레바퀴. 여기서는 달을 가리킨다.
* 空自寒(공자한) : 본래 관산의 차가움은 달빛에 호응하여 생긴다. 이제 달빛이 가려졌기 때문에 '헛되이 차갑다'고 한 것이다.
* 團(단) : 단溥과 통하며, 이슬이 많은 모습이다.

284. 황폐한 밭두둑

가을 채소에 이슬과 서리 엉기거늘
어찌 시들어 죽음을 안타까워하랴!
저녁 빛에 가지와 잎을 세노라니
바람이 너에게 차갑게 불어대는구나.
푸르름은 진흙에 묻혀 없어지고
향기는 시절과 더불어 다하였구나.
생기 나는 봄이 어제만 같아
임금님의 백옥 쟁반을 슬퍼하노라.

廢畦 (폐 휴)

秋蔬擁霜露 (추소옹상로) 豈敢惜凋殘 (기감석조잔) 暮景數枝葉 (모경수지엽) 天風吹汝寒 (천풍취여한)
綠沾泥滓盡 (록첨니재진) 香與歲時闌 (향여세시란) 生意春如昨 (생의춘여작) 悲君白玉盤 (비군백옥반)

● **해설**

건원乾元 2년(759) 가을에 진주에서 지은 작품이다. 깊은 가을의 황폐한 경물을 묘사하여 인생의 성쇠盛衰를 표현하였다.

● **주석**

* 秋蔬(추소) 2구 : 서리가 내린 후 채소가 시드는 상황은 어찌할 수 없다는 말이다.
* 泥滓(이재) : 진흙.
* 歲時闌(세시란) : 가을이 되어 더이상 향기가 나지 않는다는 뜻.
* 白玉盤(백옥반) : 입춘이면 백옥반에 채소를 담아서 뭇 신하들에게 내린다. 지금 가을이 되어 시들었기 때문에 임금의 쟁반에 올리지 못함을 슬퍼한다는 말로, 쓰일 수 없는 자신의 상황을 드러내었다.

285. 저녁 봉화

저녁 봉화가 가깝지 않은 곳에서 와
매일 평안함을 보고하나니
요새 위에서 전하는 빛은 작고
구름 가에 떨어진 점은 희미하여라.
진주를 비추면 위급을 통지한 것이요
농산을 넘어서면 어려운 상황이라는데
듣자니, 봉래전의
많은 궁문에서 말 세우고 본다네.

석 봉
夕烽

석 봉 래 불 근   매 일 보 평 안   새 상 전 광 소   운 변 락 점 잔
夕烽來不近   每日報平安   塞上傳光小   雲邊落點殘

조 진 통 경 급   과 롱 자 간 난   문 도 봉 래 전   천 문 립 마 간
照秦通警急   過隴自艱難   聞道蓬萊殿   千門立馬看

● **해설**

건원乾元 2년(759) 가을, 진주秦州에서 지은 작품이다. 당대의 봉화는 30리마다 설치되어 있었고, 적의 다소에 따라 피우는 봉화의 수가 달랐다. 봉화 하나가 피어오르면 이것은 평안을 알리는 것이라고 하여 평안화平安火라고 불렀다. 이 시에서는 두보가 평안화를 보고서 느낀 감상을 적었다.

● **주석**

* 傳光小(전광소) : 평안함을 의미한다. 평안화는 단지 하나의 봉화만을 피우기 때문에, 빛이 비교적 작고 어둡다.
* 落點殘(낙점잔) : 봉화빛이 희미한 상태를 말한다.
* 照秦(조진) : 위급을 알리는 봉화를 의미한다. 위급을 알릴 때는 피우는 봉화의 수가 많기 때문에, 그 불빛이 진주까지 비추게 된다는 말이다.
* 過隴(과롱) : 봉화의 불빛이 농산을 지난다.
* 蓬萊殿(봉래전) : 대명궁大明宮을 가리킨다. 여기서는 장안長安을 의미.
* 千門(천문) 구 : 궁전에서 말을 멈추고 멀리 봉화를 살핀다는 뜻이다.

286. 빈 주머니

푸른 잣이 쓰지만 그래도 먹을 만하고
밝은 노을 높다지만 먹을 수 있다지.
세상 사람들 모두가 대충 살아
나의 도道가 고난스럽기만 하네.
밥을 짓지 않으니 우물은 새벽에 얼고
옷이 없으니 침상은 밤에 차구나.
주머니가 비면 부끄러워할까 두려워
돈 한 푼을 남겨두노라.

空囊(공낭)

翠柏苦猶食(취백고유식) 明霞高可餐(명하고가찬)
世人共鹵莽(세인공로망) 吾道屬艱難(오도촉간난)
不爨井晨凍(불찬정신동) 無衣牀夜寒(무의상야한)
囊空恐羞澀(낭공공수삽) 留得一錢看(류득일전간)

- 해설

건원乾元 2년(759) 진주秦州에서 지은 작품이다. '공낭空囊'이란 전대錢袋가 빈 상태를 말한다. 나그네로 진주에서 살면서 느끼는 괴로운 생활상황이 드러나 있다.

- 주석

* 翠柏(취백) 구 : 《열선전列仙傳》에 '적송자가 잣나무 열매를 즐겨 먹으니, 이빨이 빠졌다가 다시 생겼다(赤松子好食柏實, 齒落更生)'고 하였다.
* 明霞(명하) 구 : 극도의 가난한 상태를 역설적으로 표현한 것이다.
* 世人(세인) 2구 : 세상 사람들은 구차하게 재물 얻음을 귀하게 여기고 대충 살지만, 나는 곤궁함에도 도를 지키기 때문에 그들에 비해 더욱 어려워진다는 말이다.
* 鹵莽(노망) : 소홀함. 거침.
* 爨(찬) : 불 때다. 밥 짓다.
* 囊空(낭공) 2구 : 이 구절은 가난한 자신을 농담으로 위로한 것이다.
* 羞澀(수삽) : 부끄러워함.
* 看(간) : 《두억杜臆》에 '간看은 간수看守의 간看이다(看, 乃看守之看)'고 하였다.

287. 왕명부에게 거듭 편지하다

계절은 서남쪽이 달라서
겨울 되어도 그저 조금 춥기만 한데
강의 구름은 어느 밤에 없어지고
촉의 비는 어느 때에 마르게 될까?
나그네 생활이야 모름지기 물어줘야 하거니와

곤궁의 시름이 어찌 느긋해질 수 있으리?
그대, 기러기 울음소리 들리는가?
곡식 얻기 어려울까 두려워 우는 것이라는데……

重簡王明府
중간왕명부

甲子西南異　冬來只薄寒　江雲何夜盡　蜀雨幾時乾
갑자서남이　동래지박한　강운하야진　촉우기시간

行李須相問　窮愁豈有寬　君聽鴻雁響　恐致稻粱難
행리수상문　궁수기유관　군청홍안향　공치도량난

● **해설**

상원上元 2년(761) 겨울에 지은 작품이다. 왕명부王明府는 당흥唐興(지금의 사천성四川省 봉계蓬溪)의 현령인 왕잠王潛인데, 두보가 그를 위하여 〈객관기客館記〉를 지은 적이 있었다. 왕잠에게 원조를 바라는 심정이 이 시에 드러나 있다.

● **주석**

* 甲子(갑자) : 계절, 세시歲時.
* 西南(서남) : 성도成都 일대를 가리킴. 성도는 겨울에 비가 내리기 때문에, 이 시에서 계절이 이상하다고 말한 것이다.
* 行李(행리) : 나그네. 나그네 생활. 심부름꾼을 뜻하는 것으로 보기도 한다. 이 구절은 왕잠이 두보의 곤궁한 생활에 대해 물어봐 주기를 바란 것이다.
* 君聽(군청) 2구 : 가난에 대한 걱정을 기러기 소리에 의탁해 표현한 것이다.
* 稻粱(도량) : 벼와 기장. 여기서는 곡식의 통칭.

288. 왕윤이 마침내 술을 가져왔고, 고적 또한 함께 들르다

몸져누운 곳은 거친 들판 먼 곳,
길 좁아 통행도 어려운데
친구가 손님을 인도하여

술 가지고 거듭 방문하였네.
어채 없어 부끄럽거늘
공연히 번거롭게 말안장만 풀게 하였네.
술동이 옮겨 고적에게 권함은
머리 세어 바람에 추워할까 걱정되기 때문.

<small>왕 경 휴 주 고 역 동 과</small>
王竟攜酒高亦同過

<small>와 병 황 교 원</small>   <small>통 행 소 경 난</small>   <small>고 인 능 령 객</small>   <small>휴 주 중 상 간</small>
臥病荒郊遠   **通行小徑難**   **故人能領客**   **攜酒重相看**

<small>자 괴 무 해 채</small>   <small>공 번 사 마 안</small>   <small>이 준 권 산 간</small>   <small>두 백 공 풍 한</small>
自愧無鮭菜   **空煩卸馬鞍**   **移樽勸山簡**   **頭白恐風寒**

●**해설**

상원上元 2년(761) 겨울, 성도成都의 초당草堂에서 지은 작품이다. 당시 왕윤이 술을 갖고 왔고, 고적도 함께 방문하였기에, 두보의 즐거운 심정이 잘 나타나 있다.

●**주석**

* 故人(고인) : 왕윤王掄을 지칭함. 객客은 고적高適을 지칭함.
* 鮭菜(해채) : 고대 어류 요리의 총칭總稱.
* 卸(사) : 풀다.
* 山簡(산간) : 진대晉代의 정남장군征南將軍이다. 여기서는 고적을 지칭함.
* 頭白(두백) 구 : 원주原註에서 '고적이 매번 이르기를 "그대는 나이가 적다 해도 반드시 나보다 적은 것은 아니다."라고 하였다. 때문에 이 구절로 그를 희롱하였다'라고 말하였다.

289. 왕명

한북에는 승냥이와 이리 가득하고
파서에는 길이 험난하구나.

피는 여러 장수의 갑옷 속을 물들이고
뼈는 사신의 안장 위에서 부러졌지.
새로 불탄 잔도는 쓸쓸하고
옛날 쌓은 단상은 아득한데
촉 땅 백성에게 알리는 뜻 깊이 그리워하다가
통곡하며 조정의 관리 기다리노라.

王_왕命_명

漢北豺狼滿 巴西道路難 血埋諸將甲 骨斷使臣鞍
한북시랑만 파서도로난 혈매제장갑 골단사신안

牢落新燒棧 蒼茫舊築壇 深懷喩蜀意 慟哭望王官
뢰락신소잔 창망구축단 심회유촉의 통곡망왕관

• 해설
광덕廣德 원년(763) 가을, 낭주閬州에서 지은 작품이다. 당시 송주松州는 토번에 의해 포위되어 정황이 위급하였다. 두보는 이 시를 지어서 조정에서 장군을 임명하여 촉에 진주하여 적군에게 대항하도록 조치할 것을 바랐다.

• 주석
* 血埋(혈매) 구 : 위북병마사渭北兵馬使 여월장呂月將이 정병 2천을 거느리고 토번과 전투하였는데, 병사들이 포로가 되니 이것이 이른바 '혈매제장갑血埋諸將甲'이다.
* 骨斷(골단) 구 : 광덕廣德 원년元年에 이지방李之芳과 최륜崔倫을 토번에 사신으로 보냈는데, 토번이 그들을 잡아두고 보내지 않으니 이것이 이른바 '골단사신안骨斷使臣鞍'이다. 즉 여러 장수의 피가 갑옷 속에 묻어 있고, 사신들의 뼈가 안장 위에서 부러졌다는 말이다.
* 牢落(뇌락) : 적적함. 영락함. 상원上元 2년에 오랑캐가 대산관大散關을 불태운 것을 지칭한다.
* 蒼茫(창망) : 아득함. 분명하지 않음. 급급함. 광덕 원년에 토번이 여러 오랑캐 무리를 거느리고 위수를 넘었다. 곽자의郭子儀에게 명하여 그들을 방어하게 하자, 곽자의가 2천의 기병을 얻어 갔다. 고대에는 단을 쌓고 장군을 배수하

였는데, 곽자의가 전에 주장主將에 배수된 적이 있으므로 '구축단舊築壇'이라고 한 것이다.
* 深懷(심회) 구 : 한무제漢武帝 때에 당몽唐蒙이 왕명王命을 받들어 야랑夜郎을 개통開通하였는데, 파촉巴蜀의 관리와 병졸들을 징집하고 그 지역의 관민들을 해치고 살육하니, 백성들이 대부분 도망갔다. 무제가 이 사실을 알게 되자 사마상여司馬相如를 파견하여 당몽을 견책하고, 당몽의 행위가 조정의 본의가 아님을 파촉의 인민들에게 알렸다.

290. 돌아와서

나그네 생활 중에 다녀올 곳 있더니
돌아와서 길이 험난함을 알았네.
문을 여니 들쥐가 달아나고
책을 늘어놓자니 좀조차 말라버렸네.
국자 씻어 새 술을 뜨고
머리 숙여 작은 쟁반을 씻건만
누구에게서 술 얻어다가
조금씩 따르며 강가에서 늙어가려나?

歸來

客裏有所適 歸來知路難 開門野鼠走 散帙壁魚乾
洗杓斟新醞 低頭拭小盤 憑誰給麴蘖 細酌老江干

● 해설
광덕廣德 2년(764) 봄에 지었다. 당시 두보는 성도의 초당으로 돌아왔으므로, 돌아온 후의 상황과 감상이 시에 나타나 있다.

• 주석
* 所適(소적) : 재주梓州와 낭주閬州를 가리킴.
* 壁魚(벽어) : 좀.
* 麴蘗(국얼) : 누룩. 여기서는 술을 가리킴.

291. 충주사군 조카의 집에서 연회하며

태수로 나온 우리 집안 조카 덕에
타향에서 오늘을 즐거워하노라.
모름지기 조카 집에서 놀고자 함일 뿐
호탄이 두려워서가 아니라네.
음악이 흥을 도우니 긴 노래 빼어나고
술 넉넉하여 나그네 수심 느슨해지는데
지난날 추던 여의무를
이끌려 억지로 본다네.

宴忠州使君姪宅

出守吾家姪　殊方此日歡　自須遊阮舍　不是怕湖灘
樂助長歌逸　杯饒旅思寬　昔曾如意舞　牽率强爲看

• 해설
이 시는 두보가 충주忠州(지금의 사천성 충현忠縣)에 갔을 때 지은 작품이다. 충주자사는 두보의 족질族姪이었다. 연회를 벌여 두보를 초대하였을 때, 두보가 이 시를 지어서 사의謝意를 표시한 것이다.

• 주석
* 出守(출수) : 서울의 관리에서 나와서 지방의 태수가 되다. 당대唐代의 자사刺

史는 한대漢代의 태수太守에 해당함.
* 自須(자수) 구 : 충주에 배를 멈춘 것은, 조카 집에 머물려고 했던 것이지 결코 호탄을 걱정해서가 아니라는 말이다.
* 阮舍(완사) :《진서晉書》의 기록에 의하면, 완함阮咸과 숙부인 완적阮籍은 남쪽에서 함께 살았고, 다른 완씨들은 북쪽에서 살았는데, 북쪽의 완씨는 부유한 반면에 남쪽의 완씨는 가난하였다. 후대에 '완사阮舍'로써 숙부의 집이나 조카의 집을 가리켰다. 여기에서는 조카의 집을 지칭한다.
* 湖灘(호탄) :《일통지一統志》에 의하면, 호탄湖灘은 기주夔州 만현萬縣 서쪽 60리 되는 곳에 있었는데, 그 물이 대단히 험하고, 봄 여름에는 범람하며, 수면이 호수와 같았다고 한다.
* 如意舞(여의무) :《세설신어世說新語》에 의하면, 진晉나라 사람 왕융王戎은 왕도王導의 조카였는데, 철여의鐵如意(기물명器物名)를 가지고 춤추기를 좋아하였다고 한다. 여기서는 족질인 충주사군이 두보를 위해 춤을 춘다는 말이다.

292. 배를 띄우고

돛을 거두어 급류로 내려가고
장막 걷고서 굽이도는 여울 좇는다.
강가의 저자는 짙은 안개로 어둡고
산자락 구름은 이리저리 흩어지며 차갑다.
거친 숲은 들어가는 길 없고
홀로 있는 새는 사람이 쳐다보는 것 이상히 여긴다.
벌써 성루 아래에 정박하였건만
어찌 밤빛이 다하였으랴!

_{방 선}
放船

_{수 범 하 급 수}　_{권 만 축 회 탄}　_{강 시 융 융 암}　_{산 운 심 심 한}
收帆下急水　卷幔逐回灘　江市戎戎暗　山雲涔涔寒

황림무경입　　독조괴인간　　이박성루저　　하증야색란
荒林無徑入　獨鳥怪人看　已泊城樓底　何曾夜色闌

● 해설

영태永泰 원년(765) 운안雲安에 다다랐을 때 지은 작품이다. 저물녘에 배가 빠르게 지나가고, 강변의 풍경이 황량함을 묘사하였다.

● 주석

* 收帆(수범) 2구 : 돛은 바람을 받기 위해 올리고, 장막은 햇빛을 막기 위해 친다. 이 시에서 돛과 천막을 거둔다고 한 것은 시간적으로 저녁임을 의미한다.
* 戎戎(융융) : 시장에 저녁 안개가 짙게 낀 모습.
* 渗渗(심심) : 구름 같은 것이 흩어져 고정되지 않는 모습.
* 已泊(이박) 2구 : 저녁 무렵에 배를 띄워 정박지에 이르기까지 먼 길을 왔음에도 배가 빨라 아직 밤이 끝나지 않았음을 의미한다.
* 闌(난) : 여기에서는 진盡의 의미.

293. 다섯째 아우 풍이 홀로 강동에 있어 근 3, 4년 동안 적막하게도 소식이 없었는데 심부름시킬 사람을 찾아 이 2수의 시를 부치다

난리 후에 내가 살아있음에 탄식하고
네가 나그네로 어렵게 지냄을 아나니
풀이 누렇게 되어 천리마는 병들고
모래밭에 저녁 들자 할미새 추워하는구나.
초 땅에는 험난한 관문과 성벽 쳐 있고
오 땅은 넓은 수역水域 삼키고 있는데
10년을 아침저녁으로 눈물 흘리느라
옷소매 일찍이 마른 적 없었다.

第五弟豐獨在江左近三四載寂無消息覓使寄此二首

亂後嗟吾在　羈棲見汝難　草黃騏驥病　沙晚鶺鴒寒
楚設關城險　吳吞水府寬　十年朝夕淚　衣袖不曾乾

● 해설

대력大曆 원년(766) 기주夔州에서 지은 작품이다. 두보는 천보天寶 15년(756)에 난을 피하여 동생들과 이별하였다. 그 중 다섯째 동생인 두풍杜豐이 홀로 강좌江左 지역에 있었는데, 소식이 없자 시를 써서 그리워하는 마음과 방문하고 싶은 뜻을 드러내었다. 2수의 연작시 가운데 제1수이다.

● 주석

* 騏驥(기기) : 준마의 이름. 여기에서는 두보의 상황을 비유한다.
* 鶺鴒(척령) : 할미새 혹은 물새의 이름. 여기서는 두풍의 처지를 비유한다.
* 關城(관성) : 한관扞關을 지칭한다는 설이 있다. 한관은 파군巴郡에 있었다. 《사기史記》의 기록에 의하면, 촉蜀이 초楚를 정벌하려 하자 초는 한관을 지어서 방어하였다고 한다.
* 水府(수부) : 두풍이 강좌 일대의 수역水域에서 살고 있음을 의미한다.

294. 시월 초하루

장기瘴氣가 모두 사라진 것은 아니나
겨울이 되어 또한 곤란하지는 않을 때.
야랑의 시내 비추는 햇빛은 따스하고
백제성 협곡에 부는 바람은 차갑다네.
증과는 모든 집이 비슷한데
다행히도 한 쟁반의 초당을 얻었네.
이 날을 남쪽 지방에서는 중요하게 여겨
옛 풍속 따라 서로 즐거워한다네.

十月一日
<small>십 월 일 일</small>

<small>유장비전헐</small>　　<small>위동역불난</small>　　<small>야랑계일난</small>　　<small>백제협풍한</small>
有瘴非全歇　　爲冬亦不難　　夜郎溪日暖　　白帝峽風寒
<small>증과여천실</small>　　<small>초당행일반</small>　　<small>자신남국중</small>　　<small>구속자상환</small>
蒸裹如千室　　焦糖幸一柈　　茲辰南國重　　舊俗自相歡

● 해설

이 시는 대력大曆 2년(767) 늦가을에 지은 작품이다. 기주夔州에서 머무는 동안 그 지역의 풍습에 대한 소감이 시에 드러나 있다.

● 주석
* 有瘴(유장) : 장기瘴氣가 있다. 더운 지방에서 생기는 독기이지만 여기서는 단순히 더운 기운을 가리킨다.
* 夜郎(야랑) : 한대漢代에 서남쪽에 있었던 지명. 기주夔州 남쪽에 있었다.
* 蒸裹(증과) : 음식 이름.
* 焦糖(초당) : 음식 이름.
* 柈(반) : 쟁반.

295. 공안의 산속 역관으로 거처를 옮기며

남방에는 낮에도 안개가 많고
북풍 불어 하늘은 한창 차가운데
길은 위험하여 나무 끝을 지나고
몸은 높이 구름 끝에서 잠든다.
산귀신이 숨을 불어 등을 껐음에
요리사는 밤이 끝났다고 하네.
닭 울자 앞길의 역관을 물었나니
세상 어지러운데 어찌 편안한 곳 찾을 수 있으리?

移居公安山館
^{이 거 공 안 산 관}

南國晝多霧　北風天正寒　路危行木杪　身逈宿雲端
^{남국주다무　북풍천정한　로위행목초　신형숙운단}

山鬼吹燈滅　廚人語夜闌　雞鳴問前館　世亂敢求安
^{산귀취등멸　주인어야란　계명문전관　세란감구안}

• 해설

대력大曆 3년(768) 겨울에 강릉에서 공안公安의 역관驛館으로 거처를 옮기면서 지은 작품이다. 공안은 지금의 호북성湖北省 공안으로, 당대唐代에는 강릉부江陵府에 속하였고, 강릉에서 남쪽으로 90리 되는 곳에 있다.

• 주석
* 木杪(목초) : 나무 끝. 이 구는 길이 험난함을 말한다.
* 雲端(운단) : 구름 끝. 잠자는 곳이 높은 곳에 위치하였음을 의미한다.
* 山鬼(산귀) 2구 : 요리사가 새벽에 일어나 불을 끄고는 산귀신이 불을 껐다고 농담하였다는 뜻. 인적이 드문 산속 깊은 곳임을 알려준다.

296. 왕사군의 집에서 잔치하며 적다

한의 임금은 한신을 쫓았고
백성들은 사안을 불러내었지.
우리 무리 스스로 정처없이 떠돌다가
세상일로 각기 고난을 겪었는데
여관에 있는 나를 초청하여 가까이 맞이하니
타향에서 마음이 푸근해지누나.
재주 없어 썩어감을 달게 여기나니
높게 누운들 어찌 용이 진흙에 서린 것이랴!

연 왕 사 군 택 제
宴王使君宅題

한 주 추 한 신　　　창 생 기 사 안　　　오 도 자 표 박　　　세 사 각 간 난
漢主追韓信　蒼生起謝安　吾徒自漂泊　世事各艱難
역 려 초 요 근　　　타 향 의 서 관　　　부 재 감 후 질　　　고 와 기 니 반
逆旅招邀近　他鄉意緒寬　不才甘朽質　高臥豈泥蟠

- **해설**

대력大曆 3년(768) 가을에 지은 작품이다. 당시 왕사군王使君이 두보를 청하여 연회를 벌이자 두보가 사례로 쓴 시로서, 왕사군과 자신의 처지에 대한 감개가 드러나 있다. 왕사군에 대해서는 자세하지 않다. 2수의 연작시 가운데 제1수이다.

- **주석**

* 漢主(한주) 구 :《사기史記》의 기록에 의하면, 한고조가 입관入關하자 장수들 중에서 길에서 달아난 자들이 많았다. 한신韓信도 도망갔다는 말을 듣고, 소하蕭何가 스스로 그를 쫓았다고 한다.
* 蒼生(창생) 구 :《진서晉書》에 '사안이 동산에서 은거하자 당시 사람들이 모두 말하기를 "사안이 나오지 않으면 창생들은 어찌하는가?"라고 하였다(謝安高臥東山, 當時皆曰, "安石不出, 其如蒼生何")'고 하였다.
* 高臥(고와) : 은거하다.
* 泥蟠(이반) : 진흙에 서리다. 용에 비유하여 한 말이다.

【오율산운五律刪韻】

297. 잠시 임읍에 가게 되어 택산호의 정자에 이르러 이원외를 생각하니 문득 흥이 나다

들녘 정자가 호수에 가까워
말을 높은 숲 사이에 쉬게 하였다.
바람이 물결 세차게 일으키니 악어가 울고
햇빛이 산에 비치니 물고기가 뛰는데
잠시 떠나가 사백과 헤어지게 되어
돌아보며 청관을 생각하노라.
자욱이 구름 안개 피어나니
응당 수레 재촉하여 돌아갈 밖에……

<small>잠 여 림 읍 지 택 산 호 정 봉 회 리 원 외 솔 이 성 흥</small>
暫如臨邑至㟃山湖亭奉懷李員外率爾成興

<small>야 정 핍 호 수　　헐 마 고 림 간　　타 후 풍 분 랑　　어 도 일 영 산</small>
野亭逼湖水　　歇馬高林間　　鼉吼風奔浪　　魚跳日映山
<small>잠 유 조 사 백　　각 망 회 청 관　　애 애 생 운 무　　유 응 촉 가 환</small>
暫遊阻詞伯　　却望懷青關　　靄靄生雲霧　　惟應促駕還

● **해설**

천보天寶 4년(745)에 지은 작품이다. 당시 두보는 임읍臨邑의 주부主簿인 아우 두영杜穎을 만나기 위해 임읍으로 가게 되어, 택산호에 있는 정자에 이르러 이원외李員外에게 이별을 알리고자 했는데, 그가 청주青州로 떠나고 없자 그를 그리워하며 지은 시이다. 이원외는 가부원외랑駕部員外郎을 지낸 이지방李之芳이다.

● **주석**

* 鼉吼(타후) : 악어가 울다. 호수에 풍랑이 일면서 파도 소리가 크게 울리는 것을 비유함.

* 詞伯(사백) : 뛰어난 문인을 의미하는 말로서, 여기서는 이원외李員外를 가리킨다.
* 靄靄(애애) : 구름과 안개가 끼어 있는 모양.

298. 삼가 위곡에서 정부마를 모시며

들녘 절은 수양버들 속이요
밭두둑은 어지러운 물 가운데.
많은 화려한 꽃들 대나무에 비치고
좋은 새는 산으로 돌아가지 않는다.
성곽은 종내 무슨 일이런가?
풍진에서 어찌 젊은 얼굴 머물게 할 수 있으리?
뉘라서 공자와 더불어
박모에 함께 돌아가고자 할 수 있으리?

봉배정부마위곡
奉陪鄭駙馬韋曲

야사수양리 춘휴란수간 미화다영죽 호조불귀산
野寺垂楊裏 春畦亂水間 美花多映竹 好鳥不歸山
성곽종하사 풍진기주안 수능공공자 박모욕구환
城郭終何事 風塵豈駐顔 誰能共公子 薄暮欲俱還

● 해설
건원乾元 원년(758)의 작품으로 추정하기도 하나, 안록산의 난이 일어나기 전에 지은 것으로 판단된다. 두보가 부마 정잠요鄭潛曜와 함께 봄날 명승지 위곡에서 노닐면서 그때의 감상을 적은 것이다. 정잠요는 두보와 친하게 지냈던 광문박사 정건의 조카이기도 해서 두보는 일찍부터 정부마의 집에 출입하였다. 2수의 연작시 가운데 제2수이다.

● 주석
* 好鳥(호조) 구 : 새들이 산으로 돌아가지 않고 이곳 위곡에서 잠을 잔다는 뜻.

* 駐顏(주안) : 얼굴을 더 늙지 않게 하는 것을 말한다.
* 公子(공자) : 여기서는 부마 혹은 부마와 그를 좇는 무리들을 말한다.
* 薄暮(박모) : 해거름, 해질녘. 이 구는 부마 일행과 함께 성 안으로 돌아가고 싶지 않다는 뜻이다.

299. 진주잡시

어두운 만겹의 산,
외로운 성이 산 계곡 사이에 있는데
바람 없어도 구름은 요새에서 나오고
밤이 아니어도 달은 관문에 임해 있네.
사신 돌아옴이 어찌 그리 늦은가?
누란왕을 베느라 아직 돌아오지 못하는가?
연기와 먼지 한번 길이 바라보노라니
의기가 꺾여 얼굴 상하네.

秦州雜詩

莽莽萬重山 孤城山谷間 無風雲出塞 不夜月臨關
屬國歸何晚 樓蘭斬未還 煙塵一長望 衰颯正摧顏

● 해설
건원乾元 2년(759) 진주秦州에서 지었다. 진주의 지형적 특징이 시에 잘 나타나 있고, 시사時事를 걱정하는 마음이 담겨 있다. 20수의 연작시 가운데 제7수이다.

● 주석
* 孤城(고성) 구 : 진주는 남북 두 산의 계곡에 위치하고 있다.
* 無風(무풍) 구 : 진주는 낮은 계곡에 있기 때문에, 성안의 사람들은 바람이 부는 것을 깨닫지 못하지만, 실제로 하늘에는 바람이 분다.

* 不夜(불야) 구 : 진주는 동서가 모두 계곡의 입구가 된다. 때문에 해와 달을 가려 줄 산이 없다.
* 屬國(속국) : 전속국典屬國. 소수민족의 일을 담당한 관직의 명칭. 여기서는 사신을 가리킨다.
* 樓蘭(누란) : 한대漢代 서역의 나라 이름. 소제昭帝 때 누란은 흉노와 관계가 좋았지만, 한나라와는 좋지 않았다. 부개자傅介子가 누란국에 가서 그 왕의 머리를 베어 돌아왔다. 여기에서는 누란으로써 당시 적대관계였던 토번을 비유하였다.
* 摧顔(최안) : 얼굴을 상하게 하다.

300. 진주잡시

창해에 배 띄울 겨를이 없어
병마 사이에서 세월을 보내노라.
변방 관문의 바람에 나뭇잎 지고
객사의 비는 산으로 이어진다.
완적은 돌아다님에 흥취가 많았고
방공은 은거하여 돌아오지 않았다지.
동가곡에서 게으른 본성 이루어
귀밑 흰머리 뽑지도 않으리.

秦州雜詩

未暇泛滄海 悠悠兵馬間 塞門風落木 客舍雨連山
阮籍行多興 龐公隱不還 東柯遂疏懶 休鑷鬢毛斑

● 해설
건원乾元 2년(759) 진주秦州에서 지었다. 진주에서 보내는 무의미한 생활에 대한 회한悔恨이 드러나 있다. 아울러 동가곡東柯谷에서 살고자 하는 마음도 나타나 있다. 20수의 연작시 가운데 제15수이다.

● 주석
* 兵馬(병마) : 여기서는 전쟁을 가리킨다.
* 阮籍(완적) : 삼국시대 위나라의 문학가. 뜻에 따라 홀로 수레를 몰고 가서, 길이 다하는 곳에 이르면 통곡하다가 돌아왔다고 한다.
* 龐公(방공) : 방덕공龐德公을 지칭. 동한대의 사람으로, 농사를 지으며 관직에 연연하지 않았다. 일찍이 유표劉表의 초청을 거절하고, 처자식을 데리고서 녹문산鹿門山으로 들어가 약초를 캐며 인생을 마쳤다고 한다.
* 東柯(동가) : 동가곡. 두보의 조카가 이곳에 살고 있었다.
* 疏懶(소라) : 게으르다.
* 鑷鬢(엽빈) : 귀밑머리의 백발을 뽑는 행위. 옛사람들이 출사하려고 이러한 행위를 했다고 한다. 여기서는 두보 자신에게 벼슬할 의지가 없음을 드러낸 것이다.

301. 일찍 일어나서

봄이 와 늘 일찍 일어나는 것은
그윽한 일에 자못 관심이 있기 때문.
돌을 쌓아 무너진 강둑을 막고
숲의 나뭇가지 베어 먼 곳의 산 드러나게 하였네.
언덕 하나가 구불구불 길을 감추고 있어
천천히 걸어 오르곤 한다네.
어린 하인이 시장에서 왔는데
병에 술을 채워 돌아왔구나.

조 기
早起

춘 래 상 조 기   유 사 파 상 관   첩 석 방 퇴 안   개 림 출 원 산
春來常早起   幽事頗相關   帖石防隤岸   開林出遠山

일구장곡절　　완보유제반　　동복래성시　　병중득주환
一丘藏曲折　緩步有躋攀　童僕來城市　瓶中得酒還

● 해설

상원上元 2년(761) 봄에 지은 작품이다. 시에는 봄날 일찍 일어나 전원에서 일하는 모습이 담겨 있다.

● 주석

* 幽事(유사) : 여기에서는 농사짓는 일을 가리킨다.
* 相關(상관) : 관심을 갖다. 그것에 상관하다.
* 隤岸(퇴안) : 강둑이 무너지다, 무너진 강둑.
* 一丘(일구) : 두보의 초당草堂을 지칭한다.
* 躋攀(제반) : 잡아 오르다.
* 城市(성시) : 성도成都를 가리킴.

302. 돌거울

촉왕이 이 거울을
망자 보내며 빈 산에 둔 것은
어두운 곳에 묻힌 향골을 안타까이 여겨
거울 가져다 옥 같은 얼굴 가까이하게 한 것.
여러 비빈들 다시 슬퍼하지 않고
1천의 기병 또한 헛되이 돌아갔는데
단지 상심케 하는 돌거울만 남겨
달빛 사이에 거울을 묻었다지.

석경
石鏡

촉왕장차경　　송사치공산　　명막련향골　　제휴근옥안
蜀王將此鏡　送死置空山　冥寞憐香骨　提攜近玉顔
중비무부탄　　천기역허환　　독유상심석　　매륜월우간
衆妃無復歎　千騎亦虛還　獨有傷心石　埋輪月宇間

● 해설

상원上元 2년(761) 성도成都에서 지은 작품이다. 돌거울에 담긴 슬픈 고사를 생각하며 그것을 슬퍼하는 두보의 섬세한 감각이 잘 나타나 있다.

● 주석

* 蜀王(촉왕) 구 :《화양국지華陽國志》의 기록에 의하면, 무도武都의 어떤 장부가 아름다운 여자로 변하여 촉왕이 그녀를 비妃로 삼았는데, 얼마 있지 않아 그녀가 죽자 다섯 장정을 보내어 흙을 쌓아 무덤을 만들고 묘 앞에 돌거울을 세웠다고 한다.
* 香骨(향골) : 4구의 옥안玉顔과 함께 촉왕의 비妃를 가리킨다.
* 衆妃(중비) 2구 : 여러 비빈이 슬퍼하고 돌아갔다는 말이다. 다른 견해로는 비빈이 더 이상 미인에게 질투할 필요가 없어졌다고 보기도 하나 지나친 감이 있다.
* 輪(윤) : 여기에서는 돌거울을 가리킨다.
* 月宇(월우) : 달빛.

303. 중양절에 삼가 엄대부에게 바치다

중양절이 되어 응당 시름하시리니
오래도록 험난함을 무릅쓰셨기에.
한의 부절 지녀 잠들지 못하시는데
어느 길로 파산을 나가시는가?
작은 역에는 향기로운 탁주가 부드럽고
겹겹의 바위에는 작은 국화가 아롱지겠지.
멀리서도 알겠네, 안장 얹은 말에 둘러싸여
흰구름 사이에서 머리 돌릴 것임을!

구 일 봉 기 엄 대 부
九日奉寄嚴大夫

구 일 응 수 사　　경 시 모 험 간　　불 면 지 한 절　　하 로 출 파 산
九日應愁思　經時冒險艱　不眠持漢節　何路出巴山

소 역 향 료 눈　　중 암 세 국 반　　요 지 족 안 마　　회 수 백 운 간
小驛香醪嫩　重巖細菊斑　遙知簇鞍馬　回首白雲間

●해설

보응寶應 원년(762) 중양절에 지은 작품이다. 엄무嚴武는 조정으로 돌아가 대부로 승격되었기에, 엄대부라고 불렀던 것이다. 엄무가 겪을 고생에 대해 상상하면서, 지기知己에 대한 근심의 정이 잘 드러나 있다.

●주석

* 漢節(한절) : 한나라 임금이 내린 부절. 여기에서는 엄무를 가리킨다.
* 巴山(파산) : 대파산大巴山. 사천四川과 섬서陝西의 경계에 위치하는데, 산세가 기험하다.
* 遙知(요지) 2구 : 엄대부 또한 두보를 그리워할 것이라는 두보의 추측이다.
* 簇鞍馬(족안마) : 말이 떼지어 모인다는 것은 엄무가 뒤돌아보기 위해 멈춰 서자, 다른 말들도 엄무에게 다가와 멈추어 모두 모이게 되었다는 말이다.

304. 부강에 배를 띄우고 경사로 돌아가는 위반을 전송하다

좇아 전별하며 배를 함께 타던 날이여!
한 줄기 강에서 봄을 슬퍼하네.
정처없이 떠돌며 나그네 된 지 오래라
노쇠한 이 몸은 그대 돌아감을 부러워하노라.
꽃은 겹겹의 나무에 섞여 있고
구름은 곳곳의 산에 가벼운데
하늘가에 친구 적어지니

흰 귀밑머리 더욱 많아지네.

涪江泛舟送韋班歸京
부강범주송위반귀경

追餞同舟日 傷春一水間 飄零爲客久 衰老羨君還
추전동주일 상춘일수간 표령위객구 쇠로선군환

花雜重重樹 雲輕處處山 天涯故人少 更益鬢毛斑
화잡중중수 운경처처산 천애고인소 갱익빈모반

● 해설

광덕廣德 원년(763) 봄에 지은 작품이다. 당시 두보는 재주梓州에 있었는데, 두보의 친구이던 위반韋班이 경조로 돌아가게 되자 그를 전송하며 안타까운 심정을 읊었다.

● 주석

* 飄零(표령) : 나부끼듯 이리저리 떠돌다가 영락함.
* 鬢毛斑(빈모반) : 귀밑머리가 얼룩덜룩함. 곧 귀밑머리에 흰머리가 생긴다는 뜻.

305. 고 방재상의 영구가 낭주의 빈소를 떠나 동도로 돌아가 장례 치른다는 얘기를 삼가 듣고 지은 시

멀리서 방태위 소식을 들으니
육혼산으로 돌아가 장사지낸다 하네.
순일한 덕으로 왕업을 부흥시킨 뒤
외로운 혼으로 객지에 오래 머물렀던 세월.
제갈양처럼 많았던 지난날의 사적,
사안처럼 마침내 높은 반열에 올랐지.
지난날 가릉강에서 흘렸던 눈물을
여전히 초 땅 강물에 적셔 보내노라.

承聞故房相公靈櫬自閬州啓殯歸葬東都有作
_{승 문 고 방 상 공 령 츤 자 랑 주 계 빈 귀 장 동 도 유 작}

遠聞房太尉 歸葬陸渾山 一德興王後 孤魂久客間
_{원문방태위　귀장륙혼산　일덕흥왕후　고혼구객간}

孔明多故事 安石竟崇班 他日嘉陵淚 仍霑楚水還
_{공명다고사　안석경숭반　타일가릉루　잉점초수환}

● 해설

영태永泰 원년(765)에 충주忠州와 운안雲安 일대를 방랑할 때 지은 작품이다. 방상공은 방관房琯으로 광덕廣德 원년에 낭주閬州에서 병사하여 그곳에 장사지냈다. 이제 동도로 이장하게 되자 두보가 이 소식을 듣고 시를 지은 것이다. 2수의 연작시 가운데 제1수이다.

● 주석

* 房太尉(방태위) : 방관房琯은 사후死後에 태위로 추증追贈되었다.
* 陸渾山(육혼산) : 낙양 부근의 산 이름.
* 安石(안석) : 《진서晉書·사안전謝安傳》에 의하면 사안이 죽은 후에 태부로 추증되었다고 한다. 이 사실과 방관이 사후에 태위로 추증된 것이 일치하므로, 사안으로써 방관을 비유하였다.
* 崇班(숭반) : 높은 반열.
* 嘉陵淚(가릉루) : 광덕廣德 2년(764)에 두보는 낭주閬州에 있는 방관의 묘에 들렀는데, 낭주는 가릉강변嘉陵江邊에 있다.

306. 새벽녘에

　석성에 딱따기 치는 소리 그치자
　쇠로 된 자물쇠로 닫힌 문 열려 하는데
　북과 호각 소리는 황량한 변방에 슬프고
　은하수는 새벽 산으로 지네.
　파인들이 항상 작은 소란 일으켜
　촉의 사신은 걸핏하면 돌아오지 못하는데

늘그막에 외로운 돛배 타고
표표히 백만의 영토로 들어간다네.

將曉
장 효

石城除擊柝　鐵鎖欲開關　鼓角悲荒塞　星河落曙山
석성제격탁　　철쇄욕개관　　고각비황새　　성하락서산

巴人常小梗　蜀使動無還　垂老孤帆色　飄飄犯百蠻
파인상소경　　촉사동무환　　수로고범색　　표표범백만

• 해설
영태永泰 원년(765) 겨울, 운안雲安에서 지은 작품이다. 새벽에 배를 타고 가면서 본 경물과 심사를 묘사하였다. 2수의 연작시 가운데 제1수이다.

• 주석
* 石城(석성) : 운안현雲安縣의 성성을 지칭한다.
* 擊柝(격탁) : 딱따기를 치면서 순찰을 도는 것.
* 小梗(소경) : 소수민족이 일으킨 작은 난동을 지칭한다.
* 百蠻(백만) : 두보가 있었던 운안 지역은 만이蠻夷의 거주지였다.

307. 초각에서

풀로 엮은 누각이 벼랑에 임해 있어
사립문은 늘 닫지를 않네.
고기와 용이 밤 강물에 돌아오고
별과 달이 가을 산에서 이동하는데
오랜 이슬이 맑은 날이라 비로소 축축하고
높은 구름은 엷어 아직 돌아오지 않네.
배 젓는 젊은 부인에게 부끄러운 것은
떠돌아다니느라 젊은 얼굴 상했기 때문이라네.

^{초 각}
草閣

^{초 각 림 무 지} ^{시 비 영 불 관} ^{어 룡 회 야 수} ^{성 월 동 추 산}
草閣臨無地 柴扉永不關 魚龍回夜水 星月動秋山
^{구 로 청 초 습} ^{고 운 박 미 환} ^{범 주 참 소 부} ^{표 박 손 홍 안}
久露晴初濕 高雲薄未還 泛舟慙小婦 飄泊損紅顔

● 해설

대력大曆 원년(766) 가을에 지은 작품이다. 가을 달밤의 초각 주변 경치를 묘사함으로써 이역에서 나그네로 떠도는 시인의 감상을 표현하였다.

● 주석

* 無地(무지) : 초각이 강가에 임해 있는데, 지면이 보이지 않기 때문에 '땅 없는 곳에 임해 있다'고 한 것이다.
* 久露(구로) 2구 : 《두시상주杜詩詳注》에 '이슬이 오래 내렸는데 비로소 축축해진 것은 날씨가 맑아서 쉽게 마르기 때문이다. 구름이 높이 떠서 아직 돌아오지 않는 것은 구름이 옅으니 그렇다면 쉽게 흩어지기 때문이다(露久下而方濕, 晴則易乾, 雲高擧而未還, 薄則易散)'라고 하였다.
* 泛舟(범주) 2구 : 촉 지역에서는 대부분 부인들이 배를 저었다고 한다. 여기서는 정처 없이 떠돌다가 젊음이 지나갔다는 말이다. 젊은 부인이 얼굴이 상한 것을 보고 부끄러워한다는 뜻으로 풀이하기도 한다.

308. 낙양에서

낙양이 지난날 함락되고 나서
오랑캐의 말이 동관을 침범하였지.
천자께서는 처음으로 근심하셨고
도성 사람들은 이별하는 얼굴이 참담했었지.
호가 소리가 궁궐에서 사라지자
어가가 관문과 산을 나섰네.
옛 늙은이들 이에 눈물 흘렸나니

용의 수염을 다행히 다시 잡게 되었네.

洛陽^{락 양}

洛陽昔陷沒 (락양석함몰) 胡馬犯潼關 (호마범동관) 天子初愁思 (천자초수사) 都人慘別顔 (도인참별안)
清笳去宮闕 (청가거궁궐) 翠蓋出關山 (취개출관산) 故老仍流涕 (고로잉류체) 龍髥幸再攀 (룡염행재반)

● 해설

천보天寶 14년(755) 12월에 안록산이 낙양을 함락시켰고, 이듬해 6월에 동관潼關을 침범하니, 현종이 촉으로 피난갔다. 지덕至德 2년(757) 9월에 곽자의郭子儀가 서경西京을 수복하니, 반란군은 밤을 타서 달아나고 10월에 숙종이 장안長安으로 들어왔다. 현종이 촉을 떠나 12월에 이르니, 백성들이 길가에서 춤추며 박수를 쳤다. 이 시는 이러한 여러 가지 역사적 사실을 기록하고 있다.

● 주석

* 天子(천자) 2구 : 현종이 반군의 침입으로 떠나가는 것에 대해서 백성들이 참담해 했었다는 말이다.
* 清笳(청가) : 처량하고 맑은 호가胡笳 소리. 여기에서는 지덕至德 2년에 반란군이 서경西京에서 달아난 사실을 가리킨다.
* 翠蓋(취개) : 비취새의 깃으로 장식한 수레. 곧 황제의 수레를 가리킨다. 이 구절은 피난간 현종이 환궁하기 위해 촉에서 출발했다는 뜻이다.
* 龍髥(용염) 구 : 《전한前漢·교사지郊祀志》에 '황제黃帝가 수산首山에서 구리를 캐어, 형산荊山의 아래에서 솥을 주조하였다. 솥이 완성되자, 용이 수염을 드리우고 내려와 황제를 맞이하였다. 황제가 올라타자 여러 신하와 후궁 70여명이 좇아서 오르니, 용이 이윽고 떠났다. 남은 신하들이 탈 수 없게 되어 모두 용의 수염을 잡으니, 용의 수염이 빠져서 떨어지고, 황제의 활도 떨어졌다. 백성들이 그 활과 용의 수염을 잡고서 소리를 지르니, 후세에 이로 말미암아 그 장소를 정호鼎湖라 하고, 활을 오호烏號라고 불렀다'고 하였다. 이 구절은 현종이 환궁했음을 의미한다.

309. 구당협 어귀

협곡의 입구가 큰 강물 사이에 있어
서남쪽으로 오랑캐들을 제어하는데
성은 기울어져 백토 담장이 이어지고
언덕 끊기자 다시 푸른 산이네.
열린 것이 천연의 험난함을 차지하였고
산모퉁이를 방비하는 강 위의 관문이네.
난리중에 북소리 호각 소리 들으니
가을 기운이 노쇠한 얼굴에 움직이네.

峽口
협 구 대 강 간
峽口大江間
서 남 공 백 만
西南控百蠻
성 기 련 분 첩
城敧連粉堞
안 단 갱 청 산
岸斷更青山
개 벽 당 천 험
開闢當天險
방 우 일 수 관
防隅一水關
란 리 문 고 각
亂離聞鼓角
추 기 동 쇠 안
秋氣動衰顏

● 해설
대력大曆 원년(766) 가을, 기주夔州에서 지은 작품이다. 구당협의 험난함을 묘사함으로써 난리를 맞은 시인의 감개를 기탁하고 있다. 2수의 연작시 가운데 제1수이다.

● 주석
* 百蠻(백만) : 서남부의 소수 민족. 여기에서는 촉 지역을 가리킨다.
* 粉堞(분첩) : 백토를 바른 성 위의 작은 담장. 성가퀴.
* 鼓角(고각) : 당시에 최간崔旰의 난亂이 발생했었다.

310. 입택

난리 후라 거처 정하기 어렵고
봄은 돌아왔지만 나그네는 아직 돌아가지 못하네.
물은 어복포에 생겨나고
구름은 사향산에 따뜻하여
반쯤 빠진 흰머리를 빗고
눈썹보다 높이 반점 있는 지팡이를 짚었네.
바라보니 사신들 많아
일일이 함곡관의 일 물어보았네.

入宅

亂後居難定　春歸客未還　水生魚復浦　雲暖麝香山
半頂梳頭白　過眉拄杖斑　相看多使者　一一問函關

● 해설

대력大曆 2년(767) 봄, 서각西閣에서 적갑赤甲으로 옮겨와 살던 때에 지은 작품이다. 고향을 그리워하는 심정과 시국에 대한 관심이 드러나 있다. 3수의 연작시 가운데 제3수이다.

● 주석

* 魚復浦(어복포) : 사주沙洲의 명칭. 사천성四川省 봉절현奉節縣 동쪽에 있다.
* 麝香山(사향산) : 산 이름. 호북성湖北省 자귀현秭歸縣 동남쪽 100리에 있다.
* 過眉(과미) 구 : 이 구절은 긴 지팡이를 짚었다는 말로 병든 모습을 나타낸다.
* 函關(함관) : 여기서는 주지광周智光이 화주華州에서 반란을 일으킨 일을 지칭한다.

311. 양서 초가집에서 동둔의 초가집으로 이주하고서

쓸쓸한 서강의 밖,
들쭉날쭉한 북호의 사이.
파자국에서 오랫동안 떠돌다가
초인의 산에서 병들어 누웠네.
그윽하고 적막하다기에 아름다운 곳으로 옮겼더니
맑고도 깊은 곳 먼 관문과도 떨어져 있네.
추운 하늘에 원추새와 백로들 보여
머리 돌려 조정의 반열을 생각하노라.

_{자 양 서 형 비 차 이 거 동 둔 모 옥}
自瀼西荊扉且移居東屯茅屋

_{뇌 락 서 강 외}　　_{참 치 북 호 간}　　_{구 유 파 자 국}　　_{와 병 초 인 산}
牢落西江外　參差北戶間　久遊巴子國　臥病楚人山

_{유 독 이 가 경}　　_{청 심 격 원 관}　　_{한 공 견 원 로}　　_{회 수 억 조 반}
幽獨移佳境　清深隔遠關　寒空見鵷鷺　廻首憶朝班

● **해설**

대력大曆 2년(767) 가을, 양서瀼西로부터 이사와 동둔東屯에서 살면서 지은 작품이다. 동둔에 안주하지 못하는 마음이 드러나 있다. 4수의 연작시 가운데 제4수이다.

● **주석**

* 西江(서강) : 여기서는 장강長江을 가리킨다.
* 北戶(북호) : 당시 두보가 머물던 기주夔州의 집을 가리킨다.
* 巴子國(파자국) : 두보가 오랫동안 떠돌아다녔던 기주 일대를 가리킨다.
* 遠關(원관) : 구당관瞿唐關이라는 설이 있다.
* 鵷鷺(원로) : 원추새와 백로. 조정에 늘어선 백관들을 비유한다. 여기서는 두보가 새를 보고 과거에 조정에 있던 날을 회상한 것이다.

312. 띠집에서 수확한 벼를 살피며

향기로운 벼가 늦가을 끝에서
기름진 밭 백 이랑 사이에 있도다.
집이 많지 않음이 즐거움이요
구름 낀 산을 가리지 않음이 다행.
겹옷을 입어도 차가운 기운 스며들지만
새 곡식을 맛봄에 나그네 얼굴 웃음 짓는다.
붉은 벼는 종일 먹어도 아직 있으니
옥 같은 쌀을 나는 아끼지 않는다.

_{모 당 검 교 수 도}
茅堂檢校收稻

_{향 도 삼 추 말}　_{평 전 백 경 간}　_{희 무 다 옥 우}　_{행 불 애 운 산}
香稻三秋末　平田百頃間　喜無多屋宇　幸不礙雲山
_{어 겹 침 한 기}　_{상 신 파 려 안}　_{홍 선 종 일 유}　_{옥 립 미 오 간}
御裌侵寒氣　嘗新破旅顔　紅鮮終日有　玉粒未吾慳

● 해설
대력大曆 2년(767) 동둔東屯에 살 때 지은 작품이다. 수확의 정경을 묘사하여 궁핍한 생활을 잠시 면하는 기쁨을 적고 있다. 2수의 연작시 가운데 제1수이다.

● 주석
* 御裌(어겹) : 겹옷을 입다.
* 紅鮮(홍선) : 벼의 일종으로 붉은색이다. 사천성 동부와 호북지방에서 이러한 쌀이 난다.
* 玉粒(옥립) : 백미白米를 지칭함.
* 慳(간) : 아끼다.

313. 근심

더위의 독한 기운은 삼촉에 떠 있고
바람과 구름은 백만 지역을 어둡게 하여라.
주렴을 걷으니 오직 맑은 물만 보이고
안석에 기대니 또한 청산만 있구나.
원숭이 빠른 모습 늘 보기 어렵고
갈매기 가벼운 자태 짐짓 돌아오지 않네.
돈이 없어 나그네로 머무는데
거울 있어 마침 늙은 얼굴을 재촉하는구나.

민
悶

장려부삼촉　　풍운암백만　　권렴유백수　　은궤역청산
瘴癘浮三蜀　　風雲暗百蠻　　卷簾唯白水　　隱几亦青山
원첩장난견　　구경고불환　　무전종체객　　유경교최안
猿捷長難見　　鷗輕故不還　　無錢從滯客　　有鏡巧催顔

────────────

● 해설
대력大曆 2년(767)에 지어진 작품이다. 당시 두보는 오랫동안 기주夔州에서 살고 있었으므로, 고향에 대한 그리움이 절실하였다. 이 시는 그러한 그리움을 담고 있다.

● 주석
* 三蜀(삼촉) : 한초漢初에 촉군蜀郡을 나누어 광한군廣漢郡을 두었고, 무제武帝 때에 다시 나누어 건위군犍爲郡을 두었다. 이 세 군을 합칭하여 삼촉이라고 부른다.
* 百蠻(백만) : 기주 이남은 소수민족이 살던 지역이다.
* 隱几(은궤) : 안석에 기대다.
* 猿捷(원첩) 2구 : 원숭이와 갈매기의 빠르고 경쾌한 모습을 보면서, 나그네 신세로 고향에 돌아가지 못하는 것을 탄식한 부분이다.

314. 탄식하다

씩씩한 마음이 영락한 지 오래,
늙은이 되어 사람들 사이에서 더부살이하네.
천하의 병사들이 항상 싸움을 벌여
강동의 나그네는 아직 돌아가지 못하네.
곤궁한 원숭이는 눈비에 울부짖고
늙은 말은 관문과 산을 두려워하지.
무덕과 개원의 시절이여,
백성들이 어찌 다시 붙잡아 오를 수 있으리!

유 탄
有歎

장심구령락　　백수기인간　　천하병상투　　강동객미환
壯心久零落　　白首寄人間　　天下兵常鬪　　江東客未還
궁원호우설　　로마겁관산　　무덕개원제　　창생기중반
窮猿號雨雪　　老馬怯關山　　武德開元際　　蒼生豈重攀

──────────────

● 해설
대력大曆 2년(767) 겨울에 지은 작품이다. 당시 토번의 난리가 있자, 객지에서 떠도는 두보가 치세를 생각하며 어지러운 현실에 대해 탄식한 작품이다.

● 주석
* 江東客(강동객) : 여기에서는 두보 자신을 가리킨다.
* 武德(무덕) 구 : 무덕武德과 개원開元은 당나라의 연호로서, 여기에서는 태평성대를 가리킨다.

315. 왕사군의 집에서 잔치하며 적다

널리 사랑하시어 머리 센 사람도 받아들이시고
머물러 즐길 수 있는 한가로운 밤을 정하셨음에
스스로 시 읊조리며 늙음을 보내고
서로 술 마주하고 얼굴을 펴노라.
싸움터의 말은 지금 어디에 있는가?
시골 정원만 홀로 산에 있구나.
강호에 맑은 달이 지면
술에 취해 부축 받아 돌아간다네.

宴王使君宅題
_{연 왕 사 군 택 제}

汎愛容霜鬢　留歡卜夜閒　自吟詩送老　相對酒開顔
_{범 애 용 상 빈}　_{류 환 복 야 한}　_{자 음 시 송 로}　_{상 대 주 개 안}
戎馬今何地　鄕園獨在山　江湖墮淸月　酩酊任扶還
_{융 마 금 하 지}　_{향 원 독 재 산}　_{강 호 타 청 월}　_{명 정 임 부 환}

● **해설**

대력大曆 3년(768) 가을에 지은 작품이다. 당시 왕사군王使君이 연회에 두보를 초청하자 이에 감사의 표시로 쓴 것이다. 연회의 즐거움을 묘사하는 한편, 나그네로 떠도는 자신의 신세에 대한 한탄이 나타나 있다. 2수의 연작시 가운데 제2수이다.

● **주석**

* 汎愛(범애) : 사람을 두루 사랑하다. 여기에서는 두보를 초청한 왕사군의 넓은 흉금을 칭송한 말이다.
* 留歡(유환) 구 : 왕사군이 좋은 밤을 골라서 연회를 벌였다는 뜻이다.
* 戎馬(융마) 2구 : 세상이 모두 전쟁에 휩싸여 있는데 왕사군의 정원은 산속에 있어 평화롭다는 뜻이다.
* 鄕園(향원) : 왕사군의 가원家園을 의미한다.

* 酩酊(명정) : 술에 몹시 취함.

316. 동관저에서 바람이 잦기를 기다리며

밤이 아닌데도 초 땅에서 돛을 거두어
바람 피하여 상강의 물가에 있노라.
수경 위해 먼저 풀밭에 물을 대고
봄 불이 다시 산을 태우네.
일찍부터 정박함은 구름 끼어 어두운 탓,
강을 거슬러 가자니 물결이 발을 묶네.
한 쌍의 백학이 날아왔는데
지나쳐 아득하니 잡기 어렵구나.

동관저수풍
銅官渚守風

불야초범락	피풍상저간	수경선침초	춘화갱소산
不夜楚帆落	避風湘渚間	水耕先浸草	春火更燒山
조박운물회	역행파랑간	비래쌍백학	과거묘난반
早泊雲物晦	逆行波浪慳	飛來雙白鶴	過去杳難攀

● 해설

대력大曆 4년(769) 봄에 지은 작품이다. 당시 두보는 교구喬口로부터 강을 거슬러 남하하였는데, 동관저銅官渚에 이르러 풍랑을 만나 잠시 머무르게 되었다. 시에는 그곳의 경치와 감회를 담아내었다. 동관저는 장사長沙 북쪽 60리 되는 곳인 상강湘江의 동쪽 언덕을 가리킨다.

● 주석

* 水耕(수경) : 호남湖南 일대에서는 밭에다 물을 끌어댄 다음, 봄이 되면 농사를 시작한다. 이것을 수경水耕이라고 부른다.
* 春火(춘화) 구 : 화전의 일종으로서 산에 불을 질러서 거름으로 삼는 농사법.
* 雲物(운물) : 구름.

* 慳(간) : 인색하다. 여기서는 발이 묶여 머물게 된 것을 말한다.
* 飛來(비래) 2구 : 구름이 어둑하고 풍랑이 배를 막아 학이 유유자적하게 날아가는 것보다 못하다는 뜻.

317. 멀리 나와서

강물 광활하여 높은 누각 뜬 듯하고
구름 길게 뻗은 곳에 끊어질 듯 높은 산 나오네.
먼지와 모래는 월수까지 이어지고
비바람은 형만을 어둡게 하네.
기러기는 갈대 물고서 날개 떨치고
원숭이는 나무 잃고서 울음을 우는데
갖옷 해진 소진처럼
여러 나라 돌아다니며 아직 돌아갈 줄 모르네.

_{원 유}
遠遊

_{강 활 부 고 동}　　_{운 장 출 단 산}　　_{진 사 련 월 수}　　_{풍 우 암 형 만}
江闊浮高棟　　雲長出斷山　　塵沙連越巂　　風雨暗荊蠻
_{안 교 함 로 내}　　_{원 제 실 목 간}　　_{폐 구 소 계 자}　　_{력 국 미 지 환}
鴈矯銜蘆內　　猿啼失木間　　敝裘蘇季子　　歷國未知還

● 해설

대력大曆 4년(769) 초가을에 담주潭州(지금의 장사長沙)에서 지은 작품이다. 시 전편에 걸쳐서 부賦와 비比의 수법으로 경치를 그려내고 감정을 표현하였다.

● 주석

* 江闊(강활) : 두보가 강가의 누각에 올라서 바라본 경치를 말한 것이다.
* 越巂(월수) : 군郡 이름. 서한대西漢代에 설치하였고, 치소治所는 공도邛都(지금의 사천성四川省 서창西昌 동남쪽)이다.
* 荊蠻(형만) : 고대의 초楚와 월越 지역, 또는 그 지역 사람들에 대한 호칭.

* **鴈矯**(안교) 구 : 《회남자淮南子》에 '기러기가 바람을 좇아 나는 것은 기력을 아끼기 위함이요, 갈대를 물고서 날아오르는 것은 화살을 피하기 위함이다(雁從風而飛, 以愛氣力, 銜蘆而翔, 以避弋繳)'고 하였다. 이 구절은 긴 여행에 이미 지쳤음을 의미하고, 다음 구절은 거처할 곳이 없음을 비유한 것이다.
* **蘇季子**(소계자) : 소진蘇秦을 가리킴. 전국시대에 종횡가였던 소진은 진혜왕秦惠王에게 10여 차례에 걸쳐서 유세하였으나, 받아들여지지 않았다. 갖옷이 해지고 지니고 있던 재물이 다하였음에도 알아주는 이를 만나지 못하자 실의하여 귀가하였다. 여기서는 타향에서 떠도는 두보 자신을 비유하는 뜻으로 쓰였다.

권3 卷三

五律先韻
오율선운 · 五律蕭韻
오율소운 · 五律肴韻
오율효운

五律豪韻
오율호운 · 五律歌韻
오율가운 · 五律麻韻
오율마운

【오율선운五律先韻】

318. 임성 사람 허주부와 함께 남지에서 노닐며

가을 물이 도랑으로 흘러들기에
성 한 모퉁이에서 작은 배를 띄웠다.
저녁 기운 싸늘할 제 말 씻어주는 것 보는데
우거진 숲에선 매미 울음소리 어지럽다.
오래 내린 비로 마름 익었고
8월 하늘에 창포 시들었건만
이른 아침이면 맑은 이슬이 내릴 터이니
멀리 고향의 낡은 털 담요가 생각난다.

_{여 임성 허 주 부 유 남 지}
與任城許主簿遊南池

_{추 수 통 구 혁}   _{성 우 진 소 선}   _{만 량 간 세 마}   _{삼 목 란 명 선}
秋水通溝洫   城隅進小船   晚涼看洗馬   森木亂鳴蟬
_{릉 숙 경 시 우}   _{포 황 팔 월 천}   _{신 조 강 백 로}   _{요 억 구 청 전}
菱熟經時雨   蒲荒八月天   晨朝降白露   遙憶舊靑氈

● 해설
개원開元 말엽에 허주부와 함께 남지로 놀러갔다가 그곳의 경물을 보고 감회를 읊은 것이다. 허주부는 주부직을 맡았던 허씨 성을 가진 사람으로 신원은 알 수 없다.

● 주석
* 進(진) : 진수시키다. 즉 물에 띄운다는 뜻이다.
* 經時雨(경시우) : 오래 내린 비.
* 降白露(강백로) : 백로가 내리다. 즉 백로절이 되었음을 뜻한다.
* 靑氈(청전) : 푸른색을 띤 털로 만든 요. 오래되어 정이 든 물건으로 고향을 상징한다.

319. 안서로 가는 위서기를 전송하며

그대가 갑자기 현달해졌기에
구름과 진흙처럼 서로 바라봄이 현격해졌습니다.
흰머리 의지하여 있을 곳 없는데
붉은 치마 입고서 가엾이 여기십니다.
서기 되어 세 차례 승리를 거두러 가시는 길,
공거에서 2년을 머무시겠지요.
강해로 배 띄워 가려 하니
이번 이별에 마음 아득하기만 합니다.

送韋書記赴安西

夫子欻通貴　雲泥相望懸　白頭無藉在　朱紱有哀憐
書記赴三捷　公車留二年　欲浮江海去　此別意茫然

● 해설

천보天寶 11년(752)에 안서도호부로 가는 위서기韋書記를 전송하며 석별의 정을 읊은 작품이다. 서기는 군중의 기밀문서를 관리하던 벼슬이름으로서, 위서기가 누구인지는 알 수 없다.

● 주석

* 雲泥(운니) : 구름과 진흙. 원래 구름은 은자의 고상한 삶을, 진흙은 벼슬아치의 세속적 삶을 풍자적으로 표현한 말이지만, 후에는 높은 직위와 낮은 직위의 현격한 격차를 비유적으로 표현한 말로 쓰이게 되었다.
* 無藉在(무자재) : 의지하여 있을 곳이 없다. 두보 자신의 궁색한 처지를 표현한 것이다.
* 三捷(삼첩) : 세 번 이기다. 즉 여러 차례 이긴다는 뜻이다.
* 江海(강해) : 세속을 등진 은자가 머무는 거처를 의미한다.

320. 정광문을 모시고 하장군의 산림에서 노닐다

바람 부는 돌길에 어두운 눈이 날리니
구름 낀 산문에 폭포가 소리 내어 우는 것이라.
술이 깨어 대자리에 누울까 생각하다가
옷이 차서 솜을 넣고자 한다.
시골 늙은이가 객을 보러 왔는데
강 물고기는 돈을 받으려 하지 않는다.
단지 순박한 곳에
스스로 한 산천이 있는 것이 아닌지 의심스럽다.

陪鄭廣文遊何將軍山林

風磴吹陰雪　雲門吼瀑泉　酒醒思臥簟　衣冷欲裝綿
野老來看客　河魚不取錢　秪疑淳朴處　自有一山川

● 해설

천보天寶 12년(753)에 광문관박사 정건鄭虔과 함께 하장군의 원림園林에서 노닐고서 본 경상과 느낀 감회를 읊은 시이다. 경치 좋은 곳에서 연회를 벌이다가 술에 취해 잠들었는데, 잠에서 깨어난 후 순박한 인심을 대하자 저절로 마음이 여유로워짐을 표현하였다. 10수의 연작시 가운데 제6수이다.

● 주석

* 風磴(풍등) : 바람 부는 돌길.
* 雲門(운문) : 구름이 끼어 있는 단애斷崖를 가리킨다.
* 取錢(취전) : 돈을 요구한다는 말이다.
* 秪(지) : 단지, 지只.

321. 다시 하씨에게 들르다

여기에 오면 응당 늘 자야 하고
머물게 하면 한 해라도 쓸 수 있다.
뜻을 잃은 저문 낯빛으로
서글피 좋은 임천을 바라본다.
어느 날에나 조그만 녹에 젖어
산에 돌아가 척박한 밭 사려나?
이 노닒 이루어질 수 없을까 염려하여
술 잡으니 생각 아득해진다.

重過何氏
중과하씨

到此應常宿　相留可判年　蹉跎暮容色　悵望好林泉
도차응상숙　상류가판년　차타모용색　창망호림천
何日霑微祿　歸山買薄田　斯遊恐不遂　把酒意茫然
하일점미록　귀산매박전　사유공불수　파주의망연

● **해설**

천보天寶 12년(753) 여름, 하장군의 원림에 들렀던 작자가 천보 13년(754) 봄에 그곳을 재차 방문하여 지은 것이다. 5수의 연작시 가운데 제5수이다.

● **주석**

* 相留(상류) : 하장군이 두보를 머물게 한다는 뜻이다.
* 蹉跎(차타) : 때를 놓치다.
* 霑微祿(점미록) : 얼마 되지 않는 녹봉을 받는 은혜를 입는다는 뜻으로 출사出仕를 의미한다.
* 茫然(망연) : 아득하다, 멍하다.

322. 서울에서 몰래 봉상에 이르러서 행재소에 다다른 것을 기뻐하다

죽었다면 누굴 통하여 알릴 수 있었으리?
돌아와 비로소 스스로를 가련히 여겼다.
그래도 태백의 눈을 보게 되고
기쁘게 무공의 하늘을 만났다.
뭇 관원들 속에서 그림자 고요하고
칠교 앞에서 마음이 살아났다.
오늘 아침 한나라 사직은
중흥의 해를 새로 헤아리게 되었다.

自京竄至鳳翔喜達行在所
자 경 찬 지 봉 상 희 달 행 재 소

死去憑誰報　歸來始自憐　猶瞻太白雪　喜遇武功天
사 거 빙 수 보　귀 래 시 자 련　유 첨 태 백 설　희 우 무 공 천

影靜千官裏　心蘇七校前　今朝漢社稷　新數中興年
영 정 천 관 리　심 소 칠 교 전　금 조 한 사 직　신 수 중 흥 년

● 해설
지덕至德 2년(757) 2월에 숙종은 팽원彭原에서 봉상으로 옮겨왔고, 그 해 4월에 두보는 생명의 위험을 무릅쓰고 장안에서 탈출하여 봉상에 도착하였는데, 이 시는 봉상에 도착한 뒤에 지은 것이다.

● 주석
* 太白(태백) : 봉상 부근에 있던 산 이름.
* 武功(무공) : 고을 이름. 혹은 산 이름으로 보기도 한다.
* 影靜(영정) : 그림자가 고요하다. 이전과 달리 안정된 시인의 심신을 표현한 것이다.
* 心蘇(심소) : 죽어서 찬 재처럼 되었던 마음이 다시 되살아났다는 뜻이다.
* 七校(칠교) : 호위하는 무관武官을 뜻한다.

323. 엄각로에게 바치는 시

성군을 모시고 황각에 오를 제,
영명하신 공께서 홀로 젊으시니
교룡이 구름과 비를 만나고
수리가 가을하늘에 있는 셈입니다.
손님의 예로써 서툴고 방자함도 받아주시어
관청에서 만나 뵐 수 있게 되었는데
참신한 시 구구절절 훌륭하시니
마땅히 노부가 전하도록 맡겨 주십시오.

奉贈嚴八閣老 (봉증엄팔각로)

扈聖登黃閣 (호성등황각)　明公獨妙年 (명공독묘년)　蛟龍得雲雨 (교룡득운우)　雕鶚在秋天 (조악재추천)
客禮容疏放 (객례용소방)　官曹可接聯 (관조가접련)　新詩句句好 (신시구구호)　應任老夫傳 (응임로부전)

●해설

지덕至德 2년(757) 급사중을 맡고 있던 엄무에게 주기 위해서 쓴 작품이다. 제목에서의 팔八은 항렬이고, 각로閣老는 급사중에 대한 존칭이다.

●주석

* 扈聖(호성) : 성군을 따르다.
* 黃閣(황각) : 재상의 집무실을 뜻하는 말로서 여기서는 문하성을 가리킨다.
* 雕鶚(조악) : 수리. 여기서는 엄무를 비유한다.
* 老夫(노부) : 늙은이. 여기서는 두보 자신을 가리킨다.

324. 진주잡시

산꼭대기 남곽사에
개천이 있어 북류천이라 부르는데
늙은 나무는 빈 뜰에서 자리를 얻었고
맑은 도랑은 온 고을로 흐르네.
가을꽃은 높은 바위 아래에 있고
저녁 햇빛은 누운 종 곁을 비추네.
굽어보고 올려보며 내 신세 슬퍼하노라니
개울 바람이 나를 위하여 서늘해졌구나.

秦州雜詩
(진주잡시)

山頭南郭寺 水號北流泉 老樹空庭得 清渠一邑傳
(산두남곽사) (수호북류천) (로수공정득) (청거일읍전)
秋花危石底 晚景臥鍾邊 俯仰悲身世 溪風爲颯然
(추화위석저) (만경와종변) (부앙비신세) (계풍위삽연)

● 해설

건원乾元 원년(758) 가을에 진주에서 지은 작품이다. 고즈넉하면서도 정결한 남곽사의 경치를 그리고 있는데, 조용한 산사의 모습에 촉발된 나그네 처지의 쓸쓸함을 한탄하였다. 20수의 연작시 가운데 제12수이다.

● 주석

* 南郭寺(남곽사) : 진주성秦州城 동남쪽에 있다.
* 北流泉(북류천) : 남곽사의 경내에 있는데, 강물이 북쪽으로 흘러가기 때문에 이러한 이름을 얻었다.
* 臥鍾(와종) : 폐찰의 버려져 쓰러져 있는 종.
* 颯然(삽연) : 바람이 서늘하게 부는 모양.

325. 진주잡시

만고에 오래된 구지의 동혈은
은밀히 소유천으로 통한다네.
신어를 지금 볼 수는 없어도
복된 땅이라는 말 참되게 전해지네.
서남쪽 땅으로 가까이 붙어 있어
19개의 샘을 늘 생각했거늘
어느 때에나 한 채의 모옥 지어
흰 구름 주변에서 늙은 여생 보낼꼬?

_{진주잡시}
秦州雜詩

_{만고구지혈} _{잠통소유천} _{신어금불견} _{복지어진전}
萬古仇池穴　潛通小有天　神魚今不見　福地語眞傳
_{근접서남경} _{장회십구천} _{하시일모옥} _{송로백운변}
近接西南境　長懷十九泉　何時一茅屋　送老白雲邊

● **해설**
건원乾元 원년(758) 가을에 진주에서 지은 작품이다. 구지산에 얽힌 도교道敎와 관련된 전설을 언급하여 어지러운 속세를 떠나려는 심정을 드러내었다. 20수의 연작시 가운데 제14수이다.

● **주석**
* 仇池(구지) : 산 이름. 당성주唐成州 동곡현同谷縣(지금의 감숙성甘肅省에 속함)에 있다. 산꼭대기에 구지仇池가 있어서 이러한 이름을 얻었다.
* 小有天(소유천) : 도가道家에서 전하는 동부洞府의 명칭. 《태평어람太平御覽》에 '왕옥산에 작은 하늘이 있으니, 이것을 소유천이라고 한다. 주위가 1만리이고, 36동천 중에서 첫 번째이다(王屋山有小天, 號曰小有天, 周回一萬里, 三十六洞天之第一焉)'라고 하였다.
* 神魚(신어) : 전설에 의하면 구지에 신령한 물고기가 사는데, 이것을 먹으면

신선이 된다고 한다.
* 西南(서남) : 여기서는 진주를 가리킨다.
* 十九泉(십구천) : 옛날 기록에 의하면 구자산 위에는 백이랑의 밭이 있고, 샘은 99개의 구멍이 있다고 한다.
* 何時(하시) 2구 : 진주에서 늙어 죽을 때까지 있고 싶다는 뜻이다.

326. 찬공의 방에서 잠들다

석장을 짚으며 어찌 이곳으로 오셨는가?
가을바람 이미 싸늘하게 부는데……
깊은 뜰의 국화는 비에 거칠어지고
연못 반쯤 덮은 연꽃은 서리에 시들었네.
쫓겨날지언정 어찌 본성을 어기랴?
사람 없는 곳에서도 참선 그치지 않네.
서로 만나 밤에 함께 잠드니
농 땅의 달이 사람을 향해 둥글어지네.

宿贊公房

杖錫何來此　秋風已颯然　雨荒深院菊　霜倒半池蓮
放逐寧違性　虛空不離禪　相逢成夜宿　隴月向人圓

• 해설

건원乾元 2년(759) 진주秦州에서 지은 작품이다. 찬공贊公은 두보의 옛 친구로서, 장안의 대운사에서 주지로 있을 때 두보를 절에서 머무르게 하였다. 이 작품은 찬공의 토실에서 본 것과 느낀 것을 서술함으로써 찬공에 대해 찬미하고 있다. 원주原註에 '찬공은 경사에 있는 대운사의 주지였는데, 이곳으로 귀양 와서 살고 있었다(贊, 京中大雲寺主, 謫此安置).'라고 하였다.

• 주석
* 杖錫(장석) : 석장을 짚다. 곧 승려를 지칭함.
* 虛空(허공) : 황량한 벌판의 사람 없는 곳. 찬공의 토실이 산야山野에 있었음을 나타낸다.
* 隴(농) : 지명. 한漢 천수군天水郡의 고개 이름.

327. 종군하는 사람을 전송하다

약수는 응당 땅 끝난 곳에 있으리니
양관은 이미 하늘 가까이에 있겠지.
이제 그대 사막을 건너면
몇 달 동안 인가의 연기 끊어지리.
무공武功을 좋아하니 어찌 운명을 따지랴!
제후로 분봉됨에 그 햇수도 계산하지 않으리라.
말이 추위에 길 잃을 것을 방비하시라,
눈에 비단 안장과 깔개가 묻힐 터이니.

送人從軍

弱水應無地　陽關已近天　今君度沙磧　累月斷人煙
好武寧論命　封侯不計年　馬寒防失道　雪沒錦鞍韉

• 해설
건원乾元 2년(759) 진주秦州에서 지은 작품이다. 정인征人이 먼 곳으로 떠나야 하는 고생과 건공립업建功立業의 포부가 잘 드러나 있다. 원주原註에는 '당시 토번으로 인한 군역이 있었다(時有吐蕃之役)'라고 하였다.

• 주석
* 弱水(약수) : 중국 서부의 대단히 얕은 강물의 지칭. 물이 너무 얕아서 배를

띄울 수 없으므로 이러한 이름을 얻었다.
* 無地(무지) : 땅이 끝난 곳. 즉 대단히 먼 곳을 가리킨다.
* 陽關(양관) : 고대 관문關門 이름. 감숙성甘肅省 돈황 서남쪽에 옛 유적지가 있다.
* 沙磧(사적) : 사막.
* 馬寒(마한) 2구 : 날씨가 추워 대단히 고생할 것이라는 뜻이다.
* 韉(천) : 안장 밑에 까는 깔개.

328. 조카 두좌에게 보이다

가을바람 불 때 병이 많아
그대 와서 눈앞에서 위로하는구나.
모옥의 흥취를 듣고부터는
그저 죽림에서 잠들기만을 상상했지.
계곡 가득히 산 구름이 일어날 터이고
울타리 지난 시냇물이 허공에 달린 듯하겠지.
완사종의 여러 조카들 가운데
중용이 현명했음을 일찍부터 느꼈다네.

示姪佐

多病秋風落　君來慰眼前　自聞茅屋趣　只想竹林眠
滿谷山雲起　侵籬澗水懸　嗣宗諸子姪　早覺仲容賢

● 해설

건원乾元 2년(759) 진주秦州에서 지은 작품이다. 두좌는 두보의 조카로서, 안사의 난 때문에 진주의 동남쪽에 있는 동가곡東柯谷으로 피난와 있었다. 시에는 타향에서 만난 조카에 대한 기쁨이 잘 나타나 있다. 원주原註에는 '두좌의 초당은 동가곡에 있다(佐草堂在東柯谷)'고 되어 있다.

● 주석
* 茅屋(모옥) : 여기서는 두좌가 살고 있는 모옥을 가리킨다.
* 竹林眠(죽림면) : 죽림칠현竹林七賢처럼 은거해서 유유자적한 삶을 누리고 싶다는 뜻이다.
* 澗水懸(간수현) : 시냇물이 높은 데서 흐르기 때문에 매달린 듯 보인다는 말이다.
* 嗣宗(사종) 구 : 완적阮籍은 자字가 사종嗣宗으로서, 삼국시대의 위대한 문학가 가운데 한 사람이다. 그의 조카 중에 완함阮咸이 가장 현명하여, 시문詩文으로 유명하였다. 사람들이 그들을 병칭하여 '대소완大小阮'이라고 불렀다. 여기에서 두보는 자신을 완적으로 자처하고 조카인 두좌를 완함으로 비유하여 조카에 대한 칭찬을 드러내고 있다.
* 仲容(중용) : 완함의 자字가 중용仲容이다.

329. 사람들이 작은 원숭이를 내게 보내준다고 하여

사람들 말하길 남주의 길에는
산 원숭이가 나무마다 매달렸다고 하네.
온 집안에서 기침 같은 소리 듣는다 하며
작기가 주먹만한 것을 날 위해 보내준다 하네.
시름하는 오랑캐 얼굴 같은 모습에 미리 웃고
처음 길들일 때는 말채찍을 보여야겠지.
총명하고 지혜로운 놈 구해 준다고 하니
어린아이가 받으면 응당 미칠 듯 좋아하리.

從人覓小胡孫許寄

人說南州路　山猿樹樹懸　擧家聞若欬　爲寄小如拳
預哂愁胡面　初調見馬鞭　許求聰慧者　童稚捧應顛

● **해설**

이 작품이 지어진 연도에 관해서는 두 가지 견해가 있다. 하나는 대력大曆 2년 (767)에 기주夔州에서 지은 작품이라는 견해이고, 다른 하나는 진주秦州에서 지낼 때 지은 작품이라는 견해이다. 제목의 호손胡孫은 원숭이의 별명으로서, 애완용으로 원숭이를 구해서 아이에게 주려는 두보의 일상생활을 엿볼 수 있는 작품이다.

● **주석**

* 南州(남주) : 광동廣東과 광서廣西 지방을 가리킨다.
* 若欬(약해) : 원숭이의 울음소리가 마치 사람의 기침소리 같다는 말이다.
* 哂(신) : 웃다.
* 愁胡(수호) : 호인胡人의 눈은 움푹 들어가 있는데, 이것이 마치 근심하는 모습 같다는 말이다.
* 癲(전) : 미치다. 여기서는 미칠 듯 좋아한다는 말이다.

330. 그리움

정건은 늙은 몸으로 여전히 쫓겨나 있으니
태주에서의 소식이 비로소 전해졌네.
산 시냇가 모퉁이에서 농사짓고
바다 구름 가에서 병으로 누웠다지.
세상은 이미 유자의 행동을 소홀히 여기건만
한 사람은 여전히 술값을 보내주네.
우두성牛斗星을 헛되이 바라볼 뿐
용천검을 파낼 계책이 없구나.

소사
所思

정로신잉찬　태주신시전　위농산간곡　와병해운변
鄭老身仍竄　台州信始傳　爲農山澗谷　臥病海雲邊

　　　　세 이 소 유 소　　　인 유 기 주 전　　　도 로 망 우 두　　　무 계 촉 룡 천
　　　　世已疏儒素　　人猶乞酒錢　　徒勞望牛斗　　無計劚龍泉

● 해설

건원乾元 2년(759) 진주秦州에서 지은 작품이다. 정건鄭虔은 지덕至德 2년(757)에 폄적되었는데, 그에 대한 안타까움이 드러나 있다. 원주原註에는 '태주사호台州司戶인 정건의 소식을 들었다(得台州鄭虔司戶消息)'라고 되어 있다.

● 주석

* 儒素(유소) : 유자儒者의 행실.
* 人猶(인유) 구 : 소원명은 장안에 있으면서 정건에게 돈을 보내주었다.
* 徒勞(도로) 2구 : 《진서晉書・장화전張華傳》의 기록에 의하면, 장화가 뇌환雷煥에게 천상天象을 관찰하게 하였는데, 우두牛斗의 두 별 사이에서 보검寶劍의 정기가 서렸고, 이 기운이 풍성豊城(강서성江西省 지역)에서 나온 것임을 발견하였다. 장화가 뇌환을 풍성령으로 삼아서 찾아보게 하니, 감옥 바닥에서 용천龍泉과 태아太阿의 두 보검을 찾았다고 한다. 여기에서는 정건이 두 개의 보검처럼 버려져 있다는 것을 비유한다.
* 劚(촉) : 찍다. 파내다.

331. 집 한 채

집 한 채가 멀리 타향에 있는데
빈 숲에는 저녁 해가 걸렸네.
한창 근심하던 터에 변새 피리 소리 들리고
홀로 서서 강에 뜬 배 바라보노라.
파촉으로 와서 병이 많아졌으니
형만으로 가는 것은 어느 해려나?
응당 왕찬의 집처럼 똑같이 하리니
현산 앞에다가 우물을 마련하리라.

일실
一室

일실타향원	공림모경현	정수문새적	독립견강선
一室他鄕遠	空林暮景懸	正愁聞塞笛	獨立見江船
파촉래다병	형만거기년	응동왕찬택	류정현산전
巴蜀來多病	荊蠻去幾年	應同王粲宅	留井峴山前

● 해설

상원上元 2년(761)에 지은 작품이다. 일실一室은 초당草堂을 가리킨다. 이 작품은 촉蜀에서 초楚를 그리워하며 지은 것으로서, 강을 따라 동쪽으로 내려가고 싶은 두보의 심정이 담겨 있다.

● 주석
* 暮景(모경) : 석양夕陽.
* 應同(응동) 2구 : 여기서는 두보가 촉을 떠나 초 지역으로 가고 싶다는 말이다.
* 王粲(왕찬) : 한말漢末의 문학가로, 자字는 중선仲宣이고 산동山東 추현鄒縣 사람이다. 《양면기襄沔記》의 기록에 의하면, 왕찬의 집은 양양현襄陽縣 서쪽 20리의 현산峴山 기슭에 있었는데, 집 앞에 우물이 있어서, 사람들이 그 우물을 중선정仲宣井이라고 불렀다 한다.

332. 곡사융이 아직 돌아오지 않았음을 듣고

친구는 남군으로 갔나니
가서 비문 지어 준 돈 찾고자 함이라네.
본디 글을 팔아 생계를 꾸렸는데
도리어 집안을 매우 가난하게 만들었지.
사립문에는 덩굴 풀이 깊고
밥 짓는 연기 드물어 솥이 차갑구나.
늙고 지쳤으니 무뢰한 짓 그만두고
돌아와 취해 잠드는 일 하지 마시게.

聞斛斯六官未歸
문곡사륙관미귀

故人南郡去　去索作碑錢　本賣文爲活　翻令室倒懸
고인남군거　거색작비전　본매문위활　번령실도현

荊扉深蔓草　土銼冷疏烟　老罷休無賴　歸來省醉眠
형비심만초　토좌랭소연　로파휴무뢰　귀래성취면

● 해설

상원上元 2년(761) 성도成都에서 지은 작품이다. 곡사斛斯는 복성複姓이고 이름은 융融이다. 두보가 초당에서 지낼 때의 이웃사람으로서, 술을 좋아하였다고 한다. 이 시에는 글을 팔아서 돈을 마련하고, 술 마시느라 돌아오지 않는 곡사융에 대한 경계가 담겨 있다.

● 주석

* 南郡(남군) : 강릉부江陵府(호북성湖北省 강릉江陵)를 가리킨다.
* 倒懸(도현) : 거꾸로 매달리다. 가정의 용구가 거꾸로 매달렸다는 것으로써 대단히 빈곤함을 비유한다.
* 土銼(토좌) : 질그릇의 한 종류. 이 구절은 요리를 할 경우가 별로 없기 때문에 그릇이 차갑게 될 정도로 가난하다는 말이다.
* 老罷(노파) : 늙어서 모든 일을 그만두다.
* 無賴(무뢰) : 의지할 곳이 없는데도 못난 짓을 하는 것을 뜻한다.

333. 광주 판관인 장숙경의 편지를 받았는데, 사인이 돌아감에 시로써 뜻을 대신하다

고향에는 오랑캐 기병이 가득한데
촉성은 천지간에 치우친 곳이라네.
홀연 더운 고을에서 보낸 서신을 받으니
멀리 명월협으로부터 전해 온 것이로구나.
구름은 표기장군의 군막에 깊고

밤이 효렴의 배와 갈라놓았으리.
근심 어린 두 눈에
그리움으로 절절히 맺힌 눈물을 보낸다.

得廣州張判官叔卿書使還以詩代意
<small>득 광 주 장 판 관 숙 경 서 사 환 이 시 대 의</small>

鄉關胡騎滿	宇宙蜀城偏	忽得炎州信	遙從月峽傳
<small>향관호기만</small>	<small>우주촉성편</small>	<small>홀득염주신</small>	<small>요종월협전</small>
雲深驃騎幕	夜隔孝廉船	却寄雙愁眼	相思淚點懸
<small>운심표기막</small>	<small>야격효렴선</small>	<small>각기쌍수안</small>	<small>상사루점현</small>

●해설
성도成都 초당草堂에서 지은 작품이다. 장숙경張叔卿은 산동山東 사람으로서, 당시 광주판관을 지내고 있었다. 이 작품에는 난리 중에 장숙경을 그리워하는 두보의 심정이 드러나 있다.

●주석
* 蜀城(촉성) : 성도成都를 가리킨다.
* 月峽(월협) : 명월협明月峽의 간칭簡稱. 사천성四川省 파현巴縣 경내의 장강변長江邊에 있다.
* 雲深(운심) 2구 : 구름이 깊고 밤이 갈라놓았다는 것은 장숙경이 두보와 멀리 떨어져 있음을 슬퍼한 것이다.
* 驃騎(표기) : 고대 장군의 명호名號, 표기장군. 표기막驃騎幕은 판관이 있는 곳이다.
* 孝廉船(효렴선) : 《세설신어世說新語》의 기록에 의하면, 장빙張憑이 일찍이 단양윤丹陽尹이었던 유담劉惔을 알현하였는데, 유담이 그를 머물러 자게 하고, 그 다음날에야 돌려보냈다. 얼마 있지 않아서 유담이 사람을 보내어 장효렴의 배를 찾게 하고는 함께 배를 타고 오니, 당시 사람들이 영광스럽게 생각하였다고 한다.

334. 광주에서 공조참군인 단씨가 와서 장사인 양담의 편지를 받았는데, 단씨가 돌아가려고 함에 애오라지 이 시를 부치다

위청은 막부를 열었고
양복은 누선을 이끌었지.
한나라의 부절은 매령 밖에 있고
봄이 찾아온 성은 바닷가에 있구나.
동량산에 멀리서 편지가 이르렀고
주강으로 사인이 장차 돌아가려 하네.
가난과 병으로 타향에서 늙어가기에
그대에게 만리 밖으로 소식 전하라 번거롭게 하네.

廣州段功曹到得楊五長史譚書功曹却歸聊寄此詩
衛青開幕府　楊僕將樓船　漢節梅花外　春城海水邊
銅梁書遠及　珠浦使將旋　貧病他鄉老　煩君萬里傳

● **해설**
보응寶應 원년元年(762)에 재주梓州에서 지은 작품이다. 시에는 양담楊譚이 요직에 있으면서 공을 세우기를 바라는 심정과 자신의 괴로움을 알리는 내용이 담겨 있다.

● **주석**
* 衛青(위청) 구 :《동관한기東觀漢記》의 기록에 의하면, 위청이 흉노를 크게 이기자, 무제武帝가 막중에서 대장군에 배수하니, 이로 인하여 그를 막부幕府라고 불렀다. 여기에서는 막부에서 참모로 근무하는 양담이 위청처럼 큰 공을 세우기를 바란 것이다.

* 楊僕(양복) 구 :《한서漢書・남월전南越傳》의 기록에 의하면, 한漢이 남월을 정벌하려 함에, 양복楊僕을 누선장군樓船將軍으로 삼아 예장豫章에서 출병하여 횡포橫浦로 내려갔다고 한다. 여기에서는 양복처럼 양담이 공을 세우기를 바란 것이다.
* 漢節(한절) 2구 : 양담의 군대가 멀리 매령梅嶺 이남以南에 있다는 말이다. 매화외梅花外는 매령 이남을 가리킨다. 매령은 강서江西와 광동廣東 두 성의 변경에 있는데, 매화가 많기 때문에 이러한 이름을 얻게 되었다.
* 銅梁(동량) : 산 이름. 재주梓州에 있다. 여기서는 두보가 있는 곳을 가리킨다.
* 珠浦(주포) : 주강珠江으로서, 여기서는 광주廣州를 가리킨다.
* 煩君(번군) : 여기서 군君은 중앙으로 돌아가는 단씨를 가리킨다.

335. 느낀 바가 있어서

장수들이 임금의 은택 입었어도
전쟁은 여러 해 동안 계속 되었네.
지금껏 임금을 수고로이 하니
무엇으로 황천에 갚겠는가?
백골이 뒹구는 새로운 싸움터는
운대의 공신이 예전에 개척한 변경이었지.
뗏목 타고 간 사람 소식 끊어지니
장건을 찾을 곳이 없구나.

有感

將帥蒙恩澤　兵戈有歲年　至今勞聖主　何以報皇天
白骨新交戰　雲臺舊拓邊　乘槎斷消息　無處覓張騫

● 해설
광덕廣德 2년(764) 봄에 낭주閬州에서 지은 작품이다. 당시에 토번이 비록 물러

갔으나, 번진들이 발호하여 난을 일으키자, 두보가 치란治亂을 생각하며 이 시를 지었다.

● 주석
* 勞聖主(노성주) : 대종代宗이 섬주陝州로 도망간 일을 가리킨다.
* 雲臺(운대) : 동한東漢의 남궁南宮에 있던 고대高臺로서, 한漢의 명제明帝가 이곳에 공신과 명장의 그림을 그리게 하였다. 이 시에서는 당唐의 능연각凌烟閣을 가리킨다. 당唐 태종太宗은 개국척강공신開國拓疆功臣 24명의 초상화를 능연각에 그리게 하였다.
* 乘槎(승사) 2구 : 장건張騫은 서한西漢의 사신으로서, 일찍이 서역 각국에 사신으로 나갔는데, 도중에 흉노에게 억류되었다. 《형초세시기荊楚歲時記》에 의하면, 장건이 일찍이 명령을 받아 황하의 근원을 찾아갔는데, 뗏목을 타고 떠났다고 한다. 여기에서는 당唐의 사신인 이지방李之芳을 가리키는데, 그는 광덕廣德 원년(763) 토번에 사신으로 갔다가 그곳에 억류되었다.

336. 처원의 곽명부가 살던 모옥 벽에 쓰다

강가에 잠시 배를 매어두고
그대 위하여 홀로 안타까워하는데
구름은 관단의 비를 흩트리고
봄은 팽택의 밭에서 푸르구나.
재능 있는 사람이 작은 나라 가는 것에 자주 놀라니
줄곧 높은 하늘에 그 뜻을 묻고자 하였지.
헤어진 후 파동 가는 길에서
사람 만나면 어진 사람 몇이나 되는가 물어보리.

제 처 원 곽 삼 십 이 명 부 모 옥 벽
題鄜原郭三十二明府茅屋壁

강 두 차 계 선   위 이 독 상 련   운 산 관 단 우   춘 청 팽 택 전
江頭且繫船   爲爾獨相憐   雲散灌壇雨   春青彭澤田

| 빈경적소국   일의문고천   별후파동로   봉인문기현
頻驚適小國　一擬問高天　別後巴東路　逢人問幾賢

●해설
광덕廣德 원년(763) 봄에 지은 작품이다. 당시 두보는 재주梓州에서 낭주閬州로 가면서, 곽명부郭明府(즉 현령縣令)와 이별하며 그의 불우함을 동정하였다.

●주석
* 雲散(운산) 구 : 《박물지博物志》에 '태공이 관단령灌壇令을 지내고 있었다. 무왕의 꿈에 어떤 부인이 길을 막고 밤에 울고 있었다. 사연을 묻자 대답하기를 "나는 동해의 신녀로서 서해의 신동에게 시집을 가는데, 지금 관단령이 나의 행차를 막았습니다. 내가 행차하려면 반드시 커다란 비바람이 있어야 하는데, 태공은 덕이 있어서 내가 감히 폭풍우로 지나갈 수 없으니, 이것은 그의 덕을 허무는 짓이기 때문입니다."라고 하였다. 무왕이 다음날 태공을 소환하니, 3일 낮 3일 밤 동안 과연 폭풍우가 태공의 읍 밖으로부터 지나갔다'고 하였다. 여기서는 태공의 일을 가지고서 곽명부가 선정했음을 비유한 것이다.
* 春靑(춘청) 구 : 《도잠전陶潛傳》에서 이르기를 도연명이 팽택령이 되자, 공전公田에는 모두 차조만을 심도록 명령하고, "나로 하여금 항상 술에 취하도록 할 수 있으면 된다."라고 하였다. 부인이 이 때문에 메벼를 심자고 요청하자, 이윽고 2경頃 50무畝에는 차조를 심고 50무에는 메벼를 심게 하였다고 한다. 여기서는 도연명의 일을 가지고서 술을 좋아함을 의미하였다.
* 別後(별후) 2구 : 곽명부가 어진 사람임을 강조한 표현이다.

337. 배를 띄우고 경사로 돌아가는 창조참군 위씨를 전송하다가, 이로 인하여 태자중윤인 잠참과 낭중인 범계명에게 부치다

더딘 해에 깊은 강물,
가벼운 배로 송별하는 자리.
근심 밖 멀리 임금 계신 곳
봄빛은 눈물 흔적 옆에 있구나.

술을 보면 모름지기 나를 생각하려니와
나의 시를 함부로 전하지는 말게나.
만약 잠참과 범계명을 만나게 되거든
나를 위해 각자에게 늙은 처지 말해주게.

泛舟送魏十八倉曹還京因寄岑中允參范郎中季明
_{범주송위십팔창조환경인기잠중윤참범랑중계명}

遲日深江水 _{지일심강수}
輕舟送別筵 _{경주송별연}
帝鄕愁緖外 _{제향수서외}
春色淚痕邊 _{춘색루흔변}
見酒須相憶 _{견주수상억}
將詩莫浪傳 _{장시막랑전}
若逢岑與范 _{약봉잠여범}
爲報各衰年 _{위보각쇠년}

● 해설

광덕廣德 원년(763) 재주梓州에서 지은 작품이다. 당시 잠참岑參은 괵주장사虢州長史를 지내다가 경사京師로 돌아와서 태자중윤太子中允을 맡고 있었다. 범계명范季明에 대해서는 알려져 있지 않다. 제목의 창조倉曹는 곧 창조참군倉曹參軍을 가리킨다.

● 주석

* 帝鄕(제향) : 경사京師를 가리킨다.
* 將詩(장시) 구 : 두보의 시에는 시국을 걱정한 내용이 많기 때문에 함부로 다른 사람에게 전하지 말라고 한 것이다.
* 爲報(위보) 구 : 두보와 잠참은 일찍부터 교류가 있었다. 두보가 좌습유로 있었을 때, 다른 사람들과 함께 잠참을 추천하여 우보궐이 되도록 하였다. 그리고 지금 잠참은 조정에서 벼슬살이의 뜻을 이루었다. 그러나 두보는 그에게 늙었음을 알리니, 진한 감회가 묻어 있다.

338. 재주의 이사군, 낭주의 왕사군, 수주의 소사군과 과주의 이사군을 모시고 혜의사에 오르다

봄날 사람 없는 곳,
허공에 끝없이 펼쳐진 하늘.
꾀꼬리와 꽃은 세계의 운행을 따르고
정자와 누각은 산꼭대기 기대어 있네.
더딘 저녁에 이 몸은 무엇을 얻고자 하나?
올라가 임하니 뜻이 아득하여라.
누가 능히 금인을 풀어
맑고 깨끗하게 함께 선정에 들려나?

陪李梓州王閬州蘇遂州李果州四使君登惠義寺

春日無人境　虛空不住天　鶯花隨世界　樓閣倚山巔
遲暮身何得　登臨意悄然　誰能解金印　瀟灑共安禪

● 해설

광덕廣德 원년(763) 봄, 재주梓州에서 지은 작품이다. 혜의사惠義寺는 재주 북쪽에 있다. 시에는 혜의사의 경물에 대한 묘사와 불가佛家에 귀의하려는 뜻이 실려 있다.

● 주석

* 不住(부주) : 그침이 없다, 다함이 없다.
* 解金印(해금인) : 황금 인장을 풀다. 즉, 관직을 그만둔다는 말이다.
* 瀟灑(소쇄) : 맑고 깨끗함.
* 安禪(안선) : 불교 용어. 정좌하여 선정禪定에 들어가다.

339. 자주 이재주를 모시고 강에 배를 띄우고 놀았는데 가기들이 여러 배에 있어 장난삼아 염곡 2수를 지어 이재주에게 드리다

높은 손님이 빈 말을 돌려보내고
아름다운 사람은 가까운 배에 가득.
강은 가기의 부채 밑에서 맑고
들은 무희의 옷 앞에서 훤한데
옥 같은 소매는 바람을 타고서 나란히 하고
금 항아리는 물을 뜨느라 기울어지네.
다투어 밝고 아름다운 미색으로
염양천을 몰래 훔쳐본다네.

數陪李梓州泛江有女樂在諸舫戲爲艶曲二首贈李

上客廻空騎　佳人滿近船　江清歌扇底　野曠舞衣前
玉袖凌風並　金壺引浪偏　競將明媚色　偸眼艶陽天

● 해설

광덕廣德 원년(763) 봄에 지은 작품이다. 제목의 여악女樂은 가기歌妓를 말한다. 강에 배를 띄우고서 연회를 벌이는데, 배 위에서 노래하는 가기와 춤추는 무희의 아름다움을 낭만적으로 묘사하면서, 그 아름다움을 훔쳐보는 두보 자신의 모습도 희극적으로 그려내었다. 2수의 연작시 가운데 제1수이다.

● 주석

* 明媚(명미) : 밝고 아름답다.
* 艶陽天(염양천) : 햇빛이 밝고 아름다운 봄의 하늘.

340. 지팡이를 짚고

비록 성곽 안에서 꽃을 보았지만
지팡이 짚고서 시냇가로 나아가네.
산속의 고을이라 일찍 장이 파하고
강의 다리엔 봄이라 배들이 모여 있네.
친한 갈매기는 흰 물결 위로 가볍고
돌아가는 기러기는 푸른 하늘 아래서 즐겁네.
만물의 모습에는 생장의 뜻이 겸하여 있음에
처량히 지난 해를 생각해보았네.

倚杖(의장)

看花雖郭內(간화수곽내) 倚杖卽溪邊(의장즉계변) 山縣早休市(산현조휴시) 江橋春聚船(강교춘취선)
狎鷗輕白浪(압구경백랑) 歸雁喜靑天(귀안희청천) 物色兼生意(물색겸생의) 凄涼憶去年(처량억거년)

● 해설

광덕廣德 원년(763) 봄에 낭주閬州로 가다가 염정현鹽亭縣에서 잠시 머물면서 지은 작품이다. 현縣에서 본 경치에 대한 묘사가 시에 담겨 있다. 추위가 남아 있기 때문에 아직 활동이 활발하지 않은 사람들의 모습과, 봄의 온기를 반기는 자연의 생동하는 모습을 함께 묘사함으로써 선명한 대조를 이루고 있다. 또한 대자연의 생기를 느끼면서도 동참하지 못하는 자신의 처지를 언급하여 시의 아름다움을 높이고 있다. 원주原註에는 '염정현에서 지었다(鹽亭縣作)'라고 되어 있다.

● 주석

* 憶去年(억거년) : 전년前年에 성도成都의 서지도徐知道가 반란을 일으켰기 때문에 재주梓州로 피난갔음을 가리킨다.

341. 경사에서 청성으로 부임하는 외삼촌을 낭주에서 받들어 전송하며

듣자니 왕교는 신발 때문에
명성이 태사에 의해 전해졌다 하는데
어찌하여 벽계로 간 사신이
자미천에서 조서를 잡는가?
진령에서는 근심으로 머리를 돌리시고
부강에서는 취하여 배를 띄우시겠지요.
청성은 어지러이 더럽고 혼잡하리니
우리 외삼촌은 마음이 슬퍼지겠지요.

閬州奉送二十四舅使自京赴任靑城

聞道王喬舃　名因太史傳　如何碧鷄使　把詔紫微天
秦嶺愁回首　涪江醉泛船　靑城漫汚雜　吾舅意凄然

● 해설

광덕廣德 원년(763) 가을, 낭주閬州에서 지은 작품이다. 두보의 외삼촌인 최씨崔氏가 청성현령靑城縣令으로 부임하게 되자 그를 전송하며, 불만의 심정을 담았다.

● 주석

* 王喬舃(왕교석): 《후한서後漢書·왕교전王喬傳》의 기록에 의하면, 왕교는 섭현령葉縣令을 맡고 있었는데, 신술神術이 있어서 조정에 올 때 신발을 변화시킨 오리를 타고 왔다고 한다. 여기서는 외삼촌이 현령을 담당하게 되었으므로 인용하였다.
* 如何(여하) 2구: 이 구절은 사신을 지냈던 경관京官인 외삼촌이 외지의 현령으로 부임하게 된 사실에 대해 안타까운 감정을 표현한 것이다.
* 碧鷄使(벽계사): 《한서漢書》에 '어떤 사람이 말하기를 익주에는 금마벽계金馬

碧鷄의 신선이 있는데, 초례 제사를 지내면 불러 올 수 있다고 하였다. 이에 간대부諫大夫인 왕포王襃에게 부절을 주어 사신으로 보내어 그를 찾았다'고 하였다. 훗날 촉蜀에 사신으로 가는 것을 벽계사라고 하였다. 여기서는 두보의 외삼촌이 일찍이 사신으로 촉에 갔었기 때문에 사용한 것이다.
* 紫微天(자미천) : 청성靑城을 가리킨다.
* 秦嶺(진령) : 외삼촌이 경사에서 출발해서 촉으로 오는 길에 지났던 곳이다.
* 涪江(부강) : 외삼촌이 청성으로 가는 길에 지나는 곳이다. 이곳에서 배를 띄워 올라가면 곧장 청성에 이를 수 있다고 한다.

342. 서산

오랑캐 지역은 거친 산꼭대기,
번주는 눈 쌓인 곳의 곁.
성을 쌓아 백제에게 의지하고
군량미 옮기는 것이 푸른 하늘에 오르는 듯하네.
촉의 장군은 깃발과 북을 나누고
강족 병사들은 갑옷과 창으로 싸움을 돕건만
서남쪽 지역에서 화해와 우호 배반하여
살기가 날마다 서로 얽히는구나.

西山

夷界荒山頂　蕃州積雪邊　築城依白帝　轉粟上靑天
蜀將分旗鼓　羌兵助鎧鋌　西南背和好　殺氣日相纏

● 해설

광덕廣德 원년(763) 낭주閬州에서 지은 작품이다. 서산西山은 민산岷山을 두루 지칭하는 말로서, 촉蜀의 병풍屛風과 같은 곳이다. 송주松州가 포위되자 그것에 대한 두보의 걱정이 담겨 있다.

● 주석
* 蕃州(번주) : 변방의 경계에 있는 고을로서, 여기서는 송松, 유維, 보保의 삼주 三州를 가리킨다.
* 白帝(백제) : 전설상의 천제天帝. 백제는 서방西方을 담당한 신神이다.
* 轉粟(전속) 구 : 높은 곳에 있어서 군량미를 옮기는 것이 어렵다는 말이다.
* 羌兵(강병) : 여기서는 항복한 강족의 군대를 말한다.
* 鎧鋌(개연) : 갑옷과 작은 창.

343. 나그네

파촉의 근심을 누구에게 말하나?
오문에서의 흥취는 아득하기만 하네.
구강은 봄풀 밖에 있고
삼협은 저녁 돛배 앞에 있구나.
성도에 가서 점치는 것 싫증나고
이부랑처럼 술 취해 잠드는 짓 그만두리.
봉래산에 만약 이를 수 있다면
늙고 노쇠한 몸이 여러 신선에게 물어보리라.

유 자
遊子

파촉수수어   오문흥묘연   구강춘초외   삼협모범전
巴蜀愁誰語   吳門興杳然   九江春草外   三峽暮帆前
염취성도복   휴위리부면   봉래여가도   쇠백문군선
厭就成都卜   休爲吏部眠   蓬萊如可到   衰白問羣仙

● 해설
광덕廣德 2년(764) 가을에 낭주閬州에서 지은 작품이다. 삼협三峽을 벗어나려는 뜻이 대단히 확고하여, 떠나는 것에 대한 주저함이 없다. 술에 의지해서 억지로

머무를 수 있는 상황도 아니라고 언급하여 절박함을 대변한다.

● 주석
* 九江(구강) 2구 : 경치를 서술한 것으로, 오吳에 가기 위해 거치는 곳이다. 여기서는 오에 가고 싶은 두보의 마음을 드러내었다.
* 成都卜(성도복) : 《고사전高士傳》에 의하면 한대漢代의 엄군평嚴君平은 점치는 것으로 당시에 유명하였는데, 성도의 시장에서 점을 쳐서 생계를 이루었다고 한다. 이 구절은 엄군평의 일을 이용하여 촉을 떠나려는 뜻이 이미 결정되었음을 의미한다. 즉, 떠나는 것에 점을 칠 필요가 없다는 말이다.
* 吏部眠(이부면) : 《진서晉書・필탁전畢卓傳》에 의하면, 필탁은 이부랑吏部郎이었는데, 이웃에 사는 낭관의 술이 익자 밤에 창고에 들어가서 훔쳐먹다가 술을 관리하는 자에게 붙잡혔다고 한다. 여기서는 두보가 파촉에서 느낀 고민을 더이상 술로써 해결할 수 없는 지경이 되었음을 말한 것이다.

344. 낭주로부터 처자를 데리고 촉으로 산길을 가다

여러 도적 피해 급히 달아난 뒤로
아득히 10년의 세월이 지났는데
남국을 향하지 못하고
다시 서천으로 가야 하다니!
사물에 부려지는 이 몸을 강물은 괜스레 비추고
혼령이 상처 입어 산은 적막하여라.
나의 삶은 의지할 곳 없어
온 집안이 두려운 길 가운데 있구나.

自閬州領妻子卻赴蜀山行

汨汨避羣盜 悠悠經十年 不成向南國 復作遊西川

물 역 수 허 조　　혼 상 산 적 연　　아 생 무 의 착　　진 실 외 도 변
　　物役水虛照　魂傷山寂然　我生無倚著　盡室畏途邊

● 해설

광덕廣德 2년(764) 2월, 촉으로 가는 길에 쓴 작품이다. 산과 길에서 보고 느낀 것을 시에 옮겼는데, 본래 원하던 이주가 아니었기 때문에 어조가 밝지 못하다. 혼란한 사회적 환경 때문에 두보 개인뿐만 아니라 가족까지도 고생하고 위험을 감내해야 한다는 사실이 가장으로서의 두보를 더욱 난처하게 만들고 있다. 3수의 연작시 가운데 제1수이다.

● 주석

* 汨汨(율율) : 물이 급히 흐르는 모습. 여기서는 도적을 피해 빨리 도망가는 모습을 형용한 것이다.
* 十年(십년) : 755년 안사의 난으로부터 이미 10년이 지났음을 가리킨다.
* 南國(남국) : 형초荊楚를 가리킨다.
* 西川(서천) : 성도成都를 가리킨다.
* 物役(물역) 구 : 주변 상황 때문에 뜻대로 살지 못한다는 말이다.
* 邊(변) : 여기에서는 '중中'의 의미.

345. 봄날 강촌

　멀리 삼촉으로 와서
　실의하며 보낸 것이 6년.
　나그네 신분으로 옛 친구를 만나
　수풀과 샘가에서 흥을 돋우네.
　너무 게을러 꿰맨 옷도 마다하지 않고
　자주 놀며 해진 신발도 무던히 여기네.
　울타리는 자못 끝이 없어
　마음대로 강 하늘 바라본다네.

春日江村
춘 일 강 촌

초체래삼촉	차타유륙년	객신봉고구	발흥자림천
迢遞來三蜀	蹉跎有六年	客身逢故舊	發興自林泉

과라종의결	빈유임리천	번리파무한	자의향강천
過懶從衣結	頻遊任履穿	藩籬頗無限	恣意向江天

• 해설

영태永泰 원년(765) 봄에 성도成都의 초당草堂에서 살면서 지은 작품이다. 강촌의 경물과 봄날 초당에서의 생활에 대한 정감이 담겨 있다. 5수의 연작시 가운데 제2수이다.

• 주석

* 迢遞(초체) : 먼 모양.
* 三蜀(삼촉) : 촉군蜀郡과 광한군廣漢郡과 건위군犍爲郡의 합칭合稱. 여기서는 촉 지역을 가리킨다.
* 蹉跎(차타) : 실의한 모양.
* 客身(객신) 2구 : 엄무嚴武와 함께 자연을 즐긴다는 뜻.
* 故舊(고구) : 여기서는 엄무를 지칭.

346. 배를 타고 기주로 내려가 성곽 밖에서 하루를 묵고, 비로 축축하여 언덕에 오르지 못한 채 왕판관과 이별하다

모래밭에 기대어 배 정박하여 묵으니
바위 위의 급류에 달은 아름답네.
바람 일자 봄날의 등불은 어지럽고
강이 울며 밤비가 주룩주룩 내리네.
새벽종 울리는 운안은 축축하고
명승지인 석당에 안개가 피네.

경쾌한 갈매기 밖으로 부드럽게 노 저어 가며
처연함 머금고 그대의 어진 품성 생각한다네.

$$\underset{\text{선 하 기 주 곽 숙 우 습 부 득 상 안 별 왕 십 이 판 관}}{船下夔州郭宿雨濕不得上岸別王十二判官}$$

$$\underset{\text{의 사 숙 가 선}}{依沙宿舸船} \quad \underset{\text{석 뢰 월 연 연}}{石瀨月娟娟} \quad \underset{\text{풍 기 춘 등 란}}{風起春燈亂} \quad \underset{\text{강 명 야 우 현}}{江鳴夜雨懸}$$

$$\underset{\text{신 종 운 안 습}}{晨鐘雲岸濕} \quad \underset{\text{승 지 석 당 연}}{勝地石堂烟} \quad \underset{\text{유 로 경 구 외}}{柔艣輕鷗外} \quad \underset{\text{함 처 각 여 현}}{含悽覺汝賢}$$

• **해설**

대력大曆 원년(766) 봄에 기주夔州로 가면서 지은 작품이다. 비가 내려 성으로 돌아가 왕판관과 작별할 수 없자 이 시를 지어서 송별의 뜻을 표시하였다.

• **주석**

* 舸(가) : 큰 배.
* 瀨(뇌) : 여울, 급류.
* 娟(연) : 예쁘다, 곱다.
* 石堂(석당) : 운안雲岸에 있는 명승지.
* 艣(노) : 노, 상앗대.
* 含悽(함처) 구 : 왕판관이 두보에게 이번 행차의 원조를 하였기 때문에 깊이 애석해한 것이다.

347. 백염산에서

뭇 봉우리 너머로 우뚝하게 솟아
깊은 물가에 뿌리를 서려 두었네.
다른 산은 모두 두터운 땅에 맡기고 있는데
너는 홀로 높은 하늘과 가깝구나.
흰 편액 걸린 1천 가구의 읍,

맑은 가을에 무수한 상인이 타는 배.
시인이 아름다운 구절을 얻어서
잘 새긴들 마침내 누가 전하리?

白鹽山 (백염산)

卓立群峰外 (탁립군봉외)   蟠根積水邊 (반근적수변)   他皆任厚地 (타개임후지)   爾獨近高天 (이독근고천)
白牓千家邑 (백방천가읍)   清秋萬舸船 (청추만고선)   詞人取佳句 (사인취가구)   刻畫竟誰傳 (각화경수전)

● 해설

대력大曆 원년(766) 가을에 지은 작품이다. 백염산白鹽山은 기주夔州 동쪽에 있는 산으로, 산빛이 회백색이므로 이러한 이름을 얻었다고 한다. 산에서 본 경치를 묘사하고 있다.

● 주석

* 蟠根(반근) : 뿌리를 서려 두다. 백염산 아래에는 황룡탄黃龍灘이라는 곳이 있는데, 물살이 매우 빨라서 물을 따라 오르고 내려오기에 위험하다고 한다.
* 他皆(타개) 2구 : 다른 산은 고도가 높은데 위치하여 높아졌으나 백염산은 물가에서 높기 때문에 양자를 비교하여 말한 것이다.
* 白牓(백방) 2구 : 산에 올라가 바라보니 부근에 큰 고을이 있고, 물가에는 상인들의 많은 배가 오간다는 말이다. 백방白牓은 문 위에 걸어놓은 편액이다.
* 詞人(사인) 2구 : 백염산의 모습을 잘 묘사해서 좋은 시를 쓴다고 할지라도 전파하기가 쉽지 않다는 뜻이다.

348. 시어인 동생이 촉에 사신으로 감을 전송하다

동생의 문장이 진전된 것을 기뻐하나니
끊임없는 이별의 흥취가 나에게 더해지노라.
무협의 몇 잔 술 마시고

내강 가는 큰 배를 타겠지.
승냥이와 이리의 싸움 끝나지 않아
개와 말 같은 세월을 괜스레 재촉하는구나.
조정에 돌아갈 때는 편한 길 많으리니
가을하늘 바라보며 실컷 공격하여라.

송 십 오 제 시 어 사 촉
送十五弟侍御使蜀

희제문장진　　첨여별흥견　　수배무협주　　백장내강선
喜弟文章進　添余別興牽　數杯巫峽酒　百丈內江船
미식시랑투　　공최견마년　　귀조다편도　　박격망추천
未息豺狼鬪　空催犬馬年　歸朝多便道　搏擊望秋天

● 해설
대력大曆 원년(766) 기주夔州에서 지은 작품이다. 두보보다 항렬이 조금 낮은 동생이 촉에 사신으로 가게 되자 주연을 베풀어 전송하는 내용이다. 시어侍御인 동생에 대해서는 자세히 알려진 기록이 없다.

● 주석
* 內江(내강) : 강 이름. 부주涪州(사천성四川省 부릉涪陵)에 있다.
* 豺狼(시랑) : 승냥이와 이리. 여기서는 최간崔旰의 무리가 반란을 일으킨 사실을 가리킨다.
* 犬馬(견마) : 두보 자신에 대한 겸칭謙稱.
* 搏擊(박격) : 치다. 어지러운 일을 해결한다는 말이다. 간관이 간신배를 탄핵하는 것이 마치 가을 매가 다른 새를 치는 것과 같기 때문에 사용하였다.

349. 분명하게 생각나다

개원 연간의 일은 또렷하니
눈앞에 분명하여라.
이유 없이 도적들 일어나
홀연 이미 시절이 바뀌었지.
무협은 서강 밖에 있고
진성은 북두 가에 있는데
흰머리로 원외랑 되어
몇 번의 가을을 병으로 누워 있네.

歷歷(력력)
歷歷開元事(력력개원사) 分明在眼前(분명재안전) 無端盜賊起(무단도적기) 忽已歲時遷(홀이세시천)
巫峽西江外(무협서강외) 秦城北斗邊(진성북두변) 爲郎從白首(위랑종백수) 臥病數秋天(와병수추천)

● 해설

대력大曆 원년(766) 기주夔州에서 지은 작품이다. 지난날을 생각하고 지금을 안타까워하는 내용이다. 전반부는 개원開元 연간의 태평성대와 천보天寶 연간의 혼란함을 언급했고, 후반부는 기주夔州에서 생활하며 장안長安으로 돌아가지 못하는 신세한탄이 담겨 있다.

● 주석

* 歷歷(역력) : 또렷하고 분명한 모양.
* 盜賊(도적) : 여기서는 안사의 난을 가리킨다.
* 西江(서강) : 여기서는 금강錦江을 가리킨다. 금강은 서쪽으로부터 흘러오기 때문에 서강이라고 불린다.
* 秦城(진성) : 여기서는 장안長安을 가리킨다.
* 爲郎(위랑) 구 : 광덕廣德 2년에 엄무嚴武는 두보를 천거하여 검교공부원외랑

檢校工部員外郞이 되도록 하였다. 비록 원외랑이 되었으나 이미 자신이 늙은 뒤의 일임을 탄식한 것이다.

350. 거울을 보다가 백중승께 드리다

위수는 관문 안에서 흐르고
종남산은 태양 곁에 있는데
승냥이와 호랑이 굴 때문에 간담이 녹고
개와 양이 있는 하늘로 눈물 흘립니다.
일어남이 늦으니 일에 종사할 수 있겠습니까?
행동 더디니 다시 신선을 배울 수 있겠습니까?
거울에 쇠퇴한 기색 보이나니
조금이라도 그대께서 불쌍히 여겨주시길……

람경정백중승
覽鏡呈柏中丞

위수류관내　　　종남재일변　　　담소시호굴　　　루입견양천
渭水流關內　　　終南在日邊　　　膽銷豺虎窟　　　淚入犬羊天
기만감종사　　　행지갱학선　　　경중쇠사색　　　만일고인련
起晚堪從事　　　行遲更學仙　　　鏡中衰謝色　　　萬一故人憐

● 해설

대력大曆 원년(766) 겨울, 기주夔州에서 지은 작품이다. 백중승柏中丞은 백무림柏茂琳으로 당시 기주도독夔州都督을 지내고 있었다. 두보를 초빙하려고 했으나, 두보가 늙음을 이유로 사양하면서 이 시를 지었다.

● 주석

* 渭水(위수) : 황하黃河의 지류. 장안의 서북쪽 50리에 있다.
* 終南(종남) : 산 이름. 장안의 남쪽 50리에 있다.
* 日邊(일변) : 여기서는 황제가 있는 서울을 가리킨다.
* 豺虎(시호) : 승냥이와 호랑이. 여기서는 토번을 가리킨다. 다음의 견양犬羊 또

한 같은 의미이다.
* 起晚(기만) 2구 :《두시상주杜詩詳注》에 '무릇 벼슬하는 사람은 반드시 일찍 일어나야 한다. 일어남이 늦었는데 오히려 일에 종사할 수 있겠는가? 신선은 반드시 걸음이 경쾌해야 한다. 행동이 더디니, 다시 신선을 배울 수 있겠는가?'라고 하였다.
* 衰謝(쇠사) : 정력이 쇠퇴하다.
* 故人(고인) : 여기서는 백중승을 가리킨다.

351. 뒤집혀진 배

죽궁에서는 때때로 신광神光을 바라보며 절했고
계관에서는 간혹 신선을 구하기도 했지.
수은이 물결을 타고 넘던 날,
신령한 빛이 밤을 비추던 해.
교룡 베는 검을 부질없이 듣는데
무소 뿔 태우는 배는 다시없구나.
방사方士는 가을빛을 따라
아득히 혼자만 하늘로 오르네.

覆舟
복 주

竹宮時望拜 桂館或求仙 蛇女凌波日 神光照夜年
죽 궁 시 망 배   계 관 혹 구 선   차 녀 릉 파 일   신 광 조 야 년
徒聞斬蛟劍 無復爨犀船 使者隨秋色 迢迢獨上天
도 문 참 교 검   무 부 찬 서 선   사 자 수 추 색   초 초 독 상 천

●해설
대력大曆 원년(766) 기주夔州에서 지은 작품이다. 공물인 단사를 싣고 조정으로 가던 배가 무협에서 침몰하자, 임금이 신선술 구하는 것을 풍자하기 위해 쓴 작품이다. 2수의 연작시 가운데 제2수이다.

● 주석

* 竹宮(죽궁) 2구 : 한무제는 일찍이 죽궁에서 감천궁의 원구사단圜丘祠壇에 있는 '신광神光'을 향해 절하였고, 또한 신선술을 구하기 위해서 장안에 계관桂館을 짓고 방사들로 하여금 신선을 맞이하게 하였다. 여기서는 한무제의 일을 빌어서 당시 사람들이 신선술에 미혹되었음을 풍자하였다.
* 姹女(차녀) : 도교의 연단술에 사용되는 수은을 차녀姹女라고 부른다.
* 斬蛟(참교) : 《여씨춘추呂氏春秋》에 '형荊 지역 사람인 차비佽飛가 보검을 얻었다. 강을 건너는데 중류에 이르자 두 마리의 교룡이 배를 둘러싸서 거의 물에 빠질 지경이 되었다. 차비가 검을 뽑아 교룡을 베자, 이에 강을 건널 수 있게 되었다'고 하였다. 여기서는 교룡을 벨 용사가 없어서, 배가 뒤집히는 재앙을 해결할 수 없음을 한탄한 것이다.
* 爨犀(찬서) : 《진서晉書》에 '온교溫嶠가 우저기牛渚磯에서 머물렀는데, 물이 깊어 측량할 수 없을 정도였다. 사람들이 말하기를 그 아래에는 괴물이 많다고 하자, 온교가 무소 뿔에 불을 붙여서 비추니, 조금 있자 물고기들이 죽어 나왔는데, 이상한 모습들을 하고 있었다'고 하였다. 여기서는 온교가 무소 뿔을 태워 물을 비춘 고사를 가지고서 사악함을 제거하고 지나는 배의 안전을 보호할 사람이 없음을 말한 것이다. 즉 허황된 얘기만 들리고, 현실적 도움이 되는 일이 없음을 한탄한 것이다.
* 使者(사자) 2구 : 황제가 신선술을 추구했으나 하늘로 오르지 못하고 방사方士만 하늘로 올랐으니, 이것은 신선술을 추구하는 황제를 풍자한 것이다.

352. 달

만리 밖 구당협에 뜬 달은
봄이 된 이래로 여섯 번째 상현달.
때때로 어두운 집을 개명開明하고
거듭 빛이 푸른 하늘에 가득하구나.
서늘한 달빛은 바람 부는 옷깃에 고요하고
높이 뜬 달은 눈물 흐르는 뺨 대하여 걸렸는데

남쪽으로 날아가는 까마귀와 까치들,
밤이 오래자 강변으로 내려앉는다.

월
月

萬_만里_리瞿_구塘_당月_월　春_춘來_래六_륙上_상弦_현　時_시時_시開_개暗_암室_실　故_고故_고滿_만靑_청天_천
爽_상合_합風_풍襟_금靜_정　高_고當_당淚_루臉_검懸_현　南_남飛_비有_유烏_오鵲_작　夜_야久_구落_락江_강邊_변

● **해설**

대력大曆 2년(767) 기주夔州에서 지은 작품이다. 비가 개이자 하늘에 나타난 달을 보면서, 나그네로 기주에 묶여 있는 처지에 대해 탄식한 시이다. 3수의 연작시 가운데 제3수이다.

● **주석**

* 故故(고고) : 항상, 거듭.
* 南飛(남비) 구 : 조조曹操의 〈단가행短歌行〉에 '달 밝아 별 성기자, 까마귀와 까치가 남쪽으로 날아가네(月明星稀, 烏鵲南飛)'라고 하였다. 여기서는 이 구절의 뜻을 사용하여 객지에서 떠도는 감정을 기탁하였다.

353. 돌아가다

허리띠 묶고 다시 말 타다가
동서로 다시 배 타고 건넜네.
숲속에 비로소 이 땅 있으니
협곡 밖으로 하늘이 전혀 보이지 않네.
마음 비우면 고인高人처럼 조용할 터이나
시끄럽고 비루하게 세상일에 연루되어 사는 몸,
다른 고을에서 인생의 저녁을 보내니

감히 시편을 버려두지 못하겠네.

歸

속대환기마	동서각도선	림중재유지	협외절무천
束帶還騎馬	東西却渡船	林中纔有地	峽外絶無天
허백고인정	훤비속루견	타향열지모	불감폐시편
虛白高人靜	喧卑俗累牽	他鄉閱遲暮	不敢廢詩篇

● **해설**

대력大曆 2년(767) 기주夔州의 양서瀼西에서 지은 작품이다. 과수원의 그윽한 경치와 시끄러운 세속에 대한 시인의 감정이 담겨 있다.

● **주석**

* 林中(임중) 2구 : 두보가 있는 과수원이 양서에서 좀 넓은 지역이라서 하늘이 바라다보이고, 다른 곳은 하늘이 보이지 않는다는 뜻이다.
* 虛白(허백) : 《장자莊子》에 '빈 방에서 순수함이 생긴다(虛室生白)'고 하였다. 여기서 실室은 마음을 의미한다. 마음이 공허할 수 있으면, 순수함이 생겨난다는 뜻이다.
* 他鄉(타향) 2구 : 시로써 타향살이의 괴로움을 달랠 수밖에 없다는 뜻이다.
* 遲暮(지모) : 여기서는 두보의 늙음을 의미한다.

354. 좁은 골짜기

듣자니 강릉부에는
구름과 모래가 고요하고 아득하다 하네.
흰 물고기는 마치 잘라낸 옥 같고
붉은 귤은 값을 논할 수 없다지.
강릉 물가에는 멀리 호숫가 나무 서 있으려니
사람은 지금 어느 곳에서 배를 타려나?

푸른 산이 모두 눈앞에 있어
고개 돌려 협곡의 하늘을 바라보노라.

峽_협隘_애

| 聞說江陵府_{문설강릉부} | 雲沙靜眇然_{운사정묘연} | 白魚如切玉_{백어여절옥} | 朱橘不論錢_{주귤불론전} |
| 水有遠湖樹_{수유원호수} | 人今何處船_{인금하처선} | 靑山各在眼_{청산각재안} | 却望峽中天_{각망협중천} |

● 해설

대력大曆 2년(767) 강릉江陵으로 가려고 했을 때 지은 작품이다. 당시 두보는 기주夔州에서 오랫동안 머물면서 그곳의 답답한 생활을 싫어하고 강릉으로 가고자 하였으므로, 강릉의 명승지에 대한 묘사를 하며 강릉을 그리워하는 심정을 드러내었다.

● 주석

* 江陵府(강릉부) : 여기서는 형주荊州를 가리킨다.
* 眇然(묘연) : 먼 모양.
* 人今(인금) 구 : 당시 두보의 동생인 두관杜觀은 남전藍田으로 돌아가 부인을 맞이하였으므로, 일찍 강릉으로 오기를 희망하였다.
* 靑山(청산) 2구 : 협곡으로 갇힌 기주에서 오래 머물러 떠나가지 못하는 자신의 신세를 한탄한 것이다.

355. 양서 초가집에서 동둔의 초가집으로 이주하고서

길 북쪽의 풍도사는
높은 집에서 개천을 보거늘
그대는 능히 작은 돌로 도랑을 내고
나 또한 맑은 샘물로 연못을 만들었지.

숲과 샘을 베고 두른 모습이 또 서로 비슷하여
사립문을 열면 곧 가질 수 있게 되었지만
개간하여 밭 만드는 일에 날짜 소비하여
닻줄 풀 해가 언제인지 알지 못하겠네.

_{자 양 서 형 비 차 이 거 동 둔 모 옥}
自瀼西荊扉且移居東屯茅屋

_{도 북 풍 도 사}　_{고 재 견 일 천}　_{자 능 거 세 석}　_{오 역 소 청 천}
道北馮都使　高齋見一川　子能渠細石　吾亦沼淸泉
_{침 대 환 상 사}　_{시 형 즉 유 언}　_{작 여 응 비 일}　_{해 람 부 지 년}
枕帶還相似　柴荊卽有焉　斫畬應費日　解纜不知年

● 해설

대력大曆 2년(767) 가을에 양서瀼西에서 동둔東屯으로 이사한 후에 쓴 작품이다. 이웃 사람이 사는 좋은 경치에 대해 감탄한 내용이다. 4수의 연작시 가운데 제3수이다.

● 주석

* 馮都使(풍도사) : 두보의 이웃이다. 동둔의 북쪽에 있었기 때문에, 시내를 사이에 두고 그곳이 보였다고 한다.
* 枕帶(침대) : 침대임천枕帶林川의 줄임말. 즉, 숲과 샘을 가까이하고 있는 모습이어서 언제라도 볼 수 있다는 말이다.
* 斫畬(작여) : 개간하여 밭을 만들다.
* 解纜(해람) : 닻줄을 풀다. 여기서는 배를 띄워 동쪽으로 내려간다는 뜻이다.

356. 9월 1일에 맹창조와 맹주부 형제에게 들르다

명아주 지팡이 짚고 찬 이슬 무릅쓸 적에
새벽 연기가 쑥대문에 피어올랐는데
힘이 없어 나무를 지나며 쉬고

늙고 피곤하여 책 던져놓고 잠들기도 하였네.
이 가을, 함께 다니다 보니 다하였음을 느끼지만
내 여기에 온 것은 두 분 효성과 우애가 돈독하기 때문.
담소에 재미를 맛보았거니
그대 형제들은 나이를 잊고 사귈 수 있겠구려.

<small>구 월 일 일 과 맹 십 이 창 조 십 사 주 부 형 제</small>
九月一日過孟十二倉曹十四主簿兄弟

<small>려 장 침 한 로   봉 문 계 서 연   력 희 경 수 헐   로 곤 발 서 면</small>
藜杖侵寒露　蓬門啓曙烟　力稀經樹歇　老困撥書眠

<small>추 각 추 수 진   래 인 효 우 편   청 담 견 자 미   이 배 가 망 년</small>
秋覺追隨盡　來因孝友偏　清談見滋味　爾輩可忘年

● **해설**

대력大曆 2년(767) 한로寒露에 지은 작품이다. 전반부는 방문하는 정성을 썼고, 후반부는 방문하는 이유를 썼다.

● **주석**

* 力稀(역희) 2구 : 출구出句는 찾아가는 중의 일이고, 대구對句는 정원에서의 일이다.
* 追隨(추수) : 따라가다, 동행하다.
* 忘年(망년) : 망년지우忘年之友의 뜻.

357. 늦가을 강촌에서

높은 나무 선 촌락이 오래되었고
성긴 울타리에 들녘 덩굴이 걸렸구나.
흰 거문고로 한가로운 날을 보내고
흰머리로 서리 내리는 하늘을 바라본다.
도마에 오른 누런 감귤이 무겁고

평상을 지탱하는 무늬 있는 돌은 둥글다네.
멀리 나와 비록 적막하지만
이러한 산천을 보기는 어렵지.

季_계秋_추江_강村_촌

喬_교木_목村_촌墟_허古_고　疏_소籬_리野_야蔓_만懸_현　素_소琴_금將_장暇_가日_일　白_백首_수望_망霜_상天_천
登_등俎_조黃_황甘_감重_중　支_지床_상錦_금石_석圓_원　遠_원遊_유雖_수寂_적寞_막　難_난見_견此_차山_산川_천

● **해설**
대력大曆 2년(767) 양서瀼西에서 감귤을 수확하며 지은 작품이다. 강촌의 가을 풍경을 묘사함으로써 객지에 머물지만 잠시 생활에 대한 즐거운 심정을 옮겼다.

● **주석**
* 將(장) : 여기서는 송送의 뜻으로 쓰였다.
* 俎(조) : 도마.
* 支床(지상) 구 : 이 지역에서 나는 아름다운 돌로 평상을 지탱하는 강촌의 일반적 모습을 적은 것이다.
* 錦石(금석) : 무늬 있는 아름다운 돌. 양서 지역에서 출토된다.

358. 밤

밤이 되어 상현달이 기울고
등불 반쯤 타자 잠자리에 들었더니
헤매는 사슴이 산에서 울고
놀란 매미가 나무에서 떨어지네.
잠시 강동의 회를 생각하고
아울러 눈 내리는 배를 그리워하였네.

만족의 노래가 별빛을 범하며 일어나
부질없이 하늘 끝에 있음을 깨닫는다.

夜^야

向夜月休弦 燈火半委眠 號山無定鹿 落樹有驚蟬
暫憶江東鱠 兼懷雪下船 蠻歌犯星起 空覺在天邊

● **해설**

대력大曆 2년(767) 가을에 지은 작품이다. 가을밤 잠들지 못하면서 생각한 것을 서술함으로써 객지에서 떠도는 나그네의 깊은 고독감을 표현하였다. 2수의 연작시 가운데 제1수이다.

● **주석**

* 江東鱠(강동회) : 오월吳越 일대에서 잡히는 회어鱠魚. 진晉나라 사람 장한張翰은 매번 가을바람이 일 때면 강동江東의 회어를 생각했다고 한다. 여기서는 이 고사를 이용하여 고향을 그리워하는 정을 기탁한 것이다.
* 雪下船(설하선) : 진晉나라 사람 왕자유王子猷가 눈오는 밤에 배를 타고서 대안도戴安道를 찾아간 고사로서, 눈 내리는 오월 지역으로 나가고 싶은 심정을 표현한 것이다.
* 蠻歌(만가) 2구 : 협주峽州를 떠나고 싶지만 기주夔州에 머물러 있는 두보 자신의 처지를 말한 것이다.

359. 봄밤에 협주의 천시어장사가 나루터 정자에서 연회를 벌이다

북두성 비치는 3경의 잔칫자리,
서강 만리를 가는 배.
명아주 지팡이 짚고 물가 정자에 올라

붓을 휘두르다 봄 하늘에서 유숙한다.
흰머리라 많은 술에 괴롭고
별 밝아 이 자리 아까운데
비로소 알았네, 구름 끼고 비 내리는 삼협이
홀연 하뢰에서 끝난다는 것을.

_{춘 야 협 주 전 시 어 장 사 진 정 류 연}
春夜峽州田侍御長史津亭留宴

_{북 두 삼 경 석}   _{서 강 만 리 선}   _{장 려 등 수 사}   _{휘 한 숙 춘 천}
北斗三更席   **西江萬里船**   **杖藜登水榭**   **揮翰宿春天**

_{백 발 번 다 주}   _{명 성 석 차 연}   _{시 지 운 우 협}   _{홀 진 하 뢰 변}
白髮煩多酒   **明星惜此筵**   **始知雲雨峽**   **忽盡下牢邊**

● 해설

대력大曆 3년(768) 정월에 지은 작품이다. 당시 두보는 강동으로 내려가고 있었는데, 협주峽州(호북성湖北省 의창현宜昌縣)에서 전시어가 연회를 벌이며 그를 송별하자, 운자韻字로 연자筵字를 얻어 이 시를 지었던 것이다.

● 주석

* 下牢(하뢰) : 협주峽州에 있다. 전체 길이 386리의 삼협三峽이 이곳에서 끝난다.

360. 강변의 별과 달

강 위의 달, 바람에 일렁이는 닻줄을 떠나고
강 위의 별, 안개 속의 배와 헤어지는데
닭이 울어 새벽빛이 돌아오고
해오라기는 맑게 갠 냇가에서 목욕하네.
반짝이는 별은 도대체 누가 하늘에 심어놓은 것인가?
유유한 달은 어느 곳에서 둥근가?

나그네의 시름은 유난하여 끊임없으니
다른 날 저녁에 비로소 선명히 보리라.

강변성월
江邊星月

강월사풍람	강성별무선	계명환서색	로욕자청천
江月辭風纜	江星別霧船	鷄鳴還曙色	鷺浴自晴川
력력경수종	유유하처원	객수수미이	타석시상선
歷歷竟誰種	悠悠何處圓	客愁殊未已	他夕始相鮮

● 해설

대력大曆 3년(768) 강릉江陵에서 지은 작품이다. 강변에서 본 경치를 묘사하였는데, 그 처량한 아름다움이 감동적이다. 2수의 연작시 가운데 제2수이다.

● 주석

* 江月(강월) 2구 : 밤이 지나고 새벽이 된다는 뜻이다.
* 纜(남) : 닻줄.
* 歷歷(역력) 구 : 반짝이는 별빛은 도대체 누가 하늘에 심어 놓은 것인가라는 뜻.
* 客愁(객수) 구 : 지금은 달과 별이 사라지지만 다른 날 선명하게 떠오를 달과 별을 보며 객수를 풀겠다는 뜻이다.

361. 달빛 아래에 배를 타고서 절 근처의 역관을 마주하며

밤이 깊어도 등불 빌릴 필요 없는 것은
달 밝아 저절로 배를 밝게 비추기 때문.
금빛 사찰은 푸른 단풍나무 밖에 있고
붉은 누각은 흰 강변에 있는데
성 까마귀 먼 곳에서 울고
들 해오라기 그윽한 달빛 속에서 잠드네.

흰머리로 강호를 떠도는 나그네,
주렴 걷고서 홀로 잠들지 못하네.

舟^주月^월對^대驛^역近^근寺^사

更^경深^심不^불假^가燭^촉　月^월朗^랑自^자明^명船^선　金^금刹^찰青^청楓^풍外^외　朱^주樓^루白^백水^수邊^변
城^성烏^오啼^제眇^묘眇^묘　野^야鷺^로宿^숙娟^연娟^연　皓^호首^수江^강湖^호客^객　鉤^구簾^렴獨^독未^미眠^면

● **해설**

대력大曆 3년(768)에 지은 작품이다. 대역근사對驛近寺라는 것은 역관을 마주하고 있는데, 그 부근에 사원이 있음을 가리켜 말한 것이다.

● **주석**

* 眇眇(묘묘) : 작은 모양, 먼 모양.
* 娟娟(연연) : 예쁜 모양, 그윽한 모양. 여기서는 달빛을 가리킨다.

362. 배 안에서

바람 부는 강변 버들 아래서 밥을 먹고
비 내리는 역사 곁에서 눕기도 했지만
닻줄 묶어 고기 그물과 함께 늘어서고
돛대 나란히 곡식 실은 배와 함께하기도 했지.
오늘 아침 구름은 가늘고 엷은데
어젯밤에 뜬 달은 맑고 둥글었네.
남방에서 떠도는 늙은이,
그저 강물의 신선을 배워야 하리.

주중
舟中

풍찬강류하	우와역루변	결람배어망	련장병미선
風餐江柳下	雨臥驛樓邊	結纜排魚網	連檣並米船
금조운세박	작야월청원	표박남정로	지응학수선
今朝雲細薄	昨夜月淸圓	飄泊南庭老	祇應學水仙

• 해설

대력大曆 3년(768)에 지은 작품이다. 배로 여행 가다가 일찍 일어나 본 경물을 읊었는데, 나그네로 떠도는 심정을 기탁하였다.

• 주석

* 餐(찬) : 먹다.
* 南庭老(남정로) : 두보 자신을 가리킨다. 여기에서 남정南庭은 남방南方을 의미한다.
* 水仙(수선) : 수신水神인 풍이馮夷를 가리킨다. 여기에서는 안정하지 못하고 강물을 따라서 여기저기 떠도는 두보 자신의 생애를 의미한다.

363. 시어 구석이 율시를 보낸 것에 받들어 수창하여 다시 구석에게 부치다

지난날 순하에서 이별하고
지금까지 40년이 지났습니다.
어사부의 붓을 꽂고 오시어
일부러 동정호에 배를 정박하셨지요.
시에서는 상심하던 곳을 추억하셨는데
붙잡은 팔 앞에서 봄이 깊었습니다.
그대가 안무하실 백월을 남쪽으로 바라보고서
누런 모자 쓰고서 하염없이 그대를 기다립니다.

奉酬寇十侍御錫見寄四韻復寄寇
봉수구십시어석견기사운부기구

往別郇瑕地 왕별순하지
于今四十年 우금사십년
來簪御府筆 래잠어부필
故泊洞庭船 고박동정선
詩憶傷心處 시억상심처
春深把臂前 춘심파비전
南瞻按百越 남첨안백월
黃帽待君偏 황모대군편

● 해설

대력大曆 5년(770) 담주潭州(지금의 장사시長沙市)에서 지은 작품이다. 구석寇錫은 두보가 19세에 순하郇瑕에서 사귄 사람이었는데, 40년 후에 영남嶺南을 순찰하다가 두보와 다시 만났던 것이다. 만남과 헤어짐의 기쁘고 슬픈 감정을 담고 있다.

● 주석

* 郇瑕(순하) : 지명. 지금의 산서성山西省 임의현臨猗縣.
* 御府筆(어부필) : 시어사는 백필白筆을 머리에 꽂았다. 여기에서는 구석을 가리킨다. 어부御府는 관서官署의 명칭으로서 어사부를 가리키며, 어사가 있는 곳이다.
* 故泊(고박) : 두보를 만나기 위해 일부러 왔다는 말이다.
* 詩憶(시억) 2구 : 구석의 시에서 상심한다는 말을 보고서, 두보가 작년 봄이 한창일 때 헤어진 일을 기억한다는 말이다.
* 百越(백월) : 한대漢代에 광동廣東 · 광서廣西 지역을 가리켜 백월이라고 하였다. 여기서는 영남嶺南을 의미한다.
* 黃帽(황모) : 노인들이 쓰는 모자. 여기서는 두보 자신을 가리킨다. 뱃사공으로 보는 설이 있으나 취하지 않는다.

【오율소운五律蕭韻】

364. 고 무위장군을 애도하는 노래

슬픈 만가 속에 청문을 떠나고
새로 난 무덤길 강수가 아스라한데
길 가던 이들 어지럽게 비 뿌리듯 눈물 흘리고
하늘의 뜻도 쐬아아 회오리바람을 일으킨다.
부하 군사들의 정기 여전히 날카로워
흉노의 기세 교만할 수 없으되
웅대한 책략 볼 길이 없어
큰 나무는 나날이 쓸쓸하기만 하다.

_{고 무 위 장 군 만 사}
故武衛將軍挽詞

_{애 만 청 문 거}   _{신 천 강 수 요}   _{로 인 분 우 읍}   _{천 의 삽 풍 표}
哀挽靑門去   **新阡絳水遙**   **路人紛雨泣**   **天意颯風飄**
_{부 곡 정 잉 예}   _{흉 노 기 불 교}   _{무 유 도 웅 략}   _{대 수 일 소 소}
部曲精仍銳   **匈奴氣不驕**   **無由睹雄略**   **大樹日蕭蕭**

● **해설**
대략 천보天寶 6년(747)에서 7년(748) 사이에 지어진 작품이다. 무위장군은 궁궐의 경비를 총괄하는 벼슬인데, 여기서 누구를 가리키는지는 정확하지 않다. 3수의 연작시 가운데 제3수이다.

● **주석**
* 哀挽(애만) : 슬픈 만가.
* 新阡(신천) : 새로 만들어진 무덤길.
* 颯風飄(삽풍표) : 소리를 내면서 회오리바람이 불다.
* 大樹(대수) : 대수장군大樹將軍 풍이(馮異 : ?~34)의 일을 암용하고 있다.

365. 정광문을 모시고 하장군의 산림에서 노닐다

남당 길을 알지 못하다가
이제서야 제오교를 알게 되었나니
이름난 정원은 푸른 물에 의지하고
들의 대는 푸른 하늘에 솟아 있다.
곡구와는 예로부터 서로 마음 잘 맞아서
호수 다리에 함께 초대되었다.
평생 유한한 흥을 위하여
말발굽이 멀리 감을 아끼지 아니하였다.

_{배 정 광 문 유 하 장 군 산 림}
陪鄭廣文遊何將軍山林

_{불 식 남 당 로}   _{금 지 제 오 교}   _{명 원 의 록 수}   _{야 죽 상 청 소}
不識南塘路   **今知第五橋**   **名園依綠水**   **野竹上靑霄**
_{곡 구 구 상 득}   _{호 량 동 견 초}   _{평 생 위 유 흥}   _{미 석 마 제 요}
谷口舊相得   **濠梁同見招**   **平生爲幽興**   **未惜馬蹄遙**

● **해설**
천보天寶 12년(753) 광문관박사 정건鄭虔과 함께 하장군이라는 사람의 원림에서 노닐고서 본 경상과 느낀 감회를 읊은 시이다. 제오교第五橋 주위의 아름다운 경치에 감탄하며, 이곳에 유람하러 온 것이 전혀 수고로운 상황이 아님을 강조하였다. 10수의 연작시 가운데 제1수이다.

● **주석**
* 南塘(남당) : 지명. 위곡 근방으로 추정된다.
* 谷口(곡구) : 정박鄭樸의 고사를 암용한 것이다. 정박은 장안 남쪽의 곡구에 살았다.
* 濠梁(호량) : 호수의 다리. 여기서는 하장군의 산림을 가리킨다.
* 馬蹄遙(마제요) : 말을 타고 멀리 가는 것을 의미한다.

366. 관직이 정해진 뒤 장난삼아 주다

하서위를 맡지 않은 것은
처량하게 허리를 굽혀야 하기 때문이지.
늙은이 분주히 뛰어다니는 것 두렵거니와
솔부는 그런 대로 한가로우리.
술을 즐기려면 적은 봉록이나마 필요하여
어지러운 노랫소리 성스런 조대에 부치니
고향 산천에 돌아갈 흥취 다하고
고개 돌려 돌개바람 바라본다.

관 정 후 희 증
官定後戲贈

부작하서위 처량위절요 로부파추주 솔부차소요
不作河西尉　凄凉爲折腰　老夫怕趨走　率府且逍遙
탐주수미록 광가탁성조 고산귀흥진 회수향풍표
耽酒須微祿　狂歌托聖朝　故山歸興盡　回首向風飇

● 해설
천보天寶 14년(755) 제수除授받은 하서위河西尉의 관직을 사양하고 우위솔부병조의 관직을 택하면서, 그것을 택하게 된 이유와 그때의 자신의 심정을 나타낸 작품이다. 원주原註에는 '당시에 하서위를 그만두고 우위솔부병조가 되었다(時免河西尉爲右衛率府兵曹)'라고 되어 있다.

● 주석
* 折腰(절요) : 허리를 굽히다. 허리를 굽혀 절하며 굽실거리는 것을 말한다.
* 須(수) : 필요로 하다, 구하다, 바라다.
* 風飇(풍표) : 회오리바람, 돌개바람.

367. 경사를 수복하다

이 내 삶은 늙어감을 달게 여기건만
하늘 끝에 있어 정말 쓸쓸하구나.
홀연히 듣자니 애통해하는 조칙이
또 성스럽고 밝은 조정에서 내려졌다지.
보필에는 상산의 늙은이를 생각하고
문재와 도덕에는 요임금을 생각하나니
외람되이 황제가 스스로 책망하는 날을 만나
눈물을 흘리면서 푸른 하늘 바라본다.

收京
<ruby>수경</ruby>

生意甘衰白　天涯正寂寥　忽聞哀痛詔　又下聖明朝
羽翼懷商老　文思憶帝堯　叨逢罪己日　霑灑望青霄

● **해설**

지덕至德 2년(757) 부주에서 지은 작품이다. 당시 숙종이 장안으로 환궁했다는 소식을 듣고서 이 시를 지었다고 한다. 3수의 연작시 가운데 제2수이다.

● **주석**

* 衰白(쇠백) : 노쇠하여 머리가 희게 됨.
* 羽翼(우익) : 날개. 보필하는 사람.
* 商老(상로) : 상산사호商山四皓를 가리킨다. 진秦나라 말기에 동원공東園公・기리계綺里季・하황공夏黃公・녹리선생甪里先生, 네 사람이 진의 난리를 피하여 상산으로 숨었는데 나이가 모두 80여세이고 눈썹이 하얗기 때문에 상산사호라고 불렀다.
* 叨(도) : 외람되이.

368. 사촌동생 왕사마가 성곽을 나와 방문하고, 아울러 초당을 운영할 자금을 주다

나그네로 떠돌며 얼마나 자주 옮겼던가?
강변은 정말 고요하고 쓸쓸하여라.
기꺼이 한 늙은이를 찾아왔음에
시름 없어짐은 바로 오늘 아침.
내 초당 꾸려나갈 일 걱정하여
돈을 가지고 들 다리 지나왔을 터,
타향에는 오직 사촌동생만 있으니
오고감에 멀다고 사양치 말게나.

王十五司馬弟出郭相訪兼遺營草堂資
客裏何遷次 江邊正寂寥 肯來尋一老 愁破是今朝
憂我營茅棟 攜錢過野橋 他鄉唯表弟 還往莫辭遙

●해설
상원上元 원년(760) 봄, 초당草堂에서 지은 작품이다. 왕십오사마제王十五司馬弟는 두보의 사촌동생으로서 당시 성도부成都府에서 사마를 지내고 있었다.

●주석
* 遷次(천차) : 이사가다.
* 江邊(강변) : 여기서는 완화계浣花溪를 가리킨다.
* 寂寥(적료) : 고요하고 쓸쓸하다.

369. 아침 비

서늘한 기운으로 새벽이 쓸쓸하더니
강가의 구름이 눈에 어지러이 나부낀다.
바람 부니 원앙은 가까운 물가로 숨고
비 내리자 제비는 울창한 나뭇가지로 모인다.
하황공과 기리계는 끝내 한나라를 떠났고
소보와 허유는 요임금을 알현하지 않았지.
초당에 술 한 동이 있으니
다행히 맑은 아침을 보낼 수 있으리.

<small>조 우</small>
朝雨

<small>량 기 효 소 소   　강 운 란 안 표　 　풍 원 장 근 저　 　우 연 집 심 조</small>
凉氣曉蕭蕭　江雲亂眼飄　風鴛藏近渚　雨燕集深條
<small>황 기 종 사 한　 　소 유 불 현 요　 　초 당 준 주 재　 　행 득 과 청 조</small>
黃綺終辭漢　巢由不見堯　草堂樽酒在　幸得過淸朝

●해설
상원上元 2년(761) 가을, 성도成都의 초당草堂에서 지은 작품이다. 가을철 비 내리는 경치와 감회가 드러나 있다.

●주석
* 蕭蕭(소소) : 바람이 부는 소리, 나뭇잎이 떨어지는 소리, 쓸쓸한 모양.
* 黃綺(황기) : 상산사호商山四皓의 두 사람인 하황공夏黃公과 기리계綺里季. 그들은 한초漢初에 황제의 부름에 응하지 않고 상산에 은거하였는데, 여기서는 두보가 자신을 비유하는 것으로 사용하였다.
* 巢由(소유) : 소보巢父와 허유許由. 요임금은 이들에게 임금의 자리를 선양하고자 하였으나 이들은 사양하고 산에 은거하였다. 여기서는 두보의 처지를 비유하는 데 사용되었다.

370. 느낀 바가 있어서

붉은 계수나무에 바람과 서리 급하더니
푸른 오동나무가 밤낮으로 시드는구나.
예로부터 줄기가 강한 땅에
제후가 신복臣服하지 않았던 조대는 없었다네.
도끼를 주어 왕실의 현자가 가시니
멀리 초라한 궁궐에서 조서를 지었다네.
끝내 옛날 봉토건국封土建國에 의지할 수 있다면
어찌 유독 소소만을 들어야 하리!

有感^{유감}

丹桂風霜急 (단계풍상급)
青梧日夜凋 (청오일야조)
由來强幹地 (유래강간지)
未有不臣朝 (미유불신조)
授鉞親賢往 (수월친현왕)
卑宮制詔遙 (비궁제조요)
終依古封建 (종의고봉건)
豈獨聽簫韶 (기독청소소)

●해설
광덕廣德 2년(764) 봄에 낭주閬州에서 지은 작품이다. 당시 비록 토번이 퇴각하였으나 여러 곳의 번진들이 난을 일으키자, 두보가 그 혼란함을 걱정하여 자신의 뜻을 읊긴 시이다. 5수의 연작시 가운데 제4수이다.

●주석
* 丹桂(단계):《한서漢書·오행지五行志》에는 성제成帝 때의 동요童謠를 싣고 있는데, '계수나무는 꽃이 피어도 열매를 맺지 않고, 꾀꼬리는 꼭대기에 둥지를 튼다네(桂樹華不實, 黃雀巢其顚)'라고 하였다. 계수는 붉은색으로 한가漢家의 상징으로서, 여기서는 왕실을 비유한다.
* 青梧(청오):상관의上官儀의〈책은왕문冊殷王文〉에 '경사의 표시로 오동나무를 심고, 덕이 이루어지면 가래나무를 본다(慶表栽梧, 德成觀梓).'라고 하였다. 여기

에서는 종번宗藩(천자가 분봉한 종실 제후)을 가리킨다.
* 強幹(강간) : 강간약지強幹弱枝, 즉 왕실이 강하게 되면 제후국이 모두 조정에 신복한다는 말이다.
* 授鉞(수월) : 고대에는 장군이 출정할 때, 군주가 도끼를 주어 병권兵權을 일임하였음을 상징하였다.
* 親賢(친현) : 종실의 현명하고 재능 있는 사람. 이 구절은 안사의 난 때 현종이 태자에게 군대의 전권을 주어서 반군을 진압하였다는 말이다.
* 卑宮(비궁) : 현종이 촉으로 들어간 후 성도成都에 세운 행궁行宮을 가리킨다. 이 구절은 촉의 행궁에서 현종이 조서를 지어서 각지에 보냈다는 말이다.
* 終依(종의) 2구 : 옛날의 봉건제에 의지한다면 지금 반란의 싹을 없앨 수 있으니, 어찌 순임금의 음악만을 들어야 태평성대를 이룰 수 있겠느냐는 말이다.
* 簫韶(소소) : 순舜임금의 음악 이름.

371. 또 눈 내리다

남방에 눈 내려도 땅에 이르지 않고
푸른 벼랑 적시고는 아직 녹지 않았는데
조금씩 햇빛을 향해 얇게 녹아
말없이 사람에게서 멀어져 가네.
겨울 따뜻하여 원앙은 병들고
계곡 깊어 승냥이와 호랑이 사나운데
근심하는 내 곁으로 강물 흐르거니와
어찌하면 북으로 조정에 갈 수 있으려나?

又雪

南雪不到地　青崖霑未消　微微向日薄　脈脈去人遙
冬熱鴛鴦病　峽深豺虎驕　愁邊有江水　焉得北之朝

• **해설**

영태永泰 원년(765) 겨울, 운안雲安에서 지은 작품이다. 장안長安에 돌아가려는 절박한 심정이 드러나 있다.

• **주석**

* 脈脈(맥맥) : 묵묵히 말이 없는 모습.
* 冬熱(동열) 4구 : 지세가 좋지 않아서 오랫동안 살 수 없으니, 어떻게 하면 이 강물에 배를 띄워서 북쪽으로 장안에 돌아갈 수 있겠느냐는 뜻이다.

372. 서각에서 대창의 엄명부와 동숙하기로 세 번 약속했으나 오지 않기에

그대에게 와서 잘 수 있는가 물었지만
지금 의심컨대 그대는 진정한 요청을 구하는 것인가?
상자 속의 거문고는 밤마다 헛되이 보내니
홀 가지고서 스스로 아침을 매번 보내겠지.
쇳소리 내면서 새벽 종소리 들려오고
불꽃 재촉하며 촛불은 시드는구나.
새벽 오리는 강변 난간 아래에 있는데
한 쌍의 그림자가 회오리바람에 흩어지는구나.

_{서 각 삼 도 기 대 창 엄 명 부 동 숙 부 도}
西閣三度期大昌嚴明府同宿不到

문자능래숙	금의색고요	갑금허야야	수판자조조
問子能來宿	今疑索故要	匣琴虛夜夜	手板自朝朝
금후상종철	화최랍거소	조부강함저	쌍영만표요
金吼霜鐘徹	花催蠟炬銷	早鳧江檻底	雙影漫飄颻

• **해설**

대력大曆 원년(766) 기주夔州에서 지은 작품이다. 엄명부嚴明府가 세 번 약속을 어기어 기다려도 오지 않자 그 때문에 생긴 실망감을 시에 옮겼다. 대창大昌은 현縣 이름이고 엄명부는 누구인지 자세하지 않다.

• 주석
* 故要(고요) :《남제서南齊書·저백옥전褚伯玉傳》의 기록에 의하면, 왕승달王僧達이 은사隱士인 저백옥에게 산에서 내려와 잠시 머물 것을 요청하면서 편지를 썼는데, 그 중에 '고요기래차故要其來此'라는 구절이 있었다고 한다. 고故는 고固와 통하고 요要는 요邀와 통하므로, '진실로 이곳에 오기를 요청합니다'의 뜻이 된다. 여기에서는 두보가 이 일을 이용하여 벗을 희롱한 것이다. 즉, 엄명부에게 와서 잘 것을 약속하여 허락받았는데 그가 오지 않은 것은 엄명부가 더욱 간절한 요청을 원해서 그렇게 한 것인가 의심스럽다는 말이다.
* 手板(수판) : 송宋 야사野史에 의하면, 구양수歐陽修가 관리들과 더불어 연회를 벌였는데, 전사공錢思公이 구래공寇萊公의 일을 가지고서 그를 풍자하니, 구양수가 홀을 가지고서 일어났다고 한다. 즉 수령이 상관을 대할 때에는 반드시 홀을 사용해야 하는데, 엄명부는 현령에 매인 몸이므로 이러한 말이 있게 된 것이다.
* 金吼(금후) 2구 : 밤새 엄명부를 기다리다가 새벽이 되었음을 말한다.
* 霜鐘(상종) : 상강霜降을 알리는 종鐘. 겨울 새벽에 울리는 종소리.
* 早鳧(조부) 2구 : 왕자교가 현령으로 있으면서 신발을 오리로 변화시켜 조회에 참여했음을 암용한 것으로서, 엄명부가 속히 오기 바라는 심정을 적은 것이다.

373. 갈매기

강 포구에 노는 추운 갈매기,
다른 일 없다면 또한 절로 한가하리.
오히려 옥 같은 깃털로 날 것을 생각하여
마음껏 푸른 싹 위에 점을 찍지만
눈 내려 어두우면 다시 모름지기 젖을 터이고
바람 불면 맡기어 바람 따라 나부끼리.

몇 무리의 갈매기가 푸른 바다 위에서
맑은 그림자로 날마다 한가로울까?

鷗 (구)

江浦寒鷗戲 (강포한구희)　無他亦自饒 (무타역자요)　却思翻玉羽 (각사번옥우)　隨意點靑苗 (수의점청묘)
雪暗還須浴 (설암환수욕)　風生一任飄 (풍생일임표)　幾群滄海上 (기군창해상)　淸影日蕭蕭 (청영일소소)

● **해설**

대력大曆 원년(766) 기주夔州에서 지은 작품이다. 바람 불고 눈 내리는 강에서 먹이를 구하는 갈매기가 넓은 곳에서 마음껏 날아다니는 바다 갈매기 보다 못하다는 내용을 담고 있다.

● **주석**

* 點(점) : 푸른 이삭 위로 점 찍듯이 내려앉다가 날아오른다는 뜻.
* 雪暗(설암) 2구 : 눈보라 속에서 먹이를 찾기 위해 고생한다는 뜻.
* 幾群(기군) 2구 : 바다갈매기의 유유자적한 모습과 비교된다는 뜻.
* 蕭蕭(소소) : 한가한 모양.

374. 백중승을 모시고 장사들에게 연회를 베푼 것을 보고

수놓은 주단으로 꾸민 처마,
금빛 꽃을 붙인 북 허리.
한 사내가 먼저 검무를 추고
온갖 유희는 나무꾼이 노래 부른 후에 하였는데
강가에 나무 자욱한 성은 외롭고도 멀어
운대의 사신은 적료하여라.
한의 조정에서 장수 자주 뽑았으니

응당 곽표요에 배수될 수 있으리.

陪柏中丞觀宴將士
(배백중승관연장사)

繡段裝簷額 金花帖鼓腰 一夫先舞劍 百戲後歌樵
(수단장첨액) (금화첩고요) (일부선무검) (백희후가초)

江樹城孤遠 雲臺使寂寥 漢朝頻選將 應拜霍嫖姚
(강수성고원) (운대사적료) (한조빈선장) (응배곽표요)

• 해설

대력大曆 원년(766) 기주夔州에서 지은 작품이다. 당시 백중승柏中丞은 기주도독夔州都督을 맡고 있었다. 2수의 연작시 가운데 제2수이다.

• 주석

* 簷額(첨액) : 집의 처마.
* 歌樵(가초) : 기주 협곡의 나무꾼 노래를 가리킨다.
* 江樹城(강수성) : 여기서는 기주夔州를 가리킨다.
* 雲臺使(운대사) : 공훈을 기록하는 사신.
* 霍嫖姚(곽표요) : 한漢의 표요장군嫖姚將軍인 곽거병霍去病. 여기서는 백중승이 곽거병처럼 승진할 것이라는 뜻.

375. 고향에 돌아가는 꿈

길은 때로 통하다가 막히기도 하건만
강산은 날마다 적막하고 쓸쓸하여라.
목숨 연명하는 한 늙은이 있나니
반란군 토벌은 이미 삼조三朝가 지났구나.
저물녘 푸른 단풍나무에 빗발 급하거니
머나먼 흑수에는 구름만 짙으리.
꿈속의 넋조차 돌아가지 못하니

초사를 써서 초혼할 필요도 없으리.

歸夢(귀몽)

道路時通塞(도로시통색) 江山日寂寥(강산일적료) 偸生唯一老(투생유일로) 伐叛已三朝(벌반이삼조)
雨急青楓暮(우급청풍모) 雲深黑水遙(운심흑수요) 夢魂歸未得(몽혼귀미득) 不用楚辭招(불용초사초)

● **해설**

대력大曆 3년(768)~4년(769) 사이에 지어진 작품이다. 고향으로 돌아가고 싶은 간절한 심정과 돌아가지 못하는 현실에 대한 한탄이 시에 드러나 있다.

● **주석**

* 伐叛(벌반) : 안사安史의 난과 복고僕固·토번土蕃을 토벌함을 가리킨다.
* 三朝(삼조) : 현종玄宗·숙종肅宗·대종代宗을 가리킨다.
* 雨急(우급) 2구 : 출구出句는 두보 자신이 있는 초 지역을 가리키고, 대구對句는 돌아가려는 고향을 가리킨다.
* 黑水(흑수) : 물 이름. 진秦 지역에 있다.
* 夢魂(몽혼) 2구 : 여기서는 초사楚辭의 〈초혼招魂〉이라는 작품을 염두에 둔 말이다.

376. 들판에서 바라보며

하늘과 땅이 넓고도 커서
가고 가건만 군국은 멀기만 하여라.
구름 낀 산은 다섯 봉우리를 아우르고
바람 부는 땅은 삼묘를 둘렀는데
들녘 숲은 넓은 강물에 다가들고
봄 부들은 눈 녹은 물에서 자라났다.

조각배로 헛되이 늙어가니
성군 계신 조정朝廷을 도울 수 없구나.

野望
<small>야 망</small>

納納乾坤大　行行郡國遙　雲山兼五嶺　風壤帶三苗
<small>납납건곤대　행행군국요　운산겸오령　풍양대삼묘</small>

野樹侵江闊　春蒲長雪消　扁舟空老去　無補聖明朝
<small>야수침강활　춘포장설소　편주공로거　무보성명조</small>

- **해설**

대력大曆 4년(769), 배를 타고 남방으로 가는 도중에 지은 작품이다. 강에서 본 경치를 그리면서 헛되이 늙어가는 신세에 대한 한탄이 실려 있다.

- **주석**

* **納納(납납)** : 휩싸들이는 모양, 포용하는 모양.
* **五嶺(오령)** : 대유령大庾嶺・기전령騎田嶺・맹저령萌渚嶺・도방령都龐嶺・월성령越城嶺을 가리킨다.
* **三苗(삼묘)** : 삼묘의 나라로서, 동정호와 파양호 사이에 위치하고 있다.

【오율효운五律肴韻】

377. 신진의 북교루에 쓰다

봄 성 위에서 먼 곳 바라보며
새 둥지 가까이에 잔치를 열었더니
흰 꽃은 주렴 밖으로 늘어지고
푸른 버들은 난간 앞에 가지를 보인다.
연못물로 정사를 살펴보고
부엌 연기로 살생하는 주방 멀리함 깨닫거늘
서쪽 내에서 나그네 눈에 드는 것은
오직 이 강변 들판이 있을 뿐.

제신진북교루
題新津北橋樓

망극춘성상　　개연근조소　　백화첨외타　　청류함전초
望極春城上　開筵近鳥巢　白花簷外朶　靑柳檻前梢
지수관위정　　주연각원포　　서천공객안　　유유차강교
池水觀爲政　廚煙覺遠庖　西川供客眼　惟有此江郊

● 해설
상원上元 2년(761) 봄에 지은 작품이다. 신진령이 북교루에서 연회를 베풀자, 그 자리에 있던 두보가 운자로 교자郊字를 얻어 이 시를 지었다. 눈앞에 펼쳐진 봄 경치를 묘사하면서, 신진령의 청렴한 정치를 몰래 칭찬하고 있다.

● 주석
* 朶(타) : 꽃가지 또는 꽃가지가 늘어진 모습을 뜻한다.
* 池水(지수) 구 : 《세설신어世說新語》의 기록에 의하면, 한양漢陽 사람 임당任棠은 기이한 절조節操가 있어서 은거하면서 사람들을 가르쳤다. 방중달龐仲達이 태수가 되어 부임하자 먼저 그를 방문하였는데, 임당은 그에게 말을 건네지

않고, 단지 물 한사발을 호병戶屛(밖에서 대문 안이 보이지 않도록 대문을 가린 벽) 앞에 놓아두었다. 중달이 그 미묘한 뜻을 생각하다가, 오래 지나서 깨닫고는 말하기를 "물은 나를 깨끗하게 하고자 하는 것이다."라고 하고는, 재직기간 동안 어진 정치를 펴서 백성들의 마음을 얻었다고 한다. 여기서는 신진령의 선정善政을 칭송하는 것이다.

* **廚煙**(주연) 구 : 잔치 앞의 부엌에서 나는 연기를 보고서 《맹자孟子》의 '군자는 금수禽獸를 대함에 있어서, 그 살아 있음을 보고 그 죽는 것을 차마 보지 않으며, 그 소리를 듣고서는 그 고기를 차마 먹지 않는다. 이 때문에 군자는 포주庖廚를 멀리한다'라는 구절을 떠올렸다는 말이다. 즉 생명을 중시하는 신진령의 어진 마음을 칭송한 것이다.

【오율호운五律豪韻】

378. 최부마의 산정에서 연회로 모이다

소사가 조용히 사는 땅,
숲속에서 봉황의 털을 밟는다.
바위 밑으로 흐르는 물은 어디서 흘러 들어오는가?
어지러운 돌들은 닫힌 문에 높다.
객은 취하여 금술잔 흩뿌리고
시가 이루어져 수놓은 도포를 얻는데
맑은 가을 연회가 많아
종일토록 향기로운 막걸리에 곤욕을 치른다.

崔駙馬山亭宴集 (최부마산정연집)

簫史幽棲地 (소사유서지)　林間踏鳳毛 (림간답봉모)　洑流何處入 (복류하처입)　亂石閉門高 (란석폐문고)
客醉揮金椀 (객취휘금완)　詩成得繡袍 (시성득수포)　淸秋多宴會 (청추다연회)　終日困香醪 (종일곤향료)

●해설

천보天寶 13년(754) 가을에 지은 작품이다. 시에 등장하는 최부마는 최혜동崔惠童을 가리킨다는 설이 있으나 확실하지 않다.

●주석

* 簫史(소사) : 춘추시대 사람으로 퉁소를 잘 불었다고 한다.
* 洑流(복류) : 바위 밑으로 흐르는 물을 뜻한다.
* 繡袍(수포) : 수놓은 도포. 이는 손님들이 최부마 앞에서 시를 짓고 '수포繡袍'를 상으로 받은 것을 말한다.
* 困香醪(곤향료) : 향기로운 막걸리에 곤경을 당하다. 즉 막걸리를 계속 마시게

됨을 말한다.

379. 난리의 땅을 피하여

난리의 땅 피하노라니 해 저무는데
몸 숨기느라 근골 피곤하여라.
시와 서는 마침내 벽 속에 숨었건만
노복들이 또 깃발을 들었다지.
행재소 소식 이제야 겨우 들었나니
이내 생은 만나는 바를 따르리.
신요의 옛 천하에서
누린내 몰아내는 것 보게 되겠지.

<ruby>避地</ruby>
_{피지}

避地歲時晚　竄身筋骨勞　詩書遂牆壁　奴僕且旌旄
行在僅聞信　此生隨所遭　神堯舊天下　會見出腥臊

●해설
지덕至德 원년(756) 겨울에 지은 작품으로 추정된다. 난리를 피해 다니는 도중에 숙종이 즉위하였다는 소식을 듣고 난리가 평정되기를 바라면서 지은 것이다.

●주석
* 竄身(찬신) : 몸을 숨기다.
* 旌旄(정모) : 의장의 깃발. 여기서는 깃발을 드는 것을 말한다.
* 聞信(문신) : 소식을 드다. 즉 숙종이 즉위한 소식을 들은 것을 말한다.
* 神堯(신요) : 당나라 고조高祖를 가리킨다.
* 腥臊(성조) : 짐승의 누린내. 여기서는 안녹산의 반군을 뜻한다.

380. 경사를 수복하다

땀 흘리는 말이 궁궐을 수복하여
봄 성에서 적들의 참호 평평하게 메운다.
상을 줄 때는 응당 체두의 노래 부르거니
돌아온 것이 앵두를 바칠 때에 미치겠지.
잡된 오랑캐들 창 비껴 잡기를 자주 하여
공신들의 훌륭한 저택은 높기도 하리라.
만방에서 빈번히 기쁜 소식 보냄은
성스러운 몸의 노고가 아니겠는가?

收^수京^경

汗馬收宮闕　春城鏟賊壕　賞應歌杕杜　歸及薦櫻桃
雜虜橫戈數　功臣甲第高　萬方頻送喜　無乃聖躬勞

● 해설

지덕至德 2년(757) 부주에서 지은 작품으로, 3수의 연작시 가운데 제3수이다. 숙종의 장안 환궁 소식에 이 시를 지었다고 하는데, 황학黃鶴은 이 시의 내용이 건원乾元 원년의 일과 상통하는 부분이 있다고 하여 나머지 2수와 같은 시기에 지은 것이 아니라고 주장하였다.

● 주석

* 汗馬(한마) : 땀 흘리는 말. 전쟁에서 공훈을 세운 말을 뜻한다.
* 鏟(산) : 깎아서 평평하게 하다.
* 杕杜(체두) : 《시경詩經·소아小雅》의 체두편을 원용한 것이다. 노역과 전쟁에서 돌아오는 사람을 환영하는 내용이다. 여기서는 관군을 환영하는 것이다.
* 薦櫻桃(천앵도) : 천자가 선조의 침묘에 앵두를 바치는 것을 말한다.

* 甲第(갑제) : 좋은 저택.
* 聖躬(성궁) : 성스러운 몸. 여기서는 천자를 가리킨다.

381. 산사에서

들녘 절에는 남아 있는 중이 적고
산원으로 가는 작은 길은 높기도 한데
사향노루는 석죽 사이에서 잠들고
앵무는 금도를 쪼아 먹는구나.
어지럽게 흐르는 물 뚫고 사람들 지나가거늘
벼랑에 매달린 듯 지어 놓은 집은 튼튼도 하여라.
상방의 층층 누각 저녁 무렵에
백리 밖의 가을 터럭도 보이누나.

<산사>
山寺

<야사잔승소> <산원세로고> <사향면석죽> <앵무탁금도>
野寺殘僧少 山園細路高 麝香眠石竹 鸚鵡啄金桃
<란수통인과> <현애치옥뢰> <상방중각만> <백리견추호>
亂水通人過 懸崖置屋牢 上方重閣晚 百里見秋毫

● 해설
건원乾元 2년(759) 가을, 진주秦州에서 지은 작품이다. 맥적산麥積山에 올라 바라본 경치를 묘사하고 있다. 맥적산은 천수시天水市 동남쪽에 있는데, 모습이 보릿단을 쌓아올린 것과 같다고 해서 이름 붙였다.

● 주석
* 石竹(석죽) : 다년생 초본 식물. 약으로 쓸 수 있다.
* 金桃(금도) : 복숭아의 일종.《술이기述異記》에 '일본국에는 금도가 있는데, 그 열매의 무게가 한근이다(日本國有金桃, 其實重一斤)'라고 하였다.
* 上方(상방) : 주지승이 거처하는 곳. 절을 가리키기도 한다.

382. 북쪽 이웃

명부가 어찌 임기 채우고 은퇴한 분이랴,
몸 숨기고서 막 벼슬살이 고생스럽다 하시는데……
푸른 동전으로 들녘 대나무 사시더니
흰 머리띠 두르고 강 언덕에 우뚝하게 서 계시네.
술을 사랑함이 진나라 산간이라면
시에 능함은 양나라 하손이신데
때로 늙고 병든 몸 방문오시고자
짚신 신고 쑥대 자란 초당에 이르신다네.

北鄰
_{북 린}

明府豈辭滿　藏身方告勞　青錢買野竹　白幘岸江皐
_{명부기사만}　_{장신방고로}　_{청전매야죽}　_{백책안강고}
愛酒晉山簡　能詩何水曹　時來訪老疾　步屧到蓬蒿
_{애주진산간}　_{능시하수조}　_{시래방로질}　_{보섭도봉호}

● 해설

상원上元 원년(760) 성도成都의 초당草堂에서 지은 작품이다. 시의 내용에 의하면, 북린이란 은거한 전직 현령을 가리키는데, 사람됨이 자유롭고 고상하여 항상 두보와 교유하였던 듯하다.

● 주석

* 明府(명부) : 현령縣令을 가리킨다.
* 辭滿(사만) : 관리의 임기가 다하여 스스로 은퇴를 요청하는 것.
* 白幘(백책) : 흰색으로 된 머리싸개. 고대에는 평민이 머리에 둘렀다.
* 岸(안) : 고오高傲하게 서 있는 모습.
* 山簡(산간) : 진晉나라 사람으로서, 양양襄陽에서 수령으로 있을 때, 항상 밖으로 나가 술을 마시고 반드시 대취하고 나서야 돌아왔다고 한다.
* 何水曹(하수조) : 하손何遜을 가리킨다. 양梁나라 사람으로서 8세에 시를 지을

수 있었다. 일찍이 수조水曹·상서수부랑尙書水部郎 등의 직책을 담당하였다.
* 屧(섭) : 나막신, 짚신.
* 蓬蒿(봉호) : 여기서는 두보의 초당을 가리킨다.

383. 청성현에 이르고자 성도를 나감에 도소윤과 왕소윤에게 부치다

늙어 새장 속에서 부림을 당하거니
가난으로 들고나며 수고함을 탄식하네.
나그네 사정으로 다른 고을을 가거니
그대들 시 짓는 모습이 그리워지리.
동곽에는 창강이 합류하고
서산에는 백설이 높으리.
문장으로 무슨 병을 낫게 하랴만
고개 돌리니 흥취가 도도하여라.

부청성현출성도기도왕이소윤
赴靑城縣出成都寄陶王二少尹

로피번롱역　빈차출입로　객정투이현　시태억오조
老被樊籠役　貧嗟出入勞　客情投異縣　詩態憶吾曹
동곽창강합　서산백설고　문장차저병　회수흥도도
東郭滄江合　西山白雪高　文章差底病　回首興滔滔

● 해설

상원上元 2년(761) 가을에 지은 작품이다. 청성현靑城縣은 지금의 사천성四川省 관현灌縣으로 당대唐代에는 촉주蜀州에 속하였다. 소윤少尹은 관직官職 이름이다. 이 작품은 두보가 생계를 위해 성도를 떠나 청성현으로 원조를 구하러 갈 때 두 사람의 소윤에게 부친 시이다.

● 주석

* 樊籠(번롱) : 울타리와 새장. 객지에서 자유롭지 못한 두보의 처지를 비유하였다.
* 異縣(이현) : 다른 고을. 여기서는 청성현을 가리킨다.
* 吾曹(오조) : 나의 무리. 여기서는 두 사람의 소윤을 가리킨다.
* 東郭(동곽) : 청성현의 동곽을 가리킨다. 이 구절은 청성현의 아름다운 풍경을 묘사한 부분이다.
* 西山(서산) : 설령雪嶺이라고도 부른다. 성도의 서쪽에 있으며, 꼭대기에는 만년설이 있다. 구절 중의 창강滄江이나 백설白雪은 모두 생활의 어려움에 대한 표현이다.
* 文章(문장) 2구 : 작시가 고달픈 나그네의 생활에 도움이 되지 않지만, 시 짓는 친구를 생각하면 시흥이 도도하게 흐른다는 말이다.
* 差(차) : 병이 낫다. 병에 차도差度가 있다.
* 底(저) : 어떤, 무슨.

384. 강두오영 - 자원앙

일부러 새장을 넓게 짰나니
모름지기 움직이면 깃털 상하리라는 것 알아야 하리.
구름 쳐다보는 양이 마치 서글피 바라보는 듯
물을 잃었음에 마구 울부짖기도 하네.
한 쌍의 날개 일찍이 가위질 당하여
외로이 날고자 한들 끝내 높이 오를 수 없으리.
잠시나마 새매 걱정이야 없으리니
머물러 있음에 힘들다 말하지 말라.

江頭五詠·鸂鶒
_{강두오영 계칙}

故使籠寬織	須知動損毛	看雲猶悵望	失水任呼號
_{고사롱관직}	_{수지동손모}	_{간운유창망}	_{실수임호호}

六翮曾經剪	孤飛卒未高	且無鷹隼慮	留滯莫辭勞
_{육핵증경전}	_{고비졸미고}	_{차무응준려}	_{류체막사로}

● **해설**

보응寶應 원년(762) 봄에 지은 작품이다. 새장에서 기르는 자원앙을 읊었다. 제목의 강두江頭는 초당 주변의 완화계浣花溪를 가리킨다. 계칙鸂鶒은 원앙보다 크고 자줏빛이 도는 물새이다.

● **주석**

* 看雲(간운) 2구 : 자원앙은 본래 물새인데, 지금 자원앙이 새장 속에 갇힌 처지와 같기 때문에 '구름을 본다(看雲)'와 '강물을 잃었다(失水)' 같은 표현이 있는 것이다.
* 六翮(육핵) : 새의 날개 중에서 가운데에 있는 깃털로서, 보통 한 쌍의 날개를 가리킬 때 쓴다.
* 鷹隼(응준) : 매. 맹금의 총칭.

385. 강을 건너다

봄 강을 건널 수 없는 것은
2월인데도 벌써 바람 불고 파도 일기 때문.
배는 기울어져 빠르고
어룡은 높이 떠서 누워 있는데
물가 꽃은 흰 비단을 펼친 듯
물가 풀은 푸른 도포가 어지러운 듯.
낚싯줄 드리운 이에게 농담 삼아 물었나니
한가로운 사람은 자네들뿐이로고!

^{도 강}
渡江

^{춘강불가도} ^{이월이풍도} ^{주즙기사질} ^{어룡언와고}
春江不可渡　二月已風濤　舟楫敧斜疾　魚龍偃臥高
^{저화장소금} ^{정초란청포} ^{희문수륜객} ^{유유견여조}
渚花張素錦　汀草亂靑袍　戲問垂綸客　悠悠見汝曹

●해설
광덕廣德 2년(764) 봄에 낭주閬州에서 성도成都로 갈 때 지은 작품이다. 시에는 강을 건너면서 바라본 아름다운 경치가 묘사되어 있다.

●주석
* 敧斜(기사) : 기울어지다.
* 偃臥(언와) : 누워 있다.

386. 8월 15일 밤 달

눈 가득히 밝은 거울 날아올라
돌아가려는 마음이 큰 칼에 꺾이네.
구르는 쑥처럼 먼 땅을 다니는 몸,
계수나무 잡고서 높은 하늘을 우러렀네.
물길에 서리와 눈 내렸나 의심하고
숲속 둥지에서 새를 보다가
이때에 달 속의 흰 토끼 쳐다보나니
가을에 난 털도 헤아릴 수 있을 듯……

^{팔월십오야월}
八月十五夜月

^{만목비명경} ^{귀심절대도} ^{전봉행지원} ^{반계앙천고}
滿目飛明鏡　歸心折大刀　轉蓬行地遠　攀桂仰天高

수 로 의 상 설　　　림 서 견 우 모　　　차 시 첨 백 토　　　직 욕 수 추 호
水路疑霜雪　林棲見羽毛　此時瞻白兔　直欲數秋毫

● **해설**

대력大曆 2년(767) 기주夔州에서 지은 작품이다. 가을밤의 달을 읊으면서, 기주에서 나그네로 기거하는 괴로운 심정과 장안에 대한 그리운 심정을 담고 있다. 2수의 연작시 가운데 제1수이다.

● **주석**

* 折(절) : 꺾다, 쪼개다.
* 大刀(대도) : 여기서는 환두대도環頭大刀를 가리키는 것으로서 '둥글다'는 뜻의 환環은 '돌아가다'라는 의미의 환還과 통한다.
* 攀桂(반계) : 계수나무를 붙잡고 오르다. 여기서 계수나무는 전구前句의 봉蓬과 함께 가을을 나타내는 소재로서 달의 계수나무를 생각나게 한다.
* 仰天高(앙천고) : 여기서는 장안 쪽을 바라본다는 말이다.
* 水路(수로) 4구 : 달이 밝은 모습을 표현한 부분이다.
* 此時(차시) 2구 : 달 속의 토끼로 말미암아 땅의 토끼를 보고 싶다는 말이다.

387. 백대 형제가 산에서 기거하는 집의 벽에다 쓰다

숙부는 붉은 대문 집에서 사는 귀한 분,
낭군은 옥수처럼 고귀한 사람!
산에서 살며 전적에 정통하고
문아함으로 국풍과 이소를 두루 섭렵했는데
기주에서 내 늙음을 마치려는 때에
구름 숲에서 그대들 얻었네.
슬픈 거문고 줄에 백설곡이 맴도니
아직 속인들과는 거문고를 함께 만지지 않은 것.

제 백 대 형 제 산 거 옥 벽
題柏大兄弟山居屋壁

숙부주문귀	랑군옥수고	산거정전적	문아섭풍소
叔父朱門貴	郎君玉樹高	山居精典籍	文雅涉風騷

강한종오로	운림득이조	애현요백설	미여속인조
江漢終吾老	雲林得爾曹	哀絃繞白雪	未與俗人操

● 해설

대력大曆 2년(767) 기주夔州에서 지은 작품이다. 백대 형제가 산에서 기거하며 독서하고 금琴을 연주하는 광경을 읊었다. 백대는 아마도 백학사柏學士의 자질子姪일 것이다. 2수의 연작시 가운데 제1수이다.

● 주석

* 叔父(숙부) : 백학사柏學士를 가리킨다. 그는 안사의 난 때 은거하여 기주夔州에서 살았다고 한다.
* 郎君(낭군) : 여기서는 백대 형제를 가리킨다.
* 風騷(풍소) : 〈국풍國風〉과 〈이소離騷〉의 합칭. 문학을 가리킨다.
* 江漢(강한) : 장강長江과 한수漢水. 여기서는 기주를 가리킨다.
* 白雪(백설) : 고대 금곡琴曲 이름. 춘추시대 진晉나라 사람인 사광師曠이 지었다고 하는데, 그 격조가 고아하고 탈속적이라고 한다.
* 未與(미여) 구 : 속인들의 거문고 가락과는 풍격이 다르다는 뜻이다.

【오율가운五律歌韻】

388. 원외랑 송지문의 옛 별장에 들러

송지문의 옛 연못가 별장,
수양산 언덕에 쇠락하여 있는데
길을 돌아 다만 쫓아 들어가거니와
시 읊조리며 다시 들리는 것이 허락될까?
오래 머물며 노인들에게 물어보고
쓸쓸히 산하를 바라보다가
다시 장군의 나무를 알았나니
해질 무렵 슬픈 바람이 많기도 하여라.

過宋員外之問舊莊

宋公舊池館　零落首陽阿　枉道衹從入　吟詩許更過
淹留問耆老　寂寞向山河　更識將軍樹　悲風日暮多

● **해설**

개원開元 29년(741)에 지은 작품이다. 송지문은 일명 소련少連이라고도 하며 자는 연청이다. 중종 때에 고공원외랑考功員外郎을 역임하였기 때문에 송원외라고 하였다.

● **주석**

* 零落(영락) : 오래되어 쇠락하다.
* 許更過(허갱과) : 다시 들르는 것이 허락될까? 반어적 표현.
* 淹留(엄류) : 오래 머물다.
* 將軍樹(장군수) : 장군의 나무. 후한의 풍이馮異는 늘 나무 아래에 앉아 있기

를 좋아하였기 때문에 대수장군大樹將軍이라는 별명이 있었다. 여기서의 장군
은 송지문의 동생인 송지제宋之悌를 가리킨다.
* 悲風(비풍) 구 : 원주原註에는 '원외랑의 막내동생인 집금오는 당대에 유명하
　였으므로 아래의 구절이 있다(員外季弟執金吾見知於代, 故有下句)'라고 하였다.

389. 정광문을 모시고 하장군의 산림에서 노닐다

그윽한 뜻 홀연히 즐겁지 아니한 것은
돌아갈 기약 어쩔 수 없기 때문.
문을 나서니 흐르는 물도 멈추고
머리 돌려보니 흰 구름 많구나.
등 앞에서 춤추던 일 스스로 웃거니와
취한 뒤의 노래를 뉘라 사랑할까?
그저 벗과 함께
비바람 무릅쓰고 또 와서 들러야 하리.

배정광문유하장군산림
陪鄭廣文遊何將軍山林

유의홀불협　귀기무내하　　출문류수주　　회수백운다
幽意忽不愜　歸期無奈何　　出門流水住　　回首白雲多
자소등전무　수련취후가　　지응여붕호　　풍우역래과
自笑燈前舞　誰憐醉後歌　　祗應與朋好　　風雨亦來過

● 해설

천보天寶 12년(753) 광문관박사 정건鄭虔과 함께 하장군이라는 사람의 원림에서
노닐고서 본 경상과 느낀 감회를 읊은 시이다. 원림에서의 유람이 끝나고 돌아
갈 때가 되었지만, 너무나도 좋은 경치라서 떠나기 싫은 감정을 표현하였다. 10
수의 연작시 가운데 제10수이다.

● 주석

* 幽意(유의) : 그윽한 뜻. 유정한 경치를 즐기고 좋아한다는 뜻.

* 出門(출문) : 문을 나서다. 여기서는 하장군 산림의 문을 나선다는 뜻.
* 誰憐(수련) : 누가 좋아할까? 하장군의 산림에서는 하장군이 좋아해 주었지만 이제는 좋아해 줄 사람이 없다는 뜻.

390. 고서기에게 부치다

고생께서 연로하심을 탄식하였는데
새로운 시는 날로 또 많아졌습니다.
아름다운 이름 남들이 미치지 못하나니
좋은 시구는 그 법이 어떠한지요?
주장이 재자를 거두시니
공동엔 개선가가 족할 터,
그대 이미 붉은 옷 입었다 듣고는
발 헛디딤을 잠시 위로할 수 있었습니다.

고 삼 십 오 서 기
高三十五書記

탄 식 고 생 로　　신 시 일 우 다　　미 명 인 불 급　　가 구 법 여 하
歎息高生老　　新詩日又多　　美名人不及　　佳句法如何
주 장 수 재 자　　공 동 족 개 가　　문 군 이 주 불　　차 득 위 차 타
主將收才子　　崆峒足凱歌　　聞君已朱紱　　且得慰蹉跎

● 해설

천보天寶 13년(754)에 지은 작품이다. 당시 가서한의 막부에서 서기로 일하고 있던 고적高適에게 부친 작품으로서, 고적의 문재를 칭송하는 한편 그가 벼슬길에서도 득의하였음을 축하하고 있다.

● 주석

* 高生(고생) : 여기서는 고적을 가리킨다.
* 崆峒(공동) : 산 이름. 감숙성 임조현臨洮縣에 있다.

* 足凱歌(족개가) : 개선가가 족하다. 즉 전쟁에서 늘 이기게 될 것이라는 뜻.
* 朱紱(주불) : 오품관이 입는, 수를 놓은 붉은색의 예복.
* 蹉跎(차타) : 발을 헛디디거나 물건에 걸려서 넘어진다는 뜻으로 불운하여 뜻을 얻지 못함을 비유하는 말이다. 두보 자신의 신세를 탄식한 말이다.

391. 백수의 명부인 외숙 집에서 비가 옴을 기뻐하며

우리 외숙 다스림이 이와 같으니
옛사람 누가 또 능가하랴!
푸른 산이 개었다가 또 젖나니
백수에는 비가 유독 많구나.
정성스레 기도한 것 어둡지 않았으니
기쁨과 즐거움을 장차 무어라 말할까?
탕임금 시절에도 가뭄 자못 심했거니
오늘은 거문고 노래에 취하게 되누나.

백수명부구택희우
白水明府舅宅喜雨

오구정여차   고인수부과   벽산청우습   백수우편다
吾舅政如此   古人誰復過   碧山晴又濕   白水雨偏多
정도기불매   환오장위하   탕년한파심   금일취현가
精禱旣不昧   歡娛將謂何   湯年旱頗甚   今日醉絃歌

● 해설

천보天寶 13년(754)에 지은 작품으로 추정하고 있다. 백수현의 현령인 외숙 최씨의 집에서 가뭄 끝에 비가 온 것을 보고 기뻐하는 시이다. 백수白水는 섬서성陝西省에 있는 현으로, 봉선현의 북쪽에 있다.

● 주석

* 精禱(정도) : 정성스러운 기도. 여기서는 비가 오지 않아 하늘에 비를 구한 것

을 말한다.
* 湯年(탕년) : 탕임금의 시절. 《사기史記》의 기록에 의하면, 탕임금 때에 크게 가뭄이 들어서 상림桑林에 기우제를 지냈다고 한다.

392. 한식날 밤에 달을 대하고

집 없이 한식 맞으니
눈물 있어 금물결 같다.
달 가운데 계수나무 베어내면
맑은 빛 응당 더욱 많아질 것을!
헤어져 있어도 붉은 꽃 피워냈으니
상상하건대 푸른 눈썹 찌푸리리라.
견우와 직녀는 괜스레 시름하는 것,
가을 기약한 날엔 오히려 은하 건너갈 터인데……

일 백 오 일 야 대 월
一百五日夜對月

무가대한식	유루여금파	작각월중계	청광응갱다
無家對寒食	有淚如金波	斫卻月中桂	清光應更多
비리방홍예	상상빈청아	우녀만수사	추기유도하
仳離放紅蕊	想像顰青蛾	牛女漫愁思	秋期猶渡河

● 해설

지덕至德 2년(757) 한식날 밤에 달을 바라보며 헤어져 있는 아내를 생각하여 지은 작품이다. '일백오일一百五日'은 한식을 가리키는데, 굳이 '105일'이라고 한 것은 두보가 지난해 집을 떠나 아내와 헤어진 후 이미 많은 날짜가 지났음을 드러내고자 한 것이다.

● 주석

* 金波(금파) : 금물결. 달빛이 물결 위에 비쳐 황금빛이 나는 것을 말하지만, 여

기서는 눈물을 비유한다.
* 斫卻(작각) : 베어내다.
* 仳離(비리) : 헤어지다.
* 顰(빈) : 찡그리다, 눈쌀을 찌푸리다.
* 秋期(추기) : 가을의 기약. 견우와 직녀가 만난다고 하는 칠석날 밤을 가리 킨다.

393. 봄에 문하성에서 숙직하다

문하성에 저녁 들자 꽃이 어둑하고
둥지에 깃들려는 새 울며 지나는데
별빛은 만호에 임하여 움직이고
달빛은 구중궁궐 곁하여 환히 비춘다.
잠 못 드는 귓가에 문고리 소리 들리는 듯
바람소리에 옥가 소리인가 생각한다.
내일 아침에는 봉사가 있어
밤 시간이 어찌 되었나 자꾸 물어본다네.

춘숙좌성
春宿左省

화은액원모 추추서조과 성림만호동 월방구소다
花隱掖垣暮　啾啾棲鳥過　星臨萬戶動　月傍九霄多
불침청금약 인풍상옥가 명조유봉사 삭문야여하
不寢聽金鑰　因風想玉珂　明朝有封事　數問夜如何

● 해설
건원乾元 원년(758) 봄에 문하성門下省에서 숙직하면서 지은 작품이다. 궁중의 저물녘 경치와 밤 분위기를 쓰면서, 책임을 다하려는 자세를 드러내었다. 좌성左省은 문하성을 가리킨다.

● 주석
* 掖垣(액원) : 당대唐代에는 중서성中書省과 문하성門下省을 액원掖垣이라고 불렀다. 여기서는 문하성을 가리킨다.
* 啾啾(추추) : 시끄럽게 새 우는 소리.
* 不寢(불침) 2구 : 이 구절은 다음날의 봉사를 생각하며 잠 못 들고 조바심하는 시인의 모습을 적은 것이다.
* 玉珂(옥가) : 말 굴레에 달았던 장식품.
* 封事(봉사) : 밀봉한 주소奏疏. 간관들은 큰 일에는 조정에 나아가서 간언하였고, 작은 일에는 주소를 밀봉하여 올렸다고 한다.

394. 군대를 보고서

북정에서 장사를 보내니
비호 같은 사람의 숫자가 더욱 많아졌구나.
정예병이라 예로부터 무적이었으니
변방은 이제 어떠하려나?
요사스러운 분위기가 백마를 감싸고 있어
원수께서는 장식한 창을 기다리고 계시리.
업성 아래서 지키지 말고
요해의 물결에서 고래를 벨 것이로다.

觀兵

北庭送壯士　貔虎數尤多　精銳舊無敵　邊隅今若何
妖氛擁白馬　元帥待琱戈　莫守鄴城下　斬鯨遼海波

● 해설
건원乾元 원년(758) 겨울에 낙양洛陽에서 지은 작품이다. 당시 아홉 곳의 절도사들이 합병合兵하여 업성鄴城을 공격하였는데, 이사업李嗣業의 군대가 낙양으로부터 지나가자 그 군대의 위용을 보고 지었다.

● 주석
* 北庭(북정) : 당唐나라의 방진方鎭 이름. 여기서는 당시 이사업이 관할하던 곳을 가리킨다.
* 貔虎(비호) : 전설상의 맹수. 여기서는 용맹한 군사들을 가리킨다.
* 邊隅(변우) : 변방. 여기서는 업성을 가리킨다.
* 白馬(백마) : 《수서隋書》의 기록에 의하면, 남조南朝의 양梁나라 때에 후경侯景이 반란을 일으켰는데, 백마를 타고 있었다고 한다. 이 이후로 백마는 반란군을 상징할 때 사용된다. 여기서는 안경서安慶緖를 가리킨다.
* 元帥(원수) 구 : 곽자의郭子儀는 일찍이 부원수副元帥로서 동경東京을 수복하였다. 여기에서는 마땅히 원수의 직책을 곽자의에게 맡기어 업성 전투를 총괄하도록 해야 한다는 뜻이다.
* 琱戈(조과) : 장식한 창.
* 遼海(요해) : 반군의 근거지인 범양을 가리킨다. 여기서는 업성의 전투에만 그치지 말고 근거지까지 토벌하라는 뜻이다.

395. 하늘 끝에서 이백을 그리워하다

서늘한 바람이 하늘 끝에서 일어나는 때,
그대의 마음은 어떠하신지?
기러기는 언제 오려나?
강호에는 가을 물이 많은데……
문장은 운명의 현달을 미워하고
도깨비는 사람 지나감을 기뻐하나니
응당 원통한 혼령과 말하여
시를 던져 멱라강에 주리로다.

天^천末^말懷^회李^리白^백

涼^량風^풍起^기天^천末^말　君^군子^자意^의如^여何^하　鴻^홍雁^안幾^기時^시到^도　江^강湖^호秋^추水^수多^다
文^문章^장憎^증命^명達^달　魑^리魅^매喜^희人^인過^과　應^응共^공冤^원魂^혼語^어　投^투詩^시贈^증汨^멱羅^라

● **해설**

건원乾元 2년(759) 가을, 진주秦州에서 지은 작품이다. 제목의 천말天末은 진주를 가리키니, 진주가 외진 곳에 있기 때문에 이러한 명칭이 붙여졌던 것이다. 지덕至德 2년에 이백李白은 영왕의 막부에 참가하였다는 이유로 심양潯陽에 투옥되었다가, 건원 원년元年에 야랑夜郎으로 추방되었다. 건원 2년에 백제성에 이르렀을 때 사면되어 돌아갔지만, 두보는 이 사실을 알지 못하고 이 시를 지었다.

● **주석**

* 君子(군자) : 여기서는 이백李白을 가리킨다.
* 鴻雁(홍안) 2구 : 출구出句는 이백의 소식이 없음을 말한 것이고, 대구對句는 이백이 먼 곳으로 방출되었음을 의미한다.
* 文章(문장) 2구 : 이백이 글에 뛰어나 사람들의 질시를 받아 불운하게 되었다는 말이다.
* 命達(명달) : 운명이 통달함. 운명이 좋음.
* 魑魅(이매) : 전설상의 도깨비로서, 산에서 살면서 사람들을 즐겨 잡아먹었다고 한다.
* 冤魂(원혼) : 원통한 혼령. 여기서는 굴원을 가리킨다. 굴원은 죄 없이 추방되어 멱라강에서 자살하였는데, 이백 또한 죄 없이 추방되었으므로, 양자의 상황이 서로 비슷하다는 말이다.

396. 눈에 보이는 것

한 고을에 포도가 익고
가을 산에 거여목이 많구나.
관문의 구름은 항상 비를 띠고 있어도
변새의 물은 강이 되지 못하는구나.
오랑캐 여인은 봉수를 가벼이 여기고
오랑캐 아이는 낙타를 이끄는데
스스로 슬퍼하는 것은, 늙어가는 눈으로
난리를 많이도 겪었다는 것.

寓目

一縣蒲萄熟　秋山苜蓿多　關雲常帶雨　塞水不成河
羌女輕烽燧　胡兒掣駱駝　自傷遲暮眼　喪亂飽經過

● **해설**

건원乾元 2년(759) 가을, 진주秦州에서 지은 작품이다. 우목寓目이란 눈에 띄어 보이는 것을 의미한다. 진주 일대의 특이한 산물과 지역 기질 등을 묘사함으로써 난리로 인한 우울함을 표현하였다.

● **주석**

* 一縣(일현) 2구 : 진주 물산의 특별함을 표현하였다.
* 苜蓿(목숙) : 거여목. 1년 혹은 다년생 초본 식물. 말이 즐겨 먹는다.
* 關雲(관운) 2구 : 진주 지세와 기후의 특별함을 나타내었다. 즉, 이 지역은 지대가 높고 황량하여 거칠 것이 없어 물이 쉽게 빠지므로 강을 이루지 못한다는 말이다.
* 羌女(강녀) 2구 : 진주 사람들의 성품이 독하고 강하다는 뜻이다.
* 掣(철) : 이끌다.

397. 갈대

꺾이고 부러져 자신도 지키지 못하거늘
가을바람 불어오는 걸 어찌하리.
잠시 눈을 머리에 인 듯 꽃 피더니
잎사귀 물에 잠긴 곳 벌써 몇 군데인가?
몸은 유약한데 봄 싹 일찍 나오고
무더기로 길게 자란 곳엔 밤이슬도 많았지.
강호에서 나중에 시든다고는 하지만
역시 세모 되면 다 시들어 버리리.

<small>겸 가</small>
蒹葭

<small>최 절 부 자 수</small> <small>추 풍 취 약 하</small> <small>잠 시 화 대 설</small> <small>기 처 엽 침 파</small>
摧折不自守　秋風吹若何　暫時花戴雪　幾處葉沈波
<small>체 약 춘 묘 조</small> <small>총 장 야 로 다</small> <small>강 호 후 요 락</small> <small>역 공 세 차 타</small>
體弱春苗早　叢長夜露多　江湖後搖落　亦恐歲蹉跎

● **해설**
건원乾元 2년(759) 가을, 진주秦州에서 지은 작품이다. 갈대를 빌어서 뜻을 얻지 못한 인재의 고통스러운 심정을 표현하였다. 제목인 겸가蒹葭는 갈대를 가리킨다.

● **주석**
* 花戴雪(화대설) : 갈대꽃은 흰색이므로 이러한 표현을 한 것이다.
* 蹉跎(차타) : 발을 헛디디거나 물건에 걸려서 넘어진다는 뜻으로, 불운하여 뜻을 얻지 못하고 세월을 헛되이 보내는 것을 비유하는 말이다.

398. 날 저물녘

해 지자 바람 또한 일어나니
성 꼭대기의 까마귀 꼬리가 흔들리네.
누런 구름은 높아도 움직이지 않는데
흰 강물은 이미 물결을 날리기 시작했네.
오랑캐 아낙은 말하다가 다시 웃고
오랑캐 아이는 다니다가 또 노래하네.
장군은 각별히 말 바꾸어 타고서
밤에 아로새긴 창 잡고 출정한다네.

日暮

日暮風亦起　城頭烏尾訛　黃雲高未動　白水已揚波
羌婦語還笑　胡兒行且歌　將軍別換馬　夜出擁雕戈

● 해설
건원乾元 2년(759) 가을, 진주秦州에서 지은 작품이다. 저물녘 성곽의 모습을 묘사하면서, 난리를 걱정하는 감정을 은근히 드러내었다.

● 주석
* 訛(와) : 흔들리다.
* 羌婦(강부) : 호아胡兒와 함께 귀순한 소수민족을 가리킨다. 그들은 비록 귀순했지만, 항상 준동蠢動하였다. 소笑를 곡哭으로 쓴 판본도 있으나 여기서는 《두억杜臆》의 '만약 곡哭으로 하면 아래의 가歌와 맞지 않는다'는 견해를 수용한다. 이 구절은 아래 구와 함께 오랑캐의 득의양양한 모습을 설명하고 있다.
* 將軍(장군) 구 : 《회남자淮南子》의 기록에 의하면, 장군은 백마를 타지 않는다

고 하는데, 적이 알아보는 것이 두렵기 때문이라고 한다. 여기에서는 군정軍情이 긴박함을 의미한다.

399. 두좌가 산으로 돌아간 후에 부치다

몇 줄기 샘물이 채마밭에 물 대고서
서로 가로질러 휘장 같은 산비탈에 떨어지겠지.
시든 가을 잎사귀는 적고
은은히 비추는 들 구름 많으리.
연못을 격하여 향기로운 마름 이어지고
숲을 지나며 여라가 둘러 있을 터,
서리 맞은 염교 희다는 소리 많이 들었으니
그것도 보내줌이 어떻겠는가?

佐還山後寄

幾道泉澆圃　交橫落幔坡　葳蕤秋葉少　隱暎野雲多
隔沼連香芰　通林帶女蘿　甚聞霜薤白　重惠意如何

● 해설

건원乾元 2년(759) 가을, 진주秦州에서 지은 작품이다. 환산還山이란 동가곡東柯谷으로 돌아왔음을 뜻한다. 두좌杜佐는 두보의 조카로서 초당이 동가곡에 있었는데, 그가 일구는 채소밭의 저녁 경치를 읊고 있다. 3수의 연작시 가운데 제3수이다.

● 주석

* 葳蕤(위유) : 시든 모양.
* 芰(기) : 새발 마름. 수초水草의 일종.

* 女蘿(여라) : 식물 이름. 덩굴식물의 일종.
* 甚聞(심문) 2구 : 염교를 보내줄 것을 바란다는 말이다.
* 薤(해) : 달래. 백합과에 속하는 다년생 초본 식물.

400. 근심을 풀다

오랜 나그네, 의당 고향에 돌아가야 하나
왕실 부흥시킴에 아직 전쟁 끝나지 않았는데
촉 땅의 별은 흐려서 적게 보이고
강의 비는 밤 되자 소리 많이 들리네.
백만의 군대가 적진 깊숙이 들어갔다 전하나니
천하가 바라는 것은 다른 일이 아니로세.
사도께서 연조 지역으로 내려가
옛 산하를 거두어들이시길……

散愁(산수)

久客宜旋斾 (구객의선패)
興王未息戈 (흥왕미식과)
蜀星陰見少 (촉성음견소)
江雨夜聞多 (강우야문다)
百萬傳深入 (백만전심입)
寰區望匪他 (환구망비타)
司徒下燕趙 (사도하연조)
收取舊山河 (수취구산하)

● 해설

상원上元 원년(760)에 지은 작품이다. 시에는 이광필李光弼과 왕사례王思禮가 반란을 조속히 진압하고 공을 세우기 바라는 심정이 담겨 있다. 2수의 연작시 가운데 제1수이다.

● 주석

* 旋斾(선패) : 깃발을 돌리다. 즉 고향으로 돌아오다.
* 寰區(환구) : 천하天下, 천지간天地間.

* 匪(비) : 아니다(非)의 뜻.
* 司徒(사도) : 여기서는 이광필李光弼을 가리킨다.

401. 나쁜 나무

홀로 빈 집의 길을 맴돌 적에는
항상 작은 도끼를 지니고 있네.
그윽한 녹음 이루어도 자못 잡스러운 것은
나쁜 나무는 잘라도 다시 많아지기 때문.
구기자나무는 나 때문에 있게 되었지만
쥐엄나무야, 너를 어찌해야 하나?
바야흐로 알았네, 재목 되지 못하는 것이
나고 자라서 한껏 무성해진다는 것을!

악수
惡樹

독요허재경　　상지소부가　　유음성파잡　　악목전환다
獨繞虛齋徑　常持小斧柯　幽陰成頗雜　惡木剪還多
구기인오유　　계서내여하　　방지부재자　　생장만파사
枸杞因吾有　雞棲奈汝何　方知不才者　生長漫婆娑

● 해설

상원上元 2년(761)에 지은 작품이다. 악수惡樹 베는 것을 가지고서 악물惡物 제거하기가 어려움을 비유하여 탄식하고 있다.

● 주석

* 枸杞(구기) : 구기자나무. 낙엽관목으로서 약으로 쓸 수 있다. 이 구절은 구기자나무가 나쁜 나무에 눌려 자라지 못하는 것을 가지치기를 함으로써 다시 살게 되었다는 말이다.
* 雞棲(계서) : 쥐엄나무의 별명. 여기서는 못생긴 잡목을 의미한다. 계속 잘라

내도 나쁜 나무는 자라나기 때문에 한 말이다.
* 婆娑(파사) : 나무가 무성한 모양.

402. 강두오영 – 치자꽃

치자를 뭇 나무와 비교해보자면
세상에는 이 같은 것 실로 많지 않다.
몸에 있어서는 색깔이 쓰일 데 있으나
도에 있어서는 기운이 조화로움을 해치는 것.
바람과 서리 맞은 붉은 열매 따고
비와 이슬 젖은 푸른 가지를 보나니
너를 옮겨 심어 가지려는 마음 없는 것은
강물에 비치는 모습을 귀하게 여기기 때문.

江頭五詠 · 梔子

梔子比眾木 人間誠未多 於身色有用 與道氣傷和
紅取風霜實 青看雨露柯 無情移得汝 貴在映江波

● 해설
보응寶應 원년(762) 봄에 지은 작품이다. 강두江頭는 초당 주변의 완화계浣花溪를 가리킨다. 치자梔子는 상록관목으로서, 열매에서 나는 황록색 물감을 취하거나 약재로 쓴다.

● 주석
* 於身(어신) 2구 : 치자가 색을 물들일 수 있어 유용하지만, 차가운 성질 때문에 사람들이 함부로 쓸 수 없듯이, 재주가 있어 세상에 쓰일 수 있으나, 세속과는 타협하지 않는 사람의 성격을 비유한 말이다.

* 氣傷和(기상화) : 치자의 성질이 차기 때문에 한 말이다. 판본에 따라서는 상傷을 상相으로 보기도 하나, 포기룡은 《독두심해讀杜心解》에서 이를 부정한다. 여기서는 그의 견해를 따른다.

403. 배 앞의 작은 거위 새끼

거위 새끼 노란색이니 술과 같아
술 대함에 새 거위를 사랑한다네.
목을 늘여 배가 다가옴을 성내고
줄지어 가지 않으니 눈을 많이 어지럽히네.
날개를 폄은 간밤의 비를 만나서인데
힘이 없어 창파에 고생하네.
층층 성의 저물녘에 나그네 흩어지면
여우와 이리 있으니 너를 어찌하나?

주전소아아
舟前小鵝兒

아아황사주　대주애신아　인경진선핍　무항란안다
鵝兒黃似酒　對酒愛新鵝　引頸嗔船逼　無行亂眼多
시개조숙우　력소곤창파　객산층성모　호리내약하
翅開遭宿雨　力小困滄波　客散層城暮　狐狸奈若何

● 해설

광덕廣德 원년(763) 한주漢州에서 지은 작품이다. 호수에서 노닐다가 옆의 거위를 보며 자신의 회포를 서술하였다. 원주原註에는 '한주성의 서북 모서리에 있는 관지에서 지었다. 관지는 곧 방공호이다(漢州西北角官池作. 官池卽房公湖)'라고 되어 있다.

● 주석

* 鵝兒(아아) 구 : 《방여승람方輿勝覽》의 기록에 의하면, 아황鵝黃은 한주漢州의

술 이름인데, 촉에서 이 술을 따라갈 만한 것이 없다고 한다.
* 層城(층성) : 높은 성城을 의미한다.

404. 재주자사 장이의 수정에서

성에 저녁 되어 운무 가득하고
정자 깊이 있어 마름 연꽃에 이르렀는데
다리 밖엔 관리들 적고
자리 곁엔 가을 물 많아라.
가까운 족속族屬이신 회왕께서 이르시고
높은 가문의 계자께서도 들르셨네.
형주 사람들 산간을 사랑하니
나 취하여 또한 길게 노래하노라.

章梓州水亭
(장재주수정)

城晚通雲霧　亭深到芰荷　吏人橋外少　秋水席邊多
(성만통운무)　(정심도기하)　(리인교외소)　(추수석변다)
近屬淮王至　高門薊子過　荊州愛山簡　吾醉亦長歌
(근속회왕지)　(고문계자과)　(형주애산간)　(오취역장가)

● 해설

광덕廣德 원년(763) 가을, 재주梓州에서 지은 작품이다. 물가의 정자에서 잔치를 벌이는 즐거움을 묘사하였다. 당시 한중왕 이우와 도사 석겸席謙이 함께 있었는데 《오군지吳郡志》의 기록에 의하면, 이 작품에 등장하는 석겸은 이 군郡의 사람으로서 재주 숙명관肅明觀의 도사이며 바둑을 잘 두었다고 한다. 장재주는 장이章彛를 가리킨다. 원주原註에는 '당시 한중왕이 도사인 석겸과 더불어 모였는데, 모두 하운荷韻을 사용하였다(時漢中王兼道士席謙在會, 同用荷字韻)'라고 되어 있다.

● 주석
* 吏人(이인) 구 : 한중왕漢中王을 따르는 관속들을 모두 물리쳤다는 말이다.
* 近屬(근속) : 혈통관계가 비교적 가까운 친족.
* 淮王(회왕) : 회남왕淮南王 유안劉安.《회남왕안전淮南王安傳》에 의하면, 유안은 박식하였고, 문사에 유능하여서 무제武帝가 대단히 존중하였다고 한다. 여기서는 한중왕 이우李瑀를 가리킨다. 이우는 현종玄宗의 형인 이헌李憲의 아들로서, 일찍이 재주와 명성이 있었다. 안녹산의 반란이 일어나자 현종을 따라서 촉으로 들어왔다가 한중에 이르러 한중왕에 봉해졌다.
* 薊子(계자) : 계자훈薊子訓.《후한서後漢書》에 의하면, 계자훈은 동한東漢 사람으로서 신선술神仙術을 가지고 있어 장생할 수 있었다고 한다. 여기서는 도사인 석겸席謙을 비유한다.
* 山簡(산간) : 진대晉代의 정남장군征南將軍이다. 술 마시기를 좋아하였고 유람을 즐겼다. 여기서는 재주자사인 장이章彝를 비유한다.

405. 원정 가는 사람

열 집에 몇 사람이나 있나?
천 산은 헛되이 저절로 많기만 하여라.
성안의 길에는 오직 통곡하는 사람만 보이고
저잣거리엔 노랫소리도 들리지 않네.
떠다니는 나무 인형처럼 안착할 곳 없는데
재갈 물고서 창을 메고 다니네.
관군이 아직 촉으로 통하는 길 뚫지 못하였으니
나의 길은 끝내 어찌 되려나?

정부
征夫

십실기인재　천산공자다　로구유견곡　성시불문가
十室幾人在　千山空自多　路衢唯見哭　城市不聞歌

漂梗無安地　銜枚有荷戈　官軍未通蜀　吾道竟如何
_{표경무안지}　_{함매유하과}　_{관군미통촉}　_{오도경여하}

●해설
광덕廣德 원년(763) 가을, 낭주閬州에서 지은 작품이다. 당시 토번이 송주松州를 공격하여 백성들이 받은 전란의 고통을 읊었다.

●주석
* 路衢(노구) : 성안의 길.
* 漂梗(표경) : 떠다니는 인형.《설원說苑》에 '흙인형이 복숭아나무 인형에게 말하기를 "그대는 동쪽 정원의 복숭아나무인데, 그대를 조각하여 인형을 만들었다. 큰비를 만나면 반드시 그대를 띄울 테니, 둥둥 떠다니며 그칠 곳을 알지 못하리라."고 하였다'고 나와 있다. 여기서는 두보 자신을 비유한다.
* 枚(매) : 고대에 행군할 때, 시끄러움을 방지하기 위해서 병사들이 입에 물었던 것.

406. 강에 배 띄우고서

배 나란히 하여 노 젓지 않고서
멀리 바라봐도 물결치는 곳 하나 없다.
긴 날 동안 잔에 든 술을 마셨건만
깊은 강에는 비단옷이 깨끗하게 비친다.
난리지만 다시 음악을 연주하고
정처 없이 떠돌지만 또한 노래를 듣나니
고향에는 맑은 위수 흘러
지금쯤이면 꽃이 정말 많을 텐데……

泛江
_{범강}

方舟不用楫　極目總無波　長日容杯酒　深江淨綺羅
_{방주불용즙}　_{극목총무파}　_{장일용배주}　_{심강정기라}

란 리 환 주 악　　　　표 박 차 청 가　　　　고 국 류 청 위　　　　여 금 화 정 다
亂離還奏樂　　飄泊且聽歌　　故國流清渭　　如今花正多

● 해설
광덕廣德 2년(764) 낭주閬州에서 지은 작품이다. 배를 나란히 하여 잔치를 벌이다가 고향을 그리워하는 심정을 읊었다.

● 주석
* 方舟(방주) : 두 척의 배를 나란히 하다.
* 清渭(청위) : 위수渭水는 맑은 것으로 유명하기 때문에 청위清渭라고도 불리웠다.

407. 추운 저녁

안개 은은한 넓은 들판의 나무,
바람 머금은 광활한 강둑의 물결.
깊은 봄날의 경색은 조용하고
어두운 저물녘 추위 많구나.
수자리의 북소리 여전히 길게 울려
숲 꾀꼬리는 끝내 노래하지 않는데
홀연 고상한 연회 생각하나니
붉은 소매로 거문고를 탔었지.

모 한
暮寒

무 은 평 교 수　　풍 함 광 안 파　　침 침 춘 색 정　　참 참 모 한 다
霧隱平郊樹　　風含廣岸波　　沈沈春色靜　　慘慘暮寒多
수 고 유 장 격　　림 앵 수 불 가　　홀 사 고 연 회　　주 수 불 운 화
戍鼓猶長擊　　林鶯遂不歌　　忽思高宴會　　朱袖拂雲和

● 해설
광덕廣德 2년(764) 봄, 낭주閬州에서 지은 작품이다. 추운 저녁에 바라본 경치에

대한 감탄이 담겨 있다.

• **주석**
* 沈沈(침침) : 조용한 모양, 무성한 모양, 깊은 모양.
* 慘慘(참참) : 어둡고 참담한 모양.
* 忽思(홀사) 2구 : 당시는 전란의 혼란함 속에 있었기 때문에 이전의 즐거웠던 시절을 그리워한다는 말이다.
* 朱袖(주수) : 붉은 소매. 여기서는 가기歌妓를 가리킨다.
* 雲和(운화) : 지명. 금슬琴瑟을 만드는 좋은 재목이 나는 곳으로 유명하다. 여기서는 금슬을 의미.

408. 새벽녘에

군리가 관부의 등촉을 가지고 돌아가자
뱃사람은 제 스스로 초나라 노래한다.
차가운 모래에 옅은 안개 끼고
지는 달은 맑은 물결을 떠나는데
건장했을 때는 자신의 명성 늦음을 애석해하다가
늙어서는 응접이 많아짐을 부끄러워하네.
조정으로 돌아가 나날이 비녀 꽂고 홀 잡는다면
나의 근력은 정히 어떠할까?

<ruby>將曉<rt>장 효</rt></ruby>

<ruby>軍吏廻官燭<rt>군 리 회 관 촉</rt></ruby>　<ruby>舟人自楚歌<rt>주 인 자 초 가</rt></ruby>　<ruby>寒沙蒙薄霧<rt>한 사 몽 박 무</rt></ruby>　<ruby>落月去淸波<rt>락 월 거 청 파</rt></ruby>
<ruby>壯惜身名晩<rt>장 석 신 명 만</rt></ruby>　<ruby>衰慚應接多<rt>쇠 참 응 접 다</rt></ruby>　<ruby>歸朝日簪笏<rt>귀 조 일 잠 홀</rt></ruby>　<ruby>筋力定如何<rt>근 력 정 여 하</rt></ruby>

• **해설**
영태永泰 원년(765) 겨울, 운안雲安에서 지은 작품이다. 새벽에 배를 띄우면서

보이는 부근의 경치를 읊었다. 2수의 연작시 가운데 제2수이다.

- **주석**
* 軍吏(군리) 구 : 날이 새어 관부에 피웠던 등불을 거두어들인다는 뜻.
* 衰慚(쇠참) 구 : 이 구절로서 두보의 이번 행차가 응수왕반應酬往返의 일에 속한다는 사실을 알 수 있다.
* 簪笏(잠홀) : 비녀와 홀. 여기서는 관리 생활을 한다는 말이다.

409. 금수에서 살던 곳을 그리워하며

군대가 서쪽 정벌하여 외진 곳으로 가
바람과 먼지 이는 싸움이 많아졌구나.
여전히 촉 땅의 늙은이들은
순임금 노래를 잊지 못한다고 들었는데
천연의 험지라 끝내 몸 세우기 어려우니
사립문을 어찌 거듭 지날 수 있으리?
아침마다 무협의 강물이
멀리 금강의 물결에 이어지거늘……

회금수거지
懷錦水居止

군려서정벽   풍진전벌다   유문촉부로   불망순구가
軍旅西征僻   風塵戰伐多   猶聞蜀父老   不忘舜謳歌
천험종난립   시문기중과   조조무협수   원두금강파
天險終難立   柴門豈重過   朝朝巫峽水   遠逗錦江波

- **해설**

영태永泰 원년(765) 겨울, 운안雲安에서 지은 작품이다. 금수거지錦水居止는 성도成都의 초당草堂을 가리킨다. 초당에서의 생활을 그리워하는 심정이 시에 담겨 있다. 2수의 연작시 가운데 제1수이다.

• 주석

* 軍旅(군려) 2구 : 《당서唐書》의 기록에 의하면, 영태永泰 원년 10월에 검남절도사劍南節度使 곽영예郭英乂와 한주자사漢州刺史 최간崔旰이 서로 공격하니, 공주아장邛州牙將 백무림柏茂琳과 노주아장瀘州牙將 양자림楊子琳 등이 병사를 일으켜 최간을 토벌하였다고 한다.
* 謳歌(구가) : 노래하다. 《예기禮記·악기樂記》에 '옛날 순임금이 오현五弦의 금琴을 만들어서 〈남풍南風〉을 노래 불렀다'고 하였다. 여기서는 현종이 촉에 머물렀기 때문에 현종을 그리워한다는 말이다.
* 天險(천험) : 천연의 험지. 여기서는 촉 땅을 가리킨다. 즉 촉의 난리가 평정되기 어렵다는 말이다.
* 柴門(시문) : 사립문. 여기서는 성도成都의 초당草堂을 가리킨다.
* 逗(두) : 이끌다.

410. 강변 매화

매화 꽃술이 섣달 전에 터지더니
매화꽃은 해 지난 후에 많구나.
봄뜻이 좋다는 것이야 분명코 알겠지만
나그네 수심은 정말 어찌하랴?
눈 맞은 나무와 원래 같은 색이러니
강에 바람 일어 또한 절로 물결치네.
옛 동산을 볼 수도 없는데
무협의 봉우리는 울창히 높기도 하네.

江梅 (강매)

梅蕊臘前破 (매예랍전파) 梅花年後多 (매화년후다)
絶知春意好 (절지춘의호) 最奈客愁何 (최내객수하)
雪樹元同色 (설수원동색) 江風亦自波 (강풍역자파)
故園不可見 (고원불가견) 巫峀鬱嵯峨 (무수울차아)

● 해설

대력大曆 2년(767) 기주夔州에서 지은 작품이다. 강변에서 기거하면서 매화가 피는 것을 보다가 갑자기 고향에 대한 생각이 나서 이 시를 지었던 것이다. '객수客愁' 두 글자가 시 전체의 시안詩眼이다.

● 주석

* 絶知(절지) : 분명히 알다.
* 元(원) : 원래(原)의 뜻.
* 岫(수) : 산굴, 산봉우리.
* 嵯峨(차아) : 산이 높이 솟은 모양.

411. 가을에 정감의 호상정에 부쳐 쓰다

새로 호숫가에 집을 짓고서
손님 다녀갔다는 얘기 다시 들었는데
스스로 모름지기 대나무 길을 열어야 하리니
운라에 피해 있다고 누가 말하겠는가?
벼슬은 반악처럼 서툴러도
재명은 가의처럼 많으신 분!
배를 버리고 응당 살 곳을 점쳐
이웃으로 접하고자 하거늘 뜻이 어떠하신지?

추일기제정감호상정
秋日寄題鄭監湖上亭

신작호변택　　환문빈객과　　자수개죽경　　수도피운라
新作湖邊宅　　還聞賓客過　　自須開竹逕　　誰道避雲蘿
관서반생졸　　재명가부다　　사주응복지　　린접의여하
官序潘生拙　　才名賈傳多　　捨舟應卜地　　隣接意如何

● 해설

대력大曆 2년(767) 가을, 기주夔州를 떠나 형주荊州로 가고자 할 때 지은 작품이다. 당시 비서감이던 정심鄭審이 강릉으로 폄적되어 호숫가에다가 집을 짓고 살자, 호숫가의 아름다운 경치를 적어서 시를 부친 것이다. 정감鄭監의 호상정湖上亭은 강릉江陵(지금의 호북성湖北省 형주荊州)에 있었다. 3수의 연작시 가운데 제2수이다.

• 주석

* 開竹逕(개죽경) : 대나무 길을 개척하다. 《삼보결록三輔決錄》에 '장후蔣詡는 자字가 원경元卿으로 두릉에서 은거하였다. 집 가운데는 세 갈래의 길이 있는데 오직 양중羊仲과 구중求仲만이 따라와 노닐었다'고 하였다. 여기서는 장후가 집에 세 갈래의 길을 열어놓은 고사를 인용하여, 정심이 손님을 즐거이 맞이함을 칭송하였다.
* 雲蘿(운라) : 구름 낀 여라. 여기서는 깊은 산중을 의미한다.
* 潘生(반생) : 반악潘岳. 서진西晉의 문인文人이었던 반악은 일찍이 《곤거부困居賦·서序》에서 말하기를 자신은 벼슬하는 데 졸렬하고 영욕에 담박하다고 하였다.
* 賈傅(가부) : 가의賈誼. 한대漢代의 정치가였던 가의는 일찍이 장사왕태부長沙王太傅를 지냈으므로 가부라고 불린다.
* 捨舟(사주) 2구 : 두보가 정심의 이웃이 되고자 한 뜻을 나타낸 부분이다.

412. 늦봄에 이상서와 이중승을 모시고 청감의 호숫가 정자를 방문하여 배를 띄우고

천하에 문장의 으뜸이신 분들이라
호숫가에서 생각이 많아라.
옥술잔은 늦은 흥취 따라 옮겨가고
계수나무 노에는 취해 부르는 노래 감도는데
봄날이라 고기와 새 많고
강물과 하늘 맞닿은 곳에 마름과 연꽃 넉넉하여라.
정장이 손님들 맞이하던 곳,
늙고 머리 센 사람 멀리 와서 들렀네.

暮春陪李尙書李中丞過鄭監湖亭泛舟
모춘배리상서리중승과정감호정범주

海內文章伯　湖邊意緖多　玉樽移晚興　桂楫帶酣歌
해내문장백　호변의서다　옥준이만흥　계즙대감가

春日繁魚鳥　江天足芰荷　鄭莊賓客地　衰白遠來過
춘일번어조　강천족기하　정장빈객지　쇠백원래과

● 해설
대력大曆 3년(768) 늦봄에 강릉에서 지은 작품이다. 이상서李尙書는 이지방李之芳이고, 이중승李中丞은 이름이 자세하지 않으며, 정감鄭監은 정심鄭審을 가리킨다.

● 주석
* **文章伯**(문장백) : 문단의 우두머리. 여기서는 이상서와 이중승을 가리킨다.
* **晚興**(만흥) : 저녁까지 이르러서도 끝나지 않는 흥취.
* **芰荷**(기하) : 마름과 연꽃.
* **鄭莊**(정장) : 서한대西漢代에 살았던 정당시鄭當時로서 자字가 장莊이었다. 그는 항상 장안 변두리에 역마를 마련해 놓고서 손님들을 맞이하였다고 한다. 여기서는 정심鄭審을 비유한다.
* **衰白**(쇠백) : 기력이 쇠하고 머리가 센 사람. 여기서는 두보 자신을 의미한다.

【오율마운五律麻韻】

413. 두위의 집에서 제야를 보내며

제야를 보내는 아우의 집,
산초 열매 담긴 쟁반 벌써 꽃을 노래하였다.
비녀를 꽂은 이들 모여 마구간 말들 시끄럽고
횃불을 늘어놓아 숲 까마귀 흩어진다.
40이 내일 아침이면 지나가고
날아오르던 기상 저녁 햇빛에 기우리.
뉘 능히 또 얽어맬 수 있겠는가?
흠뻑 취하리, 이 내 인생이여!

杜位宅守歲
두위택수세

守歲阿戎家　椒盤已頌花　盍簪喧櫪馬　列炬散林鴉
수세아융가　초반이송화　합잠훤력마　열거산림아
四十明朝過　飛騰暮景斜　誰能更拘束　爛醉是生涯
사십명조과　비등모경사　수능갱구속　란취시생애

● **해설**

천보天寶 10년(751) 세모歲暮에 종제從弟인 두위杜位의 집에서 제야를 보내며 지은 작품이다. 두위는 당시 재상으로 실권을 쥐고 있던 이임보李林甫의 사위였으므로 권세를 누리고 있었던 것으로 보인다. 벼슬도 없던 채로 한 해를 보내는 두보의 비애가 권문세가의 즐거운 제야의 풍경과 대조되어 표현되고 있다.

● **주석**

* 阿戎(아융) : 동생을 가리키는 말.
* 盍簪(합잠) : 비녀들이 모여 있다. 즉, 비녀를 꽂은 사람들이 모여 있다는 뜻.
* 櫪馬(역마) : 마구간에 매여 있는 말. 여기서는 권세 있는 두위의 친구들이 타

고 온 말을 가리킨다.
* 爛醉(난취) : 흠뻑 취하다.

414. 정광문을 모시고 하장군의 산림에서 노닐다

옆집까지 높은 대나무 연이어 있고
성근 울타리는 저녁 꽃을 둘렀는데
맷돌 같은 물 소용돌이 깊어 말을 빠뜨리고
등나무 덩굴 구부러져 뱀을 감춘 듯……
사부 아름다워도 이익이 없고
산림은 자취 아직 멀지 아니하나니
책들 다 집어다 팔아
그대의 동쪽 집을 물으러 오리.

배 정 광 문 유 하 장 군 산 림
陪鄭廣文遊何將軍山林

방 사 련 고 죽　　소 리 대 만 화　　년 와 심 몰 마　　등 만 곡 장 사
旁舍連高竹　疏籬帶晚花　碾渦深沒馬　藤蔓曲藏蛇
사 부 공 무 익　　산 림 적 미 사　　진 념 서 적 매　　래 문 이 동 가
詞賦工無益　山林跡未賒　盡捻書籍賣　來問爾東家

● 해설
천보天寶 12년(753)에 지은 작품이다. 정건鄭虔과 함께 하장군의 원림園林에서 노닐면서 본 경치와 감회를 읊었다. 원림 가운데에 있는 뛰어난 경치에 탄복하며, 세속의 명리名利를 모두 잊고 이곳에 은거하고 싶은 마음을 표현하였다. 10수의 연작시 가운데 제4수이다.

● 주석
* 旁舍(방사) : 옆에 있는 집.
* 碾渦(연와) : 맷돌 같은 물 소용돌이.
* 未賒(미사) : 멀지 않다. 즉, 가깝다는 뜻.

* 捻(염) : 손가락으로 집다.
* 東家(동가) : 동쪽 집에 사는 사람.

415. 진주잡시

진주 지도에는 동곡이 들어있고
역참의 길은 유사로 나가네.
항복한 오랑캐는 천 개의 장막을 아울렀네,
거주하는 백성은 만 가구가 있을 뿐인데……
말은 교만하여 붉은 땀을 흘리고
오랑캐 춤추니 흰 모자가 기우네.
나이 어린 임조의 아이가
서쪽에서 와 또한 제 자랑하네.

진 주 잡 시
秦州雜詩

주 도 령 동 곡　　　역 도 출 류 사　　　항 로 겸 천 장　　　거 인 유 만 가
州圖領同谷　　驛道出流沙　　降虜兼千帳　　居人有萬家
마 교 주 한 락　　　호 무 백 제 사　　　년 소 림 조 자　　　서 래 역 자 과
馬驕朱汗落　　胡舞白題斜　　年少臨洮子　　西來亦自誇

● 해설

건원乾元 2년(759) 가을, 진주秦州에서 지은 작품이다. 항복하는 오랑캐를 읊으면서, 오랑캐의 기세가 대단함을 한탄하고 있다. 20수의 연작시 가운데 제3수이다.

● 주석

* 州圖(주도) : 《당서唐書》에 '진주도독부는 천수天水·농서隴西·동곡同谷의 세 고을을 감독하고 다스린다'고 하였다. 동곡은 진주秦州의 남쪽에 있으며 지금의 감숙성甘肅省 성현成縣이다.
* 流沙(유사) : 사막沙漠. 《당육전唐六典》에 '농우도隴右道는 동쪽으로 진주에 접

해 있고, 서쪽으로 유사流沙를 지난다'고 하였다.
* 降虜(항로) 2구 : 비록 오랑캐가 항복했지만 세력이 왕성한 데 비해서, 그 지역의 본래 주민은 그리 많지 않다는 말이다.
* 馬驕(마교) 2구 : 항복한 오랑캐의 강한 기세를 거듭 설명한 것이다.
* 白題(백제) : 고대 흉노 부족이 썼던 모전毛氈으로 만든 모자.
* 臨洮(임조) : 진주 서쪽에 있는 지역으로서, 민풍이 용맹하고 경박하다. 여기서는 임조의 소년이 자신의 용맹함을 자랑하지만 상황이 위태롭다는 사실을 아직 모르고 있음을 풍자한 것이다.

416. 진주잡시

동가곡 소식 전해 듣자니
수십 집이 깊이 숨어 있다 하네.
문을 마주한 등라는 지붕을 덮고
대나무 비치는 강물은 모래밭을 뚫고 지난다지.
척박한 땅은 도리어 조 심기에 적당하고
양지바른 언덕에는 외도 심을 수 있을 터,
가까이 이르면 뱃사람더러 알리도록 한 것은
그저 도화원을 놓칠까 걱정한 때문.

<small>진주잡시</small>
秦州雜詩

<small>전도동가곡　심장수십가　대문등개와　영죽수천사</small>
傳道東柯谷　深藏數十家　對門藤蓋瓦　映竹水穿沙
<small>수지번의속　양파가종과　선인근상보　단공실도화</small>
瘦地翻宜粟　陽坡可種瓜　船人近相報　但恐失桃花

●해설
건원乾元 2년(759) 가을, 진주秦州에서 지은 작품이다. 동가곡으로 구경가면서 동가곡의 아름다운 경치에 대한 소문과 놓치지 않고 꼭 방문하고자 하는 기대를 표현하였다.

●주석

* 傳道(전도) : 말을 전하다. 여기서는 소문을 듣다. 《두시상주杜詩詳注》의 조방 趙汸 주注에 의하면, 전도 두 글자를 처음에 사용한 것은 이 아래의 경물 묘사가 모두 동가곡에 이르지 않은 채 먼저 소문으로 들었던 것을 서술한 것임을 밝히고자 했기 때문이다.
* 東柯谷(동가곡) : 《통지通志》의 기록에 의하면, 동가곡은 진주의 동남쪽 50리 되는 곳에 있다고 한다. 두보의 조카인 두좌杜佐가 이곳에서 살고 있었다.
* 蓋瓦(개와) : 기와를 얹은 지붕을 덮다.

417. 회포를 달래다

근심 어린 눈으로 서리와 이슬 보노라니
추운 성에 국화는 제 스스로 꽃 피웠네.
하늘 바람 따라 부러진 버들은 움직이고
나그네 눈물은 맑은 갈잎피리에 떨어지는데
물 고요하여 누대 그늘 곧고
변방의 햇살 기울어 산은 어두워라.
밤이 와 새들 다 돌아갔건만
나중에 깃든 까마귀 지독히도 우는구나.

遣懷

愁眼看霜露　寒城菊自花　天風隨斷柳　客淚墮淸笳
水靜樓陰直　山昏塞日斜　夜來歸鳥盡　啼殺後棲鴉

●해설

건원乾元 2년(759) 가을, 진주秦州에서 지은 작품이다. 처량한 가을 경치를 읊으면서, 정처없이 객지에서 떠도는 신세를 한탄하고 있다.

●주석
* 淸笳(청가) : 처량하고 맑은 오랑캐의 갈잎피리 소리.
* 啼殺(제살) : 실컷 울다. 여기에서는 나중에 와서 우는 까마귀를 빌어서 의지할 곳 없는 자신의 처지를 기탁하였다.

418. 농사를 짓다

성도는 연기와 먼지 밖에 있나니
강마을은 여덟아홉 집.
둥근 연꽃은 작은 잎을 띄우고
가는 보리는 가벼운 꽃을 떨구네.
집터 잡아 이곳에서 늙어가며
농사짓고 장안과는 멀리 떨어져 있으리.
멀리 구루령을 부끄러워하는 것은
단사를 물어보지 못하는 때문.

위 농
爲農

금 리 연 진 외　　강 촌 팔 구 가　　원 하 부 소 엽　　세 맥 락 경 화
錦里煙塵外　　江村八九家　　圓荷浮小葉　　細麥落輕花
복 택 종 자 로　　위 농 거 국 사　　원 참 구 루 령　　부 득 문 단 사
卜宅從玆老　　爲農去國賒　　遠慙勾漏令　　不得問丹砂

●해설
상원上元 원년(760) 초여름에 초당에서 지은 작품이다. 전원 풍경의 아름다움을 묘사하여, 시골에서 오랫동안 머물고자 하는 바람을 드러내었다.

●주석
* 錦里(금리) : 여기서는 성도成都를 가리킨다.

* 國賒(국사) : 경사에서 멀다. 국國은 국도國都, 즉 장안長安을 가리킨다.
* 遠慚(원참) 2구 : 전원생활에 만족하여 은거하면서도 신선술을 추구하지 못하는 처지를 장난 삼아 말한 것이다.
* 勾漏令(구루령) : 진晉의 연단가煉丹家인 갈홍葛洪. 갈홍은 교지交趾(월남越南 북부에 있었다)에서 단사丹砂가 출토됨을 알자 곧장 구루(광서성廣西省 경내에 있었다)의 수령을 맡겠노라 요청하였다.

419. 마음을 달래며

처마 그림자 조금씩 떨어지고
나루터 강물은 말없이 비껴 흐르는데
들녘의 배에는 작은 불빛이 밝아
잠들었던 해오라기가 둥근 모래밭에서 일어나네.
구름은 초승달을 가리고
향기는 작은 나무 꽃에서 전해지나니
이웃 사람에게 좋은 술이 있어
아이가 밤에도 외상으로 받아올 수 있다네.

遣意

簷影微微落　津流脈脈斜　野船明細火　宿鷺起圓沙
雲掩初弦月　香傳小樹花　隣人有美酒　稚子夜能賖

● 해설
상원上元 2년(761) 봄에 지은 작품이다. 초당에서 보는 봄밤의 경치를 세밀하게 묘사하였다.

● 주석
* 簷影(첨영) 2구 : 밤이 시작될 무렵의 경치를 묘사하였다.

* 脈脈(맥맥) : 말없는 모양.
* 野船(야선) 2구 : 배의 불이 밝아서 잠들었던 해오라기가 놀라 깨어난다는 말이다.
* 賖(사) : 외상으로 사다.

420. 물가 난간에서 마음을 달래며

성곽 떨어진 곳이라 처마와 기둥 훤하고
마을이 없어 멀리까지 바라보이나니
맑은 강물 넘실거려 언덕이 적고
그윽한 나무에 저녁 들어 꽃이 많네.
가는 비에 새끼 고기 뛰어오르고
작은 바람에 새끼 제비 비껴 나는 곳.
성안에는 10만 호,
이곳에는 두세 가구.

水檻遣心

去郭軒楹敞　無村眺望賖　澄江平少岸　幽樹晚多花
細雨魚兒出　微風燕子斜　城中十萬戶　此地兩三家

● 해설

상원上元 2년(761) 봄, 성도成都의 초당草堂에서 지은 작품이다. 수함水檻은 물가의 난간이다. 비가 내리는 동안의 경치를 묘사함으로써 시골에 대한 정감을 표현하였다. 2수의 연작시 가운데 제1수이다.

● 주석

* 軒楹(헌영) : 여기서는 초당草堂을 가리킨다.
* 眺望(조망) : 바라보다.

421. 초당 즉사시

황량한 마을 11월,
외로이 나무가 선 늙은이의 집.
눈 속에서 강배 건너고
바람 앞이라 길가 대나무 기울었다.
추운 고기는 빽빽한 마름에 의지하고
잠잘 기러기 둥근 모래밭에 모이는데
촉의 술로 시름 견딜 수 있으련만
돈 없으니 어느 곳에서 외상으로 사랴!

草堂卽事

荒村建子月　獨樹老夫家　雪裏江船渡　風前徑竹斜
寒魚依密藻　宿雁聚圓沙　蜀酒禁愁得　無錢何處賖

● 해설

상원上元 2년(761) 11월, 성도成都의 초당草堂에서 지은 작품이다. 즉사卽事라는 것은 눈앞의 사물을 제재題材로 삼아서 쓴 시를 의미한다. 겨울철 초당 부근의 경치를 묘사하고 그곳에서의 곤궁한 생활에 대해서 읊었다.

● 주석

* 建子月(건자월) : 숙종肅宗은 상원 2년 9월에 조서를 내려 상원이라는 연호를 폐지하고, 11월을 새해의 시작으로 삼았다. 건자월建子月은 음력 11월을 가리킨다.
* 圓沙(원사) : 원형圓形으로 된 사주沙洲.

422. 왕시어를 모시고 통천 동쪽 산의 야정에서 연회를 하다

강물은 동쪽으로 흘러가고
맑은 술에 해는 다시 기운다.
이역에서 함께 연회하며 감상하나니
어느 곳이 정녕 서울이란 말인가?
정자 경치는 산수에 임하여 있고
마을 연기는 포구의 모래밭 마주하였구나.
미친 듯 노래하다가 명승지 만나
취할 수 있게 되면 그곳이 곧 내 집!

陪王侍御宴通泉東山野亭
(배 왕 시 어 연 통 천 동 산 야 정)

江水東流去　淸樽日復斜　異方同宴賞　何處是京華
(강수동류거)　(청준일부사)　(이방동연상)　(하처시경화)
亭景臨山水　村烟對浦沙　狂歌遇形勝　得醉卽爲家
(정경림산수)　(촌연대포사)　(광가우형승)　(득취즉위가)

● 해설

보응寶應 원년(762)에 지은 작품이다. 왕시어王侍御는 자세히 알려져 있지 않으나, 아마도 경사에서 통천으로 유람 온 나그네일 것이다. 현령이 연회를 벌여 두보를 초청하자, 이 작품을 지어서 경사로 돌아가고 싶지만 그럴 수 없는 시름을 읊었다. 야정野亭은 사홍현射洪縣의 동북쪽에 있었다.

● 주석

* 江水(강수) : 여기서는 부강涪江을 가리킨다.
* 形勝(형승) : 빼어난 경치. 즉, 명승지를 의미한다.

423. 꽃 밑에서

자줏빛 꽃받침이 천개의 꽃술 지탱하고
노란 꽃술이 만송이 꽃을 비추네.
문득 저녁 비 내렸나 의심하고
무슨 일로 아침노을 속에 들었나 생각하네.
아마도 반악의 고을이리니
위개도 수레 멈출 수 있으리.
좋은 빛깔임을 깊이 알거니
진흙에 몸을 맡기지 말지어다.

花底
_{화 저}

紫萼扶千蕊　黃鬚照萬花　忽疑行暮雨　何事入朝霞
恐是潘安縣　堪留衛玠車　深知好顏色　莫作委泥沙

● 해설
광덕廣德 원년(763) 봄, 재주梓州에서 지은 작품이다. 꽃을 대상으로 해서 꽃이 피었을 때의 아름다움과 아름다운 꽃이 쉽게 지는 것에 대한 안타까움을 담고 있다.

● 주석
* 紫萼(자악) : 자줏빛 꽃받침.
* 黃鬚(황수) : 노란 꽃술.
* 行暮雨(행모우) : 꽃이 젖어 있음을 뜻한다.
* 入朝霞(입조하) : 꽃이 곱다는 말이다.
* 潘安(반안) : 진晉의 문학가인 반악潘岳으로서 자字는 안인安仁이다. 하양현령 河陽縣令을 맡았을 때, 경내에 온통 복숭아와 오얏꽃을 심었다.
* 衛玠(위개) : 진晉나라 사람으로서, 일찍이 양이 끄는 수레를 타고 시장에 들

어갔는데 그 용모가 아름다워 사람들이 '옥인玉人'이라고 불렀다 한다. 여기서는 이 꽃이 아름답기 때문에 위개가 멈추어 감상할 것이라는 말이다.

424. 멀리 나와서

미천한 사람을 누가 기억하려나?
갈 방향 모르니 도처가 집이거늘……
대숲을 지난 바람은 들 풍경에 이어지고
강물의 포말은 봄 모래밭을 감싸네.
약초 심어 늙고 병든 몸 지탱하고
시를 읊어 탄식 풀어버리는데
오랑캐 기병 달아났다는 소식 들은 것 같아
실성한 듯 기뻐하며 서울을 물어보네.

遠遊_{원유}

賤子何人記 迷方著處家 竹風連野色 江沫擁春沙
種藥扶衰病 吟詩解嘆嗟 似聞胡騎走 失喜問京華

● 해설
광덕廣德 원년(763) 재주梓州에서 지은 작품이다. 반군 사조의史朝義가 전투에서 패배하여 달아났다는 소식을 듣고 기뻐하며 지었다.

● 주석
* 胡騎走(호기주) : 여기서는 반군 사조의가 전투에서 패배하였다는 것을 가리킨다.
* 失喜(실희) : 너무 기뻐서 자제하지 못하는 것.

425. 우왕의 묘당에서

우왕의 묘당이 있는 빈 산속,
가을바람 불고 지는 해 비끼는데
황폐한 뜰엔 귤과 유자나무 드리웠고
고옥에는 용과 뱀 그려져 있네.
구름 기운이 빈 벽에서 생기고
강물 소리는 흰 모래밭을 치달리네.
일찍부터 알았지, 네 종류 탈것에 올라
트고 뚫어 삼파를 제어하셨음을!

禹^우廟^묘

禹廟空山裏 (우묘공산리)
秋風落日斜 (추풍락일사)
荒庭垂橘柚 (황정수귤유)
古屋畫龍蛇 (고옥화룡사)
雲氣生虛壁 (운기생허벽)
江聲走白沙 (강성주백사)
早知乘四載 (조지승사재)
疏鑿控三巴 (소착공삼파)

● 해설
영태永泰 원년(765) 가을, 충주忠州에서 잠시 머무르며 지은 작품이다. 《방여승람方輿勝覽》의 기록에 의하면 우묘禹廟는 임강현臨江縣(지금의 충현忠縣)에 있다고 한다. 두보가 이곳에 들렀다가 우묘의 경치를 보고 우임금의 공적을 생각하며 지은 시이다.

● 주석
* 垂橘柚(수귤유): 우임금이 치수治水할 때, 사천四川 일대에 귤과 유자나무를 널리 심었다고 한다.
* 畫龍蛇(화룡사): 우임금이 치수하면서 사악한 용과 뱀과 맹수를 몰아내자, 후인들이 그 공을 기리어 벽에다 그림을 그렸다.
* 乘四載(승사재): 우임금이 치수할 때 탔던 네 종류의 탈것.
* 三巴(삼파): 파군巴郡·파서군巴西郡·파동군巴東郡의 합칭.

426. 저무는 봄에 양서에서 새로 임대한 초옥에 적다

젊은 나이에 글과 칼을 배웠다가
다른 날 진흙 땅에 버려두었지.
주군을 섬기어 봉록 없지 않았으나
부평초 같은 인생 곧 끝나려고 하네.
높은 집에서 약초에 의지하는데
이역에서 봄꽃이 바뀌네.
난리를 당하여 붉은 마음 깨어지니
왕과 신하가 아직 한 집안이 아니로구나.

暮春題瀼西新賃草屋
모춘제양서신임초옥

壯年學書劍 他日委泥沙 事主非無祿 浮生即有涯
장년학서검 타일위니사 사주비무록 부생즉유애
高齋依藥餌 絶域改春華 喪亂丹心破 王臣未一家
고재의약이 절역개춘화 상란단심파 왕신미일가

● 해설

대력大曆 2년(767) 3월, 기주夔州의 적갑赤甲에서 양서瀼西로 옮겨왔을 때 지은 작품이다. 신세를 한탄하면서 아울러 국가의 분열을 슬퍼하고 있다. 5수의 연작시 가운데 제4수이다.

● 주석

* 非無祿(비무록) : 두보는 일찍이 벼슬을 한 적이 있었다. 그러므로 여기에서 봉록을 언급한 것이다.
* 高齋(고재) : 높은 집. 여기서는 새로 빌린 초옥을 가리킨다.
* 絶域(절역) : 여기서는 양서瀼西 지역을 가리킨다.
* 王臣(왕신) 구 : 번진들에게 반란을 일으키려는 마음이 많아 조정과 불화不和하였음을 의미한다.

427. 시냇가에서

골짜기에서 오래 머물며 나그네로 사는데
시냇가에는 네댓 집이 있네.
오랜 이끼 좁은 땅에서 자라고
가을 대나무는 성긴 꽃을 숨겼네.
변새 풍속으로 인가에 우물 없고
산밭 곡물로 지은 밥에 모래 있네.
서강으로 사신의 배 이르면
때때로 다시 서울을 묻는다네.

溪上

峽內淹留客　溪邊四五家　古苔生迮地　秋竹隱疏花
塞俗人無井　山田飯有沙　西江使船至　時復問京華

● 해설
대력大曆 2년(767) 기주夔州에서 지은 작품이다. 시냇가 풍경과 주민들의 풍속을 묘사함으로써 장안에 돌아가고 싶은 시인의 간절한 심정을 드러내었다.

● 주석
* 迮(책) : 줄다, 좁다.
* 塞俗(새속) : 여기서는 변새 사람들이 강에서 물을 길어먹느라 우물을 파지 않았다는 뜻.
* 西江(서강) : 장강이 서쪽으로부터 흘러오기 때문에, 장강을 서강이라고도 부른다.

428. 늦은 가을에 소영 아우가 강가 누각에서 최평사 와 위소부 조카와 밤에 잔치하다

밝은 달 생기어 길이 좋더니
뜬구름이 엷지만 점차 가리네.
아득히 변새를 비추기에
근심스레 서울을 생각하네.
맑은 빛은 잔 속의 술에서 움직이다가
높이 떠서 바다 위 뗏목을 따르네.
잠들지 못하고 흰 토끼를 바라보니
검은 모자에 수없이 떨어져 비치네.

<small>계 추 소 오 제 영 강 루 야·연 최 십 삼 평 사 위 소 부 질</small>
季秋蘇五弟纓江樓夜宴崔十三評事韋少府姪

<small>명 월 생 장 호   부 운 박 점 차   유 유 조 변 새   초 초 억 경 화</small>
明月生長好 浮雲薄漸遮 悠悠照邊塞 悄悄憶京華
<small>청 동 배 중 물   고 수 해 상 사   불 면 첨 백 토   백 과 락 오 사</small>
清動杯中物 高隨海上槎 不眠瞻白兔 百過落烏紗

• **해설**

대력大曆 2년(767) 동둔東屯에서 지은 작품이다. 달을 마주하며 생긴 고향을 그리워하는 감정을 서술하였다. 최평사는 최공보崔公輔이다. 3수의 연작시 가운데 제3수이다.

• **주석**

* 邊塞(변새): 여기서는 기주夔州를 가리킨다.
* 悄悄(초초): 근심하는 모양, 조용한 모양.
* 杯中物(배중물): 술잔 속의 물건. 즉, 술을 의미한다.
* 海上槎(해상사): 바다 위에 띄운 뗏목. 전설에 의하면, 옛날에는 바다가 은하수와 통해 있어서, 바닷가에서 해마다 8월에 뗏목이 오가는데, 그 뗏목을 타

고서 하늘로 오르는 사람이 있었다고 한다.
* 白兎(백토) : 여기서는 달을 가리킨다.
* 百過(백과) : 수없이 달이 움직인다는 말이다.

429. 작은 과수원에서

옛날부터 무협의 강가는
본디 초나라 사람들이 살던 곳.
나그네로 병들어 머문 것은 약 때문이고
봄 깊어 사들인 것은 꽃 때문.
가을 정원에 바람 불어 과일 떨어지고
양서의 언덕에 비 내려 모래밭 무너져도
사람들에게 겨울 대비하는 방법 묻고
시로써 만물 번성하기를 기다려보네.

<small>소 원</small>
小園

<small>유래무협수 본자초인가 객병류인약 춘심매위화</small>
由來巫峽水 本自楚人家 客病留因藥 春深買爲花
<small>추정풍락과 양안우퇴사 문속영한사 장시대물화</small>
秋庭風落果 瀼岸雨頹沙 問俗營寒事 將詩待物華

● 해설
대력大曆 2년(767) 양서瀼西에서 감귤을 수확할 때 지은 작품이다. 이 해 봄에 두보는 양서로 옮겨와 40무畝의 과수원을 샀다. 약재를 심어서 병을 다스리려고 하였고, 한편으로는 생계를 도모하고자 하였다. 이제 겨울이 되자 과수원의 나무와 약재와 채소들을 어떻게 보호하여 겨울을 지내야 할는지 모르자 시골 사람들에게 그 방법을 물었던 것이다.

● 주석
* 楚人(초인) : 여기서는 기주夔州의 백성들을 가리킨다.

* 客病(객병) 2구 : 양서에 작은 과수원을 사들인 이유를 말하고 있다.
* 寒事(한사) : 겨울에 과수원의 나무와 약재와 채소들을 보존하는 일을 가리킨다.

430. 저녁에 관부의 정자에 앉아 안소부에게 장난삼아 편지를 보내다

남국에는 추운 다듬이 소리 고르고
서강에는 해 실은 수레가 잠겼는데
나그네 시름은 귀뚜라미에 이어지고
정자는 오래되어 갈대를 두르고 있구나.
푸른 재갈 물린 말이 돌아오지 않아
밤에 등불 헛되이 밝히고 있음에
늙은이가 이곳의 주인 기다리며
가느다랗게 유하주를 따르노라.

<small>관 정 석 좌 희 간 안 십 소 부</small>
官亭夕坐戲簡顏十少府

<small>남 국 조 한 저</small>　　<small>서 강 침 일 거</small>　　<small>객 수 련 실 솔</small>　　<small>정 고 대 겸 가</small>
南國調寒杵　　西江浸日車　　客愁連蟋蟀　　亭古帶蒹葭
<small>불 반 청 사 공</small>　　<small>허 소 야 촉 화</small>　　<small>로 옹 수 지 주</small>　　<small>세 세 작 류 하</small>
不返青絲鞚　　虛燒夜燭花　　老翁須地主　　細細酌流霞

● 해설

대력大曆 3년(768) 공안公安에서 지은 작품이다. 아마도 공안현의 안소부가 관정의 연회에 참석할 것을 요청하여 두보가 도착했는데, 주인은 늑장을 부리며 오지 않았기 때문에 이 희시戲詩를 지었던 것 같다.

● 주석
* 寒杵(한저) : 겨울옷을 만들기 위해 다듬이질 하는 것.
* 西江(서강) : 공안 일대를 흐르는 장강長江.
* 蟋蟀(실솔) : 귀뚜라미.
* 蒹葭(겸가) : 갈대.

* 靑絲鞚(청사공) : 푸른 실로 만든 말의 재갈. 여기서는 안소부가 탄 말을 가리킨다. 즉, 안소부가 오지 않고 있음을 언급한 것이다.
* 流霞(유하) : 술 이름.

431. 사당 남쪽에서 저녁에 바라보다

백장의 닻줄로 강 풍경을 끌어당기고
외로운 배를 비끼는 해에 띄웠다.
흥이 일어 오히려 지팡이 짚고 신발 신었으되
눈길 끊어진 곳은 다시 구름과 모래밭.
산귀신은 봄 대나무 사이에서 길을 잃고
상아는 저녁 꽃에 의지하고 있는 듯.
호남의 이 맑은 땅은
만고에 줄곧 길게 탄식하던 곳이었지.

祠南夕望

百丈牽江色　孤舟汎日斜　興來猶杖屨　目斷更雲沙
山鬼迷春竹　湘娥倚暮花　湖南淸絶地　萬古一長嗟

● 해설

대력大曆 4년(769) 봄에 지은 작품이다. 당시 두보는 악양岳陽에서 배를 타고서 담주潭州로 가고 있었다. 배가 상양현湘陽縣에 이르자 상부인湘夫人의 사당을 방문하고는 상상의 장면을 묘사하였다.

● 주석

* 百丈(백장) : 대나무 껍질로 만든 긴 닻줄.
* 杖屨(장구) : 지팡이와 신. 여기서는 지팡이 짚고 신 신고서 구경간다는 뜻. 이 구절은 뱃길을 오래 온 뒤에 지팡이 짚고 강기슭에 올랐다는 뜻이다.

* 山鬼(산귀) 구 : 울창한 대나무밭이라서 산귀신이 나올 것 같다는 뜻이다.
* 湘娥(상아) : 상수湘水의 여신.
* 湖南(호남) : 여기서는 동정호 이남을 가리킨다. 유배당한 사람이 지나는 곳이어서 예로부터 모두들 슬퍼하던 곳이라는 말이다.

432. 교구에 들어가다

아득히 옛 경사는 멀고
더디더디 돌아가는 길 아득한데
늙은 나이로 물 많은 땅에 있고
지는 햇빛 아래서 봄꽃을 마주하네.
수밀나무에 이른 벌들 어지럽고
강가 진흙밭에 가벼운 제비 비끼네.
가의의 뼈는 이미 썩었을 터,
처연하고 측은하게 장사 가까이로 가네.

입 교 구
入喬口

漠漠舊京遠　遲遲歸路賒　殘年傍水國　落日對春華
樹蜜早蜂亂　江泥輕燕斜　賈生骨已朽　悽惻近長沙

● 해설

대력大曆 4년(769) 봄에 지은 작품이다. 만년에 객지를 떠도는 두보의 서글픈 심정이 시에 잘 드러나 있다. 교구喬口는 중요한 진鎭 이름으로서, 원주原註에는 '장사의 북쪽 지역이다(長沙北界)'라고 하였다.

● 주석

* 漠漠(막막) : 넓어 끝이 없는 모양, 어두운 모양.

* 樹蜜(수밀) : 나무 이름. 가지와 잎을 먹을 수 있다.
* 賈生(가생) : 장사왕태부長沙王太傅를 지낸 가의賈誼를 가리킨다.

433. 눈을 바라보며

북방의 눈이 장사를 침범하고
오랑캐 땅 구름이 만가萬家를 춥게 하네.
바람을 따라와 또한 잎사귀에 섞이고
비를 띠어 눈꽃을 피우지 못하네.
금착 주머니 다 비어가지만
은술병에 외상 술 사기는 쉽지.
거품 괸 술을 함께 다 비울 사람 없어
기다리고 있자니 저녁 까마귀 날아오네.

對雪(대설)

北雪犯長沙(북설범장사) 胡雲冷萬家(호운랭만가) 隨風且間葉(수풍차간엽) 帶雨不成花(대우불성화)
金錯囊垂罄(금착낭수경) 銀壺酒易賒(은호주이사) 無人竭浮蟻(무인갈부의) 有待至昏鴉(유대지혼아)

● 해설
대력大曆 4년(769) 겨울에 지은 작품이다. 남방에 눈 내린 경치를 묘사하여 고독하고 처량한 심정을 표현하였다.

● 주석
* 金錯囊(금착낭) : 금착金錯을 넣은 주머니. 금착은 금착도金錯刀로서 왕망이 주조한 돈의 종류이다.
* 罄(경) : 비다, 다하다.
* 浮蟻(부의) : 술 위에 뜬 거품.

434. 동정호를 지나다

사교포射蛟浦는 청초호에 둘러싸여 있고
용퇴는 백사역에 숨겨 있네.
제방을 보호하려 고목이 서리어 있고
노를 맞이하며 신령한 까마귀 춤추네.
물결 부수니 남풍은 순순히 불고
돛대 돌리니 여름해가 기우네.
호수의 빛이 하늘과 더불어 아득하여
곧장 신선의 뗏목을 띄우고 싶구나.

過洞庭湖
(과동정호)

蛟室圍靑草　龍堆隱白沙　護堤盤古木　迎櫂舞神鴉
(교실위청초)　(룡퇴은백사)　(호제반고목)　(영도무신아)

破浪南風正　回檣畏日斜　湖光與天遠　直欲泛仙槎
(파랑남풍정)　(회장외일사)　(호광여천원)　(직욕범선사)

● 해설

대력大曆 5년(770) 여름에 형주衡州에서 돌아오는 길에 동정호를 지나며 지은 작품이다. 강변을 따라가며 보이는 동정호의 경물을 묘사하여 북쪽으로 돌아가고 싶은 심정을 표현하였다.

● 주석

* 蛟室(교실) : 동정호에 있는 사교포射蛟浦를 가리킨다. 전설에 의하면 무제가 이곳에서 교룡을 쏘아 맞추었다고 한다.
* 靑草(청초) : 청초호靑草湖. 청초호와 동정호는 서로 이어져 있다.
* 龍堆(용퇴) : 지명. 즉, 금사주金沙洲를 가리킨다.
* 白沙(백사) : 역 이름.
* 神鴉(신아) : 동정호 부근에 사는 까마귀를 이렇게 불렀다.

* 畏日(외일) : 여름해를 가리킨다. 옛사람들은 여름해는 너무 더워 두려워할 만하다고 생각하였으므로, 외일畏日이라고 불렀다.
* 仙槎(선사) : 바다에 뗏목을 띄워 그것을 타고서 은하수에 올라간다는 전설.

권 4 卷四

五律陽韻
오율양운·五律庚韻
오율경운·五律青韻
오율청운

五律蒸韻
오율증운·五律尤韻
오율우운·五律侵韻
오율침운

五律覃韻
오율담운·五律鹽韻
오율염운

【오율양운五律陽韻】

435. 밤에 좌씨 별장에서 연회를 열다

바람 이는 숲에 가느다란 달 떨어지고
옷섶에 이슬 젖을 때, 고요히 거문고를 펼쳐보노라.
어둠 속의 물은 꽃길 사이로 흐르고
봄밤의 별은 초당을 두루 에웠다.
책 뒤적이노라니 타는 촛불 짧아졌는데
검을 바라보느라 잔 잡기를 길게 한다.
시를 지어놓고 오吳나라 가락으로 읊조리는 걸 듣노라니
일엽편주 그 뜻이 잊히지 않누나.

夜宴左氏莊
風林纖月落 衣露淨琴張 暗水流花徑 春星帶草堂
檢書燒燭短 看劍引杯長 詩罷聞吳詠 扁舟意不忘

● 해설
이 시는 두보가 젊었을 때 좌씨의 별장에서 열린 연회에 참석하여 지은 것이다. 시를 통해 좌씨 별장의 아름다운 풍경을 묘사하는 한편, 시를 읊으면서 느낀 감회를 적었다.

● 주석
* 扁舟(편주) : 작은 배. 과거 오 지방을 노닐었던 일을 암시한다. 범려范蠡가 월왕越王 구천句踐을 도와 오나라를 평정한 뒤에 조각배를 타고 오호五湖에서 은거하였던 것을 가리키는 것으로 볼 수도 있다.

436. 정광문을 모시고 하장군의 산림에서 노닐다

멧대추나무는 차가운 구름빛인 듯하고
인진쑥은 봄연의 뿌리처럼 향긋한데
보드라움이 더해져 생채는 맛있고
그늘이 더해져 식단은 서늘합니다.
들녘의 학은 맑은 새벽에 날아오르고
산정은 밝은 낮에 숨었습니다.
바위 숲이 물속에 서려
백리에 걸쳐 홀로 푸르기만 하군요.

陪鄭廣文遊何將軍山林

棘樹寒雲色　茵蔯春藕香　脆添生菜美　陰益食單涼
野鶴淸晨出　山精白日藏　石林蟠水府　百里獨蒼蒼

● 해설

이 시는 두보가 장안에 머물 때인 천보天寶 12년(753) 봄에 지어졌다. 정광문은 정건鄭虔으로 현종玄宗 때에 광문관廣文館 박사博士를 지낸 사람인데 두보와는 친분이 깊었다. 하장군의 산림은 장안성 남쪽에 있었다. 하장군의 이름은 알려져 있지 않다. 두보는 이 연작시를 통해 산림의 빼어난 풍치를 묘사하면서 하장군의 사람됨을 예찬하고 이곳에서 은거하고 싶다는 뜻을 피력하였다. 10수의 연작시 가운데 제7수이다.

● 주석

* 茵蔯(인진) : 국화과에 속하는 다년초. 사철쑥.
* 生菜(생채) : 날 채소.
* 食單(식단) : 식사할 때 자리에 까는 포단.
* 山精(산정) : 산의 귀신이나 도깨비를 뜻한다.

* 石林(석림) : 바위가 무더기로 모여 있는 것이 숲처럼 보이는 것이다.

437. 다시 하씨에게 들르다

조참 게을리함을 자못 괴이하게 여겼더랬는데
응당 들녘의 흥취 유장함을 탐하셨기 때문이겠지요.
빗속에는 금실로 엮은 갑옷이 버려져 있고
이끼 위엔 푸른 칠을 한 창이 눕혀져 있습니다.
손수 냇버들 옮겨 심으시고
집은 겨우 양식이 족한 정도가 되었는데
그대의 그윽한 마음씀을 보자니
대낮에도 희황에게 가겠더이다.

중과하씨
重過何氏

파괴조참라　　응탐야취장　　우포금쇄갑　　태와록침창
頗怪朝參懶　　應耽野趣長　　雨拋金鎖甲　　苔臥綠沈槍
수자이포류　　가재족도량　　간군용유의　　백일도희황
手自移蒲柳　　家纔足稻粱　　看君用幽意　　白日到羲皇

● 해설
이 시는 두보가 장안에 머물 때인 천보天寶 13년(754)에 지어졌다. 하씨는 앞 시에서 언급한 하장군이다. 시는 하장군의 산림을 거듭 방문하여 느낀 감회를 적은 것이다. 5수의 연작시 가운데 제4수이다.

● 주석
* 朝參(조참) : 신하가 아침에 황제를 알현하는 것.
* 金鎖甲(금쇄갑) : 본디 황금실로 얽어 만든 갑옷이지만, 여기서는 정세하게 만든 갑옷을 미화한 것으로 보인다.
* 綠沈槍(녹침창) : 짙은 녹색으로 장식된 창. '녹침綠沈'에 대하여는 정련된 철, 오래 사용하지 않아서 녹색의 이끼가 자란 것, 녹색의 칠漆 등의 견해가 있다.

* 蒲柳(포류) : 버드나무과에 속하는 낙엽교목. 냇버들.
* 羲皇(희황) : 희황상인羲皇上人. 복희씨 시절에 근심 걱정 없이 한적하게 살았다고 전해지는 전설상의 인물.

438. 영주 이판관을 보내며

오랑캐들이 천하를 비리게 하여
머리 돌려 바라보니 그저 아득하기만 합니다.
피나게 싸워 하늘과 땅이 붉고
기운 혼미하여 해와 달도 누렇게 변했어도
장군께서 책략을 온전히 하시어
막부에는 재주 있고 어진 이가 가득 차게 되었지요.
요사이에 경하드릴 일이란 중흥하신 임금께서
신묘한 군대로 북방을 진동시켰다는 것이겠지요.

送靈州李判官

羯胡腥四海 回首一茫茫 血戰乾坤赤 氛迷日月黃
將軍專策略 幕府盛才良 近賀中興主 神兵動朔方

● 해설
이 시는 두보가 봉상에 있을 때인 지덕至德 2년(757)에 지어졌다. 이판관의 임지인 영주는 영무군靈武郡을 가리킨다. 두보는 시를 통해 전란의 혹렬酷烈함을 탄식하면서 이판관에게 나라를 위해 애써 달라는 권면勸勉의 말을 전하였다.

● 주석
* 中興主(중흥주) : 숙종肅宗 이형李亨을 가리킨다.

439. 동생의 소식을 듣고서

난리 뒤이니 뉘라서 돌아갈 수 있으랴!
전쟁 없는 타향이 난리통 고향보다 나을 것인데
줄곧 마음 고생해온 터
오래도록 너와 생사를 함께할 일 생각했었다.
너의 편지는 아직 벽에 꽂혀있건만
너의 첩은 이미 집을 떠나버렸다.
오래 기른 개가 내 시름 짐작하여
머리 늘어뜨리고 평상으로 드누나.

<ruby>得舍弟消息</ruby>
득 사 제 소 식

亂後誰歸得　他鄕勝故鄕　直爲心厄苦　久念與存亡
란 후 수 귀 득　타 향 승 고 향　직 위 심 액 고　구 념 여 존 망
汝書猶在壁　汝妾已辭房　舊犬知愁恨　垂頭傍我牀
여 서 유 재 벽　여 첩 이 사 방　구 견 지 수 한　수 두 방 아 상

● 해설
이 시는 두보가 하남河南의 육혼장陸渾莊에 머물고 있을 때인 건원乾元 2년(759) 봄에 지어졌다. 이 시에서 언급된 아우는 두영杜穎이다. 아우의 소식을 들은 후에 느낀 처량한 심사를 노래한 것이다.

● 주석
* 厄苦(액고) : 곤고困苦.

440. 진주잡시

남사께서 관장하시는 땅은 천마 기르기에 적당하여
원래 기르던 말이 만필이 넘었는데

부운과 같던 준마도 군진軍陣과 더불어 사라져
가을풀만 산자락마다 길게 자랐다.
듣자니 진짜로 훌륭한 종마
늙은 숙상이나마 여전히 남아있다 하니
싸움터 갈 날 그리느라 애절히 울음 울며
하늘을 향해 아스라이 서 있겠지.

秦州雜詩
진 주 잡 시

南使宜天馬　由來萬匹强　浮雲連陣沒　秋草徧山長
남 사 의 천 마　유 래 만 필 강　부 운 련 진 몰　추 초 편 산 장
聞說眞龍種　仍殘老驌驦　哀鳴思戰鬪　逈立向蒼蒼
문 설 진 룡 종　잉 잔 로 숙 상　애 명 사 전 투　형 립 향 창 창

● 해설

두보가 진주秦州에 머물 때인 건원乾元 2년(759) 가을에 지어졌다. 20수로 구성된 이 연작시는 내용이 다양한데 대체로 진주 일대의 풍물과 인물, 당시 불안정하기 짝이 없었던 정세와 백성들의 질고 등을 노래한 것이다. 시대적, 지역적 색채가 분명하여 예술적 가치뿐만 아니라 사료적 가치도 무척 높은 작품이다. 이 시는 제5수로 말 이야기를 통해 우국충정을 노래하였다.

● 주석
* 南使(남사) : 당대唐代에 농우隴右 땅에서 말을 기르는 업무를 담당하였던 관직 이름.
* 龍種(용종) : 준마를 가리킨다.
* 驌驦(숙상) : 준마 이름.

441. 진주잡시

변경의 가을, 어스름이 쉬이 밤이 되어
다시 새벽빛도 가리지 못하겠어라.

처마에 듣는 비는 휘장을 어지러이 적시고
산자락 구름은 나직이 담을 지나간다.
가마우지는 물고기 잡고자 얕은 우물을 엿보고
지렁이가 습한 땅 피하고자 깊은 당 위로 기어오르는데
수레며 말의 자취는 어찌 이리도 쓸쓸한가?
문 앞엔 온갖 풀들만 자라고 있구나.

秦_진州_주雜_잡詩_시

邊_변秋_추陰_음易_이夕_석　不_불復_부辨_변晨_신光_광　簷_첨雨_우亂_란淋_림幔_만　山_산雲_운低_저度_도牆_장
鸕_로鶿_자窺_규淺_천井_정　蚯_구蚓_인上_상深_심堂_당　車_거馬_마何_하蕭_소索_삭　門_문前_전百_백草_초長_장

● **해설**
이 시는 건원 2년(759) 가을에 지어진 20수의 연작시 가운데 제17수이다. 가을에 느낀 쓸쓸함을 노래하였다.

● **주석**
* 鸕鶿(노자) : 가마우지. 물고기를 잘 잡아 농가에서 기르기도 하였다.

442. 번검

외지고 먼 곳으로부터 얻은 이 칼,
구슬이며 옥으로 만든 장식도 없는데
어찌하여 기이한 일이 있어
밤마다 검광劍光을 토해내는 것일까?
범의 정기가 필시 뛰어오른 듯하나니
용의 화신과 같은 것이 어찌 오래도록 숨어있을 수 있으랴!
전쟁 아직 다하지 않아 괴롭나니
내 너를 영명하신 군주께 받들어 드리리라.

번 검
蕃劍

치차자벽원	우비주옥장	여하유기괴	매야토광망
致此自僻遠	又非珠玉裝	如何有奇怪	每夜吐光芒
호기필등상	룡신녕구장	풍진고미식	지여봉명왕
虎氣必騰上	龍身寧久藏	風塵苦未息	持汝奉明王

● **해설**

이 시는 두보가 진주에 머물 때인 건원乾元 2년(759) 가을에 지어졌다. 한 자루의 검을 노래하면서 천하의 난리가 아직 끝나지 않았음을 아파하고 우국충정의 뜻을 표현하였다.

● **주석**

* 虎氣(호기) 구 : 오왕吳王 합려가 죽었을 때 보검 3천 자루를 부장副葬하였는데 검의 정기가 백호白虎로 화하여 묘 위에 누워 있었다고 한다. 이로 인하여 그의 무덤을 호구虎丘라 하였다.
* 龍身(용신) 구 : 오吳나라가 아직 망하기 전에 견우성과 북두성 사이에 늘 자색紫色 기운이 있어 장화張華가 뇌공장雷孔章에게 물어보았더니 보물의 정기가 예장豫章의 풍성豊城에서 뻗히고 있기 때문이라 하였다. 이에 풍성의 현령이 된 뇌공장이 감옥을 파서 검 두 자루를 찾아내자 그날 저녁에는 자색의 기운이 보이지 않았다고 한다. 뇌공장이 검 하나는 남겨두고 하나는 상자에 넣어 장화에게 바쳤는데 후일 장화가 화를 입을 위기에 처하자 이 검이 양성襄城의 물속으로 날아들어갔다고 한다. 뇌공장이 죽을 무렵에 그 아들에게 검이 스스로 뛰쳐나온다는 사실을 경계하였는데, 그 아들이 얕은 여울을 지날 때 칼이 홀연히 허리춤에서 뛰쳐나오자 두 용이 서로 따르는 것을 보았다고 한다.
* 風塵(풍진) : 전쟁.

443. 시골집

맑은 강굽이에 있는 시골집,
사립짝은 옛길에 곁하여 있다.
풀이 깊어 저자로 가는 길 잃어버리겠고

땅 외진 곳이라 옷 걸치는 것도 게을리한다.
버들은 가지마다 보드라운데
비파는 나무마다 향기 머금었다.
가마우지는 서녘 햇살 아래
날개 말리느라 어량에 가득 앉았다.

田舍(전사)

田舍淸江曲	柴門古道旁	草深迷市井	地僻懶衣裳
전사청강곡	시문고도방	초심미시정	지벽라의상
櫸柳枝枝弱	枇杷樹樹香	鸕鶿西日照	曬翅滿漁梁
거류지지약	비파수수향	로자서일조	쇄시만어량

●해설

이 시는 두보가 초당에 머물 때인 상원上元 원년(760) 여름에 지어졌다. 외진 농촌의 맑고 그윽한 경물을 노래한 시이다.

●주석

* 枇杷(비파) : 상록 교목. 과실이 향기롭고 달다.
* 漁梁(어량) : 둑을 만들어 고기 잡는 시설.

444. 배적이 신진사에 올라 왕시랑에게 부친 시에 화작하다

나는 무슨 한이 있어 산자락 나무에 의지해
가을 잎새 누렇게 물드는 때 시를 읊는 것인지……
오래된 절, 매미 소리만 요란하고
새 그림자는 차가운 연못을 지나는구나.
가을 풍물이 나그네를 서글프게 하여
등림登臨길에 왕시랑을 생각하나니

늙은 이 몸, 불법을 탐하여
마음 내키는 대로 와 승방에 묵는다네.

和裵迪登新津寺寄王侍郎
_{화 배 적 등 신 진 사 기 왕 시 랑}

何恨倚山木　吟詩秋葉黃　蟬聲集古寺　鳥影度寒塘
_{하 한 의 산 목}　_{음 시 추 엽 황}　_{선 성 집 고 사}　_{조 영 도 한 당}

風物悲遊子　登臨憶侍郎　老夫貪佛日　隨意宿僧房
_{풍 물 비 유 자}　_{등 림 억 시 랑}　_{로 부 탐 불 일}　_{수 의 숙 승 방}

● **해설**

이 시는 두보가 신진현新津縣에 머물 때인 상원上元 원년(760) 늦은 가을에 지어졌다. 신진현은 당시 촉주蜀州에 속하였다. 두보는 배적과 함께 신진사를 유람하였는데, 배적이 시를 짓자 이 시를 지어 화답하였다. 왕시랑은 왕진王縉으로 왕유王維의 동생이다. 제목 아래에 '왕시랑은 이 무렵 촉주자사를 지내고 있었다(王時牧蜀)'라는 주가 있다.

● **주석**

* 遊子(유자) : 나그네. 여기서는 두보와 배적을 가리킨다.
* 佛日(불일) : 불교에서는 불법으로 중생을 구제하는 것을 해가 대지를 널리 비추는 것으로 비유하였다.

445. 서쪽 들

이따금 벽계방을 나서
서쪽 들로 초당을 향해 갈 때면
저잣거리 다리에는 관로官路의 버들이 가늘게 드리우고
강 옆의 길엔 들녘의 매화가 향기롭다.
서가 옆에 서서 책을 정돈하기도 하고
표제標題에 따라 약 주머니를 점검해 보기도 하나니
더불어 오고갈 사람 없음에

소졸하며 게으른 뜻은 어찌나 유장한지……

西郊
서교

時出碧雞坊　西郊向草堂　市橋官柳細　江路野梅香
시출벽계방　서교향초당　시교관류세　강로야매향

傍架齊書帙　看題檢藥囊　無人與來往　疎懶意何長
방가제서질　간제검약낭　무인여래왕　소라의하장

• **해설**
이 시는 상원 원년(760) 겨울에 지어졌다. 서교는 두보의 초당이 있는 곳이다. 두보는 이 시에서 서교로부터 초당으로 돌아가는 연도의 경물과 초당의 그윽하고 한적한 생활을 노래하였다.

• **주석**
* 碧雞坊(벽계방) : 성도成都에 있었던 마을 이름.

446. 위시어가 우리 집으로 와 작별을 고함에

청총마를 탄 나그네가 있어
강변에서 초당을 물었네.
내게 약값을 주고자 멀리서 찾아왔음에
석별의 뜻이 문단을 경도하게 할 것이네.
그대께서 막부에 들면 깃발마저 감동하여 펄럭일 터,
돌아가는 수레엔 비단이 향기로우리.
때로 쇠하고 병든 이 몸 생각하실 양이면
편지나마 이곳 초당에 이르게 해주시길……

魏十四侍御就敝廬相別
위십사시어취폐려상별

有客騎驄馬　江邊問草堂　遠尋留藥價　惜別倒文場
유객기총마　강변문초당　원심류약가　석별도문장

입막정기동　　귀헌금수향　　시응념쇠질　　서소급창랑
入幕旌旗動　　歸軒錦繡香　　時應念衰疾　　書疏及滄浪

● **해설**

이 시는 두보가 초당에 살고 있던 보응寶應 원년(762)에 지어졌다. 위시어가 막부로 돌아가기 전에 두보를 찾아와 작별을 고하자 두보가 이 시를 지어 전송하였다.

● **주석**

* 驄馬(총마) : 《후한서後漢書》에 의하면 환전桓典이 시어사侍御史가 되었을 때 환관宦官들이 전횡하고 있었는데, 환전은 이들을 두려워하지 않고 늘 청총마를 타고 다니며 임무를 수행했다고 한다. 이 일로 인하여 '총마'는 (시)어사에 대한 미칭으로 쓰였다.
* 滄浪(창랑) : 은자隱者가 사는 곳을 뜻하는 말로 곧잘 쓰이지만, 이 시에서는 두보가 살고 있는 초당을 가리킨다.

447. 장난삼아 지어 한중왕에게 부쳐 올리다

뭇 도적들 때문에 돌아갈 길도 끊어졌을 적에
노쇠한 모습으로 이 먼 땅에서 뵙게 되었습니다.
왕께선 오히려 이 몸의 시 가운데 쓸 만한 것 어여삐 여기셨지만
아직껏 제가 술 마시고서 보인 광기 기억하시겠지요.
황제의 형제께서 더욱 존귀하게 되셨어도
예전 빈객들은 거의가 죽고 말았습니다.
이제 한갓 저만이 남아있음에
일찍이 함께 당에 오르던 때를 생각하시겠지요.

희제기상한중왕
戲題寄上漢中王

군도무귀로　　쇠안회원방　　상련시경책　　유기주전광
羣盜無歸路　　衰顏會遠方　　尚憐詩警策　　猶記酒顛狂

로위미존중　　　　서진략상망　　　　공여매수재　　　　응념조승당
魯衛彌尊重　　徐陳略喪亡　　空餘枚叟在　　應念早升堂

● 해설
이 연작시는 두보가 면주綿州에 머물 때인 보응 원년(762)에 지어졌다. 한중왕은 현종玄宗의 형인 양황제讓皇帝 이헌李憲의 제6자인 이우李瑀를 가리킨다. 안사安史의 난 중에 현종을 따라 촉에 갔다가 한중왕에 봉해졌다. 두보는 그와 오랜 친분이 있었으며 당시에 재주梓州로 가고자 하여 그에게 도움을 요청하며 이 시를 썼다. 3수의 연작시 가운데 제3수이다.

● 주석
* 羣盜(군도) : 안사 반군과 성도의 서지도徐知道 등 난리를 일으킨 자를 칭하는 말.
* 魯衛(노위) : 노魯는 주周나라 주공周公의 봉국封國이고, 위衛는 주공의 동생인 강숙康叔의 봉국이다. 따라서 후인들이 형제의 대칭으로 사용하였다.
* 徐陳(서진) : 삼국三國 위魏나라 사람 서간徐幹과 진림陳琳을 합칭하는 말이지만, 이 시에서는 한중왕 이우의 빈객이란 뜻으로 쓰였다.
* 枚叟(매수) : 서한西漢의 부賦 작가였던 매승枚乘. 두보 자신에 대한 비유로 사용되었다.

448. 느낀 바가 있어서

유계에 뱀과 돼지 남아있어
천하에는 아직도 호랑이와 이리가 득실거린다.
제후들이 봄 조공도 하지 않음에
사자의 행렬이 날로 이어졌나니
청해 땅은 삼가 삼키지 마시고
남조南詔가 토번吐蕃에 빌붙은 것도 애써 문책하지 마시라.
임금께서 먼저 싸움을 그쳐
말을 화산의 기슭으로 돌려보낼 수 있었으면……

有感
유감

幽薊餘蛇豕　乾坤尚虎狼　諸侯春不貢　使者日相望
유계여사시　건곤상호랑　제후춘불공　사자일상망

愼勿吞靑海　無勞問越裳　大君先息戰　歸馬華山陽
신물탄청해　무로문월상　대군선식전　귀마화산양

● 해설

이 시는 두보가 낭주閬州에 머물고 있을 때인 광덕廣德 2년(764) 봄에 지어졌다. 당시에 토번이 비록 물러가기는 하였지만 여러 번진藩鎭에서의 조짐이 이상하자 두보가 이를 우려하면서 이 시를 지었다. 5수의 연작시 가운데 제2수이다.

● 주석

* 幽薊(유계) : 하북河北 일대를 가리키는 말.
* 蛇豕(사시)·虎狼(호랑) : 안사의 잔당을 가리키는 말.
* 諸侯(제후) : 하북 일대의 항복한 절도사.
* 靑海(청해) : 청해는 당시 이미 토번군에게 점령되었다.
* 越裳(월상) : 나라 이름. 여기서는 남조를 가리킨다. 천보 이후로 남조는 당나라를 배신하고 토번에 빌붙었다.
* 華山(화산) : 섬서성 화음현華陰縣에 있는 산 이름.

449. 한 쌍의 제비

나그네로 살며 놀랍기는 한 쌍의 제비가
진흙 물고 이 집에 들어온다는 것.
덥고 젖은 자리 피하는 것 응당 사람과 같으니
또 다시 여름과 가을을 같이 지나게 되리.
풍진風塵 시절에 새끼 기르느라
오는 길은 멀기도 하였겠지.
올 가을에도 천지가 있으려니와
나 또한 이 낯선 지방 떠나게 되리라.

雙燕
^{쌍연}

旅食驚雙燕　銜泥入此堂　應同避燥濕　且復過炎涼
^{려식경쌍연}　^{함니입차당}　^{응동피조습}　^{차부과염량}

養子風塵際　來時道路長　今秋天地在　吾亦離殊方
^{양자풍진제}　^{래시도로장}　^{금추천지재}　^{오역리수방}

● 해설
이 시는 두보가 낭주에 이르렀을 때인 광덕 원년(763) 봄에 지어졌다. 시에서 자신을 제비에 비유하면서 이곳을 떠나고 싶다는 뜻을 드러내었다.

● 주석
* 殊方(수방) : 이방異方. 여기서는 촉蜀 땅을 가리킨다.

450. 도솔사에 올라

이름난 사찰인 도솔사,
진여眞如의 법을 깨치는 법당.
강과 산엔 파촉이 있고
사찰의 건물은 제량 때부터 내려온 것.
유신처럼 객지살이 슬퍼함이 비록 오래되었으나
주옹처럼 부처님의 뜻 받드는 일 잊지 않으리.
흰 소가 멘 수레 멀게 혹은 가깝게 있으니
또 자비로운 배에 오르고 싶을 따름.

上兜率寺
^{상도솔사}

兜率知名寺　眞如會法堂　江山有巴蜀　棟宇自齊梁
^{도솔지명사}　^{진여회법당}　^{강산유파촉}　^{동우자제량}

庾信哀雖久　周顒好不忘　白牛車遠近　且欲上慈航
^{유신애수구}　^{주옹호불망}　^{백우거원근}　^{차욕상자항}

● 해설

이 시는 광덕廣德 원년(763) 봄에 지어졌다. 도솔사에서 느낀 감회를 적은 시이다.

● 주석

* 兜率寺(도솔사) : 재주梓州에 있었던 절 이름.
* 眞如(진여) : 불교어. 사물의 있는 그대로의 모습이라는 뜻으로, 우주 만유의 본체인 평등하고 차별이 없는 절대의 진리를 이르는 말.
* 庾信(유신) : 북조의 문학가. 타향살이를 슬퍼한 〈애강남부哀江南賦〉를 지었음.
* 周顒(주옹) : 남제南齊 사람. 불교의 교리에 정통하였음.
* 白牛車(백우거) : 《법화경法華經》에 나오는 흰 소가 끈다는 보물 수레. 대개 대승大乘을 비유한다.
* 慈航(자항) : 불교어. 부처와 보살의 자비심은 중생을 생사의 고해에서 건너게 해주는 배와 같다는 뜻이다.

451. 자주 이재주를 모시고 강에 배를 띄우고 놀았는데 가기들이 여러 배에 있어 장난삼아 염곡 2수를 지어 이재주에게 드리다

시간은 노래 부르는 이 소매로 지나가고
푸른 하늘은 피리 부는 자리에 가까운데
비취빛 눈썹 여인의 곡조는 휘감기어 넘어가고
구름 같은 귀밑머리의 여인들이 엄연히 줄을 지었습니다.
숱한 산 저무는 때에 타고 갈 말 서 있는데
돌아가는 뱃길에 온 강물이 향기롭습니다.
사군께서는 부인이 있는 몸이거니
들녘의 원앙새는 배우지 마십시오.

數陪李梓州泛江有女樂在諸舫戲爲艷曲二首贈李

白日移歌袖　青霄近笛床　翠眉縈度曲　雲鬟儼分行
立馬千山暮　廻舟一水香　使君自有婦　莫學野鴛鴦

● 해설
이 시는 광덕廣德 원년(763) 봄에 지어졌다. '여악'은 가기歌妓를 가리킨다. 이재주가 가기들과 놀기를 즐겨 장난삼아 은근히 질책하는 뜻을 노래한 시이다. 2수의 연작시 가운데 제2수이다.

● 주석
* 度曲(도곡) : 곡보曲譜에 따라 연주하거나 노래하다. 노래가 지나가다.
* 野鴛鴦(야원앙) : 정식 결혼식을 올리지 않은 배우자를 비유한다.

452. 성도로 돌아가는 사직 위랑을 전송하며

몸 숨겨가며 촉 땅으로 와
같은 병을 앓는 위랑을 알게 되었는데
천하엔 아직 전쟁 기운이 가득하여
강기슭에서 보낸 세월이 길어졌습니다.
이별의 자리에는 꽃이 스러지려 하고
봄 햇살 아래 살쩍은 모두가 희끗희끗하기만!
저를 위해 완화계의 대나무를 찾아주십시오
뽑아 올린 가지가 마침 담장 높이를 지났을 터이거늘……

送韋郎司直歸成都

竄身來蜀地　同病得韋郎　天下兵戈滿　江邊歲月長

<ruby>別<rt>별</rt></ruby><ruby>筵<rt>연</rt></ruby><ruby>花<rt>화</rt></ruby><ruby>欲<rt>욕</rt></ruby><ruby>暮<rt>모</rt></ruby>　　<ruby>春<rt>춘</rt></ruby><ruby>日<rt>일</rt></ruby><ruby>鬢<rt>빈</rt></ruby><ruby>俱<rt>구</rt></ruby><ruby>蒼<rt>창</rt></ruby>　　<ruby>爲<rt>위</rt></ruby><ruby>問<rt>문</rt></ruby><ruby>南<rt>남</rt></ruby><ruby>溪<rt>계</rt></ruby><ruby>竹<rt>죽</rt></ruby>　　<ruby>抽<rt>추</rt></ruby><ruby>梢<rt>초</rt></ruby><ruby>合<rt>합</rt></ruby><ruby>過<rt>과</rt></ruby><ruby>墻<rt>장</rt></ruby>

● 해설

이 시는 광덕廣德 원년(763) 봄에 두보가 재주에 머물고 있을 때 지어졌다. 위 랑의 이름은 미상이며 사직은 벼슬이름이다. 시는 난리통 속에서 이별하는 심회와 초당에 대한 사념을 적은 것이다. 제목 아래에 '나의 초당은 성도 서곽에 있었다(余草堂在成都西郭)'라는 주가 있다.

● 주석

* 南溪(남계) : 완화계浣花溪. 두보의 초당草堂은 이 시냇가에 있었다.

453. 누대 위에서

술자리를 옮겨 대에 오르니 멀리 바라볼 수 있어 좋고
성문 닫지 않아 달 또한 밝아라.
하늘에 닿을 듯 높은 곳이라 무더위도 없는데
산골짝에서 서늘한 바람이 불어오누나.
늙다리엔 한잔 술이면 족한 것,
뉘라서 연이어 춤추는 걸 어여삐 여기랴!
어이 관가의 촛대 잡을 필요 있으리?
귀밑털이 센 것을 괴로워하듯이……

<ruby>臺<rt>대</rt></ruby><ruby>上<rt>상</rt></ruby>

<ruby>改<rt>개</rt></ruby><ruby>席<rt>석</rt></ruby><ruby>臺<rt>대</rt></ruby><ruby>能<rt>능</rt></ruby><ruby>逈<rt>형</rt></ruby>　　<ruby>留<rt>류</rt></ruby><ruby>門<rt>문</rt></ruby><ruby>月<rt>월</rt></ruby><ruby>復<rt>부</rt></ruby><ruby>光<rt>광</rt></ruby>　　<ruby>雲<rt>운</rt></ruby><ruby>霄<rt>소</rt></ruby><ruby>遺<rt>유</rt></ruby><ruby>暑<rt>서</rt></ruby><ruby>濕<rt>습</rt></ruby>　　<ruby>山<rt>산</rt></ruby><ruby>谷<rt>곡</rt></ruby><ruby>進<rt>진</rt></ruby><ruby>風<rt>풍</rt></ruby><ruby>涼<rt>량</rt></ruby>
<ruby>老<rt>로</rt></ruby><ruby>去<rt>거</rt></ruby><ruby>一<rt>일</rt></ruby><ruby>杯<rt>배</rt></ruby><ruby>足<rt>족</rt></ruby>　　<ruby>誰<rt>수</rt></ruby><ruby>憐<rt>련</rt></ruby><ruby>屢<rt>루</rt></ruby><ruby>舞<rt>무</rt></ruby><ruby>長<rt>장</rt></ruby>　　<ruby>何<rt>하</rt></ruby><ruby>須<rt>수</rt></ruby><ruby>把<rt>파</rt></ruby><ruby>官<rt>관</rt></ruby><ruby>燭<rt>촉</rt></ruby>　　<ruby>似<rt>사</rt></ruby><ruby>惱<rt>뇌</rt></ruby><ruby>鬢<rt>빈</rt></ruby><ruby>毛<rt>모</rt></ruby><ruby>蒼<rt>창</rt></ruby>

● 해설

이 시는 두보가 재주에 머물고 있던 때인 광덕 원년(763) 여름에 지어졌다. 비가 그치고 달이 돋은 후에 누대에 올라 술을 마시며 풍월의 아름다움을 노래하는 한편, 늙어감에 대한 탄식을 토로한 시이다.

• 주석
* 留門(유문) : 성문을 아직 닫지 않았다는 뜻이다.

454. 마음대로 노닐며

서걱거리는 바람 섬돌에서 일고
둥근 해는 담장에 가려졌는데
아스라한 허공에는 가을 기러기 자취 사라지고
산 중간에 걸쳐서 저물녘 구름이 길게 이어졌다.
병든 잎새는 대부분 먼저 져버리고
늦가을 국화는 그저 잠시 동안 향기로울 뿐.
파성 땅에 사노라니 눈에 눈물 더하거늘
하물며 오늘 저녁처럼 다시 맑은 달빛이 흐를 때임에랴!

薄遊 (박유)

淅淅風生砌 (석석풍생체)
團團日隱牆 (단단일은장)
遙空秋雁滅 (요공추안멸)
半嶺暮雲長 (반령모운장)
病葉多先墜 (병엽다선추)
寒花只暫香 (한화지잠향)
巴城添淚眼 (파성첨루안)
今夕復淸光 (금석부청광)

• 해설
이 시는 두보가 낭주閬州에 머물고 있을 때인 광덕 원년(763) 늦은 가을에 지어졌다. '박유'란 마음대로 노닌다는 뜻이다. 노닐면서 보게 된 경물과 감회를 노래하면서 신세에 대한 한탄을 더한 시이다.

• 주석
* 淅淅(석석) : 바람이 서걱거리는 소리.

* 團團(단단) : 둥근 모양.
* 巴城(파성) : 낭주閬州를 가리킨다.

455. 강가 정자에서 낭주 왕자사께서 자리를 마련하여 수주 소자사와 전별하심에

헤어지는 정자 있으되 고향이 아니고
봄빛이 좋기는 하나 타향에 있는 몸,
늙어감에 노랫소리 이어지는 게 두렵기만 하고
시름은 춤추는 가락 따라 길어지기만!
낭주 왕자사께서 애정 어린 전별의 잔치 여심에
수주 소자사의 거마車馬에는 찬란히 빛이 납니다.
물길에 바람과 안개 이어져 있으니
두 분은 의당 봉황이 내려오게 하겠지요.

<small>강 정 왕 랑 주 연 전 소 수 주</small>
江亭王閬州筵餞蕭遂州

<small>리 정 비 구 국　　춘 색 시 타 향　　로 외 가 성 계　　수 수 무 곡 장</small>
離亭非舊國　春色是他鄉　老畏歌聲繼　愁隨舞曲長
<small>이 천 개 총 전　　오 마 란 생 광　　천 로 풍 연 접　　구 의 하 봉 황</small>
二天開寵餞　五馬爛生光　川路風煙接　俱宜下鳳凰

● 해설

이 시는 두보가 낭주에 있을 때인 광덕廣德 2년(764) 봄에 지어졌다. 낭주 왕자사가 강가 정자에 자리를 마련하여 수주 소자사와 전별할 적에 두보가 배석하였다가 이 시를 지어 두 사람에게 준 것이다.

● 주석

* 離亭(이정) : 성에서 조금 멀리 떨어진 길가에 지은 전별을 위한 정자.
* 二天(이천) : 2개의 하늘. 한대漢代의 소장蘇章이 기주자사冀州刺史로 있을 때, 청하태수淸河太守로 있던 그의 친구가 잘못을 저지르고는 자사가 자기와의 우

정을 고려하여 자기를 비호해 줄 것이라 여기고는, "사람들은 모두 하늘 하나씩을 가지고 있지만 나는 유독 하늘 두 개를 가지고 있다."고 한 적이 있는데, 후대에는 이 '이천二天'을 자기에게 은혜를 베풀어준 주군州郡의 장관에게 붙이는 경칭으로 사용하였다. 여기서는 낭주 왕자사를 가리킨다.
* 五馬(오마) : 한대漢代의 태수가 타던, 다섯 마리 말이 끌던 수레. 여기서는 수주 소자사의 수레를 가리키는 말로 쓰였다.
* 下鳳凰(하봉황) : 봉황이 내려오다. 한대의 황패黃覇가 영천군수潁川郡守가 되어 덕정을 베풀자 봉황이 군郡에 날아와 모였다는 전설로부터 지방장관의 공적을 칭송하는 말로 쓰였다.

456. 왕사군을 모시고 그믐날에 배를 띄워 황가정자에 가서

길이 난 곳에 금빛 모래 보드라운데
사람 없어도 푸른 풀은 아름답기만!
들 밭두둑엔 나비가 줄을 지었고
강 위 난간에서 내려다보이는 물 위의 원앙새들!
해 저무는 때 안개 속의 꽃이 어지럽고
바람이 불어와 비단 춤옷에서는 향기가 입니다.
격앙된 가락 불지 말아야 할 것은
쇠하여 늙은이가 쉬이 슬픔에 젖기 때문.

배왕사군회일범강취황가정자
陪王使君晦日泛江就黃家亭子

유경금사연　　무인벽초방　　야휴련협접　　강함부원앙
有徑金沙軟　無人碧草芳　野畦連蛺蝶　江檻俯鴛鴦
일만연화란　　풍생금수향　　불수취급관　　쇠로이비상
日晚烟花亂　風生錦繡香　不須吹急管　衰老易悲傷

● 해설

이 시는 두보가 낭주에 머물고 있을 때인 광덕廣德 2년(764) 정월 그믐날에 지어졌다. 강에 배를 띄우고 놀며 대하게 된 황가정자의 경물을 노래한 시이다. 2수의 연작시 가운데 제2수이다.

● 주석

* 金沙(금사) : 금빛 모래.

457. 성 위에서

풀은 파서에 가득 푸르고
빈 성엔 밝은 해가 길기만 하여라.
바람 불어 꽃이 조각조각 날리고
봄기운이 움직여 강물은 아스라하기만!
예전엔 여덟 준마가 주목왕周穆王의 순수巡守를 수행하고
여러 신하들이 한무제漢武帝를 따랐었는데
아스라이 들었나니 금상今上께서 황궁 나오시어 순수하심에
조만간 멀고 황량한 땅 두루 다니시게 된다지.

성 상
城上

초만파서록	성공백일장	풍취화편편	춘동수망망
草滿巴西綠	城空白日長	風吹花片片	春動水茫茫
팔준수천자	군신종무황	요문출순수	조만편하황
八駿隨天子	羣臣從武皇	遙聞出巡狩	早晚遍遐荒

● 해설

이 시는 두보가 낭주에 머물고 있을 때인 광덕 2년(764) 초봄에 지어졌다. 성에 올라 느낀 감회와 대종代宗이 토번에 의해 함락된 경사를 도망쳐 나와 먼 지역까지 행차하게 된 것을 가슴아파한 시이다.

● 주석
* 巴西(파서) : 낭주. 낭주는 파서군巴西郡에 속하였다.
* 城空(성공) : 당시 사천 서쪽의 송주松州·유주維州·보주保州가 함락되자 사람들은 모두 성을 버리고 멀리 피난하였다.

458. 공주 최녹사에게 부침

공주의 최녹사께서는
듣자니 과원방에 계신다지요.
오래 기다려도 소식 없거늘
하루종일 무슨 바쁜 일이 그리도 많으신지?
강가의 나무 우거진 먼 길을 응당 시름하시고
초당의 황량함 보기를 겁내시기 때문이겠지요.
끝도 없는 풍진 밖에서
뉘라서 알겠습니까, 술이 익어 향기로운 줄을……

寄邛州崔錄事
기 공 주 최 록 사

邛州崔錄事　聞在果園坊　久待無消息　終朝有底忙
공 주 최 록 사　문 재 과 원 방　구 대 무 소 식　종 조 유 저 망
應愁江樹遠　怯見野亭荒　浩蕩風塵外　誰知酒熟香
응 수 강 수 원　겁 견 야 정 황　호 탕 풍 진 외　수 지 주 숙 향

● 해설
이 시는 광덕 2년(764)에 초당으로 돌아온 이후에 지어졌다. 공주는 사천성에 있었던 고을 이름이며 녹사는 관직 이름이다. 시는 최녹사에게 초당을 찾아 달라는 뜻을 익살스럽게 표현한 것이다.

● 주석
* 果園坊(과원방) : 성도成都에 있었던 마을 이름.

459. 엄정공댁에서 함께 대나무를 읊다

푸른 대가 아직 반쯤 껍질을 머금고 있어
새 가지가 겨우 담을 삐져나왔는데
그윽한 빛이 책에 스며드는 저녁이 되어
그늘이 걸쳐진 동이 술에는 서늘한 기운이 감도네.
비에 씻겨 그윽히도 깨끗하고
바람 불어 가는 향기 전해진다.
만일 이 대나무 베어지지만 않게 한다면
구름에 닿도록 자라는 것 볼 수 있으련만……

엄정공택동영죽
嚴鄭公宅同詠竹

록죽반함탁　　　신초재출장　　　색침서질만　　　음과주준량
綠竹半含籜　　　新梢纔出牆　　　色侵書帙晚　　　陰過酒樽涼
우세연연정　　　풍취세세향　　　단령무전벌　　　회견불운장
雨洗娟娟淨　　　風吹細細香　　　但令無翦伐　　　會見拂雲長

● 해설
이 시는 두보가 광덕廣德 2년(764)에 막부로 돌아간 이후에 지어졌다. 대나무를 빌려 자기 자신을 비유한 시이다. '엄정공'은 엄무嚴武이다.

● 주석
* 籜(탁) : 대나무 혹은 죽순의 껍질. 죽순을 싸고 있는 외피.
* 娟娟(연연) : 예쁜 모양. 그윽한 모양.

460. 이고의 요청으로 사마 동생이 그린 산수도를 구경하다

높은 물결은 집을 뒤집을 듯하고
무너질 듯한 산언덕은 평상을 덮쳐버릴 것만 같은데

들녘의 다리는 또렷이 수륙水陸을 나누고
모래 언덕은 희미하게 감돌고 있네.
붉은 것은 물에 잠긴 키 작은 산호,
푸른 것은 절벽에 매달린 키다리 담쟁이덩굴.
물 위에 뜬 뗏목엔 아울러 앉을 수 있겠거니
신선이여, 잠시나마 나를 데려가 주오.

관 리 고 청 사 마 제 산 수 도
觀李固請司馬弟山水圖

고 랑 수 번 옥　　붕 애 욕 압 상　　야 교 분 자 세　　사 안 요 미 망
高浪垂翻屋　崩崖欲壓床　野橋分子細　沙岸繞微茫
홍 침 산 호 단　　청 현 벽 려 장　　부 사 병 좌 득　　선 로 잠 상 장
紅浸珊瑚短　青懸薜荔長　浮查並坐得　仙老暫相將

● **해설**

이 시는 광덕 2년(764) 겨울에 지어졌는데, 당시 두보는 성도에 있는 이고의 집에서 이고의 아우가 그린 산수화를 보면서 이 시를 지었다. 산수화에 보이는 경물을 묘사하면서 세상을 벗어나고 싶다는 뜻을 기탁한 시이다. 3수의 연작시 가운데 제3수이다.

● **주석**

* 子細(자세) : 세밀한 모양. 또렷한 모양.
* 浮查(부사) : 떠있는 뗏목. 요堯임금 시절에 서해에 큰 뗏목이 떴는데 그 위에는 밝은 빛이 머물고, 뗏목에는 신선이 타고 있었다는 전설이 있다.

461. 고상시께서 돌아가셨다는 얘기를 듣고

그대께서 조정으로 돌아가실 적에 뵙지도 못하였거늘
촉 땅으로 들어온 사신이 홀연 돌아가셨다는 소식을 전하는군요.
금화성에서의 벼슬은 짧아 헛되이 지내신 것이지만

지하세계에서는 수문랑修文郎과 다를 바 없겠지요.
직언으로 군주 보좌하였음에 붉은 기둥이 꺾이었는데
벗님 곡하노라니 정운停雲의 시 감회가 길기만 합니다.
독보적이었던 시명詩名만이 남아
그저 옛 친구로 하여금 마음 아프게 하는구려.

聞高常侍亡
문고상시망

歸朝不相見 蜀使忽傳亡 虛歷金華省 何殊地下郎
귀조불상견 촉사홀전망 허력금화성 하수지하랑
致君丹檻折 哭友停雲長 獨步詩名在 祇令故舊傷
치군단함절 곡우정운장 독보시명재 지령고구상

●해설
이 시는 두보가 초당에 머물고 있을 때인 영태永泰 원년(765)에 지어졌다. '고상시'는 고적高適을 가리킨다. 《당서唐書》에 의하면 고적은 광덕 원년(763)에 형부시랑刑部侍郎이 되었다가 잠깐 좌산기시랑左散騎侍郎으로 옮겨간 뒤 영태 원년 정월에 세상을 떠났다고 한다. 오랜 친구에 대한 깊은 정과 추모의 뜻을 노래한 시이다.

●주석
* 金華省(금화성) : 한漢의 미앙궁未央宮 안에 금화전金華殿이 있었는데 일찍이 중상시中常侍였던 반백班伯이 여기에서 경서經書를 강론하여 '상시'의 대칭으로 쓰이게 되었다. 고적은 좌산기시랑을 지낸 적이 있다.
* 地下郎(지하랑) : 진晉나라 사람 소소蘇韶가 죽은 뒤에 그의 당형제堂兄弟가 꿈에서 그를 보았는데, 안연顔淵과 복상卜商이 지하에서 수문랑을 지내고 있다고 하였다. 이후로 고인의 문재文才를 칭송하는 말로 곧잘 쓰인다.
* 丹檻折(단함절) : 한漢의 주운朱云이 성제成帝의 면전에서 간신 장우張禹를 죽일 것을 청하자 성제가 대노하여 끌어내어 그 죄를 다스리려 하자 기둥을 붙잡아서 기둥이 꺾어졌다는 고사가 있다. 여기서는 고적의 좌산기시랑이라는 벼슬이 풍간諷諫의 직분을 수행하는 것임을 밝힌 것으로 쓰였다.
* 停雲(정운) : 도연명陶淵明이 지은, 벗을 그리는 내용의 시.

462. 상징군과 헤어지며

아이 부축 받으면서도 오히려 지팡이 짚나니
몸져누움이 석 달 가을이 넘었습니다.
흰 머리카락마저 새로 먹감은 후로 줄어들고
겨울옷도 헐렁하여 온통 길어졌습니다.
벗님께서 걱정하여 날 찾아주셨음에
이 이별에 임해 눈물 흘리며 바라봅니다.
각자가 부평을 따라 떠돌게 될 처지,
보내오는 편지나마 자세히 적어주시길……

　별　상　징　군
別常徵君

아　부　유　장　책　　　와　병　일　추　강　　　백　발　소　신　세　　　한　의　관　총　장
兒扶猶杖策　臥病一秋强　白髮少新洗　寒衣寬總長
고　인　우　견　급　　　차　별　루　상　망　　　각　축　평　류　전　　　래　서　세　작　행
故人憂見及　此別淚相望　各逐萍流轉　來書細作行

●해설
이 시는 두보가 병으로 인해 운안雲安에 머물고 있을 때인 영태永泰 원년(765) 초겨울에 지어졌다. 상징군이 운안을 떠나려고 할 즈음에 두보를 방문하자 두보가 이 시를 지어 석별의 정을 아파한 것이다.

●주석
* 杖策(장책) : 지팡이를 짚다.
* 强(강) : 시간적으로 넘는다는 뜻.
* 見及(견급) : 방문을 받다. '급及'은 '방급訪及'과 같은 말이다.

463. 금수에서 살던 곳을 그리워하며

만리교 서쪽 집,
백화담 북쪽 장원莊園.
높다란 마루는 모두가 물을 임해 있고
늙은 나무는 실컷 서리를 겪은 곳.
눈 덮인 봉우리는 하늘과 경계를 이루며 그토록 희었는데
금성은 해 어둑하여 누렇게 보였지.
서글퍼라, 풍광 빼어난 땅
머리 돌려 바라보니 그저 아득하기만!

_{회 금 수 거 지}
懷錦水居止

_{만 리 교 서 택}   _{백 화 담 북 장}   _{층 헌 개 면 수}   _{로 수 포 경 상}
萬里橋西宅   百花潭北莊   層軒皆面水   老樹飽經霜
_{설 령 계 천 백}   _{금 성 훈 일 황}   _{석 재 형 승 지}   _{회 수 일 망 망}
雪嶺界天白   錦城曛日黃   惜哉形勝地   回首一茫茫

● 해설

이 시는 두보가 운안에 머물고 있을 때인 영태永泰 원년(765) 겨울에 지어졌다. '금수거지錦水居止'는 성도의 초당을 가리킨다. 이 시는 초당을 그리는 심사를 노래한 것이다. 2수의 연작시 가운데 제2수이다.

● 주석

* 萬里橋(만리교) : 성도에 있었던 다리 이름.
* 百花潭(백화담) : 성도에 있었던 연못 이름.

464. 백제성에 올라

우뚝한 성, 하늘 절벽을 따라 지었는데
누각 높은 곳에서 여장을 바라본다.
강물 흘러내려 하후씨를 생각하고
바람 불어 양왕을 떠올렸어라.
늙어가며 서글픈 호각 소리 듣고
사람 부축 받자니 해 저물어 감을 알리누나.
공손술이 애초에 이 성의 견고함 믿었거니
말로 뛰어오를 때 그 의기는 얼마나 양양했을꼬?

上白帝城

城峻隨天壁 樓高望女墻 江流思夏后 風至憶襄王
老去聞悲角 人扶報夕陽 公孫初恃險 躍馬意何長

● 해설
이 시는 두보가 막 기주夔州에 이르렀을 때인 대력大曆 원년(766)에 지어졌다. 회고의 정을 노래하면서 시절을 아파하는 뜻을 기탁한 시이다.

● 주석
* 女墻(여장): 성 담장 위에 요철 모양으로 만들어둔 작은 담장. 성가퀴.
* 夏后(하후): 우禹임금.
* 風至(풍지) 구: 송옥宋玉의 〈풍부風賦〉에, '초楚 양왕襄王이 난대궁蘭臺宮에서 노닐 적에 송옥과 경차景差 등이 모시고 있었는데 시원하게 바람이 불어오자 왕이 옷깃을 열고 바람을 맞으며 말하기를, "시원하구나, 이 바람은! 과인이 뭇 백성들과 함께하는 것일까?'라 하였다는 구절이 있다.
* 公孫(공손): 공손술公孫述. 동한東漢 초기에 공손술이 촉蜀 땅에서 스스로 왕이 되어 이 백제성의 견고함을 믿고 저항하였으나, 광무제光武帝에게 멸망되

고 말았다.

465. 염예퇴

큰 돌이 물 가운데 있음에
강에 가을 드니 길게도 물밖 나와 있구나.
소를 물속에 제물로 가라앉혀 은택에 보답하고
돌의 크기가 말과 같으면 배 띄우는 일 경계한다지.
하늘의 뜻은 배의 전복을 걱정하는 데 있어
신묘한 공이 이 아스라한 물속까지 이어지게 되었던 것.
전란의 와중에 연이어 닻줄을 풀었나니
회억해 보노라, 가는 것도 머무는 것도 위태로운 것임을!

灩澦堆

巨石水中央　江寒出水長　沈牛答雲雨　如馬戒舟航
天意存傾覆　神功接混茫　干戈連解纜　行止憶垂堂

● 해설

이 시는 대력大曆 원년(766) 가을에 지어졌다. 이 시는 염예퇴의 험상險狀을 얘기하면서 전란의 와중이라 험난하기 짝이 없는 인생행로를 아파한 시이다.

● 주석

* 灩澦堆(염예퇴) : 기주 서쪽, 촉강蜀江의 한가운데에 있었다. 여름에 물이 불으면 반쯤 잠겼다가 겨울이 되면 20여길이나 되는 모습을 드러냈다고 한다.
* 沈牛(침우) : 뱃일에 종사하는 사람들이 소를 물속에 제물로 가라앉혀 염예퇴를 무사히 지나다닐 수 있기를 신령에게 빌었던 일을 가리킨다.
* 連解纜(연해람) : 성도成都에서 배를 타고 기주夔州까지 오게 된 일을 말한다.
* 垂堂(수당) : 집의 처마끝에 앉거나 기대다. 기와가 떨어져 사람을 다치게 할

수도 있다는 것으로 인해 위태로운 상황을 뜻하는 말로 쓰인다.

466. 싸움닭

싸움닭으로 인해 가창賈昌에게 처음 비단 내리고서
춤추는 말을 이미 평상平床 위에 오르게 하였을 적에
주렴 아래로 궁인宮人들이 나와 음악을 연주하고
누각 앞에는 궁중의 버들이 길게 늘어졌지.
신선처럼 노닐던 일 마침내 한번 끝난 뒤로
이원梨園의 여악女樂은 오래도록 향기가 없었네.
적막한 여산 길에는
맑은 가을하늘 아래 초목들만 누렇게 되었을 뿐.

鬪雞

鬪雞初賜錦　舞馬旣登床　簾下宮人出　樓前御柳長
仙遊終一閟　女樂久無香　寂寞驪山道　清秋草木黃

● 해설
이 시는 대력 원년(766)에 기주에서 지어졌다. 투계를 통해 흥쇠興衰와 치란治亂에 대한 감회를 노래한 시이다.

● 주석
* 賜錦(사금) : 현종玄宗이 투계를 좋아하였는데 목계木鷄를 다루던 가창賈昌을 발견하고는 궁중으로 불러들이고 그에게 비단을 내렸다.
* 舞馬(무마) 구 : 현종이 말을 아름답게 장식하여 춤을 추게 하였는데, 혹 장사들에게 명하여 평상을 들게 하고 그 위에서 춤추게 하였다고도 한다.
* 女樂(여악) : 이원梨園의 제자弟子들이 연주하는 음악.
* 驪山(여산) : 현종의 행궁行宮이 있던 곳이다.

467. 백중승을 모시고 장사들에게 연회를 베푼 것을 보고

몹시도 즐거워하는 삼군三軍의 병사들,
뉘라서 저들이 숱한 전쟁터 겪은 몸임을 알랴!
사사로움 없이 화려한 잔치 한 가지로 받고
오래 앉아있자 금도장을 찬 자들이 빽빽하게 이어졌네.
취한 손님은 앵무의 술잔 적시고
노래하는 기녀들은 거문고 뜯으며 흥을 돋우는데
어느 날에 절도사의 신표 취절이 와,
특별히 관기들의 무리 데리고 오실꼬?

$$\underset{배}{陪}\underset{백}{柏}\underset{중}{中}\underset{승}{丞}\underset{관}{觀}\underset{연}{宴}\underset{장}{將}\underset{사}{士}$$

$$\underset{극}{極}\underset{락}{樂}\underset{삼}{三}\underset{군}{軍}\underset{사}{士} \quad \underset{수}{誰}\underset{지}{知}\underset{백}{百}\underset{전}{戰}\underset{장}{場} \quad \underset{무}{無}\underset{사}{私}\underset{제}{齊}\underset{기}{綺}\underset{찬}{饌} \quad \underset{구}{久}\underset{좌}{坐}\underset{밀}{密}\underset{금}{金}\underset{장}{章}$$
$$\underset{취}{醉}\underset{객}{客}\underset{점}{霑}\underset{앵}{鸚}\underset{무}{鵡} \quad \underset{가}{佳}\underset{인}{人}\underset{지}{指}\underset{봉}{鳳}\underset{황}{凰} \quad \underset{기}{幾}\underset{시}{時}\underset{래}{來}\underset{취}{翠}\underset{절}{節} \quad \underset{특}{特}\underset{지}{地}\underset{인}{引}\underset{홍}{紅}\underset{장}{粧}$$

● **해설**
이 시는 두보가 기주에 머물고 있던 대력大曆 원년(766) 겨울에 지어졌다. 기주의 백무림柏茂琳이 장수들을 위해 베푼 연회 자리에서 연회의 성대함을 노래한 것이다. 2수의 연작시 가운데 제2수이다.

● **주석**
* 綺饌(기찬) : 화려한 잔치.
* 鸚鵡(앵무) : 앵무배鸚鵡杯.
* 佳人(가인) : 노래하는 기녀.
* 鳳凰(봉황) : 거문고를 가리키는 말.
* 翠節(취절) : 절도사가 차는 부절符節.
* 紅粧(홍장) : 관기官妓.

468. 저무는 봄에 양서에서 새로 임대한 초옥에 적다

세상 구제할 계책 베풀고자 하나
이미 늙어버린 상서랑.
승냥이와 이리의 싸움 그치게 하지 못하였음에
조정의 반열에 서게 된 것을 부질없이 부끄러워하노라.
시절이 위태로워 사람의 일도 급촉하나니
바람이 거슬러 불어 깃과 털이 상한 새와 같아라.
지는 해 바라보며 기주의 시절 슬퍼하노라니
한밤중 눈물이 침상에 가득 흐르누나.

　　모 춘 제 양 서 신 임 초 옥
　　暮春題瀼西新賃草屋

욕 진 제 세 책　　이 로 상 서 랑　　불 식 시 랑 투　　공 참 원 로 항
欲陳濟世策　　已老尚書郎　　不息豺狼鬪　　空慚鴛鷺行
시 위 인 사 급　　풍 역 우 모 상　　락 일 비 강 한　　중 소 루 만 상
時危人事急　　風逆羽毛傷　　落日悲江漢　　中宵淚滿床

● **해설**
이 시는 대력 2년(767) 3월에 기주의 적갑赤甲에서 양서瀼西로 옮겨가 살 적에 초옥의 벽에 적은 시이다. 시절의 위태로움과 늙어버린 자신에 대한 한탄을 노래한 것이다. 5수의 연작시 가운데 제5수이다.

● **주석**
* 尙書郎(상서랑) : 작가 자신. 두보는 광덕 2년 6월에 엄무嚴武의 추천에 따라 검교상서공부원외랑檢校尙書工部員外郞이 되었는데, 이 시를 지을 당시에도 그는 여전히 이 이름뿐인 직함을 가지고 있었다.
* 鴛鷺行(원로항) : 새가 날아갈 때 차서次序에 따라 대오를 이루는 까닭에 조관朝官의 비유로 쓴 것임.
* 江漢(강한) : 기주夔州.

469. 아이 종이 오다

사리는 겨우 푸른빛을 띠고
매실과 살구는 반 넘어 누른빛이 들었는데
아이가 그윽한 과수원으로부터 왔음에
가뿐한 바구니 안에 익은 사과가 향기롭구나.
산바람이 여전히 손에 가득 잡힐 듯
들녘 이슬도 새로 맛볼 수 있을 듯.
나는 병들어 침상에 누운 강호의 나그네,
세월 오래도록 과일 들고 와 주면 좋으련만……

_{수 자 지}
豎子至

_{사리재철벽} _{매행반전황} _{소자유원지} _{경롱숙내향}
樝梨纔綴碧　梅杏半傳黃　小子幽園至　輕籠熟柰香
_{산풍유만파} _{야로급신상} _{기침강호객} _{제휴일월장}
山風猶滿把　野露及新嘗　欹枕江湖客　提攜日月長

● 해설
이 시는 두보가 기주에 머물고 있을 때인 대력大曆 2년(767)에 지어졌다. '수자'는 '아이 종'을 뜻한다. 아이 종이 과수원에서 사과를 가져오자 그 일을 시로 적으면서 늙어가는 자신에 대한 한탄의 뜻을 노래한 것이다.

● 주석
* 樝梨(사리) : 과일 이름. 산사山樝의 일종.
* 柰(내) : 사과.

470. 나무 아래에서

쓸쓸히 높이 솟은 두 그루 홍귤나무,
너울너울 뜰 가득 향기로운데

엇섞인 가지는 안석과 지팡이께까지 나직이 드리우고
매달린 열매는 옷에 부딪힐 정도.
1년 내내 소나무처럼 푸르다가
때 함께하여 국화처럼 누렇게 되기를 기다리고 있으리.
몇 번인가, 잎사귀 이슬에 몸 적시고
달빛 받으며 호상에 앉은 것이!

樹間
_{수 간}

岑寂雙甘樹 婆娑一院香 交柯低几杖 垂實礙衣裳
_{잠적쌍감수} _{파사일원향} _{교가저궤장} _{수실애의상}
滿歲如松碧 同時待菊黃 幾回霑葉露 乘月坐胡床
_{만세여송벽} _{동시대국황} _{기회점엽로} _{승월좌호상}

●해설
이 시는 두보가 기주에 머물고 있을 때인 대력 2년(767) 가을에 지어졌다. 홍귤나무 아래서 아름다운 정취를 노래한 시이다.

●주석
* 岑寂(잠적) : 적막함. 쓸쓸히 높이 솟아있음.
* 甘樹(감수) : 홍귤나무. 운향과에 속하는 상록 교목.
* 婆娑(파사) : 너울너울 춤추는 모양.
* 胡床(호상) : 접을 수 있는 간이의자.

471. 가을 들판

예악이 나를 다스리기 힘들어도
산림이 이끌어낸 흥취는 유장하여라.
머리 흔드니 사모 기울어지고
등을 쬐며 책 보노라니 책 위로 햇살 빛나는데

바람이 떨군 솔방울을 줍고
날씨 싸늘하여 벌집을 따노라니
듬성듬성 자그마한 붉은 꽃과 푸른 잎이 있어
걸음 멈추고 은은한 향기 가까이하였네.

秋野 _{추야}

禮樂攻吾短	山林引興長	掉頭紗帽側	曝背竹書光
풍락수송자	천한할밀방	희소소홍취	주극근미향
風落收松子	天寒割蜜房	稀疎小紅翠	駐屐近微香

(위 한자 독음: 례악공오단 / 산림인흥장 / 도두사모측 / 폭배죽서광)

● 해설

이 시는 대력大曆 2년(767)에 기주의 양서瀼西에서 지어졌다. 그윽하게 살고 있는 자신의 흥취를 노래한 시이다. 5수의 연작시 가운데 제3수이다.

● 주석

* 攻(공) : 치治. 다스리다.

472. 전장군이 기주 백중승의 명으로 강릉철도사인 양성군왕 위공의 막부에 문후드리러 가는 걸 전송하며

이별의 자리, 그 많던 술도 다하여
차가운 연못을 출발하게 되었습니다.
머리 돌려 백중승께서 앉으신 곳 바라본 뒤로
글월 받들고 이성의 양성군왕에게로 치달려 가시면
제비는 청풍강淸風江의 햇살을 하직하고
기러기는 맥성의 서리 속을 지나겠지요.
필시 산옹이 내어주는 술에 취하실 터,

멀리서도 부러울 것입니다, 그대께서 갈강과 같음이!

送田四弟將軍將蘷州柏中丞命起居江陵節度使陽
城郡王衛公幕

離宴罷多酒　起地發寒塘　回首中丞座　馳牋異姓王
燕辭楓樹日　雁度麥城霜　定醉山翁酒　遙憐似葛疆

• 해설

이 시는 대력 2년(767)에 기주에서 지어졌다. 전장군이 위공에게 예우받게 될 것이라는 덕담을 실은 송별시이다.

• 주석

* 中丞座(중승좌) : 중승은 도독 백무림柏茂琳을 가리킨다.
* 異姓王(이성왕) : 양성군왕 위백옥衛伯玉을 가리킨다.
* 楓樹(풍수) : 단풍나무라는 뜻이나 여기서는 청풍강淸風江을 뜻함.
* 麥城(맥성) : 지명. 강릉江陵을 지칭.
* 山翁(산옹) : 진晉의 정남장군征南將軍 산간山簡. 여기서는 위백옥을 가리킨다.
* 葛疆(갈강) : 산간의 부장部將으로 양양襄陽에서 늘 산간의 술자리를 모셨다고 한다. 여기서는 전장군을 가리키는 말로 쓰였다.

473. 비를 무릅쓰고 행군사마 아우의 집에 들어

여명의 호각 소리 구름에 닿아 끊어지자
봄 성엔 비를 띤 기운이 아득하였다.
물에 피는 꽃은 도랑마다 여리게 피어나고
둥지 트는 제비는 진흙을 물고 다니느라 분주하기만!
어진 아우는 막부의 보좌역을 씩씩하게 해내건만

못난 이 몸은 좌습유라는 직책만 더럽혔을 뿐.
부평초처럼 떠다니는 삶, 흐르는 눈물 참으며
늙은 이 몸이 이제야 아우의 집에 들게 되었네.

_{승우입행군륙제택}
乘雨入行軍六弟宅

_{서각릉운파} _{춘성대우장} _{수화분참약} _{소연득니망}
曙角凌雲罷　春城帶雨長　水花分塹弱　巢燕得泥忙
_{령제웅군좌} _{범재오성랑} _{평표인류체} _{쇠삽근중당}
令弟雄軍佐　凡才汚省郎　萍漂忍流涕　衰颯近中堂

● 해설
이 시는 대력大曆 3년(768) 봄에 지어졌는데 당시 두보는 이미 뱃길로 형남荊南에 도착해 있었다. 전반부에서는 이른 아침에 비를 무릅쓰고 성에 들어갈 때의 상황을 노래하였고, 후반부에서는 오랫동안 떨어져 지내다가 아우를 다시 만난 감회를 노래하였다.

● 주석
* 春城(춘성) : 강릉. 지금의 호북성 형주荊州를 지칭.
* 省郞(성랑) : 두보가 지낸 좌습유 벼슬이 문하성門下省에 속하였기 때문에 성랑이라 칭한 것임.
* 中堂(중당) : 두보의 집안 동생인 두위杜位의 집.

474. 담주에서 원외랑 위초가 소주자사로 가는 걸 전송하며

남해 소주사자로 부임하는 분은
풍류를 아시는 낭관郎官.
부절 나누어 주는 일은 먼저 명망을 고려하는 것이기에
함께 낭관이었던 분에게 영광이 있게 되었지요.
머리 허여센 늙은이는 여러 해 병을 앓아왔는데

가을날이 어제부터 서늘해지기 시작하였습니다.
동정호를 지나가는 기러기 없대도
편지 보내는 일 잊지 마시길……

_{담 주 송 위 원 외 초 목 소 주}
潭州送韋員外迢牧韶州

_{염 해 소 주 목}　　_{풍 류 한 서 랑}　　_{분 부 선 령 망}　　_{동 사 유 휘 광}
炎海韶州牧　風流漢署郞　分符先令望　同舍有輝光
_{백 수 다 년 질}　　_{추 천 작 야 량}　　_{동 정 무 과 안}　　_{서 소 막 상 망}
白首多年疾　秋天昨夜涼　洞庭無過雁　書疏莫相忘

● **해설**
이 시는 대력 4년(769) 입추 하루 뒤에 지어졌다. 소주자사로 부임하는 위초를 찬미하면서 자기를 잊지 말아 달라는 당부의 말을 건넨 시이다.

● **주석**
* 炎海(염해) : 남해南海. 소주韶州의 치소治所는 지금의 광동성 소관시韶關市 서남쪽에 있었다.
* 分符(분부) : 부절을 나누어주다. 벼슬을 주다. 한대漢代에는 지방관을 보낼 때 부절의 반쪽은 경성京城에 두고 반쪽은 해당 관리에게 주어 증빙이 되게 하였다.
* 同舍(동사) : 두보도 일찍이 낭관郎官이었으므로 '같은 관서'라고 칭한 것이다.
* 書疏(서소) : 서신書信.

【오율경운五律庚韻】

475. 방병조의 호마

이 말은 대원의 명물로
칼날의 모처럼 마른 골격을 갖추었다.
대나무를 벤 듯 두 귀는 우뚝 솟고
바람이 든 듯 네 발굽은 가볍지.
향하는 곳에 넓다 할 곳이 없어
진실로 생사를 맡겨둘 만……
용맹스럽고 날쌔기가 이와 같음이 있음에
만리를 마음대로 달릴 수 있겠어라.

房兵曹胡馬

胡馬大宛名　鋒稜瘦骨成　竹批雙耳峻　風入四蹄輕
所向無空闊　眞堪托死生　驍騰有如此　萬里可橫行

● 해설
이 시는 개원開元 29년(741) 전후에 지어졌다. 시는 방병조의 준마를 예찬한 것이지만 실은 방병조의 사람됨을 예찬한 것이다.

● 주석
* 大宛(대원) : 한대漢代 서역에 있었던 나라. 명마의 산지로 유명하였음.
* 鋒稜(봉릉) : 칼날의 모.
* 驍騰(효등) : 용맹스럽고 날쌔다.

476. 정광문을 모시고 하장군의 산림에서 노닐다

백이랑 바람 부는 못 위로
아름드리 천 그루 여름나무가 맑은데
나직한 가지엔 열매 드리워지고
잇닿은 잎새 사이로 둥지 튼 꾀꼬리가 어렴풋하기만!
은실 같은 횟감은 싱싱한 붕어,
푸른 계곡물로 끓인 국은 향긋한 미나리국.
느닷없이 의심스럽기는 큰 배의 타루 아래서
저녁밥 먹으며 월 지방의 수면을 가고 있는 듯하다는 것.

_{배 정 광 문 유 하 장 군 산 림}
陪鄭廣文遊何將軍山林

_{백 경 풍 담 상}   _{천 장 하 목 청}   _{비 지 저 결 자}   _{접 엽 암 소 앵}
百頃風潭上 　千章夏木清 　卑枝低結子 　接葉暗巢鶯
_{선 즉 은 사 회}   _{향 근 벽 간 갱}   _{번 의 타 루 저}   _{만 반 월 중 행}
鮮鯽銀絲膾 　香芹碧澗羹 　翻疑柂樓底 　晚飯越中行

● 해설
이 시는 두보가 장안에 머물 때인 천보天寶 12년(753) 봄에 지어졌다. 정광문은 정건鄭虔으로 현종玄宗 때에 광문관廣文館 박사博士를 지낸 사람인데 두보와는 친분이 깊었다. 하장군의 산림은 장안성 남쪽에 있었다. 하장군의 이름은 알려져 있지 않다. 하장군이 소유한 산림의 풍광과 그 속에서 즐긴 운치를 노래한 시이다. 10수의 연작시 가운데 제2수이다.

● 주석
* 章(장) : 아름드리 큰 나무.

477. 진보궐에게 드림

세상의 선비들 대개가 가라앉았음에도
선생께서는 유독 명성을 드날리고 계십니다.
헌납의 관리가 동관을 열게 하니
임금께서도 국가의 대사를 사마상여司馬相如에게 묻듯 하셨지요.
검은 매는 추워져서야 비로소 급히 날고
천리마는 늙어서도 치달릴 수 있답니다.
푸른 하늘 속에 이르고부터는
백발 돋아남은 보지 마시길……

증진이보궐
贈陳二補闕

세유다골몰　　　부자독성명　　　헌납개동관　　　군왕문장경
世儒多汩沒　夫子獨聲名　獻納開東觀　君王問長卿
조조한시급　　　천마로능행　　　자도청명리　　　휴간백발생
皂鵰寒始急　天馬老能行　自到靑冥裏　休看白髮生

●해설
이 시는 천보天寶 13년(754)에 두보가 장안 하두성下杜城에 살고 있을 때 지어졌다. 보궐은 간언과 추천의 일을 담당하던 관직 이름이다. 진보궐의 독보적인 명성을 예찬한 시이다.

●주석
* 獻納(헌납) : 황제에게 충직忠直한 말을 아뢰는 직책을 맡은 관리.
* 東觀(동관) : 궁중 도서관.
* 長卿(장경) : 한대漢代의 부작가賦作家인 사마상여司馬相如의 자字. 사마상여는 박학다재하여 황제의 총애를 받았음.
* 皂鵰(조조) : 검은 매. 여기서는 진보궐을 비유한다.
* 天馬(천마) : 천리마. 여기서는 진보궐을 비유한다.
* 靑冥(청명) : 하늘.

478. 달

천상에 칠석이 가까워지자
인간 세상엔 달그림자 맑은데
은하에 들어도 두꺼비는 빠지지 않고
약을 빻는 토끼야 오래오래 살겠지.
달은 그저 내 마음속 고통만 더하고
내 백발의 빛만 환히 더할 뿐.
전쟁이 천하에 가득함을 내 알거니
달이여, 장안의 서쪽 군영軍營—봉상鳳翔 땅은 비추지 마시라.

月^월

天上秋期近 人間月影淸 入河蟾不沒 搗藥兔長生
只益丹心苦 能添白髮明 干戈知滿地 休照國西營

(천상추기근) (인간월영청) (입하섬불물) (도약토장생)
(지익단심고) (능첨백발명) (간과지만지) (휴조국서영)

● **해설**

이 시는 지덕至德 2년(757)에 두보가 봉상에 있을 때 지어졌다. 달을 보며 혼란한 시국을 아파한 시이다.

● **주석**

* 秋期(추기) : 칠석七夕을 가리킨다.
* 蟾(섬) : 전설에 의하면 달 속에 두꺼비가 산다고 했다. 달의 대칭.
* 兔(토) : 또 다른 전설에 의하면 달 속에 토끼가 살며 불사약을 빻는다고 한다.
* 國西營(국서영) : 국은 장안. 서영은 서쪽에 있는 군영, 곧 봉상을 지칭함.

479. 단오절에 내려주신 옷

궁의宮衣 내릴 자 명단에 또한 이름이 있어
단오절에 은혜와 광영 입게 되었네.
세갈은 바람을 머금은 듯 부드럽고
향라는 눈을 쌓은 것인 듯 가벼운데
하늘로부터 받은 묵적墨迹 여전히 촉촉하니
이 여름 당하여 흠뻑 청량감 느낄 수 있으리.
마음속 어림에 크기가 딱 맞으니
이 몸 죽도록 성스러운 은정恩情 입게 되었네.

단오일사의
端午日賜衣

궁의역유명　　단오피은영　　세갈함풍연　　향라첩설경
宮衣亦有名　　端午被恩榮　　細葛含風軟　　香羅疊雪輕
자천제처습　　당서착래청　　의내칭장단　　종신하성정
自天題處濕　　當暑著來淸　　意內稱長短　　終身荷聖情

● 해설

이 시는 건원乾元 원년(758) 단오절에 지어졌는데 당시 두보는 좌습유로 봉직하고 있었다. 단오절에 황제로부터 옷을 하사받고 군주의 은혜에 감사하는 뜻을 노래한 시이다.

● 주석

* 宮衣(궁의) : 궁중에서 제작한 옷.
* 細葛(세갈) : 가는 베로 만든 천.
* 香羅(향라) : 비단의 일종.

480. 돌아오지 못하고

하간 일대가 아직 전쟁중이라
너의 유골은 아직 빈 성에 있겠지.
종제가 누구에게나 있대도
죽도록 이 한스러움은 진정되지 않으리.
똑똑하여 돈 세기도 잘했던 모습 어여쁘고
어린 시절 총명함은 사랑스러웠지.
얼굴 위로 3년의 흙이 쌓였을 터,
봄바람에 풀이 또 돋았으리.

不歸
불귀

河間尚征伐 汝骨在空城 從弟人皆有 終身恨不平
하간상정벌 여골재공성 종제인개유 종신한불평
數金憐俊邁 總角愛聰明 面上三年土 春風草又生
수금련준매 총각애총명 면상삼년토 춘풍초우생

● 해설
이 시는 건원 2년(759) 봄에 지어졌는데 당시 두보는 낙양洛陽에 머물고 있었다. 전란의 와중에 하간河間에서 세상을 떠난 사촌동생을 애도한 시이다.

● 주석
* 河間(하간) : 지금의 하북성 하간시河間市 일대.
* 從弟(종제) : 당제堂弟. 사촌동생.
* 數金(수금) : 돈을 세다.
* 總角(총각) : 관례 전의 사내아이가 머리를 땋아 묶는 일을 가리키지만, 여기서는 어린 시절을 뜻하는 말로 쓰였다.

481. 달밤에 동생을 생각하며

수자리 북이 울려 사람 발길 끊어지자
변방의 가을 외기러기 울면서 날아간다.
이슬은 오늘 밤부터 하얗게 내릴 터,
저 달은 고향에서도 밝겠지.
동생들 있어도 모두가 흩어지고
생사를 물을 집도 없는 때에……
편지는 평소에도 늘 전달되지 않는데
하물며 아직 전쟁이 끝나지 않았음에랴!

月夜憶舍弟 (월야억사제)

戍鼓斷人行 (수고단인행)　邊秋一雁聲 (변추일안성)　露從今夜白 (로종금야백)　月是故鄉明 (월시고향명)
有弟皆分散 (유제개분산)　無家問死生 (무가문사생)　寄書長不達 (기서장부달)　況乃未休兵 (황내미휴병)

● 해설
이 시는 건원乾元 2년(759) 가을, 백로白露에 진주秦州에서 지어졌다. 변성邊城 일대의 늦가을 쓸쓸한 풍경을 마주하고서 고향과 동생들을 그리워한 시이다. 두보에게는 네 명의 아우 영穎·관觀·풍豊·점占이 있었는데 두점杜占만이 두보와 같이 있었고 나머지는 산동山東과 하남河南 일대에 흩어져 있었다.

● 주석
* 戍鼓(수고) : 수루에서 두드리는, 통행금지를 알리는 북소리.

482. 은하수

평상시엔 마음대로 밝다가 어둡다가 하더니
가을 이르러 더없이 밝고 분명하여라.

비록 옅은 구름에 가려지기도 하지만
마침내 긴 밤 내내 맑을 수 있구나.
별을 머금어 그 빛이 쌍궐에 요동치고
달과 짝하여 변경의 성으로 떨어지누나.
견우와 직녀가 해마다 건너거늘
어찌 일찍이 풍랑이 일었으랴!

천 하
天河

상시임현회　　추지전분명　　종피미운엄　　종능영야청
常時任顯晦　秋至轉分明　縱被微雲掩　終能永夜淸
함성동쌍궐　　반월락변성　　우녀년년도　　하증풍랑생
含星動雙闕　伴月落邊城　牛女年年渡　何曾風浪生

● 해설
이 시는 두보가 진주에 머물고 있었던 건원 2년(759) 가을에 지어졌다. 가을들어 더없이 아름다운 은하수를 노래한 시이다.

● 주석
* 雙闕(쌍궐) : 궁전 앞 양쪽에 높은 대를 쌓고 거기에 지은 누각. 성밖의 원경을 살필 목적으로 설치한 것이다.
* 邊城(변성) : 진주秦州를 지칭.

483. 먼 길 떠나는 이를 전송하고서

갑옷 입은 병사 천지에 가득한 때,
어째서 그대는 먼 길 떠나시려는지?
친지와 벗들 한바탕 울음 다 울고 나서
말에 안장 얹어 이 외로운 성을 떠나셨지요.
가는 길 풀과 나무에는 계절이 늦고

관문이며 강에는 눈서리가 맑을 터,
그대와의 이별, 이미 어제의 일이니
이로써 옛사람들의 아린 마음을 알 수 있게 되었습니다.

送遠 _{송 원}

帶甲滿天地　胡爲君遠行　親朋盡一哭　鞍馬去孤城
草木歲月晚　關河霜雪淸　別離已昨日　因見古人情

● 해설

이 시는 두보가 진주에 머물고 있던 건원乾元 2년(759) 추동 무렵에 지어졌다. 국난國難과 별리의 아픔을 노래한 시이다.

● 주석

* 孤城(고성) : 진주秦州를 지칭한다.

484. 시골 밤

바람이며 경치 쓸쓸한 황혼,
강머리엔 사람조차 다니지 않는데
시골 방아소리는 빗줄기 너머서 급하게 들려오고
이웃집 등불은 밤이 깊도록 여전히 밝기만 하다.
반란군이 하 많은 재난 불러와
나무하고 고기 잡는 가운데 이 내 삶 부쳐 두게 되었지.
중원 고향 땅에 내 형제 있어
만리 밖에서 그리는 정 머금게 되었구나.

^{촌 야}
村夜

^{풍색소소모}	^{강두인불행}	^{촌용우외급}	^{린화야심명}
風色蕭蕭暮	江頭人不行	村舂雨外急	隣火夜深明
^{호갈하다난}	^{초어기차생}	^{중원유형제}	^{만리정함정}
胡羯何多難	樵漁寄此生	中原有兄弟	萬里正含情

● 해설

이 시는 상원上元 원년(760) 늦가을에 지어졌는데 두보는 당시 초당에 머물고 있었다. 시골 밤의 쓸쓸한 풍경과 난리통에 간절한 피붙이의 정을 노래하였다.

● 주석

* 舂(용) : 방아.
* 胡羯(호갈) : 오랑캐. 여기서는 안사安史의 반군을 가리킨다.

485. 마음을 달래며

나뭇가지에서 우는 꾀꼬리 소리는 가까이서 들리고
강가에 뜬 갈매기는 몸이 가뿐.
한줄기 길가로 들꽃 떨어지고
외로운 마을엔 봄물이 흐르는데
늘그막에 기장으로 술 빚기를 서두르다가
가랑비 내려 등나무 묘목 다시 옮겨 심었네.
교유 끊어짐이 점점 기뻐지는 것은
그윽하게 사는 데는 이름을 쓸 필요가 없기 때문.

^{견 의}
遣意

^{전지황조근}	^{범저백구경}	^{일경야화락}	^{고촌춘수생}
囀枝黃鳥近	泛渚白鷗輕	一逕野花落	孤村春水生
^{쇠년최양서}	^{세우갱이등}	^{점희교유절}	^{유거불용명}
衰年催釀黍	細雨更移橙	漸喜交遊絶	幽居不用名

● 해설

이 시는 상원上元 2년(761) 봄에 지어졌다. 봄날의 초당 일대 경치를 노래하면서 조용히 사는 삶을 기뻐한 시이다. 2수의 연작시 가운데 제1수이다.

● 주석

* 囀(전) : 새가 울다.
* 橙(등) : 나무 이름. 작은 상록 교목으로 과실 이름을 광감廣柑이라 하는데 촉 지역의 명산물로 이름이 높았다.

486. 생각나는 대로 쓰다

들녘의 햇빛 어렴풋이 희고
봄날의 강물은 그저 맑기만 한데
물가 부들은 이르는 곳마다 있고
시골의 좁은 길은 문을 따라 나 있다.
옷 걸치고 이 집 저 집 다니는 일이 그저 버릇이 되고
술 거르는 곳 따르는 일이야 늘 생겨나는 법.
눈앞에 세속적인 것이 없으니
병이 많아도 몸은 또한 가볍기만!

_{만 성}
漫成

_{야 일 황 황 백} _{춘 류 민 민 청} _{저 포 수 지 유} _{촌 경 축 문 성}
野日荒荒白　春流泯泯清　渚蒲隨地有　村徑逐門成
_{지 작 피 의 관} _{상 종 록 주 생} _{안 변 무 속 물} _{다 병 야 신 경}
只作披衣慣　常從漉酒生　眼邊無俗物　多病也身輕

● 해설

이 시는 두보가 초당에 머물고 있을 때인 상원 2년(761) 봄에 지어졌다. 세상을 벗어나 아름다운 초야에 묻혀 사는 기쁨을 노래한 시이다. 2수의 연작시 가운데

제1수이다.

● 주석
* 荒荒(황황) : 어렴풋한 모양.
* 泯泯(민민) : 물이 맑은 모양.

487. 봄밤에 반갑게 내린 비

좋은 비는 내려야 할 때를 알고 있어
봄이 되면 만물을 싹트게 하는 법.
바람 따라 조용히 밤중까지 내리되
만물에 생기 돌게 하면서도 가늘어 소리조차 없다.
들길도 비구름과 더불어 까만데
강에 뜬 배엔 고기잡이 불빛만이 밝다.
새벽녘에 붉게 젖은 곳 바라보게 된다면
그곳은 꽃이 활짝 핀 금관성이리.

춘야희우
春夜喜雨

호우지시절　　　당춘내발생　　　수풍잠입야　　　윤물세무성
好雨知時節　　當春乃發生　　隨風潛入夜　　潤物細無聲
야경운구흑　　　강선화독명　　　효간홍습처　　　화중금관성
野徑雲俱黑　　江船火獨明　　曉看紅濕處　　花重錦官城

● 해설
이 시는 상원 2년(761) 봄에 지어졌다. 시를 통해 봄비의 공을 예찬하는 한편, 봄비를 반기는 심사를 노래하였다.

● 주석
* 重(중) : 색택色澤이 짙다. 꽃이 활짝 피다.
* 錦官城(금관성) : 성도成都를 지칭.

488. 물가 난간에서 마음을 달래며

촉 지역 하늘엔 늘 밤중에 비 내리건만
강가 난간엔 이미 아침이 되어 개었다.
잎새가 젖어 숲이며 연못은 빽빽하게 느껴지고
옷이 말라 잠자리는 상쾌하여라.
그저 늙어 잦은 병치레 감당하지 못하겠는데
어떻게 오히려 부질없는 이름 얻으랴!
졸졸 따르는 술 받아 잡고
여기에 깊이 기대어 이 삶 보내리.

_{수 함 견 심}
水檻遣心

_{촉 천 상 야 우} _{강 함 이 조 청} _{엽 윤 림 당 밀} _{의 간 침 석 청}
蜀天常夜雨   江檻已朝晴   葉潤林塘密   衣乾枕席淸
_{불 감 지 로 병} _{하 득 상 부 명} _{천 파 연 연 주} _{심 빙 송 차 생}
不堪秖老病   何得尙浮名   淺把涓涓酒   深憑送此生

● 해설
이 시는 상원上元 2년(761) 봄에 지어졌다. '수함'은 물가 정자의 난간을 뜻한다. 비 내린 후의 감회와 세상을 벗어나 살아가는 삶의 여유를 노래한 시이다. 2수의 연작시 가운데 제2수이다.

● 주석
* 涓涓(연연) : 물 따위가 가늘게 흐르는 모양.

489. 강두오영 ㅡ 비오리

몸에 더러운 흙 묻지 않은 비오리가
섬돌 앞을 늘 천천히 지나간다.

깃이며 털이 예사 오리와 달리함을 아나니
검고 흰색이 너무나도 분명하다.
뭇 마음속의 시기 알지 못하는가?
여러 눈이 놀라도록 하지 말기를!
벼와 수수로 너를 먹여줄 이 있을 터,
애써 남보다 먼저 소리 내지 말거라.

<small>강두오영　화압</small>
江頭五詠 · 花鴨

<small>화압무니재　　계전매완행　　우모지독립　　흑백태분명</small>
花鴨無泥滓　堦前每緩行　羽毛知獨立　黑白太分明
<small>불각군심투　　휴견중안경　　도량점여재　　작의막선명</small>
不覺羣心妬　休牽衆眼驚　稻粱霑汝在　作意莫先鳴

● 해설
이 시는 〈강두오영江頭五詠〉 5수 가운데 제5수로 보응寶應 원년(762) 봄에 지어졌다. '강두'는 초당 부근의 완화계 언덕을 지칭한다. '화압花鴨'은 오리과의 물새인 비오리이다. 이 시는 비오리를 읊으면서 자신의 심회를 투영시킨 것이다.

● 주석
* 稻粱(도량) : 벼와 수수. 봉록俸祿을 비유함.
* 先鳴(선명) : 직언直言. 두보는 직언으로 인해 폄적되었으므로 이 구는 당국이 언로를 막는다는 뜻을 드러낸 것이라 할 수 있다.

490. 자취를 감추고

졸박함으로 나의 도 지키며
그윽하게 사노라니 만물의 정에 가까워지는 듯.
뽕이며 삼은 비와 이슬에 깊이 무성해지고
제비와 참새도 반 넘어 자라난

여기 강촌의 북소리 이따금 급해도
고기잡이배야 하나하나가 경쾌한 것.
명아주 지팡이 짚으며 머리 희어지는 거야 맡겨두리니
마음과 자취가 겸하여 맑아 기쁘고녀!

屛跡
병적

用拙存吾道　幽居近物情　桑麻深雨露　燕雀半生成
용졸존오도　유거근물정　상마심우로　연작반생성
邨鼓時時急　漁舟箇箇輕　杖藜從白首　心跡喜雙淸
촌고시시급　어주개개경　장려종백수　심적희쌍청

●해설
이 시는 보응寶應 원년(762) 춘하 무렵에 지어졌다. '병적'은 은거와 같은 말이다. 강촌에서의 한적한 생활과 감회를 노래한 시이다. 3수의 연작시 가운데 제2수이다.

●주석
* 邨鼓(촌고) 구 : 아직 전쟁이 다하지 않았음을 나타낸다.

491. 봉제역에서 엄공을 거듭 보내며 지은 율시

멀리 전송 나와 여기서부터 이별,
푸른 산은 부질없이 다시 시름만 더해줍니다.
어느 제나 그대와 함께 다시 술잔 들 수 있을까요?
어젯밤에는 달 아래서 함께 걸었는데……
여러 고을에서 석별을 노래하고
삼조三朝에 걸쳐 드나들며 영화를 누리시는 분!
저는 저 강촌 혼자 돌아가는 곳에서

쓸쓸함 속에 남은 삶 길러 보렵니다.

奉濟驛重送嚴公四韻
_{봉제역중송엄공사운}

遠送從此別 青山空復情 幾時杯重把 昨夜月同行
_{원송종차별 청산공부정 기시배중파 작야월동행}

列郡謳歌惜 三朝出入榮 江邨獨歸處 寂寞養殘生
_{렬군구가석 삼조출입영 강촌독귀처 적막양잔생}

● 해설

이 시는 보응 원년(762) 가을 무렵에 지어졌다. 봉제역은 면주綿州에서 30리쯤 떨어진 곳에 있었다. 두보는 엄무嚴武를 전송하고자 면주에서 봉제역까지 가 재차 송별시를 지었다. 제목의 '중重'은 바로 그런 뜻이다.

● 주석

* 三朝(삼조) : 현종玄宗・숙종肅宗・대종代宗 세 황조皇朝를 가리킨다.

492. 광주로 돌아가는 단공조를 전송하며

남해가 봄하늘 밖에 있어
공조께서는 몇 달의 여정 가셔야겠지요.
삼협의 구름은 나무를 덮어 싸서 작게만 보이고
동정호의 햇살은 배를 흔들며 밝기만 하겠지요.
교지의 단사는 그 바탕이 순중純重하고
소주의 흰 갈포는 가볍고 부드러울 터,
행여 그대께서 나그네 편에 맡겨
때맞추어 금관성으로 보내주실 수 있을런지요?

송 단 공 조 귀 광 주
送段功曹歸廣州

남해춘천외　　　공조기월정　　　협운롱수소　　　호일탕선명
南海春天外　　功曹幾月程　　峽雲籠樹小　　湖日蕩船明
교지단사중　　　소주백갈경　　　행군인려객　　　시기금관성
交趾丹砂重　　韶州白葛輕　　幸君因旅客　　時寄錦官城

● 해설

이 시는 보응寶應 원년(762), 두보가 재주梓州에 있을 때 지어졌다. 단공조는 미상이다. 임지로 복귀하는 벗을 전송한 시이다.

● 주석

* 峽(협) : 삼협三峽. 삼협은 장강長江 상류의 세 협곡. 즉 무협巫峽, 구당협瞿塘峽, 서릉협西陵峽을 가리킨다.
* 交趾(교지) 구 : 교지는 옛 현 이름으로 치소는 월남越南 하내河內 서북에 있었다. 이곳에서 양질의 단사가 생산되었다고 한다.
* 韶州(소주) : 지금의 광동성 소관시韶關市 서남 일대.
* 白葛(백갈) : 갈포의 일종인 백하포白夏布.
* 錦官城(금관성) : 성도成都.

493. 서글픈 가을

서늘한 바람 만리의 산하에 불건만
뭇 도적들은 오히려 제멋대로 날뛰는 때.
집 멀리 이곳으로 편지가 전해진 날,
가을이 왔음에 나그네 된 뜻 더없이 서글퍼라!
시름겹게 높이 나는 새 지나가는 걸 보며
늙은 이 몸은 여전히 뭇사람을 따라다니고 있을 뿐.
비로소 삼협으로 가고자 하거늘
무슨 방법으로 두 서울 볼 수 있으랴!

비 추
悲秋

량풍동만리　　　군도상종횡　　　가원전서일　　　추래위객정
涼風動萬里　　　群盜尚縱橫　　　家遠傳書日　　　秋來爲客情
수규고조과　　　로축중인행　　　시욕투삼협　　　하유견량경
愁窺高鳥過　　　老逐衆人行　　　始欲投三峽　　　何由見兩京

• 해설
이 시는 보응 원년(762) 가을, 두보가 재주에 머물고 있을 때 지어졌다. 시절을 아파하고 나그네로 떠도는 자신을 서글퍼하면서 서울로 돌아가고 싶다는 뜻을 보인 시이다.

• 주석
* 兩京(양경) : 두 서울. 장안과 낙양.

494. 나그네의 밤

나그네 선잠을 어찌 붙일 수 있으랴!
가을하늘은 도무지 밝으려 하지 않네.
발로 들이비친 잔월의 그림자,
높은 베갯머리엔 먼 강물소리!
주변머리 굼떠 의식衣食도 해결 못해
길 막다라 벗에게 의지한 몸,
아내에게 보내는 몇 장의 편지 썼나니
응당 돌아가지 못하는 마음을 알겠지.

객 야
客夜

객수하증착　　　추천불긍명　　　입렴잔월영　　　고침원강성
客睡何曾著　　　秋天不肯明　　　入簾殘月影　　　高枕遠江聲
계졸무의식　　　도궁장우생　　　로처서수지　　　응실미귀정
計拙無衣食　　　途窮仗友生　　　老妻書數紙　　　應悉未歸情

● 해설

이 시는 보응寶應 원년(762) 가을에 지어졌다. 시름 속 가을밤의 불면을 얘기하면서 힘겹게 객지에 머물고 있는 처지를 안타까워하고 가족을 그리는 심사를 노래한 시이다.

● 주석

* 江(강) : 부강涪江을 지칭. 부강은 재주성梓州城에서 동쪽으로 흘러간다.

495. 달을 감상하고서 한중왕에게 드림

밤이 깊어 이슬 기운 맑은데
강 위에 뜬 달, 그 빛은 강성에 가득합니다.
떠다니는 나그네 갈수록 꼿꼿이 앉는 것은
돌아가는 배 응당 홀로 가야 하는 탓……
저 달은 관산關山에 한결같이 비칠 터,
까막까치처럼 스스로 놀랄 일이 많겠지요.
회왕의 술책 얻고자 하는 것은
바람 불고 달무리 이미 생겨났기 때문.

완월정한중왕
翫月呈漢中王

야심로기청　강월만강성　부객전위좌　귀주응독행
夜深露氣淸　江月滿江城　浮客轉危坐　歸舟應獨行
관산동일조　오작자다경　욕득회왕술　풍취운이생
關山同一照　烏鵲自多驚　欲得淮王術　風吹暈已生

● 해설

이 시는 두보가 재주에 머물고 있을 때인 보응 원년(762) 가을에 지어졌다. 한중왕 이우가 재주에 있다가 임소인 봉주蓬州(사천성)로 돌아가려 함에 두보는 이 시를 지어 바쳤다.

• 주석
* 淮王術(회왕술) : 서한西漢의 회남왕淮南王 유안劉安이 엮은 《회남자淮南子》에, 갈대 재로 둥근 모양을 만들되 그 한 면을 터지게 하면, 달무리를 터지게 할 수 있다고 하였다. 그리고 허신許愼의 주에 군사가 포위하여 지키면 달무리가 생긴다고 하였다. 두보는 달무리를 보고, 서지도徐知道 등이 일으킨 난을 회왕의 술책을 빌려 깨고 싶다는 뜻을 나타낸 것이다.

496. 강에 배 띄워 나그네를 전송하며

자주 나그네를 송별하는 2월,
동진을 흐르는 강물은 언덕과 가지런해질 듯.
안개 속의 꽃은 산자락에 짙고
배와 노는 물결 앞에서 가벼운데
권하는 술잔 따라 눈물 떨어지고
부는 피리 소리에 잇달아 시름이 피어나누나.
이별의 자리 하루도 건너뛰지 않나니
어찌 쉽사리 이별의 정 말할 수 있으랴!

泛江送客

二月頻送客　東津江欲平　烟花山際重　舟楫浪前輕
淚逐勸杯下　愁連吹笛生　離筵不隔日　那得易爲情

• 해설
이 시는 두보가 재주에 머물고 있을 때인 광덕廣德 원년(763) 봄에 지어졌다. 잦은 이별의 서글픔을 노래한 시이다.

• 주석
* 東津(동진) : 재주성 동쪽 부강涪江의 나루터.

497. 성도로 돌아가는 두구를 전송하며

문장 또한 다하지 않아
두구의 재주는 종횡무진한데
그대처럼 다시 고궁절苦窮節 지키지 못한다면
어느 누가 대명大名에 부합할 수 있으리!
운각관에서 글 읽었음에
이제 금관성으로 성친하러 가게 된 것.
내 머물던 완화계에 대나무 있거니
그대 시를 지으실 적에 한번 가 보시길!

送竇九歸成都

文章亦不盡　竇子才縱橫　非爾更苦節　何人符大名
讀書雲閣觀　問絹錦官城　我有浣花竹　題詩須一行

● 해설

이 시는 두보가 재주에 머물고 있을 때인 광덕廣德 원년(763)에 지어졌다. '두구竇九'는 미상이다. 성친차 성도로 돌아가는 두구를 전송하며 그를 예찬하는 한편 자신이 머물던 곳에 대한 그리움을 노래한 시이다.

● 주석

* 苦節(고절) : 고궁절苦窮節. 괴롭고 궁한 가운데서도 지켜가는 꿋꿋한 절개.
* 雲閣觀(운각관) : 대관臺觀 이름.
* 問絹(문견) : 성친省親.
* 浣花(완화) : 완화계浣花溪. 두보가 거주하였던 초당 앞을 흐르던 시내.

498. 강동으로 가는 원이를 전송하며

난리 후 오늘에야 서로 만났건만
깊어가는 가을에 다시 먼 길 떠나게 되셨군요.
풍진 속에서 나그네로 떠도는 날에
강해로 그대를 보내는 마음.
진나라 남도南渡 시절 왕돈이 난리 일으킨 단양과
공손술이 근거지로 삼았던 백제성—
그대 지나가시더라도 스스로 몸을 아끼시어
마음 내키는 대로 병사兵事를 논하지 마십시오.

送元二適江左
(송원이적강좌)

亂後今相見 (란후금상견)
秋深復遠行 (추심부원행)
風塵爲客日 (풍진위객일)
江海送君情 (강해송군정)
晉室丹陽尹 (진실단양윤)
公孫白帝城 (공손백제성)
經過自愛惜 (경과자애석)
取次莫論兵 (취차막론병)

● 해설

이 시는 두보가 재주에 머물고 있던 광덕 원년(763)에 지어졌다. 별리의 아픔을 노래하는 한편 벗에게 근신을 당부한 시이다.

● 주석

* 晉室(진실) 구 : 진나라 왕실이 남도한 초기에 온교溫嶠와 유외劉隗가 단양윤丹陽尹이 되었는데 이 무렵은 왕돈王敦이 난리를 일으키던 때였다. 이 시에서의 단양은 지방 군벌들이 발호하는 곳이라는 뜻으로 쓰였다.
* 公孫(공손) 구 : 동한東漢 초기에 공손술公孫述이 요새 백제성白帝城을 근거지로 삼고는 칭제稱帝하였는데 이 역시 지방 군벌들이 발호하는 곳이라는 뜻으로 쓰였다.
* 取次(취차) : 뜻에 따라, 마음대로.

499. 세모

세모에 멀리 와 나그네 되었거니
변경엔 아직도 전쟁중.
토번의 연기와 먼지가 설령을 침범하고
북이며 호각 소리 강가의 성을 뒤흔든다.
천지에 날마다 피 흐르건만
조정에 누가 있어 적장을 잡아 공을 세우랴!
시절 위태함 구제하는 데 감히 죽음 아끼리!
적막한 가운데 씩씩한 마음이 놀라워라.

歲暮(세모)

歲暮遠爲客(세모원위객)
邊隅還用兵(변우환용병)
烟塵犯雪嶺(연진범설령)
鼓角動江城(고각동강성)
天地日流血(천지일류혈)
朝廷誰請纓(조정수청영)
濟時敢愛死(제시감애사)
寂寞壯心驚(적막장심경)

● **해설**

이 시는 두보가 강동江東으로 내려가고자 할 때인 광덕廣德 원년(763) 말엽에 지어졌다. 논자에 따라서는 재주를 떠나기 전의 시로 보기도 하고, 이미 낭주閬州에 도착하고서 지은 시로 보기도 한다. 난리를 아파하는 뜻을 노래한 시이다.

● **주석**

* 雪嶺(설령): 서산西山이라고도 함. 지금의 송주松州 가성현嘉城縣 동쪽에 있음.
* 請纓(청영): 한무제漢武帝 시절에 종군終軍이 황제에게 긴 갓끈을 청하고는 남월왕南越王을 사로잡아 오겠다고 맹세한 데서 온 말로, 스스로 용기를 내보이며 적을 죽여 공을 세운다는 뜻으로 쓰인다.

500. 종실 이엽경을 전송하며

왕자께서 돌아가리라 생각하신 날에
장안은 이미 전쟁으로 어지러워졌습니다.
눈물이 옷깃 적시고 행재소 물으며
말 달려 승명전을 향하시겠지요.
저무는 햇살 아래 파촉 땅은 외지게만 보이고
봄바람 속 가릉강嘉陵江은 맑기만 합니다.
진산에 비록 이 몸 버려두기는 하였으나
여전히 조정을 그리는 정 머금고 있습니다.

送李卿曄

王子思歸日　長安已亂兵　霑衣問行在　走馬向承明
暮景巴蜀僻　春風江漢淸　晉山雖自棄　魏闕尙含情

● 해설

이 시는 두보가 낭주에 머물고 있을 때인 광덕 2년(764) 초봄에 지어졌다. 이엽은 종실의 자제인데 일찍이 황제의 뜻을 거슬러 영남嶺南으로 폄적된 적이 있었다. 귀경하는 이엽을 전송하면서 조정을 그리는 심정을 노래한 시이다.

● 주석

* 行在(행재) : 행재소行在所. 임시 황궁이 있는 곳.
* 承明(승명) : 미앙궁未央宮에 승명전承明殿이 있었는데, 여기서는 장안長安을 지칭하는 말로 쓰였다.
* 江漢(강한) : 가릉강嘉陵江. 낭주는 가릉강 가에 있었다.
* 晉山(진산) 구 : 진문공晉文公 시절에 개지추介之推가 공은 있었지만 녹을 받기를 원하지 않아 면상산綿上山에 은거하였는데, 낭주에 진안현晉安縣이 있어 두보가 진산晉山에 비긴 것이다. 여기서 진산은 은거 혹은 은거지를 비유적으로

나타낸 말이다.
* 魏闕(위궐) : 궁문宮門 앞의 누관樓觀. 보통 조정의 대칭代稱으로 쓰인다.

501. 등왕정자

적막한 봄산의 길을
등왕께서 다시 가시지 못하셔도
옛 담벼락엔 여전히 대나무빛이 어리고
빈 누각엔 절로 이는 솔바람 소리.
새가 우는 황량한 마을엔 어스름이 깃드는데
구름과 놀은 나그네의 마음이어라.
도리어 노랫소리, 피리 소리가 들려오는 듯함을 생각했나니
수천의 기병이 무지개 깃발을 잡고 선 듯.

_{등 왕 정 자}
滕王亭子

_{적 막 춘 산 로}　　_{군 왕 불 부 행}　　_{고 장 유 죽 색}　　_{허 각 자 송 성}
寂寞春山路　君王不復行　古墻猶竹色　虛閣自松聲
_{조 작 황 촌 모}　　_{운 하 과 객 정}　　_{상 사 가 취 입}　　_{천 기 옹 예 정}
鳥雀荒邨暮　雲霞過客情　尚思歌吹入　千騎擁霓旌

● 해설
이 시는 두보가 낭주에 머물고 있을 때인 광덕廣德 2년(764) 봄에 지어졌다. 등왕정자는 낭주성에서 북쪽으로 7리쯤 되는 곳에 있었다. 정자 주변의 경물과 회고의 정을 노래한 시이다. 정자는 옥대관玉臺觀 안에 있는데 왕이 일찍이 이 주의 자사를 지낸 적이 있다. 2수의 연작시 가운데 제2수이다.

● 주석
* 滕王亭子(등왕정자) : 당 고조의 스물두번째 아들인 등왕 이원영李元嬰이 낭주 자사 시절에 지은 정자.

502. 홀로 앉아

가을을 슬퍼하며 흰머리 돌려보고
지팡이 짚고 외로운 성을 등졌더니
강물은 떨어져 물가 모래톱 드러나고
하늘은 비어 풍물이 맑다.
바다로 가고 싶건만 늙어 쇠한 것이 한스럽고
벼슬아치 옷 걸쳤으되 평생을 저버린 몸.
진정으로 부럽구나, 황혼을 나는 새가
숲에 들 제 날개 가뿐한 것이……

獨坐

悲秋回白首 倚仗背孤城 江斂洲渚出 天虛風物淸
滄溟恨衰謝 朱紱負平生 仰羨黃昏鳥 投林羽翮輕

● 해설
이 시는 두보가 휴가를 얻어 초당으로 돌아가 있을 때인 광덕 2년(764) 가을에 지어졌다. 서글픈 가을에 늙어가는 자신을 아파하며 벼슬살이에 대한 회한을 노래한 시이다.

● 주석
* 滄溟(창명) : 바다. 두보가 이 당시 그리워하였던 오월吳越의 땅을 가리킴.

503. 정월 초사흘에 초당으로 돌아와 지은 것을 막부의 여러 공들에게 편지삼아 보내다

들 밖의 초당은 대나무 숲에 의지하였고
울타리 너머 물은 성을 향해 흐릅니다.

술개미 뜨는 술은 섣달의 맛이 여전한데
강에 뜬 갈매기는 이미 봄 소리를 냅니다.
약초는 이웃이 캐가도록 허락하였고
책은 아이들이 뒤적거리는 대로 맡겨두었습니다.
허여센 머리로 막부에 나아갔음에
평생의 마음 저버렸음을 깊이 알고 있습니다.

정월삼일귀계상유작간원내제공
正月三日歸溪上有作簡院內諸公

야외당의죽　리변수향성　의부잉랍미　구범이춘성
野外堂依竹　籬邊水向城　蟻浮仍臘味　鷗泛已春聲
약허린인촉　서종치자경　백두추막부　심각부평생
藥許隣人劚　書從稚子擎　白頭趨幕府　深覺負平生

● 해설

이 시는 영태永泰 원년(765) 정월 초사흘에 지어졌다. 이날에 두보는 엄무嚴武의 막부에서 맡고 있었던 참모직을 정식으로 그만두고 초당으로 돌아갔는데 이 시는 이때 편지삼아 보낸 것이다. 전원생활의 흥취를 노래하면서 벼슬살이에 대한 회한을 토로한 시이다.

● 주석

* 蟻浮(의부) : 부의浮蟻. 술개미.
* 臘味(납미) : 대개 술을 섣달에 담갔기 때문에 '납미'라는 표현을 쓴 것임.
* 劚(촉) : 파내다, 캐내다.
* 擎(경) : 들다, 뒤적이다.

504. 봄날 강촌

뭇 도적들 때문에 왕찬이 슬퍼하였고
중년의 가의賈誼는 궁정에 불려 들어갔는데
왕찬은 누대에 올라 처음 〈등루부〉를 지었고

가의는 마침내 문제文帝가 방석 앞당겨 앉는 영광 입었지.
그들의 집은 선현들의 전기에 들고
재주는 처사들보다 이름이 높았다.
예전에 그 두 사람 그리워하였거니와
이 봄을 맞아 다시 사모의 정 머금어 보노라.

춘 일 강 촌
春日江村

| 군 도 애 왕 찬
群盜哀王粲 | 중 년 소 가 생
中年召賈生 | 등 루 초 유 작
登樓初有作 | 전 석 경 위 영
前席竟爲榮 |
| 택 입 선 현 전
宅入先賢傳 | 재 고 처 사 명
才高處士名 | 이 시 회 이 자
異時懷二子 | 춘 일 부 함 정
春日復含情 |

● **해설**
이 시는 두보가 초당에 머물고 있을 때인 영태 원년(765) 봄에 지어졌다. 왕찬과 가의를 통해 자신의 회재불우懷才不遇를 노래한 시이다. 5수의 연작시 가운데 제5수이다.

● **주석**
* 王粲(왕찬) : 한말漢末의 문학가. 유표劉表에게 의탁하였던 그는 형주荊州 땅에서 고향을 그리는 내용의 〈등루부登樓賦〉를 지었다.
* 賈生(가생) : 서한西漢의 문학가 가의賈誼. 재주가 뛰어나 젊은 나이에 태중대부太中大夫가 되었으나 후에 배척을 받아 장사왕長沙王 태부太傅로 폄적되었다. 4년 후에 문제文帝가 그를 불러들여 귀신의 일을 물었을 때 가의의 얘기를 듣고자 자신의 방석을 앞으로 당겨 앉았다는 얘기가 전한다.
* 先賢傳(선현전) : 가의의 집 얘기는 《군국지郡國志》에, 왕찬의 집 얘기는 《양면기襄沔記》에 실려 있다.

505. 봄은 멀어져 가고

꽃과 버들솜이 떨어지는 저물녘,
붉고 흰 것이 가벼이 나부낀다.

해 길건만 그저 새만 날고
봄이 멀어져 가는 때 홀로 사립 앞에 섰다.
관중에 전란이 자주 있거늘
어찌 일찍이 검각劍閣 밖이 맑을 수 있었던가!
고향에 돌아가지도 못한대도
그곳은 이미 아부의 병영에 들었으리.

春遠_{춘원}

肅肅花絮晚 菲菲紅素輕 日長惟鳥雀 春遠獨柴荊
數有關中亂 何曾劍外清 故鄉歸不得 地入亞夫營

● **해설**

이 시는 두보가 초당에 머물고 있을 때인 영태永泰 원년(765) 늦은 봄에 지어졌다. '춘원'이란 봄이 장차 멀어져 가리라는 뜻이다. 저무는 봄날의 광경과 우국의 심사를 노래한 시이다.

● **주석**

* 肅肅(숙숙) : 새의 깃소리나 스쳐가는 바람소리 등을 뜻하기도 하고, 급한 모양 혹은 조용한 모양을 의미하기도 하는데, 여기서는 떨어지는 소리라는 뜻으로 풀었다.
* 花絮(화서) : 꽃과 버들솜.
* 菲菲(비비) : 나부끼는 모양.
* 劍外(검외) : 검각 밖. 촉 땅을 가리키는 말.
* 亞夫營(아부영) : 한대漢代 명장 주아부周亞夫의 영지營地. 세류細柳에 있어 세류영細柳營으로 칭하기도 하였다. 영태 원년(765) 3월에 토번이 사신을 보내와 화친을 청하였을 때, 곽자의郭子儀는 예측할 수 없는 상황을 방비하기 위하여 하중河中의 군대를 계속해서 파견하여 봉천奉天을 지켰는데 봉천과 세류가 멀지 않았으므로 두보가 아부영으로 칭하였던 것이다.

506. 엄복야의 영구가 고향에 돌아가는 것을 곡하며

흰 장막이 흐르는 물을 따르나니
돌아가는 배가 옛 서울로 향하는 길.
늙으신 어머님은 옛적과 다름없건만
부하들은 평소와 다릅니다.
강바람은 교룡의 옥상자, 상여를 보내고
하늘은 당신의 병영에 길기만 한데
한번 애곡 소리에 삼협이 저무나니
후인에게 남겨주신 당신의 정 알 수 있겠나이다.

哭嚴僕射歸櫬

素幔隨流水　歸舟返舊京　老親如宿昔　部曲異平生
風送蛟龍匣　天長驃騎營　一哀三峽暮　遺後見君情

●해설
이 시는 영태 원년(765)에 지어졌는데 당시 두보는 유주渝州·충주忠州·운안雲安 일대를 떠돌고 있었다. 엄복야는 엄무嚴武이다. 엄무는 이 해 4월에 성도成都에서 죽어 상서좌복야尙書左僕射에 추증되었다. 엄무의 영구가 그의 고향인 화음현華陰縣으로 돌아갈 때 두보가 애도하면서 지은 시이다.

●주석
* 素幔(소만) : 상가喪家에서 쓰는 흰색 장막.
* 老親(노친) : 엄무의 노모. 엄무가 촉을 다스릴 때 노모도 성도에 있었다.
* 部曲(부곡) : 부대. 엄무의 부하들을 가리킨다.
* 蛟龍匣(교룡갑) : 교룡옥갑蛟龍玉匣. 통상적으로 제왕을 빈렴殯殮할 때 쓰는 물건을 가리키나 귀한 신분의 관재棺材를 가리킬 때 쓰기도 한다. 엄무가 사후에 상서좌복야에 추증되었기에 두보가 이 말을 쓴 것이다.

* 驃騎(표기) : 한대漢代에 흉노를 대파하였던 표기장군 곽거병霍去病을 가리키지만, 이 시에서는 엄무의 대칭으로 쓰였다.

507. 기주로 이사하여 짓다

운안현에서 베개에 엎드려 있다가
백제성으로 옮겨와 살게 되었나니
봄은 버들 푸르게 하여 이별 재촉할 줄 알고
강은 물 맑게 하여 배 띄울 수 있게 하여라.
농사가 어떤지는 사람의 말을 늘 듣거늘
산빛은 새가 즐기는 뜻을 보여주누나.
오던 길가에 우임금의 공으로 잘라진 돌 많더니
또 여기 땅이 조금씩 평평해진 곳으로 나아왔네.

이 거 기 주 작
移居夔州作

복침운안현　　　천거백제성　　　춘지최류별　　　강여방선청
伏枕雲安縣　　遷居白帝城　　春知催柳別　　江與放船淸
농사문인설　　　산광견조정　　　우공요단석　　　차취토미평
農事聞人說　　山光見鳥情　　禹功饒斷石　　且就土微平

• 해설
이 시는 두보가 기주에 도착했던 대력大曆 원년(766) 늦은 봄에 지어졌다. 운안에서 기주로 옮겨와 살게 된 것을 기뻐하는 뜻을 노래한 시이다.

• 주석
* 伏枕(복침) 구 : 두보는 영태永泰 원년(765) 가을부터 그 이듬해 봄까지 병으로 인하여 운안현雲安縣에 체류하였다.
* 白帝城(백제성) : 기주. 당대唐代의 기주성이 백제성을 기초로 하여 축조된 것이기 때문에 기주는 종종 백제성으로도 불린다.

508. 서각에서 비 오는 것을 바라보며

누각으로 뿌리는 비가 구름 장막을 적시고
산 추위가 물가의 성에 서렸는데
길 더해가니 모래밭이 드러나고
여울물 줄자 돌 모서리가 보이누나.
국화는 애처로이 피어나는데
소나무숲은 깊은 정을 머금은 듯.
죽죽 내리는 비에 붉은 난간도 젖을 무렵,
기둥에 기대니 수만 가지 시름뿐.

西閣雨望

樓雨沾雲幔　山寒著水城　逕添沙面出　湍減石稜生
菊蕊淒疏放　松林駐遠情　滂沱朱檻濕　萬慮倚簷楹

● **해설**
이 시는 대력 2년(767), 기주에서 지어졌다. 서각에서 바라본 우중雨中의 산수를 묘사하면서 다함없는 시름을 아파한 시이다. 3수의 연작시 가운데 제3수이다.

● **주석**
* 水城(수성) : 기주를 가리킴.
* 石稜(석릉) : 돌 모서리.
* 滂沱(방타) : 비가 죽죽 내리는 모양.

509. 입택

귀주엔 송옥이 살던 집이 있는데
구름이 백제성까지 잇닿았다.

내 늙고 병들어 이곳에 오래 머물고 있나니
떠돌며 밥 먹는 처지에 어찌 재주와 이름 있으랴!
구당협 어귀에는 바람이 늘 급하여
강은 흘러내리건만 기세 고요하지 못하거니
그저 아이들과 더불어
부평과 같은 삶에 맡겨 정처없이 떠돌 뿐.

입 택
入宅

송옥귀주택　운통백제성　오인엄로병　려식기재명
宋玉歸州宅　雲通白帝城　吾人淹老病　旅食豈才名
협구풍상급　강류기불평　지응여아자　표전임부생
峽口風常急　江流氣不平　只應與兒子　飄轉任浮生

● 해설
이 시는 대력大曆 2년(767) 봄에 서각에서 적갑赤甲으로 옮겨와 살 때 지어졌다. 고향에 돌아가지 못해 서글퍼하는 심회를 노래한 시이다. 3수의 연작시 가운데 제3수이다.

● 주석
* 峽口(협구) : 구당협瞿塘峽 어귀. 구당협은 삼협三峽의 하나이다.

510. 한식날에 종문과 종무에게 보여주다

당뇨병 앓는 몸, 기주에서 노닐며
나그네로 부쳐 사노라니 시절은 아직도 전쟁중.
몇 해던가, 한식을 만난 것은!
만리 밖에서도 청명은 어김없이 코앞에 다가왔지.
소나무, 잣나무 우거진 망산邙山의 길,
바람에 꽃이 날리는 백제성.

너희들이 내 늙음 재촉하나니
머리 돌려 눈물만 하염없이 흘릴 따름.

_{숙 식 일 시 종 문 종 무}
熟食日示宗文宗武

_{소 갈 유 강 한}　　_{기 서 상 갑 병}　　_{기 년 봉 숙 식}　　_{만 리 핍 청 명}
消渴遊江漢　羈棲尙甲兵　幾年逢熟食　萬里逼淸明
_{송 백 망 산 로}　　_{풍 화 백 제 성}　　_{여 조 최 아 로}　　_{회 수 루 종 횡}
松柏邙山路　風花白帝城　汝曹催我老　回首淚縱橫

● 해설
이 시는 대력 2년(767) 봄, 기주 양서瀼西에서 지어졌다. 종문과 종무는 두보의 아들들이다. 전란의 와중에서 타향을 전전하고 있는 처지라 한식이 되어도 고향을 찾을 수조차 없는 안타까움을 노래한 시이다.

● 주석
* 消渴(소갈) : 당뇨병.
* 江漢(강한) : 기주를 가리킴.
* 邙山(망산) : 지금의 하남성에 있는 산 이름. 두보의 조상 묘소가 여기에 있었다.

511. 달

무산을 다 비추며 나타나
맑은 초수楚水를 새로 엿보는 달을
나그네로 부쳐 사는 이 몸, 시름 속에서 보았거니
스물네번이나 보름이 되었지.
필시 출몰의 체식體式 증험하여
진퇴의 정을 알고 있는 듯.
은하를 저버리고 먼저 지지 않나니
또 새벽별과 짝하여 하늘에 비껴있구나.

月

병조무산출	신규초수청	기서수리견	이십사회명
併照巫山出	新窺楚水淸	羈棲愁裏見	二十四廻明
필험승침체	여지진퇴정	불위은한락	역반옥승횡
必驗升沈體	如知進退情	不違銀漢落	亦伴玉繩橫

● 해설

이 시는 대력大曆 2년(767) 6월에 기주에서 지어졌다. 타처에서 달을 대하며 객수客愁를 노래한 시이다. 3수의 연작시 가운데 제2수이다.

● 주석

* 巫山(무산) : 사천성에 있는 산 이름.
* 楚水(초수) : 무산 일대를 흘러 지나가는 장강長江을 가리킨다.
* 二十(이십) 구 : 두보가 기주에 2년째 살고 있다는 뜻이다.
* 升沈(승침) : 출몰出沒.
* 進退(진퇴) : 영휴盈虧.
* 玉繩(옥승) : 별 이름. 여기서는 새벽별을 가리킨다.

512. 8월 15일 밤 달

저 달 무협으로 조금씩 내려와
여전히 백제성을 물고 있건만
달빛의 기세 가라앉아 온 포구가 어둡고
바퀴 기울어 누각도 반쯤만 밝을 뿐.
사방의 조두刁斗 소리가 모두 새벽을 재촉하여
하늘가 달도 장차 스스로 기울 듯.
활시위 매긴 병사들이 스러지는 달빛에 기대고 있는 것이
그저 한漢나라 시절의 병영만은 아니로세.

八月十五夜月
_{팔월십오야월}

稍下巫山峽　猶銜白帝城　氣沈全浦暗　輪仄半樓明
_{초하무산협}　_{유함백제성}　_{기침전포암}　_{륜측반루명}

刁斗皆催曉　蟾蜍且自傾　張弓倚殘魄　不獨漢家營
_{조두개최효}　_{섬여차자경}　_{장궁의잔백}　_{부독한가영}

● **해설**

이 시는 대력 2년(767) 8월에 기주에서 지어졌다. 달이 질 무렵의 쓸쓸한 풍경과 전쟁으로 인해 달빛 아래서 고생하는 병사들의 아픔을 노래한 시이다. 2수의 연작시 가운데 제2수이다.

● **주석**

* 巫山峽(무산협) : 무협巫峽.
* 浦(포) : 기주의 어복포魚復浦를 가리킨다.
* 刁斗(조두) : 옛날에 군에서 냄비와 징의 겸용으로 쓰던 기구. 낮에는 취사할 때, 밤에는 진지의 경계를 위하여 두드리는 데 썼다.
* 漢家營(한가영) : 한나라 시절의 군영軍營.

513. 늦은 가을에 소영 아우가 강가 누각에서 최평사와 위소부 조카와 밤에 잔치하다

산협 험준하여 강물은 놀란 듯이 빠르고
누각 높아 달은 아스라이 밝은데
오늘 저녁 한때의 모임으로
만리 밖 고향 그리는 정이 깊어라.
별은 은하에 지고
가을이 백제성을 하직하는 때,
한 늙은이가 술병으로 인하여
굳게 앉아 그대들 술잔 기울이는 걸 보고 있을 뿐.

계추소오제영강루야연최십삼평사위소부질
季秋蘇五弟纓江樓夜宴崔十三評事韋少府姪

| 협험강경급 | 루고월형명 | 일시금석회 | 만리고향정 |
| 峽險江驚急 | 樓高月逈明 | 一時今夕會 | 萬里故鄕情 |

| 성락황고저 | 추사백제성 | 로인인주병 | 견좌간군경 |
| 星落黃姑渚 | 秋辭白帝城 | 老人因酒病 | 堅坐看君傾 |

● **해설**

이 시는 대력大曆 2년(767), 동둔東屯에서 지어졌다. 두보는 우연히 친지가 베푸는 연회에 참석하였다가 3수의 연작시를 짓게 되었는데 제1수인 이 시는 타향에서 지인들을 만나 반갑고도 서러운 심사를 노래한 것이다.

● **주석**

* 黃姑渚(황고저) : 황고黃姑의 물가, 곧 은하수. 황고는 견우성牽牛星을 뜻한다.

514. 장난삼아 배해체를 지어 답답한 마음을 풀다

서쪽으로 청강의 언덕을 지난 적이 있었는데
지금은 남쪽 백제성에 와 머무는 이 몸.
범이 나그네를 한스럽게 하고
떡으로 인정을 느꼈네.
기와로 점을 쳐 귀신의 말을 전하고
밭에 불을 놓아 화전火田 일구느라 힘을 쓴다.
옳고 그름은 어디에서 정해질까?
높이 베개 베고 뜬구름 인생을 웃어보았네.

희작배해체견민
戲作俳諧體遣悶

| 서력청강판 | 남류백제성 | 오토침객한 | 거여작인정 |
| 西歷青羌坂 | 南留白帝城 | 於菟侵客恨 | 粔籹作人情 |

와 복 전 신 어	여 전 비 화 경	시 비 하 처 정	고 침 소 부 생
瓦卜傳神語	畬田費火耕	是非何處定	高枕笑浮生

● **해설**

이 시는 대력 2년(767) 기주에서 지어졌다. 배해체排諧體란 시의 한 체식體式인데 해학적인 내용을 노래하는 것이 보통이다. 기주의 인정을 다소 익살스럽게 언급하면서 자신의 심사를 노래한 시이다. 2수의 연작시 가운데 제2수이다.

● **주석**

* 南留(남류) 구 : 이 구의 원주에 '근년에 진으로부터 농을 지나 동곡현으로 갔다가 촉으로 가서 노닐고 무산에 머물렀다(頃歲自秦涉隴從同谷縣去遊蜀留滯於巫山)'라고 하였다.
* 於菟(오토) : 호랑이.
* 粔籹(거여) : 떡.

515. 비

적은 비라 길 미끄럽지 아니하고
끊어졌던 구름은 성글게나마 다시 흘러간다.
자줏빛 벼랑이 내닫는 곳 어두워도
흰 새 날아가는 저 편은 밝아지고 있어라.
가을해는 새로이 젖은 햇살을 뿌리고
차가운 강엔 옛날처럼 물결 쏟아내는 소리.
사립 건너편 들녘 물방앗간에서
반쯤 젖은 향기로운 벼를 빻누나.

우
雨

미 우 불 활 도	단 운 소 부 행	자 애 분 처 흑	백 조 거 변 명
微雨不滑道	斷雲疎復行	紫崖奔處黑	白鳥去邊明

<ruby>秋<rt>추</rt>日<rt>일</rt>新<rt>신</rt>霑<rt>점</rt>影<rt>영</rt></ruby>　　<ruby>寒<rt>한</rt>江<rt>강</rt>舊<rt>구</rt>落<rt>락</rt>聲<rt>성</rt></ruby>　　<ruby>柴<rt>시</rt>扉<rt>비</rt>臨<rt>림</rt>野<rt>야</rt>碓<rt>대</rt></ruby>　　<ruby>半<rt>반</rt>濕<rt>습</rt>搗<rt>도</rt>香<rt>향</rt>秔<rt>갱</rt></ruby>

• 해설
이 시는 대력大曆 2년(767) 추동 무렵에 기주에서 지어졌다. 비가 개일 무렵의 풍경을 그림처럼 묘사한 시이다. 4수의 연작시 가운데 제1수이다.

• 주석
* 碓(대) : 물방아.
* 秔(갱) : 벼.

516. 최경께서 기주의 군대를 통솔하시다가 강릉으로 돌아가심에 받들어 전송하며

불꽃 같은 깃발에 비단 뱃줄,
경옹께서 흰 말을 타고 강가의 성을 나가십니다.
새가 울 듯 호드기 소리 울려퍼질 무렵,
쓸쓸한 이별의 포구는 맑기만 합니다.
차가운 하늘엔 무협의 새벽이 열리고
지는 햇살엔 외숙을 보내는 정이 새록새록……
타향에 머물며 늙고 병든 몸 탄식하나니
어느 제나 이 전쟁 다하는 걸 볼 수 있을까요?

<ruby>奉<rt>봉</rt>送<rt>송</rt>卿<rt>경</rt>二<rt>이</rt>翁<rt>옹</rt>統<rt>통</rt>節<rt>절</rt>度<rt>도</rt>鎭<rt>진</rt>軍<rt>군</rt>還<rt>환</rt>江<rt>강</rt>陵<rt>릉</rt></ruby>

<ruby>火<rt>화</rt>旗<rt>기</rt>還<rt>환</rt>錦<rt>금</rt>纜<rt>람</rt></ruby>　　<ruby>白<rt>백</rt>馬<rt>마</rt>出<rt>출</rt>江<rt>강</rt>城<rt>성</rt></ruby>　　<ruby>嘹<rt>료</rt>唳<rt>려</rt>吟<rt>음</rt>笳<rt>가</rt>發<rt>발</rt></ruby>　　<ruby>蕭<rt>소</rt>條<rt>조</rt>別<rt>별</rt>浦<rt>포</rt>淸<rt>청</rt></ruby>
<ruby>寒<rt>한</rt>空<rt>공</rt>巫<rt>무</rt>峽<rt>협</rt>曙<rt>서</rt></ruby>　　<ruby>落<rt>락</rt>日<rt>일</rt>渭<rt>위</rt>陽<rt>양</rt>情<rt>정</rt></ruby>　　<ruby>留<rt>류</rt>滯<rt>체</rt>嗟<rt>차</rt>衰<rt>쇠</rt>疾<rt>질</rt></ruby>　　<ruby>何<rt>하</rt>時<rt>시</rt>見<rt>견</rt>息<rt>식</rt>兵<rt>병</rt></ruby>

• 해설

이 시는 대력 2년(767) 겨울에 기주에서 지어졌다. 경이옹은 최경崔卿으로 당시에 기주의 군대를 통솔하였는데, 두보에게는 외당숙이 되는 사람이다. 일이 끝나 강릉江陵의 본직으로 나아가려 할 때 두보가 이 시를 지어 송별하였다. 이별의 안타까움을 노래하면서 전쟁이 그치기를 간절히 바란 시이다.

• 주석

* 嘹唳(요려) : 새가 우는 소리.
* 蕭條(소조) : 쓸쓸한 모양. 한적한 모양.
* 渭陽(위양) : 외숙을 이르는 말. 《시경詩經·진풍秦風》의 〈위양渭陽〉편에 보임.

517. 공안현 회고

여몽의 병영이 있던 곳, 들은 광활하고
유비가 머물던 성 근처 강은 깊은데
차가운 하늘은 해 짧아지기를 재촉하고
풍랑은 구름과 더불어 가지런하여라.
유비는 군신간에 마음이 맞아 화합이 잘되고
여몽은 전쟁에서의 명성 높이 드날렸지.
앞 포구에 배 기대어 두고
길게 휘파람 불며 한 차례 회고의 정 머금어 보네.

공안현회고
公安縣懷古

야광여몽영   강심류비성   한천최일단   풍랑여운평
野曠呂蒙營　　江深劉備城　　寒天催日短　　風浪與雲平
쇄락군신계   비등전벌명   유주의전포   장소일함정
灑落君臣契　　飛騰戰伐名　　維舟倚前浦　　長嘯一含情

• 해설

이 시는 대력 3년(768) 늦은 가을에 공안公安에서 지어졌다. 공안은 지금의 호

북성湖北省 공안현公安縣이다. 공안의 역사적 사실에 근거하여 회고의 정을 노래한 시이다.

● 주석
* 呂蒙營(여몽영) : 공안현公安縣 북쪽에 동오東吳의 명장이었던 여몽의 병영이 있었다.
* 劉備城(유비성) : 공안현의 잔릉성屛陵城을 가리킨다. 유비가 오나라 측에 기탁했을 당시에 좌장군左將軍・형주목荊州牧이 되어 이 성을 근거지로 삼았다.
* 灑落(쇄락) : 거리낌이 없음. 깨끗하여 속기가 없는 모양.
* 飛騰(비등) : 여몽이 환성晥城을 격파할 때 군사들이 모두 성을 뛰어올라가 넘었다고 한다.

518. 공안에서 이진숙 아우가 촉으로 들어가는 것을 전송하고 나는 면악으로 내려가다

막 시상으로 가는 뱃줄을 풀다가
또 촉도蜀道로 가는 그대를 보게 되었다.
배는 서로 등지고 떠나게 될 터인데
변경에서 날아온 기러기는 줄지어 울며 가누나.
남방의 강은 멀리 형양衡陽의 구리 기둥과 이어지고
서강은 금성에까지 잇닿았으리.
그대에게 부탁해 백전百錢의 복채 보내어,
군평에게 표박하는 이 신세 물어나 왔으면!

공 안 송 리 이 십 구 제 진 숙 입 촉 여 하 면 악
公安送李二十九弟晉肅入蜀余下沔鄂

정해시상람　　잉간촉도행　　장오상배발　　새안일항명
正解柴桑纜　　仍看蜀道行　　檣烏相背發　　塞雁一行鳴

남기련동주　　서강접금성　　빙장백전복　　표박문군평
南紀連銅柱　　西江接錦城　　憑將百錢卜　　漂泊問君平

● 해설

이 시는 대력大曆 3년(768) 겨울에 공안에서 지어졌다. 이이십구제 진숙은 이진숙으로 이하李賀의 부친이다. 이진숙과는 먼 친척이 되었기 때문에 두보가 '제弟'라고 칭한 것이다. '면'은 면주沔州(지금의 한양漢陽), '악'은 악주鄂州(지금의 무창武昌)이다. 이별의 서러움과 고달픈 신세를 노래한 시이다.

● 주석

* 柴桑(시상) : 현 이름. 강주江州에 속하였으며 당시 두보의 동생이 살고 있었다.
* 檣烏(장오) : 배.
* 南紀(남기) : 중국 남방에 있는 강.
* 銅柱(동주) : 형양성衡陽城 북쪽에 있었던 구리 기둥. 오吳나라 황무黃武 2년에 정보程普와 촉蜀의 관우關羽가 경계를 나누기 위하여 세운 것이라 한다.
* 西江(서강) : 강 이름.
* 錦城(금성) : 사천성 성도成都.
* 君平(군평) : 서한西漢 사람. 일찍이 성도에서 점치는 일을 하였다.

519. 오랜 나그네

타향을 떠돌아봐야 사귐의 행태 알 수 있고
오랫동안 머물러봐야 세속의 인정을 볼 수 있는 것.
늙은 몸이 그렇지 않아도 스스로를 한심하게 여기는데
잗달은 벼슬아치들이 사람 무시하기는 가장 심하더라.
고향 떠나 있음에 왕찬처럼 애통에 젖고
시절 아파하노라니 가의마냥 통곡하게 되거늘
여우, 이리 따위야 말할 게 무어랴!
승냥이와 범이 천하를 누비고 있는데……

久客
구 객

羈旅知交態　淹留見俗情　衰顏聊自哂　小吏最相輕
기려지교태　엄류견속정　쇠안료자신　소리최상경

去國哀王粲　傷時哭賈生　狐狸何足道　豺虎正縱橫
거국애왕찬　상시곡가생　호리하족도　시호정종횡

●해설

이 시는 대력大曆 3년(768) 겨울에 공안에서 지어졌다. 나그네로 떠돌면서 낮은 벼슬아치들에게 무시당하는 것보다 더 견디기 어려운 것은 시절이 여전히 난리 중인 것이라는 점을 노래한 이 시에는 시절을 아파하는 두보의 애국심이 잘 나타나 있다.

●주석

* 王粲(왕찬) : 한말漢末의 문학가. 유표劉表에게 의탁하였던 그는 형주荊州 땅에서 고향을 그리는 내용의 〈등루부登樓賦〉를 지었다.
* 賈生(가생) : 서한西漢의 문학가 가의賈誼. 재주가 뛰어나 젊은 나이에 태중대부太中大夫가 되었으나 후에 배척을 받아 장사왕長沙王 태부太傅로 폄적되었다.
* 狐狸(호리) : 여우와 이리. 변변치 못한 벼슬아치들.
* 豺虎(시호) : 세상을 어지럽히고 있는 도적떼인 양자림楊子琳·최녕崔寧과 같은 무리를 지칭하는 말.

520. 배사군을 모시고 악양루에 올라

광활한 동정호에 운무 뒤덮였더니
누각이 외로이 해질 무렵 개인 풍경 속에 있습니다.
절 예우하심이 서유자보다 더하신데
사군의 시는 사조謝朓에 가깝습니다.
눈 쌓인 언덕에 떨기 이룬 매화가 피어나고
봄 진흙 속에서 온갖 풀이 돋아나고 있는 때,

제가 감히 어부의 뜻을 어기리까?
이곳으로부터 다시 남쪽으로 가렵니다.

<ruby>陪裴使君登岳陽樓<rt>배 배 사 군 등 악 양 루</rt></ruby>

<ruby>湖闊兼雲霧<rt>호 활 겸 운 무</rt></ruby>　<ruby>樓孤屬晩晴<rt>루 고 촉 만 청</rt></ruby>　<ruby>禮加徐孺子<rt>례 가 서 유 자</rt></ruby>　<ruby>詩接謝宣城<rt>시 접 사 선 성</rt></ruby>
<ruby>雪岸叢梅發<rt>설 안 총 매 발</rt></ruby>　<ruby>春泥百草生<rt>춘 니 백 초 생</rt></ruby>　<ruby>敢違漁父問<rt>감 위 어 부 문</rt></ruby>　<ruby>從此更南征<rt>종 차 갱 남 정</rt></ruby>

● 해설

이 시는 대력 4년(769) 봄에 두보가 악양岳陽에 머물고 있을 때 지어졌다. 배사군은 이 무렵에 악주岳州자사를 지낸 배은裴隱을 지칭하는 듯하다. 두보는 배사군을 칭송하면서 경치를 묘사하는 한편, 남쪽으로 내려가고 싶다는 자신의 희망을 적었다.

● 주석

* 徐孺子(서유자) : 후한後漢의 서치徐穉. '유자'는 그의 자字이다. 태수 진번陳蕃이 다른 사람과 달리 그를 특별 예우하였다고 한다. 배사군을 진번에, 자신을 서치에 견주면서 배사군의 예우에 감사의 뜻을 표한 것이다.
* 謝宣城(사선성) : 남제南齊의 시인 사조謝朓. 선성태수를 지낸 적이 있어 후인들이 즐겨 사선성이라 칭하였다. 당시에 문단을 지배하였던 '경릉팔우竟陵八友' 가운데 가장 뛰어났다.
* 漁父問(어부문) : 굴원屈原의 〈어부사漁父辭〉에서 어부가 "무슨 까닭으로 깊이 생각하고 고상하게 행동하여 스스로 추방되게 하였는가?(何故深思高擧, 自令放爲)"라고 물은 참뜻은 너무 모나게 살지 말라는 것인데 두보가 그 뜻을 받아들이겠다는 것이다.
* 南征(남정) : 남행南行. 두보는 이 당시에 담주潭州(지금의 장사시長沙市)로 옮겨가 살기를 희망하였다.

521. 청초호에서 묵으며

동정호는 여전히 눈앞에 있는데
청초호라 이어서 이름 하여라.
농사짓는 곳에 기대어 배 정박하였더니
역사의 물시계 소리가 이정을 알려주네.
차가운 얼음 조각이 다투어 부딪히고
구름 근처의 달은 어둡다가도 다시 밝아지기도 하네.
호수에서 자던 기러기 쌍쌍으로 날아오름은
사람이 왔다고 일부러 북쪽으로 날아가는 것이리.

宿_숙青_청草_초湖_호

洞_동庭_정猶_유在_재目_목　青_청草_초續_속爲_위名_명　宿_숙槳_장依_의農_농事_사　郵_우籤_첨報_보水_수程_정
寒_한冰_빙爭_쟁倚_의薄_박　雲_운月_월遞_체微_미明_명　湖_호雁_안雙_쌍雙_쌍起_기　人_인來_래故_고北_북征_정

● 해설
이 시는 대력大曆 4년(769) 이른 봄에 형악衡岳으로 갈 때 지어졌다. 밤에 청초호에 배를 대고 묵을 때 보게 된 달 아래의 정경을 묘사한 시이다.

● 주석
* 青草湖(청초호) : 북으로는 동정호洞庭湖와 잇닿고 남으로는 상강湘江과 접하는데, 물이 불으면 호수가 되지만 물이 줄어들면 푸른 풀이 돋아나는 까닭에 청초호라고 하였다 한다.
* 宿槳(숙장) : 배를 대고 배에서 묵다.
* 郵籤(우첨) : 역사의 물시계.

522. 강루에서 병으로 누웠다가 급히 시를 써 최·노 두 시어사에게 부쳐 드리다

나그네의 부엌에 먹을 것이 없어
강루에 누웠더니 베개며 돗자리가 시원하기도 합니다.
늙은 나이에 병으로 그저 여위어가도
이 긴 여름에 두 분 다정하셨음을 생각해 봅니다.
조호로 지은 매끄러운 밥이 생각나고
향기로운 순채국 내음 풍겨오는 듯한데
숟가락에서 미끄러져 떨어지는 밥 먹고 또 배 따습힐 요량이니
누가 내게 술을 보내주시려는지요?

江閣臥病走筆寄呈崔盧兩侍御

客子庖廚薄　江樓枕席淸　衰年病祇瘦　長夏想爲情
滑憶雕胡飯　香聞錦帶羹　溜匙兼煖腹　誰欲致杯罌

● 해설

이 시는 대력 4년(769) 초가을에 담주에서 벗들에게 부친 시이다. 당시 두보는 병으로 몸져누워 있었는데 먹을 것이 부족하였다. 이에 이 시와 같은 유머와 풍취가 있게 되었던 것이다. 최시어사는 최환崔渙, 노시어사는 두보의 집안 인척이다.

● 주석

* 雕胡(조호) : 고미. 이것으로 밥을 지으면 향기롭고 연하다고 한다.
* 錦帶(금대) : 순채.
* 溜匙(유시) : 밥이 기름져서 숟가락질을 하며 흘리다.
* 煖腹(난복) : 배를 따뜻하게 하다. 술을 마시고 싶다는 뜻임.
* 杯罌(배앵) : 술을 담는 도자기의 일종. 여기서는 술을 가리킨다.

【오율청운五律青韻】

523. 고 무위장군을 애도하는 노래

경계 삼엄한 추운 밤에
전군前軍의 큰 별이 떨어졌지요.
장사들이 그대의 과감하고 결연한 정신 그리워함에
애도의 조서도 그대의 영령을 애석히 여겼습니다.
금상今上의 천하에 지금 전쟁이 없고
서생이 이미 명문銘文을 새겼는데
제후에 봉해지고 싶었던 뜻 실현할 수 없게 되었나니
사서史書는 장차 누구를 위하여 푸르게 될까요?

고무위장군만사
故武衛將軍挽詞

엄경당한야	전군락대성	장부사감결	애조석정령
嚴警當寒夜	前軍落大星	壯夫思敢決	哀詔惜精靈

왕자금무전	서생이륵명	봉후의소활	편간위수청
王者今無戰	書生已勒銘	封侯意疏闊	編簡爲誰靑

● 해설

이 시는 대략 천보天寶 6년(747)에서 7년(748) 사이에 지어진 작품이다. 무위장군의 이름은 미상이며 궁중수비를 맡고 있었던 사람이다. 제후에 봉해질 수 있을 정도로 재능이 뛰어났으나 안타깝게도 세상을 떠나고 말았다는 내용을 노래한 시이다. 3수의 연작시 가운데 제1수이다.

● 주석

* 精靈(정령) : 영령英靈.
* 王者(왕자) 구 : 당시에 부병제府兵制를 없애고 전쟁을 중지시키는 한편 민간인들이 병기를 차고 다니는 것을 중지시켰다.

* 勒銘(늑명) : 명문銘文을 새기다. 공적을 돌에 새기는 것을 뜻한다. 명문을 묘비명의 뜻으로 보기도 한다.
* 編簡(편간) : 사서史書를 의미함.

524. 길에서 성으로 들어가는 양양의 양소부를 만나 장난삼아 원외랑 양관에게 드리다

양원외랑에게 말을 부쳐 전하나니
지금은 산속이 추워 복령이 거의 없습니다.
돌아올 때 날이 조금 따뜻해지면
당연히 그대를 위해 솔숲에 들어가 캘 겁니다.
신선의 굴을 뒤집듯이 뒤져
짐승 모양의 좋은 복령을 포장해 올리지요.
겸하여 오래된 등나무 지팡이도 보내어
취한 그대가 막 깨었을 때 부축하게 하겠습니다.

路逢襄陽楊少府入城戲呈楊四員外綰

寄語楊員外 山寒少茯苓 歸來稍暄暖 當爲斸青冥
翻動神仙窟 封題鳥獸形 兼將老藤杖 扶汝醉初醒

● 해설
이 시는 건원乾元 원년(758) 겨울에 화주華州에서 지어졌다. 두보가 이전 해에 장안을 떠나면서 양관에게 복령을 캐서 보내드리겠노라 한 약속을 아직 지킬 수 없다는 뜻을 시로 적어 인편에 보낸, 서간을 대신한 시이다. 제목 아래에 '내가 화주에 부임하는 날이면 원외랑에게 복령을 보내겠노라고 하였다(甫赴華州日, 許寄員外茯苓)'라는 주가 있다.

● 주석
* 茯苓(복령) : 담자균류에 속하는 버섯의 일종. 소나무 땅속뿌리에 기생함.
* 斸(촉) : 복령을 캔다는 뜻.
* 青冥(청명) : 송림松林이 울창하고 무성한 모양.
* 封題(봉제) : 물품을 잘 봉한 후에 서명을 하는 것. 포장하여 올린다는 뜻.
* 鳥獸形(조수형) : 날짐승이나 길짐승 모양의 복령. 좋은 복령이라는 뜻.

525. 진주잡시

오늘 사람의 눈 밝게 한 것은
연못 임한 곳에 참한 역정이 있어서라네.
떨기 이룬 대나무는 땅 나직이 푸르고
높다란 버들은 하늘에 반쯤 걸려 푸른데
여러 겹으로 그윽한 일이 많고
떠들썩하게 둘러싸고 보는 사신의 행렬!
늙은 이 몸에게 이 같은 정자가 있다면
교외에 있는 것과 다르지 않으리.

秦州雜詩

今日明人眼　臨池好驛亭　叢篁低地碧　高柳半天青
稠疊多幽事　喧呼閱使星　老夫如有此　不異在郊坰

● 해설
두보가 진주秦州에 머물 때인 건원乾元 2년(759) 가을에 지어졌다. 20수로 구성된 이 연작시는 내용이 다양한데 대체로 진주 일대의 풍물과 인물, 당시 불안정하기 짝이 없었던 정세와 백성들의 질고 등을 노래한 것이다. 시대적, 지역적 색채가 분명하여 예술적 가치뿐만 아니라 사료적 가치도 무척 높은 작품이다. 이 시는 제9수로서 연못가에 있는 역정驛亭 주변의 풍경과 운치를 노래한 것이다.

● 주석
* 驛亭(역정) : 역참에서 설치한 나그네에게 휴식을 제공하는 정자.
* 使星(사성) : 사신使臣.
* 郊坰(교경) : 교외.

526. 높다란 녹나무

녹나무 빛 깊고 그윽하게
하나의 덮개 되어 강가에 푸른데
뿌리 가까이에 약을 심는 밭을 일구고
잎사귀에 잇닿게 띠풀 정자 지었더니
해질 무렵 그늘은 더욱 짙어지고
미풍에 서걱이는 소리는 들을 만하여라.
평소에 취기로 더없이 피곤할 적에
여기에 와 누우면 금세 술이 깨곤 한다네.

高柟

柟樹色冥冥　江邊一蓋青　近根開藥圃　接葉製茅亭
落景陰猶合　微風韻可聽　尋常絶醉困　臥此片時醒

● 해설
이 시는 상원上元 2년(761) 여름에 지어졌다. '남柟'은 녹나무로 녹나무과의 상록 교목이며 향기가 있다. 두보의 초당 앞에 한 그루의 큰 녹나무가 있었는데 이 시는 두보가 바로 이 녹나무의 운치와 이를 통해 느낀 희열을 노래한 것이다.

• 주석
* 景(영) : '影影'과 같음.

527. 장난삼아 지어 한중왕에게 부쳐 올리다

한중 땅엔 양황제讓皇帝의 적통 왕자님 계시는데
성도 땅엔 늙은 나그네가 하나.
백년 인생살이에 서로가 이미 백발이 되어
한번 헤어진 뒤로 벌써 5년이 되었습니다.
차마 술을 끊으시고
그저 좌우명만 보신다지요.
저는 태수님을 따를 수 없어
스스로 취하여 흐르는 부평을 쫓고 있을 뿐입니다.

戲題寄上漢中王
(희제기상한중왕)

西漢親王子 (서한친왕자)　成都老客星 (성도로객성)　百年雙白鬢 (백년쌍백빈)　一別五秋螢 (일별오추형)
忍斷杯中物 (인단배중물)　祗看座右銘 (지간좌우명)　不能隨皂蓋 (불능수조개)　自醉逐流萍 (자취축류평)

• 해설
이 시는 두보가 면주綿州에 머물 때인 보응寶應 원년(762)에 지어졌다. 한중왕은 현종玄宗의 형인 양황제讓皇帝 이헌李憲의 제6자인 이우李瑀를 가리킨다. 안사安史의 난 중에 현종을 따라 촉에 갔다가 한중왕에 봉해졌다. 두보는 그와 오랜 친분이 있었으며 당시에 재주梓州로 가고자 하여 그에게 도움을 요청하며 이 시를 썼다. 한중왕과 오랜 세월동안 만나지 못한 것을 아쉬워하며 한중왕의 단주斷酒를 익살스럽게 노래한 것이다. 3수의 연작시 가운데 제1수이다.

• 주석
* 西漢(서한) : 한중漢中의 서북에 있는 강 이름. 여기서는 한중왕의 봉지를 가

리킨다.
* **客星**(객성) : 《후한서·엄광전嚴光傳》에 의하면 엄광이 광무제光武帝와 함께 눕자 사관史官이 점치기를, '나그네별이 황제의 자리를 침범했다'고 했다. 후세에는 은거하는 선비가 제왕에게 알려진다는 뜻으로 쓰였다. 여기서는 두보 자신을 가리킨다.
* **皁蓋**(조개) : 주군州郡의 장관이 사용하는 수레 뚜껑. 한중왕은 당시에 한중군漢中郡의 태수太守였기 때문에 조개를 사용하였다.

528. 염정현을 지나면서 그럭저럭 율시 한 수를 지어 엄수주·봉주 두 분 자사와 자의참군의 여러 형제 분에게 편지삼아 받들어 드리다

말머리에서 염정현을 보았더니
높다란 산이 현을 푸르게 안고 있더이다.
구름이 지나는 계곡엔 꽃빛이 담담하고
봄날 성곽을 두른 물은 맑고도 깨끗합니다.
촉 땅 어디나 인재가 많았어도
엄씨네 가문은 덕성德星이 모인 듯.
긴 노래에 뜻 다함이 없으니
이 노부老父를 위해 잘 들어 주시기를……

行次鹽亭縣聊題四韻奉簡嚴遂州蓬州兩使君咨議諸
昆季

馬首見鹽亭　高山擁縣靑　雲溪花淡淡　春郭水泠泠
全蜀多名士　嚴家聚德星　長歌意無極　好爲老夫聽

● 해설

이 시는 광덕廣德 원년(763) 봄, 낭주로 가는 도중에 사천성 염정현을 지날 때 지어졌다. 엄수주와 엄봉주는 당시 이미 퇴임한 상태였으며 자의참군의 여러 형제는 자의참군을 역임한 엄진嚴震과 그 집안 아우인 엄려嚴礪를 가리킨다. 염정현의 빼어난 풍광을 노래하면서 엄씨 가문을 예찬한 시이다.

● 주석

* 泠泠(영령) : 맑고도 깨끗한 모양.
* 聚德星(취덕성) : 동한東漢의 명사인 진식陳寔이 자손을 거느리고 순숙荀淑 부자父子를 방문했을 때 '덕성'이 모이는 현상이 발생하자 후인들이 이를 현사賢士들이 모인 것을 비유하는 말로 사용하였다.

529. 또 두사군에게 드림

저물녘이 되어 물결 조금씩 푸르러 감에
하늘에 잇닿은 언덕이 되려 파란 빛!
해는 봄과 더불어 저물고
시름은 취기와 함께 깨지를 않습니다.
떠도는 몸, 아직도 술잔을 잡고
이 역정을 떠나지 못하고 머뭇거리고 있습니다.
만리 밖에서 서로 보아하니
모두가 한 조각 부평.

又呈竇使君

向晚波微綠　連空岸却青　日兼春有暮　愁與醉無醒
漂泊猶杯酒　踟躕此驛亭　相看萬里外　同是一浮萍

• 해설
이 시는 광덕 원년(763) 늦은 봄에 면주綿州에서 지어졌다. 두사군은 미상이지만 당시에 두보와 마찬가지로 면주에서 살고 있었던 인물로 추정된다. 시는 두사군과 동병상련의 정을 노래한 것이다.

• 주석
* 跼躅(지주) : 머뭇거리는 모양.

530. 옛 처소에서 나그네로 묵으며

묵은 자취란 사람의 일을 따라 이루어지는 것,
초가을에 이 정자를 떠났었지.
오늘에 거듭 보니 배나무 잎사귀는 붉어졌는데
예전처럼 대나무숲은 푸르기만 하여라.
바람에 일렁이던 휘장은 어느 때에 걷혔나?
차가운 다듬이 소리를 어제 저녁에 들었는데……
이 파촉의 땅 벗어날 길이 없어
시름겨운 가운데 날은 어두워지기만!

객구관
客舊館

진적수인사	초추별차정	중래리엽적	의구죽림청
陳迹隨人事	初秋別此亭	重來梨葉赤	依舊竹林靑
풍만하시권	한침작야청	무유출강한	수서일명명
風幔何時卷	寒砧昨夜廳	無由出江漢	愁緖日冥冥

• 해설
이 시가 지어진 연대는 불확실하다. '구관'은 두보 일가가 재주梓州에 머물고 있을 당시 처소를 가리킨다. 시는 한 차례 다른 곳을 떠돌다가 돌아온 뒤의 심정을 노래한 것이다.

- 주석
* 幔(만) : 해 따위를 가리기 위해 사용하는 휘장의 일종.
* 江漢(강한) : 파촉巴蜀 땅을 가리키는 말.

531. 군중에서 취하여 노래 부른 것을 심팔과 유씨 노인에게 부치다

술 마시고 갈증 날 때면 강물의 맑음을 사랑하였고
술 거나하게 취하면 저물녘 물가에서 양치질하기도 하였는데
고운 모래는 기대어 앉기 편하였고
서늘한 바위는 취하여 든 잠 깨게 하였지.
행영에 음식이 차려지고
종군 악사가 중원의 가락 연주할 적에
몇 잔 술 마신 내 모습 그대들은 보지 못하였지
모든 것을 멍하니 잊어버리던 것을!

군 중 취 가 기 심 팔 류 수
軍中醉歌寄沈八劉叟
주 갈 애 강 청   여 감 수 만 정   연 사 의 좌 온   랭 석 취 면 성
酒渴愛江淸   餘酣漱晩汀   軟沙欹坐穩   冷石醉眠醒
야 선 수 행 장   화 음 발 종 령   수 배 군 불 견   도 이 견 침 명
野饍隨行帳   華音發從伶   數杯君不見   都已遣沈冥

- 해설

이 시는 광덕廣德 2년(764) 여름에 두보가 엄무嚴武의 막부에서 봉직하고 있을 때 지어졌다. '심팔'과 '유수'는 두보가 초당에 머물고 있을 때 사귄 벗으로 추정된다. 앞 4구는 초당에서 두 벗과 더불어 즐겁게 술 마시던 때를 회억한 것이며, 뒤 4구는 막부에서 잔치하는 것이 별로 유쾌하지 못함을 한탄한 것이다.

- 주석
* 行帳(행장) : 행영行營.

* 華音(화음) : 중원中原의 가락. 파촉巴蜀 지역의 곡조와 다름을 나타낸 것임.
* 從伶(종령) : 종군하는 악사樂師.

532. 서각을 떠나지 못해

서각은 사람이 떠나는 걸 내버려두나
사람은 이제 또 짐짓 머물고자 하여라.
강 위의 구름은 흰 비단이 나부끼는 듯하고
돌 절벽은 푸른 하늘을 자르는 듯.
창해에서 떠오르는 해를 가장 먼저 맞을 수 있고
밤이면 은하가 뭇별을 쏟아 붓는 걸 볼 수 있는 곳.
평소 빼어난 경치에 탐닉하였나니
처음 이곳을 지날 적엔 많이 놀라기도 하였지.

不離西閣

西閣從人別　人今亦故亭　江雲飄素練　石壁斷空青
滄海先迎日　銀河倒列星　平生耽勝事　吁駭始初經

● 해설
이 시는 대력大曆 원년(766) 겨울에 두보가 기주의 서각에서 머물고 있을 때 지어졌다. 두보가 서각 일대의 아름다운 풍경을 사랑하여 잠시 더 머물겠다는 뜻을 적은 것이지만 기실은 '불리不離'라는 말을 통해 짐작할 수 있듯이 곧 떠나리라는 뜻을 밝힌 시이다. 2수의 연작시 가운데 제2수이다.

● 주석
* 亭(정) : '정停'과 통함.
* 勝事(승사) : 빼어난 경치.
* 吁駭(우해) : 놀라다.

533. 저무는 봄에 양서에서 새로 임대한 초옥에 적다

아름다운 구름, 어둡더니 다시 밝아져
비단과 같은 나무, 새벽이 되어 푸르기도 하여라.
쑥과 같은 양쪽 귀밑머리 늘어뜨린 이 내 신세
천지간에 기댈 곳이라고는 이 초옥 하나뿐.
슬픈 노래 부르며 때로 스스로를 불쌍히 여기나니
취하여 춤추다가 누구를 위하여 술을 깨랴!
가랑비 아래 호미 메고 섰더니
푸르름 둘러쳐진 곳에서 강가 원숭이가 울음 운다.

모춘제양서신임초옥
暮春題瀼西新賃草屋

채운음부백 　　금수효래청 　　신세쌍봉빈 　　건곤일초정
綵雲陰復白　錦樹曉來靑　身世雙蓬鬢　乾坤一草亭
애가시자석 　　취무위수성 　　세우하서립 　　강원음취병
哀歌時自惜　醉舞爲誰醒　細雨荷鋤立　江猿吟翠屛

● 해설
이 시는 대력大曆 2년(767) 3월에 기주의 적갑赤甲에서 양서瀼西로 옮겨가 살 적에 초옥의 벽에 적은 것으로, 초옥 일대의 풍광을 노래하면서 여기까지 흘러 오게 된 신세를 한탄한 것이다. 5수의 연작시 가운데 제3수이다.

● 주석
* 草亭(초정) : 양서瀼西에서 새로 빌린 초옥.
* 翠屛(취병) : 푸른 기운이 병풍처럼 둘러쳐진 산을 의미하는 말.

534. 동생 두관이 곧 도착함을 기뻐하며 다시 단편의 시를 짓다

너를 기다리다가 까마귀와 까치에게 성을 내고
너의 편지를 던져 할미새더러 보게 하였는데
나뭇가지 사이의 까치 기뻐하며 날아가지 아니하니
들판 위 아우의 급난急難도 일찍이 지나간 것.
강가 누각에 기대어 나루의 버들이 눈길 가리는 걸 미워하고
바람 돛배 보며 아우가 거쳐 올 역정을 세어 보았지.
만나서는 응당 10년 이래의 일 얘기하게 될 것이니
시름으로 죽을 것만 같다가 비로소 소생하게 되겠구나.

喜觀卽到復題短篇
待爾嗔烏鵲　抛書示鶺鴒　枝間喜不去　原上急曾經
江閣嫌津柳　風帆數驛亭　應論十年事　愁絶始惺惺

● 해설
이 시는 대력 2년(767) 봄에 기주의 양서에서 지어졌다. 아우가 멀지 않아 자신의 처소에 도착하게 되리라는 소식을 듣고 기뻐하는 뜻을 적은 시이다. 2수의 연작시 가운데 제2수이다.

● 주석
* 鶺鴒(척령) : 할미새. 할미새는 머물 곳을 잃으면 울며 날아 그 동류同類를 찾는다고 하여, 옛사람들은 형제 혹은 형제가 환난에서 서로 구해주는 일을 비유하는 말로 사용하였다. 《시경詩經・소아小雅・상체常棣》에 '할미새가 들판에 있으니 형제가 어렵구나(鶺鴒在原, 兄弟急難)'라는 시구가 있다.
* 愁絶(수절) : 시름으로 죽을 것만 같다. 시름이 지극하다.
* 惺惺(성성) : 소생蘇生하다.

535. 홀로 앉아

날이 다하도록 비 자욱하게 내려
구당瞿塘의 양 언덕이 말쑥이 씻겨 더없이 푸른데
물가의 꽃은 싸늘히 언덕으로 떨어지고
산속의 새는 저물녘에 뜰을 지난다.
늙은 몸 덥히고자 연옥을 그리워하고
주린 배 채우고자 초나라 마름 열매를 생각하는 때,
호가 소리가 누상에서 일어
애절하고 서글픈 가락 차마 듣지 못하겠구나.

獨坐

竟日雨冥冥　雙崖洗更青　水花寒落岸　山鳥暮過庭
暖老思燕玉　充饑憶楚萍　胡笳在樓上　哀怨不敢聽

● **해설**

이 시는 대력大曆 2년(767) 추동 무렵에 기주의 동둔東屯에서 지어졌다. 비가 내린 뒤의 풍경을 묘사하면서 객거客居의 고단함을 서글프게 노래한 시이다. 2수의 연작시 가운데 제1수이다.

● **주석**

* 冥冥(명명) : 어두운 모양.
* 雙崖(쌍애) : 구당瞿塘의 양 언덕.
* 燕玉(연옥) : 양옹백楊雍伯이 무종산無終山에서 부모의 장례를 치르자 어떤 사람이 돌 한 말을 주며 밭에 심으라고 하였다. 옹백이 시키는 대로 하였더니 옥이 돋아났다. 옹백은 이 옥으로 서씨徐氏를 아내로 맞이하였는데 무종산이 옛 연燕나라 땅이므로 '연옥'이라 칭하게 된 것이다. 이 연옥은 인간 세상에서 얻을 수 없는 물건을 비유하는 말로 곧잘 쓰인다.

* 楚萍(초평) : 초나라 소왕昭王이 강을 건널 때 말[斗] 만한 개구리밥 열매를 얻은 일이 있어 후인들이 진귀한 먹거리를 비유할 때 곧잘 이 말을 쓰게 되었다.

536. 송자의 강정에 배를 대고

사모 쓰고 갈매기를 따라와
이 정자에 조각배를 매었더니
강이며 호수는 깊고도 밝고
소나무와 대나무는 멀리서 은은히 푸르다.
일주관一柱觀이 온전히 응당 가까이 있으리니
고당은 다시 지나지 않으리.
이 밤, 남극 밖에서
노인성 되는 것을 달게 여기노라.

泊松滋江亭

紗帽隨鷗鳥 扁舟繫此亭 江湖深更白 松竹遠微青
一柱全應近 高唐莫再經 今宵南極外 甘作老人星

● 해설
이 시는 대력 3년(768) 3월에 두보가 배를 타고 송자현에 이르러 강정江亭 언저리에 배를 대고 지은 것이다. 험한 삼협을 벗어난 기쁨을 노래한 시이다.

● 주석
* 一柱(일주) : 일주관一柱觀. 송자현松滋縣 동쪽에 있었다.
* 高唐(고당) : 초 땅의 대관臺觀 이름. 여기서는 삼협 일대를 뜻하는 말로 쓰였다.
* 南極外(남극외) : 기주夔州 밖. 곧 강릉江陵을 가리킨다.
* 老人星(노인성) : 남극성南極星. 수명을 주관한다는 별 이름. 여기서는 노인을

비유하는 말로 쓰였다.

537. 형주에서 광주로 부임하는 이대부를 전송하며

부월 가지고서 푸른 하늘로부터 내려와,
누각을 올린 큰 배 타고 동정호 지나실 적에
북풍은 상쾌한 기운 따르며 불어오고
남녘 두성斗星은 그대, 문성文星을 피하였습니다.
해와 달 아래 새장 속의 새와 같고
하늘과 땅 사이 물 위의 부평초와 같은 이내 신세.
왕손께서는 내게 어른뻘이 되시는 분이거늘
늘그막에 나부끼며 영락한 모습 보여드리게 되었습니다.

衡州送李大夫七丈赴廣州
斧鉞下靑冥　樓船過洞庭　北風隨爽氣　南斗避文星
日月籠中鳥　乾坤水上萍　王孫丈人行　垂老見飄零

● 해설
이 시는 대력大曆 4년(769)에 두보가 막 형주에 도착하였을 때 지어졌다. '이대부칠장'은 이면李勉을 가리킨다. 이 시는 이면이 장사長沙로부터 형주를 거쳐 광주로 부임할 때에 두보가 전한 송별시인데, 앞 4구는 이면 행렬의 장관과 기세를 칭송한 것이고, 뒤 4구는 두보 자신의 정처없음을 한탄한 것이다.

● 주석
* 靑冥(청명) : 푸른 하늘.
* 南斗(남두) : 남방에 있는 여섯 별로 구성된 별자리 이름. 그 모양이 말과 비슷하여 붙여진 명칭.
* 文星(문성) : 이면이 옛것을 좋아하고 문아文雅한 것을 숭상하였기 때문에 문

성이라 칭한 것이다.
* 王孫(왕손) : 이면이 왕족이었기에 이렇게 칭한 것이다.

538. 백사역에서 묵으며

배 위에서 묵으려는 때, 아직 스러져가는 놀이 비쳐들고
인가의 연기 다시 이 역정에 자욱하네.
역 언저리 모래는 옛날처럼 희고
호수 밖 풀은 새로 푸르렀구나.
삼라만상 어디에도 봄기운 감돌건만
외로운 조각배, 혼자서 나그네별이 되었구나.
물결 따라 흐르는 다함없는 달빛은
밝디밝게 남해로 가겠지.

宿白沙驛

水宿仍餘照　人烟復此亭　驛邊沙舊白　湖外草新靑
萬象皆春氣　孤槎自客星　隨波無限月　的的近南溟

● 해설
이 시는 대력 4년(769)에 두보가 배를 타고 청초호를 나서 상강湘江으로 향하며 저물녘에 백사역에서 묵을 때 지어졌다. 백사역은 역참 이름으로 청초호에 임하여 있다. 앞 4구는 역참 주변의 풍경을 묘사한 것이고, 뒤 4구는 나그네의 심회를 서술한 것이다.

● 주석
* 客星(객성) : 나그네별. 두보가 떠도는 자신을 비유적으로 칭한 말.
* 的的(적적) : 밝은 모양.
* 南溟(남명) : 남해南海. 여기서는 남방을 뜻하는 말로 쓰였음.

【오율증운五律蒸韻】

539. 고 무위장군을 애도하는 노래

칼춤 추심은 도저히 남이 따르지 못할 정도,
활을 쏘아 맹수 맞히는 일도 잘하시어
날카로운 날이 뜻에 맞춘 듯 순조롭게 움직이면
사납게 물어뜯는 맹수들은 뛰어오를 기회도 잃어버렸지요.
붉은 깃 깃발 아래에서 수천의 병사 먹이며
황하를 건널 적에는 10월에 얼음이 얼었는데
사막 밖에서 종횡무진하실 적,
그 신속함은 지금까지도 칭송하고 있습니다.

故武衛將軍挽詞

舞劍過人絶　鳴弓射獸能　銛鋒行愜順　猛噬失蹻騰
赤羽千夫膳　黃河十月冰　橫行沙漠外　神速至今稱

- **해설**

이 시는 대략 천보天寶 6년(747)에서 7년(748) 사이에 지어진 작품이다. 무위장군의 이름은 미상이며 궁중수비를 맡고 있었던 사람이다. 무위장군이 보여주었던 충성심과 용맹한 기상, 무예를 노래한 시이다. 3수의 연작시 가운데 제2수이다.

- **주석**

* 銛鋒(섬봉) : 날카로운 칼날.
* 猛噬(맹서) : 사납게 물어뜯는 맹수. '서'는 문다는 뜻.
* 蹻騰(교등) : 힘찬 기세로 뛰어오르다.

540. 강변의 별과 달

소나기는 가을밤을 맑게 하고
금빛 물결이 북두성을 비추는데
은하야 원래가 스스로 밝은 것이고
강가야 줄곧 맑았던 것.
만물을 비추는 별은 꿰어둔 구슬 끊어 흩뿌린 듯
달은 거울 하나가 허공 따라 올라간 것인 듯
남은 빛이 물시계 소리 속에 숨는데
하물며 이슬꽃이 엉김에랴.

江邊星月
(강변성월)

驟雨淸秋夜　金波耿玉繩　天河元自白　江浦向來澄
(취우청추야)　(금파경옥승)　(천하원자백)　(강포향래징)

映物連珠斷　緣空一鏡升　餘光隱更漏　況乃露華凝
(영물련주단)　(연공일경승)　(여광은경루)　(황내로화응)

● 해설
이 시는 대력大曆 3년(768)에 강릉江陵에서 지어졌다. 비 온 뒤 강변의 별과 달을 노래한 시이다. 2수의 연작시 가운데 제1수이다.

● 주석
* **金波**(금파) : 금빛 물결. 달을 비유하는 말.
* **玉繩**(옥승) : 북두칠성의 다섯 번째 별 이름. 여기서는 북두성을 가리킴.
* **元**(원) : '원原'과 같음.
* **更漏**(경루) : 시각을 알리는 물시계.

541. 악양성 아래에 배를 대고

천리가 넘는 수국水國 동정호,
악양성의 높이는 겨우 백층.
호안湖岸에 부는 바람은 저녁 물결을 뒤집고
배로 들이치는 눈발은 차가운 등에 흩뿌려진다.
타향에 머물고 있자니 재주 다 펼치기 어렵고
고달프고 위태로운 때에 의기는 더욱 늘어라.
남쪽으로 내려가고자 함에 헤아릴 수 없는 것은
곤어가 붕새로 화하는 것과 같은 변화 있을지 모른다는 것.

박 악 양 성 하
泊岳陽城下

강 국 유 천 리　　산 성 근 백 층　　안 풍 번 석 랑　　주 설 쇄 한 등
江國踰千里　山城僅百層　岸風翻夕浪　舟雪灑寒燈
류 체 재 난 진　　간 위 기 익 증　　도 남 미 가 료　　변 화 유 곤 붕
留滯才難盡　艱危氣益增　圖南未可料　變化有鯤鵬

● 해설

이 시는 대력大曆 3년(768) 겨울에 두보가 악양에 막 도착했을 때 지어졌다. 전반은 저녁에 배를 댈 무렵의 경치를 묘사한 것이고, 후반은 곤경에 처해 있어도 씩씩한 뜻은 여전함을 노래한 것이다.

● 주석

* 江國(강국): 수국水國. 곧 물이 흔한 지방. 여기서는 동정호를 가리킨다.
* 山城(산성): 악양성이 천악산天岳山 가까이에 있어 산성으로 칭한 것임.
* 圖南(도남) 2구: 《장자·소요유逍遙遊》에 나오는, 곤어鯤魚가 화하여 붕새가 된다는 얘기를 빌려 남쪽으로 내려가고 싶다는 뜻을 간절하게 표현한 것이다.

【오율우운五律尤韻】

542. 장씨가 은거하는 곳에 적다

이 사람과는 이따금 서로 만나는 사이,
이 몸 맞아들여 늦게까지 흥취 더해주며 머물게 하네.
개인 연못에는 전어가 풀쩍풀쩍 뛰어오르고
봄풀을 뜯던 사슴이 울음을 우는 곳.
두씨의 술을 줄곧 애써 권하나니
장씨의 배는 밖에서 구하지 않아도 된다네.
앞마을 산길 험하여도
취하여 돌아갈 적이면 매양 시름이 없어라.

題張氏隱居

之子時相見　邀人晚興留　霽潭鱣發發　春草鹿呦呦
杜酒偏勞勸　張梨不外求　前村山路險　歸醉每無愁

● 해설

이 시는 개원開元 24년(736)에 두보가 제齊·조趙 일대를 유람할 적에 지어졌다. '장씨'는 연주兗州 사람 장개張玠를 가리키는 듯하다. 장씨가 은거하고 있는 곳의 그윽하고 아름다운 풍경을 묘사하면서 둘 사이의 우정을 노래한 시이다. 2수의 연작시 가운데 제2수이다.

● 주석

* 之子(지자) : 이 사람. 장씨를 가리킴.
* 杜酒(두주) : 두강杜康이 처음으로 술을 빚은 것으로 전해지는 까닭에 두씨杜氏의 술이라 칭한 것임.

* 張梨(장리) : 장씨의 배. 진晉나라 반악潘岳의 〈한거부閑居賦〉에 의하면 장공張 公의 배가 유명하였다고 한다. 여기서는 은자의 성씨가 장씨인 것에 착안하여 이 고사를 가져다 쓴 것이다.

543. 여러 귀공자를 모시고 장팔구에서 기녀들과 더불어 더위를 식히다가 저녁이 되어 비를 만나다

비가 와 자리 위를 적시는 때,
바람이 급히도 뱃머리를 때림에
월나라 여인의 붉은 치마가 젖고
연나라 미희의 푸른 눈썹에는 시름이 어렸지.
닻줄을 언덕 버드나무에 바짝 붙여 매고
천막을 걷으면 떠오르던 물보라!
돌아가는 길에 도리어 쓸쓸히 바람 불어
제방엔 5월에 가을이 찾아온 듯.

陪諸貴公子丈八溝攜妓納涼晚際遇雨

雨來霑席上　風急打船頭　越女紅裙濕　燕姬翠黛愁
纜侵堤柳繫　慢卷浪花浮　歸路翻蕭颯　陂塘五月秋

●해설
이 시는 천보天寶 말엽, 안사의 난이 일어나기 이전에 장안에서 지어졌을 것으로 추정된다. '장팔구'는 하두성下杜城 서쪽에 있었던 수로水路 이름이다. 시는 저녁 어스름에 배를 띄우고 더위를 식힐 때의 정경을 노래한 것이다. 2수의 연작시 가운데 제2수이다.

●주석
* 越女(월녀) : 유람객을 모시던 가기歌妓들을 지칭하는 말.

* 燕姬(연희) : 유람객을 모시던 가기들을 지칭하는 말.
* 蕭颯(소삽) : 쓸쓸한 바람소리.
* 陂塘(피당) : 연못 혹은 호수. 여기서는 그 일대를 지칭하는 말로 쓰였음.

544. 저물녘에 길을 가며 입에서 나오는 대로 시를 짓다

삼천에 이르지 못할 것인가?
돌아가는 길, 저문 산이 빽빽하여라.
날아 내린 기러기는 차가운 물에 떠 있고
굶주린 까마귀들 수루에 모여 있는데
저자와 조정은 오늘에 달라져 있으니
난리는 어느 때라야 멎게 될 것인가?
멀리 양나라 강총에게 부끄럽나니
집에 돌아갈 때 아직 검은 머리였다지.

만 행 구 호
晚行口號

삼 천 불 가 도   귀 로 만 산 조   락 안 부 한 수   기 조 집 수 루
三川不可到 歸路晚山稠 落雁浮寒水 饑鳥集戍樓
시 조 금 일 이   상 란 기 시 휴   원 괴 량 강 총   환 가 상 흑 두
市朝今日異 喪亂幾時休 遠愧梁江總 還家尚黑頭

• 해설
이 시는 지덕至德 2년(757) 8월에 두보가 봉상을 떠나 강촌羌村으로 가는 도중에 지어졌다. '구호'란 입에서 나오는 대로 읊조린다는 뜻이다. 연도의 경치와 신세에 대한 감개를 노래한 시이다.

• 주석
* 三川(삼천) : 부주鄜州 부근에 있었던 현 이름. 이 시에서는 당시 두보의 가족들이 살고 있던 부주를 지칭하는 말로 쓰였다.
* 江總(강총) : 남조南朝의 문학가.

545. 홀로 서서

허공 밖엔 한 마리의 매,
물 위에는 두 마리의 갈매기.
매가 표표히 날아 치기 편한데
경솔하게 오가며 노니는구나.
풀잎에 이슬 들어 또 많이 젖었고
거미줄은 여전히 걷히지 않았네.
자연의 기미가 사람의 일에 가까워
홀로 서서 오만 가지 시름에 젖어보노라.

독 립
獨立

공 외 일 지 조　　　하 간 쌍 백 구　　　표 요 박 격 편　　　용 이 왕 래 유
空外一鷙鳥　　河間雙白鷗　　飄颻搏擊便　　容易往來遊
초 로 역 다 습　　　주 사 잉 미 수　　　천 기 근 인 사　　　독 립 만 단 우
草露亦多濕　　蛛絲仍未收　　天機近人事　　獨立萬端憂

● 해설
이 시는 건원乾元 원년(758) 늦은 가을에 화주에서 봉직하고 있을 때 지어졌다. 홀로 말없이 서서 외물外物을 대하고 느낀 감회를 노래한 시인데, 주지主旨는 위태롭고 곤궁한 처경을 아파한 데 있다.

● 주석
* 鷙鳥(지조) : 사나운 매. 매의 종류를 지칭함.
* 蛛絲(주사) : 거미줄.

546. 아우를 그리며

난리중에 내 아우 소식 듣자니
굶주림과 추위 겪으며 제주 근처에서 지낸다지.

오가는 사람 드물어 편지도 도달하지 않는데
아직도 전쟁중, 무슨 방법으로 만날 수 있으랴!
저번에 내 미친 듯이 피난길 재촉했음을 기억하나니
병든 몸에 시름없을 적이 없구나.
이제는 마음속 천 가지 한스러움을
그저 물과 함께 아우가 있는 동쪽으로 흘려보내고 있을 뿐.

憶弟

| 喪亂聞吾弟 | 饑寒傍濟州 | 人稀書不到 | 兵在見何由 |
| 憶昨狂催走 | 無時病去憂 | 卽今千種恨 | 惟共水東流 |

(상란문오제) (기한방제주) (인희서부도) (병재견하유)
(억작광최주) (무시병거우) (즉금천종한) (유공수동류)

● 해설

이 시는 건원 2년(759) 봄에 하남河南의 육혼장陸渾莊에서 지어졌다. 육혼장은 두보가 젊은 시절에 지은 별장으로 낙양 동쪽에 있었다. 두보가 시를 통해 그리워한 동생은 두영杜穎이다. 두영은 일찍이 제주에서 주부 벼슬을 지내고 있다가 전란을 만나 고향으로 돌아가지 못하게 되었다. 2수의 연작시 가운데 제1수이다.

● 주석

* 濟州(제주) : 지금의 산동성 임평현荏平縣 서남 일대.

547. 진주잡시

눈에 가득 차는 건 살아가는 일의 서글픔뿐,
사람으로 인하여 이 먼 데까지 오게 되었지.
농판의 길을 겁먹으며 더디더디 돌아
하 많은 시름 안고 농관에 이르렀더니
물 빠진 어룡천의 밤,

산마저 텅 빈 조서산의 가을!
서쪽으로, 서쪽으로 가며 전쟁 소식 묻다가
마음 꺾어져 이곳에 눌러앉아 머무노라.

_{진 주 잡 시}
秦州雜詩

_{만목비생사}　　　_{인인작원유}　　　_{지회도롱겁}　　　_{호탕급관수}
滿目悲生事　因人作遠遊　遲廻度隴怯　浩蕩及關愁
_{수락어룡야}　　　_{산공조서추}　　　_{서정문봉화}　　　_{심절차엄류}
水落魚龍夜　山空鳥鼠秋　西征問烽火　心折此淹留

● **해설**

이 시는 두보가 진주秦州에 머물 때인 건원乾元 2년(759) 가을에 지어졌다. 20수로 구성된 이 연작시는 내용이 다양한데 대체로 진주 일대의 풍물과 인물, 당시 불안정하기 짝이 없었던 정세와 백성들의 질고 등을 노래한 것이다. 시대적, 지역적 색채가 분명하여 예술적 가치뿐만 아니라 사료적 가치도 무척 높은 작품이다. 이 시는 두보가 진주에 와서 살게 된 이유가 전란 때문임을 밝힌 것이다. 20수의 연작시 가운데 제1수이다.

● **주석**

* 悲生事(비생사) : 기록에 의하면 이 해에 관중關中 지방에 큰 가뭄이 들어 쌀 한 말이 7천전으로 치솟아 사람이 사람을 잡아먹었다고 한다.
* 隴(농) : 농판隴坂.《삼진기三秦記》에 의하면 걸어서 넘는 데 7일이 걸렸다고 한다.
* 關(관) : 농관隴關. 대진관大震關. 형세가 매우 험준하였다.
* 魚龍(어룡) : 하천 이름. 진주 부근에 있었음.
* 鳥鼠(조서) : 산 이름. 진주 부근에 있었음.

548. 가을에 완방께서 염교 서른 단을 보내주시다

은자의 사립문 안,
텃밭 채소가 집을 두른 가을.

광주리 가득 이슬 머금은 염교를 담아 보내주셨네.
내가 글월 올려 청하길 기다리지도 않으시고……
염교 단은 푸른 꼴빛과 같은데
동그란 것이 옥으로 만든 젓가락 머리인 듯.
늙은 나이 탓에 관격이 차더니
맛이 따뜻하여 겸하여 시름도 없어졌네.

秋日阮隱居致薤三十束

隱者柴門內　畦蔬繞舍秋　盈筐承露薤　不待致書求
束比青芻色　圓齊玉筯頭　衰年關鬲冷　味暖倂無憂

●해설
이 시는 건원 2년(759) 가을, 두보가 진주에 머물고 있을 때 지어졌다. '완은거'는 완방을 가리키는데 두보가 진주에서 알게 된 친구이다. 벗의 후의에 감격해 하는 뜻을 노래한 시이다. 제목 아래에 '은사는 이름이 방이며, 진주 사람이다(隱居名昉, 秦州人)'라는 주가 있다.

●주석
* 薤(해) : 염교. 백합과에 속하는 다년초. 파와 비슷하게 생겼음.
* 青芻(청추) : 푸른 꼴.
* 關鬲(관격) : 가슴과 배 사이를 일컫는 말.
* 味暖(미난) 구 : 염교는 성질이 따뜻하여 몸을 보補해 준다고 한다.

549. 강물이 불다

사립문 밖의 강물이 불자
아이들이 물살 빠르다고 알려주었네.
평상을 내려오는 사이에 몇 자가 높아지고

지팡이 짚고 강둑에 섰노라니 강 가운데 섬도 잠겨버렸네.
바람을 맞는 제비는 수면을 스치며 찬찬히 날고
물결을 좇던 갈매기는 파도를 따라 가볍게 흔들리는데
고기 잡는 이는 작은 노를 묶고서
쉬이도 뱃머리를 돌린다네.

강창
江漲

강창시문외	아동보급류	하상고수척	의장몰중주
江漲柴門外	兒童報急流	下床高數尺	倚杖沒中洲
세동영풍연	경요축랑구	어인영소즙	용이발선두
細動迎風燕	輕搖逐浪鷗	漁人縈小楫	容易拔船頭

● 해설
이 시는 상원上元 원년(760) 여름에 지어졌다. 물이 급하게 불은 강 일대의 경물을 노래한 시이다. 같은 제목으로 상원 2년(761) 봄에 지은 작품도 있는데, 연작시는 아니다.

● 주석
* 中洲(중주) : 강 가운데 있는 섬.
* 縈(영) : 묶다.
* 拔(발) : 돌리다.

550. 수각사에서 노닐며

강 하늘이 탁 트인 곳에 들녘의 절이 하나,
산문 언저리엔 꽃이며 대나무가 그윽하다.
시에는 응당 신의 도움이 있겠기에
내 좋은 기회 얻어 봄나들이하게 되었지.

길가의 돌은 서로 얽히고 설켰는데
내 위의 구름은 절로 오락가락.
선방 주위 나뭇가지에 숱한 새 깃들었건만
떠도는 이 몸, 저무는 이 시각에 돌아갈 시름뿐.

遊修覺寺 _{유수각사}

野寺江天豁 _{야사강천활}　山扉花竹幽 _{산비화죽유}　詩應有神助 _{시응유신조}　吾得及春遊 _{오득급춘유}
徑石相縈帶 _{경석상영대}　川雲自去留 _{천운자거류}　禪枝宿衆鳥 _{선지숙중조}　漂轉暮歸愁 _{표전모귀수}

● **해설**

이 시는 상원 2년(761) 봄에 신진新津에서 지어졌다. 수각사는 신진현新津縣 치소治所 동남쪽에 있는 수각산修覺山 위에 있었다. 절 앞의 경물을 노래하면서 표박漂泊하고 있는 신세를 아파한 시이다.

● **주석**

* 禪枝(선지) : 선방禪房 주위의 나뭇가지.

551. 지는 해

지는 해가 발의 고리에 걸린 때
시냇가에는 봄일이 그윽하다.
향기로운 화초가 강언덕 채마밭에 이어지고
여울에 기대어 둔 배에서는 저녁밥을 짓는다.
서로 쪼는 새들은 가지를 다투다가 떨어지고
나는 벌레들은 뜰에 가득 떠다닌다.
탁주여, 누가 그대를 만들었던고?
한잔 부어 마시니 온갖 시름이 흩어지누나.

<ruby>落<rt>락</rt></ruby><ruby>日<rt>일</rt></ruby>

<ruby>落日在簾鉤<rt>락일재렴구</rt></ruby>　<ruby>溪邊春事幽<rt>계변춘사유</rt></ruby>　<ruby>芳菲緣岸圃<rt>방비연안포</rt></ruby>　<ruby>樵爨倚灘舟<rt>초찬의탄주</rt></ruby>
<ruby>啅雀爭枝墜<rt>탁작쟁지추</rt></ruby>　<ruby>飛蟲滿院遊<rt>비충만원유</rt></ruby>　<ruby>濁醪誰造汝<rt>탁료수조여</rt></ruby>　<ruby>一酌散千愁<rt>일작산천수</rt></ruby>

● 해설
이 시는 상원上元 2년(761) 봄에 지어졌다. 초당 부근의 저녁 경치를 노래한 시이다.

● 주석
* 樵爨(초찬) : 땔나무로 밥을 짓다.
* 啅(탁) : '탁啄'과 통함.

552. 강물이 붇다

강이 만이의 땅에서 발원하여 불어난 것은
산들이 비와 눈 녹은 물 더해 흘렸기 때문.
거대한 소리는 땅을 불어 구르게 하고
드높은 물결은 하늘을 박차며 떠오르는 듯.
고기와 자라가 사람에게 잡히게 되었거니
교룡도 스스로를 꾀하지 못하리라.
가벼운 배로 편히 잘 갈 수 있게 되었으니
내 갈 길, 신선이 사는 땅 창주로 이어지게 하리라.

<ruby>江<rt>강</rt></ruby><ruby>漲<rt>창</rt></ruby>

<ruby>江發蠻夷漲<rt>강발만이창</rt></ruby>　<ruby>山添雨雪流<rt>산첨우설류</rt></ruby>　<ruby>大聲吹地轉<rt>대성취지전</rt></ruby>　<ruby>高浪蹴天浮<rt>고랑축천부</rt></ruby>
<ruby>魚鼈爲人得<rt>어별위인득</rt></ruby>　<ruby>蛟龍不自謀<rt>교룡부자모</rt></ruby>　<ruby>輕帆好去便<rt>경범호거편</rt></ruby>　<ruby>吾道付滄洲<rt>오도부창주</rt></ruby>

• **해설**

이 시는 상원 2년(761) 봄, 강물이 불었을 때 지어졌다. 물이 불은 강의 험난함을 묘사하는 한편 은거의 뜻을 내비친 시이다.

• **주석**

* 蠻夷(만이) : 서부지역의 소수민족.
* 滄洲(창주) : 신선이 산다는 곳.

553. 자취를 감추고

느지막이 일어남은 집에 아무 일도 없는 탓,
경영하는 바 없이 사는 땅이라 갈수록 그윽하여라.
대나무 빛은 들녘의 빛깔을 모으고
초옥草屋 그림자는 강물에 출렁이누나.
배우기를 관둔 터라 아이들 게으른 대로 내버려두고
가난한 지 오랜 터라 지어미 시름 짓도록 맡겨두었을 뿐.
인생사 백년이 온통 취한 것만 같아
한 달에 한 번도 빗질 아니하였네.

屛跡(병적)

晚起家何事 (만기가하사)　無營地轉幽 (무영지전유)　竹光團野色 (죽광단야색)　舍影漾江流 (사영양강류)
失學從兒懶 (실학종아라)　長貧任婦愁 (장빈임부수)　百年渾得醉 (백년혼득취)　一月不梳頭 (일월불소두)

• **해설**

이 시는 보응寶應 원년(762) 춘하 무렵에 지어졌다. '병적'은 은거를 뜻한다. 강촌에 물러나 사는 생활과 이를 통해 얻은 심사를 노래한 시이다. 3수의 연작시 가운데 제3수이다.

● 주석
* 梳(소) : 빗질하다.

554. 현무선사의 거처 벽에 적다

어느 해에 고개지가
벽에 가득 창주를 그렸는가?
붉은 해 아래 돌과 숲에는 기운이 서리고
푸른 하늘 아래 강과 바다는 흐르는 듯.
지팡이 날려 늘 학과 가까이하고
나무 술잔으로 물 건너도 갈매기는 놀라지 않으니
여산으로 가는 길을 얻어
진정 혜원을 따르며 노닐고 있는 듯.

제현무선사옥벽
題玄武禪師屋壁

하년고호두　　　만벽화창주　　　적일석림기　　　청천강해류
何年顧虎頭　滿壁畫滄洲　赤日石林氣　青天江海流
석비상근학　　　배도불경구　　　사득려산로　　　진수혜원유
錫飛常近鶴　杯渡不驚鷗　似得廬山路　真隨惠遠遊

● 해설
이 시는 보응寶應 원년(762)에 지어졌다. 이 무렵 두보는 재주梓州 관할의 현무현玄武縣에 가 있었다. 성 동쪽 현무산에 현무묘玄武廟가 있었는데, 이 시는 바로 여기에 적어두었던 것이다.

● 주석
* 虎頭(호두) : 동진 때의 유명한 화가인 고개지顧愷之의 어렸을 때 자字.
* 錫飛(석비) 구 : 서주舒州의 잠산潛山이 무척 빼어났는데 산록이 더욱 훌륭하였다. 지공志公이 백학도인白鶴道人과 더불어 이를 취하고자 하여 백무제白武帝와 동행하였다. 백무제가 각기 물건으로 그 땅을 표시하게 하여 얻은 곳에

살게 하겠다고 하자 도인은 학으로, 지공은 지팡이로 표시하겠다고 하였다. 학이 먼저 날아가 산록에 이르러 막 멎으려 할 즈음에, 홀연 공중에서 지팡이 소리가 들리더니 지공의 지팡이가 산록에 꽂혔다. 도인이 달가워하지 않았지만 앞서 한 약속을 저버릴 수 없어, 마침내 각자 표시한 곳에 집을 짓고 살게 되었다. 이상은 《고승전高僧傳》에 실린 내용이다. 두보는 현무선사玄武禪師 거처의 벽화에 학이 있어, 그 전고典故로 현무선사의 법술法術을 찬미한 것이다.

* 杯渡(배도) : 《고승전》에 의하면 남조 송宋나라에 기이한 승려가 있었는데 늘 나무 술잔을 타고 물을 건넜다고 한다.
* 鷗(구) : 갈매기. 벽화에 갈매기 그림이 있었음을 알게 한다.
* 眞隨(진수) 구 : 혜원惠遠이 여산廬山에 살자 팽성彭城의 유유민劉遺民과 예장豫章의 뇌차종雷次宗 등이 모두 세속적인 영화를 버리고 혜원을 따라 노닐다가 일생을 마쳤다고 한다.

555. 장난삼아 지어 한중왕에게 부쳐 올리다

지팡이 짚고 이따금 나갈 수는 있으나
왕의 문정門庭은 옛적에 놀던 때와는 다르겠지요.
자리에서 일어나지 못해 탄식하고 계심을 이미 알거니와
취하여 머물게 하는 일은 허락이 되지 않겠지요.
촉 땅의 술이 진하여 천하에 적수가 없고
맛이 좋은 강 물고기 얻을 수 있다 하여도……
종일토록 생각하였습니다, 한번 얼큰하게 취하고자
왕께서 연회 베푸시던 그 자리 말쑥하게 쓸 날은 언제일까요.

戲題寄上漢中王

策杖時能出　王門異昔遊　已知嗟不起　未許醉相留
蜀酒濃無敵　江魚美可求　終思一酩酊　淨掃雁池頭

● 해설

이 시는 두보가 면주綿州에 머물 때인 보응寶應 원년(762)에 지어졌다. 한중왕은 현종玄宗의 형인 양황제讓皇帝 이헌李憲의 제6자인 이우李瑀를 가리킨다. 안사安史의 난 중에 현종을 따라 촉에 갔다가 한중왕에 봉해졌다. 두보는 그와 오랜 친분이 있었으며 당시에 재주梓州로 가고자 하여 그에게 도움을 요청하며 이 시를 썼다. 한중왕의 와병을 아쉬워하며 조만간 만날 수 있게 되기를 희망한 것이다. 3수의 연작시 가운데 제2수이다.

● 주석

* 雁池(안지) : 《서경잡기西京雜記》에 의하면 양梁나라 효왕孝王이 궁실과 원포苑圃 짓는 것을 좋아하고 즐겼는데, 토원兎苑을 짓고 그 안에 안지를 만들었으며, 안지 안에는 다시 학주鶴洲와 부저鳧渚를 두었다고 한다. 이 시에서는 한중왕이 빈객들에게 연회를 베풀던 곳이라는 뜻으로 쓰였다.

556. 우두사에 올라

청산에 대한 뜻 다하지 않아
한 띄엄 한 띄엄 우두산에 올랐네.
다시 걸리적거릴 것이 없어
진실로 자유로운 나들이가 되었네.
꽃 농염한데 봄날 사찰은 고요하기만 하고
대나무 가지 여린 곳에 들녘의 연못은 그윽하기만.
어디서 꾀꼬리 노랫소리 절절히 들려오는가?
한참동안 혼자서 그치지 않아라.

上牛頭寺

青山意不盡　袞袞上牛頭　無復能拘礙　眞成浪出遊

| 화농춘사정 | 죽세야지유 | 하처앵제절 | 이시독미휴 |
| 花濃春寺靜 | 竹細野池幽 | 何處鶯啼切 | 移時獨未休 |

● **해설**

이 시는 광덕廣德 원년(763) 봄에 지어졌다. 우두사는 우두산牛頭山에 있었던 절이다. 우두산은 산 모양이 소머리처럼 생겨서 붙여진 이름이다. 등람登覽의 즐거움을 노래한 시이다.

● **주석**

* 袞袞(곤곤) : 걸음을 쉬지 않고 올라가는 모습.

557. 파서역의 정자에서 강물이 불어난 것을 보고 두 사군에게 드리다

물결 험악해짐을 갈수록 놀라워하였나니
강 언덕이 곧장 물결에 휩쓸려 떠내려갈 것만 같았습니다.
다행히 술이 있어
다시 바다 위 갈매기와 같이 자유로워졌습니다.
내 마음은 물결 따라 작은 섬현에 이르러
눈앞엔 양주 땅이 바라보이는 듯.
유정有情한 벗과 마주하여 술잔 기울이게 되었음에
아침 이래 조각 시름을 덜 수 있게 되었습니다.

파서역정관강창정두십오사군
巴西驛亭觀江漲呈竇十五使君

전경파작악	즉공안수류	뢰유배중물	환동해상구
轉驚波作惡	卽恐岸隨流	賴有杯中物	還同海上鷗
관심소섬현	방안견양주	위접정인음	조래감편수
關心小剡縣	傍眼見揚州	爲接情人飮	朝來減片愁

● **해설**

이 시는 광덕 원년(763) 늦은 봄에 면주綿州에서 지어졌다. 면주는 파서군巴西郡

에 속하였으며 부강涪江이 성 아래를 흘러 지난다. 두사군은 미상인데, 내용으로 살펴보건대 면주에서 은거하고 있던 사람으로 추정된다. 외로운 정자에서 파도를 보며 술을 마실 때의 경치와 심회를 노래한 시이다. 2수의 연작시 가운데 제2수이다.

• 주석
* 剡縣(섬현) : 지금의 절강성 승현嵊縣 일대.
* 揚州(양주) : 장강長江 하류에 있던 고을 이름.
* 情人(정인) : 정이 많은 사람. 여기서는 두사군을 가리킴.

558. 서산

병사들이 세 성에서 수자리 서느라 갖은 고초 겪으며
늘 만리의 변방에서 가을 침공을 방어한다.
전쟁터 연기와 티끌은 화정까지 밀려들고
적군이 눈비처럼 몰려와 송주 땅이 고립되고 말았다.
바람은 장군의 막사를 뒤흔들고
한기는 사신使臣들의 갖옷 속까지 파고드는데
산야山野에 가득한 적들의 군영軍營과 보루堡壘,
머리 돌려 바라보고서 어찌 시름 없을 수 있으랴!

西山

辛苦三城戍　長防萬里秋　烟塵侵火井　雨雪閉松州
風動將軍幕　天寒使者裘　漫山賊營壘　迴首得無憂

• 해설
이 시는 광덕廣德 원년(763)에 낭주閬州에서 지어졌다. 서산은 민산岷山으로 촉蜀 지역의 병풍과 같은 산이다. 송주 땅이 고립되었다는 사실과 함께 전란으로 인한 시름과 우려를 노래한 시이다. 3수의 연작시 가운데 제2수이다.

• 주석
* 三城(삼성) : 촉 땅에 있는 서산 일대의 송주松州・유주維州・보주保州 세 성을 지칭한다.
* 火井(화정) : 사천성에 있었던 옛 현 이름.

559. 왕사군을 모시고 그믐날에 배를 띄워 황가정자에 가서

광활한 산맥이 언제 끊어졌나요?
강은 평평하여 흐르지 않는 듯.
조금씩 꽃이 언덕마다 바뀌는 것을 알고는
비로소 새들이 배를 따라옴을 깨달았습니다.
맵시나게 옷 입고 붉은 분 바른 여인이 많은
이 기쁘고 즐거운 자리, 흰머리가 그저 한스러울 따름.
그대께서 객들을 사랑하지 않으셨다면
이 그믐날에 다시금 시름 더하게 되겠지요.

배 왕 사 군 회 일 범 강 취 황 가 정 자
陪王使君晦日泛江就黃家亭子

산 활 하 시 단 　 강 평 불 긍 류 　 초 지 화 개 안 　 시 험 조 수 주
山豁何時斷　江平不肯流　稍知花改岸　始驗鳥隨舟
결 속 다 홍 분 　 환 오 한 백 두 　 비 군 애 인 객 　 회 일 갱 첨 수
結束多紅粉　歡娛恨白頭　非君愛人客　晦日更添愁

• 해설
이 시는 두보가 낭주에 머물고 있을 때인 광덕 2년(764) 정월 그믐날에 지어졌다. 강에 배를 띄우고 놀며 대하게 된 황가정자의 경물을 노래한 시이다. 2수의 연작시 가운데 제1수이다.

• 주석
* 結束(결속) : 옷을 잘 차려입다.

560. 옥대관

높다랗고 큼직한 계단은 왕으로 인하여 지은 것.
평평한 대에 올라 왕께서 옛날에 노니시던 걸 물어보노라.
채색구름 속에 소사가 머물고
문자에는 노공왕의 자취 남았구나.
궁궐은 높아 오방五方의 천제天帝와 통할 수 있겠고
하늘과 땅은 드넓어 신선의 땅, 10주洲에까지 이를 듯.
사람들이 생황 불고 학 타고 노니는 이 있어
이따금씩 이 성의 북쪽 산머리를 지난다는 말을 전하네.

옥대관
玉臺觀

호겁인왕조　　평대방고유　　채운소사주　　문자로공류
浩劫因王造　　平臺訪古遊　　綵雲簫史駐　　文字魯恭留
궁궐통군제　　건곤도십주　　인전유생학　　시과북산두
宮闕通羣帝　　乾坤到十洲　　人傳有笙鶴　　時過北山頭

• 해설
이 시는 광덕廣德 2년(764) 봄에 낭주에서 지어졌다. 옥대관은 낭주성 북쪽에 위치한 옥대산 위에 있었다. 옥대관과 그것을 지은 등왕滕王을 회고한 시이다. 제목 아래에 '(옥대관은) 등왕이 지은 것이다(滕王造)'라는 주가 있다. 2수의 연작시 가운데 제2수이다.

• 주석
* 浩劫(호겁) : 높고 큰 대의 계단.
* 簫史(소사) : 《열선전列仙傳》에 의하면 춘추시대春秋時代 소사가 진목공秦穆公

의 딸 농옥弄玉을 아내로 맞아 그녀에게 피리를 불어 봉황을 부르도록 가르쳤는데 후에 둘은 신선이 되었다고 한다. 여기서는 신선의 그림이 있기에 한 말이다.

* 魯恭(노공) : 한경제漢景帝의 아들 노공왕魯恭王 유여劉餘. 공자孔子 구택舊宅의 벽에서 고문경전古文經典을 발굴하였다. 여기서는 등왕의 글씨 흔적이 있기에 한 말이다.
* 羣帝(군제) : 오방五方[東·西·南·北·中央]을 관장한다는 천제天帝를 함께 일컫는 말.
* 人傳(인전) 구 : 《신선전神仙傳》에 의하면 왕자교王子喬는 생황을 불어 봉황 울음소리를 내고 학을 타고 노닐었다고 한다.

561. 시골에 내린 비

빗소리가 이틀 밤에 걸쳐 들려
겨울옷 준비해야 할 서늘하고 깊은 가을.
허리띠 잡으며 붉은빛 관복을 바라보고
상자 열어 검은 갖옷을 살폈나니
세상사로 인하여 그저 잠만 더할 뿐이어도
도적 떼 설치는 때 감히 시름을 잊으랴!
소나무와 국화가 새로 비에 씻겨 말쑥한
이 초당 풍경이 멀리 떠나온 나그네를 위로하누나.

村雨

雨聲傳兩夜　寒事颯高秋　攬帶看朱紱　開箱覰黑裘
世情只益睡　盜賊敢忘憂　松菊新霑洗　茅齋慰遠遊

● 해설
이 시는 두보가 광덕 2년(764) 가을에 휴가를 청하여 초당으로 돌아간 이후에 지어졌다. 우중雨中의 감회를 서술하면서 세정世情을 개탄하고 국사國事를 걱정한 시이다.

● 주석
* 朱紱(주불) : 홍색의 관복.
* 世情(세정) 구 : 관장官場 세계에 대한 혐오의 뜻을 나타낸 표현임.

562. 고인이 된 곡사교서의 집에 들러서

이 노인장께서 이미 세상을 뜨셨지만
이웃 사람들의 비탄은 아직껏 다하지 않았네.
끝내 궁궐에서 부르는 일 없더니
그저 죽은 후에 그 유적 찾는 일이 있었을 뿐.
처자식도 타향에서 살아가는 처지라
정원이며 숲은 이미 옛날 노닐 때의 모습이 아니로고!
올이 가는 베 영장靈帳만 부질없이 남아
서걱서걱 들녘 바람에 가을소리를 내누나.

過故斛斯校書莊
(과고곡사교서장)

此老已云歿 (차로이운몰)　隣人嗟未休 (린인차미휴)　竟無宣室召 (경무선실소)　徒有茂陵求 (도유무릉구)
妻子寄他食 (처자기타식)　園林非昔遊 (원림비석유)　空餘繐帷在 (공여세유재)　淅淅野風秋 (석석야풍추)

● 해설
이 시는 광덕廣德 2년(764)에 초당으로 돌아온 이후에 지어진 것이다. 곡사융斛斯融은 두보의 이웃이자 술벗이었는데, 곤궁하게 살다가 죽은 후에야 겨우 벼슬 하나를 받게 된 사람이었다. 이에 두보는 이 시를 지어 그 신세를 딱하게 여기면서 애도의 뜻을 표하였다. 제목 아래에 '노유께서는 살림이 어려웠으며 촉 땅에서 병이 드셨는데 한스럽게도 그분이 돌아가신 후에야 하나의 벼슬이 주어졌다(老儒艱

難 病於庸蜀 歎其歿後 方授一官'라는 주가 있다. 2수의 연작시 가운데 제1수이다.

● 주석
* 竟無(경무) 구 : 《한서》에 의하면 가의賈誼가 장사長沙로 폄적된 후에 한문제漢文帝가 그를 그리워하여 불러들이고는 선실宣室(전각殿閣 이름)에서 그를 접견하였다고 한다. 후에는 군주로부터 부름을 받은 어진 신하라는 뜻으로 쓰였다.
* 徒有(도유) 구 : 《사기史記》에 의하면 한무제漢武帝가 사람을 보내 무릉의 사마상여司馬相如 집에 있는 저서를 취해 오도록 하였는데, 겨우 유서遺書 한 권이 있었을 따름이었다고 한다. 여기서는 곡사융이 이미 세상을 떠난 뒤에야 겨우 벼슬을 하사받게 된 것을 나타내고자 사마상여의 고사를 끌어 쓴 것이다.
* 總帷(세유) : 가늘고 설핀 베로 만든 영장靈帳.

563. 촉 땅을 떠나며

5년 동안 촉 땅의 나그네로
1년은 재주에서 살았더랬네.
관문과 요새로 고향길이 막혔음을 어쩌리오!
도리어 소상으로 갈 수밖에 없구나.
만가지 일로 머리는 이미 누렇게 되었음에
쇠잔한 이 몸, 갈매기를 따를 밖에……
나라의 안위야 대신에게 달렸으니
구태여 눈물 길게 흘릴 일 없으리.

거 촉
去蜀

오 재 객 촉 군　　일 년 거 재 주　　여 하 관 새 조　　전 작 소 상 유
五載客蜀郡　　一年居梓州　　如何關塞阻　　轉作瀟湘遊
만 사 이 황 발　　잔 생 수 백 구　　안 위 대 신 재　　불 필 루 장 류
萬事已黃髮　　殘生隨白鷗　　安危大臣在　　不必淚長流

● 해설

이 시는 영태永泰 원년(765) 5월에 성도에서 지어졌다. 엄무가 죽은 뒤 촉 지방의 안위가 불확실해진 데다 벗들마저 잃어버려 두보는 촉을 떠나 형초荊楚 지방으로 내려가게 되는데, 두보가 촉을 떠나기 전에 지은 것이다.

● 주석

* 蜀郡(촉군) : 성도成都를 가리킨다. 두보는 성도의 초당草堂에서 5년을 머물렀다.
* 關塞(관새) : 관문과 요새.
* 瀟湘(소상) : 소수瀟水와 상수湘水. 동정호洞庭湖 일대를 지칭하는 말로 쓰임.
* 大臣(대신) : 신임新任 성도윤成都尹 곽영의郭英義를 지칭하는 말.

564. 나그네의 밤 회포를 적다

어린 풀 언덕에 실바람 불어오고
높은 돛 단 배에 외로운 밤이 깃드는 때,
별이 드리운 평야는 드넓게 펼쳐지고
달이 뛰노는 큰 강은 도도히 흐른다.
이름을 어떻게 글재주로 드러내랴,
벼슬도 노병으로 쉬어야 하는 것을!
떠돌이 신세, 무엇과 같을까?
천지간에 한 마리 갈매기라네.

旅夜書懷

細草微風岸　危檣獨夜舟　星垂平野闊　月湧大江流
名豈文章著　官應老病休　飄飄何所似　天地一沙鷗

● 해설

이 시는 두보가 영태 원년(765)에 충주忠州를 떠나 운안雲安으로 가는 도중에 지어졌다. 밤에 묵게 된 강 언덕에서 본 광활한 천지의 모습과 외로운 자신의 처지를 노래한 시이다.

● 주석

* 名豈(명기) 구 : 두보의 시는 당시 사람들에게 그리 환영받지 못했을 뿐만 아니라 당시 시선집詩選集에도 수록되지 못하였다. 이 구절은 그런 정황에 대한 한스러움을 노래한 것이다.
* 官(관) : 엄무嚴武의 막부에서 수행하였던 참모의 직을 말한다.

565. 고 방재상의 영구가 낭주의 빈소를 떠나 동도로 돌아가 장례 치른다는 얘기를 삼가 듣고 지은 시

붉은 만장이 날리는 오늘은
운구가 낭주를 출발했다는 소식을 갓 전해들은 날.
풍진은 끝내 흩어지지 않았는데
가릉강과 홀연 함께 흐르게 되었습니다.
검은 당신 곁 상자에서 요동치고
지으신 책은 고향의 다락으로 돌아가겠지요.
슬픔을 다할 곳이 있음을 알건만
나그네 된 이 몸, 길이 타향에서 끝날까 두려울 뿐입니다.

承聞故房相公靈櫬自閬州啓殯歸葬東都有作
丹旐飛飛日　初傳發閬州　風塵終不解　江漢忽同流
劍動親身匣　書歸故國樓　盡哀知有處　爲客恐長休

● 해설

이 시는 영태永泰 원년(765)에 두보가 유주渝州·충주忠州·운안雲安 일대를 떠돌고 있을 때 지어졌다. 방상공은 방관方琯이다. 그는 광덕廣德 원년(763)에 낭주에서 병사하여 그곳에 묻혔는데 이 시기에 동도東都로 이장하게 되자 두보가 이 소식을 듣고 애도의 뜻을 표하는 이 시를 짓게 되었던 것이다. 2수의 연작시 가운데 제2수이다.

● 주석

* 丹旐(단조) : 붉은 만장.
* 江漢(강한) : 가릉강嘉陵江을 지칭한다.
* 知有處(지유처) : 방관의 운구가 육혼산陸渾山으로 돌아가 장사 치르게 되리라는 것을 두보는 이 당시에 알고 있었다.

566. 새벽에 백제성과 백염산을 바라보며

얼룩 대나무 지팡이 옮겨가며 천천히 걷다가
흰머리 들어 산을 바라보았더니
끊어진 절벽 트인 곳에 푸르름 깊은데
날아갈 듯한 누각 얽어둔 곳엔 붉은 기운이 멀다.
해돋을 무렵, 맑은 강에서 바라보노라니
환하게 비치는 햇살이 나그네의 시름을 흩어주누나.
봄 성자락 눈을 인 소나무가 눈에 띄어
비로소 거기로 가는 배 내어볼까 하였네.

曉望白帝城鹽山

徐步移斑杖　看山仰白頭　翠深開斷壁　紅遠結飛樓
日出淸江望　暄和散旅愁　春城見松雪　始擬進歸舟

●해설

이 시는 대력大曆 원년(766) 늦은 봄에 두보가 서각西閣에 머물고 있을 때 지어졌다. '염산'은 백염산白鹽山을 가리키는데 기주성夔州城 동쪽, 장강長江 남안에 있으며 산빛이 회백색灰白色이라고 한다.

●주석

* 飛樓(비루) : 날아갈 듯한 누각. 백제성루白帝城樓를 가리킨다.
* 暄和(훤화) : 환하게 비치는 햇살.
* 松雪(송설) : 소나무에 쌓인 눈. 백염산의 풍광을 가리키는 말.

567. 강가에서

강 일대에 날마다 비 많이 뿌리는
쓸쓸한 기주 땅의 가을.
세차게 부는 바람은 나뭇잎을 떨구는데
긴 밤 내내 담비 갖옷을 당겨 잡았네.
공업功業 이루고자 하였으나 거울 자주 보며 탄식하고
출사出仕와 은거 상의할 이 없어 그저 홀로 누각에 기댈 뿐.
시절 위태로운 때, 임금의 은혜에 보답할 걸 생각하나니
이 몸 비록 쇠약하여도 그만둘 수 없으리.

江上강상

江上日多雨 강상일다우   蕭蕭荊楚秋 소소형초추   高風下木葉 고풍하목엽   永夜攬貂裘 영야람초구
勳業頻看鏡 훈업빈간경   行藏獨倚樓 행장독의루   時危思報主 시위사보주   衰謝不能休 쇠사불능휴

●해설

이 시는 대력 원년(766) 가을, 두보가 기주의 서각에서 머물고 있을 때 지어졌다.

나그네로 살면서 맞은 서글픈 가을과 늙은 신하의 우국의 정을 노래한 시이다.

● 주석
* 荊楚(형초) : 기주를 가리킨다. 두보는 기주를 초楚나라 땅으로 여겼다.
* 行藏(행장) : 출사出仕와 은거隱居.

568. 잠들지 못해

구당협의 밤물결이 칠흑과 같은 때,
성안에서 시각 알리는 딱따기 소리 고쳐 들려온다.
어둑어둑 달은 안개 속으로 가라앉았건만
반짝이는 별들은 누각 언저리에서 빛난다.
기운 쇠잔하여 잠이 줄어든 걸 달게 여기고
마음 나약하여 시름 받아들일 일을 한스러워하노라.
숱한 보루堡壘가 산과 골짝에 가득하니
도원桃源의 땅은 어디에서 찾을까?

불 매
不寐

구 당 야 수 흑　　　성 내 개 경 주　　　예 예 월 침 무　　　휘 휘 성 근 루
瞿塘夜水黑　　城內改更籌　　翳翳月沈霧　　輝輝星近樓
기 쇠 감 소 매　　　심 약 한 용 수　　　다 루 만 산 곡　　　도 원 하 처 구
氣衰甘少寐　　心弱恨容愁　　多壘滿山谷　　桃源何處求

● 해설
이 시는 대력大曆 원년(766)에 기주의 서각에서 지어졌다. 당시에 최간崔旰의 난이 아직 그치지 않아 보루가 곳곳에 있었는데, 두보는 밤새 잠을 이루지 못하고 뒤척이다가 이 시를 쓰게 되었다.

● 주석
* 瞿塘(구당) : 구당협瞿塘峽. 삼협三峽의 하나로 기주에 있다.

* 更籌(경주) : 시각을 알리기 위해 사용하는 대나무로 만든 물건. 딱따기.

569. 달

4경에 산이 달을 토하여
다해 가는 밤, 물 위로 누각 그림자 밝게 비쳐드는데
달은 본디 먼지 묻은 상자에서 꺼낸 거울이자
바람 발에 절로 걸린 갈고리.
달 속의 토끼는 응당 내 흰 머리칼을 의아해할 것이고
두꺼비는 또 내 담비 갖옷을 부럽게 여기리라.
생각하건대 항아는 홀로 살거니
날 차가운 구추九秋를 어떻게 지낼꼬?

月

四更山吐月　殘夜水明樓　塵匣元開鏡　風簾自上鉤
兔應疑鶴髮　蟾亦戀貂裘　斟酌姮娥寡　天寒奈九秋

● 해설
이 시는 대력 원년(766), 기주의 서각에서 지어졌다. 비유적인 기법을 동원하여 지는 달을 묘사하면서 처량한 자신의 모습을 투영시킨 시이다.

● 주석
* 塵匣(진갑) 구 : 달이 산에서 막 떠오르는 것을 형용한 말이다. 원元은 '원原'의 뜻. 본디.
* 風簾(풍렴) 구 : 달이 누각 처마에 걸려 있는 것을 형용한 말이다.
* 兔(토) : 달 속에 있다는 토끼. 여기서는 달을 비유한다.
* 蟾(섬) : 달 속에 있다는 두꺼비. 여기서는 달을 비유한다.

570. 다섯째 아우 풍이 홀로 강동에 있어 근 3, 4년 동안 적막하게도 소식이 없었는데 심부름시킬 사람을 찾아 이 2수의 시를 부치다

듣자니 아우는 산사에 의지해 산다던데
항주인지 월주인지 모르겠구나.
바람과 티끌 속에서 헤어져 있은 날이 오래건만
여기 기주의 땅에서 맑은 가을을 또 잘못 보내고 있구나.
이 몸 그림자가 원숭이 우는 나무에 붙어 있어도
이 마음은 신기루가 피어나는 바닷가로 나부끼며 가는 것을……
내년 봄물이 불어 흘러내릴 때,
동쪽 끝간 곳 흰구름 속에서 아우 찾으리.

第五弟豊獨在江左近三四載寂無消息覓使寄此二首
聞汝依山寺　杭州定越州　風塵淹別日　江漢失淸秋
影著啼猿樹　魂飄結蜃樓　明年下春水　東盡白雲求

● **해설**

이 시는 대력大曆 원년(766) 기주에서 지어졌다. 두보는 천보天寶 15년(756)부터 난리를 피해 다니느라 형제와 서로 이별하게 되었는데 이 시는 몇 년째 연락이 끊어진 아우를 그리워하며 곧 찾아가겠노라는 뜻을 노래한 것이다. 2수의 연작시 가운데 제2수이다.

● **주석**

* 越州(월주) : 지금의 절강성 소흥紹興.
* 江漢(강한) : 기주를 가리킨다.
* 蜃樓(신루) : 신기루蜃氣樓. 여기서는 두보의 동생이 머물 것으로 추정되는 바닷가를 가리킨다.

571. 서각에서 입에서 나오는 대로 시를 적어 원씨에게 드리다

산속의 나무는 짙은 구름을 안고 있고
차가운 하늘은 산머리를 감고 있는데
내린 눈으로 인해 벼랑은 막 돌의 색이 변하고
치는 바람 탓에 주렴은 누각에 붙어있지도 않습니다.
사직 생각하노라면 눈물 흘릴 만하건만
나라의 안위야 방책을 짜내는 데 있겠지요.
그대께서 왕실의 일 말씀하시는 걸 듣고서
감동하여 얼마나 많은 시름 삭힐 수 있었던지……

서각구호정원이십일
西閣口號呈元二十一

산목포운조　　한공요상두　　설애재변석　　풍만불의루
山木抱雲稠　寒空繞上頭　雪崖纔變石　風幔不依樓
사직감류체　　안위재운주　　간군화왕실　　감동기소우
社稷堪流涕　安危在運籌　看君話王室　感動幾銷憂

● 해설
이 시는 대력 원년(766) 추동 무렵에 기주의 서각에서 지어졌다. 두보가 원씨元氏와 더불어 국사國事를 얘기한 것을 시로 표현한 것이다.

● 주석
* 運籌(운주) : 여러 모로 방책을 짜내는 일.

572. 명마 옥완류

듣자니 형남 땅의 말 가운데는
상서랑尙書郞의 옥완류가 으뜸.

내달으며 피땀을 뿌리다가
놀란 듯 조심하며 긴 가래나무를 돌아본다네.
오랑캐들이 3년에 걸쳐 중원을 침탈하였어도
한번 싸워 하늘과 땅을 수복하였네.
채찍 들고서 만일 말에게 물어본다면
'위공과 짝하여 습가지習家池에서 노닐 것'이라 하리.

玉腕騮 (옥완류)

문설형남마	상서옥완류	참담표적한	국척고장추
聞說荊南馬	尚書玉腕騮	驂驔飄赤汗	跼蹐顧長楸
호로삼년입	건곤일전수	거편여유문	욕반습지유
胡虜三年入	乾坤一戰收	擧鞭如有問	欲伴習池遊

● **해설**

이 시는 대력大曆 원년(766), 기주에서 지어졌다. 옥완류는 앞발이 흰 명마 이름이다. 이 시는 말을 읊은 영물시인데 전반은 옥완류의 빼어난 자태를 얘기한 것이고, 후반은 공을 이루고서 물러나 쉬는 말의 의연함을 기린 것이다. 표면적으로 말을 노래하였지만 기실은 위공을 예찬한 것이라 할 수 있다. 제목 아래에 '강릉 절도사 위공[衛伯玉]의 말이다(江陵節度衛公馬也)'라는 주가 있다.

● **주석**

* 尚書(상서) : 벼슬 이름. 형남절도사荊南節度使 위백옥衛伯玉을 지칭.
* 驂驔(참담) : 서로 따르며 내달리는 모습.
* 跼蹐(국척) : 경계하며 조심하다.
* 長楸(장추) : 가래나무. 길가에 가래나무를 많이 심어 고향에 대한 상징으로 자주 쓰인다.
* 習池(습지) : 습가지習家池. 고적지古迹地로 지금의 호북湖北 양양襄陽에 있다. 진晉나라 정남장군征南將軍 산간山簡이 이곳에서 유유자적하게 오로지 술을 탐미하며 일생을 마쳤다고 전해진다. 위공의 임지인 형남에서 습가지가 멀지 않은 곳에 있어서 끌어 쓴 것이다.

573. 뒤집혀진 배

무협에 소용돌이가 이는 새벽,
배가 검양의 공물을 싣고 지나던 가을 어느 날.
단사는 운석과 같이 물속으로 가라앉고
비취 깃도 배와 함께 가라앉고 말았다.
방사方士도 부질없이 자취 기울어져 물속으로 떨어지고
용궁에는 단약丹藥이 흘러들어 깊이 쌓였으리.
사공이 다행으로 익사하지 않아
잠깐 사이에 경쾌한 갈매기를 따르게 되었다.

覆舟 (복주)

巫峽盤渦曉 (무협반와효)　黔陽貢物秋 (검양공물추)　丹砂同隕石 (단사동운석)　翠羽共沈舟 (취우공침주)
羈使空斜影 (기사공사영)　龍宮閟積流 (룡궁비적류)　篙工幸不溺 (고공행불닉)　俄頃逐輕鷗 (아경축경구)

● 해설

이 시는 대력 원년(766), 기주에서 지어졌다. 당 왕조의 군주 가운데 신선술을 좋아한 자가 많아 두보가 이 배 이야기로 풍자한 것이다. 2수의 연작시 가운데 제2수이다.

● 주석

* 黔陽(검양) : 지금의 사천성 검강黔江·팽수彭水 일대.
* 丹砂(단사) 2구 : '단사'와 '취우'는 모두 공물貢物이다.
* 羈使(기사) 2구 : 방사가 공물과 함께 깊은 물속에 빠져 버렸음을 말한 것이다. '기사'는 여행중인 배 위의 사자使者, 곧 방사方士를 가리키는 말임.

574. 시어사 정판관을 충임코자 형주로 가는 이공조를 전송하며 거듭 드리다

일찍이 송옥의 고택故宅 얘기를 듣고
매양 형주에 갔으면 하였습니다.
이 땅 기주에서 머무는 인생 늙어가고 있음에
멀리 수국水國 형주의 가을을 슬퍼하였던 것.
외로운 성 근처에는 일주관이 있을 것이고
지는 해 아래로 구강이 흐르고 있겠지요.
사자인 그대에게 비록 광채를 더하는 곳이라 하더라도
푸른 단풍나무숲 멀리서 스스로 시름에 젖게 될 것입니다.

送李功曹之荊州充鄭侍御判官重贈

曾聞宋玉宅　每欲到荊州　此地生涯晚　遙悲水國秋
孤城一柱觀　落日九江流　使者雖光彩　青楓遠自愁

● 해설
이 시는 대력大曆 원년(766) 추동 무렵에 기주에서 지어졌다. 이공조는 미상이다. 두보가 기주에서 머무는 것을 몹시도 싫어하며 형주로 내려가고 싶다는 뜻을 강력하게 표현한 시이다.

● 주석
* 此地(차지) : 기주를 가리킨다.
* 水國(수국) : 물이 흔한 고을. 형주를 지칭한다.
* 一柱觀(일주관) : 대관臺觀 이름. 형주의 송자현松滋縣 동쪽에 있었다.
* 九江(구강) : 장강長江이 형주에 이르러 아홉 갈래로 나누어지기 때문에 '구강'이라 칭한다.
* 使者(사자) : 이공조李功曹를 지칭한다.

575. 왕판관을 전송하며

나그네들 모두 형주 남쪽으로 내려가는 때,
그대께서도 이제 다시 배에 오르십니다.
땔나무를 산 게 백제성에서의 일이라면
삐걱거리는 노는 어느덧 사두에 도착해 있을 겁니다.
형산에는 봄이 빨리 돋았을 것이고
물이 불은 소수와 상수는 바다와 함께 떠있겠지요.
황량한 숲에 유신의 고택이 있을 터,
나를 위해 그곳 주인에게 의지하여 머무십시오.

送王十六判官

客下荊南盡　君今復入舟　買薪猶白帝　鳴櫓已沙頭
衡霍生春早　瀟湘共海浮　荒林庾信宅　爲仗主人留

● 해설

이 시는 대력 원년(766) 겨울에 기주에서 지어졌다. 먼저 왕판관이 형주荊州로 부임하게 된 일을 서술하고, 자신 역시 그곳으로 가고 싶다는 뜻을 편 시이다.

● 주석

* 沙頭(사두) : 고을 이름. 강릉江陵에서 15리쯤 되는 곳에 있었다.
* 衡霍(형곽) : 형산衡山. 형산은 달리 곽산霍山이라고도 한다. 지금의 호남성 형양衡陽 경내에 있다.
* 瀟湘(소상) : 소수瀟水와 상수湘水. 둘 다 장강의 지류이다. 지금의 호남성 악양岳陽 경내를 지난다.
* 庾信宅(유신택) : 유신이 살던 집. 남조南朝 유신은 세상이 어지러워지자 강릉에 있는 송옥의 고택에서 살았다고 한다.
* 主人(주인) : 형주의 장관을 지칭하는 말이다.

576. 파상에서의 유람을 생각하며

장안으로 가는 길 서글피 바라보나니
예전에는 파상에서 노닐기도 하였지.
봄 무르익었을 무렵에 들녘 쏘다니던 말 세워두고
구름 감도는 누각 트인 곳에서 밤에 잠을 자기도 했었지.
헤어진 후로 사람 누가 그곳에 있으랴?
그곳 지나갈 일은 늙어 스스로 그만둔 것을……
눈앞에 고금의 일이 아른거리니
강한에 돌아가려는 배가 하나!

_{회 파 상 유}
懷灞上遊

_{창 망 동 릉 도}   _{평 생 파 상 유}   _{춘 농 정 야 기}   _{야 숙 창 운 루}
悵望東陵道   平生灞上遊   春濃停野騎   夜宿敞雲樓

_{리 별 인 수 재}   _{경 과 로 자 휴}   _{안 전 금 고 의}   _{강 한 일 귀 주}
離別人誰在   經過老自休   眼前今古意   江漢一歸舟

● **해설**
이 시는 대력大曆 2년(767), 기주에서 지어졌다. '파상'은 장안성長安城 동쪽 파수灞水 일대를 가리키는 말이다. 기주에서 나그네로 머물고 있으면서 옛날을 회고하고는 돌아가고 싶다는 뜻을 나타낸 시이다.

● **주석**
* 東陵道(동릉도) : 동릉東陵, 곧 장안으로 가는 길.

577. 아우 두관의 편지를 보니 중도로부터 출발하여 이미 강릉에 이르렀으며 3월 말에 기주에 도착하리라 한다. 슬프고 기쁜 감정이 겸하여 일어났지만 단란함을 기대할 수 있어, 시로 읊어 일을 적었으니 정은 말에서 드러나리라

아우가 강릉부를 지나왔다니
어느 제나 기주에 도착하려뇨?
난리중이라 살아서 이별함 있어도
모여 있으면 병도 응당 나으리.
홀연히 울던 눈을 뜨고
날마다 물가 누각에 올라 아우 오기를 기다리노라.
이 늙은 몸, 모름지기 부탁할 곳이 있으니
백골이 된들 다시 무슨 근심 있으랴!

得舍弟觀書自中都已達江陵今玆暮春月末行李合到
夔州悲喜相兼團圓可待賦詩卽事情見乎詞

爾過江陵府　何時到峽州　亂難生有別　聚集病應瘳
颯颯開啼眼　朝朝上水樓　老身須付託　白骨更何憂

• 해설
이 시는 대력 2년(767)에 기주의 양서瀼西에서 지어졌다. '중도'는 서경西京을 가리킨다. 아우 두관杜觀이 장차 기주에 도착하리라는 편지를 받고 기뻐하는 뜻을 노래한 시이다.

• 주석
* 峽州(협주) : 기주를 가리킨다. 일설에는 이릉夷陵을 가리킨다고도 하나 취하

지 않는다.
* 瘳(추) : 병이 낫다.
* 颯颯(삽삽) : 빠른 모양.

578. 밤비

가늘게 내리던 비가 밤에 다시 굵어져
회오리바람이 불어오는 이른 가을,
들녘의 서늘한 기운이 닫힌 문으로 스며들고
강에는 물이 불어 매인 배만 달려있네.
궐문 드나들 적에는 한스럽게도 병이 많았고
낭관郎官이 되어서도 욕되이 사방 떠돌아다니고 있을 뿐.
날 추워지면 무협을 나가리니
형주의 중선루도 취한 가운데 작별하리라.

夜雨

小雨夜復密　廻風吹早秋　野涼侵閉戶　江滿帶維舟
通籍恨多病　爲郞忝薄遊　天寒出巫峽　醉別仲宣樓

● 해설
이 시는 대력大曆 2년(767) 가을에 기주에서 지어졌다. 비 내리는 밤의 정경과 장안으로 돌아가고픈 심사를 노래한 시이다.

● 주석
* 通籍(통적) : 문표門標에 이름을 올리면 궁문宮門의 출입을 허락하던 일.
* 仲宣樓(중선루) : 한말漢末의 문학가인 왕찬王粲은 자가 중선인데, 일찍이 형주 땅으로 피해 와 살면서 〈등루부登樓賦〉를 지어 사향의 정을 기탁하였다. 이 시에 쓰인 중선루는 형주의 대칭으로 쓰인 것이다. 이 구는 형주를 떠나 고향

으로 돌아가겠다는 말이다.

579. 다시 적은 시

그저 응당 첫눈 밟을 때면
말을 타고 형주 땅 떠나리.
무산의 비는 솔직히 두려워
진실로 백제성의 가을을 아파한다네.
조회에 모인 여러 공들은 푸른 옥으로 만든 패를 차고
천자께서는 취운구를 입으셨으리.
같은 관서官署의 공들은 새벽에 달려가 모실 터이니
무엇 때문에 이곳에 오래 머무르랴!

更題
갱제

只應踏初雪　騎馬發荊州　直怕巫山雨　眞傷白帝秋
지응답초설　기마발형주　직파무산우　진상백제추
羣公蒼玉佩　天子翠雲裘　同舍晨趨侍　胡爲淹此留
군공창옥패　천자취운구　동사신추시　호위엄차류

● 해설
이 시는 대력大曆 2년(767) 가을에 기주에서 지어졌다. 앞의 시와 동시에 지은 것이다. 겨울이 오면 기주를 떠나 천자가 계시는 곳으로 돌아가겠다는 의지를 강력하게 내보인 시이다.

● 주석
* 翠雲裘(취운구) : 비취 깃으로 제작한, 위에 구름 모양의 무늬 장식이 있는 갖옷.
* 同舍(동사) : 같은 관서官署에 근무하는 동료.

580. 동생 두관이 신부를 데리러 남전으로 돌아가기에 전송하며 이 시를 보이다

기주 일대는 길이 험난하거니
아우는 남전에서 머물러 있지 말아야 하리.
흰 이슬 내릴 걸로 여겨 옷가지 준비하고
말에 맡겨 맑은 가을을 달려오라.
무협 가득 강물이 켜로 쌓이면
돛을 달아 8월에 배 띄우리.
이때 함께 한바탕 취하고 나면
배는 응당 중선루 아래에 있겠지.

_{사 제 관 귀 람 전 영 신 부 송 시}
舍弟觀歸藍田迎新婦送示

_{초 새 난 위 로}　　_{람 전 막 체 류}　　_{의 상 판 백 로}　　_{안 마 신 청 추}
楚塞難爲路　　藍田莫滯留　　衣裳判白露　　鞍馬信清秋
_{만 협 중 강 수}　　_{개 범 팔 월 주}　　_{차 시 동 일 취}　　_{응 재 중 선 루}
滿峽重江水　　開帆八月舟　　此時同一醉　　應在仲宣樓

● 해설
이 시는 대력大曆 2년(767) 여름에 기주에서 지어졌다. '남전'은 지금의 섬서성 남전현藍田縣이다. 두보의 아우 두관은 기주로 왔던 해 여름에 남전으로 돌아가 신부를 맞으려 하였는데 이에 두보가 이 연작시를 지어 그 일을 기술하는 한편 빨리 돌아와 함께 기주를 떠나 강릉江陵으로 갔으면 하는 바람을 노래하였다. 2수의 연작시 가운데 제2수이다.

● 주석
* 楚塞(초새) : 기주 일대를 가리키는 말.

581. 나뭇잎은 흔들리며 떨어지고

나뭇잎이 흔들리며 떨어지는 무산의 저물녘,
차가운 강이 동북으로 흐르는데
연기와 먼지 속에서 전고戰鼓 소리 잦고
풍랑이 거세어 다니는 배 드물다.
거위는 왕희지의 묵적墨迹을 허비하고
담비는 소진의 해진 갖옷으로 남고 말겠지.
영명하신 군주께 보답하리라 늘 그려왔건만
병들어 누운 몸, 다시 기주의 늦가을을 맞았네.

搖落
요 락

搖落巫山暮　寒江東北流　烟塵多戰鼓　風浪少行舟
요 락 무 산 모　한 강 동 북 류　연 진 다 전 고　풍 랑 소 행 주
鵝費羲之墨　貂餘季子裘　長懷報明主　臥病復高秋
아 비 희 지 묵　초 여 계 자 구　장 회 보 명 주　와 병 부 고 추

●해설
이 시는 대력 2년(767) 가을에 기주에서 지어졌다. 이 해 9월에 토번이 빈주邠州와 영주靈州를 노략질하여 장안長安 사람들이 긴장하였는데 두보는 무산의 저물녘 경치를 대하고 시절을 아파하며 병들어 누운 몸이라 군주의 은혜에 보답할 길이 막막함을 이 시를 통해 노래하였다.

●주석
* 烟塵(연진) : 연기와 먼지. 전란을 비유하는 말.
* 鵝費(아비) 구 : '희지羲之'는 진대晋代의 서법가書法家 왕희지王羲之를 가리킨다. 왕희지가 쓴 《도덕경道德經》을 거위와 바꾸었다는 고사가 있다. 여기서는 두보 자신의 서예 실력도 부질없다는 뜻으로 쓰였다.
* 貂餘(초여) 구 : 소진蘇秦의 갖옷. '계자'는 소진을 가리킨다. 소진이 자신의 뜻을 펴고자 유세 길에 올랐으나, 시간과 노자만 허비하고서 떨어진 갖옷을 입

고 돌아왔다는 얘기가 있다. 여기서는 두보가 평생토록 아무 성취도 없으리라
는 것을 아파하는 뜻으로 쓰였다.
* 復高秋(부고추) : 당시에 두보는 기주에서 2년째 머물고 있었다.

582. 가을에 정감의 호상정에 부쳐 쓰다

푸른 풀이 봄뜻을 저버려
원수沅水와 상수湘水 일대는 만리가 가을빛!
호수는 산간과 같으신 정공鄭公을 맞이하고
달은 유량庾亮의 누각 앞인 듯 말쑥하겠지요.
저는 세월에 마멸되어 소시小詩나 지을 따름이니
평소 가진 것이라곤 낚싯배 한 척뿐……
무협에 차가운 물결 잦아들면
강릉 땅 초楚 소왕昭王의 무덤도 볼 수 있을 듯.

秋日寄題鄭監湖上亭

碧草違春意　沅湘萬里秋　池要山簡馬　月淨庾公樓
磨滅餘篇翰　平生一釣舟　高唐寒浪減　髣髴識昭丘

● **해설**

이 시는 대력大曆 2년(767) 가을에 기주에서 지어졌다. 당시에 비서감秘書監 정심鄭審이 강릉으로 폄적되어 와 호숫가에 집을 짓고 살았는데, 두보가 그의 집 일대의 풍광을 예찬하는 뜻을 실어 보낸 시이다. 두보가 이 시를 지은 뜻은 그도 강릉으로 내려가 정심과 같은 이와 이웃하여 살고 싶다는 데 있었다. 3수의 연작시 가운데 제1수이다.

● 주석
* 沅湘(원상) : 원수沅水와 상수湘水. 동정호로 흘러들어간다.
* 要(요) : '要邀'와 같음.
* 山簡(산간) : 진晉의 정남장군征南將軍 산간山簡을 가리킨다. 그는 양양襄陽에 진을 치고 늘 말을 타고 고양지高陽池에 가 연회를 베풀곤 하였다 한다.
* 庾公樓(유공루) : 진晉나라 유량庾亮이 무창武昌을 진무鎭武할 적에 일찍이 남루南樓에서 달을 감상하는 모임을 열고는 하였다 한다.
* 高唐(고당) : 대관臺觀 이름. 이 시에서는 무협巫峽의 대칭으로 쓰였다.
* 昭丘(소구) : 초楚나라 소왕昭王의 묘. 강릉江陵 근처에 있었다.

583. 열엿샛날 밤에 달을 감상하며

어젯밤 손으로 뜬 달빛이 상쾌하더니
한결같이 옥이슬 내리는 가을을 전해주누나.
관산은 대지를 따라 광활하게 펼쳐지고
은하수는 사람 가까이서 흐르는데
골짝 어귀에는 나무꾼이 돌아가며 부르는 노래 들리고
외로운 성 피리 소리는 시름을 불러일으킨다.
파촉巴蜀의 젊은이들 온통 들떠 잠 이루지 못하는지
한밤중에 들려오는 저 배 젓는 소리!

십륙야완월
十六夜翫月

구읍금파상　　개전옥로추　　관산수지활　　하한근인류
舊挹金波爽　　皆傳玉露秋　　關山隨地闊　　河漢近人流
곡구초귀창　　고성적기수　　파동혼불매　　반야유행주
谷口樵歸唱　　孤城笛起愁　　巴童渾不寐　　半夜有行舟

● 해설
이 시는 대력 2년(767) 8월에 기주에서 지어졌다. 달빛 아래서 보고들은 것을 통해 빨리 배를 타고 기주를 떠나고 싶다는 뜻을 은연중에 나타낸 시이다.

● 주석
* 舊(구) : 어젯밤.
* 孤城(고성) : 기주를 가리킨다.
* 巴童(파동) : 파촉의 젊은이들.

584. 백제성 누각

강은 차가운 산 아래 서각西閣 앞을 지나는데
성 높은 곳엔 머나먼 변경의 누각.
푸른 병풍과 같은 산은 해질 무렵에 대하기가 좋고
백제성 언저리 골짝은 깊이 들어 놀기 좋아라.
잘 우는 기러기는 빨리도 날아가고
내려오지 않는 갈매기는 경쾌하기도 하구나.
이릉에 봄빛이 감돌면
조각배 놓아 동쪽으로 가고 싶어라.

백제성루
白帝城樓

강도한산각　　성고절새루　　취병의만대　　백곡회심유
江度寒山閣　城高絶塞樓　翠屏宜晚對　白谷會深遊
급급능명안　　경경불하구　　이릉춘색기　　점의방편주
急急能鳴雁　輕輕不下鷗　夷陵春色起　漸擬放扁舟

● 해설
이 시는 대력大曆 2년(767) 막바지 겨울에 기주에서 지어졌다. 거듭 찾은 백제성 누각에서 풍광을 보며 기주 땅을 떠나고 싶다는 뜻을 적은 시이다.

● 주석
* 寒山閣(한산각) : 서각을 가리킨다.

* 夷陵(이릉) : 지금의 호북성 의창宜昌 일대.

585. 돌아가는 기러기

　　들자니 올봄 기러기는
　　남쪽 광주로부터 돌아갔다 한다.
　　꽃을 보고서 남해를 하직하였다는데
　　작년 겨울에 눈을 피해 나부산에 이르렀던 것.
　　이 기러기 떼 움직임도 전쟁의 기운과 관계있거늘
　　어느 제나 나그네 시름 면할 수 있으리?
　　해마다 서리와 이슬이 없어
　　기러기 떼는 동정호의 가을하늘을 넘지 않았는데……

　　귀 안
　　歸雁

문도금춘안	남귀자광주	견화사창해	피설도라부
聞道今春雁	南歸自廣州	見花辭漲海	避雪到羅浮
시물관병기	하시면객수	년년상로격	불과오호추
是物關兵氣	何時免客愁	年年霜露隔	不過五湖秋

● 해설
이 시는 대력 3년(768) 봄에 강릉에서 지어졌다. 기러기가 광주에서 겨울을 나는 일이 드물다는 사실에 착안하여 시절이 수상함을 노래한 시이다.

● 주석
* 漲海(창해) : 남해南海의 별명.
* 羅浮(나부) : 산 이름. 지금의 혜주惠州와 광주廣州 접경 지역에 있다.
* 是物(시물) : 기러기.
* 關兵氣(관병기) : 당시에 토번의 난이 아직 끝나지 않아 서북 지역에 살기殺氣가 매우 성하였기 때문에 기러기가 이곳을 피하여 영남嶺南에 이르렀다는 뜻이다.

* 五湖(오호) : 동정호를 가리킨다.

586. 다시 짓다 — 상서랑 이지방을 곡하며

흐르는 눈물 거둘 수도 없이
그대를 곡하느라 백발만 남았는데
어렸을 적부터 알던 친구들 모두 세상을 떠나
우주간에 이 인생만 떠있습니다.
강 언저리에 뿌리는 비로 명정이 젖고
호수에서 바람 불어와 그대 가시는 길에 가을이 왔습니다.
위태자를 돌아보자면
빈객 가운데 응창·유정과 같은 이 잃은 것이겠지요.

重題・哭李尚書
涕泗不能收　哭君餘白頭　兒童相識盡　宇宙此生浮
江雨銘旌濕　湖風井徑秋　還瞻魏太子　賓客減應劉

● 해설

이 시는 대력大曆 3년(768)에 공안公安에서 지어졌다. '중제'란 이보다 앞서 지은 〈곡이상서哭李尚書〉와 같은 제목으로 거듭 지은 시라는 뜻이다. 상서랑 이지방李之芳을 애도하는 시를 지었음에도 슬픔의 정이 미진하여 다시 지은 이 시에는 벗을 애도하면서 아울러 자신의 처지도 슬퍼하는 뜻이 담겨 있다.

● 주석

* 銘旌(명정) : 죽은 사람의 관직과 성씨 따위를 적은 기.
* 井徑(정경) : 수도隧道를 의미하는 말.
* 魏太子(위태자) : 조조曹操의 아들 조비曹丕를 가리킨다.
* 應劉(응류) : 위魏나라 때의 인물인 응창應瑒과 유정劉楨을 합칭하는 말. 모두

조비의 문우文友였다.

587. 악양루에 올라

옛날에 동정호를 듣고서
오늘에야 악양루에 올랐더니
오와 초는 동남으로 나뉘었고
하늘과 땅은 밤낮으로 떠 있어라.
친지와 벗들조차 글 한자 없는 때,
늙고 병든 이 몸에겐 외로운 배뿐.
관산 북녘은 아직도 전쟁중,
난간에 기대니 눈물 자꾸 흘러라.

등악양루
登岳陽樓

석문동정수   금상악양루   오초동남탁   건곤일야부
昔聞洞庭水 今上岳陽樓 吳楚東南坼 乾坤日夜浮
친붕무일자   로병유고주   융마관산북   빙헌체사류
親朋無一字 老病有孤舟 戎馬關山北 憑軒涕泗流

• **해설**
이 시는 대력 3년(768) 겨울에 악양에서 지어졌다. 악양루는 악양성 서문루西門樓를 가리키는데 동정호에 임하여 있었다. 동정호에 올라 보게 된 경관을 웅장한 구도로 묘사한 위에 자신의 처지와 시절의 난국難局을 곁들인 시이다.

• **주석**
* 吳楚(오초) : 오나라와 초나라. 주대周代에 동정호를 경계로 이웃하였던 두 나라.
* 戎馬(융마) : 군마. 전쟁을 비유하는 말이다.

588. 늦은 가을에 장사의 채시어께서 마련한 술자리에서 성친차 예주로 돌아가는 은참군을 전송하다

훌륭한 선비와 서로 알게 되어 기꺼운데
자애로우신 분들께서 그대의 먼 여행을 바라고 계시겠지요.
거할車轄 던져두고 술 마시는 일 달게 따르니
기꺼이 대신 편지 전해주는 사람이 되겠다 하셨지요.
누런 구름 저무는 곳으로 새 높이 날건만
철늦은 매미 우는 푸른 나무에는 가을이 들었습니다.
호남에는 겨울에도 눈이 내리지 않아
병든 이 몸 오래 머물 수 있답니다.

_{만 추 장 사 채 오 시 어 음 연 송 은 류 참 군 귀 례 근 성}
晚秋長沙蔡五侍御飲筵送殷六參軍歸澧觀省
_{가 사 흔 상 식   자 안 망 원 유   감 종 투 할 음   긍 작 치 서 우}
佳士欣相識 慈顏望遠遊 甘從投轄飲 肯作致書郵
_{고 조 황 운 모   한 선 벽 수 추   호 남 동 불 설   오 병 득 엄 류}
高鳥黃雲暮 寒蟬碧樹秋 湖南冬不雪 吾病得淹留

● 해설
이 시는 대력大曆 4년(769) 늦은 가을에 장사에서 지어졌다. 예주는 지금의 호남성 예현澧縣이다. 전별연에 참석하게 되었던 두보가 이 시를 지어 새로 알게 된 벗을 전송하면서 호남 땅에 머물고 싶다는 뜻을 노래한 시이다.

● 주석
* 佳士(가사) : 은참군을 가리키는 말.
* 慈顏(자안) : 자애로운 얼굴. 은참군의 어버이를 가리키는 말.
* 投轄(투할) : 손님이 타고 온 수레의 굴대 비녀장을 빼어 우물에 던진다는 뜻으로, 손님을 애써 머물게 하는 것을 비유하는 말이다.
* 致書郵(치서우) : 남의 편지를 대신 전해주는 사람.
* 高鳥(고조) 2구 : 은참군을 새에 비유하여 부러워하고, 자신을 매미에 비유하

여 서글퍼한 것이다.

589. 저무는 가을에 장차 진으로 돌아가고자 하여 호남의 막부 친구들과 이별하다

창오의 들에 물 넓고
백제신白帝神이 관장하는 가을에 하늘 높을 때,
갈 길 궁벽할 터, 어찌 울음을 면할 수 있겠습니까?
몸이 늙어 시름도 이기지 못하거늘……
큰 막부에 재주 뛰어난 이들이 모였나니
여러 공들의 덕업이 더욱 빼어나지요.
북쪽으로 돌아가느라 눈비 무릅쓸 적에
뉘라서 해진 담비 갖옷 입은 이를 불쌍히 여길런지……

暮秋將歸秦留別湖南幕府親友

水闊蒼梧野　天高白帝秋　途窮那免哭　身老不禁愁
大府才能會　諸公德業優　北歸衝雨雪　誰憫敝貂裘

● 해설
이 시는 대력 5년(770) 가을에 장사를 떠나 장안으로 돌아가고자 할 무렵에 지어졌다. '호남막부'는 호남의 지방 관부官府를 가리킨다. 어려운 처지에 놓였어도 도와줄 이 없는 비애를 노래하면서 벗들에게 도움을 청하는 뜻을 담은 시이다.

● 주석
* 蒼梧(창오) : 산 이름. 전하는 바에 의하면 순舜임금이 창오의 들에서 죽었다고 한다. 위치는 지금의 호남성 영원현寧遠縣 서남 일대이다.
* 白帝(백제) : 가을을 관장하는 신 이름.

* **大府**(대부) : 절도사가 관장하는 막부를 '대부'로 칭하였다. 여기서는 호남막부를 가리킨다.
* **敝貂裘**(폐초구) : 해진 담비 갖옷. 소진蘇秦이 자신의 뜻을 펴고자 유세 길에 올랐으나 시간과 노자만 허비하고서 떨어진 갖옷을 입고 돌아왔다는 얘기가 있다.

【오율침운五律侵韻】

590. 유법조·정하구와 함께 석문산에서 연회차 모이다

가을물 맑고도 깊어 바닥 보이지 않는데
쓸쓸한 기운 속에 내 마음을 씻어주노라.
두 분 관리께서 우아한 흥취에 힘입어
말에 안장 얹어 거친 숲으로 오셨네.
현능賢能한 관리 두 분이 쌍벽을 이루는 짝 만났음에
아름다운 연회, 천금에 값한다네.
저물녘 횡적橫笛 소리 듣기가 좋으니
깊은 물 아래 용 또한 시를 읊조릴 듯.

류 구 법 조 정 하 구 석 문 연 집
劉九法曹鄭瑕丘石門宴集

추수청무저　　소연정객심　　연조승일흥　　안마도황림
秋水清無底　蕭然淨客心　掾曹乘逸興　鞍馬到荒林
능리봉련벽　　화연치일금　　만래횡취호　　홍하역룡음
能吏逢聯璧　華筵直一金　晚來橫吹好　泓下亦龍吟

● 해설
이 시는 개원開元 24년(736) 이후에 두보가 제齊·조趙 일대를 유람할 적에 지어졌다. '유구법조'와 '정하구'는 두보의 벗들이다. '석문'은 산 이름으로 지금의 곡부성曲阜城 동북쪽 60리쯤 되는 곳에 있다. 연회를 베풀어 준 벗들에게 감사의 뜻을 전한 시이다.

● 주석
* 掾曹(연조) : 고대 속관屬官의 통칭. 여기서는 유법조와 정하구 두 사람을 가리킨다.
* 聯璧(연벽) : 나란히 함께 있는 두 개의 옥. 여기서는 유법조와 정하구 두 사

람을 가리킨다.
* 直(치) : '치値'와 같음.
* 一金(일금) : 20냥 혹은 1근이 일금인데 여기서는 많다는 뜻으로 쓰였다.
* 橫吹(횡취) : 가로로 부는 피리 혹은 그 음악.
* 泓(홍) : 깊은 물.

591. 춘망

나라는 깨어져도 산하는 그냥 있어
성에 봄이 드니 초목 우거지는데
시절이 아파 꽃을 보고도 눈물 뿌리고
이별 한스러워 새소리 듣고도 가슴 철렁인다.
봉화가 석달이나 연이어지니
가족의 편지야 만금의 값어치.
흰머리는 긁을수록 더욱 적어져
이젠 정말 비녀도 이기지 못할 듯……

春望

國破山河在　城春草木深　感時花濺淚　恨別鳥驚心
烽火連三月　家書抵萬金　白頭搔更短　渾欲不勝簪

● 해설
이 시는 지덕至德 2년(757) 3월에 지어졌는데 두보는 장안에 억류되어 있었다. 나라에 대한 걱정과 가족에 대한 그리움, 이로 인한 서글픔을 노래한 시이다.

● 주석
* 家書(가서) 구 : 이 당시에 두보의 가족들은 부주鄜州에 있고, 두보 자신은 장안에 억류된 상태여서 집안 편지를 받기가 어려웠다.

592. 각로 가지께서 여주로 나가시는 걸 전송하며

중서성의 오동나무는
공연히 뜰 가득 그늘만 남기게 되었습니다.
어려운 시절에 고향으로 돌아가시게 되었음에
가시는 공도 머무는 저도 봄철 이별로 상심하게 되었습니다.
궁전의 동문을 나가 멀어져 가시면
구름 속 자라산 깊은 곳에 계시겠지요.
인생을 살며 다섯 말을 타는 자사刺史의 직분도 현귀한 것이거늘
좌천이라 시름하여 백발의 침노 받지 마시길······

送賈閣老出汝州

西掖梧桐樹　空留一院陰　艱難歸故里　去住損春心
宮殿青門隔　雲山紫邐深　人生五馬貴　莫受二毛侵

● 해설
이 시는 건원乾元 원년(758) 늦봄, 두보가 좌습유로 봉직하고 있을 때 지어졌다. '가각로'는 가지賈至를 가리키는데, 당시에 중서사인中書舍人으로 있다가 현종玄宗의 구신舊臣이라는 이유로 숙종肅宗에게 배척받아 여주자사汝州刺史로 폄적되었다. 두보는 이 시를 지어 석별의 정을 건네면서 위로의 뜻을 전하였다.

● 주석
* 西掖(서액) : 중서성中書省.
* 歸故里(귀고리) : 고향으로 돌아가다. 가지의 고향은 낙양洛陽이었는데 여주와는 가까웠다.
* 青門(청문) : 한漢나라 시절에 장안성長安城의 동남문이 청색이었기에 붙여진 이름이다. 이후 경도京都의 동문을 가리키는 말이 되었다.
* 紫邐(자라) : 여주 경내에 있는 산 이름.

* 五馬(오마) : 태수太守가 다섯 마리의 말을 타서 태수의 별칭으로 쓰였는데, 당唐나라 때 자사는 태수와 품계品階가 비슷하였다.
* 二毛(이모) : 흑발과 백발이라는 뜻으로 머리가 희어지는 것을 말함.

593. 중윤 왕유에게 받들어 드림

중윤의 명성 오래되었으나
지금껏 고생이 깊으십니다.
유신처럼 거두어지게 되었다고 모두가 말 전하니
위무제魏武帝가 진림을 얻은 것과는 비교가 안되지요.
한결같이 병을 가장한 것은 영명하신 군주 때문이었는데
3년 간 홀로 그런 마음 간직하셨지요.
시름을 극했을 적에는 응당 시가 있는 법,
그대께서 지으신 백두음을 읊조려 봅니다.

봉증왕중윤유
奉贈王中允維

중윤성명구   여금결활심   공전수유신   불비득진림
中允聲名久   如今契闊深   共傳收庾信   不比得陳琳
일병연명주   삼년독차심   궁수응유작   시송백두음
一病緣明主   三年獨此心   窮愁應有作   試誦白頭吟

● 해설
이 시는 건원乾元 원년(758), 두보가 좌습유로 봉직하고 있을 때 지어졌다. '왕중윤유'는 왕유王維를 가리킨다. 안사의 난 이전에 왕유는 급사중給事中을 지냈으며 태자중윤太子中允이라는 벼슬은 두 서울이 수복된 이후에 받은 벼슬이다. 이 시는 왕유의 절조를 예찬한 것이다.

● 주석
* 中允(중윤) : 관직 이름인 태자중윤太子中允을 약칭한 말.
* 契闊(결활) : 고생.

* 庾信(유신) : 남북조시기의 문학가. 그는 양梁나라에서 벼슬을 하다가 난리를 피해 강릉江陵으로 도망갔는데, 이곳에서 양원제梁元帝가 왕위를 계승하고는 그에게 우위장군右衛將軍이라는 벼슬을 내렸다. 왕유가 반군에게 포로로 잡혀 벼슬을 살고 후일 숙종肅宗에게 기용된 정황이 서로 비슷하다는 것이다.
* 陳琳(진림) : 한말의 문학가. 애초에 그는 원소袁紹의 장서기掌書記였는데 후일 조조曹操를 섬겼다. 왕유는 반군의 포로가 되어 억지 벼슬을 살면서도 조정을 잊지 못해하는 시를 짓기도 하였으므로 진림과는 다르다는 것이다.
* 白頭吟(백두음) : 사마상여司馬相如가 무릉茂陵의 여자를 첩으로 삼으려 하자 탁문군卓文君이 〈백두음〉을 읊어 사마상여가 그만두었다는 기록이 있다. 여기서는 탁문군의 절개로 왕유의 절개에 비유한 것이다.

594. 옷 다듬질

또한 수자리에서 못 돌아오는 줄 알지만
가을이 와 다듬잇돌 먼지를 깨끗이 닦는다.
혹한의 달 벌써 가까웠거니
하물며 오랜 이별 겪은 마음이랴!
어찌 지겹다고 다듬이질 사양하리?
추운 변방의 성 깊은 곳에 한번 보내고자
아낙네의 힘 다 쏟아 다듬이질하나니
그대는 듣는가, 하늘 밖의 이 소리를!

도의
擣衣

역지수불반　　　　추지식청침　　　　이근고한월　　　　황경장별심
亦知戍不返　　　　秋至拭清砧　　　　已近苦寒月　　　　況經長別心

녕사도의권　　　　일기새원심　　　　용진규중력　　　　군청공외음
寧辭擣衣倦　　　　一寄塞垣深　　　　用盡閨中力　　　　君聽空外音

● 해설
이 시는 건원 2년(759) 가을에 진주秦州에서 지어졌다. 두보가 다듬이 소리를

듣고 변방에서 수자리서고 있는 이의 아낙을 대신하여 지은 시이다.

• 주석
* 砧(침) : 다듬잇돌.
* 塞垣(새원) : 북방 변경지대를 가리키는 말.

595. 들판에서 바라보며

맑은 가을 조망이 끝이 없는데
멀리서 층층이 어둔 구름이 일어난다.
먼 데 물은 하늘과 겸하여 맑고
외로운 성은 안개 속에 숨어 깊은 곳.
드문 나뭇잎은 바람에 또 떨어지고
산 아스라한 곳으로 해가 막 잠긴다.
한 마리의 학, 돌아감이 왜 이리 더딘가
어스름 까마귀들은 벌써 숲에 가득한데……

야 망
野望

청추망불극　초체기층음　원수겸천정　고성은무심
淸秋望不極　迢遞起層陰　遠水兼天淨　孤城隱霧深
엽희풍갱락　산형일초침　독학귀하만　혼아이만림
葉稀風更落　山逈日初沈　獨鶴歸何晩　昏鴉已滿林

• 해설
이 시는 건원乾元 2년(759) 가을에 진주에서 지어졌다. 변방의 가을날 들녘에서 멀리 바라본 경치를 묘사하면서 나그네로 떠도는 삶이 고단함을 노래한 시이다.

• 주석
* 迢遞(초체) : 멀고 먼 모양.

* 昏鴉(혼아) : 저물녘의 까마귀.

596. 병든 말

너를 타고 다닌 지도 이미 오래되었는데
여기는 날도 추운 변방의 깊은 험지險地.
풍진 속에서 늙도록 힘 다하다가
세모에 병이 들어 이 마음 아프게 하여라.
모골毛骨이 어찌 다른 말과 다르랴만
어질게 길들여진 품새는 오히려 지금까지도 한결같구나.
미물이라도 주인에 대한 정의가 얕지를 않아
내 감동하여 한 차례 깊이 읊조려 보노라.

病馬
乘爾亦已久 天寒關塞深 塵中老盡力 歲晚病傷心
毛骨豈殊衆 馴良猶至今 物微意不淺 感動一沈吟

● 해설
이 시는 건원 2년(759) 가을에 진주에서 지어졌다. 자신과 더불어 풍진의 세월을 함께 해온 말이 병이 들자 이를 서글퍼하는 심사를 노래한 시이다.

● 주석
* 馴良(순량) : 잘 길들여지다.

597. 구리 두레박

난리가 난 이후로 궁중의 우물 황폐해졌지만
시절 맑을 적에는 옥과 같은 궁궐이 깊은 곳에 있었네.

구리 두레박은 물 흘리는 일이 없었고
백길의 깊이 오르내릴 땐 애틋한 소리가 났겠지.
물을 긷던 궁녀의 심정도 켠에 생각해 보았나니
그들은 응당 차가운 벽돌 우물 깊은 것을 시름하였으리.
이 구리 두레박에 조각한 교룡이 반이나 떨어져나갔어도
여전히 황금의 값에 해당하리라.

$$\overset{동\ 병}{銅甁}$$

$$\overset{란\ 후\ 벽\ 정\ 폐}{亂後碧井廢} \quad \overset{시\ 청\ 요\ 전\ 심}{時淸瑤殿深} \quad \overset{동\ 병\ 미\ 실\ 수}{銅甁未失水} \quad \overset{백\ 장\ 유\ 애\ 음}{百丈有哀音}$$
$$\overset{측\ 상\ 미\ 인\ 의}{側想美人意} \quad \overset{응\ 비\ 한\ 추\ 침}{應悲寒甃沈} \quad \overset{교\ 룡\ 반\ 결\ 락}{蛟龍半缺落} \quad \overset{유\ 득\ 절\ 황\ 금}{猶得折黃金}$$

● **해설**
이 시는 건원乾元 2년(759) 가을에 진주에서 지어졌다. 궁중에서 물을 길 때 쓰던 두레박이 민간에 나도는 것을 보고 두레박을 회억하면서 세상사 덧없음을 가슴아파한 시이다.

● **주석**
* 碧井(벽정) : 깊은 우물. 여기서는 궁중의 우물을 뜻함.
* 瑤殿(요전) : 옥과 같은 궁궐.
* 美人(미인) : 물을 긷던 궁녀.
* 甃(추) : 벽돌. 여기서는 벽돌로 만들어진 우물 벽을 가리킨다.
* 蛟龍(교룡) : 구리 두레박에 조각한 용 모양의 장식을 가리킨다.
* 折(절) : 해당하다.

598. 계주자사 양담에게 부치다

오령 일대는 모두가 더운 땅,
유독 계림의 기후만이 사람에게 적합하여

만리 남쪽에서 매화도 볼 수 있고
한겨울 내내 눈도 깊이 쌓인다지요.
이런 얘기 듣고는 내 우려하는 생각 느긋해질 수 있었는데
정사를 펴심에 다시 좋은 소리가 들려옵니다.
강변에서 손초처럼 재주 많은 단참군을 전송하면서
멀리 그대에게 허여센 늙은이의 시를 부쳐 보냅니다.

寄楊五桂州譚
기 양 오 계 주 담

五嶺皆炎熱　宜人獨桂林　梅花萬里外　雪片一冬深
오령개염열　의인독계림　매화만리외　설편일동심

聞此寬相憶　爲邦復好音　江邊送孫楚　遠附白頭吟
문차관상억　위방부호음　강변송손초　원부백두음

• 해설

이 시는 상원上元 원년(760) 겨울에 초당草堂에서 지어졌다. 계주桂州의 참군으로 부임하는 단씨 편에 계주자사 양담楊譚에게 그리움의 뜻을 적어 보낸 편지와 같은 시이다. 양담은 미상이다. 제목 아래에 '주의 참군으로 단씨가 부임하는 편에(因州參軍段子之任)'라는 주가 있다.

• 주석

* 五嶺(오령): 시안始安・월성越城・임하臨賀・대유大庾・납령臘嶺의 총칭.
* 孫楚(손초): 서진西晉 사람. 재주가 뛰어나고 성격이 솔직하였으며 일찍이 석포石苞의 참군參軍을 역임하였다. 여기서는 단참군段參軍에 대한 비유로 쓰였다.
* 白頭吟(백두음): 사마상여司馬相如가 무릉茂陵의 여자를 첩으로 삼으려 하자 탁문군卓文君이 〈백두음〉을 읊어 사마상여가 그만두었다는 기록이 있다. 여기서는 두보가 부쳐 보내는 이 시를 비유하는 말로 쓰였다.

599. 우두사를 바라보며

우두사를 바라보노라면 학림이 보이고
사다리와 같은 길이 그윽하고 깊은 곳을 돌아들고 있는데

봄빛은 우두산 밖에 떠있고
은하수는 절 건물 그늘에 깃들고 있다.
불당의 등불은 밤낮 관계없이 켜져 있고
경내에는 황금을 펼쳐놓았다.
미친 듯이 노래하는 늙은이 되지 말고
고개 돌려 허정虛靜한 선심禪心 바라보리라.

망 우 두 사
望牛頭寺

우두견학림   제경요유심   춘색부산외   천하숙전음
牛頭見鶴林　梯逕繞幽深　春色浮山外　天河宿殿陰

전등무백일   포지유황금   휴작광가로   회간부주심
傳燈無白日　布地有黃金　休作狂歌老　廻看不住心

● 해설

이 시는 광덕廣德 원년(763) 봄에 재주梓州에서 지어졌다. 저물녘이 되어 우두사를 나서 돌아보면서 느낀 감회를 노래한 시이다.

● 주석

* 鶴林(학림) : 원래는 부처가 입적한 곳을 가리키나 여기서는 우두사 주변의 숲을 뜻하는 말로 쓰였다. '학림'이라는 명칭은 부처가 입적할 당시 숲이 흰색으로 변한 모양이 백학白鶴 떼가 살고 있는 듯하다고 하였다는 데서 유래하였다고 한다.
* 傳燈(전등) : 불상 앞의 장명등. 불가佛家에서는 등으로 법法을 비유한다.
* 不住心(부주심) : 내심이 허정虛靜하여 집착이 없는 마음.

600. 초겨울

늙은 몸에 꽉 끼는 군복,
돌아와 쉬노라니 추운 빛이 깊다.
고기잡이배는 급한 물살을 거슬러 올라가고

사냥꾼이 밝히는 횃불은 높다란 숲에 훤한데
날마다 습가지習家池와 같은 곳에서 취하노라니
시름이 일어 양보음을 읊조려 보노라.
전쟁 아직 다하지 않았음에
벼슬을 살건 은거를 하건 마음대로 이룰 것이 없네.

初冬 _{초동}

垂老戎衣窄 歸休寒色深 漁舟上急水 獵火著高林
日有習池醉 愁來梁父吟 干戈未偃息 出處遂何心

● **해설**
이 시는 광덕 2년(764) 초겨울에 지어졌는데, 당시 두보는 엄무嚴武의 막부에 있다가 잠시 초당으로 돌아와 휴가를 보내고 있었다. 초겨울의 경물을 노래하면서 나랏일을 걱정한 시이다.

● **주석**
* 習池(습지) : 습가지習家池. 여기서는 초당草堂의 대칭으로 쓰였다.
* 梁父吟(양보음) : 제갈양諸葛亮이 지은 것으로 전해지는, 제齊나라 재상 안영晏嬰이 두 개의 복숭아로 세 사람을 죽인 일을 노래한 시. 여기서는 두보의 제갈양에 대한 그리움을 나타내는 말로 쓰였다.

601. 봄날 강촌

농사일이 마을마다 분주한 것은
봄물이 개울마다 깊기 때문.
하늘과 땅 사이 만리에 눈길 던지노라니
사철 차례로 바뀌는 걸 보며 사는 백년 인생의 마음!

내가 사는 초당 그럭저럭 시로 읊을 만하여
도원을 스스로 찾을 수 있을 듯.
어려운 시절, 사는 이치에 어두워
이리저리 떠돌다가 여기까지 이르렀지.

<ruby>春日江村<rt>춘 일 강 촌</rt></ruby>
春日江村

<ruby>農務邨邨急<rt>농 무 촌 촌 급</rt></ruby> <ruby>春流岸岸深<rt>춘 류 안 안 심</rt></ruby> <ruby>乾坤萬里眼<rt>건 곤 만 리 안</rt></ruby> <ruby>時序百年心<rt>시 서 백 년 심</rt></ruby>
農務邨邨急　春流岸岸深　乾坤萬里眼　時序百年心
<ruby>茅屋還堪賦<rt>모 옥 환 감 부</rt></ruby> <ruby>桃源自可尋<rt>도 원 자 가 심</rt></ruby> <ruby>艱難昧生理<rt>간 난 매 생 리</rt></ruby> <ruby>飄泊到如今<rt>표 박 도 여 금</rt></ruby>
茅屋還堪賦　桃源自可尋　艱難昧生理　飄泊到如今

● 해설

이 시는 영태永泰 원년(765) 봄에 두보가 성도成都의 초당에 머물고 있을 때 지어졌다. 봄날 강촌의 모습과 여기에 기대어 사는 자신의 삶을 묘사한 시이다. 5수의 연작시 가운데 제1수이다.

● 주석

* 桃源(도원) : 도연명陶淵明의 〈도화원기桃花源記〉에서 묘사된 이상향.

602. 길게 읊조리다

강가엔 갈매기들이 몸 뒤집어 날며 즐기고
관로官路의 다리는 버들 그늘을 띠고 있는데
꽃잎은 사람들 다투어 강을 건너는 날에 날고
풀은 답청하고픈 마음 보여주어라.
이미 이 몸에서 거추장스런 것을 발라냈음에
진정 질펀하게 노는 일 깊어질 수 있으리.
시를 짓노라니 새 시구가 맘에 들어
나도 모르는 사이에 절로 길게 읊조리게 되었네.

長吟
장음

강저번구희	관교대류음	화비경도일	초견답청심
江渚翻鷗戱	官橋帶柳陰	花飛競渡日	草見踏靑心

이발형해루	진위란만심	부시신구온	불각자장음
已撥形骸累	眞爲爛漫深	賦詩新句穩	不覺自長吟

● 해설

이 시는 영태 원년(765) 봄에 성도의 초당에서 지어졌다. '장음'이란 지은 시를 반복해서 읊조린다는 뜻이다. 봄날의 아름다운 경치와 벼슬을 버리고 난 뒤의 느긋한 심정을 읊은 시이다.

● 주석

* 踏靑(답청) : 청명淸明을 전후하여 교외에서 풀을 밟으며 노는 일.

603. 유주에서 엄시어를 기다렸으나 오시지 않아 먼저 삼협으로 내려가다

들자니 총마 타고 출발하신다기에
모래밭 가에서 지금껏 기다렸는데
구름과 비처럼 흩어지게 될 줄 알지 못하여
부질없이 짧고 긴 노래만 읊조리게 되었습니다.
이곳의 산은 오만의 땅 띠고 있어 광활하고
강물은 백제성에 이어져 깊습니다.
뱃길로 일주관을 지날 때
눈길 머물며 함께 유람하도록 하겠습니다.

유주후엄륙시어부도선하협
渝州候嚴六侍御不到先下峽

문도승총발	사변대지금	부지운우산	허비단장음
聞道乘驄發	沙邊待至今	不知雲雨散	虛費短長吟

산 대 오 만 활　　강 련 백 제 심　　선 경 일 주 관　　류 안 공 등 림
山帶烏蠻闊　江連白帝深　船經一柱觀　留眼共登臨

● **해설**
이 시는 영태永泰 원년(765) 여름에 유주에서 지어졌다. 유주는 지금의 사천성 중경重慶이다. 엄시어嚴侍御와 동행할 것을 약속했으나 엄씨가 오지 않아 먼저 떠나며 후일을 기약하는 내용의 시이다.

● **주석**
* 烏蠻(오만) : 중원中原 서남쪽에 있었던 소수민족.
* 一柱觀(일주관) : 대관臺觀 이름. 형주荊州의 송자현松滋縣 동쪽에 있었다.

604. 장강

넓고 넓은 강물 언제나 쉼 없이 흘러
동해에 다다를 것을 알고 있나니
숱한 강이 바다로 흘러드는 뜻은
온 나라가 군주를 받드는 마음과 같은 것이리.
모습은 소상을 빌려온 듯 광활한데
소리는 염예퇴를 몰아가 가라앉힐 듯.
안개비 더해지는 것도 사양하지 않아
물결이 강 언덕까지 잇닿아 내 옷깃 지나누나.

장　강
長江
호 호 종 불 식　　내 지 동 극 림　　중 류 귀 해 의　　만 국 봉 군 심
浩浩終不息　乃知東極臨　衆流歸海意　萬國奉君心
색 차 소 상 활　　성 구 염 예 침　　미 사 첨 무 우　　접 상 과 의 금
色借瀟湘闊　聲驅灩澦沈　未辭添霧雨　接上過衣襟

● 해설

이 시는 영태 원년(765) 겨울에 두보가 병으로 운안雲安에 머물고 있을 때 지어졌다. 백천귀해百川歸海의 이치를 빌어 천자에 대한 충성심을 노래한 시이다. 2수의 연작시 가운데 제2수이다.

● 주석

* 東極(동극) : 동해東海.
* 瀟湘(소상) : 소수瀟水와 상수湘水. 동정호洞庭湖 일대를 지칭하는 말로 쓰임.
* 灩澦(염예) : 기주夔州 서쪽, 촉강蜀江의 한가운데에 있었던 바위[堆]로 여름에 물이 불으면 반쯤 잠겼다가 겨울이 되면 20여길이나 되는 모습을 드러냈다고 한다.
* 接上(접상) : 강 언덕까지 잇닿다. '접상接上'을 '접양接壤'의 뜻으로 보는 견해를 따랐음.

605. 정현의 남쪽을 그리며

정현 남쪽의 복독사는
맑고 깨끗한 기상이 강심에 이르러
바위 그림자는 아름다운 누각을 물고
냇물 소리는 옥 거문고 가락을 띠고 있었다.
바람 부는 삼나무에 일찍이 새벽에 기대기도 했나니
높고 뾰족한 산을 봄날에 올랐던 일 생각나노라.
지금 만리 밖 아스라한 이곳에는
용과 뱀이 그저 강물에 스스로를 깊이깊이 숨기고 있다네.

憶鄭南
억 정 남

鄭南伏毒寺　瀟灑到江心
정 남 복 독 사　소 쇄 도 강 심

石影銜珠閣　泉聲帶玉琴
석 영 함 주 각　천 성 대 옥 금

風杉曾曙倚　雲嶠憶春臨
풍 삼 증 서 의　운 교 억 춘 임

萬里蒼茫外　龍蛇只自深
만 리 창 망 외　룡 사 지 자 심

• **해설**
이 시는 대력大曆 원년(766)에 기주에 도착한 이후에 지어졌다. '정남'은 화주華州 정현의 남쪽을 가리킨다. 이곳에서 유랑하던 시절을 추억하면서 감상에 젖은 시이다.

• **주석**
* 伏毒寺(복독사) : 화주華州 정현鄭縣의 강 가운데 있었던 절 이름.
* 瀟灑(소쇄) : 맑고 깨끗함. 속기가 없음.
* 雲嶠(운교) : 높고 뾰족한 산.

606. 비가 개다

우짖던 까마귀 떼는 다투어 새끼를 끌고 날아가건만
울던 학은 숲으로 돌아가려 하지 않아라.
내려가 먹이 쪼려다 진창 만나 떠나며
높이 나는 양이 오랫동안 궂었던 날씨 한스러워하는 듯.
빗소리는 변새에 부딪혀 다하고
햇빛 강물에 쏘아 깊어지는 때,
머리 돌려 바라보는 주남의 나그네,
대궐을 그리는 마음이 내닫는다네.

晴

啼鳥爭引子 鳴鶴不歸林 下食遭泥去 高飛恨久陰
雨聲衝塞盡 日氣射江深 回首周南客 驅馳魏闕心

• **해설**
이 시는 대력 원년(766) 늦봄, 두보가 막 기주에 도착했을 때 지어졌다. 오랫동안 궂었다가 갠 날의 정경을 묘사하면서 조정을 그리는 심사를 노래한 시이다. 2수의 연작시 가운데 제2수이다.

● 주석
* 周南客(주남객) : 본디 태사공太史公 사마담司馬談을 가리키던 말이었지만, 후세에는 이룬 것 없이 타향에 체류하는 나그네에 대한 비유어로 사용되었다.
* 魏闕心(위궐심) : '위궐'은 궁문宮門 위의 누관樓觀을 가리키는데 통상 조정에 대한 대칭으로 쓰였다. 결국 '위궐심'이란 조정을 그리는 마음이라는 뜻이 된다.

607. 여산

여산에 행차하실 일 다시는 바랄 수 없고
화악루에서 유람하지도 못하시리.
황천에는 조회 때 밝히는 촛불도 없을 터,
인간 세상에는 생전에 하사하신 금이 남았을 뿐이네.
황제 계시던 곳에서 용 멀리 날아가 버려
능묘 안 수은 바다 위로 황금 기러기가 깊이 날고 있으리.
만세토록 변함없는 봉래궁蓬萊宮 위의 해는
의장이 숲을 이룬 옛 능원陵園을 길이 비추리.

려 산
驪山

려산절망행 화악파등림 지하무조촉 인간유사금
驪山絶望幸 花萼罷登臨 地下無朝燭 人間有賜金
정호룡거원 은해안비심 만세봉래일 장현구우림
鼎湖龍去遠 銀海雁飛深 萬歲蓬萊日 長懸舊羽林

● 해설
이 시는 대력大曆 원년(766)에 기주夔州에서 지어졌다. 현종玄宗의 능묘陵墓인 태릉泰陵을 서글퍼하며 현종을 애도한 시이다. 여산은 장안 부근에 있는 산 이름이다.

● 주석

* 花萼(화악) : 화악상휘지루花萼相輝之樓이다. 현종이 여러 형제들과 이곳에서 잔치한 적이 있다.
* 朝燭(조촉) : 조회 때 밝히는 촛불.
* 賜金(사금) : 황제가 신료臣僚들에게 하사한 금붙이를 지칭하는 말.
* 鼎湖(정호) : 황제黃帝가 큰 솥을 완성하고서 용을 타고 하늘로 올라간 곳을 뜻하는데, 통상 임금의 죽음이나 임금의 무덤을 일컫는 말로 쓰인다.
* 銀海(은해) 구 : 전하는 바에 의하면 여산에 있는 진시황秦始皇의 능묘 안에는 사람의 기름으로 등촉을 밝히고, 수은으로 강과 바다를 만들고, 황금으로 오리와 기러기를 만들었다고 한다. 여기서는 진시황의 능묘로 현종의 능묘를 비유한 것이다.
* 蓬萊(봉래) : 당唐나라의 궁궐 이름.
* 羽林(우림) : 능묘를 지키는 군대. 여기서는 능묘를 뜻한다.

608. 강역 안을 하나로 싸면

한의 천하처럼 강역 안을 하나로 싸면
온 나라가 오히려 한마음 되리.
물어보노라, 험한 곳 지키는 것이
어찌 검소한 덕으로 임하는 것과 같으랴고……
때맞추어 빼어난 인재 불러들인다면
개와 양과도 같은 오랑캐 침입 우려하지 않아도 되리.
원컨대 병사兵事가 불과 같음을 경계하여
은혜가 천하에 깊이 더해지도록 하시길!

제봉
提封

제봉한천하　　만국상동심　　차문현거수　　하여검덕림
提封漢天下　　萬國尚同心　　借問懸車守　　何如儉德臨
시징준예입　　막려견양침　　원계병유화　　은가사해심
時徵俊乂入　　莫慮犬羊侵　　願戒兵猶火　　恩加四海深

● 해설

이 시는 대력大曆 원년(766) 가을에 기주에서 지어졌다. 안사의 난이 실제로는 현종이 사치를 일삼고 현인賢人을 기용하지 않은 데서 비롯된 것이라는 점을 지적하면서, 나라를 흥하게 할 방책을 제시한 것이다. '제봉'이란 사방의 강역疆域 안을 하나로 통일시킨다는 뜻이다.

● 주석

* 懸車(현거) : 수레를 달고 오르는 곳이라는 뜻으로 험한 곳을 비유하는 말이다.
* 俊乂(준예) : 걸출한 인재.

609. 구당협 어귀

시절 맑은 적에는 관문이 요새로서의 중요성 잃어버렸는데
세상 어지러워지고서는 창이 숲을 이루었지.
가버렸구나, 영웅 광무제光武帝의 일은!
황당하여라, 천하를 할거하려 한 공손술公孫述의 야심이여!
갈대꽃은 나그네를 해 저물도록 머물게 하고
단풍나무 숲엔 원숭이가 깊이 앉아 울고 있는데
피로하여 나른한 이 몸, 친한 이와 옛벗을 번거롭게 하여
백도독께서 자주도 돈을 내려주셨지.

峽口^{협구}

時淸關失險 世亂戟如林 去矣英雄事 荒哉割據心
蘆花留客晚 楓樹坐猿深 疲苶煩親故 諸侯數賜金

● 해설

이 시는 대력大曆 원년(766) 가을에 기주에서 지어졌다. '협구'는 삼협의 하나인 구당협瞿塘峽 어귀를 가리킨다. 세상이 어지러워지게 된 것이 옛일을 거울삼지

못한 데서 비롯된 것임을 은연중에 부각시키고, 떠돌이로 살고 있는 자신의 딱한 처지를 노래한 시이다. 제목 아래에 '(주인) 백중승께서 자주 월봉에서 돈을 떼어주셨다(主人栢中丞頻分月俸)'라는 주가 있다. 2수의 연작시 가운데 제2수이다.

● 주석
* 英雄事(영웅사) : 한漢의 광무제가 나라의 기틀을 다진 일을 가리킨다.
* 割據心(할거심) : 공손술이 촉蜀 땅을 탐낸 일을 가리킨다.
* 疲苶(피날) : 피로하여 나른함.
* 諸侯(제후) : 기주도독 백무림伯茂林을 지칭한다.

610. 또 두 아이에게 보여주다

좋은 시절, 이 한식에 내 늙어가나니
내 죽어서 너희들 마음 볼 수 있으리.
뜬구름 인생이 물후物候의 변천을 보노라니
한이 되는 것들 나이와 더불어 깊어만 간다.
아우가 사는 장갈현은 편지도 받기 어려운데
누이는 강주에서 눈물을 금할 수 없겠지.
아우며 누이와 함께 단란하게 살 날 그려보느라
앉아서도 서서도 백두의 늙은이는 시 읊조리노라.

우 시 량 아
又示兩兒

령 절 성 오 로　　타 시 견 여 심　　부 생 간 물 변　　위 한 여 년 심
令節成吾老　他時見汝心　浮生看物變　爲恨與年深
장 갈 서 난 득　　강 주 체 불 금　　단 원 사 제 매　　행 좌 백 두 음
長葛書難得　江州涕不禁　團圓思弟妹　行坐白頭吟

●해설
이 시는 대력大曆 2년(767)에 기주의 양서瀼西에서 지어졌다. 늙어가는 자신을 슬퍼하면서 만날 기약조차 없는 혈육에 대한 그리움을 아프게 노래한 시이다.

● 주석

* 令節(영절) : 좋은 시절. 여기서는 한식寒食을 가리킨다.
* 他時(타시) : 다른 때. 두보의 사후死後를 가리킨다.
* 長葛(장갈) : 현 이름.
* 江州(강주) : 지금의 강서성 구강시九江市 일대.
* 白頭吟(백두음) : 백두의 늙은이가 읊조리는 시. 여기서는 아우를 생각하고 누이를 그리는 내용의 시를 뜻한다.

611. 머슴아이에게 일을 시켜서 북쪽 과수원의 가지와 덩굴을 다듬고 더러운 것을 다 치우고 나서 침상을 옮기다

띠집에 의지해 병상을 놓고 누웠더니
거친 곳을 호미로 매어 과일나무 숲이 훤해졌다.
북당北堂이 외지고 먼 곳에 기대어 있어
들에 있으니 흥취는 맑고 깊어라.
산속 꿩은 적수 찾아 도전할 것에 방비하고
강가의 원숭이는 홀로 우는 울음에 응답하는데
피어나던 구름이 높은 곳에 멎어 있어
안석에 몸 기댄 채 나 역시 마음 없이 대하였네.

課小豎鋤斫舍北果林枝蔓荒穢淨訖移床

病枕依茅棟　荒鋤淨果林　背堂資僻遠　在野興清深
山雉防求敵　江猿應獨吟　洩雲高不去　隱几亦無心

●해설
이 시는 대력 2년(767) 가을에 기주의 양서에서 지어졌다. '소수'는 두보의 집에 있었던 머슴아이를 가리킨다. 집 뒤켠에 있었던 과일나무 숲을 손질한 후에 침상을 옮겨놓고 일대의 경치에 흡족해하는 두보의 그윽하고 한적한 정취가 묻어나는 시이다. 3수의 연작시 가운데 제1수이다.

● 주석
* 荒鋤(황서) : 낡은 호미라는 주석이 있으나 거친 곳을 호미로 맨다는 뜻으로 풀었다.
* 背堂(배당) : 북당北堂.
* 洩雲(설운) : 피어나는 구름.

612. 어둠

해 지자 사방의 산 어두워지고
산속의 집 뜨락에 산기운이 어리면
험한 길로 소와 양도 돌아오고
새들은 가지 깊숙한 곳으로 모여든다.
베개 고쳐 베려다 별무늬 보검을 대하고
서책書冊 정리하다가 거문고를 건드렸나니
촛불 그림자 너머 반쯤 열린 사립문,
닫으려 했더니 다듬잇돌이 보이누나.

瞑
명

日下四山陰　山庭嵐氣侵　牛羊歸徑險　鳥雀聚枝深
일하사산음　산정람기침　우양귀경험　조작취지심
正枕當星劍　收書動玉琴　半扉開燭影　欲掩見淸砧
정침당성검　수서동옥금　반비개촉영　욕엄견청침

● 해설
이 시는 대력大曆 2년(767)에 기주의 동둔東屯에서 지어졌다. 실외室外의 어스름 속 경물과 실내의 어둠 속 경물을 묘사하면서 적막한 정회를 노래한 시이다.

• 주석
* 星劍(성검) : 별무늬가 새겨진 보검.
* 淸砧(청침) : 다듬잇돌.

613. 맹창조에게 편지를 가지고 토루의 옛집을 방문해 주길 부탁하며

평소에 살던 곳이어도 난리가 난 뒤로
낙양의 그 산장山莊에는 가보질 못했답니다.
저를 위해 구름 낀 산을 지나 안부 물어주시되
가시나무가 깊이 우거졌다고 사양은 마시길……
북풍에 낙엽이 날리는 때,
저는 이곳 어복포에서 백두의 노래 부릅니다.
10년을 강호에서 떠도는 나그네는
늙은 마음이 그저 망망할 뿐.

憑孟倉曹將書覓土婁舊莊
平居喪亂後　不到洛陽岑
爲歷雲山問　無辭荊棘深
北風黃葉下　南浦白頭吟
十載江湖客　茫茫遲暮心

• 해설
이 시는 대력 2년(767)에 기주에서 지어졌다. 당시에 맹창조가 공무로 낙양으로 갈 일이 생기자, 두보가 이 시를 써 보내며 편지를 가지고 언사현偃師縣 수양산首陽山 아래에 있는 육혼장陸渾莊을 방문해 줄 것을 청했다. 늙은 몸으로 강호를 떠도는 두보의 향수가 잘 드러나 있다. '토루'는 토산土山의 언덕을 파내서 만든 토옥土屋이라는 뜻이며 '구장'은 육혼장을 가리킨다.

● 주석

* 平居(평거) : 평소에 살던 곳. 언사현의 육혼장을 가리킨다.
* 南浦(남포) : 굴원屈原의 〈구가九歌〉에 나오는 이별의 장소. 여기서는 기주의 어복포魚腹浦를 가리키는 말로 쓰였다.
* 十載(십재) : 두보는 건원 원년(758) 겨울에 동도東都로 돌아갔다가 이듬해 봄에 다시 화주華州로 돌아왔는데, 이 시를 짓던 해(767)까지는 근 10년이 되었다.

614. 구름

용들이 구당협에서 모임에
강은 백제성을 의지하며 깊어지나니
해 다하도록 늘 골짝에서 일어나
매일 밤이면 어김없이 숲에 드는 구름.
추수가 끝나면 서리 내린 물가를 떠나고
저녁이면 분명 산마루에 있는데
구름 머무는 우뚝한 집이 한 곳이 아니어서
그 빼어난 기운이 번뇌의 가슴팍을 탁 트이게 하여라.

운
雲

룡 이 구 당 회　　강 의 백 제 심　　종 년 상 기 협　　매 야 필 통 림
龍以瞿塘會　　江依白帝深　　終年常起峽　　每夜必通林
수 확 사 상 저　　분 명 재 석 잠　　고 재 비 일 처　　수 기 활 번 금
收穫辭霜渚　　分明在夕岑　　高齋非一處　　秀氣豁煩襟

● 해설

이 시는 대력大曆 2년(767)에 기주의 동둔에서 지어졌다. 물가의 구름이 산구름이 된다는 사실을 얘기하면서 은연중에 마음속의 번뇌를 부각시킨 시이다.

● 주석

* 瞿塘(구당) : 구당협瞿塘峽.

* 白帝(백제) : 백제성白帝城.
* 收穫(수확) : 추수秋收.

615. 백제루

아득히 아무것도 없는 허공 속을
성가퀴가 끊임없이 잇닿아 침범하였다.
누각에 햇살 비치건만 해로부터는 멀기만 하고
협곡의 그림자는 강에 깊숙이 들었다.
겨울 다해 한 단의 비단을 생각하고
봄 돌아옴에 일금을 기대해 본다.
작년에 매화와 버들 대하며 느꼈던 생각이
다시 하늘가에 선 이 마음을 어지럽히려는 듯.

백 제 루
白帝樓

漠漠虛無裏	連連陴睨侵	樓光去日遠	峽影入江深
막막허무리	련련비예침	루광거일원	협영입강심
臘破思端綺	春歸待一金	去年梅柳意	還欲攪邊心
랍파사단기	춘귀대일금	거년매류의	환욕교변심

●해설
이 시는 대력 2년(767) 겨울이 다해갈 무렵에 기주에서 지어졌다. 문밖을 나서 마음을 달래고자 하였던 두보가 성루와 그 일대의 경치를 대하고서 이곳을 떠날 수 있기를 바란 시이다.

●주석
* 陴睨(비예) : 성 위에 쌓은 낮은 담. 성가퀴.
* 臘破(납파) : 겨울이 다하다. 납은 섣달이라는 뜻이다.
* 端綺(단기) : 한 단의 비단. 한 단은 18척 내지 20척. 이 구절은 봄옷을 만들

비용을 생각한다는 뜻이다.
* 一金(일금) : 하나가 만전에 달한다는 금덩이. 여기서는 삼협을 벗어날 때 필요한 비용을 의미하는 말로 쓰였다.
* 邊心(변심) : 변방에서 고향을 그리워하는 마음.

616. 여름에 양장녕태수댁에서 입경하는 최시어와 상정자를 전송하며

양웅과 같은 양장녕댁에서 전별주를 취하도록 마시자니
당에 올라와 복자천宓子賤처럼 거문고를 뜯는 양장녕태수님!
늙어가는 귀밑머리로
다시 이별하려는 때를 맞게 됨을 감당할 수 없습니다.
이 천지에 서강은 멀리 있고
숱한 별 가운데 북두성은 깊은 곳에 자리하였습니다.
최시어와 상정자 두 분을 대하고서
이 긴 여름에 허여센 늙은이가 시를 읊조려 봅니다.

하일양장녕택송최시어상정자입경
夏日楊長寧宅送崔侍御常正字入京

취주양웅택 승당자천금 불감수로빈 환대욕분금
醉酒揚雄宅　升堂子賤琴　不堪垂老鬢　還對欲分襟
천지서강원 성신북두심 오대부린각 장하백두음
天地西江遠　星辰北斗深　烏臺俯麟閣　長夏白頭吟

● 해설
이 시는 대력大曆 3년(768)에 강릉江陵에서 지어졌다. '양장녕'과 최시어와 상정자는 정확히 누구를 가리키는지 알 수 없으며, 장녕은 현 이름이고 시어와 정자는 모두 벼슬 이름이다. 최시어와 상정자를 전별하는 자리에 초대되어 양장녕을 예찬하고, 자신의 처지를 아파하면서 두 사람을 송별하는 뜻을 담은 시이다.

• **주석**

* 揚雄(양웅) : 서한西漢의 사부辭賦 작가. 여기서는 양장녕을 가리킨다.
* 子賤(자천) : 공자孔子의 제자 복자천宓子賤. 일찍이 선보單父를 다스리는 관리가 되었는데 거문고를 뜯으며, 당상堂上에 오르지 않아도 지역이 잘 다스려져 공자로부터 칭찬을 받았다. 이 역시 양장녕을 가리킨다.
* 西江(서강) : 강릉江陵을 가리킨다.
* 北斗(북두) : 장안長安을 가리킨다.
* 烏臺(오대) : 한대漢代 어사부御史府 안의 잣나무에 까마귀가 무리 지어 깃들어 후대에 어사대를 '오대'로 칭하게 되었다 한다. 이 오대는 최시어를 지칭하는 것이다.
* 麟閣(인각) : 기린각麒麟閣. 한대의 궁중에 있었던 전각 이름. 책을 소장하는 곳으로 쓰였다. 이 인각은 상정자를 지칭하는 것이다.

617. 상시랑 이역을 애도하며

한 시대 풍류객께서 돌아가시어
지하 깊은 곳에서 수문랑修文郎으로 계시겠지요.
그토록 훌륭하신 분 다시 뵐 수 없음은
늙어가는 내겐 지음知音을 잃어버린 아픔.
짧은 해는 매령을 넘어가고
한산의 계수나무 숲은 잎새를 떨구었습니다.
장안에 벗할 이 뉘 있으리요?
도리어 그대의 관모冠帽 위에 비치던 초금을 생각해 보거늘……

哭李常侍嶧
一代風流盡 修文地下深
斯人不重見 將老失知音
短日行梅嶺 寒山落桂林
長安若箇伴 猶想映貂金

● 해설

이 시는 대력 3년(768) 겨울에 강릉에서 지어졌다. 두보가 우연히 이장移葬을 위해 영남嶺南으로부터 장안長安으로 향하는 이역李嶧의 운구運柩 행렬을 보고서 그를 애도한 시이다. 2수의 연작시 가운데 제1수이다.

● 주석

* 修文(수문) : 진晉나라 사람 소소蘇韶가 꿈에 죽은 당형堂兄을 보았는데, 안연顔淵과 복상卜商이 지하에서 수문랑修文郎을 지내고 있다고 했다. 이후로 고인의 문재文才를 칭송하는 말로 곧잘 쓰인다.
* 斯人(사인) : 이역李嶧을 가리킨다.
* 梅嶺(매령) : 강서江西와 광동廣東의 경계에 있는 준령 이름. 여기서는 영남嶺南을 가리키는 말로 쓰였다.
* 落桂林(낙계림) : 이역의 죽음을 비유적으로 표현한 말이다.
* 若箇伴(약개반) : 누가 짝이 될 수 있을까?
* 貂金(초금) : 금선이초金蟬珥貂. 매미 날개와 담비 꼬리로 만든 장식을 일컫는 말.

618. 남쪽으로 가며

봄 언덕의 복숭아꽃 강물에 떠가는데
구름 같은 돛을 달고 단풍나무 사이를 간다.
살아보자고 늘 난리의 땅을 피하며
멀리 가면서 다시금 옷깃을 적시나니
늙고 병들어 남쪽으로 가는 날,
성상의 은혜 갚고자 북쪽을 바라보는 마음이여!
평생을 부른 노래 절로 아리기만 한데
마음을 알아주는 이 아직 보지 못했네.

南征
남정

春岸桃花水　雲帆楓樹林　偸生長避地　適遠更霑襟
춘안도화수　운범풍수림　투생장피지　적원갱점금
老病南征日　君恩北望心　百年歌自苦　未見有知音
로병남정일　군은북망심　백년가자고　미견유지음

● 해설

이 시는 대력大曆 4년(769) 봄에 담주潭州(지금의 장사시長沙市)로 가는 도중에 지어졌다. 남쪽으로 내려가면서 보게 된 경물을 묘사하고 임금에 대한 연모의 정과 지음知音을 찾기 어렵다는 회한의 정을 노래한 시이다.

● 주석

* **君恩**(군은) : 성상聖上의 은혜. 당시 대종代宗은 두보에게 두 차례에 걸쳐 경조공조京兆工曹, 검교공부원외랑檢校工部員外郎 벼슬을 내렸다.

【오율담운五律覃韻】

619. 닭

닭의 덕을 기림에 표방하는 명목은 다섯 가지
새벽에 처음 울 적에는 시각에 맞게 꼭 세 차례씩 우는 법인데
타향 기주에서 듣는 닭 울음소리는 달라
차서가 엉망임에도 새벽에 부끄러워하는 기색조차 없다.
습속을 따져보면 이곳 인정과 유사하여
너희들은 그저 푸줏간에 채워 넣기에 족할 따름.
밤기운이 바뀌어 화육이 이루어질 즈음인데
이곳 무협에서는 바라가 새벽을 알리는구나.

계
雞

기덕명표오	초명도필삼	수방청유이	실차효무참
紀德名標五	初鳴度必三	殊方聽有異	失次曉無慚
문속인정사	충포이배감	기교정육제	무협루사남
問俗人情似	充庖爾輩堪	氣交亭育際	巫峽漏司南

• 해설
이 시는 대력 원년(766)에 기주에서 지어졌다. 기주 일대의 사람들이 덕도 신의도 없는데다 세간의 정이 각박하기만 한 것을 때맞추어 울지 않는 닭을 빌어 풍자한 시이다.

• 주석
* 紀德(기덕) 구 : 《한시외전韓詩外傳》에 의하면 닭에게는 다섯 가지 미덕이 있다고 하는데 문文·무武·용勇·의義·신信이 그것이다. 머리에 벼슬이 있는 것이 '문'이고, 며느리발톱이 있는 것이 '무'이며, 적을 보면 싸우는 것이 '용'이고, 먹을 것이 생기면 서로 부르는 것이 '의'이며, 때를 놓치지 않고 우는

것이 '신'이라 한다.
* 初鳴(초명) 구 : 닭들은 대개 밤이 다할 즈음에 세 차례에 걸쳐 운다.
* 亭育(정육) : 화육化育.
* 司南(사남) : 통상 방향을 알리는 기구 혹은 시간을 담당하는 관리의 뜻으로 쓰이지만 여기서는 새벽을 알린다는 뜻으로 쓰였다.

620. 아침

맑은 아침 햇살이 기주의 남쪽 땅에 비치는 때,
서리 뿌리던 하늘이 온갖 산들을 머금었다.
시골 사람이 이따금 홀로 들길 가노라니
구름 낀 나무는 새벽녘에 서로 쭈뼛하여라.
매서운 매는 소리없이 지나가고
주린 까마귀는 땅에 내려 먹을 것을 찾는데
병든 이 몸, 끝내 움직이지 못하게 되면
낙엽처럼 져 강물에 맡겨지겠지.

조
朝

청 욱 초 궁 남　　상 공 만 령 함　　야 인 시 독 왕　　운 목 효 상 참
淸旭楚宮南　　霜空萬嶺含　　野人時獨往　　雲木曉相參
준 골 무 성 과　　기 오 하 식 탐　　병 신 종 부 동　　요 락 임 강 담
俊鶻無聲過　　饑烏下食貪　　病身終不動　　搖落任江潭

● **해설**
이 시는 대력 2년(767) 추동 무렵에 지어졌다. 이른 아침의 풍경을 묘사하면서 이역을 떠도느라 고향으로 돌아가지 못하는 비애를 노래한 시이다. 2수의 연작시 가운데 제1수이다.

● **주석**
* 楚宮(초궁) : 기주를 가리키는 말. 기주는 옛날에 초楚나라 영토였다.

* 霜空(상공) 구 : 가을에 온갖 나무가 조락凋落하여 온 산이 햇살을 머금었다는 뜻.
* 野人(야인) : 두보 자신을 가리킨다.
* 俊鶻(준골) : 매서운 매.

621. 누각 위에서

천지를 떠도는 몸, 속절없이 머리 긁느라
백옥 비녀 자주도 뽑게 되었지.
황제의 수레는 삼극의 북쪽에 있는데
이 몸은 오호五湖 남쪽에서 떠돌고 있어라.
대궐 그리느라 심신 수고롭게 하건만
재질才質 논하자면 기수와 남수에 부끄러울 따름.
이 난리 속에서 스스로의 구제도 어려우니
끝내 호남 일대에서 늙어가고 말겠지.

樓上(루 상)

天地空搔首 (천지공소수)　頻抽白玉簪 (빈추백옥잠)　皇輿三極北 (황여삼극북)　身事五湖南 (신사오호남)
戀闕勞肝肺 (련궐로간폐)　論材愧杞柟 (론재괴기남)　亂離難自救 (란리난자구)　終是老湘潭 (종시로상담)

● 해설

이 시는 대력大曆 4년(769) 초가을에 담주에서 지어졌다. 누각에 올라 멀리 바라보면서 우국의 정서와 신세에 대한 한탄을 노래한 시이다.

● 주석

* 白玉簪(백옥잠) : 백옥으로 만든 비녀. 옛사람들은 머리를 긁을 때 습관적으로 비녀를 사용하였다.
* 皇輿(황여) : 황제의 수레. 조정[行在所]을 비유한다.

* 三極北(삼극북) : 삼극의 북쪽. 여기서 3극은 동·남·서향을 가리킨다. 땅에는 사극四極이 있는데 조정이 동·남·서향의 북쪽에 있기에 3극의 북이라 칭한 것이다.
* 五湖(오호) : 동정호洞庭湖.
* 杞柟(기남) : 기수杞樹와 남수柟樹. 모두 동량棟梁으로 쓰는 큰 나무이다.
* 湘潭(상담) : 호남湖南의 상향湘鄕, 상음湘陰과 병칭하여 삼상三湘이라 하였는데 삼상은 통상 호남 일대를 가리키는 말로 쓰였다.

【오율염운五律鹽韻】

622. 촉주로 부임하는 장참군을 전송하고 이로 인하여 양시어에게 드리다

잘 가게나, 장공자여!
집안끼리 교통하는 사이라 이별의 한스러움이 더해지누나.
두 줄로 선, 진秦 땅의 길가 나무는 곧고
만점의 촉蜀 땅 산들은 끝이 뾰죽하리.
어사께서는 새로 총마를 타신 분,
참군은 그 옛날 자줏빛 수염 휘날리던 치초郗超와 같아라.
사신께서는 내 훌륭한 벗이거니
그대에게는 딱히 꺼려함이 없으리라.

送張參軍赴蜀州因呈楊侍御
好去張公子 通家別恨添 兩行秦樹直 萬點蜀山尖
御史新驄馬 參軍舊紫髯 皇華吾善處 於汝定無嫌

● 해설
이 시는 천보天寶 13년(754)에 지어졌는데, 당시 두보는 장안 하두성下杜城에서 머물고 있었다. '참군'과 '시어'는 벼슬 이름이며 장참군과 양시어는 미상이다. 이별의 정을 묘사하면서 그 상관인 벗에게 부탁의 말을 건넨 시이다.

● 주석
* 通家(통가) : 집안끼리 대대로 교통하는 일.
* 御史(어사) 구 : 《후한서後漢書》에 의하면 환전桓典이 시어사侍御史가 되었을 때 환관宦官들이 전횡하고 있었는데, 환전은 이들을 두려워하지 않고 늘 청총

마를 타고 다니며 임무를 수행했다고 한다. 이 일로 인하여 '총마'는 어사에 대한 미칭으로 쓰였다.
* 參軍(참군) 구 : 《진서晉書》에 의하면 치초郗超가 환온桓溫의 참군이 되었는데 수염이 많아 막부에서 '염참군髥參軍'이라 했다고 한다.
* 皇華(황화) : 사신使臣에 대한 미칭. 여기서는 양시어사를 지칭하는 말로 쓰였다.

623. 저물녘에 날이 개다

시골 해질 무렵, 사람 놀래는 바람이 불고서
그윽한 뜨락은 지나는 비에 젖었는데
석양은 가느다란 풀에 내리쬐고
강빛은 성긴 발에 비춰든다.
책 어지럽혀져도 누구 치워 줄 이 없지만
술잔이야 비면 내 스스로가 채울 수 있는 것.
이따금 뒷얘기 있음을 듣지만
아직 숨어사는 이 늙은이 괴상하다고 흉보지는 않는다.

晚晴^{만 청}

村晚驚風度 庭幽過雨霑
夕陽薰細草 江色映疎簾
書亂誰能帙 杯乾自可添
時聞有餘論 未怪老夫潛

• 해설

이 시는 상원上元 2년(761) 가을에 성도의 초당에서 지어졌다. 해질 무렵의 경치를 묘사하면서 그럭저럭 만족스럽게 살아가고 있는 초당에서의 생활을 기뻐한 시이다.

● 주석
* 帙(질) : 책을 싸는 상자를 의미하는 말이지만 여기서는 책을 정리한다는 뜻으로 쓰였다.
* 餘論(여론) : 뒷얘기.
* 老夫潛(노부잠) : 노잠부老潛夫. 은사隱士. 두보 자신을 가리키는 말이다.

624. 동진에서 낭주녹사로 부임하는 위풍섭을 전송하며

듣자니 낭주는 강산이 미려한 곳,
그대께서 출사와 은거 겸하게 되심이 부럽습니다.
시 지어 보내는 길에 배는 멀리로 떠가고,
이별 아쉬워하느라 술잔 자주 더하게 되었습니다.
그대 가심은 추천이지 빈 자리 잇는 게 아니니,
기강 잡고 결백 지켜 필시 싫어함 없게 하겠지요.
후일 속현屬縣을 순시하시게 되면
도잠陶潛과 같은 관리 가벼이 여기지 마시길……

東津送韋諷攝閬州錄事

聞説江山好　憐君吏隱兼　寵行舟遠泛　惜別酒頻添
推薦非承乏　操持必去嫌　他時如按縣　不得慢陶潛

● 해설
이 시는 보응寶應 원년(762)에 면주綿州에서 지어졌다. '동진'은 면주성 동쪽에 위치한 부강涪江 나루터를 가리킨다. 낭주는 지금의 사천성 낭중閬中이며, 위풍섭은 미상이다. 임지로 향하는 위씨를 전송하면서 당부의 말을 건넨 시이다.

● 주석
* 承乏(승핍) : 벼슬의 빈 자리를 채우는 것을 말한다.

* 按縣(안현) : 속현屬縣을 순시하다.
* 陶潛(도잠) : 도연명陶淵明.

625. 엄정공댁 섬돌 아래에 새로 심은 소나무

유약한 가지며 줄기, 어찌 스스로 뽐낼 수 있는 것이랴!
이곳으로 뿌리 옮기게 되었기에 비로소 너를 바라보게 된 것.
가느다란 소리는 막부의 옥휘장 안으로 들고
성긴 비취빛 잎사귀는 주렴에 가까운데
아직 자줏빛 안개 모여드는 게 보이지 않으니
맑은 이슬이 적셔준 은택만 부질없이 입게 되었구나.
어느 때나 백길 높이로 자라
비스듬한 덮개가 되어 높다란 집을 에워싸려뇨?

엄정공계하신송
嚴鄭公堦下新松

약질기자부　　이근방이첨　　세성침옥장　　소취근주렴
弱質豈自負　　移根方爾瞻　　細聲侵玉帳　　疏翠近珠簾
미견자연집　　허몽청로점　　하당일백장　　기개옹고첨
未見紫烟集　　虛蒙清露霑　　何當一百丈　　攲蓋擁高簷

● 해설
이 시는 광덕廣德 2년(764) 가을에 지어졌는데 당시 두보는 엄정공, 곧 엄무嚴武의 막부에 있었다. 섬돌 아래 발치에 새로 심은 소나무를 자기 자신에 비유하면서 직분을 끝까지 지키며 공을 세우겠다는 뜻을 피력한 시이다.

● 주석
* 移根(이근) : 뿌리를 옮기다. 막부로 와 봉직하는 자신을 비유적으로 칭한 말.
* 玉帳(옥장) : (막부의) 옥휘장. 옛날에는 주장主將이 머무는 곳의 장막을 '옥장'이라 하였다.

626. 입택

우뚝한 산세 치달리는 적갑산을 뒤로 하고
벼랑 가파른 백염산을 마주하여 지은 집.
나그네로 살며 이사 다니는 것을 부끄러워하였는데
여기 봄빛이 점점 새 풍광을 실하게 더해주누나.
꽃이 눌려 대나무 옮기려 하고
새가 엿보아 새로 주렴을 걷기도 하여라.
쇠잔한 나이를 굳이 한스러워할 수 없는 것은
빼어난 경치가 서로 함께하는 때문.

<ruby>入宅<rt>입 택</rt></ruby>

<ruby>奔峭背赤甲<rt>분 초 배 적 갑</rt></ruby>　<ruby>斷崖當白鹽<rt>단 애 당 백 염</rt></ruby>　<ruby>客居愧遷次<rt>객 거 괴 천 차</rt></ruby>　<ruby>春色漸多添<rt>춘 색 점 다 첨</rt></ruby>
<ruby>花亞欲移竹<rt>화 아 욕 이 죽</rt></ruby>　<ruby>鳥窺新捲簾<rt>조 규 신 권 렴</rt></ruby>　<ruby>衰年不敢恨<rt>쇠 년 불 감 한</rt></ruby>　<ruby>勝槪欲相兼<rt>승 개 욕 상 겸</rt></ruby>

●해설

이 시는 대력大曆 2년(767) 봄, 서각西閣에서 적갑赤甲으로 옮겨와 살 때 지어졌다. 새로 살게 된 곳의 빼어난 경치와 이사에 대한 감회를 기쁜 뜻으로 적은 시이다. 3수의 연작시 가운데 제1수이다.

●주석

* 赤甲(적갑) : 기주에 있는 산 이름. 두보는 대력 2년 봄에 서각에서 이곳으로 옮겨와 살았다.
* 白鹽(백염) : 적갑산과 마주하고 있는 산 이름.
* 遷次(천차) : 옮겨 다니며 사는 일.
* 亞(아) : 누르다.

권5 卷五

- 七律東韻・칠률동운
- 七律冬韻・칠률강운
- 七律江韻・칠률지운
- 七律支韻・칠률미운
- 七律微韻
- 七律魚韻・칠률어운
- 七律虞韻・칠률우운
- 七律齊韻・칠률제운
- 七律灰韻・칠률회운
- 七律眞韻・칠률진운
- 七律文韻・칠률문운
- 七律元韻・칠률원운
- 七律寒韻・칠률한운
- 七律刪韻・칠률산운
- 七律先韻・칠률선운
- 七律蕭韻・칠률소운
- 七律肴韻・칠률효운
- 七律豪韻・칠률호운
- 七律歌韻・칠률가운
- 七律麻韻・칠률마운
- 七律陽韻・칠률양운
- 七律庚韻・칠률경운
- 七律青韻・칠률청운
- 七律蒸韻・칠률증운
- 七律尤韻・칠률우운
- 七律侵韻・칠률침운

【칠률동운七律東韻】

627. 촉주의 이사마가 조강에 다리를 지어 그날로 완성함에 오가는 백성들이 겨울 찬물에 들어가지 않아도 되게 해준 것을 참관하고, 짤막하게 지어 이공에게 보내다

대나무 잘라 다리 만들어도 다리의 구조가 같고
치마며 바지 걷지 않아도 오갈 수 있게 되었는데
날이 추워 백학은 화표로 돌아가고
해 떨어지면 물속에 청룡 같은 그림자 나타나네.
돌아보건대 늙은 이 몸은 사마상여가 아니지만
그대가 재능이 있어 내를 건너는 공 세웠음을 알겠네.
함께 모여 기뻐하다 보니 먼 옛날의 일이 우습구나.
진시황처럼 돌을 몰면 언제나 동해에 이르겠는가?

陪李七司馬皂江上觀造竹橋卽日成往來之人免冬
寒入水聊題短作簡李公

伐竹爲橋結構同　　褰裳不涉往來通
天寒白鶴歸華表　　日落靑龍見水中
顧我老非題柱客　　知君才是濟川功
合歡卻笑千年事　　驅石何時到海東

● **해설**
이 시는 상원上元 2년(761) 겨울에 촉주蜀州(지금의 사천성四川省 숭경현崇慶縣)

에서 지은 것이다. 이칠李七은 당시 촉주의 사마司馬로 있던 사람일 터이나, 정확한 이름은 알 수 없다. 이 시는 이사마가 조강皁江(지금의 사천성 금마하金馬河)에 대나무 다리를 만들어 백성들의 어려움을 해결해 준 공덕을 노래한 것이다.

• 주석
* 華表(화표) : 《이원異苑》의 기록에 따르면, 진晉나라 태강太康 2년 겨울에 큰 눈이 내렸는데, 남주南州에 사는 어느 백성이 백학 두 마리가 다리 밑에서 나누는 대화를 들었다. 그 내용은 '금년의 추위가 요堯임금 죽었을 때보다 못하지 않다'는 것이었다. 또 《수신후기搜神後記》에는 요동遼東 땅의 정령위丁令威가 나중에 학으로 변해서 성문의 화표주華表柱에 앉아 있었다는 기록이 있다. 이 구절은 바로 이런 두 가지 이야기를 전고典故로 활용한 것이다.
* 靑龍(청룡) : 《후한서後漢書・비장방전費長房傳》에 따르면, 비장방이 선인仙人에게 도를 배웠는데, 작별할 때에 선인이 그에게 대나무 지팡이를 주었다. 그는 그것을 타고 순식간에 집에 도착했는데, 그 지팡이는 용으로 변해서 사라져 버렸다고 한다.
* 題柱客(제주객) : 한漢나라 때의 저명한 문장가인 사마상여司馬相如를 가리킨다. 《화양국지華陽國志》에 따르면, 촉성蜀城에서 북쪽으로 80리 떨어진 곳에 승선교升仙橋와 송객관送客館이 있는데, 사마상여가 처음 장안長安으로 가는 길에 이곳을 지나다가 그 기둥에 '대장부로서 네 마리 말이 끄는 붉은 수레를 타지 않으면, 네 밑을 지나지 않겠노라(大丈夫不乘赤車駟馬, 不過汝下)'라고 썼다고 한다. 그 뜻은 공명功名을 이루기 전에는 고향으로 돌아가지 않겠다는 것이다.
* 驅石(구석) : 《제지기齊地記》에 따르면, 진시황이 돌다리를 만들어 바다를 지나 해가 뜨는 곳을 구경하려고 하자, 어느 신인神人이 돌을 몰아 바다로 내려가게 했다. 그런데 돌들이 느릿느릿 내려가서 그 신인이 채찍질을 하자, 모든 돌들이 피를 흘렸다고 한다.

628. 농부가 붉은 앵두를 보내오다

서촉의 앵두도 저절로 붉게 익어
농부가 바구니 가득 내게 보내왔네.

여러 차례 조심스레 옮기면서도 터질까 걱정스러운데
작고 둥근 수많은 알맹이들이 놀랍게도 거의 같은 모양일세.
생각하건대, 지난날 문하성에 있을 때 앵두를 하사받고
조정에서 물러날 때 두 손에 받쳐들고 대명궁을 나왔지.
금쟁반 옥젓가락은 소식이 없고
내 신세 떠도는 쑥대 같음을 오늘 새삼 깨달았네.

野人送朱櫻

西蜀櫻桃也自紅　野人相贈滿筠籠
數回細寫愁仍破　萬顆勻圓訝許同
憶昨賜沾門下省　退朝擎出大明宮
金盤玉箸無消息　此日嘗新任轉蓬

● 해설

이 시는 대략 상원上元·보응寶應 연간에 지은 것으로, 농부가 보내준 앵두를 보고 예전에 조정에서 앵두를 내려준 일을 떠올리며 감회에 젖은 일을 서술하고 있다.

● 주석

* 細寫(세사) : 여기서 '사寫'는 '사瀉(쏟아 붓다)'와 같은 뜻이다. 즉, 앵두를 조심스럽게 이 바구니에서 저 바구니로 옮겨 담는다는 뜻이다.
* 門下省(문하성) : 당나라 때 황궁 안에 있는 선정전宣政殿의 동쪽에 위치한 내각 기관이다. 당시 두보는 좌습유左拾遺 직책을 맡고 있었는데, 이것은 문하성에 속한 관리이다.
* 大明宮(대명궁) : 황궁 금원禁苑의 동쪽에 있는 곳으로, 조회할 때에 지나는 곳이다.
* 金盤玉箸(금반옥저) : 천묘薦廟, 즉 사당에 올리는 제사에 사용되는 기구이다. 여기서 이것들은 조정의 관리로 임명됨을 암시한다.

629. 가을의 흥취

곤명지의 물은 한나라 때의 공적,
무제의 깃발이 눈에 들어오는 듯하네.
직녀가 자은 실은 밤하늘 달빛처럼 빛나고
고래 석상石像의 비늘은 가을바람에 흔들리겠지.
물결에 찰랑이는 줄풀 열매들은 검은 구름처럼 잠기고
찬이슬 맺힌 연꽃에선 붉은 가루가 떨어질 듯.
변방의 까마득한 산세山勢는 새들만이 넘을 수 있고
드넓은 강호엔 늙은 어부 하나뿐.

秋興

昆明池水漢時功　武帝旌旗在眼中
織女機絲虛夜月　石鯨鱗甲動秋風
波漂菰米沈雲黑　露冷蓮房墜粉紅
關塞極天唯鳥道　江湖滿地一漁翁

● 해설
이 시는 대력大曆 원년(766)에 기주夔州에서 지은 것으로, 8수의 연작시 가운데 제7수이다. 당시는 안사安史의 난이 평정되었지만, 토번吐蕃이나 회흘回紇과 같은 이민족이 계속 국경을 어지럽힐 때였다.

● 주석
* 昆明池(곤명지) : 서안西安 서남쪽에 위치한 연못으로 한무제漢武帝가 서남쪽의 이민족을 토벌하기 위해 운남雲南의 전지滇池를 본따 땅을 파서 만들었는데, 여기서 수전水戰을 훈련했다고 한다. 당唐나라 때 현종玄宗도 이곳에서 수병을 훈련시켜서 남방을 정벌했다.

* 武帝(무제) : 한 무제. 여기서는 당 현종을 가리킨다. 현종의 존호尊號는 '신무황제神武皇帝'였다.
* 織女(직녀) : 여기서는 곤명지 물가에 세운 석상을 가리킨다.
* 石鯨(석경) : 곤명지 안에 장식된 고래 모양의 석상을 가리킨다.《서경잡기西京雜記》의 기록에 따르면, 곤명지에는 옥돌을 깎아 고래와 물고기를 장식했는데, 우레가 치면서 비가 내릴 때에는 물고기 조각들이 울고 고래의 꼬리가 모두 요동쳤다고 한다.
* 菰米(고미) : 줄풀은 벼와 비슷한 식물로서 얕은 물에 자라는데, 그 열매가 쌀처럼 생겨서 식용으로 사용되기도 한다.
* 關塞(관새) : 원래는 변방의 요새라는 뜻이지만, 여기서는 기주夔州의 산천을 가리킨다.
* 漁翁(어옹) : 두보 자신을 비유하고 있다.

630. 옛 유적에 대한 감회를 노래함

촉나라 군주는 오나라 엿보며 삼협에 행차한 적이 있는데
죽을 때에도 영안궁에 있었다지.
빈 산에는 푸른 깃털 장식한 깃발 날리는 듯하고
그가 머물던 궁전은 텅 비어 들판의 절 속에 서 있네.
옛 사당의 아름드리 소나무엔 학이 둥지를 틀었고
해마다 복날과 납일이면 시골 늙은이 재 올리러 가네.
제갈양의 사당도 오랫동안 근처에 있어서
한몸인 군주와 신하라 제사도 함께 받네.

詠懷古跡
蜀主窺吳幸三峽　崩年亦在永安宮
翠華想像空山裏　玉殿虛無野寺中

$$古廟杉松巢水鶴$$ $$歲時伏臘走村翁$$
고 묘 삼 송 소 수 학   세 시 복 랍 주 촌 옹

$$武侯祠屋常鄰近$$ $$一體君臣祭祀同$$
무 후 사 옥 상 린 근   일 체 군 신 제 사 동

● 해설

이 시는 대력大曆 원년(766)에 기주夔州에서 지은 것으로, 5수의 연작시 가운데 제4수이다. 여기서 말하는 옛 유적이란 기주와 삼협三峽 일대에 있는 것들인데, 특히 이 작품에서는 유비劉備를 모신 사당인 영안궁永安宮을 소재로 삼은 것이다.

● 주석

* 蜀主(촉주) 구 : 삼국시대 촉나라의 군주인 유비劉備를 가리킨다. 행행은 군주가 행차하는 것을 가리킨다. 삼협三峽은 양자강揚子江 상류의 세 협곡, 즉 무협巫峽, 구당협瞿塘峽, 서릉협西陵峽을 가리킨다.
* 永安宮(영안궁) : 지금의 사천성四川省 봉절현奉節縣에 위치한 유적으로, 유비가 백제성白帝城(곧 기주)에 있을 때 행궁行宮으로 사용한 곳이다. 장무章武 2년(222)에 유비는 오吳나라를 공격했다가 패하여 백제성으로 돌아갔고, 이듬해 4월에 영안궁에서 죽었다.
* 翠華(취화) : 푸른 깃털로 장식한 제왕의 깃발을 가리킨다.
* 玉殿(옥전) : 유비가 영안궁에 세운 궁정을 말한다. 두보의 원주原注에 따르면, 이 궁전은 당나라 때에 와룡사臥龍寺라는 절로 바뀌어 있었으며, 유비의 사당은 궁전 유적의 동쪽에 있다고 했다.
* 伏臘(복랍) : 여름 6월의 복일伏日과 섣달 초여드렛날인 납일臘日을 가리키는데, 둘 다 옛날에 제사를 지내던 날이다.
* 武侯(무후) : 공명公明이라고도 불리는, 유비의 군사軍師였던 제갈양諸葛良을 가리킨다.

631. 저무는 봄에

병들어 무협巫峽에 갇혀 있는데
소수瀟水와 상수湘水, 동정호에 공연히 하늘이 비친다.
초나라 하늘에선 사계절 내내 비가 그치지 않고

무협엔 언제나 만리장풍 몰아친다.
모래 위 풀로 엮은 누각엔 버들잎 새롭게 짙어지고
성 주위와 들판 연못엔 연꽃이 붉어지려 한다.
저무는 봄 모래섬에 원앙이 서 있다가
새끼 데리고 훌쩍 날아 풀숲으로 돌아간다.

<ruby>暮春<rt>모 춘</rt></ruby>

<ruby>臥病擁塞在峽中<rt>와 병 옹 색 재 협 중</rt></ruby>
<ruby>瀟湘洞庭虛映空<rt>소 상 동 정 허 영 공</rt></ruby>
<ruby>楚天不斷四時雨<rt>초 천 부 단 사 시 우</rt></ruby>
<ruby>巫峽常吹萬里風<rt>무 협 상 취 만 리 풍</rt></ruby>
<ruby>沙上草閣柳新闇<rt>사 상 초 각 류 신 암</rt></ruby>
<ruby>城邊野池蓮欲紅<rt>성 변 야 지 련 욕 홍</rt></ruby>
<ruby>暮春鴛鴦立洲渚<rt>모 춘 원 앙 립 주 저</rt></ruby>
<ruby>挾子翻飛還一叢<rt>협 자 번 비 환 일 총</rt></ruby>

● 해설

이 시는 대력大曆 2년(767)에 기주夔州에서 지은 것이다.

● 주석

* 楚天(초천) : 춘추시대 초나라의 하늘, 즉 기주 땅을 가리킨다. 한편 이곳은 삼국시대 촉蜀나라의 땅이었다.
* 草閣(초각) : 풀로 지붕을 엮은 소박한 누각이라는 뜻으로, 당시 두보가 거처하던 서각西閣을 가리킨다.

632. 강에 비가 내려 정건설랑을 떠올리다

어둑한 봄비 협곡 가득 내리는데
그대는 언제 초왕의 궁전에서 오시려나?
어지러운 파도 절벽에 들이치고
헝클어진 약한 구름은 바람을 멈추게 하지 못하네.

은총 입어 윤기 나는 난초잎은 푸른빛 더해가고
방울방울 빗물 고인 복사꽃은 조그맣게 붉은빛 펼쳐내네.
곡구의 정박은 그대 생각나게 하는데
높다란 절벽 미끄러운 양계가 동서를 갈라놓았네.

강우유회정전설
江雨有懷鄭典設

춘우암암색협중　　　　조만래자초왕궁
春雨闇闇塞峽中　　　　早晚來自楚王宮
란파분피이타안　　　　약운낭자불금풍
亂波紛披已打岸　　　　弱雲狼藉不禁風
총광혜엽여다벽　　　　점주도화서소홍
寵光蕙葉與多碧　　　　點注桃花舒小紅
곡구자진정억여　　　　안고양골한서동
谷口子眞正憶汝　　　　岸高瀼滑限西東

● 해설

이 시는 대력大曆 2년(767)에 양서瀼西에서 지은 것이다. 여기서 서술의 대상이 된 사람은 예전에 동궁전설랑東宮典設郎을 지낸 정鄭 아무개인데, 당시 그는 두보와 시내 하나를 사이에 두고 이웃에 살았다고 한다.

● 주석

* 早晚(조만) 구 : 여기서 '조만早晚'은 '하시何時' 즉, '언제'라는 뜻이다. '초왕楚王의 궁전'은 무산巫山 서북쪽에 있는데, 정전설랑이 살고 있는 곳이다.
* 寵光(총광) 2구 : 난초잎은 빗물을 받아 윤기가 오르면서 푸른빛이 더해가고, 복숭아나무 가지에 빗방울이 흘러들어 붉은 꽃봉오리가 피어나기 시작하는 모습을 묘사하고 있다.
* 子眞(자진) : 한漢나라 성제成帝 때 정박鄭樸(자字는 자진子眞)은 곡구谷口 땅에서 농사를 짓고 은거하면서 조정의 부름에도 응하지 않았던 것으로 명성이 높았다. 여기서는 그와 성姓이 같은 정전설랑을 비유한다.
* 岸高(안고) 구 : 협곡의 높은 절벽이 빗물에 젖어 길이 미끄러워졌기 때문에, 양쪽에 사는 사람들의 왕래가 끊어져 버렸다는 것을 의미한다.

【칠률동운七律冬韻】

633. 저물녘 사안사 종루에 올라 배적에게

저물녘 높은 누각에 놀라 눈 덮인 봉우리를 마주보노라니
스님이 말없이 와서 혼자 종을 울리네.
외로운 성의 낙조는 붉은빛 스러져가는데
근처 도시에서 피어난 연기 푸르고 짙네.
병 많은 몸 홀로 시름겨워 항상 적적하고
친구를 만날 때도 여유로운 적 없다네.
그대 괴롭게 시 짓느라 몸이 마른다는 것은 알지만
벗을 사귀는 데에는 지나치게 게으르기만 하구려.

暮登四安寺鍾樓寄裴十迪

暮倚高樓對雪峰　僧來不語自鳴鍾
孤城返照紅將斂　近市浮煙翠且重
多病獨愁常闃寂　故人相見未從容
知君苦思緣詩瘦　太向交遊萬事慵

● 해설
이 시는 상원上元 2년(761)에 신진현新津縣에 다시 갔을 때에 지은 것이다. 사안사는 신수선사神秀禪師가 세운 것으로, 신진현 남쪽에 위치해 있다. 배적裴迪(716?~?)은 산림의 그윽한 은일을 노래한 시를 많이 지어서 종종 왕유王維와 비슷하다고 평가되곤 한다. 대표작으로는 20수의 오언절구를 모은 《망천집輞川集》이 있다.

● 주석
* 孤城(고성) : 신진현을 둘러싼 성을 가리킨다.

* 闃寂(격적) : 고요하고 쓸쓸한 모양.
* 故人(고인) 구 : 친구를 만나면 병도 시름도 모두 잊고 즐겁게 떠들게 된다는 뜻이다.
* 詩瘦(시수) : 시를 짓는 데에 골몰하다가 건강을 잃는다는 뜻이다.

634. 여러 장수들

낙양의 궁전은 봉화대로 변해 버렸으니
진나라 관문이 험고險固하다 말하지 말라.
드넓은 바다가 모두 우임금의 나라에 귀속된 것이 아니니
계문 땅 어느 곳이 완전히 요임금의 휘하에 들었는가?
조정의 높은 벼슬 누가 보임補任하였던가?
천하의 군량조차 자급自給하지 못하는 것을.
그나마 조금 기쁜 것은 변방에 나간 재상 왕진王縉이
병영의 경비를 줄이려고 봄농사를 지었다는 것이지.

^{제 장}
諸將

^{락양궁전화위봉}　　^{휴도진관백이중}
洛陽宮殿化爲烽　　休道秦關百二重
^{창해미전귀우공}　　^{계문하처진요봉}
滄海未全歸禹貢　　薊門何處盡堯封
^{조정곤직수쟁보}　　^{천하군저부자공}
朝廷袞職誰爭補　　天下軍儲不自供
^{초희림변왕상국}　　^{긍소금갑사춘농}
稍喜臨邊王相國　　肯銷金甲事春農

● 해설
이 시는 대력大曆 원년(766)에 기주夔州에서 지은 것으로, 5수의 연작시 가운데 제3수이다. 이 작품의 주요 내용은 당시 장군들의 무능함에 대한 풍자이다.

● 주석

* **洛陽**(낙양) 구 : 낙양은 천보天寶 14년(755)에 안녹산安祿山의 군대에 의해, 그리고 건원乾元 2년(759)에는 사조의史朝義의 군대에 의해 큰 피해를 당했다.
* **休道**(휴도) 구 : '휴도休道'는 '말하지 말라'는 뜻이다. 진관秦關은 동관潼關을 가리키는데, 그것은 지리적으로 험한 천연의 요새라서 백만의 적군을 두 명의 병사만으로도 막아낼 수 있을 정도라는 뜻이다.
* **滄海**(창해) 구 : 여기서 '창해'는 당나라 때의 하북도河北道와 하남도河南道의 동쪽 즉, 지금의 하북河北과 산동山東의 동쪽을 가리킨다. 우공禹貢은 원래 《상서尙書》의 편명篇名으로, 대우大禹가 구주九州를 확정하고 공물제도를 정비한 일에 대해 기록한 것이다. 이 때문에 후세에는 '우공'이라는 말이 종종 국경國境을 가리키는 뜻으로 사용되었다.
* **薊門**(계문) 구 : '계문'은 하북河北 북부에 있는 노룡盧龍 등의 지역을 가리킨다. 한편, 주周나라 때에는 요堯임금의 후손을 '계薊' 땅에 봉한 일이 있는데, '요봉堯封'은 바로 이것을 염두에 두고 비유적으로 표현한 것이다.
* **朝廷**(조정) 구 : '곤직袞職'은 '삼공三公' 등의 대신大臣을 가리킨다. '보補'는 관직에 결원缺員이 생겨 다른 사람이 충원되는 것을 가리킨다. 당시 조정의 대신직과 군사 요직을 함께 차지하는 경우가 많아서 조정 내부의 재상宰相과 외부의 장수將帥가 명확히 구분되지 않았다. 예를 들어서 거의 모든 절도사節度使들이 중서령中書令이나 평장사平章事 등의 높은 내직內職을 함께 갖고 있었다.
* **天下**(천하) 구 : 당나라 초기에는 부병제府兵制를 실행하여 병사들이 자체적으로 경지를 개간하여 군량을 자급했다. 그러나 안사安史의 난이 일어난 후 부병제 자체가 붕괴하면서, 군량을 전적으로 백성들에게서 공급받을 수밖에 없게 되었다.
* **王相國**(왕상국) : 왕진王縉을 가리킨다. 그는 대종代宗 광덕廣德 2년(764)에 동평장사同平章事의 자격으로 하남과 회서淮西 등지의 절도사 업무를 통괄했다. 나중에 하남 부원수副元帥로 옮겨가서 하북의 여러 항복한 장수들이 반란을 꾀하지 못하도록 방지했다.
* **事春農**(사춘농) : 봄농사에 종사한다는 뜻으로, 곧 둔전제屯田制를 실시했다는 것을 가리킨다. 왕진은 병사들을 쉬게 하고 그들로 하여금 봄농사에 종사함으로써 군비를 절약하도록 하는 방책을 실행했는데, 두보는 이 점을 칭송하고 있다.

【칠률강운七律江韻】

635. 배에 올라

남경의 오랜 나그네 남쪽 밭을 갈다가
북쪽을 바라보니 가슴이 아파 북쪽 창가에 앉았다.
낮에는 늙은 아내 이끌고 작은 배에 올라
맑은 날 강물에서 어린 자식들 물놀이를 구경한다.
짝지어 나는 나비들은 처음부터 서로를 뒤쫓았고
꽃받침 나란한 연꽃도 본래부터 스스로 쌍을 이루고 있었지.
차나 사탕수수 즙은 집에 있던 것을 가지고 왔는데
투박한 오지 양병이지만 옥항아리 부럽지 않다.

進艇

南京久客耕南畝　北望傷神坐北窓
晝引老妻乘小艇　晴看稚子浴淸江
俱飛蛺蝶元相逐　幷蒂芙蓉本自雙
茗飮蔗漿攜所有　瓷甖無謝玉爲缸

● 해설
이 시는 상원上元 2년(761)에 지은 것으로, 객지를 떠돌면서 고향을 그리워하는 심정을 노래했다.

● 주석
* 南京(남경) 구 : '남경'은 지금의 '성도成都'를 가리킨다. 남무南畝는 초당草堂 남쪽에 일구던 밭을 가리킨다.

* 茗飮蔗漿(명음자장) : 마실 차와 사탕수수 따위로 가미한 달콤한 음료를 뜻한다.
* 瓷罌(자앵) : 투박한 오지 항아리.

【칠률지운 七律支韻】

636. 정건이 태주의 사호참군으로 폄적되어 떠나보내게 되었는데, 애석하게도 그가 늘그막에 반란군에게 사로잡혔던 변고를 슬퍼하고, 직접 작별 인사도 하지 못해서, 그런 심정을 시에 나타내다

선생은 재능이 세상에 쓰이지 않은 채 머리칼만 세었는데
술 마신 뒤면 항상 늙은 그림쟁이라고 자칭하셨지요.
서글프게 만리 길 떠나야 했던, 너무 심한 처벌받던 그날
백년 인생 죽어가는 것이 하필 나라가 다시 일어나는 때로군요.
선생께선 이미 서둘러 먼 길을 떠나버리셨고
만나 뵙지 못한 것은 전별연에 늦게 나갔기 때문이지요.
이렇게 선생과 영원히 헤어졌으니
아홉겹 황천길에서나 사귐의 약속 다하겠군요.

送鄭十八虔貶台州司戶傷其臨老陷賊之故闕爲面別情見
於詩

鄭公樗散鬢成絲　酒後常稱老畫師
萬里傷心嚴譴日　百年垂死中興時
蒼惶已就長途往　邂逅無端出餞遲
便與先生成永訣　九重泉路盡交期

● **해설**
이 시는 지덕至德 2년(757)에 지은 것이다. 안녹산安祿山의 반군이 장안을 점령

한 후, 정건을 낙양洛陽으로 압송하여 반란군의 진영에서 벼슬살이를 하도록 강요했다. 정건은 병을 핑계로 반란군에 가담하지 않은 채 암암리에 숙종肅宗의 임시 정부에 반란군의 기밀 정보를 제공하다가, 나중에 위험을 무릅쓰고 낙양을 탈출했다. 장안이 수복된 후에 그는 태주台州(지금의 절강성浙江省에 속함)의 사호참군司戶參軍으로 좌천되었다. 두보가 막 장안으로 돌아왔을 때에는 이미 정건이 길을 떠나려던 참이어서, 제대로 전별餞別도 하지 못했던 아쉬움을 담아 이 작품을 지었다.

• 주석
* 樗散(저산) : 가죽나무를 뜻하는 '저목樗木'과 세상에 쓸모없는 재목을 뜻하는 '산재散材'를 합친 표현이다. 당시의 과거제도는 유가儒家 경전에 대한 지식과 시문詩文을 짓는 재능으로 관료를 뽑는 것이었기 때문에, 정건이 비록 서예와 글쓰기에 재능이 있었지만 말단 관직에 머물 수밖에 없었음을 빗대어 묘사한 것이다.

637. 선정전에서 조회를 마치고 늦게 문하성을 나서면서

궁전 문은 햇살이 황금 편액을 비추고
봄날 궁궐의 개인 기운 붉은 깃털 장식된 깃발에 스미네.
풀들은 무성히 자라 늘어뜨린 패옥佩玉에 닿고
향로의 가는 연기는 유사游絲를 붙들어 놓았네.
구름은 봉래궁蓬萊宮 가까이서 항상 다섯 빛깔을 띠고
지작관鳷鵲觀 지붕에는 잔설이 오래 남아 있지.
가까이 모시는 신하는 느린 걸음으로 청쇄문靑瑣門으로 돌아가서는
느긋한 마음으로 늦게 퇴조退朝한다네.

선 정 전 퇴 조 만 출 좌 액
宣政殿退朝晚出左掖

천 문 일 사 황 금 방   춘 전 청 훈 적 우 기
天門日射黃金牓   春殿晴熏赤羽旗

궁초비비승위패
宮草霏霏承委珮

로연세세주유사
鑪烟細細駐游絲

운근봉래상오색
雲近蓬萊常五色

설잔지작역다시
雪殘鳷鵲亦多時

시신완보귀청쇄
侍臣緩步歸靑瑣

퇴식종용출매지
退食從容出每遲

● **해설**

이 시는 건원乾元 원년(758)에 좌습유左拾遺로 있을 때에 지은 것이다. 선정전은 대명궁大明宮 뒤에 있던 정아전正衙殿을 가리키는데, 이것을 중심으로 동쪽에는 문하성門下省이, 서쪽에는 중서성中書省이 위치해 있었다. 좌습유는 문하성에 소속된 관리였기 때문에, 조정에서 나갈 때 왼쪽 문을 이용했다.

● **주석**

* 蓬萊(봉래) : 대명궁의 다른 이름이다. 이 위로 다가온 구름이 항상 다섯 빛깔을 띠었다는 것은 그 주위가 항상 상서로운 기운에 둘러싸여 있었다는 것을 뜻한다.
* 鳷鵲(지작) : 장안성長安城 안에 있던 도관道觀의 이름이다.
* 靑瑣(청쇄) : 원래는 한나라 미앙궁未央宮의 문 이름 가운데 하나인데, 여기서는 문하성의 문을 가리킨다.

638. 자신전에서 퇴조하며 입에서 나오는 대로 읊조리다

문밖의 궁녀는 자줏빛 소매 늘어뜨리고
나란히 어좌를 바라보며 조회의 의열儀列을 이끄네.
향기는 온 전각 안에 떠돌아 봄바람이 구르고
꽃은 여러 신하를 덮는데 맑은 해그림자 옮겨 가네.
낮 동안 물시계 소리 희미하여 높은 누각에서 알려오고
황제의 얼굴에 희색이 돌면 가까운 신하들이 알아채네.
매번 궁중에서 나와 동성으로 들어갔다가
함께 재상들을 전송하러 봉지에 모이네.

자 신 전 퇴 조 구 호
紫宸殿退朝口號

호 외 소 용 자 수 수
戶外昭容紫袖垂
쌍 첨 어 좌 인 조 의
雙瞻御座引朝儀

향 표 합 전 춘 풍 전
香飄合殿春風轉
화 복 천 관 숙 경 이
花覆千官淑景移

주 루 희 문 고 각 보
畫漏稀聞高閣報
천 안 유 희 근 신 지
天顏有喜近臣知

궁 중 매 출 귀 동 성
宮中每出歸東省
회 송 기 룡 집 봉 지
會送夔龍集鳳池

●해설

이 시는 건원乾元 원년(758)에 좌습유左拾遺로 있을 때에 지은 것이다. 자신전은 선정전의 북쪽에 위치한 정전正殿이다.

●주석

* 昭容(소용) : 중궁의 여관女官으로서 정삼품正三品에 해당한다. 당나라 때에 삼품 이상의 벼슬아치들은 모두 자주색 옷을 입었다.
* 畫漏(주루) 구 : '고각高閣'은 성안의 높은 누각을 가리킨다. 《장안지長安志》에 따르면, 당시 함원전含元殿 동남쪽에는 상란각翔鸞閣이 있었고, 서남쪽에는 서봉각棲鳳閣이 있었다고 했다.
* 東省(동성) : 문하성을 가리킨다.
* 會送(회송) 구 : 기夔와 용龍은 모두 순舜임금 때 현명한 신하의 이름이다. 여기서는 당나라 조정의 재상들을 비유하고 있다. '봉지鳳池'는 중서성中書省을 가리킨다. 육조六朝 진晉나라 때에 사람들이 중서성을 하늘의 봉황鳳凰에 비유했다.

639. 가을의 흥취

듣자하니 장안은 마치 바둑판 같다고 하던데
평생 겪은 세상사 슬프기 그지없구나.
왕후의 저택엔 모두 주인이 새로 바뀌었고
문무 관료들의 옷차림도 옛날과 달라졌네.

바로 북쪽의 변방에선 징과 북소리 울리고
서쪽을 정벌하는 수레와 말에서는 우서羽書가 급히 오가네.
물고기도 용도 적막한 가을 강은 싸늘한데
고향은 평소 내 그리운 곳이라네.

秋_추興_흥

聞_문道_도長_장安_안似_사奕_혁棋_기
百_백年_년世_세事_사不_불勝_승悲_비
王_왕侯_후第_제宅_택皆_개新_신主_주
文_문武_무衣_의冠_관異_이昔_석時_시
直_직北_북關_관山_산金_금鼓_고震_진
征_정西_서車_거馬_마羽_우書_서馳_치
魚_어龍_룡寂_적寞_막秋_추江_강冷_랭
故_고國_국平_평居_거有_유所_소思_사

● 해설
이 시는 대력大曆 원년(766)에 기주夔州에서 지은 것으로, 8수의 연작시 가운데 제4수이다.

● 주석
* 直北(직북) 구 : 장안長安에서 정북 방향에 위치한 농우隴右, 관보關輔 지역에서는 당시 회흘回紇의 침략에 맞서 싸움이 한창이었다.
* 征西(정서) 구 : '우서羽書'는 깃털을 꼽아 긴급을 표시한 공문公文을 가리킨다. 이 구절에서는 서쪽의 토번吐蕃을 정벌하는 상황을 묘사했다.
* 故國(고국) : 여기서는 두보가 10년 남짓 살았던 장안을 가리킨다.

640. 가을의 흥취

곤오와 어숙천 따라 구불구불 걷노라니
자각봉 그림자가 미피호에 드리웠네.
앵무새가 먹다 남긴 향도미香稻米

봉황이 평생을 살았다는 오래된 백오동.
미녀들은 비취 주워서 봄 인사를 하고
선남선녀들은 함께 배 타고 저무도록 노 저어 오가네.
멋진 붓은 옛날에 하늘을 찔렀는데
머리 센 지금은 바라보다가 괴로이 고개 숙이네.

추흥
秋興

곤오어숙자위이	자각봉음입미피
昆吾御宿自逶迤	紫閣峰陰入渼陂
향도탁여앵무립	벽오서로봉황지
香稻啄餘鸚鵡粒	碧梧棲老鳳凰枝
가인습취춘상문	선려동주만경이
佳人拾翠春相問	仙侶同舟晚更移
채필석증간기상	백두금망고저수
綵筆昔曾干氣象	白頭今望苦低垂

● 해설

이 시는 8수의 연작시 가운데 제8수이다.

● 주석

* 昆吾(곤오) 구 : '곤오昆吾'는 장안長安의 지명 가운데 하나로, 그곳에 있는 정자亭子가 유명했다고 한다. '어숙御宿'은 시내의 이름으로, 한무제漢武帝가 이곳에서 묵어갔다고 해서 그런 이름을 얻었다고 한다. 이 두 곳은 모두 장안에서 미피호渼陂湖로 가는 길에 반드시 거치게 되는 곳이다.
* 紫閣峰(자각봉) : 종남산終南山에 속한 봉우리 이름이다. 섬서성陝西省 호현鄠縣에서 동쪽 방향에 위치해 있다.
* 香稻(향도) 2구 : 미피의 물산이 무성하고 아름답다는 것을 형용한 것이다.
* 綵筆(채필) : 원래는 오색의 화려한 붓을 뜻하는 말이지만, 여기서는 탁월한 문장을 가리키는 뜻으로 쓰였다. 《남사南史·강엄전江淹傳》에 따르면, 양梁나라 때의 강엄(444~505 : 자字는 문통文通)이 꿈에 동진東晉 때의 유명한 학자이자 문학가인 곽박郭璞(276~324 : 자는 경순景純)을 만나서 그가 건네주는 오색의 붓 한 자루를 받았는데, 깨어나 보니 자신의 시를 짓는 재능이 크게

늘었다고 했다.

641. 옛 유적에 대한 감회를 노래함

낙엽 지자 송옥의 슬픔 깊이 알게 되었으니
풍류 있고 문아한 그 역시 내 스승이라.
천년의 세월 서글프게 올려다보며 한바탕 눈물 뿌리니
외롭고 쓸쓸한 신세 그저 시대만 다를 뿐이라.
강산에 묻힌 옛집은 덧없이 아름다운 문장 남기는데
비구름 이는 황량한 고당대를 어찌 꿈에서만 그리워하랴?
무엇보다도 그것은 초나라 궁전과 함께 사라져 버렸으니
뱃사람이 손가락으로 가리켜도 여태 의심스럽기만 하네.

詠懷古跡

搖落深知宋玉悲 風流儒雅亦吾師
悵望千秋一灑淚 蕭條異代不同時
江山故宅空文藻 雲雨荒臺豈夢思
最是楚宮俱泯滅 舟人指點到今疑

● 해설
이 시는 대력大曆 원년(766)에 기주夔州에서 지은 것으로, 5수의 연작시 가운데 제2수이다. 전국시대戰國時代의 유명한 사부辭賦 작가인 송옥宋玉의 집을 소재로 삼았다. 이 유적은 '삼협'의 귀주歸州(지금의 호북성湖北省 자귀현秭歸縣)에 있다.

● 주석
* 搖落(요락) 구: 송옥은 〈구변九辯〉에서, 다음과 같이 가을날 시드는 초목을

빌려 자신의 신세를 묘사한 적이 있다. '슬프다, 가을의 기운이여! 쓸쓸하게도 초목이 잎을 떨구고 시들어버리는구나!'(悲哉! 秋之爲氣也. 蕭瑟兮草木搖落而變衰.)

* 雲雨荒臺(운우황대) : 초楚나라 회왕懷王이 무산巫山의 신녀神女를 만나 잔치를 벌였던 고당대高唐臺를 가리킨다. 송옥의 〈고당부高唐賦〉에 따르면, 회왕이 고당관高唐觀에 놀러갔다가 꿈에 한 부인을 만났는데, 그녀는 스스로 무산의 신녀라고 했다. 그녀는 자신이 무산 남쪽에 사는데 아침에는 구름이 되고, 저녁에는 지나는 비가 된다고 했다. '운우'는 전설 속의 낭만적 분위기와 쓸쓸한 현재의 풍경을 은연중에 대비시키는 중의적 표현이다.

642. 입춘

봄날 춘반의 가느다란 생야채 보니
문득 낙양과 장안의 매화 피던 때가 생각나는구나.
지체 높은 벼슬아치 집에서는 백옥 쟁반을 돌렸는데
섬세한 손으로 파란 부추를 보내왔지.
무협의 찬 강이야 어찌 마주 대하랴!
두릉에서 먼 길 떠나온 나그네는 슬픔을 이기지 못하네.
이 몸은 돌아가 머물 곳 모르나니
아이 불러 종이를 찾아 시나 한 편 쓸 수밖에.

立春

春日春盤細生菜
忽憶兩京梅發時
盤出高門行白玉
菜傳纖手送靑絲
巫峽寒江那對眼
杜陵遠客不勝悲
此身未知歸定處
呼兒覓紙一題詩

● 해설

이 시는 대력大曆 2년(767)에 기주夔州에서 지은 것이다.

● 주석

* 春盤(춘반) : 당나라 때에는 입춘에 춘병春餠과 비황菲黃, 즉 부추 생채를 먹는 풍습이 있었는데, 이를 '춘반'이라 하였다.
* 兩京(양경) : 동경東京인 낙양洛陽과 서경西京인 장안長安을 가리킨다. 두보는 집이 낙양 부근의 육혼장陸渾莊에 있었고, 또 장안의 두릉杜陵에 살았던 적도 있었기 때문에, 두 곳의 풍속을 모두 경험했다.

643. 7월 1일 종명부의 물가 누각에서

복자가 거문고 타며 읍을 다스리던 날
종군이 명주를 버리고 빼어난 재주와 기상을 뽐내던 때.
이어받은 가문의 절개와 지조는 아직 사라지지 않았고
정치의 기풍 지금 여기 남아 있네.
애석하게도 손님들은 모두 친숙하게 얘기들을 나누는데
어디서 늙은이가 찾아와 시를 읊는가?
초나라 강의 무협은 비구름 덮인 날이 다반사인데
시원한 대자리에 앉아 성긴 발 치고 바둑을 구경하네.

칠월일일제종명부수루
七月一日題終明府水樓

복자탄금읍재일
宓子彈琴邑宰日
종군기수영묘시
終軍棄襦英妙時
승가절조상불민
承家節操尙不泯
위정풍류금재자
爲政風流今在玆
가련빈객진경개
可憐賓客盡傾蓋
하처로옹래부시
何處老翁來賦詩
초강무협반운우
楚江巫峽半雲雨
청점소렴간혁기
淸簟疏簾看弈棋

• 해설

이 시는 대력大曆 2년(767) 입추立秋에 기주夔州에서 지은 것으로, 2수의 연작시 가운데 제2수이다. 이날 두보는 봉절현奉節縣(지금의 사천성四川省에 속함)의 현령 종宗 아무개의 누각에서 열린 연회에 참석해서 이 시를 지었다. 한漢·위魏 이래로 태수太守와 목윤牧尹을 모두 부군府君 또는 명부군明府君이라고 불렀는데, 그것을 줄여서 '명부明府'라고 칭하기도 했다. 작품 말미에 붙은 원래의 주석에 따르면, 종명부는 관부官府에서 공로功勞를 조사하고 기록하는 소임을 맡은 공조참군功曹參軍으로서 봉절현의 현령을 겸하고 있었다고 하나, 그 이름과 자세한 생애는 알 수 없다.

• 주석

* 虙子(복자) 구 : '복자'는 춘추시대 노魯나라 사람으로, 공자孔子의 제자 가운데 한 사람이다. 《여씨춘추呂氏春秋》에 따르면, 그는 선보읍單父邑의 읍재邑宰로 있을 때, 관청에 나오지도 않은 채 거문고를 연주하며 잘 다스렸다고 한다. 여기서는 종현령을 비유하고 있다.
* 終軍(종군) : '종군'은 한漢나라 때의 인물인데, 18세에 장안으로 들어가면서, 동관潼關을 지날 때에는 돌아올 때 관문에서 내보일 표식인 명주를 버림으로써 자신의 의지를 나타냈다고 한다. 나중에 이 이야기는 원대한 포부를 가진다는 뜻으로 종종 인용되었다.
* 傾蓋(경개) : 길을 가다가 우연히 만나서 수레의 덮개를 기울이고 이야기를 나눈다는 뜻으로, 대개 옛날부터 사귀던 사이처럼 서로 마음이 맞아 친한 것을 비유한다.

644. 새벽에 공안을 떠나다

북쪽 성의 야경 소리 다시 잠잠해지려 하고
동방의 계명성 또한 때에 늦지 않고 떠오른다.
이웃집 닭 울음소리와 들판의 통곡은 어제와 같은데
만물과 인생의 색태色態는 얼마나 오래 이어질까?
아득히 노 저어서 이제 길을 떠나지만

머나먼 강호의 여정엔 앞날의 기약조차 없구나.
문을 나서면 눈 깜짝할 사이에 모두 지난 자취
약물에 자신을 의지한 채 가는 대로 내맡긴다.

曉發公安
효발공안

北城擊柝復欲罷　東方明星亦不遲
북성격탁부욕파　　동방명성역부지

鄰雞野哭如作日　物色生態能幾時
린계야곡여작일　　물색생태능기시

舟楫眇然自此去　江湖遠適無前期
주즙묘연자차거　　강호원적무전기

出門轉眄已陳跡　藥餌扶吾隨所之
출문전면이진적　　약이부오수소지

● 해설
이 시는 대력大曆 3년(768)에 공안公安을 떠나며 지은 것이다.

● 주석
* 東方明星(동방명성) : 금성金星을 가리킨다. 금성은 새벽에 동쪽에서 떠오를 때 계명성啓明星이라 하고, 저녁에 서쪽에 보일 때는 장경성長庚星이라고 부른다.

【칠률미운七律微韻】

645. 곡강

조정에서 돌아오면 날마다 봄옷을 저당잡히고
날마다 강머리에서 흠뻑 취해 돌아온다.
술빚이야 언제나 가는 곳마다 널려 있지만
사람이 태어나 일흔까지 사는 것은 예로부터 드물었지.
꽃 사이를 지나는 나비 깊숙한 곳에 보이고
수면을 찍는 잠자리 느릿느릿 날아다니네.
풍광에게 말 전하노니, 함께 유전하는 터
잠시 감상하려 일 어기게 하지 말게나.

曲江(곡강)

朝回日日典春衣 (조회일일전춘의)
每日江頭盡醉歸 (매일강두진취귀)
酒債尋常行處有 (주채심상행처유)
人生七十古來稀 (인생칠십고래희)
穿花蛺蝶深深見 (천화협접심심견)
點水蜻蜓款款飛 (점수청정관관비)
傳語風光共流轉 (전어풍광공류전)
暫時相賞莫相違 (잠시상상막상위)

● 해설
이 시는 건원乾元 원년(758)에 지은 것인데, 2수의 연작시 가운데 제2수이다. 당시는 숙종肅宗이 막 즉위하여 현종玄宗 때의 옛 신하들을 배제했기 때문에, 좌습유左拾遺로 있던 두보 역시 상당한 억압을 받았다.

● 주석
* 傳語(전어) 구 : 이리저리 날아다니는 나비와 잠자리를 빌어 안정할 자리를 찾

지 못하는 자신의 처지를 노래하고 있다.

646. 곡강에서 술을 대하다

부용원 밖 강머리에 앉아 돌아갈 줄 모르는데
수정궁 모습은 점차 흐릿하게 변해가네.
복사꽃은 섬세하게 배꽃 따라 떨어지고
노란 새가 이따금 하얀 새와 함께 날아오르네.
맘껏 술 마심은 오래 전부터 버림받고자 했기 때문이고
조정 일에 게으른 것은 정말 세상의 정서에 어긋나는 일이지.
말단 관리의 심정으로 다시 창주가 멀다는 것을 깨달았으나
늙어버렸음을 슬퍼하면서도 옷 털고 떠나지 못하네.

曲江對酒

苑外江頭坐不歸　水精宮殿轉霏微
桃花細逐梨花落　黃鳥時兼白鳥飛
縱飮久判人共棄　懶朝眞與世相違
吏情更覺滄洲遠　老大悲傷未拂衣

● 해설
이 시는 건원乾元 원년(758)에, 두보가 아직 좌습유左拾遺로 있을 때에 지은 것이다.

● 주석
* 苑外江頭(원외강두) : 부용원芙蓉園에 흐르는 곡강의 굽이를 가리킨다.
* 水精宮殿(수정궁전) 구 : '수정궁'은 곡강 가에 세워진 궁전을 가리킨다. '비미霏微'는 원래 이슬비나 눈이 내리는 모양을 묘사하는 말인데, 여기서는 날이

저물어 풍경이 흐릿해진 모습을 묘사한 것으로 보인다.
* 滄洲(창주) : 흔히 은사隱士들이 사는 곳을 가리킨다.
* 拂衣(불의) : 분연히 옷을 털고 떠나 은거한다는 뜻이다.

647. 부모를 뵈러 강동으로 가는 한씨를 전송하며

전쟁 때라서 효성스러운 노래자의 옷 보지 못하니
인간 세상의 모든 일이 그릇되었음을 탄식하네.
나는 이미 아우와 누이 찾아갈 집도 없지만
그대는 어디에서 부모님을 찾아뵈려나?
고요한 황우협에는 소용돌이 소리 들리고
차가운 백마강변엔 나무 그림자 듬성해졌겠지.
이제 이별하면 각자 살아가는 데 힘써야 하니
고향에는 어쩌면 함께 돌아가지 못할지도 모르겠네.

送韓十四江東省覲
兵戈不見老萊衣　嘆息人間萬事非
我已無家尋弟妹　君今何處訪庭闈
黃牛峽靜灘聲轉　白馬江寒樹影稀
此別應須各努力　故鄉猶恐未同歸

● 해설

이 시는 상원上元 원년(760)에, 두보가 촉주蜀州(지금의 사천성四川省 숭경현崇慶縣)에 있을 때 지은 것이다. 한씨 집안의 열넷째 아들에 대해서는 자세히 알려진 바가 없으나, 시의 내용으로 보아 두보의 고향 사람인 듯하다. 그는 당시 강동으로 피난 가 있던 부모를 찾아뵈러 가는 길이어서, 두보가 송별시를 쓴 것이다.

● 주석

* 老萊衣(노래의) : 춘추시대 초楚나라의 은사隱士였던 노래자老萊子는 부모에 대한 효성이 지극했는데, 17세 때에도 항상 부모 앞에서 색동옷을 입고 아이 흉내를 내며 부모를 즐겁게 해드렸다고 한다.
* 庭闈(정위) : 본래 부모가 살고 계신 곳을 가리키는 말이지만, 여기서는 그냥 부모를 가리키는 뜻으로 사용되었다.
* 黃牛峽(황우협) : 호북성湖北省 의창현宜昌縣의 서북쪽에 있다. 아마도 한씨가 가는 길에 이곳을 지난 것이다.
* 白馬江(백마강) : 촉주 동북쪽에 흐르던 강물이다. 한씨는 이곳에서 배를 타고 갔을 것이다.

648. 성도의 초당으로 가는 길에 지은 작품이 있어 먼저 엄정공에게 부친다

금관성 서쪽에선 살아가는 일이 보잘것없지만
검은 가죽 덮인 책상이 있어 그래도 돌아가고 싶습니다.
지난날 떠나온 것은 반란군 쳐들어올까 염려했기 때문인데
이제 돌아오며 벌써 이웃에서 알아보지 못할까 걱정스럽군요.
천지간에 위태롭게 살아가자니 더욱 옛날이 그리워지고
풍진 세월 되돌아보니 쉴 때가 됨이 달갑게 느껴집니다.
모두들 대장님이 전략에 뛰어나다고 칭송하니
떠도는 나그네가 은거해도 괜찮겠지요.

將赴成都草堂途中有作先寄嚴鄭公
장 부 성 도 초 당 도 중 유 작 선 기 엄 정 공

錦官城西生事微
금 관 성 서 생 사 미

烏皮几在還思歸
오 피 궤 재 환 사 귀

昔去爲憂亂兵入
석 거 위 우 란 병 입

今來已恐鄰人非
금 래 이 공 린 인 비

측신천지갱회고
側身天地更懷古

회수풍진감식기
回首風塵甘息機

공설총융운조진
共說總戎雲鳥陣

불방유자기하의
不妨遊子芰荷衣

●해설
이 시는 광덕廣德 2년(764) 2월에 지은 것으로, 5수의 연작시 가운데 제5수이다. 엄정공은 엄무嚴武를 가리키는데, 그는 바로 전해에 정국공鄭國公에 봉해졌다. 이 무렵 엄무는 이미 성도에 도착해서 몇 차례 편지를 보내 두보를 초청했다.

●주석
* 錦官城(금관성) : 원래 삼국시대 촉한蜀漢의 도읍인 서도西都에 있던 성 이름으로, 이곳에 비단을 관장하는 관아가 있어서 붙여진 이름이다. '금성錦城'이라고도 부르던 이곳은 지금의 사천성四川省 성도成都에 있다.
* 雲鳥陣(운조진) : 《악기경握奇經》에 따르면, 옛날 군대의 '팔진八陣'은 각각 천天, 지地, 풍風, 운雲으로 나뉜 네 개의 '정진正陣'과 비룡飛龍, 익호翼虎, 조상鳥翔, 사반蛇蟠이라는 네 개의 '기진奇陣'을 일컫는다고 했다. 여기서 '운조진'은 이와 같은 다양한 군대의 전략과 전술을 대표하는 말이다.
* 芰荷衣(기하의) : 굴원屈原의 〈이소離騷〉에 '마름과 연잎 잘라 윗옷을 삼고, 부용꽃 모아 치마를 삼네(製芰荷以爲衣兮, 集芙蓉以爲裳)'라는 구절이 있는데, 여기서는 은사隱士가 입는 옷을 가리킨다.

649. 12월 1일

얼마 후면 제비가 산속의 집으로 들어올 테고
아마도 노란 꾀꼬리가 푸른 산빛을 지나겠지.
키 작은 복숭아나무 물가에서 꽃을 피웠고
가벼운 버들솜은 옷 위에 달라붙겠지.
봄이 오면 마땅히 회포를 풀리라 계획한 지 오래인데
늙어가면서 친지 얼굴 볼 수 있는 이 드물어졌네.

나중에는 술 한 잔도 억지로 마시기 어려우리니
근력이 쇠해 고향 산천 가지 못함을 다시 탄식하겠지.

十二月一日
십이월일일

卽看燕子入山扉　　豈有黃鸝歷翠微
즉간연자입산비　　기유황리력취미

短短桃花臨水岸　　輕輕柳絮點人衣
단단도화림수안　　경경류서점인의

春來準擬開懷久　　老去親知見面稀
춘래준의개회구　　로거친지견면희

他日一杯難強進　　重嗟筋力故山違
타일일배난강진　　중차근력고산위

● 해설

이 시는 영태永泰 원년(765) 두보가 운안雲安에 있을 때 지은 것으로, 3수의 연작시 가운데 제3수이다.

● 주석

＊ 準擬(준의) : 마땅히 헤아려야 한다, 즉 계획을 세워야 한다는 뜻이다.

650. 비는 그치지 않고

소리 내며 내리던 빗줄기 점차 가늘어지더니
하늘을 덮은 채 실처럼 날리네.
계단 앞 짧은 풀은 흙탕물에 젖지 않고
정원 안 긴 버들가지에는 바람이 갑자기 약해졌네.
춤추는 돌제비는 곧 어린 새끼 젖먹일 테고
지나는 구름은 스스로 신선의 옷을 적시지 않았네.
눈가에 비친 강 위의 배는 어찌 저리 다급한지
잔잔한 물길 기다리지 않고 파도 거슬러 돌아가네.

우 부 절
雨不絶

명 우 기 과 점 세 미
鳴雨旣過漸細微

영 공 요 양 여 사 비
映空搖颺如絲飛

계 전 단 초 니 불 란
階前短草泥不亂

원 리 장 조 풍 사 희
院裏長條風乍稀

무 석 선 응 장 유 자
舞石旋應將乳子

행 운 막 자 습 선 의
行雲莫自濕仙衣

안 변 강 가 하 홀 촉
眼邊江舸何忽促

미 대 안 류 역 랑 귀
未待安流逆浪歸

● 해설

이 시는 대력大曆 원년(766) 가을에 지은 작품이다.

● 주석

* 舞石(무석) 구 : 《수경주水經注》에 따르면 석연산石燕山에 있는 돌 가운데 제비를 닮은 것이 있는데, 어떤 것은 크고 어떤 것은 작은 것이 마치 제비가 새끼를 데리고 있는 듯한 모습이라고 한다. 이것들은 비바람이 몰아치면 날아올랐다가 비가 그치면 다시 내려와 돌이 된다고 했다. 나중에는 주로 비를 예찬하는 표현으로 사용되었다.
* 行雲(행운) 구 : 여기서 '지나는 구름'은 전설 속의 '무산巫山 신녀神女'를 암시한다.

651. 황초

황초협 서쪽에 배들은 돌아오지 않고
적갑산 아래 오가는 사람 드물어졌네.
진중의 사신들에게선 아무 소식이 없으나
촉 지방의 병란에 대해선 잘잘못을 따져야 하지.
만리의 가을바람에 금수의 물 일렁이는데
누가 이별 눈물로 비단옷 적시는가?
검각이 점거될 것은 걱정하지 말 것이니

듣자하니, 송주는 이미 포위되어 버렸다네.

黄^황草^초

黃^황草^초峽^협西^서船^선不^불歸^귀　赤^적甲^갑山^산下^하人^인行^행稀^희
秦^진中^중驛^역使^사無^무消^소息^식　蜀^촉道^도兵^병戈^과有^유是^시非^비
萬^만里^리秋^추風^풍吹^취錦^금水^수　誰^수家^가別^별淚^루濕^습羅^라衣^의
莫^막愁^수劍^검閣^각終^종堪^감據^거　聞^문道^도松^송州^주已^이被^피圍^위

● 해설

이 시는 대력大曆 원년(766) 가을에 촉蜀 지방의 반란군을 소재로 지은 작품이다. 이 시의 제목은 글자 그대로 '시든 풀'이라는 뜻과 함께 부주涪州(지금의 사천성四川省 부릉涪陵) 서쪽에 있는 황초협黃草峽을 가리키는 지명이기도 하다. 두보의 〈우雨〉 2수에 따르면, 이곳은 또한 초진草鎭이라고도 불렸다.

● 주석

* 黃草峽(황초협) 구 : 당시 반란군으로부터 황초협을 지키기 위해 형주荊州의 병사들이 동원되었는데, 그들이 아직 개선하여 돌아오지 않고 있다는 뜻이다.
* 赤甲山(적갑산) : 기주夔州의 동북쪽에 위치해 있다.
* 蜀道(촉도) 구 : 촉 지방에서 최간崔旰이 반란을 일으키자 양자림楊子琳과 백무림柏茂琳 등이 토벌군으로 파견되었는데, 나중에 두홍점杜鴻漸이 이 문제를 처리하러 왔다가 최간을 비롯해서 토벌에 참여한 장수들에게 모두 자사刺史와 방어防禦의 직책을 수여하고, 최간을 처벌하지 않았다. 두보는 이에 대해 불만을 품고 잘잘못을 따져야 한다고 주장하고 있는 것이다.
* 錦水(금수) : 성도성成都城의 남문 밖을 지나는 강물 이름이다.
* 聞道(문도) 구 : 여기서는 토번吐蕃이 변방을 위협하고 있으니, 여러 장수들은 분쟁을 그만두고 일치단결하여 외환에 대응해야 한다는 것을 강조하고 있다.

652. 가을의 흥취

천 채의 집 들어선 산마을에 고요히 아침 햇살 비추면
날마다 강가의 누각에 나가 앉아 푸른 산천 구경하네.
배에서 밤을 지샌 어부들은 아직 물 위에 둥실 떠 있고
맑은 가을 제비 새끼들은 여전히 날아다니네.
광형처럼 올곧게 상소를 올렸건만 공명은 보잘것없고
유향처럼 경서를 공부해도 마음먹은 일은 이뤄지지 않네.
함께 공부했던 젊은이들은 대부분 신분이 높아졌으니
장안의 옷과 말은 자연히 가볍고 살찐 것들이겠지.

秋興

千家山郭靜朝暉 日日江樓坐翠微
信宿漁人還汎汎 清秋燕子故飛飛
匡衡抗疏功名薄 劉向傳經心事違
同學少年多不賤 五陵衣馬自輕肥

● 해설

이 시는 대력大曆 원년(766)에 기주夔州에서 지은 것으로, 8수의 연작시 가운데 제3수이다.

● 주석

* 信宿(신숙) : 원래는 이틀 밤을 지새운다는 뜻인데, 여기서는 매일같이 배 위에서 잠을 잔다는 뜻으로 쓰였다.
* 匡衡(광형) : 서한西漢 때의 경학가로서 정치적 잘잘못을 지적하는 상소를 올려 높은 관직에 올랐다. 두보는 자신 또한 광형처럼 방관房琯의 무고함을 호소하는 상소를 올렸지만 오히려 내침을 당했음을 풍자하고 있다.

* 劉向(유향) : 서한 때의 경학가로서 선제宣帝(기원전 73~기원전 49 재위) 때에 '육경六經'을 강의했고, 나중에 성제成帝(기원전 32~기원전 7 재위) 때에도 그 자리에 임명되었다.
* 五陵(오릉) : 원래 한漢나라 때에 장안長安과 함양咸陽 사이에 있던 다섯 황제들의 무덤을 가리키는 말인데, 이 지역은 권세 높은 귀족들이 모여 살던 곳이었다. 여기서는 장안을 가리키고 있다.

653. 반딧불이를 보고

무산의 가을밤에 반딧불이 날아다니다
성긴 주렴 사이로 들어와 옷 위에 앉네.
방안의 거문고며 책이 너무 차가워서 깜짝 놀라고
다시 처마 가 희미한 별빛 속에 어지럽게 나네.
우물 난간 둘러싸고 하나하나 늘어나다가
우연히 꽃술을 지날 때면 반짝반짝 장난치네.
강가의 흰머리 노인 시름겨워 너를 보니
내년 이맘때면 고향에 돌아가 있을까?

見螢火

巫山秋夜螢火飛　簾疏巧入坐人衣
忽驚屋裏琴書冷　復亂檐邊星宿稀
卻繞井欄添個個　偶經花蕊弄輝輝
滄江白髮愁看汝　來歲如今歸未歸

● 해설
이 시는 대력大曆 2년(767)에 기주夔州에서 지은 것으로, 8수의 연작시 가운데 제3수이다.

- **주석**
* 復亂(부란) 구 : 이 구절은 (반딧불이가) '다시 처마 가에 어지럽게 나니 별빛이 흐려 보인다'라고 번역할 수도 있겠다.

【칠률어운 七律魚韻】

654. 엄공께서 들판 정자에 지은 작품에 화답함

좌습유로 있을 때 몇 줄 주서奏書를 쓴 적 있는데
천성이 게을러 그후론 줄곧 물과 대나무를 벗삼아 살지요.
외람되게 사원의 말을 타고 황제의 길 인도하다가
지금은 숨어살며 정말 금강의 물고기 낚고 있지요.
사안은 산에 오르고 물가에 가는 비용 아끼지 않았거니와
완적이 어찌 예법의 소홀함을 따졌겠습니까?
과분하게 성문 밖으로 행차하셔서 제 집을 찾아와 주신다면
무성한 풀에 길이 없어졌는지라 호미질을 시켜야겠지요.

奉酬嚴公寄題野亭之作
拾遺曾奏數行書　懶性從來水竹居
奉引濫騎沙苑馬　幽棲眞釣錦江魚
謝安不倦登臨費　阮籍焉知禮法疏
枉沐旌麾出城府　草茅無徑欲教鋤

●해설
이 시는 보응寶應 원년(762)에 지은 것이다. 당시 엄무嚴武가 성도윤成都尹이었는데, 〈기제두이금강야정寄題杜二錦江野亭〉을 지어 두보에게 보냈다. 이 작품은 그 시에 대한 화답으로 지은 것이다.

●주석
* 拾遺(습유) 구 : 두보는 좌습유左拾遺로 있을 때 방관房琯을 위하여 주서를 올

렸는데, 나중에 이 때문에 폄적을 받아 벼슬을 버리게 되었다.
* 沙苑(사원) : 섬서성陝西省 대려현大荔縣 남쪽 위수渭水에 임해 있는 지명이다. 당나라 때에는 이곳에 사원감沙苑監을 설치하여 궁정에서 쓰는 말을 사육했다.
* 謝安(사안) : 《진서晉書》의 전기에 따르면, 사안은 흙산에 별장을 지어놓고 항상 아들과 조카들을 데리고 이곳에 가서 연회를 벌였는데, 안주 값으로 종종 많은 돈을 썼다고 한다.
* 阮籍(완적) : 삼국시대의 문학가이자 사상가로 예교禮敎를 멸시하면서, 거기에 연연하는 선비들을 '백안시白眼視'했다고 한다.
* 枉沐(왕목) : 원래는 아무것도 해놓은 일이 없이 은혜를 입는다는 뜻인데, 대개 자기 집을 찾아와 준 사람에 대해 공경의 의미를 담아 하는 겸사謙辭이다.

655. 백학사의 초가에 부침

푸른 산에 묻혀 사는 학사가 은어부銀魚符 불태우고
백마 타고 물러가 산속에 사는구나.
옛사람은 이미 한겨울의 학업으로 등용된 적 있고
젊은 자제들은 이제 만 권도 넘는 책을 읽었네.
집안에 가득한 맑은 하늘 구름은 수레 덮개처럼 모여 있고
개울에서 넘쳐 세차게 흐르는 가을물은 계단 발치에서 찰랑이네.
부귀는 반드시 근면하게 노력해야 얻어지는 것.
남자는 모름지기 다섯 수레의 책을 읽어야 하네.

제백학사모옥
題柏學士茅屋

벽산학사분은어
碧山學士焚銀魚

백마각주신암거
白馬却走身巖居

고인이용삼동족
古人已用三冬足

년소금개만권여
年少今開萬卷餘

청운만호단경개
晴雲滿户團傾蓋

추수부계류결거
秋水浮階溜決渠

부귀필종근고득 　　　남아수독오거서
富貴必從勤苦得　　男兒須讀五車書

● **해설**
이 시는 대력大曆 2년(767)에 기주夔州에서 지은 것이다. 당시 두보는 백학사의 초가를 방문하여 많은 장서와 열심히 공부하는 백학사의 자제들을 보고 감탄하고, 또 주변의 아름다운 경치를 부러워하며 이 시를 지었다.

● **주석**
* **碧山**(벽산) 2구 : 백학사가 안사安史의 난을 피해 은거했다는 뜻이다. 당나라 때에는 5품 이상의 관리들이 은으로 만든 물고기 모양의 부符를 허리에 차서 신분을 나타냈다. 한편 《동관한기東觀漢記》에 따르면, 장담張湛이 광록훈光祿勳으로 있을 때 조회에 가면 종종 나태한 황제의 잘못을 지적하여 간언하곤 했다. 그는 항상 백마를 타고 다녔기 때문에, 황제는 그를 보면 "백마 탄 선생이 또 간언을 하려는 모양이다."라고 말했다고 한다. 여기서는 백학사를 항상 백마를 타고 다니면서 직간直諫하는 장담의 모습에 비유한 것이다.
* **三冬足**(삼동족) : 《한서漢書》의 전기에 따르면, 동방삭東方朔은 자신이 어려서 부모를 여의고 형과 형수의 손에 자라면서, 12세 때부터 공부를 시작하여 삼동을 거치고 문학과 역사 분야에서 쓸 만한 성취를 이루었다고 했다. 여기서는 이 고사를 인용하여 백학사가 근면하게 공부하는 것을 칭송하고 있다.
* **男兒**(남아) 구 : 《장자莊子·천하天下》에 따르면, 혜시惠施가 여러 분야에 재능이 많았는데, 그가 소장한 책이 다섯 수레 분량이나 되었다고 한다.

【칠률우운七律虞韻】

656. 성도의 초당으로 가는 길에 지은 작품이 있어 먼저 엄정공에게 부친다

모옥으로 돌아갈 수 있게 되어 성도로 가는 것은
그저 문옹께서 다시 병사를 통솔하게 되셨기 때문일세.
단지 민간의 백성들이 순박함으로 되돌아갈 수만 있다면
솔밭과 대숲이 황무지로 변한 지 오래임을 따질 수 있으랴?
물고기야 병혈에서 나는 것이 맛있다는 것을 알고 있고
술이야 비통주郫筒酒 따로 살 필요 없음을 기억한다네.
수레 끄는 말들은 예전부터 지름길을 잘 알고 있으니
몇 차례 서찰로 숨어사는 늙은이를 초대하셨네.

將赴成都草堂途中有作先寄嚴鄭公
得歸茅屋赴成都　直爲文翁再剖符
但使閭閻還揖讓　敢論松竹久荒蕪
魚知丙穴由來美　酒憶郫筒不用酤
五馬舊曾諳小徑　幾回書札待潛夫

● 해설
이 시는 광덕廣德 2년(764) 2월에 지은 것으로, 5수의 연작시 가운데 제1수이다.

● 주석
* 文翁(문옹) : 한漢나라 경제景帝(기원전 156~기원전 141 재위) 때에 촉군蜀郡 태수太守로 있었던 사람이다. 그는 일찍이 학교를 세우고 인재를 양성하여 그

지역의 풍속을 바로잡은 것으로 유명하다. 여기서는 업무를 가리키고 있다.
* 符(부) : 옛날 조정에서 병사를 통솔하는 신분을 증명하던 것이다.
* 敢論(감론) 구 : 집을 비우고 나가는 바람에 집 주위의 소나무와 대나무가 황량해졌지만, 그런 것쯤이야 괜찮다는 뜻이다.
* 丙穴(병혈) : 한중漢中의 면양현沔陽縣 북쪽에 있는 지명이다. 이곳은 맛있는 물고기가 잡히는 곳으로 널리 알려져 있다.
* 郫筒(비통) : 《화양풍속지華陽風俗志》의 기록에 따르면, 비현郫縣에는 비통지郫筒池라는 연못가에 큰 대나무 숲이 있었다. 그 지역 사람들은 그 대나무 안에 봄날 담근 술을 따른 후, 연뿌리로 묶고 파초잎으로 덮어두었다가, 술 향기가 숲 바깥까지 퍼져 나오면 통을 잘라 마셨는데, 바로 이 술을 비통주郫筒酒라고 불렀다고 한다.
* 潛夫(잠부) : 동한東漢의 왕부王符는 자신의 재능이 세상에 용납되지 않는 데에 발분發憤하여 당시의 잘못된 정치를 통렬하게 논한 《잠부론潛夫論》 10권(35편篇)을 지었다고 한다. 여기서는 그와 마찬가지로 경세의 꿈을 접고 숨어 살아야 하는 시인 자신의 신세를 빗대어 나타내고 있다.

657. 다시 위왕에게 지어 바침

서북쪽에 누각 지어져 초 지역에서 웅장함 뽐내니
멀리 펼쳐진 산악과 흩어진 강줄기 및 호수를 조망할 수 있네.
맑은 하늘 흐린 땅이 높고 낮게 보이며
삼복의 찌는 더위조차 있는 줄 모르겠네.
황제의 전송 받고 파견되어 몇 년 동안 오직 지역을 진정시켰고
종일토록 왕부王府의 문 드나드는 문인 학자들 북적거리네.
늙은 이 몸이 명을 받긴 했지만 어찌 시를 쓸 수 있으리오?
사마상여가 대부가 된 것처럼 부끄럽기만 하네.

又作此奉衛王
西北樓成雄楚都　遠開山嶽散江湖
二儀淸濁還高下　三伏炎蒸定有無
推轂幾年唯鎭靜　曳裾終日盛文儒
白頭受簡焉能賦　愧似相如爲大夫

●해설

이 시는 대력大曆 3년(768) 여름에 강릉江陵에서 지은 것이다. 당시 강릉절도사 겸 양성군왕陽城郡王 위백옥衛伯玉이 새로 누각을 짓고, 많은 손님을 초빙하여 대대적으로 연회를 베풀었다. 이 자리에서 두보는 누각의 아름다움과 그것을 지은 사람의 인품을 칭송하는 칠언율시를 지은 후, 다시 이 작품을 지었다. 위백옥은 당초 대종代宗이 섬주陝州에 갔을 때 재능을 인정받아 형남荊南절도사에 임명되었다.

●주석

* 楚都(초도) : 당나라 남군南郡의 강릉은 옛날 초楚나라의 영도郢都에 해당한다.
* 二儀淸濁(이의청탁) 구 : '이의'와 '청탁' 모두 하늘과 땅을 가리킨다. 《열자列子》에는 '가볍고 맑은 것은 위에서 하늘이 되고, 무겁고 탁한 것은 아래에서 땅이 된다(輕淸者上爲天, 重濁者下爲地)'는 구절이 있다. 이 작품에서는 누각에 올라 올려다보고 내려다보니, 처음에 가려져 있던 모든 사물들이 드러나 보이기 때문에 높은 하늘과 낮은 땅이 드러났다는 것이다.
* 推轂(추곡) : 옛날 제왕들은 장수를 파견할 때 수레를 밀어 전송했다고 하는데, 이로 인해 후세에서는 이 이야기를 장군을 칭송하는 의미로 사용했다. 여기서는 위백옥이 형남절도사로 임명된 것을 가리킨다.
* 曳裾(예거) : '예거왕문曳裾王門' 즉, 군왕의 집을 바삐 드나드는 것을 간략하게 표현한 것이다.
* 白頭(백두) 구 : '흰머리'는 늙고 초라한 자신의 모습이라는 뜻의 겸사謙辭이다. 한편, 남조南朝 송宋나라의 사혜련謝惠連은 〈설부雪賦〉에서, 양梁나라 왕이 사마상여司馬相如에게 간책簡策을 내려서 부賦를 짓게 했다는 가상의 이야기를 만들었다. 이 이야기는 나중에 문학적 재능을 가진 신하가 왕명에 따라 시문詩文 짓는 일을 칭송하는 뜻으로 사용되었다.

【칠률제운 七律齊韻】

658. 들판에서 바라보며

금화산 북쪽 부수 서쪽은
한겨울 바람과 햇살이 처량하게 변해가네.
월수로 이어진 산맥은 삼촉에 서려 있고
파현과 유주로 흩어진 물은 다섯 골짝으로 흘러내리네.
외로운 학은 무슨 일로 춤을 추는가?
배고픈 까마귀는 사람을 향해 우는 듯하네.
사홍현의 봄날 술은 쌀쌀한 날씨에도 푸른빛 풍길 텐데
먼 곳 바라보며 슬픔에 잠기는 지금 누가 나를 위해 가져올까?

野望

金華山北涪水西
仲冬風日始凄凄
山連越嶲蟠三蜀
水散巴渝下五溪
獨鶴不知何事舞
饑烏似欲向人啼
射洪春酒寒仍綠
目極傷神誰爲攜

●해설
이 시는 보응寶應 원년(762) 11월에 두보가 재주梓州 동남쪽의 사홍현射洪縣에 있을 때에 지은 것이다.

●주석
* 金華山(금화산) 구 : 금화산은 사홍현의 북쪽에 있고, 부수涪水는 사홍현 성 동쪽을 흐른다.

* 山連(산련) 구 : 월수越巂는 지금의 사천성四川省 월서현越西縣에 해당한다. 한漢나라 때에는 촉蜀 지역을 나누어 광한군廣漢郡을 설치했는데, 무제武帝 때에 다시 그곳을 나누어 건위군犍爲郡을 설치했다. 후세에는 이 세 곳을 합쳐서 '삼촉三蜀'이라고 불렀다.
* 水散(수산) 구 : '파유巴渝'는 파주巴州와 유주渝州를 가리키는데, 유주는 지금의 중경시重慶市에 속한 곳이다. '오계五溪'는 웅계雄溪, 만계樠溪, 유계酉溪, 무계潕溪, 진계辰溪를 가리키는데, 오늘날 호남성湖南省의 서쪽에 위치해 있다.

659. 성도의 초당으로 가는 길에 지은 작품이 있어 먼저 엄정공에게 부친다

대나무 서늘하고 모래 푸르게 빛나는 완화계에
귤나무 가시 등나무 가지 뒤엉켜 한 치 앞도 모르겠네.
길 가는 나그네는 출입구 몰라 시름에 잠기고
그곳에 사는 이들도 동서의 방향 알지 못하네.
책표지와 약봉지 안에는 거미줄이 가득 차 있고
들판 여관과 산속 다리가 길 떠나는 말을 전송할 뿐.
이 황량한 정원의 물오른 봄풀에 기꺼이 앉으셔서
먼저 한 잔 마시고 진탕 취해 버리시겠지.

將赴成都草堂途中有作先寄嚴鄭公

竹寒沙碧浣花溪
橘刺藤梢咫尺迷
過客徑須愁出入
居人不自解東西
書籤藥裹封蛛網
野店山橋送馬蹄
肯藉荒庭春草色
先判一飲醉如泥

• 해설
이 시는 광덕廣德 2년(764) 2월에 지은 것으로, 5수의 연작시 가운데 제3수이다.

• 주석
* 浣花溪(완화계) : 사천성 성도成都 서쪽에 흐르는 금강錦江의 지류이다. 이 물가에 두보의 완화초당浣花草堂이 있었다.

660. 저물어 돌아가다

서리에 시든 벽오동나무에 백학이 깃들어 살고
성 위에서 딱따기 치는 소리 까마귀 울음과 겹쳐 들리네.
나그네가 성문 들어설 때 달빛은 환하게 비추는데
어느 집 다듬이질 소리에 바람은 쓸쓸하기만 하네.
남쪽으로 계수를 건너자니 배가 없고
북으로 진천에 돌아가자니 전쟁의 북소리 자주 들리네.
나이는 50을 넘었지만 일은 뜻대로 풀리지 않아
내일도 구름이나 보려고 명아주 지팡이 짚어야지.

暮歸

霜黃碧梧白鶴棲
城上擊柝復烏啼
客子入門月皎皎
誰家搗練風凄凄
南渡桂水闕舟楫
北歸秦川多鼓鼙
年過半百不稱意
明日看雲還杖藜

• 해설
이 시는 대력大曆 3년(768) 늦가을에 두보가 강릉江陵을 거쳐 공안公安(지금의 호북성湖北省 공안현公安縣)에 임시로 거처를 마련하여 살 때 지은 것이다.

● **주석**

* **擊柝**(격탁) : '柝'은 '딱따기', 즉 야경夜警을 도는 관리가 시간을 알리기 위해 치는 나무 막대기이다.
* **桂水**(계수) : 호남성湖南省 빈현彬縣의 서쪽을 흐르는 강으로, 북쪽 영흥현永興縣의 경계에 이르러 뇌강耒江으로 흘러든다.
* **北歸**(북귀) 구 : 장안長安의 정남쪽에 진령秦嶺이 있는데, 그 발치를 흐르는 물이 모여 '진천秦川'이 된다. '진천'은 '번천樊川'이라고도 부른다. '고비鼓鼙'는 각각 대에 세워놓고 치는 북과 말 위에서 치는 북을 가리키는데, 모두 전쟁의 상황을 묘사하는 표현이다. 이 해 가을에 토번吐蕃이 영주靈州(지금의 영하寧夏 회족回族 자치구의 영무靈武)와 빈주邠州(지금의 섬서성陝西省 빈현邠縣)를 침입해서 장안 일대에 계엄이 내려진 상태였다.

【칠률회운 七律灰韻】

661. 시골 늙은이

시골 늙은이 울타리 옆으로 강물이 돌아가는데
사립문도 반듯하지 못하여 강 따라 열려 있네.
어부들은 맑은 못에서 그물을 치고
장사치들의 배는 줄줄이 낙조 따라 돌아오네.
기나긴 여행길에 마음 쓰여 검각을 슬퍼하는데
조각구름은 무슨 마음으로 금대 곁을 맴도는가?
황제의 군대는 동군을 회복했다는 소식 아직 알리지 않고
가을날 성에서는 화각 소리 구슬프게 들려오네.

野老 (야로)

野老籬邊江岸迴 (야로리변강안회)   柴門不正逐江開 (시문부정축강개)
漁人網集澄潭下 (어인망집징담하)   賈客船隨返照來 (고객선수반조래)
長路關心悲劍閣 (장로관심비검각)   片雲何意傍琴臺 (편운하의방금대)
王師未報收東郡 (왕사미보수동군)   城闕秋生畫角哀 (성궐추생화각애)

● 해설
이 시는 상원上元 원년(760) 가을에 두보가 성도成都의 초당草堂에 거처할 때에 지은 것이다. 여기서 시골 늙은이는 시인 자신을 가리킨다.

● 주석
* 劍閣(검각) : 사천성四川省 북부의 검문관劍門關 일대를 가리킨다. 당시 이곳은 반란군에게 점령되어 마음대로 여행할 수가 없었다.

* 琴臺(금대) : 한漢나라 때의 사마상여司馬相如와 탁문군卓文君이 술장사를 했다는 곳으로, 완화계浣花溪의 북쪽에 위치해 있다. 여기서는 두보가 원치 않게 묵고 있던 성도成都(당시에는 남경南京으로 불렸다)를 가리킨다.
* 東郡(동군) : 장안의 동쪽에 위치한 여러 군郡들을 가리킨다. 759년 3월에 업성鄴城이 곤경에 빠졌고, 9월에는 다시 동도東都인 낙양洛陽이 함락되었다.
* 城闕(성궐) 구 : 성도가 지덕至德 2년(757)에 남경南京으로 승격되었기 때문에, '성궐'이라고 칭했다. 한편, '화각畫角'은 군대에서 취침과 기상을 알리는 데에 사용했던 호각號角을 가리키는데, 겉이 화려한 무늬로 장식되어 있어서 이런 이름이 붙었다.

662. 손님이 오다

집의 남북으로 물길마다 봄기운 완연한데
그저 갈매기 떼만 날마다 찾아올 뿐.
꽃길은 손님이 온다 해서 쓸어본 일 없고
쑥대 엮어 만든 대문 이제 비로소 그대 위해 열었다오.
소반의 간단한 식사는 시장이 멀어 고루 장만하지 못했고
가난한 집이라 술도 그저 오래 전에 거른 것이라오.
이웃집 늙은이와 마주 앉아 한 잔 마시려 하신다면
울타리 너머로 불러와서 남은 술을 마저 비우게 해드리지요.

客至

舍南舍北皆春水　但見群鷗日日來
花徑不曾緣客掃　蓬門今始爲君開
盤飧市遠無兼味　樽酒家貧只舊醅
肯與鄰翁相對飮　隔籬呼取盡餘杯

● 해설

이 시는 상원上元 원년(760) 가을에 두보가 성도成都의 초당草堂에 거처할 때에 지은 것이다. 두보의 원주原注에 따르면, 명부明府 벼슬을 살았던 최崔 아무개의 방문을 반가워하며 지은 것이라고 했다. 최씨는 아마 두보의 외숙부일 것이다.

● 주석

* 舊醅(구배) : 오래 전에 빚어둔 것, 즉 묵은 술이라는 뜻이다. 옛날에는 새로 빚은 술을 귀하게 여겼으므로, 보잘것없는 술이라는 뜻이다.
* 肯與(긍여) 2구 : 두보는 본래 몸이 약해서 술을 많이 마시지 못하기 때문에, 상대방에게 술상대가 필요한가를 물은 것이다.

663. 그리움

형주의 취한 사마를 씁쓸하게 떠올리니
벼슬 폄적되어 늘 술만 마시고 있겠구려.
구강에 해 저물면 어느 곳에서 술 깨리오?
일주관 근처에서 잠든 것은 몇 번인지?
가련하게도 남에게 회포를 다 털어놓을 터,
안부 묻고자 해도 편지 전해줄 사람이 없구려.
그래서 금강 물에 두 줄기 눈물 흘려보내나니
구당의 염예퇴를 잘 지나기 바라네.

所思(소사)

苦憶荊州醉司馬 (고억형주취사마)
謫官樽酒定常開 (적관준주정상개)
九江日落醒何處 (구강일락성하처)
一柱觀頭眠幾回 (일주관두면기회)
可憐懷抱向人盡 (가련회포향인진)
欲問平安無使來 (욕문평안무사래)

故憑錦水將雙淚   好過瞿塘灩澦堆
고 빙 금 수 장 쌍 루   호 과 구 당 염 예 퇴

● 해설

이 시는 상원上元 2년(761)에 지은 것으로, 이부상서吏部尚書를 지내다가 형주사마荊州司馬로 폄적되어 있던 최의崔漪를 그리워하는 내용이다.

● 주석

* 九江(구강) : '형주荊州'를 가리킨다. 《상서尙書・우공禹貢》에 따르면, '구강을 지나 동릉東陵에 이른다'고 되어 있는데, 그 주석에서 '강이 아홉 줄기로 나뉘어 흐르는데, 형주에 있다'고 했다.
* 一柱觀(일주관) : 형주에 있는 관觀의 이름이다. 남송南宋 유의경劉義慶이 강릉江陵을 다스릴 때 지은 것이라고 한다.
* 錦水(금수) : 성도성成都城의 남문 밖을 지나는 강물 이름이다.
* 瞿塘(구당) : '장강 삼협' 가운데 하나인 '구당협瞿塘峽'을 가리킨다. 이것은 서쪽으로 사천성四川省 봉절현奉節縣의 백제성白帝城에서 시작하여 동쪽으로 무산현巫山縣의 대녕하大寧河 입구까지 이어진다. 구당협 서쪽 입구에 '염예퇴灩澦堆'가 있는데, 강물 한가운데 우뚝 솟아 있는 이곳은 물살이 매우 험하기로 유명하지만, 성도에서 형주로 가려면 반드시 거쳐야 하는 곳이기도 하다.

664. 시어 왕윤이 술을 들고 초당을 방문하기로 약속했기에 이 시를 보내면서, 그 김에 고적을 함께 초청하다

늙은이가 편안히 누워 있다가 아침에도 게으르게 일어나는데
썰렁하고 추운 집이라 날이 따뜻해져서야 문을 여는 것이라네.
강가의 구욕조가 마침 으슥한 길에서 깃털을 씻고 있고
이웃집 닭은 낮은 담을 넘어 들어왔네.
시어께서 누차 가양주 가지고 방문하신다고 약속하셨는데
자사께선 들판에 매화 꺾으러 가자고 한 일 잊으셨는지?

서리 같은 위엄 빌려 짐짓 장군을 재촉하나니
모름지기 모두가 취해야만 습지에서 돌아갈 수 있다오.

<ruby>王十七侍御掄許攜酒至草堂奉寄此詩便請邀高三十五使<rt>왕 십 칠 시 어 륜 허 휴 주 지 초 당 봉 기 차 시 편 청 요 고 삼 십 오 사</rt></ruby>
<ruby>君同到<rt>군 동 도</rt></ruby>

<ruby>老夫臥穩朝慵起<rt>로 부 와 온 조 용 기</rt></ruby>　<ruby>白屋寒多暖始開<rt>백 옥 한 다 난 시 개</rt></ruby>
<ruby>江鸛巧當幽徑浴<rt>강 관 교 당 유 경 욕</rt></ruby>　<ruby>鄰雞還過短牆來<rt>린 계 환 과 단 장 래</rt></ruby>
<ruby>繡衣屢許攜家醞<rt>수 의 루 허 휴 가 온</rt></ruby>　<ruby>皂蓋能忘折野梅<rt>조 개 능 망 절 야 매</rt></ruby>
<ruby>戱假霜威促山簡<rt>희 가 상 위 촉 산 간</rt></ruby>　<ruby>須成一醉習池迴<rt>수 성 일 취 습 지 회</rt></ruby>

● 해설

이 시는 상원上元 2년(761) 겨울에 두보가 성도成都의 초당草堂에 있을 때에 지은 것으로, 당시 고적高適은 임시로 성도윤成都尹의 직책을 수행하고 있었다. 그 이전에 성도윤으로 있던 최광원崔光遠이 화경정花敬定의 반란군을 진압하지 못해서 조정의 질책을 받고 수치심에 죽어버리자, 조정에서는 당시 촉주蜀州의 자사刺史로 있던 고적을 임시로 임명했던 것이다.

● 주석

* 繡衣(수의) : 어사御史가 입는 화려한 관복官服이라는 뜻으로, 여기서는 시어侍御로 있는 왕윤王掄을 가리킨다.
* 皂蓋(조개) : 자사刺史들이 타고 다니는 푸른 덮개가 있는 수레라는 뜻으로, 여기서는 고적高適을 가리킨다.
* 戱假(희가) 구 : 장난삼아서 시어 왕윤의 위엄을 빌려 자사 고적을 독촉하여 부른다는 뜻이다. '산간山簡'은 육조六朝 진晉나라 때의 정남장군征南將軍이다.
* 習池(습지) : 육조 진나라 때의 습씨習氏가 만들었다는 아름다운 정원을 가리키는데, 정남장군 산간이 항상 이곳에서 풍경을 감상하며 연회를 베풀었다고 한다. 여기서는 두보가 살고 있던 초당을 비유하고 있다.

665. 가을이 저물다

가을이 다해가건만 동쪽 여행길에서 아직 돌아가지 못하는데
초가는 여전히 작은 성 모퉁이에 기대어 있겠지.
울타리 주위에는 도잠이 아끼던 국화가 시들어 갈 텐데
하릴없이 강가에서 원소의 술잔만 만났구나.
설령에 저무는 해 홀로 바라보는데
검문은 여전히 북쪽 사람들의 방문을 막고 있구나.
먼 타향의 오랜 나그네 신세 벗어나지 못하고 있으니
마음의 포부는 언제나 환히 열릴 수 있을까?

秋盡

秋盡東行且未廻　茅齋寄在少城隈
籬邊老却陶潛菊　江上徒逢袁紹杯
雪嶺獨看西日落　劍門猶阻北人來
不辭萬里長爲客　懷抱何時得好開

●해설
이 시는 보응寶應 원년(762) 두보가 재주梓州에 있을 때, 성도成都의 초당草堂에 남아 있는 가족들을 그리며 지은 것이다.

●주석
* 東行(동행) : 재주는 성도의 동쪽에서 약간 북으로 치우친 곳에 위치해 있다.
* 少城(소성) : 성도의 대성大城에서 서쪽에 위치해 있다.
* 陶潛菊(도잠국) : 육조六朝 진晉나라의 도잠陶潛이 국화를 좋아해서 울타리 주변에 심었다는 얘기가 있어서, 후세에 '도잠의 국화'는 곧 은사가 사는 집을 가리키는 뜻이 되었다.

* 袁紹杯(원소배) : 《후한서後漢書》의 전기에 따르면, 원소袁紹(?~202)가 기주冀州의 총병總兵이 되었을 때, 사람을 보내 당시의 저명한 학자인 정현鄭玄(127~200)을 초빙하고, 더불어 많은 손님을 초청했다. 정현은 남들보다 늦게 도착했는데, 원소가 그를 윗자리로 모셔 앉혔다. 정현은 키가 여덟 척이나 되고, 술을 열 말이나 마셨다고 한다. 후세에는 손님을 맞아 연회를 베푼다는 뜻으로 이 이야기를 자주 사용하게 되었다. 여기서는 두보가 부수涪水의 강가에 있는 재주의 관청에서 벌인 연회에 참석했다는 뜻이다.
* 雪嶺(설령) : 성도의 서쪽에 있는 산맥으로서, 서령西嶺 또는 서산西山이라고도 부른다. 이곳은 당나라의 서쪽 국경지대여서 토번吐蕃의 침략이 잦았다.
* 劍門(검문) 구 : 사천성 북부의 검문관劍門關 일대는 당시 서지도徐知道 등의 반란군 장수들이 거점으로 삼고 있어서, 사람들의 왕래가 거의 불가능했다.
* 得好開(득호개) : 환하게 열릴 수 있다는 뜻이다. 《두시상주杜詩詳注》에는 이 구절이 '호일개好一開'로 되어 있는데, 전체적인 뜻은 비슷하다.

666. 다시 신원외랑을 전송하며

두 봉우리 적적하게 봄날 누각을 마주하고 서 있고
수많은 대나무들의 푸른빛은 나그네의 술잔에 비치네.
가는 풀은 머물러 앉은 자리로 부드러운 손길 들이밀고
근처의 저물어가는 꽃은 보는 이의 마음 서글프게 하네.
어제 함께 배 타는 일이야 어찌 가능했으랴마는
오늘 아침 나란히 말 몰고 가자니 돌아갈 생각 들지 않네.
면주에 도착하면 이별해야 하는데
강변 숲속을 뉘와 함께 돌아올까?

우송신원외
又送辛員外

쌍봉적적대춘대
雙峰寂寂對春臺

만죽청청조객배
萬竹青青照客杯

$$\begin{aligned}&\underset{\text{세 초 류 련 침 좌 연}}{\text{細草留連侵坐軟}} \quad \underset{\text{잔 화 창 망 근 인 개}}{\text{殘花悵望近人開}}\\&\underset{\text{동 주 작 일 하 유 득}}{\text{同舟昨日何由得}} \quad \underset{\text{병 마 금 조 미 의 회}}{\text{幷馬今朝未擬廻}}\\&\underset{\text{직 도 면 주 시 분 수}}{\text{直到綿州始分手}} \quad \underset{\text{강 변 수 리 공 수 래}}{\text{江邊樹裏共誰來}}\end{aligned}$$

● **해설**

이 시는 광덕廣德 원년(763), 두보가 재주梓州의 혜의사惠義寺에서 자신의 지기知己이자 원외랑員外郎 벼슬을 하고 있는 신 아무개를 위한 송별 잔치가 끝난 후, 함께 말을 타고 면주綿州까지 전송하면서 지은 것이다. 《두시상주杜詩詳注》에는 이 작품의 제목이 〈우송又送〉으로 되어 있다.

● **주석**

* 同舟(동주) 2구 : 아마도 신원외랑은 뱃길로 재주까지 왔다가, 여기에서 육로로 면주까지 갔던 듯하다.
* 綿州(면주) : 지금의 사천성四川省 면양현綿陽縣을 가리킨다.

667. 모친을 모시고 고향으로 돌아가는 왕판관을 전송하며

대고大家가 동쪽으로 왔다가 아들 따라 돌아가는데
바람 부는 섬 물가에서 비단 돛을 펼치네.
파릇파릇 죽순들이 배를 맞아 돋아나고
하얗게 빛나는 강 물고기 반찬으로 들어오네.
헤어지려 할 때 끝없는 아쉬움 견딜 수 없는 것은
어렵고 위태로울 때 시대를 구할 재능에 깊이 기댔기 때문.
검양 땅에는 편지 전할 사람도 드물 터이니
자꾸 술잔 권한다고 탓하지 말아주오.

送王十五判官扶侍還黔中
송 왕 십 오 판 관 부 시 환 검 중

大家東征逐子回　　風生洲渚錦帆開
대 고 동 정 축 자 회　　풍 생 주 저 금 범 개

青青竹笋迎船出　　白白江魚入饌來
청 청 죽 순 영 선 출　　백 백 강 어 입 찬 래

離別不堪無限意　　艱危深仗濟時才
리 별 불 감 무 한 의　　간 위 심 장 제 시 재

黔陽信使應稀少　　莫怪頻頻勸酒杯
검 양 신 사 응 희 소　　막 괴 빈 빈 권 주 배

● **해설**

이 시는 광덕廣德 원년(763) 두보가 재주梓州에 있을 때에 지은 것이다. '검중黔中'은 왕판관의 고향인데, 작품 가운데서는 '검양黔陽'이라고 했다. 《두시상주杜詩詳注》에는 이 작품의 제목에, '운자로 개開자를 얻었다(得開字)'라는 주석이 밝혀져 있다.

● **주석**

* **大家**(대고) 구 : 《후한서後漢書·조대고전曹大家傳》에 따르면, 반표班彪의 딸 반소班昭(자字는 혜반惠班, 이름이 희姬라는 설도 있다)는 조세숙曹世叔의 아내가 되었는데, 남편이 일찍 죽었으나 절개를 지키며 품행이 예법禮法에 어긋나지 않았다. 황제는 자주 그녀를 궁궐로 불러들여 황후와 귀인貴人들로 하여금 스승으로 섬기게 하고, '대고大家'라고 부르게 했다고 한다. 여기서 '고家'는 '고姑'와 통하는 글자로서, 여자를 높여 부를 때 사용하는 것이다. 한편, 《문선文選》에는 반소가 지었다는 〈동정부東征賦〉가 수록되어 있는데, 그 내용 가운데 아들을 따라 동쪽으로 갔다는 것이 들어 있다. 여기서는 왕판관이 어머니를 모시고 고향으로 돌아가는 일을 비유하고 있다.

* **青青**(청청) 구 : 《초국선현전楚國先賢傳》에는 맹종孟宗이라는 효자의 이야기가 수록되어 있다. 맹종의 모친은 죽순을 좋아했는데, 마침 겨울이라 죽순을 구할 수 없어서 맹종이 숲에 들어가 슬피 울었더니, 갑자기 땅에서 죽순이 돋아났다는 것이다.

* **白白**(백백) 구 : 《진서晉書·왕상전王祥傳》에 따르면, 효성스럽기로 이름난 왕상은 한겨울에도 얼음 위에 옷을 벗고 누운 채 물고기를 잡아 계모를 봉양했다고 한다. 한편, 일부 판본에서는 '백백白白'을 '일일日日'로 표기하기도 하는

데, 그럴 경우는 바로 앞 구절의 '청청靑靑'과 대구對句가 잘 맞지 않는 듯하다.

668. 엄대부를 모시며

낯선 지방에서 또 옛벗이 온다는 기쁜 소식 들었나니
중요한 진영은 모름지기 세상 구할 만한 인재에게 맡겨야지.
보좌관이 종일 기다리기에 항상 이상하게 여겼으니
절도사께서 한 해 걸러 돌아오실 줄 몰라서라네.
파촉巴蜀 변방을 떠나려 하니 꾀꼬리 모여 울고
멀리 아래쪽 형문荊門에서는 떠나는 익수선鷁首船이 재촉하네.
몸은 늙고 시절은 위태로운 때 그대 만나게 되었으니
일생에 품은 마음 누구에게 열겠는가?

奉侍嚴大夫

殊方又喜故人來　重鎭還須濟世才
常怪偏裨終日待　不知旌節隔年回
欲辭巴徼啼鶯合　遠下荊門去鷁催
身老時危思會面　一生襟抱向誰開

• 해설
이 시는 광덕廣德 2년(764) 봄에 두보가 낭주閬州에서 배를 세내서 동쪽으로 가려다가 엄무嚴武가 다시 촉蜀 지역을 관장하는 직책을 맡았다는 소식을 듣고, 곧 길 떠나는 일을 취소하고 그를 기다리며 지은 것이다.

• 주석
* 偏裨(편비) : 편장偏將이나 비장裨將과 같이 장군을 보좌하는 장교를 아우르는 호칭이다.

* 旌節(정절) 구 : 당나라 때에는 절도사節度使에게 깃발[정旌]과 부절符節을 하사했는데, 이것들은 각기 상과 벌을 주는 권한을 상징한다. 당시 엄무는 황문시랑黃門侍郎의 신분으로 성도윤成都尹에 임명됨과 동시에 검남절도사劍南節度使의 직책을 수행하라는 명을 받았다. 그는 보응寶應 원년(762) 가을에 조정으로 들어갔다가 광덕 2년에 다시 촉 지방으로 돌아왔다.
* 鷁(익) : 바람과 파도를 잘 견딘다는 전설상의 새 이름이다. 여기서는 뱃머리에 이 새의 그림을 그려넣거나 혹은 그 새의 모양을 만들어 뱃머리를 장식한 배를 가리킨다.

669. 여러 장수들

금강의 봄빛은 사람을 쫓아오고
무협의 맑은 가을은 골짜기마다 애절함을 풍기네.
마침 지난날 엄복야와 함께
망향대에서 사신 맞이했던 일 생각나네.
주상의 은혜로 세 차례나 이곳을 다스렸던 그는
군령이 분명해서 자주 승리의 축배 들었다네.
서촉 땅의 지형은 하늘 아래 험한 곳이라
이곳의 안위는 출중한 인재에게 맡겨야 했다네.

제 장
諸將

금강춘색축인래　　　무협청추만학애
錦江春色逐人來　　　巫峽清秋萬壑哀
정억왕시엄복야　　　공영중사망향대
正憶往時嚴僕射　　　共迎中使望鄉臺
주은전후삼지절　　　군령분명삭거배
主恩前後三持節　　　軍令分明數舉杯
서촉지형천하험　　　안위수장출군재
西蜀地形天下險　　　安危須仗出群材

● 해설

이 시는 대력大曆 원년(766)에 기주夔州에서 지은 것으로, 5수의 연작시 가운데 제5수이다.

● 주석

* 錦江(금강) : 여기서는 성도成都를 가리킨다. 성도의 남쪽 성문 밖을 지나는 강물의 이름이다.
* 巫峽(무협) : 여기서는 기주를 가리킨다.
* 嚴僕射(엄복야) : 엄무嚴武를 가리킨다. 엄무는 죽은 후에 상서좌복야尙書左僕射에 추봉追封되었기 때문에 이렇게 칭한 것이다.
* 中使(중시) : 황제의 좌우에서 사신의 임무를 담당하던 환관宦官 등을 통칭하는 말이다.
* 望鄕臺(망향대) : 성도의 북쪽에 있는 누각으로서, 두보가 엄무의 막료幕僚로 있을 때 이곳에서 함께 황제의 사신을 접견한 일이 있다.
* 三持節(삼지절) : 세 차례나 부절符節을 들고 관리로 파견되어 지방을 다스렸다는 뜻이다. 엄무는 처음에 어사중승御史中丞의 신분으로 면주자사綿州刺史로 파견되었다가 곧 동천절도사東川節度使로 옮겨갔고, 다시 성도윤成都尹이 되었다. 뒤에 또 황문시랑黃門侍郎의 신분으로 검남절도사劍南節度使에 임명되었다.

670. 소짓날

하늘의 때와 사람의 일이 날마다 재촉하는데
동지가 되니 양기가 살아나며 봄이 다시 오려 하네.
오색 무늬 수놓을 때 선 하나 더 늘고
피리 불면 갈대 재가 날아오르네.
섣달을 기다리는 강 언덕엔 버들이 펼쳐지려 하고
추위 속의 산들도 매화꽃을 피우려 하네.
경물은 다를 게 없어도 고향이 아니니
아이에게 그저 술잔에 술 따르는 법 가르치네.

小至
소 지

天時人事日相催
천시인사일상최

冬至陽生春又來
동지양생춘우래

刺繡五紋添弱線
자수오문첨약선

吹葭六琯動浮灰
취가륙관동부회

岸容待臘將舒柳
안용대랍장서류

山意沖寒欲放梅
산의충한욕방매

雲物不殊鄉國異
운물불수향국이

教兒且覆掌中杯
교아차복장중배

● 해설

이 시는 대력大曆 원년(766) 겨울에 기주夔州의 서각西閣에서 지은 것이다. 소지小至는 대개 동지冬至 다음날을 가리키는데, 일설에는 동지 바로 전날이라고도 한다.

● 주석

* 刺繡(자수) 구 : 《당잡록唐雜錄》에 따르면, 당나라 때의 궁중에서는 여인들의 길쌈이나 자수를 통해 날의 길이를 헤아렸는데, 동지 이후에는 날마다 해가 길어지기 때문에 이에 비례해서 작업 분량이 매일 한 줄씩 늘었다고 한다.
* 吹葭(취가) 구 : 옛날에는 절기節氣를 예측하기 위해 갈대의 얇은 껍질을 태워 만든 재를 율관律管에 담아두었는데, 특정 절기가 되면 그에 상응하는 율관 안에 담긴 재가 저절로 날아올랐다고 한다. 동지에 해당하는 율관은 황종黃鐘이었다.

671. 왕감 병마사가 근처의 산에 희고 검은 두 마리의 매가 있는데 사냥꾼들이 오래도록 잡으러 다녔지만 결국 잡지 못했다고 하면서, 그 두 마리 매의 생김새가 다른 매들과는 다른데, 섣달이 지나 봄이 되어 더위를 피해 날아가 버리면 깊은 가을을 생각게 하는 그놈들의 단단한 깃촉도 아득히 볼 수 없게 될 것인지라, 내게 시를 써서 묘사해 달라고 부탁했다

검은 매, 이런 놈이 인간 세상에 있는 줄 몰랐는데
아마 바다 건너 북극에서 왔겠지.
날개 바로 펴고 바람 속을 날아 북방의 요새 넘었으니
한겨울 양대에서 몇 날 밤을 묵었을까?
사냥꾼의 그물 교묘하게 설치해도 헛일이니,
봄날 기러기와 함께 돌아가면 분명 의심받겠지.
겨울 하늘 만리 길을 하루만에 날아가니
금빛 눈동자 옥 같은 발톱이 예사롭지 않은 자질이로다!

見王監兵馬使說近山有白黑二鷹羅者久取竟未能得王以
爲毛骨有異他鷹恐臘後春生鶱飛避暖勁翮思秋之甚眇不
可見請余賦詩

黑鷹不省人間有　　　度海疑從北極來
正翮摶風超紫塞　　　玄冬幾夜宿陽臺
虞羅自覺虛施巧　　　春雁同歸必見猜
萬里寒空秪一日　　　金眸玉爪不凡材

● 해설

이 시는 대력大曆 원년(766) 겨울에 기주夔州에서 지은 것이다. 2수의 연작시 가운데 제2수이다.

● 주석

* 正翮(정핵) 구 : '단풍摶風'은 바람 속에서 날개를 쳐 날았다는 뜻이다. '자새紫塞'는 북쪽 변방의 요새를 가리킨다. 진晉나라 최표崔豹의 《고금주古今注・도읍都邑》에 따르면, 진秦나라가 장성長城을 쌓았는데 그 흙이 모두 붉은색이었고, 한漢나라가 변방의 요새를 쌓았을 때에도 마찬가지여서 그런 이름이 생겼다고 한다.

* 玄冬(현동) 구 : '현동'은 겨울이 깊어졌음을 가리킨다. '양대陽臺'는 송옥宋玉의 〈고당부高唐賦〉에서 초楚나라 회왕懷王이 만났다고 노래한 무산巫山의 신녀神女가 살았다는 곳이다.
* 虞羅(우라) : '우인虞人이 펼쳐놓은 그물'을 가리킨다. '우인'은 원래 산림소택山林沼澤을 관리하는 벼슬아치를 가리키는 말인데, 여기서는 왕병마사를 가리킨다.

672. 두상공의 막부로 가는 이비서를 전송하며

푸른 주렴 드리운 흰 배가 익주에서 내려오는데
무협의 가을 물결에 하늘과 땅이 도는구나.
바위 드러나 단풍잎 지는 소리 거꾸로 들려오고
젓는 노의 뒤끝은 활짝 핀 국화를 가리키네.
상공의 막부로 빨리 가려는 욕심에 오늘 새벽 길 떠나니
아름다운 약속 어길까봐 뒤늦은 명령 재촉하네.
남극의 별 하나 북두성 바라보니
오색구름 무리지어 모인 곳에 삼태성이 있다네.

送李八秘書赴杜相公幕
青簾白舫益州來　巫峽秋濤天地迴
石出倒聽楓葉下　櫓搖背指菊花開
貪趨相府今晨發　恐失佳期後命催
南極一星朝北斗　五雲多處是三台

● 해설
이 시는 대력大曆 2년(767) 9월에 기주夔州에서 지은 것이다. 제목 아래에는 원

래 '두상공이 조정에 들어가 황제를 알현하고, 이제 뒤쫓아 떠나다(相公朝謁, 今赴後期也)'라는 주석이 붙어 있다. 이해 6월에 검남절도사劍南節度使 두홍점杜鴻漸이 조정에 들어가면서 이비서를 불러 막부에 와서 일하라 하고 먼저 경사京師로 떠났고, 이비서는 조금 후에 뒤따라갔는데, 이 작품은 그때 이비서를 전송하며 지은 것이다. 두홍점은 조정으로 돌아간 후에도 여전히 평장사平章事로서 영산검부원수領山劍副元帥의 직위에 있었기 때문에, '상공막相公幕'이라고 한 것이다.

● 주석
* 益州(익주) : 지금의 사천성四川省 성도成都에 해당한다.
* 南極一星(남극일성) 구 : 남극성南極星을 가리킨다. 《한서漢書・천문지天文志》에 따르면, 남극성은 익주 하늘의 '자수觜宿' 옆에 있다고 했다. '자수'는 '자휴觜巂'라고도 하며, 28수宿 가운데 서방西方에 있는 백호白虎의 여섯 번째 별을 가리킨다. '북두北斗'는 황제가 있는 경사를 가리킨다.
* 五雲(오운) 구 : 옛사람들은 태평성대에는 오색구름이 나타나 하늘이 축하하는 뜻을 나타낸다고 생각했다. 여기서는 경사를 둘러싼 서기瑞氣를 의미한다. '삼태三台'는 자미궁紫微宮 주위에 있는 상태上台, 중태中台, 하태下台를 아울러 칭하는 별자리 이름으로, 여기에는 각기 2개의 별들이 있어서 모두 6개가 된다. 옛날에는 종종 이것을 '삼공三公'의 벼슬을 비유하는 데에 사용했는데, 여기서는 곧 두상공을 가리킨다.

673. 중양절

중양절에 홀로 잔 속의 술 마시다
병든 몸 일으켜 강가의 누각에 올랐네.
대나무 잎은 내게 이미 연분이 없고
국화도 이제부턴 피어날 필요 없다네.
타향에 해질 무렵 검은 원숭이 울어대는데
고향은 서리 내리기 직전이라 흰 기러기 찾아왔겠지.
아우와 누이들은 제각기 쓸쓸히 어디에 있는가?
전쟁과 노쇠함이 양쪽에서 죽음을 재촉하는데.

九日
구 일

重陽獨酌杯中酒 抱病起登江上臺
중양독작배중주 포병기등강상대

竹葉於人旣無分 菊花從此不須開
죽엽어인기무분 국화종차불수개

殊方日落玄猿哭 舊國霜前白雁來
수방일락현원곡 구국상전백안래

弟妹蕭條各何在 干戈衰謝兩相催
제매소조각하재 간과쇠사량상최

● 해설

이 시는 대력大曆 2년(767) 음력 9월 9일, 즉 중양절重陽節에 기주夔州에서 지은 것으로, 4수의 연작시 가운데 제1수이다. 당시 두보는 오랑吳郎 상爽과 만날 약속을 했으나 상대가 오지 않는 바람에 혼자 누각에 올라 술을 마시면서 〈9일〉이라는 제목으로 다섯 수의 작품을 썼는데, 현재는 한 수가 빠진 채로 전해진다는 설이 있다(유명한 〈등고登高〉가 바로 여기서 빠진 작품이라는 설도 있음). 이 연작은 같은 시기에 지어졌으나 그 내용과 형식이 각기 달라서, 4수 가운데 나머지 3수는 모두 오언五言으로 되어 있다.

● 주석

* 竹葉(죽엽) 2구 : 대나무 잎과 국화는 모두 술을 빚는 재료인데, 이제는 시인이 노쇠하고 병들어서 그런 것들이 아무 쓸모가 없어졌다는 뜻이다.
* 白雁(백안) : 송宋나라 팽승彭乘의 《속묵객휘서續墨客揮犀·칠七·백안지즉상강白雁至則霜降》에 따르면, 기러기처럼 생겼으나 크기가 좀 작은 이 새는 가을이 깊어지면 북쪽에서 찾아오는데, 이 새가 오면 곧 서리가 내려서 하북河北 지역의 사람들은 이 새를 '상신霜信', 즉 '서리 소식'이라 불렀다고 한다.
* 衰謝(쇠사) : 늙어서 기력이 쇠약해진다는 뜻이다.

674. 높은 곳에 올라

바람 급하고 하늘 높고 원숭이 울음소리 슬픈데
물가는 맑고 모래는 희고 새는 날며 선회한다.
끝없이 펼쳐진 숲의 낙엽은 쓸쓸히 떨어지고
다함없는 장강의 물결은 출렁출렁 흘러온다.
만리타향 슬픈 가을에 언제나 나그네 되어
평생 병 많은 이 몸 홀로 누대에 오른다.
고생과 근심에 서리 같은 살쩍 많아져 너무 한스러운데
쇠약한 몸이라 탁주 잔 드는 것도 이제 그만두었다.

登高

風急天高猿嘯哀　　渚淸沙白鳥飛廻
無邊落木蕭蕭下　　不盡長江滾滾來
萬里悲秋常作客　　百年多病獨登臺
艱難苦恨繁霜鬢　　潦倒新停濁酒杯

● 해설
이 시는 대력大曆 2년(767) 음력 9월 9일, 즉 중양절重陽節에 기주夔州에서 지은 〈9일九日〉 연작시 가운데 하나일 가능성이 있으나, 확실하지 않다.

● 주석
* 潦倒(요도) 구 : 주학령朱鶴齡의 설명에 따르면, 당시 두보는 폐병 때문에 술을 끊었다고 한다.

【칠률진운 七律眞韻】

675. 곡강

한 조각 꽃잎 날려도 봄빛은 줄어드는데
바람에 수만 조각 휘날리니 진정 사람을 서글프게 하네.
잠시 시들어가는 꽃들 보려 하나니
너무 많은 상심에 술 마신다고 싫어하지 마세.
강가 작은 집엔 물총새가 둥지 틀고
궁원宮苑 옆 높은 무덤가엔 기린이 누워 있네.
사물의 이치 자세히 생각하면 응당 즐거이 노닐다 가야 하거늘
무엇 하러 덧없는 명예에 이 몸을 묶으랴?

曲江

一片花飛減卻春　風飄萬點正愁人
且看欲盡花經眼　莫厭傷多酒入唇
江上小堂巢翡翠　苑邊高塚臥麒麟
細推物理須行樂　何用浮名絆此身

● 해설
이 시는 건원乾元 원년(758)에 지은 것으로, 2수의 연작시 가운데 제1수이다. 당시 숙종肅宗은 현종玄宗 때의 옛 신하들을 배제했는데, 이때 두보도 억압을 받았다.

● 주석
＊ 苑邊(원변) 구 : 여기서 '궁원'은 곡강의 서남쪽에 있는 부용원芙蓉苑을 가리킨

다. 무덤가에 누워 있는 기린은 무덤을 지키는 석상石像이다. 집에 물총새가 둥지를 틀었다는 것이나 무덤의 석상이 쓰러져 있다는 것은 이것들이 오랫동안 버려져 있었음을 암시한다.
* 浮名(부명) : 헛된 명예를 가리킨다. 이것은 황제에게 간언諫言하는 직책에 있지만 간언이 받아들여지지 않는 자신의 신세를 염두에 둔 표현이다.

676. 정현의 정자에 부침

정현의 정자는 계곡 물가에 있는데
높은 누각의 문이며 창이 신선한 흥취 자아내네.
구름도 끊어지는 화산 연화봉이 큰길을 내려다보고
하늘은 맑은데 궁궐의 버들 장춘궁에 그늘 드리우네.
둥지 옆 들판의 참새들은 무리지어 제비를 욕보이고
꽃무리 아래 산벌이 멀리 가는 사람 쫓아오네.
다시 시 지어 푸른 대숲에 가득 채우고 싶지만
저녁이 되어 으슥하게 홀로 있어 정신 사나워질까 걱정스럽네.

題鄭縣亭子

鄭縣亭子澗之濱　戶牖憑高發興新
雲斷岳蓮臨大路　天晴宮柳暗長春
巢邊野雀群欺燕　花底山蜂遠趁人
更欲題詩滿靑竹　晚來幽獨恐傷神

● 해설
이 시는 건원乾元 원년(758) 6월에 지은 것이다. 당시 두보는 경사京師를 떠나 화주華州로 가던 차였는데, 도중에 정현의 정자에 들렀던 듯하다. 송宋나라 육유

陸游의 《노학암필기老學庵筆記》에 따르면, 정현의 서계西溪라는 계곡은 물이 맑기로 유명한 곳인데, 이곳에 '서계정西溪亭'이라는 정자가 있다고 했다.

• 주석
* 岳蓮(악련) : 화산華山 연화봉蓮花峰을 가리킨다. 황제가 있는 장안長安이 바로 그 산 너머에 있다.
* 長春(장춘) : 궁전의 이름이다. 《신당서新唐書・지리지地理志》에 따르면, 이것은 북주北周의 우문호于文護가 건설한 것으로, 조읍현朝邑縣(지금의 섬서성陝西省 대려현大荔縣)에 위치해 있다.
* 巢邊(소변) 구 : '들판의 참새[野雀]'와 '산벌[山蜂]'은 모두 진정한 충신을 핍박하고 자신들의 이익을 챙기는 조정의 간신들을 암시하고 있다.

677. 최씨의 동산초당

좋구나, 그대 고요한 옥산의 초당
하늘 높은 가을과 상쾌한 공기 신선하게 어울리네.
이따금 저절로 종소리 들리기도 하고
해질녘이면 또 어부와 나무꾼들 보이네.
쟁반에는 백아곡 입구에서 딴 밤이 깎여 있고
밥에는 청니방에서 캔 미나리 삶아 곁들였네.
어찌하여 서쪽 장원의 왕급사는
사립문 닫아놓고 부질없이 솔숲과 대숲을 가둬두는가?

최씨동산초당
崔氏東山草堂

애여옥산초당정
愛汝玉山草堂靜
고추상기상선신
高秋爽氣相鮮新
유시자발종경향
有時自發鍾磬響
락일갱견어초인
落日更見漁樵人
반박백아곡구률
盤剝白鴉谷口栗
반자청니방저근
飯煮青泥坊底芹

何爲西莊王給事   柴門空閉鎖松筠
하 위 서 장 왕 급 사   시 문 공 폐 쇄 송 균

• 해설

이 시는 건원乾元 원년(758) 가을에 지은 것이다. 당시 두보는 화주華州 서남쪽, 진령秦嶺의 북쪽 기슭에 위치한 남전현藍田縣에 있었다. 이 시에 언급된 '최씨동산초당崔氏東山草堂'은 왕유王維의 내형內兄(외삼촌의 아들)인 최계중崔季重의 장원莊園으로, 왕유의 망천장輞川莊과 동서로 이웃하고 있었다.

• 주석

* 玉山(옥산) : 남전현 동쪽에 있는 남전산藍田山을 가리키는데, 이 산은 동산東山이라고도 불린다.
* 白鴉谷(백아곡) : 남전현 동남쪽에 위치한 지명으로서, 밤의 산지로 유명하다.
* 青泥坊(청니방) : 남전현 남쪽의 지명이다.
* 王給事(왕급사) : 왕유가 일찍이 급사중給事中을 지낸 적이 있기 때문에 이렇게 부른 것이다. 왕유의 망천장은 최계중의 동산초당에서 서쪽에 위치해 있었는데, 마지막 구절의 묘사로 보건대, 두보는 왕유를 찾아갔다가 만나지 못한 듯하다.

678. 남쪽 이웃

금리의 은자는 검은 두건 쓰고 사는데
밭에서 토란과 밤 수확하니 완전히 가난한 건 아니라네.
손님 보는 데 익숙해진 아이들은 즐거워하고
섬돌에서 모이 얻어먹는 새들은 사람에게 길들여졌다네.
가을 강물이 막 네다섯 척 깊이로 불었으니
농가의 작은 배에 마침 두세 명은 실을 수 있다네.
하얀 모래밭과 푸른 대숲 어우러진 강가 마을에 날이 저물면
손님 전송하는 사립문에 달빛 신선하게 내리비치네.

남 린
南鄰

금 리 선 생 오 각 건
錦里先生烏角巾
원 수 우 률 미 전 빈
園收芋栗未全貧
관 간 빈 객 아 동 희
慣看賓客兒童喜
득 식 계 제 조 작 순
得食階除鳥雀馴
추 수 잔 심 사 오 척
秋水纔深四五尺
야 항 흡 수 량 삼 인
野航恰受兩三人
백 사 취 죽 강 촌 모
白沙翠竹江村暮
상 송 시 문 월 색 신
相送柴門月色新

● 해설
이 시는 상원上元 원년(760)에 성도成都의 초당에서 지은 것이다.

● 주석
* 錦里先生(금리선생) 구 : '금리'는 '성도'의 다른 이름으로서, '금리선생'은 바로 이 시의 주인공이자 성도의 은사隱士 가운데 한 사람인 남쪽 이웃이다. '오각건烏角巾'은 옛날 은사들이 즐겨 쓰던 일종의 검은 두건이다.
* 得食(득식) : 먹이 또는 모이를 얻어먹는다는 뜻이다.
* 野航(야항) : 작고 소박한 농촌의 배를 가리킨다.

679. 중양절

작년 중양절에 처현 북쪽의 높은 곳에 올랐는데
오늘 다시 부강 물가에 있구나!
괴롭게 만난 흰머리 떨쳐버리지 못하고
무수히 새로 피어난 국화 부끄럽게 바라본다.
어지러운 세상에 울적하게 오래도록 나그네 신세인데
멀고 험난한 길에 항상 남에게 의지한다.
술기운 거나해지면 10년 전의 일 떠오르니
여산 발치의 깨끗한 길에서 애가 끊어졌지.

구 일
九日

거년등고처현북
去年登高郪縣北

금일중재부강빈
今日重在涪江濱

고조백발불상방
苦遭白髮不相放

수견황화무수신
羞見黃花無數新

세란울울구위객
世亂鬱鬱久爲客

로난유유상방인
路難悠悠常傍人

주란각억십년사
酒闌卻憶十年事

장단려산청로진
腸斷驪山淸路塵

● 해설

이 시는 광덕廣德 원년(763) 음력 9월 9일, 즉 중양절重陽節에 재주梓州에서 지은 것이다.

● 주석

* 郪縣(처현) : 당나라 때 재주에 속한 지역으로, 지금의 사천성四川省 삼태현三台縣에 해당한다.
* 涪江(부강) : 재주의 성곽 동쪽을 지나는 강물 이름이다.
* 腸斷(장단) 구 : 천보天寶 14년(755) 겨울에 두보는 가족을 보러 장안에서 봉선현奉先縣으로 갔는데, 도중에 여산 발치에 이르러 행궁行宮에서 군주와 신하들이 밤새 연회를 즐기며 노는 소리를 듣고, 나라의 위태로움이 목전에 들이닥친 상황을 생각하며 무척 가슴 아팠던 적이 있다. '청로진淸路塵'은 군주의 행차로 인해 길에 사람들의 왕래가 금지되고, 깨끗이 청소가 된 상태를 묘사한 것이다.

680. 장시어께 바침

회해 유양 땅에 뛰어난 인물 하나 있으니
자주색 끈에 매단 황금 도장이 젊음을 빛냈지.
능란하게 일을 지휘하여 하늘과 땅을 되돌릴 정도였고
강한 병사 훈련시켜 귀신조차 놀라게 할 정도였지.

상수 서쪽 땅은 관우로 하여금 돌아갈 수 없게 했으니
하내에서는 여전히 구순을 빌려 달라고 청할 수밖에.
조정에서 황제 뵐 때, 숨은 인재 없냐고 은근히 물으시거든
강한 물가에 낚싯줄 드리운 사람 있다고 말하지 마오.

奉寄章十侍御
봉 기 장 십 시 어

淮海維揚一俊人　金章紫綬照青春
회 해 유 양 일 준 인　금 장 자 수 조 청 춘

指麾能事迴天地　訓練强兵動鬼神
지 휘 능 사 회 천 지　훈 련 강 병 동 귀 신

湘西不得歸關羽　河內猶宜借寇恂
상 서 부 득 귀 관 우　하 내 유 의 차 구 순

朝覲從容問幽仄　勿云江漢有垂綸
조 근 종 용 문 유 측　물 운 강 한 유 수 륜

● **해설**

이 시는 광덕廣德 2년(764) 봄에 낭주閬州에서 지은 것이다. 이 시의 제목 아래에는, 묘사 대상인 장이章彝가 '당시에 막 재주자사梓州刺史 겸 동천유후東川留後의 직위를 그만두고 조정으로 들어가려던 참이었다'라는 주석이 붙어 있다. 이 작품에서 두보는 장이의 재능을 칭송하면서 그가 이임하는 데에 대한 애석한 마음을 묘사했지만, 이런 묘사 자체는 상당히 의례적인 성격이 강했던 듯하다. 왜냐하면, 《당서唐書》에 따르면, 장이는 파촉巴蜀 지역을 벗어나기도 전에 엄무嚴武에 의해 장살杖殺당했을 정도로 재능이나 인품이 그다지 뛰어난 인물이 아니었던 것으로 여겨지기 때문이다.

● **주석**

* 淮海維揚(회해유양) : 장의의 관적貫籍을 가리킨다. 유양은 지금의 양주揚州이다.
* 金章紫綬(금장자수) : 자주색 띠에 금으로 만든 도장을 달았다는 것은 높은 벼슬을 가리킨다. 여기서는 장의가 높은 벼슬에 올랐음을 묘사한 것이다.
* 湘西(상서) 구 : 《삼국지三國志·촉서蜀書·관우전關羽傳》에 따르면, 유비劉備가 서쪽으로 익주益州를 평정하고 관우를 동형주사董荊州事에 임명했다. 여기서는 재주梓州를 지키고 있는 장의가 조정으로 돌아가서는 안 된다는 뜻을 나

타내기 위해 사용된 고사故事이다.
* 河內(하내) 구 : 《후한서後漢書·구순전寇恂傳》에 따르면, 광무제光武帝가 하내 땅을 수습한 후, 구순을 태수太守에 임명했다. 나중에 구순은 영천潁川으로 자리를 옮겼고 뒤에 다시 여남汝南으로 옮겼는데, 영천 땅에 도적이 들끓어서 구순이 남쪽으로 정벌을 나서자 그곳 주민들이 그를 1년만 더 빌려 달라고 청했다고 한다. 여기서는 장의에게 계속 재주자사의 직위에 있어 달라는 뜻으로 사용된 고사이다.
* 朝覲(조근) 구 : '유측幽仄'은 강호江湖에 숨은 은사를 가리킨다. 낚싯줄을 드리운 사람은 두보 자신을 가리키는데, 여기서는 장의더러 조정에 들어갔을 때 황제에게 자신을 천거해 달라는 뜻을 우회적으로 나타냈다.

681. 성도의 초당으로 가는 길에 지은 작품이 있어 먼저 엄정공에게 부친다

맑은 강 곳곳에 하얗게 개구리밥 떼를 이루고 있으니
옛 정원엔 아직 봄의 잔재가 남아있겠지요.
척후병들 나가 있는 설산에는 적의 군대 보이지 않으니
나를 반기는 금리 마을엔 집집마다 주인들이 있겠지요.
어린아이가 손님 맞는다고 책망하지 마시고
거위와 오리가 이웃 귀찮게 하지 못하게 해주시구려.
습가지에는 풍류가 다할 날 없는데
하물며 형주께서 다시 감상하시게 되었음에랴!

將赴成都草堂途中有作先寄嚴鄭公
處處淸江帶白蘋　故園猶得見殘春
雪山斥候無兵馬　錦里逢迎有主人
休怪兒童延俗客　不敎鵝鴨惱比鄰

習池未覺風流盡　　況復荊州賞更新
_{습 지 미 각 풍 류 진　　황 부 형 주 상 갱 신}

● 해설

이 시는 광덕廣德 2년(764) 2월에 지은 것으로, 5수의 연작시 가운데 제2수이다.

● 주석

* 錦里(금리) : 성도成都를 가리킨다.
* 習池(습지) : 양양襄陽의 명승지인 습가지習家池를 가리킨다. 진晉나라 때의 정남장군征南將軍 산간山簡이 양양을 다스릴 때, 항상 이곳에 들러 취하도록 술을 마셨다고 한다. 여기서는 성도에 있는 두보의 초당을 가리킨다.
* 荊州(형주) 구 : 산간은 형주와 상주湘州, 교주交州, 광주廣州 등 네 지역을 다스렸다. 여기서는 엄무嚴武가 정국공鄭國公에 봉해져서 성도에 오게 된 일을 비유하고 있다.

682. 고민을 덜다

듣자하니 운안의 국미춘은
한 잔만 기울여도 사람을 취하게 한다지.
배 타고 가서 취하도록 마시기야 어려운 일 아니지만
협곡 내려가며 시름 씻으려면 몇 번이나 마셔야 할까?
삿대 젓는 사공과 키잡이도 너를 멀리서 사랑하여
키 돌리고 삿대 저을 때 민첩하기가 신령이 담긴 듯하네.
이미 청동전靑銅錢 챙겨 품삯 마련해두었으니
마땅히 멋진 그 맛 내 입에 들어오게 해야지.

撥悶
_{발 민}

聞道雲安麴米春　　才傾一盞卽醺人
_{문 도 운 안 국 미 춘　　재 경 일 잔 즉 훈 인}

乘舟取醉非難事　下峽消愁定幾巡
長年三老遙憐汝　捩柁開頭捷有神
已辦青錢防雇直　當令美味入吾唇

• 해설
이 시는 충주忠州를 떠나 운안雲安(지금의 사천성四川省 운양雲陽)으로 가던 도중에 쓴 것이니, 대략 영태永泰 원년(765)에 지은 것이다.

• 주석
* 麴米春(국미춘) : 술 이름. 당나라 때에는 이처럼 술 이름에 '춘春'을 붙이는 경우가 많았다.
* 長年三老(장년삼로) 구 : '장년'은 상앗대를 젓는 뱃사공, '삼로'는 키를 담당하는 사람이라는 뜻이다. 이 구절에서 '여汝', 즉 '너'는 '국미춘'을 가리킨다.
* 開頭(개두) : 배를 젓는다는 뜻이다.

683. 상징군에게

하얀 물 푸른 산엔 덧없이 다시 봄이 왔는데
상징군은 만년에야 풍진 세상 가까이하네.
당상의 초나라 왕비는 미색이 남보다 빼어나고
계단 앞의 바다 학은 사람 향해 우네.
하는 일마다 복잡하고 양식마저 떨어졌지만
한갓 벼슬에 매여 있는 것은 사실 자신을 숨기기 위함일세.
개주는 여름이 되어도 날씨가 서늘하다고 하니
모진 더위가 날마다 새로워지는 이곳 운안과는 다르겠지요.

기상징군
寄常徵君

백수청산공부춘
白水青山空復春

징군만절방풍진
徵君晚節傍風塵

초비당상색수중
楚妃堂上色殊衆

해학계전명향인
海鶴階前鳴向人

만사규분유절립
萬事糾紛猶絕粒

일관기반실장신
一官羈絆實藏身

개주입하지량랭
開州入夏知涼冷

불사운안독열신
不似雲安毒熱新

● **해설**

이 시는 대력大曆 원년(766) 늦봄에, 두보가 운안雲安에 있을 때에 지은 것이다. 상징군은 이보다 한 해 앞서 두보와 작별하고 운안을 떠나 개주開州(지금의 사천성四川省 개현開縣)로 갔다.

● **주석**

* 楚妃(초비) 2구 : '초나라 왕비'와 '바다 학'은 각기 황제의 총애를 얻어 부귀한 자리에 오른 이들과 상징군처럼 재능은 있으나 뜻을 이루지 못하고 낮은 벼슬자리를 전전하는 사람을 비유하고 있다.

684. 백중승의 명을 받고 강릉에 계신 위상서의 모친께 가게 된 별가 백이를 전송하며 지어서, 행군사마로 있는 사촌동생 두위에게 보여주게 하다

중승께서 민간을 시찰하실 땐 화웅畵熊을 자주 타시더니
사랑하는 동생이 편지 전할 때는 익수선鷁首船을 탄다네.
백중승이 다섯 지방의 방어사로 옮겨가서
상서의 모친께 문안드리는 것이지.
초 지방 섣달에 형문의 물길에서 전송하는데
백제성白帝城 구름은 푸른 바다의 봄을 훔쳐왔구나.
재능 좋은 사촌동생더러 시를 아끼지 말라고 전해주시면

아실 걸세, 희끗희끗한 내 살쩍이 온통 은처럼 변했다는 걸!

奉送蜀州柏二別駕將中丞命赴江陵起居衛尚書太夫
봉송촉주백이별가장중승명부강릉기거위상서태부

人因示從弟行軍司馬位
인인시종제행군사마위

中丞問俗畫熊頻　　愛弟傳書綵鷁新
중승문속화웅빈　　애제전서채익신

遷轉五州防禦使　　起居八座太夫人
천전오주방어사　　기거팔좌태부인

楚宮臘送荊門水　　白帝雲偸碧海春
초궁랍송형문수　　백제운투벽해춘

與報惠連詩不惜　　知吾斑鬢總如銀
여보혜련시불석　　지오반빈총여은

●해설

이 시는 대력大曆 원년(766) 겨울, 기주夔州에서 지은 것이다. 당시 중승中丞 백무림白茂琳의 동생으로 별가別駕 자리에 있던 백이柏二는 형의 지시에 따라 강릉江陵에 있는, 상서尚書이자 당시 형남절도사荊南節度使로 있던 위백옥衛伯玉의 모친께 문안을 드리러 떠나려던 참이었다. 이 시는 그를 전송하며 지은 것이다. 행군사마行軍司馬는 두보의 사촌동생이자 이임보李林甫의 사위인 두위杜位를 가리킨다. 이임보가 당쟁에서 밀려난 후, 두위 역시 강릉으로 좌천되어 형남절도사의 행군사마에 임명되었다. 한편《두시상주》에서는 이 작품의 제목을 〈봉송촉주백이별가장중승奉送蜀州柏二別駕將中丞〉이라고 했다.

●주석

* 畫熊(화웅) : 곰 그림으로 치장한 수레를 가리킨다.
* 綵鷁(채익) : 풍랑을 일으키는 귀신들을 제압하는 익조鷁鳥 그림으로 화려하게 장식된 배를 가리킨다.
* 遷轉(천전) 구 : 당나라 대종代宗 광덕廣德 2년(764)에 방어사防禦使라는 관직을 설치하여 기주, 협주峽州, 충주忠州, 귀주歸州, 만주萬州 등 다섯 지역을 관장하게 하고, 형남절도사에 예속하였다. 백무림은 기주도독都督이었는데, 당시 도독에서 방어사로 벼슬을 옮겼다.
* 八座太夫人(팔좌태부인) : 위백옥의 모친을 가리킨다. 당나라 때에는 여섯 상

서상서書와 좌·우 복야僕射를 합쳐서 '팔좌八座'라고 불렀다.
* 惠連(혜련) : 육조 송宋나라의 사혜련謝惠連을 가리킨다. 그는 시와 문장에 뛰어나서, 그의 사촌형인 사영운謝靈運으로부터 자주 칭송을 들었다. 후세 사람들은 이 이야기를 빌어 동생을 칭찬하는 용도로 자주 사용했다. 여기서는 두보의 사촌동생인 두위를 가리킨다.

685. 적갑산에서

적갑산에 거처 정하고 새로 이사했거니와
무산과 촉수蜀水의 봄을 두 번이나 보았네.
햇볕 등지고 태우면 천자께 바칠 만하고
좋은 미나리는 촌사람을 알아보게 하지.
형주의 정심과 설거는 시 보내올 정도로 가까운 사이지만
촉 땅의 극앙과 잠참은 내 이웃이 아니라네.
오낭중과 최평사를 웃으며 맞아 술 마시니
병든 몸이지만 거나하게 마시며 내 진심 말하게 되지.

적갑
赤甲

복거적갑천거신
卜居赤甲遷居新
량견무산초수춘
兩見巫山楚水春
자배가이헌천자
炙背可以獻天子
미근유래지야인
美芹由來知野人
형주정설기시근
荊州鄭薛寄詩近
촉객극잠비아린
蜀客郤岑非我鄰
소접랑중평사음
笑接郎中評事飮
병종심작도오진
病從深酌道吾眞

● 해설
이 시는 대력大曆 2년(767) 봄에 지은 것이다. 적갑은 기주夔州(지금의 사천성四川省 봉절현奉節縣)의 북쪽에 위치한 산 이름이다. 이 해에 두보는 서각西閣에서

이곳으로 거처를 옮겼다.

● 주석
* 楚水(초수) : 촉수蜀水를 가리킨다.
* 炙背(자배) 구 : 《열자列子·양주楊朱》에 수록된 이야기를 바탕으로 산야에 묻혀 사는 시인 자신의 정취와 황제에 대한 충정을 우회적으로 표현했다. 《열자》의 이야기를 요약하자면, 다음과 같다. 옛날에 송宋나라의 어느 농부는 항상 허름한 옷을 입고 근면하게 일하며 겨울을 나고, 봄이 되자 농사를 지으면서 스스로 햇볕에 몸을 태우며, 세상에 넓고 큰집이나 좋은 솜옷과 털옷이 있다는 사실도 모르고 지냈다. 어느 날 그는 아내에게 이렇게 말했다. "해를 등지고 있을 때 느끼는 따스함은 다른 사람들이 아무도 모르고 있는데, 이걸 우리 군주께 바치면 큰 상을 내리실 게요." 그러자 마을의 어느 부자가 그에게 충고했다. "옛날 어떤 사람이 멋진 누에콩[荏菽]과 달짝지근한 도꼬마리[蒼耳], 뇌호[籟蒿]를 갖고 있다고 마을의 부호에게 자랑했는데, 마을 부호가 그걸 얻어다 먹어보니 입안이 톡 쏘고 배가 아팠다. 사람들이 비웃으며 원망하자 그는 매우 부끄러워했다. 당신은 이런 사람과 같다."
* 鄭薛(정설) : 두보의 옛 친구인 정심鄭審과 설거薛據를 가리킨다.
* 郄岑(극잠) : 극앙郄昂과 잠참岑參을 가리킨다.
* 郎中評事(낭중평사) : '낭중'은 아마도 오랑吳郎을 가리키는 듯하고, '평사'는 최평사崔評事를 가리킨다.

686. 늦여름에 황문시랑을 모시고 조정으로 가는 고향의 동생 두소를 전송하며

아우는 아직 창수의 사자 노릇 하고 있지만
유명한 가문은 항상 두릉 출신의 인물들이 이루었다네.
근래에 시랑께선 재상으로서 촉 땅을 아울러 다스리시다가
조정으로 돌아가시니 벌써 중원 땅에 들어서셨을 걸세.
배 버리고 말 채찍질하여 전투를 논할 땅으로 가서
금 허리띠에 옥장식 매달고 주군께 보답할 몸이시라.

맑은 가을 귀뚜라미 소리에 시 읊조릴 생각 마시게,
시랑의 얼굴 기린각에 그려졌다는 소식 어서 가서 들어야지.

季夏送鄕弟韶陪黃門從叔朝謁
_{계 하 송 향 제 소 배 황 문 종 숙 조 알}

令弟尙爲蒼水使
_{령 제 상 위 창 수 사}
名家莫出杜陵人
_{명 가 막 출 두 릉 인}

比來相國兼安蜀
_{비 래 상 국 겸 안 촉}
歸赴朝廷已入秦
_{귀 부 조 정 이 입 진}

捨舟策馬論兵地
_{사 주 책 마 론 병 지}
拖玉腰金報主身
_{타 옥 요 금 보 주 신}

莫度淸秋吟蟋蟀
_{막 도 청 추 음 실 솔}
早聞黃閣畫麒麟
_{조 문 황 각 화 기 린}

● 해설

이 시는 대력大曆 2년(767) 6월에 기주夔州에서 지은 것이다. 당시 두홍점杜鴻漸은 황문시랑동평장사黃門侍郎同平章事로 촉蜀 땅을 다스리다가, 이 해 6월에 조정으로 돌아갔다. 이때 두보와 같은 고향 출신이며 그에게 동생뻘 되는 두소杜韶도 두홍점을 따라갔다.

● 주석

* 蒼水使(창수사) : 《오월춘추吳越春秋》에 따르면, 우禹임금이 형악衡岳에 올랐다가 꿈에 붉은 수가 놓아진 옷을 입은 남자를 보았는데, 그는 스스로 창수蒼水의 사자인데 미리 와서 명을 기다리고 있었다고 하면서, 아울러 '산신금간서山神金簡書'를 얻는 법을 알려주었다고 한다. 이 시를 지을 당시 두소는 개강사開江使 벼슬을 겸하고 성도成都 지역을 오가는 배들을 관리했기 때문에, 이런 이야기를 빌려 비유했다.
* 捨舟(사주) 구 : 두소는 두홍점을 모신 채, 배를 타고 삼협三峽을 빠져나와 형주荊州에서 육로를 통해 장안長安으로 갔다. '논병지論兵地'는 장안을 가리킨다. 애초에 최간崔旰이 난을 일으켜 곽영예郭英乂를 죽이고 성도를 점거한 죄는 응징을 받아야 마땅했지만, 두홍점은 부임하면서 잠시 처벌을 미뤄두고 있었다. 그러나 이제 조정으로 돌아가게 되었으니 마땅히 최간을 응징해야 한다는 뜻이다.
* 莫度(막도) 구 : 두소에게 중도에서 머뭇거리지 말고 길을 빨리 재촉하라는 뜻

이다.
* 早聞(조문) 구 : 두홍점이 조정에 들어가 빨리 반란군을 토벌하고 공을 세우기 바란다는 뜻이다. 황각黃閣은 당나라 때 문하성門下省의 다른 이름인데, 여기서는 황문시랑으로 있던 두홍점을 가리킨다. 한편, 한나라 선제宣帝 감로甘露 연간(기원전 53~기원전 50)에 곽광霍光, 장안세張安世, 한증韓增 등 11명의 명신名臣들을 기리기 위해 이들의 초상화를 기린각麒麟閣에 그린 일이 있는데, 나중에 이 고사는 훌륭한 신하를 표창한다는 뜻으로 자주 사용되었다.

687. 다시 오랑에게

당 앞의 대추나무는 서쪽 이웃에게 맡겨두시게,
먹을 것도 없고 자식도 없는 부인이라네.
가난하지 않다면 어찌 이런 일이 있으랴마는
두려워할 것 같으니, 더욱 친하게 대해주시게.
그녀가 멀리서 온 나그네를 경계한다면 번거롭긴 하겠지만
그렇다고 성긴 울타리를 꽂아두는 것은 너무 진지한 행동일 테지.
이미 하소연하길, 세금 때문에 가난이 뼈에 사무쳤다고 했으니
전쟁을 생각하노라면 눈물이 수건을 흠뻑 적신다네.

又呈吳郞

堂前撲棗任西鄰
無食無兒一婦人
不爲困窮寧有此
祗緣恐懼轉須親
卽防遠客雖多事
使揷疏籬卻甚眞
已訴徵求貧到骨
正思戎馬淚盈巾

●해설

이 시는 대력大曆 2년(767) 6월에 동둔東屯에서 지은 것이다. 그가 양서초당瀼西草堂에서 이곳으로 이사한 후, 그의 먼 친척 가운데 당시 주부州府에서 사법참군司法參軍으로 일하게 된 오랑이 가족과 함께 충주忠州(지금의 사천성 충현忠縣)에서 배를 타고 와서 양서초당에 머물게 되었다.

●주석

* 此(차) : '이 일'이란 곧 이웃집 과부가 대추를 훔쳐먹는 일을 가리킨다.
* 遠客(원객) : '멀리서 온 나그네', 즉 오랑을 가리킨다.

688. 동짓날

해마다 동지는 돌아오건만 기나긴 나그네 신세라서
갑작스런 가난과 시름은 사람 잡는 진흙 수렁 같구나.
강 위에 비친 내 모습은 외로운 늙은이인데
하늘 끝 풍속은 저희들끼리만 친할 뿐일세.
눈 내린 뒤 명아주 지팡이 짚고 단풍 물든 골짜기 바라보니
조회에 오는 관료들의 옥패 소리 자신전에 흩어지는 듯.
이때에 내 마음 꺾어져 한치도 남지 않았는데
길 잃어 헤매노니 어디가 장안이던가!

冬至
년년지일장위객
年年至日長爲客
홀홀궁수니살인
忽忽窮愁泥殺人
강상형용오독로
江上形容吾獨老
천애풍속자상친
天涯風俗自相親
장려설후림단학
杖藜雪後臨丹壑
명옥조래산자신
鳴玉朝來散紫宸
심절차시무일촌
心折此時無一寸
로미하처시삼진
路迷何處是三秦

● 해설

이 시는 대력大曆 2년(767) 겨울에 기주夔州에서 지은 것이다. 건원乾元 2년 (759) 벼슬을 버리고 진주秦州에서 나그네 생활을 하던 이래, 그는 줄곧 이런 타향을 떠돌아야 했다.

● 주석

* 鳴玉(명옥) 구 : '명옥'은 말을 타고 조회에 오는 여러 관료들의 옥패玉佩가 말의 걸음에 따라 짤랑이는 것을 묘사한 것이다. 자신전紫宸殿은 대명궁大明宮 안에 있는 전각殿閣 이름으로, 황제가 청정聽政하던 곳이다.
* 三秦(삼진) : 항우項羽가 진秦나라 땅을 셋으로 쪼개서 생겨난 명칭이다. 그곳은 지금의 섬서성陝西省 안에 속하는데, 여기서는 장안長安을 가리키는 뜻으로 사용되었다.

689. 공안의 승려 태역에게 작별을 고하며

숨어살며 혜원 같은 고승 만나려 했더니
탕혜휴처럼 글 잘 쓰는 그대 처음 만났지요.
배 타고 떠나는 길 자주 묻고는 시 지어 남기셨으니
오랫동안 책 상자 열어놓고 보며 그대 마음 헤아리리다.
모래 옆 마을에 흰 구름은 아직 냉기를 머금고 있는데
강가 고을의 붉은 매화는 이미 봄기운 피우고 있구려.
그대 먼저 향로봉에 올라 절을 세우시고
석장 들고 느긋하게 날아 속세를 떠나시구려.

留別公安太易沙門

隱居欲就廬山遠   麗藻初逢休上人
數問舟航留製作   長開篋笥擬心神

沙村白雲仍含凍　　江縣紅梅已放春
사촌백운잉함동　　강현홍매이방춘
先踏爐峰置蘭若　　徐飛錫杖出風塵
선답로봉치란야　　서비석장출풍진

● 해설

이 시는 대력大曆 3년(768) 겨울에, 두보가 공안公安을 떠나 악양岳陽으로 갈 때에 지은 것이다.

● 주석

* 廬山遠(여산원) : 동진東晉 때의 고승高僧 혜원惠遠을 가리킨다. 그는 여산廬山(지금의 강서성江西省 구강시九江市의 남쪽에 있음)의 동림사東林寺에 오래 머물었기 때문에, 사람들은 그를 '여산원'이라고 불렀다.
* 休上人(휴상인) : 남조南朝 유송劉宋 때의 승려 탕혜휴湯惠休를 가리킨다. 그는 글재주가 뛰어났고, 사람들은 그를 탕휴湯休라고 불렀다. 나중에 황제의 명에 따라 환속還俗하여 양주자사揚州刺史를 지냈다. 여기서는 승려 태역을 비유하고 있다.
* 先踏(선답) 구 : 노봉爐峰은 여산의 향로봉香爐峰을 가리킨다. 난야蘭若는 절을 뜻하는 다른 표현이다.
* 錫杖(석장) : 승려나 도사가 사용하는 지팡이로, 머리끝에 둥근 쇠고리가 달려 있다. '선장禪杖'이라고도 한다.

690. 제비가 찾아올 때 배 안에서 짓다

호남 땅의 나그네 되어 홀연히 봄을 지내니
제비가 진흙 물고 찾아온 것이 두 번이나 되었다.
옛날 고향에 찾아온 녀석은 주인을 알아보더니
지금 사일에 찾아온 녀석은 멀리서 쳐다보기만 한다.
가엾어라, 가는 곳마다 그대 둥지 틀게 되다니
표연히 바람에 몸 맡긴 나와 다를 게 무엇인가?
잠시 돛대에 앉아 몇 마디 하다가 다시 날아가버리니

꽃밭 뚫고 물 차는 모습에 더욱 눈물이 수건을 적시게 한다.

$$\underset{연\ 자\ 래\ 주\ 중\ 작}{燕子來舟中作}$$

$$\underset{호\ 남\ 위\ 객\ 동\ 경\ 춘}{湖南爲客動經春} \quad \underset{연\ 자\ 함\ 니\ 량\ 도\ 신}{燕子銜泥兩度新}$$

$$\underset{구\ 입\ 고\ 원\ 상\ 식\ 주}{舊入故園嘗識主} \quad \underset{여\ 금\ 사\ 일\ 원\ 간\ 인}{如今社日遠看人}$$

$$\underset{가\ 련\ 처\ 처\ 소\ 군\ 실}{可憐處處巢君室} \quad \underset{하\ 이\ 표\ 표\ 탁\ 차\ 신}{何異飄飄托此身}$$

$$\underset{잠\ 어\ 선\ 장\ 환\ 기\ 거}{暫語船檣還起去} \quad \underset{천\ 화\ 첩\ 수\ 익\ 점\ 건}{穿花貼水益霑巾}$$

● 해설

이 시는 대력大曆 5년(770) 봄에, 두보가 담주潭州(지금의 호남성湖南省 장사시長沙市)를 떠돌 때에 지은 것이다.

● 주석

* 湖南(호남) : '동정호洞庭湖의 남쪽'이라는 뜻으로, 여기서는 장사長沙 땅을 가리킨다.
* 社日(사일) : 입춘立春 후 다섯 번째 무일戊日을 가리키는데, 고대에는 이때에 토지신土地神에게 제사를 지내는 풍속이 있었다.

【칠률문운七律文韻】

691. 요족 출신의 하인 아단에게

산에는 나무 푸르고 해질녘 황혼 드리우자
대나무 대롱은 하늘하늘 가는 샘물을 나눠 준다.
마을 사람들 밤이 되자 남은 물방울 다투는데
더벅머리 하인 묵묵히 혼자 수원지를 찾았다.
갈증에 시달리던 삼경 깊은 밤 흰머리 돌려보니
푸른 구름 적시는 한 줄기 물소리 들려온다.
일찍이 도현에게 놀라운 이민족 하인이 있었다더니
신기하게도 너는 항상 호랑이와 표범의 무리를 뚫고 다니는구나.

示獠奴阿段

山木蒼蒼落日曛　　竹竿裊裊細泉分
郡人入夜爭餘瀝　　豎子尋源獨不聞
病渴三更回白首　　傳聲一注濕青雲
曾驚陶侃胡奴異　　怪爾常穿虎豹群

● **해설**

이 시는 대력大曆 원년(766) 무렵에 기주夔州에서 지은 것이다. 아단阿段은 당시 그가 고용한 요족獠族 출신의 성실한 하인 이름이다.

● **주석**

* 陶侃(도간) 구 : 도간(259~334)의 아들 호노胡奴에 관해 다음과 같은 이야기가 전해진다. 어느 날 북방에서 온 승려가 그 아들을 보고, "이분은 해산海山

의 사자使者이시다."라고 했는데, 아들은 그날 밤에 어디론가 사라져 버렸다는 것이다. 그러나 여기서는 두보와 같은 시대에 살았던 '도현陶峴'의 이름을 잘못 표기한 것이 아닐까 생각된다. 전하는 바에 따르면, 도현에게는 마하摩訶라는 이름의 곤륜노崑崙奴가 있었는데, 그는 수영을 아주 잘했다.

【칠률원운 七律元韻】

692. 태산을 바라보며

화산華山은 험준하게 치솟아 높다랗게 자리잡고 있어서
여러 봉우리들은 마치 자손들처럼 늘어서 있구나.
어떻게 하면 신선의 아홉 마디 지팡이 얻어 짚고
명성옥녀의 머리 감는 대야 앞에 이를 수 있을까?
수레가 골짜기로 들어서니 돌아갈 길이 없고
화살이 하늘로 통하듯 문이 하나 있구나.
잠시 후에 가을바람 쌀쌀해지길 기다려
높은 백제의 거처 찾아가 진리의 근원을 물어보리라.

망 악
望岳

서 악 준 증 송 처 존
西岳峻嶒竦處尊

제 봉 라 립 사 아 손
諸峰羅立似兒孫

안 득 선 인 구 절 장
安得仙人九節杖

주 도 옥 녀 세 두 분
拄到玉女洗頭盆

거 상 입 곡 무 귀 로
車箱入谷無歸路

전 괄 통 천 유 일 문
箭栝通天有一門

초 대 추 풍 량 랭 후
稍待秋風凉冷後

고 심 백 제 문 진 원
高尋白帝問眞源

● **해설**
이 시는 대략 건원乾元 원년(758) 무렵에 두보가 좌습유左拾遺에서 화주참군華州參軍으로 좌천되어 부임하러 가는 도중에 지은 것이다.

● **주석**
* 九節杖(구절장) : 《열선전列仙傳》에 따르면, 왕렬王烈이 적성노인赤城老人에게서 아홉 마디로 된 창등죽장蒼藤竹杖을 받았는데, 이것을 짚고 길을 가자 말도

쫓아오지 못할 정도로 빨리 걸었다고 했다.
* 玉女洗頭盆(옥녀세두분) : 《집선록集仙錄》에 따르면, 명성옥녀明星玉女라는 선녀가 화산의 사당에 살았는데, 사당 앞에 다섯 개의 돌로 만든 절구가 있었다. 이것을 그녀가 머리 감는 대야라고 불렀는데, 이 속에는 항상 마르지도 넘치지도 않는 맑은 물이 고여 있었다고 한다.
* 車箱(거상) 2구 : 첫 구절은 골짜기가 너무 좁아서 마차가 들어가면 돌릴 수 없을 정도라는 뜻이다. 둘째 구에서 가리키는 문은 화산 정상에 있는 남천문南天門을 가리킨다.
* 白帝(백제) : 옛날 전설상의 소호少昊를 가리킨다. 도가道家에서 그는 서쪽을 주관하는 하늘의 신, 즉 '천제天帝'로 알려져 있다.

693. 석양의 햇살

초왕궁 북쪽은 황혼이 한창이고
백제성 서쪽에 비 지나간 흔적 있다.
저무는 햇살 강물로 비쳤다가 돌벽에 반사되어 일렁이고
돌아가는 구름이 나무숲 끌어안아 산골 마을이 사라졌다.
노쇠한 나이에 폐병까지 들어 그저 베개만 높이 베고 누워
외딴 변방에서 시절을 근심하며 일찍이 대문 닫았다.
승냥이 호랑이 어지럽게 날뛰는 곳에 오래 머물 수 없으니
남방에는 실로 아직 불러오지 못한 혼이 있다.

返照^{반 조}

楚王宮北正黃昏 (초왕궁북정황혼)
白帝城西過雨痕 (백제성서과우흔)
返照入江翻石壁 (반조입강번석벽)
歸雲擁樹失山村 (귀운옹수실산촌)
衰年肺病唯高枕 (쇠년폐병유고침)
絶塞愁時早閉門 (절새수시조폐문)

　　　　불가구류시호란　　　　남방실유미초혼
　　　不可久留豺虎亂　　　南方實有未招魂

● 해설

이 시는 대력大曆 원년(766)에 기주夔州에서 지은 것이다.

● 주석

* 楚王宮(초왕궁) : 지금의 사천성四川省 무산현巫山縣 서북쪽에 있다. 시에서 가리키는 그곳의 북쪽과 백제성의 서쪽은 곧 당시 두보가 살고 있던 기주의 서각西閣 일대를 가리킨다.
* 絶塞(절새) : 장안에서 멀리 떨어진 기주를 가리킨다.
* 豺虎亂(시호란) : 당시 두홍점杜鴻漸이 촉蜀 땅을 다스리면서 지방의 군벌들에게 방임의 자세로 일관했다. 이 때문에 대력 3년(768)에는 양자림楊子琳이 기주의 별가別駕로 있던 장충張忠을 살해하고 성을 점거하는 사태가 일어났다.

694. 백제성

백제성 안의 구름 성문 밖으로 솟아나고
백제성 아래 빗줄기는 동이를 쏟아부은 듯하다.
불어난 물길 협곡 치닫는 소리 우레와 천둥이 다투는 듯하고
오래된 나무와 푸른 덩굴에 가려 해와 달도 흐릿하다.
전쟁터에 나가는 말은 돌아오는 말처럼 빠르지 못해
천개의 집안 가운데 지금은 백개만 남았다.
애달픈 과부가 모든 것을 세금으로 징수당한 듯
가을 들판에 울리는 통곡 소리 어느 마을에서 들려오는가!

　　백제
　　白帝

　　백제성중운출문　　　　　백제성하우번분
　　白帝城中雲出門　　　　白帝城下雨翻盆

고강급협뢰정투　　고목창등일월혼
高江急峽雷霆鬪　　古木蒼藤日月昏
융마불여귀마일　　천가금유백가존
戎馬不如歸馬逸　　千家今有百家存
애애과부주구진　　통곡추원하처촌
哀哀寡婦誅求盡　　慟哭秋原何處村

● **해설**
이 시는 대력大曆 원년(766) 가을에 기주夔州에서 지은 것이다.

● **주석**
* 白帝城(백제성) 구 : 백제산白帝山 위에 세워진 성이 지세가 워낙 높아서, 밑에서 보면 마치 구름이 성문에서 나오는 듯하고, 산발치로 떨어지는 빗줄기도 거세다는 것을 묘사하고 있다.

695. 옛 유적에 대한 감회를 노래함

온 산과 골짜기들 형문산으로 치닫고
왕소군이 나서 자란 곳엔 아직 마을이 있구나.
한번 한나라 궁궐 떠나 줄곧 북방의 사막 떠돌다
그저 푸른 무덤으로만 남아 황혼을 바라보는구나.
화공畵工의 그림만으로 봄바람의 얼굴 제대로 알지 못해
헛되이 환패 소리 짤랑이며 달밤의 원혼으로 돌아오게 했구나.
천년의 비파 소리 오랑캐 말로 바뀌고
또렷한 원한은 노래 속에서 울려 나오네.

영회고적
詠懷古跡

군산만학부형문　　생장명비상유촌
群山萬壑赴荊門　　生長明妃尚有村
일거자대련삭막　　독류청총향황혼
一去紫臺連朔漠　　獨留青塚向黃昏

```
  화 도 생 식 춘 풍 면           환 패 공 귀 월 야 혼
  畫圖省識春風面              環佩空歸月夜魂
  천 재 비 파 작 호 어           분 명 원 한 곡 중 론
  千載琵琶作胡語              分明怨恨曲中論
```

• **해설**

이 시는 대력大曆 원년(766)에 기주夔州에서 지은 것으로, 5수의 연작시 가운데 제3수이다. 여기서 말하는 옛 유적이란 기주와 삼협三峽 일대에 있는 것들인데, 특히 이 작품에서는 왕소군王昭君의 일화가 서린 소군촌昭君村을 소재로 삼은 것이다. 왕소군은 지금의 호북성湖北省 자귀현秭歸縣 사람으로, 원래 이름은 왕장王嬙이며, 한漢나라 원제元帝 때의 궁녀였다. 경녕竟寧 원년(기원전 33)에 그녀는 흉노匈奴 왕 호한야선우呼韓邪單于의 아내로 보내져서, 결국 흉노 땅에서 죽었다.

• **주석**

* 荊門(형문) : 지금의 호북성 의도현宜都縣 서북쪽의 장강長江 강변에 위치한 산 이름이다.
* 明妃(명비) : 왕소군을 가리킨다. 소군촌은 자귀현 동북쪽의 남비대산南妃臺山 아래에 있다.
* 靑塚(청총) : 왕소군의 무덤으로, 지금의 내몽고內蒙古 호화호특시呼和浩特市 남쪽에 있다. 무덤 위에 항상 푸른 풀이 자라서 그런 이름이 붙여졌다고 한다.
* 畫圖(화도) 구 : 《서경잡기西京雜記》에 따르면 원제에게 궁녀가 매우 많아서 항상 볼 수 없었기 때문에, 화공이 그린 궁녀들의 초상화를 보고 잠자리에 시중들 궁녀를 간택했다고 한다. 이에 따라 궁녀들이 화공에게 많은 뇌물을 바쳤는데, 왕소군은 자신의 미모를 믿고 뇌물을 바치지 않았다. 그러자 당시 화공인 모연수毛延壽는 왕소군의 얼굴을 못생기게 그려서, 원제가 왕소군을 찾지 못하게 했다. 나중에 원제가 흉노와 화친 정책을 펴서, 한나라 조정에 찾아온 흉노가 통혼通婚을 청하자, 원제는 초상화의 그림 가운데 못생긴 왕소군을 골라 보내기로 했다. 그러나 그녀가 흉노 땅으로 출발하는 날에야 비로소 원제는 그녀의 용모가 궁중에서 가장 뛰어나다는 것을 발견했고, 군주를 속인 모연수는 처형당했다. '춘풍春風'은 왕소군의 모습을 비유한 것이다.
* 千載(천재) 2구 : 왕소군이 죽은 후, 그녀의 원한을 노래한 〈소군원昭君怨〉이라는 음악이 유행했다. '호어胡語'는 여기서 '호악胡樂', 즉 북방 오랑캐의 음악이라는 뜻이다.

【칠률한운七律寒韻】

696. 정부마가 집안의 연화동에서 연회를 열다

공주의 집 그늘진 골은 옅은 안개에 덮였고
나그네 머물게 하는 여름 대자리는 낭간처럼 푸르구나.
봄술이 잔에 진하여 호박색이 옅고
차가운 물은 그릇 푸르러 마노색이 차갑구나.
띠집은 마치 강기슭 지나는 듯한 착각에 빠지게 하더니
바람 부는 돌층계 올라서니 구름 언저리에서 흙비 날리네.
본래 진 목공의 누대가 정자진의 계곡을 누르고 있으니
이따금 어지러운 패옥 소리 짤랑짤랑 들려오네.

鄭駙馬宅宴洞中

主家陰洞細煙霧　留客夏簟青琅玕
春酒杯濃琥珀薄　冰漿碗碧瑪瑙寒
悞疑茅屋過江麓　已入風磴霏雲端
自是秦樓壓鄭谷　時聞雜佩聲珊珊

● 해설

이 시는 천보天寶 5년(746)에 두보가 장안長安에 온 뒤에 지은 것이다. 정부마의 이름은 정잠요鄭潛曜인데, 그의 처소에는 연화동蓮花洞이 있었다고 한다.

● 주석

* 琅玕(낭간) : 고운 옥돌의 일종으로, 종종 아름다운 대나무를 비유하는 데에 쓰인다.

* 秦樓(진루) 구 : 《열선전列仙傳》에 따르면, 진秦 목공穆公이 자신의 딸 농옥弄玉을 소사簫史에게 시집보냈는데, 그들 부부는 매일 누대에 올라 통소를 불어 봉황 소리를 냈다. 그러던 어느 날 그 집에 봉황이 내려와 부부를 태우고 어디론가 가버렸다. 한편, 《양자법언揚子法言》에 따르면, 한漢나라 성제成帝 때 곡구谷口 땅의 정자진鄭子眞은 암석 밑에서 농사를 지으며 살았는데, 그 명성이 경성京城에까지 알려진 은사隱士였다고 한다. 여기서는 정잠요를 비유하고 있다.

697. 중양절에 남전 최씨의 장원에서

늙어감에 가을을 슬퍼하다 억지로 마음을 풀고
흥겨운 오늘 그대와 즐거움을 다하리라.
부끄럽게도 성긴 머리칼 때문에 모자가 바람에 날려 떨어지자
웃으며 옆사람에게 바로잡아 달라 청해본다.
남수는 멀리 천겹 골짝에서 흘러내리고
나란히 높은 옥산 두 봉우리에 한기가 서렸다.
내년 이 모임에는 누가 건강하게 나타날까?
술 취해 수유를 들고 자세히 바라본다.

구 일 람 전 최 씨 장
九日藍田崔氏莊

로 거 비 추 강 자 관
老去悲秋强自寬

흥 래 금 일 진 군 환
興來今日盡君歡

수 장 단 발 환 취 모
羞將短髮還吹帽

소 천 방 인 위 정 관
笑倩傍人爲正冠

람 수 원 종 천 간 락
藍水遠從千澗落

옥 산 고 병 량 봉 한
玉山高竝兩峯寒

명 년 차 회 지 수 건
明年此會知誰健

취 파 수 유 자 세 간
醉把茱萸仔細看

● **해설**

이 시는 건원乾元 원년(758) 중양절에 남전에서 지은 것이다. 남전은 화주華州에서 서남쪽으로 백여리 떨어진 진령秦嶺의 북쪽 산자락에 있다. 한편 진이흔陳貽焮의 고증에 따르면, '최씨'는 곧 왕유王維의 외사촌인 최계중崔季重을 가리킨다고 했다. 그는 왕유의 망천장輞川莊과 동서로 나란한 곳에 동산초당東山草堂이라는 별장을 갖고 있었다고 한다.

● **주석**

* 羞將(수장) 구 : 《진서晉書·맹가전孟嘉傳》에 따르면, 맹가는 환온桓溫 밑에서 참군參軍 벼슬을 살며 두터운 신임을 얻었다. 9월 9일에 환온이 용산龍山에서 잔치를 벌일 때 한바탕 가을바람이 불어 맹가의 모자를 날려 버렸는데, 맹가는 그 사실을 모른 채 다른 사람들과 담소를 나누고 있었다. 이에 환온이 손성孫成을 시켜 글을 지어서 맹가를 놀리게 했다고 한다.
* 藍水(남수) : 《삼진기三秦記》에 따르면 남전藍田에 북쪽으로 흐르는 개울이 있는데, 길이는 30리에 달하고, 그 물에서는 옥돌이 생산된다고 했다. 이 물은 다시 계곡의 물과 합쳐져서 남수를 이룬다고 했다.
* 玉山(옥산) : 《화산지華山志》에 따르면, 화산의 동북쪽에 운대산雲臺山이 있는데, 두개의 봉우리가 높이 솟아 있고, 그 봉우리의 사방은 깎아지른 듯 경사져 있다고 했다.
* 茱萸(수유) : 약재로 쓰이는 붉은색의 향이 강한 열매이다. 옛날에는 9월 9일 중양절에 수유를 담은 주머니를 허리에 차는 풍속이 있었는데, 이것은 수유가 사악하고 나쁜 것들을 물리치는 효능이 있다고 믿었기 때문이다.

698. 손님이 오다

그윽한 거처 외진 곳에 있어 들르는 사람도 적고
늙고 병들어 부축을 받아야 하니 절하기도 힘드네.
세상 놀라게 할 만한 문장이야 내게 어디 있겠는가?
부질없이 그대에게 수고롭게 수레와 말을 강가에 멈추게 했구려.
아름다운 손님 종일토록 붙들어놓고 앉으니

평생의 거친 밥은 이 못난 유생의 먹을거리라오.
시골이라 대접할 게 없다고 탓하지 마시고
흥이 나면 다시 오셔서 약초밭 구경이나 하시구려.

賓至(빈지)

幽棲地僻經過少(유서지벽경과소)
老病人扶再拜難(로병인부재배난)
豈有文章驚海內(기유문장경해내)
漫勞車馬駐江干(만로거마주강간)
竟日淹留佳客坐(경일엄류가객좌)
百年麤糲腐儒餐(백년추려부유찬)
不嫌野外無供給(불혐야외무공급)
乘興還來看藥欄(승흥환래간약란)

● 해설
이 시는 상원上元 원년(760)에 성도成都의 초당草堂을 완공하고 나서 지은 것이다.

● 주석
* 再拜(재배) : 고대의 예절로서, 극진한 경의를 표현하기 위해 두번의 절을 하는 것이다.
* 麤糲(추려) 구 : '추려'는 거친 쌀로 지은 밥을 가리킨다. '부유腐儒'는 어리석고 못난 선비라는 뜻으로, 두보 자신을 가리키는 겸양의 표현이다.
* 藥欄(약란) : 약초밭을 가리킨다. 두보는 병이 많아서 사는 곳마다 약초를 길러 스스로 약을 마련했다고 한다.

699. 한여름에 엄공께서 술과 안주를 들고 초당을 왕림하시다

대숲에서 음식 장만하느라 옥쟁반 씻고
꽃 옆에 세운 말들은 금안장 빛내며 모여 있네.
사군使君께서 나를 급히 부르러 오신 것은 아니겠지만

장군이 예의에 관대한 것은 절로 알 수 있지요.
평생 외진 곳에 살아 사립문도 아득하고
5월이라 강물 깊어 초당도 서늘하지요.
고깃배나 구경하며 시간을 보내시지요.
늙은 농부에게 어디 즐겁게 교제할 만한 것이 있겠소이까?

엄공중하왕가초당겸휴주찬
嚴公仲夏枉駕草堂兼攜酒饌

죽리행주세옥반
竹裏行廚洗玉盤

화변립마주금안
花邊立馬簇金鞍

비관사자정구급
非關使者征求急

자식장군례삭관
自識將軍禮數寬

백년지벽시문형
百年地僻柴門逈

오월강심초각한
五月江深草閣寒

간롱어주이백일
看弄漁舟移白日

로농하유경교환
老農何有罄交歡

• 해설
이 시는 보응寶應 원년(762) 5월에 성도成都의 초당草堂에서 지은 것이다.

• 주석
* 使者(사자) 구 : '사자'는 '사군使君' 즉, 엄무嚴武를 가리킨다. '정구征求'는 초빙한다는 뜻이다.
* 老農(노농) : 늙은 농부는 두보 자신을 가리키는 겸양의 칭호이다.

700. 성도의 초당으로 가는 길에 지은 작품이 있어 먼저 엄정공에게 부친다

언제나 걱정스러운 것은 모래가 무너져 약초밭 상하는 일이거니와
강가 난간에 풍랑이 떨어지는 것도 또한 내버려두었지요.
새로 심은 소나무는 천척 높이가 되지 않아 마음 아프고

나쁜 대나무는 응당 만개는 베어야 하리라.
살아가는 것은 그저 황문시랑께 의지할 뿐
노쇠한 얼굴에 바라는 것은 불로약밖에 없습니다.
3년 동안 바삐 돌아다녔지만 공연히 몸만 말랐으니
정말 사람 세상에 살아가는 일 어렵기만 합니다.

將赴成都草堂途中有作先寄嚴鄭公
_{장부성도초당도중유작선기엄정공}

常苦沙崩損藥欄 _{상고사붕손약란}　也從江檻落風湍 _{야종강함락풍단}
新松恨不高千尺 _{신송한불고천척}　惡竹應須斬萬竿 _{악죽응수참만간}
生理秪憑黃閣老 _{생리지빙황각로}　衰顔欲付紫金丹 _{쇠안욕부자금단}
三年奔走空皮骨 _{삼년분주공피골}　信有人間行路難 _{신유인간행로난}

● 해설
이 시는 광덕廣德 2년(764) 2월에 지은 것으로, 5수의 연작시 가운데 제4수이다.

● 주석
* 黃閣老(황각로) : 엄무는 당시 황문시랑黃門侍郎의 신분으로 성도윤成都尹이 되었다. 당나라 때에는 중서성中書省과 문하성門下省의 관리들이 서로를 부를 때 '각로閣老'라고 했는데, 황문시랑은 중서성에 속한 벼슬이다.
* 紫金丹(자금단) : 방사方士들이 만드는 불로장생의 약을 '금단金丹'이라고 한다.
* 三年(삼년) : 762년 7월, 두보와 엄무가 금주錦州에서 헤어진 후부터 이때까지 대략 3년 정도가 지났다.

701. 막부에서 묵다

맑은 가을 막부 우물가 오동나무는 헐벗었는데
홀로 묵는 강가 성의 촛불도 가물거리네.

긴 밤 뿔피리 소리만 혼잣말하듯 구슬피 울리고
하늘 가운데 달빛은 누가 봐달라고 저리 고운지?
전쟁 오래 끌어 고향 소식도 끊어지고
쓸쓸한 변방에선 길 가기가 힘들구나.
고난을 참고 견딘 것이 벌써 10년이 되었건만
깃들어 쉴 곳 찾아 억지로 옮겨와도 한 가지의 둥지일 뿐일세.

宿府
숙 부

淸秋幕府井梧寒   獨宿江城臘炬殘
청 추 막 부 정 오 한   독 숙 강 성 랍 거 잔

永夜角聲悲自語   中天月色好誰看
영 야 각 성 비 자 어   중 천 월 색 호 수 간

風塵荏苒音書絶   關塞蕭條行路難
풍 진 임 염 음 서 절   관 새 소 조 행 로 난

已忍伶俜十年事   强移栖息一枝安
이 인 령 빙 십 년 사   강 이 서 식 일 지 안

● 해설
이 시는 광덕廣德 2년(764) 가을, 두보가 엄무嚴武의 막부에 있을 때에 지은 것이다.

● 주석
* 伶俜十年事(영빙십년사) : '영빙'은 곤란하고 힘겨운 모양을 묘사한 것이다. 이 구절은 755년에 안사安史의 난이 일어난 후, 이 작품을 쓸 무렵까지 시인 자신이 10년 동안의 힘겨운 나날을 겪었음을 서술하고 있다.
* 一枝安(일지안) : 《장자莊子・소요유逍遙遊》에, '뱁새나 메추라기가 깊은 숲에 둥지를 틀어도, 나뭇가지 하나에 지나지 않는다(鷦鷯巢於深林, 不過一枝)'라는 구절이 있다. 여기서는 두보가 엄무의 막부에서 구차하게 참모參謀 생활을 하고 있는 자신의 처지를 비유하고 있다.

702. 심심풀이로 노조장에게

강 포구에 우렛소리가 어젯밤 내내 요란하더니
봄날 성에 비 기운이 조금 남은 추위를 움직였네.
노란 꾀꼬리 나란히 앉아 시름 나누며 젖어 있고
하얀 해오라기 떼지어 날며 날개 마르지 않아 걱정하네.
만년에 이르러 시율에 대해 점차 정세해지지만
어느 집이라서 자주 가도 술잔이 넉넉하겠는가?
오직 그대만이 거리낌없는 손님을 아껴서
백번을 찾아가도 정의情意가 다하지 않는다네.

遣悶戱呈路十九曹長
江浦雷聲喧昨夜　春城雨色動微寒
黃鸝幷坐交愁濕　白鷺群飛大劇乾
晚節漸於詩律細　誰家數去酒杯寬
唯君最愛淸狂客　百遍相過意未闌

● 해설
이 시는 대력大曆 2년(767) 봄에 기주夔州에서 지은 것이다. '노십구路十九'는 성이 노路이고 형제 서열이 열아홉 번째라는 것 외에, 자세한 이름이나 생애에 대해 알려진 사실이 없다. '조장曹長'은 관직官職 이름으로, 상서승랑尙書丞郎 또는 상서낭중尙書郎中의 별칭別稱이기도 하다.

● 주석
* 大劇乾(대극건) : 날개가 마르는 것이 심히 어렵다. 즉, 날개와 깃털이 비에 젖어 날기가 힘든 것처럼 보인다는 뜻이다.
* 數去(삭거) 구 : 자주 찾아가도 넉넉하게 술을 대접해 준다는 뜻이다.

* 淸狂客(청광객) : 속된 예의에 얽매이지 않는 손님, 즉 두보 자신을 가리킨다.

703. 인일

이날 이때를 사람들이 함께 맞이하여
담소 나누며 풍속을 따르지.
술잔 앞 잣나무 잎은 술 따르지 않지만
머리장식 속의 금빛 꽃은 교묘하게 추위를 견디는구나.
별이라도 찌를 듯한 허리의 칼 잠시 뽑아 춤추고
흐르는 물에 뜻을 둔 거문고 저절로 튕겨 봐야지.
이른 봄 다시 강호에 노니는 흥취 이끌어냈으니
가는 길 험난할까 걱정하지 않는다고 해야지.

人日

此日此時人共得　一談一笑俗相看
樽前栢葉休隨酒　勝裏金花巧耐寒
佩劍沖星聊暫拔　匣琴流水自須彈
早春重引江湖興　直道無憂行路難

● 해설
이 시는 대력大曆 3년(768)에 지은 것으로, 2수의 연작시 가운데 제2수이다. 첫 번째 작품은 오언율시로 되어 있다. '인일人日'은 음력 정월 초이레를 가리키는데, 일반적으로 이날의 날씨를 통해 한 해의 날씨를 점치곤 했다.

● 주석
* 樽前(준전) 구 : 전체적으로 설날이 지나서 더이상 잣잎 술을 마시지 않는다는 뜻이다. 잣나무잎으로 담근 술은 장수에 좋다고 여겨졌다.

* 勝裏金花(승리금화) : '승勝'은 옛날 여인네들의 머리꾸미개로서, 한漢나라 때에는 '화승華勝'이라고 불렸던 것이다. 나중에는 대개 채색한 종이를 오려 그것을 대신했는데, '금화金花'는 바로 그런 용도로 사용된 금빛 장식이다.《형초세시기荊楚歲時記》의 기록에 따르면, 인일에는 사람 모양의 종이 장식을 만들어 병풍에 붙이고, 또 머리에 꽂기도 했다고 한다.
* 流水(유수) : '고산류수高山流水'의 뜻으로, 원래는 옛날 거문고 곡의 명칭인데, 여기서는 거문고를 연주하는 것을 가리키는 뜻으로 사용되었다.《여씨춘추》에는 백아伯牙가 자신의 음악을 알아주는 벗인 종자기鍾子期 앞에서 흐르는 물을 생각하며 거문고를 연주했다는 이야기가 실려 있다.
* 行路難(행로난) : 원래 고악부古樂府에 수록된 악곡樂曲 이름으로, 주로 세상사의 험난함을 노래한 것이 많다. 여기서는 일종의 중의적重意的 표현 수법으로 보고, 글자 그대로 번역했다.

704. 소한식날 배에서

좋은 날이라 억지로 술 마시고 여전히 찬 음식 먹었는데
쓸쓸히 책상에 기대고 할관鶡冠을 썼다.
봄날 물 위에 배 띄우니 하늘에 앉은 듯하고
나이 들어 꽃들이 마치 안개 속에서 보이는 것 같다.
예쁘게 장난치듯 나는 나비 한적한 장막을 스치고
가볍게 날던 갈매기들 세찬 여울로 내리꽂힌다.
흰구름 푸른 산 만리도 넘게 펼쳐져 있는데
수심에 잠겨 바라보나니, 곧장 북쪽이 바로 장안이구나!

소한식주중작
小寒食舟中作

가신강음식유한
佳辰强飮食猶寒

은궤소조대할관
隱几蕭條帶鶡冠

춘수선여천상좌
春水船如天上坐

로년화사무중간
老年花似霧中看

$$\substack{\text{연 연 희 접 과 한 만} \\ 娟娟戱蝶過閑慢} \qquad \substack{\text{편 편 경 구 하 급 단} \\ 片片輕鷗下急湍}$$

$$\substack{\text{운 백 산 청 만 여 리} \\ 雲白山淸萬餘里} \qquad \substack{\text{수 간 직 북 시 장 안} \\ 愁看直北是長安}$$

● 해설

이 시는 대력大曆 5년(770) 봄에 담주潭州(지금의 장사시長沙市)에서 지은 것이다. '소한식'은 한식 다음날을 가리킨다.

● 주석

* 食猶寒(식유한) : 옛날에는 한식날부터 사흘 동안 익힌 음식을 먹지 않았다.
* 鶡冠(할관) : 할새의 꽁지깃으로 장식한 모자로서, 옛날 무인武人이나 은사隱士가 썼다. 할새는 생김새가 꿩과 비슷하지만 체구가 조금 크고, 성질이 용감해서 한 번 싸우면 죽을 때까지 그치지 않는다고 한다. 여기서는 강호를 떠도는 시인 자신의 모습이 마치 은사와 같다는 의미를 나타내기 위해 사용되었다.

【칠률산운七律刪韻】

705. 동짓날 문하성의 원로들과 양원의 벗들에게 부침

지난날 유유히 관청에서 일할 때 돌이켜보니
작년 오늘 천자의 용안을 뵈었구려.
기린은 움직이지 않는데 향로의 연기는 솟아오르고
공작이 서서히 날개 펴듯 부채 그림자 늘어섰지요.
천자의 안궤는 원래 하늘 북극에 위치하는 것이고
붉은 옷 입은 관료들은 궁전 중간에 서 있겠지요.
외로운 성에서 오늘은 애간장 끊어지는 아픔 견디는데
시름겨워 바라보는 차가운 구름 아래로 온 산에 눈이 가득하오.

至日奉寄北省舊閣老兩院故人

憶昨逍遙供奉班　去年今日侍龍顏
麒麟不動爐煙上　孔雀徐開扇影還
玉几由來天北極　朱衣只在殿中間
孤城此日堪腸斷　愁對寒雲雪滿山

●해설

이 시는 건원乾元 원년(758) 동지에 지은 것으로, 2수의 연작시 가운데 제2수이다. '북성北省'은 문하성門下省을 가리킨다. 두보가 역임했던 좌습유左拾遺는 문하성에 소속된 관리였다. '양원兩院'은 문하성과 중서성中書省을 가리킨다. 《두시상주杜詩詳注》에서는 이 시의 제목을 〈지일견흥至日遣興, 봉기북성구각로량원고인奉寄北省舊閣老兩院故人〉이라고 했다.

• 주석
* 麒麟(기린) 2구 : '기린'은 향로를 가리키고 '공작'은 부채를 가리킨다.
* 朱衣(주의) :《당회요唐會要》에 따르면, 개원開元 25년(737)에 이적李適의 건의에 따라, 동지에 거행하는 대례大禮에서 조회에 참관하는 육품六品의 청관淸官들은 붉은색 관복을 입었다.

706. 등왕정자

군왕의 정자는 파산을 베고 누웠는데
만길 사다리는 아직 오를 만하다.
봄날 꾀꼬리 긴 대숲에서 울고
신선의 집에 사는 개는 흰구름 사이에서 짖는다.
맑은 강 고운 돌은 마음 아프도록 아름답고
예쁜 꽃술의 무성한 꽃이 눈에 가득 들어온다.
사람들은 지금도 목민관牧民官을 노래하며
이곳에 놀러와서 돌아갈 줄 모른다.

<ruby>滕王亭子<rt>등 왕 정 자</rt></ruby>

<ruby>君王臺榭枕巴山<rt>군 왕 대 사 침 파 산</rt></ruby>　<ruby>萬丈丹梯尚可攀<rt>만 장 단 제 상 가 반</rt></ruby>
<ruby>春日鶯啼修竹裏<rt>춘 일 앵 제 수 죽 리</rt></ruby>　<ruby>仙家犬吠白雲間<rt>선 가 견 폐 백 운 간</rt></ruby>
<ruby>淸江錦石傷心麗<rt>청 강 금 석 상 심 려</rt></ruby>　<ruby>嫩蕊濃花滿目班<rt>눈 예 농 화 만 목 반</rt></ruby>
<ruby>人到于今歌出牧<rt>인 도 우 금 가 출 목</rt></ruby>　<ruby>來遊此地不知還<rt>래 유 차 지 부 지 환</rt></ruby>

• 해설
이 시는 광덕廣德 2년(764) 봄에 낭주閬州에서 지은 것으로, 2수의 연작시 가운데 제1수이다. 이 시의 제2수는 오언율시로 되어 있다. '등왕정자'는 당나라

고조高祖의 스물두번째 아들 이원영李元嬰이 낭주에서 자사刺史로 있을 때 옥대관玉臺觀 안에 건립한 것이다. 옥대관은 낭주성閬州城 북쪽에 있는 도관道觀이다.

● 주석
* 巴山(파산) : 여기서는 사천四川 경내境內에 있는 산을 통칭하고 있다.
* 丹梯(단제) : 구름 위까지 치솟은 높은 산봉우리를 가리킨다.
* 犬吠白雲(견폐백운) : 《신선전神仙傳》에 따르면, 회남왕淮南王 유안劉安이 도술을 배웠을 때 그 집에서 기르던 닭과 개들도 남은 선약仙藥을 먹고 그와 함께 승천했다고 한다. 여기서는 이 고사를 이용하여, 정자가 위치한 산이 신선의 거처가 있을 만큼 높고 웅장하여 세상과 다른 풍경을 연출한다는 것을 암시하고 있다.
* 人到(인도) 2구 : 일반적으로 첫 번째 구절의 '출목出牧'은 낭주자사를 역임한 이원영을 가리킨다고 여기고 있다. 《당서唐書》에 따르면, 이원영은 금주자사金州刺史로 폄적되었을 때 교만하게 처신하며 지방관으로서 임무를 제대로 수행하지 못했고, 낭주도독閬州都督으로 옮겨간 후에도 탐욕스럽다는 소문이 나돌았다고 한다. 그러나 그가 낭주자사로 있을 때 실정失政을 저질렀는지 여부는 알려져 있지 않다. 한편, 이와 같은 정치적 배경을 개입시키지 않고 문자 그대로 이 구절을 번역해도 큰 무리는 없을 듯하다. 그 경우 이 구절은 '등왕정자'가 있는 이곳의 풍경이 너무 아름다워서, '사람들은 지금도 노래 부르며 가축 치러 나왔다가 이곳에 이르러 놀다가 돌아갈 줄 모른다'는 뜻으로 풀이될 수 있을 것이다.

707. 여러 장수들

한나라 왕실의 능묘는 종남산終南山을 마주보고 있는데
북방 오랑캐는 천년 동안 여전히 관문을 침입한다.
어제 옥어가 장지에 묻혔는데
벌써 금주발이 세상에 나와버렸다.
한혈마汗血馬 탄 서쪽 오랑캐가 핍박하니 걱정스럽고

일찍이 번쩍이는 붉은 깃발 장안에 가득했다.
얼마나 되는 무장武將들이 경수涇水와 위수渭水를 지키고 있는지?
장군들이여, 얼굴에서 근심을 떨치지 마시라!

제 장
諸將

漢_한朝_조陵_릉墓_묘對_대南_남山_산　　胡_호虜_로千_천秋_추尚_상入_입關_관
昨_작日_일玉_옥魚_어蒙_몽葬_장地_지　　早_조時_시金_금盌_완出_출人_인間_간
見_현愁_수汗_한馬_마西_서戎_융逼_핍　　曾_증閃_섬朱_주旗_기北_북斗_두殷_은
多_다少_소材_재官_관守_수涇_경渭_위　　將_장軍_군且_차莫_막破_파愁_수顏_안

● **해설**

이 시는 대력大曆 원년(766)에 기주夔州에서 지은 것으로, 5수의 연작시 가운데 제1수이다. 이 작품의 주요 내용은 당시 장군들의 무능함에 대한 풍자이다.

● **주석**

* 漢朝陵墓(한조릉묘) : 여기서는 당나라 왕조의 여러 제왕들의 무덤을 가리킨다.
* 胡虜(호로) 구 : '호로'는 토번吐蕃을, 관문이란 소관蕭關(지금의 영하寧夏 고원固原 근처에 있음)을 가리킨다. '천추千秋'는 한漢나라 문제文帝 14년(기원전 114)에 흉노匈奴가 소관을 넘어 들어와 한나라 궁궐을 불태운 이래 당나라 대종代宗 광덕廣德 원년(763)에 토번이 역시 소관을 통해 장안을 침탈하기까지 900여년을 가리킨다.
* 昨日(작일) 2구 : 장수들의 무능으로 인해 외적에 의해 당나라 선왕들의 무덤이 침탈되었음을 묘사하고 있다. '옥어玉魚'와 '금완金盌'은 모두 무덤에 들어 있던 귀한 부장품을 가리키는데, 이것들이 토번에 의해 금방 도굴되어 세상에 나돌게 되었다는 뜻이다.
* 見愁(현수) 2구 : 765년 9월에 토번과 회흘回紇 연합군이 침범하여 봉천奉天에 주둔하자 장안을 지키던 병사들이 두려워 떨었다고 한다. '주기朱旗'는 침략군들의 깃발을 가리키며, '북두北斗'는 황제가 있는 장안長安의 하늘을 암시한다.
* 多少(다소) 구 : '재관材官'은 무장을 가리킨다. '경수'와 '위수'는 모두 경기京畿

안에 위치한 물줄기로서, 장안성長安城의 마지막 방어선이기도 하다. 765년 9월에 장군 곽자의郭子儀는 장안 북쪽의 경양涇陽에, 이충신李忠臣은 장안 동북쪽의 동위교東渭橋에, 이광진李光進은 운양雲陽(지금의 섬서성陝西省 경양현涇陽縣 서남쪽)에, 그리고 마린馬璘과 학정옥郝庭玉은 편교便橋(지금의 섬서성 함양현咸陽縣 북쪽)에, 이포옥李抱玉은 봉상鳳翔에, 이일월李日越은 주질盩厔에 각각 군대를 이끌고 주둔하여 토번의 군대를 방어했다. 이처럼 장안 주변으로 군대가 밀집한 상황은 당시 정황이 얼마나 긴박했는지를 말해준다.

708. 가을의 흥취

봉래궁은 종남산終南山을 마주 대하고 있고
이슬 받던 쇠기둥은 높은 하늘에 솟아 있었지.
서쪽으로 서왕모 내려왔던 요지를 바라보고
동쪽에서 온 자주색 기운 함곡관에 가득했지.
구름이 이동하듯 치미선雉尾扇을 펴고
햇살이 용비늘 감싸니 성황聖皇의 용안 알아보았지.
잠시 푸른 강에 누웠다가 세월 저물어 감에 놀랐으니
청쇄문에서 조회 점호 받던 일이 몇 차례였던가?

秋興

蓬萊宮闕對南山　承露金莖霄漢間
西望瑤池降王母　東來紫氣滿函關
雲移雉尾開宮扇　日繞龍鱗識聖顏
一臥滄江驚歲晚　幾回靑瑣點朝班

● 해설
이 시는 대력大曆 원년(766)에 기주夔州에서 지은 것으로, 8수의 연작시 가운데 제5수이다.

● 주석
* 蓬萊宮(봉래궁) : 당나라 때 장안성長安城 안에 있던 대명궁大明宮을 가리킨다.
* 承露(승로) 구 : 한무제漢武帝는 신선이 되기 위해 건장궁建章宮 서쪽(장안성 외곽의 서북쪽에 해당)에 구리로 기둥을 세우고, 신선이 쟁반을 받쳐들고 이슬을 받는 형상을 만들어 놓았다고 한다. 당나라 때에는 이런 것이 없었지만, 이런 묘사를 통해 당나라 장안성의 풍경을 비유하고 있다.
* 瑤池(요지) : 서왕모西王母가 살았다는 전설이 서려 있는 곳이다.
* 東來(동래) 구 : 노자老子가 낙양洛陽에서 함곡관函谷關으로 들어갈 때, 관문을 지키던 관리가 성루에 올라 보니 동쪽 끝에서 자주색 서기가 서쪽을 향해 뻗어 있는 것을 보고 성인聖人이 함곡관을 지날 것임을 미리 알았다. 과연 나중에 노자가 푸른 소가 끄는 수레를 타고 나타났다고 한다.
* 雉尾(치미) : 원래 꿩의 꼬리 깃털을 가리키는데, 여기서는 그것을 가지고 만든 부채라는 뜻이다. 옛날 황제들의 의장儀仗에서 얼굴을 가리는 데에 사용되었다.
* 龍鱗(용린) : 황제의 곤룡포에 수놓아진 용의 무늬를 가리킨다.
* 幾回(기회) 구 : '청쇄靑瑣'는 원래 한나라 미앙궁未央宮의 대문 이름 가운데 하나인데, 이 문은 창살이 푸른색이었고 무늬를 연이어 조각해 놓았다고 한다. 후세에는 그냥 궁궐의 대문을 가리키는 뜻으로 자주 사용되었다. 한편, '점조반點朝班'은 신하들이 조회朝會에 나갈 때 미리 여러 관료들의 지위와 직책에 따라 줄을 맞춰 서서 들어갔던 것을 말한다. 특히 이 구절에서는 두보가 장안에서 좌습유左拾遺로 있을 때의 일을 상상하면서, 다시 벼슬길로 돌아갈 수 있기를 바라는 마음을 중의적으로 표현한 '기幾'라는 글자의 용법이 절묘하다.

709. 옛 유적에 대한 감회를 노래함

동북 지역 먼지바람 날리는 곳을 헤매다니다가
서남 지역 하늘과 땅 사이를 정처없이 떠돌았네.
삼협의 누대에서 세월 보내고
외진 곳에서 이민족과 구름 덮인 산에 함께 살았네.

오랑캐가 군주 섬기는 것은 결국 믿을 수 없고
시인은 시대를 애달파했건만 돌아오지 못했네.
유신庾信의 생애는 누구보다도 쓸쓸했는데
만년에 지은 시부는 중원과 변방을 모두 감동시켰네.

詠懷古跡
영회고적

支離東北風塵際
지리동북풍진제

飄泊西南天地間
표박서남천지간

三峽樓臺淹日月
삼협루대엄일월

五溪衣服共雲山
오계의복공운산

羯胡事主終無賴
갈호사주종무뢰

詞客哀時且未還
사객애시차미환

庾信平生最蕭瑟
유신평생최소슬

暮年詩賦動江關
모년시부동강관

● 해설
이 시는 대력大曆 원년(766)에 기주夔州에서 지은 것으로, 5수의 연작시 가운데 제1수이다. 특히 제1수는 육조六朝 양梁나라 때의 유명한 시인인 유신의 옛집을 소재로 한 것이다.

● 주석
* 支離(지리) 구 : 안사安史의 난이 일어나자 두보는 장안長安을 떠나 부주鄜州로 도피했다. 뒤에 숙종을 만나러 행재소로 가다가 도중에 붙잡혀서 다시 장안으로 돌아왔다. 그러나 다시 장안을 탈출하여 봉상鳳翔으로 갔다. 난이 평정된 후에는 방관房琯을 구하려는 상소를 올렸다가 오히려 내침을 당하는 바람에 다시 부주의 친척을 찾아갔고, 다시 관직이 강등되어 화주華州로 옮겨가야 했다. 그러나 곧 벼슬을 버리고 진주秦州에 갔다. 따라서 여러해 동안 황하黃河와 동관潼關 부근을 떠돌며 유랑생활을 했다.
* 飄泊(표박) 구 : 동천東川과 서천西川을 가리킨다. 촉蜀 지역에 들어간 후 두보는 성도成都와 재주梓州, 낭주閬州, 운안雲安, 기주 등지를 떠돌며 유랑생활을 했다.
* 三峽(삼협) 구 : 여기서 '삼협'은 기주를 가리킨다. 또한 '누대樓臺'는 그가 거처하던 서각西閣을 가리킨다.

* 五溪(오계) : 고대 소수민족의 명칭이자 그들이 살았던 지역을 가리킨다. 그곳은 지금의 호남湖南과 귀주貴州의 경계에 해당하는데, 기주와 더불어 중국 서남부의 외딴 곳이다. 여기서는 '삼협' 일대를 나타내는 뜻으로 사용되었다.
* 羯胡(갈호) : 고대 중국 북방의 소수민족 가운데 하나인데, 여기서는 안녹산安祿山과 사사명史思明을 암시한다.
* 庾信(유신) 구 : 유신(513~581 : 자는 자산子山)은 육조六朝 양梁나라의 장군이자 시인이다. 그는 554년에 북방의 서위西魏에 사신으로 갔다가 양나라가 망하자 어쩔 수 없이 그곳에 머물게 되었는데, 그로부터 27년 동안 고향으로 돌아가지 못했다. 그는 서릉徐陵과 함께 명성을 날리며 화려하고 가벼운 작품을 많이 썼는데, 이 때문에 '서유체徐庾體'라는 칭호가 생기기도 했다. 그러나 그가 서위에 머물면서부터는 시의 기풍에 큰 변화가 생겨서, 나라를 잃은 슬픔과 고향에 대한 그리움이 담긴 쓸쓸한 정조를 잘 표현했다. 대표작으로 〈영회시詠懷詩〉 27수와 〈애강남부哀江南賦〉 등이 있다.

【칠률선운 七律先韻】

710. 성 서쪽 저수지에서 배를 띄우다

푸른 누에 같은 눈썹, 하얀 이의 미녀 누선 위에 있는데
비스듬한 피리, 짧은 퉁소 소리 먼 하늘로 구슬피 울린다.
봄바람 속의 상아 돛대에 맡겨 배를 움직이고
긴 날에 끌리는 비단 닻줄 천천히 바라본다.
물고기들 입김에 일렁이는 잔물결은 가수의 부채 흔들고
제비 발길에 채여 날리는 꽃잎은 미녀들 춤추는 자리에 떨어진다.
작은 배 있어 삿대질 할 수 없다면
수많은 병에서 샘처럼 솟는 술은 어떻게 가져오랴?

城西陂泛舟

青蛾皓齒在樓船　橫笛短簫悲遠天
春風自信牙檣動　遲日徐看錦纜牽
魚吹細浪搖歌扇　燕蹴飛花落舞筵
不有小舟能蕩槳　百壺那送酒如泉

• 해설
이 시는 천보天寶 13년(754)에, 두보가 장안 하두성下杜城에 살 때 지은 작품이다.

• 주석
* 歌扇(가선) : 노래하는 기녀들이 얼굴을 가리는 부채이다. 여기서는 그 부채가 물결 일렁이는 수면에 비친 모습을 묘사하고 있다.

711. 헌납사 겸 기거사인 전징께

헌납사는 비와 이슬 같은 은택 내리는 황제 곁에 있는데
지위는 맑은 직책 분담하여 재능있고 현명한 이에게 맡기지요.
사인께서는 물러나 식사하며 봉함封函 거두시고
궁녀들은 황제 자리 가까이에서 봉함을 엽니다.
새벽이면 종종걸음으로 청쇄문 지나
갠 창가에서 재야 선비들의 글을 점검합니다.
양웅이 다시 하동부를 지었사온데
그저 바람에 실려 하늘로 올려 보내지길 기다릴 뿐입니다.

贈獻納使起居田舍人澄
증헌납사기거전사인징

獻納司存雨露邊
헌납사존우로변
地分淸切任才賢
지분청절임재현
舍人退食收封事
사인퇴식수봉사
宮女開函近御筵
궁녀개함근어연
曉漏追趨靑瑣闥
효루추추청쇄달
晴窓檢點白雲篇
청창검점백운편
揚雄更有河東賦
양웅갱유하동부
唯待吹噓送上天
유대취허송상천

• 해설

이 시는 천보天寶 13년(754)에, 두보가 장안 하두성下杜城에 살 때 지은 작품이다. 전징田澄은 당시 기거사인起居舍人 겸 헌납사獻納使로 있었다. 기거사인은 중서성中書省에 속한 관리로서, 황제의 언행을 기록하는 직무를 담당했다. 헌납사는 헌납사獻納司 또는 헌납원獻納院이라는 관청에 속한 관리로서, 원래 '궤사匭使'라고 불렀는데, 신하와 백성들이 황제에게 올리는 글을 관리했다. 이 해 겨울에 두보는 〈봉서악부封西岳賦〉를 지어 현종玄宗에게 바쳤는데, 그 전에 먼저 전징에게 이 시를 보내서 관심을 가져 달라고 부탁한 것이다.

● **주석**

* 青瑣闥(청쇄달) : 청쇄문青瑣紋 즉, 푸른색을 입힌 연환문連環紋으로 장식된 궁궐 문을 가리킨다.
* 白雲篇(백운편) : 재야의 선비가 황제에게 올린 보잘것없는 시문詩文이라는 뜻의 겸손한 표현이다. 이 외에도 사인으로서 전징이 황제의 말을 기록하여 편찬한 조서라는 설도 있고, 황제가 직접 지은 글이라는 설도 있다.
* 河東賦(하동부) : 서한西漢의 문장가 양웅揚雄(자는 자운子雲)이 황제에게 바친 작품 이름이다. 여기서 양웅은 두보 자신을, 〈하동부〉는 〈봉서악부〉를 비유하고 있다.

712. 허팔을 통해 강녕의 민상인께 올림

민공을 뵙지 못한 것이 30년이나 되어
편지 보내자니 하염없이 눈물이 나오.
지난날 좋은 일 지금 다시 할 수 있겠소?
늙어가며 새로 지은 시 누구에게 전할까?
그윽한 계곡 대숲 그늘 따라 바둑판 옮겨 다녔고
가사 입고 찾아와 호수에 배 띄우고 놀았지요.
그대에게 내 얘길 묻거든 이렇게 말해주게, 벼슬살이는 하는데
머리칼은 세고 정신은 흐릿해서 그저 술에 취해 잠만 잘 뿐이라고.

因許八奉寄江寧旻上人

不見旻公三十年　封書寄與淚潺湲
舊來好事今能否　老去新詩誰與傳
棋局動隨幽澗竹　袈裟憶上泛湖船
問君話我爲官在　頭白昏昏只醉眠

● 해설

이 시는 건원乾元 원년(758) 봄에, 두보가 좌습유左拾遺로 있으면서 지은 것이다. 허팔은 당시 '습유拾遺'를 지내고 있었다는 것을 제외하면, 이름과 생애에 대해서 알려진 바가 없다. 민상인 역시 이름과 생애를 알 수 없으나, '상인上人'이라는 호칭은 일반적으로 승려에 대한 존칭으로 사용된다. 민상인은 아마 두보가 젊은 시절에 오월吳越 지역을 여행하다가 사귄 사람인 듯하다.

● 주석

* 君(군) : 여기서는 허팔 습유를 가리킨다.

713. 이별을 한탄하며

낙양을 한 번 떠나 4천리를 떠돌았고
북방 오랑캐 중원에서 설친 지 대여섯 해가 되었다.
초목이 시들어갈 무렵 검문 밖으로 길 떠났는데
전쟁으로 길이 끊겨 강변에서 늙어간다.
고향 집 생각하며 달빛 밟고 맑은 밤 서서 지새고
아우를 생각하며 구름보다 한낮에 잠든다.
듣자하니 하양 땅에서는 근래 승승장구한다던데
사도께서는 빨리 유연 땅을 깨뜨리시라!

恨別
한 별

洛城一別四千里
락 성 일 별 사 천 리

胡騎長驅五六年
호 기 장 구 오 륙 년

草木變衰行劍外
초 목 변 쇠 행 검 외

兵戈阻絶老江邊
병 과 조 절 로 강 변

思家步月淸宵立
사 가 보 월 청 소 립

憶弟看雲白日眠
억 제 간 운 백 일 면

聞道河陽近乘勝
문 도 하 양 근 승 승

司徒急爲破幽燕
사 도 급 위 파 유 연

●해설

이 시는 상원上元 원년(760)에 지은 것으로 여겨진다.

●주석

* 劍外(검외) : 검문劍門의 남쪽, 즉 촉蜀 땅을 가리킨다. 두보는 건원乾元 2년 (759) 12월에 성도成都에 도착했다.
* 江邊(강변) : 성도의 금강錦江을 가리킨다.
* 聞道(문도) 구 : 760년 4월에 사도司徒 이광필李光弼이 하양河陽(지금의 하남 성河南省 맹현孟縣)에서 사사명史思明의 반군을 크게 물리쳤다.
* 幽燕(유연) : 하북河北의 북부 지역으로, 당시 반란군의 거점이었다.

714. 조정에 들어가는 노시어를 전송하며

어린 시절 가까운 우정 40년이나 되었는데
그 사이 소식은 서로 아득하기만 했구려.
훗날 다시 만날 곳 어디일까?
문득 만남을 기뻐하지만, 이것이 곧 이별 자리인 것을.
뜻밖에 복사꽃은 비단보다 붉고
밉살스럽게도 버들솜은 면화보다 희구려.
검남 땅 봄기운은 오히려 무뢰하기만 해서
시름겨운 사람 건드리며 술자리로 찾아온다오.

送路六侍御入朝
송로륙시어입조

童稚情親四十年
동치정친사십년

中間消息兩茫然
중간소식량망연

更爲後會知何地
갱위후회지하지

忽漫相逢是別筵
홀만상봉시별연

不分桃花紅勝錦
불분도화홍승금

生憎柳絮白於綿
생증류서백어면

검 남 춘 색 환 무 뢰 　　촉 오 수 인 도 주 변
劍南春色還無賴　　觸忤愁人到酒邊

● **해설**

이 시는 광덕廣德 원년(763) 봄에 재주梓州에서 지은 것으로 여겨진다. 노시어는 두보의 어릴 적 친구로 여겨질 뿐, 이름과 자세한 생애에 대해서는 알려진 바가 없다.

● **주석**

* 不分(불분) 구 : 복사꽃이 때이르게 붉게 만개했다는 뜻이다.

715. 12월 1일

오늘 아침은 섣달이지만 봄기운이 움직이니
운안현 앞의 강물이 볼만하다네.
어디서 들려오나, 편지 전하는 기러기의 외줄기 울음소리는?
누구의 것인가, 밧줄에 묶여 거센 물살 거슬러오르는 저 배는?
매화 꽃술이 아직 시름 젖은 눈을 놀라게 하지 않으니
산초꽃 꺾어 먼 타향에 있는 마음 달래봐야지.
명광전에서 글의 초고 쓸 때면 사람들이 부러워했는데
폐병에 걸린 몸은 어느 때나 태양 곁으로 갈 수 있을까?

십 이 월 일 일
十二月一日

금 조 랍 월 춘 의 동　　운 안 현 전 강 가 련
今朝臘月春意動　　雲安縣前江可憐
일 성 하 처 송 서 안　　백 장 수 가 상 뢰 선
一聲何處送書雁　　百丈誰家上瀨船
미 장 매 예 경 수 안　　요 취 초 화 미 원 천
未將梅蕊驚愁眼　　要取椒花媚遠天
명 광 기 초 인 소 이　　폐 병 기 시 조 일 변
明光起草人所羨　　肺病幾時朝日邊

• **해설**

이 시는 영태永泰 원년(765)에, 두보가 운안雲安에 있을 때 지은 것으로, 3수의 연작시 가운데 제1수이다.

• **주석**

* 百丈(백장) 구 : '백장'은 배를 끄는 밧줄을 가리킨다. '뇌瀨'는 모래나 자갈 위를 흐르는 급한 물살을 가리킨다.
* 要取(요취) 구 : 《진서晉書·열녀전列女傳》에 따르면, 유진劉臻의 아내 진씨陳氏가 정월 초하루에 〈초화송椒花頌〉을 바쳤는데, 그 내용은 다음과 같았다. '아름답게 핀 신령한 꽃, 아껴 따서 기꺼이 바치네. 성스러운 얼굴 거기에 비치니, 만세까지 길이 장수하시길(標美靈葩, 愛采愛獻. 聖容映之, 永壽于萬)' 나중에는 '초화송'이 곧 새해를 축하하는 말이라는 뜻으로 사용되었다.
* 明光(명광) 구 : 한나라 때의 궁전 가운데 명광전明光殿이 있었는데, 후세에는 그것을 가지고 궁전을 가리키는 일반적인 명칭으로 사용했다. 《한관의漢官儀》에 따르면, 상서랑尙書郎은 문장의 기초를 짓는 일을 주로 담당하는데, 두보는 당시 검교공부원외랑檢校工部員外郎으로 있었기 때문에 이와 같은 비유를 사용한 것이다.
* 日邊(일변) : 태양의 주변이라는 뜻으로, 여기서는 황제가 있는 수도를 가리킨다.

716. 한낮의 꿈

2월의 풍성한 꿈에 정신이 어릿한데
밤이 짧아 낮에 꿈을 나눠 꾸려는 이유만은 아니라네.
복사꽃 따스한 기운에 눈이 절로 취하고
봄날 물가에 해지면 꿈이 나를 이끈다네.
고향 마을은 가시나무 아래 묻혀 있고
중원의 군주와 신하들은 승냥이와 호랑이 곁에 있네.
어찌하면 농사에 힘쓰고 전쟁을 그치게 하여
온 세상에 힘으로 돈 착취하는 벼슬아치가 없게 될까?

주몽
晝夢

二月饒睡昏昏然　不獨夜短晝分眠
이월요수혼혼연　부독야단주분면

桃花氣暖眼自醉　春渚日落夢相牽
도화기난안자취　춘저일락몽상견

故鄕門巷荊棘底　中原君臣豺虎邊
고향문항형극저　중원군신시호변

安得務農息戰鬪　普天無吏橫索錢
안득무농식전투　보천무리횡색전

● 해설
이 시는 대력大曆 2년(767)에 기주夔州에서 지은 것이다.

● 주석
* 晝分(주분) : 주석자에 따라서는 본문의 '주분'에 대해서, 2월은 밤과 낮의 길이가 비슷해지는 때이므로 2월을 가리키는 별칭別稱이라고 설명하기도 하고, '중오中午', 즉 한낮을 가리킨다고 풀이하는 경우도 있다. 그러나 여기에서처럼 문자 그대로 번역해도 무리가 없을 듯하다.
* 故鄕(고향) 2구 : 전쟁으로 인해 고향과 조정이 피폐하고 위태로워진 상황을 묘사하고 있다.

717. 우문조, 최욱과 함께 다시 정태감 집 앞의 호수에 배를 띄우다

교외의 사립문 세속과 멀어 한없이 그윽하고 고요한데
들판을 흐르는 물은 봄이 오자 다시 이어졌다.
멋진 술자리에 오래도록 앉았다가 다시 물가로 나가
칡두건이 삐딱하게 기울었는데도 배를 돌리지 않는다.
술잔 앞의 비단 같은 놀 가볍게 흩어지기 시작하고
노에 쓸린 연잎 위의 이슬은 부서져도 둥글게 뭉친다.
단지 습가지에서 술 취해 돌아갈 뿐만은 아니니

보게나, 정곡의 저 구불구불 이어지는 풍경을.

$$宇文晁崔彧重泛鄭監前湖$$
<small>우문조최욱중범정감전호</small>

$$郊扉俗遠長幽寂$$
<small>교비속원장유적</small>

$$野水春來更接連$$
<small>야수춘래갱접련</small>

$$錦席淹留還出浦$$
<small>금석엄류환출포</small>

$$葛巾欹側未廻船$$
<small>갈건의측미회선</small>

$$樽當霞綺輕初散$$
<small>준당하기경초산</small>

$$棹拂荷珠碎卻圓$$
<small>도불하주쇄각원</small>

$$不但習池歸酩酊$$
<small>부단습지귀명정</small>

$$君看鄭谷去夤緣$$
<small>군간정곡거인연</small>

● 해설

이 시는 대력大曆 3년(768)에 강릉江陵에서 지은 것이다. 우문조는 부친이 상서尙書를 지냈고, 최욱은 조부가 사업司業을 지냈으며 본인은 태자소첨사太子少詹事를 지냈다고 한다. 정감은 태감太監 정심鄭審을 가리킨다.

● 주석

* 不但(부단) 구 : '습지習池'는 본래 '습가지習家池'(지금의 호북성 양양현襄陽縣에 있음)를 가리킨다. 전설에 따르면, 진晉나라 때의 장군 산간山簡이 종종 이 못가에 와서 술에 취해 돌아가곤 했다고 한다. 여기서는 정심의 집 앞에 있는 호수를 비유하고 있다. '명정酩酊'은 술에 잔뜩 취한 상태를 묘사한 표현이다.
* 鄭谷(정곡) : 원래는 운양雲陽에 있는 정곡구鄭谷口를 가리킨다. 한漢나라 때의 정자진鄭子眞이 은거했던 골짜기가 바로 그곳인데, 여기서는 정심과 성姓이 같기 때문에 그 고사를 인용했다. 이 작품의 마지막 두 구에 대해서는 해석상의 이설이 많은데, 여기서는 《두시상주》의 해설을 토대로 번역했다. 즉, 연못에서 뱃놀이 하고 술에 취하는 풍류를 즐겼을 뿐만 아니라, 계곡의 운치 있는 풍경을 보고 이런 시도 지었다는 것이다.

718. 공안에서 소부 위광찬을 전송하며

소요공 이후 대대로 현명한 후손 많았는데
그대 전송하는 배에서 이렇게 여는 이별 잔치 아쉽구려.
나를 생각하신다면 몇 자 편지 보내시고
내 시는 많은 사람에게 알릴 필요 없다오.
시절이 위태로워 병사들은 누런 전쟁의 먼지 속에 있고
날이 짧아진 강호의 풍경 백발의 내 앞에 펼쳐져 있소.
고금 이래로 언제나 눈물 흘렸으니
애끓는 이별 후엔 각기 풍진 속으로 떠나야 하리.

公安送韋二少府匡贊

逍遙公後世多賢　送爾維舟惜此筵
念我能書數字至　將詩不必萬人傳
時危兵甲黃塵裏　日短江湖白髮前
古往今來皆涕淚　斷腸分手各風煙

• 해설

이 시는 대력大曆 3년(768)에 공안(지금의 호북성湖北省 공안현公安縣)에서 지은 것이다. '위이소부광찬'은 위씨韋氏 집안의 둘째 아들이자 이름이 광찬匡贊이며, 현위縣尉에 해당하는 소부少府 벼슬을 하고 있는 사람이라는 뜻이다.

• 주석

* 逍遙公(소요공) : 위광찬의 먼 조상 위형韋夐을 가리킨다. 위형은 북주北周 명제明帝(558~560 재위) 때에 소요공이라는 호를 받았다.
* 時危(시위) 구 : 대력 3년 8월에 토번吐蕃의 10만 군대가 영무靈武, 빈주邠州 일대를 침략하여 장안은 계엄 상태에 있었다.

719. 위찬선에게

고향의 벼슬아치 가운데는 현명한 사람 드물지 않아
두릉의 두씨와 위씨 집 저택이 미앙궁 앞에 있지.
그대 집안은 최근 삼공三公의 우두머리를 배출해서
사람들은 두 집안이 하늘에서 다섯자 거리에 산다고들 하지.
북으로 관산을 달리면 비와 눈 개이게 할 테지만
남에서 꽃밭에 노닐면 구름과 안개에 갇혀 있겠지요.
동정호의 봄풍경은 그대 위해 슬퍼하는데
해산물 먹으며 범려의 배에서 돌아가는 걸 잊었다오.

贈韋七贊善

鄉里衣冠不乏賢　　杜陵韋曲未央前
爾家最近魁三象　　時論同歸尺五天
北走關山開雨雪　　南遊花柳塞雲煙
洞庭春色悲公子　　蝦菜忘歸范蠡船

● **해설**

이 시는 대력大曆 5년(770)에 지은 것이다. '위칠韋七'에 대해서는 그가 재상의 지위에까지 올랐고 또 나중에 사공司空에 추증追贈된 위견소韋見素의 후예이고, 형제 서열이 일곱 번째라는 것만 짐작할 수 있을 뿐, 이름과 구체적인 생애에 대해서는 자세히 알 수 없다. '찬선贊善'은 동궁東宮에 속한 관직 이름으로, 전령傳令을 관장하고, 태자의 과실過失을 풍자하며, 예의禮儀를 인도하는 직책이다.

● **주석**

* **鄉里**(향리) 2구 : '의관衣冠'은 벼슬아치를 가리킨다. 전체 내용은 두씨 가문과

위씨 가문이 뛰어난 인재를 많이 배출하여, 모두 장안의 천자 가까이 살고 있다는 뜻이다. 《당唐·재상세계보宰相世系譜》에 따르면, 두씨 집안과 위씨 집안에서는 각각 11명과 14명의 재상을 배출했다고 한다. '미앙궁未央宮'은 원래 한漢나라의 궁전 이름인데, 여기서는 당나라 궁전을 비유하고 있다.

* 三象(삼상) : 원래는 해(日)와 달(月)과 별(星)을 가리키는 말이지만, 여기서는 '삼공三公'이라는 뜻으로 쓰였다.

* 尺五天(척오천) : 《삼진기三秦記》에 따르면, 한漢나라 때에는 '장안성 남쪽의 두 귀족 집안인 위씨와 두씨의 저택은 천자의 궁궐과 다섯자 거리에 있다(城南韋杜, 去天五尺)'는 말이 유행했다고 한다. 여기서는 이 표현을 빌어서 당나라 때의 상황을 나타내고 있다.

* 蝦菜(하채) 구 : 절강浙江에서는 '해착海錯', 즉 해산물을 '하채'라고 불렀다고 한다. 범려는 춘추시대 월越나라의 대부大夫로서 구천勾踐을 도와 오吳나라를 멸망시킨 후, 벼슬을 버리고 이름을 바꾼 채 배를 타고 호수를 떠돌았다고 한다. 여기서는 강남 지역을 떠돌며 고향으로 돌아가지 못하는 두보 자신의 신세를 비유하고 있다.

【칠률소운七律蕭韻】

720. 판관 전양구에게

공동산 사절이 푸른 하늘로 올라가니,
하서와 농우의 항복한 왕이 당 황제께 복종했습니다.
대원의 말들 모두 진나라 땅 목초 먹고 살찌고
장군은 그저 한나라의 곽거병 같은 이만 꼽을 뿐입니다.
진류 땅의 완우와 누가 재주를 다투겠습니까?
경조의 전랑에게 일찍이 부름을 받았습니다.
휘하의 부하들은 그대 덕분에 모두들 재주가 훌륭하니
어찌 어부나 나무꾼을 향한 뜻만 없을 수 있겠습니까?

증전구판관양구
贈田九判官梁丘

공동사절상청소
崆峒使節上青霄
하롱항왕관성조
河隴降王款聖朝
원마총비진목숙
宛馬總肥秦苜蓿
장군지수한표요
將軍只數漢嫖姚
진류완우수쟁장
陳留阮瑀誰爭長
경조전랑조견초
京兆田郎早見招
휘하뢰군재병입
麾下賴君才幷入
독능무의향어초
獨能無意向漁樵

● 해설
이 시는 천보天寶 13년(754)에 지은 것이다. 전량구田梁丘는 경조京兆 무릉茂陵 사람으로, 당시 하서절도사河西節度使 가서한哥舒翰의 막부幕府에서 판관으로 있었는데, 이 무렵 공무가 있어서 조정에 파견되었다. 이 시는 현명한 인재를 천거한 전량구의 공적을 칭송하면서, 자신도 가서한의 막부에 천거해 주길 은근히 바라는 내용이다.

● 주석

* 崆峒使節(공동사절) : 가서한을 가리킨다. 《당서唐書 · 가서한전哥舒翰傳》에 따르면, 천보 12년에 가서한은 하서절도사로서 토번을 격퇴했다고 한다. 공동산은 지금의 감숙성甘肅省 평량현平涼縣 서쪽에 위치해 있는데, 당시 가서한의 관할구에 속해 있었다.
* 河隴(하롱) 구 : '하롱'은 하서河西와 농우隴右를 줄여 표현한 것이다. 천보 13년에 토곡혼소비왕吐谷渾蘇毗王이 찾아와 우호를 청하자, 황제는 가서한으로 하여금 마환천磨環川으로 가서 응접하게 했다.
* 宛馬(원마) : 대원大宛의 명마라는 뜻이다. 이 말은 '목숙苜蓿', 흔히 '거여목'이라고 부르는 북방 지역의 목초를 즐겨 먹는다고 한다.
* 漢嫖姚(한표요) : 한漢나라 때의 명장 곽거병霍去病이 한때 표요교위嫖姚校尉를 지낸 적이 있는데, 여기서는 가서한을 비유하고 있다.
* 陳留阮瑀(진류완우) : 진류는 지명이며, 완우의 출신지이다. 완우의 자字는 원유元瑜로서, 조조曹操에게 발탁되어 군모좨주軍謀祭酒가 되었다. 여기서는 전량구의 천거로 가서한의 막부에 들어간 고적高適을 비유하고 있다. 고적은 일찍이 봉구현위封丘縣尉를 지낸 적이 있는데, 봉구 땅은 완우의 고향인 진류와 가까운 곳에 위치해 있다.
* 京兆田郞(경조전랑) : 원래 후한後漢 때의 인물인 전봉田鳳(자는 수종秀宗)을 가리킨다. 그는 용모와 몸가짐이 단정해서, 일찍이 영제靈帝로부터 칭송을 들은 적이 있다고 한다. 여기서는 전량구를 비유하고 있다.
* 麾下(휘하) 2구 : 가서한의 막부에는 전량구의 천거를 받은 뛰어난 인재들이 많이 있으니, 어부나 나무꾼과 다를 바 없는 두보 자신도 천거해 달라는 뜻이다.

721. 납일

납일은 예년에는 따뜻한 것과는 아직 멀었는데
올해 납일은 얼음이 모두 풀렸다.
하얀 눈빛을 침범한 것은 파란 원추리 풀이고
새는 듯 흐르는 봄빛은 버들가지에 있다.
마음껏 마시며 이 좋은 밤 취해 보려 하나니

자신전의 조회 마치자마자 집으로 돌아간다.
입술연지와 얼굴에 바르는 약이 천자의 은택에 따라 내려지니
푸른 대통과 은앵병 들고 황제의 궁궐을 나온다.

臘日
랍 일

臘日常年暖尚遙	今年臘日凍全消
랍일상년난상요	금년랍일동전소
侵凌雪色還萱草	漏洩春光有柳條
침릉설색환훤초	루설춘광유류조
縱酒欲謀良夜醉	歸家初散紫宸朝
종주욕모량야취	귀가초산자신조
口脂面藥隨恩澤	翠管銀罌下九霄
구지면약수은택	취관은앵하구소

● 해설

이 시는 지덕至德 2년(757) 12월에, 두보가 장안성에서 좌습유左拾遺로 있을 때에 지은 것이다. 납일은 동지冬至가 지난 후 제3의 술일戌日, 또는 납월臘月, 즉 섣달 초8일을 가리킨다.

● 주석

* 萱草(훤초) : 원추리 풀은 금침채金針菜 또는 황화채黃花菜라고도 부르는데, 식용과 관상용으로 모두 쓰인다. 옛날에는 이 풀을 심으면 근심을 잊을 수 있다고 해서, 망우초忘憂草라고도 불렀다.
* 紫宸(자신) : 장안의 대명궁大明宮 안에 있던 정전正殿의 이름으로, 황제가 신하들의 조회를 받던 공식적인 장소이다.
* 口脂面藥(구지면약) 2구 :《경룡문관기景龍文館記》에 따르면, 황제가 납일에 가까운 신하들을 불러놓고, 저녁 무렵 북문北門을 통해 내전內殿으로 들어와서 먹을 것과 입술연지 등을 하사했다고 한다. '구지면약'은 겨울에 동상을 방지하기 위한 기능성 화장품의 일종이라고 할 수 있다. '취관은앵翠管銀罌'은 '구지면약'을 담은 용기容器를 가리킨다. 한편 '구소九霄'는 원래 지극히 높은 하늘을 가리키는 '구천운소九天雲霄'의 준말로서, 종종 황제의 거처를 비유하는 데에 사용된다.

722. 들판에서 바라보며

하얀 눈 덮인 서산에는 3개의 성이 수자리 서고 있고
맑은 금강 남포엔 만리교 걸쳐 있다.
나라 안에 전쟁의 먼지바람으로 여러 아우들과 떨어진 채
하늘끝에서 눈물 흘리는 이 한 몸 아득하다.
그저 저물어가는 나이에 병만 많아지니
황제의 은혜에 티끌만큼의 보답도 올리지 못했다.
말 타고 교외에 나가 이따금 먼 곳을 바라보지만
어쩌랴, 사람의 일이 나날이 쓸쓸해지는 것을!

野望

西山白雪三城戍　南浦清江萬里橋
海內風塵諸弟隔　天涯涕淚一身遙
惟將遲暮供多病　未有涓埃答聖朝
跨馬出郊時極目　不堪人事日蕭條

● 해설
이 시는 보응寶應 원년(762)에 지은 것으로 여겨진다.

● 주석
* 西山(서산) 구 : 서산은 성도成都 서쪽에 위치한 만년설에 덮인 산으로서, 설령雪嶺이라고도 부른다. '삼성三城'은 송성松城, 유성維城, 보성保城의 세 성을 가리키는데, 이것들은 모두 토번吐蕃의 침입을 막기 위해 세워졌다.
* 清江(청강) : 성도의 금강錦江을 가리킨다. '만리교萬里橋'는 금강을 가로지르는 다리 가운데 하나로, 성도의 남쪽에 위치해 있다. 삼국시대 촉蜀나라의 비위費禕가 오吳나라에 사신으로 갈 때, 제갈양諸葛亮이 야외의 다리까지 따라와 전

별 잔치를 벌여주었다. 그러자 비위가, "만리 여행길이 여기서 시작되는구나!"하고 탄식했는데, 이 때문에 다리의 이름이 '만리교'가 되었다고 한다. 또한 그런 사연이 있기 때문에 만리교는 시어詩語에서 종종 이별에 관한 생각을 이끌어내는 용도로 사용되곤 하는데, 이 시에서도 그것을 통해 다음 구절에 등장하는 아우들에 관한 생각을 이끌어내고 있다.

723. 옥대관

허공 속의 숲은 푸르고 옥대는 아득하니
상제의 높은 거처에서 사신이 조회하네.
마침내 풍이가 와서 북을 울리니
비로소 알겠네, 진나라 공주가 퉁소를 잘 분다는 것을.
빛나는 강물에 자라와 악어굴이 어른어른 숨었다 드러나고
삐죽삐죽 솟은 돌들은 오작교처럼 펼쳐져 있네.
다시 젊은 모습 되어 날개가 생기겠는가?
결국 나는 흰머리의 시골 늙은이로 늙어가겠지.

옥대관
玉臺觀

중천적취옥대요
中天積翠玉臺遙

상제고거강절조
上帝高居絳節朝

수유풍이래격고
遂有馮夷來擊鼓

시지영녀선취소
始知嬴女善吹簫

강광은현원타굴
江光隱見黿鼉窟

석세참치오작교
石勢參差烏鵲橋

갱긍홍안생우익
更肯紅顔生羽翼

편응황발로어초
便應黃髮老漁樵

● **해설**
이 시는 광덕廣德 2년(764)에 낭주閬州에서 지은 것으로, 2수의 연작시 가운데 제1수이다. 제2수는 오언율시로 되어 있다. 옥대관은 낭주 북쪽의 옥대산玉臺山

에 세워진 도관道觀으로, 당나라 고조高祖의 스물두번째 아들이자 등왕滕王에 봉해진 이원영李元嬰이 낭주에서 자사刺史로 있을 때 세운 것이라 한다.

• 주석
* 中天(중천) 구 : 《열자列子》에는 서극화인西極化人이라는 신선이 주목왕周穆王을 만나고 궁실宮室을 고쳐지었는데, 종남산終南山 위에 세워진 높이가 천길이나 되는 그 궁전의 이름은 '중천대中天臺'였다는 기록이 있다. '적취積翠'는 소나무와 잣나무의 푸른 잎이 겹겹이 가려진 모양을 형용한 표현이다. '옥대玉臺'는 상제가 사는 곳이다.
* 絳節(강절) : 사신으로 갈 때 신분을 증명하기 위해 지참하는 일종의 부절符節이다.
* 馮夷(풍이) : 《포박자抱朴子·석귀편釋鬼篇》에 따르면, 풍이는 화음華陰 사람인데, 8월 상경일上庚日에 황하黃河를 건너다가 물에 빠져 죽었다가 상제에 의해 하백河伯으로 임명되었다고 한다. 삼국三國시대 위魏나라의 조식曹植이 지은 〈낙신부洛神賦〉에는 '풍이는 북을 치고, 여와는 맑은 노래를 부른다(馮夷擊鼓, 女媧淸歌)'라는 구절이 들어 있다.
* 嬴女(영녀) : 《열선전列仙傳》에 따르면, 춘추시대 진秦나라 목공穆公의 딸 농옥弄玉은 퉁소를 잘 부는 소사簫史에게 시집갔는데, 나중에 부부가 함께 신선이 되어 승천했다고 한다.

724. 여러 장수들

고개 돌려 부상의 구리 기둥 표지를 보니
어둑어둑 재앙의 기운 완전히 사라지지 않았다.
월상 땅의 비취 진상품은 소식이 없고
남해의 명주도 오랫동안 적막하다.
특별한 은사恩賜가 일찍이 대사마를 위해 베풀어져서
장수들은 모두 시중처럼 모자에 담비꼬리를 꽂았다.
뜨거운 바람과 북방의 눈이 천자의 땅에 있음은
그저 충성스럽고 훌륭한 장군들이 당 왕조를 보필하고 있기 때문.

諸將
제장

回首扶桑銅柱標　冥冥氛祲未全銷
회수부상동주표　명명분침미전소

越裳翡翠無消息　南海明珠久寂廖
월상비취무소식　남해명주구적료

殊錫曾爲大司馬　總戎皆揷侍中貂
수석증위대사마　총융개삽시중초

炎風朔雪天王地　只在忠臣翊聖朝
염풍삭설천왕지　지재충신익성조

● 해설

이 시는 대력大曆 원년(766)에 기주夔州에서 지은 것으로, 5수의 연작시 가운데 제4수이다. 이 작품의 주요 내용은 당시 장군들의 무능함에 대한 풍자이다.

● 주석

* 回首(회수) 2구 : '부상扶桑'은 원래 동해 바깥을 가리키는 말이지만, 여기서는 남해 바깥을 가리키는 뜻으로 쓰이고 있다. '동주銅柱'는 후한後漢 때의 마원馬援이 교지交趾(지금의 월남 북부)를 정벌하고 세운 것으로, 한나라 영토의 남쪽 경계를 표시한 것이다.
* 氛祲(분침) : 재앙을 일으키는 요사한 기운, 즉 전쟁의 낌새를 가리킨다.
* 越裳翡翠(월상비취) : 월상은 지금의 월남 남쪽 경계 근처에 위치했던 남방의 옛 나라 이름인데, 당나라 때에 월상현越裳縣으로 편입되었다. 비취는 그 지역에서 당나라 조정에 바친 공물貢物을 가리킨다.
* 南海明珠(남해명주) : 광덕廣德 원년(763)에 광남절도사廣南節度使 장휴張休를 축출한다는 명분으로 환관宦官 여태일呂太一이 시박사市舶使가 되어 병권을 장악하고 약탈을 자행한 일이 있는데, 이 때문에 이 지역 백성들이 조공을 바치려 하지 않았다.
* 殊錫(수석) 구 : 군정軍政을 관장하는 요직에 있는 대사마大司馬와 같은 무관들에게 특별한 상을 내렸다는 뜻이다.
* 總戎(총융) 구 : '총융'은 군사의 지휘를 총괄하는 총병總兵 즉, 원수元帥를 가리킨다. '시중侍中'은 황제 가까이에서 모시는 벼슬아치인데, 《한관의漢官儀》에 따르면, 그들은 매미와 담비꼬리로 모자를 장식했다고 한다.
* 炎風朔雪(염풍삭설) 2구 : 무더운 남방과 추운 북방이 모두 천자의 영토 안에

포함되어 있는 것은 훌륭한 장수들의 공이 있었기 때문이었다는 칭송 속에, 전란에 휩싸여 불안한 당나라 왕조의 장수들의 무능함을 우회적으로 담고 있다.

725. 누각의 밤

세모의 해와 달은 짧은 해그림자 재촉하고
먼 이역 눈서리 그친 밤하늘 차갑다.
새벽 알리는 고각鼓角 소리 비장하게 들리는데
삼협의 강물에는 은하수 그림자 물결에 흔들린다.
들판에서 통곡하는 많은 사람들에게서 전쟁 소식 들려오는데
어부와 나무꾼들이 부르는 변방의 노래 몇 군데에서나 들리는가?
제갈양도 공손술도 결국 흙으로 돌아가고
인간 세상에는 소식이 적막하기 그지없다.

閣夜

歲暮陰陽催短景　天涯霜雪霽寒宵
五更鼓角聲悲壯　三峽星河影動搖
野哭千家聞戰伐　夷歌幾處起漁樵
臥龍躍馬終黃土　人事音書漫寂寥

● **해설**
이 시는 대력大曆 원년(766)에 기주夔州의 서각西閣에서 지은 것이다.

● **주석**
* 陰陽(음양) : 각각 달과 해를 가리킨다. 한편 '단영短景'은 겨울철의 짧아진 해를 가리킨다.

* 天涯(천애) : 기주 땅을 가리킨다.
* 野哭(야곡) 2구 : 당시 촉蜀 땅에서는 최간崔旰, 곽영예郭英乂, 양자림楊子琳 등의 무리가 어지럽게 전쟁을 벌이고 있었다. 이 때문에 해당 지역에 살아남은 백성이 아주 드물어, 그들의 민요를 듣기 어려워진 상황을 묘사했다.
* 臥龍躍馬(와룡약마) : '와룡'은 제갈양諸葛亮, '약마'는 동한東漢의 공손술公孫述을 가리킨다. 공손술은 촉蜀 땅의 지리적 이점을 믿고 당시 어지러운 시국에서 스스로 황제에 올라 백제白帝라고 칭했다. 좌사左思의 〈촉도부蜀都賦〉에서는 이 일을 빗대어, '공손술이 말을 달려 황제를 칭했다(公孫躍馬而稱帝)'고 묘사했다. 여기서는 기주에 제갈양과 공손술의 사당이 모두 있기 때문에, 이들의 일을 언급한 것이다.
* 人事(인사) 구 : 당시는 두보의 친한 벗인 정건鄭虔, 이백李白, 엄무嚴武, 고적高適 등이 연달아 죽어서 교유할 사람도 거의 없고, 심사도 매우 적막하고 비통한 상태였다.

【칠률효운七律肴韻】

726. 초당을 완성하다

성곽을 등지고 초당 지어 흰 띠풀 엮으니
강 따라 이어진 익숙한 길 걸으며 푸른 교외를 내려다본다.
오리나무 숲은 해를 가리고 잎사귀는 바람에 읊조리는데
농죽 숲에 포근한 안개 덮이면 가지 끝에서 이슬 떨어진다.
잠시 멈춘 까마귀는 새끼 몇 마리 거느리고 있고
자주 찾아와 말 건네는 제비는 새로 둥지를 정했다.
옆사람은 양웅의 집 같다고 잘못 비유하지만
게으른 나는 해조 같은 글을 쓸 마음도 없다.

堂成

背郭堂成蔭白茅　緣江路熟俯青郊
榿林礙日吟風葉　籠竹和煙滴露梢
暫止飛烏將數子　頻來語燕定新巢
旁人錯比揚雄宅　懶惰無心作解嘲

● 해설
이 시는 상원上元 원년(760)에 성도成都에서 지은 것이다.

● 주석
* 郭(곽) : 성도의 외성外城을 가리킨다. 두보의 초당은 성도 성에서 서남쪽으로 3리 정도 떨어진 곳에 위치해 있었다.
* 籠竹(농죽) : '농총죽籠葱竹'이라고도 부르는, 남방에서 자라는 키가 큰 대나무

의 일종이다.
* **旁人**(방인) 2구 : 서한西漢의 유명한 문인 양웅揚雄은 성도 출신으로, 그의 집은 성도 소성少城의 서남쪽 모퉁이에 있었다고 한다. 그는 자신이 지은 《태현경太玄經》이 사람들에게 조롱을 당하자 곧 그에 대한 변명으로 〈해조解嘲〉라는 제목의 문장을 썼다고 한다.

【칠률호운七律豪韻】

727. 중서사인 가지의〈조조대명궁〉에 받들어 화답함

새벽의 물시계 소리 시계바늘을 재촉하는데
봄빛에 잠긴 구중궁궐에 취한 듯 피어난 복사꽃.
따스한 햇볕에 깃발마다 용과 뱀이 꿈틀거리고
산들바람 부는 궁전에 제비와 참새 높이 난다.
조회 마치자 향냄새 소매에 가득 배어 있고
시 지으니 주옥 같은 구절들 휘두르는 붓끝에서 피어난다.
대대로 황제의 조서 다루게 된 아름다운 사연 알고 싶은가?
봉황지에는 지금 봉황의 털이 있다네.

奉和賈至舍人早朝大明宮

五夜漏聲催曉箭　九重春色醉仙桃
旌旂日暖龍蛇動　宮殿風微燕雀高
朝罷香煙攜滿袖　詩成珠玉在揮毫
欲知世掌絲綸美　池上于今有鳳毛

● 해설
이 시는 건원乾元 원년(758)에 두보가 좌습유로 있을 때에 지은 것이다. 당시 중서사인中書舍人 자리에 있던 가지賈至가〈대명궁의 아침 조회(早朝大明宮)〉라는 제목의 시를 짓자, 두보를 비롯해서 왕유王維, 잠참岑參 등의 동료 벼슬아치들이 연달아 화답시를 지었다.

● 주석
* 箭(전) : '누호漏壺', 즉 물시계에서 시각을 가리키는 부표浮標를 가리킨다.
* 世掌絲綸(세장사륜) : 가지가 부친인 가증賈曾의 뒤를 이어서 황제의 조서詔書를 관장하는 중서사인을 지내고 있음을 가리킨다. 《예기禮記》에서는, '왕의 말씀은 가는 실과 같지만, 나올 때에는 굵은 실이 된다(王言如絲, 其出如綸)'고 하여 황제의 작은 말 한마디라도 신하와 백성들에게 미치는 영향이 크다는 점을 얘기했는데, 이 때문에 '사륜絲綸'은 황제의 조서를 비유하게 되었다.
* 池上(지상) 구 : 연못은 봉황지鳳凰池, 즉 중서성中書省을 가리킨다. '봉황의 깃털'은 아름답고 빼어난 문장을 비유하는데, 여기서는 그런 문장을 써낼 재능을 가진 가지를 가리키고 있다.

728. 옛 유적에 대한 감회를 노래함

제갈양의 큰 명성 우주에 드리웠으니
종신의 남겨진 초상에는 맑고 고상한 기운 엄숙하게 서렸다.
천하를 셋으로 나누기 위해 온갖 계책 마련했고
만고의 역사 품은 하늘에서 홀로 봉황의 깃털 날렸다.
백중의 실력 가진 이는 이윤과 여상이고
그의 지휘가 침착하여 소하나 조참 같은 이도 명성을 잃었다.
하늘의 운세 바뀌어 한왕조가 끝내 회복되기 어려웠으나
결연히 뜻 펼치며 몸 바쳐 군무에 힘썼도다!

詠懷古跡
諸葛大名垂宇宙 宗臣遺像肅淸高
三分割據紆籌策 萬古雲霄一羽毛
伯仲之間見伊呂 指揮若定失蕭曹

운 이 한 조 종 난 복　　　지 결 신 섬 군 무 로
運移漢祚終難復　　志決身殲軍務勞

●해설

이 시는 대력大曆 원년(766)에 기주夔州에서 지은 것으로, 5수의 연작시 가운데 제5수이다. 여기서 말하는 옛 유적이란 기주와 삼협三峽 일대에 있는 것들인데, 특히 이 작품에서는 제갈양諸葛亮을 모신 사당인 무후사武侯祠를 소재로 삼은 것이다.

●주석

* 宇宙(우주): 《문자文子》에 따르면, 사방과 위아래의 공간을 '우宇'라 하고, 옛날부터 지금까지의 시간을 '주宙'라 한다고 했다.
* 宗臣(종신): 《한서》의 논찬論贊에서는 한漢 고조高祖 유방劉邦의 천하통일을 도운 소하蕭何와 조참曹參이 여러 후작侯爵들 가운데 우두머리로서 한 세대 동안 '종신'으로 명성을 날렸다고 했는데, 이 구절의 주해에 따르면 '종신'은 후세의 존경과 추앙을 받는 신하라고 했다.
* 伯仲(백중) 구: '백중'은 원래 형제 가운데 가장 연장자와 바로 다음 서열을 가리키는 말인데, 여기서는 실력이나 명성이 비슷한 것을 의미한다. 이윤伊尹은 상商나라 탕왕湯王을 보좌했고, 여상呂尙은 주周나라 문왕文王과 무왕武王을 보좌한 뛰어난 재상인데, 이들은 모두 자신이 섬긴 임금으로 하여금 천하통일의 대업을 이루게 했다. 팽양彭羕은 《옥중여제갈양서獄中與諸葛亮書》에서 제갈양을 일컬어 당금 세상의 이윤이나 여상 같은 사람이라고 칭송했다.

【칠률가운七律歌韻】

729. 파주의 마자사를 떠나보내며

공훈과 업적은 결국 당대의 복파장군에게 돌아갔지만
공조참군은 더 이상 한나라 소하 같은 이가 아니지요.
조각배는 밧줄에 묶여 오래도록 모래밭 가까이 있고
남국의 떠도는 구름은 물 위에 많기도 하구려.
홀로 낚싯대 잡고 끝내 멀리 떠나가리니
새의 날갯짓 따라 그대에게 찾아가기 어렵지요.
알고 있소, 그대가 봄날 호수의 풍경은 좋아하지 않고
검은 말에 흰 장식 달고 조정 가는 일에 흥취 있음을.

奉寄別馬巴州

勳業終歸馬伏波　功曹非復漢蕭何
扁舟繫纜沙邊久　南國浮雲水上多
獨把魚竿終遠去　難隨鳥翼一相過
知君未愛春湖色　興在驪駒白玉珂

• 해설
이 시는 광덕廣德 2년(764) 봄에 낭주閬州에서 지은 것으로, 제목 아래 원주原注에는 '당시 나는 경조공조京兆功曹에 제수되어 동천東川에 있었다'라고 적혀 있다. 공조참군功曹參軍은 정칠품하正七品下에 해당하는 벼슬이다. 그는 자부심이 있어서, 그 벼슬에 부임하러 가지 않았다. '마파주馬巴州'는 파주(지금의 사천성四川省 파중현巴中縣) 자사刺史로 있던 마 아무개인데, 이름은 알 수 없다. 당시 그는 수도로 돌아가려는 참이었는데, 두보는 이 시를 부치며 순탄치 않은 자신의 벼슬살이에 대한 불만을 토로했다.

● 주석
* 馬伏波(마복파) : 동한東漢의 마원馬援이 복파장군伏波將軍에 임명된 적이 있는데, 여기서는 그 사실을 빌어 그와 같은 성인 파주자사 마씨를 비유하고 있다.
* 蕭何(소하) : 한漢나라 초기의 개국공신이다. 그는 일찍이 패현沛縣의 아전으로 있다가 유방劉邦의 봉기에 참여했고, 한나라가 들어선 후에는 승상이 되었다. 여기서 두보는 자신이 소하와 같은 역량이 있다고 자부하면서, 공조참군과 같은 말단 벼슬에는 만족할 수 없다는 뜻을 드러내고 있다.
* 南國(남국) : 형초荊楚 땅을 가리킨다. 당시 두보는 삼협三峽 동쪽으로 여행할 뜻을 품고 있었다.
* 白玉珂(백옥가) : 말의 굴레 장식을 가리키는데, 원래 이것은 대개 조개 따위로 만든다.

730. 고상시께

문수에서 만난 지도 여러 해가 지났는데
나는 듯한 그대의 출세, 옛 친구는 도저히 따를 수 없구려.
초 땅과 촉 땅을 다스렸으되 가진 병략 다 펼치지 못했고
치달리듯 문장 써낼 때면 조식이나 유정도 따라갈 수 없지요.
오늘날 조정에서는 급암처럼 직간하는 신하가 필요하고
중원의 장수들은 염파와 같은 명장을 그리워하고 있지요.
하늘가 변방의 봄빛은 늙어가는 나이를 재촉하고
이별의 눈물은 멀리 금강의 물결에 보태졌다오.

奉寄高常侍
봉 기 고 상 시

汶上相逢年頗多　　飛騰無那故人何
문 상 상 봉 년 파 다　　비 등 무 나 고 인 하

총 융 초 촉 응 전 미
總戎楚蜀應全未

금 일 조 정 수 급 암
今日朝廷須汲黯

천 애 춘 색 최 지 모
天涯春色催遲暮

방 가 조 류 불 시 과
方駕曹劉不啻過

중 원 장 수 억 렴 파
中原將帥憶廉頗

별 루 요 첨 금 수 파
別淚遙添錦水波

● **해설**

이 시는 광덕廣德 2년(764)에 두보가 초당草堂으로 되돌아온 후에 지은 것이다. '고상시'는 고적高適을 가리킨다. 엄무嚴武가 조정으로 돌아간 후, 고적은 그를 대신해서 성도윤成都尹 겸 서천절도사西川節度使로 있으면서 토번吐蕃의 발호를 제압했다. 그는 그해 3월에 조정으로 소환되어 형부시랑刑部侍郎에 임명되었고, 얼마 후에 다시 산기상시散騎常侍가 되었다. 두보가 초당으로 돌아왔을 때에 고적은 이미 장안에 가 있었다.

● **주석**

* 汶上(문상) : 문수汶水의 물가. 문수는 지금의 산동성山東省에 있다. 두보가 젊은 시절에 제齊 땅과 조趙 땅을 유람할 때 고적과 사귀고 잠시 여행을 함께 한 적이 있다.
* 總戎楚蜀(총융초촉) : 고적은 회남淮南과 서천西川 지역의 절도사를 각각 역임했다.
* 曹劉(조유) : 육조六朝 시대에 문장 재능이 뛰어나기로 유명한 조식曹植과 유정劉楨을 가리킨다. 종영鍾嶸의 《시품詩品》에서는 이 둘을 일컬어 '거의 문장의 성인이다(殆文章之聖)'고 칭송했다.
* 汲黯(급암) : 한무제漢武帝 때에 올곧은 간언을 잘하기로 유명한 신하로서, 당시 주작도위主爵都尉라는 벼슬을 지냈다. 이 시가 지어질 무렵에 고적은 문하성門下省 소속의 벼슬로서 황제의 잘못을 감시하고 바로잡도록 완곡하게 간언하는 일을 주로 하는 좌산기상시左散騎常侍를 지내고 있었다.
* 廉頗(염파) : 전국시대 조趙나라의 뛰어난 장군으로, 당시의 현명한 재상인 인상여藺相如와 문경지교刎頸之交를 맺고 혜문왕惠文王을 보필한 것으로 유명하다.

731. 삼협에서 풍물을 유람하다

일찍이 아전이 되어 삼보 지방을 바삐 돌아다닌 적이 있는데
생각해보면 동관에 있을 때 시흥이 많이 일었다.
무협은 문득 화산을 바라보는 듯한 느낌을 주었고
촉강은 마치 황하를 보는 듯한 느낌을 주었다.
배 위에서 병을 얻어 이불과 베개를 옮겨야 했는데
마을 입구에는 봄이 지나자 벽라초 덩굴 길게 자랐다.
빼어난 풍경은 많아도 풍토가 나쁘니
어느 때나 고향 돌아보며 소리 높여 노래 부를까?

峽中覽物

曾爲掾吏趨三輔　憶在潼關詩興多
巫峽忽如瞻華嶽　蜀江猶似見黃河
舟中得病移衾枕　洞口經春長薜蘿
形勝有餘風土惡　幾時回首一高歌

● **해설**

이 시는 대력大曆 원년(766) 무렵에 두보가 기주夔州에 도착한 직후에 지은 것인 듯하다.

● **주석**

* 三輔(삼보) : 한漢나라 때에 경조京兆와 부풍扶風, 풍익馮翊을 함께 일컬어 부르던 명칭으로, 그 관습은 당나라 때까지 이어졌다. 두보는 '삼보' 지역에 속하는 화주華州에서 사공참군司功參軍이라는 벼슬을 지낸 적이 있는데, 이것은 '연리掾吏', 즉 아전에 해당하는 말단 관직이다.
* 憶在(억재) 구 : 두보는 건원乾元 2년(759) 봄에 낙양洛陽에서 화주로 돌아왔

는데, 도중에 동관潼關을 지나면서 〈동관리潼關吏〉를 비롯해서 유명한 '삼리시三吏詩'를 지었다.
* 洞口(동구) : 여기서는 서각西閣의 입구를 가리킨다. 거처의 입구에 벽라초 덩굴이 길게 자랐다는 것은 두보가 서각에 칩거한 채 병을 요양하면서 봄이 다 가도록 외부 사람들과 왕래가 거의 없었다는 것을 암시한다.

【칠률마운七律麻韻】

732. 곡강에서 사관 정팔장과 술을 마시다

참새는 강변의 노란 버들꽃을 쪼고
맑은 날 모래밭엔 해오라기와 비오리 떼 가득하다.
흰머리는 봄날에 어울리지 않음을 알기에
잠시 향기로운 술잔 비우며 화려한 사물을 연모한다.
황제 가까이 모시다가 지금은 물결처럼 떠돌며 고생하는데
이 몸이 어찌 다시 집도 없이 살 수 있으랴?
어르신은 재능과 역량이 아직 강건하거늘
어찌 동문 곁에서 오이 기르는 일이나 배우려 하십니까?

곡강배정팔장남사음
曲江陪鄭八丈南史飮

작탁강두황류화
雀啄江頭黃柳花
교청계칙만청사
鵁鶄鸂鶒滿晴沙
자지백발비춘사
自知白髮非春事
차진방준련물화
且盡芳樽戀物華
근시즉금난랑적
近侍卽今難浪跡
차신나득갱무가
此身那得更無家
장인재력유강건
丈人才力猶强健
기방청문학종과
豈傍青門學種瓜

● 해설
이 시는 건원乾元 원년(758) 봄에 두보가 좌습유左拾遺로 있을 때에 지은 것이다. '정팔장'은 그 뒤에 '남사'라는 호칭을 붙여 추켜세운 것으로 보아, 당시의 사관史官인 듯하다. 남사는 춘추시대 제齊나라의 사관으로서 특히 권세에 굴하지 않고 올곧게 역사를 기록한 것으로 유명하다.

• 주석
* 豈傍(기방) 구 : 《삼보황도三輔黃圖》의 기록에 따르면, 옛날 진秦나라 때에 동릉후東陵侯를 지냈던 소평邵平이 한漢나라 초기에 장안성長安城 동문 밖에 은거하며 오이를 심어 생계를 꾸렸다고 한다. 아마 그 즈음에 정팔장이 벼슬길에서 은퇴를 고려하고 있었던 듯하다. 동문은 파란색을 칠하여 '청문靑門'이라 하였다.

733. 복숭아나무에 부침

초당에 오르는 작은 샛길은 예전처럼 경사가 없고
다섯 그루 복숭아나무 또한 시야를 가리고 있다.
가을이면 항상 가난한 이들에게 과실을 제공해 주다가
내년이면 다시 눈에 가득 꽃을 피우겠지.
주렴 드리운 창문은 항상 어린 제비 드나들기 편하게 걷어올리고
어린아이는 자애로운 갈가마귀 때리지 못하게 해야지.
늘어난 과부며 도적 떼가 오늘의 일은 아니니
온 세상의 수레와 책은 이미 한 집안의 것이 되었기 때문이다.

제도수
題桃樹

소경승당구불사
小徑升堂舊不斜
오주도수역종차
五株桃樹亦從遮
고추총궤빈인실
高秋總饋貧人實
래세환서만안화
來歲還舒滿眼花
렴호매의통유연
簾戶每宜通乳燕
아동막신타자아
兒童莫信打慈鴉
과처군도비금일
寡妻群盜非今日
천하거서이일가
天下車書已一家

• 해설
이 시는 광덕廣德 2년(764)에 두보가 성도成都의 초당草堂으로 돌아간 후에 지은

것이다.

- **주석**
* 慈鴉(자아) : 옛날 전설에 갈가마귀는 장성한 후에 거꾸로 그 어미에게 먹이를 물어다 먹인다고 했다.
* 車書已一家(거서이일가) : 《예기禮記·중용中庸》에 '오늘날 세상은 수레바퀴의 차축을 같은 크기로 쓰고, 책도 같은 글자로 적혀 있다(今天下車同軌, 書同文)'라는 구절이 있는데, 이후로 '거서車書'는 나라의 체제와 제도를 가리키는 뜻으로 사용되었다.

734. 가을의 흥취

기주의 외로운 성에 석양 비스듬히 비칠 때면
언제나 북두성 따라 서울 쪽을 바라보네.
원숭이 울음소리 들으면 정말 눈물이 나려 하니
명을 받고 헛되이 8월의 뗏목을 따랐기 때문이라네.
상서성의 향로는 병석에 누운 몸과 어긋나고
산속 성루에는 슬픈 갈잎 피리 소리 숨겨져 있네.
보게나, 돌 위의 등나무에 비치는 달빛은
이미 모래섬 앞 갈대꽃에 비추고 있다네.

秋興

夔府孤城落日斜
每依北斗望京華
聽猿實下三聲淚
奉使虛隨八月槎
畫省香爐違伏枕
山樓粉堞隱悲笳
請看石上藤蘿月
已映洲前蘆荻花

● **해설**

이 시는 대력大曆 원년(766)에 기주夔州에서 지은 것으로, 8수의 연작시 가운데 제2수이다.

● **주석**

* **夔府**(기부) : 정관貞觀 14년(640)에 기주에 도독부都督部를 설치했기 때문에, '기부'라고 부른 것이다.
* **奉使**(봉사) 구 : 옛 전설에 따르면, 바다의 끝은 은하수와 통해 있는데, 매년 8월이면 항상 시간을 엄수하여 왕래하는 뗏목 하나가 바닷가를 출발해서 은하수까지 이른다고 했다. 《형초세시기荊楚歲時記》에 따르면, 한무제漢武帝가 장건張騫에게 황하의 원천을 찾으라고 명하자, 장건은 뗏목을 타고 견우성과 직녀성이 있는 곳까지 이르렀다가 조정으로 돌아왔다고 한다. 여기서는 이런 이야기들을 뒤섞어 두보 자신이 일찍이 명을 받들어 검교공부원외랑檢校工部員外郎이 되었으나 엄무嚴武가 죽은 후로는 조정으로 돌아가지 못하게 된 사연을 말하고 있다.
* **書省**(화성) : 상서성尙書省을 가리킨다. 검교공부원외랑은 상서성에 속한 관리였다.
* **山樓粉堞**(산루분첩) : '산루'는 기주의 성루城樓를 가리킨다. '분첩'은 하얀 분을 바른 여장女墻을 가리키는데, 여기서는 성벽을 가리킨다.

735. 아우 두관이 남천에 있던 처자를 데리고 강릉에 도착함에 기뻐서 부침

유신庾信과 나함羅含 모두 살던 집이 그곳에 있었는데
세월이 흐르면서 누구의 집이 되었을까?
낮은 담이라도 남아 있다면 풀길 따라 걸어보고
나무라도 남아 있다면 꽃을 빌려 기분 풀 수도 있겠지.
집을 짓는다면 장후처럼 길을 내고
정원을 가꾼다면 소평邵平처럼 오이를 심어야지.
근래에 병 때문에 삼가던 술도 몇 방울 마실 테니

형제가 주거니받거니 하면 무슨 원한이 남아 있겠나?

舍弟觀赴藍田取妻子到江陵喜寄
사제관부람전취처자도강릉희기

庾信羅含俱有宅 (유신라함구유택)
春來秋去作誰家 (춘래추거작수가)
短牆若在從殘草 (단장약재종잔초)
喬木如存可假花 (교목여존가가화)
卜築應同蔣詡徑 (복축응동장후경)
爲園須似邵平瓜 (위원수사소평과)
比年病酒開涓滴 (비년병주개연적)
弟勸兄酬何怨嗟 (제권형수하원차)

●해설
이 시는 대력大曆 2년(767)에 기주夔州에서 지은 것으로, 3수의 연작시 가운데 제3수이다. 당시 두보는 가족을 데리고 강릉江陵으로 가 살려는 생각을 품고 있었는데, 마침 그의 아우 두관杜觀이 가족과 함께 남전藍田에서 강릉으로 옮겨왔다는 소식을 듣게 되었다.

●주석
* 庾信(유신) 구 : 유신은 남조 양梁나라 때의 시인으로, 후경侯景이 반란을 일으켰을 때 건강建康(지금의 남경南京)에서 강릉으로 피난가서 옛날 한漢나라 때 송옥宋玉이 살았다는 집에 머물렀다고 한다. 나함羅含은 동진東晉 때 사람으로, 환온桓溫의 정권 아래서 별가別駕 벼슬을 하면서, 강릉성 서쪽의 작은 섬에 집을 짓고 살았다고 한다.
* 蔣詡徑(장후경) : 한나라 때의 장후가 은거한 후에 집 앞의 대밭에 세 갈래 길을 만들고, 오직 구중求仲과 양중羊仲 두 사람과만 사귀어 왕래했다고 한다.
* 邵平瓜(소평과) : 《삼보황도三輔黃圖》에 따르면, 옛날 진秦나라 때에 동릉후東陵侯를 지냈던 소평邵平이 한漢나라 초기에 장안성長安城 동문 밖에 은거하여 오이를 심어 생계를 꾸렸다고 한다.

【칠률양운 七律陽韻】

736. 곡강에서 비를 맞으며

성 위의 봄날 구름은 궁원의 담을 덮고 있고
강가 정자의 저무는 풍경은 꽃향기 속에 고요하네.
비에 젖은 숲속의 꽃은 연짓빛 촉촉하고
바람에 끌린 물마름은 푸른 띠 같은 모습 길게 내보이네.
용무신군龍武新軍은 황제의 어가御駕를 깊이 둘러싸고 있으니
부용원芙蓉苑의 궁전엔 공연히 향 연기 가득하네.
황제께선 언제나 이 금전金錢의 연회 다시 열게 하셔서
잠시 미녀의 아름다운 거문고 소리에 취하게 해주실까?

曲江對雨

城上春雲覆苑牆　　江亭晚色靜年芳
林花著雨燕支濕　　水荇牽風翠帶長
龍武新軍深駐輦　　芙蓉別殿漫焚香
何時詔此金錢會　　暫醉佳人錦瑟傍

● 해설
이 시는 건원乾元 원년(758) 봄에 두보가 좌습유左拾遺로 있을 때에 지은 것이다.

● 주석
* 龍武新軍(용무신군) : 공신의 자제들로 구성된 황실의 호위대를 가리킨다.
* 金錢會(금전회) : 《구당서》에 따르면, 현종玄宗의 개원開元 원년(713) 9월에 왕공王公과 여러 신료들을 위해 승천문承天門에서 연회를 베풀고, 누각 아래에

금전을 던져서 중서랑中書郞 이상의 5품品 관리들과 여러 사司의 3품 이상의 관료들로 하여금 떨어지는 돈을 다투어 줍게 했다고 한다.
* 暫醉(잠취) 구 : 《극담록劇談錄》에 따르면, 개원 연간(713~741)에는 상사절上巳節(음력 3월 3일)이 되면 곡강曲江 옆의 정자에서 신료들을 위한 연회를 베풀고, 교방敎坊의 기녀들이 연주하는 음악을 들려주었다고 한다.

737. 동짓날 문하성의 원로들과 양원의 벗들에게 부침

작년 이날은 천자의 탑상 받들어 모시려고
첫새벽에 관료들의 행렬에 끼어들었지요.
바삐 뛰어다니는 가슴 아픈 곳의 정황을 알고 싶나요?
자욱하게 눈 가득 피어난 향 연기를 생각하고 있지요.
조용히 함께 담소 나눌 길 없고
이따금 옷을 뒤집어 입기도 한다오.
뉘라서 이 궁핍하고 시름겨운 나날 기억해 주리오?
시름겨운 날 시름은 실 한가닥의 길이만큼 따라 길어지오.

至日奉寄北省舊閣老兩院故人
去歲玆辰捧御牀
五更三點入鵷行
欲知趨走傷心地
正想氤氳滿眼香
無路從容陪語笑
有時顚倒著衣裳
何人錯憶窮愁日
愁日愁隨一線長

● 해설
이 시는 건원乾元 원년(758) 동지에 지은 것으로, 2수의 연작시 가운데 제1수이다. '북성北省'은 문하성門下省을 가리킨다. 두보가 역임했던 좌습유左拾遺는 문하성에 소속된 관리였다. '양원兩院'은 문하성과 중서성中書省을 가리킨다. 《두시상주杜詩詳注》에서는 이 시의 제목을 〈지일견흥至日遣興, 봉기북성구각로량원고인奉寄北省舊閣老兩院故人〉이라고 했다.

• 주석
* 五更(오경) 구 : 옛날에는 하룻밤을 오경五更으로 나누고, 한 경은 다시 삼점三點으로 나누어 시간을 헤아렸다. 결국 '오경 삼점'은 밤이 다 끝나고 새벽이 시작될 무렵을 가리킨다. '원항鵷行'은 원추새 문양의 옷을 입은 벼슬아치들의 행렬이라는 뜻이다.
* 欲知(욕지) 구 : 화주華州의 사공참군司功參軍이라는 말단 관직으로 폄적되어 공무에 시달리고, 시름에 겨워 있는 두보 자신의 처지를 밝히고 있다.
* 一線長(일선장) : 《당잡록唐雜錄》에 따르면, 당나라 궁중에서는 궁녀들의 길쌈으로 낮의 길이를 헤아리는 관습이 있었다. 이에 따라, 동지 이후에는 낮의 길이가 점점 길어지기 때문에, 날마다 길쌈의 양을 한가닥씩 더 길게 늘려갔다고 한다. 여기서는 날이 지날수록 자신의 시름도 점점 깊어진다는 것을 비유하고 있다.

738. 거침없는 이

만리교萬里橋 서쪽에 초당 하나 있는데
백화담百花潭의 물은 창랑滄浪의 것이라네.
바람 머금은 푸른 대숲은 그윽하고 정결한데
비에 젖은 붉은 연꽃은 포근하게 향을 풍기네.
후한 봉록 받는 벗들은 서신 왕래 끊었고
항상 배고픈 어린 자식들은 안색이 처량하네.
죽어서 구덩이를 채우려 하는데도 그저 제멋대로 행동하며
스스로 거침없는 이라 비웃으며 늙어갈수록 더욱 거침없어지네.

狂夫
광부

萬里橋西一草堂　　百花潭水卽滄浪
만 리 교 서 일 초 당　　백 화 담 수 즉 창 랑

風含翠篠娟娟淨　　雨裛紅蕖冉冉香
풍 함 취 소 연 연 정　　우 읍 홍 거 염 염 향

厚祿故人書斷絶　　恒飢稚子色淒凉
후 록 고 인 서 단 절　　항 기 치 자 색 처 량

欲塡溝壑唯疎放　　自笑狂夫老更狂
욕 전 구 학 유 소 방　　자 소 광 부 노 갱 광

● 해설

이 시는 상원上元 원년(760) 여름에 성도成都의 초당에서 지은 것이다. 여기서 '거침없는 이'는 두보 자신을 말한 것이다.

● 주석

* 萬里橋(만리교) : 성도의 남문南門 밖, 금강錦江에 걸쳐져 있는 다리 이름이다. 삼국시대에 제갈양諸葛亮이 동오東吳에 사신으로 가는 비위費褘를 위해 전별연餞別宴을 베풀어 주었는데, 비위가 길을 떠나기 전에, "만리 여행이 여기서 시작되는구나!"하고 탄식한 데서 그런 이름이 붙었다고 한다.
* 百花潭(백화담) : 두보의 초당 옆에 있는 완화계浣花溪를 가리킨다. '창랑滄浪'은 굴원屈原의 〈어부사漁父詞〉에 언급된 곳인데, 훗날 은거하는 땅을 가리키는 말로 흔히 사용되었다.
* 欲塡溝壑(욕전구학) : 죽어서 시체가 되어 구덩이를 채운다는 뜻이다. '소방疎放'은 만사를 중요하지 않은 것처럼 건성으로 넘기며 방자하게 행동하는 것을 가리킨다.

739. 관군이 하남과 하북을 수복했다는 소식을 듣고

검문관劍門關 남쪽에 문득 계북薊北을 수복했다는 소식 전해졌는데
처음 소식을 들었을 때는 눈물이 옷을 흠뻑 적셨다.
아내와 자식 돌아보니 근심이 어디 있으랴?
대충대충 시서詩書를 챙기는데 미칠 듯이 기쁨이 치솟는다.

머리 허연 몸이지만 노래도 부르고 마음껏 술을 마셔야지.
푸른 봄이 동행이 되어주니 고향으로 돌아가기 딱 좋구나.
당장 파협巴峽에서 출발해서 무협巫峽을 뚫고 들어가
바로 양양襄陽으로 내려갔다가 낙양으로 향해야지.

문관군수하남하북
聞官軍收河南河北

검외홀전수계북 　　초문체루만의상
劍外忽傳收薊北　　初聞涕淚滿衣裳
각간처자수하재 　　만권시서희욕광
卻看妻子愁何在　　漫卷詩書喜欲狂
백수방가수종주 　　청춘작반호환향
白首放歌須縱酒　　青春作伴好還鄉
즉종파협천무협 　　편하양양향락양
卽從巴峽穿巫峽　　便下襄陽向洛陽

• **해설**

이 시는 광덕廣德 원년(763) 봄에 재주梓州에서 지은 것이다. 그 해 정월에 관군이 안사安史의 반군을 소탕하고 하남과 하북 땅을 수복했다.

• **주석**

* 劍外(검외) : 검문관 남쪽. 여기서는 재주를 가리킨다. '계북薊北'은 안사의 반란군이 근거지로 삼았던 하북河北 북부의 땅을 가리킨다.
* 白首(백수) : 판본에 따라서는 '백일白日'로 쓰기도 한다.
* 巴峽(파협) : 《태평어람太平御覽》에 인용된 《삼파기三巴記》에 따르면, '낭수閬水와 백수白水 두 물줄기가 합쳐져서 한중漢中 땅에서 시녕성始寧城 아래에 이르렀다가 부릉涪陵으로 들어가는데, 세 굽이를 돌아가는 모습이 파巴자와 비슷하다고 해서 파강巴江이라고 부르기도 한다. 중간에 험한 협곡을 지나니, 이것을 일컬어 파협이라 한다'고 했다. 낭수와 백수는 곧 가릉강嘉陵江 상류를 가리킨다. 당시 두보는 재주와 낭주閬州를 오갔으며, 수로를 통해 귀향하기 위해 가릉강을 따라 남하했다가 다시 장강長江으로 들어가려 했다. 그러므로 이 구절에서 일컫는 '파협'은 이른바 '파동삼협巴東三峽' 가운데 하나를 가리키는 것이 아니라, 가릉강 상류의 협곡을 가리킨다. '무협巫峽'은 장강삼협長江三峽 가

운데 하나로서, 서쪽으로 사천성四川省 무산현巫山縣 대녕하大寧河 입구에서 시작되어 동쪽으로 하북성河北省 파동현巴東縣 관도官渡 입구까지 이어지는 40km 남짓한 협곡이다.
* 襄陽(양양) : 지금의 호북성湖北省 양번시襄樊市에 해당한다. 두보의 조상들이 이곳에 적관籍貫을 두고 있었다. '낙양洛陽'은 지금의 하남성 낙양을 가리킨다. 두보의 적관은 본래 조부가 현령으로 있던 하남성 공현鞏縣이었는데, 3세 때 낙양으로 이사했다. 그래서 종종 낙양을 자신의 고향이라고 불렀다. 한편, 이 구절의 마지막에는 '내 밭과 정원이 동경, 즉 낙양에 있다(余田園在東京)'는 두보 자신의 주석이 붙어 있기도 하다.

740. 재주자사 장이가 귤정에서 성도의 두소윤을 전별하다

가을날 들판 정자엔 귤향기 가득한데
옥술잔 비단 방석 위로 높은 구름 서늘하다.
주인은 나그네 전송하기 위해 무얼 하는가?
술잔 돌리고 시 읊는 일 유난히 끝나지 않는다.
이 늙은 몸은 응당 이별이 어렵지만
현자의 명성 날리며 그대 이제 떠나면 빛나는 영광이 있으리.
미리 명성 자자한 새로운 경조京兆의 이야기를 전하노니
역사에서 수고롭게 조광한趙廣漢과 장창張敞만 꼽지 말라.

章梓州橘亭餞成都竇少尹

秋日野亭千橘香　　玉杯錦席高雲凉
主人送客何所作　　行酒賦詩殊未央
衰老應爲難離別　　賢聲此去有輝光

預傳藉藉新京兆　　青史無勞數趙張
_{예 전 자 자 신 경 조}　　_{청 사 무 로 수 조 장}

●해설

이 시는 광덕廣德 원년(763) 가을에 재주梓州에서 지은 것이다. '장재주'는 재주 자사刺史 장이章彛를 가리킨다. 상원上元 2년(761) 말에 양천도절兩川度節을 겸했던 엄무嚴武가 이듬해인 보응寶應 원년에 조정으로 불려가자, 고적高適이 서천西川절도사의 직책을 대신 수행했고, 비어 있던 동천東川절도사 자리에는 장이가 유후留後로 임명되면서 재주에 머물게 되었다. '두소윤'에 대해서는 자세히 알려진 바가 없다. 다만 '소윤'은 부주府州의 부직副職에 해당하는 벼슬 이름이다.

●주석

* 行酒(행주) : 술자리에서 술잔 돌리는 일을 담당한다는 뜻이다.
* 新京兆(신경조) : 지덕至德 2년(757)에 성도부成都府의 행정체제를 개편하여 이경二京과 마찬가지로 '윤尹'을 두었기 때문에, 이렇게 비유한 것이다.
* 趙張(조장) : 《한서》에 따르면, '조광한과 장창은 경조윤京兆尹의 자리를 이어서 맡았는데, 아전들과 백성들 사이에 "예전에는 조씨와 장씨가 있었고, 나중에는 세 왕씨가 있었다.(前有趙張, 後有三王)"라는 칭송이 자자했다'고 한다.

741. 동지가 지난 후

동지가 지난 후부터 날이 막 길어지기 시작했는데
멀리 검문관劍門關 남쪽에서 낙양 땅을 생각한다.
푸른 옷에 흰 말 타고 막료로 일하는 게 무슨 재미가 있으랴?
금곡수 흐르고 구리 낙타 있는 낙양은 고향이 아닌 것을.
매화가 피려 하나 스스로 깨닫지 못하는 것은
형제와 한 번 헤어진 후로 영영 그리워만 하고 있기 때문.
시름이 극에 이르면 본래 시에 의지해 흥을 달래지만
시가 이루어져 읊조리자면 다시 기분이 처량해진다.

至後
지 후

冬至至後日初長
동 지 지 후 일 초 장

遠在劍南思洛陽
원 재 검 남 사 락 양

青袍白馬有何意
청 포 백 마 유 하 의

金谷銅駝非故鄉
금 곡 동 타 비 고 향

梅花欲開不自覺
매 화 욕 개 부 자 각

棣萼一別永相望
체 악 일 별 영 상 망

愁極本憑詩遣興
수 극 본 빙 시 견 흥

詩成吟詠轉凄凉
시 성 음 영 전 처 량

● 해설

이 시는 광덕廣德 2년(764) 겨울에 두보가 성도成都에서 엄무嚴武의 막부幕府에 있을 때에 지은 것이다.

● 주석

* 金谷銅駝(금곡동타) : 모두 낙양을 가리키는 말이다. 《수경주水經注》에 따르면, 금곡수는 태백원太白原에서 발원하여 동남쪽으로 흐르다 금곡(지금의 낙양시 동북쪽)을 지난다고 했다. 또 《낙양기洛陽記》에 따르면, 한나라 때 낙양의 궁전 앞 남쪽 거리에는 높이가 아홉자나 되는 두 개의 낙타 동상이 동서로 마주보며 서 있었다고 한다.
* 棣萼(체악) : 형제를 비유하는 말이다. 《시경·상체常棣》에서는 당리수棠梨樹, 즉 팥배나무의 꽃과 꽃받침이 서로 의지하고 있는 모습을 형제들이 서로 가깝게 지내는 모습에 비유했다. 이 뒤로 팥배나무의 꽃-체화棣華-이나 꽃받침으로 친밀한 형제관계를 비유하게 되었다.

742. 12월 1일

시정에 쌀쌀한 기운 살짝 덮이고 산에는 안개 푸르스레한데
햇살 가득한 누각 앞, 강안개가 노란빛을 머금었네.
소금 지고 염정鹽井 나서는 이는 이 골짝의 여인인데
북 치고 배 젓는 이는 어느 고을 사내인가?

신정에서 눈 들어 바라보는 풍경은 처절한데
무릉茂陵에서 글 짓고 있노라니 소갈병만 깊어지네.
봄날 꽃은 흐드러지게 피지 않을까 걱정도 없지만
초나라 나그네는 그저 오가는 배들 노 젓는 소리만 듣고 있네.

십 이 월 일 일
十二月一日

한 경 시 상 산 연 벽　　　　일 만 루 전 강 무 황
寒輕市上山煙碧　　日滿樓前江霧黃
부 염 출 정 차 계 녀　　　　타 고 발 선 하 군 랑
負鹽出井此溪女　　打鼓發船何郡郎
신 정 거 목 풍 경 절　　　　무 릉 저 서 소 갈 장
新亭擧目風景切　　茂陵著書消渴長
춘 화 불 수 불 란 만　　　　초 객 유 청 도 상 장
春花不愁不爛漫　　楚客唯聽棹相將

• 해설

이 시는 영태永泰 원년(765)에, 두보가 운안雲安에 있을 때 지은 것으로, 3수의 연작시 가운데 제2수이다.

• 주석

* 新亭(신정) 구 : 《세설신어世說新語》에 따르면, 서진西晉 말엽에 북방 이민족에게 중원을 빼앗기고 남쪽으로 피신한 관료들이 신정에서 모임을 가졌을 때, 주의周顗가 이렇게 탄식했다. "풍경은 다른 게 없지만, 이제부턴 산과 강이 달라졌구나!" 여기서는 이 고사를 이용하여 중원의 반란이 아직 평정되지 않은 상태임을 말하고 있다.
* 茂陵(무릉) 구 : 《사기史記》에는 한漢나라 때의 유명한 사부辭賦 작가인 사마상여司馬相如가 소갈병消渴病에 걸려서 무릉에 있는 집에 머물며 글을 지었다는 이야기가 실려 있다. 여기서는 그 이야기를 빌려 두보 자신이 병든 몸으로 운안雲安에 머물고 있다는 사실을 설명하고 있다.

743. 즉사시

저무는 봄 3월의 무협은 길기만 한데
환하게 지나는 구름 햇빛 속에 떠 있네.
우렛소리 갑자기 온 봉우리의 비를 보내오니
꽃향기는 마치 백화향百和香을 피워놓은 듯.
꾀꼬리는 물을 스쳐 갔다가 돌아오고
제비는 진흙 물고 젖는 것도 상관 않네.
높다란 누각에서 주렴 걷으니 그림 안에 있는 듯한데
광활한 평원의 풍경에 소상강瀟湘江만 빠져 있구나.

卽事

暮春三月巫峽長　晶晶行雲浮日光
雷聲忽送千峰雨　花氣渾如百和香
黃鶯過水翻廻去　燕子銜泥濕不妨
飛閣卷簾圖畫裏　虛無只少對瀟湘

●해설
이 시는 대력大曆 2년(767)에 기주夔州의 서각西閣에서 지은 것이다.

●주석
* 百和香(백화향) : 향의 일종이다.
* 虛無(허무) : '허무'는 공활空豁하고 넓은 평원의 모양을 나타낸다. 이 구절은 전체적으로 뜻이 분명하지 않으나, 대개 소상강은 볼 수 없다는 뜻인 듯하다.

744. 7월 1일 종명부의 물가 누각에서

높은 용마루에 처마 얹은 누각은 본래부터 서늘한데
가을바람은 이날 옷을 펄럭인다.
쌀쌀한 기온에 음산에는 눈이라도 내릴 듯한데
자리 뜨지 않음은 관청의 향기 없어서가 아니다.
절벽을 지나는 구름은 수놓은 비단 펼쳐놓은 듯하고
계곡을 낀 성긴 솔밭에선 바람소리 생황을 부는 듯하다.
보아하니 그대는 마땅히 왕교王喬의 신을 신어야 할 분
황제의 하사품인데도 어쩌면 신선세계에서 나온 듯도 하오.

七月一日題終明府水樓

高棟曾軒已自凉　　秋風此日灑衣裳
翛然欲下陰山雪　　不去非無漢署香
絶壁過雲開錦繡　　疎松夾水奏笙簧
看君宜著王喬履　　眞賜還疑出尚方

● 해설

이 시는 대력大曆 2년(767) 입추立秋에 기주夔州에서 지은 2수의 연작시 가운데 제1수이다. 이날 두보는 봉절현奉節縣(지금의 사천성四川省에 속함)의 현령 종終 아무개의 누각에서 열린 연회에 참석해서 이 시를 지었다. 한漢·위魏 이래로 태수太守와 목윤牧尹을 모두 부군府君 또는 명부군明府君이라고 불렀는데, 그것을 줄여서 '명부明府'라고 칭하기도 했다. 종명부는 관부官府에서 공로功勞를 조사하고 기록하는 소임을 맡은 공조참군功曹參軍으로서 봉절현의 현령을 겸하고 있었다고 하나, 그 이름과 자세한 생애는 알 수 없다.

● **주석**
* **漢署香**(한서향) : 한나라 때에는 네 명의 상서랑尙書郎들이 입에 계설향鷄舌香을 물고 황제에게 상소하거나 황제의 질문에 대답함으로써, 입냄새를 없애고 향긋한 기운이 퍼지게 했다고 한다. 여기서는 종현령의 누각이 마치 한나라 때 관청 부서처럼 사람을 끄는 향기를 풍긴다고 칭송한 것이다.
* **王喬履**(왕교리) : 왕교는 한나라 때에 섭현葉縣의 현령을 지낸 사람인데, 도술에 뛰어나서 황제가 하사한 신을 오리로 둔갑시켜서 그걸 타고 조회에 참석하곤 했으며, 나중에 옥관玉棺에 들어가서 신선이 되어 떠났다고 한다. 이 때문에 후세에 현령을 칭송할 때는 종종 왕교의 이야기를 빌려 쓰곤 했다.
* **尙方**(상방) : '상방上方'과 마찬가지로, 도가에서 말하는 신선세계를 가리킨다.

【칠률경운七律庚韻】

745. 맑은 날 저무는 정원에서 서쪽 교외의 초당을 생각하며

막부에 부는 가을바람 밤이고 낮이고 맑기만 하고
엷은 구름 성긴 비 높은 성을 지나네.
나뭇잎 속 붉은 열매 이따금 떨어지는데
계단 앞 푸른 이끼는 시들었다가 다시 피어나네.
다시 누대가 황혼의 풍경 머금었으니
종소리 북소리로 날씨 맑을 것을 알려줄 필요 없네.
완화계浣花溪 안에는 꽃들이 풍성하게 웃고 있으니
내가 이은吏隱의 이름을 겸한 걸 믿으려 할까?

원중만청회서곽모사
院中晚晴懷西郭茅舍

막부추풍일야청　　　담운소우과고성
幕府秋風日夜清　　　澹雲疎雨過高城
엽심주실간시락　　　계면청태로갱생
葉心朱實看時落　　　階面青苔老更生
부유루대함모경　　　불로종고보신청
復有樓臺銜暮景　　　不勞鐘鼓報新晴
완화계리화요소　　　긍신오겸리은명
浣花溪裏花饒笑　　　肯信吾兼吏隱名

● 해설
이 시는 광덕廣德 2년(764) 가을에 엄무嚴武의 막부幕府에서 지은 것이다.

● 주석
* 不勞(불로) 구 : 옛날 풍속에서는 종소리와 북소리의 맑은 울림이 맑은 날씨를 예고하는 징조라고 여겼다. 그런데 여기서는 누각에 드리운 황혼의 빛깔만 보

아도 내일의 맑은 날씨를 짐작할 수 있는데, 부질없이 종소리와 북소리가 헛수고를 하고 있다는 뜻이다.
* 浣花溪(완화계) : 사천성 성도成都 서쪽에 흐르는 금강錦江의 지류로서, 탁금강濯錦江 또는 백화담百花潭이라고도 부른다. 이 물가에 두보의 완화초당浣花草堂이 있었다.
* 吏隱(이은) : 벼슬살이를 하면서 봉록이나 승진 따위에는 관심이 없고, 마치 은사隱士처럼 초탈하고 한가롭게 지내는 것을 가리킨다.

746. 여러 장수들

한국공이 본래 삼수항성을 쌓으려 한 것은
그걸로 돌궐의 중원 침략을 막아보고자 했기 때문이다.
어찌 알았으랴? 회흘의 말들을 수고롭게 하면서
도리어 멀리 당나라의 삭방군을 구원하게 될 줄이야!
오랑캐가 침략할 때 동관의 지세 좁음을 깨닫지 못하였고
용이 일어나고서야 진수가 맑아졌다는 소식 들렸다.
지존으로 하여금 홀로 사직을 걱정하게 하면서
그대들은 무엇으로 왕조의 승평에 보답하려는가?

제 장
諸將

한 공 본 의 축 삼 성
韓公本意築三城
의 절 천 교 발 한 정
擬絕天驕拔漢旌
기 위 진 번 회 흘 마
豈謂盡煩回紇馬
번 연 원 구 삭 방 병
翻然遠救朔方兵
호 래 불 각 동 관 애
胡來不覺潼關隘
룡 기 유 문 진 수 청
龍起猶聞晉水清
독 사 지 존 우 사 직
獨使至尊憂社稷
제 군 하 이 답 승 평
諸君何以答升平

● 해설

이 시는 대력大曆 원년(766)에 기주夔州에서 지은 것으로, 5수의 연작시 가운데 제2수이다. 이 작품의 주요 내용은 당시 장군들의 무능함에 대한 풍자인데, 특히 이 작품에는 매우 직설적인 어조의 비판이 담겨 있다.

● 주석

* 韓公(한공) : 신룡神龍 3년(707)에 한국공韓國公 장인원張仁愿은 지금의 몽고 지역에 삼수항성三受降城을 세워 돌궐突厥의 침략을 막았다.
* 天驕(천교) : 원래 한漢나라 때 북방의 흉노匈奴를 가리키는 말이었는데, 여기서는 돌궐을 가리키고 있다.
* 豈謂(기위) 2구 : 원래 당나라에서는 돌궐을 막기 위해 삭방군朔方軍을 설치했다. 그러나 나중에 돌궐 세력이 회흘에 의해 쇠망하고, 안녹산安祿山이 반란을 일으키게 되었다. 그 무렵 당나라 숙종肅宗은 영무靈武에서 즉위식을 거행했고, 병력이 부족한 삭방군의 사령관 곽자의郭子儀는 회흘에 구원병을 청해서 두 수도를 수복收復해야만 했다.
* 胡來(호래) 구 : 안녹산이 동관을 쳐들어와 장안성長安城을 함락한 일을 가리킨다. 동관은 본래 지세가 험하여 난공불락의 요새로 유명했는데, 두보는 당시 동관을 지키던 장수 가서한哥舒翰의 무능함으로 인해 쉽게 적에게 뚫리고 말았다고 생각하고 있다.
* 龍起(용기) 구 : 전하는 바에 따르면, 당나라 고조高祖 이연李淵이 진양晉陽 즉, 태원太原에서 병사를 일으켰을 때, 진수晉水의 강물이 맑게 변했다고 한다. 이와 마찬가지로 지덕至德 2년(757) 9월에 광평왕廣平王 이예李豫(나중의 대종代宗)가 서경西京을 수복했는데, 그에 대한 전조로 그해 7월에 남주嵐州에 있는 합관하合關河의 물길이 30리 가까이 맑아졌다고 한다.

747. 밤

이슬 내린 하늘은 높고 가을물 깨끗한데
빈 산에서 홀로 밤을 맞는 나그네의 마음 놀라 떠네.
성긴 등불 외로이 정박한 배를 비추고
새로 뜬 달 아직 걸려 있을 때 나란히 들려오는 다듬이 소리.

남방의 국화꽃 다시 만났는데 이 몸은 병들어 누워 있고
북방의 편지 오지 않으니 기러기도 무심하구나.
처마 밑 거닐며 지팡이 짚은 채 견우성과 북두성 바라보니
은하수는 멀리 장안까지 이어져 있네.

夜

露下天高秋水清　　空山獨夜旅魂驚
疎燈自照孤帆宿　　新月猶懸雙杵鳴
南菊再逢人臥病　　北書不至雁無情
步檐倚杖看牛斗　　銀漢遙應接鳳城

● 해설

이 시는 대력大曆 원년(766) 9월에 기주夔州의 서각西閣에서 지은 것이다.

● 주석

* 雙杵(쌍저) : 옛날에 다듬이질을 할 때에는 두 여자가 각기 방망이를 하나씩 들고 마주앉아서 마치 쌀을 찧듯이 번갈아 방망이질을 했다.
* 南菊再逢(남국재봉) : 남쪽으로 온 지 두 해가 되었다는 뜻이다.
* 鳳城(봉성) : 《열선전列仙傳》에 따르면, 진秦 목공穆公이 자신의 딸 농옥弄玉을 소사簫史에게 시집보냈는데, 그들 부부는 매일 누대에 올라 퉁소를 불었다. 그러던 어느 날 그 집에 봉황이 내려와 부부를 태우고 어디론가 가버렸다. 이 때문에 진나라의 왕성王城을 '단봉성丹鳳城'이라고 불렀는데, 나중에는 경성을 일컬어 '봉성'이라고 부르게 되었다.

748. 피리 소리

피리 소리 들리는 가을산에 바람도 달빛도 맑은데
뉘라서 애끊는 소리 이렇듯 절묘하게 연주하는가?
바람이 휘돌아 불어 가락이 서로 어우러지는데
달을 옆에 둔 관산에는 환한 곳이 몇 군데일까?
북방의 기병들 밤중에 북녘으로 도망칠 만하고
무릉武陵의 노랫가락처럼 남방 정벌을 생각하게 하네.
고향집 뜰의 버들은 지금쯤 잎이 다 졌을 터인데
수심에 잠겨 있어 언제나 모두 다시 피어날 수 있을까?

吹笛

吹笛秋山風月清　誰家巧作斷腸聲
風飄律呂相和切　月傍關山幾處明
胡騎中宵堪北走　武陵一曲想南征
故園楊柳今搖落　何得愁中却盡生

● 해설

이 시는 대력大曆 원년(766)에 기주夔州에서 지은 것이다.

● 주석

* 胡騎(호기) 구 : 《세설신어世說新語》에 따르면, 유곤劉琨이 병주자사幷州刺史로 있을 때 북방 이민족의 기마병에게 몇 겹으로 포위를 당했다. 그때 유곤이 달빛을 따라 누각에 올라 북방 이민족의 갈잎피리[笳]를 연주하자, 이민족 병사들이 모두 고향 생각에 눈물을 흘리더니, 포위를 풀고 도망쳐 버렸다고 한다.
* 武陵一曲(무릉일곡) : 〈무계심武溪深〉을 가리킨다. 이 곡은 마원馬援이 남방을 정벌할 때에 지은 것으로, 그의 문하생이었던 원기생爰寄生이 피리[笛]를 불어 화창했다고 한다.

749. 시름

강가의 풀은 날마다 시름 일으키며 자라는데
무협巫峽의 맑은 물소리는 인간 세상의 정서가 아니라네.
소용돌이에서 목욕하는 백로는 무슨 심성일까?
홀로 선 나무에 핀 꽃만 제 스스로 또렷하네.
10년의 전쟁으로 남쪽 나라에는 어둠이 드리웠고
이역의 나그네는 외로운 성에서 늙어가네.
위수渭水와 진산秦山에 둘러싸인 장안을 다시 볼 수 있을까?
사람들은 이제 지치고 병들었는데 호랑이 같은 군대만 날뛰고 있네.

_수
愁

_{강 초 일 일 환 수 생}
江草日日喚愁生
_{무 협 령 령 비 세 정}
巫峽泠泠非世情
_{반 와 로 욕 저 심 성}
盤渦鷺浴底心性
_{독 수 화 발 자 분 명}
獨樹花發自分明
_{십 년 융 마 암 남 국}
十年戎馬暗南國
_{이 역 빈 객 로 고 성}
異域賓客老孤城
_{위 수 진 산 득 견 부}
渭水秦山得見否
_{인 금 파 병 호 종 횡}
人今罷病虎縱橫

● **해설**

이 시는 대력大曆 2년(767)에 기주夔州에서 지은 것이다. 제목 아래에는 원래 '억지로 장난삼아 오체吳體를 지어본다(強戲爲吳體)'라는 자주自注가 붙어 있다. '오체'는 아마도 강남의 오가속곡吳歌俗曲에 있는 성조를 변화시켜 만든 요체율시拗體律詩일 것이다. 두보는 억눌리고 답답한 마음을 묘사할 때에는 대부분 요체 형식으로 표현하곤 했기 때문이다. 그러나 전체적인 구성이나 어휘가 엉성하고 조야한 구석이 있다하여, 이 작품을 두보 본인의 작품이 아니라고 여기는 사람들도 있다.

● 주석

* 泠泠(영령) : 가늘게 흐르는 작은 물줄기 소리를 묘사한 의성어이다.
* 底(저) : 여기서는 의문사로서 '도대체 무슨' 정도의 뜻이다.
* 南國(남국) : 기주夔州를 가리킨다. 이 부분을 '만국萬國'으로 표기한 판본도 있다.
* 渭水秦山(위수진산) : 모두 장안을 가리키는 말이다.
* 人今(인금) 구 : 《한비자韓非子・초견初見》에는 '그러므로 병사들이 밖에서 죽을 때까지 햇볕에 그을리고 이슬을 맞고, 선비와 백성들이 안에서 지치고 병들어도 패왕의 명예를 이루지 못하면……(是故兵終身暴露於外, 士民疲病於內, 霸王之名不成……)'이라는 구절이 있는데, 본문의 '피병罷病'은 이런 의미를 나타낸다 하겠다. 한편, '호랑이'에 대해서는 《예기・단궁檀弓・하下》에 기록된 공자의 말 가운데 '가혹한 정치는 호랑이보다 사납다(苛政猛於虎也)'라는 것이 있듯이, '가혹한 정치'를 가리킨다고 풀이하기도 한다.

750. 평사 최 아무개라는 사촌동생이 말을 보내 초청하겠다고 약속했는데 말이 오지 않기에, 늙은 몸이라 비가 와서 질척거리는 땅을 보고 외출하기를 무서워하리라 여겨서 좋은 만남의 약속을 어길 수밖에 없었나 보다 생각하여, 붓을 놀려 장난삼아 편지를 쓴다

강가 누각으로 손님 맞으러 말을 보낸다기에
날이 밝을 때부터 한낮까지 일어나 앉아 있었지.
떠가는 구름은 푸른 봄풍경을 저버리지 않았는데
가랑비는 어찌나 백제성白帝城을 외롭게 만드는지!
꽃 사이를 거닐면 옷이 젖어도 즐겁기만 했을 테고
말 위에서 술에 취하면 오가는 것이 가볍기만 했을 텐데.
공연히 머리 흰 늙은이가 진흙탕 무서워하리라 여긴 듯한데
사실 은안장 얹고 험한 길 뚫고 갈 말이 없었기 때문이라네.

崔評事弟許相迎不到應慮老夫見泥雨怯出必愆佳期走筆
戲簡

<small>강 각 요 빈 허 마 영</small>
江閣邀賓許馬迎

<small>오 시 기 좌 자 천 명</small>
午時起坐自天明

<small>부 운 불 부 청 춘 색</small>
浮雲不負青春色

<small>세 우 하 고 백 제 성</small>
細雨何孤白帝城

<small>신 과 화 간 점 습 호</small>
身過花間霑濕好

<small>취 어 마 상 왕 래 경</small>
醉於馬上往來輕

<small>허 의 호 수 충 니 겁</small>
虛疑皓首沖泥怯

<small>실 소 은 안 방 험 행</small>
實少銀鞍傍險行

• 해설
이 시는 대력大曆 2년(767)에 기주夔州의 서각西閣에서 지은 것이다. 평사는 형벌과 옥사獄事를 평결評決하는 일을 관장하는 벼슬아치이다.

• 주석
* 馬迎(마영):《섬계만필剡溪漫筆》에 따르면, 왕유王維가 왕경인王敬仁을 마중하러 나갈 때 왕경인이 항상 수레를 타고 오느라 늦게 오는지라, 나중에는 설령 비바람이 불 때라도 꼭 말을 보내서 데려오게 했다고 한다. 여기서는 이 이야기에 빗대서 비가 와서 길이 질척거리지만 말을 보내면 갈 수 있다는 뜻을 암시하고 있다.
* 浮雲(부운) 구: 뜬 구름이 있는 곳은 두보가 있는 서각을 가리키고, 백제성은 최평사가 있는 곳을 가리킨다.

751. 강릉절도사 양성군왕이 누각을 새로 짓고 엄시어 판관에게 칠언율시를 지어 달라고 청할 때 함께 지음

누각 위는 타는 듯한 날씨에도 얼음이나 눈이 생길 듯 서늘한데
높이 나는 제비와 참새 새로 지은 누각에 축하인사를 하네.

푸른 창에는 간밤의 안개가 자욱하게 젖어 있고
붉은 두공 위에 떠 있는 구름은 작고 가벼워 보이네.
큰 도끼 지팡이 삼고 수레 장막 걷은 모습 모두 아름답고
투호놀이 하거나 책 읽을 때에는 맑은 여유가 넘치네.
공께서 여가가 많아 부하들 위해 연회를 베푼 이래
강한江漢의 풍류에는 영원한 정이 담겼네.

<u>강 릉 절 도 사 양 성 군 왕 신 루 성 왕 청 엄 시 어 판 관 부 칠 자 구</u>
江陵節度使陽城郡王新樓成王請嚴侍御判官賦七字句
<u>동 작</u>
同作

<u>루 상 염 천 빙 설 생</u>　　<u>고 비 연 작 하 신 성</u>
樓上炎天冰雪生　　高飛燕雀賀新成
<u>벽 창 숙 무 몽 몽 습</u>　　<u>주 공 부 운 세 세 경</u>
碧窗宿霧濛濛濕　　朱栱浮雲細細輕
<u>장 월 건 유 첨 구 미</u>　　<u>투 호 산 질 유 여 청</u>
杖鉞褰帷瞻具美　　投壺散帙有餘清
<u>자 공 다 가 연 참 좌</u>　　<u>강 한 풍 류 만 고 정</u>
自公多暇延參佐　　江漢風流萬古情

● 해설

이 시는 대력大曆 3년(768) 여름, 강릉江陵에서 지은 것이다. 당시 상서尙書 위백옥衛伯玉은 강릉절도사 겸 양성군왕의 직위에 있었다. 엄시어판관은 누구를 가리키는 것인지 알 수 없다. '칠자구'는 칠언율시를 가리킨다.

● 주석

* 朱栱(주공) : 붉은색으로 장식된 화려한 두공[栱]을 가리킨다. 두공은 목조건물의 기둥과 들보 사이에 받쳐서 무게를 감당하게 하는 구조를 가리킨다.
* 杖鉞(장월) 구 : '월'은 장군에게 천자가 내린 도끼 모양의 무기를 가리킨다. 흔히 '부월鈇鉞'이라고 부른다. '건유褰帷'는 자사刺史가 정치를 잘하는 것을 칭송하는 데에 흔히 사용되는 전고典故이다. 《후한서·가종전賈琮傳》에 따르면, 청렴한 관리인 가종이 기주冀州의 자사가 되어 부임지로 갈 때에, 일반적인 관례와는 달리 수레의 주렴을 걷게 하여 백성들의 생활상을 자세히 살피겠다

는 의지를 나타낸 까닭에, 기주의 아전들과 하급 관료들이 두려워 떨었다고 한다. 여기서는 가종의 이야기를 빌어 위백옥이 병사를 다루는 전술에도 뛰어나지만 행정 관료로서 백성을 자상하게 보살필 줄도 안다고 칭송하고 있다.

* 參佐(참좌) : 참모와 보좌관들, 즉 부하들을 가리킨다.

752. 판관 곽수에게

재주는 보잘것없고 나이도 저물어 가는데 헛된 명성만 있고
강호에 병들어 누워 있는데 봄이 또 찾아오는구려.
약에만 마음을 쏟느라 시 짓는 일은 모두 그만둬 버렸는데
꽃 만발한 가지 눈에 비치니 시구詩句가 그래도 만들어지는구려.
그저 연 땅 돌처럼 하찮은 별똥이나 될 수 있을 뿐인데
수나라 제후의 귀한 진주 얻고 나니 밤에도 빛난다는 걸 깨달았소.
교구喬口와 귤주橘洲에는 바람과 파도가 길을 재촉하는데
묶인 돛배는 어찌하여 짧은 여정을 아깝게 여기는가?

酬郭十五判官受

才微歲晚尚虛名　臥病江湖春復生
藥裏關心詩總廢　花枝照眼句還成
只同燕石能星隕　自得隋珠覺夜明
喬口橘洲風浪促　繫帆何惜片時程

──────────────

• 해설
이 시는 대력大曆 4년(769) 봄에 형주衡州로 가면서 지은 것이다. 곽수는 대력 연간에 형양판관衡陽判官을 지냈다.

● 주석

* 燕石(연석) : 값어치 없는 물건을 가리키는 말로서, 여기서는 자신이 지은 시구에 대한 겸양의 표현이다. 《후한서 · 응소전應邵傳》의 주注에 따르면, 송宋나라의 어느 어리석은 사람이 연나라의 돌멩이를 주워서 마치 큰 보배나 되는 양 소중히 보관했는데, 주周나라의 나그네가 그 소문을 듣고 가서 한번 보여달라고 청했다. 주인은 이레 동안 목욕재계를 하고 옷을 단정히 차려입고, 소를 잡아 제사를 올리는 법석을 떨고 나서 가죽 상자에 담아 비단으로 열겹이나 포장한 그 돌을 보여주었다. 나그네는 돌을 보고 나서 입을 가리고 웃으며, "이건 연나라의 돌멩이요. 기왓장과 다를 게 없는 것이지요."하고 말했다. 그러자 주인이 크게 화를 내며, "장사꾼의 말이요, 서툰 장인의 마음씀씀이로다!"하며, 그 말을 믿으려 하지 않고 더욱 단단히 보관했다고 한다.

* 隋珠(수주) : '수나라 제후의 귀한 진주'라는 뜻으로, 여기서 '수隋'는 춘추시대에 한수漢水 동쪽에 위치한 나라로서 희성姬姓의 제후가 다스리던 곳이다. 나라 이름을 '수隨'라고 쓰기도 한다. 본문에서는 곽수의 시를 비유하고 있다. 《회남자淮南子 · 남명훈覽冥訓》의 주석에 따르면, 수나라 제후가 상처 입은 큰 뱀을 보고 약을 발라 치료해준 적이 있는데, 나중에 뱀이 강속에서 큰 진주를 물어다가 은혜에 보답했다고 한다.

* 喬口(교구) 2구 : 바람과 물결이 적당히 일어서 배가 빨리 갈 수 있는 여건이 마련되었는데도, 나루터에 묶인 배는 금방이면 도착할 수 있는 형주衡州-곽수가 있는 곳-까지의 여정을 아끼며 출발하지 않고 있다는 뜻이다.

【칠률청운七律青韻】

753. 엄중승께서 왕림해 주시다

장군께서 작은 부대 이끌고 교외로 나오셔서
버들과 꽃 찾아 들판의 정자까지 이르셨네.
동천東川과 서천西川이 합쳐져서 절도사를 우러러보는데
땅이 남북으로 나뉘어 부평초처럼 흐르는 물에 몸을 맡기네.
조각배 타고 있는 신세 장한張翰과 같을 뿐만 아니라
검은 모자 쓴 모습도 관녕管寧과 흡사하네.
적막한 강과 하늘에 구름과 안개 자욱한데
뉘라서 말하는가, 소미성少微星이 있음을?

엄 중 승 왕 가 견 과
嚴中丞枉駕見過

원 융 소 대 출 교 경
元戎小隊出郊坰

문 류 심 화 도 야 정
問柳尋花到野亭

천 합 동 서 첨 사 절
川合東西瞻使節

지 분 남 북 임 류 평
地分南北任流萍

편 주 부 독 여 장 한
扁舟不獨如張翰

조 모 환 응 사 관 녕
皂帽還應似管寧

적 막 강 천 운 무 리
寂寞江天雲霧裏

하 인 도 유 소 미 성
何人道有少微星

● 해설
이 시는 보응寶應 원년(762) 봄에 지은 것이다. 본문의 제목 아래에는 '엄무가 칙령에 따라 동천절도사 신분에서 서천절도사의 직위까지 제수받아 다스리게 되었다(嚴自東川除西川, 勅令都節制)'라는 자주自注가 달려 있다.

● 주석
* 元戎(원융) : 주장主將, 즉 엄무嚴武를 가리킨다.

* 川合(천합) 구 : 엄무는 762년에 동천절도사가 되었다가 다시 서천절도사에 제수되어 두 곳을 함께 다스렸는데, 광덕廣德 2년(764) 정월에 결국 동천과 서천이 하나의 '도道'로 합쳐졌다.
* 地分(지분) 구 : 여기서부터 두보 자신의 신세를 묘사하고 있다.
* 張翰(장한) : 진晉나라 때 사람으로 낙양洛陽에서 벼슬살이하다가 벼슬을 버리고 은거했다.
* 管寧(관녕) : 삼국시대 위魏나라 사람으로 속세를 피해 은거해 있으면서, 조정에서 불러도 응하지 않았다. 그는 항상 검은 모자에 베로 만든 저고리와 바지를 입고 다녔다고 한다.
* 少微星(소미성) : 별자리 이름이다. 옛사람들은 이 별을 종종 처사處士를 비유하는 데에 사용하곤 했다. 여기서는 두보 자신을 비유한다.

754. 담산인이 은거하는 곳

남극의 노인이 스스로 별을 가지고 있다면
북산이문北山移文은 누가 새긴단 말인가?
그대가 불려서 떠나고 나니 소나무와 국화만 외롭고
슬픈 골짝엔 빛도 없이 집과 마당만 남았구려.
나는 세상의 난리가 멈출 수 없음을 보았는데
그대는 벼슬살이와 은거가 겪어야 할 일임을 알고 있었구려.
네 마리 말이 끄는 높은 수레도 뒤집어지는 일이 따라다니고
처연하게 가을하늘 바라볼 때 푸른 병풍 같은 산만 공허하네.

담산인은거
覃山人隱居

남극로인자유성
南極老人自有星

북산이문수륵명
北山移文誰勒銘

징군이거독송국
徵君已去獨松菊

애학무광류호정
哀壑無光留户庭

여견란리부득이
予見亂離不得已

자지출처필수경
子知出處必須經

高車駟馬帶傾覆　悵望秋天虛翠屏
고 거 사 마 대 경 복　창 망 추 천 허 취 병

• 해설

이 시는 대력大曆 2년(767) 가을에 기주夔州에서 지은 것이다. 담산인에 대해서는 자세히 알려진 바가 없다.

• 주석

* 南極老人(남극노인) : 별자리 이름 즉, 남극성南極星을 가리킨다. 여기서는 은거해 사는 사람을 비유하고 있다.
* 北山移文(북산이문) : 제齊나라의 공치규孔稚圭가 지은 문장의 제목이다. 옛날에 주옹周顒이 북산北山(지금의 남경南京 동쪽에 있는 자금산紫金山을 가리킨다. 이 산은 종산鐘山이라고도 부른다)에 은거했다가 나중에 조정의 부름을 받아 해염海鹽 땅의 현령이 되었다. 그가 다시 북산을 방문하려 하자, 공치규가 산에 깃든 신령의 뜻을 빌어 격문을 돌려서 주옹을 막자 주옹은 뜻을 이루지 못했다고 한다. 그러므로 첫 두 구절은 '순수한 마음으로 은거하고 있다면, 〈북산이문〉과 같은 글을 써서 비판할 이유가 없다'는 뜻을 반어적으로 표현하고 있다고 하겠다.
* 予見(여견) 2구 : 세상의 난리를 직접 경험한 두보 자신과 그 난리를 피해 은거해 있다가 조정의 부름에 응해 벼슬길로 들어선 담산인의 상황을 대비시키고 있다. 이와 더불어 이 구절에는 세상 밖에 나가 은거하는 것이 벼슬을 얻기 위해서는 반드시 겪어야 할 과정으로 생각한 담산인의 위선적인 은거 행위에 대해 조롱하는 의미도 담겨 있다.

755. 즉사시

하늘가 뭇 산속에 외로운 초가 정자.
바람에 물결 출렁이는 강에는 어둑하게 비가 내린다.
백어白魚 한 쌍은 낚시도 물지 않고
세치 노란 귤은 아직 푸른빛을 띠고 있다.
병 많은 사마상여司馬相如는 하루도 일어나지 못하고

막다른 길의 완적阮籍은 술에서 깨어 있을 때가 얼마나 될까?
세류영細柳營에서 무기와 갑옷 풀었다는 소식 듣지 못했으니
애끊어지는 진천秦川에는 흐린 물만 흐르고 있으리.

卽事
즉사

天畔群山孤草亭 江中風浪雨冥冥
천반군산고초정　　강중풍랑우명명

一雙白魚不受釣 三寸黃甘猶自靑
일쌍백어불수조　　삼촌황감유자청

多病馬卿無日起 窮途阮籍幾時醒
다병마경무일기　　궁도완적기시성

未聞細柳散金甲 腸斷秦川流濁涇
미문세류산금갑　　장단진천류탁경

● 해설

이 시는 대력大曆 2년(767) 가을에 양서瀼西에서 지은 것이다.

● 주석

* 草亭(초정) : 양서瀼西의 초당을 가리킨다.
* 白魚(백어) : 몸이 길고 비늘이 가는 물고기의 일종으로, 살이 마치 옥처럼 희다고 한다. 이 물고기는 음력 2월경부터 잡히기 시작했다가 입추가 지날 무렵부터는 짝을 지어 월동지를 향해 이동하기 때문에 잡히지 않는다고 한다. 이 시는 9월에 지어졌기 때문에 백어가 잡히지 않는다고 한 것이다.
* 阮籍(완적) : 삼국시대 위魏나라 사람이다. 완적은 술에 취해 막다른 길에 이르게 되면 항상 통곡하며 자신의 신세를 슬퍼했다고 한다.
* 細柳(세류) : 본래 한漢나라 때의 유명한 장군인 주아부周亞夫가 장안의 곤명지昆明池 남쪽에 세운 영채營寨의 이름이다. 여기서는 당나라 장안 부근의 병영들을 암시하고 있다.
* 濁涇(탁경) : 흐린 물이라는 뜻이다. 여기서는 전란을 일으킨 토번吐蕃을 비유하고 있다.

【칠률증운 七律蒸韻】

756. 지독히 더운 초가을에 처리할 일도 많고

7월 6일인데도 날씨는 찌는 듯이 무덥기만 해서
음식을 대하고서 조금도 먹을 수가 없다.
밤이면 항상 전갈 밟을까 걱정스러운데
하물며 가을 지나고서 갈수록 파리가 많아짐에랴!
관복 차려입으면 미칠 듯하여 큰 소리라도 지르고 싶은데
장부며 공문들은 어찌나 급히 와서 쌓여만 가는지!
남쪽을 바라보니 작은 골짝에 푸른 소나무 걸쳐 있는데
어찌 하면 맨발로 겹겹이 쌓인 얼음 밟을 수 있을까?

早秋苦熱堆案相仍

七月六日苦炎蒸　對食暫餐還不能
常愁夜中自足蝎　況乃秋後轉多蠅
束帶發狂欲大叫　簿書何急來相仍
南望青松架短壑　安得赤脚踏層冰

● 해설

이 시는 건원乾元 원년(758) 가을에 두보가 화주華州의 사공참군司功參軍으로 있을 때에 지은 것이다. '퇴안상잉堆案相仍'은 책상에 처리할 서류가 계속해서 무더기로 쌓여 아무리 일해도 끝나지 않는다는 뜻이다.

● 주석

* 七月六日(칠월륙일) : 이 해에는 6월 24일이 입추였는데, 그보다 한참 뒤인데

도 날씨가 여전히 이렇게 덥다는 뜻으로 날짜를 밝혔다.
* 中自足蝎(중자족갈) : '내개시갈來皆是蝎'로 쓴 판본도 있다.

757. 병 많아 열에 시달릴 때, 이상서를 그리며

만년에 한참 병마病魔의 침범으로 고통받고 있는데
4월 초여름에 어째서 날씨마저 찌는 듯 덥단 말이오?
큰 강물은 아득히 뜨거운 남해 바다와 이어져 있고
기이한 봉우리엔 불꽃 같은 구름 피어오르고 있소.
더위먹은 길 적셔줄 초여름 비 그립거니와
감히 황궁의 은혜 입어 옥정玉井의 얼음 하사받길 바라겠소.
상서와의 약속을 돌아보지 않은 것은 아니고
산음에 밤눈 내리는 흥취 이용하기 어려울 따름이라오.

다병집열봉회리상서
多病執熱奉懷李尚書

쇠년정고병침릉
衰年正苦病侵凌
수하하수기울증
首夏何須氣鬱蒸
대수묘망염해접
大水淼茫炎海接
기봉률올화운승
奇峰硉兀火雲升
사점도갈황매우
思霑道暍黃梅雨
감망궁은옥정빙
敢望宮恩玉井冰
불시상서기불고
不是尚書期不顧
산음야설흥난승
山陰夜雪興難乘

● 해설
이 시는 대력大曆 3년(768) 4월에 강릉江陵에서 지은 것이다. '이상서'는 곧 이지방李之芳을 가리키는데, 당시 그는 이릉夷陵(지금의 호북성湖北省 의창시宜昌市)에 있었다.

● 주석
* 黃梅雨(황매우) : 초여름에 매실이 노랗게 익어갈 무렵 내리는 비를 가리킨다.

* 玉井冰(옥정빙) : 육홰陸翽의 《업중기鄴中記》에 따르면, 석계룡石季龍이 빙정대氷井臺에 얼음을 저장해두었다가 삼복三伏에 대신들에게 하사했다고 한다. 당나라 제도에 따르면, 백관百官들이 얼음을 하사받았는데, 당시 두보는 좌습유左拾遺의 자리에 있었기 때문에 얼음을 받을 자격이 있었다.
* 山陰夜雪(산음야설) : 진晉나라 때 왕휘지王徽之가 회계會稽 산음山陰에 있을 때, 밤에 눈이 내리는 틈을 타서 대안도戴安道의 집을 방문했다고 한다. 여기서는 그 이야기를 거꾸로 사용해서, 지금은 날씨가 무더우니 이상서의 초청에 응하기 어렵다는 뜻을 나타내고 있다.

【칠률우운七律尤韻】

758. 장씨가 은거하는 곳에 적다

봄산에 동료도 없이 혼자 그대 찾아가는데
쾅쾅 나무하는 소리에 산은 더욱 그윽하오.
계곡 따라 이어진 길엔 추위 남아 얼어붙은 눈 밟으며 걸었고
비스듬히 햇빛 스미는 돌문 지나 숲 우거진 언덕에 이르렀소.
욕심 없어 밤이면 금은의 기운 알아보고
재앙 멀리하니 아침이면 노니는 사슴들 구경하네.
흥에 겨워 아득한 기분에 잠기니 나갈 곳을 모르겠고
그대 대하면 자유롭게 떠도는 빈 배를 보는 듯하오.

題張氏隱居

春山無伴獨相求　　伐木丁丁山更幽
澗道餘寒歷冰雪　　石門斜日到林丘
不貪夜識金銀氣　　遠害朝看麋鹿遊
乘興杳然迷出處　　對君疑是泛虛舟

●해설
이 시는 개원開元 24년(736)에 제齊 땅과 조趙 땅을 여행할 때에 지은 것이다. 2수의 연작시 가운데 제1수로, 제2수는 오언율시로 되어 있다. '장씨'는 아마 장개張玠를 가리킬 가능성이 많은데, 그것은 두보가 만년에 〈별장십삼건봉別張十三建封〉을 쓴 데에서 짐작할 수 있다. 장건봉은 연주兗州 사람으로, 장개의 아들이다.

• 주석

* 伐木(벌목) 구 : 《시경·소아小雅》에 들어 있는 〈벌목〉은 일반적으로 친구를 위해 잔치를 베풀어 준다는 의미를 담고 있는 것으로 풀이하는데, 여기서도 그 뜻을 환기하려는 의도로 언급되었다.
* 金銀氣(금은기) : 《지경도地鏡圖》에 따르면, 금이나 옥, 보검의 기운은 모두 신일辛日의 비 갠 아침이나 황혼 무렵에 관찰할 수 있는데, 황금이 묻힌 곳에서는 적황색의 기운을 볼 수 있다고 했다. 특히 천만 근 이상의 황금이 묻힌 곳에서는 거울만한 크기의 빛을 볼 수 있다고 했다.
* 虛舟(허주) : 《장자莊子·외편外篇·산목山木》에는 두 개의 배가 나란히 강을 건너는데, 빈 배가 다가와서 부딪치면 마음이 급한 사람이라도 화를 내지 않는다는 이야기가 수록되어 있다. 여기서 '빈 배'는 허심한 경지를 가리킨다.

759. 거처를 정하다

완화계 물길 서쪽에
주인이 나를 위해 숲과 연못 그윽한 땅을 정해 주셨네.
성을 나서면 세속의 일 적어질 것임은 이미 알고 있었는데
또 맑은 강물 있어 나그네의 시름 녹여주네.
무수히 많은 잠자리 위아래로 가지런히 날고
자원앙 한 쌍 짝을 이뤄 물속에 잠겼다 떠 있다 하네.
흥이 나면 동쪽 만리 길을 갈 만하니
모름지기 산음山陰으로 가려면 작은 배에 오르기만 하면 된다네.

卜居복거

浣花溪水水西頭완화계수수서두
主人爲卜林塘幽주인위복림당유
已知出郭少塵事이지출곽소진사
更有澄江銷客愁갱유징강소객수
無數蜻蜓齊上下무수청정제상하
一雙鸂鶒對沈浮일쌍계칙대침부

東行萬里堪乘興　　須向山陰上小舟
동 행 만 리 감 승 흥　　수 향 산 음 상 소 주

• 해설
이 시는 상원上元 원년(760) 봄에 지은 것이다.

• 주석
* 浣花溪(완화계) : 성도成都의 서쪽 성곽 밖에 위치한 물길로, 백화담百花潭이라고도 부른다.
* 主人(주인) : 두보가 초당을 짓도록 도와준 친구 배면裴冕을 가리킨다.
* 鸂鶒(계칙) : 원앙새를 닮은 물새 이름이다. 털빛에 자주색이 많아서 자원앙이라고도 부른다.
* 山陰(산음) : 지금의 절강성浙江省 소흥紹興을 가리킨다. 젊은 시절 두보는 이 지역을 여행한 적이 있다.

760. 강가 마을

맑은 강 한 굽이 마을을 안고 흐르는데
긴 여름 강가 마을에는 일마다 한가롭다.
절로 갔다 절로 오는 들보 위의 제비.
서로 친근하게 노니는 물 위의 갈매기.
늙은 아내는 종이에 선 그어 바둑판 만들고
어린 아들은 바늘 두드려 낚싯바늘 만든다.
병 많은 몸이라 필요한 것은 그저 약물뿐이니
미천한 몸이 이밖에 또 무엇을 구하랴?

江村
강 촌

清江一曲抱村流　　長夏江村事事幽
청 강 일 곡 포 촌 류　　장 하 강 촌 사 사 유

自去自來梁上燕　　相親相近水中鷗
老妻畫紙爲棋局　　稚子敲針作釣鉤
多病所須惟藥物　　微軀此外更何求

● 해설

이 시는 상원上元 원년(760) 여름에 성도成都의 초당草堂에서 지은 것이다.

● 주석

* 多病(다병) 구 : 이 구절을 '다만 벗이 있어 봉록으로 받은 곡식을 나눠준다(但有故人供祿米)'라고 쓴 판본도 있다.

761. 배적의 〈등촉주동정송객봉조매상억〉 시에 화답함

동쪽 누각 관청의 매화가 시흥을 움직였다는데
마치 하손何遜이 양주揚州에 있었을 때와 같습니다.
지금 눈을 보며 먼 곳에서 서로 그리워하고만 있는데
손님 보내고 봄 맞으니 마음이 자유로울 수 있었겠습니까?
다행히 꽃을 꺾어 보내 늙어가는 노인 상심케 하지 않으셨으니
만약 그걸 보았다면 고향 생각에 마음이 어지러워졌겠지요.
이곳 강변의 매화 한 그루도 점점 꽃을 피우고 있어서
조석으로 보는 사람들이 절로 머리 세도록 재촉하고 있습니다.

和裴迪登蜀州東亭送客逢早梅相憶見寄

東閣官梅動詩興　　還如何遜在揚州
此時對雪遙相憶　　送客逢春可自由

행부절래상세모
幸不折來傷歲暮　　약위간거란향수
　　　　　　　　若爲看去亂鄕愁
강변일수수수발
江邊一樹垂垂發　　조석최인자백두
　　　　　　　　朝夕催人自白頭

● **해설**

이 시는 상원上元 원년(760) 겨울에 지은 것이다. 이 해 가을에 두보는 촉주蜀州와 신진新津에 갔다가 배적과 함께 신진사新津寺에 들러 시를 짓기도 했다. 이 작품은 연말에 배적이 〈등촉주동정송객봉조매상억登蜀州東亭送客逢早梅相憶〉이라는 시 한 편을 지어 보내자, 이에 화답하여 지은 것이다.

● **주석**

* 東閣官梅(동각관매) : '동각'은 배적이 손님을 전송한 촉주의 '동정東亭'을 가리킨다. '관매'는 관청에서 심은 매화나무를 가리킨다.
* 何遜(하손) : 남조 양梁나라의 시인이다. 그는 수증酬贈과 기행紀行의 작품을 많이 썼으며, 풍경 묘사와 자구字句를 다듬는 데에 뛰어나 두보의 창작에도 영향을 준 것으로 알려져 있다. 하손은 양주에서 벼슬살이를 할 때에 〈영조매詠早梅〉를 지은 적이 있다.
* 江邊(강변) : 두보의 초당이 있던 완화계浣花溪 물가를 가리킨다.

762. 붉은 강물이 기세가 바다와 같아 짤막하게 기술하다

　　타고난 성벽이 아름다운 글귀를 탐하여
　　언어가 남을 놀라게 하지 않으면 죽어도 그만두지 않았네.
　　늙어감에 시 짓는 것을 모두 대충대충하니
　　봄날의 꽃과 새들이여, 너무 걱정하지 말라!
　　새로 지은 물가 난간에서 낚시 드리우고
　　옛날에 만들어둔 뗏목 타며 놀잇배에 탄 셈이라 여겨야지.
　　어찌 바라리, 도연명·사영운 같은 솜씨 가진 이 찾아서
　　그들로 하여금 글 지으며 함께 노닐게 할 수 있을까?

강상치수여해세료단술
江上值水如海勢聊短述

위인성벽탐가구
爲人性癖耽佳句

어불경인사불휴
語不驚人死不休

로거시편혼만흥
老去詩篇渾漫興

춘래화조막심수
春來花鳥莫深愁

신첨수함공수조
新添水檻供垂釣

고착부사체입주
故著浮槎替入舟

언득사여도사수
焉得思如陶謝手

령거술작여동유
令渠述作與同遊

● **해설**

이 시는 상원上元 2년(761) 봄에 지은 것이다.

● **주석**

* 陶謝(도사) : 옛날 전원시와 산수시로 유명했던 도연명陶淵明과 사영운謝靈雲을 가리킨다.
* 渠(거) : 여기서는 '그 사람들'이라는 뜻으로 쓰였다.

763. 두위에게 부치다

근래에 듣자하니 법이 관대해져서 신주新州를 떠나게 되었다지만
고향으로 돌아가고픈 마음에 아직 근심이 많겠지.
내쫓긴 나그네들은 모두 만리타향으로 떠났다지만
슬프게도 자네는 벌써 10년 동안 유랑생활을 하고 있네그려.
전쟁에다 하물며 어지러운 세상사까지 목격했으니
머리카락은 온통 눈에 덮인 듯 하얗게 세어버렸겠지.
옥루산玉壘山에서 편지 쓰노라니 마음이 어지러운데
언제쯤 다시 함께 곡강曲江으로 놀러갈 수 있을까?

기두위
寄杜位

근문관법리신주
近聞寬法離新州

상견귀회상백우
想見歸懷尚百憂

축객수개만리거
逐客雖皆萬里去

비군이시십년류
悲君已是十年流

간과황부진수안
干戈況復塵隨眼

빈발환응설만두
鬢髮還應雪滿頭

옥루제서심서란
玉壘題書心緒亂

하시갱득곡강유
何時更得曲江遊

● **해설**
이 시는 상원上元 2년(761) 무렵에 지은 것이다. 두위는 두보의 일가 동생이자 이임보李林甫의 사위이다. 천보天寶 11년(752) 11월 이임보가 죽자 그의 당파로 참여했던 사람들이 대대적으로 숙청되었고, 두위도 오랫동안 영남嶺南 신주新州의 신창군新昌郡에 유배되어 있었다. 두보는 761년에 청성靑城(지금의 사천성四川省 관현灌縣)에서, 두위의 죄가 경감되어 강릉江陵으로 옮겨가게 되었다는 소식을 듣고 이 시를 써 보냈다.

● **주석**
* 玉壘(옥루) : 사천성 관현의 서북쪽에 위치한 산 이름이다. 여기서는 두보 자신이 있는 청성靑城을 가리킨다.
* 曲江遊(곡강유) : 원래 이 작품의 제목 밑에는, '경사에 있는 두위의 집에서 서쪽 가까운 곳이 곡강인지라, 시의 끝에 그에 관한 서술을 담았다(位京中宅, 近西曲江, 詩尾有述)'라는 두보의 원주原注가 붙어 있다.

764. 부성현 향적사의 관청 누각에서

절 아래 봄강물은 깊어서 흐르지 않는 듯하고
산허리 관청 누각은 까마득히 시름을 더해주네.
바람 머금은 푸른 벽 위로 조그맣게 외로운 구름 떠 있는데
석양에 단풍나무들은 만그루가 잎을 떨구네.

작은 정원 회랑에는 봄기운 적적하게 감돌고
목욕하는 오리와 날아가는 해오라기 모습 황혼에 유유하네.
여러 하늘의 부처는 등나무 덩굴 밖에 있으리니
황혼이 어두워질 무렵이면 저 위까지 올라가겠지.

부성현향적사관각
涪城縣香積寺官閣

사하춘강심불류　　　　산요관각형첨수
寺下春江深不流　　　山腰官閣迥添愁
함풍취벽고운세　　　　배일단풍만목조
含風翠壁孤雲細　　　背日丹楓萬木稠
소원회랑춘적적　　　　욕부비로만유유
小院廻廊春寂寂　　　浴鳧飛鷺晚悠悠
제천합재등라외　　　　혼흑응수도상두
諸天合在藤蘿外　　　昏黑應須到上頭

● 해설

이 시는 광덕廣德 원년(763)에 두보가 한주漢州에서 재주梓州로 돌아가던 길에 부성현에서 지은 것이다. 부성현은 당나라 때에 면주綿州에 속했는데, 지금의 사천성四川省 삼태三台(즉 당나라 때의 재주)의 서북쪽에 해당한다. 향적사는 향적산香積山에 있는 절인데, 지금의 부성현 동남쪽에 위치해 있고, 북으로 부강涪江을 두고 있다.

● 주석

* 背日(배일) : 석양을 말한다.
* 諸天(제천) : 불교의 여러 하늘을 주재하는 신들을 의미하는데, 특히 여기서는 향적사 경내에 조성된 여러 불상佛像들을 가리킨다.

765. 형남으로 가려던 차에 이검주자사께 작별을 고하며

사군使君의 고상하고 의로운 명성 고금을 치달리는데
벼슬길 적막하여 3년 동안 검주劍州에 주저앉아 있구려.

그저 문옹文翁이 풍속을 교화하는 데에 뛰어난 줄만 알았지,
어찌 알았으랴, 이광李廣도 제후에 봉해지지 못했음을?
염예퇴灩澦堆 지나는 나그네의 흐트러진 한 쌍 귀밑머리.
하늘로 흘러 들어가는 창랑수滄浪水에 떠 있는 고깃배 하나.
전쟁이 그치지 않으니 만날 날 또 언제일까?
봄바람 불 때 고개 돌려 왕찬王粲이 올랐다는 누각을 본다오.

장부형남기별리검주
將赴荊南寄別李劍州

사군고의구금고   료락삼년좌검주
使君高義驅今古   寥落三年坐劍州
단견문옹능화속   언지이광미봉후
但見文翁能化俗   焉知李廣未封侯
로경염예쌍봉빈   천입창랑일조주
路經灩澦雙蓬鬢   天入滄浪一釣舟
융마상봉갱하일   춘풍회수중선루
戎馬相逢更何日   春風回首仲宣樓

● **해설**

이 시는 광덕廣德 2년(764) 봄에 두보가 낭주閬州에서 배를 타고 형남荊南 지방으로 떠나려던 차에, 당시 검주(지금의 사천성四川省 검각현劍閣縣)의 자사刺史로 있던 이 아무개에게 작별 인사차 써 보낸 작품이다.

● **주석**

* **文翁**(문옹) : 《한서·문옹전文翁傳》에 따르면, 문옹이 촉군蜀郡의 태수로 있을 때 학교學校를 일으켜 세워 교화에 힘쓴 덕분에 그 지방의 풍속이 바뀌었다고 한다. 여기서는 이자사의 선정善政을 비유하고 있다.
* **李廣**(이광) : 《사기·이장군열전李將軍列傳》에 따르면, 서한西漢의 명장 이광은 전투에 뛰어나서 흉노족匈奴族들이 '나는 장군〔飛將軍〕'이라고 부르며 두려워했다고 하지만, 그는 죽을 때까지 제후의 지위에 봉해지지 못했다. 여기서는 이자사의 벼슬길이 순탄치 못함을 동정하기 위한 비유로 차용되었다.
* **灩澦**(염예) : 구당협瞿塘峽 입구의 강 가운데 튀어나온 암초인 염예퇴灩澦堆를 가리킨다. 이곳에는 장강 삼협 가운데 험하기로 이름난 소용돌이가 있다.

* 滄浪(창랑) : 지금의 호북성湖北省 안에 있는 강 이름이다. 전국시대 초楚나라의 굴원屈原이 간신들의 참소를 받아 내쫓겨서 실의에 잠겨 유랑할 때 인생의 교훈을 가르쳐 준 어부를 만난 곳도 이곳이라고 하며, 또한 전설에서 동해東海의 신선이 산다는 섬을 가리켜 '창랑주滄浪洲'라고도 한다. 여기서는 낙백落魄하여 은거한 선비가 사는 곳을 암시하고 있다.
* 仲宣樓(중선루) : 삼국시대 위魏나라의 왕찬은 자가 중선仲宣인데, 그가 형주荊州에 피난 왔을 때에 〈등루부登樓賦〉라는 작품을 지었다. 전하는 바에 따르면, 그가 올라간 누각이 형주 당양현當陽縣의 성루城樓라고 한다. 여기서는 두보 자신이 형주로 가려 한다는 것을 암시하고 있다.

766. 백제성에서 가장 높은 누각

뾰죽한 성, 길은 기울고 깃발은 시름겹게 펄럭이는데
아득한 곳에 나는 듯이 솟은 누각에 홀로 서 있다.
갈라진 골짝에 서린 구름이 비 뿌리니 용과 호랑이 누운 듯하고
맑게 흐르는 강물 햇살을 안으니 자라와 악어가 노닌다.
부상의 서쪽 가지는 깎아지른 돌벼랑을 마주보고 있고
약수弱水의 동쪽으로 드리운 그림자는 긴 강을 따라 흐르네.
지팡이 짚고 세상사 탄식하는 이는 뉘 집 자손인가?
피눈물 허공에 뿌리며 하얗게 센 머리 돌리네.

백제성최고루
白帝城最高樓

성첨경측정패수
城尖徑仄旌斾愁

독립표묘지비루
獨立縹緲之飛樓

협탁운매룡호와
峽坼雲霾龍虎臥

강청일포원타유
江清日抱黿鼉遊

부상서지대단석
扶桑西枝對斷石

약수동영수장류
弱水東影隨長流

장려탄세자수자
杖藜嘆世者誰子

읍혈병공회백두
泣血迸空回白頭

● 해설

이 시는 대력大曆 원년(766) 늦봄에 두보가 기주夔州의 서각西閣에 묵고 있을 때에 지은 것이다. 백제성은 사천성四川省 봉절현奉節縣의 백제산白帝山에 세워진 성채를 가리킨다.

● 주석

* 扶桑(부상):《산해경·해외동경海外東經》에는 양곡暘谷이라는 곳에 '부상'이 있는데, 이곳은 열개의 태양이 목욕하는 곳으로, 흑치국黑齒國의 북쪽에 있다고 했다. 또한《십주기十州記》에 따르면 '부상'은 잎이 뽕잎과 비슷하고 키가 수천길이며, 둘레는 스무아름인데, 두그루씩 한 뿌리에서 나와 서로 기대고 있기 때문에 그런 이름이 붙여졌다고 했다. 또한 이 나무는 '부목扶木' 또는 '약목若木'이라고도 부른다고 했다.
* 弱水(약수):《회남자》에서는 약수가 궁석窮石이라는 곳에서 난다고 했다. 또 그 주석에 따르면, 궁석은 장액하張掖河(지금의 감숙성甘肅省에 있음)의 북쪽에 위치해 있으며, 그 물은 깃털이라도 빠지면 나오지 못할 정도라고 했다. 여기서 '부상'과 '약수'는 동쪽과 서쪽이라는 방향을 가리키기 위해 사용되었다. 참고로 조식曹植의〈유선遊仙〉에는 '동쪽으로 가서 부상에서 떠오르는 햇빛을 보고, 서쪽으로 가서 약수의 물가에 선다(東觀扶桑曜, 西臨弱水流)'라는 구절이 있는데, 부상과 약수가 함께 쓰인 예라고 할 수 있다.

767. 가을의 흥취

구당협 입구와 곡강 머리
만리의 바람 안개가 하얀 가을을 잇네.
화악루 협성에는 황제가 왕래했는데
작은 부용원에는 변방의 시름 들어왔네.
구슬발과 조각된 기둥을 누런 고니가 둘러싸고 있었고
화려하게 장식된 놀잇배는 흰 기러기 날아오르게 했지.
돌아보노라, 노래와 춤이 어우러지던 가련한 곳이여!
진나라 땅은 예로부터 제왕의 영토였던 것을.

秋_추興_흥

瞿_구唐_당峽_협口_구曲_곡江_강頭_두
萬_만里_리風_풍烟_연接_접素_소秋_추
花_화萼_악夾_협城_성通_통御_어氣_기
芙_부蓉_용小_소苑_원入_입邊_변愁_수
珠_주簾_렴繡_수柱_주圍_위黃_황鵠_혹
錦_금纜_람牙_아檣_장起_기白_백鷗_구
回_회首_수可_가憐_련歌_가舞_무地_지
秦_진中_중自_자古_고帝_제王_왕州_주

● **해설**
이 시는 대력大曆 원년(766)에 기주夔州에서 지은 것으로, 8수의 연작시 가운데 제6수이다.

● **주석**
* 瞿唐峽(구당협) 구 : '구당협'은 장강삼협長江三峽 가운데 첫 번째 것으로, 기주성의 동쪽에 위치해 있다. '곡강曲江'은 장안의 동남쪽에 위치한 당나라 때의 유명한 유람의 명승지를 가리키는 명칭이기도 하다.
* 花萼夾城(화악협성) 구 : '화악루花萼樓'는 '화악상휘지루花萼相輝之樓'로 '흥경궁興慶宮' 서남쪽에 있었다. '협성'은 성벽을 따라 흥경루에서 부용원芙蓉園으로 이어지는 복도複道를 가리키는데, 여기에 '황제의 기상이 통했다'는 것은 황제가 자주 지나다녔음을 암시한다.
* 邊愁(변수) : '변방의 시름'은 변방에서 반란을 일으킨 안녹산安祿山의 군대를 가리킨다.
* 珠簾(주렴) 구 : 곡강에 세워진 행궁行宮과 별원別院들의 아름다운 건축물을 묘사한 표현이다. 황혹黃鵠은 전설 속의 신선이 타고 다녔다는 큰 학을 가리킨다.
* 錦纜牙檣(금람아장) : 비단 닻줄과 상아로 만든 삿대라는 뜻으로, 화려하게 장식된 놀잇배를 가리킨다.
* 歌舞地(가무지) : 노래와 춤이 어우러지던, 왕년의 화려했던 곡강을 가리킨다.
* 秦中(진중) : 본래는 '관중關中'의 다른 명칭인데, 여기서는 장안을 가리키고 있다.

768. 왕감 병마사가 근처의 산에 희고 검은 두 마리의 매가 있는데 사냥꾼들이 오래도록 잡으러 다녔지만 결국 잡지 못했다고 하면서, 그 두 마리 매의 생김새가 다른 매들과는 다른데, 섣달이 지나 봄이 되어 더위를 피해 날아가 버리면 깊은 가을을 생각게 하는 그놈들의 단단한 깃촉도 아득히 볼 수 없게 될 것인지라, 내게 시를 써서 묘사해 달라고 부탁했다

눈처럼 날고 옥처럼 서서 맑은 가을 다 보내고
특출한 깃털 아끼지 않고 마음대로 멀리 돌아다니네.
들판에 있을 때에는 심력心力만 쇠진하게 하더니
사람은 어찌 그물 쳐놓고 잡으려는 것을 일삼는가?
한평생 스스로 사냥하며 적수 모르고 살았는데
백발백중의 재능 가진 채 가죽 팔찌에 내려앉기는 수치스럽겠지.
아홉 하늘 가리는 붕새도 피해 달아나야 하지만
세개의 굴에 숨은 토끼는 너무 깊이 근심하지 말라!

_{견 왕 감 병 마 사 설 근 산 유 백 흑 이 응 라 자 구 취 경 미 능 득 왕 이}
見王監兵馬使說近山有白黑二鷹羅者久取竟未能得王以
_{위 모 골 유 이 타 응 공 랍 후 춘 생 건 비 피 난 경 핵 사 추 지 심 묘 불}
爲毛骨有異他鷹恐臘後春生騫飛避暖勁翮思秋之甚眇不
_{가 견 청 여 부 시}
可見請余賦詩

_{설 비 옥 립 진 청 추}　　　　_{불 석 기 모 자 원 유}
雪飛玉立盡清秋　　　　不惜奇毛恣遠遊
_{재 야 지 교 심 력 파}　　　　_{우 인 하 사 망 라 구}
在野只教心力破　　　　于人何事網羅求
_{일 생 자 렵 지 무 적}　　　　_{백 중 쟁 능 치 하 구}
一生自獵知無敵　　　　百中爭能恥下韝

鵬礙九天須却避　　兎藏三窟莫深憂
　봉 애 구 천 수 각 피　　토 장 삼 굴 막 심 우

• 해설

이 시는 대력大曆 원년(766) 겨울에 기주夔州에서 지은 것이다. 2수의 연작시 가운데 제1수이다.

• 주석

* 鞲(구) : 가죽으로 만든 팔찌를 가리킨다. 활을 쏠 때 팔목을 보호하기 위해 사용하기도 하지만, 여기서는 매를 이용하여 사냥하는 이가 매를 팔목에 앉힐 때 사용하는 것을 가리킨다.
* 鵬礙(붕애) 구 : 《장자莊子 · 소요유逍遙遊》에 나오는 상상 속의 큰 새이다. 그것은 본래 북쪽 바다에 사는 '곤鯤'이라는 물고기가 변한 것으로, 그 크기가 엄청나서 날개가 마치 하늘에 드리운 구름 같다고 했다. 이 새가 '천지天池'라고 부르는 남쪽 바다로 날아갈 때면, 물을 차고 3천리를 달려 9만리 높이의 하늘로 날아오른다고 했다.
* 兎藏三窟(토장삼굴) : 《전국책戰國策》에 따르면, 교활한 토끼는 세개의 굴을 파놓고 숨기 때문에 간신히 죽음을 면할 수 있다고 했다.

769. 오사법참군께

손님이 배를 타고 충주忠州에서 오시니
말을 보내 양서瀼西 마을에 편히 모시게 했소이다.
낡은 집이지만 본래 조용하고 탁 트인 곳이라 사둔 것인데
그대 옮겨 살도록 빌려줘 연회 벌이는 일은 그만두게 되었구려.
구름 바위 빛나는 것은 높은 나뭇잎이 새벽빛 비추기 때문이고
바람 부는 강 쓸쓸한 건 어지러운 돛배에 가을 들었기 때문인데
어쨌거나 친척께서 지나다 잠시 묵게 되었으니
층층이 높은 집에서 자주 시름을 씻도록 허락해 주시구려.

간 오 랑 사 법
簡吳郎司法

유 객 승 가 자 충 주
有客乘舸自忠州

견 기 안 치 양 서 두
遣騎安置瀼西頭

고 당 본 매 자 소 활
古堂本買藉疎豁

차 여 천 거 정 연 유
借汝遷居停宴遊

운 석 형 형 고 엽 서
雲石熒熒高葉曙

풍 강 삽 삽 란 범 추
風江颯颯亂帆秋

각 위 인 아 과 봉 지
卻爲姻婭過逢地

허 좌 증 헌 삭 산 수
許坐曾軒數散愁

● 해설

이 시는 대력大曆 2년(767) 가을에 기주夔州의 동둔東屯에서 지은 것이다. 시의 내용으로 보아 오랑은 주부州府의 사법참군司法參軍을 지낸 사람이자, 인친관계가 있는 먼 친척인 듯하다.

● 주석

* 忠州(충주) : 지금의 사천성四川省 충현忠縣에 해당한다.
* 姻婭(인아) : 혼인관계로 맺어진 친척을 두루 아우르는 말이다.
* 曾軒(증헌) : 여러 층의 건물로 된 큰 집을 가리킨다.

770. 아우 두관이 남천에 있던 처자를 데리고 강릉에 도착함에 기뻐서 부침

네가 처자를 맞아 형주에 도착했다는데
그 소식을 정말 전해 듣자 내 근심이 풀어진다.
기러기 그림자 찾아오자 소식이 삼협 안에 이어지니
할미새 급히 날 듯 모래가로 찾아간다.
요관의 험한 길도 지금은 부질없이 멀기만 하고
우임금이 뚫은 차가운 강물도 조용히 흐르고 있다.
붉은 도장 끈 매고 즉시 채익선 따라 가리니

푸른 봄에 황우탄에 알릴 필요가 없다네.

舍弟觀赴藍田取妻子到江陵喜寄
사제관부람전취처자도강릉희기

汝迎妻子達荊州　　消息眞傳解我憂
여영처자달형주　　소식진전해아우

鴻雁影來連峽內　　鶺鴒飛急到沙頭
홍안영래련협내　　척령비급도사두

嶢關險路今虛遠　　禹鑿寒江正穩流
요관험로금허원　　우착한강정온류

朱紱卽當隨綵鷁　　青春不假報黃牛
주불즉당수채익　　청춘불가보황우

● **해설**

이 시는 대력大曆 2년(767)에 기주夔州에서 지은 것으로, 3수의 연작시 가운데 제1수이다. 당시 두보는 가족을 데리고 강릉江陵으로 가 살려는 생각을 품고 있었는데, 마침 그의 아우 두관杜觀이 가족과 함께 남전藍田에서 강릉으로 옮겨왔다는 소식을 듣게 되었다.

● **주석**

* 荊州(형주) : 지금의 호북성湖北省 형주를 가리킨다. 천보天寶(742~755) 초기에 형주는 강릉으로 불렸다.
* 鴻雁(홍안) 구 : 《예기禮記》에서는 기러기가 날아갈 때의 행렬을 형제들이 나들이 갈 때에 서열에 따라 대열을 이루는 데에 비유했다. 여기서는 동생에게서 소식이 왔다는 것을 암시하기 위한 비유로 사용되었다.
* 鶺鴒(척령) 구 : 《시경詩經·소아小雅·상체常棣》는 형제들에게 베푸는 연회를 위해 지었다고 한다. 여기서는 물새인 할미새가 들판에서 곤경에 처하면 서로 불러 구해주는 것을 통해 형제들이 어려움을 당하면 서로 도와준다는 뜻으로 비유했다. 한편, 이 구절의 '사두沙頭' 즉 모래밭은 강릉에서 15리 정도 떨어진 양자강 북쪽 연안을 가리키는데, 지금의 호북성 장사시長沙市에 해당한다.
* 嶢關(요관) 구 : 여기서 관문은 '남전관藍田關'을 가리킨다. 두관이 강릉으로 갈 때 아마도 지나갔을 것이다.
* 綵鷁(채익) : 원래 익조鷁鳥는 바람과 파도를 잘 견딘다는 전설상의 새 이름이다. 여기서는 뱃머리에 이 새의 그림을 그려넣거나 혹은 그 새의 모양을 만들

어 뱃머리를 장식한 배를 가리킨다.
* 黃牛(황우) : 서릉협西陵峽(지금의 호북성 의창시宜昌市 서북쪽에 위치함) 부근에 있는 황우탄黃牛灘을 가리킨다. 이 여울가의 깎아지른 절벽에는 검은 색으로 묘사된 사람이 등에 칼을 지고 누런 황소를 끌고 있는 듯한 무늬가 자연적으로 바위에 새겨져 있다고 한다.

771. 장사에서 이함을 전송하며

그대와 더불어 피난간 곳은 서강주西康州였는데
동정호洞庭湖에서 다시 만난 것은 12년만일세.
멀리서 상방尙方에서 만든 신을 하사받은 일 너무도 부끄럽고
결국 내 고향 땅이 아닌지라 누각에 오르기도 귀찮다네.
오랫동안 지켜온 아교와 옻칠 같은 우정, 어디 비기기 어려운데
한번 진흙탕에 빠지는 치욕을 당하고 나니 수습하기도 늦어 버렸네.
'이두'로 이름을 나란히 날리고 있는 것도 참으로 외람된 일인데
북방에서 온 구름 아래 핀 국화가 이별의 시름 갑절로 더하네.

장사송리십일함
長沙送李十一銜

여자피지서강주　　　동정상봉십이추
與子避地西康州　　洞庭相逢十二秋
원괴상방증사리　　　경비오토권등루
遠愧尙方曾賜履　　竟非吾土倦登樓
구존교칠응난병　　　일욕니도수만수
久存膠漆應難竝　　一辱泥塗遂晚收
리두제명진첨절　　　삭운한국배리우
李杜齊名眞忝竊　　朔雲寒菊倍離憂

● 해설
이 시는 대력大曆 5년(770)에 장사長沙에서 지은 것이다. 건원乾元 2년(759) 겨울에 두보와 이함은 같이 동곡同谷(지금의 감숙성甘肅省 성현成縣)으로 피난가서

지냈고, 그로부터 12년만에 장사에서 재회했으나 곧 헤어지게 되어서, 이 시를 써서 송별한 것이다.

● 주석
* 西康州(서강주) : '동곡同谷'을 가리킨다.
* 遠愧(원괴) 구 : 《후한서·왕교전王喬傳》에 따르면, 동한의 왕교는 신선의 술법을 부릴 줄 알았다. 그는 매월 초하루와 보름에 자신이 근무하고 있는 지방에서 조정으로 천자를 알현하러 왔는데, 명제明帝가 그 먼 길을 자주 오면서도 수레나 말을 타고 온 흔적이 없는 것을 이상하게 여겨 태사太史를 시켜 사정을 알아보게 했다. 그런데 태사의 보고에 따르면, 왕교가 올 때면 한 쌍의 오리가 남쪽에서 날아왔다고 했다. 이에 오리가 도착할 무렵에 그물을 쳐서 잡아보니, 오리는 간 데 없고 그물에는 신만 한 켤레가 들어 있었다. 상방上方(상방尙方과 같음. 황제가 사용하는 기물器物의 제작을 담당하는 부서임)의 관리를 시켜 알아보니, 그 신은 바로 황제 자신이 상서관尙書官에 속한 관리들에게 하사한 것이었다고 한다. 한편, 764년 두보는 엄무嚴武의 천거로 검교공부원외랑檢校工部員外郎이 되어서 비어대緋魚袋를 하사받았는데, 이 직책은 조정의 조회에는 참가하지 않는 것이었다. 이런 이유로 본문에서 '멀리서 부끄럽다[遠愧]'는 표현을 썼던 것이다.
* 登樓(등루) : 삼국시대 위魏나라의 왕찬이 형주荊州에 피난 왔을 때에 〈등루부登樓賦〉라는 작품을 지었는데, 그 안에 '정말 아름답긴 하지만 내 고향 땅이 아니니, 어찌 조금이라도 머물 만한 곳이겠는가?(雖信美而非吾土兮, 曾何足以少留?)'라는 구절이 들어 있다. 장사는 형주에 속하기 때문에, 이 고사를 빌어 장사에 머물고 있는 두보 자신의 처지를 묘사한 것이다.
* 一辱泥塗(일욕니도) : 두보가 좌습유左拾遺에서 폄적된 일을 비유한 것이다.
* 李杜齊名(이두제명) : 원래 동한東漢 시기에 이고李固와 두교杜喬, 이운李雲과 두중杜衆, 이응李膺과 두밀杜密 등의 이름을 함께 아울러 부를 때 쓰던 것인데, 여기서는 이함과 두보 자신을 빗대어 나타내고 있다.

【칠률침운七律侵韻】

772. 궁궐 벽에 쓰다

궁궐 담장 아래 나지막한 대숲, 그 옆의 오동나무는 여든자나 되고
겹겹의 문은 낙숫물 그릇을 마주하고 항상 어둑하다.
낙화와 유사 날리는 한낮은 고요하고
비둘기와 어린 제비 울어 푸른 봄은 깊어간다.
고루한 선비 늘그막에 잘못 벼슬길에 올라
퇴조退朝할 때 머뭇거리는 것은 보국報國의 마음 어겨서라네.
천자의 직무에 한자의 보탬도 된 적이 없는데
부끄럽게도 스스로 '쌍남금雙南金'에 비유하곤 했다.

題省中壁

掖垣竹埤梧十尋　洞門對霤常陰陰
落花遊絲白日靜　鳴鳩乳燕青春深
腐儒衰晩謬通籍　退食遲廻違寸心
袞職曾無一字補　許身愧比雙南金

● 해설
이 시는 건원乾元 원년(758) 봄에 두보가 좌습유左拾遺로 있을 때에 지은 것이다.

● 주석
* 尋(심) : 옛날 도량형의 단위로서, 1심은 여덟 자(尺)에 해당한다.
* 通籍(통적) : 조정 관리의 명부에 이름을 올렸다는 뜻으로, 벼슬길에 들어섰음을 의미한다.

* 袞職(곤직) : '袞'은 천자의 옷을 가리키므로, '곤직'은 곧 천자의 직분을 의미한다.
* 雙南金(쌍남금) : 원래 남방에서 출토되는 구리를 '남금南金'이라고 했는데, 나중에는 귀중한 물건이라는 뜻으로 사용되었다.

773. 촉나라의 재상

승상의 사당을 어디에서 찾을까?
금관성錦官城 밖 잣나무 우거진 곳이지.
계단을 덮은 푸른 풀은 스스로 봄빛을 띠고 있고
나뭇잎 사이 꾀꼬리는 부질없이 고운 노래 부른다.
세 번이나 찾아와 천하통일의 큰 계획을 의논하니
두 왕을 섬겨 나라 열고 위난 구하며 늙은 신하의 마음 바쳤다.
출정 나가 승리하기도 전에 몸이 먼저 죽어서
길이 후대의 영웅들로 하여금 눈물로 옷깃 적시게 하였네!

촉 상
蜀相

승상사당하처심
丞相祠堂何處尋
금관성외백삼삼
錦官城外柏森森
영계벽초자춘색
暎階碧草自春色
격엽황리공호음
隔葉黃鸝空好音
삼고빈번천하계
三顧頻繁天下計
량조개제로신심
兩朝開濟老臣心
출사미첩신선사
出師未捷身先死
장사영웅루만금
長使英雄淚滿襟

● 해설

이 시는 상원上元 원년(760) 봄에 두보가 성도成都의 초당草堂에 있을 때에 지은 것이다. 촉나라 재상은 제갈양諸葛亮을 가리키는데, 221년에 유비劉備는 황제에 즉위하면서 제갈양을 승상으로 삼았다.

• 주석
* 丞相祠堂(승상사당) : 성도 남쪽 교외에 있는 무후사武侯祠를 가리킨다. 이 사당은 서진西晉 말엽에 이웅李雄이 세운 것이라고 한다.
* 錦官城(금관성) : 성도를 가리킨다.
* 出師(출사) 구 : 제갈양은 위魏나라를 정벌하기 위해 여섯 차례나 기산祁山을 나섰다. 234년에 그는 병사를 이끌고 오장원五丈原에 주둔하면서 백여일 동안 사마의司馬懿와 대치하다가, 군중에서 병으로 죽었다.

774. 누각에 올라

높은 누각 근처에 꽃이 피어 나그네 마음 아프게 하는데
온 세상에 고난이 많을 때 여기에 올라 내려다본다.
금강錦江의 봄빛은 온 천지에 찾아오고
옥루산玉壘山의 뜬구름 예로부터 지금까지 변화해왔다.
북극성 있는 조정은 영원히 바뀌지 않으리니
서산의 도적 떼는 침범하지 마라.
가련한 후주後主도 아직 사당에 모셔져 있는데
날 저물면 하릴없이 양보음梁父吟만 읊조린다.

登樓

花近高樓傷客心　萬方多難此登臨
錦江春色來天地　玉壘浮雲變古今
北極朝廷終不改　西山寇盜莫相侵
可憐後主還祠廟　日暮聊爲梁父吟

● 해설

이 시는 광덕廣德 2년(764) 봄에 두보가 성도成都의 초당草堂에 있을 때에 지은 것이다.

● 주석

* 玉壘(옥루) : 사천성四川省 이현理縣의 동남쪽에 위치한 산 이름이다. 당나라 정관貞觀 연간(785~804)에 그 아래에 관문을 설치했는데, 이곳이 토번족吐蕃族이 중원으로 오가는 요지였기 때문이다. '부운浮雲'은 당나라와 토번 사이의 격변하는 관계를 암시한다.
* 西山寇盜(서산구도) : 토번을 가리킨다. 토번은 763년 10월에 장안을 공격한 적이 있고, 12월에는 또 송주松州와 유주維州, 보주保州 등지를 점령하기도 했다.
* 後主(후주) : 유비劉備의 아들 유선劉禪을 가리킨다. 그의 사당은 유비의 사당 곁에 위치해 있다. 이 구절에 대해서는 해석상 이설이 분분한데, 대체로 무능한 유선이 부친의 뜻을 이어받지 못하고 촉蜀을 망하게 했는데도, 여전히 사당에 모셔져서 제사를 받고 있다는 뜻으로 풀이한다.
* 梁父吟(양보음) : 〈양보음梁甫吟〉이라고도 한다. 이 노래는 제갈양諸葛亮이 유비의 초청에 따라 집을 나서기 전에 즐겨 불렀다는 것이다. 여기서 두보가 이 노래를 부른 것은 한편으로는 비운의 천재 제갈양을 애도하면서, 다른 한 편으로는 자신 또한 제갈양처럼 나라에 도움이 될 만한 재능을 갖추고 있다고 자부하는 마음을 나타내려 한 것이다.

775. 가을의 흥취

옥 같은 이슬은 단풍나무 숲 시들게 하고
무산 무협의 공기는 쓸쓸하고 삼엄하네.
강 사이의 파도는 하늘까지 치솟고
변방의 바람과 구름은 땅에 닿아 음침하네.
국화꽃 무더기는 두번이나 피어 지난날의 눈물 뿌리고
외로운 배에는 한결같이 고향 그리는 마음 묶여 있네.
겨울옷 만드느라 곳곳에서 칼과 자를 재촉하니

높다란 백제성에서 저물녘 다듬이 소리 다급하게 들려오네.

秋興
_{추 흥}

玉露凋傷楓樹林　　巫山巫峽氣蕭森
_{옥로조상풍수림}　　_{무산무협기소삼}

江間波浪兼天湧　　塞上風雲接地陰
_{강간파랑겸천용}　　_{새상풍운접지음}

叢菊兩開他日淚　　孤舟一繫故園心
_{총국량개타일루}　　_{고주일계고원심}

寒衣處處催刀尺　　白帝城高急暮砧
_{한의처처최도척}　　_{백제성고급모침}

● **해설**

이 시는 대력大曆 원년(766)에 기주夔州에서 지은 것으로, 8수의 연작시 가운데 제1수이다.

● **주석**

* 塞上(새상) : 본래 '변방'이라는 뜻이지만, 여기서는 무산巫山을 가리킨다.
* 叢菊兩開(총국량개) 구 : 두보는 영태永太 원년(765) 5월에 성도成都를 떠나면서 물길을 따라 삼협을 벗어날 생각이었으나, 사정상 2년 동안 운안雲安과 기주에 머물 수밖에 없었으므로 '국화꽃이 두번 피었다'고 묘사한 것이다.
* 白帝城(백제성) : 지금의 사천성四川省 봉절현奉節縣 동쪽의 백제산白帝山에 위치해 있다. 여기서는 기주를 가리키는 뜻으로 사용되었다.

776. 염예

염예는 이미 보이지 않고 외로운 돌부리만 깊이 잠겼는데
서쪽에서 흘러온 물 많아 시름겨운 마음 정말 음울하다.
강물도 하늘도 막막한데 새들은 쌍쌍이 날아가고
몰아치는 비바람 속에서 이따금 용의 울음 들려온다.
뱃사람과 어부는 노래 부르며 돌아오고

장사치와 외국 상인들은 옷깃 가득 눈물만 적신다.
배 모는 거친 청년이여,
염정鹽井에 달려가 황금과 바꾸는 일 따위는 하지 말라!

<h3>염예
灩澦</h3>

염예기몰고근심	서래수다수태음
灩澦旣沒孤根深	西來水多愁太陰
강천막막조쌍거	풍우시시룡일음
江天漠漠鳥雙去	風雨時時龍一吟
주인어자가회수	고객호상루만금
舟人漁子歌回首	估客胡商淚滿襟
기어주항악년소	휴번염정척황금
寄語舟航惡年少	休翻鹽井擲黃金

● **해설**
이 시는 대력大曆 2년(767)에 기주夔州에서 지은 요체拗體의 칠언율시이다. 칠률 요체七律拗體 형식으로 비바람 몰아치는 염예퇴 일대의 풍경과 사람들의 불안한 정서를 묘사했다.

● **주석**
* 灩澦(염예) : 구당협瞿塘峽 입구의 강 가운데 튀어나온 암초인 염예퇴灩澦堆를 가리킨다.
* 太陰(태음) : '극성한 음기陰氣'라는 뜻으로 곧 물을 가리킨다. 그러나 이 번역에서는 글자를 풀어서 의역했다.
* 估客(고객) 구 : 강물이 불어서 발이 묶이는 바람에 장사에 손해를 보게 된 상인들을 묘사하고 있다.
* 休翻(휴번) : 목숨을 가벼이 여긴 채 험한 물살을 헤치며 돈벌이에 열중하는 거친 뱃사람들을 경계하는 말이다.

777. 아우 두관이 남전에 있던 처자를 데리고 강릉에 도착함에 기뻐서 부침

말 타고 진령秦嶺 넘을 때는 눈이 깊이 쌓여 있었을 테고
북쪽에서 오느라 살과 뼈에 지독한 추위가 파고들었으리라.
타향은 내게 봄풍경을 피워내 보이는데
고향에서 옮겨와 살게 되니 나그네 마음 알게 되겠지.
기쁨에 겨워 손 맞잡고 여의무如意舞도 춰봐야지.
너무 즐거워 거닐 때나 앉았을 때나 백두음을 노래한다.
처마를 돌며 매화의 웃음을 함께 찾는데
싸늘한 꽃술 성긴 가지도 반쯤 웃음을 참지 못한다.

_{사 제 관 부 람 전 취 처 자 도 강 릉 희 기}
舍弟觀赴藍田取妻子到江陵喜寄

_{마 도 진 산 설 정 심}   _{북 래 기 골 고 한 침}
馬度秦山雪正深   **北來肌骨苦寒侵**
_{타 향 취 아 생 춘 색}   _{고 국 이 거 견 객 심}
他鄉就我生春色   **故國移居見客心**
_{환 극 제 휴 여 의 무}   _{희 다 행 좌 백 두 음}
歡劇提攜如意舞   **喜多行坐白頭吟**
_{순 첨 색 공 매 화 소}   _{랭 예 소 지 반 불 금}
巡簷索共梅花笑   **冷蕊疏枝半不禁**

● **해설**
이 시는 대력大曆 2년(767)에 기주夔州에서 지은 것으로, 3수의 연작시 가운데 제2수이다. 당시 두보는 가족을 데리고 강릉江陵으로 가 살려는 생각을 품고 있었는데, 마침 그의 아우 두관杜觀이 가족과 함께 남전藍田에서 강릉으로 옮겨왔다는 소식을 듣게 되었다.

● **주석**
* 秦山(진산) : 남전 남쪽의 진령秦嶺을 가리킨다.

* 故國(고국) : 남전을 가리킨다. 남전은 경조부京兆府에 속하기 때문에 이렇게 표현한 것이다.
* 如意舞(여의무) : 진晉나라 때 왕도王導의 조카인 왕융王戎이 쇠로 된 여의봉을 들고 추는 춤을 잘 추었다고 한다. 나중에 여의무는 즐거워서 추는 춤을 일컫는 표현으로 흔히 사용되었는데, 여기서는 동생을 만나게 되는 기쁨을 형용하고 있다.
* 白頭吟(백두음) : 원래 고대의 거문고 연주곡 가운데 하나를 가리키는 명칭인데, 여기서는 늙은 두보 자신이 부르는 일반적인 의미의 노래를 뜻한다.
* 梅花笑(매화소) : 매화의 웃음. 즉 매화가 피어나는 모양을 가리킨다. 또한 매화를 보고 기뻐 웃는 모양을 가리킬 수도 있겠다.

간기 刊記

주상께서 일찍이 이렇게 말씀하셨다. "성명聲明으로 하는 다스림은 예악禮樂에 바탕을 두고 있기 때문에, 성균관成均館에서 후예를 가르칠 때에도 《악기樂記》를 우선으로 한다. 시 또한 '음악을 통한 가르침[樂教]' 가운데 하나인데, '시를 통한 가르침'이 느슨해지자 《시경詩經》의 남은 뜻을 후세의 말 잘하는 선비들 가운데에서 구하게 되었다. 그런데 오직 두보杜甫와 육유陸游만이 시율詩律에 가까워 더욱 성스럽다. 지금 두 사람을 드러낸 것은 풍속을 경계하고 시습時習을 바로잡아 《시경》과 《악기》의 올바름으로 되돌리고자 하기 때문이다."

그리고 시문詩文에 뛰어난 신하들을 이문원摛文院 고문관考文館에 집결시키셔서, 일을 나누어 교정校訂하고 운韻에 따라 분류하게 하셨으니, 두보의 작품은 모두 777수였고, 육유의 작품은 모두 4,877수였다. 내각에 소장된 활자는 모두 세종世宗 때에 나온 '갑인자甲寅字'를 바탕으로 한 것이었는데, 지금 주상의 갑인년甲寅年에 《삼경대전三經大全》 및 《사서대전四書大全》을 다시 인쇄하셨다. 을묘년乙卯年에는 또 30만 개의 활자를 주조하여 '생생자生生字'라고 이름을 붙이셨으니, 지금 이 활자로 이 책을 인쇄했다.

上嘗教曰, 聲明之治, 本之禮樂, 而成均教冑, 以樂爲先. 詩亦樂教中一事. 詩教弛, 而求三百篇遺意於後世能言之士. 惟杜甫陸游近之律, 尤其聖也. 今所以表章二子, 蓋欲砭俗矯時, 反之詩樂之正也. 命詞臣集于摛文院考文館, 分掌釐校, 以韻類編, 杜凡七百七十七首, 陸凡四千八百七十七首. 內閣所藏活字皆本於世宗甲寅字. 上之甲寅, 重印三經四書大全. 乙卯, 又範銅三十萬字, 名曰生生字, 用是字印是編.

색인 索引

(原題) 제목 색인

시구 詩句 색인
오언율시
칠언율시

제목〔原題〕 색인

|ㄱ

가산(假山) 308

가석(可惜) 124

각야(閣夜) 855

간오랑사법(簡吳郎司法) 916

감원(甘園) 345

강각대우유회행영배이단공(江閣對雨有懷行營裵二端公) 332

강각와병주필기정최로량시어(江閣臥病走筆寄呈崔盧兩侍御) 619

강두오영·계칙(江頭五詠·鸂鶒) 478

강두오영·치자(江頭五詠·梔子) 497

강두오영·화압(江頭五詠·花鴨) 587

강릉절도사양성군왕신루성왕청엄시어판관부칠자구동작(江陵節度使陽城郡王新樓成王請嚴侍御判官賦七字句同作) 892

강매(江梅) 505

강변성월(江邊星月) 451 637

강상(江上) 663

강상치수여해세료단술(江上值水如海勢聊短述) 907

강우유회정전설(江雨有懷鄭典設) 734

강월(江月) 288

강정(江亭) 123

강정송미주신별가승지(江亭送眉州辛別駕昇之) 204

강정왕랑주연전소수주(江亭王閬州筵餞蕭遂州) 554

강창(江漲) 646 648

강촌(江村) 904

강한(江漢) 212

객구관(客舊館) 627

객야(客夜) 591

객정(客亭) 71

객지(客至) 773

갱제(更題) 675

거촉(去蜀) 659

견민희정로십구조장(遣悶戲呈路十九曹長) 824

견분(遣憤) 168

견수(遣愁) 242

견왕감병마사설근산유백흑이응라자구취경미능득왕이위모골유이타응공랍후춘생건비피난경핵사추지심묘불가견청여부시(見王監兵馬使說近山有白黑二鷹羅者久取竟未能得王以爲毛骨有異他鷹恐臘後春生騫飛避暖勁翮思秋之甚眇不可見請余賦詩) 785 914

견우(遣憂) 281

견의(遣意)　515　583
견형화(見螢火)　760
견회(遣懷)　513
견흥(遣興)　120
겸가(蒹葭)　492
경간왕명부(敬簡王明府)　69
경급(警急)　165
계(雞)　716
계상(溪上)　523
계추강촌(季秋江村)　448
계추소오제영강루야연최십삼평사위소부질(季秋蘇五弟纓江樓夜宴崔十三評事韋少府姪)　100　524　610
계하송향제소배황문종숙조알(季夏送鄕弟韶陪黃門從叔朝謁)　804
고남(高柟)　623
고무위장군만사(故武衛將軍挽詞)　455　620　636
고삼십오서기(高三十五書記)　484
고안(孤雁)　321
고죽(苦竹)　118
곡강(曲江)　751　790
곡강대우(曲江對雨)　872
곡강대주(曲江對酒)　752
곡강배정팔장남사음(曲江陪鄭八丈南史飮)　867
곡리상시역(哭李常侍嶧)　151　713
곡엄복야귀츤(哭嚴僕射歸櫬)　603
곡장손시어(哭長孫侍御)　63
공낭(空囊)　367

공안송리이십구제진숙입촉여하면악(公安送李二十九弟晉肅入蜀余下沔鄂)　614
공안송위이소부광찬(公安送韋二少府匡贊)　845
공안현회고(公安縣懷古)　613
과객상심(過客相尋)　195
과고곡사교서장(過故斛斯校書莊)　132　658
과남린주산인수정(過南隣朱山人水亭)　121
과동정호(過洞庭湖)　530
과소수서작사북과림지만황예정흘이상(課小豎鋤斫舍北果林枝蔓荒穢淨訖移床)　228　258　707
과송원외지문구장(過宋員外之問舊莊)　482
관리고청사마제산수도(觀李固請司馬弟山水圖)　207　317　559
관병(觀兵)　488
관안서병과부관중대명(觀安西兵過赴關中待命)　269　336
관작교성월야주중유술환정리사마(觀作橋成月夜舟中有述還呈李司馬)　126
관정석좌희간안십소부(官亭夕坐戲簡顔十少府)　526
관정후희증(官定後戲贈)　457
광부(狂夫)　875
광주단공조도득양오장사담서공조각귀료기차시(廣州段功曹到得楊五長史譚書功曹却歸聊寄此詩)　422
구(鷗)　465

구객(久客) 616

구당량애(瞿唐兩崖) 351

구당회고(瞿唐懷古) 256

구월일일과맹십이창조십사주부형제(九月一日過孟十二倉曹十四主簿兄弟) 447

구일(九日) 326 788 795

구일곡강(九日曲江) 107

구일등재주성(九日登梓州城) 72

구일람전최씨장(九日藍田崔氏莊) 818

구일봉기엄대부(九日奉寄嚴大夫) 386

구일양봉선회백수최명부(九日楊奉先會白水崔明府) 111

구일제인집어림(九日諸人集於林) 171

군중취가기심팔류수(軍中醉歌寄沈八劉叟) 628

권야(倦夜) 206

궤(麂) 209

귀(歸) 444

귀래(歸來) 371

귀몽(歸夢) 467

귀안(歸雁) 181 331 681

귀연(歸燕) 157

금대(琴臺) 313

기고삼십오첨사(寄高三十五詹事) 188

기고적(寄高適) 342

기공주최록사(寄邛州崔錄事) 557

기두위(寄杜位) 143 908

기상징군(寄常徵君) 800

기양오계주담(寄楊五桂州譚) 695

기증왕십장군승준(寄贈王十將軍承俊) 68

기하란섬(寄賀蘭銛) 77

ㄴ

남린(南鄰) 794

남정(南征) 715

남초(南楚) 319

능화(能畵) 289

ㄷ

다병집열봉회리상서(多病執熱奉懷李尙書) 900

단오일사의(端午日賜衣) 578

담산인은거(覃山人隱居) 896

담주송위원외초목소주(潭州送韋員外迢牧韶州) 573

당성(堂成) 857

대력이년구월삼십일(大曆二年九月三十日) 92

대상(臺上) 552

대설(對雪) 62 529

대우(對雨) 130

대우서회주요허주부(對雨書懷走邀許主簿) 184

도강(渡江) 479

도의(擣衣) 691

독립(獨立) 642

독작(獨酌) 125

독작성시(獨酌成詩) 268

독좌(獨坐) 91 599 632
동관저수풍(銅官渚守風) 399
동둔북엄(東屯北崦) 300
동루(東樓) 339
동방(洞房) 80
동병(銅缾) 694
동심(冬深) 359
동일유회리백(冬日有懷李白) 102
동지(冬至) 806
동진송위풍섭랑주록사(東津送韋諷攝閬州錄事) 722
두위택수세(杜位宅守歲) 509
득광주장판관숙경서사환이시대의(得廣州張判官叔卿書使還以詩代意) 421
득사제관서자중도이달강릉금자모춘월말행리합도기주비희상겸단원가대부시즉사정현호사(得舍弟觀書自中都已達江陵今玆暮春月末行李合到夔州悲喜相兼團圓可待賦詩卽事情見乎詞) 673
득사제소식(得舍弟消息) 114 333 539
등고(登高) 789
등루(登樓) 922
등악양루(登岳陽樓) 683
등연주성루(登兗州城樓) 183
등왕정자(滕王亭子) 598 829
등우두산정자(登牛頭山亭子) 73

ㅣㄹㅣ

락양(洛陽) 391

락일(落日) 648
람경정백중승(覽鏡呈柏中丞) 440
람선고풍희제사운봉간정십삼판관(纜船苦風戲題四韻奉簡鄭十三判官) 211
랍일(臘日) 850
랑주봉송이십사구사자경부임청성(閬州奉送二十四舅使自京赴任青城) 430
려산(驪山) 703
려야서회(旅夜書懷) 660
력력(歷歷) 439
로병(老病) 79
로봉양양양소부입성희정양사원외관(路逢襄陽楊少府入城戲呈楊四員外綰) 621
뢰(雷) 262
룡문(龍門) 233
루상(樓上) 718
류구법조정하구석문연집(劉九法曹鄭瑕丘石門宴集) 687
류변(柳邊) 277
류별가엄이각로량원보궐(留別賈嚴二閣老兩院補闕) 311
류별공안태역사문(留別公安太易沙門) 807
리감택(李監宅) 94 234
립춘(立春) 747

ㅣㅁㅣ

만(晚) 357
만성(漫成) 274 584

만청(晚晴)　169 721
만청오랑견과북사(晚晴吳郎見過北舍)　260
만추배엄정공마하지범주(晚秋陪嚴鄭公摩訶池泛舟)　223
만추장사채오시어음연송은륙참군귀례근성(晚秋長沙蔡五侍御飲筵送殷六參軍歸澧覲省)　684
만출좌액(晚出左掖)　214
만행구호(晚行口號)　641
망도솔사(望兜率寺)　344
망악(望岳)　812
망우두사(望牛頭寺)　696
매우(梅雨)　240
맹동(孟冬)　146
맹씨(孟氏)　355
맹창조보지령신주장이물만기견유로부(孟倉曹步趾領新酒醬二物滿器見遺老夫)　230
명(暝)　708
모귀(暮歸)　770
모당검교수도(茅堂檢校收稻)　301 395
모등사안사종루기배십적(暮登四安寺鍾樓寄裴十迪)　735
모추장귀진류별호남막부친우(暮秋將歸秦留別湖南幕府親友)　685
모춘(暮春)　733
모춘배리상서리중승과정감호정범주(暮春陪李尙書李中丞過鄭監湖亭泛舟)　508
모춘제양서신임초옥(暮春題瀼西新賃草屋)　144 322 522 567 630
모한(暮寒)　502
무산현분주당사군십팔제연별겸제공휴주악상송솔제소시류어옥벽(巫山縣汾州唐使君十八弟宴別兼諸公攜酒樂相送率題小詩留於屋壁)　179
무협폐려봉증시어사구별지풍랑(巫峽敝廬奉贈侍御四舅別之澧朗)　82
문고상시망(聞高常侍亡)　560
문곡사륙관미귀(聞斛斯六官未歸)　420
문관군수하남하북(聞官軍收河南河北)　876
민(悶)　396

ㅂ

박모(薄暮)　132
박송자강정(泊松滋江亭)　633
박악양성하(泊岳陽城下)　638
박유(薄遊)　553
반조(返照)　210 813
발담주(發潭州)　304
발민(撥悶)　798
발백마담(發白馬潭)　264
방병조호마(房兵曹胡馬)　574
방선(放船)　246 373
배리금오화하음(陪李金吾花下飮)　201
배리재주왕랑주소수주리과주사사군등혜의사(陪李梓州王閬州蘇遂州李果州四使君登惠義寺)　427

배리칠사마조강상관조죽교즉일성왕래지인면동한입수료제단작간리공(陪李七司馬皂江上觀造竹橋卽日成往來之人免冬寒入水聊題短作簡李公) 727

배배사군등악양루(陪裴使君登岳陽樓) 617

배백중승관연장사(陪柏中丞觀宴將士) 466 566

배왕사군회일범강취황가정자(陪王使君晦日泛江就黃家亭子) 555 655

배왕시어연통천동산야정(陪王侍御宴通泉東山野亭) 518

배왕한주류두면주범방공서호(陪王漢州留杜綿州泛房公西湖) 164

배정광문유하장군산림(陪鄭廣文遊何將軍山林) 104 105 235 310 407 456 483 510 536 575

배제귀공자장팔구휴기납량만제우우(陪諸貴公子丈八溝攜妓納涼晚際遇雨) 110 640

백로(白露) 227

백설(百舌) 280

백소(白小) 193

백수명부구택희우(白水明府舅宅喜雨) 485

백염산(白鹽山) 437

백제(白帝) 814

백제루(白帝樓) 711

백제성루(白帝城樓) 680

백제성최고루(白帝城最高樓) 911

번검(蕃劍) 542

범강(泛江) 501

범강송객(泛江送客) 593

범이원외막오십시어욱특왕가궐전대료기차작(范二員外邈吳十侍御郁特枉駕闕展待聊寄此作) 161

범주송위십팔창조환경인기잠중윤참범랑중계명(泛舟送魏十八倉曹還京因寄岑中允參范郎中季明) 426

별방태위묘(別房太尉墓) 314

별상징군(別常徵君) 561

별최이인기설거맹운경(別崔漢因寄薛據孟雲卿) 142

병마(病馬) 693

병적(屛跡) 588 649

복거(卜居) 225 903

복주(覆舟) 441 669

봉간고삼십오사군(奉簡高三十五使君) 272

봉기고상시(奉寄高常侍) 863

봉기리십오비서문의(奉寄李十五秘書文嶷) 252 284

봉기별마파주(奉寄別馬巴州) 862

봉기장십시어(奉寄章十侍御) 796

봉답잠참보궐견증(奉答岑參補闕見贈) 64

봉당흥류주부제(逢唐興劉主簿弟) 190

봉배정부마위곡(奉陪鄭駙馬韋曲) 266 380

봉송경이옹통절도진군환강릉(奉送卿二翁統節度鎭軍還江陵) 612

봉송십칠구하소계(奉送十七舅下邵桂) 292

봉송위중승지진부호남(奉送韋中丞之晉赴湖南) 305

봉송촉주백이별가장중승명부강릉기거위상서태부인인시종제행군사마위(奉送蜀州柏二別駕將中丞命赴江陵起居衛尙書太夫人因示從弟行軍司馬位) 801

봉송최도수옹하협(奉送崔都水翁下峽) 128

봉수구십시어석견기사운부기구(奉酬寇十侍御錫見寄四韻復寄寇) 454

봉수리도독표장조춘작(奉酬李都督表丈早春作) 273

봉수엄공기제야정지작(奉酬嚴公寄題野亭之作) 762

봉시엄대부(奉侍嚴大夫) 781

봉제역중송엄공사운(奉濟驛重送嚴公四韻) 589

봉증엄팔각로(奉贈嚴八閣老) 410

봉증왕중윤유(奉贈王中允維) 690

봉화가지사인조조대명궁(奉和賈至舍人早朝大明宮) 859

부강범주송위반귀경(涪江泛舟送韋班歸京) 387

부성현향적사관각(涪城縣香積寺官閣) 909

부청성현출성도기도왕이소윤(赴青城縣出成都寄陶王二少尹) 476

북린(北鄰) 475

불견(不見) 244
불귀(不歸) 579
불리서각(不離西閣) 291 629
불매(不寐) 664
비추(悲秋) 591
빈지(賓至) 820
빙맹창조장서멱토루구장(憑孟倉曹將書覓土婁舊莊) 709

|시|

사남석망(祠南夕望) 527
사상인모재(巳上人茅齋) 101
사일량편(社日兩篇) 88 174
사제관귀람전영신부송시(舍弟觀歸藍田迎新婦送示) 257 676
사제관부람전취처자도강릉희기(舍弟觀赴藍田取妻子到江陵喜寄) 871 917 926
사제점귀초당검교료시차시(舍弟占歸草堂檢校聊示此詩) 249
삭배리재주범강유녀악재제방희위염곡이수증리(數陪李梓州泛江有女樂在諸舫戲爲艷曲二首贈李) 428 551
산사(山寺) 474
산수(散愁) 218 495
상도솔사(上兜率寺) 549
상백제성(上白帝城) 563
상부인사(湘夫人祠) 303
상사일서사록림원연집(上巳日徐司錄林園宴集) 93

상우두사(上牛頭寺) 652
서각구호정원이십일(西閣口號呈元二十一) 667
서각삼도기대창엄명부동숙부도(西閣三度期大昌嚴明府同宿不到) 463
서각야(西閣夜) 350
서각우망(西閣雨望) 605
서교(西郊) 545
서구소윤견과(徐九少尹見過) 245
서보(徐步) 203
서산(西山) 166 431 654
석경(石鏡) 384
석봉(夕烽) 365
선정전퇴조만출좌액(宣政殿退朝晚出左掖) 741
선하기주곽숙우습부득상안별왕십이판관(船下夔州郭宿雨濕不得上岸別王十二判官) 436
성상(城上) 556
성서피범주(城西陂泛舟) 836
세모(歲暮) 596
소사(所思) 417 774
소원(小園) 525
소지(小至) 784
소한식주중작(小寒食舟中作) 826
송가각로출여주(送賈閣老出汝州) 689
송단공조귀광주(送段功曹歸廣州) 590
송두구귀성도(送竇九歸成都) 594
송령주리판관(送靈州李判官) 538
송로륙시어입조(送路六侍御入朝) 840

송리경엽(送李卿曄) 597
송리공조지형주충정시어판관중증(送李功曹之荊州充鄭侍御判官重贈) 670
송리팔비서부두상공막(送李八秘書赴杜相公幕) 786
송맹십이창조부동경선(送孟十二倉曹赴東京選) 299
송배오부동천(送裴五赴東川) 341
송배이규작위영가(送裴二虬作尉永嘉) 61
송사제영부제주(送舍弟穎赴齊州) 75 222 250
송선우만주천파주(送鮮于萬州遷巴州) 352
송십오제시어사촉(送十五弟侍御使蜀) 438
송왕시어왕동천방생지조석(送王侍御往東川放生池祖席) 133
송왕십륙판관(送王十六判官) 671
송왕십오판관부시환검중(送王十五判官扶侍還黔中) 780
송원(送遠) 582
송원이적강좌(送元二適江左) 595
송위랑사직귀성도(送韋郎司直歸成都) 551
송위서기부안서(送韋書記赴安西) 406
송인종군(送人從軍) 414
송장참군부촉주인정양시어(送張參軍赴蜀州因呈楊侍御) 720
송전사제장군장기주백중승명거강릉절도사양(送田四弟將軍將夔州柏中丞命起

居江陵節度使陽) 571

송정십팔건폄태주사호상기림로함적지고궐위면별정견어시(送鄭十八虔貶台州司戶傷其臨老陷賊之故闕爲面別情見於詩) 740

송조십칠명부지현(送趙十七明府之縣) 306

송하시어귀조(送何侍御歸朝) 163

송한림장사마남해륵비(送翰林張司馬南海勒碑) 238

송한십사강동성근(送韓十四江東省覲) 753

송혜이귀고거(送惠二歸故居) 294

수(愁) 889

수간(樹間) 569

수경(收京) 74 187 458 473

수고사군상증(酬高使君相贈) 189

수곽십오판관수(酬郭十五判官受) 893

수맹운경(酬孟雲卿) 65

수백(垂白) 137

수위소주견기(酬韋韶州見寄) 198

수자지(豎子至) 568

수장류후신정회송제군(隨章留後新亭會送諸君) 129

수좌(愁坐) 346

수함견심(水檻遣心) 516 586

숙강변각(宿江邊閣) 350

숙백사역(宿白沙驛) 635

숙부(宿府) 823

숙석(宿昔) 138

숙식일시종문종무(熟食日示宗文宗武) 607

숙찬공방(宿贊公房) 413

숙청초호(宿靑草湖) 618

승문고방상공령츤자랑주계빈귀장동도유작(承聞故房相公靈櫬自閬州啓殯歸葬東都有作) 388 661

승우입행군륙제택(乘雨入行軍六弟宅) 572

시료노아단(示獠奴阿段) 810

시질좌(示姪佐) 415

신우(晨雨) 323

십륙야완월(十六夜翫月) 679

십월일일(十月一日) 376

십이월일일(十二月一日) 756 841 880

십칠야대월(十七夜對月) 298

쌍연(雙燕) 549

쌍풍포(雙楓浦) 265

ㅇ

악수(惡樹) 496

알진체사선사(謁眞諦寺禪師) 98

앵무(鸚鵡) 140

야(夜) 176 177 449 887

야로(野老) 772

야망(野望) 468 692 768 851

야망인과상소선(野望因過常少仙) 243

야숙서각효정원이십일조장(夜宿西閣曉呈元二十一曹長) 172

야연좌씨장(夜宴左氏莊) 535
야우(夜雨) 674
야인송주앵(野人送朱櫻) 729
양서한망(瀼西寒望) 194
억유자(憶幼子) 334
억정남(憶鄭南) 701
억제(憶弟) 153 643
엄공중하왕가초당겸휴주찬(嚴公仲夏枉駕草堂兼攜酒饌) 821
엄공청연동영촉도화도(嚴公廳宴同詠蜀道畵圖) 70
엄정공계하신송(嚴鄭公階下新松) 723
엄정공택동영죽(嚴鄭公宅同詠竹) 558
엄중승왕가견과(嚴中丞枉駕見過) 895
여임성허주부유남지(與任城許主簿遊南池) 405
여호현원대소부연미피(與鄠縣源大少府宴渼陂) 360
연왕사군택제(宴王使君宅題) 378 398
연융주양사군동루(宴戎州楊使君東樓) 134
연자래주중작(燕子來舟中作) 809
연충주사군질택(宴忠州使君姪宅) 372
연호시어서당(宴胡侍御書堂) 180
열(熱) 208 253 285
염예(灩澦) 925
염예퇴(灩澦堆) 564
영회고적(詠懷古跡) 731 746 815 834 860
예도료영회(刈稻了詠懷) 358

오종(吾宗) 83
옥대관(玉臺觀) 656 852
옥완류(玉腕騮) 668
완월정한중왕(翫月呈漢中王) 592
왕경휴주고역동과(王竟攜酒高亦同過) 369
왕명(王命) 370
왕십오사마제출곽상방겸유영초당자(王十五司馬弟出郭相訪兼遺營草資) 459
왕십오전각회(王十五前閣會) 81
왕십칠시어륜허휴주지초당봉기차시편청요고삼십오사군동도(王十七侍御掄許攜酒至草堂奉寄此詩便請邀高三十五使君同到) 776
외인(畏人) 219
요락(搖落) 677
우(雨) 136 147 148 178 254 255 611
우목(寓目) 491
우묘(禹廟) 521
우문조최욱중범정감전호(宇文晁崔彧重泛鄭監前湖) 844
우부절(雨不絶) 757
우설(又雪) 462
우송신원외(又送辛員外) 778
우시량아(又示兩兒) 706
우작차봉위왕(又作此奉衛王) 767
우정두사군(又呈竇使君) 626
우정오랑(又呈吳郎) 805
우청(雨晴) 67 286
운(雲) 710

운산(雲山) 241
운안구일정십팔휴주배제공연(雲安九日鄭
  十八攜酒陪諸公宴) 135
원(猿) 141
원(園) 354
원유(遠遊) 400 520
원일기위씨매(元日寄韋氏妹) 112
원중만청회서곽모사(院中晚晴懷西郭茅舍)
  884
월(月) 296 443 577 608 665
월야(月夜) 361
월야억사제(月夜憶舍弟) 580
월원(月圓) 170
위농(爲農) 514
위십사시어취폐려상별(魏十四侍御就敝廬
  相別) 545
유감(有感) 127 278 423 461 548
유객(有客) 271
유수각사(遊修覺寺) 647
유자(遊子) 432
유주후엄륙시어부도선하협(渝州候嚴六侍
  御不到先下峽) 699
유탄(有歎) 397
의장(倚杖) 429
이거공안산관(移居公安山館) 377
이거기주작(移居夔州作) 604
이롱(耳聾) 90
인일(人日) 149 825
인허팔봉기강녕민상인(因許八奉寄江寧旻
  上人) 838

일모(日暮) 356 493
일백오일야대월(一百五日夜對月) 486
일실(一室) 419
입교구(入喬口) 528
입택(入宅) 393 606 724

| ㅈ |

자경찬지봉상희달행재소(自京竄至鳳翔喜
  達行在所) 236 267 409
자규(子規) 224
자랑주령처자각부촉산행(自閬州領妻子却
  赴蜀山行) 205 221 433
자신전퇴조구호(紫宸殿退朝口號) 743
자양서형비차이거동둔모옥(自瀼西荊扉且
  移居東屯茅屋) 87 229 394 446
잠여림읍지택산호정봉회리원외솔이성흥
  (暫如臨邑至㟙山湖亭奉懷李員外率爾
  成興) 379
잠왕백제부환동둔(暫往白帝復還東屯) 89
장강(長江) 348 700
장부성도초당도중유작선기엄정공(將赴成
  都草堂途中有作先寄嚴鄭公) 754 765
  769 797 822
장부형남기별리검주(將赴荊南寄別李劍州)
  910
장사송리십일함(長沙送李十一銜) 918
장음(長吟) 699
장재주귤정전성도두소윤(章梓州橘亭餞成
  都竇少尹) 877

장재주수정(章梓州水亭) 499

장효(將曉) 389 503

적갑(赤甲) 802

전사(田舍) 543

정부(征夫) 500

정부마택연동중(鄭駙馬宅宴洞中) 817

정월삼일귀계상유작간원내제공(正月三日歸溪上有作簡院內諸公) 600

정초(庭草) 97

제가(除架) 188

제도수(題桃樹) 868

제백대형제산거옥벽(題柏大兄弟山居屋壁) 328 481

제백학사모옥(題柏學士茅屋) 763

제봉(提封) 704

제성중벽(題省中壁) 920

제신진북교루(題新津北橋樓) 469

제오제풍독재강좌근삼사재적무소식멱사기차이수(第五弟豊獨在江左近三四載寂無消息覓使寄此二首) 375 666

제장(諸將) 736 782 831 854 885

제장씨은거(題張氏隱居) 639 902

제정현정자(題鄭縣亭子) 791

제처원곽삼십이명부모옥벽(題郪原郭三十二明府茅屋壁) 424

제충주룡흥사소거원벽(題忠州龍興寺所居院壁) 347

제현무선사옥벽(題玄武禪師屋壁) 650

조(朝) 263 717

조기(早起) 383

조우(朝雨) 460

조추고열퇴안상잉(早秋苦熱堆案相仍) 899

조화(早花) 248

종역차초당부지동둔모옥(從驛次草堂復至東屯茅屋) 145 301

종인멱소호손허기(從人覓小胡孫許寄) 416

좌환산후기(佐還山後寄) 119 216 494

주몽(晝夢) 843

주월대역근사(舟月對驛近寺) 452

주전소아아(舟前小鵝兒) 498

주중(舟中) 453

주중야설유회로십사시어제(舟中夜雪有懷盧十四侍御弟) 329

중간왕명부(重簡王明府) 368

중과하씨(重過何氏) 108 109 186 408 537

중소(中宵) 192

중야(中夜) 287

중제·곡리상서(重題·哭李尚書) 682

중제정씨동정(重題鄭氏東亭) 152

즉사(卽事) 156 881 898

증고식안(贈高式顏) 202

증별정련부양양(贈別鄭鍊赴襄陽) 276

증별하옹(贈別何邕) 275

증위찬선별(贈韋贊善別) 162

증위칠찬선(贈韋七贊善) 846

증전구판관량구(贈田九判官梁丘) 848

증진이보궐(贈陳二補闕) 576

증필사요(贈畢四曜)　115
증헌납사기거전사인징(贈獻納使起居田舍
　　人澄)　837
지덕이재보자경금광문출간도귀봉상건원초
　　종좌습유이화주연여친고별인출차문유
　　비왕사(至德二載甫自京金光門出間道
　　歸鳳翔乾元初從左拾遺移華州掾與親
　　故別因出此門有悲往事)　335
지우(地隅)　213
지일봉기북성구각로량원고인(至日奉寄北
　　省舊閣老兩院故人)　828　873
지후(至後)　879
진정(進艇)　738
진주잡시(秦州雜詩)　66　116　117　154　155
　　215　239　312　337　362　381　382　411　412
　　511　512　540　541　622　644

ㅊ

처성서원송리판관형무판관제부성도부(鄭
　　城西原送李判官兄武判官弟赴成都府)
　　280
천말회리백(天末懷李白)　490
천하(天河)　581
청(晴)　320　702
초각(草閣)　390
초당즉사(草堂卽事)　517
초동(初冬)　697
초월(初月)　363
촉상(蜀相)　921

촉직(促織)　270
촌야(邨夜)　583
촌우(村雨)　657
최부마산정연집(崔駙馬山亭宴集)　471
최씨동산초당(崔氏東山草堂)　792
최평사제허상영부도응려로부견니우겁출필
　　건가기주필희간(崔評事弟許相迎不到
　　應慮老夫見泥雨怯出必愆佳期走筆戲
　　簡)　891
추야(秋野)　85　173　197　324　570
추일기제정감호상정(秋日寄題鄭監湖上亭)
　　297　506　678
추일완은거치해삼십속(秋日阮隱居致薤三
　　十束)　645
추적(秋笛)　159
추진(秋盡)　777
추청(秋淸)　196
추협(秋峽)　84
추흥(秋興)　730　744　745　759　832　869　913
　　924
춘망(春望)　688
춘수(春水)　340
춘숙좌성(春宿左省)　487
춘야협주전시어장사진정류연(春夜峽州田
　　侍御長史津亭留宴)　450
춘야희우(春夜喜雨)　585
춘원(春遠)　602
춘일강촌(春日江村)　77　251　435　601　698
춘일억리백(春日憶李白)　309
춘일재주등루(春日梓州登樓)　220　343

| 색인索引　**945** |

출곽(出郭) 217
취적(吹笛) 888
칠월일일제종명부수루(七月一日題終明府
　水樓) 748 882

ㅌ

투계(鬪雞) 565

ㅍ

파산(巴山) 247
파서문수경궐송반사마입경(巴西聞收京闕
　送班司馬入京) 167 283
파서역정관강창정두십오사군(巴西驛亭觀
　江漲呈竇十五使君) 96 653
팔월십오야월(八月十五夜月) 479 609
폐휴(廢畦) 364
피지(避地) 472

ㅎ

하일양장녕택송최시어상정자입경(夏日楊
　長寧宅送崔侍御常正字入京) 712
한별(恨別) 839
한식(寒食) 160
한천왕대록사댁작(漢川王大錄事宅作)
　191
행차염정현료제사운봉간엄수주봉량사군
　자의제곤계(行次鹽亭縣聊題四韻奉簡
　嚴遂州蓬州兩使君咨議諸昆季) 625
향석(向夕) 86
협구(峽口) 392 705
협애(峽隘) 445
협중람물(峽中覽物) 865
형주송리대부칠장부광주(衡州送李大夫七
　丈赴廣州) 634
형화(螢火) 158
혜의사송왕소윤부성도(惠義寺送王少尹赴
　成都) 95
화강릉송대소부모춘우후동제공급사제연서
　재(和江陵宋大少府暮春雨後同諸公及
　舍弟宴書齋) 150
화배적등신진사기왕시랑(和裴迪登新津寺
　寄王侍郎) 544
화배적등촉주동정송객봉조매상억견기(和
　裴迪登蜀州東亭送客逢早梅相憶見寄)
　905
화응(畫鷹) 200
화저(花底) 519
황어(黃魚) 290
황초(黃草) 758
회구(懷舊) 316
회금수거지(懷錦水居止) 504 562
회파상유(懷灞上遊) 672
효망(曉望) 325
효망백제성염산(曉望白帝城鹽山) 662
효발공안(曉發公安) 750
후유(後遊) 122
희관즉도부제단편(喜觀卽到復題短篇)

293 631

희기최평사표질소오표제위대소부제질(戲
寄崔評事表姪蘇五表弟韋大少府諸姪)
327

희우(喜雨) 318

희작배해체견민(戲作俳諧體遣悶) 198
610

희제기상한중왕(戲題寄上漢中王) 546
624 651

시구詩句 색인 - 오언율시

|ㄱ|

가가뇌살인(家家惱殺人) 266
가가양오귀(家家養烏鬼) 198
가구막빈빈(佳句莫頻頻) 297
가구법여하(佳句法如何) 484
가기일인온(佳氣日氤氳) 308
가맹저종형(葭萌氏種泂) 346
가부재미유(賈傅才未有) 304
가빈고환비(家貧苦宦卑) 115
가사흔상식(佳士欣相識) 684
가생골이후(賈生骨已朽) 528
가서저만금(家書抵萬金) 688
가석환오지(可惜歡娛地) 124
가원전서일(家遠傳書日) 591
가이부신시(可以賦新詩) 101
가인만근선(佳人滿近船) 428
가인설우사(佳人雪藕絲) 110
가인지봉황(佳人指鳳凰) 566
가재족도량(家纔足稻粱) 537
가찬가부로(加餐可扶老) 89
가파집금오(可怕執金吾) 201
각과청위영(却過淸渭影) 331
각기쌍수안(却寄雙愁眼) 421
각년공산과(却碾空山過) 262

각망협중천(却望峽中天) 445
각망회청관(却望懷靑關) 379
각사번옥우(却思翻玉羽) 465
각이폐시문(各已閉柴門) 356
각축평류전(各逐萍流轉) 561
각화경수전(刻畫竟誰傳) 437
간검인배장(看劍引杯長) 535
간과련해람(干戈連解纜) 564
간과미언식(干戈未偃息) 697
간과성음기(干戈盛陰氣) 255
간과유미정(干戈猶未定) 120
간과지만지(干戈知滿地) 577
간구좌불사(看鷗坐不辭) 147
간군다도기(看君多道氣) 121
간군묘위정(看君妙爲政) 353
간군용고의(看君用高義) 69
간군용유의(看君用幽意) 537
간군화왕실(看君話王室) 667
간난귀고리(艱難歸故里) 689
간난매생리(艱難昧生理) 698
간난인불면(艱難人不免) 141
간도잠시인(間道暫時人) 267
간산앙백두(看山仰白頭) 662
간송로적신(看松露滴身) 300
간수공산도(澗水空山道) 334
간운유창망(看雲猶悵望) 478

| 948 완역完譯 두보율시 杜甫律詩 |

간위기익증(艱危氣益增)	638		강녀경봉수(羌女輕烽燧)	491
간이고인의(簡易高人意)	207		강니경연사(江泥輕燕斜)	528
간제검약낭(看題檢藥囊)	545		강도만고협(江濤萬古峽)	84
간취북래어(看取北來魚)	199		강도한산각(江度寒山閣)	680
간한인욕도(澗寒人欲到)	216		강동간위수(羌童看渭水)	337
간화수곽내(看花雖郭內)	429		강동객미환(江東客未還)	397
간화수절서(看花隨節序)	97		강동일모운(江東日暮雲)	309
갈호성사해(羯胡腥四海)	538		강두인불행(江頭人不行)	583
감가루욕수(酣歌淚欲垂)	135		강두차계선(江頭且繫船)	424
감격이천진(感激異天眞)	270		강련백제심(江連白帝深)	700
감근태양비(敢近太陽飛)	158		강련요백우(江蓮搖白羽)	101
감동기소우(感動幾銷憂)	667		강렴주저출(江斂洲渚出)	599
감동일침음(感動一沈吟)	693		강로야매향(江路野梅香)	545
감론재견기(敢論才見忌)	203		강루익와제(江樓翼瓦齊)	224
감류위개거(堪留衛玠車)	519		강루침석청(江樓枕席淸)	619
감시화천루(感時花濺淚)	688		강류기불평(江流氣不平)	606
감심사구씨(感深辭舅氏)	292		강류대자재(江流大自在)	246
감위어부문(敢違漁父問)	617		강류부구흔(江流復舊痕)	340
감작로인성(甘作老人星)	633		강류비시발(江柳非時發)	291
감종천일취(甘從千日醉)	137		강류사하후(江流思夏后)	563
감종투할음(甘從投轄飮)	684		강류숙무중(江流宿霧中)	71
갑금허야야(匣琴虛夜夜)	463		강만대유주(江滿帶維舟)	674
갑병년수구(甲兵年數久)	177		강만백구기(江晚白鷗飢)	148
갑자서남이(甲子西南異)	368		강말옹춘사(江沫擁春沙)	520
강각혐진류(江閣嫌津柳)	631		강명야우현(江鳴夜雨懸)	436
강계공석근(江溪共石根)	359		강발만이창(江發蠻夷漲)	648
강고이중춘(江皐已仲春)	274		강변갱전봉(江邊更轉篷)	77
강교춘취선(江橋春聚船)	429		강변독립시(江邊獨立時)	130
강국유천리(江國踰千里)	638		강변문초당(江邊問草堂)	545
강남일색훈(江南日色曛)	331		강변세월장(江邊歲月長)	551

강변송손초(江邊送孫楚)	695	강심격사문(江深隔寺門)	344
강변일개청(江邊一蓋靑)	623	강심류비성(江深劉備城)	613
강변정적료(江邊正寂寥)	459	강어미가구(江魚美可求)	651
강변지유주(江邊地有主)	265	강여방선청(江與放船淸)	604
강변차마기(江邊借馬騎)	145	강우구무시(江雨舊無時)	147
강병조개연(羌兵助鎧鋋)	431	강우명정습(江雨銘旌濕)	682
강부어환소(羌婦語還笑)	493	강우야문다(江雨夜聞多)	495
강산비고원(江山非故園)	356	강운란안표(江雲亂眼飄)	460
강산여유대(江山如有待)	122	강운표소련(江雲飄素練)	629
강산유파촉(江山有巴蜀)	549	강운하야진(江雲何夜盡)	368
강산이정거(江山已定居)	195	강원음취병(江猿吟翠屛)	630
강산일적료(江山日寂寥)	467	강원응독음(江猿應獨吟)	707
강산차상견(江山且相見)	190	강월광어수(江月光於水)	288
강산초췌인(江山憔悴人)	299	강월만강성(江月滿江城)	592
강상억군시(江上憶君時)	143	강월사풍람(江月辭風纜)	451
강상일다우(江上日多雨)	663	강의백제심(江依白帝深)	710
강상지공뢰(江上只空雷)	253	강일회겸풍(江日會兼風)	91
강색영소렴(江色映疎簾)	721	강입도산운(江入度山雲)	332
강선화독명(江船火獨明)	585	강저번구희(江渚翻鷗戲)	699
강성고조일(江城孤照日)	73	강적모취애(羌笛暮吹哀)	239
강성금야객(江城今夜客)	217	강조야심비(江鳥夜深飛)	176
강성별무선(江星別霧船)	451	강종관구래(江從灌口來)	243
강성주백사(江聲走白沙)	521	강종월굴래(江從月窟來)	256
강성추일락(江城秋日落)	82	강주체불금(江州涕不禁)	706
강수동류거(江水東流去)	518	강창시문외(江漲柴門外)	646
강수류성곽(江水流城郭)	220	강천족기하(江天足芰荷)	508
강수성고원(江樹城孤遠)	466	강청가선저(江淸歌扇底)	428
강수장류지(江水長流地)	132	강촌독귀처(江邨獨歸處)	589
강수청원곡(江水淸源曲)	107	강촌독로신(江村獨老身)	298
강시융융암(江市戎戎暗)	373	강촌란수중(江村亂水中)	86

강촌팔구가(江村八九家)	514		강화보읍인(江花報邑人)	306
강통신녀관(江通神女館)	242		강활부고동(江闊浮高棟)	400
강통일주관(江通一柱觀)	250		강훤장소수(江喧長少睡)	137
강파근주호(江波近酒壺)	204		개개오화문(個個五花文)	329
강평불긍류(江平不肯流)	655		개롱근지존(開籠近至尊)	345
강포한구희(江浦寒鷗戲)	465		개림출원산(開林出遠山)	383
강포향래징(江浦向來澄)	637		개문야서주(開門野鼠走)	371
강풍역자파(江風亦自波)	505		개범팔월주(開帆八月舟)	676
강한고인소(江漢故人少)	162		개벽당천험(開闢當天險)	392
강한곡군시(江漢哭君時)	151		개상도흑구(開箱覩黑裘)	657
강한사귀객(江漢思歸客)	212		개석대능형(改席臺能逈)	552
강한산중조(江漢山重阻)	213		개연근조소(開筵近鳥巢)	469
강한실청추(江漢失淸秋)	666		개연득루공(開筵得屢供)	97
강한일귀주(江漢一歸舟)	672		개전옥로추(皆傳玉露秋)	679
강한종오로(江漢終吾老)	481		개준독작지(開樽獨酌遲)	125
강한출수장(江寒出水長)	564		개탁점리피(開坼漸離披)	104
강한홀동류(江漢忽同流)	661		객거괴천차(客居愧遷次)	724
강함부원앙(江檻俯鴛鴦)	555		객례용소방(客禮容疏放)	410
강함이조청(江檻已朝晴)	586		객루타청가(客淚墮淸笳)	513
강해송군정(江海送君情)	595		객리유소적(客裏有所適)	371
강형월래지(江逈月來遲)	126		객리하천차(客裏何遷次)	459
강호만리개(江湖萬里開)	252		객병류인약(客病留因藥)	525
강호심갱백(江湖深更白)	633		객사우련산(客舍雨連山)	382
강호추수다(江湖秋水多)	490		객산조환래(客散鳥還來)	258
강호춘욕모(江湖春欲暮)	180		객산층성모(客散層城暮)	498
강호타청월(江湖墮淸月)	398		객수나청차(客愁那聽此)	224
강호후요락(江湖後搖落)	492		객수련실솔(客愁連蟋蟀)	526
강호흥파수(江湖興頗隨)	105		객수수미이(客愁殊未已)	451
강홍명원음(江虹明遠飮)	169		객수전위감(客愁全爲減)	122
강화랭색빈(江花冷色頻)	291		객수하증착(客睡何曾著)	591

객신봉고구(客身逢故舊)	435		거주손춘심(去住損春心)	689
객의장동북(客意長東北)	250		거편여유문(擧鞭如有問)	668
객자포주박(客子庖廚薄)	619		건곤도십주(乾坤到十洲)	656
객정투이현(客情投異縣)	476		건곤만리안(乾坤萬里眼)	698
객지파금서(客至罷琴書)	195		건곤상호랑(乾坤尙虎狼)	548
객취휘금완(客醉揮金碗)	471		건곤수상평(乾坤水上萍)	634
객하형남진(客下荊南盡)	671		건곤일부유(乾坤一腐儒)	212
갱각로수인(更覺老隨人)	273		건곤일야부(乾坤日夜浮)	683
갱각편심강(更覺片心降)	100		건곤일전수(乾坤一戰收)	668
갱도숙천풍(粳稻熟天風)	87		건곤일초정(乾坤一草亭)	630
갱식장군수(更識將軍樹)	482		건곤진탕중(乾坤震蕩中)	77
갱심가수전(更尋嘉樹傳)	102		건곤취안중(乾坤醉眼中)	72
갱여만방초(更與萬方初)	187		걸위한수옥(乞爲寒水玉)	208
갱익빈모반(更益鬢毛斑)	387		검각성교북(劍閣星橋北)	70
갱자추순활(羹煮秋蓴滑)	297		검계장원수(黔溪瘴遠隨)	146
거가문약해(擧家聞若欸)	416		검동친신갑(劍動親身匣)	661
거가이환궁(車架已還宮)	74		검서소촉단(檢書燒燭短)	535
거곽헌영창(去郭軒楹敞)	516		검양공물추(黔陽貢物秋)	669
거국애왕찬(去國哀王粲)	616		검외관인랭(劍外官人冷)	191
거년매류의(去年梅柳意)	711		검외춘천원(劍外春天遠)	167
거류지지약(欅柳枝枝弱)	543		겁견야정황(怯見野亭荒)	557
거마하소삭(車馬何蕭索)	541		격소련향기(隔沼連香芰)	494
거방간과멱(去傍干戈覓)	75		격탁가련자(擊柝可憐子)	351
거색작비전(去索作碑錢)	420		견경취조취(見輕吹鳥毳)	201
거석수중앙(巨石水中央)	564		견무고성외(畎畝孤城外)	86
거여사자귀(車輿使者歸)	163		견솔강위간(牽率强爲看)	372
거여작인정(粔籹作人情)	610		견여강로옹(肩輿强老翁)	81
거원류시별(去遠留詩別)	311		견영증숙객(犬迎曾宿客)	108
거의영웅사(去矣英雄事)	705		견우거기허(牽牛去幾許)	239
거인유만가(居人有萬家)	511		견이불능무(見爾不能無)	202

견좌간군경(堅坐看君傾)	610	경심불가촉(更深不假燭)	452
견주수상억(見酒須相憶)	426	경심석경월(經心石鏡月)	77
견화사창해(見花辭漲海)	681	경요축랑구(輕搖逐浪鷗)	646
견흥막과시(遣興莫過詩)	124	경은천중석(徑隱千重石)	324
결구좌래중(結構坐來重)	95	경일교룡희(竟日蛟龍喜)	240
결람배어망(結纜排魚網)	453	경일류환락(竟日留歡樂)	336
결속다홍분(結束多紅粉)	655	경일앵상화(竟日鶯相和)	320
결자수변사(結子隨邊使)	345	경일우명명(竟日雨冥冥)	632
겸문살견융(兼聞殺犬戎)	74	경장명미색(競將明媚色)	428
겸수정광문(兼隨鄭廣文)	326	경장애촉홍(更長愛燭紅)	65
겸장로등장(兼將老藤杖)	621	경적량애개(勍敵兩崖開)	256
겸존익찬공(兼存翊贊功)	84	경점조수군(輕霑鳥獸群)	323
겸최송옥비(兼催宋玉悲)	136	경조선시걸(京兆先時傑)	352
겸회설하선(兼懷雪下船)	449	경주송별연(輕舟送別筵)	426
경가학산촌(耕稼學山村)	357	경주진소여(輕舟進所如)	196
경경불하구(輕輕不下鷗)	680	경주하오회(輕舟下吳會)	191
경경화서비(輕輕花絮飛)	180	경중쇠사색(鏡中衰謝色)	440
경과로자휴(經過老自休)	672	경착안시론(耕鑿安時論)	83
경과자애석(經過自愛惜)	595	경첨사면출(逕添沙面出)	605
경광설편허(傾筐雪片虛)	193	경풍생랑지(輕風生浪遲)	110
경급봉상보(警急烽常報)	155	경향주잠수(輕香酒暫隨)	135
경도간황옥(傾都看黃屋)	167	경홍벽려지(輕紅擘荔枝)	134
경락운산외(京洛雲山外)	241	경화구국이(京華舊國移)	112
경롱숙내향(輕籠熟柰香)	568	경화소식지(京華消息遲)	148
경무선실소(竟無宣室召)	658	계견역망귀(雞犬亦忘歸)	160
경범호거편(輕帆好去便)	648	계관혹구선(桂館或求仙)	441
경삽번상향(輕箑煩相向)	136	계류초객중(稽留楚客中)	79
경서만복중(經書滿腹中)	83	계명문전관(雞鳴問前館)	377
경석상영대(徑石相縈帶)	647	계명환서색(雞鳴還曙色)	451
경시모험간(經時冒險艱)	386	계문수자북(薊門誰自北)	215

계변사오가(溪邊四五家)	523		고랑수번옥(高浪垂翻屋)	559
계변춘사유(溪邊春事幽)	648		고랑축천부(高浪蹴天浮)	648
계서내여하(雞棲奈汝何)	496		고래존로마(古來存老馬)	212
계서원랑어(繫書元浪語)	181		고로사비장(故老思飛將)	362
계서초옥동(雞栖草屋同)	86		고로잉류체(故老仍流涕)	391
계전매완행(堦前每緩行)	587		고루사살인(高樓思殺人)	288
계전수불운(階前樹拂雲)	310		고루억소활(高樓憶疎豁)	327
계졸무의식(計拙無衣食)	591		고류반천청(高柳半天青)	622
계주금야원(繫舟今夜遠)	80		고림귀미득(故林歸未得)	123
계주만정락(繫舟蠻井絡)	197		고문계자과(高門薊子過)	499
계즙대감가(桂楫帶酣歌)	508		고박동정선(故泊洞庭船)	454
계풍위삽연(溪風爲颯然)	411		고별막총총(告別莫怱怱)	65
계훤달진어(溪喧獺趁魚)	186		고봉한상일(高峰寒上日)	325
고각동강성(鼓角動江城)	596		고비졸미고(孤飛卒未高)	478
고각비황새(鼓角悲荒塞)	389		고비한구음(高飛恨久陰)	702
고각연변군(鼓角緣邊郡)	116		고사롱관직(故使籠寬織)	478
고고만청천(故故滿青天)	443		고사승뢰락(古寺僧牢落)	189
고공행불닉(篙工幸不溺)	669		고사자객성(孤槎自客星)	635
고구단서희(故舊短書稀)	178		고산귀흥진(故山歸興盡)	457
고국견하일(故國見何日)	132		고산사면동(高山四面同)	87
고국류청위(故國流清渭)	502		고산옹현청(高山擁縣青)	625
고국수미외(故國愁眉外)	286		고서정하처(孤嶼亭何處)	61
고국유병마(故國猶兵馬)	217		고석은여마(孤石隱如馬)	348
고국풍운기(故國風雲氣)	287		고성산곡간(孤城山谷間)	381
고기동정군(高起洞庭羣)	331		고성수기혼(孤城水氣昏)	346
고당루검현(高當淚臉懸)	443		고성연무개(高城煙霧開)	234
고당막재경(高唐莫再經)	633		고성은무심(孤城隱霧深)	692
고당전벌진(高堂戰伐塵)	287		고성일주관(孤城一柱觀)	670
고당한랑감(高唐寒浪減)	678		고성적기수(孤城笛起愁)	679
고라수음원(高蘿垂飲猿)	348		고성조폐문(孤城早閉門)	347

고성추자락(高城秋自落)	223		고장진비재(孤嶂秦碑在)	183
고소당미훼(故巢儻未毁)	158		고재견일천(高齋見一川)	446
고수해상사(高隨海上槎)	524		고재비일처(高齋非一處)	710
고안불음탁(孤雁不飮啄)	321		고재상견야(高齋常見野)	346
고옥화룡사(古屋畫龍蛇)	521		고재의약이(高齋依藥餌)	522
고와기니반(高臥豈泥蟠)	378		고재차수문(高齋次水門)	350
고운박미환(高雲薄未還)	390		고정릉분박(孤亭凌噴薄)	96
고운수살기(孤雲隨殺氣)	336		고조황운모(高鳥黃雲暮)	684
고원당북두(故園當北斗)	296		고주범일사(孤舟汎日斜)	527
고원불가견(故園不可見)	505		고처난급신(故妻難及晨)	270
고원송계발(故園松桂發)	170		고천축망저(高天逐望低)	217
고원화자발(故園花自發)	153		고촌춘수생(孤邨春水生)	583
고월당루만(孤月當樓滿)	170		고추남각회(高秋念却回)	257
고월랑중번(孤月浪中翻)	350		고추소폐기(高秋蘇肺氣)	196
고의동건곤(高義動乾坤)	341		고추심고비(高秋心苦悲)	132
고인공록미(故人供祿米)	189		고침내오려(高枕乃吾廬)	186
고인관취차(故人官就此)	61		고침소부생(高枕笑浮生)	611
고인남군거(故人南郡去)	420		고침원강성(高枕遠江聲)	591
고인능령객(故人能領客)	369		고태생책지(古苔生迮地)	523
고인득가구(故人得佳句)	64		고풍하목엽(高風下木葉)	663
고인수부과(古人誰復過)	485		고피미관박(苦被微官縛)	268
고인역류락(故人亦流落)	341		고한이다롱(苦恨耳多聾)	91
고인우견급(故人憂見及)	561		고향귀부득(故鄕歸不得)	602
고인유원적(故人猶遠謫)	179		고헌당염예(高軒當灔澦)	147
고인종차거(故人從此去)	163		고현렬수희(高懸列宿稀)	170
고인환적막(故人還寂寞)	202		고혼구객간(孤魂久客間)	388
고작발성미(故作發聲微)	159		곡구구상득(谷口舊相得)	456
고작방인저(故作傍人低)	224		곡구초귀창(谷口樵歸唱)	679
고작범주회(故作泛舟廻)	246		곡군여백두(哭君餘白頭)	682
고장유죽색(古墻猶竹色)	598		곡우정운장(哭友停雲長)	560

곡허운기박(谷虛雲氣薄) 144	공잔구숙지(空殘舊宿枝) 140
곤곤상우두(袞袞上牛頭) 652	공장벽수춘(空牆碧水春) 303
골단사신안(骨斷使臣鞍) 370	공전수유신(共傳收庾信) 690
공각재천변(空覺在天邊) 449	공조기월정(功曹幾月程) 590
공간과객루(空看過客淚) 347	공주만무귀(公主漫無歸) 165
공거류이년(公車留二年) 406	공주최록사(邛州崔錄事) 557
공곡은양대(空曲隱陽臺) 256	공지매주로(空知賣酒壚) 202
공곡체사인(空谷滯斯人) 294	공참원로항(空慚鴛鷺行) 567
공당숙무피(公堂宿霧披) 111	공첨허순배(空忝許詢輩) 101
공동족개가(崆峒足凱歌) 484	공촌유견조(空村唯見鳥) 300
공류일원음(空留一院陰) 689	공최견마년(空催犬馬年) 438
공림모경현(空林暮景懸) 419	공치도량난(恐致稻粱難) 368
공명다고사(孔明多故事) 388	공협야다문(空峽夜多聞) 324
공문이묘귀(空聞二妙歸) 161	공후출이인(公侯出異人) 284
공방객우거(空房客寓居) 189	과거묘난반(過去杳難攀) 399
공번사마안(空煩卸馬鞍) 369	과나종의결(過懶從衣結) 435
공비청야조(空悲淸夜徂) 206	과롱자간난(過隴自艱難) 365
공손백제성(公孫白帝城) 595	과미주장반(過眉拄杖斑) 393
공손초시험(公孫初恃險) 563	과시여발구(過時如發口) 281
공수피주난(空愁避酒難) 360	과작수정한(瓜嚼水精寒) 360
공습한정기(恐濕漢旌旗) 130	관관화귀진(款款話歸秦) 293
공시반안현(恐是潘安縣) 519	관교대류음(官橋帶柳陰) 699
공신갑제고(功臣甲第高) 473	관구미선희(灌口米船稀) 166
공여견불존(空餘見佛尊) 344	관군미통촉(官軍未通蜀) 501
공여매수재(空餘枚叟在) 547	관류착항신(官柳著行新) 280
공여세유재(空餘繐帷在) 658	관면통남극(冠冕通南極) 238
공연석별리(空然惜別離) 133	관산공자한(關山空自寒) 363
공외일지조(空外一鷙鳥) 642	관산동일조(關山同一照) 592
공유록문기(空有鹿門期) 103	관산수지활(關山隨地闊) 679
공자조빙수(公子調冰水) 110	관서반생졸(官序潘生拙) 506

관성미해위(關城未解圍) 166	교목이고풍(喬木易高風) 86
관습원종중(慣習元從衆) 141	교목촌허고(喬木村墟古) 448
관신향주용(觀身向酒慵) 98	교비랭미개(郊扉冷未開) 263
관심소섬현(關心小剡縣) 653	교비존만계(郊扉存晚計) 251
관심응시주(寬心應是酒) 124	교신도유희(交新徒有喜) 245
관운상대우(關雲常帶雨) 491	교실위청초(蛟室圍青草) 530
관응로병휴(官應老病休) 660	교연입렴회(嬌燕入簾回) 234
관조가접련(官曹可接聯) 410	교인직저비(鮫人織杼悲) 148
관중역기소(關中驛騎疎) 191	교정로갱친(交情老更親) 272
관하상설청(關河霜雪清) 582	교지단사중(交趾丹砂重) 590
관하신불통(關河信不通) 73	교횡락만파(交橫落幔坡) 494
관학추비정(鸛鶴追飛靜) 350	구강춘초외(九江春草外) 432
광가우형승(狂歌遇形勝) 518	구객득무루(久客得無淚) 270
광가탁성조(狂歌托聖朝) 457	구객선귀진(久客羨歸秦) 283
광사잠규동(光射潛虯動) 298	구객응오도(久客應吾道) 249
광산독서처(匡山讀書處) 244	구객의선패(久客宜旋旆) 495
광상죽화로(匡床竹火爐) 207	구견지수한(舊犬知愁恨) 539
광세현초상(光細弦初上) 363	구경고불환(鷗輕故不還) 396
광유백접리(狂遺白接䍦) 105	구귀지고지(鷗歸祗故池) 132
괘벽이광과(挂壁移筐果) 195	구기인오유(枸杞因吾有) 496
괴자폐서래(愧子廢鋤來) 260	구념여존망(久念與存亡) 539
교가저궤장(交柯低几杖) 569	구농성덕업(九農成德業) 174
교관여명저(鮫舘如鳴杼) 254	구당야수흑(瞿塘夜水黑) 664
교단각심계(橋斷却尋溪) 221	구당쟁일문(瞿塘爭一門) 348
교련재도시(橋憐再渡時) 122	구당춘욕지(瞿唐春欲至) 194
교룡굴택존(蛟龍窟宅尊) 351	구대무소식(久待無消息) 557
교룡득운우(蛟龍得雲雨) 410	구렴독미면(鉤簾獨未眠) 452
교룡반결락(蛟龍半缺落) 694	구로청초습(久露晴初濕) 390
교룡부자모(蛟龍不自謀) 648	구범이춘성(鷗泛已春聲) 600
교룡투불개(蛟龍鬪不開) 255	구변수엽개(鷗邊水葉開) 251

구상은추후(舊相恩追後)	164		군도상종횡(群盜尙縱橫)	591
구속자상환(舊俗自相歡)	376		군도애왕찬(群盜哀王粲)	601
구식능위태(舊識能爲態)	198		군도지금일(群盜至今日)	283
구암소라숙(舊諳疏懶叔)	216		군래위안전(君來慰眼前)	415
구여소사업(舊與蘇司業)	326		군려서정벽(軍旅西征僻)	504
구우무산암(久雨巫山暗)	320		군리회관촉(軍吏廻官燭)	503
구우불방농(久雨不妨農)	67		군선불수사(群仙不愁思)	207
구유파자국(久遊巴子國)	394		군수승상후(君隨丞相後)	64
구읍금파상(舊挹金波爽)	679		군신안재재(群臣安在哉)	247
구의하봉황(俱宜下鳳凰)	554		군신종무황(羣臣從武皇)	556
구인상심당(蚯蚓上深堂)	541		군왕문장경(君王問長卿)	576
구일명조시(九日明朝是)	171		군왕불부행(君王不復行)	598
구일응수사(九日應愁思)	386		군은북망심(君恩北望心)	715
구일의겸비(九日意兼悲)	107		군자의여하(君子意如何)	490
구일중양일(舊日重陽日)	261		군청공외음(君聽空外音)	691
구저수엽거(舊低收葉擧)	97		군청홍안향(君聽鴻雁響)	368
구적인빈이(舊摘人頻異)	135		군측유참인(君側有讒人)	281
구좌밀금장(久坐密金章)	566		군행별로친(君行別老親)	299
구좌석방신(久坐惜芳辰)	280		군흉유색전(群凶猶索戰)	156
구차삼협객(久嗟三峽客)	144		궁궐통군제(宮闕通羣帝)	656
구채황화승(舊采黃花媵)	171		궁로진무사(窮老眞無事)	195
구치위궐심(驅馳魏闕心)	702		궁수기유관(窮愁豈有寬)	368
구항형자여(鷗行烱自如)	194		궁수응유작(窮愁應有作)	690
국예독영지(菊蘂獨盈枝)	135		궁운거전저(宮雲去殿低)	214
국예처소방(菊蘂淒疏放)	605		궁원실목비(窮猿失木悲)	143
국척고장추(跼蹐顧長楸)	668		궁원호우설(窮猿號雨雪)	397
국파산하재(國破山河在)	688		궁의역유명(宮衣亦有名)	578
군공창옥패(羣公蒼玉佩)	675		궁전청문격(宮殿靑門隔)	689
군금부입주(君今復入舟)	671		궁중행락비(宮中行樂秘)	138
군도무귀로(羣盜無歸路)	546		권렴유백수(卷簾唯白水)	396

권렴환조객(捲簾還照客)	298		귀익비서정(歸翼飛棲定)	357
권만축회탄(卷幔逐回灘)	373		귀익회고풍(歸翼會高風)	85
권의차구빈(權宜借寇頻)	305		귀장륙혼산(歸葬陸渾山)	388
권주욕무사(勸酒欲無辭)	129		귀재영강파(貴在映江波)	497
궐정분미도(闕庭分未到)	164		귀조다편도(歸朝多便道)	438
귀객촌비원(歸客村非遠)	121		귀조불상견(歸朝不相見)	560
귀계유병신(歸溪唯病身)	294		귀조일잠홀(歸朝日簪笏)	503
귀급천앵도(歸及薦櫻桃)	473		귀주반구경(歸舟返舊京)	603
귀기무내하(歸期無奈何)	483		귀주응독행(歸舟應獨行)	592
귀기미감론(歸期未敢論)	346		귀취매무수(歸醉每無愁)	639
귀기원조지(歸期願早知)	133		귀헌금수향(歸軒錦繡香)	546
귀래망백운(歸來望白雲)	316		귀휴보자태(歸休步紫苔)	251
귀래성취면(歸來省醉眠)	420		귀휴한색심(歸休寒色深)	697
귀래시자련(歸來始自憐)	409		규중지독간(閨中只獨看)	361
귀래지로난(歸來知路難)	371		규황욕자서(葵荒欲自鋤)	197
귀래초훤난(歸來稍暄暖)	621		극락삼군사(極樂三軍士)	566
귀로공장미(歸路恐長迷)	218		극목총무파(極目總無波)	501
귀로만산조(歸路晚山稠)	641		극복성여차(剋復誠如此)	74
귀로번소삽(歸路翻蕭颯)	640		극수한운색(棘樹寒雲色)	536
귀림조각회(歸林鳥卻回)	253		근근개약포(近根開藥圃)	623
귀마화산양(歸馬華山陽)	548		근니수연자(芹泥隨燕觜)	203
귀봉구황의(歸鳳求凰意)	313		근력정여하(筋力定如何)	503
귀산독조지(歸山獨鳥遲)	116		근루무간토(近淚無乾土)	314
귀산매박전(歸山買薄田)	408		근문위씨매(近聞韋氏妹)	112
귀선료동학(歸羨遼東鶴)	225		근발간오모(近髮看烏帽)	191
귀시공로미(歸時恐路迷)	216		근속회왕지(近屬淮王至)	499
귀심이파랑(歸心異波浪)	348		근시귀경읍(近侍歸京邑)	335
귀심절대도(歸心折大刀)	479		근식아미로(近識峨嵋老)	274
귀안희청천(歸雁喜青天)	429		근유평음신(近有平陰信)	333
귀원류변미(歸院柳邊迷)	214		근접서남경(近接西南境)	412

근하중흥주(近賀中興主)	538		금착낭수경(金錯囊垂罄)	529
금군도사적(今君度沙磧)	414		금찰청풍외(金刹靑楓外)	452
금년강작귀(今年强作歸)	179		금추천지재(今秋天地在)	549
금년우북귀(今年又北歸)	181		금파경옥승(金波耿玉繩)	637
금대일모운(琴臺日暮雲)	313		금호인랑편(金壺引浪偏)	428
금리연진외(錦里煙塵外)	514		금화첩고요(金花帖鼓腰)	466
금상악양루(今上岳陽樓)	683		금후상종철(金吼霜鐘徹)	463
금서산명촉(琴書散明燭)	86		급급능명안(急急能鳴雁)	680
금석부청광(今夕復淸光)	553		급설무회풍(急雪舞廻風)	62
금성훈일황(錦城曛日黃)	562		급차문오려(及此問吾廬)	195
금소남극외(今宵南極外)	633		긍래심일로(肯來尋一老)	459
금수효래청(錦樹曉來靑)	630		긍별정류인(肯別定留人)	291
금야문성동(今夜文星動)	180		긍작치서우(肯作致書郵)	684
금야부주월(今夜鄜州月)	361		기감석조잔(豈敢惜凋殘)	364
금어환주래(金魚換酒來)	235		기개옹고첨(敧蓋擁高簷)	723
금은불사개(金銀佛寺開)	233		기교정육제(氣交亭育際)	716
금의색고요(今疑索故要)	463		기군창해상(幾群滄海上)	465
금일강남로(今日江南老)	88		기년봉숙식(幾年逢熟食)	607
금일과운지(今日過雲遲)	147		기덕명표오(紀德名標五)	716
금일명인안(今日明人眼)	622		기도쇠년폐(欹倒衰年廢)	93
금일반회현(今日潘懷縣)	111		기도천요포(幾道泉澆圃)	494
금일시무운(今日始無雲)	311		기독청소소(豈獨聽簫韶)	461
금일취현가(今日醉絃歌)	485		기려지교태(羈旅知交態)	616
금전경일찬(金錢罄一餐)	360		기마도계제(騎馬到階除)	184
금조강출운(今朝江出雲)	318		기마발형주(騎馬發荊州)	675
금조오작회(今朝烏鵲喜)	166		기마욕계서(騎馬欲鷄棲)	214
금조운세박(今朝雲細薄)	453		기마행춘경(騎馬行春徑)	95
금조한사직(今朝漢社稷)	409		기만감종사(起晩堪從事)	440
금조호청경(今朝好晴景)	67		기병부재중(奇兵不在衆)	336
금지제오교(今知第五橋)	456		기병사편말(驥病思偏秣)	69

기사공사영(覉使空斜影)	669
기색황거근(氣色皇居近)	233
기서견여난(羇棲見汝難)	375
기서상갑병(羇棲尙甲兵)	607
기서수리견(羇棲愁裏見)	608
기서장부달(寄書長不達)	580
기석응전호(旣夕應傳呼)	210
기쇠감소매(氣衰甘少寐)	664
기시래취절(幾時來翠節)	566
기시배중파(幾時杯重把)	589
기시통계북(幾時通薊北)	218
기식일가촌(寄食一家村)	333
기어양원외(寄語楊員外)	621
기여주려희(其如儔侶稀)	157
기오하식탐(饑烏下食貪)	717
기자춘유격(驥子春猶隔)	334
기조집수루(饑鳥集戍樓)	641
기지발한당(起地發寒塘)	571
기지아치락(豈知牙齒落)	78
기처엽침파(幾處葉沈波)	492
기침강호객(攲枕江湖客)	568
기침전포암(氣沈全浦暗)	609
기한노복천(飢寒奴僕賤)	115
기한방제주(饑寒傍濟州)	643
기회점엽로(幾回霑葉露)	569

ㅣㄴㅣ

나감왕래수(那堪往來戍)	154
나감처처문(那堪處處聞)	311
나득이위정(那得易爲情)	593
나인상란후(那因喪亂後)	316
나지류역신(那知柳亦新)	277
난견차산천(難見此山川)	448
난교일물위(難教一物違)	173
난득일지래(難得一枝來)	261
난로사연옥(暖老思燕玉)	632
난수지둔사(難酬支遁詞)	101
난초병객혼(難招病客魂)	342
난초초객혼(難招楚客魂)	359
남경서포도(南京犀浦道)	240
남계로병객(南溪老病客)	191
남국조한저(南國調寒杵)	526
남국주다무(南國晝多霧)	377
남국한무우(南國旱無雨)	318
남귀자광주(南歸自廣州)	681
남기련동주(南紀連銅柱)	614
남기풍도장(南紀風濤壯)	332
남두피문성(南斗避文星)	634
남루종목초(南樓縱目初)	183
남류백제성(南留白帝城)	610
남비유오작(南飛有烏鵲)	443
남사의천마(南使宜天馬)	540
남설부도지(南雪不到地)	462
남성락고원(南星落故園)	342
남수색명명(柟樹色冥冥)	623
남양기이신(南陽氣已新)	267
남옹파곡취(南翁巴曲醉)	174
남유북호개(南遊北戶開)	257
남정차미회(南征且未廻)	264

남첨안백월(南瞻按百越)	454		니사곤로롱(泥沙困老龍)	96
남초청춘이(南楚靑春異)	319		니사권연말(泥沙卷涎沫)	290
남포백두음(南浦白頭吟)	709			
남해춘천외(南海春天外)	590		**|ㄷ|**	
납납건곤대(納納乾坤大)	468			
낭공공수삽(囊空恐羞澁)	367		다과류객지(茶瓜留客遲)	101
내지동극림(乃知東極臨)	700		다난신하보(多難身何補)	137
녀악구무향(女樂久無香)	565		다루만산곡(多壘滿山谷)	664
년년비고물(年年非故物)	213		다병구가반(多病久加飯)	178
년년상로격(年年霜露隔)	681		다병야신경(多病也身輕)	584
년년소요락(年年小搖落)	92		다병추풍락(多病秋風落)	415
년소림조자(年少臨洮子)	511		다소잔생사(多少殘生事)	72
년쇠원로군(年衰鴛鷺羣)	324		다참포숙지(多慚鮑叔知)	132
년와심몰마(碾渦深沒馬)	510		단갈풍상입(短褐風霜入)	103
년침빈창망(年侵頻悵望)	194		단감석릉생(湍減石稜生)	605
념군경세란(念君經世亂)	167		단경난고와(短景難高臥)	301
념차별경신(念此別驚神)	276		단계풍상급(丹桂風霜急)	461
녕사도의권(寧辭搗衣倦)	691		단공문창이(端拱問瘡痍)	127
녕사주잔공(寧辭酒盞空)	65		단공실도화(但恐失桃花)	512
녕사청만제(寧辭靑蔓除)	188		단공천하락(但恐天河落)	65
노복차정모(奴僕且旌旄)	472		단괴국화개(但愧菊花開)	261
노확수염고(猱獲鬚髥古)	351		단교무부판(斷橋無復板)	132
농무촌촌급(農務邨邨急)	698		단단일은장(團團日隱牆)	553
농사문인설(農事聞人說)	604		단령무전벌(但令無翦伐)	558
뇨뇨제허벽(裊裊啼虛壁)	141		단사동운석(丹砂同隕石)	669
능리봉련벽(能吏逢聯璧)	687		단사풍성주(湍駛風醒酒)	223
능시하수조(能詩何水曹)	475		단속무산우(斷續巫山雨)	296
능첨백발명(能添白髮明)	577		단애당백염(斷崖當白鹽)	724
능화모연수(能畫毛延壽)	289		단오피은영(端午被恩榮)	578
니다잉경곡(泥多仍徑曲)	327		단운소부행(斷雲疎復行)	611

단원사제매(團圓思弟妹)	706		대월나무주(對月那無酒)	100
단의방전지(短衣防戰地)	76		대이진오작(待爾嗔烏鵲)	631
단일행매령(短日行梅嶺)	713		대주만호빈(對酒滿壺頻)	274
단절인연구(斷絕人煙久)	153		대주애신아(對酒愛新鵝)	498
단조비비일(丹旐飛飛日)	661		도궁나면곡(途窮那免哭)	685
단지유고인(丹墀有故人)	283		도궁장우생(途窮仗友生)	591
단첨신전골(但添新戰骨)	339		도균력대재(陶鈞力大哉)	256
단청야전공(丹青野殿空)	66		도남미가료(圖南未可料)	638
단취불린치(但取不磷緇)	142		도두사모측(掉頭紗帽側)	570
담담장강거(湛湛長江去)	240		도량점여재(稻粱霑汝在)	587
담소무하북(談笑無河北)	336		도로망우두(徒勞望牛斗)	418
담소시호굴(膽銷豺虎窟)	440		도로시통색(道路時通塞)	467
당대론재자(當代論才子)	272		도면설산풍(到面雪山風)	77
당서착래청(當暑著來清)	578		도명회루비(刀鳴膾縷飛)	164
당억강변와(儻憶江邊臥)	133		도문참교검(徒聞斬蛟劍)	441
당요진자성(唐堯眞自聖)	117		도미취능백(稻米炊能白)	301
당위촉청명(當爲勵青冥)	621		도봉죄기일(叨逢罪己日)	458
당일보관서(當日報關西)	218		도북풍도사(道北馮都使)	446
당춘내발생(當春乃發生)	585		도비소장시(都非少壯時)	124
대갑만천지(帶甲滿天地)	582		도선광감적(條鏃光堪摘)	200
대강추이성(大江秋易盛)	324		도솔지명사(兜率知名寺)	549
대군선식전(大君先息戰)	548		도약토장생(搗藥兎長生)	577
대기배사부(對碁陪謝傅)	314		도원자가심(桃源自可尋)	698
대문등개와(對門藤蓋瓦)	512		도원하처구(桃源何處求)	664
대부재능회(大府才能會)	685		도위시서중(道爲詩書重)	63
대설야분분(大雪夜紛紛)	329		도유무릉구(徒有茂陵求)	658
대성취지전(大聲吹地轉)	648		도의환명가(倒衣還命駕)	186
대수일소소(大樹日蕭蕭)	455		도이견침명(都已遣沈冥)	628
대우방림미(帶雨傍林微)	158		도인참별안(都人慘別顏)	391
대우불성화(帶雨不成花)	529		도일자제시(到日自題詩)	128

도적감망우(盜賊敢忘憂)	657		동둔부양서(東屯復瀼西)	229
도적본왕신(盜賊本王臣)	278		동래지박한(冬來只薄寒)	368
도적부생곤(盜賊浮生困)	300		동량서원급(銅梁書遠及)	422
도적이수존(盜賊爾誰尊)	348		동량조일사(銅梁阻一辭)	151
도적이유존(盜賊爾猶存)	351		동림죽영박(東林竹影薄)	249
도적환분돌(盜賊還奔突)	247		동망서강영(東望西江永)	257
도차응상숙(到此應常宿)	408		동방환패랭(洞房環珮冷)	80
도철용사수(饕餮用斯須)	209		동병득위랑(同病得韋郎)	551
도홍객약지(桃紅客若至)	225		동병미실수(銅缾未失水)	694
도확공운수(稻穫空雲水)	358		동복래성시(童僕來城市)	384
독기억구지(讀記憶仇池)	117		동사신추시(同舍晨趨侍)	675
독립견강선(獨立見江船)	419		동사유휘광(同舍有輝光)	573
독립만단우(獨立萬端憂)	642		동서각도선(東西却渡船)	444
독보시명재(獨步詩名在)	560		동서소식희(東西消息稀)	153
독서난자과(讀書難字過)	274		동시대국황(同時待菊黃)	569
독서운각관(讀書雲閣觀)	594		동시륙준의(同時陸浚儀)	111
독서추수근(讀書秋樹根)	355		동시일부평(同是一浮萍)	626
독수로부가(獨樹老夫家)	517		동악운봉기(東嶽雲峰起)	184
독요허재경(獨繞虛齋徑)	496		동열원앙병(冬熱鴛鴦病)	462
독유상심석(獨有傷心石)	384		동엽좌제시(桐葉坐題詩)	109
독조괴인간(獨鳥怪人看)	374		동우자제량(棟宇自齊梁)	549
독좌친웅검(獨坐親雄劍)	176		동정건아진(東征健兒盡)	239
독증백두옹(獨贈白頭翁)	64		동정무과안(洞庭無過雁)	573
독학귀하만(獨鶴歸何晩)	692		동정유재목(洞庭猶在目)	618
돈돈식황어(頓頓食黃魚)	198		동조차수석(同調嗟誰惜)	115
동가수소라(東柯遂疏懶)	382		동진강욕평(東津江欲平)	593
동가호애곡(東柯好崖谷)	312		동진백운구(東盡白雲求)	666
동과초왕대(同過楚王臺)	252		동천시우합(東川詩友合)	133
동곽창강합(東郭滄江合)	476		동천의세석(凍泉依細石)	98
동군추정일(東郡趨庭日)	183		동치봉응전(童稚捧應癲)	416

동행응잠별(東行應暫別)	341	락월동사허(落月動沙虛)	192
두대소오건(頭戴小烏巾)	266	락일구강류(落日九江流)	670
두백공풍한(頭白恐風寒)	369	락일대춘화(落日對春華)	528
두백등명리(頭白燈明裏)	356	락일류왕모(落日留王母)	138
두백호귀래(頭白好歸來)	244	락일미봉인(落日未逢人)	300
두사인갱망(斗斜人更望)	177	락일방선호(落日放船好)	110
두자재종횡(竇子才縱橫)	594	락일비강한(落日悲江漢)	567
두주편로권(杜酒偏勞勸)	639	락일심유장(落日心猶壯)	212
득취즉위가(得醉卽爲家)	518	락일요쌍조(落日邀雙鳥)	312
등단명절가(登壇名絶假)	127	락일위양정(落日渭陽情)	612
등루망욕미(登樓望欲迷)	220	락일재렴구(落日在簾鉤)	648
등루초유작(登樓初有作)	601	락일평대상(落日平臺上)	109
등루황유강(登樓況有江)	100	락임주인위(樂任主人爲)	134
등림억시랑(登臨憶侍郎)	544	락저광휘백(落杵光輝白)	89
등림의망연(登臨意惘然)	427	락진고천일(落盡高天日)	243
등만곡장사(藤蔓曲藏蛇)	510	락파불무비(樂罷不無悲)	126
등조황감중(登俎黃甘重)	448	락하주거입(洛下舟車入)	278
등초자안신(藤梢刺眼新)	266	란간상처원(闌干上處遠)	95
등화반위면(燈火半委眠)	449	란난생유별(亂難生有別)	673
등화하태희(燈花何太喜)	268	라리난자구(亂離難自救)	718
		라리문고각(亂離聞鼓角)	392
|ㄹ|		라리지우심(亂離知又甚)	281
		라리환주악(亂離還奏樂)	502
락극상두백(樂極傷頭白)	65	란만도방준(爛漫倒芳樽)	342
락목갱천풍(落木更天風)	71	란석폐문고(亂石閉門高)	471
락수유경선(落樹有驚蟬)	449	란세경전물(亂世輕全物)	209
락안부한수(落雁浮寒水)	641	란수통인과(亂水通人過)	474
락양석함몰(洛陽昔陷沒)	391	라야산고처(蘭若山高處)	98
락영음유합(落景陰猶合)	623	란운저박모(亂雲低薄暮)	62
락월거청파(落月去淸波)	503	란취시생애(爛醉是生涯)	509

란후거난정(亂後居難定)	393		량경삼십구(兩京三十口)	114
란후금상견(亂後今相見)	595		량기효소소(涼氣曉蕭蕭)	460
란후벽정폐(亂後碧井廢)	694		량변산목합(兩邊山木合)	224
란후수귀득(亂後誰歸得)	539		량월백분분(涼月白紛紛)	310
란후차오재(亂後嗟吾在)	375		량제역산동(兩弟亦山東)	75
랄선사영객(剌船思郢客)	105		량풍기천말(涼風起天末)	490
람대간주불(攬帶看朱紱)	657		량풍동만리(涼風動萬里)	591
람전막체류(藍田莫滯留)	676		량항진수직(兩行秦樹直)	720
람침제류계(纜侵堤柳繫)	640		려산절망행(驪山絶望幸)	703
랍근이함춘(臘近已含春)	291		려식경쌍연(旅食驚雙燕)	549
랍월갱수재(臘月更須栽)	249		려식기재명(旅食豈才名)	606
랍일파강곡(臘日巴江曲)	248		려식양서운(旅食瀁西雲)	322
랍파사단기(臘破思端綺)	711		려장침한로(藜杖侵寒露)	447
랑군옥수고(郎君玉樹高)	481		력국미지환(歷國未知還)	400
랑백수방진(郎伯殊方鎭)	112		력력개원사(歷歷開元事)	439
랑전오작희(浪傳烏鵲喜)	114		력력경수종(歷歷竟誰種)	451
랑족부사모(浪足浮紗帽)	265		력소곤창파(力小困滄波)	498
랑패풍진리(狼狽風塵裏)	247		력진망향대(力盡望鄕臺)	241
래간도로통(來看道路通)	75		력질좌청효(力疾坐淸曉)	273
래경전벌신(來經戰伐新)	293		력희경수헐(力稀經樹歇)	447
래문이동가(來問爾東家)	510		련공안각청(連空岸却靑)	626
래서세작행(來書細作行)	561		련군리은겸(憐君吏隱兼)	722
래시도로장(來時道路長)	549		련궐단심파(戀闕丹心破)	218
래시비조춘(來詩悲早春)	273		련궐로간폐(戀闕勞肝肺)	718
래왕개모옥(來往皆茅屋)	229		련년절척서(連年絶尺書)	190
래왕역무기(來往亦無期)	109		련련비예침(連連睥睨侵)	711
래인효우편(來因孝友偏)	447		련산만조홍(連山晩照紅)	85
래잠어부필(來簪御府筆)	454		련산망홀개(連山望忽開)	236
래파국화지(來把菊花枝)	111		련산우미개(連山雨未開)	254
랭석취면성(冷石醉眠醒)	628		련성위보중(連城爲寶重)	306

련장병미선(連檣並米船) 453	로부탐불일(老夫貪佛日) 544
련통관소원(連筒灌小園) 340	로부파추주(老夫怕趨走) 457
렬거산림아(列炬散林鴉) 509	로수공정득(老樹空庭得) 411
렬군구가석(列郡謳歌惜) 589	로수부서래(瀘水復西來) 253
렴하궁인출(簾下宮人出) 565	로수포경상(老樹飽經霜) 562
렵화저고림(獵火著高林) 697	로신수부탁(老身須付託) 673
령군첩무색(領郡輒無色) 127	로옹난조출(老翁難早出) 171
령락수양아(零落首陽阿) 482	로옹수지주(老翁須地主) 526
령원상외숙(岭猿霜外宿) 176	로외가성계(老畏歌聲繼) 554
령절성오로(令節成吾老) 706	로욕자청천(鷺浴自晴川) 451
령제웅군좌(令弟雄軍佐) 572	로위미존중(魯衛彌尊重) 547
례가서유자(禮加徐孺子) 617	로위행목초(路危行木杪) 377
례악공오단(禮樂攻吾短) 570	로인분우읍(路人紛雨泣) 455
례위증탁계(禮闈曾擢桂) 63	로인인주병(老人因酒病) 610
례후괴무재(禮厚愧無才) 245	로인타일애(老人他日愛) 119
로거문비각(老去聞悲角) 563	로자규천정(鸕鶿窺淺井) 541
로거원춘지(老去願春遲) 124	로자서일조(鸕鶿西日照) 543
로거일배족(老去一杯足) 552	로자연구균(老藉軟俱勻) 301
로거일점건(老去一霑巾) 288	로존화사홍(爐存火似紅) 62
로거한공문(老去恨空聞) 317	로종금야백(露從今夜白) 580
로곤발서면(老困撥書眠) 447	로처서수지(老妻書數紙) 591
로구유견곡(路衢唯見哭) 500	로축중인행(老逐衆人行) 591
로마겁관산(老馬怯關山) 397	로출쌍림외(路出雙林外) 73
로마야지도(老馬夜知道) 269	로친여숙석(老親如宿昔) 603
로번겸우타(露翻兼雨打) 104	로파지명경(老罷知明鏡) 316
로병남정일(老病南征日) 715	로파휴무뢰(老罷休無賴) 420
로병무산리(老病巫山裏) 79	로피번롱역(老被樊籠役) 476
로병유고주(老病有孤舟) 683	로혼초부득(老魂招不得) 218
로부금시지(老夫今始知) 150	로화류객만(蘆花留客晚) 705
로부여유차(老夫如有此) 622	록수풍절순(綠垂風折笋) 235

록죽반함탁(綠竹半含籜)	558	루고망여장(樓高望女墻)	563
록준수진일(綠樽須盡日)	266	루고욕수사(樓高欲愁思)	134
록첨니재진(綠沾泥滓盡)	364	루고우설미(樓高雨雪微)	172
론공미진귀(論功未盡歸)	168	루고월형명(樓高月逈明)	610
론교번한만(論交翻恨晚)	306	루고촉만청(樓孤屬晚晴)	617
론문소자지(論文笑自知)	115	루광거일원(樓光去日遠)	711
론문혹불괴(論文或不愧)	161	루란참미환(樓蘭斬未還)	381
론재괴기남(論材愧杞柟)	718	루선과동정(樓船過洞庭)	634
롱월향인원(隴月向人圓)	413	루설융성습(樓雪融城濕)	214
뢰락서강외(牢落西江外)	394	루우첨운만(樓雨沾雲幔)	605
뢰락신소잔(牢落新燒棧)	370	루월단인연(累月斷人煙)	414
뢰유배중물(賴有杯中物)	653	루입견양천(淚入犬羊天)	440
뢰정가진위(雷霆可震威)	168	루전어류장(樓前御柳長)	565
뢰정공벽력(雷霆空霹靂)	208	루정월침문(樓靜月侵門)	350
료락촌심위(寥落寸心違)	163	루축권배하(淚逐勸杯下)	593
료려음가발(嘹唳吟笳發)	612	루형독이시(樓逈獨移時)	137
료료불부문(寥寥不復聞)	313	류득일전간(留得一錢看)	367
료비연장서(聊飛燕將書)	187	류락의무궁(流落意無窮)	69
룡궁비적류(龍宮閟積流)	669	류문월부광(留門月復光)	552
룡문횡야단(龍門橫野斷)	233	류수생애진(流水生涯盡)	63
룡사불성칩(龍蛇不成蟄)	262	류시겸난복(溜匙兼煖腹)	619
룡사지자심(龍蛇只自深)	701	류안공등림(留眼共登臨)	700
룡신녕구장(龍身寧久藏)	542	류영함운막(柳影含雲幕)	204
룡염행재반(龍髥幸再攀)	391	류전강포체(流傳江鮑體)	115
룡이구당회(龍以瞿塘會)	710	류정현산전(留井峴山前)	419
룡지만구궁(龍池滿舊宮)	80	류체막사로(留滯莫辭勞)	478
룡퇴은백사(龍堆隱白沙)	530	류체재난진(留滯才難盡)	638
룡희출평지(龍喜出平池)	138	류체차쇠질(留滯嗟衰疾)	612
루각릉풍형(樓角凌風逈)	339	류환복야한(留歡卜夜閒)	398
루각의산전(樓閣倚山巓)	427	륙핵증경전(六翮曾經剪)	478

륜측반루명(輪仄半樓明)	609
름름비추의(凜凜悲秋意)	341
릉숙경시우(菱熟經時雨)	405
리매희인과(魑魅喜人過)	490
리변수향성(籬邊水向城)	600
리별인수재(離別人誰在)	672
리생나면속(理生那免俗)	230
리약문하향(籬弱門何向)	258
리연불격일(離筵不隔日)	593
리연파다주(離宴罷多酒)	571
리연하태빈(離筵何太頻)	280
리인교외소(吏人橋外少)	499
리정비구국(離亭非舊國)	554
린가문불위(鄰家問不違)	160
린가송어별(鄰家送魚鱉)	251
린사번서찰(鄰舍煩書札)	81
린사여원소(鄰舍與園蔬)	189
린인유미주(隣人有美酒)	515
린인차미휴(隣人嗟未休)	658
린접의여하(隣接意如何)	506
린화야심명(隣火夜深明)	583
림간답봉모(林間踏鳳毛)	471
림강복택신(臨江卜宅新)	271
림랑조일문(琳瑯照一門)	352
림무조지귀(林茂鳥知歸)	173
림벽차무혜(林僻此無蹊)	229
림서견우모(林棲見羽毛)	480
림소조수희(林疏鳥獸稀)	154
림소황엽추(林疎黃葉墜)	263
림쇠염고비(臨衰厭鼓鼙)	215
림앵수불가(林鶯遂不歌)	502
림위경구전(臨危經久戰)	269
림위억고인(臨危憶古人)	281
림조독주저(臨眺獨躊躇)	183
림중재유지(林中纔有地)	444
림지호역정(臨池好驛亭)	622
림화윤색분(林花潤色分)	318
림흑조응서(林黑鳥應棲)	216
립마천산모(立馬千山暮)	551

ㅁ

마교주한락(馬驕朱汗落)	511
마멸여편한(磨滅餘篇翰)	678
마소학수군(摩霄鶴數群)	320
마수견염정(馬首見鹽亭)	625
마한방실도(馬寒防失道)	414
마함청초시(馬銜靑草嘶)	221
막도신지요(莫道新知要)	264
막려견양침(莫慮犬羊侵)	704
막령편혈지(莫令鞭血地)	168
막령회수지(莫令回首地)	74
막막구경원(漠漠舊京遠)	528
막막추운저(漠漠秋雲低)	215
막막허무리(漠漠虛無裏)	711
막멱주인은(莫覓主人恩)	347
막부괴군재(幕府愧群材)	251
막부성재량(幕府盛才良)	538
막수경백로(莫須驚白鷺)	223
막수업성하(莫守鄴城下)	488

막수이모침(莫受二毛侵)	689	만리정함정(萬里正含情)	583
막작구류락(莫作俱流落)	76	만리창망외(萬里蒼茫外)	701
막작위니사(莫作委泥沙)	519	만리청강상(萬里淸江上)	219
막취금탕고(莫取金湯固)	278	만리파유곡(萬里巴渝曲)	322
막학야원앙(莫學野鴛鴦)	551	만리핍청명(萬里逼淸明)	607
만가범성기(蠻歌犯星起)	449	만리형양안(萬里衡陽雁)	181
만간년소락(漫看年少樂)	171	만리황산북(萬里黃山北)	80
만감류객무(晚酣留客舞)	111	만마구중원(萬馬救中原)	336
만경고촌벽(晚景孤村僻)	245	만목비명경(滿目飛明鏡)	479
만경와종변(晚景臥鍾邊)	411	만목비생사(滿目悲生事)	644
만고구지혈(萬古仇池穴)	412	만목운심은(萬木雲深隱)	254
만고일장차(萬古一長嗟)	527	만박등정수(晚泊登汀樹)	303
만곡산운기(滿谷山雲起)	415	만반월중행(晚飯越中行)	575
만국개융마(萬國皆戎馬)	135	만방빈송희(萬方頻送喜)	473
만국봉군심(萬國奉君心)	700	만방성일개(萬方聲一槪)	116
만국상동심(萬國尙同心)	704	만벽화창주(滿壁畫滄洲)	650
만권랑화부(幔卷浪花浮)	640	만사간과리(萬事干戈裏)	206
만기가하사(晚起家何事)	649	만사이황발(萬事已黃髮)	659
만래고홍진(晚來高興盡)	107	만산적영루(漫山賊營壘)	654
만래성부절(晚來聲不絶)	318	만상개춘기(萬象皆春氣)	635
만래횡취호(晚來橫吹好)	687	만세봉래일(萬歲蓬萊日)	703
만량간세마(晚涼看洗馬)	405	만세여송벽(滿歲如松碧)	569
만려의첨영(萬慮倚簷楹)	605	만일고인련(萬一故人憐)	440
만리가횡행(萬里可橫行)	574	만점촉산첨(萬點蜀山尖)	720
만리고향정(萬里故鄕情)	610	만정핍용용(萬井逼春容)	96
만리공청휘(萬里共淸輝)	170	만초견라군(蔓草見羅裙)	313
만리교서택(萬里橋西宅)	562	만협중강수(滿峽重江水)	676
만리구당월(萬里瞿塘月)	443	망귀보월대(忘歸步月臺)	245
만리류사도(萬里流沙道)	339	망극춘성상(望極春城上)	469
만리융왕자(萬里戎王子)	104	망량이심수(魍魎移深樹)	296

망망만중산(莽莽萬重山)	381
망망지모심(茫茫遲暮心)	709
망망천애우(莽莽天涯雨)	130
망망하소개(茫茫何所開)	242
망원세시동(望遠歲時同)	72
망중의재야(望中疑在野)	308
망진사유견(望盡似猶見)	321
망향응미이(望鄕應未已)	273
매륜월우간(埋輪月宇間)	384
매몽천일소(每蒙天一笑)	289
매신유백제(買薪猶白帝)	671
매야토광망(每夜吐光芒)	542
매야필통림(每夜必通林)	710
매예랍전파(梅蕊臘前破)	505
매욕도형주(每欲到荊州)	670
매의북두망경화(每依北斗望京華)	869
매일강두진취귀(每日江頭盡醉歸)	751
매일보평안(每日報平安)	365
매행반전황(梅杏半傳黃)	568
매화교근야(梅花交近野)	133
매화년후다(梅花年後多)	505
매화만리외(梅花萬里外)	695
매화욕개부자각(梅花欲開不自覺)	879
맥맥거인요(脈脈去人遙)	462
맹서실교등(猛噬失蹻騰)	636
맹씨호형제(孟氏好兄弟)	355
면곡원통한(綿谷元通漢)	275
면상삼년토(面上三年土)	579
명고전후사(名高前後事)	304
명공독묘년(明公獨妙年)	410
명궁사수능(鳴弓射獸能)	636
명기문장저(名豈文章著)	660
명년하춘수(明年下春水)	666
명란자섬귀(鳴鑾自陝歸)	167
명로이사두(鳴櫓已沙頭)	671
명막련향골(冥寞憐香骨)	384
명명갑자우(冥冥甲子雨)	136
명명세우래(冥冥細雨來)	240
명번숙조빈(明翻宿鳥頻)	298
명부기사만(明府豈辭滿)	475
명색연산경(暝色延山徑)	350
명성석차연(明星惜此筵)	450
명시한정래(名是漢庭來)	234
명열루첨건(鳴咽淚沾巾)	267
명요총발시(鳴橈總發時)	128
명원의록수(名園依綠水)	456
명월생장호(明月生長好)	524
명인부송웅(名因賦頌雄)	63
명인태사전(名因太史傳)	430
명일중양주(明日重陽酒)	260
명점천현중(名玷荐賢中)	78
명정임부환(酩酊任扶還)	398
명조견세무(明朝牽世務)	65
명조역분분(鳴噪亦紛紛)	321
명조유봉사(明朝有封事)	487
명하고가찬(明霞高可餐)	367
명하요한미(明河繞寒微)	177
명학불귀림(鳴鶴不歸林)	702
모경수지엽(暮景數枝葉)	364
모경파촉벽(暮景巴蜀僻)	597

모골기수중(毛骨豈殊衆)	693	무로문전봉(無勞問轉蓬)	93
모옥환감부(茅屋還堪賦)	698	무로비소사(無勞比素絲)	149
모자소이습(茅茨疎易濕)	240	무로영거완(無勞映渠碗)	302
모작의하여(暮雀意何如)	189	무릉다병후(茂陵多病後)	313
모재위원유(茅齋慰遠遊)	657	무마기등상(舞馬旣登床)	565
모재의귤유(茅齋依橘柚)	298	무명강상초(無名江上草)	319
모추점물랭(暮秋霑物冷)	147	무보성명조(無補聖明朝)	468
모혈쇄평무(毛血灑平蕪)	200	무부능구애(無復能拘礙)	652
목단갱운사(目斷更雲沙)	527	무부찬서선(無復爨犀船)	441
목동사재안(牧童斯在眼)	301	무사제기찬(無私齊綺饌)	566
몽장옥찬구(蒙將玉饌俱)	209	무사형극심(無辭荊棘深)	709
몽혼귀미득(夢魂歸未得)	467	무산종가괴(巫山終可怪)	263
묘동이궐춘(苗同伊闕春)	302	무설도강호(舞雪渡江湖)	211
묘략옹병기(妙略擁兵機)	165	무수부강벌(無數涪江筏)	128
묘묘춘풍현(眇眇春風見)	224	무수울차아(巫岫鬱嵯峨)	505
무가대한식(無家對寒食)	486	무수행상인(茂樹行相引)	236
무가문사생(無家問死生)	580	무시병거우(無時病去憂)	643
무가문소식(無家問消息)	358	무심대마제(無心待馬蹄)	219
무가병불사(無家病不辭)	137	무영지전유(無營地轉幽)	649
무가임로신(無家任老身)	291	무유도웅략(無由睹雄略)	455
무검과인절(舞劍過人絶)	636	무유제매래(無由弟妹來)	242
무견부서빈(無犬附書頻)	286	무유출강한(無由出江漢)	627
무계촉룡천(無計斸龍泉)	418	무은평교수(霧隱平郊樹)	502
무계회선하(無計廻船下)	360	무의상야한(無衣牀夜寒)	367
무교재쇄지(霧交纔灑地)	323	무의하처촌(無衣何處村)	351
무내성궁로(無乃聖躬勞)	473	무인갈부의(無人竭浮蟻)	529
무단도적기(無端盜賊起)	439	무인벽초방(無人碧草芳)	555
무덕개원제(武德開元際)	397	무인수각회(無人遂却回)	236
무력정건곤(無力正乾坤)	350	무인여래왕(無人與來往)	545
무로문월상(無勞問越裳)	548	무재득재신(茂宰得才新)	306

무재일쇠로(無才日衰老)	335
무재축선은(無才逐仙隱)	209
무전종체객(無錢從滯客)	396
무전하처사(無錢何處賒)	517
무정이득여(無情移得汝)	497
무처멱장건(無處覓張騫)	423
무촌조망사(無村眺望賒)	516
무타역자요(無他亦自饒)	465
무풍운출새(無風雲出塞)	381
무항란안다(無行亂眼多)	498
무협루사남(巫峽漏司南)	716
무협반와효(巫峽盤渦曉)	669
무협서강외(巫峽西江外)	439
무협중소동(巫峽中宵動)	262
무협천산암(巫峽千山暗)	293
무협한도박(巫峽寒都薄)	146
묵객흥무위(墨客興無違)	180
문견금관성(問絹錦官城)	594
문경종진초(門徑從榛草)	219
문군이주불(聞君已朱紱)	484
문도금춘안(聞道今春雁)	681
문도병주진(聞道幷州鎭)	218
문도봉래전(聞道蓬萊殿)	365
문도수종묘(聞道收宗廟)	167
문도승총발(聞道乘驄發)	699
문도심원사(聞道尋源使)	239
문도왕교석(聞道王喬舃)	430
문도화문장(聞道花門將)	168
문도화문파(聞道花門破)	156
문란다희색(門闌多喜色)	94

문법간시망(問法看詩妄)	98
문사억제요(文思憶帝堯)	458
문설강릉부(聞說江陵府)	445
문설강산호(聞說江山好)	722
문설진룡종(聞說眞龍種)	540
문설형남마(聞說荊南馬)	668
문속영한사(問俗營寒事)	525
문속인정사(問俗人情似)	716
문신동교죽(問訊東橋竹)	186
문아삭능래(問我數能來)	251
문아섭풍소(文雅涉風騷)	481
문여의산사(聞汝依山寺)	666
문자능래숙(問子能來宿)	463
문자로공류(文字魯恭留)	656
문작신광기(門鵲晨光起)	172
문장락상대(文章落上台)	238
문장역부진(文章亦不盡)	594
문장증명달(文章憎命達)	490
문장차저병(文章差底病)	476
문재과원방(聞在果園坊)	557
문전백초장(門前百草長)	541
문정민소제(門庭悶掃除)	196
문정외객빈(門庭畏客頻)	301
문차관상억(聞此寬相憶)	695
문청장자거(門聽長者車)	184
문항락단풍(門巷落丹楓)	84
물미의불천(物微意不淺)	693
물색겸생의(物色兼生意)	429
물색세시안(物色歲時晏)	178
물역수허조(物役水虛照)	434

물운구이역(勿云俱異域)	77
미가범창해(未暇泛滄海)	382
미감배은사(未敢背恩私)	131
미거소동최(未去小童催)	260
미견유지음(未見有知音)	715
미견자연집(未見紫烟集)	723
미결공산정(未缺空山靜)	170
미고하충피(味苦夏蟲避)	118
미괴로부잠(未怪老夫潛)	721
미기동금국(味豈同金菊)	119
미난병무우(味暖倂無憂)	645
미능할처자(未能割妻子)	98
미명인불급(美名人不及)	484
미미향일박(微微向日薄)	462
미방착처가(迷方著處家)	520
미사첨무우(未辭添霧雨)	700
미석마제요(未惜馬蹄遙)	456
미성급화추(微聲及禍樞)	209
미성유벽해(未成遊碧海)	225
미승고새외(微升古塞外)	363
미식시랑투(未息豺狼鬪)	438
미여속인조(未與俗人操)	481
미우불활도(微雨不滑道)	611
미유개롱일(未有開籠日)	140
미유불신조(未有不臣朝)	461
미유불음시(未有不陰時)	149
미인승흥거(未因乘興去)	103
미족림서권(未足臨書卷)	158
미풍연자사(微風燕子斜)	516
미풍운가청(微風韻可聽)	623

미풍의소아(微風倚少兒)	138
미필자양대(未必自陽臺)	255
미해억장안(未解憶長安)	361
미허취상류(未許醉相留)	651
미허칠애시(未許七哀詩)	137
미형차저빈(微馨借渚蘋)	303
미화다영죽(美花多映竹)	380
민령남만북(岷嶺南蠻北)	222
민첩시천수(敏捷詩千首)	244
밀작도강래(密作渡江來)	255

ㅂ

박격망추천(搏擊望秋天)	438
박렬참진은(薄劣慚眞隱)	125
박모욕구환(薄暮欲俱還)	380
박선비희후(泊船悲喜後)	293
박속방인면(薄俗防人面)	228
박운암제숙(薄雲巖際宿)	350
박의림적수(薄衣臨積水)	93
박환주풍진(薄宦走風塵)	275
반계앙천고(攀桂仰天高)	479
반근적수변(蟠根積水邊)	437
반려첨향미(飯糲添香味)	230
반령모운장(半嶺暮雲長)	553
반비개촉영(半扉開燭影)	708
반습도향갱(半濕搗香秔)	612
반야유행주(半夜有行舟)	679
반와여안회(盤渦與岸廻)	240
반월락변성(伴月落邊城)	581

반정소두백(半頂梳頭白)	393	백곡회심유(白谷會深遊)	680
반조개무협(返照開巫峽)	210	백골갱하우(白骨更何憂)	673
반조사초철(返照斜初徹)	169	백골신교전(白骨新交戰)	423
반질겸통귀(班秩兼通貴)	284	백과락오사(百過落烏紗)	524
반찬로부식(盤餐老夫食)	197	백구사림북(白狗斜臨北)	91
반초운자백(飯抄雲子白)	360	백구원수숙(白鷗元水宿)	241
발휘왕자표(發揮王子表)	151	백구황우협(白狗黃牛峽)	128
발흥자림천(發興自林泉)	435	백년가자고(百年歌自苦)	715
방가제서질(傍架齊書帙)	545	백년쌍백빈(百年雙白鬢)	624
방공은불환(龐公隱不還)	382	백년추이반(百年秋已半)	107
방동변소위(方冬變所爲)	146	백년혼득취(百年渾得醉)	649
방법보산처(方法報山妻)	230	백두무자재(白頭無藉在)	406
방불식소구(髣髴識昭丘)	678	백두소갱단(白頭搔更短)	688
방비연안포(芳菲緣岸圃)	648	백두추막부(白頭趨幕府)	600
방사련고죽(旁舍連高竹)	510	백로단감자(白露團甘子)	227
방안견양주(傍眼見揚州)	653	백로황량숙(白露黃粱熟)	119
방우일수관(防隅一水關)	392	백리견추호(百里見秋毫)	474
방장혼련수(方丈渾連水)	317	백리독창창(百里獨蒼蒼)	536
방주불용즙(方舟不用楫)	501	백마출강성(白馬出江城)	612
방지부재자(方知不才者)	496	백만전심입(百萬傳深入)	495
방축녕위성(放逐寧違性)	413	백발번다주(白髮煩多酒)	450
방타주함습(滂沱朱檻濕)	605	백발사난리(白髮絲難理)	199
방하부창해(防河赴滄海)	154	백발소신세(白髮少新洗)	561
배간자가첨(杯乾自可添)	721	백발자능소(白髮自能梳)	196
배당자벽원(背堂資僻遠)	707	백발호금춘(白髮好禁春)	266
배도불경구(杯渡不驚鷗)	650	백방천가읍(白牓千家邑)	437
배민강재시(排悶強裁詩)	123	백사발광휘(百祀發光輝)	174
배요려사관(杯饒旅思寬)	372	백설래하처(百舌來何處)	280
배응로국신(杯凝露菊新)	297	백설욕무어(百舌欲無語)	144
백경풍담상(百頃風潭上)	575	백설피화번(白雪避花繁)	345

| 색인索引 975 |

백소군분명(白小羣分命)	193	번의타루저(翻疑柁樓底)	575
백수기인간(白首寄人間)	397	번주적설변(蕃州積雪邊)	431
백수다년질(白首多年疾)	573	번화능기시(繁花能幾時)	144
백수루쌍수(白首淚雙垂)	132	벌반이삼조(伐叛已三朝)	467
백수망상천(白首望霜天)	448	범려주편소(范蠡舟偏小)	317
백수우편다(白水雨偏多)	485	범류일편운(帆留一片雲)	324
백수이양파(白水已揚波)	493	범애용상빈(汎愛容霜鬢)	398
백수장심위(白首壯心違)	176	범재오성랑(凡才汙省郎)	572
백야시무적(白也詩無敵)	309	범저백구경(泛渚白鷗輕)	583
백어여절옥(白魚如切玉)	445	범주참소부(泛舟慙小婦)	390
백염위교북(白鹽危嶠北)	87	벽계요정활(碧溪搖艇闊)	354
백우거원근(白牛車遠近)	549	벽력초왕대(霹靂楚王臺)	262
백일도희황(白日到羲皇)	537	벽산청우습(碧山晴又濕)	485
백일이가수(白日移歌袖)	551	벽색동시문(碧色動柴門)	340
백장견강색(百丈牽江色)	527	벽지호외초(碧知湖外草)	320
백장내강선(百丈內江船)	438	벽초위춘의(碧草違春意)	678
백장유애음(百丈有哀音)	694	벽해괘신도(碧海挂新圖)	207
백전금수재(百戰今誰在)	153	변사안변책(辯士安邊策)	166
백제경성진(白帝更聲盡)	325	변우금약하(邊隅今若何)	488
백제협풍한(白帝峽風寒)	376	변우환용병(邊隅還用兵)	596
백조거변명(白鳥去邊明)	611	변일소광휘(邊日少光輝)	155
백책안강고(白幘岸江皋)	475	변추음이석(邊秋陰易夕)	541
백화담북장(百花潭北莊)	562	변추일안성(邊秋一雁聲)	580
백화첨외타(白花簷外朶)	469	변화유곤붕(變化有鵾鵬)	638
백희후가초(百戲後歌樵)	466	별리경절환(別離驚節換)	334
번군만리전(煩君萬里傳)	422	별리상로대(別離傷老大)	204
번동신선굴(翻動神仙窟)	621	별리이작일(別離已昨日)	582
번령실도현(翻令室倒懸)	420	별리종불구(別離終不久)	128
번리파무한(藩籬頗無限)	435	별연화욕모(別筵花欲暮)	552
번우부자정(繁憂不自整)	148	별후견하인(別後見何人)	292

별후파동로(別後巴東路)	425	복침운안현(伏枕雲安縣)	604
병갑소래서(兵甲少來書)	192	복택근전봉(卜宅近前峰)	98
병개금공작(屛開金孔雀)	94	복택종자로(卜宅從玆老)	514
병과구삭거(兵戈久索居)	188	복택초촌허(卜宅楚村墟)	197
병과여관새(兵戈與關塞)	72	본매문위활(本賣文爲活)	420
병과여인사(兵戈與人事)	242	본무헌면의(本無軒冕意)	125
병과유세년(兵戈有歲年)	423	본자초인가(本自楚人家)	525
병과유재안(兵戈猶在眼)	268	봉거신감전(烽擧新酣戰)	333
병신종부동(病身終不動)	717	봉래여가도(蓬萊如可到)	432
병신허준미(病身虛俊味)	81	봉래장삭이(蓬萊仗數移)	138
병엽다선추(病葉多先墜)	553	봉릉수골성(鋒稜瘦骨成)	574
병잔장자의(兵殘將自疑)	127	봉림과미식(鳳林戈未息)	362
병재견하유(兵在見何由)	643	봉문계서연(蓬門啓曙烟)	447
병조무산출(倂照巫山出)	608	봉빈희소구(蓬鬢稀疏久)	149
병중득주환(甁中得酒還)	384	봉서량항루(封書兩行淚)	143
병중오견제(病中吾見弟)	293	봉인문기현(逢人問幾賢)	425
병침의모동(病枕依茅棟)	707	봉제조수형(封題鳥獸形)	621
병혁신장로(兵革身將老)	73	봉조발금미(奉詔發金微)	154
보리의경과(步履宜輕過)	97	봉채종회독(蜂蠆終懷毒)	168
보섭과동리(步屧過東籬)	108	봉화련삼월(烽火連三月)	688
보섭도봉호(步屧到蓬蒿)	475	봉후불계년(封侯不計年)	414
보섭심림만(步屧深林晚)	125	봉후의소활(封侯意疏闊)	620
보주이하지(報主爾何遲)	127	부강취범선(涪江醉泛船)	430
보학풍취면(步壑風吹面)	300	부객전위좌(浮客轉危坐)	592
보효신여재(報效神如在)	174	부곡이평생(部曲異平生)	603
복거기정처(卜居期靜處)	257	부곡정잉예(部曲精仍銳)	455
복류하처입(洑流何處入)	471	부대치서구(不待致書求)	645
복린참근사(卜隣慚近舍)	355	부도동량재(不道棟梁材)	265
복부천죽어(僕夫穿竹語)	205	부도락양잠(不到洛陽岑)	709
복지어진전(福地語眞傳)	412	부도수경읍(復道收京邑)	74

부독피상설(不獨避霜雪)	157	부작유서천(復作遊西川)	433
부독한가영(不獨漢家營)	609	부작하서위(不作河西尉)	457
부득만도잠(不得慢陶潛)	722	부재감후질(不才甘朽質)	378
부득문단사(不得問丹砂)	514	부주함담쇠(浮舟菡萏衰)	107
부렴야심귀(賦斂夜深歸)	177	부지림로일(不知臨老日)	333
부미석규외(負米夕葵外)	355	부지서각의(不知西閣意)	291
부병송군발(扶病送君發)	162	부지운우산(不知雲雨散)	699
부병수주불(扶病垂朱紱)	251	부지창해사(不知滄海使)	238
부사물개춘(復似物皆春)	289	부진백염고(不盡白鹽孤)	210
부사병좌득(浮查並坐得)	559	부혹사상여(賦或似相如)	189
부생간물변(浮生看物變)	706	북궐경신주(北闕更新主)	342
부생일병신(浮生一病身)	292	북궐심장련(北闕心長戀)	261
부생즉유애(浮生卽有涯)	522	북귀충우설(北歸衝雨雪)	685
부석공치지(鳧鳥共差池)	111	북두삼경석(北斗三更席)	450
부시분기상(賦詩分氣象)	297	북망고소혼(北望苦銷魂)	341
부시신구온(賦詩新句穩)	699	북설범장사(北雪犯長沙)	529
부안종고거(鳧雁終高去)	169	북안새성미(北雁塞聲微)	174
부앙비신세(俯仰悲身世)	411	북정송장사(北庭送壯士)	488
부여취초성(扶汝醉初醒)	621	북풍수상기(北風隨爽氣)	634
부운련진몰(浮雲連陣沒)	540	북풍천정한(北風天正寒)	377
부운련해대(浮雲連海岱)	183	북풍황엽하(北風黃葉下)	709
부운박미귀(浮雲薄未歸)	169	분감급계어(分減及溪魚)	197
부운박점차(浮雲薄漸遮)	524	분명재석잠(分明在夕岑)	710
부운세사공(浮雲世事空)	63	분명재안전(分明在眼前)	439
부월하청명(斧鉞下青冥)	634	분미일월황(氛迷日月黃)	538
부자독성명(夫子獨聲名)	576	분부선령망(分符先令望)	573
부자막상리(父子莫相離)	141	분분승백마(紛紛乘白馬)	281
부자홀통귀(夫子欻通貴)	406	분소하태빈(焚燒何太頻)	281
부작귀전거(復作歸田去)	89	분수개원말(分手開元末)	190
부작엄형비(復作掩荊扉)	162	분장소유기(分張素有期)	119

분초배적갑(奔峭背赤甲)	724
불가호루거(不可好樓居)	187
불각군심투(不覺羣心妬)	587
불각자장음(不覺自長吟)	699
불감강위용(不敢强爲容)	97
불감수로빈(不堪垂老鬢)	712
불감지로병(不堪祗老病)	586
불감폐시편(不敢廢詩篇)	444
불감한포주(不敢恨庖廚)	209
불견리생구(不見李生久)	244
불견비봉군(不見比封君)	322
불견일인래(不見一人來)	248
불견조정시(不見朝正使)	112
불견추운동(不見秋雲動)	159
불과오호추(不過五湖秋)	681
불과행검덕(不過行儉德)	278
불괴사신사(不愧史臣詞)	151
불기일항서(不寄一行書)	188
불능수조개(不能隨皁蓋)	624
불망각궁시(不忘角弓詩)	102
불망순구가(不忘舜謳歌)	504
불매방파호(不寐防巴虎)	84
불면우전벌(不眠憂戰伐)	350
불면지한절(不眠持漢節)	386
불면첨백토(不眠瞻白兔)	524
불문업성위(不問鄴城圍)	153
불반구정혼(不返舊征魂)	339
불반청사공(不返青絲鞚)	526
불부갱론문(不復更論文)	316
불부변신광(不復辨晨光)	541

불부지천대(不復知天大)	344
불비득진림(不比得陳琳)	690
불성향남국(不成向南國)	433
불수취급관(不須吹急管)	555
불수파도로(不愁巴道路)	130
불시고리군(不是故離羣)	319
불시오당시(不是傲當時)	125
불시파호탄(不是怕湖灘)	372
불식남당로(不識南塘路)	456
불식산음도(不識山陰道)	330
불식시랑투(不息豺狼鬪)	567
불야월림관(不夜月臨關)	381
불야초범락(不夜楚帆落)	399
불여고원동(不與故園同)	92
불여중봉군(不與衆峰群)	312
불염북산미(不厭北山薇)	173
불용초사초(不用楚辭招)	467
불위은한락(不違銀漢落)	608
불의서생이(不意書生耳)	215
불이재교경(不異在郊坰)	622
불찬정신동(不爨井晨凍)	367
불침청금약(不寢聽金鑰)	487
불필루장류(不必淚長流)	659
불필작참군(不必作參軍)	324
불필취장도(不必取長途)	212
붕래유취니(朋來有醉泥)	230
붕석기산수(崩石欹山樹)	152
붕애욕압상(崩崖欲壓床)	559
붕주일환회(朋酒日歡會)	150
비군백옥반(悲君白玉盤)	364

비군수여론(非君誰與論)	341
비군수연작(悲君隨燕雀)	275
비군애인객(非君愛人客)	655
비궁제조요(卑宮制詔遙)	461
비도백만개(碑到百蠻開)	238
비등급제시(飛騰急濟時)	142
비등모경사(飛騰暮景斜)	509
비등전벌명(飛騰戰伐名)	613
비등지유책(飛騰知有策)	284
비래쌍백학(飛來雙白鶴)	399
비량초대부(悲涼楚大夫)	213
비리방홍예(仳離放紅蕊)	486
비명성념군(飛鳴聲念羣)	321
비비운기동(霏霏雲氣動)	344
비비홍소경(菲菲紅素輕)	602
비사여급관(悲絲與急管)	270
비상임청녀(飛霜任青女)	85
비성과수백(飛星過水白)	192
비시조공문(非時鳥共聞)	319
비심대안도(非尋戴安道)	145
비이갱고절(非爾更苦節)	594
비조피원문(飛鳥避轅門)	336
비지저결자(卑枝低結子)	575
비추향석종(悲秋向夕終)	92
비추회백수(悲秋回白首)	599
비충만원유(飛蟲滿院遊)	648
비취명의항(翡翠鳴衣桁)	109
비파수수향(枇杷樹樹香)	543
비풍일모다(悲風日暮多)	482
비풍초초비(悲風稍稍飛)	159
비현량각궁(臂懸兩角弓)	68
비호수우다(貔虎數尤多)	488
빈객감응류(賓客減應劉)	682
빈객만당상(賓客滿堂上)	68
빈경적소국(頻驚適小國)	425
빈모수령백(鬢毛垂領白)	93
빈발자성사(鬢髮自成絲)	132
빈병타향로(貧病他鄉老)	422
빈위초당회(頻爲草堂廻)	249
빈유임리천(頻遊任履穿)	435
빈차출입로(貧嗟出入勞)	476
빈추백옥잠(頻抽白玉簪)	718
빙고송소친(憑高送所親)	280
빙궤간어락(憑几看魚樂)	227
빙설앵난지(冰雪鶯難至)	149
빙수급국얼(憑誰給麴蘖)	371
빙장백전복(憑將百錢卜)	614
빙헌체사류(憑軒涕泗流)	683

| 시 |

사객향하원(使客向河源)	337
사거빙수보(死去憑誰報)	409
사경산토월(四更山吐月)	665
사경설봉서(斜景雪峰西)	217
사고형해흑(士苦形骸黑)	154
사공모옥하(巳公茅屋下)	101
사구병일쌍(沙鷗並一雙)	100
사군쌍조개(使君雙皂蓋)	164
사군자유부(使君自有婦)	551

사뇌빈모창(似惱鬢毛蒼)	552	사주응복지(捨舟應卜地)	506
사도숙수문(捨棹宿誰門)	359	사직감류체(社稷堪流涕)	667
사도하연조(司徒下燕趙)	495	사진부정예(四鎭富精銳)	269
사득려산로(似得廬山路)	650	사차부하지(捨此復何之)	122
사례장초도(司隷章初睹)	267	사침탑미이(沙沈榻未移)	108
사리재철벽(樝梨纔綴碧)	568	사피격남궁(賜被隔南宮)	85
사만저풍접(沙晚低風蝶)	204	사해상풍진(四海尙風塵)	273
사만척령한(沙晚鶺鴒寒)	375	사향면석죽(麝香眠石竹)	474
사모수구조(紗帽隨鷗鳥)	633	사향산일반(麝香山一牛)	323
사문호기주(似聞胡騎走)	520	사향습가지(似向習家池)	145
사변대지금(沙邊待至今)	699	사허안지최(沙虛岸只摧)	258
사변자숙희(沙邊自宿稀)	181	사훤일색지(沙暄日色遲)	122
사부공무익(詞賦工無益)	510	삭문야여하(數問夜如何)	487
사시무실서(四時無失序)	157	삭성당백제(削成當白帝)	256
사십명조과(四十明朝過)	509	삭유관중란(數有關中亂)	602
사안요미망(沙岸繞微茫)	559	삭적공간우(削跡共艱虞)	202
사억증유처(寺憶曾遊處)	122	삭풍명석석(朔風鳴淅淅)	178
사영양강류(舍影漾江流)	649	삭풍취계수(朔風吹桂水)	329
사오승사번(思吳勝事繁)	343	산가증률난(山家蒸栗煖)	301
사욕위궁도(似欲慰窮途)	205	산거정전적(山居精典籍)	481
사월숙황매(四月熟黃梅)	240	산고객미귀(山高客未歸)	155
사유공불수(斯遊恐不遂)	408	산곡원함풍(山谷遠含風)	73
사인난병거(斯人難并居)	198	산곡진풍량(山谷進風涼)	552
사인부중견(斯人不重見)	713	산공조서추(山空鳥鼠秋)	644
사인취가구(詞人取佳句)	437	산광견조정(山光見鳥情)	604
사자수광채(使者雖光彩)	670	산귀미춘죽(山鬼迷春竹)	527
사자수추색(使者隨秋色)	441	산귀취등멸(山鬼吹燈滅)	377
사자일상망(使者日相望)	548	산귀폐문중(山鬼閉門中)	82
사종제자질(嗣宗諸子姪)	415	산대오만활(山帶烏蠻闊)	700
사주비무록(事主非無祿)	522	산두남곽사(山頭南郭寺)	411

산로시취각(山路時吹角)	311	산한청시규(山寒靑兕叫)	148
산리결소홍(山梨結小紅)	67	산허풍락석(山虛風落石)	350
산리대박운(山籬帶薄雲)	328	산험풍연벽(山險風烟僻)	145
산림인흥장(山林引興長)	570	산현조휴시(山縣早休市)	429
산림적미사(山林跡未賖)	510	산형일초침(山逈日初沈)	692
산만황운합(山晚黃雲合)	216	산혼새일사(山昏塞日斜)	513
산목포운조(山木抱雲稠)	667	산화상영발(山花相映發)	163
산배죽엽신(山杯竹葉新)	294	산화이자개(山花已自開)	248
산변한절귀(山邊漢節歸)	154	산활하시단(山豁何時斷)	655
산비화죽유(山扉花竹幽)	647	살기일상전(殺氣日相纏)	431
산성근백층(山城僅百層)	638	삼거긍재서(三車肯載書)	189
산옹갱등위(山擁更登危)	135	삼년독차심(三年獨此心)	690
산우준잉재(山雨樽仍在)	108	삼년락일저(三年落日低)	219
산운박모시(山雲薄暮時)	132	삼년망여귀(三年望汝歸)	153
산운심심한(山雲渗渗寒)	373	삼년실포문(三年實飽聞)	322
산운저도장(山雲低度牆)	541	삼목란명선(森木亂鳴蟬)	405
산원세로고(山園細路高)	474	삼봉의출군(三峰意出群)	308
산원수수현(山猿樹樹懸)	416	삼월도화랑(三月桃花浪)	340
산전반유사(山田飯有沙)	523	삼읍취미윤(衫裛翠微潤)	221
산정람기침(山庭嵐氣侵)	708	삼조출입영(三朝出入榮)	589
산정백일장(山精白日藏)	536	삼천불가도(三川不可到)	641
산조모과정(山鳥暮過庭)	632	삼협모범전(三峽暮帆前)	432
산질벽어간(散帙壁魚乾)	371	삼협전하처(三峽傳何處)	351
산첨우설류(山添雨雪流)	648	삽삽개제안(颯颯開啼眼)	673
산치방구적(山雉防求敵)	707	상각왕손귀(尙覺王孫貴)	94
산치영주즙(山雉迎舟楫)	306	상간과반백(相看過半百)	188
산풍유만파(山風猶滿把)	568	상간다사자(相看多使者)	393
산한소복령(山寒少茯苓)	621	상간로촉문(相看老蜀門)	341
산한우불개(山寒雨不開)	246	상간만리외(相看萬里外)	626
산한착수성(山寒著水城)	605	상객회공기(上客廻空騎)	428

상견음궁설(想見陰宮雪)	253		상사루점현(相思淚點懸)	421
상견하견여(相見下肩輿)	191		상상동방삭(尚想東方朔)	174
상고면무아(相顧免無兒)	115		상상빈청아(想像鬢青蛾)	486
상공만령함(霜空萬嶺含)	717		상상서련옥(牀上書連屋)	310
상과률추개(嘗果栗皺開)	243		상서옥완류(尚書玉腕騮)	668
상과인부지(相過人不知)	121		상서훈사제(尚書訓士齊)	218
상괴상산로(常怪商山老)	84		상수독이래(相隨獨爾來)	249
상궁류락우(傷弓流落羽)	331		상수만리일(相隨萬里日)	77
상근결재자(霜根結在茲)	118		상시곡가생(傷時哭賈生)	616
상근죽참치(相近竹參差)	121		상시임현회(常時任顯晦)	581
상대주개안(相對酒開顏)	398		상신파려안(嘗新破旅顏)	395
상도반지련(霜倒半池蓮)	413		상실만중운(相失萬重雲)	321
상도설번시(嘗稻雪翻匙)	146		상아의모화(湘娥倚暮花)	527
상란기시휴(喪亂幾時休)	641		상애탁문군(尚愛卓文君)	313
상란단심파(喪亂丹心破)	522		상열정도상(相閱征途上)	233
상란문오제(喪亂聞吾弟)	643		상영자발배(相迎自醱醅)	260
상란진공자(喪亂秦公子)	213		상요괴니녕(相邀愧泥濘)	184
상란포경과(喪亂飽經過)	491		상요구속비(相要舊俗非)	171
상련시경책(尚憐詩警策)	546		상응가체두(賞應歌杕杜)	473
상로만처처(霜露晚凄凄)	217		상정련운죽(賞靜憐雲竹)	245
상류가판년(相留可判年)	408		상종록주생(常從漉酒生)	584
상마심우로(桑麻深雨露)	588		상지소부가(常持小斧柯)	496
상마회휴출(上馬回休出)	147		상춘일수간(傷春一水間)	387
상박초왕궁(霜薄楚王宮)	92		상하의상친(床下意相親)	270
상방중각만(上方重閣晚)	474		상합풍금정(爽合風襟靜)	443
상봉개로부(相逢皆老夫)	202		새류항소취(塞柳行疎翠)	67
상봉공한과(相逢恐恨過)	159		새문풍락목(塞門風落木)	382
상봉난곤곤(相逢難衮衮)	65		새북춘음모(塞北春陰暮)	331
상봉성야숙(相逢成夜宿)	413		새상전광소(塞上傳光小)	365
상사가취입(尚思歌吹入)	598		새속인무정(塞俗人無井)	523

새수불성하(塞水不成河)	491	서남만학주(西南萬壑注)	256
새안일항명(塞雁一行鳴)	614	서남배화호(西南背和好)	431
새운다단적(塞雲多斷績)	155	서도여위인(書到汝爲人)	293
색차소상활(色借瀟湘闊)	700	서란수능질(書亂誰能袟)	721
색침서질만(色侵書袟晚)	558	서래역자과(西來亦自誇)	511
생년갈관자(生年鶡冠子)	90	서력청강판(西歷靑羌坂)	610
생득도하귀(生得渡河歸)	156	서보이반장(徐步移斑杖)	662
생리하안면(生理何顏面)	114	서북유고운(西北有孤雲)	326
생사론교지(生死論交地)	275	서산백설고(西山白雪高)	476
생성유습란(生成猶拾卵)	193	서생이륵명(書生已勒銘)	620
생애진기회(生涯盡幾回)	233	서소급창랑(書疏及滄浪)	546
생의감쇠백(生意甘衰白)	458	서소막상망(書疏莫相忘)	573
생의춘여작(生意春如昨)	364	서액오동수(西掖梧桐樹)	689
생장만파사(生長漫婆娑)	496	서억기양신(西憶岐陽信)	236
생환금일사(生還今日事)	267	서융생구례(西戎甥舅禮)	131
서각릉운파(曙角凌雲罷)	572	서융실포비(西戎實飽飛)	165
서각백심여(西閣百尋餘)	192	서융외생국(西戎外甥國)	155
서각종인별(西閣從人別)	629	서재문이위(書齋聞爾爲)	150
서강만리선(西江萬里船)	450	서정문봉화(西征問烽火)	644
서강사선지(西江使船至)	523	서종치자경(書從稚子擎)	600
서강수독회(西江首獨迴)	261	서진략상망(徐陳略喪亡)	547
서강접금성(西江接錦城)	614	서천공객안(西川供客眼)	469
서강침일거(西江浸日車)	526	서첨영극훈(書籤映隙曛)	329
서경안온미(西京安穩未)	248	서한친왕자(西漢親王子)	624
서관동해서(徐關東海西)	222	서행과차문(西行過此門)	339
서교향초당(西郊向草堂)	545	서행득자오(徐行得自娛)	201
서교호정번(西郊胡正煩)	335	석각구의파(石角鉤衣破)	266
서귀고국루(書歸故國樓)	661	석란사점필(石欄斜點筆)	109
서기부삼첩(書記赴三捷)	406	석뢰월연연(石瀨月娟娟)	436
서남공백만(西南控百蠻)	392	석림반수부(石林蟠水府)	536

석문동정수(昔聞洞庭水)	683		설리강선도(雪裏江船渡)	517
석벽단공청(石壁斷空靑)	629		설몰금안천(雪沒錦鞍韉)	414
석별도문장(惜別倒文場)	545		설수원동색(雪樹元同色)	505
석별시하처(惜別是何處)	202		설안총매발(雪岸叢梅發)	617
석별주빈첨(惜別酒頻添)	722		설암환수욕(雪暗還須浴)	465
석봉래불근(夕烽來不近)	365		설애재변석(雪崖纔變石)	667
석비상근학(錫飛常近鶴)	650		설운고불거(洩雲高不去)	707
석석야풍추(淅淅野風秋)	658		설편일동심(雪片一冬深)	695
석석풍생체(淅淅風生砌)	553		섬봉행협순(銛鋒行恊順)	636
석성제격탁(石城除擊柝)	389		섬섬랑화번(閃閃浪花翻)	344
석양훈세초(夕陽薰細草)	721		섬여차자경(蟾蜍且自傾)	609
석영함주각(石影銜珠閣)	701		섬역련초구(蟾亦戀貂裘)	665
석재형승지(惜哉形勝地)	562		섬치공자의(纖絺恐自疑)	136
석증여의무(昔曾如意舞)	372		섭현랑관재(葉縣郞官宰)	69
석천류암벽(石泉流暗壁)	356		성고절새루(城高絶塞樓)	680
선경일주관(船經一柱觀)	700		성공백일장(城空白日長)	556
선도입강계(船渡入江溪)	227		성곽비가모(城郭悲笳暮)	177
선로잠상장(仙老暫相將)	559		성곽종하사(城郭終何事)	380
선성집고사(蟬聲集古寺)	544		성구염예침(聲驅灩澦沈)	700
선유종일비(仙遊終一閟)	565		성기련분첩(城敧連粉堞)	392
선인근상보(船人近相報)	512		성내개경주(城內改更籌)	664
선장리단극(仙仗離丹極)	187		성도로객성(成都老客星)	624
선조첨종신(先朝忝從臣)	283		성두오미와(城頭烏尾訛)	493
선즉은사회(鮮鯽銀絲膾)	575		성락황고저(星落黃姑渚)	610
선지숙중조(禪枝宿衆鳥)	647		성림만호동(星臨萬戶動)	487
선화별초운(先花別楚雲)	331		성만통운무(城晩通雲霧)	499
선회무기제(船回霧起隄)	223		성상호가주(城上胡笳奏)	154
선회출강중(鮮膾出江中)	81		성수평야활(星垂平野闊)	660
설령계천백(雪嶺界天白)	562		성시불문가(城市不聞歌)	500
설령방추급(雪嶺防秋急)	131		성신북두심(星辰北斗深)	712

성암경주급(城暗更籌急)	172		세업기침륜(世業豈沈淪)	284
성오제묘묘(城烏啼眇眇)	452		세우갱이등(細雨更移橙)	583
성우진소선(城隅進小船)	405		세우어아출(細雨魚兒出)	516
성월동추산(星月動秋山)	390		세우하서립(細雨荷鋤立)	630
성음대수혼(城陰帶水昏)	339		세유다골몰(世儒多汩沒)	576
성조무기물(聖朝無棄物)	72		세이소유소(世已疏儒素)	418
성주미풍입(醒酒微風入)	310		세인개욕살(世人皆欲殺)	244
성준수천벽(城峻隨天壁)	563		세인공로망(世人共鹵莽)	367
성중십만호(城中十萬戶)	516		세인련부손(世人憐復損)	140
성지미각훤(城池未覺喧)	336		세작로강간(細酌老江干)	371
성춘초목심(城春草木深)	688		세정지익수(世情只益睡)	657
성하락서산(星河落曙山)	389		세초미풍안(細草微風岸)	660
세갈함풍연(細葛含風軟)	578		세초편칭좌(細草偏稱坐)	201
세굴난위공(勢屈難爲功)	68		세표짐신온(洗杓斟新醞)	371
세동영풍연(細動迎風燕)	646		소갈유강한(消渴遊江漢)	607
세란감구안(世亂敢求安)	377		소거추초정(所居秋草靜)	337
세란극여림(世亂戟如林)	705		소경비취저(巢傾翡翠低)	223
세로지교박(世路知交薄)	301		소과빈문신(所過頻問訊)	128
세만막정소(歲晚莫情疎)	188		소교령락진(素交零落盡)	132
세만병상심(歲晚病傷心)	693		소금장가일(素琴將暇日)	448
세만잉분몌(歲晚仍分袂)	77		소두만면사(梳頭滿面絲)	120
세만촌심위(歲晚寸心違)	162		소라의하장(疎懶意何長)	545
세맥락경화(細麥落輕花)	514		소련풍상기(素練風霜起)	200
세모원위객(歲暮遠爲客)	596		소리대만화(疏籬帶晚花)	510
세미점수족(細微霑水族)	193		소리야만현(疏籬野蔓懸)	448
세사각간난(世事各艱難)	378		소리최상경(小吏最相輕)	616
세사여수론(世事與誰論)	342		소만수류수(素幔隨流水)	603
세성침옥장(細聲侵玉帳)	723		소무탁추창(笑舞拓秋窓)	100
세세작류하(細細酌流霞)	526		소사유서지(簫史幽棲地)	471
세수곡통지(細水曲通池)	121		소상공해부(瀟湘共海浮)	671

소소고새랭(蕭蕭古塞冷)	215		속대환기마(束帶還騎馬)	444
소소괘랭지(蕭蕭挂冷枝)	141		속비청추색(束比青芻色)	645
소소야색처(蕭蕭夜色淒)	224		속신이령락(束薪已零落)	188
소소천리족(蕭蕭千里足)	329		솔부차소요(率府且逍遙)	457
소소형초추(蕭蕭荊楚秋)	663		송객창계현(送客蒼溪縣)	246
소쇄공안선(瀟灑共安禪)	427		송공구지관(宋公舊池館)	482
소쇄도강심(瀟灑到江心)	701		송국신점세(松菊新霑洗)	657
소슬구원중(蕭瑟九原中)	63		송로백운변(送老白雲邊)	412
소시상쟁미(小市常爭米)	347		송림주원정(松林駐遠情)	605
소식고난진(消息苦難眞)	281		송문사화도(松門似畫圖)	210
소역향료눈(小驛香醪嫩)	386		송백망산로(松柏邙山路)	607
소연고비진(巢燕高飛盡)	318		송사치공산(送死置空山)	384
소연득니망(巢燕得泥忙)	572		송신사교토(竦身思狡兔)	200
소연정객심(蕭然淨客心)	687		송여만항제(送汝萬行啼)	222
소우신광내(小雨晨光內)	323		송옥귀주택(宋玉歸州宅)	606
소우야부밀(小雨夜復密)	674		송절향하원(送節向河源)	339
소유불현요(巢由不見堯)	460		송주설령동(松州雪嶺東)	70
소유외인지(少有外人知)	138		송주회해위(松州會解圍)	165
소자유원지(小子幽園至)	568		송죽원미청(松竹遠微青)	633
소적위정친(小摘爲情親)	271		쇄락군신계(灑落君臣契)	613
소조별포청(蕭條別浦清)	612		쇄시만어량(曬翅滿漁梁)	543
소주백갈경(韶州白葛輕)	590		쇄약능무부(曬藥能無婦)	117
소착공삼파(疏鑿控三巴)	521		쇄약안수로(晒藥安垂老)	91
소착공수미(疏鑿功雖美)	256		쇄형이분분(灑逈已紛紛)	318
소취근주렴(疏翠近珠簾)	723		쇠년강차신(衰年强此身)	301
소친경로수(所親驚老瘦)	236		쇠년관격랭(衰年關鬲冷)	645
소쾌파의인(疏快頗宜人)	271		쇠년병지수(衰年病祇瘦)	619
소한수고조(霄漢愁高鳥)	96		쇠년불감한(衰年不敢恨)	724
소향무공활(所向無空闊)	574		쇠년최양서(衰年催釀黍)	583
속국귀하만(屬國歸何晚)	381		쇠로감빈병(衰老甘貧病)	173

쇠로선군환(衰老羨君還)	387	수다임주훈(愁多任酒醺)	311
쇠로이비상(衰老易悲傷)	555	수단장첨액(繡段裝簷額)	466
쇠백문군선(衰白問羣仙)	432	수대련산호(雖對連山好)	207
쇠백원래과(衰白遠來過)	508	수도피운라(誰道避雲蘿)	506
쇠백의도미(衰白意都迷)	222	수두방아상(垂頭傍我牀)	539
쇠백이광휘(衰白已光輝)	161	수락어룡야(水落魚龍夜)	644
쇠병이성옹(衰病已成翁)	72	수래량보음(愁來梁父吟)	697
쇠사다부병(衰謝多扶病)	126	수련루무장(誰憐屢舞長)	552
쇠사불능휴(衰謝不能休)	663	수련병협중(誰憐病峽中)	88
쇠삽근중당(衰颯近中堂)	572	수련일편영(誰憐一片影)	321
쇠삽정최안(衰颯正摧顔)	381	수련취적생(愁連吹笛生)	593
쇠안료자신(衰顔聊自哂)	616	수련취후가(誰憐醉後歌)	483
쇠안회원방(衰顔會遠方)	546	수령잉객미(須令賸客迷)	229
쇠용신수의(衰容新授衣)	178	수로고범색(垂老孤帆色)	389
쇠의욕등대(衰意欲登臺)	254	수로융의착(垂老戎衣窄)	697
쇠질강변와(衰疾江邊臥)	241	수로의상설(水路疑霜雪)	480
쇠질나능구(衰疾那能久)	120	수로현표령(垂老見飄零)	634
쇠참응접다(衰慚應接多)	503	수류심불경(水流心不競)	123
수가도금자(誰家挑錦字)	288	수무남거안(雖無南去雁)	199
수간무금일(受諫無今日)	281	수문지하심(修文地下深)	713
수간이미중(誰看異味重)	94	수민폐초구(誰憫敝貂裘)	685
수경선침초(水耕先浸草)	399	수밀당산경(樹密當山徑)	344
수고단인행(戍鼓斷人行)	580	수밀조봉란(樹蜜早蜂亂)	528
수고유장격(戍鼓猶長擊)	502	수방차일환(殊方此日歡)	372
수규고조과(愁窺高鳥過)	591	수방청유이(殊方聽有異)	716
수금련준매(數金憐俊邁)	579	수배군불견(數杯君不見)	628
수기활번금(秀氣豁煩襟)	710	수배무협주(數杯巫峽酒)	438
수능갱구속(誰能更拘束)	509	수백풍당로(垂白馮唐老)	137
수능공공자(誰能共公子)	380	수범하급수(收帆下急水)	373
수능해금인(誰能解金印)	427	수변유강수(愁邊有江水)	462

수부총융기(誰復總戎機)	168	
수사호가석(愁思胡笳夕)	267	
수살백두인(愁殺白頭人)	296	
수색함군동(水色含羣動)	194	
수생어복포(水生魚復浦)	393	
수생춘람몰(水生春纜沒)	264	
수서동옥금(收書動玉琴)	708	
수서일명명(愁緒日冥冥)	627	
수세아융가(守歲阿戎家)	509	
수속환다사(殊俗還多事)	146	
수수무곡장(愁隨舞曲長)	554	
수숙잉여조(水宿仍餘照)	635	
수숙조상호(水宿鳥相呼)	206	
수시독향동(愁時獨向東)	66	
수실애의상(垂實礙衣裳)	569	
수심어극락(水深魚極樂)	173	
수씨류궁실(隋氏留宮室)	281	
수안간상로(愁眼看霜露)	513	
수여고상휴(須汝故相攜)	216	
수여취무성(愁與醉無醒)	626	
수외일거번(愁畏日車翻)	351	
수욕치배앵(誰欲致杯罌)	619	
수우객빈최(誰憂客鬢催)	248	
수운활이포(誰云滑易飽)	301	
수월친현왕(授鉞親賢往)	461	
수위하전주(須爲下殿走)	187	
수유사조사(茱萸賜朝士)	261	
수유산양작(遂有山陽作)	132	
수유원호수(水有遠湖樹)	445	
수음독로옹(愁吟獨老翁)	62	
수의갈건저(隨意葛巾低)	228	
수의령두운(隨意嶺頭雲)	319	
수의수화수(隨意數花須)	201	
수의숙승방(隨意宿僧房)	544	
수의점청묘(隨意點靑苗)	465	
수의좌매태(隨意坐莓苔)	235	
수자이포류(手自移蒲柳)	537	
수재명여사(雖在命如絲)	114	
수적고산미(愁寂故山薇)	181	
수절시성성(愁絶始惺惺)	631	
수정루음직(水靜樓陰直)	513	
수조과잉회(水鳥過仍迴)	254	
수조자고비(水鳥自孤飛)	163	
수좌갱림문(愁坐更臨門)	346	
수좌정서공(愁坐正書空)	62	
수주소식단(數州消息斷)	62	
수죽회평분(水竹會平分)	312	
수지동손모(須知動損毛)	478	
수지백전장(誰知百戰場)	566	
수지번의속(瘦地翻宜粟)	512	
수지주숙향(誰知酒熟香)	557	
수춘입고원(隨春入故園)	343	
수취구산하(收取舊山河)	495	
수파무한월(隨波無限月)	635	
수파시금조(愁破是今朝)	459	
수판자조조(手板自朝朝)	463	
수풍격만소(隨風隔幔小)	158	
수풍잠입야(隨風潛入夜)	585	
수풍차간엽(隨風且間葉)	529	
수호북류천(水號北流泉)	411	

수화분참약(水花分塹弱) 572	승지초상인(勝地初相引) 201
수화한락안(水花寒落岸) 632	시개조숙우(翅開遭宿雨) 498
수확사상저(收穫辭霜渚) 710	시과북산두(時過北山頭) 656
수활창오야(水闊蒼梧野) 685	시교관류세(市橋官柳細) 545
수희급고원(隨喜給孤園) 344	시기금관성(時寄錦官城) 590
숙로기원사(宿鷺起圓沙) 515	시능점객의(時能點客衣) 158
숙부주문귀(叔父朱門貴) 481	시랑득식훤(豺狼得食喧) 350
숙석청문리(宿昔靑門裏) 138	시래방로질(時來訪老疾) 475
숙숙상비묘(肅肅湘妃廟) 303	시래지환달(時來知宦達) 188
숙숙화서만(肅肅花絮晚) 602	시멱성방인(試覓姓龐人) 276
숙안취원사(宿雁聚圓沙) 517	시명유아공(詩名惟我共) 342
숙야청우주(夙夜聽憂主) 142	시문계주즙(時聞繫舟楫) 195
숙우남강창(宿雨南江漲) 96	시문고도방(柴門古道旁) 543
숙장의농사(宿槳依農事) 618	시문기중과(柴門豈重過) 504
숙조탐심지(宿鳥探深枝) 132	시문로병신(柴門老病身) 276
숙조행유거(宿鳥行猶去) 264	시문로수촌(柴門老樹村) 334
숙지강로근(熟知江路近) 249	시문료무사(柴門了無事) 294
순량유지금(馴良猶至今) 693	시문유여론(時聞有餘論) 721
습수허촌동(拾穗許村童) 89	시물관병기(是物關兵氣) 681
승개욕상겸(勝槪欲相兼) 724	시부문경화(時復問京華) 523
승교전승지(繩橋戰勝遲) 131	시비림야대(柴扉臨野碓) 612
승당자천금(升堂子賤琴) 712	시비소경개(柴扉掃徑開) 260
승사단소식(乘槎斷消息) 423	시비영불관(柴扉永不關) 390
승안변수족(承顔胼手足) 355	시비하처정(是非何處定) 611
승여공미회(乘輿恐未回) 247	시서백년심(時序百年心) 698
승월좌호상(乘月坐胡床) 569	시서수장벽(詩書邃牆壁) 472
승이역이구(乘爾亦已久) 693	시성각유신(詩成覺有神) 268
승적외효궁(勝跡隗囂宮) 66	시성득수포(詩成得繡袍) 471
승절경신로(勝絶驚身老) 134	시송백두음(試誦白頭吟) 690
승지석당연(勝地石堂烟) 436	시시개암실(時時開暗室) 443

시시용저희(時時用抵戲)	289	식루점금혈(拭淚霑襟血)	120
시억상심처(詩憶傷心處)	454	신고삼성수(辛苦三城戍)	654
시욕투삼협(始欲投三峽)	591	신고적중래(辛苦賊中來)	236
시위각조상(時危覺凋喪)	178	신공접혼망(神功接混茫)	564
시위강산정(始爲江山靜)	354	신광조야년(神光照夜年)	441
시위관백려(時危關百慮)	351	신교작부객(神交作賦客)	241
시위미수월(時危未授鉞)	68	신규초수청(新窺楚水淸)	608
시위사보주(時危思報主)	663	신녀화전락(神女花鈿落)	148
시위인사급(時危人事急)	567	신농경부지(神農竟不知)	104
시위잠상견(時危暫相見)	222	신로불금수(身老不禁愁)	685
시응념쇠질(時應念衰疾)	546	신무각소장(身無却少壯)	220
시응유신조(詩應有神助)	647	신물탄청해(愼勿呑靑海)	548
시응청관파(時應淸盥罷)	344	신병동삭방(神兵動朔方)	538
시의진귀주(始擬進歸舟)	662	신사오호남(身事五湖南)	718
시접사선성(詩接謝宣城)	617	신선재유수(神仙才有數)	69
시조금일이(市朝今日異)	641	신세쌍봉빈(身世雙蓬鬢)	630
시지운우협(始知雲雨峽)	450	신소백발미(新梳白髮微)	171
시징준예입(時徵俊乂入)	704	신속지금칭(神速至今稱)	636
시청관실험(時淸關失險)	705	신수중흥년(新數中興年)	409
시청요전심(時淸瑤殿深)	694	신시구구호(新詩句句好)	410
시출벽계방(時出碧雞坊)	545	신시금불여(新詩錦不如)	199
시태억오조(詩態憶吾曹)	476	신시일우다(新詩日又多)	484
시파문오영(詩罷聞吳詠)	535	신어금불견(神魚今不見)	412
시하천휴우(始賀天休雨)	255	신엄권아중(新掩卷牙重)	97
시험조수주(始驗鳥隨舟)	655	신외만상서(身外滿牀書)	191
시형막랑개(柴荊莫浪開)	249	신요구천하(神堯舊天下)	472
시형즉유언(柴荊卽有焉)	446	신작호변택(新作湖邊宅)	506
시호정종횡(豺虎正縱橫)	616	신정유고회(新亭有高會)	129
시화순사숙(豉化蓴絲熟)	164	신조강백로(晨朝降白露)	405
시훤의근리(市喧宜近利)	229	신종운안습(晨鐘雲岸濕)	436

신지이암소(新知已暗疏)	198	심취조현군(心醉阻賢群)	327
신천강수요(新阡絳水遙)	455	심회유촉의(深懷喩蜀意)	370
신청금수문(新晴錦繡文)	320	십년가해갑(十年可解甲)	285
신초재출장(新梢纔出牆)	558	십년조석루(十年朝夕淚)	375
신허기린화(身許麒麟畫)	324	십실기인재(十室幾人在)	500
신형숙운단(身逈宿雲端)	377	십월강평온(十月江平穩)	196
실수임호호(失水任呼號)	478	십월산한중(十月山寒重)	346
실유취여우(實有醉如愚)	203	십월청상중(十月淸霜重)	158
실차효무참(失次曉無慚)	716	십재강호객(十載江湖客)	709
실학종아라(失學從兒懶)	649	쌍수용청법(雙樹容聽法)	189
실학종우자(失學從愚子)	291	쌍쌍신연자(雙雙新燕子)	220
실희문경화(失喜問京華)	520	쌍쌍첨객상(雙雙瞻客上)	181
심각부평생(深覺負平生)	600	쌍애세갱청(雙崖洗更靑)	632
심간봉지존(心肝奉至尊)	336	쌍애장차문(雙崖壯此門)	351
심강정기라(深江淨綺羅)	501	쌍영만표요(雙影漫飄颻)	463
심거뢰독원(深居賴獨園)	347	쌍조루흔간(雙照淚痕乾)	361
심문상해백(甚聞霜薤白)	494	쌍풍구이최(雙楓舊已摧)	265
심반절벽래(深蟠絶壁來)	262		
심부척령시(深負鶺鴒詩)	114		
심빙송차생(深憑送此生)	586	**ㅇ**	
심사착한회(心死著寒灰)	236		
심산최단경(深山催短景)	86	아경축경구(俄頃逐輕鷗)	669
심상절취곤(尋常絶醉困)	623	아동미견문(兒童未遣聞)	312
심소칠교전(心蘇七校前)	409	아동보급류(兒童報急流)	646
심약한용수(心弱恨容愁)	664	아동상식진(兒童相識盡)	682
심장수십가(深藏數十家)	512	아동해만어(兒童解蠻語)	324
심적희쌍청(心跡喜雙淸)	588	아부유장책(兒扶猶杖策)	561
심절차엄류(心折此淹留)	644	아비희지묵(鵝費羲之墨)	677
심지호안색(深知好顔色)	519	아생무의착(我生無倚著)	434
심참장자철(深慚長者轍)	198	아아황사주(鵝兒黃似酒)	498
		아압의장수(鵝鴨宜長數)	249

아왕일화동(我往日華東)	64
아유완화죽(我有浣花竹)	594
아호락소아(鴉護落巢兒)	108
악목전환다(惡木剪還多)	496
악와한혈종(渥洼汗血種)	150
악조장가일(樂助長歌逸)	372
안교함로내(鴈矯銜蘆內)	400
안단갱청산(岸斷更靑山)	392
안도맥성상(雁度麥城霜)	571
안마거고성(鞍馬去孤城)	582
안마도황림(鞍馬到荒林)	687
안마신청추(鞍馬信淸秋)	676
안변무속물(眼邊無俗物)	584
안부기시암(眼復幾時暗)	90
안상로옹위(顔狀老翁爲)	115
안석경숭반(安石竟崇班)	388
안온고첨사(安穩高詹事)	188
안위대신재(安危大臣在)	659
안위재수공(安危在數公)	74
안위재운주(安危在運籌)	667
안전금고의(眼前今古意)	672
안천당락일(眼穿當落日)	236
안풍번석랑(岸風翻夕浪)	638
안화비송객(岸花飛送客)	304
암도남루월(暗度南樓月)	329
암만국화단(暗滿菊花團)	363
암비형자조(暗飛螢自照)	206
암수류화경(暗水流花徑)	535
암수의암락(暗樹依巖落)	177
암암서적만(闇闇書籍滿)	180
압구경백랑(狎鷗輕白浪)	429
앙면탐간조(仰面貪看鳥)	274
앙봉점락서(仰蜂粘落絮)	125
앙선황혼조(仰羨黃昏鳥)	599
애가시자석(哀歌時自惜)	630
애가탄단의(哀歌嘆短衣)	176
애다여갱문(哀多如更聞)	321
애만청문거(哀挽靑門去)	455
애명사전투(哀鳴思戰鬪)	540
애밀송화숙(崖蜜松花熟)	294
애상부재자(哀傷不在玆)	144
애애생운무(靄靄生雲霧)	379
애원불감청(哀怨不敢聽)	632
애음하동인(哀音何動人)	270
애조석정령(哀詔惜精靈)	620
애주진산간(愛酒晉山簡)	475
애죽견아서(愛竹遣兒書)	196
애현요백설(哀絃繞白雪)	481
앵가난정번(鶯歌暖正繁)	334
앵무탁금도(鸚鵡啄金桃)	474
앵무함수사(鸚鵡含愁思)	140
앵제송객문(鶯啼送客聞)	314
앵화수세계(鶯花隨世界)	427
야객모자소(野客茅茨小)	216
야격효렴선(夜隔孝廉船)	421
야경운구흑(野徑雲俱黑)	585
야곡초문전(野哭初聞戰)	358
야관농화발(野舘濃花發)	238
야광무의전(野曠舞衣前)	428
야광여몽영(野曠呂蒙營)	613

야교분자세(野橋分子細)	559	야일황황백(野日荒荒白)	584
야교제도마(野橋齊度馬)	243	야정백구래(野靜白鷗來)	263
야구락강변(夜久落江邊)	443	야정핍호수(野亭逼湖水)	379
야랑계일난(夜郎溪日暖)	376	야족점사우(夜足霑沙雨)	79
야래귀조진(夜來歸鳥盡)	513	야죽상청소(野竹上靑霄)	456
야량침폐호(野涼侵閉戶)	674	야출옹조과(夜出擁雕戈)	493
야로급신상(野露及新嘗)	568	야취장사주(夜醉長沙酒)	304
야로래간객(野老來看客)	407	야학청신출(野鶴淸晨出)	536
야로부하지(野老復何知)	117	야화간갱락(野花乾更落)	320
야로숙연연(野鷺宿娟娟)	452	야화류보엽(野花留寶靨)	313
야류행지일(野流行地日)	332	야화수처발(野花隨處發)	280
야반사미신(野飯射糜新)	301	야휴련협접(野畦連蛺蝶)	555
야사강천활(野寺江天豁)	647	약마의하장(躍馬意何長)	563
야사수양리(野寺垂楊裏)	380	약무청장월(若無靑嶂月)	296
야사잔승소(野寺殘僧少)	474	약방쇠옹어(若訪衰翁語)	229
야선명세화(野船明細火)	515	약봉잠여범(若逢岑與范)	426
야선수행장(野饍隨行帳)	628	약수응무지(弱水應無地)	414
야설공매춘(夜雪羣梅春)	299	약이증가감(藥餌憎加減)	196
야수가환의(野樹歌還倚)	326	약잔타일과(藥殘他日裹)	79
야수침강활(野樹侵江闊)	468	약질기자부(弱質豈自負)	723
야숙창운루(夜宿敞雲樓)	672	약허린인촉(藥許隣人斸)	600
야심로기청(夜深露氣淸)	592	양관이근천(陽關已近天)	414
야아무의서(野鴉無意緖)	321	양광진가애(佯狂眞可哀)	244
야옥류한수(野屋流寒水)	328	양대서색분(陽臺曙色分)	325
야외당의죽(野外堂依竹)	600	양복장루선(楊僕將樓船)	422
야외빈가원(野外貧家遠)	161	양안우퇴사(瀼岸雨頹沙)	525
야월만정우(野月滿庭隅)	206	양양착황건(攘攘著黃巾)	281
야윤연광부(野潤烟光簿)	122	양자풍진제(養子風塵際)	549
야인긍험절(野人矜險絶)	312	양졸간과제(養拙干戈際)	322
야인시독왕(野人時獨往)	717	양졸강호외(養拙江湖外)	198

양졸봉위호(養拙蓬爲戶)	242		여골재공성(汝骨在空城)	579
양친유소원(養親惟小園)	355		여공부기인(如公復幾人)	272
양파가종과(陽坡可種瓜)	512		여광은경루(餘光隱更漏)	637
어겹침한기(御裌侵寒氣)	395		여금결활심(如今契闊深)	690
어급군신제(語及君臣際)	83		여금백발옹(如今白髮翁)	72
어도일영산(魚跳日映山)	379		여금화정다(如今花正多)	502
어룡언와고(魚龍偃臥高)	479		여나귀무계(汝儺歸無計)	114
어룡회야수(魚龍回夜水)	390		여도기상화(與道氣傷和)	497
어별위인득(魚鼈爲人得)	648		여마계주항(如馬戒舟航)	564
어사신총마(御史新驄馬)	720		여서근승룡(女婿近乘龍)	94
어신색유용(於身色有用)	497		여서유재벽(汝書猶在壁)	539
어여정무혐(於汝定無嫌)	720		여전비화경(畬田費火耕)	611
어인영소즙(漁人縈小楫)	646		여조최아로(汝曹催我老)	607
어주개개경(漁舟箇箇輕)	588		여지진퇴정(如知進退情)	608
어주상급수(漁舟上急水)	697		여첩이사방(汝妾已辭房)	539
어해로상난(魚海路常難)	362		여파급로신(餘波及老身)	306
억거수지수(憶渠愁只睡)	334		여하관새조(如何關塞阻)	659
억과양류저(憶過楊柳渚)	105		여하구마려(如何久磨礪)	142
억이재명숙(憶爾才名叔)	191		여하벽계사(如何碧鷄使)	430
억작광최주(憶昨狂催走)	643		여하유기괴(如何有奇怪)	542
언득북지조(焉得北之朝)	462		역공세차타(亦恐歲蹉跎)	492
엄가취덕성(嚴家聚德星)	625		역도출류사(驛道出流沙)	511
엄경당한야(嚴警當寒夜)	620		역려초요근(逆旅招邀近)	378
엄류견속정(淹留見俗情)	616		역미잡풍진(亦未雜風塵)	289
엄류문기로(淹留問耆老)	482		역반옥승횡(亦伴玉繩橫)	608
엄류위도휴(淹留爲稻畦)	229		역변사구백(驛邊沙舊白)	635
엄박잉수호(淹泊仍愁虎)	347		역수출성래(驛樹出城來)	233
여감수만정(餘酣漱晚汀)	628		역지수불반(亦知戍不返)	691
여거기시래(汝去幾時來)	250		역지행불체(亦知行不逮)	91
여거영처자(汝去迎妻子)	257		역행파랑간(逆行波浪慳)	399

연공일경승(緣空一鏡升)	637		염해소주목(炎海韶州牧)	573
연무취유진(燕舞翠帷塵)	303		염혁의류한(炎赫衣流汗)	208
연사의좌온(軟沙欹坐穩)	628		엽엽자개춘(葉葉自開春)	277
연사풍수일(燕辭楓樹日)	571		엽윤림당밀(葉潤林塘密)	586
연상처야일(煙霜凄野日)	87		엽희풍갱락(葉稀風更落)	692
연약강부지(軟弱强扶持)	118		영광승로해(盈筐承露薤)	645
연연림표봉(娟娟林表峰)	95		영도무신아(迎櫂舞神鴉)	530
연연화예홍(娟娟花蕊紅)	64		영물련주단(映物連珠斷)	637
연외청사권(燕外晴絲卷)	251		영사륜미안(影斜輪未安)	363
연입비방사(燕入非旁舍)	132		영수발남지(郢樹發南枝)	112
연작반생성(燕雀半生成)	588		영야람초구(永夜攬貂裘)	663
연조승일흥(掾曹乘逸興)	687		영야월동고(永夜月同孤)	212
연진다전고(烟塵多戰鼓)	677		영여청계별(永與淸溪別)	209
연진범설령(烟塵犯雪嶺)	596		영영당설행(盈盈當雪杏)	248
연진요창합(煙塵繞閶闔)	176		영재한종리(迎在漢鍾離)	112
연진일장망(煙塵一長望)	381		영정천관리(影靜千官裏)	409
연진침화정(烟塵侵火井)	654		영죽수천사(映竹水穿沙)	512
연첨재유색(烟添纔有色)	136		영착제원수(影著啼猿樹)	666
연하장기중(烟霞嶂幾重)	98		영화유시비(榮華有是非)	173
연화군중막(煙火軍中幕)	337		예분상봉수(蕊粉上蜂須)	203
연화산제중(烟花山際重)	593		예신수호면(預哂愁胡面)	416
연희취대수(燕姬翠黛愁)	640		예예월침무(翳翳月沈霧)	664
염거수반기(鹽車雖絆驥)	234		오구의처연(吾舅意凄然)	430
염루재총균(染淚在叢筠)	303		오구정여차(吾舅政如此)	485
염염곡중사(苒苒谷中寺)	95		오대부린각(烏臺俯麟閣)	712
염염대춘매(艶艶待春梅)	248		오도경여하(吾道竟如何)	501
염염류지벽(冉冉柳枝碧)	64		오도경하지(吾道竟何之)	116
염염하봉호(冉冉下蓬壺)	207		오도부창주(吾道付滄洲)	648
염촉교유랭(厭蜀交遊冷)	343		오도자표박(吾徒自漂泊)	378
염취성도복(厭就成都卜)	432		오도촉간난(吾道屬艱難)	367

오득급춘유(吾得及春遊)	647	옹장락제휴(甕醬落提携)	230
오령개염열(五嶺皆炎熱)	695	와류자생지(臥柳自生枝)	132
오릉화만안(五陵花滿眼)	275	와병각수춘(臥病却愁春)	306
오마란생광(五馬爛生光)	554	와병부고추(臥病復高秋)	677
오문흥묘연(吳門興杳然)	432	와병수추천(臥病數秋天)	439
오병득엄류(吾病得淹留)	684	와병일추강(臥病一秋强)	561
오생후여기(吾生後汝期)	124	와병초인산(臥病楚人山)	394
오쇠왕미기(吾衰往未期)	114	와병파동구(臥病巴東久)	179
오역리수방(吾亦離殊方)	549	와병해운변(臥病海雲邊)	417
오역소청천(吾亦沼淸泉)	446	와병황교원(臥病荒郊遠)	369
오의독련재(吾意獨憐才)	244	와복전신어(瓦卜傳神語)	611
오인엄로병(吾人淹老病)	606	와차편시성(臥此片時醒)	623
오작자다경(烏鵲自多驚)	592	완보유제반(緩步有躋攀)	384
오장수계총(吾將守桂叢)	87	완적행다흥(阮籍行多興)	382
오재객촉군(五載客蜀郡)	659	왕교학불군(王喬鶴不群)	317
오제취불귀(吾儕醉不歸)	180	왕도지종입(枉道祇從入)	482
오종로손자(吾宗老孫子)	83	왕문이석유(王門異昔遊)	651
오지졸양존(吾知拙養尊)	357	왕별순하지(往別郇瑕地)	454
오초동남탁(吳楚東南坼)	683	왕손장인항(王孫丈人行)	634
오촉수상통(吳蜀水相通)	70	왕신미일가(王臣未一家)	522
오취역장가(吾醉亦長歌)	499	왕실잉다고(王室仍多故)	305
오탄수부관(吳呑水府寬)	375	왕자금무전(王者今無戰)	620
오토침객한(於菟侵客恨)	610	왕자사귀일(王子思歸日)	597
옥로단청영(玉露溥淸影)	288	왕환시루개(往還時屢改)	233
옥루수전격(玉壘雖傳檄)	165	왕환이십재(往還二十載)	162
옥립미오간(玉粒未吾慳)	395	외인강북초(畏人江北草)	322
옥수릉풍병(玉袖凌風並)	428	외인성소축(畏人成小築)	219
옥전기추풍(玉殿起秋風)	80	요공추안멸(遙空秋雁滅)	553
옥준이만흥(玉樽移晩興)	508	요락무산모(搖落巫山暮)	677
옹별차광휘(擁別借光輝)	179	요락임강담(搖落任江潭)	717

요련사갈강(遙憐似葛彊)	571	우공요단석(禹功饒斷石)	604
요련사제존(遙憐舍弟存)	333	우국원년풍(憂國願年豊)	83
요련소아녀(遙憐小兒女)	361	우금사십년(于今四十年)	454
요문출순수(遙聞出巡狩)	556	우급청풍모(雨急靑楓暮)	467
요분옹백마(妖氛擁白馬)	488	우녀년년도(牛女年年渡)	581
요비수국추(遙悲水國秋)	670	우녀만수사(牛女漫愁思)	486
요성조옥제(妖星照玉除)	187	우단차세시(憂端且歲時)	114
요억구청전(遙憶舊靑氈)	405	우두견학림(牛頭見鶴林)	696
요인만흥류(邀人晩興留)	639	우래동주북(雨來銅柱北)	332
요조청금달(窈窕淸禁闥)	64	우래점석상(雨來霑席上)	640
요종월협전(遙從月峽傳)	421	우마행무색(牛馬行無色)	255
요지승보의(腰肢滕寶衣)	156	우모지독립(羽毛知獨立)	587
요지족안마(遙知簇鞍馬)	386	우묘공산리(禹廟空山裏)	521
요탕국화기(搖蕩菊花期)	107	우비주옥장(又非珠玉裝)	542
욕득회왕술(欲得淮王術)	592	우설폐송주(雨雪閉松州)	654
욕반습지유(欲伴習池遊)	668	우성전량야(雨聲傳兩夜)	657
욕발조강매(欲發照江梅)	245	우성충새진(雨聲衝塞盡)	702
욕보개가귀(欲報凱歌歸)	166	우세연연정(雨洗娟娟淨)	558
욕부강해거(欲浮江海去)	406	우시산불개(雨時山不改)	286
욕서군조란(欲棲群鳥亂)	260	우아영모동(憂我營茅棟)	459
욕설위호지(欲雪違胡地)	331	우양귀경험(牛羊歸徑險)	708
욕엄견청침(欲掩見淸砧)	708	우양령상촌(牛羊嶺上邨)	337
욕은수부용(褥隱繡芙蓉)	94	우양식동복(牛羊識童僕)	210
욕진제세책(欲陳濟世策)	567	우양하래구(牛羊下來久)	356
용급시여신(用急始如神)	269	우연집심조(雨鷰集深條)	460
용용만태허(溶溶滿太虛)	184	우와역루변(雨臥驛樓邊)	453
용이발선두(容易拔船頭)	646	우익회상로(羽翼懷商老)	458
용이왕래유(容易往來遊)	642	우주차생부(宇宙此生浮)	682
용졸존오도(用拙存吾道)	588	우주촉성편(宇宙蜀城偏)	421
용진규중력(用盡閨中力)	691	우첨보수정(郵籤報水程)	618

우포금쇄갑(雨抛金鎖甲) 537	운심표기막(雲深驃騎幕) 421
우하성명조(又下聖明朝) 458	운심흑수요(雲深黑水遙) 467
우해시초경(吁駭始初經) 629	운엄초현월(雲掩初弦月) 515
우황심원국(雨荒深院菊) 413	운우경허무(雲雨竟虛無) 208
욱일산계돈(旭日散雞豚) 358	운월체미명(雲月遞微明) 618
운경처처산(雲輕處處山) 387	운자섬성래(云自陝城來) 247
운계화담담(雲溪花淡淡) 625	운장관강북(雲嶂寬江北) 225
운교억춘임(雲嶠憶春臨) 701	운장출단산(雲長出斷山) 400
운기생허벽(雲氣生虛壁) 521	운재의구지(雲在意俱遲) 123
운기접곤륜(雲氣接昆侖) 337	운청욕반회(雲晴欲半廻) 263
운난사향산(雲暖麝香山) 393	운축도계풍(雲逐度溪風) 66
운니상망현(雲泥相望懸) 406	운통백제성(雲通白帝城) 606
운대구척변(雲臺舊拓邊) 423	운하과객정(雲霞過客情) 598
운대사적료(雲臺使寂寥) 466	웅비각자비(熊羆覺自肥) 169
운리상호질(雲裏相呼疾) 181	원계병유화(願戒兵猶火) 704
운림득이조(雲林得爾曹) 481	원괘시상학(猿挂時相學) 194
운목효상참(雲木曉相參) 717	원괴량강총(遠愧梁江總) 641
운무밀난개(雲霧密難開) 240	원대옥승희(遠帶玉繩稀) 172
운문청적적(雲門青寂寂) 95	원두금강파(遠逗錦江波) 504
운문후폭천(雲門吼瀑泉) 407	원로회금궐(鴛鷺回金闕) 88
운박취미사(雲薄翠微寺) 108	원릉백로중(園陵白露中) 80
운범풍수림(雲帆楓樹林) 715	원림비석유(園林非昔遊) 658
운변락점잔(雲邊落點殘) 365	원마지금래(宛馬至今來) 239
운빈엄분항(雲鬢儼分行) 551	원명추루결(猿鳴秋淚缺) 90
운사정묘연(雲沙靜眇然) 445	원문방태위(遠聞房太尉) 388
운산겸오령(雲山兼五嶺) 468	원문애통조(願聞哀痛詔) 127
운산관단우(雲散灌壇雨) 424	원부백두음(遠附白頭吟) 695
운산자라심(雲山紫邐深) 689	원산회백수(遠山回白首) 300
운소유서습(雲霄遺暑濕) 552	원상급증경(原上急曾經) 631
운수백수락(雲隨白水落) 149	원상만리추(沅湘萬里秋) 678

원송종차별(遠送從此別)	589		위기소여권(爲寄小如拳)	416
원수겸천정(遠水兼天淨)	692		위농거국사(爲農去國賒)	514
원수대조과(元帥待琱戈)	488		위농산간곡(爲農山澗谷)	417
원수비무랑(遠水非無浪)	280		위동역불난(爲冬亦不難)	376
원심류약가(遠尋留藥價)	545		위랑종백수(爲郎從白首)	439
원안추사백(遠岸秋沙白)	85		위랑첨박유(爲郎忝薄遊)	674
원연염정상(遠烟鹽井上)	217		위력운산문(爲歷雲山間)	709
원유수적막(遠遊雖寂寞)	448		위루망북신(危樓望北辰)	287
원융결승위(元戎決勝威)	166		위멱주가로(爲覓酒家壚)	211
원일도인일(元日到人日)	149		위문남계죽(爲問南溪竹)	552
원작랭추고(願作冷秋菰)	208		위반숙청계(爲伴宿青溪)	223
원제실목간(猿啼失木間)	400		위방부호음(爲邦復好音)	695
원제옥저두(圓齊玉筯頭)	645		위보각쇠년(爲報各衰年)	426
원조천애착(猿鳥千崖窄)	252		위보욕론시(爲報欲論詩)	142
원참구루령(遠慚勾漏令)	514		위보원항구(爲報鴛行舊)	117
원첩장난견(猿捷長難見)	396		위북춘천수(渭北春天樹)	309
원하부소엽(圓荷浮小葉)	514		위수류관내(渭水流關內)	440
월과북정한(月過北庭寒)	362		위어기구내(爲於耆舊內)	276
월녀홍군습(越女紅裙濕)	640		위유추엽소(葳蕤秋葉少)	494
월랑자명선(月朗自明船)	452		위이독상련(爲爾獨相憐)	424
월명수엽로(月明垂葉露)	66		위이백무혼(逶迤白霧昏)	350
월방구소다(月傍九霄多)	487		위이일점건(爲爾一霑巾)	285
월세작휴비(月細鵲休飛)	177		위장독야주(危檣獨夜舟)	660
월시고향명(月是故鄉明)	580		위장주인류(爲仗主人留)	671
월용대강류(月湧大江流)	660		위접정인음(爲接情人飮)	653
월정유공루(月淨庾公樓)	678		위청개막부(衛青開幕府)	422
위객공장휴(爲客恐長休)	661		위파금부정(委波金不定)	170
위객무시료(爲客無時了)	92		위한여년심(爲恨與年深)	706
위곡화무뢰(韋曲花無賴)	266		위화체점건(爲話涕霑巾)	283
위궐상함정(魏闕尙含情)	597		유객과모우(有客過茅宇)	271

유객기총마(有客騎驄馬)	545		유유견여조(悠悠見汝曹)	479
유거근물정(幽居近物情)	588		유유경십년(悠悠經十年)	433
유거불용명(幽居不用名)	583		유유병마간(悠悠兵馬間)	382
유견림화락(惟見林花落)	314		유유조변새(悠悠照邊塞)	524
유경공다혜(幽徑恐多蹊)	227		유유차강교(惟有此江郊)	469
유경교최안(有鏡巧催顔)	396		유유하처원(悠悠何處圓)	451
유경금사연(有徑金沙軟)	555		유음성파잡(幽陰成頗雜)	496
유계여사시(幽薊餘蛇豕)	548		유응촉가환(惟應促駕還)	379
유공수동류(惟共水東流)	643		유의대인귀(有意待人歸)	172
유괴백년신(有愧百年身)	287		유의홀불협(幽意忽不愜)	483
유기주전광(猶記酒顚狂)	546		유인미견회(幽人未遣回)	243
유남장헌수(惟南將獻壽)	308		유작일표봉(猶作一飄蓬)	79
유대지혼아(有待至昏鴉)	529		유잔수항루(猶殘數行淚)	73
유독이가경(幽獨移佳境)	394		유잔확도공(猶殘穫稻功)	89
유득절황금(猶得折黃金)	694		유장비전헐(有瘴非全歇)	376
유래강간지(由來強幹地)	461		유제개분산(有弟皆分散)	580
유래만필강(由來萬匹強)	540		유주의전포(維舟倚前浦)	613
유래무협수(由來巫峽水)	525		유주일일고(維舟日日孤)	211
유로경구외(柔艣輕鷗外)	436		유처욕생운(幽處欲生雲)	308
유루여금파(有淚如金波)	486		유첨태백설(猶瞻太白雪)	409
유문촉부로(猶聞蜀父老)	504		유편득자이(幽偏得自怡)	125
유사파상관(幽事頗相關)	383		유함백제성(猶銜白帝城)	609
유산억사공(遊山憶謝公)	61		유화기만수(幽花敧滿樹)	121
유상영초금(猶想映貂金)	713		유후견군정(遺後見君情)	603
유서성간략(幽棲誠簡略)	161		유희류반계(有喜留攀桂)	93
유수만다화(幽樹晚多花)	516		윤물세무성(潤物細無聲)	585
유술기모신(儒術豈謀身)	268		윤색정서유(潤色靜書帷)	147
유신애수구(庾信哀雖久)	549		율율피군도(汨汨避羣盜)	433
유여구대백(惟餘舊臺栢)	63		융마관산북(戎馬關山北)	683
유원휘루진(有猿揮淚盡)	286		융마교치제(戎馬交馳際)	276

융마금하지(戎馬今何地)	398	응공이위군(應共爾爲羣)	325
융마미안거(戎馬未安居)	190	응념조승당(應念早升堂)	547
융마석리군(戎馬惜離群)	311	응동왕찬택(應同王粲宅)	419
은가사해심(恩加四海深)	704	응동피조습(應同避燥濕)	549
은갑탄쟁용(銀甲彈箏用)	235	응득야심문(應得夜深聞)	318
은궤역무심(隱几亦無心)	707	응론십년사(應論十年事)	631
은궤역청산(隱几亦靑山)	396	응무견여기(應無見汝期)	120
은리봉매복(隱吏逢梅福)	61	응문시소동(應門試小童)	91
은영야운다(隱暎野雲多)	494	응문역유아(應門亦有兒)	117
은자시문내(隱者柴門內)	645	응배곽표요(應拜霍嫖姚)	466
은장부로옹(銀章付老翁)	78	응비한추침(應悲寒鷲沈)	694
은표심수우(隱豹深愁雨)	327	응세복파군(應洗伏波軍)	332
은하도열성(銀河倒列星)	629	응수강수원(應愁江樹遠)	557
은하몰반륜(銀河沒半輪)	288	응수리주즙(應須理舟楫)	343
은해안비심(銀海雁飛深)	703	응시우최시(應是雨催詩)	110
은현이여지(隱見爾如知)	141	응실미귀정(應悉未歸情)	591
은호주이사(銀壺酒易賖)	529	응위서피호(應爲西陂好)	360
음과주준량(陰過酒樽涼)	558	응유미초혼(應有未招魂)	335
음동초집규(吟同楚執珪)	225	응의채복신(應宜綵服新)	299
음서정불래(音書靜不來)	241	응임로부전(應任老夫傳)	410
음서종차희(音書從此稀)	162	응재중선루(應在仲宣樓)	676
음시신장부(吟詩信杖扶)	203	응준출풍진(鷹隼出風塵)	272
음시중회수(吟詩重回首)	228	응추파고롱(鷹秋怕苦籠)	69
음시추엽황(吟詩秋葉黃)	544	응탐야취장(應耽野趣長)	537
음시해탄차(吟詩解嘆嗟)	520	의간침석청(衣乾枕席淸)	586
음시허갱과(吟詩許更過)	482	의관각호종(衣冠却扈從)	74
음익식단량(陰益食單涼)	536	의관겸도적(衣冠兼盜賊)	209
음청루불분(陰晴屢不分)	332	의관기모종(衣冠起暮鐘)	95
음탁기회동(飮啄幾回同)	77	의관여세동(衣冠與世同)	83
응공원혼어(應共冤魂語)	490	의관팔척신(衣冠八尺身)	284

의구이함니(依舊已銜泥)	220
의구죽림청(依舊竹林青)	627
의내칭장단(意內稱長短)	578
의답아동문(意答兒童問)	293
의랭욕장면(衣冷欲裝綿)	407
의로정금장(衣露淨琴張)	535
의부잉랍미(蟻浮仍臘味)	600
의사숙가선(依沙宿舸船)	436
의상수소발(衣裳垂素髮)	84
의상판백로(衣裳判白露)	676
의서일황무(意緒日荒蕪)	204
의수부증간(衣袖不曾乾)	375
의연칠묘략(依然七廟略)	187
의인독계림(宜人獨桂林)	695
의장갱수인(倚杖更隨人)	298
의장독배회(倚杖獨徘徊)	258
의장몰중주(倚杖沒中洲)	646
의장배고성(倚仗背孤城)	599
의장즉계변(倚杖卽溪邊)	429
의탁불무신(意度不無神)	284
이계황산정(夷界荒山頂)	431
이과강릉부(爾過江陵府)	673
이관기지존(移官豈至尊)	335
이근고한월(已近苦寒月)	691
이근방이첨(移根方爾瞻)	723
이도립춘시(已度立春時)	136
이독근고천(爾獨近高天)	437
이로상서랑(已老尙書郎)	567
이류갱능존(移柳更能存)	343
이릉춘색기(夷陵春色起)	680
이박성루저(已泊城樓底)	374
이발형해루(已撥形骸累)	699
이방경회면(異方驚會面)	204
이방동연상(異方同宴賞)	518
이방승차흥(異方乘此興)	126
이배가망년(爾輩可忘年)	447
이석황화주(伊昔黃花酒)	72
이속우가괴(異俗吁可怪)	198
이시독미휴(移時獨未休)	653
이시회이자(異時懷二子)	601
이식부생리(易識浮生理)	173
이십사회명(二十四廻明)	608
이월빈송객(二月頻送客)	593
이월이풍도(二月已風濤)	479
이은모운단(已隱暮雲端)	363
이응용득세(已應春得細)	119
이저어복암(已低魚復暗)	210
이종전월롱(耳從前月聾)	90
이준권산간(移樽勸山簡)	369
이지차불기(已知嗟不起)	651
이천개총전(二天開寵餞)	554
이첨무수조(已添無數鳥)	340
이타현산루(已墮峴山淚)	129
이하양주루(易下楊朱淚)	359
이화래절역(異花來絶域)	104
인간성미다(人間誠未多)	497
인간월영청(人間月影淸)	577
인간유사금(人間有賜金)	703
인간장견화(人間長見畫)	317
인견고인정(因見古人情)	582

인견유거벽(人見幽居僻)	357
인경진선핍(引頸嗔船逼)	498
인금역고정(人今亦故亭)	629
인금출처동(人今出處同)	82
인금하처선(人今何處船)	445
인단배중물(忍斷杯中物)	624
인대강산려(忍待江山麗)	327
인대백화총(忍對百花叢)	73
인래고북정(人來故北征)	618
인련한공주(人憐漢公主)	156
인루이점의(忍淚已霑衣)	171
인부보석양(人扶報夕陽)	563
인사상봉전(人事傷蓬轉)	87
인생부재호(人生不再好)	132
인생역유초(人生亦有初)	189
인생오마귀(人生五馬貴)	689
인설남주로(人說南州路)	416
인성치역외(因聲置驛外)	211
인연부차정(人烟復此亭)	635
인연시유무(人煙時有無)	205
인유기주전(人猶乞酒錢)	418
인인상백수(人人傷白首)	264
인인작원유(因人作遠遊)	644
인전유생학(人傳有笙鶴)	656
인제령우시(因題零雨詩)	129
인진춘우향(茵蔯春藕香)	536
인풍상옥가(因風想玉珂)	487
인희서부도(人稀書不到)	643
일견능경좌(一見能傾座)	234
일견파동협(日見巴東峽)	290

일겸춘유모(日兼春有暮)	626
일경야화락(一逕野花落)	583
일구장곡절(一丘藏曲折)	384
일궤공영척(一匱功盈尺)	308
일기사강심(日氣射江深)	702
일기새원심(一寄塞垣深)	691
일년거재주(一年居梓州)	659
일대풍류진(一代風流盡)	713
일덕흥왕후(一德興王後)	388
일동영강막(日動映江幕)	129
일락망향대(日落望鄕臺)	250
일림공관정(日臨公館靜)	70
일만연화란(日晚烟花亂)	555
일망유연격(一望幽燕隔)	239
일모풍역기(日暮風亦起)	493
일문홍속부(日聞紅粟腐)	278
일별오추형(一別五秋螢)	624
일병연명주(一病緣明主)	690
일부선무검(一夫先舞劍)	466
일사어갱식(日斜魚更食)	258
일시금석회(一時今夕會)	610
일실타향원(一室他鄕遠)	419
일안입고공(一鴈入高空)	67
일애삼협모(一哀三峽暮)	603
일월롱중조(日月籠中鳥)	634
일월불소두(一月不梳頭)	649
일유습지취(日有習池醉)	697
일의문고천(一擬問高天)	425
일일문함관(一一問函關)	393
일일패인비(一一背人飛)	181

일작산천수(一酌散千愁) 648	자도청명리(自到青冥裏) 576
일장유조작(日長惟鳥雀) 602	자련유불귀(自憐猶不歸) 162
일종주청계(一種住清溪) 229	자린충안약(紫鱗衝岸躍) 152
일주전응근(一柱全應近) 633	자만잡청지(滋蔓匝清池) 104
일추상고우(一秋常苦雨) 311	자문모옥취(自聞茅屋趣) 415
일출야선개(日出野船開) 264	자상지모안(自傷遲暮眼) 491
일출청강망(日出清江望) 662	자서희채갑(自鋤稀菜甲) 271
일출한산외(日出寒山外) 71	자소등전무(自笑燈前舞) 483
일하사산음(日下四山陰) 708	자수개죽경(自須開竹逕) 506
일학초인위(一學楚人爲) 145	자수유완사(自須遊阮舍) 372
일현포도숙(一縣蒲萄熟) 491	자신남국중(兹辰南國重) 376
입공재막막(入空纔漠漠) 318	자실론문우(自失論文友) 202
입렴잔월영(入簾殘月影) 591	자악부천예(紫蕚扶千蕊) 519
립마천산모(立馬千山暮) 551	자안망원유(慈顏望遠遊) 684
입막정기동(入幕旌旗動) 546	자애분처흑(紫崖奔處黑) 611
입사은화란(入肆銀花亂) 193	자연시번익(紫燕時翻翼) 277
입천유석색(入天猶石色) 351	자유색여은(自有色如銀) 302
입촌초경인(入村樵徑引) 243	자유일산천(自有一山川) 407
입하섬불몰(入河蟾不沒) 577	자음시송로(自吟詩送老) 398
잉간촉도행(仍看蜀道行) 614	자의향강천(恣意向江天) 435
잉수창강파(剩水滄江破) 235	자일배다위(茲日倍多違) 179
잉잔로숙상(仍殘老驌驦) 540	자제유심입(子弟猶深入) 166
잉점초수환(仍霑楚水還) 388	자족미반손(自足媚盤飧) 354
	자종수제리(自從收帝里) 168
	자종실사백(自從失辭伯) 316

ㅣㅈㅣ

	자죽춘음복(慈竹春陰覆) 308
자경쇠사력(自驚衰謝力) 265	자천제처습(自天題處濕) 578
자괴무해채(自愧無鮭菜) 369	자취축류평(自醉逐流萍) 624
자금유흥숙(自今幽興熟) 109	작각월중계(斫却月中桂) 486
자능거세석(子能渠細石) 446	작객신건곤(作客信乾坤) 358

작야월동행(昨夜月同行)	589	잡로횡과삭(雜虜橫戈數)	473
작야월청원(昨夜月淸圓)	453	잡수만상미(雜樹晚相迷)	223
작야유분뢰(昨夜有奔雷)	263	잡화분호영(雜花分戶映)	234
작여응비일(斫畲應費日)	446	장가욕손신(長歌欲損神)	286
작의막선명(作意莫先鳴)	587	장가의무극(長歌意無極)	625
작조만수공(雀噪晚愁空)	90	장갈서난득(長葛書難得)	706
잔년방수국(殘年傍水國)	528	장공면수문(長空面水文)	332
잔산갈석개(殘山碣石開)	235	장군담기웅(將軍膽氣雄)	68
잔생수백구(殘生隨白鷗)	659	장군별환마(將軍別換馬)	493
잔야수명루(殘夜水明樓)	665	장군불호무(將軍不好武)	310
잔운방마비(殘雲傍馬飛)	152	장군유보서(將軍有報書)	186
잔준석갱이(殘樽席更移)	121	장군전책략(將軍專策略)	538
잔현사피석(棧懸斜避石)	221	장궁의잔백(張弓倚殘魄)	609
잠굴분양가(暫屈汾陽駕)	187	장년학서검(壯年學書劍)	522
잠기시형색(暫起柴荊色)	323	장대불용신(長大不容身)	290
잠룡고기운(潛龍故起雲)	327	장려등수사(杖藜登水榭)	450
잠류어복포(暫留魚復浦)	252	장려방약마(杖藜妨躍馬)	319
잠린수해랑(潛鱗輸駭浪)	85	장려부삼촉(瘴癘浮三蜀)	396
잠시화대설(暫時花戴雪)	492	장려심항만(杖藜尋巷晚)	357
잠애철마수(蠶崖鐵馬瘦)	166	장려종백수(杖藜從白首)	588
잠억강동회(暫憶江東鱠)	449	장려환객배(杖藜還客拜)	196
잠왕비린거(暫往比鄰去)	161	장령우주신(長令宇宙新)	278
잠유조사백(暫遊阻詞伯)	379	장로실지음(將老失知音)	713
잠잠새우번(涔涔塞雨繁)	337	장리불외구(張梨不外求)	639
잠적쌍감수(岑寂雙甘樹)	569	장림권무제(長林卷霧齊)	228
잠조봉래각(暫阻蓬萊閣)	297	장림언풍색(長林偃風色)	221
잠차상천회(暫借上天迴)	265	장방만리추(長防萬里秋)	654
잠통소유천(潛通小有天)	412	장부사감결(壯夫思敢決)	620
잠파상거어(潛波想巨魚)	192	장빈임부수(長貧任婦愁)	649
잠희식교리(暫喜息蛟螭)	146	장서문우혈(藏書聞禹穴)	117

장석신명만(壯惜身名晚) 503	재대금시백(才大今詩伯) 115
장석하래차(杖錫何來此) 413	재도란만홍(栽桃爛熳紅) 77
장소일함정(長嘯一含情) 613	재명가부다(才名賈傅多) 506
장소하형문(長嘯下荊門) 343	재명구초장(才名舊楚將) 165
장쇠골진통(將衰骨盡痛) 285	재사득신수(才士得神秀) 150
장수몽은택(將帥蒙恩澤) 423	재습한신의(再濕漢臣衣) 168
장시대물화(將詩待物華) 525	재야흥청심(在野興淸深) 707
장시막랑전(將詩莫浪傳) 426	재여모춘기(再與暮春期) 144
장신방고로(藏身方告勞) 475	쟁욕고상훤(爭浴故相喧) 340
장심구령락(壯心久零落) 397	저공서절륜(褚公書絶倫) 304
장안약개반(長安若箇伴) 713	저공유단운(低空有斷雲) 314
장안이란병(長安已亂兵) 597	저두괴야인(低頭愧野人) 268
장야시감종(長夜始堪終) 86	저두식소반(低頭拭小盤) 371
장여기자국(瘴餘虁子國) 92	저수기불소(低垂氣不蘇) 208
장연어류인(檣燕語留人) 304	저포수지유(渚蒲隨地有) 584
장오상배발(檣烏相背發) 614	저화장소금(渚花張素錦) 479
장오숙처비(檣烏宿處飛) 172	적갑고성동(赤甲古城東) 87
장우일유미(牆宇日猶微) 180	적관수왕명(赤管隨王命) 78
장운종불멸(瘴雲終不滅) 253	적막려산도(寂寞驪山道) 565
장위만리객(長爲萬里客) 287	적막서재리(寂寞書齋裏) 102
장음야망시(長吟野望時) 123	적막양잔생(寂寞養殘生) 589
장일용배주(長日容杯酒) 501	적막장심경(寂寞壯心驚) 596
장첨갈석홍(長瞻碣石鴻) 76	적막춘산로(寂寞春山路) 598
장하백두음(長夏白頭吟) 712	적막향산하(寂寞向山河) 482
장하상위정(長夏想爲情) 619	적미유세란(赤眉猶世亂) 82
장현구우림(長懸舊羽林) 703	적배근장훤(炙背近牆喧) 357
장회보명주(長懷報明主) 677	적배부청헌(炙背俯晴軒) 334
장회십구천(長懷十九泉) 412	적안여추수(荻岸如秋水) 210
재가상조기(在家常早起) 83	적우천부선(赤羽千夫膳) 636
재고처사명(才高處士名) 601	적원갱점금(適遠更霑襟) 715

적유단기서(跡有但羈棲)	220	전어도원객(傳語桃源客)	82
적일석림기(赤日石林氣)	650	전원수잠왕(田園須暫往)	311
적적근남명(的的近南溟)	635	전작소상유(轉作瀟湘遊)	659
적적춘장만(寂寂春將晚)	123	전장금시정(戰場今始定)	343
적조분즙재(藉糟分汁滓)	230	전지유황진(戰地有黃塵)	300
전가수목저(田家樹木低)	216	전지황조근(囀枝黃鳥近)	583
전결청총마(纏結青驄馬)	68	전첨수반객(轉添愁伴客)	273
전경파작악(轉驚波作惡)	653	전촉다명사(全蜀多名士)	625
전곡다신귀(戰哭多新鬼)	62	전촌산로험(前村山路險)	639
전군락대성(前軍落大星)	620	절경홍수동(絕境興誰同)	61
전도동가곡(傳道東柯谷)	512	절안풍위동(絕岸風威動)	176
전등무백일(傳燈無白日)	696	절역개춘화(絕域改春華)	522
전림등매급(前林騰每及)	141	절역삼동모(絕域三冬暮)	292
전문격루비(傳聞檄屢飛)	155	절역유고침(絕域惟高枕)	222
전배불방배(傳杯不放杯)	261	절지춘의호(絕知春意好)	505
전벌욕무사(剪伐欲無辭)	118	절훈종불개(絕葷終不改)	129
전벌하유정(戰伐何由定)	144	점석용안로(漸惜容顏老)	242
전봉행지원(轉蓬行地遠)	479	점쇄망청소(霑灑望青霄)	458
전부실위린(田父實爲隣)	301	점쇄읍신시(霑灑裛新詩)	143
전부요개거(田父要皆去)	160	점의문행재(霑衣問行在)	597
전사청강곡(田舍清江曲)	543	점의방편주(漸擬放扁舟)	680
전생미록군(全生麋鹿羣)	322	점의호수제(霑衣皓首啼)	218
전생압초동(全生狎楚童)	84	점지추실미(漸知秋實美)	227
전생혹용기(全生或用奇)	141	점희교유절(漸喜交遊絕)	583
전석경리매(轉石驚魑魅)	205	접근여명번(接近與名藩)	352
전석경위영(前席竟爲榮)	601	접루수방이(接縷垂芳餌)	340
전성간역사(傳聲看驛使)	339	접상과의금(接上過衣襟)	700
전속상청천(轉粟上青天)	431	접연신겸장(接宴身兼杖)	179
전신학마제(全身學馬蹄)	228	접엽암소앵(接葉暗巢鶯)	575
전어고향춘(傳語故鄉春)	275	접엽제모정(接葉製茅亭)	623

정경림산수(亭景臨山水) 518	정친독유군(情親獨有君) 316
정고대겸가(亭古帶蒹葭) 526	정침당성검(正枕當星劍) 708
정규만정중(亭窺萬井中) 73	정폐소봉문(正閉小蓬門) 337
정남복독사(鄭南伏毒寺) 701	정해시상람(正解柴桑纜) 614
정도기불매(精禱旣不昧) 485	정핵기다신(整翮豈多身) 280
정로신잉찬(鄭老身仍竄) 417	정호룡거원(鼎湖龍去遠) 703
정리보청무(整履步靑蕪) 203	정화평여수(政化平如水) 289
정망발흥기(情忘發興奇) 134	제경요유심(梯逕繞幽深) 696
정복양서거(定卜瀼西居) 194	제고금해반(諸姑今海畔) 75
정사석인미(定似昔人迷) 225	제공덕업우(諸公德業優) 685
정상활류시(正想滑流匙) 119	제공불상기(諸公不相棄) 179
정소안지두(淨掃雁池頭) 651	제담전발발(霽潭鱣發發) 639
정수문새적(正愁聞塞笛) 419	제망자립홍(除芒子粒紅) 89
정심도기하(亭深到芰荷) 499	제매각하지(弟妹各何之) 120
정연경염염(汀煙輕冉冉) 160	제매비가리(弟妹悲歌裏) 72
정예구무적(精銳舊無敵) 488	제봉한천하(提封漢天下) 704
정오미전분(亭午未全分) 323	제살후서아(啼殺後棲鴉) 513
정월봉상견(正月蜂相見) 319	제수구혈흔(啼垂舊血痕) 333
정유과우점(庭幽過雨霑) 721	제시감애사(濟時敢愛死) 596
정읍취운근(井邑聚雲根) 347	제시수일행(題詩須一行) 594
정응련호혈(靜應連虎穴) 328	제오쟁인자(啼烏爭引子) 702
정인래석상(情人來石上) 81	제주안재재(齊州安在哉) 250
정인백골귀(征人白骨歸) 159	제향수서외(帝鄕愁緖外) 426
정장빈객지(鄭莊賓客地) 508	제후수사금(諸侯數賜金) 705
정전유백로(庭前有白露) 363	제후춘불공(諸侯春不貢) 548
정전인주의(正殿引朱衣) 167	제휴근옥안(提攜近玉顔) 384
정지상견일(定知相見日) 342	제휴일월장(提攜日月長) 568
정초란청포(汀草亂靑袍) 479	제흔만면수(啼痕滿面垂) 112
정춘입안농(庭春入眼濃) 97	조각중용현(早覺仲容賢) 415
정취산옹주(定醉山翁酒) 571	조경류련객(藻鏡留連客) 299

조광절태허(朝光切太虛)	194	조첩다유사(稠疊多幽事)	622
조규신권렴(鳥窺新捲簾)	724	조하수류영(早霞隨類影)	359
조두개최효(刁斗皆催曉)	609	조호취루신(雕胡炊屢新)	285
조래감편수(朝來減片愁)	653	조화수처발(早花隨處發)	219
조래몰사미(朝來沒沙尾)	340	족이정풍진(足以靜風塵)	269
조만편하황(早晚遍遐荒)	556	종남만리춘(終南萬里春)	293
조박운물회(早泊雲物晦)	399	종남재일변(終南在日邊)	440
조부강함저(早鳧江檻底)	463	종년상기협(終年常起峽)	710
조석고당념(朝夕高堂念)	299	종능영야청(終能永夜淸)	581
조석기유의(照席綺逾依)	170	종득헌금문(終得獻金門)	345
조숙종인타(棗熟從人打)	197	종래다고의(從來多古意)	183
조악재추천(雕鶚在秋天)	410	종방시정훤(終防市井喧)	354
조야환오후(朝野歡娛後)	77	종사일명정(終思一酩酊)	651
조영도한당(鳥影度寒塘)	544	종서만리풍(從西萬里風)	67
조운모우사(朝雲暮雨祠)	128	종시로상담(終是老湘潭)	718
조작취지심(鳥雀聚枝深)	708	종신하성정(終身荷聖情)	578
조작황촌모(鳥雀荒邨暮)	598	종신한불평(終身恨不平)	579
조장배주촉(祖帳排舟數)	353	종약부쇠병(種藥扶衰病)	520
조정기억소(朝廷記憶疏)	198	종연감탄뢰(終然減灘瀨)	146
조정문부주(朝廷問府主)	357	종연석정도(終宴惜征途)	204
조정수청영(朝廷誰請纓)	596	종위강해인(終爲江海人)	297
조정편주의(朝廷偏注意)	352	종의고봉건(終依古封建)	461
조조무협수(朝朝巫峽水)	504	종일곤향료(終日困香醪)	471
조조상수루(朝朝上水樓)	673	종일쇄여사(終日灑如絲)	148
조조한시급(皂鵰寒始急)	576	종일우분주(終日憂奔走)	346
조종삼전거(詔從三殿去)	238	종일자규제(終日子規啼)	224
조종인공읍(朝宗人共挹)	348	종제인개유(從弟人皆有)	579
조지승사재(早知乘四載)	521	종조독이사(終朝獨爾思)	102
조지필거혐(操持必去嫌)	722	종조유저망(終朝有底忙)	557
조진통경급(照秦通警急)	365	종족인상유(宗族忍相遺)	128

종죽교가취(種竹交加翠)	77	주마정곤지(走馬定昆池)	105
종차갱남정(從此更南征)	617	주마향승명(走馬向承明)	597
종차삭추수(從此數追隨)	121	주모문로옹(誅茅問老翁)	82
종천차로회(從天此路迴)	239	주부의하여(主簿意何如)	191
종피미운엄(縱被微雲掩)	581	주불부평생(朱紱負平生)	599
종행방주숙(種幸房州熟)	302	주불유애련(朱紱有哀憐)	406
좌개상락주(坐開桑落酒)	111	주사인간세(酒肆人間世)	313
좌객강반손(坐客强盤飧)	355	주사잉미수(蛛絲仍未收)	642
좌객취분분(坐客醉紛紛)	326	주설쇄한등(舟雪灑寒燈)	638
좌담견융둔(左擔犬戎屯)	346	주성사와점(酒醒思臥簟)	407
좌대진산만(坐對秦山晚)	105	주수불운화(朱袖拂雲和)	502
좌대현인주(座對賢人酒)	184	주연각원포(廚煙覺遠庖)	469
좌온흥유재(坐穩興悠哉)	246	주옹호불망(周顒好不忘)	549
좌종가기밀(座從歌妓密)	134	주인어야란(廚人語夜闌)	377
좌촉원앙기(坐觸鴛鴦起)	223	주인자초가(舟人自楚歌)	503
주각전호천(晝刻傳呼淺)	214	주인정란만(主人情爛熳)	360
주갈애강청(酒渴愛江清)	628	주장수재자(主將收才子)	484
주고혈점의(奏苦血霑衣)	159	주중경무문(舟重竟無聞)	330
주과락봉니(朱果落封泥)	228	주즙기사질(舟楫敧斜疾)	479
주과란지번(朱果爛枝繁)	354	주즙랑전경(舟楫浪前輕)	593
주구이속빈(誅求異俗貧)	300	주즙유광휘(舟楫有光輝)	164
주귤불론전(朱橘不論錢)	445	주즙제후전(舟楫諸侯餞)	163
주극근미향(駐屐近微香)	570	주포사장선(珠浦使將旋)	422
주남태사공(周南太史公)	69	죽광단야색(竹光團野色)	649
주도령동곡(州圖領同谷)	511	죽궁시망배(竹宮時望拜)	441
주록정상친(酒綠正相親)	268	죽량침와내(竹涼侵臥內)	206
주루백수변(朱樓白水邊)	452	죽로석미미(竹露夕微微)	169
주리침불랭(朱李沈不冷)	285	죽복청성합(竹覆青城合)	243
주마망천문(駐馬望千門)	335	죽비쌍이준(竹批雙耳峻)	574
주마별고분(駐馬別孤墳)	314	죽세야지유(竹細野池幽)	653

죽심류객처(竹深留客處)	110	즉공안수류(卽恐岸隨流)	653
죽일정휘휘(竹日淨暉暉)	160	즉금봉빈개(卽今蓬鬢改)	261
죽장교두주(竹杖交頭拄)	260	즉금천종한(卽今千種恨)	643
죽지가미호(竹枝歌未好)	252	즉금형이란(卽今螢已亂)	257
죽풍련야색(竹風連野色)	520	증과여천실(蒸裹如千室)	376
준골무성과(俊鶻無聲過)	717	증문송옥택(曾聞宋玉宅)	670
준의첨상속(樽蟻添相續)	100	지간좌우명(祇看座右銘)	624
준일포참군(俊逸鮑參軍)	309	지간희불거(枝間喜不去)	631
중긍관시비(重肯款柴扉)	161	지격망향대(地隔望鄉臺)	242
중년소가생(中年召賈生)	601	지고겸사견(脂膏兼飼犬)	290
중득고인서(重得故人書)	198	지고청전신(枝高聽轉新)	281
중래리엽적(重來梨葉赤)	627	지관개유사(之官皆有詞)	127
중래휴목지(重來休沐地)	186	지금로성주(至今勞聖主)	423
중로성연적(重露成涓滴)	206	지금잔파담(至今殘破膽)	335
중류귀해의(衆流歸海意)	700	지답취랑간(持答翠琅玕)	360
중벽념춘주(重碧拈春酒)	134	지도매화발(只道梅花發)	277
중비무부탄(衆妃無復歎)	384	지령고구상(祇令故舊傷)	560
중소루만상(中宵淚滿床)	567	지모신하득(遲暮身何得)	427
중소보기소(中宵步綺疏)	192	지벽라의상(地僻懶衣裳)	543
중수회부만(衆水會涪萬)	348	지벽추장진(地僻秋將盡)	155
중암세국반(重巖細菊斑)	386	지비황야대(地卑荒野大)	120
중야강산정(中夜江山靜)	287	지사석망동(志士惜妄動)	142
중여세론문(重與細論文)	309	지상금석원(支床錦石圓)	448
중원유형제(中原有兄弟)	583	지상죽림면(只想竹林眠)	415
중윤성명구(中允聲名久)	690	지수관위정(池水觀爲政)	469
중중지보춘(重重祗報春)	280	지심난고사(知深難固辭)	142
중추환식기(衆雛還識機)	158	지여라시진(知余懶是眞)	274
중하류다수(仲夏流多水)	354	지여봉명왕(持汝奉明王)	542
중학생한조(衆壑生寒早)	228	지여산근렬(地與山根裂)	256
중혜의여하(重惠意如何)	494	지요산간마(池要山簡馬)	678

지유망관즐(地幽忘盥櫛)	195		직수기마활(直愁騎馬滑)	246
지유불관거(只有不關渠)	198		직욕범선사(直欲泛仙槎)	530
지음겸중어(知音兼衆語)	280		직욕수추호(直欲數秋毫)	480
지응답초설(只應踏初雪)	675		직위심액고(直爲心厄苦)	539
지응여붕호(祇應與朋好)	483		직파무산우(直怕巫山雨)	675
지응여아자(只應與兒子)	606		진감탁사생(眞堪托死生)	574
지응진객루(祇應盡客淚)	162		진갑원개경(塵匣元開鏡)	665
지응학수선(祇應學水仙)	453		진공일소락(眞供一笑樂)	205
지의순박처(祇疑淳朴處)	407		진념서적매(盡捻書籍賣)	510
지익단심고(只益丹心苦)	577		진련군취도(盡憐君醉倒)	100
지일심강수(遲日深江水)	426		진령수회수(秦嶺愁回首)	430
지입아부영(地入亞夫營)	602		진뢰번막연(震雷翻幕燕)	184
지자시상견(之子時相見)	639		진류맥맥사(津流脈脈斜)	515
지작피의관(只作披衣慣)	584		진사련월수(塵沙連越嶲)	400
지주차역정(跙躇此驛亭)	626		진산수자기(晉山雖自棄)	597
지중족리어(池中足鯉魚)	188		진상백제추(眞傷白帝秋)	675
지지귀로사(遲遲歸路賒)	528		진성랑출유(眞成浪出遊)	652
지지총도지(枝枝總到地)	277		진성북두변(秦城北斗邊)	439
지탁강범은(地坼江帆隱)	325		진성회북두(秦城迴北斗)	112
지편상식진(地偏相識盡)	160		진수혜원유(眞隨惠遠遊)	650
지편응유장(地偏應有瘴)	291		진실단양윤(晉室丹陽尹)	595
지편초의겹(地偏初衣裌)	135		진실외도변(盡室畏途邊)	434
지하무조촉(地下無朝燭)	703		진애지유처(盡哀知有處)	661
지하소사업(地下蘇司業)	316		진여회법당(眞如會法堂)	549
지활망선대(地闊望仙臺)	247		진위란만심(眞爲爛漫深)	699
지활아미만(地闊峨嵋晚)	276		진작야인거(眞作野人居)	186
지회도롱겁(遲廻度隴怯)	644		진적수인사(陳迹隨人事)	627
직각무산모(直覺巫山暮)	136		진주성북사(秦州城北寺)	66
직고풍진암(直苦風塵暗)	248		진중로진력(塵中老盡力)	693
직상조서진(直想照西秦)	296		진지응신월(秦地應新月)	80

진취의하여(盡取義何如) 193	차증겁경위(此贈怯輕爲) 133
진평역분육(陳平亦分肉) 88	차지량삼가(此地兩三家) 516
질박고인풍(質朴古人風) 83	차지생애만(此地生涯晚) 670
짐작항아과(斟酌姮娥寡) 665	차취토미평(且就土微平) 604
징강평소안(澄江平少岸) 516	차타모용색(蹉跎暮容色) 408
	차타유륙년(蹉跎有六年) 435
	차행하일도(此行何日到) 222
	차희하남정(且喜河南定) 153

ㅊ

차거고가빈(此去苦家貧) 299	착처멱단제(著處覓丹梯) 225
차녀릉파일(姹女凌波日) 441	찬신근골로(竄身筋骨勞) 472
차도석귀순(此道昔歸順) 335	찬신래촉지(竄身來蜀地) 551
차득위차타(且得慰蹉跎) 484	참경료해파(斬鯨遼海波) 488
차로이운몰(此老已云歿) 658	참군구자염(參軍舊紫髥) 720
차무응준려(且無鷹隼慮) 478	참담표적한(驂驔飄赤汗) 668
차문현거수(借問懸車守) 704	참참모한다(慘慘暮寒多) 502
차방천수귤(此邦千樹橘) 322	참치북호간(參差北戶間) 394
차별루상망(此別淚相望) 561	창강십월뢰(滄江十月雷) 262
차별석상종(此別惜相從) 95	창름위표봉(倉廩慰飄蓬) 89
차별의망연(此別意茫然) 406	창망구축단(蒼茫舊築壇) 370
차부과염량(且復過炎涼) 549	창망동릉도(悵望東陵道) 672
차생수만물(此生隨萬物) 317	창망호림천(悵望好林泉) 408
차생수소조(此生隨所遭) 472	창명한쇠사(滄溟恨衰謝) 599
차시동일취(此時同一醉) 676	창사매초수(漲沙霾草樹) 211
차시첨백토(此時瞻白兔) 480	창생기사안(蒼生起謝安) 378
차식쌍어미(且食雙魚美) 94	창생기중반(蒼生豈重攀) 397
차욕상자항(且欲上慈航) 549	창생의대신(蒼生倚大臣) 305
차의도잠해(此意陶潛解) 124	창오한부진(蒼梧恨不盡) 303
차이태평인(嗟爾太平人) 287	창응기착인(蒼鷹饑著人) 269
차일의무궁(此日意無窮) 72	창응기탁니(蒼鷹饑啄泥) 215
차제심서찰(次第尋書札) 151	창응화작수(蒼鷹畫作殊) 200

창준호소귀(蒼隼護巢歸)	152		천문립마간(千門立馬看)	365
창해선영일(滄海先迎日)	629		천반등루안(天畔登樓眼)	343
채복모춘의(彩服暮春宜)	150		천변동객사(天邊同客舍)	96
채약오장로(採藥吾將老)	312		천변장작객(天邊長作客)	288
채운소사주(綵雲簫史駐)	656		천산공자다(千山空自多)	500
채운음부백(綵雲陰復白)	630		천상기린아(天上麒麟兒)	150
채화향범범(采花香泛泛)	326		천상다홍안(天上多鴻雁)	188
책장시능출(策杖時能出)	651		천상추기근(天上秋期近)	577
처량억거년(凄涼憶去年)	429		천성대옥금(泉聲帶玉琴)	701
처량위절요(凄涼爲折腰)	457		천수홀운근(穿水忽雲根)	351
처량한원춘(凄涼漢苑春)	267		천애고인소(天涯故人少)	387
처자기타식(妻子寄他食)	658		천애수기중(天涯水氣中)	61
처처대고인(處處待高人)	305		천애정적료(天涯正寂寥)	458
처처시궁도(處處是窮途)	213		천애초훈흑(天涯稍曛黑)	258
처처접금배(處處接金杯)	264		천애희상견(天涯喜相見)	272
처측근장사(悽惻近長沙)	528		천연이촌어(天然二寸魚)	193
천감이경원(千甘二頃園)	345		천우인미귀(天隅人未歸)	178
천거백제성(遷居白帝城)	604		천우청상정(天宇淸霜淨)	111
천견기시회(天遣幾時廻)	238		천우파수의(天隅把繡衣)	163
천고백제추(天高白帝秋)	685		천운자거류(川雲自去留)	647
천고운거진(天高雲去盡)	126		천원모강지(天遠暮江遲)	120
천고현수춘(天高峴首春)	276		천원욕야시(川原欲夜時)	116
천극만청사(天棘蔓靑絲)	101		천의삽풍표(天意颯風飄)	455
천기근인사(天機近人事)	642		천의존경복(天意存傾覆)	564
천기역허환(千騎亦虛還)	384		천자초수사(天子初愁思)	391
천기옹예정(千騎擁霓旌)	598		천자취운구(天子翠雲裘)	675
천로간수속(天路看殊俗)	286		천자하인기(賤子何人記)	520
천로풍연접(川路風煙接)	554		천장표기영(天長驃騎營)	603
천륙일유재(川陸日悠哉)	233		천장하목청(千章夏木淸)	575
천마로능행(天馬老能行)	576		천제상수별(天際傷愁別)	280

천제추운박(天際秋雲薄)	67		천허풍물청(天虛風物淸)	599
천중공부균(天中貢賦均)	278		천험종난립(天險終難立)	504
천지공소수(天地空搔首)	718		철도청풍포(輟棹靑楓浦)	265
천지서강원(天地西江遠)	712		철석수유호(綴席茱萸好)	107
천지신하재(天地身何在)	143		철쇄욕개관(鐵鎖欲開關)	389
천지일류혈(天地日流血)	596		첨여별흥견(添余別興牽)	438
천지일사구(天地一沙鷗)	660		첨영미미락(簷影微微落)	515
천지획쟁회(天地劃爭廻)	262		첨우란림만(簷雨亂淋幔)	541
천청목엽문(天淸木葉聞)	325		첩령숙매운(疊嶺宿霾雲)	325
천청홀산사(天晴忽散絲)	147		첩석방퇴안(帖石防隤岸)	383
천청황자피(天淸皇子陂)	108		청가거궁궐(淸笳去宮闕)	391
천청희연부(天晴喜沿鳧)	204		청가경백빈(聽歌驚白鬢)	100
천태총영운(天台總映雲)	317		청가루만의(聽歌淚滿衣)	179
천파연연주(淺把涓涓酒)	586		청간우로가(靑看雨露柯)	497
천평대석문(川平對石門)	358		청거일읍전(淸渠一邑傳)	411
천풍수단류(天風隨斷柳)	513		청계갱억군(聽雞更憶君)	330
천풍취여한(天風吹汝寒)	364		청광응갱다(淸光應更多)	486
천하병과만(天下兵戈滿)	551		청귀류엽신(靑歸柳葉新)	273
천하병상투(天下兵常鬪)	397		청담견자미(淸談見滋味)	447
천하숙전음(天河宿殿陰)	696		청동배중물(淸動杯中物)	524
천하원자백(天河元自白)	637		청량파염독(淸涼破炎毒)	254
천하차야신(天河此夜新)	296		청련예수의(淸漣曳水衣)	152
천한관새심(天寒關塞深)	693		청루왕시동(淸漏往時同)	80
천한귤유수(天寒橘柚垂)	145		청류함전초(靑柳檻前梢)	469
천한내구추(天寒奈九秋)	665		청명역자수(靑冥亦自守)	118
천한사자구(天寒使者裘)	654		청산각재안(靑山各在眼)	445
천한소백수(天寒邵伯樹)	247		청산공부정(靑山空復情)	589
천한창괄호(天寒鶬鴰呼)	211		청산의부진(靑山意不盡)	652
천한출무협(天寒出巫峽)	674		청상욕진주(淸商欲盡奏)	159
천한할밀방(天寒割蜜房)	570		청석봉만과(靑惜峰巒過)	246

청설락장송(晴雪落長松)	98		청파협여신(晴罷峽如新)	286
청성만오잡(青城漫污雜)	430		청풍독장려(清風獨杖藜)	222
청소근적상(青霄近笛床)	551		청풍원자수(青楓遠自愁)	670
청쇄배쌍인(青瑣陪雙人)	151		청해금수득(青海今誰得)	165
청시정야분(聽詩靜夜分)	310		청현벽려장(青懸薜荔長)	559
청신산마제(清晨散馬蹄)	227		청휘옥비한(清輝玉臂寒)	361
청신유개부(清新庾開府)	309		체루락추풍(涕淚落秋風)	88
청신향소원(清晨向小園)	354		체쇄불능수(涕灑不能收)	682
청심격원관(清深隔遠關)	394		체약춘묘조(體弱春苗早)	492
청안지도궁(青眼只途窮)	82		체화청우호(棣華晴雨好)	150
청애점미소(青崖霑未消)	462		초가초출촌(樵歌稍出村)	358
청영일소소(清影日蕭蕭)	465		초각림무지(草閣臨無地)	390
청오일야조(青梧日夜凋)	461		초격건곤원(楚隔乾坤遠)	342
청욱초궁남(清旭楚宮南)	717		초견답청심(草見踏青心)	699
청운수엽밀(青雲羞葉密)	345		초근음불온(草根吟不穩)	270
청위무정극(清渭無情極)	66		초당준주재(草堂樽酒在)	460
청전매야죽(青錢買野竹)	475		초당행일반(焦糖幸一柈)	376
청절로화신(清切露華新)	298		초득기시혼(招得幾時魂)	333
청정립조사(蜻蜓立釣絲)	109		초래엽상문(初來葉上聞)	323
청준일부사(清樽日復斜)	518		초로역다습(草露亦多濕)	642
청준행불공(清樽幸不空)	70		초로적추근(草露滴秋根)	356
청천강해류(青天江海流)	650		초료재일지(鷦鷯在一枝)	117
청천권편운(晴天卷片雲)	312		초만파서록(草滿巴西綠)	556
청초속위명(青草續爲名)	618		초명도필삼(初鳴度必三)	716
청추다연회(清秋多宴會)	471		초목세월만(草木歲月晚)	582
청추만고선(清秋萬估船)	437		초반이송화(椒盤已頌花)	509
청추망불극(清秋望不極)	692		초새난위로(楚塞難爲路)	676
청추송옥비(清秋宋玉悲)	137		초색향평지(草色向平池)	133
청추초목황(清秋草木黃)	565		초설관성험(楚設關城險)	375
청충현취일(青蟲懸就日)	228		초성개개동(樵聲箇箇同)	85

초심령절동(招尋令節同)	93		촉성음견소(蜀星陰見少)	495
초심미시정(草深迷市井)	543		촉왕장차경(蜀王將此鏡)	384
초안삭풍질(楚岸朔風疾)	211		촉우기시간(蜀雨幾時乾)	368
초안수신우(楚岸收新雨)	81		촉장분기고(蜀將分旗鼓)	431
초안통추극(楚岸通秋屐)	230		촉주금수득(蜀酒禁愁得)	517
초어기차생(樵漁寄此生)	583		촉주농무적(蜀酒濃無敵)	651
초여계자구(貂餘季子裘)	677		촉직심미세(促織甚微細)	270
초요루유기(招邀屢有期)	126		촉천상야우(蜀天常夜雨)	586
초우석태자(楚雨石苔滋)	148		촌경축문성(村徑逐門成)	584
초윤휴전습(礎潤休全濕)	263		촌고시시급(邨鼓時時急)	588
초적허람취(草敵虛嵐翠)	92		촌만경풍도(村晚驚風度)	721
초전발랑주(初傳發閬州)	661		촌연대포사(村烟對浦沙)	518
초조견마편(初調見馬鞭)	416		촌용우외급(邨舂雨外急)	583
초주기벌매(樵舟豈伐枚)	254		촌중호객희(村中好客稀)	161
초지화개안(稍知花改岸)	655		촌허과익희(村墟過翼稀)	177
초찬의탄주(樵爨倚灘舟)	648		총각애총명(總角愛聰明)	579
초체기층음(迢遞起層陰)	692		총명억별리(聰明憶別離)	140
초체래삼촉(迢遞來三蜀)	435		총비춘조의(叢卑春鳥疑)	118
초초경한벽(楚草經寒碧)	97		총악징황점(寵渥徵黃漸)	305
초초독상천(迢迢獨上天)	441		총작백두옹(總作白頭翁)	77
초초억경화(悄悄憶京華)	524		총장야로다(叢長夜露多)	492
초추별차정(初秋別此亭)	627		총행주원범(寵行舟遠泛)	722
초통초막제(稍通綃幕霽)	172		총혜여수론(聰慧與誰論)	334
초하무산협(稍下巫山峽)	609		총화소불래(叢花笑不來)	264
초현오기감(草玄吾豈敢)	189		총황저지벽(叢篁低地碧)	622
초황기기병(草黃騏驥病)	375		최내객수하(最奈客愁何)	505
촉멸취미빈(燭滅翠眉顰)	288		최봉개절륜(摧鋒皆絶倫)	269
촉사동무환(蜀使動無還)	389		최순자백어(催蓴煮白魚)	191
촉사초근견(燭斜初近見)	330		최절부자수(摧折不自守)	492
촉사홀전망(蜀使忽傳亡)	560		추각추수진(秋覺追隨盡)	447

추강사살인(秋江思殺人)	286		추청은지발(秋聽殷地發)	116
추규자부신(秋葵煮復新)	301		추초편산장(秋草徧山長)	540
추기동쇠안(秋氣動衰顔)	392		추초합과장(抽梢合過墻)	552
추기유도하(秋期猶渡河)	486		추추서조과(啾啾棲鳥過)	487
추래위객정(秋來爲客情)	591		추충성불거(秋蟲聲不去)	189
추망전유재(秋望轉悠哉)	243		추침성각문(秋砧醒却聞)	326
추분객상재(秋分客尙在)	169		추풍락일사(秋風落日斜)	521
추사백제성(秋辭白帝城)	610		추풍병욕소(秋風病欲蘇)	212
추사포운계(秋思抛雲髻)	156		추풍이삽연(秋風已颯然)	413
추산목숙다(秋山苜蓿多)	491		추풍조하래(秋風早下來)	252
추산향이애(秋山響易哀)	258		추풍초죽랭(秋風楚竹冷)	299
추소옹상로(秋蔬擁霜露)	364		추풍취궤장(秋風吹几杖)	173
추수석변다(秋水席邊多)	499		추풍취약하(秋風吹若何)	492
추수청무저(秋水淸無底)	687		추화위석저(秋花危石底)	411
추수통구혁(秋水通溝洫)	405		추환근력이(追歡筋力異)	72
추심부원행(秋深復遠行)	595		추흥좌인온(秋興坐氤氳)	327
추야일소무(秋野日疏蕪)	197		축성의백제(築城依白帝)	431
추월잉원야(秋月仍圓夜)	298		축장간렴적(築場看斂積)	145
추일란청휘(秋日亂淸暉)	152		축장련혈의(筑場憐穴蟻)	89
추일신점영(秋日新霑影)	612		춘강불가도(春江不可渡)	479
추전동주일(追餞同舟日)	387		춘경파양서(春耕破瀼西)	225
추정풍락과(秋庭風落果)	525		춘곽수령령(春郭水泠泠)	625
추죽은소화(秋竹隱疏花)	523		춘귀객미환(春歸客未還)	393
추지식청침(秋至拭淸砧)	691		춘귀대일금(春歸待一金)	711
추지전분명(秋至轉分明)	581		춘기주장제(春旗簇仗齊)	214
추창유서색(秋窓猶曙色)	71		춘농정야기(春濃停野騎)	672
추천맹모린(推遷孟母隣)	292		춘니백초생(春泥百草生)	617
추천불긍명(秋天不肯明)	591		춘다역수풍(春多逆水風)	79
추천비승핍(推薦非承乏)	722		춘대인세풍(春臺引細風)	81
추천작야량(秋天昨夜涼)	573		춘동수망망(春動水茫茫)	556

춘래륙상현(春來六上弦)	443	춘초록유유(春草鹿呦呦)	639
춘래상조기(春來常早起)	383	춘포장설소(春蒲長雪消)	468
춘류민민청(春流泯泯淸)	584	춘풍강한청(春風江漢淸)	597
춘류안안심(春流岸岸深)	698	춘풍입고비(春風入鼓鼙)	220
춘범세우래(春帆細雨來)	238	춘풍철명시(春風啜茗時)	109
춘색기상방(春色豈相訪)	158	춘풍초우생(春風草又生)	579
춘색루흔변(春色淚痕邊)	426	춘한화교지(春寒花較遲)	149
춘색부산외(春色浮山外)	696	춘화갱소산(春火更燒山)	399
춘색시타향(春色是他鄕)	554	춘휴란수간(春畦亂水間)	380
춘색점다첨(春色漸多添)	724	출문류수주(出門流水住)	483
춘성견송설(春城見松雪)	662	출수오가질(出守吾家姪)	372
춘성대우장(春城帶雨長)	572	출입금성중(出入禁城中)	68
춘성대초당(春星帶草堂)	535	출처수하심(出處遂何心)	697
춘성산적호(春城鏟賊壕)	473	충기억초평(充饑憶楚萍)	632
춘성해수변(春城海水邊)	422	충서옥패선(蟲書玉佩蘚)	303
춘심매위화(春深買爲花)	525	충주삼협내(忠州三峽內)	347
춘심파비전(春深把臂前)	454	충포이배감(充庖爾輩堪)	716
춘안도화수(春岸桃花水)	715	취간부협과(驟看浮峽過)	255
춘원독시형(春遠獨柴荊)	602	취개출관산(翠蓋出關山)	391
춘일무인경(春日無人境)	427	취객점앵무(醉客霑鸚鵡)	566
춘일번어조(春日繁魚鳥)	508	취귀응범야(醉歸應犯夜)	201
춘일부함정(春日復含情)	601	취금혼단진(翠衿渾短盡)	140
춘일빈구창(春日鬢俱蒼)	552	취리종위객(醉裏從爲客)	268
춘일수상빈(春日垂霜鬢)	163	취면수화풍(吹面受和風)	93
춘일조환비(春日鳥還飛)	153	취모시시락(吹帽時時落)	211
춘일청강안(春日淸江岸)	345	취무위수성(醉舞爲誰醒)	630
춘조이방제(春鳥異方啼)	219	취미영도곡(翠眉縈度曲)	551
춘지상불희(春池賞不稀)	164	취백고유식(翠柏苦猶食)	367
춘지최류별(春知催柳別)	604	취별중선루(醉別仲宣樓)	674
춘청팽택전(春靑彭澤田)	424	취병의만대(翠屛宜晩對)	680

취심개단벽(翠深開斷壁)	662
취우공침주(翠羽共沈舟)	669
취우락하어(驟雨落河魚)	184
취우청추야(驟雨淸秋夜)	637
취주양웅택(醉酒揚雄宅)	712
취집병응추(聚集病應瘳)	673
취차막론병(取次莫論兵)	595
취첨생채미(脆添生菜美)	536
취파청하엽(醉把靑荷葉)	105
측망고상신(側望苦傷神)	292
측목사수호(側目似愁胡)	200
측상미인의(側想美人意)	694
측신천리도(側身千里道)	333
층각빙뢰은(層閣憑雷殷)	332
층헌개면수(層軒皆面水)	562
치군단함절(致君丹檻折)	560
치생차경착(治生且耕鑿)	198
치여만인동(恥與萬人同)	69
치의괘라벽(絺衣掛蘿薜)	310
치자비중목(梔子比衆木)	497
치자야능사(稚子夜能睐)	515
치자입운호(稚子入雲呼)	205
치자총능문(稚子總能文)	310
치전이성왕(馳牋異姓王)	571
치차자벽원(致此自僻遠)	542
친붕만천지(親朋滿天地)	192
친붕무일자(親朋無一字)	683
친붕일모회(親朋日暮迴)	241
친붕진일곡(親朋盡一哭)	582
침대환상사(枕帶還相似)	446
침리간수현(侵籬澗水懸)	415
침우답운우(沈牛答雲雨)	564
침점입림벽(枕簟入林僻)	101
침침춘색정(沈沈春色靜)	502
침향가가발(砧響家家發)	85

ㅌ

타강불향진(沱江不向秦)	275
타개임후지(他皆任厚地)	437
타산자유춘(他山自有春)	280
타석시상선(他夕始相鮮)	451
타시견여심(他時見汝心)	706
타시여안현(他時如按縣)	722
타시위북동(他時渭北童)	88
타옥기오신(拖玉豈吾身)	297
타일가릉루(他日嘉陵淚)	388
타일상심극(他日傷心極)	159
타일위니사(他日委泥沙)	522
타일유수은(他日有殊恩)	353
타향부행역(他鄕復行役)	314
타향승고향(他鄕勝故鄕)	539
타향역고비(他鄕亦鼓鼙)	217
타향열지모(他鄕閱遲暮)	444
타향유표제(他鄕唯表弟)	459
타향의서관(他鄕意緖寬)	378
타후풍분랑(鼉吼風奔浪)	379
탁료수조여(濁醪誰造汝)	648
탁립군봉외(卓立群峰外)	437
탁작쟁지추(啅雀爭枝墜)	648

탄군능련주(歎君能戀主) 283
탄복강정난(坦腹江亭暖) 123
탄세록피옹(歎世鹿皮翁) 90
탄식고생로(歎息高生老) 484
탄천정상의(灘淺正相依) 164
탐간절도고(貪看絶島孤) 207
탐주수미록(耽酒須微祿) 457
탕년한파심(湯年旱頗甚) 485
태사경론공(太史竟論功) 88
태선산문고(苔蘚山門古) 66
태와록침창(苔臥綠沈槍) 537
태주신시전(台州信始傳) 417
택목지유조(擇木知幽鳥) 192
택입선현전(宅入先賢傳) 601
택중평안수(宅中平岸水) 191
토응의학발(兔應疑鶴髮) 665
토좌랭소연(土銼冷疏烟) 420
통가별한첨(通家別恨添) 720
통곡기비풍(慟哭起悲風) 74
통곡망왕관(慟哭望王官) 370
통림대녀라(通林帶女蘿) 494
통적한다병(通籍恨多病) 674
통통상연구(筒桶相沿久) 290
통행소경난(通行小徑難) 369
퇴조화저산(退朝花底散) 214
투계초사금(鬪雞初賜錦) 565
투림우핵경(投林羽翮輕) 599
투생유일로(偸生唯一老) 467
투생장피지(偸生長避地) 715
투시증멱라(投詩贈汨羅) 490

투안염양천(偸眼豔陽天) 428
투호곽사인(投壺郭舍人) 289
특지인홍장(特地引紅粧) 566

ㅍ

파각기래지(頗覺寄來遲) 119
파감상락조(破甘霜落爪) 146
파검멱서군(把劍覓徐君) 314
파괴조참라(頗怪朝參懶) 537
파군시과일(把君詩過日) 276
파도란원봉(波濤亂遠峰) 96
파동혼불매(巴童渾不寐) 679
파란일화지(波亂日華遲) 144
파랑남풍정(破浪南風正) 530
파사일원향(婆娑一院香) 569
파산우중사(巴山遇中使) 247
파상원수인(霸上遠愁人) 277
파서도로난(巴西道路難) 370
파서칙사회(巴西敕使稀) 167
파성첨루안(巴城添淚眼) 553
파인상소경(巴人常小梗) 389
파조귀부동(罷朝歸不同) 64
파조대추풍(把釣待秋風) 61
파조자미천(把詔紫微天) 430
파주의망연(把酒意茫然) 408
파주종의습(把酒從衣濕) 203
파촉교성야(把燭橋成夜) 126
파촉래다병(巴蜀來多病) 419
파촉수수어(巴蜀愁誰語) 432

팔월자지귀(八月自知歸)	157	포엽한선정(抱葉寒蟬靜)	116
팔준수천자(八駿隨天子)	556	포지유황금(布地有黃金)	696
편간위수청(編簡爲誰靑)	620	포황팔월천(蒲荒八月天)	405
편성합유서(褊性合幽棲)	219	포휴신우윤(圃畦新雨潤)	260
편운두상흑(片雲頭上黑)	110	폭배죽서광(曝背竹書光)	570
편운천공원(片雲天共遠)	212	표경무안지(漂梗無安地)	501
편유사생분(便有死生分)	316	표기준무록(瓢棄樽無淥)	62
편주계차정(扁舟繫此亭)	633	표령위객구(飄零爲客久)	387
편주공로거(扁舟空老去)	468	표령임전봉(飄零任轉蓬)	72
편주오이추(扁舟吾已僦)	61	표령주일배(飄零酒一杯)	244
편주의불망(扁舟意不忘)	535	표령하처귀(飄零何處歸)	158
평거상란후(平居喪亂後)	709	표묘창오제(飄緲蒼梧帝)	292
평궁락유오(抨弓落狖鼯)	205	표박남정로(飄泊南庭老)	453
평대방고유(平臺訪古遊)	656	표박도여금(飄泊到如今)	698
평생비동의(平生飛動意)	202	표박문군평(漂泊問君平)	614
평생심이절(平生心已折)	213	표박손홍안(飄泊損紅顔)	390
평생위유흥(平生爲幽興)	456	표박유배주(漂泊猶杯酒)	626
평생일조주(平生一釣舟)	678	표박차청가(飄泊且聽歌)	502
평생탐승사(平生耽勝事)	629	표연사불군(飄然思不群)	309
평생파상유(平生灞上遊)	672	표요박격편(飄颻搏擊便)	642
평야입청서(平野入靑徐)	183	표요정수인(飄颻征戍人)	285
평전백경간(平田百頃間)	395	표전모귀수(漂轉暮歸愁)	647
평지일천온(平地一川穩)	87	표전임부생(飄轉任浮生)	606
평표인류체(萍漂忍流涕)	572	표표괴로처(飄飄媿老妻)	221
폐구소계자(敝裘蘇季子)	400	표표범백만(飄飄犯百蠻)	389
폐기구쇠옹(肺氣久衰翁)	84	표표하소사(飄飄何所似)	660
폐호인고와(閉戶人高臥)	253	풍급타선두(風急打船頭)	640
포개련석수(圃開連石樹)	227	풍기춘등란(風起春燈亂)	436
포범신초발(浦帆晨初發)	263	풍도모불온(風濤暮不穩)	359
포서시척령(抛書示鶺鴒)	631	풍동장군막(風動將軍幕)	654

풍등취음설(風磴吹陰雪)	407		풍운지일우(風雲地一隅)	213
풍락수송자(風落收松子)	570		풍원장근저(風鴛藏近渚)	460
풍랑소행주(風浪少行舟)	677		풍월자청야(風月自淸夜)	356
풍랑여운평(風浪與雲平)	613		풍인갱여사(風引更如絲)	136
풍량출무우(風涼出舞雩)	208		풍입사제경(風入四蹄輕)	574
풍련서극동(風連西極動)	362		풍전경죽사(風前徑竹斜)	517
풍렴자상구(風簾自上鉤)	665		풍절선수운(風折旋隨雲)	323
풍뢰긍위신(風雷肯爲伸)	290		풍지억양왕(風至憶襄王)	563
풍류한서랑(風流漢署郎)	573		풍진고미식(風塵苦未息)	542
풍림섬월락(風林纖月落)	535		풍진기주안(風塵豈駐顔)	380
풍만불의루(風幔不依樓)	667		풍진병감사(風塵病敢辭)	143
풍만하시권(風幔何時卷)	627		풍진봉아지(風塵逢我地)	151
풍명배함기(風鳴排檻旗)	129		풍진암불개(風塵暗不開)	250
풍문삽답개(風門颯沓開)	253		풍진엄별일(風塵淹別日)	666
풍물비유자(風物悲遊子)	544		풍진위객일(風塵爲客日)	595
풍범수역정(風帆數驛亭)	631		풍진자산비(風振紫山悲)	149
풍비엄부정(風扉掩不定)	254		풍진전벌다(風塵戰伐多)	504
풍산입운비(風散入雲悲)	116		풍진종불해(風塵終不解)	661
풍삼증서의(風杉曾曙倚)	701		풍찬강류하(風餐江柳下)	453
풍색소소모(風色蕭蕭暮)	583		풍처급분분(風處急紛紛)	320
풍생금수향(風生錦繡香)	555		풍취세세향(風吹細細香)	558
풍생일임표(風生一任飄)	465		풍취운이생(風吹暈已生)	592
풍속당원소(風俗當園蔬)	193		풍취화편편(風吹花片片)	556
풍송교룡갑(風送蛟龍匣)	603		풍함광안파(風含廣岸波)	502
풍수좌원심(楓樹坐猿深)	705		풍화고하비(風花高下飛)	160
풍양대삼묘(風壤帶三苗)	468		풍화백제성(風花白帝城)	607
풍역우모상(風逆羽毛傷)	567		피갈미공빈(被喝味空頻)	285
풍우암형만(風雨暗荊蠻)	400		피날번친고(疲苶煩親故)	705
풍우역래과(風雨亦來過)	483		피당오월추(陂塘五月秋)	640
풍운암백만(風雲暗百蠻)	396		피서운안현(避暑雲安縣)	252

피설도라부(避雪到羅浮) 681
피수절금태(皮須截錦苔) 265
피인분간초(避人焚諫草) 214
피지세시만(避地歲時晩) 472
피풍상저간(避風湘渚間) 399
피활대오진(披豁對吾眞) 272
필가점창우(筆架霑窓雨) 329
필마축추풍(匹馬逐秋風) 76
필마향왕기(匹馬向王畿) 167
필험승침체(必驗升沈體) 608

ㅎ

하간상정벌(河間尙征伐) 579
하간쌍백구(河間雙白鷗) 642
하년고호두(何年顧虎頭) 650
하년별월지(何年別月支) 104
하당간화예(何當看花蕊) 245
하당격범조(何當擊凡鳥) 200
하당일백장(何當一百丈) 723
하득상부명(何得尙浮名) 586
하득오천위(何得迕天威) 155
하로출파산(何路出巴山) 386
하마몰반륜(蝦蟆沒半輪) 296
하사아동세(何似兒童歲) 208
하사유여애(何事有餘哀) 241
하사입조하(何事入朝霞) 519
하사즉비번(何事卽飛翻) 348
하상고수척(下床高數尺) 646
하수지하랑(何殊地下郞) 560

하수투운우(何須妬雲雨) 262
하수파관촉(何須把官燭) 552
하수화신번(何須花燼繁) 356
하시견식병(何時見息兵) 612
하시군국개(何時郡國開) 239
하시도협주(何時到峽州) 673
하시면객수(何時免客愁) 681
하시의축단(何時議築壇) 362
하시의허황(何時倚虛幌) 361
하시일모옥(何時一茅屋) 412
하시일준주(何時一樽酒) 309
하시점업죽(何時占業竹) 266
하식조니거(下食遭泥去) 702
하어부취전(河魚不取錢) 407
하여검덕림(何如儉德臨) 704
하용우모기(何用羽毛奇) 140
하유견량경(何由見兩京) 591
하유견일인(何由見一人) 275
하이보황천(何以報皇天) 423
하인고의동(何人高義同) 68
하인부대명(何人符大名) 594
하일간과진(何日干戈盡) 221
하일점미록(何日霑微祿) 408
하일통연새(何日通燕塞) 341
하정납량시(荷淨納涼時) 110
하증검외청(何曾劍外淸) 602
하증야색란(何曾夜色闌) 374
하증풍랑생(何曾風浪生) 581
하처시경화(何處是京華) 518
하처앵제절(何處鶯啼切) 653

하처출진분(何處出塵氛)	317		한선벽수추(寒蟬碧樹秋)	684
하한근인류(河漢近人流)	679		한성국자화(寒城菊自花)	513
하한불개색(河漢不改色)	363		한수각의흔(寒水各依痕)	359
하한의산목(何恨倚山木)	544		한수광난정(寒水光難定)	258
하행어아동(何幸飫兒童)	81		한시도공도(漢使徒空到)	104
학하운정근(鶴下雲汀近)	86		한식강촌로(寒食江村路)	160
한대취화춘(寒待翠華春)	278		한심북저운(寒深北渚雲)	329
한장독정서(漢將獨征西)	215		한어의밀조(寒魚依密藻)	517
한강구락성(寒江舊落聲)	612		한우하비비(寒雨下霏霏)	178
한강동벽허(寒江動碧虛)	197		한의관총장(寒衣寬總長)	561
한강동북류(寒江東北流)	677		한일경첨단(寒日經簷短)	143
한강동야비(寒江動夜扉)	170		한절매화외(漢節梅花外)	422
한강류심세(寒江流甚細)	172		한조빈선장(漢朝頻選將)	466
한강촉석훤(寒江觸石喧)	353		한주추한신(漢主追韓信)	378
한공견원로(寒空見鴛鷺)	394		한천류원객(寒天留遠客)	207
한공무협서(寒空巫峽曙)	612		한천최일단(寒天催日短)	613
한공반유무(寒空半有無)	210		한침작야청(寒砧昨夜廳)	627
한공요상두(寒空繞上頭)	667		한풍소초목(寒風疎草木)	358
한남응로진(漢南應老盡)	277		한해업성위(恨解鄴城圍)	154
한등역폐문(寒燈亦閉門)	357		한화개이진(寒花開已盡)	135
한림명유소(翰林名有素)	180		한화은란초(寒花隱亂草)	132
한마수궁궐(汗馬收宮闕)	473		한화지잠향(寒花只暫香)	553
한방촉영미(寒房燭影微)	176		함니입차당(銜泥入此堂)	549
한별조경심(恨別鳥驚心)	688		함매유하과(銜枚有荷戈)	501
한북시랑만(漢北豺狼滿)	370		함성동쌍궐(含星動雙闕)	581
한빙쟁의박(寒冰爭倚薄)	618		함처각여현(含悽覺汝賢)	436
한사금뢰락(寒事今牢落)	189		함처의유여(含悽意有餘)	191
한사몽박무(寒沙蒙薄霧)	503		합분쌍사필(合分雙賜筆)	79
한사삽고추(寒事颯高秋)	657		합잠훤력마(盍簪喧櫪馬)	509
한산락계림(寒山落桂林)	713		항단불감문(行斷不堪聞)	331

항로겸천장(降虜兼千帳)	511		향라첩설경(香羅疊雪輕)	578
항의상고리(行蟻上枯梨)	125		향래론사직(向來論社稷)	283
항주정월주(杭州定越州)	666		향래유흥극(向來幽興極)	108
해내문장백(海內文章伯)	508		향로효세분(香爐曉勢分)	308
해람부지년(解纜不知年)	446		향료라재고(香醪懶再酤)	201
해수걸오아(解水乞吳兒)	105		향만심정로(向晚尋征路)	152
행결백화료(幸結白花了)	188		향만파미록(向晚波微綠)	626
행군수기래(行軍數騎來)	245		향무운환습(香霧雲鬟濕)	361
행군인려객(幸君因旅客)	590		향문금대갱(香聞錦帶羹)	619
행근유인옥(幸近幽人屋)	118		향야월휴현(向夜月休弦)	449
행득과청조(幸得過淸朝)	460		향여세시란(香輿歲時蘭)	364
행로난여차(行路難如此)	220		향원독재산(鄕園獨在山)	398
행로일황무(行路日荒蕪)	213		향의배록규(香宜配綠葵)	119
행리수상문(行李須相問)	368		향전소수화(香傳小樹花)	515
행리엄오구(行李淹吾舅)	82		허각자송성(虛閣自松聲)	598
행리천금증(行李千金贈)	284		허공부주천(虛空不住天)	427
행불애운산(幸不礙雲山)	395		허공불리선(虛空不離禪)	413
행색체은현(行色遞隱見)	205		허구총혜자(許求聰慧者)	416
행색추장만(行色秋將晚)	272		허력금화성(虛歷金華省)	560
행인부초출(幸因腐草出)	158		허몽청로점(虛蒙淸露霑)	723
행자득량시(行子得良時)	129		허백고인정(虛白高人靜)	444
행장독의루(行藏獨倚樓)	663		허비단장음(虛費短長吟)	699
행재근문신(行在僅聞信)	472		허소야촉화(虛燒夜燭花)	526
행좌백두음(行坐白頭吟)	706		허회지애재(虛懷只愛才)	234
행지갱학선(行遲更學仙)	440		헌납개동관(獻納開東觀)	576
행지억수당(行止憶垂堂)	564		헌부루승총(憲府屢乘驄)	63
행행군국요(行行郡國遙)	468		헌영세가호(軒楹勢可呼)	200
향관호기만(鄕關胡騎滿)	421		헌지증부중(軒墀曾不重)	118
향근벽간갱(香芹碧澗羹)	575		헐마고림간(歇馬高林間)	379
향도삼추말(香稻三秋末)	395		현객행지귀(賢客幸知歸)	171

현군막정간(懸軍幕井乾)	362	형향구불위(馨香舊不違)	174
현성부문채(玄成負文彩)	284	혜애남옹열(惠愛南翁悅)	306
현애치옥뢰(懸崖置屋牢)	474	혜자백려수(惠子白驢瘦)	294
혈매제장갑(血埋諸將甲)	370	호가루상발(胡笳樓上發)	67
혈전건곤적(血戰乾坤赤)	538	호가의파농(豪家意頗濃)	94
협구대강간(峽口大江間)	392	호가재루상(胡笳在樓上)	632
협구풍상급(峽口風常急)	606	호갈하다난(胡羯何多難)	583
협내귀전객(峽內歸田客)	145	호거장공자(好去張公子)	720
협내억행춘(峽內憶行春)	305	호겁인왕조(浩劫因王造)	656
협내엄류객(峽內淹留客)	523	호광여천원(湖光與天遠)	530
협리운안현(峽裏雲安縣)	224	호기필등상(虎氣必騰上)	542
협심시호교(峽深豺虎驕)	462	호남동불설(湖南冬不雪)	684
협영입강심(峽影入江深)	711	호남안배수(湖南安背水)	305
협외절무천(峽外絶無天)	444	호남청절지(湖南淸絶地)	527
협우락여비(峽雨落餘飛)	169	호량동견초(濠梁同見招)	456
협운롱수소(峽雲籠樹小)	590	호로삼년입(胡虜三年入)	668
협운상조야(峽雲常照夜)	91	호리내약하(狐狸奈若何)	498
협중도사화(峽中都似火)	253	호리하족도(狐狸何足道)	616
협중위객구(峽中爲客久)	143	호마대원명(胡馬大宛名)	574
협험강경급(峽險江驚急)	610	호마범동관(胡馬犯潼關)	391
형곽생춘조(衡霍生春早)	671	호멸인환란(胡滅人還亂)	127
형립향창창(迥立向蒼蒼)	540	호무녕론명(好武寧論命)	414
형만거기년(荊蠻去幾年)	419	호무백제사(胡舞白題斜)	511
형문차로의(荊門此路疑)	107	호변의서다(湖邊意緖多)	508
형비대미록(荊扉對麋鹿)	325	호산무정록(號山無定鹿)	449
형비심만초(荊扉深蔓草)	420	호상면석휴(胡床面夕畦)	230
형용로병최(形容老病催)	250	호성등황각(扈聖登黃閣)	410
형제분리고(兄弟分離苦)	250	호수강호객(皓首江湖客)	452
형주애산간(荊州愛山簡)	499	호아검증시(呼兒檢贈詩)	151
형주우설맹(荊州遇薛孟)	142	호아문삭풍(呼兒問朔風)	90

호아문자어(呼兒問煮魚)	195	
호아정갈건(呼兒正葛巾)	271	
호아철락타(胡兒掣駱駝)	491	
호아행차가(胡兒行且歌)	493	
호안쌍쌍기(湖雁雙雙起)	618	
호여안동래(好與雁同來)	257	
호엽전소소(瓠葉轉蕭疎)	188	
호외초신청(湖外草新靑)	635	
호우지시절(好雨知時節)	585	
호운랭만가(胡雲冷萬家)	529	
호위군원행(胡爲君遠行)	582	
호위로부청(好爲老夫聽)	625	
호위엄차류(胡爲淹此留)	675	
호일탕선명(湖日蕩船明)	590	
호제반고목(護堤盤古木)	530	
호조불귀산(好鳥不歸山)	380	
호추부은택(胡雛負恩澤)	287	
호탕급관수(浩蕩及關愁)	644	
호탕풍진외(浩蕩風塵外)	557	
호풍정경추(湖風井徑秋)	682	
호호종불식(浩浩終不息)	700	
호활겸운무(湖闊兼雲霧)	617	
혼상산적연(魂傷山寂然)	434	
혼아이만림(昏鴉已滿林)	692	
혼욕불승잠(渾欲不勝簪)	688	
혼표결신루(魂飄結蜃樓)	666	
혼혼조운수(昏昏阻雲水)	292	
홀득염주신(忽得炎州信)	421	
홀문애통조(忽聞哀痛詔)	458	
홀사고연회(忽思高宴會)	502	

홀의행모우(忽疑行暮雨)	519	
홀이세시천(忽已歲時遷)	439	
홀진하뢰변(忽盡下牢邊)	450	
홍견해동운(紅見海東雲)	320	
홍선종일유(紅鮮終日有)	395	
홍안기시도(鴻雁幾時到)	490	
홍원결비루(紅遠結飛樓)	662	
홍입도화눈(紅入桃花嫩)	273	
홍취만다지(紅嘴漫多知)	140	
홍취풍상실(紅取風霜實)	497	
홍침산호단(紅浸珊瑚短)	559	
홍탄우비매(紅綻雨肥梅)	235	
홍하역룡음(泓下亦龍吟)	687	
화가막지회(畫舸莫遲回)	252	
화관춘풍기(華館春風起)	234	
화교영잡수(花嬌迎雜樹)	138	
화금랭엽홍(花禁冷葉紅)	92	
화기환금람(火旗還錦纜)	612	
화농춘사정(花濃春寺靜)	653	
화류개도로(驊騮開道路)	272	
화류갱무사(花柳更無私)	122	
화만지도웅(畫滿地圖雄)	70	
화밀장난견(花密藏難見)	281	
화발거년총(花發去年叢)	79	
화비경도일(花飛競渡日)	699	
화비유저급(花飛有底急)	124	
화아욕이죽(花亞欲移竹)	724	
화악파등림(花萼罷登臨)	703	
화압무니재(花鴨無泥滓)	587	
화연치일금(華筵直一金)	687	

화엽유천의(花葉惟天意)	359	환첨위태자(還瞻魏太子)	682
화예아지홍(花蕊亞枝紅)	93	환피포사문(還披鮑謝文)	327
화은액원모(花隱掖垣暮)	487	활억조호반(滑憶雕胡飯)	619
화음발종령(華音發從伶)	628	황각장사간(黃閣長司諫)	283
화이산부단(華夷山不斷)	70	황경장별심(況經長別心)	691
화잡중중수(花雜重重樹)	387	황기미칭신(黃綺未稱臣)	294
화정입취미(華亭入翠微)	152	황기종사한(黃綺終辭漢)	460
화중금관성(花重錦官城)	585	황내로화응(況乃露華凝)	637
화최랍거소(花催蠟炬銷)	463	황내미휴병(況乃未休兵)	580
화친사각비(和親事卻非)	156	황락경산수(黃落驚山樹)	90
화친지졸계(和親知拙計)	165	황리불로신(黃鸝不露身)	277
화타앵소접(花妥鶯捎蝶)	186	황림무경입(荒林無徑入)	374
화하부청신(花下復淸晨)	274	황림유신택(荒林庾信宅)	671
환가상흑두(還家尙黑頭)	641	황모대군편(黃帽待君偏)	454
환구망비타(寰區望匪他)	495	황부전종장(況復傳宗匠)	133
환기경시구(患氣經時久)	271	황서정과림(荒鋤淨果林)	707
환단일월지(還丹日月遲)	103	황성로전여(荒城魯殿餘)	183
환대욕분금(還對欲分襟)	712	황수조만화(黃鬚照萬花)	519
환동해상구(還同海上鷗)	653	황어출랑신(黃魚出浪新)	290
환문빈객과(還聞賓客過)	506	황여삼극북(皇輿三極北)	718
환문헌사졸(還聞獻士卒)	269	황우갱재동(黃牛更在東)	91
환여구오제(還與舊烏啼)	217	황운고미동(黃雲高未動)	493
환오간절새(歡娛看絶塞)	88	황은단약신(皇恩斷若神)	289
환오량명막(歡娛兩冥漠)	326	황재할거심(荒哉割據心)	705
환오장위하(歡娛將謂何)	485	황정수귤유(荒庭垂橘柚)	521
환오한백두(歡娛恨白頭)	655	황정일욕포(荒庭日欲哺)	203
환왕막사요(還往莫辭遙)	459	황지귤유래(黃知橘柚來)	246
환욕교변심(還欲攪邊心)	711	황천무로안(皇天無老眼)	294
환장서유탑(還將徐孺榻)	305	황촌건자월(荒村建子月)	517
환차지출뢰(還嗟地出雷)	255	황하십월빙(黃河十月冰)	636

황혹시수우(黃鵠翅垂雨)	215		회해할육귀(詼諧割肉歸)	174
황홀한강모(恍惚寒江暮)	350		횡적미휴취(橫笛未休吹)	134
황화오선처(皇華吾善處)	720		횡행사막외(橫行沙漠外)	636
회간부주심(廻看不住心)	696		효간홍습처(曉看紅濕處)	585
회견불운장(會見拂雲長)	558		효등유여차(驍騰有如此)	574
회견출성조(會見出腥臊)	472		효행상수춘(曉行湘水春)	304
회두착응인(回頭錯應人)	274		후어도리숙(後於桃李熟)	345
회방주인비(會傍主人飛)	158		후화운봉준(候火雲峰峻)	362
회복의유미(廻復意猶迷)	221		훈업빈간경(勳業頻看鏡)	663
회수괴룡린(回首怪龍鱗)	290		훈자학수문(訓子學誰門)	355
회수득무우(迴首得無憂)	654		훌흡염증경(欻翕炎蒸景)	285
회수루종횡(回首淚縱橫)	607		훤비방피속(喧卑方避俗)	271
회수백운간(回首白雲間)	386		훤비속루견(喧卑俗累牽)	444
회수백운다(回首白雲多)	483		훤이거인군(喧已去人群)	328
회수억조반(廻首憶朝班)	394		훤한조조분(喧寒早早分)	319
회수의다위(回首意多違)	156		훤호열사성(喧呼閱使星)	622
회수일망망(回首一茫茫)	538 562		훤화산려수(喧和散旅愁)	662
회수일비애(回首一悲哀)	242		휘금응물리(揮金應物理)	297
회수일상신(回首一傷神)	304		휘루각서동(揮淚各西東)	65
회수주남객(回首周南客)	702		휘한숙춘천(揮翰宿春天)	450
회수중승좌(回首中丞座)	571		휘휘성근루(輝輝星近樓)	664
회수향풍표(回首向風飇)	457		휴간백발생(休看白髮生)	576
회수흥도도(回首興滔滔)	476		휴견중안경(休牽衆眼驚)	587
회유고인배(會有故人杯)	257		휴녑빈모반(休鑷鬢毛斑)	382
회일갱첨수(晦日更添愁)	655		휴소요모옥(畦蔬繞茅屋)	354
회장외일사(回檣畏日斜)	530		휴소요사추(畦蔬繞舍秋)	645
회주객좌시(迴舟客坐時)	126		휴아활심흉(攜我豁心胸)	96
회주일수향(廻舟一水香)	551		휴위리부면(休爲吏部眠)	432
회편급조서(回鞭急鳥棲)	227		휴작광가로(休作狂歌老)	696
회풍취조추(廻風吹早秋)	674		휴전과야교(攜錢過野橋)	459

| 휴조국서영(休照國西營) 577
| 휴주중상간(攜酒重相看) 369
| 흉노기불교(匈奴氣不驕) 455
| 흑백태분명(黑白太分明) 587
| 흔흔물자사(欣欣物自私) 123
| 흥래유장구(興來猶杖屨) 527
| 흥여연하회(興與煙霞會) 70
| 흥왕미식과(興王未息戈) 495
| 흥원일소소(興遠一蕭疎) 194

| 흥이무쇄소(興移無灑掃) 235
| 희무다옥우(喜無多屋宇) 395
| 희문수륜객(戲問垂綸客) 479
| 희성사유무(稀星乍有無) 206
| 희소소홍취(稀疎小紅翠) 570
| 희심번도극(喜心翻倒極) 267
| 희우무공천(喜遇武功天) 409
| 희제문장진(喜弟文章進) 438
| 희화동어근(羲和冬馭近) 351

시구詩句 색인 – 칠언율시

|ㄱ|

가련빈객진경개(可憐賓客盡傾蓋) 748
가련처처소군실(可憐處處巢君室) 809
가련회포향인진(可憐懷抱向人盡) 774
가련후주환사묘(可憐後主還祠廟) 922
가사억상범호선(袈裟憶上泛湖船) 838
가신강음식유한(佳辰强飮食猶寒) 826
가인습취춘상문(佳人拾翠春相問) 745
각간처자수하재(卻看妻子愁何在) 876
각요정란첨개개(卻繞井欄添個個) 760
각위인아과봉지(卻爲姻婭過逢地) 916
간과쇠사량상최(干戈衰謝兩相催) 788
간과황부진수안(干戈況復塵隨眼) 908
간군의착왕교리(看君宜著王喬履) 882
간난고한번상빈(艱難苦恨繁霜鬢) 789
간도여한력빙설(澗道餘寒歷冰雪) 902
간롱어주이백일(看弄漁舟移白日) 821
간위심장제시재(艱危深仗濟時才) 780
갈건의측미회선(葛巾欹側未廻船) 844
갈호사주종무뢰(羯胡事主終無賴) 834
감론송죽구황무(敢論松竹久荒蕪) 765
감망궁은옥정빙(敢望宮恩玉井冰) 900
갑금류수자수탄(匣琴流水自須彈) 825
강각요빈허마영(江閣邀賓許馬迎) 891

강간파랑겸천용(江間波浪兼天湧) 924
강관교당유경욕(江鸛巧當幽徑浴) 776
강광은현원타굴(江光隱見黿鼉窟) 852
강변수리공수래(江邊樹裏共誰來) 779
강변일수수수발(江邊一樹垂垂發) 906
강산고택공문조(江山故宅空文藻) 746
강상도봉원소배(江上徒逢袁紹杯) 777
강상소당소비취(江上小堂巢翡翠) 790
강상형용오독로(江上形容吾獨老) 806
강이서식일지안(强移栖息一枝安) 823
강정만색정년방(江亭晚色靜年芳) 872
강중풍랑우명명(江中風浪雨冥冥) 898
강천막막조쌍거(江天漠漠鳥雙去) 925
강청일포원타유(江淸日抱黿鼉遊) 911
강초일일환수생(江草日日喚愁生) 889
강포뢰성훤작야(江浦雷聲喧昨夜) 824
강한풍류만고정(江漢風流萬古情) 892
강현홍매이방춘(江縣紅梅已放春) 808
강호만지일어옹(江湖滿地一漁翁) 730
강호원적무전기(江湖遠適無前期) 750
개주입하지량랭(開州入夏知涼冷) 800
객자입문월교교(客子入門月皎皎) 770
갱긍홍안생우익(更肯紅顔生羽翼) 852
갱욕제시만청죽(更欲題詩滿靑竹) 791
갱위후회지하지(更爲後會知何地) 840
갱유징강소객수(更有澄江銷客愁) 903

거년금일시룡안(去年今日侍龍顏)	828		고묘삼송소수학(古廟杉松巢水鶴)	732
거년등고처현북(去年登高郡縣北)	795		고비연작하신성(高飛燕雀賀新成)	892
거상입곡무귀로(車箱入谷無歸路)	812		고빙금수장쌍루(故憑錦水將雙淚)	775
거세자신봉어상(去歲茲辰捧御牀)	873		고성반조홍장렴(孤城返照紅將斂)	735
거인부자해동서(居人不自解東西)	769		고성차일감장단(孤城此日堪腸斷)	828
건상불섭왕래통(褰裳不涉往來通)	727		고심백제문진원(高尋白帝問眞源)	812
검남춘색환무뢰(劍南春色還無賴)	841		고아로비제주객(顧我老非題柱客)	727
검문유조북인래(劍門猶阻北人來)	777		고억형주취사마(苦憶荊州醉司馬)	774
검양신사응희소(黔陽信使應稀少)	780		고왕금래개체루(古往今來皆涕淚)	845
검외홀전수계북(劍外忽傳收薊北)	876		고원양류금요락(故園楊柳今搖落)	888
격리호취진여배(隔籬呼取盡餘杯)	773		고원유득견잔춘(故園猶得見殘春)	797
격엽황리공호음(隔葉黃鸝空好音)	921		고인상견미종용(故人相見未從容)	735
견기안치양서두(遣騎安置瀼西頭)	916		고인이용삼동족(古人已用三冬足)	763
경경류서점인의(輕輕柳絮點人衣)	756		고조백발불상방(苦遭白髮不相放)	795
경비오토권등루(竟非吾土倦登樓)	918		고주일계고원심(孤舟一繫故園心)	924
경일엄류가객좌(竟日淹留佳客坐)	820		고착부사체입주(故著浮槎替入舟)	907
경조전랑조견초(京兆田郎早見招)	848		고추상기상선신(高秋爽氣相鮮新)	792
계면청태로갱생(階面青苔老更生)	884		고추총궤빈인실(高秋總饋貧人實)	868
계문하처진요봉(薊門何處盡堯封)	736		고향문항형극저(故鄉門巷荊棘底)	843
계범하석편시정(繫帆何惜片時程)	893		고향유공미동귀(故鄉猶恐未同歸)	753
계전단초니불란(階前短草泥不亂)	757		곡구자진정억여(谷口子眞正憶汝)	734
고강급협뢰정투(高江急峽雷霆鬪)	815		곤명지수한시공(昆明池水漢時功)	730
고객선수반조래(賈客船隨返照來)	772		곤오어숙자위이(昆吾御宿自逶迤)	745
고객호상루만금(估客胡商淚滿襟)	925		곤직증무일자보(袞職曾無一字補)	920
고거사마대경복(高車駟馬帶傾覆)	897		공동사절상청소(崆峒使節上青霄)	848
고국이거견객심(故國移居見客心)	926		공산독야려혼경(空山獨夜旅魂驚)	887
고국평거유소사(故國平居有所思)	744		공설총융운조진(共說總戎雲鳥陣)	755
고당본매자소활(古堂本買藉疎豁)	916		공실가기후명최(恐失佳期後命催)	786
고동증헌이자량(高棟曾軒已自涼)	882		공영중사망향대(共迎中使望鄉臺)	782
고목창등일월혼(古木蒼藤日月昏)	815		공작서개선영환(孔雀徐開扇影還)	828

공조비부한소하(功曹非復漢蕭何)	862		군산만학부형문(群山萬壑赴荊門)	815
과객경수수출입(過客徑須愁出入)	769		군왕대사침파산(君王臺榭枕巴山)	829
과마출교시극목(跨馬出郊時極目)	851		군인입야쟁여력(郡人入夜爭餘瀝)	810
과처군도비금일(寡妻群盜非今日)	868		궁녀개함근어연(宮女開函近御筵)	837
관간빈객아동희(慣看賓客兒童喜)	794		궁도완적기시성(窮途阮籍幾時醒)	898
관새극천유조도(關塞極天唯鳥道)	730		궁전풍미연작고(宮殿風微燕雀高)	859
관새소조행로난(關塞蕭條行路難)	823		궁중매출귀동성(宮中每出歸東省)	743
광형항소공명박(匡衡抗疏功名薄)	759		궁초비비승위패(宮草霏霏承委珮)	742
괴사상여위대부(愧似相如爲大夫)	767		귀가초산자신조(歸家初散紫宸朝)	850
괴이상천호표군(怪爾常穿虎豹群)	810		귀부조정이이진(歸赴朝廷已入秦)	804
교구귤주풍랑촉(喬口橘洲風浪促)	893		귀운옹수실산촌(歸雲擁樹失山村)	813
교목여존가가화(喬木如存可假花)	871		귤자등초지척미(橘刺藤梢咫尺迷)	769
교비속원장유적(郊扉俗遠長幽寂)	844		근문관법리신주(近聞寬法離新州)	908
교아차복장중배(教兒且覆掌中杯)	784		근불부연취차중(近市浮煙翠且重)	735
교청계칙만청사(鵁鶄鸂鶒滿晴沙)	867		근시즉금난랑적(近侍卽今難覓跡)	867
구강일락성하처(九江日落醒何處)	774		금강춘색래천지(錦江春色來天地)	922
구국상전백안래(舊國霜前白雁來)	788		금강춘색축인래(錦江春色逐人來)	782
구당협구곡강두(瞿唐峽口曲江頭)	913		금곡동타비고향(金谷銅駝非故鄕)	879
구래호사금능부(舊來好事今能否)	838		금관성서생사미(錦官城西生事微)	754
구비협접원상축(俱飛蛺蝶元相逐)	738		금관성외백삼삼(錦官城外柏森森)	921
구석하시도해동(驅石何時到海東)	727		금년랍일동전소(今年臘日凍全消)	850
구입고원상식주(舊入故園嘗識主)	809		금람아장기백구(錦纜牙檣起白鷗)	913
구존교칠응난병(久存膠漆應難並)	918		금래이공린인비(今來已恐鄰人非)	754
구중천로진교기(九重泉路盡交期)	740		금리봉영유주인(錦里逢迎有主人)	797
구중춘색취선도(九重春色醉仙桃)	859		금리선생오각건(錦里先生烏角巾)	794
구지면약수은택(口脂面藥隨恩澤)	850		금모옥조불범재(金眸玉爪不凡材)	785
국화종차불수개(菊花從此不須開)	788		금반옥저무소식(金盤玉箸無消息)	729
군간정곡거인연(君看鄭谷去夤緣)	844		금석엄류환출포(錦席淹留還出浦)	844
군금하처방정위(君今何處訪庭闈)	753		금일조정수급암(今日朝廷須汲黯)	864
군령분명삭거배(軍令分明數擧杯)	782		금일중재부강빈(今日重在涪江濱)	795

금장자수조청춘(金章紫綬照靑春)	796
금조랍월춘의동(今朝臘月春意動)	841
금화산북부수서(金華山北涪水西)	768
긍소금갑사춘농(肯銷金甲事春農)	736
긍신오겸리은명(肯信吾兼吏隱名)	884
긍여린옹상대음(肯與鄰翁相對飮)	773
긍자황정춘초색(肯藉荒庭春草色)	769
기거팔좌태부인(起居八座太夫人)	801
기국동수유간죽(棋局動隨幽澗竹)	838
기린부동로연상(麒麟不動爐煙上)	828
기림애일음풍엽(榿林礙日吟風葉)	857
기방청문학종과(豈傍靑門學種瓜)	867
기봉률올화운승(奇峰硉兀火雲升)	900
기부고성락일사(夔府孤城落日斜)	869
기시회수일고가(幾時回首一高歌)	865
기어주항악년소(寄語舟航惡年少)	925
기오사욕향인제(饑烏似欲向人啼)	768
기위진번회홀마(豈謂盡煩回紇馬)	885
기유문장경해내(豈有文章驚海內)	820
기유황리력취미(豈有黃鸝歷翠微)	756
기회서찰대잠부(幾回書札待潛夫)	765
기회청쇄점조반(幾回靑瑣點朝班)	832

|ㄴ|

난수조익일상과(難隨鳥翼一相過)	862
남경구객경남무(南京久客耕南畝)	738
남국부운수상다(南國浮雲水上多)	862
남국재봉인와병(南菊再逢人臥病)	887
남극로인자유성(南極老人自有星)	896

남극일성조북두(南極一星朝北斗)	786
남도계수궐주즙(南渡桂水闕舟楫)	770
남망청송가단학(南望靑松架短壑)	899
남방실유미초혼(南方實有未招魂)	814
남아수독오거서(男兒須讀五車書)	764
남유화류색운연(南遊花柳塞雲煙)	846
남포청강만리교(南浦淸江萬里橋)	851
남해명주구적료(南海明珠久寂廖)	854
년과반백불칭의(年過半百不稱意)	770
년년지일장위객(年年至日長爲客)	806
년소금개만권여(年少今開萬卷餘)	763
념아능서수자지(念我能書數字至)	845
뇌성홀송천봉우(雷聲忽送千峰雨)	881
눈예농화만목반(嫩蕊濃花滿目班)	829

|ㄷ|

다병독수상격적(多病獨愁常闃寂)	735
다병마경무일기(多病馬卿無日起)	898
다병소수유약물(多病所須惟藥物)	905
다소재관수경위(多少材官守涇渭)	831
단견군구일일래(但見群鷗日日來)	773
단견문옹능화속(但見文翁能化俗)	910
단단도화림수안(短短桃花臨水岸)	756
단사려염환읍양(但使閭閻還揖讓)	765
단장분수각풍연(斷腸分手各風煙)	845
단장약재종잔초(短牆若在從殘草)	871
담운소우과고성(澹雲疎雨過高城)	884
당령미미입오순(當令美味入吾脣)	799
당전박조임서린(堂前撲棗任西鄰)	805

대고동정축자회(大家東征逐子回)	780	두릉위곡미앙전(杜陵韋曲未央前)	846
대군의시범허주(對君疑是泛虛舟)	902	두백혼혼지취면(頭白昏昏只醉眠)	838
대수묘망염해접(大水淼茫炎海接)	900	득귀모옥부성도(得歸茅屋赴成都)	765
대식잠찬환불능(對食暫餐還不能)	899	득식계제조작순(得食堦除鳥雀馴)	794
도불하주쇄각원(棹拂荷珠碎卻圓)	844		
도해의종북극래(度海疑從北極來)	785	**|ㄹ|**	
도화기난안자취(桃花氣暖眼自醉)	843		
도화세축이화락(桃花細逐梨花落)	752	라성종래수죽거(懶性從來水竹居)	762
독능무의향어초(獨能無意向漁樵)	848	라조진여세상위(懶朝眞與世相違)	752
독류청총향황혼(獨留靑塚向黃昏)	815	라타무심작해조(懶惰無心作解嘲)	857
독립표묘지비루(獨立縹緲之飛樓)	911	락성일별사천리(洛城一別四千里)	839
독사지존우사직(獨使至尊憂社稷)	885	락양궁전화위봉(洛陽宮殿化爲烽)	736
독수화발자분명(獨樹花發自分明)	889	락일갱견어초인(落日更見漁樵人)	792
독숙강성랍거잔(獨宿江城臘炬殘)	823	락화유사백일정(落花遊絲白日靜)	920
독파어간종원거(獨把魚竿終遠去)	862	란파분피이타안(亂波紛披已打岸)	734
독학부지하사무(獨鶴不知何事舞)	768	람수원종천간락(藍水遠從千澗落)	818
동각관매동시흥(東閣官梅動詩興)	905	랍일상년난상요(臘日常年暖尙遙)	850
동구경춘장벽라(洞口經春長薜蘿)	865	래세여금귀미귀(來歲如今歸未歸)	760
동래자기만함관(東來紫氣滿函關)	832	래세환서만안화(來歲還舒滿眼花)	868
동문대류상음음(洞門對霤常陰陰)	920	래유차지부지환(來遊此地不知還)	829
동방명성역부지(東方明星亦不遲)	750	랭예소지반불금(冷蕊疏枝半不禁)	926
동정상봉십이추(洞庭相逢十二秋)	918	량견무산초수춘(兩見巫山楚水春)	802
동정춘색비공자(洞庭春色悲公子)	846	량조개제로신심(兩朝開濟老臣心)	921
동주작일하유득(同舟昨日何由得)	779	려조초봉휴상인(麗藻初逢休上人)	807
동지양생춘우래(冬至陽生春又來)	784	렬타개두첩유신(捩柂開頭捷有神)	799
동지지후일초장(冬至至後日初長)	879	렴소교입좌인의(簾疏巧入坐人衣)	760
동치정친사십년(童稚情親四十年)	840	렴호매의통유연(簾戶每宜通乳燕)	868
동학소년다불천(同學少年多不賤)	759	령거술작여동유(令渠述作與同遊)	907
동행만리감승흥(東行萬里堪乘興)	904	령제상위창수사(令弟尙爲蒼水使)	804
두릉원객불승비(杜陵遠客不勝悲)	747	로거비추강자관(老去悲秋强自寬)	818

| 색인索引 **1037** |

로거시편혼만흥(老去詩篇渾漫興) 907
로거신시수여전(老去新詩誰與傳) 838
로거친지견면희(老去親知見面稀) 756
로경염예쌍봉빈(路經灔澦雙蓬鬢) 910
로난유유상방인(路難悠悠常傍人) 795
로년화사무중간(老年花似霧中看) 826
로농하유경교환(老農何有罄交歡) 821
로대비상미불의(老大悲傷未拂衣) 752
로랭련방추분홍(露冷蓮房墜粉紅) 730
로미하처시삼진(路迷何處是三秦) 806
로병인부재배난(老病人扶再拜難) 820
로부와온조용기(老夫臥穩朝慵起) 776
로연세세주유사(鑪烟細細駐游絲) 742
로요배지국화개(櫓搖背指菊花開) 786
로처획지위기국(老妻畫紙爲棋局) 905
로하천고추수청(露下天高秋水清) 887
롱죽화연적로초(籠竹和煙滴露梢) 857
료도신정탁주배(潦倒新停濁酒杯) 789
료락삼년좌검주(寥落三年坐劍州) 910
룡기유문진수청(龍起猶聞晉水清) 885
룡무신군심주련(龍武新軍深駐輦) 872
루상염천빙설생(樓上炎天冰雪生) 892
루설춘광유류조(漏洩春光有柳條) 850
류객하점청랑간(留客夏簟青琅玕) 817
류향전경심사위(劉向傳經心事違) 759
리두제명진첨절(李杜齊名眞忝竊) 918
리별불감무한의(離別不堪無限意) 780
리정갱각창주원(吏情更覺滄洲遠) 752
린계환과단장래(鄰雞還過短牆來) 776
림화착우연지습(林花著雨燕支濕) 872

ㅁ

마도진산설정심(馬度秦山雪正深) 926
막괴빈빈권주배(莫怪頻頻勸酒杯) 780
막도청추음실솔(莫度清秋吟蟋蟀) 804
막부추풍일야청(幕府秋風日夜清) 884
막수검각종감거(莫愁劍閣終堪據) 758
막염상다주입순(莫厭傷多酒入唇) 790
만고운소일우모(萬古雲霄一羽毛) 860
만과균원아허동(萬顆勻圓訝許同) 729
만권시서희욕광(漫卷詩書喜欲狂) 876
만래유독공상신(晩來幽獨恐傷神) 791
만로거마주강간(漫勞車馬駐江干) 820
만리교서일초당(萬里橋西一草堂) 875
만리비추상작객(萬里悲秋常作客) 789
만리상심엄견일(萬里傷心嚴譴日) 740
만리추풍취금수(萬里秋風吹錦水) 758
만리풍연접소추(萬里風烟接素秋) 913
만리한공지일일(萬里寒空祇一日) 785
만방다난차등림(萬方多難此登臨) 922
만사규분유절립(萬事糾紛猶絕粒) 800
만장단제상가반(萬丈丹梯尙可攀) 829
만절점어시율세(晩節漸於詩律細) 824
만죽청청조객배(萬竹青青照客杯) 778
매의북두망경화(每依北斗望京華) 869
매일강두진취귀(每日江頭盡醉歸) 751
매화욕개부자각(梅花欲開不自覺) 879
명가막출두릉인(名家莫出杜陵人) 804
명광기초인소이(明光起草人所羨) 841

명구유연청춘심(鳴鳩乳燕靑春深) 920
명년차회지수건(明年此會知誰健) 818
명명분침미전소(冥冥氛祲未全銷) 854
명옥조래산자신(鳴玉朝來散紫宸) 806
명우기과점세미(鳴雨旣過漸細微) 757
명음자장휴소유(茗飮蔗漿攜所有) 738
명일간운환장려(明日看雲還杖藜) 770
모년시부동강관(暮年詩賦動江關) 834
모의고루대설봉(暮倚高樓對雪峰) 735
모재기재소성외(茅齋寄在少城隈) 777
모춘삼월무협장(暮春三月巫峽長) 881
모춘원앙립주저(暮春鴛鴦立洲渚) 733
목극상신수위휴(目極傷神誰爲攜) 768
무로종용배어소(無路從容陪語笑) 873
무릉일곡상남정(武陵一曲想南征) 888
무릉저서소갈장(茂陵著書消渴長) 880
무변락목소소하(無邊落木蕭蕭下) 789
무산무협기소삼(巫山巫峽氣蕭森) 924
무산추야형화비(巫山秋夜螢火飛) 760
무석선응장유자(舞石旋應將乳子) 757
무수청정제상하(無數蜻蜓齊上下) 903
무식무아일부인(無食無兒一婦人) 805
무제정기재안중(武帝旌旗在眼中) 730
무협령령비세정(巫峽泠泠非世情) 889
무협상취만리풍(巫峽常吹萬里風) 733
무협청추만학애(巫峽淸秋萬壑哀) 782
무협추도천지회(巫峽秋濤天地迴) 786
무협한강나대안(巫峽寒江那對眼) 747
무협홀여첨화악(巫峽忽如瞻華嶽) 865
무후사옥상린근(武侯祠屋常鄰近) 732

문군화아위관재(問君話我爲官在) 838
문도송주이피위(聞道松州已被圍) 758
문도운안국미춘(聞道雲安麴米春) 798
문도장안사혁기(聞道長安似奕棋) 744
문도하양근승승(聞道河陽近乘勝) 839
문류심화도야정(問柳尋花到野亭) 895
문무의관이석시(文武衣冠異昔時) 744
문상상봉년파다(汶上相逢年頗多) 863
물색생태능기시(物色生態能幾時) 750
물운강한유수륜(勿云江漢有垂綸) 796
미구차외갱하구(微軀此外更何求) 905
미근유래지야인(美芹由來知野人) 802
미대안류역랑귀(未待安流逆浪歸) 757
미문세류산금갑(未聞細柳散金甲) 898
미유연애답성조(未有涓埃答聖朝) 851
미장매예경수안(未將梅蕊驚愁眼) 841

ㅂ

반박백아곡구률(盤剝白鴉谷口栗) 792
반손시원무겸미(盤飱市遠無兼味) 773
반와로욕저심성(盤渦鷺浴底心性) 889
반자청니방저근(飯煮青泥坊底芹) 792
반조입강번석벽(返照入江翻石壁) 813
반출고문행백옥(盤出高門行白玉) 747
방가조류불시과(方駕曹劉不啻過) 864
방인착비양웅택(旁人錯比揚雄宅) 857
배곽당성음백모(背郭堂成蔭白茅) 857
배일단풍만목조(背日丹楓萬木稠) 909
백년다병독등대(百年多病獨登臺) 789

백년세사불승비(百年世事不勝悲)	744		벽창숙무몽몽습(碧窓宿霧濛濛濕)	892
백년수사중흥시(百年垂死中興時)	740		별루요첨금수파(別淚遙添錦水波)	864
백년지벽시문형(百年地僻柴門逈)	821		병갈삼경회백수(病渴三更回白首)	810
백년추려부유찬(百年齷齪腐儒餐)	820		병과불견로래의(兵戈不見老萊衣)	753
백두금망고저수(白頭今望苦低垂)	745		병과조절로강변(兵戈阻絶老江邊)	839
백두수간언능부(白頭受簡焉能賦)	767		병마금조미의회(幷馬今朝未擬廻)	779
백로군비대극간(白鷺群飛大劇乾)	824		병종심작도오진(病從深酌道吾眞)	802
백마각주신암거(白馬却走身巖居)	763		병체부용본자쌍(幷蒂芙蓉本自雙)	738
백마강한수영희(白馬江寒樹影稀)	753		보천무리횡색전(普天無吏橫索錢)	843
백백강어입찬래(白白江魚入饌來)	780		보첨의장간우두(步檐倚杖看牛斗)	887
백사취죽강촌모(白沙翠竹江村暮)	794		복거적갑천거신(卜居赤甲遷居新)	802
백수방가수종주(白首放歌須縱酒)	876		복자탄금읍재일(虙子彈琴邑宰日)	748
백수청산공부춘(白水靑山空復春)	800		복축응동장후경(卜築應同蔣詡徑)	871
백옥한다난시개(白屋寒多暖始開)	776		봉래궁궐대남산(蓬萊宮闕對南山)	832
백장수가상뢰선(百丈誰家上瀨船)	841		봉문금시위군개(逢門今始爲君開)	773
백제성고급모침(白帝城高急暮砧)	924		봉사허수팔월사(奉使虛隨八月槎)	869
백제성서과우흔(白帝城西過雨痕)	813		봉서기여루잔원(封書寄與淚潺湲)	838
백제성중운출문(白帝城中雲出門)	814		봉인람기사원마(奉引濫騎沙苑馬)	762
백제성하우번분(白帝城下雨翻盆)	814		부귀필종근고득(富貴必從勤苦得)	764
백제운투벽해춘(白帝雲偸碧海春)	801		부단습지귀명정(不但習池歸酩酊)	844
백중쟁능치하구(百中爭能恥下鞲)	914		부독야단주분면(不獨夜短晝分眠)	843
백중지간견이려(伯仲之間見伊呂)	860		부란첨변성수희(復亂檐邊星宿稀)	760
백편상과의미란(百遍相過意未闌)	824		부상서지대단석(扶桑西枝對斷石)	911
백호나송주여천(百壺那送酒如泉)	836		부서하급래상잉(簿書何急來相仍)	899
백화담수즉창랑(百花潭水卽滄浪)	875		부염출정차계녀(負鹽出井此溪女)	880
번연원구삭방병(翻然遠救朔方兵)	885		부용별전만분향(芙蓉別殿漫焚香)	872
벌목정정산갱유(伐木丁丁山更幽)	902		부용소원입변수(芙蓉小苑入邊愁)	913
벌죽위교결구동(伐竹爲橋結構同)	727		부운불부청춘색(浮雲不負靑春色)	891
벽산학사분은어(碧山學士焚銀魚)	763		부유루대함모경(復有樓臺銜暮景)	884
벽오서로봉황지(碧梧棲老鳳凰枝)	745		부유쇠만류통적(腐儒衰晩謬通籍)	920

부지정절격년회(不知旌節隔年回)	781
부진장강곤곤래(不盡長江滾滾來)	789
북귀진천다고비(北歸秦川多鼓鼙)	770
북극조정종불개(北極朝廷終不改)	922
북래기골고한침(北來肌骨苦寒侵)	926
북망상신좌북창(北望傷神坐北窓)	738
북산이문수륵명(北山移文誰勒銘)	896
북서부지안무정(北書不至雁無情)	887
북성격탁부욕파(北城擊柝復欲罷)	750
북주관산개우설(北走關山開雨雪)	846
분명원한곡중론(分明怨恨曲中論)	816
불가구류시호란(不可久留豺虎亂)	814
불감인사일소조(不堪人事日蕭條)	851
불거비무한서향(不去非無漢署香)	882
불견민공삼십년(不見旻公三十年)	838
불교아압뇌비린(不教鵝鴨惱比鄰)	797
불로종고보신청(不勞鐘鼓報新晴)	884
불방유자기하의(不妨遊子芰荷衣)	755
불분도화홍승금(不分桃花紅勝錦)	840
불사만리장위객(不辭萬里長爲客)	777
불사운안독열신(不似雲安毒熱新)	800
불석기모자원유(不惜奇毛恣遠遊)	914
불시상서기불고(不是尙書期不顧)	900
불위곤궁녕유차(不爲困窮寧有此)	805
불유소주능탕장(不有小舟能蕩槳)	836
불탐야식금은기(不貪夜識金銀氣)	902
불혐야외무공급(不嫌野外無供給)	820
붕년역재영안궁(崩年亦在永安宮)	731
붕애구천수각피(鵬礙九天須却避)	915
비각권렴도화리(飛閣卷簾圖畫裏)	881
비관사자정구급(非關使者征求急)	821
비군이시십년류(悲君已是十年流)	908
비년병주개연적(比年病酒開涓滴)	871
비등무나고인하(飛騰無那故人何)	863
비래상국겸안촉(比來相國兼安蜀)	804
빈래어연정신소(頻來語燕定新巢)	857
빈발환응설만두(鬢髮還應雪滿頭)	908
빙장완벽마노한(冰漿碗碧瑪瑙寒)	817

ㅅ

사가보월청소립(思家步月淸宵立)	839
사객애시차미환(詞客哀時且未還)	834
사군고의구금고(使君高義驅今古)	910
사남사북개춘수(舍南舍北皆春水)	773
사도급위파유연(司徒急爲破幽燕)	839
사삽소리각심진(使挿疏籬卻甚眞)	805
사상초각류신암(沙上草閣柳新闇)	733
사안불권등림비(謝安不倦登臨費)	762
사인퇴식수봉사(舍人退食收封事)	837
사점도갈喝매우(思霑道喝黃梅雨)	900
사주책마론병지(捨舟策馬論兵地)	804
사촌백운잉함동(沙村白雲仍含凍)	808
사하춘강심불류(寺下春江深不流)	909
사홍춘주한잉록(射洪春酒寒仍綠)	768
삭문주항류제작(數問舟航留製作)	807
삭운한국배리우(朔雲寒菊倍離憂)	918
산련월수반삼촉(山連越嶲蟠三蜀)	768
산루분첩은비가(山樓粉堞隱悲笳)	869
산목창창락일훈(山木蒼蒼落日曛)	810

산요관각형첨수(山腰官閣逈添愁)	909		서첨약과봉주망(書籤藥裹封蛛網)	769
산음야설흥난승(山陰夜雪興難乘)	900		서촉앵도야자홍(西蜀櫻桃也自紅)	729
산의충한욕방매(山意沖寒欲放梅)	784		서촉지형천하험(西蜀地形天下險)	782
삼고빈번천하계(三顧頻繁天下計)	921		석거위우란병입(昔去爲憂亂兵入)	754
삼년분주공피골(三年奔走空皮骨)	822		석경린갑동추풍(石鯨鱗甲動秋風)	730
삼복염증정유무(三伏炎蒸定有無)	767		석문사일도림구(石門斜日到林丘)	902
삼분할거우주책(三分割據紆籌策)	860		석세참차오작교(石勢參差烏鵲橋)	852
삼촌황감유자청(三寸黃甘猶自青)	898		석출도청풍엽하(石出倒聽楓葉下)	786
삼협루대엄일월(三峽樓臺淹日月)	834		선가견폐백운간(仙家犬吠白雲間)	829
삼협성하영동요(三峽星河影動搖)	855		선답로봉치란야(先踏爐峰置蘭若)	808
상견귀회상백우(想見歸懷尙百憂)	908		선려동주만경이(仙侶同舟晚更移)	745
상고사붕손약란(常苦沙崩損藥欄)	822		선판일음취여니(先判一飲醉如泥)	769
상괴편비종일대(常怪偏裨終日待)	781		설령독간서일락(雪嶺獨看西日落)	777
상서부득귀관우(湘西不得歸關羽)	796		설비옥립진청추(雪飛玉立盡清秋)	914
상송시문월색신(相送柴門月色新)	794		설산척후무병마(雪山斥候無兵馬)	797
상수야중자족갈(常愁夜中自足蝎)	899		설잔지작역다시(雪殘鳲鵲亦多時)	742
상제고거강절조(上帝高居絳節朝)	852		성궐추생화각애(城闕秋生畫角哀)	772
상친상근수중구(相親相近水中鷗)	905		성변야지련욕홍(城邊野池蓮欲紅)	733
상황벽오백학서(霜黃碧梧白鶴棲)	770		성상격탁복오제(城上擊柝復烏啼)	770
새상풍운접지음(塞上風雲接地陰)	924		성상춘운복원장(城上春雲覆苑牆)	872
생리지빙황각로(生理秪憑黃閣老)	822		성첨경측정패수(城尖徑仄旌旆愁)	911
생장명비상유촌(生長明妃尙有村)	815		세란울울구위객(世亂鬱鬱久爲客)	795
생증류서백어면(生憎柳絮白於綿)	840		세모음양최단영(歲暮陰陽催短景)	855
서래수다수태음(西來水多愁太陰)	925		세시복랍주촌옹(歲時伏臘走村翁)	732
서망요지강왕모(西望瑤池降王母)	832		세우하고백제성(細雨何孤白帝城)	891
서북루성웅초도(西北樓成雄楚都)	767		세초류련침좌연(細草留連侵坐軟)	779
서비석장출풍진(徐飛錫杖出風塵)	808		세추물리수행락(細推物理須行樂)	790
서산구도막상침(西山寇盜莫相侵)	922		소경승당구불사(小徑升堂舊不斜)	868
서산백설삼성수(西山白雪三城戍)	851		소등자조고범숙(疎燈自照孤帆宿)	887
서악준증송처존(西岳峻嶒竦處尊)	812		소변야작군기연(巢邊野雀群欺燕)	791

소상동정허영공(瀟湘洞庭虛映空) 733	수의루허휴가온(繡衣屢許攜家醞) 776
소송협수주생황(疎松夾水奏笙簧) 882	수일수수일선장(愁日愁隨一線長) 873
소식진전해아우(消息眞傳解我憂) 917	수자심원독불문(豎子尋源獨不聞) 810
소연욕하음산설(翛然欲下陰山雪) 882	수장단발환취모(羞將短髮還吹帽) 818
소요공후세다현(逍遙公後世多賢) 845	수정궁전전비미(水精宮殿轉霏微) 752
소원회랑춘적적(小院廻廊春寂寂) 909	수하하수기울증(首夏何須氣鬱蒸) 900
소접랑중평사음(笑接郞中評事飮) 802	수행견풍취대장(水荇牽風翠帶長) 872
소조이대부동시(蕭條異代不同時) 746	수향산음상소주(須向山陰上小舟) 904
소천방인위정관(笑倩傍人爲正冠) 818	수회세사수잉파(數回細寫愁仍破) 729
속대발광욕대규(束帶發狂欲大叫) 899	순첨색공매화소(巡簷索共梅花笑) 926
송객봉춘가자유(送客逢春可自由) 905	습유증주수행서(拾遺曾奏數行書) 762
송이유주석차연(送爾維舟惜此筵) 845	습지미각풍류진(習池未覺風流盡) 798
쇠년정고병침릉(衰年正苦病侵凌) 900	승가절조상불민(承家節操尙不泯) 748
쇠년폐병유고침(衰年肺病唯高枕) 813	승래불어자명종(僧來不語自鳴鍾) 735
쇠로응위난리별(衰老應爲難離別) 877	승로금경소한간(承露金莖霄漢間) 832
쇠안욕부자금단(衰顔欲付紫金丹) 822	승리금화교내한(勝裏金花巧耐寒) 825
수가교작단장성(誰家巧作斷腸聲) 888	승상사당하처심(丞相祠堂何處尋) 921
수가도련풍처처(誰家搗練風凄凄) 770	승주취비난사(乘舟取醉非難事) 799
수가별루습라의(誰家別淚濕羅衣) 758	승흥묘연미출처(乘興杳然迷出處) 902
수가삭거주배관(誰家數去酒杯寬) 824	승흥환래간약란(乘興還來看藥欄) 820
수간직북시장안(愁看直北是長安) 827	시론동귀척오천(時論同歸尺五天) 846
수견황화무수신(羞見黃花無數新) 795	시문공폐쇄송균(柴門空閉鎖松筠) 793
수극본빙시견흥(愁極本憑詩遣興) 879	시문부정축강개(柴門不正逐江開) 772
수대한운설만산(愁對寒雲雪滿山) 828	시문잡패성산산(時聞雜佩聲珊珊) 817
수방우희고인래(殊方又喜故人來) 781	시성음영전처량(詩成吟詠轉凄涼) 879
수방일락현원곡(殊方日落玄猿哭) 788	시성주옥재휘호(詩成珠玉在揮毫) 859
수산파유하오계(水散巴渝下五溪) 768	시신완보귀청쇄(侍臣緩步歸靑瑣) 742
수석증위대사마(殊錫曾爲大司馬) 854	시위병갑황진리(時危兵甲黃塵裏) 845
수성일취습지회(須成一醉習池迴) 776	시지영녀선취소(始知嬴女善吹簫) 852
수유풍이래격고(遂有馮夷來擊鼓) 852	신과화간점습호(身過花間霑濕好) 891

신로시위사회면(身老時危思會面) 781
신송한불고천척(新松恨不高千尺) 822
신숙어인환범범(信宿漁人還汎汎) 759
신월유현쌍저명(新月猶懸雙杵鳴) 887
신유인간행로난(信有人間行路難) 822
신정거목풍경절(新亭舉目風景切) 880
신첨수함공수조(新添水檻供垂釣) 907
실소은안방험행(實少銀鞍傍險行) 891
심절차시무일촌(心折此時無一寸) 806
십년융마암남국(十年戎馬暗南國) 889
쌍봉적적대춘대(雙峰寂寂對春臺) 778
쌍첨어좌인조의(雙瞻御座引朝儀) 743

ㅇ

아동막신타자아(兒童莫信打慈鴉) 868
아이무가심제매(我已無家尋弟妹) 753
악죽응수참만간(惡竹應須斬萬竿) 822
안고양골한서동(岸高瀁滑限西東) 734
안득무농식전투(安得務農息戰鬪) 843
안득선인구절장(安得仙人九節杖) 812
안득적각답층빙(安得赤脚踏層冰) 899
안변강가하총촉(眼邊江舸何忽促) 757
안용대랍장서류(岸容待臘將舒柳) 784
안위수장출군재(安危須仗出群材) 782
애애과부주구진(哀哀寡婦誅求盡) 815
애여옥산초당정(愛汝玉山草堂靜) 792
애제전서채익신(愛弟傳書綵鷁新) 801
애학무광류호정(哀壑無光留戶庭) 896
액원죽비오십심(掖垣竹埤梧十尋) 920

야곡천가문전벌(野哭千家聞戰伐) 855
야로리변강안회(野老籬邊江岸迴) 772
야수춘래갱접련(野水春來更接連) 844
야인상증만균롱(野人相贈滿筠籠) 729
야점산교송마제(野店山橋送馬蹄) 769
야종강함락풍단(也從江檻落風湍) 822
야항흡수량삼인(野航恰受兩三人) 794
약리관심시총폐(藥裏關心詩總廢) 893
약수동영수장류(弱水東影隨長流) 911
약운낭자불금풍(弱雲狼藉不禁風) 734
약위간거란향수(若爲看去亂鄕愁) 906
약이부오수소지(藥餌扶吾隨所之) 750
양웅갱유하동부(揚雄更有河東賦) 837
어룡적막추강랭(魚龍寂寞秋江冷) 744
어불경인사불휴(語不驚人死不休) 907
어인망집징담하(漁人網集澄潭下) 772
어지병혈유래미(魚知丙穴由來美) 765
어취세랑요가선(魚吹細浪搖歌扇) 836
억작사첨문하성(憶昨賜沾門下省) 729
억작소요공봉반(憶昨逍遙供奉班) 828
억재동관시흥다(憶在潼關詩興多) 865
억제간운백일면(憶弟看雲白日眠) 839
언득사여도사수(焉得思如陶謝手) 907
언지이광미봉후(焉知李廣未封侯) 910
여견란리부득이(予見亂離不得已) 896
여금사일원간인(如今社日遠看人) 809
여보혜련시불석(與報惠連詩不惜) 801
여영처자달형주(汝迎妻子達荊州) 917
여자피지서강주(與子避地西康州) 918
연강로숙부청교(緣江路熟俯靑郊) 857

연연희접과한만(娟娟戲蝶過閑幔)	827		옥전허무야사중(玉殿虛無野寺中)	731
연자함니량도신(燕子銜泥兩度新)	809		와룡약마종황토(臥龍躍馬終黃土)	855
연자함니습불방(燕子銜泥濕不妨)	881		와병강호춘부생(臥病江湖春復生)	893
연축비화락무연(燕蹴飛花落舞筵)	836		와병옹색재협중(臥病擁塞在峽中)	733
염예기몰고근심(灩澦既沒孤根深)	925		완적언지례법소(阮籍焉知禮法疏)	762
염풍삭설천왕지(炎風朔雪天王地)	854		완화계리화요소(浣花溪裏花饒笑)	884
엽심미실간시락(葉心朱實看時落)	884		완화계수수서두(浣花溪水水西頭)	903
영계벽초자춘색(暎階碧草自春色)	921		왕목정휘출성부(枉沐旌麾出城府)	762
영공요양여사비(映空搖颺如絲飛)	757		왕사미보수동군(王師未報收東郡)	772
영야각성비자어(永夜角聲悲自語)	823		왕후제택개신주(王侯第宅皆新主)	744
예거종일성문유(曳裾終日盛文儒)	767		요관험로금허원(嶢關險路今虛遠)	917
예전자자신경조(預傳藉藉新京兆)	878		요락심지송옥비(搖落深知宋玉悲)	746
오경고각성비장(五更鼓角聲悲壯)	855		요취초화미원천(要取椒花媚遠天)	841
오경삼점입원항(五更三點入鵷行)	873		욕문평안무사래(欲問平安無使來)	774
오계의복공운산(五溪衣服共雲山)	834		욕부비로만유유(浴鳧飛鷺晚悠悠)	909
오릉의마자경비(五陵衣馬自輕肥)	759		욕사파요제앵합(欲辭巴徼啼鶯合)	781
오마구증암소경(五馬舊曾諳小徑)	765		욕전구학유소방(欲塡溝壑唯疎放)	875
오시기좌자천명(午時起坐自天明)	891		욕지세장사륜미(欲知世掌絲綸美)	859
오야루성최효전(五夜漏聲催曉箭)	859		욕지추주상심지(欲知趨走傷心地)	873
오운다처시삼태(五雲多處是三台)	786		우경화예농휘휘(偶經花蕊弄輝輝)	760
오월강심초각한(五月江深草閣寒)	821		우라자각허시교(虞羅自覺虛施巧)	785
오의모옥과강록(悞疑茅屋過江麓)	817		우읍홍거염염향(雨裛紅蕖冉冉香)	875
오주도수역종차(五株桃樹亦從遮)	868		우인하사망라구(于人何事網羅求)	914
오피궤재환사귀(烏皮几在還思歸)	754		우착한강정온류(禹鑿寒江正穩流)	917
옥궤유래천북극(玉几由來天北極)	828		운근봉래상오색(雲近蓬萊常五色)	742
옥로조상풍수림(玉露凋傷楓樹林)	924		운단악련림대로(雲斷岳蓮臨大路)	791
옥루부운변고금(玉壘浮雲變古今)	922		운물불수향국이(雲物不殊鄉國異)	784
옥루제서심서란(玉壘題書心緒亂)	908		운백산청만여리(雲白山淸萬餘里)	827
옥배금석고운량(玉杯錦席高雲涼)	877		운석형형고엽서(雲石熒熒高葉曙)	916
옥산고병량봉한(玉山高竝兩峯寒)	818		운안현전강가련(雲安縣前江可憐)	841

운우황대기몽사(雲雨荒臺豈夢思) 746	융마불여귀마일(戎馬不如歸馬逸) 815
운이치미개궁선(雲移雉尾開宮扇) 832	융마상봉갱하일(戎馬相逢更何日) 910
운이한조종난복(運移漢祚終難復) 861	은거욕취려산원(隱居欲就廬山遠) 807
원개산악산강호(遠開山嶽散江湖) 767	은궤소조대할관(隱几蕭條帶鶡冠) 826
원괴상방증사리(遠愧尙方曾賜履) 918	은한요응접봉성(銀漢遙應接鳳城) 887
원리장조풍사희(院裏長條風乍稀) 757	읍혈병공회백두(泣血迸空回白頭) 911
원마총비진목숙(宛馬總肥秦苜蓿) 848	의절천교발한정(擬絶天驕拔漢旌) 885
원변고총와기린(苑邊高塚臥麒麟) 790	이가기처기어초(夷歌幾處起漁樵) 855
원수우률미전빈(園收芋栗未全貧) 794	이가최근괴삼상(爾家最近魁三象) 846
원외강두좌불귀(苑外江頭坐不歸) 752	이변로각도잠국(籬邊老卻陶潛菊) 777
원융소대출교경(元戎小隊出郊坰) 895	이소징구빈도골(已訴徵求貧到骨) 805
원재검남사락양(遠在劍南思洛陽) 879	이역빈객로고성(異域賓客老孤城) 889
원하형문거익최(遠下荊門去鷁催) 781	이영주전로적화(已映洲前蘆荻花) 869
원해조간미록유(遠害朝看麋鹿遊) 902	이월요수혼혼연(二月饒睡昏昏然) 843
월방관산기처명(月傍關山幾處明) 888	이의청탁환고하(二儀淸濁還高下) 767
월상비취무소식(越裳翡翠無消息) 854	이인령빙십년사(已忍伶俜十年事) 823
위수진산득견부(渭水秦山得見否) 889	이입풍등매운단(已入風磴霾雲端) 817
위원수사소평과(爲園須似邵平瓜) 871	이지출곽소진사(已知出郭少塵事) 903
위인성벽탐가구(爲人性癖耽佳句) 907	이판청전방고직(已辦靑錢防雇直) 799
위정풍류금재자(爲政風流今在茲) 748	인계야곡여작일(鄰雞野哭如作日) 750
유객승가자충주(有客乘舸自忠州) 916	인금파병호종횡(人今罷病虎縱橫) 889
유군최애청광객(唯君最愛淸狂客) 824	인도우금가출목(人到于今歌出牧) 829
유대취허송상천(唯待吹噓送上天) 837	인사음서만적료(人事音書漫寂寥) 855
유서지벽경과소(幽棲地僻經過少) 820	인생칠십고래희(人生七十古來稀) 751
유서진조금강어(幽棲眞釣錦江魚) 762	일거자대련삭막(一去紫臺連朔漠) 815
유시자발종경향(有時自發鍾磬響) 792	일관기반실장신(一官羈絆實藏身) 800
유시전도착의상(有時顚倒著衣裳) 873	일단강호백발전(日短江湖白髮前) 845
유신라함구유택(庾信羅含俱有宅) 871	일담일소속상간(一談一笑俗相看) 825
유신평생최소슬(庾信平生最蕭瑟) 834	일락청룡현수중(日落靑龍見水中) 727
유장지모공다병(惟將遲暮供多病) 851	일만루전강무황(日滿樓前江霧黃) 880

일모료위량보음(日暮聊爲梁父吟)	922
일생금포향수개(一生襟抱向誰開)	781
일생자렵지무적(一生自獵知無敵)	914
일성하처송서안(一聲何處送書雁)	841
일쌍계칙대침부(一雙鸂鶒對沈浮)	903
일쌍백어불수조(一雙白魚不受釣)	898
일와창강경세만(一臥滄江驚歲晚)	832
일요룡린식성안(日繞龍鱗識聖顏)	832
일욕니도수만수(一辱泥塗遂晚收)	918
일일강루좌취미(日日江樓坐翠微)	759
일주관두면기회(一柱觀頭眠幾回)	774
일체군신제사동(一體君臣祭祀同)	732
일편화비감각춘(一片花飛減卻春)	790

|ㅈ|

자각봉음입미피(紫閣峰陰入渼陂)	745
자거자래량상연(自去自來梁上燕)	905
자공다가연참좌(自公多暇延參佐)	892
자득수주각야명(自得隋珠覺夜明)	893
자배가이헌천자(炙背可以獻天子)	802
자소광부노갱광(自笑狂夫老更狂)	875
자수오문첨약선(刺繡五紋添弱線)	784
자시진루압정곡(自是秦樓壓鄭谷)	817
자식장군례삭관(自識將軍禮數寬)	821
자앵무사옥위항(瓷罌無謝玉爲缸)	738
자지백발비춘사(自知白髮非春事)	867
자지출처필수경(子知出處必經營)	896
작일옥어몽장지(昨日玉魚蒙葬地)	831
작탁강두황류화(雀啄江頭黃柳花)	867

잔화창망근인개(殘花悵望近人開)	779
잠시상상막상위(暫時相賞莫相違)	751
잠어선장환기거(暫語船檣還起去)	809
잠지비오장수자(蹔止飛烏將數子)	857
잠취가인금슬방(暫醉佳人錦瑟傍)	872
장개협사의심신(長開篋笥擬心神)	807
장군지수한표요(將軍只數漢嫖姚)	848
장군차막파수안(將軍且莫破愁顏)	831
장년삼로요련여(長年三老遙憐汝)	799
장단려산청로진(腸斷驪山淸路塵)	795
장단진천류탁경(腸斷秦川流濁涇)	898
장려설후림단학(杖藜雪後臨丹壑)	806
장려탄세자수자(杖藜嘆世者誰子)	911
장로관심비검각(長路關心悲劍閣)	772
장사영웅루만금(長使英雄淚滿襟)	921
장시불필만인전(將詩不必萬人傳)	845
장월건유첨구미(杖鉞褰帷瞻具美)	892
장인재력유강건(丈人才力猶強健)	867
장하강촌사사유(長夏江村事事幽)	904
재경일잔즉훈인(才傾一盞卽醺人)	798
재미세만상허명(才微歲晚尙虛名)	893
재야지교심력파(在野只敎心力破)	914
저청사백조비회(渚淸沙白鳥飛廻)	789
적갑산하인행희(赤甲山下人行稀)	758
적관준주정상개(謫官樽酒定常開)	774
적막강천운무리(寂寞江天雲霧裏)	895
전괄통천유일문(箭栝通天有一門)	812
전성일주습정운(傳聲一注濕靑雲)	810
전어풍광공류전(傳語風光共流轉)	751
절벽과운개금수(絶壁過雲開錦繡)	882

| 색인索引 1047 |

절새수시조폐문(絶塞愁時早閉門) 813	종음구판인공기(縱飮久判人共棄) 752
점수청정관관비(點水蜻蜓款款飛) 751	종주욕모량야취(縱酒欲謀良夜醉) 850
점주도화서소홍(點注桃花舒小紅) 734	주가음동세연무(主家陰洞細煙霧) 817
정공저산빈성사(鄭公樗散鬢成絲) 740	주공부운세세경(朱栱浮雲細細輕) 892
정기일난룡사동(旌旂日暖龍蛇動) 859	주도옥녀세두분(拄到玉女洗頭盆) 812
정사융마루영건(正思戎馬淚盈巾) 805	주란각억십년사(酒闌却憶十年事) 795
정상인온만안향(正想氤氳滿眼香) 873	주렴수주위황혹(珠簾繡柱圍黃鵠) 913
정서거마우서치(征西車馬羽書馳) 744	주루희문고각보(晝漏稀聞高閣報) 743
정억왕시엄복아(正憶往時嚴僕射) 782	주불즉당수채익(朱紱卽當隨綵鷁) 917
정핵단풍초자새(正翮摶風超紫塞) 785	주억비통불용고(酒憶郫筒不用酤) 765
정현정자간지빈(鄭縣亭子澗之濱) 791	주은전후삼지절(主恩前後三持節) 782
제갈대명수우주(諸葛大名垂宇宙) 860	주의지재전중간(朱衣只在殿中間) 828
제군하이답승평(諸君何以答升平) 885	주인로처승소정(晝引老妻乘小艇) 738
제권형수하원차(弟勸兄酬何怨嗟) 871	주인송객하소작(主人送客何所作) 877
제매소조각하재(弟妹蕭條各何在) 788	주인어자가회수(舟人漁子歌回首) 925
제봉라립사아손(諸峰羅立似兒孫) 812	주인위복림당유(主人爲卜林塘幽) 903
제천합재등라외(諸天合在藤蘿外) 909	주인지점도금의(舟人指點到今疑) 746
조개능망절야매(皁蓋能忘折野梅) 776	주중득병이금침(舟中得病移衾枕) 865
조근종용문유측(朝覲從容問幽仄) 796	주즙묘연자차거(舟楫眇然自此去) 750
조만래자초왕궁(早晚來自楚王宮) 734	주채심상행처유(酒債尋常行處有) 751
조모환응사관녕(皁帽還應似管寧) 895	주후상칭로화사(酒後常稱老畫師) 740
조문황각화기린(早聞黃閣畫麒麟) 804	죽간뇨뇨세천분(竹竿裊裊細泉分) 810
조석최인자백두(朝夕催人自白頭) 906	죽리행주세옥반(竹裏行廚洗玉盤) 821
조시금완출인간(早時金盌出人間) 831	죽엽어인기무분(竹葉於人旣無分) 788
조정곤직수쟁보(朝廷袞職誰爭補) 736	죽한사벽완화계(竹寒沙碧浣花溪) 769
조춘중인강호흥(早春重引江湖興) 825	준당하기경초산(樽當霞綺輕初散) 844
조파향연휴만수(朝罷香煙攜滿袖) 859	준전백엽휴수주(樽前柏葉休隨酒) 825
조회일일전춘의(朝回日日典春衣) 751	준주가빈지구배(樽酒家貧只舊醅) 773
종군기수영묘시(終軍棄繻英妙時) 748	중간소식량망연(中間消息兩茫然) 840
종신유상숙청고(宗臣遺像肅清高) 860	중동풍일시처처(仲冬風日始凄凄) 768

중승문속화웅빈(中丞問俗畫熊頻)	801		직도면주시분수(直到綿州始分手)	779
중양독작배중주(重陽獨酌杯中酒)	788		직도무우행로난(直道無憂行路難)	825
중원군신시호변(中原君臣豺虎邊)	843		직북관산금고진(直北關山金鼓震)	744
중원장수억렴파(中原將帥憶廉頗)	864		직위문옹재부부(直爲文翁再剖符)	765
중진환수제세재(重鎭還須濟世才)	781		진류완우수쟁장(陳留阮瑀誰爭長)	848
중차근력고산위(重嗟筋力故山違)	756		진사환의출상방(眞賜還疑出尙方)	882
중천월색호수간(中天月色好誰看)	823		진중역사무소식(秦中驛使無消息)	758
중천적취옥대요(中天積翠玉臺遙)	852		진중자고제왕주(秦中自古帝王州)	913
즉간연자입산비(卽看燕子入山扉)	756		징군만절방풍진(徵君晚節傍風塵)	800
즉방원객수다사(卽防遠客雖多事)	805		징군이거독송국(徵君已去獨松菊)	896
즉종파협천무협(卽從巴峽穿巫峽)	876			
증경도간호노이(曾驚陶侃胡奴異)	810		**ㅊ**	
증섬주기북두은(曾閃朱旗北斗殷)	831			
증위연리추삼보(曾爲掾吏趨三輔)	865		차간욕진화경안(且看欲盡花經眼)	790
지결신섬군무로(志決身殲軍務勞)	861		차별응수각노력(此別應須各努力)	753
지군고사연시수(知君苦思緣詩瘦)	735		차시대설요상억(此時對雪遙相憶)	905
지군미애춘호색(知君未愛春湖色)	862		차신나득갱무가(此身那得更無家)	867
지군재시제천공(知君才是濟川功)	727		차신미지귀정처(此身未知歸定處)	747
지동연석능성운(只同燕石能星隕)	893		차여천거정연유(借汝遷居停宴遊)	916
지리동북풍진제(支離東北風塵際)	834		차일상신임전봉(此日嘗新任轉蓬)	729
지분남북임류평(地分南北任流萍)	895		차일차시인공득(此日此時人共得)	825
지분청절임재현(地分淸切任才賢)	837		차진방준려물화(且盡芳樽戀物華)	867
지상우금유봉모(池上于今有鳳毛)	859		창강백발수간여(滄江白髮愁看汝)	760
지연공구전수친(祇緣恐懼轉須親)	805		창망천추일쇄루(悵望千秋一灑淚)	746
지오반빈총여은(知吾斑鬢總如銀)	801		창망추천허취병(悵望秋天虛翠屛)	897
지일서간금람견(遲日徐看錦纜牽)	836		창해미전귀우공(滄海未全歸禹貢)	736
지재충신익성조(只在忠臣翊聖朝)	854		창황이취장도왕(蒼惶已就長途往)	740
지휘능사회천지(指麾能事迴天地)	796		채전섬수송청사(采傳纖手送靑絲)	747
지휘약정실소조(指揮若定失蕭曹)	860		채필석증간기상(綵筆昔曾干氣象)	745
직녀기사허야월(織女機絲虛夜月)	730		처처청강대백빈(處處淸江帶白蘋)	797

척령비급도사두(鶺鴒飛急到沙頭)	917	청점소렴간혁기(淸簟疏簾看弈棋)	748
천가금유백가존(千家今有百家存)	815	청창검점백운편(晴窓檢點白雲篇)	837
천가산곽정조휘(千家山郭靜朝暉)	759	청청죽순영선출(靑靑竹笋迎船出)	780
천문일사황금방(天門日射黃金牓)	741	청추막부정오한(淸秋幕府井梧寒)	823
천반군산고초정(天畔群山孤草亭)	898	청추연자고비비(淸秋燕子故飛飛)	759
천시인사일상최(天時人事日相催)	784	청춘불가보황우(靑春不假報黃牛)	917
천안유희근신지(天顏有喜近臣知)	743	청춘작반호환향(靑春作伴好還鄕)	876
천애상설제한소(天涯霜雪霽寒宵)	855	청포백마유하의(靑袍白馬有何意)	879
천애체루일신요(天涯涕淚一身遙)	851	체악일별영상망(棣萼一別永相望)	879
천애춘색최지모(天涯春色催遲暮)	864	초강무협반운우(楚江巫峽半雲雨)	748
천애풍속자상친(天涯風俗自相親)	806	초객유청도상장(楚客唯聽棹相將)	880
천입창랑일조주(天入滄浪一釣舟)	910	초궁랍송형문수(楚宮臘送荊門水)	801
천재비파작호어(千載琵琶作胡語)	816	초대추풍량랭후(稍待秋風凉冷後)	812
천전오주방어사(遷轉五州防御使)	801	초모무경욕교서(草茅無徑欲敎鋤)	762
천청궁류암장춘(天晴宮柳暗長春)	791	초목변쇠행검외(草木變衰行劍外)	839
천하거서이일가(天下車書已一家)	868	초문체루만의상(初聞涕淚滿衣裳)	876
천하군저부자공(天下軍儲不自供)	736	초비당상색수중(楚妃堂上色殊衆)	800
천한백학귀화표(天寒白鶴歸華表)	727	초왕궁북정황혼(楚王宮北正黃昏)	813
천합동서첨사절(川合東西瞻使節)	895	초천부단사시우(楚天不斷四時雨)	733
천화접수익점건(穿花貼水益霑巾)	809	초희림변왕상국(稍喜臨邊王相國)	736
천화협접심심견(穿花蛺蝶深深見)	751	촉강유사견황하(蜀江猶似見黃河)	865
청간석상등라월(請看石上藤蘿月)	869	촉객극잠비아린(蜀客郯岑非我鄰)	802
청간치자욕청강(晴看稚子浴淸江)	738	촉도병과유시비(蜀道兵戈有是非)	758
청강금석상심려(淸江錦石傷心麗)	829	촉오수인도주변(觸忤愁人到酒邊)	841
청강일곡포춘류(淸江一曲抱村流)	904	촉주규오행삼협(蜀主窺吳幸三峽)	731
청렴백방익주래(靑簾白舫益州來)	786	총광혜엽여다벽(寵光蕙葉與多碧)	734
청사무로수조장(靑史無勞數趙張)	878	총국량개타일루(叢菊兩開他日淚)	924
청아호치재루선(靑蛾皓齒在樓船)	836	총융개삽시중초(總戎皆揷侍中貂)	854
청운만호단경개(晴雲滿戶團傾蓋)	763	총융초촉응전미(總戎楚蜀應全未)	864
청원실하삼성루(聽猿實下三聲淚)	869	최시초궁구민멸(最是楚宮俱泯滅)	746

추곡기년유진정(推轂幾年唯鎭靜) 767
추수부계류결거(秋水浮階溜決渠) 763
추수재심사오척(秋水纔深四五尺) 794
추일야정천귤향(秋日野亭千橘香) 877
추진동행차미회(秋盡東行且未廻) 777
추풍차일쇄의상(秋風此日灑衣裳) 882
축객수개만리거(逐客雖皆萬里去) 908
춘래준의개회구(春來準擬開懷久) 756
춘래추거작수가(春來秋去作誰家) 871
춘래화조막심수(春來花鳥莫深愁) 907
춘산무반독상구(春山無伴獨相求) 902
춘성우색동미한(春城雨色動微寒) 824
춘수선여천상좌(春水船如天上坐) 826
춘안동귀필견시(春雁同歸必見猜) 785
춘우암암색협중(春雨闇闇塞峽中) 734
춘일앵제수죽리(春日鶯啼修竹裏) 829
춘일춘반세생채(春日春盤細生菜) 747
춘저일락몽상견(春渚日落夢相牽) 843
춘전청훈적우기(春殿晴熏赤羽旗) 741
춘주배농호박박(春酒杯濃琥珀薄) 817
춘풍자신아장동(春風自信牙檣動) 836
춘풍회수중선루(春風回首仲宣樓) 910
춘화불수불란만(春花不愁不爛漫) 880
출문전면이진적(出門轉眄已陳跡) 750
출사미첩신선사(出師未捷身先死) 921
취가륙관동부회(吹葭六琯動浮灰) 784
취관은앵하구소(翠管銀罌下九霄) 850
취어마상왕래경(醉於馬上往來輕) 891
취적추산풍월청(吹笛秋山風月淸) 888
취파수유자세간(醉把茱萸仔細看) 818

취화상상공산리(翠華想像空山裏) 731
측신천지갱회고(側身天地更懷古) 755
치자고침작조구(稚子敲針作釣鉤) 905
칠월육일고염증(七月六日苦炎蒸) 899
침릉설색환훤초(侵凌雪色還萱草) 850

ㅌ

타고발선하군랑(打鼓發船何郡郎) 880
타옥요금보주신(拖玉腰金報主身) 804
타일일배난강진(他日一杯難强進) 756
타향취아생춘색(他鄉就我生春色) 926
탄식인간만사비(嘆息人間萬事非) 753
탐추상부금신발(貪趨相府今晨發) 786
태향교유만사용(太向交遊萬事慵) 735
토장삼굴막심우(兎藏三窟莫深憂) 915
통곡추원하처촌(慟哭秋原何處村) 815
퇴식종용출매지(退食從容出每遲) 742
퇴식지회위촌심(退食遲廻違寸心) 920
퇴조경출대명궁(退朝擎出大明宮) 729
투호산질유여청(投壺散帙有餘淸) 892

ㅍ

파표고미침운흑(波漂菰米沈雲黑) 730
패검충성료잠발(佩劍沖星聊暫拔) 825
편여선생성영결(便與先生成永訣) 740
편운하의방금대(片雲何意傍琴臺) 772
편응황발로어초(便應黃髮老漁樵) 852
편주계람사변구(扁舟繫纜沙邊久) 862

편주부독여장한(扁舟不獨如張翰)	895
편편경구하급단(片片輕鷗下急湍)	827
편하양양향락양(便下襄陽向洛陽)	876
폐병기시조일변(肺病幾時朝日邊)	841
포병기등강상대(抱病起登江上臺)	788
표박서남천지간(飄泊西南天地間)	834
풍강삽삽란범추(風江颯颯亂帆秋)	916
풍급천고원소애(風急天高猿嘯哀)	789
풍류유아역오사(風流儒雅亦吾師)	746
풍생주저금범개(風生洲渚錦帆開)	780
풍우시시룡일음(風雨時時龍一吟)	925
풍진임음서절(風塵荏苒音書絶)	823
풍표만점정수인(風飄萬點正愁人)	790
풍표율려상화절(風飄律呂相和切)	888
풍함취소연연정(風含翠篠娟娟淨)	875

ㅎ

하내유의차구순(河內猶宜借寇恂)	796
하득수중각진생(何得愁中卻盡生)	888
하롱항왕관성조(河隴降王款聖朝)	848
하시갱득곡강유(何時更得曲江遊)	908
하시조차금전회(何時詔此金錢會)	872
하용부명반차신(何用浮名絆此身)	790
하위서장왕급사(何爲西莊王給事)	793
하이표표탁차신(何異飄飄托此身)	809
하인도유소미성(何人道有少微星)	895
하인착억궁수일(何人錯憶窮愁日)	873
하채망귀범려선(蝦菜忘歸范蠡船)	846
하처로옹래부시(何處老翁來賦詩)	748
하협소수정기순(下峽消愁定幾巡)	799
한경시상산연벽(寒輕市上山煙碧)	880
한공본의축삼성(韓公本意築三城)	885
한의처처최도척(寒衣處處催刀尺)	924
한조릉묘대남산(漢朝陵墓對南山)	831
함풍취벽고운세(含風翠壁孤雲細)	909
합환각소천년사(合歡卻笑千年事)	727
항기치자색처량(恒飢稚子色凄凉)	875
해내풍진제제격(海內風塵諸弟隔)	851
해학계전명향인(海鶴階前鳴向人)	800
해후무단출전지(邂逅無端出錢遲)	740
행부절래상세모(幸不折來傷歲暮)	906
행운막자습선의(行雲莫自濕仙衣)	757
행주부시수미앙(行酒賦詩殊未央)	877
향도탁여앵무립(香稻啄餘鸚鵡粒)	745
향리의관불핍현(鄉里衣冠不乏賢)	846
향표합전춘풍전(香飄合殿春風轉)	743
허무지소대소상(虛無只少對瀟湘)	881
허신괴비쌍남금(許身愧比雙南金)	920
허의호수충니겁(虛疑皓首沖泥怯)	891
허좌증헌삭산수(許坐曾軒數散愁)	916
헌납사존우로변(獻納司存雨露邊)	837
현동기야숙양대(玄冬幾夜宿陽臺)	785
현성차거유휘광(賢聲此去有輝光)	877
현수한마서융핍(見愁汗馬西戎逼)	831
협자번비환일총(挾子翻飛還一叢)	733
협탁운매룡호와(峽坼雲霾龍虎臥)	911
형승유여풍토악(形勝有餘風土惡)	865
형주정설기시근(荊州鄭薛寄詩近)	802
호과구당염예퇴(好過瞿塘灩澦堆)	775

호기장구오륙년(胡騎長驅五六年)	839	황리병좌교수습(黃鸝幷坐交愁濕)	824
호기중소감북주(胡騎中宵堪北走)	888	황부형주상갱신(況復荊州賞更新)	798
호남위객동경춘(湖南爲客動經春)	809	황앵과수번회거(黃鶯過水翻廻去)	881
호래불각동관애(胡來不覺潼關隘)	885	황우협정탄성전(黃牛峽靜灘聲轉)	753
호로천추상입관(胡虜千秋尙入關)	831	황조시겸백조비(黃鳥時兼白鳥飛)	752
호아멱지일제시(呼兒覓紙一題詩)	747	황초협서선불귀(黃草峽西船不歸)	758
호외소용자수수(戶外昭容紫袖垂)	743	회송기룡집봉지(會送夔龍集鳳池)	743
호유빙고발흥신(戶牖憑高發興新)	791	회수가련가무지(回首可憐歌舞地)	913
혼흑응수도상두(昏黑應須到上頭)	909	회수부상동주표(回首扶桑銅柱標)	854
홀경옥리금서랭(忽驚屋裏琴書冷)	760	회수풍진감식기(回首風塵甘息機)	755
홀만상봉시별연(忽漫相逢是別筵)	840	회포하시득호개(懷抱何時得好開)	777
홀억량경매발시(忽憶兩京梅發時)	747	회해유양일준인(淮海維揚一俊人)	796
홀홀궁수니살인(忽忽窮愁泥殺人)	806	횡적단소비원천(橫笛短簫悲遠天)	836
홍안영래련협내(鴻雁影來連峽內)	917	효루추추청쇄달(曉漏追趨青瑣闥)	837
화경부증연객소(花徑不曾緣客掃)	773	효효행운부일광(晶晶行雲浮日光)	881
화근고루상객심(花近高樓傷客心)	922	후록고인서단절(厚祿故人書斷絶)	875
화기혼여백화향(花氣渾如百和香)	881	훈련강병동귀신(訓練强兵動鬼神)	796
화도생식춘풍면(畫圖省識春風面)	816	훈업종귀마복파(勳業終歸馬伏波)	862
화변립마주금안(花邊立馬簇金鞍)	821	휘하뢰군재병입(麾下賴君才幷入)	848
화복천관숙경이(花覆千官淑景移)	743	휴괴아동연속객(休怪兒童延俗客)	797
화성향로위복침(畫省香爐違伏枕)	869	휴도진관백이중(休道秦關百二重)	736
화악협성통어기(花萼夾城通御氣)	913	휴번염정척황금(休翻鹽井擲黃金)	925
화저산봉원진인(花底山蜂遠趁人)	791	흑응불성인간유(黑鷹不省人間有)	785
화지조안구환성(花枝照眼句還成)	893	흥래금일진군환(興來今日盡君歡)	818
환극제휴여의무(歡劇提攜如意舞)	926	흥재려구백옥가(興在驪駒白玉珂)	862
환여하손재양주(還如何遜在揚州)	905	희가상위촉산간(戲假霜威促山簡)	776
환패공귀월야혼(環佩空歸月夜魂)	816	희다행좌백두음(喜多行坐白頭吟)	926
황내추후전다승(況乃秋後轉多蠅)	899		

|역해자 프로필|

• **이영주**(李永朱)
　서울대학교 인문대학 중어중문학과 졸업
　서울대학교 대학원 중어중문학과 석사, 박사
　現 서울대학교 인문대학 중어중문학과 교수
　* 주요 저서
　　《가난한 사귐의 노래-두보》, 솔출판사, 1998.
　　《唐詩選》(공저), 서울대학교출판부, 1998.
　　《漢文讀解法》(공저), 명문당, 2000.
　　《漢字字義論》, 서울대학교출판부, 2000.
　　《두보 초기시 역해》(공역), 솔출판사, 1998.
　　《두보 지덕연간시 역해》(공역), 한국방송통신대학교출판부, 2001.
　　《두보 위관시기시 역해》(공역), 서울대학교출판부, 2004.
　　《癸未集》, 신라출판사, 2004.(創作漢詩集)
　　《甲申集》, 集文堂, 2005.(創作漢詩集)

• **강성위**(姜聲尉)
　서울대학교 인문대학 중어중문학과 졸업
　서울대학교 대학원 중어중문학과 석사, 박사
　現 서울대학교 인문학연구원 중국어문학연구소 책임연구원
　* 주요 저서
　　《減肥藥 처방전》, 도서출판 서울學古房, 1997.(創作漢詩集)
　　《中國詩와 詩人》(공저), 사람과책, 1998.
　　《고적・잠참시선 高適・岑參詩選》, 도서출판 민미디어, 2001.
　　《漢文辭書한글音順索引》, 도서출판 學古房, 2001.
　　《두보 지덕연간시 역해》(공역), 한국방송통신대학교출판부, 2001.
　　《사조시선 謝朓詩選》, 문이재, 2002.
　　《강서시파 江西詩派》, 문이재, 2002.
　　《난세》(전3권, 原題 : 官場現形記)(공역), 일송-북, 2003.

▪ **홍상훈**(洪尙勳)
　서울대학교 인문대학 중어중문학과 졸업
　서울대학교 대학원 중어중문학과 석사, 박사
　現 인하대학교 산학협력단 전임연구원
　＊ 주요 저서
　《中國小說批評史略》, 을유문화사, 1994.
　《베이징》(전2권), 솔, 1997.
　《하늘을 나는 수레》, 솔, 2003.
　《서유기》(전10권, 공역), 솔, 2004.
　《그래서 그들은 서천으로 갔다 - "서유기" 다시 읽기》, 솔, 2004.
　《전통 시기 중국의 서사론》, 소명출판, 2004.

완역 杜甫律詩

초판 발행 – 2005년 12월 30일
3쇄 발행 – 2021년 7월 20일

譯解者 – 李永朱 · 姜聲尉 · 洪尙勳
발행인 – 金 東 求
발행처 – 명 문 당 (창립 1923년 10월 1일)
　　　　서울시 종로구 윤보선길 61(안국동)
　　　　우체국 010579-01-000682
　　　　전 화 (02) 733-3039, 734-4798
　　　　FAX (02) 734-9209
　　　　Homepage　www.myungmundang.net
　　　　E-mail　mmdbook1@hanmail.net
　　　　등록 1977.11.19. 제1-148호

* 낙장 및 파본은 교환해 드립니다.
* 불허 복제
* 정가 35,000원

ISBN　89-7270-798-8　93820